汉魏两晋佛教编年

李利安 田鹏 著

陕西新华出版
三秦出版社

图书在版编目（CIP）数据

汉魏两晋佛教编年 / 李利安，田鹏著. — 西安：三秦出版社，2024.12
ISBN 978-7-5518-3018-8

Ⅰ. ①汉… Ⅱ. ①李… ②田… Ⅲ. ①佛教史—编年史—中国—汉代②佛教史—编年史—中国—魏晋南北朝时代 Ⅳ. ①B949.2

中国国家版本馆CIP数据核字(2023)第213035号

汉魏两晋佛教编年

李利安　田鹏　著

出版发行　三秦出版社
社　　址　西安市雁塔区曲江新区登高路1388号
电　　话　(029) 81205236
邮政编码　710061
印　　刷　陕西博文印务有限责任公司
开　　本　787mm×1092mm　1/16
印　　张　56.75
字　　数　1251千字
版　　次　2024年12月第1版
印　　次　2024年12月第1次印刷
标准书号　ISBN 978-7-5518-3018-8
定　　价　320.00元

网　　址　http://www.sqcbs.cn

前 言

这部佛教编年，以时间为经，以史事为纬，所记之事，始于中国佛教之开端，终于公元420年东晋之灭亡。

以时间为经，首先便涉及起源的探索；以史事为纬，则涉及原始材料的真伪考辨。而这一切又都涉及概念的精准界定。“中国佛教”这一概念的外延是广义的，既包括“中国佛教”，也包括“在中国的佛教”。那“佛教”又是什么呢，这个问题其实并不是一目了然的。佛教构成元素具有多样性和复杂性，因此，所谓的“佛教”到底是指佛教的某个元素，如佛舍利、佛经以及佛教的某个概念或某个思想、某个修法，还是指整体意义的佛教，而整体意义的佛教，从传统的佛、法、僧三宝具足，到现在学术界常见的四要素或六要素的完整体系①，标准的判定并非容易取得共识。本书所说的“佛教”也是广义的，任何一种佛教元素，均属于“佛教”的范畴，均代表着佛教的存在。虽然概念的内涵与外延界定清楚了，但关于“中国佛教之开端”，由于历史文献的奇缺与残破，以及大部分传世文献的信仰性与晚出性，均导致早期的历史如坠迷雾般模糊不清，所以，中国佛教何时开端，如何开端，其实并非本书能解决的问题。

但不管怎么说，回溯历史的总体格局，我们很容易看到，随着阿育王的对外扩张和多条路线同时推进的跨国弘法，以及秦帝国的西部崛起及其同西部世界的商贸交往与政治军事方面的向西探索，中印之间的彼此相知已不再是历史的神话，有关秦时佛教某些元素如佛舍利进入中国的传说并非没有任何历史背景的支撑。汉武帝时期的张骞通西域以及随后不断推进的西域经略，逐渐将中原帝国的触角伸展到中亚一带，与大兴佛教的贵霜帝国彼此对接，中国人因此而知道佛教又有何难。公元前2年发生的“伊存授经”，作为公认确凿文献记载的史实，尽管只是佛经这一文化元素的到来，但作为中国佛教之开端，已在学术

---

①如吕大吉认为宗教由观念、体验、组织、活动四种要素构成（吕大吉:《宗教是什么——宗教的本质、基本要素及其逻辑结构》，《世界宗教研究》1998年第2期）；李利安则提出教义、仪轨、情感、信众、场所、活动六要素（见李利安：《当代中国宗教的基本形态及其发展方向》，《世界宗教研究》1998年第3期）。

界、佛教界乃至社会其他相关领域获得了普遍的认同。所以，本书所记的佛教史事，尽管包括了各类文献所载的佛教某种元素早期入华的多种传说，但依据现代学术原则而可以肯定的史事还是从西汉末年开始，也正因为如此，本书名才叫“汉魏两晋佛教编年”，而不是“秦汉魏晋佛教编年”或其他能涵盖更远年代的书名。

汉魏两晋，这四百多年中的中国佛教史，在整个世界佛教史乃至整个人类宗教史上都是一个极为重要的时代。

一、汉魏两晋时期佛教入华的三条通道

汉魏两晋是印度佛教向中国最初传入的时期。佛教产生于印度，而中国与印度之间存在多重阻隔。出阳关，则沙漠横亘，雪山堵截；下南海，则波涛万顷，重洋远隔；向西南，则热带雨林，山川阻断。汉魏两晋时期佛教向中国的传播，便不得不迎接这些挑战。勇士们开创的通道主要有三条：其一是以河西走廊为主要通道，以西域为必经桥梁的沙漠绿洲丝绸之路；其二是以南海为通道、贯通太平洋和印度洋的海上丝绸之路；其三是穿越中国西南山川、以滇缅链接为主体通道的西南丝绸之路。

说到丝绸之路，我们必须将其放置在一个具体的时空之中。在我看来，所谓丝绸之路，上开启于轴心时代之后，下终结于新航路的形成，前后延续大约两千年。前丝绸之路时期，人类文明总体上处于区域分隔性独立发展的状态；后丝绸之路时期，也就是新航路支撑的西洋之路时期，人类文明则以欧美为中心，与世界各地之间的文明交往具有明显单向性或不平等性。而在这两者之间的，则是丝绸之路人类文明交往时期，这是一个人类文明多元化并立呼应的时代。佛教正是借助丝绸之路传入中国，而由佛教见证的丝绸之路主要有三条：

沙漠绿洲丝绸之路是古代中印之间的主体交往通道，从东方的视角来看，这条通道的核心架构是敦煌—长安，最艰险的路段是沙漠—雪山。敦煌是古代中国特别是汉魏两晋时代中国与外部世界交往的第一门户，堪称中华帝国面向世界的第一国门，与广州、泉州等海上丝绸之路的国门南北呼应，在丝绸之路中外文明交往史上发挥了不可替代的作用。历史上，当古人一路西去到达敦煌时，便开始向世界招手，从此西出阳关，这里成为中华文化走向世界的真正始发之地；当异国人士一路东行抵达敦煌时，他们已穿越了雪山，度过了茫茫流沙，敦煌张开双臂迎接万国客人走向华夏大地。更为重要的是，敦煌是深度链接中华文明腹地的对外交往前沿阵地，一方面，敦煌西接西域并由此链接世界各地；另一方面，敦煌向东则经酒泉、张掖而东连武威，越兰州、天水等关陇之地，遥接长安，而长安

链接的则是整个中华文化圈。

与此相应，广州越南岭及泉州越武夷而遥接长江流域，形成又一支海陆呼应、纵深链接的中印文明交往架构。海上丝绸之路在汉魏两晋时代已经开启。总体上看，唐代以前的海上交通，以广州为中心，唐以后则以泉州为中心，此后中心继续北移，直到近代上海兴起，天津也曾大显威风。汉魏两晋时期，佛教经海路传入中国的事实已经非常明显，而且非常重要。牟子所在的交趾、苍梧一带佛教发达，暗示海上丝绸之路已成为佛教入华的一条独立通道。安世高、康僧会等人均与海路有直接的关系，东晋时期的佛陀跋陀罗、竺难提均从海路而来，而法显、智严、智羽、智达、智远等人的求法之路均经历了海上丝路的洗礼。汉魏两晋时期佛教海路入华的成功探索，为南北朝隋唐时代海上丝绸之路佛教传播的高度发达积累了历史的经验。

与敦煌遥接长安、再通中原的态势相呼应，大理北接成都、再通关中与荆楚，从而链接整个中华大地，形成西南丝绸之路的交往框架，这条通道在古代中印文明交往方面也起到重要的作用。根据考古研究的成果，汉魏两晋时期滇缅道所架构的中印之间的佛教往来已经存在，但因为这条通道极其艰难，所以应该不是佛教传入中国的主要通道。唐初玄奘从印度取经返回时曾对这条通道做过调研，根据《大唐西域记》卷十记载，玄奘游历至东印度迦摩缕波国时获知："此国东，山阜连接，无大国都，境接西南夷，故其人类蛮獠矣。详问土俗，可二月行，入蜀西南之境，然山川险阻，嶂气氛沴，毒蛇毒草，为害滋甚。国之东南野象群暴，故此国中象军特盛。"根据玄奘的调研，这条通道的主要艰险是：第一，"人类蛮獠"。沿线佛教不发达，文明不开化，居民类似獦獠那样的野蛮。第二，山川险阻。从今天的地理概念来说，横断山脉由青藏高原向南延伸，三川并流，多河多山，横向阻隔。第三，"嶂气氛沴"。中原人不适应热带雨林的水土，认为那里瘴气严重，危及生命，所以视其为险途。第四，"毒蛇毒草，为害滋甚"。这里其实是提出了两类危险，一是有毒的植物，二是有毒的动物即毒蛇。毒草害命的事例在佛教文献记载中有很多，热带雨林的毒草和毒蛇更为凶猛，在古代人类有关毒草辨认与防范的知识还很贫乏的时代，这的确是一种严重的威胁。第五，"野象群暴"。野象应该是汉魏两晋时期西南丝绸之路上最威猛也最常见的一种动物，未经驯化的野象直接危及人类的生命。所以，虽然这条通道只需要两个月便可抵达巴蜀，但玄奘还是不敢冒然而行。至于汉魏两晋时期经由这条通道而连接起来的佛教传播，文献史料是非常模糊的。

因为汉魏两晋时代佛教进入中国的主体通道是沙漠绿洲丝绸之路，所以，以西域为中介而形成的"天竺-西域-中土"的传播框架见证了这一时期中印文明交往的浓郁胡风，以各种胡语书写的胡本成为这一时期佛教进入中国的主要文字载体，而安世高、支娄迦谶、竺法护、鸠摩罗什等胡僧则成为这一时期进入内地译传佛经的主要群体，以至于“胡说八道”成为汉魏两晋时代的一道靓丽风景。

历史上，行走于丝绸之路的人，有身揣皇上敕令的使节，他们规格最高；有率领千军万马的将军，他们最有力量；有心怀发财梦想的商人，他们腰缠万贯，最为富有；有云游边塞的采风诗人，他们最有浪漫的情怀；有跟随民族整体迁徙的民众，他们最为壮观；有心怀信仰的弘教者，他们最为清贫，但因为虔诚的信仰和求法弘教的理想而呈现出纯洁与高贵。所以，当我们将视线转向丝绸之路，一定要明白，这不仅仅是以丝绸贸易为主的商贸之路，也不仅仅是跨地域友好交往的外交之路，以及军事征战之路、文学采风之路、民族迁徙之路，更是一条以信仰为主体的精神文明传播之路。当那些王侯将相和富商们纷纷湮没在历史尘埃中时，曾经行走在丝绸之路上的佛门大师们，却被后世的信仰者所怀念和赞叹，而他们翻译的佛经也为亿万民众所受持与实践。

二、汉魏两晋时期佛教在人类文明交往史上的定位

汉魏两晋时期印度佛教向中国的传播，宣告了人类不同宗教文化区彼此交往的历史洪流正式开启。

人类宗教，从原始宗教到进入文明时代的古代宗教，再到轴心时代诞生并在后世得以不断衍生与拓展的历史宗教，人类宗教的基本类型和基本形态至此才算真正确立下来，至今也未发生本质的改变。雅斯贝尔斯将公元前8世纪至公元前3世纪称作人类文明的轴心时代，从宗教文化系统来看，其中比较突出的是中国、印度、希腊、希伯来。轴心时代的中国文化精于人的社会性观察，注重人与人之间的关系，如法家、墨家、儒家、兵家、纵横家，本质上都是不同方式解释和解决人和人之间的关系，即使崇尚自然的道家，其最深沉的意义也在纾解人的社会性挤压；轴心时代的希腊文化，最显著的特征可能是绝大部分哲学家同时也是自然科学家，他们首先精于对自然的观察，呈现出罕见的理性色彩，并在此基础性上建构富有逻辑的哲学，依此延伸到社会思想领域，为后世的科学理性奠定了恒久的基础，显示了希腊思想在解读人与自然关系方面的杰出贡献；轴心时代的希伯来，诞生了人类历史上最早的制度化——神教，并在此基础上又发展出基督教和伊斯兰教，形成后世最强劲的亚伯拉罕系宗教传统，在人与神的关系建构方面提出了直到今天依然在人类宗教文化中占主导地位的思想与信仰；轴心时代的印度，婆罗门教占据文化舞台的主体地位，梵我合一成为信仰的终极归宿，在六师外道的流行中，佛教脱颖而出，这种学说以无明为人类问题的总根源，以正见以及随之而来的正思维、正念、正禅定等修心之法为解决

问题的主体路径，建构了博大精深的治心之学，以心物关系为框架，为人类提供了一套独特的思想体系。

轴心时代的人类文化，具有直指本原的深刻性和本体建构的支撑性，从而成为人类文明的轴心，但同时也具有地域分割的文化单向性。也正是在轴心时代之后，随着波斯帝国的东西拓展，亚历山大的东方远征，孔雀帝国的南北地域突破，贵霜帝国的中南亚一体化，以及秦汉帝国的西域经略，沟通不同文明板块的丝绸之路开辟了。此前的人类文明，如所谓四大文明古国，从历史的主脉来看，基本上各自独立发展。轴心时代之后，逐渐形成四大文明板块：一是以儒家文化为主体的中华文明区，二是以印度教为主体的南亚文明区，三是以基督教为主体的欧洲文明区，四是最晚形成的以伊斯兰文为主体的中东文明区。这些文明区在地理空间上都有一定的整体性和独立性。如以地中海、黑海、高加索为界的欧洲文明区和中东文明区的分割，以印度河流域为界的印度教与伊斯兰教文明区的分割，以蒙古高原、玉门关、青藏高原、西南原始森林为界而孤悬在欧亚大陆东端的中华文化区与其他文明区的彼此遥望。

如果我们从人类文明交往框架的角度将轴心时代以前称作前丝绸之路时期，将地理大发现之后称作新航路时期，那么轴心时代之后逐渐开辟的丝绸之路则架起了以四大文明区域之间多元交往为主体的人类文明交往新时代，而这一历史进程中最耀眼的历史画卷，就是本书关注的公元前后到5世纪初期，同时发生于欧亚大陆两端的文明交汇事件：产生于西亚的希伯来文明传入欧洲，与希腊罗马文化会通，形成西方世界延续至今的主体性文化结构——两希文明传统；产生于南亚的佛教文明传入东亚，形成中华乃至整个东亚的主体文化结构——三教文明传统。《汉魏两晋佛教编年》正是丝绸之路开辟之后南亚佛教文明向中国的传播及其所引发的诸多文化变革的历史呈现。

汉魏两晋时期佛教向中国的传播开启了中印两大文明交往史上最灿烂的时代。纵览中印文明交往史，我们可以将其划分为五个阶段：第一，前佛教时期的零星交往，即佛教正式向中国内地传播之前中印之间已经存在的交往，可能更多是不同空间、不同人群所架构起来的间接交往，包括中国丝织品等已经进入印度。第二，两汉至两宋以佛教为主的极其灿烂繁荣的文化交往时期。第三，元明和前清的低沉时期，中印之间往来一直存在，但论其规模和影响，与前一个阶段已不可同日而语。第四，近现代的共患难时期。中印共同迎接和应对西方文明的引领和挤压，在被迫接受源于西方的现代文明的同时，抵抗西方的挤压，实现民族的独立，体现了同病相怜、命运与共的关系。第五，20世纪60年代初以来的竞争与合作并存时期，特别是中国改革开放以来，中印之间围绕“一带一路”等问题而展开的博弈将中印交往推向一个亘古未有的态势中。

以上所说的第二个阶段，即两汉至两宋之间以佛教为主的中印文明交往是丝绸之路文明交往史上很难再找到第二个例子的伟大事件。中印之间以佛教为纽带实现了彼此之间密切的交往，其延续时间之长，涵摄内容之广，社会影响之深远，都是史无前例的。我们可以将这段历史划分为四个阶段：其一便是本书所记的汉魏两晋开启阶段，其二是南北朝持续增长阶段，其三是隋唐鼎盛阶段，其四是五代两宋衰落阶段。可见，汉魏两晋掀开了中印文明交往史上最灿烂的画卷。据景天星《丝路高僧传》统计的数据，汉魏两晋时期域外来华弘法的僧人有54名，中国西行向域外求法的僧人有48名。佛经翻译方面从无到有，不断增加，来自域外的大量佛教典籍落地中土，堪称中华文化史上的一大奇观。据南朝梁僧祐的《出三藏记集》记载，汉魏西晋时期译出佛教经典共361部，1503卷，隋代费长房的《历代三宝纪》记载为1324部，3478卷，《大唐内典录》记载为1344部，3153卷，《开元释教录》记载为1245部，3154卷。影响后来中国佛教学派和宗派的主要经典在这个时期均已翻译出来，佛教经典的类型、意趣、风格等均已定型。汉魏两晋时期的佛教传播，迎来了中国历史上第一次大规模的外来文化输入，也宣告了人类不同宗教文化区之间彼此交往的历史洪流正式开启。

三、汉魏两晋佛教在世界佛教传播史上的意义

汉魏两晋时期佛教在中国的传播，其背后有着深远的文化链接和力量激发。从佛教的世界化传播动向来看，在这个历史时代里，印度佛教发生革命性变革，这直接决定了传入中国的佛教的基本样态。从公元前后开始，在佛教母国的古印度，犍陀罗艺术悄然兴起，震撼亮相；乘着希腊化的潮流，佛教义学持续兴盛，大乘佛教迅猛勃发；佛教的典籍与造像大规模增加，并沿着丝绸之路迅速蔓延；阿育王时代首次实现地域突破的佛教在西域大行其道，一个新的佛教天地横亘在中印之间。种种迹象表明，一个世界宗教的宏阔格局开始展现在人类文化史的舞台上。这一格局中无比鲜亮的景致便是佛教向中国内地的传播，这成为佛教空间拓展史上极为重要的一步。

从全部佛教史来看，佛教传播经历了四次重大的空间拓展：第一次是公元前3世纪的阿育王时代开启的，佛教突破恒河流域，不但挺进南印度与北印度，而且突破南亚次大陆，向南到达斯里兰卡，向北到达中亚，向西到达西亚，向东到达东南亚部分地区。佛教向南印度的传播，推动当地佛教实现了从部派佛教空宗到大乘中观学的演进；佛教向北印度的传播，实现了佛教与希腊文化的相会，从而诞生了伟大的犍陀罗文明，促进佛教造像的革命和佛教义学的繁荣；佛教挺进西亚和中亚，开始与琐罗亚斯德教的相逢，以光明

为突出特征的多种文化元素融入佛教内部；佛教向西传播，与阵容强大的希腊罗马文化迎面相遇，佛教在调转传播方向的同时也获得自身的重塑；佛教向斯里兰卡的传播，开启了南传佛教的最初之源；佛教向东南亚的传播，增强了印度文化渗透东南亚的力量，为后世佛教雄霸东南亚文化舞台开了先河。这一时期的佛教传播，导引了佛教世界化传播的基本方向，奠定了佛教作为世界宗教的主体框架。第二次是公元前后开启的，佛教经西域传入中国内地，并经中国再传东亚其他国家，实现了传播地域的再次拓展，开启了汉传佛教的全新佛教系统，经过一千年的传播，成为信众最多、实力最强、文化最发达的一个佛教系统，特别是随着佛教在南亚、中亚、西亚的消失，包括东南亚和东北亚在内的整个东亚世界成为佛教在古代世界最终定型的传播之地。第三次是源于公元7世纪，并在10世纪之后重新启动的佛教另一条北传之路，即佛教从南亚向青藏高原的传播，并在13世纪之后继续挺进蒙古高原，并不断接近汉地，在山西北部、河北北部、四川西部及陕甘部分地区与汉传佛教交错存在，形成藏传佛教系统。第四次是19世纪以后，佛教从斯里兰卡以及东亚各地回归南亚次大陆，以及佛教从亚洲向欧洲、美洲、大洋洲与非洲的传播，从此，不但佛教母国再现佛光，而且佛教开始冲出亚洲，成为一个全球性宗教。

本书所记述的汉魏两晋佛教，属于世界佛教传播史上第二次重大空间突破的开启阶段，不但佛教在古代世界不断推进而完成的最终格局由此奠定，而且由此开辟的佛教流行区在7世纪以后成为整个世界佛教的主体。其中特别值得关注的伟大事件是：佛教翻译的最初兴起及其迅猛发展，揭开了长达一千年佛经翻译运动的序幕。从两汉之地的伊存授经和白马驮经，到东汉末年支娄迦谶和安世高等人开始的第一波译经运动，再到竺法护开启比较完备的民间译场，推出中国历史上第一次大规模的佛经翻译活动，中间经过道安的经典汇编和中土第一次自主组织的译经事业，一直到鸠摩罗什在长安聚众三千人一起围观的宏大译经场面，汉魏两晋时期的佛经翻译不但开启了中国历史上第一次大规模的外来文化输入，而且在丝绸之路人类文明交往的历史上迎来了佛教文化跨地域、跨民族传播的第一次高潮，从此中华文化的结构从外儒内法及儒道互补的二元结构，逐渐过渡到儒、释、道三位一体的文化格局，并因为中华文化结构的改变，中华民族精神世界也由此开始了重新塑造的过程，这是中国文化史、宗教史、思想史、哲学史上破天荒的大事件。佛经翻译一经登上历史的舞台，便放射出万丈光芒，这一时期的译经不但奠定了译经制度的基本原则，而且提供了《小品般若经》《大品般若经》《金刚经》《阿弥陀经》《无量寿经》《法华经》《维摩经》《中论》《百论》《十二门论》《大智度论》《华严经》《大般泥洹经》等众多极为重要的经典，影响极为深远。

四、汉魏两晋时期佛教对中国文化交往关系的空前拓展

中国的文化，从人文初祖算起，到佛教传入的时代，约有三千年的历史。无论是三皇五帝的美丽传说，还是夏商两代的相继建国，华夏文化在空间上主要集中在以中原为核心的黄河流域。西周时期，华夏文化的地域空前拓展，思想更加丰富，融摄周边少数民族文化的能力也空前提升，但吸收借鉴始终以我为主，显示出极强的同化力，促进了华夏文化的不断壮大，并持续强化着华夏文化的自信与深厚。从春秋战国到秦汉一统，华夏文化北接匈奴，南对苗彝，西通诸胡，民族交往交流交融的空间不断扩大。但文化的主体依然恪守华夏正统，三千年一脉相承。可是，随着佛教的传入，这种文化关系的模式及其背后的民族关系格局均发生了彻底的变革。

首先，佛教源自遥远的印度，经多条丝绸之路，途经现在的中亚各国，或东南亚各国，进入华夏腹地。东来的弘法僧，从东汉初年的摄摩腾、竺法兰开始，到东汉后期的安世高和支娄迦谶，从三国时期的康僧会和支谦，到东晋时期的鸠摩罗什、佛陀跋陀罗以及同时代一大批来自西域和印度的弘法高僧，四百年间，代有传人，可谓源源不断。与此同时，西行取经事业也不断推进。西晋时代的竺法护从敦煌西行到中亚各国取经，返回长安等地译经，获得巨大成功，产生深远影响；东晋时代的法显从长安出发，抵达印度，从海路返回，见证了中国与南亚各国之间直接交往的历史。中华文化圈不但和印度文化圈的直接交往由此得以建立起来，而且同中亚和东南亚两地的直接文化交往，也因为佛教这一纽带而进入空前密切的程度。中华文化的对外交往空间急剧拓展，一种空前未有的文明交往框架在整个亚洲建立了起来，华夏文化的国际交往格局为之一变，从此，华夏文化圈被真正地推向了国际领域。

其次，从中华民族共同体的角度看，汉魏两晋时期最值得关注的是以佛教为纽带的边疆与内地之间的密切交往。东汉时期牟子在交州信仰佛教，从其《理惑论》可以看出，西南边疆地区的佛教南通越南等东南亚地区，北接中华文化圈核心地带，形成纵深的边疆文化传播态势。三国时代的朱士行西行取经，达到今天的南疆，《大品般若经》由此进入内地；慧远的弟子支法领于东晋孝武帝太元十七年（392）与法净等人不远万里，西行取经，抵达今新疆和田，求得《华严经》梵本，带回内地，成为内地华严学的直接源头，并导致唐初华严宗的诞生。东晋隆安五年（401），来自今新疆库车的鸠摩罗什在历经磨难之后终于抵达长安，将流传在南疆一带的众多佛教经典传入内地，三论学由此诞生。这些都反映了当时内地与新疆之间的密切文化关系，而这种文化关系在历史上体现为内地对边疆文化的渴求与接受，而且源源不断，由此开启了六七百年间边疆佛教文化对内地的持续输入和

深刻影响，内地与边疆之间的这种文化关系亘古未有，堪称对传统夷夏关系的颠覆。

最后，汉魏两晋时期边疆少数民族的佛教文化非常发达，甚至在接受的时间上早于汉族，在理解的深度和经典的占有方面也超越汉地，在佛教文化的接受、理解与实践方面，边疆诸夷成为华夏的老师，这与传统夷夏关系中常见的优劣态势完全相反。更为重要的是，随着边疆地区一些少数民族的不断内迁，与汉族之间的空间距离逐渐缩小，华夷之间融合与冲突的步伐急剧加速，佛教成为这种关系中最强的纽带。汉族传统的夷夏观对少数民族的文化有明显的贬低，不同文化经常导致彼此之间的误解和隔阂，夷夏之间的鸿沟始终存在。到了魏晋以后，“五胡”普遍接受佛教，上至皇室，下到普通民众，佛教无不风靡，所谓“夷人夷教”，佛教成为少数民族的文化标识。而同时的汉族，佛教文化的输入正处于旺盛阶段，于是便出现一种罕见的夷夏关系，以佛教为纽带，在夷夏之间建立起一种前所未有的文化认同，这对建构中华民族共同体意识起到极为重要的作用，正是因为这种文化认同，在十六国纷争以及夷夏南北分裂的时代，文化的统一特别是信仰的凝聚却日益强化，这是当时乃至随后的南北朝时期、辽夏金时期夷夏民族分裂而文化保持统一的关键因素。

五、汉魏两晋时期中土接受佛教的不同方式

汉魏两晋时期印度佛教的输入与中国的接受是在中印两种文明相会后的关系格局中展开的，主要有以下几种方式：

1.误解时的冒用。两汉时期佛教刚刚进入中国，中国人对佛教还很陌生，便根据自己的文化传统和信仰习惯来理解初期进入中国的佛教文化元素。例如，在当时中国人的心目中，佛是能飞行空中的神，佛有金色的光，脖子两边还有日月照耀，这样的神与中国本土的神有趋同性，因为拥有超人间力量和保佑的功能，所以成为人们供奉祭祀的对象。《后汉书》记载：“世传明帝梦见金人，长大，顶有光明，以问群臣。或曰：‘西方有神，名曰佛，其形长丈六尺，而黄金色。’帝于是遣使天竺问佛道法，遂于中国图画形像焉。”《广弘明集》引《化胡经》曰：“至汉明永平七年甲子岁，星昼现西方，夜，明帝梦神人，长一丈六尺，项有日光，旦问群臣，傅毅曰：‘西方胡王太子成道，佛号。’” 这一事件被视为佛教传入中国之始，可见佛教最初进入中国就是以中土人理解的神的形象被接受的。当时贵族中就有人将佛当作神来祭祀。“楚王诵黄老之微言，尚浮屠之仁祠，洁齐（斋）三月，与神为誓。” 这是对佛的误解，但正是借助这种误解，佛教才得以开始进入中国。

2.相似时的交集。魏晋时期般若学与玄学相互激荡，过去一些学者喜欢用“依附”这

个概念来定位当时佛教与本土玄学的关系，现在看来，可能并非那么简单。佛教般若学从东汉后期就传入中国，几十年、上百年之中，中国人不可能不受其影响。魏晋玄学的出现，既是儒家经学衰落的体现，更是对儒家经学的批判，也可能受到佛教般若学的影响。般若学有精深的哲学思辨，博大的理论体系，深刻而绵密的精神分析，在玄学兴盛的时代，深得玄学家们的喜爱，这两种文化人彼此交往，相互讨论。对于双方来说，这边谈三玄之道，本末有无，得意忘形，自然而然，那边谈般若无知，涅槃无名，缘起性空，自由自在。佛教接着玄学的风潮而兴盛起来，格义佛教成为中土接受佛教般若学的一种路径选择。如《高僧传》记载竺法雅、康法朗等人“以经中事数，拟配外书，为生解之例，谓之格义。乃毗浮、相昙等，亦辩格义，以训门徒。雅风采洒落，善于枢机。外典佛经，递互讲说。与道安、法汰每披释凑疑，共尽经要” 。侯外庐以道安为例，说明当时般若学与玄学的关系：“道安的本无义是禅智与般若义理交融的烦琐的玄学，这种交融还不是一种糅合，而是从禅观解般若、复从般若推演禅观的二重迂化。如果他的禅观途径可联系于王、何的天人之学的途径，那么，般若学之持义亦未始不是循此途径而直探‘本无’的进一步玄想。” 在这两种文化的相互交集中，佛教理论很快占了上风，成为东晋南北朝时期中国文化的一股浩荡新潮。般若学与玄学的相互交集，使大乘佛教的精神内涵得以落地中土，从此，进入中国的佛教，开始建构起自成体系的深厚理论支撑。

3.缺失时的补充。经历春秋战国时期的理性高涨，从神本过渡到人本的中华文化，在秦汉时代虽然曾经出现过对神仙的向往以及天人感应和谶纬之风的流行，但有关苦难救度、命运规律、死后世界等问题，中国文化显示出不可思议的淡漠。从苦难救度来说，弱性的人类在现实中寻找强大依赖是普遍的人性需求，而中国文化中始终缺少一位大慈大悲、平等无别、神力无边、救苦救难的圣者。在佛教输入之前，中国人有圣人崇拜，而圣人的最大特性在于道德高尚，并因内圣而外王，显示出强烈的道德教化和社会治理取向，在很大程度上这种超越性的品格转向了为统治者提供道德支撑和神圣论证的依据。可是，对一般贫苦民众来说，圣人道德再高尚，若不是威力无边的神，现实苦难救度的需求依然无法满足。另外，中国人还信仰天，但天作为一种至高神，又相当的模糊，特别是经过以德配天的一番改造之后，天既不是人格化的神，也不是以救难为主旨的神，其更多的职能似乎在于赏善罚恶的道德警示以及君权神授的权力建构。中国人最普遍的神可能是祖先之灵，但这种以血缘为界限的神灵无疑具有其狭隘性和功利性，不但缺少终极超越，而且理论贫弱，逐渐成为宗法制的神圣维系。至于民间信仰的各种神灵，不能说杂乱无章，恐怕也难以与肤浅功利脱离干系，更重要的是缺乏统摄一切的慈悲与力量，而佛教的菩萨信仰，不但有深厚的理论支撑，而且有终极超越的指向，更有威神之力的依赖和大慈大悲的感召，这种信仰来到中国之后，立即受到中国人的热烈欢迎，其中引起最强烈共鸣的是观音菩萨。完整的观音信仰在西晋时期传入中国，立即传遍了大江南北。

再从命运变迁的内在规律来说，中国人虽然有“积善之家必有余庆、积不善之家必有余殃”的观念，但这种家族捆绑式的命运轨迹弱化了个体的责权担当，而且既无深刻的理论体系，也无简单便捷的成就路径，再次滑落于道德教化与秩序建构的目标中。汉魏两晋时期，群雄竞起，华夷争战，天灾人祸，连绵不绝。人们深切地感受着苦难的威胁，可为什么有苦难？生命还有没有希望？若有希望，这希望到底在哪里？如何来实现这些希望？中国固有的文化疏于对这些疑惑的探索，中国人也不明晰如何来面对这些深层的问题，特别是在生命的价值与意义，命运的演进与方向，死亡与终极归宿等重大问题方面，都没有像样的探讨与解答。但是外来佛教讲三世因果与业报轮回，远远不是我们中国传统讲的那个积善之家和积不善之家的格局了，是更加深刻、更加拓展、更加能够打动人心的一种因果观。所以因果报应、业报轮回这些学说传到中国之后，为中国人提供了一种深刻而犀利的命运解释体系，立即受到中国人的普遍欢迎。如《高僧传》记载僧叡，说他：“至年二十四，游历名邦，处处讲说，知音之士，负帙成群，常叹曰：‘经法虽少，足识因果，禅法未传，厝心无地。’” 可见因果观念已经深入人心。慧远作《三报论》倡导佛教的因果报应学说，坚信有因必报，无论善恶，同时坚信自作自受，自种自收，慧远还强调“世典以一生为限，不明其外”，“因兹而言，佛经所以越名教、绝九流者，岂不以疏神达要，陶铸灵府，穷源尽化，镜万象于无象者也”。跨越一生的三世因果，以其坚定的信念、超越的视野、明晰的路径，震撼了中国人的传统命运观。

另外，自从商周时期开始，以敬天法祖为核心的中国宗教文化以及春秋战国时期的百家争鸣和秦汉时期的儒法合一与儒道互补的文化交替演进，均始终缺少对人心的深刻关切。认识的能力与方法，精神的治理与独立，心灵的净化与自由，灵魂的抚慰与安顿，是既有思维天性又烦恼丛生的人类必须面对的人性诉求。佛教的学说，从释迦牟尼开始，便将苦的根源定位在人心的无明方面，将终极解脱的涅槃也描述成一种精神的境界，而解除人类问题的路径也以正见、正思维开始，以正念、正禅定升华，始终以心为其理论与实践的主轴。部派佛教争论的主要问题正是心的染净，大乘佛教的基础理论般若学说也是以思维方式的革命为主线。汉魏两晋时期佛教的禅修方法与般若思想均涌入中国，并引起广泛的共鸣，其深层次原因就在于其刚好弥补了中国文化在治心方面之缺失。

4.冲突时的搁置。汉魏两晋时期传入中国的佛教中还有一些类型，虽然也是中国文化中缺失的，但因为与中国固有文化的巨大冲突而遭到排斥，从而在中国经历了长时间的搁置。例如净土思想在东汉末年就传入中国，三国时期基本的信仰体系就已经成型，可是此后200年中，在中国基本上没有流行起来。真正第一次关注并高调接受这种信仰的人是庐山的慧远和他的一些朋友们。这些人去世以后，此法中断，几十年后的昙鸾，接受了《观无量寿佛经》，开始专修净土法门。昙鸾之后又有道绰，后来又出现了一个善导，他在长安城推广念佛法门，最终获得成功。为什么净土的思想在早期很难被中国人接受呢？深层次的原因可能是因为中国人的宇宙观、世界观、生命观和净土宗的思想是完全冲突的。中国人相信天圆地方，华夏民族非常有幸，占据天下的中央，所以我们叫中国。印度佛教传进来之后，告诉我们，三世十方，世界无尽，而且有好世界，有坏世界，我们所在的娑婆世界很苦，而且中国也不在这个世界的中央，属于边地。有个西方极乐世界，非常的美好，而且这个世界和我们所在的娑婆世界之间可以建立起联系，联系的方法就是念这个世界的教主阿弥陀佛的名号。可见，这是一种全新的宇宙观、世界观。那么，是什么样的生命往生西方极乐世界呢？当然不是人的肉体，而是人的灵性生命。这又涉及如何看待生命了。佛教认为，生命是一条长河，今世的有形有象的生命仅仅是生命长河中的一朵浪花而已，长存的那个灵性生命当然是超物质的，可以用超物质的方法来实现它的转移。这种对待生命的看法，特别是对肉体外生命存在与未来命运的看法，解释细密，指向清晰，富有想象，充满温馨，蕴含着关于生命终极归宿的无限希望，无论在理论方面还是在实践方面，均自成体系。但这种思想严重超出了中国人的固有知识系统，天圆地方下的中国人很难理解，也很难接受。在二百多年的冷落之后，经过昙鸾、道绰、善导三代人的努力，后来才被中国人所接受，一直延续到今天。可见，冲突时的搁置，既是一种无奈，也是一种策略，成为汉魏两晋时期佛教进入中国的另一种重要形式。除了净土思想外，这个时期进入中国而被搁置的佛教文化元素是很多的，在经、律、论三个方面都有，有的甚至连翻译都没有进行，所谓“译所不解，则阙部传，故有脱失，多部出者”，这些文化现象值得我们研究和反思。

5.不和时的放弃：汉魏两晋时期传入中国的外来佛教，内容极其丰富，其中派系众多，各有特色。因其修行方法尤其是信仰旨趣不同，在中国的命运也不一样。事实上，并不是传入中国的所有佛教文化都能被中国人接受。从全球佛教历史进程来看，最值得一提的是，大小乘佛教无论在印度，还是在西域，基本都是各行其道，各有其地，分立性存在和发展，并存在激烈的矛盾和冲突。但传入中国之后，出现了新的存在模式。一方面大小乘佛教在汉魏两晋时期同时传入中国，同处并行，在很大程度上呈现出一体化发展态势，为后世以判教重新整合佛教不同派系的圆融型佛教奠定了基础；另一方面，大乘佛教因为更加适应中国儒家文化的旨趣和中国人重现实的性格，所以获得了更大的生存与发展空间。小乘佛教自两汉时就传入中国，这一教派主张出世修行，独善其身，倾向于逃离社会，超越现实生活的固有体系，和中国儒家文化以天下为己任、深入社会承担角色这种理念完全不同，所以，在中国，这种佛教文化颇受质疑。从两晋时代开始，以竺法护和鸠摩罗什的传法为代表，以道安、慧远的宗教实践为象征，以菩萨信仰和般若思潮为支撑，大乘佛教的传播取得巨大进展，尽管这个时期小乘佛教的三藏也得到可观的译传，其核心说教也成为中国佛教的基础性理论，但大乘正在迅速超越小乘而成为中国佛教的主体。可以说，正是从这个时候开始，大小乘佛教在中国的命运走向便基本确定了。

六、汉魏两晋时期佛教雅俗同构机制的成型

汉魏两晋时期的佛教传播形成雅俗同构的内在机制，由此开启了中国佛教两千年存在与发展的基本形态。

佛教传入中国之后，适应中国社会与文化而不断发生中国化的转型，其存在形态逐渐具有强烈的中国特色，并由此决定了中国佛教的发展进程。我们可以从不同的维度来观察中国佛教的存在形态，如结构的把握与要素的分析，类型的划分与时空的落实，关系的梳理与轨迹的厘清等等。从关系的维度来看，时空关系、中印关系、夷夏关系、僧俗关系、政教关系、三教关系、显密关系、大小乘关系等，都可以成为阐释中国佛教的重要路径，而这些关系又深刻地影响着中国佛教经典的翻译与诠释、义理的建构与传承以及信仰的结构与实践等很多内在要素与存在形态。在各种关系当中，以“理”主导的雅与“事”主导的俗，形成精英与民间之间的上下呼应关系，这种关系决定了信仰传播的阶层分布以及佛教思想在现实社会中的核心结构，所以应该成为诠释中国佛教的一种重要途径。

这一时期佛教在中国传播的主体支撑在于佛教经典的传入。这是中国历史上第一次伟大的翻译运动的开启阶段。佛教经典的输入，自然开始于外来弘法僧的携经前来以及中国求法僧的取经而返，由此开始胡本或梵本等外语文本的汉语翻译，一个又一个汉文本佛教经典相继涌现，由此迎来中国文化史上的一大奇观。但佛教经典的落地生根则需要多途努力。一方面有解经、讲经的义理诠释之路，另一方面也有诵经、写经、供经等经典崇拜之路。前者传递经典的学说，理解和接受经典的思想，是义理型佛教的主体；后者塑造经典的神圣地位，确立其话语权和感召力，建构文化认同的纽带，是信仰型佛教的支撑。由此进一步拓展，整个佛教的存在和发展也划分为两个方面：由精英阶层支撑的、建立在经典阐释基础上的、以义理辨析和领悟为主要情趣的佛教，一般称为精英佛教或义理型佛教，也有人称为高僧佛教；后者是由底层民众支撑的、淡化甚至回避或超越经典、无视义理阐释而热衷信仰实践的佛教，一般称为民间佛教或信仰型佛教。这是两种不同的佛教形态，

在长期的彼此依存和相互呼应中形成密不可分的关系，支撑和引领着中国佛教的其他各种关系，共同成就了中国佛教雅俗同构的存在形态和发展轨迹。

汉魏两晋时期传入中国的佛教，在理论方面可谓丰富多彩，般若学、涅槃学、华严学、成实学、毗昙学、禅数学均已传入并开始流行，而佛教的信仰也多种多样，如因果报应、三界六道、轮回转生、舍利崇拜、经典神化以及观音、文殊、普贤等菩萨信仰、弥勒上生信仰和下生信仰、西方净土信仰等均已传入，并不同程度地流行开来。与此同时，建寺造像、斋戒礼拜、讲经诵经、持戒禅修等各种佛教法事活动在寺院内外同时推进，不仅创造了大量佛教物质文化，留下很多珍贵的佛教遗迹，而且形成很多礼仪制度，为后世佛教的发展摸索出可行的路径。总之，雅俗同构、多途并进的佛教存在与传播模式在汉魏两晋时代已经基本定型。

七、汉魏两晋时期儒释道三教多元一体格局的初创

佛教进入中国汉地的时候，中国的文化关系已经经过了多次重大演变。从商周时代以敬天法祖为核心的宗法制，到春秋战国时期百家争鸣背景下的宗教文化暗淡，再到秦朝的法家独尊，汉初的道家独尊，在汉武帝之后便进入了漫长的儒家独尊时代。虽然早期有追求长生不老的神仙信仰，天人感应思想中也有浓厚的宗教情怀，但儒家专注人的社会性而忽视人的自然性与精神性的局限也日益明显，直到汉魏时代，中国固有的文化关系开始瓦解，专注老庄的玄学兴起，制度宗教形态的道教迅速崛起，新的文化关系正在重组之中。

所以，佛教在汉魏时代涌入中国时，它所面临的文化环境，既非商周时代的敬天法祖，也非春秋战国时代的百家争鸣，而是法、道、儒相继登场的一家独尊遭遇巨大挫折后的全新文化态势：儒家官方地位动摇，道教在民间强势崛起，玄学在知识阶层魅力绽放。回溯佛教从诞生后所经历的文化关系，在恒河中上游时主要是与婆罗门教以及六师外道的关系，由此决定着佛教的形成路径和发展方向，塑成佛教的一切特质；佛教挺进北印度后所建构的是同希腊化文明的关系，直接激发佛教发生重大变革，灵魂观念，偶像崇拜，思辨哲学，现实救度，形上思索等佛教新文化迅速涌现，从理论到实践的各个维度，将佛教推向一个全新的时代；佛教进入西域后，与琐罗亚斯德教、摩尼教、景教的关系成为主体性文化关系，净土信仰的西域起源、华严学说的中亚定型，甚至连汉地观音信仰的早期来源以及一些名称的语言流变等问题，都与佛教在西域地区文化关系的变革有重要关系。汉魏两晋时期佛教进入中国，迎面相遇的主要是儒道两家文化。道家制造了老子化胡说，以此抵制佛教的独立发展，儒家也以圣人言教为标准，批判佛教的生活制度与信仰。从《牟

子理惑论》即可看出，佛教同时应对儒道文化的挑战，努力做出自己的正面回应，而庐山慧远则以其崇高的威望大胆同儒家礼教相会通。《弘明集》和《广弘明集》留下很多佛教应对儒道文化的文献，反应了当时佛教进入中土后所面对的全新文化关系。

总体上看，汉魏两晋时期的三教关系已经呈现出后世常见的五种关系的雏形：第一，矛盾斗争的关系。三教理论上的分野，旨趣的不同，自身发展路径的差异，必然形成特色分明的个体性存在，并由此形成社会资源的争夺尤其是政治地位的竞争以及经济资源的比拼等心理的、文化的、社会的竞争关系，于是我们可以看到，三教之间从一开始就存在着彼此的挤压与相互的排斥，从而呈现出一种矛盾和斗争的关系。第二，吸收互补的关系。儒释道三教在发展的过程中，不断吸收对方的思想营养和实践方法，以此来弥补自身的不足，丰富自己的理论体系与实践体系，从而形成了儒释道三教吸收互补的关系。这是三教关系中最具积极意义的一种模式，也是最普遍的一种模式，它不但促进了自身的不断完善，而且促进了三教关系的和谐，共同促进了中国传统文化的发展。第三，激发创新的关系。在儒释道三教关系的发展中，由于对方思想学说、思维方式、实践方法或组织制度等的刺激，从而激发自身的创新与进步，或者迫于对方实力所造成的生存压力与竞争心态，而引发积极进取的态势，于是形成了三教之间相互激发、各自不断创新的关系。第四，圆融会通的关系。就是三教之间通过彼此的友好交流，在相互承认的前提下，在思维方法、思想学说、实践途径等方面的不断趋同，形成三教相互贯通、异质性不断减少而同质性不断增多的趋势，最后实现了三教同处共存、圆融会通的文化格局。第五，独立并行的关系。三教之间的各自独立与自成体系，在谁也不能被消灭的情况下，三家之间只能彼此承认。这种关系的逻辑基础其实是三教各自所拥有的文化个性及其不可替代的独特价值。正如中国社会科学院李存山研究员所认为的，儒释道思想各有其文化功能，任何一家都不能满足中国社会多方面的文化需求，因此，中国思想文化的发展始终是维持着儒释道三教并存的格局。汉魏两晋时期，儒佛道三教并立已成中国文化的定局，从此之后任何文化的、政治的、经济的乃至军事暴力的手段都无法改变中国文化三家并立的局面了。

在汉魏两晋的三教关系演进中，佛教以其独特的治心之学及其他一些中国所缺或不足的思想，在新的土地上站稳脚跟，与儒道两家既彼此论争，相互激发，又并立互补，分工呼应，开启了多元一体的中华文化新结构的最初形塑。此后又经过南北朝隋唐的进一步激荡，特别是两宋以后佛教思想深度融入儒道文化之中，三教关系主导的中华文化结构得以最终成型。所谓“多元”，首先是儒释道三个主体性宗教的多元并立，其次还有民间宗教和民间信仰的多元并存，后者为前者提供了肥沃的文化土壤，与主体性宗教形成上下呼应、主次相依的文化关系。所谓“一体”，就是儒释道三教与民间宗教和民间信仰圆融会通，形成一个完整而有机的文化体系。在这一文化体系中，道家立足自然，更多的尊重和顺应人的自然属性，用自然属性来指导人生，在人与自然的关系方面有深刻而独到的见解与实践开展；儒家立足社会，在人的社会性方面不断挖掘与建构，在人与人的关系方面用功颇深；佛教立足精神世界，对人心有极为精密的观察、分析和问题对治，在净化和提升人的精神、安顿人的灵性生命与终极超越方面，取得了儒道两家无法比拟的成就，在人的身心关系处理方面，展现了自己特有的魅力。这样一来，人的自然性、社会性和精神性等三种最主要的人性需求，都有了不同文化的应对。

可见，佛教进入中国后所形成的新型文化体系，结构完整，分工有序，彼此依存，相互会通，圆融一体。这既不同于佛教早期在印度、西域的文化关系，也不同于后期在东南亚及西藏所建构的文化关系。前者在并立抗争中最终退出，后者在优势替代中占据文化的主体地位，并一直延续至今。中国汉魏两晋时期开辟出三教分工协作的融合机制，建构了“多元一体”的中华文化体系。当然，近代以后，中国社会与文化均发生了革命性变革，此后形成的中国宗教文化关系，既非中国历史上的多元一体，也非其他宗教文化区从古到今一直存在的一体多元，这是值得我们高度关注的问题。

八、汉魏两晋时期中国式政教关系模式的基本成型

从政教关系的角度来看，佛教传入中国后，便始终同政治保持着密切的联系。作为一种外来的宗教，佛教当务之急便是赢取统治者的信任。但佛教的出世性又使其本能地游离于世俗与山林之间，从而同皇权保持着多重复杂的关系，在若即若离中体现了佛教入华初期阶段政教关系的诸多特点。

三国时期，中国第一次出现了正式的本土僧人。后来，随着出家人数的不断增多，在中华大地上逐渐形成一个游离在原有生活体系之外的庞大群体。他们既摒弃家庭，也疏离皇权，无妻无子，剃发换衣，不事生产，专事修行，突破传统的家国体制，开创了一个特殊的社会生存空间。这个社会群体以信仰为精神认同的纽带，以戒律为秩序共建的基础，以寺院为集体生活的平台，硬生生地嵌入中央集权和宗法维系的中国社会机体之中，成为中国古代社会的一大奇观。

汉魏两晋时期出现了几个庞大的僧团，其中值得特别关注的是佛图澄僧团、道安僧团、慧远僧团、罗什僧团等，在这些僧团的周边同时云集着一大批在家弟子，僧俗共成一个特殊的社会领域，他们因为接受了全新的信仰而不得不迎接传统思维方式、生产方式、生活方式的挑战，在四面挤压中顽强生存。所以，对于新生的僧团来说，信仰的神圣建构

与义理的价值彰显同等重要，群体的秩序建构和场所的硬件建设需同时并举。信仰的认同促进了广袤地域内的不同僧团的精神凝聚，在僧众们的共同努力下，中华大地上出现了一座又一座寺院，不仅为僧众提供了集体生活的空间载体，而且在综合性文化建设过程中，星罗棋布的寺院也成为汉魏两晋时期的一种文化新景象；与此同时，随着佛教律典的不断译介，日益完备的戒律制度也为这个群体的独立存在提供了不可或缺的支撑。这些具有神圣意义的戒律既将这个群体从固有社会秩序中分割出来，也赋予其抗拒原有社会冲击的强大力量，成为这个特殊群体的“游戏规则”与“合法性”支撑。总体上看，这个特殊群体的出现，打破了中国社会铁板一块的传统结构，为后世政治失意者、生活窘迫者、精神煎熬者、理想追求者、现实超越者、普度众生者等各种从固有社会秩序和精神世界中挣脱的人们，提供了身心避难与自由探寻的天地，并为佛教精神文明的传承和弘扬供给了一支强劲的社会力量。

这个特殊社会领域的出现和延续，既有赖于国家的默许甚至直接的支持，又深受王权的挤压和束缚；既获得很多士人群体的宽容甚至协助，也一直遭受儒家士大夫群体的猛烈抨击与排斥，所以，新生且不断壮大的佛教群体不得不与传统社会中的政治力量艰难周旋。其实，僧人群体从一开始便无法回避与政权的纠葛。无论是传说中的阿育王传法至中国，还是汉武帝时代派张骞出使西域而得知佛法，以及目前学界公认的大月氏使者伊存口授《浮屠经》或汉明帝遣使白马驮经，最初的佛教传入几乎都与政治有直接的关系，而且从一开始，政权便充当了主导的角色。三国时期的魏吴两地，佛教均与最高政权密切关联，佛教的神圣意义和政权的现实力量共同推动中国化政教关系的走向，特别是佛图澄、道安、慧远师徒三代见证了僧团与政权的周旋。

总体上看，汉魏两晋时期佛教与政权的关系尚在摸索阶段。随着寺院经济发达，佛教思想盛行，僧人影响政治走向的现象越来越明显，民间利用佛教的反抗事件也屡有发生，佛教逐渐成为皇权不可忽略的一股力量，如何更加有效地约束与控制沙门，已演变为南北政权必须严肃对待的社会问题，于是佛教事务更进一步地被纳入政权建设当中，如国家设立了僧主、僧正、道人统、沙门统等宗教官职来治理僧众。与此同时，自西晋以来，帝王留心法门龙象，对广具号召力的沙门，屡屡遣使宣慰，甚至劝其还俗参与国家事务。如佛图澄为石赵所尊，号为“大和尚”；苻坚以十万之师破襄阳，惟道安一人；姚兴迎鸠摩罗什至长安，奉之若神；僧朗居泰山，六帝致书礼敬，慕容德假号为“东齐王”。以上所举，亦可见帝王对沙门的重视。

较之汉唐，东晋皇权始终挣扎在贵族政治之下，儒家政治亟需重建皇权的威严。而以方外之士自居的僧侣不可避免地会同儒家政治文明发生冲突，并由此引发了有关“沙门礼敬王者”的大论战。相较于北朝处理政教关系时的粗暴与血腥，东晋的处理方式则显得理性与文明。为了应对佛教同儒家政治文明的天然矛盾，东晋沙门道安在襄阳分遣徒众时提出“不依国主，则法事难立”。这种思想对后世产生很大的影响，如北魏沙门法果认为“我非拜天子，乃礼佛耳”，北宋沙门赞宁提出“现在佛不拜过去佛”的论调，有宋一代遂以为定制。随着《敕修百丈清规》的纂修，“沙门礼敬王者”的千年争论遂于蒙元时彻底终结，僧人亦从“方外之士”成为“化内之民”，所有这些均源于汉魏两晋时期佛教与政治关系的初期建构。

汉魏两晋时期的政教关系，既未出现后世政权主导的激烈灭佛，也未出现唐初那种僧人们面对皇权的集体抗争，当然更未出现宋以后佛教全面臣服的消沉萎靡。但从其基本格局和发展方向可以看出，政权为主、佛教为辅成为初创时期政教关系的基本特征。

总之，汉魏两晋佛教作为两千年中国佛教史的开启阶段，它既开启了持续繁荣一千年的中印文明交往史，也开启了儒释道三教互补交融的中华文化体系重塑史，在很多方面都具有开创性的意义，以不可阻遏的历史浪潮掀起中华文化的新时代。所以，这绝对是一段值得深度挖掘和详细记录的文化宝藏。由佛教传入与传播而激发的这些重大的文化变革，均以无数个性化的具体史事而点缀在长达420多年的历史长河中，它们犹如灿烂的星河，演绎出一段中国化的佛教历史。本编年广泛搜罗各种文献，种类达五百余种，其中既包括各种佛教文献，还包括正史、类书、笔记、方志、金石、碑刻，并借鉴海内外学界现有的研究成果，对史料中蕴涵的各类佛教史事进行挖掘、考辨、筛选和系年，使纷繁多样的佛教史个案如同珍珠一般镶嵌在时间的链条中，在历史的年轮中既各就其位，又彼此呼应，默默地为读者勾勒那幅跌宕起伏的历史画卷。

凡　例

1.迄止时间：本书所记佛教史事，在时间跨度上，上以学术界公认的佛教传入中国之始为开端，下以东晋灭亡为终结，涉及西汉、东汉、三国、西晋、东晋十六国等五个时期。为了完整呈现佛教入华史的信仰传统，本编年在学术界公认的传入年代之前，上溯各种佛教传入中国的传说，从而涉及春秋、战国、秦等三个时期。同时因为十六国灭亡时间各异，本编年个别地域的史事记述下延到北凉灭亡的460年。为了实现同时期佛教史事的统合观察，北魏的一些佛教史事也适当地编入本书。

2.编排体例：本书以时间为经，以史事为纬，所录史事按照时间先后逐条排列，每条史事之下汇集不同文献记载，不同文献的排列次序依据文献出现先后确定。史料汇集仿照类书体例，史事呈现采用编年体例。

3.条目标题：所录史事之标题为作者所加，标题的命名依据所录史事的核心内涵进行概括。

4.文献引用：有关史事记述，均引用原始文献，并在页下注明所有引用文献的出处。相关考证与说明以及学者观点介绍等，则根据具体情况灵活处理。

5.时间断定：第一，某些史事的年代比较模糊，如东晋太元年间（376—395年）的史事，史料未有明确纪年，而是采用诸如“太元初”“太元末”等模糊性描述，则分别按照太元元年、太元年号的最后一年处理；若有“太元中”这种更加模糊的表述，则一并列入本年号之最后一年之后，并附加按语以做说明；无年号但知其为某皇帝在位期间发生的史事，则列入该皇帝在位所有年号的最后一年其他史事之后；有些史事，在只知道朝代的情况下，则列于该朝代最后一年其他史事之后；有些史事特别是某些人物所进行的活动，在准确年代缺考的情况下，则将其列入此人的卒年，不知所终情况下，则列入其生年；某些史事只知其发生于某世纪初、中、末等模糊时段，则分别列入本世纪第一、第五十和最后一年。第二，有些史事的年代信息在早期文献中缺乏记载，则会以后期各类文献所记补充之，其可靠性或值得怀疑，读者自行鉴别。若学术界对此史事发生时间已有相关考证，则依学界考证所得时间排列。学界有不同看法时，则选取最早时间列入，并将不同观点并列于该条目之下，供读者参考。第三，同一史事文献记载的年代有所不同时，编者尽可能地加以考证，或参考学界已有的考证成果，将本条史事列入所认定的年代之中，并列出文献的不同记载。在无法考证的情况下，则列入不同年代中的最早年代，指向其他年代的材料则同时在其他年代中列入，并注释参见最早年代所列条目。第四，与某些史事直接相关的史事，在不知其准确年代的情况下，列入此史事发生年代，如经的序跋撰就，不知撰成年代时，就列入此经译出年代。

6.史事内容：本书佛教史事的记述内容，主要依据历代《大藏经》所收相关资料的记载，同时包括正史、笔记、碑刻、应验记、造像记和历代文集等的佛教史资料。当早期文献记载信息不全时，会以后期可靠性较弱的文献所记补充之；若学术界对此史事有所考证，则直接引用或综述学者们的相关考述。学界有不同看法时，则将不同观点并列于该条目之下，供读者参考。

目 录

佛教传入中土的传说时代

西汉

东汉

三国

西晋

东晋十六国

佛教传入中土的传说时代

周敬王二十六年（前494）丁未

阿育王兴建佛塔

《历代三宝纪》载："敬王……丁未，二十六，《阿育王传》云：佛灭度后百十六年，出东天竺治华氏城统阎浮提为铁轮王，兴隆佛法，起立八万四千宝塔。当此岁也。"①

《广弘明集》载："东天竺国有阿育王，收佛舍利，役使鬼兵，散起八万四千宝塔，遍阎浮提，我此汉地九州之内，并有塔焉。育王起塔之时，当此周敬王二十六年丁未岁也。"②

《法苑珠林》载："故《佛传》云：'佛灭度后一百一十六年，东天竺国有铁轮王统阎浮提，收佛灵骨，役使鬼神，起八万四千塔。具如下述。此九州之地并有遗塔，云是育王所造。此塔即当此周敬王二十六年丁未之岁，故塔兴焉。"③

按：阿育王皈依佛教并大兴寺塔，英国有学者认为其时在前261至前260年之间。若周敬王二十六年起塔八万四千，时阿育王犹未生也。然诸说并存，考论互异，未详孰是，待考。以上诸条暂系于本年。另请参见周赧王五十五年（前260）条目下英国学者之考证。

周敬王四十一年（前479）壬戌

孔子或闻佛陀

《列子》载："西方之人有圣者焉，不治而不乱，不言而自信，不化而自行，荡荡乎民无能名焉。丘疑其为圣。弗知真为圣欤？真不圣欤？"④

《广弘明集》引列御寇（一云吴太宰）云："太宰大骇曰：'然则孰为圣人乎？'夫子动容有间曰：'丘闻西方有圣者焉，不治而不乱，不言而自信，不化而自行，荡

① ［隋］费长房：《历代三宝纪》卷一，《大正藏》第49册，第26页上。
② ［唐］道宣：《广弘明集》卷十一，《大正藏》第52册，第165页下。
③ ［唐］道世：《法苑珠林》卷十二，《大正藏》第53册，第378页下。
④ 杨伯峻：《列子集释》，中华书局，1979年，第121页。

荡乎人无能名焉。'据斯以言，孔子深知佛为大圣也，时缘未升，故默而识之。有机故举，然未得昌言其致矣。"①

汤用彤在《汉魏两晋南北朝佛教史》（增订本）中指出："《列子》载太宰嚭问孔子：'孰为圣人？'夫子动容有间曰：'丘闻西方有圣者焉，不治而不乱，不言而自信，不化而自行，荡荡乎民无能名焉。'后世佛徒，常据此以谓孔子亦知有佛（《弘明集·后序》及《广弘明集》卷一）。《列子》一书，乃魏晋时人所伪造。而其孔子所称之西方圣者，以至周穆王时之西极化人，亦或指西出关之老子。故六朝人士多不引《列子》以证孔子之尊佛。如元魏之世，道士姜斌与昙谟最争论，斌问孔子既是制法圣人，当时于佛迥无文记，何耶？昙无答言固未引及《列子》也。刘宋宗炳《答何承天书》，称周孔于佛所未尝言。而牟子《理惑论》亦有尧舜周孔何以不修佛道之问，牟子答辩，固亦未援用《列子》一书也。"②

蒋维乔在《中国佛教史》中指出："此孔子暗示释尊之教化，与儒教不歧之证也。"③"《列子》之文，或后人所伪托。此外如《广弘明集》……《佛祖统纪》《周书异记》《天人通感传》，俱谓周代已知有佛教，恐系后人揣测之言，悉不足据。"④

日本学者中村元在《中国佛教发展史》中则认为："有一学派尝谓：春秋时代的孔子（西元前551—前479）就已经知晓佛教的存在及其学说。此派人士所据以倡言者，仅为《列子》的仲尼篇，孔子所说的'西方有圣人焉'这句话，由此率然臆测孔子所指的'圣人'即佛教始祖释尊，似难脱牵强之咎！"⑤

周赧王十年·燕昭王七年（前305）丙辰

尸罗朝燕

《拾遗记》载："（燕昭王）七年，沐胥之国来朝，则申毒国之一名也。有道术人名尸罗。问其年，云：'百三十岁。'荷锡持瓶，云：'发其国五年乃至燕都。'善衒惑之术。于其指端出浮屠十层，高三尺，乃诸天神仙，巧丽特绝。人皆长五六

① [唐]道宣：《广弘明集》卷一，《大正藏》第52册，第98页中。
② 汤用彤：《汉魏两晋南北朝佛教史》（增订本），北京大学出版社，2011年，第5页。
③ 蒋维乔：《中国佛教史》，上海古籍出版社，2004年，第3页。
④ 蒋维乔：《中国佛教史》，上海古籍出版社，2004年，第4页。
⑤ [日]中村元：《中国佛教发展史》，天华出版事业股份有限公司，1984年，第7页。

分，列幢盖，鼓舞，绕塔而行，歌唱之音，如真人矣。尸罗喷水为雰雾，暗数里间。俄而复吹为疾风，雰雾皆止。又吹指上浮屠，渐入云里。又于左耳出青龙，右耳出白虎。始出之时，才一二寸，稍至八九尺。俄而风至云起，即以一手挥之，即龙虎皆入耳中。又张口向日，则见人乘羽盖，驾螭、鹄，直入于口内。复以手抑胸上，而闻怀袖之中，轰轰雷声。更张口，则见羽盖、螭、鹄相随从口中而出。尸罗常坐日中，渐渐觉其形小，或化为老叟，或变为婴儿，倏忽而死，香气盈室，时有清风来吹之，更生如向之形。咒术衒惑，神怪无穷。”①

汤用彤在《汉魏两晋南北朝佛教史》（增订本）中指出：“按王子年《拾遗记》文原多亡佚，经梁肖绮搜检残遗，合为一部。其所记燕昭王事，不悉是晋代原文，抑梁时改窜。但其所记，《晋书》已称其事多诡怪。所谓沐胥之国，印度无此名称。燕昭王时佛化未出天竺。所谓‘尸罗荷锡持瓶指出浮屠’，隐射佛徒已来中国，诚属荒唐不经。按《史记·世家》谓燕昭王卑身厚币以招贤者。《封禅书》则谓其信方士，《水经注》亦谓昭王礼宾，广延方士。此均由招贤事附会而来，因是而起种种诡怪不实之故事也。”②

陈恩志在《佛教自有秦传入中国说》中则认为：“至于海传，莫克基《印度航业史》证明，自公元前5世纪就有印度海上贸易商人‘家于支那海岸者’。勒苦伯利确信，公元前425至375年间，垄断波斯爱里谱亚海至中国东部远洋贸易的是印度商人。潘尼迦认为，‘纪元前，印度人在南中国海里已有定期的海上交通’。在克什米尔古诗人克夏猛德拉的著作中，还记载阿育王奉佛之后，曾以佛法感化了抢劫印度商船队的那伽海盗，而‘考据家有谓，那伽即中国人也’。类似的历史传闻，又可见于我国东晋王嘉的《拾遗记》。据载，公元前305年曾有来自印度的术人尸罗，辗转五年得见燕昭王，宣扬佛法。此似即经海上来到中国的第一个印度僧人。”③

周赧王十五年（前300）辛酉

战国中期曾有佛教造像传入南楚

张正明、院文清根据2000年2月在江陵天星观2号墓出土的两件漆木器判断，战国

① [东晋]王嘉：《拾遗记》卷四，中华书局，1981年，第94页。

② 汤用彤：《汉魏两晋南北朝佛教史》（增订本），北京大学出版社，2011年，第5页。

③ 陈恩志：《佛教自有秦传入中国说》，《宁夏社会科学》1988年第5期。

中期曾有佛教造像传入南楚的实证。

两位学者指出："第一个实证是一件髹漆的木雕半人半鸟像，图版见《荆州览胜》，题名为'羽人凤鸟'。"[①]"第二个实证是一件髹漆的木雕'莲花豆'，图版见张万高所写的《天星观2号墓发掘纪实》。"[②]"可以认定，天星观1、2号墓的墓主生活在公元前4世纪，他们的卒年大概在公元前4世纪的后期。既然如此，佛教造像传入南楚的年代不会晚于战国中期。按照楚文化考古学界约定俗成的意见，战国中期大致就是公元前4世纪。"[③]

邵学海撰文对张正明、院文清两位学者的观点表示怀疑，邵学海则认为："《战国中期曾有佛教造像传入南楚》的见解，是个牵一发而动全身的问题，如果这个观点能够成立，它在学术上取得的突破将是多方面的。但是印度佛教遗迹与有关文献证明，公元前孔雀王朝不曾塑造佛像，所以战国中期不可能有佛像传入楚国。其次，该文立论所依据的两件漆木雕刻，与印度佛教造像没有内在的联系。此二件漆器与印度的妙音鸟、莲花座，分别属于不同的文化系统。故'佛像入楚'的观点难已成立。"[④]

张正明、院文清两位学者撰文对邵学海的《献疑》进行了回应，坚持了原有的观点。[⑤]

周赧王二十九年（前286）乙亥

庄子或受佛教思想影响

《资治通鉴》载："（周赧王二十九年）宋有雀生鹯于城之陬。史占之，曰：'吉。小而生巨，必霸天下。'宋康王喜，起兵灭滕，伐薛，东败齐，取五城，南败楚，取地三百里，西败魏军，与齐、魏为敌国，乃愈自信其霸。欲霸之亟成，故射天笞地，斩社稷而焚灭之，以示威服鬼神。为长夜之饮于室中，室中人呼万岁，则堂上之人应之，堂下之人又应之，门外之人又应之，以至于国中，无敢不呼万岁者。天下之人谓

① 张正明、院文清：《战国中期曾有佛教造像传入南楚》，《江汉论坛》2001年第8期。

② 张正明、院文清：《战国中期曾有佛教造像传入南楚》，《江汉论坛》2001年第8期。

③ 张正明、院文清：《战国中期曾有佛教造像传入南楚》，《江汉论坛》2001年第8期。

④ 邵学海：《孔雀王朝不曾塑佛　东周楚国何来造像——〈战国中期曾有佛教造像传入南楚〉之献疑》，《汉江论坛》2002年第6期。

⑤ 张正明、院文清：《简答邵学海〈献疑〉》，《汉江论坛》2002年第9期。

之‘桀宋’。齐湣王起兵伐之，民散，城不守。宋王奔魏，死于温。”①

马叙伦在《庄子义证》中指出：“庄子之卒，盖在宋之将亡。”②

马叙伦在《〈庄子〉天下篇述义》之《序言之一》中指出：“我写这篇文章，是由研究《庄子》认识到《庄子》虽然有三十三篇，仅仅只有内七篇确实是庄子自己写的，外篇就不敢随便下断语了；至于杂篇，除《天下篇》外前人都说不是庄子自己的作品，我完全同意这个论断。至于《天下篇》，我认为是作一个时代的学术的结论，可能也是庄子写的。我们如果说不是庄子写的，很难找出另外一个人有这样精通一个时代的学术，更有这样的大手笔。如果作为庄子写的自序，那是天衣无缝了。另外一面，我很难解，在春秋末战国初，除《老子》外又有这样一种思想。这种思想，以我的研究，认为完全和佛家相同。”③

马叙伦又在《〈庄子〉天下篇述义》之《序言之二》中指出：“庄子学说，似受印度哲学之影响颇深。”④

萧登福在《试论庄周写〈庄子〉及内外杂三篇的形成时代》中指出：“由郭店出土楚简有《庄子·胠箧篇》残简，《韩非子·难三》引《庄子·庚桑楚》，阜阳西汉墓出土《庄子》〈则阳〉、〈外物〉、〈让王〉三篇残简、湖北江陵张家山M136号墓出土〈盗跖〉残简，以及《史记》提及〈渔父〉、〈盗跖〉、〈胠箧〉等篇章，上引皆是出自《庄子》外、杂篇。据此，也说明了《庄子》书不是如学者所说内七篇是庄子自著，外、杂篇为庄子门徒所作。内、外、杂三篇，都出自庄子，且战国时应尚未有三篇之分。今由唐·陆德明《经典释文·卷一·序录·庄子》载晋代诸家注所见分篇情形及《经典释文·齐物论》‘夫道未始有封’引班固说看来，疑在汉至自魏晋间逐渐形成三篇之分，战国至汉初应无内、外、杂三分之说。”⑤

李其霞在《论〈庄子·至乐〉所见佛教文化因子——兼谈佛教传入中国的时间》中指出：“《庄子·至乐》所见之髑髅非中国之本土文化，而是佛教传入中国南楚以后庄子受到影响而引介入文学创作的。《至乐》篇吸收了佛教文化中以髑髅寄死生一理的文化观念而有所延展，形成了《至乐》篇独特的思想。而《至乐》篇之髑髅佛教文化因子说明庄子一派文化渊源的多样性，同时说明在道家文化的早期，佛道就已

① [北宋] 司马光：《资治通鉴》卷四，中华书局，1956年，第123—124页。

② 马叙伦：《庄子义证》，《民国丛书》第五编，商务印书馆，1930年，《庄子义证附录一》，第9页。

③ 马叙伦：《庄子天下篇述义》，龙门联合书局，1958年，序言第2页。

④ 马叙伦：《庄子天下篇述义》，龙门联合书局，1958年，序言第3页。

⑤ 萧登福：《试论庄周写〈庄子〉及内外杂三篇的形成时代》，《湖南大学学报》2016年第4期。

开始融合。此外，《至乐》篇也再次证明佛教传入中国的时间最迟当在战国庄子之前。”[①]“庄子受佛教文化之影响明矣，而《至乐》篇之髑髅现象即为其例。”[②]

肖海燕在《近代中国老庄学》中，对马叙伦所主张的“庄子思想受到佛教影响”的观点做了详细地梳理与解读，可参考之。[③]

按：关于庄子卒年，学界尚无定论，今采马叙伦之说。

周赧王五十五年（前260）辛丑

阿育王兴建佛塔

《魏书·释老志》载：“于后百年，有王阿育，以神力分佛舍利，役诸鬼神，造八万四千塔，布于世界，皆同日而就。今洛阳、彭城、姑臧、临淄皆有阿育王寺，盖承其遗迹焉。释迦虽般涅槃，而留影迹爪齿于天竺，于今犹在。中土来往，并称见之。”[④]

英国学者文森特·阿瑟·史密斯（Vincent Arthur Smith）在《阿育王：一部孔雀王国史》（Asoka the Buddhist Emperor of India）中指出：“在向羯陵伽地区颁布敕令的几个月前，阿育王还颁布过另一条敕令——《第一小摩崖法敕》。比较这些敕令，我们可以知道：羯陵伽之战一结束，阿育王就投入到对‘正法’的热爱、维护与弘扬中。在阿育王早期的敕令中，有三份敕令是通过驻坎纳达、时任南方总督的王公传达给南方官员的。有四份敕令是阿育王直接传达给其他官员的。阿育王声称自己两年半以来一直是一名信士，未尽力弘扬‘正法’。但在发布敕令的一年多前，他已成为一名僧伽成员，并竭力通过亲身说教为百姓谋极乐。阿育王从信士转变为僧侣大致用了四年时间。羯陵伽之战发生于公元前261年。描述羯陵伽之战的摩崖法敕是公元前257年颁布的，即羯陵伽之战后第四年。摩崖法敕清楚地表明：阿育王是因公元前261年发动的

---

① 李其霞：《论〈庄子·至乐〉所见佛教文化因子——兼谈佛教传入中国的时间》，《学术交流》2013年第8期。

② 李其霞：《论〈庄子·至乐〉所见佛教文化因子——兼谈佛教传入中国的时间》，《学术交流》2013年第8期。

③ 刘固盛、刘韶军、肖海燕：《近代中国老庄学》，福建人民出版社，2014年，第452—455页。

④［北齐］魏收：《魏书》卷一百一十四，中华书局，1974年，第3028页。

那场战争备感懊悔才皈依佛教的。”[①]“因此，阿育王应该是公元前261年到公元前260年间皈依的佛教，该日期是我们能得出的最准确的日期。因为我们无法了解‘两年半多’和‘一年多’这些表述的确切涵义。”[②]

秦王政四年（前243）戊午

释利防等自西域来

《历代三宝纪》载：“又始皇时，有诸沙门释利防等十八贤者，赍经来化，始皇弗从，遂禁利防等。夜有金刚丈六人来破狱出之。始皇惊怖，稽首谢焉。”[③]

《北山录》载：“有十八沙门自西域至（谓室利房等十八人也）。彼暴嬴方有事于天下，不遑大道（遑，及也。不及行于大道）。丑我有德，狱沙门于重垣，为力士神奋威击垣。（始皇惟降服礼谢，道人却反西国。）夫秦之于吾道也，如石不濡于水焉。膏肓之门，不足以发药，其在此也。（秦方无道，以善化之，故不相投也。晋景公有疾，求医于秦。梦疾化为二竖子，曰：彼良医也，惧伤我焉。其一曰：居肓之上，膏之下。若我何医？至曰：疾不可为也。今秦暴恶，不足以善化，若疾之膏肓也。）虽当时沙门不见申于秦而鞠之，亦颇得其由矣。（室利房等虽不蒙秦之见遇而又禁之，盖以秦暴而不纳于善，亦为腾、兰之因也。）夫人心险易，间于山川。尔后所来，实幸失利房等先尝之，不求之不至也。（尝，试也。以失利房等先试来秦，虽不纳，后来三藏幸此事而知之。故若无蔡愔使人求请，即不至于此也。）”[④]

朱士行《经录》云：“（秦王政）四年，西域沙门室利房等十八人，赍佛经来化。”[⑤]

梁启超指出：“其一，朱士行《经录》称‘秦始皇时，西域沙门室利防等十八人，赍佛经来咸阳，始皇投之于狱。’（《历代三宝纪》卷一引）此经录本不甚可信，

①［英］文森特·亚瑟·史密斯著，高迎慧译：《阿育王：一部孔雀王国史》，华文出版社，2019年，第18页。

②［英］文森特·亚瑟·史密斯著，高迎慧译：《阿育王：一部孔雀王国史》，华文出版社，2019年，第20页。

③［隋］费长房：《历代三宝纪》卷一，《大正藏》第49册，第23页下。

④［唐］神清撰，慧宝注：《北山录》卷二，《大正藏》第52册，第582页上。

⑤［宋］志磐：《佛祖统纪》卷三十四，《大正藏》第49册，第328页中。

此种断片且传疑的史实，似无征引之价值，但最当注意者，秦始皇实与阿育王同时。（秦始皇西纪前二四三——前二一七，阿育王西纪前二六六——前二三〇）阿育派遣宣教师二百五十六人于各地，其派在亚洲者，北至俄属土耳其斯坦，南至缅甸，仅有确证。且当时中印海路交通似已开（法人拉克伯里考据此事颇详）。然则育王所遣高僧或有至中国者，其事非不可能，（佛门掌故称育王起四万八千塔，其二在中国。此虽荒诞，然或是育王与中国有关系之一种暗示。）但藉曰有之。然既与当时被坑之儒同一命运，则可谓与我思想界没交涉也。”①

汤用彤在《汉魏两晋南北朝佛教史》（增订本）中指出：“按此事南北朝前无人道及。隋费长房《历代三宝记》卷一始载之，然未言其出于释道安及朱士行《经录》。按道安《经录》如载此事，则僧祐、慧皎等必有称述。至如朱士行《经录》，亦首见《房录》，此前罕有所闻。费长房自言亦未见其书。《三宝记》芜杂凌乱，谓朱士行曾作录，实不可信。其言出道安、朱士行录云云，乃为佛徒伪造。至若释利防来华，梁任公则以为可信，盖谓始皇与阿育王同时，阿育派遣宣教师二百五十六人于各地，或有人至中国。但阿育王传教虽远及西北，而东北方面则绝无文记。至谓阿育曾派人至缅甸传教，则据今日所知，缅甸距此三百年后乃有佛教。梁氏意似谓佛教在当时经缅甸由海道以传入我国，则亦太远于事实也。”②

蒋维乔在《中国佛教史》中指出：“朱士行《经录》：‘秦王政四年，西域沙门室利房等十八人，始赍佛经来华；王怪其状，捕之系狱；旋放逐国外。”③蒋氏又云：“朱士行《经录》谓秦处中国极西，为西域来中国者必经之道。以其时考之，适值印度阿输迦王在位之年。其派遣传道师来华，虽属意中事，然亦不过拟议之辞，未可尽信。”④“要之，我国知有佛教，应在武帝通西域后。至明帝时，天竺人来华，朝廷尊之。遂视为异闻，而传播于后世。实则中国佛教史，当以安世高，支娄迦谶来时为始也。”⑤

陈恩志在《佛教自有秦传入中国说》中则认为：“与佛教偶像辗转流徙至新疆和

---

① 梁启超：《梁启超全集》第十三卷，北京出版社，1999年，第3725页。

② 汤用彤：《汉魏两晋南北朝佛教史》（增订本），北京大学出版社，2011年，第6页。

③ 蒋维乔：《中国佛教史》，上海古籍出版社，2004年，第3页。原文作：“四年，西域沙门室利房等十八人赍佛经来化，帝以其异俗囚之。夜有丈六金神破户出之，帝惊，稽首称谢，以厚礼遣出境。”［宋］志磐：《佛祖统纪》卷三十四，《大正藏》第49册，第328页中。

④ 蒋维乔：《中国佛教史》，上海古籍出版社，2004年，第4页。

⑤ 蒋维乔：《中国佛教史》，上海古籍出版社，2004年，第4页。

内地的同时，传教的印度和尚也相继涉足陇右和关中。黄仲琴《佛教传入中国诸说之因袭及推进》一文确认，阿育王皈依佛教后第二年，即遣使传佛教于四方，是为周赧王五十七年、秦昭襄王四十九年。11年后，秦始皇即位。‘室利防诸人，或即为阿育王所使，经大夏，涉流沙，沿途宣传，是以历长久时间始至中国’。而‘刘向所见释典，或即为室利防’。‘此事虽未载秦史，以前他籍，亦未记及，然咸阳三月火，史料之毁是可知’。张星烺以东西交通史考察佛教东渐之始，也导致相同的结论。‘更翻阅印度史，孔雀朝阿输迦大王适与秦始皇同时，大王奉佛，遣僧人至四邻诸国，传布佛教，远如埃及、马其顿，皆有佛徒踪迹’。由是观之，《佛祖历代通载》有关始皇二十九年即公元前218年，即有‘沙门室利防等一十八人来自西域。……时国事区区，弗克敬奉’的记载，完全可信。其中虽‘仅言来自西域，而未标明为印度也。然室利防为普通印度人名Sribandhu之译音，其来自印度，可无疑问’。”①

始皇帝二十六年（前 221）庚辰

秦始皇铸十二金人

《史记》载：“堕名城，杀豪俊，收天下之兵聚之咸阳，销锋铸鐻，以为金人十二，以弱黔首之民。”②

《法苑珠林》载：“秦始皇二十六年，有大人身长五丈，足迹六尺，夷狄皆伏。有十二人现于临洮……是岁秦初兼六国，喜以为瑞，铸金人十二以像之。南戍五岭，北筑长城，西径临洮，东至辽东。径数千里。故大人先见于临洮，明祸乱所起也。后十二年而秦亡也”③

陈恩志在《佛教自有秦传入中国说》中则认为：“又按《史记·正义》引《汉书·五行志》称：‘始皇二十六年，有大人长五丈，足履六尺，皆夷狄服，凡十二人，见于临洮，故销兵器，铸而象之’。《三辅黄图》及《三辅旧事》也都说，始皇于是‘销锋镝以为金人十二’。‘铸金狄人，立阿房殿前’等等。这些见于甘肃临洮的‘夷狄服’人，果真确属传教的印度和尚，那么三年之后又有佛教徒来到秦都咸阳，倒也

---

① 陈恩志：《佛教自有秦传入中国说》，《宁夏社会科学》1988年第5期。

②［西汉］司马迁：《史记》卷六，中华书局，1959年，第280—281页。

③［唐］道世：《法苑珠林》卷五，《大正藏》第53册，第308页上。

合乎了佛教影响逐步深入内地的真实历史过程。而《历代三宝记》和《法苑珠林》有关西域沙门赍佛经于时来秦地弘化等文字，也都似可据为定论。”[①]

黄成运则认为始皇帝所铸造的这十二座金人就是金佛像，参见《从金人十二谈佛教传入中国的时间》。[②]

始皇帝三十二年（前215）丙戌

始皇帝求羡门、高誓

《史记》载：“三十二年，始皇之碣石，使燕人卢生求羡门、高誓。刻碣石门。”[③]

韩长耕在《佛教传入中国论考》中指出：“羡门、高誓，令人费解，在汉语中无法诠释明白。王先谦《汉书补注》三，意谓羡门即术数奇门，说无凭信。学人或疑羡门、高誓为梵音，那是合理的。马元材尝比羡门的对音为梵语Sramana，后译桑门，又译沙门。在印度上古吠陀时期的婆罗门教及后起的佛陀教中，Sramana都指奉教的出家人，如通谓之和尚。这个词的音训解定，则高誓为梵语Kasyapa的译音无疑，后世佛经或译迦叶，又译迎叶波。迦叶与阿难陀（Ananda）为释迦牟尼‘亲传法钵’的两大弟子，佛教寺庙中常或塑或画或刻迦叶、阿难于释迦佛之两侧，佛法传播亦常托迦叶、阿难之名。始皇使卢生求‘羡门高誓’，即求“沙门迦叶”。此见秦时佛教传说，已入渤海之滨。”[④]

始皇帝三十三年（前214）丁亥

秦始皇禁不得祠

《史记》载：“（三十三年）禁不得祠。明星出西方。”[⑤]

汤用彤在《汉魏两晋南北朝佛教史》（增订本）中指出：“日人某谓‘不得’为

---

① 陈恩志：《佛教自有秦传入中国说》，《宁夏社会科学》1988年第5期。

② 黄成运：《从金人十二谈佛教传入中国的时间》，《四川民族学院学报》2012年第1期。

③［西汉］司马迁：《史记》卷六，中华书局，1959年，第251页。

④ 韩长耕：《佛教传入中国论考》，《湘潭大学（社会科学学报）》1981年第1期。

⑤［西汉］司马迁：《史记》卷六，中华书局，1959年，第253页。

‘佛陀’之对音，所禁者乃佛祠也（似系藤田丰八之说，但余未见原书）。按‘不得’为虚字，非实字，乌能指为佛陀？据道人研究，始皇盖禁人民私祠出西方之明星。徐广曰：‘皇甫谧云彗星见’，今按谧说非也。《汉书·地理志》，陈仓有上公明星祠。钱坫曰：‘《说文解字》曰：“《甘石星经》曰：‘太白上公妻曰女嫡，居南斗，食厉，天下祭之，曰明星。”’《史记·始皇本纪》三十三年“禁不得祠明星”。’又按《诗·大东》毛传：‘日且出，谓明星为启明。日既入，谓明星为长庚。’然则《史》言明星出西方，正指日既入之长庚言，其为太白无疑。据《天官书》，太白主兵事，故秦人禁民间私祀。段玉裁注《说文》，谓‘天下祭之，盖祀女媊’。亦失之。由此言之，禁不得祠，实与佛教无关也。又宋宗少文谓三五以来，佛法早已流早已流行，但或散没于史策，或绝灭于焚坑（见《弘明集·明佛论》）。其后佛徒多用其说。即《隋书·经籍志》亦曰：佛书久已流布，遭秦之世，所以湮灭，此均更荒诞无据，不可信也。”①

岑仲勉在《春秋战国时期关西的拜火教》中则认为：“三十三年下说：‘禁不得祠。明星出西方。’藤田丰八氏于‘祠’字断句，以‘不得’为‘浮屠’之异译，1943年马元材氏著《秦时佛教已流行中国考》，即主其说。这段记事应怎样句读，我的意见跟藤田氏相同，自始就认‘不得祠’是一种宗教，非东方产物，惟秦代史料太过贫乏，以前又未通过深入钻研，故而看法也随时改变。最初时期，因研究《汉西域传》，知塞种即释迦，故信藤田之说有讨论之余地。次略探古史，觉佛教未盛之前，婆罗门教已有输入之机会，因更提出四项拟议；并根据语言转变、汉唐译例，证Buddha，veda两词都有缁为‘不得’之可能，惟两者之间，取舍仍未能决。1946年秋，在李庄史语所学术讨论会上，才确定‘不得’并非佛教而应为伊兰之火教。”②

辛德勇在《秦始皇禁祠明星事解》中指出：“明星”是金星太白星的称谓，太白金星主兵事，与佛教无关。辛德勇指出：“禁不得祠明星出西方”乃是由于“天文占验观念伴随着战国至嬴秦间政治地理格局而发生的转折性变化”。“‘明星出西方’特别有利于秦国这一局面，到秦始皇二十六年统一战争完成之后，开始发生根本性变化。即如秦始皇在峄山刻石中所自诩的那样，他成功地终结了‘功（攻）战日作，流血于野’的战国时代，‘壹家天下，兵不复起’，这时的战争，已经转化成为统一的

① 汤用彤：《汉魏两晋南北朝佛教史》（增订本），北京大学出版社，2011年，第7页。

② 岑仲勉：《春秋战国时期关西的拜火教》，载《两周文史论丛（外一种）》，中华书局，2004年，第185—186页。

秦王朝与周边各部族的冲突，而北面的胡人亦即匈奴是秦人最主要的征伐对象。如同前引《五星占》所显示的那样，与西北边境之外的‘狄’人亦即匈奴等族相比，秦国的地位已经变换成了‘阳国’，亦即东方之国。《史记·天官书》云‘及秦并三晋、燕、代，自河山以南者中国，中国于四海内则在东南，为阳；……其西北则胡、貉、月氏诸衣旃裘引弓之民，为阴’，讲的也是这一新的天地系统。显而易见，在这种情况下，再继续祠祀作为西方之国瑞应的西出太白，只会给自己带来破军杀将的厄运。”①

韩长耕在《佛教传入中国论考》中指出：“这条记载，曾引起新老几代学人一连串争论。首先是句读之争，约有三说：一是不必再加句断，全句所说为一事。一是句断于‘不得’。以‘不得’作名词，又以‘祠’作动词而连属于下读，即‘禁不得，祠明星出西方。’视所禁者为一事，祠祀者为别一事。一是今日通见之顾颉刚校点二十四史本（中华书局），句读为‘禁不得祠。明星出西方’。则所记为不连贯之两回事，且肯定‘不得祠’为名词。如依第一说，以‘不得’作副词，‘不得’即不可或不准，意指不许祠祀出现于西方的彗星（时贤或释明星为彗星）。但原文‘不得’之前已冠‘禁’字，禁即不可或不许，毋庸再加‘不得’二字，如此重复，殊不合古汉语语法，史记亦无此先例，因而此说不能成立。余下二、三说，则引出‘不得’或‘不得祠’这个名词究何所指的解说之争。前人岑仲勉疑‘不得’是梵语Buddha的对音（见《真理》杂志第一期），换言之，‘不得’即浮屠或佛陀的异写。我认为这个推断是有理而且赞同的，先秦及秦汉典籍中常夹有梵语（注四），许多人已不持异议。‘不得’既是梵语Bubbha的音写，也即比佛陀更早的汉译（注五），结合前引有关史料，证见佛教已在秦代一度传入且曾流行，只是因为秦皇的禁令而若一现昙花，随即销声匿迹。这种情况在历史上是有类例可寻的，如唐代传入的景教（耶苏教或基督教的一支），不仅有确切的历史文献记载，且有明末发现的唐碑（大秦景教流行碑）和敦煌出现的景教文本诸实物证据，后因‘会昌法难’，景教并佛教概被唐武宗禁断，自兹以迄明末基督教再度传入的数百年间，中国人几于基督教一无所知，遑论其他。”②

韩伟在《秦始皇时代佛教已传入中国考》中则认为：“‘禁不得祠’者，‘不得’当为佛陀之音译。佛祠者即佛寺。传播佛教经籍与信仰者，最初均为西域或通过西域来华的异国人士。他们来华统属鸿胪寺的客人，在鸿胪寺居住，所以，后来佛教僧人居住之处统称‘寺’。而不得祠应是初期来华，奉祀佛陀及佛教徒入住之地在秦代之

① 辛德勇：《旧史舆地文录》，中华书局，2013年，第141、148页。

② 韩长耕：《佛教传入中国论考》，《湘潭大学社会科学学报》1981年第1期。

称谓。司马迁将禁佛祠与秦始皇攻略百越，斥逐匈奴，北伐戎人并设郡县等军国大事并列叙述，可知司马迁曾见到秦人遗留的文字依据，而且兹事体大！这个禁令当然不仅仅是适合国都咸阳，全国其他地方有不得祠者亦当奉行。可见当日佛祠之普及程度。这种普及必然带来一定的社会问题，促使秦始皇做出禁佛这一重大决定，这是佛教初传并引起中央政府高度重视的历史事实，是不可忽视的，因此，我们应将汉明帝时佛教才传入中国的说法，修正为至迟在秦始皇时代已有佛教传入中国，这是对历史的尊重。”①

段清波在《从秦始皇陵考古看中西文化交流（二）》中则认为：“佛教经过中亚传入中国几无异议，但何时传到中原尚无定说。作为一种可能，秦代传入或许可备一说……作为一种可能，秦代时佛教或已传进中国。我们提出这种可能的前提，是秦文化中已有屡见不鲜的西方文化因素存在。”②

始皇帝三十四年（前213）戊子

秦始皇焚书

《史记·秦始皇本纪》载：“三十四年，适治狱吏不直者，筑长城及南越地。始皇置酒咸阳宫，博士七十人前为寿。仆射周青臣进颂曰：‘他时秦地不过千里，赖陛下神灵明圣，平定海内，放逐蛮夷，日月所照，莫不宾服。以诸侯为郡县，人人自安乐，无战争之患，传之万世。自上古不及陛下威德。’始皇悦。博士齐人淳于越进曰：‘臣闻殷周之王千余岁，封子弟功臣，自为枝辅。今陛下有海内，而子弟为匹夫，卒有田常、六卿之臣，无辅拂，何以相救哉？事不师古而能长久者，非所闻也。今青臣又面谀以重陛下之过，非忠臣。’始皇下其议。丞相李斯曰：‘五帝不相复，三代不相袭，各以治，非其相反，时变异也。今陛下创大业，建万世之功，固非愚儒所知。且越言乃三代之事，何足法也？异时诸侯并争，厚招游学。今天下已定，法令出一，百姓当家则力农工，士则学习法令辟禁。今诸生不师今而学古，以非当世，惑乱黔首。丞相臣斯昧死言：古者天下散乱，莫之能一，是以诸侯并作，语皆道古以害

① 韩伟：《秦始皇时代佛教已传入中国考》，《文博》2009年第2期。

② 段清波：《从秦始皇陵考古看中西文化交流（二）》，《西北大学学报（哲学社会科学版）》2015年第2期。

今，饰虚言以乱实，人善其所私学，以非上之所建立。今皇帝并有天下，别黑白而定一尊。私学而相与非法教，人闻令下，则各以其学议之，入则心非，出则巷议，夸主以为名，异取以为高，率群下以造谤。如此弗禁，则主势降乎上，党与成乎下。禁之便。臣请史官非秦记皆烧之。非博士官所职，天下敢有藏《诗》《书》、百家语者，悉诣守、尉杂烧之。有敢偶语《诗》《书》者弃市。以古非今者族。吏见知不举者与同罪。令下三十日不烧，黥为城旦。所不去者，医药卜筮种树之书。若欲有学法令，以吏为师。'制曰：'可。'"①

《破邪论》载："至秦始皇三十四年，焚烧典籍，育王诸塔由此隐亡，佛家经传靡知所在。"②

《广弘明集》载："经十二王，至秦始皇三十四年，焚烧典籍，育王诸塔由此沦亡，佛家经传靡知所在。"③

《法苑珠林》作"至秦始皇二十四年"④。

①［西汉］司马迁：《史记》卷六，中华书局，1959年，第253—255页。
②［唐］法琳：《破邪论》卷二，《大正藏》第52册，第484页下。
③［唐］道宣：《广弘明集》卷十一，《大正藏》第52册，第166页上。
④［唐］道世：《法苑珠林》卷十二，《大正藏》第53册，第379页上。

西汉

汉武帝元狩元年（前122）己未

张骞西行，始闻佛教

《魏书·释老志》载："及开西域，遣张骞使大夏还，传其旁有身毒国，一名天竺，始闻有浮屠之教。"①

《资治通鉴》载："（西汉武帝元狩元年）初，张骞自月氏还，具为天子言西域诸国风俗：'大宛在汉正西，可万里。其俗土著，耕田；多善马，马汗血；有城郭、室屋，如中国。其东北则乌孙，东则于寘。于寘之西，则水皆西流注西海，其东，水东流注盐泽。盐泽潜行地下，其南则河源出焉。盐泽去长安五千里。匈奴右方居盐泽以东，至陇西长城，南接羌，鬲汉道焉。乌孙、康居、奄蔡、大月氏，皆行国，随畜牧，与匈奴同俗。大夏在大宛西南，与大宛同俗。臣在大夏时，见邛竹杖、蜀布，问曰："安得此？"大夏国人曰："吾贾人往市之身毒。"身毒在大夏东南可数千里，其俗土著，与大夏同。以骞度之，大夏去汉万二千里，居汉西南；今身毒国又居大夏东南数千里，有蜀物，此其去蜀不远矣。今使大夏，从羌中，险，羌人恶之；少北，则为匈奴所得；从蜀，宜径，又无寇。天子既闻大宛及大夏、安息之属皆大国，多奇物，土著，颇与中国同业，而兵弱，贵汉财物。其北有大月氏、康居之属，兵强，可以赂遗设利朝也。诚得而以义属之，则广地万里，重九译，致殊俗，威德遍于四海，欣然以骞言为然。乃令骞因蜀、犍为发间使王然于等四道并出，出駹，出冉，出徙，出邛、僰，指求身毒国，各行一二千里，其北方闭氐、莋，南方闭嶲、昆明。昆明之属无君长，善寇盗，辄杀略汉使，终莫得通。于是汉以求身毒道，始通滇国。滇王当羌谓汉使者曰：'汉孰与我大？'及夜郎侯亦然。以道不通，故各自以为一州主，不知汉广大。使者还，因盛言滇大国，足事亲附；天子注意焉，乃复事西南夷。"②

汤用彤在《汉魏两晋南北朝佛教史》（增订本）中指出："《魏书·释老志》言汉武帝时佛法始通中国。并曰：'及开西域，遣张赛使大夏还，传其旁有身毒国，一名天竺，始闻浮屠之教。'查《史记·大宛传》张博望虽言及身毒，然于浮图，则《史》《汉》均未记其有所称述。且《后汉书·西域传》曰：'至于佛道神化，兴自

① ［北齐］魏收：《魏书》卷一百一十四，中华书局，1974年，第3025页。

② ［北宋］司马光：《资治通鉴》卷十九，中华书局，1956年，第627—629页。

身毒，而二汉方志，莫有称焉。张赛但著地多暑湿，乘象而战。’据此‘始闻浮屠之教’云云，系魏收依通西域事而臆测之辞，并非述骞所言也。唐时《广弘明集》引《释老志》而改窜此文曰：‘及开西域，遣张骞使大夏，还，云身毒、天竺国有浮图之教。’是以魏氏臆断之词改为张骞所说。所改虽微，然道宣引书，往往点窜原文，以证实其所信。名僧如此，则无聊僧人之作伪可知。而其流传之故事虚妄不实，盖亦可知矣。”①

日本学者镰田茂雄在《中国佛教通史》中则认为：“张骞虽然不知有佛教，但在元寿元年（前二）以前，在中国之知佛教的存在，已堪确定。”②

汉武帝元狩二年（前121）庚申

汉武帝得匈奴祭天金人

《汉书·霍去病传》载：“（霍去病）收休屠祭天金人。”③

《魏书·释老志》载：“汉武元狩中，遣霍去病讨匈奴，至皋兰，过居延，斩首大获。昆邪王杀休屠王，将其众五万来降。获其金人，帝以为大神，列于甘泉宫。金人率长丈余，不祭祀，但烧香礼拜而已。此则佛道流通之渐也。”④

《太平御览》载：“汉使骠骑将军霍去病出陇，过焉耆山，得休王屠祭天金人。颜师古注曰：作金人以为天神之主而祭之，即今佛象，是其遗法也。”⑤

《资治通鉴》载：“（西汉武帝元狩二年）霍去病为票骑将军，将万骑出陇西，击匈奴，历五王国，转战六日，过焉支山千余里，杀折兰王，斩卢侯王，执浑邪王子及相国、都尉，获首虏八千九百余级，收休屠王祭天金人。”⑥

汤用彤在《汉魏两晋南北朝佛教史》（增订本）中指出：“综上所言：（甲）《史记》《汉书》并未言及武帝列休屠丈余金人于甘泉，烧香礼拜。（乙）《汉书·金日磾传赞》，有立金人为祭天主之言，其后注解多有从之者。（丙）汉武帝时，印度未

① 汤用彤：《汉魏两晋南北朝佛教史》（增订本），北京大学出版社，2011年，第7—8页。
② ［日］镰田茂雄著，关世谦译：《中国佛教通史》第一卷，佛光出版社，1985年，第99页。
③ ［东汉］班固：《汉书》卷五十五，中华书局，1962年，第2479页。
④ ［北齐］魏收：《魏书》卷一百一十四，中华书局，1974年，第3025页。
⑤ ［宋］李昉等：《太平御览》卷六百五十三，中华书局，1960年，第2917页。
⑥ ［北宋］司马光：《资治通鉴》卷十九，中华书局，1956年，第630页。

有造佛像之事。（丁）金日磾乃休屠太子，无奉佛传说。（戊）甘泉宫乃象紫微宫之十二星。而休屠金人与径路祠则同另在一地。由此五证，《释老志》所言之虚妄可知也。”①

日本学者和田清原在《佛教东传年代论》中指出：“不过，白鸟博士（白鸟库吉）告诉我们了，这尊金人是太一之威神，长着一片片突出的龙鳞，所以也决不是佛像。佛教起源地跟中国，当时都还没有拜佛像的习惯，因此，这个讲法更是正确极了。《魏书》里根据这件事这么推演，我们别无选择，只得说它把时代弄错了。而且，所谓张骞听说‘浮屠之教’，把话传进中国之事，更是虚妄不经，因为《史记》《汉书》里都没记载这回事。”②

《中国佛教史》指出：“实际上，汉武帝时期（公元前二世纪）印度佛教还处于部派佛教时期，社会上既没有成文佛经，也没有制造佛像。当时的佛教以佛塔为崇拜中心，而直到公元后一、二世纪，随着佛教徒对佛陀的不断神化和大乘佛教的逐渐形成，印度佛教在吸收希腊和波斯的宗教文化的基础之上，才逐渐有佛像的制作和崇拜。因此，说汉武帝时已有佛像祭祀是不能成立的。”③

陈恩志在《佛教自秦传入中国说》中则认为：“事实上出自早期犍陀罗派手笔的佛像制品，大约从阿育王执政的后期便逐渐多了起来。并且随着佛教对外大传播的声势，很可能于公元前3世末即被搬运到我国新疆的于阗和龟兹诸国内，此后又次第被传入陕西渭北高原的匈奴人中。从中见知，有关始皇年间匈奴人即在甘泉山下供养金人佛像的记载，乃是既符合逻辑又符合历史的情形。”④

汉武帝元狩三年（前120）辛酉

汉武帝凿昆明池得墨灰

《高僧传》载：“又昔汉武穿昆明池，底得黑灰，以问东方朔。朔云：‘不委，可问西域人。’”⑤

---

① 汤用彤：《汉魏两晋南北朝佛教史》（增订本），北京大学出版社，2011年，第10页。

② 许章真译：《西域与佛教文史论集》，台湾学生书局，1998年，第221页。

③ 任继愈主编：《中国佛教史》第一卷，中国社会科学出版社，1981年，第64页。

④ 陈恩志：《佛教自有秦传入中国说》，《宁夏社会科学》1988年第5期。

⑤［梁］慧皎：《高僧传》卷一，《大正藏》第50册，第323页上。

《历代三宝纪》载：（元狩）“三年，凿昆明池。遍于下际，悉是灰墨。帝以其事问东方朔，朔奉答云：‘非臣所知，陛下可访西域胡人。’”①

《广弘明集》载：“又汉武帝，凿昆明池得墨灰，以问东方朔。朔云：‘非臣所知，可问西域胡人。’后外国沙门竺法兰来，因以事问。兰云：‘是劫烧余灰也。’方朔既博识通人，生知俊异。无问不酬，无言不答，岂容不达？逆记胡人，盖是方朔久知佛法兴行胜人必降，故有斯对也。”②

《北山录》载：“凿昆明池（汉武元狩三年，减陇西上郡戍卒之半，及弄法者谪之，使穿昆明池。《西京杂记》云：‘池中刻石为鱼，至遇雷雨，鱼常鸣吼。上有艛船数百，戈矛照烛。’《三辅故事》云：‘广三百二十亩，初穿得黑灰，帝将以问东方朔也。）得黑灰，问东方朔，朔曰：‘此非臣能知，陛下可问西域胡道人。’”③

汤用彤在《汉魏两晋南北朝佛教史》（增订本）中指出：“然在刘宋时，宗少文乃言东方朔对汉武劫烧之说，是言劫烧者非法兰而为朔。然据《僧传》所言，朔并未识劫灰也。”④

汉武帝元鼎二年（前115）丙寅

李延年以《摩诃兜勒》而更新二十八解

《古今注》载：“横吹，胡乐也。博望侯张骞入西域，传其法于西京，唯得《摩诃兜乐》一曲。李延年因胡曲更进新声二十八解，乘舆以为武乐，后汉以给边将军。和帝时，万人将军得用之。魏晋以来，二十八解不复俱存。见世用《黄鹄》《陇头》《出关》《入关》《出塞》《入塞》《折杨柳》《覃子》《赤之阳》《望行人》十曲。”⑤

《晋书》载：“胡角者，本以应胡笳之声，后渐用之横吹，有双角，即胡乐也。张博望入西域，传其法于西京，惟得《摩诃兜勒》一曲。李延年因胡曲更造新声二十八解，乘舆以为武乐。后汉以给边将，和帝时，万人将军得用之。魏晋以来，

① ［隋］费长房：《历代三宝纪》卷二，《大正藏》第49册，第29页中。

② ［唐］道宣：《广弘明集》卷十一，《大正藏》第52册，第166页中。

③ ［唐］神清撰，慧宝注：《北山录》卷五，《大正藏》第52册，第600页下。

④ 汤用彤：《汉魏两晋南北朝佛教史》（增订本），北京大学出版社，2011年，第7页。

⑤ ［西晋］崔豹：《古今注》卷中，《四部丛刊》三编子部，上海涵芬楼影印宋刊本，第35页。

二十八解不复具存，用者有《黄鹄》《陇头》《出关》《入关》《出塞》《入塞》《折杨柳》《黄覃子》《赤之杨》《望行人》十曲。”①

谢立新在《中国佛教音乐之初》中指出：“佛教音乐之东传，似在佛教之先。晋崔豹《古今注》载：‘横吹，胡乐也。博望侯张骞入西城，传其法于西京，唯得《摩诃兜勒》一曲。李延年因胡曲更新入二十八解，乘舆以为武乐。’唐房玄龄，褚遂良等撰之《晋书》亦有此说。公元前138—126年间张博望应募首使西域，经大宛、康居到达大月氏；公元前119年，他二赴西域，其副使亦已到达大月氏。其时该国已占领今克什米尔一带的大夏，建都犍陀罗，控制了古印度、希腊文化交融的西北印度地区。虽然崔豹没有言明《摩诃兜勒》系哪次西行携回，但此事本身应是可信的。”②

孙尚勇在《中古汉译佛经偈颂诗学价值述略》中指出：“据《史记·大宛列传》、《汉书·百官公卿表下》，张骞带回《摩诃兜勒》及李延年‘更进新声二十八解’至迟在元鼎二年（前115）前后。”③

汉武帝元封二年（前109）壬申

龟兹国献澡灌一口

《梁书》载：“（刘）之遴好古爱奇，在荆州聚古器数十百种。有一器似瓯，可容一斛，上有金错字，时人无能知者。又献古器四种于东宫。其第一种，镂铜鸱夷榼二枚，两耳有银镂，铭云‘建平二年造’。其第二种，金银错镂古樽二枚，有篆铭云‘秦容成侯适楚之岁造’。其第三种，外国澡灌一口，铭云‘元封二年，龟兹国献’。其第四种，古制澡盘一枚，铭云’初平二年造’。”④

《世界佛教通史》：“‘澡灌’是佛教僧侣所用器具。如果这个记载真实，那么龟兹在汉武帝时期就出现了佛教僧人。由此推断，龟兹最早应该在公元前2世纪末叶出现佛教。这应该是佛教进入中国的最早时间。”⑤

---

①［唐］房玄龄等：《晋书》卷二十三，中华书局，1974年，第715—716页。

②谢立新：《中国佛教音乐之初》，《南京艺术学院学报》（音乐与表演版）1988年第1期。

③孙尚勇：《中古汉译佛经偈颂诗学价值述略》，《宗教学研究》2009年第4期。

④［唐］姚思廉：《梁书》卷四十，中华书局，1973年，第573页。

⑤魏道儒主编：《世界佛教通史》第三卷，中国社会科学出版社，2015年，第17页。

汉成帝鸿嘉二年（前19）壬寅

刘向校书见佛经

《弘明集》载：“刘向《列仙》叙七十四人在佛经。”①

《历代三宝纪》载：“又平帝世，大夫刘向自称：‘余览典籍，往往见有佛经。’及删《列仙传》，云得藏书缅寻太史，创撰《列仙图》，自六代迄到于今七百余人。向检虚实定，得一百四十六人，其七十四人，已见佛经。推此，岂非汉时经目及古、旧二《录》，道安所载《十二贤者》等经例是。所余止有七十二人为《列仙传》。此盖博识睹其大伦，将知周时久流释典。情识未洽，归信者稀。秦虽爇除，汉复兴出。”②

《广弘明集》载：“前汉成帝时，都水使者光禄大夫刘向《传》云：‘向博观史籍，备览经书，每自称曰：“余遍寻典策，往往见有佛经。”’及著《列仙传》云：‘吾搜检藏书，缅寻太史，创撰《列仙图》，自黄帝已下，六代迄到于今，得仙道者，七百余人。向捡虚实，定得一百四十六人。’又云：‘其七十四人，已见佛经矣。’推刘向言藏书者，盖始皇时，人间藏书也。或云：‘夫子宅内所藏之书。’据此而论，岂非秦汉已前，早有佛法流行震旦也。寻道安所载十二贤者，亦在七十四之数，今《列仙传》见有七十二人。”③

《佛祖统纪》载：“鸿嘉二年，光禄大夫刘向校书天禄阁，往往见有佛经。向著《列仙传》云：‘吾搜检藏书，缅寻太史撰《列仙图》。自黄帝已下迄至于今，得仙道者七百余人。检定虚实，得一百四十六人，其七十四人已见佛经矣。’”④

《四库全书总目》载：“《列仙传》二卷，旧本题汉刘向撰。纪古来仙人自赤松子至元俗凡七十一人，人系以赞，篇末又为总赞一首。其体全仿《列女传》。陈振孙《书录解题》谓不类西汉文字，必非向撰。黄伯思《东观余论》谓是书虽非向笔，而事详语约，词旨明润，疑东京人作。今考是书，《隋志》著录则出于梁前，又葛洪《神仙传》序亦称此书为向作，则晋时已有其本。然《汉志》列刘向所序六十七篇，但有《新序》《说苑》《世说》《列女传》图颂，无《列仙传》之名；又《汉志》所录，

① ［梁］僧祐：《弘明集》卷十一，《大正藏》第52册，第72页上。
② ［隋］费长房：《历代三宝纪》卷二，《大正藏》第49册，第29页下。
③ ［唐］道宣：《广弘明集》卷十一，《大正藏》第52册，第166页上。
④ ［宋］志磐：《佛祖统纪》卷三十五，《大正藏》第49册，第329页上。

皆因《七略》，其总赞引《孝经援神契》，为《汉志》所不载；涓子传称其琴心三篇，有条理，与《汉志·蜎子》十三篇不合；《老子传》称作《道德经》上下二篇，与《汉志》但称《老子》亦不合；均不应自相违异。或魏、晋间方士为之，托名于向耶？”①

余嘉锡在《四库提要辨证》中指出：“综合诸说观之，此书（《列仙传》）盖明帝以后顺帝以前人之所作也。”②

汤用彤在《汉魏两晋南北朝佛教史》（增订本）中指出：“南宋时志磐谓其所见之传犹有此语。但佛经已改为仙经。而现在通行版本，则已无七十四人出于佛经或仙经之语。盖此书曾历经道士改窜也。”③

蒋维乔在《中国佛教史》中则认为：“据此足为向校书时，已有佛经之证。”④“刘向《列仙传》，载黄帝以来得仙道者百四十六人。其七十余人见于佛经。所谓汉以前列仙七十余人见于佛经者，初不明为何事。而《统记》称今书肆板行者，乃云七十四人，已在仙经。盖是道流擅改耳。由此观之，或系引文之误。如曰黄帝以来得仙道而名列仙经者七十四人，则其说较妥矣。”⑤

汉哀帝元寿元年（前2）己未

伊存口授佛经

《三国志》裴松之注引鱼豢《魏略·西戎传》云：“昔汉哀帝元寿元年，博士弟子景卢受大月氏王使伊存口受《浮屠经》曰复立者其人也。《浮屠》所载临蒲塞、桑门、伯闻、疏问、白疏间、比丘、晨门，皆弟子号也。《浮屠》所载与中国老子经相出入，盖以为老子西出关，过西域之天竺，教胡。浮屠属弟子别号，合有二十九，不能详载，故略之如此。”⑥

《魏书·释老志》载：“哀帝元寿元年，博士弟子秦景宪受大月氏王使伊存口授

---

①［清］永瑢等：《四库全书总目》卷一百四十六，中华书局，1965年，第1248页。

② 余嘉锡：《四库提要辨证》卷十九，中华书局，1980年，第1207页。

③ 汤用彤：《汉魏两晋南北朝佛教史》（增订本），北京大学出版社，2011年，第10页。

④ 蒋维乔：《中国佛教史》，上海古籍出版社，2004年，第3页。

⑤ 蒋维乔：《中国佛教史》，上海古籍出版社，2004年，第4页。

⑥［西晋］陈寿：《三国志》卷三十，中华书局，1959年，第859页。

《浮屠经》。中土闻之，未之信了也。”①

《历代三宝纪》载：“又哀帝世，元寿年中景宪使于大月支国，受得《浮图经》。验向所寻便实录矣。”②

《广弘明集》载：“哀帝元寿中，使景宪往大月氏国，因诵《浮图经》还。于时，汉境稍行斋戒，据此曾闻佛法。中途潜隐，重此中兴。”③

梁启超指出：“此事在历史上虽为孤证，然其时大月氏王丘就郤，正征服罽宾，而罽宾实当时佛教极盛之地，则月氏使臣对于佛教有信仰，而我青年学子之怀抱新思想者，从而同业，亦意中事。但既无著述，亦无传授，则影响固不及于思想界耳。”④

汤用彤在《汉魏两晋南北朝佛教史》（增订本）中指出：“最初佛教传入中国之记载，其可无疑者，即为大月氏王使伊存授《浮屠经》事……伊存是否实以此年中曾至中国，不能妄断。但自张骞通使以来，葱岭以西诸国皆颇有使者东来，则大月氏是时有使人至中国，亦可信也。《裴注》与《世说注》所引相同，而年代又均较早，则谓伊存使汉，博士弟子景卢受经，或较为确实也。”⑤

临儿国佛教为汉朝所知

《三国志》裴松之注引鱼豢《魏略·西戎传》云：“临儿国，《浮屠经》云其国王生浮屠。浮屠，太子也。父曰屑头邪，母云莫邪。浮屠身服色黄，发青如青丝，乳青毛，蛉赤如铜。始莫邪梦白象而孕，及生，从母左胁出，生而有结，堕地能行七步。此国在天竺城中。天竺又有神人，名沙律。昔汉哀帝元寿元年，博士弟子景卢受大月氏王使伊存口受《浮屠经》曰复立者其人也。”⑥

陈子良《辩正论注》引《魏略·西域传》云：“临倪国王无子，因在浮图，其妃莫耶梦白象而孕，及太子生，亦从右胁而出，自然有髻，堕地能行七步，其形相似佛，以祀浮图得儿，故名太子为浮图也。国有神人，名曰沙律，年老发白，状似老子，常教民为浮图。近世黄巾，见其头白，改彼沙律，题此老聃，曲能安隐，诳惑天

① [北齐] 魏收：《魏书》卷一百一十四，中华书局，1974年，第3025页。
② [隋] 费长房：《历代三宝纪》卷二，《大正藏》第49册，第29页下。
③ [唐] 道宣：《广弘明集》卷二十五，《大正藏》第52册，第285页中。
④ 梁启超：《梁启超全集》第十三卷，北京出版社，1999年，第3725页。
⑤ 汤用彤：《汉魏两晋南北朝佛教史》（增订本），北京大学出版社，2011年，第29—30页。
⑥ [西晋] 陈寿：《三国志》卷三十，中华书局，1959年，第859—860页。

下。前汉哀帝时秦景至月氏国，其王令太子口授《浮图经》还汉，《浮图》所载略与《道经》相出入也。”①

清末学者沈增植指出：“自安公录经以来，溯源汉世，最先止于摩腾之《四十二章》。哀帝遣使之言，几等于室利来化，靡所征据。范蔚宗谓二汉方志，于浮屠神化，莫有称者。岂知鱼氏书中，不惟详月氏、天竺国地，且略存最古之《浮屠经》要乎！隋费长房《历代三宝记》援引史事，最能纪远。其年次表，纪哀帝元寿元年景宪使大月氏国，受得《浮图经》。浮图者，即佛陀也。岂非经来相续久矣。又记历代众经目录，《古录》一卷，注云：‘似是秦时释利防等所赍来经目录。’《汉时佛经目录》一卷，注云：‘似是迦叶、摩腾创译《四十二章》，因即撰录。’《旧录》一卷，注云：‘似前汉刘向搜集藏书，所见经录。’以上三家，虽传记有目，并未尝见。故费氏所记译本，断起东汉。据景庐、景宪，名字不同；使于月氏，受之来使，事实亦异。知长房所述，别出他书，非关鱼氏。此《浮屠经》之断圭零璧，盖长房亦未之见也。”②

方广锠在《〈浮屠经〉考》中则认为：“‘临儿国’，《御览》卷三七〇作‘临乐国’；《正义》作‘临毗国’；《画跋》作‘临倪国’。当指释迦牟尼的故乡迦毗罗卫，梵文原文作Kapilavastu，遗址在今印度、尼泊尔边境地区。（一说为今尼泊尔鲁明迪地区之提罗拉科特；一说为今印度北方邦巴斯底县之庇普拉瓦。两地相距不远，均位于印、尼边境。我意以庇普拉瓦为是。）Kapilavastu原意为‘黄头居处’。《慧苑音义》释为：‘谓上古有黄头仙人，依此处修道，故因名也。’在汉译佛典中或作音译，或作意译，异名甚多，但未见有译作‘临儿国’者。该‘临儿国’名与梵文原名对音不类，显非音译。我怀疑它或是从释迦族起源传说中衍出之译名，此处限于篇幅，无法详述。至于‘临乐’、‘临毗’、‘临倪’三名，自然也非音译。由于均为仅此一见，故很可能是传抄之讹误。起码‘临倪’是由‘临儿’化出。既为仅此一见，则孤证不立，故在此暂置勿论。‘浮屠’，《世说》作‘浮图’，即梵文Buddha之音译，后通译作‘佛’或‘佛陀’。故所谓《浮屠经》，意实为《佛经》。据现有材料，古代印度并没有一部名叫《佛经》的佛教典籍，因此，这儿所谓的《浮屠经》不能视为某一部印度佛典的完整翻译。”③

---

① [唐] 法琳：《辩正论》卷五，《大正藏》第52册，第522页中。

② [清] 沈增植撰，钱仲联辑：《海日楼札丛（外一种）》卷五，中华书局，1962年，第226—227页。

③ 方广锠：《〈浮屠经〉考》，《法音》1998年第6期。

东汉

汉光武帝建武九年（33）癸巳

《新论》或已有佛教思想

《后汉书·桓谭传》载："初，谭著书言当世行事二十九篇，号曰《新论》，上书献之，世祖善焉。"①

孙少华在《桓谭年谱》中指出："（光武帝建武九年，桓谭六十九岁）本年前后，桓谭上《新论》。"②

杨宪益在《译余偶拾》中指出："神不灭论为后日佛教玄学的主干，而关于此说的论辩适肇始于桓谭《新论》，桓谭又是佛教始传中国时代的人，此事似非偶然。《御览》引《新论》逸文云：'刘子骏信方士虚言，谓神仙可学，尝问言："人诚能抑嗜欲，阖耳目，可不衰竭乎？"余见其庭下大榆树，久而剥折，指谓曰：'彼树无情欲可忍，无耳目可阖，然犹枯槁朽蠹，人虽欲爱养，何能使之不衰？'此处所言忍抑情欲，令人想起《四十二章经》所言：'爱欲之人犹执炬火逆风而行。人为道，去情欲，当如革见火。'《四十二章经》里革火的譬喻，又令人想起《弘明集》所引《新论》桓谭与刘歆兄子伯玉问答一段：'余后与刘伯师夜燃脂火坐语，灯中脂索而炷焦秃将灭息，则以示晓伯师曰："人衰老亦如彼秃炷矣。"……伯师曰："灯烛尽当益其脂，易其烛。人衰老亦如彼自缵续。"余应曰："人既禀形体而立。犹彼持灯一烛，及其尽极，安能自尽易？"'对照看来，其间似不无关系……桓谭《新论》里既亦有《四十二章经》的痕迹，则其传入中国当更早。"③

汉明帝永平四年（61）辛酉

孔望山摩崖石刻兴建

俞伟超在《孔望山摩崖造像的年代考察》中指出："孔望山的全部摩崖造像都应是东汉桓、灵时期的雕刻，而其中的四个小龛，大概时代最晚……综上所述，可知孔

---

① ［南朝宋］范晔：《后汉书》卷二十八上，中华书局，1965年，第961页。

② 孙少华：《桓谭年谱》，社会科学文献出版社，2012年，第289页。

③ 杨宪益：《译余偶拾》，北京出版社，2019年，第245—246页。

望山摩崖造像和立体圆雕，应是东汉桓灵之时的道教寺院——‘东海庙’祭坛上供奉的神像及其附属建筑的雕刻。当时的道教以黄老为崇拜对像，在滨海地区至黄河中游一带因以《太平经》为经典，又称为太平道，所以这里的道教造像无疑是太平道的礼拜物；又因其时佛教已日渐在中土流传并依附于道教，所以这里供奉的神像就包括有佛教内容。这样一个遗迹的发现，对研究我国道教、佛教的早期状况无疑具有重要的意义。东汉时期的佛教艺术作品，过去已有零星发现，但由于材料不足，对于当时的艺术手法还说不清楚。现在有了这一批材料，就可以帮助我们了解到：我国早期的佛教雕刻，并没有明显的键陀罗艺术风格，它虽有一些外来的手法，但并不居主要地位。用中国汉代传统的画像石技法，表现外来的佛教题材，是孔望山摩崖造像的重要特点之一。看来，在云冈、龙门等地石窟中北魏时期雕像上那种浓厚的犍陀罗作风，是经过后来的不断影响才加强的。当然，距巴基斯坦较近的新疆地区，佛教艺术当其一出现时，就带有比较多的犍陀罗风格，这也是很可能的。”①

丁义珍在《连云港市孔望山摩崖造像调查报告》中指出：“关于这批造像的年代，我们初步认为属于东汉晚期，其理由如下：首先，孔望山摩崖造像用传统的汉画像石技法表现外来的佛教题材，这是孔望山佛教造像最突出的一个特点，也是我们判断它的年代的一个重要依据。纵观孔望山摩崖造像的技法，可归纳为阴线雕、减地平面浅浮雕、减地弧面浅浮雕和高浮雕四种。阴线雕见于X13、X67和四个龛室造像。特别是四龛刻像，刀法明快流畅，线条细劲飘逸，与沂南、徐州东汉晚期画像石的线雕风格极为相似。高浮雕见于X21、X83和10组中的虎头，多依山石原状作成，细部都用阴线表现，这些和山东沂南东汉画像石上的高浮雕手法一致。在摩崖造像中，多数图像是以平面或弧面浮雕为造型手段，雕刻前先将山石打平，再减地突出像的轮廓，然后，基本上用阴线刻出像的细部。多数像在轮廓内保持平面，轮廓外减地为1—3厘米；少数像或局部呈弧面鼓起，轮廓外减地4—5厘米不等。据初步统计，平面浅浮雕占整个造像的百分之八十以上，这种现象与东汉晚期画像石的情况是相符的。

“孔望山石象和石蟾蜍的圆雕技法，虽不见于汉代画像石中，但在汉代，这种技法已经存在，如陕西兴平西汉霍去病墓前的石刻群、山东沂水东汉永和五年的石羊、雅安高颐墓前的石辟邪和洛阳周山出土的石辟邪等，都是圆雕。孔望山的圆雕石象，先在巨石上雕出轮廓，腹下不透雕，通身遍布线条，具有汉画像石上的浮雕和线刻趣味，这正是汉代的兽雕风格。至于石蟾蜍，更是汉代石刻和绘画中流行的题材，而在

---

① 俞伟超、信立祥：《孔望山摩崖造像的年代考察》，《文物》1981年第7期。

汉以后，就不多见了。

“另外，孔望山佛教造像中的XZ、X61两立像和X76坐像，都是双手置胸前，右手施无畏印，左手作握衣状，与四川彭山崖墓陶座上的坐佛图、乐山麻壕享堂的坐佛图、沂南汉画像石上的坐佛图的手势完全一样，这为我们进一步认识孔望山造像的年代提供了直接的例证。再从造像的布局和题榜来看，孔望山佛教造像分层分段的布局和不留刻铭的题榜，也是汉画像石流行的风格。”[①]

韩国学者李正晓在《中国早期佛教造像研究》中指出：“孔望山摩崖造像位于江苏连云港市海州城东北2.5公里的锦屏山东侧。1980年，史树青提出其为中国最早的佛教摩崖造像，有人进一步提出了为东汉桓、灵年间（147—189年）所造，有‘涅槃群像’、‘舍身饲虎’等图像。据《连云港孔望山摩崖造像实测图》，孔望山摩崖造像中可断定为佛的有一组X2，六组X68，八组X71、X76。其他大多也与佛教有关。孔望山佛教摩崖造像最大的三尊造像中，X68为佛像，即孔望山佛教摩崖造像中最高、居于中心位置的一尊，高肉髻，右手上举，可能是左手握衣角……X2为一立佛，肉髻，大耳，深目直鼻，右手上举，左手握袈裟，衣纹已风化，双脚分开脚尖向外而立。X71也是立佛，肉髻，头光，分开脚尖向外而立。X76是一坐佛，肉髻，右手上举，可能是左手握衣角。”[②]

纪达凯在《孔望山造像纪年题刻的发现及相关学术问题》中指出：“题刻镌刻于石象左前腿凹进去的部分，竖写，长约40，宽约8厘米，内容为：‘永平四年四月篆’。书体为隶书，间架扁方，体势俊秀，运笔飘逸，与《曹全碑》风格近似。这种书体可以和连云港市尹湾汉墓出土的简牍、苏马湾界域刻石的书体相比较。题刻对孔望山整个造像断代具有决定性作用。从孔望山造像发现以来，学术界在孔望山造像中存在佛教内容也存在东汉晚期的造像这两个问题上取得了共识。”[③]“我们认为孔望山的造像是为祭祀东海王刘疆而造，建造的时间为永平元年（公元58年），完成时间为永平四年四月（公元61年4月）。连云港市学者曾在八十年代发表的论文中曾对孔望山造像的施主进行考订，认为X66，高1.67米，宽1.71米，处造像的中间位置是105个造像中最大的一尊像，应该是一个关键性人物，纪年铭刻的发现，我们可以推断，孔望山造像中X66人物，是东海王刘疆。过去人们只是承认佛教艺术的传播要早于南北朝时间，但缺

---

① 丁义珍：《连云港市孔望山摩崖造像调查报告》，《文物》1981年第7期。

②［韩］李正晓：《中国早期佛教造像研究》，文物出版社，2005年，第50—51页。

③ 纪达凯：《孔望山造像纪年题刻的发现及相关学术问题》，《中国文物报》2006年2月17日第7版。

少实证。‘永平四年’题刻的发现，是无可辩驳的实证。而且能与正史相对应，与皇室家史相印证的实证。这是孔望山造像与汉代历史的正式对接。‘永平四年’题刻的发现，比专家们推测的东汉晚期的观点又向前提了一百余年的时间，国务院公布的第三批文保单位的说明文字中‘东汉末应改为东汉初’，佛教艺术东传的历史也需要改正。同时，比敦煌莫高窟佛教造像的时间早了三百余年。”①

《中国佛教通史》：“孔望山位于江苏省连云港市海州锦屏山东北，距海州古城2.5公里，是一个孤立的山丘，东西长约800米，南北宽300米，海拔高度129米……孔望山摩崖石刻造像群位于孔望山南麓西端的断崖上，分布在东西长18米、上下高约8米的范围内。造像群像有3种：浮雕造像、小龛内的线刻画像和附属于浮雕造像的台座和灯碗。浮雕造像共有89尊，其中道教的汉装人物像4尊，分别为老子及其供养人、关令尹喜和黄帝。属佛教人物造像共85尊，主要为佛经变故事，核心是位于造像中央偏下部的“涅槃图”，共由46尊人物图像组成，中心人物是高浮雕的释迦牟尼仰身卧像……考古界起先主要是依据这一雕刻群的技法，以比较学的方法，确定其为东汉末年遗存。2005年后，贾瑞广先生最先发现的孔望山石象‘永平四年四月’的铭刻，获得考古界的认可。这一重大考古发现，将位于连云港市的孔望山摩崖石刻雕造时间确认为永平四年，即公元61年。”②

汉明帝永平七年（64）甲子

汉明帝梦金人，遣使西行求法

《后汉书·西域传》载：“世传明帝梦见金人，长大，顶有光明，以问群臣。或曰：‘西方有神，名曰佛，其形长丈六尺，而黄金色。’帝于是遣使天竺问佛道法，遂于中国图画形像焉。”③

《高僧传》载：“汉永平中，明皇帝夜梦金人飞空而至，乃大集群臣，以占所梦。通人傅毅奉答：‘臣闻西域有神，其名曰“佛”，陛下所梦，将必是乎。’帝以为然，即遣郎中蔡愔、博士弟子秦景等，使往天竺，寻访佛法。愔等于彼遇见摩腾，乃要还

① 纪达凯：《孔望山造像纪年题刻的发现及相关学术问题》，《中国文物报》2006年2月17日第7版。
② 赖永海主编：《中国佛教通史》第一卷，江苏人民出版社，2010年，第119—121页。
③［南朝宋］范晔：《后汉书》卷八十八，中华书局，1965年，第2922页。

汉地。腾誓志弘通，不惮疲苦，冒涉流沙，至乎洛邑。明帝甚加赏接，于城西门外立精舍以处之，汉地有沙门之始也。”①

《真诰》载：“汉孝明皇帝梦见神人，身长丈六，项生圆光，飞在殿前，欣然悦之，遍问朝廷，通人傅毅对曰：‘臣闻天竺国有得道者，号曰佛，傅闻能飞行，身有白光，殆其神乎！’帝乃悟，即遣使者张骞、羽林郎秦景、博士王遵等十四人之大月氏国，采写佛经《四十二章》，秘兰台石室第十四。即时起洛阳城西门外道北立佛寺。又于南宫清凉台作佛形像及鬼子母图。帝感非常，先造寿陵，亦于殿上作佛象。是时国丰民安，远夷慕化，愿为臣妾。佛像来中国，始自明帝时耳。”②

《历代三宝纪》载：“至明帝世永平七年，忽感神梦，觉已欢悦，命使西行。”③“是年帝梦金人飞来殿庭，即佛像经法应也。命使西行寻求佛经。”④

《北山录》载：“汉永平七年辛卯，（以年历推之，合是甲子。今作辛卯，误。）显宗梦金人（显宗，谓后汉第二主明帝，名庄，光武之子，阴皇后所生）项佩日光，在殿庭而飞。乃宵衣俟旦，（俟，待也。夜梦金人，身有光明，遂坐以待明。）召群臣以问。傅毅对曰：‘是佛神也。’（时王遵、傅毅等奏：‘周昭王二十四年，大史苏由云：“西国佛生，一千年后声教流此。”今千载余，合是佛神来至也。）俾蔡愔、秦景将命求诸梦。（遂使蔡愔等一十八人往西国求之也。）及大月氏，与摄摩腾、竺法兰遇焉。（至月氏国，见二三藏，一姓迦摄名摩腾，一姓竺名法兰也。）彼二士宿蕴遐游济俗之志，获秦蔡而合矣。（秦景等见二三藏于月氏，求请以归汉国。）”⑤

《化胡经》曰：“至汉明永平七年甲子岁，星昼现西方，夜，明帝梦神人，长一丈六尺，项有日光，旦问群臣，傅毅曰：‘西方胡王太子成道，佛号。”⑥

《法苑珠林》载：“案南齐王琰《冥祥记》载：‘汉明帝梦见神人，形垂二丈，身黄金色，项佩日光。以问群臣，或对曰：“西方有神，其号曰佛。形如陛下所梦，得无是乎！”于是发使天竺，写致经像，表之中夏。自天子王侯，咸敬事之。闻人死精神不灭，莫不惧然自失。初使者蔡愔将西域沙门迦叶摩腾等，赍优填王画释迦倚

---

①［梁］慧皎：《高僧传》卷一，《大正藏》第50册，第322页下。

②［日］吉川忠夫、麦谷邦夫编，朱越利译：《真诰校注》卷九，中国社会科学出版社，2006年，第298页。

③［隋］费长房：《历代三宝纪》卷二，《大正藏》第49册，第29页下。

④［隋］费长房：《历代三宝纪》卷二，《大正藏》第49册，第32页上。

⑤［唐］神清撰，慧宝注：《北山录》卷二，《大正藏》第52册，第582页上。

⑥［唐］道宣：《广弘明集》卷九，《大正藏》第52册，第147页下。

像。帝重之，如梦所见也。乃遣画工图之数本，于南宫清凉台乃高阳门显节寿陵上供养。又于白马寺壁画千乘万骑，绕塔三匝之像。如诸传备载。”①

《旧唐书·傅奕传》载：“汉明帝假托梦想，始立胡神，西域桑门，自传其法。西晋以上，国有严科，不许中国之人，辄行髡发之事。”②

汤用彤在《汉魏两晋南北朝佛教史》（增订本）中指出：“依上所论，汉明求法，吾人现虽不能明当时事实之真相。但其传说应有相当根据，非向壁虚造。至若佛教之流传，自不始于东汉初叶。明帝虽曾奖励此新来之教，然其重要，亦自不如后日所推尊之甚。至若后世必定以作始之功归之明帝，则亦有说。盖释伽在世，波斯匿王信奉三宝，经卷传为美谈。其后孔雀朝之阿输迦，贵霜朝之迦腻色迦，光大教化，释子推为盛事。东晋弥天释法师亦曾曰：不依国主，则法事不立。汉明为一代名君，当时远人伏化，国内清宁（《四十二章经序》中语），若谓大法滥觞于兹，大可为僧迦增色也。”③

周叔迦则认为：“汉明帝夜梦金人，正是日有所思而夜有所梦。可见当时由于楚王交结豪侠，崇奉佛教，得到群众的拥护，声势浩大，有凌逼帝位之势，引起明帝的深刻忧虑，以致夜梦金人，也就不得不遣使求法，藉此以与楚王争取群众。毕竟这种办法缓不济急。所以在永平十三年（70）便以谋反的罪名贬迁了楚王，结果楚王自杀。同时还兴起大狱，楚王门下宾客和亲戚被杀和判刑的千余人，系狱的有三千余人，楚王门下的桑门、伊蒲塞当也在其中。明帝的政敌既除，求法之举便无必要，因此译出的经典也就缄之兰台石室而不向社会流传，并且有鉴于楚王的利用佛教，因而禁止汉人出家奉佛。佛教受此打击，所以此后八十年中寂然无闻。”④

汉明帝永平八年（65）乙丑

汉明帝诏还楚王英赎罪之缣

《后汉纪》载：“英好游侠，交通宾客，晚节喜黄、老，修浮屠祠。（永平）八年，上临辟雍，礼毕，诏天下死罪得以缣赎。英遣郎中令诣彭城，曰：‘臣托在藩蔽，

---

①［唐］道世：《法苑珠林》卷十三，《大正藏》第53册，第383页中。

②［后晋］刘昫等：《旧唐书》卷七十九，中华书局，1975年，第2715—2716页。

③ 汤用彤：《汉魏两晋南北朝佛教史》（增订本），北京大学出版社，2011年，第18页。

④ 周叔迦：《周叔迦佛学论著全集》，中华书局，2006年，第99页。

无以率先天下，过恶素积，喜闻大恩，谨上黄缣二十五匹、白纨五匹，以赎其愆。’楚相以闻。诏曰：‘楚王诵黄、老之微言，尚浮屠之仁祠，洁齐（斋）三月，与神为誓，有何嫌惧而赎其罪？’因还其赎。”①

《后汉书·马援列传》载：“楚王英，以建武十五年封为楚公，十七年进爵为王，二十八年就国。……英少时好游侠，交通宾客，晚节更喜黄老，学为浮屠斋戒祭祀。八年，诏令天下死罪皆入缣赎。英遣郎中令奉黄缣白纨三十匹诣国相曰：‘托在蕃辅，过恶累积，欢喜大恩，奉送缣帛，以赎愆罪。’国相以闻，诏报曰：‘楚王诵黄老之微言，尚浮屠之仁祠，洁斋三月，与神为誓，何嫌何疑，当有悔吝？其还赎，以助伊蒲塞桑门之盛馔。’因以班示诸国中傅。英后遂大交通方士，作金龟玉鹤，刻文字以为符瑞。”②

《后汉书·西域传》载：“楚王英始信其术，中国因此颇有奉其道者。”③

《高僧传》载：“汉明帝诏楚王英云：‘王诵黄老之微言，尚浮图之仁祀。’”④

《魏书·释老志》载：“汉章帝时，楚王英喜为浮屠斋戒，遣郎中令奉黄缣白纨三十匹，诣国相以赎愆。诏报曰：‘楚王尚浮屠之仁祠，洁斋三月，与神为誓，何嫌何疑，当有悔吝。其还赎，以助伊蒲塞、桑门之盛馔。’因以班示诸国。”⑤

《资治通鉴》载：“（东汉明帝永平八年）丙子，募死罪系囚诣度辽营；有罪亡命者，令赎罪各有差。楚王英奉黄缣、白纨诣国相曰：‘托在藩辅，过恶累积，欢喜大恩，奉送缣帛，以赎愆罪。’国相以闻。诏报曰：‘楚王诵黄、老之微言，尚浮屠之仁慈，洁齐三月，与神为誓，何嫌何疑，当有悔吝！其还赎，以助伊蒲塞、桑门之盛馔。’初，帝闻西域有神，其名曰佛，因遣使之天竺求其道，得其书及沙门以来。其书大抵以虚无为宗，贵慈悲不杀；以为人死，精神不灭，随复受形；生时所行善恶，皆有报应，故所贵修练精神，以至为佛；善为宏阔胜大之言以劝诱愚俗。精于其道者，号曰沙门。于是中国始传其术，图其形像，而王公贵人，独楚王英最先好之。”⑥

梁启超指出：“此为正史中最古、最真之佛教掌故，中国人信仰佛教见于载籍者，自当以英为首，然以帝子之尊（英为光武子）而服其教，则在社会中先已植有相当之

---

①［东晋］袁宏撰，张烈点校：《后汉纪》卷十，中华书局，2002年，第186页。
②［南朝宋］范晔：《后汉书》卷四十二，中华书局，1965年，第1428—1429页。
③［南朝宋］范晔：《后汉书》卷八十八，中华书局，1965年，第2922页。
④［梁］慧皎：《高僧传》卷三，《大正藏》第50册，第345页中。
⑤［北齐］魏收：《魏书》卷一百一十四，中华书局，1974年，第3028页。
⑥［北宋］司马光：《资治通鉴》卷四十五，中华书局，1956年，第1447页。

根柢可知。故教义输入，不得不溯源于西汉之季也。”①

汉明帝永平十年（67）丁卯

蔡愔迎迦叶摩腾、竺法兰至洛阳

《高僧传》载：“及蔡愔、秦景自西域还至，始传画氎释迦。于是凉台寿陵，并图其相。自兹厥后，形像塔庙，与时竞列。”②

《洛阳伽蓝记》载：“白马寺，汉明帝所立也。佛入中国之始。寺在西阳门外三里御道南。帝梦金神，长丈六，项背日月光明。胡人号曰佛，遣使向西域求之，乃得经像焉。时以白马负经而来，因以为名。”③

《魏书·释老志》载：“帝遣郎中蔡愔、博士弟子秦景等使于天竺，写浮屠遗范。愔仍与沙门摄摩腾、竺法兰东还洛阳。中国有沙门及跪拜之法，自此始也。愔又得佛经《四十二章》及释迦立像。明帝令画工图佛像，置清凉台及显节陵上，经缄于兰台石室。愔之还也，以白马负经而至，汉因立白马寺于洛城雍门西。摩腾、法兰咸卒于此寺。”④

《历代三宝纪》载：“永平年，随逐蔡愔至自洛邑。”⑤

《北山录》载：“十年甲午，（本作丁卯，甲午误。）汉使至自西域。二沙门入于洛，（时后汉，都洛阳。）献释迦图像并诸经。于是肇有寺于洛城，（三藏初至，馆于鸿胪寺。以白马驮经而来，遂呼为白马寺。若就梵语为僧伽蓝，此为众园，谓行道处也。）”⑥

《释迦方志》载：“帝乃遣郎中蔡愔、博士秦景等，从雪山南头悬度道入，到天竺，图其形像，寻访佛法。将沙门迦叶摩腾、竺法兰等还，寻旧路而届洛阳。”⑦

《新唐书·傅奕传》载：“至汉明帝始立胡祠，然惟西域桑门自传其教。西晋以

---

① 梁启超：《梁启超全集》第十三卷，北京出版社，1999年，第3725—3726页。

② ［梁］慧皎：《高僧传》卷十三，《大正藏》第50册，第413页上。

③ ［魏］杨衒之撰，周祖谟校释：《洛阳伽蓝记校释》，中华书局，2010年，第134页。

④ ［北齐］魏收：《魏书》卷一百一十四，中华书局，1974年，第3025页。

⑤ ［隋］费长房：《历代三宝纪》卷四，《大正藏》第49册，第49页下。

⑥ ［唐］神清撰，慧宝注：《北山录》卷二，《大正藏》第52册，第582页上。

⑦ ［唐］道宣：《释迦方志》卷二，《大正藏》第51册，第969页上。

上，不许中国髡发事胡。”①

汤用彤在《汉魏两晋南北朝佛教史》（增订本）中指出：“复次，蔡愔一事疑本另出一源。查《四十二章经序》并未言画像。《牟子》虽言及而不言来自西域。《高僧传·兴福篇》论曰，‘蔡愔、秦景自西域还至，始传画㲲释伽（迦），于是凉台、寿陵并图其像’，可知蔡愔原与优填王画像有密切关系。明帝遣使，最初所得者为经，是认为传法之始。笮融以后，造像供养成为风气。立塔则称道阿育，画像必本诸优填。阿育之塔既相传遗迹遍布神州，优填之像亦自不能不称其早已来中夏。既信其早传东土，则须明述原委，以起信心。蔡愔故事想由此创始。其后复因信佛法始于汉明，因而于传经之外，复增赍像之文。又两晋以后经像俱常随外国僧人俱至，或因此而更附会蔡愔赍像，摩腾偕来欤？”②

摄摩腾译《四十二章经》

《出三藏记集》云：“《四十二章经》一卷（《旧录》云：‘《孝明皇帝四十二章》，安法师所撰《录》阙此经）。’右一部，凡一卷。汉孝明帝梦见金人，诏遣使者张骞、羽林中郎将秦景到西域，始于月支国遇沙门竺摩腾，译写此经还洛阳，藏在兰台石室第十四间中。其经今传于世。”③

《高僧传》载：“有记云：‘腾译《四十二章经》一卷。初缄在兰台石室第十四间中，腾所住处。今洛阳城西雍门外白马寺是也。’《相传》云：‘外国国王尝毁破诸寺，唯招提寺未及毁坏。夜有一白马，绕塔悲鸣。即以启王，王即停坏诸寺。因改招提以为白马，故诸寺立名，多取则焉。’”④

《历代三宝纪》载：“自秦世沙门释利防及前汉刘向校书天阁已来，至此始有定录，经则《四十二章》为首，人则迦叶摩腾最初。”⑤

《历代三宝纪》载：“后汉《四十二章经》一卷，右一经，一卷。明帝世，中天竺国婆罗门沙门迦叶摩腾译（《四十二章经》）。或云竺摄摩腾，或直云摄摩腾，群录互存，未详孰是。既未审知定何是姓，何者是名，先来弗译，所以备彰。腾幼而敏悟，兼有风姿。博学多闻，特明经律。思力精拔，探索幽深。敷文析理，每有新义。

① [北宋] 欧阳修、宋祁等：《新唐书》卷一百七，中华书局，1975年，第4060页。
② 汤用彤：《汉魏两晋南北朝佛教史》（增订本），北京大学出版社，2011年，第17页。
③ [梁] 僧祐：《出三藏记集》卷二，《大正藏》第55册，第5页下。
④ [梁] 慧皎：《高僧传》卷一，《大正藏》第50册，第323页上。
⑤ [隋] 费长房：《历代三宝纪》卷四，《大正藏》第49册，第49页下。

当时学徒，未之附也。法师游乎天竺，西北有一小国，其国宗奉焉。俄而邻国兴师，兵戈不戢，迄将践境，辄有事碍。于是疑有异术，密遣觇观，使人还云：'彼国君臣讲习《大乘金光明》等经。《经》言："说此法地，神王护之。"'缘是邻国请和，求法弘通大乘。自尔南渡，渐于此矣。永平年，随逐蔡愔至自洛邑，于白马寺翻出此经，依录而编，即是汉地经之祖也。《旧录》云：'本是外国经抄，元出《大部》，撮要引俗，似此《孝经》一十八章。《道安录》无出，《旧录》及朱士行《汉录》、僧祐《出三藏集记》又载，但大法初传，人未归信，致使摩腾蕴其深解，不复多翻。后卒洛阳。载其委曲，备朱士行《汉录》及《高僧》《名僧》等传、诸杂记录。宝唱又云：'是竺法兰译。'此或据其与摄摩腾同时来耳。"①

《古今译经图纪》载："沙门迦叶摩腾，中印度人，婆罗门种。幼而敏悟，兼有风姿，博学多闻，特明经律，思力精博，探颐钩深，敷文析埋。每有新义，出于神表。尝游西印度，有一小国，请腾讲《金光明经》，俄而邻国兴师而来，既将践境，辄有事碍，兵不能进。彼国兵众疑有异术，密遣使觇，但见君臣安然共听其所讲大乘经，明地神王护国之法。于是彼国既睹斯神验，请和求法，时蔡愔等殷请于腾，腾遂与愔等俱来，见帝于洛阳。以永平十年岁次丁卯，于白马寺译《四十二章经》一卷。此经本是外国经抄，腾以大化初传，人未深信，蕴其妙解，不即多翻，且撮经要，以导时俗。腾后终于洛阳。"②

汉明帝永平十一年（68）戊辰

竺法兰译出《佛本行经》等

《出三藏记集》载："《佛本行经》五卷。"③

《历代三宝纪》载：（永平十一年戊辰）"竺法兰出《佛本行经》五卷，陶隐居《年历》云：'帝梦金人，遣使是此年。'与诸家小异，据终亦不爽。"④"《法海藏经》

①［隋］费长房：《历代三宝纪》卷四，《大正藏》第49册，第49页下。

②［唐］靖迈：《古今译经图纪》卷一，《大正藏》第55册，第348页中。

③［梁］僧祐：《出三藏记集》卷四，《大正藏》第55册，第21页下。

④［隋］费长房：《历代三宝纪》卷二，《大正藏》第49册，第33页上。

三卷，一本无‘藏’字。”[①]“《二百六十戒合异》二卷，见《别录》。”[②]

《古今译经图纪》载：“兰以永平十一年岁次戊辰至十三年庚午，自译《佛本行经》（五卷）、《十地断结经》（四卷）、《法海藏经》（三卷）、《佛本生经》（二卷）、《二百六十戒合异》（二卷），总五部一十六卷。初武帝穿昆明池得灰墨，问东方朔，朔云：‘可问西域胡人。’法兰既至，时以追问，兰曰：‘此是劫烧之灰。’又将优填王栴檀像样至洛，帝即敕令图写供养。”[③]

《大周刊定众经目录》载：“《法海藏经》一卷（《达摩录》云与《海八德经》同，四纸）。右，汉明帝代，沙门竺法兰译，出《长房录》。”[④]“《佛本生经》一卷，右，汉明帝代，三藏法师竺法兰译，出《长房录》。”[⑤]

《开元释教录》载：“《佛本行经》五卷（永平十一年出，见《高僧传》及《长房录》等）。”[⑥]“《法海藏经》一卷（或云《法海经》），后汉天竺三藏竺法兰译（第一译）。右，前后三译，二存一阙。”[⑦]“又长房等《录》云兰译《二百六十戒合异》二卷者，不然，细详名目，非兰所翻。”[⑧]

汉明帝永平十二年（69）己巳

明帝立寺供迦叶摩腾、竺法兰译经

《出三藏记集》载：“逮孝明感梦，张骞远使，西于月支写经《四十二章》，韬藏兰台帝王所印。”[⑨]

《弘明集》载：“遣中郎蔡愔、羽林郎中秦景、博士弟子王遵等十八人，于大月支写佛经《四十二章》，藏在兰台石室第十四间。时于洛阳城西雍门外起佛寺，于其壁画千乘万骑，绕塔三匝。又于南宫清凉台，及开阳城门上作佛像。明帝时，

---

①［隋］费长房：《历代三宝纪》卷四，《大正藏》第49册，第50页上。
②［隋］费长房：《历代三宝纪》卷四，《大正藏》第49册，第50页上。
③［唐］靖迈：《古今译经图纪》卷一，《大正藏》第55册，第348页中。
④［唐］明佺：《大周刊定众经目录》卷八，《大正藏》第55册，第424页上。
⑤［唐］明佺：《大周刊定众经目录》卷七，《大正藏》第55册，第408页中。
⑥［唐］智昇：《开元释教录》卷一，《大正藏》第55册，第478页中。
⑦［唐］智昇：《开元释教录》卷十五，《大正藏》第55册，第640页中。
⑧［唐］智昇：《开元释教录》卷一，《大正藏》第55册，第478页中。
⑨［梁］僧祐：《出三藏记集》卷二，《大正藏》第55册，第5页中。

豫修造寿陵，曰‘显节’，亦于其上作佛图像。时国丰民宁，远夷慕义，学者由此而滋。”①

《历代三宝纪》载：“羽林中郎秦景、博士弟子王遵等，一十四人往适天竺。于月支国遇摄摩腾，写得佛经《四十二章》，并获画像。载以白马，还达洛阳。因起伽蓝，名白马寺，诸州竞立报白马恩。长安旧城青门道左二百余步，中兴寺右，即是白马寺之遗基，于即翻译《四十二章经》，缄置兰台石室阁内。自尔释教相继云兴，沙门信士接踵传译。”②

《佛祖历代通载》载：“（汉明帝永平十二年己巳）诏：‘以释迦宝像奉安显节陵，及清凉台供养。’帝于城西雍门外立寺，与腾兰居之。以白马驼经而来，遂名白马寺。”③

胡适指出：“《四十二章经》似是后汉的作品，襄楷必曾见此经。”④

梁启超则认为：“其所宗据之《四十二章经》，察其文体，案诸经录，皆可断为两晋间人作，绝非汉时所有。至于各书关于兹事所记载，其年月，其所遣之人，所历之地，所做之事，无一从同，而矛盾罅漏，随处发现。故以吾之武断，直谓汉明求法事，全属虚构。其源盖起于晋后释、道阋争，道家捏造谰言，欲证成佛教之晚出，释家旋采彼说，展转附会，谋张吾军。两造皆乡曲不学之人，盲盲相引，其先后涂附之迹，历然可寻。治佛学史者，须先将此段伪掌故根本拔除，庶以察思想进展之路，不致歧谬也。”⑤“要之，此书必为中国人作而非译自印度，作者必为南人而非北人。其年代，最早不过吴，最晚不过东晋，而其与汉明无关系，则可断言也。”⑥

汤用彤在《汉魏两晋南北朝佛教史》（增订本）中则认为：“梁任公疑《四十二章经》为伪书。盖因其不似汉译文体，其文字优美，谓应于三国两晋时求之。梁先生此说亦非确论……汉晋间有不同之译本，观上所列，甚可置信。译出既不只一次，则其源出西土，非中华所造，益了然矣。”⑦

---

① [梁] 僧祐：《弘明集》卷一，《大正藏》第52册，第5页上。

② [隋] 费长房：《历代三宝纪》卷四，《大正藏》第49册，第49页中。

③ [元] 念常：《佛祖历代通载》卷四，《大正藏》第49册，第507页中。

④ 楼宇烈整理：《胡适全集》第九卷，安徽教育出版社，2003年，第213页。

⑤ 梁启超：《梁启超全集》第十三卷，北京出版社，1999年，第3726页。

⑥ 梁启超：《梁启超全集》第十三卷，北京出版社，1999年，第3729页。

⑦ 汤用彤：《汉魏晋南北朝佛教史》（增订本），北京大学出版社，2011年，第22—23页。

汉明帝永平十三年（70）庚午

楚王英尝造阿育王寺

《水经注》载：“获水自净净沟东迳阿育王寺北，或言楚王英所造，非所详也。盖遵育王之遗法，因以名焉。与安陂水合，水上承安陂余波，北迳阿育王寺侧。水上有梁，谓之玄注桥，水旁有石墓，宿经开发，石作工奇，殊为壮构，而不知谁冢，疑即澄之所谓凌冢也。水北流注于获。获水又东径弥黎城北，刘澄之《永初记》所谓城之西南有弥黎城者也。”①

于怀瑾在《楚王刘英与中国早期佛教》中指出：“郦道元所见过的彭城阿育王寺，虽是相传为楚王刘英所建，但是相对于他建的‘浮屠之仁祠’，却不妨视之为一个符号或标志。退一步说，即使仅仅把阿育王寺作为中国早期的佛寺建筑，探寻其遗踪仍非毫无意义。……获（汴）水由净净沟水注入处再向东，获水流经阿育王寺北，与向北流的安陂水合流。我们只要能够找准净净沟（白沟）水入获水处和安陂水与获水合流处，就基本可以确定阿育王寺的位置了。经过实地考察……清末著名历史地理学者杨守敬等编绘《水经注图·泗水图》所标注的阿育王寺的位置，竟与我们的分析判断完全一致。”②

按：刘英于光武帝建武二十八年（52）始就国，至汉明帝永平十三年（70）因罪徙至丹阳泾县，其在彭城共十八载，故刘英造阿育王寺，事当在此期间，其时待考。兹系于永平十三年。

楚王英作图谶谋反，废徙丹阳

《后汉纪》载：“男子燕广告英与颜忠、王平等造图书，谋反。有司奏英大逆不道，请诛。上以至亲不忍，徙丹阳泾县，〔赐〕汤沐邑五百户。英男子为公侯王者食邑如故，楚太后留楚。宫婢才人鼓吹从英者无限，皆乘辎軿，带持兵弩，行道射猎，极意欢娱。遣大鸿胪持节护送英丹阳。浮屠者，佛也。西域天竺有佛道焉。佛者，汉言觉，将悟群生也。其教以修善慈心为主，不杀生，专务清净。其精者号为沙门。沙门者，汉言息（心）〔也〕，盖息意去欲而归于无为也。又以为人死精神不

---

①［北魏］郦道元著，陈桥驿校证：《水经注校证》卷二十三，中华书局，2007年，第561—562页。

② 于怀瑾：《楚王刘英与中国早期佛教》，《世界宗教文化》2019年第5期。

灭，随复受形，生时所行善恶皆有报应。故所贵行善修道，以炼精神而不已，以至无（为）〔生〕而得为佛也。佛身长一丈六尺，黄金〔色〕，项中佩日月光，变化无方，无所不入，故能化通万物而大济群生。初，帝梦见金人长大，项有日月光，以问群臣。或曰："西方有神，其名曰佛。其形长大。〔陛下所梦，得无是乎〕？"（而）〔于是遣使天竺〕问其道术，遂于中国而图其形像焉。有经数千万，以虚无为宗，苞罗精粗，无所不统，善为宏阔胜大之言。所求在一体之内，而所明在视听之外。世俗之人以为虚诞，然归于玄微，深远难得而测。故王公大人观死生报应之际，莫不矍然自失。"①

《后汉书·楚王英传》载："十三年，男子燕广告英与渔阳王平、颜忠等造作图书，有逆谋，事下案验。有司奏英招聚奸猾，造作图谶，擅相官秩，置诸侯王公将军二千石，大逆不道，请诛之。帝以亲亲不忍，乃废英，徙丹阳泾县，赐汤沐邑五百户。遣大鸿胪持节护送，使伎人奴婢工技鼓吹悉从，得乘辎軿，持兵弩，行道射猎，极意自娱。男女为侯主者，食邑如故。楚太后勿上玺绶，留住楚宫。"②

《资治通鉴》载："（东汉明帝永平十三年）楚王英与方士作金龟、玉鹤，刻文字为符瑞。男子燕广告英与渔阳王平、颜忠等造作图书，有逆谋；事下案验。有司奏：'英大逆不道，请诛之。'帝以亲亲不忍。十一月，废英，徙丹阳泾县，赐汤沐邑五百户；男女为侯、主者，食邑如故；许太后勿上玺绶，留住楚宫。先是有私以英谋告司徒虞延者，延以英藩戚至亲，不然其言。及英事觉，诏书切让延。"③

竺法兰出《十地断结经》

《历代三宝纪》载：（永平十三年庚午）"竺法兰出《十地断结经》四卷。"④

《开元释教录》载："《十地断结经》八卷（或四卷，亦云《十住》。初出，与竺佛念《十住断结经》同本，永平十三年出。见朱士行《汉录》及《高僧传》《长房录》等）。"⑤

① [东晋] 袁宏撰，张烈点校：《后汉纪》卷十，中华书局，2002年，第186—187页。

② [南朝宋] 范晔：《后汉书》卷四十二，中华书局，1965年，第1429页。

③ [北宋] 司马光：《资治通鉴》卷四十五，中华书局，1956年，第1454页。

④ [隋] 费长房：《历代三宝纪》卷二，《大正藏》第49册，第33页上。

⑤ [唐] 智昇：《开元释教录》卷一，《大正藏》第55册，第478页中。

汉明帝永平十四年（71）辛未

五岳道士同沙门竺法兰斗法

《广弘明集》载：“永平十四年正月一日，五岳诸山道士朝正之次，自相命曰：‘天子弃我道法，远求胡教，今因朝集，可以表抗之。’其表略曰：‘五岳十八山观太上三洞弟子褚善信等六百九十人死罪上言：臣闻太上无形无名、无极无上、虚无自然。大道出于造化之前，上古同尊，百王不易。今陛下道迈义皇，德高尧舜。窃承陛下弃本追末，求教西域，所事乃是胡神，所说不参华夏，愿陛下恕臣等罪，听与试验。臣等诸山道士，多有彻视远听，博通经典。从元皇已来，太上群录，太虚符祝，无不综练，达其涯极。或策使鬼神，或吞霞饮气，或入火不烧，或履水不溺，或白日升天，或隐形不测。至于方术无所不能，愿得与其比校。一则圣上意安，二则得辩真伪，三则大道有归，四则不乱华俗，臣等若比对不如，任听重决。如其有胜，乞除虚妄。’敕遣尚书令宋庠引入长乐宫，以今月十五日可集白马寺，道士等便置三坛，坛别开二十四门。南岳道士褚善信、华岳道士刘正念、恒岳道士桓文度、岱岳道士焦得心、嵩岳道士吕惠通，霍山、天目、五台、白鹿等十八山道士祁文信等，各赍《灵宝》《真文》《太上玉诀》《三元符录》等五百九卷置于西坛。《茅成子》《许成子》《黄子》《老子》等二十七家子书二百三十五卷置于中坛。馔食奠祀百神置于东坛。帝御行殿在寺南门，佛舍利经像置于道西，十五日斋讫。道士等以柴荻和檀沈香为炬，绕经泣曰：‘臣等上启太极大道元始天尊众仙百灵，今胡神乱夏，人主信邪。正教失踪，玄风坠绪。臣等敢置经坛上以火取验，欲使开示，蒙心得辩真伪。’便纵火焚经，经从火化，悉成煨烬。道士等相顾失色，大生怖惧。将欲升天隐形者，无力可能。禁劾鬼神者，呼策不应各怀愧恧。南岳道士费叔才自憾而死。太傅张衍语褚信曰：‘卿等所试无验，即是虚妄。宜就西来真法。’褚信曰：‘《茅成子》云：“太上者，灵宝天尊是也。造化之作，谓之太素。”斯岂妄乎？’衍曰：‘太素有贵德之名，无言教之称。今子说有言教，即为妄也。’信默然。时佛舍利光明五色，直上空中，旋环如盖。遍覆大众，映蔽日光。摩滕法师踊身高飞，坐卧空中，广现神变。于时天雨宝花在佛僧上，又闻天乐感动人情。大众咸悦，叹未曾有。皆绕法兰听说法要，并吐梵音，叹佛功德。亦令大众称扬三宝，说善恶业皆有果报。六道、三乘，诸相不一。又说出家功德，其福最高。初立佛寺，同梵福量。司空阳城侯刘峻与诸官人士庶等千余人出家、四岳诸山道士吕惠通等六百二十人出家、阴夫人王婕妤等与诸宫人妇女二百三十人出家。便立十寺，七所城外安僧，三所城内安尼。自斯已后，广矣。《传》有五卷，略不备载。有人疑此《传》近出，本无角力之事。按《吴书》：‘明费叔才憾死。’故传为实录矣。”①

梁启超指出：“呜呼！作此伪至此，叹观止矣。信如《法本内传》所说，则当时出家者已盈千累万，而三百年后王度奏事，乃谓汉魏之制，除西域人外不许出家，此等语安能形诸奏牍？信如《高僧传》所说，则摩腾、法兰已大兴译事，而下距安世高之来，垂百年间，无一新译，佛徒之辱其宗，不亦甚耶！综以上所考证，吾敢断言曰：汉明求法，乃一羌无故实之谈。其始起于妖道之架诬，其后成于愚秃之附会，而习非成是，二千年竟未有人敢质疑焉。吾所以不能已于辩者，以非将此迷雾廓清，则佛教发展之阶段，无由说明，而思想进化之公例破矣。其有舛失，愿来哲匡之。”②

汉明帝永平十八年（75）乙亥

佛教或已传入敦煌

《悬泉汉简研究》载：“根据悬泉浮屠简的记载，早在公元1世纪下半叶，佛教就已传入敦煌，而且一开始就流行在民间。它比竺法护在敦煌译经的时间早200年，比乐僔在莫高窟开凿洞窟的时间早300年。也就是说，竺法护在敦煌的译经活动、莫高窟的开凿以及敦煌佛教的兴盛，是早期佛教传播和发展的必然结果，有着深广的社会历史背景和丰厚的佛教文化沃土。《魏书·释老志》所描写的‘凉州自张轨后，世信佛教。敦煌地接西域，道俗交得其旧式，村坞相属，多有塔寺’的盛况也可从这里找到渊源。”③

汉明帝尝建大孚灵鹫寺

《集神州三宝感通录》载：“唐龙朔元年，下敕令会昌寺僧会赜往五台山修理寺塔。其山属岱州五台县，备有五台，中台最高，目极千里，山川如掌。上有石塔数千

① [唐] 道宣：《广弘明集》卷一，《大正藏》第52册，第98页下至99页中。
② 梁启超：《佛学研究十八篇》，商务印书馆，2014年，第29页。
③ 郝树声、张德芳著：《悬泉汉简研究》，甘肃文化出版社，2009年，第193—194页。

所，薄石垒之，斯并魏高祖孝文帝所立。台北石上人马犬迹，陷文如新。顶有大池，名太华泉。又有小泉，迭相延属。夹泉有二浮图，中有文殊师利像。传云：文殊师利与五百仙人往清凉山说法。故此山极寒，不生树木，所有松林森于下谷，山南号清凉峰，山下有清凉府，古今遗基，见在不灭。从台东南而下三十里许，有古大孚灵鹫寺。见有东西二道场，佛事备焉。古老传云：汉明帝所造。”①

《法苑珠林》载：“中台东南下三十里有大孚灵鹫寺，古传汉明所造，现有东西二道场，像设犹存。”②

汉章帝建初七年（82）壬午

王景上《金人论》

《后汉书·王景传》载：“建初七年……景以宫庙已立，恐人情疑惑，会时有神雀诸瑞，也乃作《金人论》，颂洛邑之美，天人之符，文有可采。”③

日本学者镰田茂雄在《中国佛教史论集》中指出：“汉章帝时（七六至八九）王景所撰之《金人颂》（参照《后汉书》卷一〇六），顾此文久佚，《通载》之撰人乌从见之，或因颂名金人，遂以其与明帝之梦有关系，其实误也。”④

王德华在《东汉前期京都赋创作时间及政治背景考论》中指出：“《后汉书》将王景《金人论》放在建初七年（82）王景拜为徐州刺史及次年迁庐江太守之间叙述，这就有两点需要辨析：一是王景《金人论》不应系于建初七年，应作于永平十七年（74）。《王景传》李贤注曰：‘章帝时有神雀、凤皇、白鹿、白乌等瑞也。’也就是将王景因‘神雀诸瑞’而作的《金人论》的写作背景定在章帝之时。但是《章帝纪》建初年间并无以上诸瑞出现的记载，倒是《明帝纪》载永平十七年：‘甘露仍降，树枝内附，芝草生殿前，神雀五色翔集京师。……公卿百官以帝威德怀远，祥物显应，乃并集朝堂，奉觞上寿。’王充《论衡》卷二〇《佚文篇》载：‘永平中，神雀群集。孝明诏上爵颂。百官颂上，文皆比瓦石，唯班固、贾逵、傅毅、杨终、侯讽五颂金玉，孝明览焉。’群臣并

① ［唐］道宣：《集神州三宝感通录》卷二，《大正藏》第52册，第422页下。
② ［唐］道世：《法苑珠林》卷三十九，《大正藏》第53册，第596页上。
③ ［南朝宋］范晔：《后汉书》卷七十六，中华书局，1965年，第2466页。
④ ［日］镰田茂雄著，隆藏等译：《中国佛教史论集》，贵州大学出版社，2013年，第251页。

奉诏作了‘神雀’诸颂。《王景传》载王景曾‘辟司空伏恭府’，《后汉书》卷七九下《儒林·伏恭传》载伏恭于明帝永平四年（61）为司空，在位九年。永平十二年（69），王景被明帝征召治水，有政绩，十五年（72）随帝巡视，建初七年拜为徐州刺史。从王景的仕历来看，他在永平十七年是有可能在京师目睹诸瑞翔集盛况，并也应在奉诏之列作了《金人论》的。二是，杜笃《论都赋》作于光武帝时，但此则材料说明杜笃迁都论调于明帝永平年间再次兴起。杜笃《论都赋》约作于光武帝建武二十年左右，那么至汉章帝建初七年（83），也已过去了近四十年，就是至永平十七年也已三十余年，王景不可能在时隔三四十年的情况下，又针对杜笃《论都赋》写下《金人论》。曹胜高先生言‘从《后汉书》的记载和王景作论的用意来看，永平十七年前后，又有人重提西迁之论’，此人应是杜笃。《杜笃传》载杜笃上《论都赋》后二十余年不窥京师，陆侃如先生《中古文学系年》将杜笃二十多年后再次来到京师系于汉明帝永平十二年，杜笃卒于汉章帝建初三年（78），也就是说，杜笃很有可能在汉明帝永平十二年至汉章帝建初三年之间再次上奏或重提迁都论调，这样才有可能与王景等人发生碰撞。而杜笃于建初三年随马防抗击西羌，战死射姑山，那么，杜笃的第二次上奏就极有可能在汉明帝之世。因而，《王景传》中此则资料的重要性在于，永平十七年神雀诸瑞背景下写作的《金人论》与杜笃《论都赋》迁都之论再起之间的关联。”①

汉和帝永元五年（93）癸巳

永元五年老子浮屠铜镜

《河洛文化与宗教》载：“1984年3月，河南省孟津县文化馆征集到一面铜镜，据说是从本县朝阳乡獐羊村（今改为张杨村）出土的。该村位于洛阳市北郊的邙岭上，东南距汉魏洛阳故城约13公里。村周围原是东汉、北魏皇陵区。村北正对着北大冢（底方形，东西宽20.2米，南北长26米，高约14米）；其西北有一小冢，俗称班冢，世代相传是班超（公元32~102年）之墓。1985年10月，该镜在河南省博物馆展出。1988年收入洛阳博物馆主编的《洛阳出土铜镜》中，认为‘主纹似为佛像’。此后，贾峨先生著《说洛阳新获东汉永元五年佛像、神人、车马铜镜》，再次肯定镜上有佛像及神人，并考证其年款只能是东汉和帝之永元五年。然而他将老子误为佛，将佛说

① 王德华：《东汉前期京都赋创作时间及政治背景考论》，《文学遗产》2008年第2期。

成神人……与老子对置的是浮屠像。他头戴莲瓣纹宝冠（不是'尖顶毡帽'），面型长圆，直鼻大眼，长耳方口。身穿交领衣，亦袖手盘坐于方形垫上。体外有毛羽，弯曲向下，唯不见'奇毛'。方垫前方，是一枝有梗有叶的莲花。《四十二章经》第29章云：'佛言，慎勿视女色，亦莫共言语。若与语者，正心思念，我为沙门，处于浊世，当如莲花，不为泥污。'由此推测，此图表示浮屠正在说法。浮屠之左右，亦各有四只飞鸟，各有一长发直竖的胡跪仙人在欢呼，与老子身旁者相似。浮屠之左，有四马安车正向左方（西方）奔去。但是，外侧一马作回首瞻望状。考此马应是佛传故事中那匹叫犍陟（Kantaka）的马。当太子逾城出家，至蓝摩城（Rams）郊大林中，命仆人车匿（Chandaka）还家时，车匿悲泣，犍陟吻太子足而别。这种浮屠乘的四马安车，在密县打虎亭2号汉墓之墓道石刻中，亦曾发现。统观铜镜画面，精心设计，表达了老子入夷狄为浮屠的主题。老子用六马，有奇毛，有胡须，用圆垫（寓天）；浮屠用四马，无奇毛，无胡须，用方垫（寓地），意在表现老子为师，浮屠为弟子的身份。但毛羽、飞鸟、仙人、仙车、莲花，又都表明他们都是升太清，翔紫霄的神仙。《后汉书·襄楷传》云：'或言老子入夷狄为浮屠'，此说早在汉明帝或稍晚时期即已造出，应是佛教徒借老子以自重。晚至300年左右，道士王浮造《老子化胡经》，已是佛、道相争之作了。敦煌遗书中亦有《老子西升化胡经》残卷。这面铜镜直径合王莽尺九寸五以上。它不是生活用镜，而是仙道所用的日月镜或四规镜之类铜镜。《抱朴子·内篇》中，介绍了日月镜和四规镜预卜'将来吉凶，安危去就'之法。总之，老子浮屠铜镜的考释，揭示了东汉人以神仙为原型，结合对佛教的理解，创作了仙佛模式。其时间（公元93年）上距永平求法也只有二三十年。汉明帝和楚王英祭祀的老子和浮屠的形象，应该就是这面铜镜上的形象。这种长毛羽的仙佛没能流传下来，正如张彦远评说的'以形制古朴，未足瞻敬'也。"①

汉殇帝延平元年（106）丙午

张衡《两京赋》完成

《西京赋》云："展季桑门，谁能不营？"②

---

① 温玉成等：《河洛文化与宗教》，河南人民出版社，2010年，第189—192页。

② [东汉] 张衡著，张震泽校注：《张衡诗文集校注》，上海古籍出版社，1986年，第85页。

《中国文学编年史·汉魏卷》指出："张衡二十九岁，其《二京赋》作成……按，本传称作《二京赋》'精思傅会，十年乃成'，其永元八年（96）始撰，至此十年。"①

吴焯在《关中早期佛教传播史料钩稽》中指出："在这里，作者是把展季（按即柳下惠）和'桑门'作为能够把握自己和奉行禁欲的典范提出来的，意在反衬舞女的顾盼之美和声色之娱。这不过是文学描写的一种手法，但是，却为我们认识东汉关中地区佛教的传播提供了思考的线索。桑门，为梵文Sramana的音译，无疑是指来自印度的佛教徒。他们来长安的目的当然是为了传教。其时，一般的老百姓对其身份及所从事的事业是否知晓，无关紧要；从文章所描述的内容，至少张衡对佛教，甚至对佛教的一些基本教义，有一定的了解，对'桑门'禁绝女色的戒律也是清楚的。这则材料说明，在东汉中期，以长安为中心的关中地区的佛教传播已取得了初步成效。"②

汉殇帝延光四年（125）乙丑

东汉延光四年摇钱树杆佛像

宿白在《四川钱树和长江中下游部分器物上的佛像——中国南方发现的早期佛像札记》中指出："2001年重庆丰都槽房沟M9出有与上述诸钱树干铸出的坐佛极为相似的树干坐佛残片同出刻有'延光四年五月十日作'铭的泥质灰陶覆斗形钱树座，因而一般推定这两种在墓内发现的佛像的年代，上限是东汉中期，下限到蜀汉，即从2世纪中期至3世纪中期。值得注意的是，此上限的具体年代——延光四年（125年）上距文献明确记载图佛形象如袁宏《后汉纪》卷十《孝明纪》永平十三年条追记明帝时（公元57～75年在位）佛像初入中国：'初，（明）帝梦见金人长大，项有日月光，以问群臣。或曰：西方有神，其名曰佛，其形长大，问其道术，遂于中国而图其形像焉'和牟子《理惑论》所传'明帝存时，豫修造寿陵，陵曰显节，亦于其上作佛图像'的时间不过五六十年。"③

韩国学者李正晓在《中国早期佛教造像研究》中指出："重庆丰都槽房沟东汉墓

① 陈文新主编：《中国文学编年史·汉魏卷》，湖南人民出版社，2006年，第249页。

② 吴焯：《关中早期佛教传播史料钩稽》，《中国史研究》1994年第4期。

③ 宿白：《四川钱树和长江中下游部分器物上的佛像——中国南方发现的早期佛像札记》，《文物》2004年第10期。

出土的佛饰铜钱树残片上铸有一佛。佛头后似有项光，火焰状发饰，高肉髻，无口髭，圆领，右手施无畏印，左手握衣角，下部残，残长5厘米。泥质灰陶摇钱树底座的一斜侧面刻有'延光四年五月十日作'，东汉安帝延光四年即公元125年，应是最早的有明确纪年的佛教图像遗物。"①

费泳在《汉唐佛教造像艺术史》中指出："东汉延光四年（125）佛像，为铜质摇钱树的一部分，惜造像残，佛顶作束发肉髻，右手施无畏印，左手残。由造像颈部下方的横向弧线衣纹，可以推知该佛着通肩式袈裟，且右侧衣缘敷搭于左肩。披着右袒式袈裟的佛像，其袒露胸部与颈部是连为一体的，不会出现横向弧线。由于佛像左手残，对于该手印无法作具体判断，但可以明确的是其左前臂上抬与后臂呈90度，在秣菟罗和犍陀罗地区，佛右手施无畏印时，左手若上举，通常为手握衣角。"②

汉顺帝阳嘉三年（134）甲戌

蛮子洞崖墓佛像兴建

《中国早期佛教造像研究》载："四川乐山市三江交汇的凌云山麓，有一片前人称作'蛮子洞'的崖墓，在崖墓内额枋上共发现三尊浮雕佛像。1947年在'麻浩享堂'Ⅰ区1号墓中后室门额上发现一尊佛像，为剔地起突浮雕，通高37厘米，宽30厘米，有头光，右手施无畏印，身着通肩袈裟，左手握衣角，肩膀、颈下有阴刻弧形衣纹。在墓道入口处除佛图像外，还雕有朱雀和铺首。享堂的后壁三个门的门额和门柱均刻有画像。其中，北门柱上刻一人像。唐长寿认为人像'头戴异形高冠，身着长袍，左手持节杖，右手持药袋……画像位于后室肖道门侧位，与死者关系更密切'，他根据《史纪·封禅书》和《汉武内传》的记载认为沟通神人的方士均持节杖，因此此像是一个方士。在墓道口右边门柱上刻'武杨橼'，左刻'阳嘉三年'，阴文汉隶，证明为东汉时开凿。"③

① ［韩］李正晓：《中国早期佛教造像研究》，文物出版社，2005年，第49页。
② 费泳：《汉唐佛教造像艺术史》，湖北美术出版社，2009年，第53页。
③ ［韩］李正晓：《中国早期佛教造像研究》，文物出版社，2005年，第40—41页。

汉顺帝建康元年（144）甲申

《太平经》批评佛教

《太平经》载："今学为道者，皆为四毁之行，共污辱皇天之神道，并乱地之纪，讫不可以为化首，不可以为师法，不可以为父母。"[①]"第一曰不孝，第二曰不而性真，生无后世类，第三曰食粪饮其小便，第四曰行为乞者。故此四人者，皆共污辱天正道。"[②]

汤用彤在《汉魏两晋南北朝佛教史》（增订本）有《〈太平经〉与佛教》一章[③]，考辨甚详，可参阅之。

蒙文通在《道教史琐谈》中指出："唯今之《太平经》已非汉世原书，分析辨证较为难耳。唯其显为中国传统思想，尚无印度佛学之渗入（后世道教于教仪、理论皆显渗有佛教）。汤锡予先生谓：佛教说'自身作业，来生受报（轮回），'《太平经》则说'子孙受报'，与《周易》同义，无轮回说。此义最精，亦最显然者。"[④]

饶宗颐在《老子想尔注校笺》中指出："汉魏所译佛经，亦每见'守一'语。如《法句经》：'守一以正身。'是守一为东汉道家所恒言，故取以译释氏之'禅定'，亦格义之一例。汤锡予疑《太平经》之'守一'，源于印度之禅观，按不如格义说之，较妥。"[⑤]

王明主张《太平经》虽成于众手，非一时之作。他在《太平经合校》中指出："可是大体说来，它还保存着东汉中晚期的著作的本来面目。"[⑥]

汤一介在《魏晋南北朝时期的道教》中指出："佛教和道教的矛盾和冲突在东汉时已经存在，例如《太平经》中就包含着排佛的思想。我们知道，《太平经》无疑是受到佛教的某些思想影响，这既表现为它对佛教思想的吸收，也表现为它对佛教的排斥上。在《太平经》中特别提出'守一'的观念，所谓'守一'实际上就是

---

① 王明：《太平经合校》卷一百一十七，中华书局，1960年，第654页。

② 王明：《太平经合校》卷一百一十七，中华书局，1960年，第655—656页。

③ 汤用彤：《汉魏两晋南北朝佛教史》（增订本），北京大学出版社，2011年，第59—64页。

④ 蒙文通：《古学甄微》，《蒙文通文集》第一卷，巴蜀书社，1987年，第315页。

⑤ 饶宗颐：《老子想尔注校笺》，香港东南出版社，1956年，第65页。

⑥ 王明：《太平经合校·前言》，中华书局，1960年，第2页。

‘守气’，这种思想在中国传统思想中是原来就有的，但为什么《太平经》中特别突出这一思想呢？这显然和当时在中国流行的佛教小乘禅法有关。当时小乘禅法讲“安般守意”，他们认为由于人的心神的活动而引起意念的产生，于是就有种种烦恼。如何清除这种种烦恼，就要注意修养心神。而修养心神要在‘守意’，即专注一心，使意念不生。‘守意’的方法叫‘安般’，‘安’指入息（吸），‘般’指出息（呼）。《太平经》中所提倡的‘守一’，显然是吸收了佛教的‘守意’思想。同时《太平经》中也有明显地批评佛教的地方，如在《天咎四人辱道诫》中所批评的‘四毁之行’，文中说：‘今学为道者，皆为四毁之行，共污辱皇天之神道，并乱地之纪，讫不可以为化首，不可以为师法，不可以为父母。’所谓‘四毁之行’是指（1）不孝，弃其亲；（2）捐妻子，不好生，无后世；（3）食粪，饮小便；（4）行丐。此虽未明言所指为何种教派，但显系是批评佛教的。盖于其佛教虽已传入，但流传未广，故《太平经》尚未直指其教派而批评之。至于《太平经》的批评是否恰当，此又当别论。”①

按：由于《太平经》确切的编撰时间已无法详考，而东汉安帝、顺帝之间近四十年的时间跨度又显得过于宽泛，故编者暂将本条系于汉顺帝在位的最后一年，即公元144年。因为在此期间，佛教在汉地的传播、影响亦大于其初入中土之时，而《太平经》此时亦流行于世。故《太平经》中含有抨击佛教之辞，亦可见此时佛道的关系。

汉桓帝建和元年（147）丁亥

支谶译出《阿閦佛国经》

《出三藏记集》载：“《阿閦佛国经》一卷（或云《阿閦佛刹诸菩萨学成品经》，或云《阿閦佛经》）。”②

《历代三宝纪》载：“《阿閦佛国经》二卷（建和元年译，是第一出，见朱士行《汉录》，亦云《阿閦佛刹诸菩萨学成品经》，亦云《可閦佛经》或一卷，祐《录》

---

① 汤一介：《魏晋南北朝时期的道教》，陕西师范大学出版社，1988年，第288—289页。

②［梁］僧祐：《出三藏记集》卷二，《大正藏》第55册，第6页中。

亦载)。"[①]"(丁亥)……朱士行《汉录》云:'支娄迦谶此年译《阿閦佛经》二卷。"[②]

《众经目录》载:"《阿閦佛国经》二卷,一名《佛刹菩萨学成经》。或一卷,后汉建和年,支谶于洛阳译。"[③]

《大唐内典录》载:"《阿閦佛国经》二卷(三十八纸,一名《佛刹菩萨学成经》)。后汉建和年,支谶于洛阳译。"[④]

《大周刊定众经目录》载:"《阿閦佛国经》一部,二卷。(一名《阿閦经》,一名《阿閦蒴诸菩萨学戒品经》。第一译,四十七纸)。右,后汉建和年,支谶于洛阳译,出《长房录》。"[⑤]

《开元释教录》载:"《阿閦佛国经》二卷(建和元年译,或一卷,初出。与《宝积不动如来会》等同本,见朱士行《汉录》及《僧祐录》亦云《阿閦佛刹诸菩萨学成品经》,或无'国'字)。"[⑥]

汉桓帝建和二年(148)戊子

支谶至洛阳

《出三藏记集》:"谶,月支人也。汉桓灵之世,来在中国。"[⑦]

《高僧传》载:"汉灵帝时,(支谶)游于洛阳。"[⑧]

《隋书·经籍志》载:"灵帝时,有月支沙门支谶、天竺沙门竺佛朔等,并翻佛经。"[⑨]

《释氏稽古略》载:"建和二年,西域月氏国沙门支娄迦谶,亦名文谶,至洛阳。"[⑩]

---

①[隋]费长房:《历代三宝纪》卷四,《大正藏》第49册,第52页下。
②[隋]费长房:《历代三宝纪》卷二,《大正藏》第49册,第33页上。
③[隋]法经:《众经目录》卷一,《大正藏》第55册,第115页下。
④[唐]道宣:《大唐内典录》卷六,《大正藏》第55册,第289页上。
⑤[唐]明佺:《大周刊定众经目录》卷四,《大正藏》第55册,第392页中。
⑥[唐]智昇:《开元释教录》卷一,《大正藏》第55册,第478页下。
⑦[梁]僧祐:《出三藏記集》卷七,《大正藏》第55册,第49页上。
⑧[梁]慧皎:《高僧传》卷一,《大正藏》第50册,第324页中。
⑨[唐]魏徵等:《隋书》卷三十五,中华书局,1973年,第1097页。
⑩[元]觉岸:《释氏稽古略》卷一,《大正藏》第49册,第767页下。

汉桓帝元嘉元年（151）辛卯

安世高至洛阳

《出三藏记集》载："安清，字世高，安息国王政后之太子也。幼怀淳孝，敬养竭诚，恻隐之仁，爰及蠢类，其动言立行，若践规矩焉。加以志业聪敏，刻意好学，外国典籍，莫不该贯。七曜五行之象，风角云物之占，推步盈缩，悉穷其变。兼洞晓医术，妙善针脉，睹色知病，投药必济。乃至鸟兽鸣呼，闻声知心。于是俊异之名，被于西域，远近邻国，咸敬而伟之。世高虽在居家，而奉戒精峻，讲集法施，与时相续。后王薨，将嗣国位。乃深惟苦空，厌离名器。行服既毕，遂让国与叔，出家修道。博综经藏，尤精阿毗昙学，讽持禅经，略尽其妙。既而游方弘化，遍历诸国，以汉桓帝之初，始到中夏。世高才悟几敏，一闻能达，至止未久，即通习华语。于是宣释众经，改胡为汉。"①

《高僧传》载："安清，字世高，安息国王正后之太子也。幼以孝行见称，加又志业聪敏，克意好学。外国典籍及七曜五行、医方异术、乃至鸟兽之声，无不综达。尝行见群燕，忽谓伴曰：'燕云应有送食者。'顷之，果有致焉。众咸奇之。故俊异之声，早被西域。高虽在居家，而奉戒精峻。王薨便嗣大位，乃深惟苦空，厌离形器。行服既毕，遂让国与叔出家修道。博晓经藏，尤精阿毗昙学。讽持禅经，略尽其妙。既而游方弘化，遍历诸国。以汉桓之初，始到中夏。"②

《古今译经图纪》载："沙门安清，字世高，安息国太子。王薨，让国于叔，出家游方，以汉桓帝建和二年至止，未久，大善汉言。"③

《北山录》载："安清，字世高，安息国王子，让位出家。汉桓元嘉元年至此也。"④

安世高译《五十校计经》等

《出三藏记集》载："《五十校计经》二卷（或云《明度五十校计经》）……汉

①［梁］僧祐：《出三藏记集》卷十三，《大正藏》第55册，第95页上。

②［梁］慧皎：《高僧传》卷一，《大正藏》第50册，第323页上。

③［唐］靖迈：《古今译经图纪》卷一，《大正藏》第55册，第348页下。

④［唐］神清撰，慧宝注：《北山录》卷三，《大正藏》第52册，第586页下。

桓帝时，安息国沙门安世高所译出。”[①]“《七处三观经》二卷。”[②]

朱士行《汉录》云：“世高此年译《五十校计经》二卷，《七处三观经》二卷。”[③]

《历代三宝纪》载：“《五十校计经》二卷（或云《明度校计》，元嘉元年出，见朱士行《汉录》，《僧祐录》同）。”[④]“《七处三观经》二卷（元嘉元年译，见朱士行《汉录》。道安云：‘出《杂阿含》。’见《祐录》，同）。”[⑤]

《大唐内典录》载：“《七处三观经》（或二卷，十六纸）。后汉安世高译。”[⑥]

《大周刊定众经目录》载：“《明度五十校计经》一部，二卷（一名《五十校计经》，四十四纸）。右，后汉元嘉年，安世高译，出《长房录》。”[⑦]

《开元释教录》载：“《七处三观经》一卷（出《杂阿含》中，首末总三十经，从初标名故也，或二卷，元嘉元年出，见朱士行《汉录》及《僧祐录》）。”[⑧]“《七处三观经》一卷（或二卷），后汉安息三藏安世高译。右出《杂阿含经》中异译（此经首末有三十经，初是《七处三观》，后名《积骨》，以初标名故也。其初《七处三观经》出第二卷，后《积骨经》出第三十四卷，余者散在诸文，不次第一处）。”[⑨]

汉桓帝元嘉二年（152）壬辰

安世高译《人本欲生经》等

《出三藏记集》载：“《人本欲生经》一卷。”[⑩]

《历代三宝纪》载：“《人本欲生经》一卷（元嘉二年译，出《长阿含》，见朱士行《汉录》及《僧祐录·道安注解》）。”[⑪]《普法义经》一卷（元嘉二年译出，亦

---

①［梁］僧祐：《出三藏记集》卷二，《大正藏》第55册，第6页上。
②［梁］僧祐：《出三藏记集》卷二，《大正藏》第55册，第6页上。
③［隋］费长房：《历代三宝纪》卷二，《大正藏》第49册，第33页上。
④［隋］费长房：《历代三宝纪》卷四，《大正藏》第49册，第50页上。
⑤［隋］费长房：《历代三宝纪》卷四，《大正藏》第49册，第50页中。
⑥［唐］道宣：《大唐内典录》卷七，《大正藏》第55册，第297页中。
⑦［唐］明佺：《大周刊定众经目录》卷一，《大正藏》第55册，第373页中。
⑧［唐］智昇：《开元释教录》卷一，《大正藏》第55册，第479页下。
⑨［唐］智昇：《开元释教录》卷十三，《大正藏》第55册，第614页中。
⑩［梁］僧祐：《出三藏记集》卷二，《大正藏》第55册，第5页下。
⑪［隋］费长房：《历代三宝纪》卷四，《大正藏》第49册，第50页中。

名《具法行经》，出《长阿含》见朱士行《汉录》及《祐录》）。[①]《内藏经》一卷（元嘉二年十月出，是第一译，一名《内藏百品》，或《百宝》，见朱士行《汉录》）。[②]

《大唐内典录》载："《人本欲生经》（十四纸，又竺法护出《人所从来经》，失本）。后汉桓帝时安世高译。"[③]

《开元释教录》载："《人本欲生经》一卷（永嘉二年出，《长阿含》第十卷异译，道安注解，见朱士行《汉录》及《僧祐录》）。"[④]"《人本欲生经》一卷，后汉安息三藏安世高译。右出《长阿含经》第十卷，与第二分《大方便经》同本异译（此《人本欲生经》上代群录皆编在《大乘经》中者，误也）。"[⑤]

按：《历代三宝纪》卷二[⑥]、《大周刊定众经目录》[⑦]，皆作"永寿二年"（156）。

汉桓帝永兴二年（154）甲午

汉桓帝铸黄金浮图老子像

《后汉书·孝桓帝纪》载："前史称桓帝好音乐，善琴笙。饰芳林而考濯龙之宫，设华盖以祠浮图、老子，斯将所谓'听于神'乎！及诛梁冀，奋威怒，天下犹企其休息。而五邪嗣虐，流衍四方。自非忠贤力争，屡折奸锋，虽愿依斟流彘，亦不可得已。"[⑧]

《后汉书·西域传》载："后桓帝好神，数祀浮图、老子，百姓稍有奉者，后遂转盛。"[⑨]

《历代三宝纪》载："孝桓帝世，又以金银作佛形像。"[⑩]

《释氏稽古略》载："永兴二年，帝铸黄金浮图老子像，覆以百宝盖，宫中身奉

---

①［隋］费长房：《历代三宝纪》卷四，《大正藏》第49册，第50页中。

②［隋］费长房：《历代三宝纪》卷四，《大正藏》第49册，第51页下。

③［唐］道宣：《大唐内典录》卷九，《大正藏》第55册，第317页中。

④［唐］智昇：《开元释教录》卷一，《大正藏》第55册，第479页中。

⑤［唐］智昇：《开元释教录》卷十三，《大正藏》第55册，第611页上。

⑥［隋］费长房：《历代三宝纪》卷二，《大正藏》第49册，第34页上。

⑦［唐］明佺：《大周刊定众经目录》卷一，《大正藏》第55册，第373页下。

⑧［南朝宋］范晔：《后汉书》卷七，中华书局，1965年，第320页。

⑨［南朝宋］范晔：《后汉书》卷八十八，中华书局，1965年，第2922页。

⑩［隋］费长房：《历代三宝纪》卷四，《大正藏》第49册，第49页中。

祀之。世人以金银作佛像自此而始也。”①

汉桓帝延熹元年（158）戊戌

成任村出土两尊金铜佛造像

《咸阳发现中国最早金铜佛造像》载：“12月9日，记者从陕西省考古研究院获悉：考古人员在咸阳市渭城区北杜街道成任村东南发掘的东汉家族墓地中，出土了两尊金铜佛造像。‘可以确定这两尊金铜佛造像为东汉时期遗物，是目前国内考古出土的时代最早的独立的金铜佛造像。’陕西省考古研究院研究员李明说。据了解，今年5月，陕西省考古研究院发掘了这一处东汉家族墓地。该东汉家族墓地南距汉长安城遗址约15.7千米，东南距安陵约7.8千米。墓地所处位置，在东汉时属司隶校尉部右扶风安陵县。家族墓地中的6座墓葬形制规模相近，坐西向东，南北并列分布，间距15—20米，均为斜坡墓道洞室墓。两尊金铜佛造像为东汉晚期遗物，出土时位于主墓室M3015墓室西北角的地面上。一件为释迦牟尼立像，通高10.5厘米，台座底径4.7厘米；小肉髻，顶部较平，身‘穿’通肩袈裟，衣纹从左肩向右肩呈放射状分布，衣纹波谷在右胸和右臂之间；左手屈肘上举，持袈裟一角，右手上举施无畏印；跣足立于覆莲座上。另一件为金铜五尊佛像，呈片状，通高15.8厘米，宽6.4厘米；正面浮雕坐佛五尊，小肉髻，结跏趺坐于仰莲座上；双手作禅定印，屈肘部分可见圆土棱状衣纹；身后有桃形首光与背光。两尊金铜佛造像的肉髻、面相、着衣方式、衣纹等都具有典型的犍陀罗造像风格。初步分析结果显示：两尊金铜佛造像均为铜锡铅合金材质，制作工艺为范铸。墓地出土的随葬器物具有东汉晚期的典型特征，以陶器和釉陶器为主，另有少量铜器、铅马具等。陶器有罐、壶、瓶、案、盘、耳杯、勺、井、仓、灶等，铜器主要有铜钱、铜镜、弩机等。从M3019墓葬中出土的朱书陶罐铭文纪年为‘延熹元年十一月廿四日’，即公元158年。这一铭文纪年可以作为该家族墓地下葬时间的标尺。之前，学界普遍认为独立的、体现宗教信仰意义的佛像，到十六国时期才出现。而此次两尊金铜佛造像的出土，对于佛教的传入及中国化具有重要的研究价值。”②

---

①［元］觉岸：《释氏稽古略》卷一，《大正藏》第49册，第767页下。

② 郭青：《咸阳发现中国最早金铜佛造像》，《陕西日报》2021年12月10日第1版。

汉桓帝延熹二年（159）己亥

天竺国来献

《后汉纪》载：“（延熹二年）天竺国来献。”①

《后汉书·西域传》载：“天竺国，一名身毒，在月氏之东南数千里。俗与月氏同，而卑湿暑热。其国临大水。乘象而战。其人弱于月氏，修浮图道，不杀伐，遂以成俗。从月氏、高附国以西，南至西海，东至磐起国，皆身毒之地。身毒有别城数百，城置长。别国数十，国置王。虽各小异，而俱以身毒为名，其时皆属月氏。月氏杀其王而置将，令统其人。土出象、犀、瑇瑁、金、银、铜、铁、铅、锡，西与大秦通，有大秦珍物。又有细布、好毾㲪、诸香、石蜜、胡椒、姜、黑盐。和帝时，数遣使贡献，后西域反畔，乃绝。至桓帝延熹二年、四年，频从日南徼外来献。”②

汉桓帝延熹四年（161）辛丑

天竺国来献

《后汉书·西域传》载：“至桓帝延熹二年、四年，频从日南徼外来献。”③

汉桓帝延熹八年（165）乙巳

汉桓帝遣使谒老子祠

《后汉书·祭祀志》载：“桓帝即位十八年，好神仙事。延熹八年，初使中常侍之陈国苦县祠老子。”④

梁思成于《中国雕塑史》中说：“佛像虽于明帝时传人中国，然而未即传播，东汉之世，可称其最初潜伏期。至桓帝笃信浮图，延熹八年，于宫中铸老子及佛像，设

① [东晋] 袁宏撰、张烈点校：《后汉纪》卷二十一，中华书局，2002年，第411页。
② [南朝宋] 范晔：《后汉书》卷八十八，中华书局，1965年，第2921页。
③ [南朝宋] 范晔：《后汉书》卷八十八，中华书局，1965年，第2922页。
④ [南朝宋] 范晔：《后汉书》卷九十八，中华书局，1965年，第3188页。

华盖之座，奏郊天之乐，亲祀于濯龙宫。此中国佛像之始也。”①

汉桓帝延熹九年（166）丙午

襄楷上书言及浮屠

《后汉书·襄楷传》载：“又闻宫中立黄老、浮屠之祠。此道清虚，贵尚无为，好生恶杀，省欲去奢。今陛下嗜欲不去，杀罚过理，既乖其道，岂获其祚哉！或言老子入夷狄为浮屠。浮屠不三宿桑下，不欲久生恩爱，精之至也。天神遗以好女，浮屠曰：‘此但革囊盛血。’遂不眄之。其守一如此，乃能成道。今陛下淫女艳妇，极天下之丽，甘肥饮美，单天下之味，奈何欲如黄老乎？”②

《魏书·释老志》载：“桓帝时，襄楷言佛陀、黄老道以谏，欲令好生恶杀，少嗜欲，去奢泰，尚无为。”③

《资治通鉴》载：（东汉桓帝延熹九年）“平原襄楷诣阙上疏曰：‘臣闻皇天不言，以文象设教。……十余日，复上书曰：‘臣闻殷纣好色，妲己是出；叶公好龙，真龙游廷。今黄门、常侍，天刑之人，陛下爱待，兼倍常宠，系嗣未兆，岂不为此！又闻宫中立黄、老、浮屠之祠，此道清虚，贵尚无为，好生恶杀，省欲去奢。今陛下耆欲不去，杀罚过理，既乖其道，岂获其祚哉！浮屠不三宿桑下，不欲久生恩爱，精之至也；其守一如此，乃能成道。今陛下淫女艳妇，极天下之丽，甘肥饮美，单天下之味，奈何欲如黄、老乎！’书上，即召入，诏尚书问状。楷言：‘古者本无宦臣，武帝末数游后宫，始置之耳。’尚书承旨，奏：‘楷不正辞理，而违背经艺，假借星宿，造合私意，诬上罔事，请下司隶正楷罪法，收送洛阳狱。’帝以楷言虽激切，然皆天文恒象之数，故不诛；犹司寇论刑。自永平以来，臣民虽有习浮屠术者，而天子未之好；至帝，始笃好之，常躬自祷祠，由是其法浸盛，故楷言及之。”④

---

① 梁思成：《中国雕塑史》，生活·读书·新知三联书店，2011年，第42页。

②［南朝宋］范晔：《后汉书》卷三十下，中华书局，1965年，第1082—1083页。

③［北齐］魏收：《魏书》卷一百一十四，中华书局，1974年，第3028—3029页。

④［北宋］司马光：《资治通鉴》卷五十五，中华书局，1956年，第1791—1793页。

汉桓帝永康元年（167）丁未

安世高译《修行道地经》

《支敏度录》云：“（永康元年）世高此年译《修行道地经》七卷，或六卷。[①]

《历代三宝纪》载：“《修行道地经》七卷（或六卷。初出，汉永康元年译，支敏度制序，见《宝唱录》及《别录》，或云《顺道行经》）。”[②]

《大唐内典录》载：“《修行道地经》（六卷，一百三十纸）。后汉安世高译。”[③]

《大周刊定众经目录》载：“《修行道地经》一部七卷（或六卷，一百三十六纸）。右，后汉永康元年，沙门安世高译，出《长房录》。”[④]

《开元释教录》载：“《修行道地经》七卷（或云《顺道行经》，或六卷）。后汉安息三藏安世高译（第一译）。右，前后三译，二存一阙。”[⑤]

汉灵帝建宁二年（169）己酉

安世高译出《义决律》等

《出三藏记集》载：“《义决律》一卷。（或云《义决律法行经》。安公云：‘此上二经出《长阿含》，今阙。’）”[⑥]

《历代三宝纪》载：“《义决律》一卷（亦云《藏决律法行》。道安云：‘出《长阿含》。’或有‘经’字者，见《僧祐录》）。”[⑦]

《古今译经图纪》云：“初是汉灵帝建宁二年庚戌，安世高首译出《义决律》一卷，次有《比丘诸禁律》一卷。”[⑧]

---

①［隋］费长房：《历代三宝纪》卷二，《大正藏》第49册，第34页上。
②［隋］费长房：《历代三宝纪》卷四，《大正藏》第49册，第50页上。
③［唐］道宣：《大唐内典录》卷七，《大正藏》第55册，第298页下。
④［唐］明佺：《大周刊定众经目录》卷九，《大正藏》第55册，第431页上。
⑤［唐］智昇：《开元释教录》卷十五，《大正藏》第55册，第649页下。
⑥［梁］僧祐：《出三藏记集》卷二，《大正藏》第55册，第6页上。
⑦［隋］费长房：《历代三宝纪》卷四，《大正藏》第49册，第52页中。
⑧［宋］释道诚：《释氏要览》卷二，《大正藏》第54册，第285页上。

汉灵帝建宁三年（170）庚戌

牟子或生于本年

《中国佛教史》指出：“（牟子）其生年大约在灵帝建宁三年（170年）。”①

按：《中国佛教史》第一册有详考，可参阅之。②

汉灵帝熹平元年（172）壬子

竺佛朔译《道行经》

《出三藏记集》载：“《道行经》一卷。（安公云：‘《道行品经》者，般若抄也。外国高明者所撰。’安公为之序注。）右一部，凡一卷，汉桓帝时，天竺沙门竺朔佛赍胡本至中夏，到灵帝时，于洛阳译出。”③

《高僧传》载：“时有天竺沙门竺佛朔，亦以汉灵之时，赍《道行经》来适洛阳，即转梵为汉。”④“昔汉灵之时，竺佛朔译出《道行经》，即《小品》之旧本也。文句简略，意义未周。”⑤

《历代三宝纪》引朱士行《汉录》云：“（嘉平元年）竺佛朔此年于洛阳译《道行经》一卷，道安为之注序。”⑥

《大唐内典录》载：“《道行经》（嘉平元年译，见朱士行《汉录》及《三藏记》。道安云是《般舟抄》，外国高明者所撰。安为之注，并制序）。右二部，合三卷。天竺沙门竺佛朔，以灵帝之世，赍《道行经》来适洛阳，转梵为汉。译人时滞，虽有失旨，然其音句弃文存质，深得经意。”⑦

《古今译经图纪》载：“沙门竺佛朔，印度人，识性明敏，博综多能。以灵帝嘉

---

① 任继愈：《中国佛教史》第一卷，中国社会科学出版社，1981年，第196页。

② 任继愈：《中国佛教史》第一卷，中国社会科学出版社，1981年，第189—196页。

③［梁］僧祐：《出三藏记集》卷二，《大正藏》第55册，第6页中。

④［梁］慧皎：《高僧传》卷一，《大正藏》第50册，第324页中。

⑤［梁］慧皎：《高僧传》卷四，《大正藏》第50册，第346页中。

⑥［隋］费长房：《历代三宝纪》卷二，《大正藏》第49册，第34页上。

⑦［唐］道宣：《大唐内典录》卷一，《大正藏》第55册，第224页中。

平元年岁次壬子，于洛阳译《道行经》（一卷）。”①

按：《历代三宝纪》《大唐内典录》皆作“嘉平元年”，“熹平元年”当是。

汉灵帝光和元年（178）戊午

辽水中有浮棺

《法苑珠林》载：“汉令支县有孤竹城，古孤竹之国也。灵帝光和元年，辽西人见辽水中有浮棺，欲斫破之，棺中人语曰：‘我是伯夷之弟孤竹君也，海水坏我棺椁，是以漂流，汝斫我何为？’人惧不敢斫，因为立庙祠祀。吏民有欲发视者，皆无何而死。”②

汉灵帝光和二年（179）己未

支曜于洛阳译《成具光明经》

《出三藏记集》载：“《成具光明经》一卷（或云《成具光明三昧经》，或云《成具光明定意经》）。右一部，凡一卷。汉灵帝时，支曜译出。”③“时又有支曜译出《成具光明经》云。”④

《大唐内典录》载：“《成具光明定意经》（一云《成具光明经》，一《成具光明三昧经》，见朱士行、支敏度、僧祐、慧皎等四《录》）。”⑤

《大周刊定众经目录》载：“《成具光明定意经》一卷（或云《成具光明经》，一云《成具光明三昧经》，二十六纸）。右，后汉灵帝光和二年，支曜于洛阳译，出《长房录》。”⑥

《开元释教录》载：“《成具光明定意经》一卷（或云《成具光明三昧经》，或直云《成具光明经》，二十三纸）。后汉西域三藏支曜译（第二译，两译一阙）。”⑦

---

①［唐］靖迈：《古今译经图纪》卷一，《大正藏》第55册，第350页上。
②［唐］道世：《法苑珠林》卷九十七，《大正藏》第53册，第1002页下。
③［梁］僧祐：《出三藏记集》卷二，《大正藏》第55册，第6页下。
④［梁］僧祐：《出三藏记集》卷十三，《大正藏》第55册，第96页上。
⑤［唐］道宣：《大唐内典录》卷一，《大正藏》第55册，第224页中。
⑥［唐］明佺：《大周刊定众经目录》卷五，《大正藏》第55册，第398页中。
⑦［唐］智昇：《开元释教录》卷二十，《大正藏》第55册，第709页上。

竺佛朔译出《般舟三昧》

《出三藏记集》收《道行经》后记："光和二年十月八日，河南洛阳孟元士口授，天竺菩萨竺朔佛，时传言者译月支菩萨支谶，时侍者南阳张少安、南海子碧，劝助者孙和周提立。正光二年九月十五日，洛阳城西菩萨寺中沙门佛大写之。"①

《出三藏记集》载："《般舟三昧经》，光和二年十月八日，天竺菩萨竺朔佛于洛阳出。菩萨法护。时传言者月支菩萨支谶，授与河南洛阳孟福字元士，随侍菩萨张莲字少安笔受。令后普著在。"②

《出三藏记集》载："《般舟三昧经》一卷（《旧录》云《大般舟三昧经》，光和二年十月八日出）。"③"朔又以灵帝光和二年，于洛阳译出《般舟三昧经》。时谶为传言，河南洛阳孟福、张莲笔受。"④

《高僧传》载："（竺佛）朔又以光和二年于洛阳出《般舟三昧》，谶为传言，河南洛阳孟福、张莲笔受。"⑤

《历代三宝纪》载："《般舟三昧经》二卷（《旧录》云《大般舟三昧经》，或一卷，第二出。见《高僧传》）。"⑥

《大唐内典录》载："光和中，（竺佛朔）更译《般舟》。谶为传语，孟福、张运笔受，文少胜前，事在《谶传》。"⑦

《大周刊定众经目录》载："《般舟三昧经》二卷（《旧录》云《大般舟三昧经》，或一卷，第二出）。右，汉灵帝天竺沙门佛朔于洛阳译，出《长房录》。"⑧

《开元释教录》载："《般舟三昧经》二卷（光和二年十月八日出，见《经后记》《高僧传》等，二经同时启夹，故出日同也。《旧录》云《大般舟三昧经》或一卷，第二出，与《大集贤护经》等同本）。右二部三卷，其本并阙。"⑨

---

①［梁］僧祐：《出三藏记集》卷七，《大正藏》第55册，第47页下。
②［梁］僧祐：《出三藏记集》卷七，《大正藏》第55册，第48页下。
③［梁］僧祐：《出三藏记集》卷二，《大正藏》第55册，第6页中。
④［梁］僧祐：《出三藏记集》卷十三，《大正藏》第55册，第96页上。
⑤［梁］慧皎：《高僧传》卷一，《大正藏》第50册，第324页中。
⑥［隋］费长房：《历代三宝纪》卷四，《大正藏》第49册，第53页下。
⑦［唐］道宣：《大唐内典录》卷一，《大正藏》第55册，第224页中。
⑧［唐］明佺：《大周刊定众经目录》卷三，《大正藏》第55册，第388页中。
⑨［唐］智昇：《开元释教录》卷一，《大正藏》第55册，第482页中。

支谶译《般若道行品经》等

《出三藏记集》载："《般若道行品经》十卷（或云《摩诃般若波罗经》，或八卷，光和二年十月八日出）。"[①]"《般舟三昧经》一卷（《旧录》云《大般舟三昧经》，光和二年十月八日出）。"[②]"《宝积经》一卷（安公云：'一名《摩尼宝》。'光和二年出，《旧录》云《摩尼宝经》二卷）。"[③]"支谶，本月支国人也。操行淳深，性度开敏，禀持法戒，以精勤著称。讽诵群经，志存宣法，汉桓帝末，游于洛阳。以灵帝光和、中平之间，传译胡文，出《般若道行品》《首楞严》《般舟三昧》等三经。又有《阿阇世王》《宝积》等十部经，以岁久无录，安公挍练古今，精寻文体，云'似谶所出'。凡此诸经，皆审得本旨，了不加饰，可谓善宣法要，弘道之士也。后不知所终。"[④]

《高僧传》载："支楼迦谶，亦直云支谶，本月支人。操行纯深，性度开敏。禀持法戒，以精勤著称。讽诵群经，志存宣法。汉灵帝时，游于洛阳。以光和、中平之间，传译梵文。出《般若道行》《般舟》《首楞严》等三经。又有《阿阇世王》《宝积》等十余部经。岁久无录，安公校定古今，精寻文体云：'似谶所出。'凡此诸经皆审得本旨，了不加饰，可谓善宣法要弘道之士也。后不知所终。时有天竺沙门竺佛朔，亦以汉灵之时，赍《道行经》，来适洛阳，即转梵为汉。译人时滞，虽有失旨。然弃文存质，深得经意。朔又以光和二年于洛阳出《般舟三昧》，谶为传言，河南洛阳孟福、张莲笔受。"[⑤]

《历代三宝纪》载："《般若道行品经》十卷（初出，亦云《摩诃般若波罗蜜经》，或八卷，光和二年十月八日出，见《支敏度录》及《僧祐录》）。"[⑥]"《般舟三昧经》二卷（光和二年十月八日译，初出，见《聂道录》《吴录》及《三藏记》，《旧录》云《大般舟三昧经》）。"[⑦]《支敏度录》云："支娄迦谶七月八日译《般若道行品》等十卷。"[⑧]"《宝积经》一卷（光和二年译。第一出，道安云《摩尼宝经》，或二卷。

①［梁］僧祐：《出三藏记集》卷二，《大正藏》第55册，第6页中。
②［梁］僧祐：《出三藏记集》卷二，《大正藏》第55册，第6页中。
③［梁］僧祐：《出三藏记集》卷二，《大正藏》第55册，第6页中。
④［梁］僧祐：《出三藏记集》卷十三，《大正藏》第55册，第95页下。
⑤［梁］慧皎：《高僧传》卷一，《大正藏》第50册，第324页中。
⑥［隋］费长房：《历代三宝纪》卷四，《大正藏》第49册，第52页下。
⑦［隋］费长房：《历代三宝纪》卷四，《大正藏》第49册，第52页下。
⑧［隋］费长房：《历代三宝纪》卷二，《大正藏》第49册，第34页上。

见《旧录》及《士行录》《三藏集记》等）。”[①]

汉灵帝光和三年（180）庚申

汉灵帝遣使供养沙门

《历代三宝纪》载：“至孝灵帝光和三年，遣中大夫于洛阳佛塔寺中，饭诸沙门，悬缯烧香，散华燃灯。”[②]

李小荣在《试论佛教音乐及其东传》中指出：“燃灯之俗亦出于印度。西晋白法祖译《佛般泥洹经》即说：‘烧香然灯，净扫散华，十二部乐，朝夕供养。’《历代三宝纪》卷四又谓：‘孝灵帝光和三年（180），遣中大夫于洛阳佛塔寺中，饭诸沙门，悬缯烧香，散华燃灯。’此即为汉地燃灯的最早记载。”[③]

汉灵帝光和四年（181）辛酉

安玄至洛阳

《出三藏记集》载：“安玄，安息国人也。志性贞白，深沉有理致。为优婆塞，秉持法戒，豪厘弗亏。博诵群经，多所通习。汉灵帝末，游贾洛阳有功，号骑都尉。性虚静温恭，常以法事为己务。渐练汉言，志宣经典。常与沙门讲论道义，世所谓‘都尉言’也。玄与沙门严佛调共出《法镜经》，玄口译梵文，佛调笔受。理得音正，尽经微旨。郢匠之义，见述后代。佛调，临淮人也。绮年颖悟，敏而好学，信慧自然，遂出家修道。通译经典，见重于时。世称安侯、都尉、佛调，三人传译，号为难继。佛调又撰《十慧》，并传于世。安公称：‘佛调出经，省（而）不烦，全本妙巧。’”[④]

《高僧传》载：“时又有优婆塞安玄，安息国人。性贞白，深沉有理致。博诵群经，多所通习。亦以汉灵之末，游贾洛阳，以功号曰骑都尉。性虚靖温恭，常以法事为己任。渐解汉言，志宣经典。常与沙门讲论道义，世所谓都尉者也。玄与沙门严佛

①［隋］费长房：《历代三宝纪》卷四，《大正藏》第49册，第53页上。
②［隋］费长房：《历代三宝纪》卷四，《大正藏》第49册，第49页中。
③ 李小荣：《试论佛教音乐及其东传》，《法音》2001年第2期。
④［梁］僧祐：《出三藏记集》卷十三，《大正藏》第55册，第96页上。

调共出《法镜经》。玄口译梵文，佛调笔受。理得音正，尽经微旨。郢匠之美，见述后代。……世称安侯、都尉、佛调三人传译，号为难继。”[①]

《历代三宝纪》载：“安息国优婆塞都尉安玄，灵帝末世游贾洛阳。”[②]

《大唐内典录》载：“安玄，于后汉灵帝光和四年游贾洛阳。”[③]

安玄译《法镜经》等

《出三藏记集》载：“《法镜经》一卷。（安公云：‘出《方等经》。’）《十慧》一卷（或云《沙弥十慧》）。右二部，凡二卷，汉灵帝时，沙门严佛调、都尉安玄共译出，《十慧》是佛调所撰。”[④]“佛调，临淮人也。绮年颖悟，敏而好学，信慧自然，遂出家修道。通译经典，见重于时。世称安侯、都尉、佛调三人传译，号为难继。佛调又撰《十慧》，并传于世。安公称：‘佛调出经，省而不烦，全本妙巧。’”[⑤]“安玄、严调，既亹亹以条理。”[⑥]

《历代三宝纪》载：（汉灵帝光和四年）“都尉安玄译《法镜经》二卷、《阿含口解》一卷。于洛阳出，严佛调笔受。”[⑦]“《法镜经》两卷（或一卷，严佛调笔受，康僧会注，见《僧祐录》）。《断十二因缘经》一卷（亦云《阿含口解十二因缘经》，亦直云《阿含口解经》，亦云《安侯口解经》。祐云：‘世高译，今检群录，乃是安玄译。’）右二部，合三卷。安息国优婆塞都尉安玄，灵帝末世游贾洛阳，因遇佛调，即共翻译。世亦号为安侯骑都尉。云祐称世高，此是姓同相滥涉耳。高乃国王之太子也，应嗣，故让玄职，号为侯。直据经题，居然可验，以不细寻，致合论耳。”[⑧]

《大唐内典录》载：“《法镜经》二卷（或一卷，康僧会注，见《僧祐录》）。《阿含口解十二因缘经》（一名《断十二因缘经》，一名《安侯口解经》）。右二部，三卷，是安息国优婆塞都尉安玄于后汉灵帝光和四年游贾洛阳，因遇经至，又逢佛调，即共翻译，佛调笔受。亦世号为安侯骑都尉云。”[⑨]

---

① [梁]慧皎：《高僧传》卷一，《大正藏》第50册，第324页中。
② [隋]费长房：《历代三宝纪》卷四，《大正藏》第49册，第53页下。
③ [唐]道宣：《大唐内典录》卷一，《大正藏》第55册，第224页中。
④ [梁]僧祐：《出三藏记集》卷二，《大正藏》第55册，第6页下。
⑤ [梁]僧祐：《出三藏记集》卷十三，《大正藏》第55册，第96页上。
⑥ [梁]僧祐：《出三藏记集》卷一，《大正藏》第55册，第4页下。
⑦ [隋]费长房：《历代三宝纪》卷二，《大正藏》第49册，第34页上。
⑧ [隋]费长房：《历代三宝纪》卷四，《大正藏》第49册，第53页中。
⑨ [唐]道宣：《大唐内典录》卷一，《大正藏》第55册，第224页中。

《大周刊定众经目录》载：“《法镜经》一部二卷（或一卷，二十六纸）。右，后汉灵帝代，优婆塞安玄共严佛调于洛阳译，出《长房录》。”①

汉灵帝光和六年（183）癸亥

竺佛朔译《道行经》等

《高僧传·支娄迦谶传》作：“时有天竺沙门竺佛朔，亦以汉灵之时赍《道行经》，来适洛阳，即转梵为汉。”②

《出三藏记集》载：“沙门竺朔佛者，天竺人也。汉桓帝时，亦赍《道行经》来适洛阳，即转胡为汉。译人时滞，虽有失旨，然弃文存质，深得经意。”③

《历代三宝纪》载：（光和六年）“竺佛朔于洛阳译《道行经》一卷，支谶传语，孟福、张莲笔受。”④

《古今译经图纪》载：“至光和六年岁次癸亥，译《般舟三昧经》（二卷），支谶译语，孟福、张莲笔受，弃文存质，深得经旨。”⑤

汉灵帝中平二年（185）乙丑

支曜于洛阳译经

《历代三宝纪》载：“《小本起经》二卷（或云《修行本起》，或云《宿行》，近来加‘小’字耳，见《旧录》及《高僧传》）。”⑥《赖吒和罗经》一卷（初出，道安云出《方等部》）。《马有八态经》一卷（一名《马有八态譬人经》，一名《马有八弊恶态经》，出《杂阿含》三十四卷）。《首至问佛十四事经》一卷（或无‘佛’字）。《闻城十二因缘经》一卷（第二出，与世高译《十二因缘经》小异）。《堕落

①［唐］明佺：《大周刊定众经目录》卷四，《大正藏》第55册，第394页上。
②［梁］慧皎：《高僧传》卷一，《大正藏》第50册，第324页中。
③［梁］僧祐：《出三藏记集》卷十三，《大正藏》第55册，第96页上。
④［隋］费长房：《历代三宝纪》卷二，《大正藏》第49册，第34页上。
⑤［唐］靖迈：《古今译经图纪》卷一，《大正藏》第55册，第350页上。
⑥［隋］费长房：《历代三宝纪》卷四，《大正藏》第49册，第53页下。

优婆塞经》一卷，《小道地经》一卷，《马有三相经》一卷（出《杂阿含》）。《阿那律八念经》一卷（或直云《八念经》，见《旧录》）。《摩诃摩耶经》一卷（或直云《摩耶经》，或二卷）。右一十一部，合一十二卷。西域沙门支曜，灵帝世中平年于洛阳译其七部，是《吴录》所载。”①

《古今译经图纪》载：“沙门支曜，西域人，博达群典，妙解幽微。京洛之间，挹其风彩。以灵帝中平二年岁次乙丑，于洛阳译《成具光明经》（二卷）、《小本起经》（二卷）、《赖吒和罗经》（一卷）、《马有八态经》（一卷）、《首至问佛十四事经》（一卷）、《闻城十二因缘经》（一卷）、《堕落优婆塞经》（一卷）、《小道地经》（一卷）、《马有三相经》（一卷）、《阿那律八念经》（一卷）、《摩诃摩耶经》（一卷），凡一十一部一十三卷，言直理诣，不加润饰。”②

《开元释教录》载：“《成具光明定意经》一卷（或云《成具光明三昧经》，或直云《成具光明经》，第二出，见朱士行、支敏度、僧祐等三《录》及《高僧传》）。《阿那律八念经》一卷（或直云《八念经》，一名《禅行敛意经》，《旧录》云《禅行检意》，出《中阿含经》第十八卷，异译，见《旧录》）。《马有三相经》一卷（亦云《善马有三相经》，出《杂阿含经》第三十三卷，异译，房云见《吴录》）。《马有八态譬人经》一卷（亦直云《马有八态经》，一名《马有八弊恶态经》，出《杂阿含经》第三十三卷，异译，房云见《吴录》）。《小道地经》一卷（房云见《吴录》，已前见存，已后阙）。《闻城十二因缘经》一卷（第二出，与世高译《十二因缘经》等同本，房云见《吴录》）。《大摩耶经》一卷（或无‘大’字，或二卷，初出，与《摩诃摩耶经》同本，房云见《吴录》）。《赖吒和罗经》一卷（出《中阿含经》第三十一卷，异译，房云见《吴录》，安云出《方等部》者，或恐误也）。《小本起经》二卷（或云《修行本起》或云《宿行本起》，近加‘小’字耳，初出，与《瑞应本起经》等同本，见《旧录》及《高僧传》）。《堕落优婆塞经》一卷（或云《优披塞》，房云见《吴录》）。右一十部，一十一卷（《小道地》上五部五卷见在，《闻城》下五部六卷阙本）。沙门支曜，西域人，博达群典，妙解幽微。以灵帝中平二年乙丑，于洛阳译《成具光明》等经十部。长房等《录》又有《首至问佛十四事经》（或无‘佛’字）。余亲见其本，乃是经抄，已编别生录内，此删不载。”③

①［隋］费长房：《历代三宝纪》卷四，《大正藏》第49册，第53页下、54页上。

②［唐］靖迈：《古今译经图纪》卷一，《大正藏》第55册，第350页上。

③［唐］智昇：《开元释教录》卷一，《大正藏》第55册，第482页下。

支谶译《首楞严经》

《出三藏记集》载："《首楞严经》二卷（中平二年十二月八日出，今阙）。"①《出三藏记集》卷七引《首楞严三味经注序》云："安公《经录》云：'中平二年十二月八日，支谶所出。其经首略"如是我闻"，唯称"佛在王舍城灵鸟顶山中"。'"②

朱士行《汉录》云："（汉灵帝中平三年）支娄迦谶二月八日于洛阳译《首楞严经》二卷。"③"《首楞严经》二卷（中平三年二月八日出，是初译，见朱士行《汉录》及《僧祐录》《三藏记》，《吴录》又云三卷）。"④

《大唐内典录》载："《首楞严经》二卷（后汉中平三年二月八日初出，见士行、祐二《录》，《吴录》云三卷）。"⑤

《古今译经图纪》载："至灵帝中平三年岁次丙寅，（支娄迦谶）于洛阳译……《首楞严经》（二卷）。"⑥

按：支谶译《首楞严经》有"中平二年"和"中平三年"两说。

汉灵帝中平四年（187）丁卯

康巨译《问地狱事经》

《高僧传》载："又有沙门支曜、康巨、康孟详等，并以汉灵、献之间有慧学之誉，驰于京洛。曜译《成具》《定意》《小本起》等，巨译《问地狱事经》，并言直理，旨不加润饰。"⑦

《历代三宝纪》载：（中平四年丁卯）"康巨于洛阳译《问地狱事经》一卷。"⑧"《问地狱事经》一卷（见朱士行《汉录》）。右一经一卷，外国沙门康巨，灵帝中平四年于洛阳译。并言直理诣，不加润饰。"⑨

---

①［梁］僧祐：《出三藏记集》卷二，《大正藏》第55册，第6页中。

②［梁］僧祐：《出三藏记集》卷七，《大正藏》第55册，第49页上。

③［隋］费长房：《历代三宝纪》卷二，《大正藏》第49册，第34页上。

④［隋］费长房：《历代三宝纪》卷四，《大正藏》第49册，第52页下。

⑤［唐］道宣：《大唐内典录》卷一，《大正藏》第55册，第223页下。

⑥［唐］靖迈：《古今译经图纪》卷一，《大正藏》第55册，第348页下。

⑦［梁］慧皎：《高僧传》卷一，《大正藏》第50册，第324页下。

⑧［隋］费长房：《历代三宝纪》卷二，《大正藏》第49册，第34页上。

⑨［隋］费长房：《历代三宝纪》卷四，《大正藏》第49册，第54页上。

《大唐内典录》载："《问地狱事经》一卷（见朱士行《汉录》）。右一经一卷，中国沙门康巨，以灵帝中平四年于洛阳译，并言直理诣，不加润饰。"①

《古今译经图纪》载："沙门康巨，西域人。心存游化，志在弘经，以灵帝中平四年岁次丁卯，于洛阳译《问地狱事经》（一卷）。"②

《开元释教录》载："《问地狱事经》一卷（见朱士行《汉录》及《高僧传》）。右一部，一卷，本阙。沙门康臣（或作'巨'字，未详孰是）。西城人，心存游化，志在弘宣。以灵帝中平四年丁卯，于洛阳译《问地狱经》，言直理诣，不加润饰。"③

汉灵帝中平五年（188）戊辰

严佛调译《古维摩诘经》等

《出三藏记集》载："《内外六波罗蜜经》一卷（安公云出《方等部》，一本云《内六波罗蜜经》）。"④"《迦叶责阿难双度罗汉喻经》一卷（一名《迦叶诘阿难经》）。"⑤

《高僧传》载："（中平五年戊辰）《古维摩诘》等六部经，合十卷，并临淮严佛调于洛阳出之。"⑥

《历代三宝纪》载："《古维摩诘经》二卷（初出，见《古录》及朱士行《汉录》）。《濡首菩萨无上清净分卫经》二卷（一名《决了诸法如幻三昧经》，或一卷）。《慧上菩萨问大善权经》二卷（或无'菩萨'字，亦一卷）。《思意经》一卷（亦云《益意经》）。《内六波罗蜜经》一卷（亦云《内外》者，道安云出《方等部》）。《迦叶诘阿难经》一卷（第二出，见岑号及宝唱二《录》，与世高出《迦叶责阿难双度罗汉喻经》，大同小异）。《十慧经》一卷（佛调自撰出，并注序，亦云《沙弥十慧》，见僧祐、宝唱及《高僧传》等三《录》）。右七部合一十卷，

---

①［唐］道宣：《大唐内典录》卷一，《大正藏》第55册，第224页下。

②［唐］靖迈：《古今译经图纪》卷一，《大正藏》第55册，第350页上。

③［唐］智昇：《开元释教录》卷一，《大正藏》第55册，第483页上。

④［梁］僧祐：《出三藏记集》卷三，《大正藏》第55册，第17页下。

⑤［梁］僧祐：《出三藏记集》卷四，《大正藏》第55册，第23页上。

⑥［隋］费长房：《历代三宝纪》卷二，《大正藏》第49册，第34页上。

临淮清信士严佛调，当灵帝世，在洛阳出，理得音正，尽经微旨，郢匠之美，见述后代焉。”①

《古今译经图纪》载：“清信士严佛调，临淮人，绮年颖悟，敏而好学。共安玄对译，善闲梵言。以灵帝中平五年岁次戊辰，于洛阳译《古维摩诘经》（二卷）、《濡首菩萨无上清净分卫经》（二卷）、《慧上菩萨问大善权经》（二卷）、《思意经》（一卷）、《内六波罗蜜经》（一卷）、《迦叶诘阿难经》（一卷）、《十慧经》（一卷），凡七部一十卷，理得音正，尽经微旨。故安玄称：‘佛调出经，省而不烦，存本巧妙。’”②

《大周刊定众经目录》载：“《古维摩诘经》一部，二卷（初出）。右，汉灵帝代，临淮清信士严佛调在洛阳译，出《长房录》。”③“《濡首菩萨无上清净分卫经》一部，二卷（一名《决了诸法如幻三昧经》，三十二纸）。右，汉灵帝临淮清信士严佛调于洛阳译，出《长房录》。”④“《益意经》一卷（亦名《思意经》）。右，汉灵帝代，临淮清信士严佛调译，出《长房录》。”⑤

《开元释教录》载：“《慧上菩萨问大善权经》二卷（或一卷，或直云《大善权经》，或云《方便所度无极经》，或云《慧上菩萨经》，或云《善权方便经》），三十二纸。”⑥“《菩萨内习六波罗蜜经》一卷（或云《内六波罗蜜经》，安公云出《方等部》。三纸）。”⑦“又长房等《录》更有《迦叶诘阿难经》，亦云佛调所译。余亲见其本，乃是诸经之抄。有数条事，随众经录云出《杂譬喻》。安世高、聂承远《录》内并有此经。录家误也，既是别生抄经，不合为翻译正数。又有《沙弥十慧经》云佛调自撰，并注序。既非圣言，又阙其本，今并删之。”⑧

按：《历代三宝纪》所引《高僧传》之句，检今本《高僧传》，并无是句。惟见“调本临淮人，绮年颖悟，敏而好学……调又撰《十慧》，亦传于世。”⑨兹录出。

---

①［隋］费长房：《历代三宝纪》卷四，《大正藏》第49册，第54页上。
②［唐］靖迈：《古今译经图纪》卷一，《大正藏》第55册，第350页上。
③［唐］明佺：《大周刊定众经目录》卷三，《大正藏》第55册，第386页上。
④［唐］明佺：《大周刊定众经目录》卷五，《大正藏》第55册，第400页下。
⑤［唐］明佺：《大周刊定众经目录》卷五，《大正藏》第55册，第401页上。
⑥［唐］智昇：《开元释教录》卷十九，《大正藏》第55册，第681页中。
⑦［唐］智昇：《开元释教录》卷十九，《大正藏》第55册，第688页下。
⑧［唐］智昇：《开元释教录》卷一，《大正藏》第55册，第483页上。
⑨［梁］慧皎：《高僧传》卷一，《大正藏》第50册，第324页下。

汉少帝光熹元年·昭宁元年·汉献帝永汉元年（189）己巳

洛阳出土佉卢文题记

《西域通史》载："洛阳附近曾出土佉卢文字书写的井阑题记碑铭，上面记述了贵霜大月支人在洛阳建寺的事。释文曰：'唯……年……第十五（日）：此寺院……献给四方僧团……顺祝一切皆受敬重。'据考证，碑铭的年代为汉灵、献之际，此时洛阳使用佉卢文字者非贵霜月支人莫属，故此碑铭亦当为侨居洛阳的大月支佛教徒所立。"①

林梅村在《洛阳所出佉卢文井栏题记——兼论东汉洛阳的僧团与佛寺》中指出："故此佉卢文题记石井栏，是洛阳存在胡人聚落与佛寺的有力物证。"②

周胤在《寺塔为证：佛教在中国的适应与转化》中指出："佛教在汉地传播之初，尤其是东汉时期，归信者甚少。法令上禁止汉人出家，因此当时在汉地活跃的佛教徒大多来自印度和中亚地区。也正因如此，他们所居住的佛寺很可能是按照其所熟悉的西方风格设计的。对洛阳出土之'佉卢文'井栏题记的研究表明，在东汉灵帝和献帝时期（约一七九至一九〇年），京都洛阳曾有贵霜僧团存在，亦有寺院可能依据印度或中亚的建筑布局而立。"③

汉献帝初平元年（190）庚午

克孜尔千佛洞开凿

《中国佛教艺术史》："龟兹克孜尔千佛洞建造于东汉初平元年（190），兴盛于四至五世纪，唐以后开始衰落。石窟编号已有236个，较完整的石窟有80个，佛教洞窟占多数。石窟的形制有三种类型，一种是仿木石结构的六重斗四窟顶；一种是方形穹顶窟；还有一种结构分前后室的长方形建构，前后室之间用置有中心

---

① 余太山主编：《西域通史》，中州古籍出版社，2003年，第218页。

② 林梅村：《洛阳所出佉卢文井栏题记——兼论东汉洛阳的僧团与佛寺》，《中国历史博物馆馆刊》第13—14期，1989年，第240—249页。

③ 周胤：《寺塔为证：佛教在中国的适应与转化》，《读书》2019年第10期。

柱的间壁隔开，前室较为明亮宽敞，后室相对阴暗窄小，也就是所谓的‘龟兹型窟’。经历各种劫难之后，克孜尔千佛洞的塑像已无一幸存，现存壁画约10000平方米，惜多处破损严重。克孜尔石窟的壁画一般分布在前室中间的佛龛上部和左右两侧壁面，以及后室壁面。画师往往会根据绘画的不同位置和窟壁的大小以及轮廓来安排不同的题材。如正壁上端弦月形壁面，画师完全以壁面实际平面轮廓作为构图依据，以独立画面形式，表现在众伎乐女环绕下无精打采的悉达多太子。两侧的壁面则以连续展开的形式叙述佛传情节，各段情节均以释迦牟尼佛修道及说法为中心，利用周围人物的散聚加以区别。克孜尔千佛洞的题材内容在早期属小乘说一切有部，晚期出现一佛二胁侍及千佛的大乘题材。壁画题材以佛传故事和佛本生故事为主。”①

汉献帝初平二年（191）辛未

牟子作《牟子理惑论》

《弘明集》载：“牟子既修经传诸子，书无大小，靡不好之。虽不乐兵法，然犹读焉；虽读神仙不死之书，抑而不信，以为虚诞。是时灵帝崩后，天下扰乱，独交州差安。北方异人，咸来在焉，多为神仙辟谷长生之术。时人多有学者，牟子常以《五经》难之，道家术士莫敢对焉，比之于孟轲距杨朱、墨翟。先是时，牟子将母避世交趾，年二十六，归苍梧娶妻。太守闻其守学，谒请署吏。时年方盛，志精于学，又见世乱，无仕宦意，竟遂不就。是时，诸州郡相疑，隔塞不通。太守以其博学多识，使致敬荆州。牟子以为荣爵易让，使命难辞，遂严当行。会被州牧优文，处士辟之，复称疾不起。牧弟为豫章太守，为中郎将笮融所杀。时牧遣骑都尉刘彦将兵赴之，恐外界相疑，兵不得进。牧乃请牟子曰：‘弟为逆贼所害，骨肉之痛，愤发肝心。当遣刘都尉行，恐外界疑难，行人不通。君文武兼备，有专对才，今欲相屈之，零陵、桂阳，假涂于通路，何如？’牟子曰：‘被秣伏枥，见遇日久，列士忘身，期必骋效。’遂严当发，会其母卒亡，遂不果行。久之退念，以辩达之故，辄见使命。方世扰攘，非显己之秋也。乃叹曰：‘老子绝圣弃智，修身保真，万物不干其志，天下不易其乐，天子不得臣，诸侯不得友，故可贵也。’于是锐志于佛道，兼研老子五千文，含玄妙

① 赖永海、王月清主编：《中国佛教艺术史》，南京大学出版社，2017年，第8页。

为酒浆，玩《五经》为琴簧。世俗之徒多非之者，以为背《五经》而向异道。欲争则非道，欲默则不能，遂以笔墨之间，略引圣贤之言证解之，名曰《牟子理惑》云。”①

《佛祖统纪》载：“（初平）二年，苍梧儒生牟子因世乱，无仕官意，锐志佛道，而世多非之。乃制《理惑论》以为劝。”②

梁启超指出：“此书断断辨夷狄之教非不可用，此盖在顾欢《夷夏论》出世前后，其他辨毁容，辨无后，皆东晋间三教辩争之主要问题。而作此书之人，颇以调和三教为职志，亦正属彼时一部分之时代精神，故断为晋后伪书，当无大过。但理既肤浅，文复靡弱，其价值又出《四十二章经》下矣。惟有一事足资旁证者，著书之地，托诸交趾。原序云：‘时交趾差安，北方异人，咸来在焉’，此或为汉末交趾佛教颇盛之一种暗示，盖当时中印交通实以日南为孔道也。”③

胡适则认为：“梁任公先生的《辨伪》，未免太粗心，殊为贤者之累。如云此书‘一望而知为两晋六朝乡曲人不善属文者所作’，这真是冤枉之至了！《理惑论》文字甚明畅谨严，时时作有韵之文，也都没有俗气。此书在汉魏之间可算是好文字。任公大概先存伪书之见，不肯细读耳。”④

吕澂在《中国佛学源流略讲》中指出：“总之，牟子的真伪至今尚无定论。据我们看来，应该属于伪书。”⑤并附有吕氏之详考。⑥

周一良在《牟子理惑论时代考》一文中，对于《牟子理惑论》的成书时间做了划定，周氏指出：“理惑论成书究在何时，自序并未提及。志磐佛祖统纪三五系于汉献帝初平二年（191），刘汝霖汉晋学术编年六从之。不知何本。据上述诸家考证，牟子所称的交州牧是朱符。士燮传记董卓作乱，士壹亡归乡里之下，就说符被夷贼所杀。通鉴六六建安十五年（210）十二月下说：‘初苍梧士燮为交阯太守。交州刺史朱符为夷贼所杀，州郡扰乱。燮表其弟壹领合浦太守。‘都未明记朱符被害年月。但士燮传又说：‘朱符死后，汉遣张津为交州刺史。’晋书地理志交州条云：‘建安八年张津为刺史，士燮为交阯太守。共表立为州，乃拜津为交州牧。’元和郡县志以及清代考订晋书地理志诸家都从晋志之说。侯康三国志补注续士燮传条：‘艺文类聚卷六引苗

① ［梁］僧祐：《弘明集》卷一，《大正藏》第52册，第1页中。

② ［宋］志磐：《佛祖统纪》卷三十五，《大正藏》第49册，第331页上。

③ 梁启超：《梁启超全集》第十三卷，北京出版社，1999年，第3731—3732页。

④ 郑大华：《胡适全集》第四卷，安徽教育出版社，2003年，第163—164页。

⑤ 吕澂：《中国佛学源流略讲》，中华书局，1979年，第25—26页。

⑥ 吕澂：《中国佛学源流略讲》，中华书局，1979年，第26—27页。

（一良案：疑当作黄。）恭交广记日，建安二年南阳张津为交阯守。……考孙讨逆传注引王范交广春秋（一良案：交广春秋太康八年所上。）建安六年张津已为交州牧，则云八年者非也。’二字八字或都是六字脱误。假如张津是建安二年（197）作交州刺史，朱符定死于197年或较前。牟子自序的最下断限自不能晚于197年。如果朱符死在建安六年，自序的断限不能晚于210年。笮融杀朱皓通鉴系于献帝兴平二年（195）。所以专就自序考订，理惑论之作约当在195—201年之间。”①

谭世保在《牟子〈理惑论〉撰年新探》中指出：“自汉至魏，州牧与刺史是不可混为一谈的，当时人及接近其时的西晋初人都不会把两者的沿革和区别搞乱。但是，后人却因事隔年久而产生混乱，往往误以为汉于中平五年便全面恢复了单纯的州牧制，并由此以为后代的史书把汉魏的‘刺史’称为‘牧’是合理的，进而认定牟子所说州牧是指交趾刺史朱符也是合理的。这种推断显然违背历史考证常识。我认为，后世的人误把前代不同官职混淆，这是难免的，但是，身为当时当事之人的叙述是不可能出现这种错误的，由此可以反推《理惑论》应是后人之伪作。把后汉中平五年实行的州牧与刺史并置制误解为用州牧全面取代刺史，始见于南朝宋范晔撰《后汉书・灵帝纪》：“（中平五年）是岁改刺史新置牧。”其后唐杜佑及清惠栋等皆沿此误。牟子序文说东汉末交州有州牧，这首先露出了一大破绽，表明作者是受了范晔之类的后世史家的误记影响，不知东汉末年州牧与州刺史的区别。”②

汉献帝兴平元年（194）甲戌

康孟详出《四谛经》

竺道祖《汉录》云：“（兴平元年）此年康孟详于洛阳译《四谛经》一卷，与世高出者小异。”③“《四谛经》一卷（兴平元年译，第二出。与世高所翻小异，见竺道祖《汉录》）。”④

《众经目录》载：“《四谛经》一卷（九纸）。后汉兴平年，康孟详译。”⑤

---

① 周一良著，钱文忠译：《唐代密宗》，上海远东出版社，2012年，第234—235页。

② 谭世保：《汉唐佛史探真》，中山大学出版社，1991年，第300—301页。

③［隋］费长房：《历代三宝纪》卷二，《大正藏》第49册，第34页上。

④［隋］费长房：《历代三宝纪》卷四，《大正藏》第49册，第54页中。

⑤［唐］静泰：《众经目录》卷二，《大正藏》第55册，第195页上。

《古今译经图纪》载：“沙门康孟详，西域人，有慧学之誉。以献帝兴平元年岁次甲戌，至建安四年岁次己卯，于洛阳译《太子本起瑞应经》（二卷）、《兴起行经》（二卷）、《梵网经》（二卷）、《舍利弗目连游四衢经》（一卷）、《报福经》（一卷）、《四谛经》（一卷），凡六部，合九卷，奕奕流便，足腾玄趣。”①

《大唐内典录》载：“《四谛经》（与世高译小异，见竺道祖《汉录》）……中天竺国沙门康孟详，献帝时于洛阳译。”②“《四谛经》（九纸），后汉兴平年康孟祥译。”③

《大周刊定众经目录》载：“《四谛经》一卷（九纸），右，后汉兴平年康孟详译。出《长房录》。”④

《开元释教录》载：“《四谛经》一卷（兴平元年出，第二译，出《中阿含》第七卷，异译，与世高出者小异，见竺道祖《汉录》）。”⑤

汉献帝兴平二年（195）乙亥

笮融起佛祠

《后汉书·陶谦传》载：“初，同郡人笮融，聚众数百，往依于（陶）谦，谦使督广陵、下邳、彭城运粮。遂断三郡委输，大起浮屠寺。上累金盘，下为重楼，又堂阁周回，可容三千许人，作黄金涂像，衣以锦彩。每浴佛，辄多设饮饭，布席于路，其有就食及观者且万余人。及曹操击谦，徐方不安。融乃将男女万口、马三千匹走广陵。广陵太守赵昱待以宾礼。融利广陵资货，遂乘酒酣杀昱，放兵大掠，因以过江，南奔豫章，杀郡守朱皓，入据其城。后为杨州刺史刘繇所破，走入山中，为人所杀。”⑥

《三国志·吴书》载：“笮融者，丹杨人，初聚众数百，往依徐州牧陶谦。谦使督广陵、彭城运漕，遂放纵擅杀，坐断三郡委输以自入。乃大起浮图祠，以铜为

① [唐] 靖迈：《古今译经图纪》卷一，《大正藏》第55册，第350页中。
② [唐] 道宣：《大唐内典录》卷一，《大正藏》第55册，第224页下。
③ [唐] 道宣：《大唐内典录》卷七，《大正藏》第55册，第296页下。
④ [唐] 明佺：《大周刊定众经目录》卷八，《大正藏》第55册，第421页中。
⑤ [唐] 智昇：《开元释教录》卷一，《大正藏》第55册，第483页中。
⑥ [南朝宋] 范晔：《后汉书》卷七十三，中华书局，1965年，第2368页。

人，黄金涂身，衣以锦采，垂铜槃九重，下为重楼阁道，可容三千余人，悉课读佛经，令界内及旁郡人有好佛者听受道，复其他役以招致之，由此远近前后至者五千余人户。每浴佛，多设酒饭，布席于路，经数十里，民人来观及就食且万人，费以巨亿计。”①

《后汉书·陶谦传》李贤注引《献帝春秋》云：“融敷席方四五里，费以巨万。”②

严耕望在《魏晋南北朝佛教地理稿》中指出：“又按笮融丹阳人，殆丹阳已先有佛教信仰。再上考楚王英，以罪废徙丹阳泾县，虽旋即自杀，但其家人亲属仍在丹阳，尤为丹阳早有佛教信仰之线索。是佛教流布地域已逾江南。”③

按：笮融亡于兴平二年，故将“笮融起佛祠”事系于其卒年。

汉献帝建安二年（197）丁丑

竺大力译《修行本起经》

《历代三宝纪》载：（建安二年丁丑）“三月，沙门竺大力于洛阳译《修行本起经》二卷。”④

《历代三宝纪》载：“《修行本起经》二卷。右一经二卷，亦是昙果与康孟详于迦维罗卫国赍梵本来。沙门竺大力以建安二年三月，于洛阳译，孟详度为汉文。释道安云：‘孟详所翻，弈弈流便，足腾玄趣矣。’见《始兴录》。”⑤

《众经目录》载：“《修行本起经》二卷（三十纸）。后汉世昙果、竺大力共译。”⑥

《大唐内典录》载：“《修行本起经》二卷，右一经，二卷。建安二年二月，沙门释昙果与竺大力、康孟详于迦维罗卫国赍梵本来，于雒阳译，孟详度为汉文。释道安云：‘孟详所翻，奕奕流便，足腾玄趣矣。’”⑦

---

①［西晋］陈寿：《三国志》卷四十九，中华书局，1959年，第1195页。
②［南朝宋］范晔：《后汉书》卷七十三，中华书局，1965年，第2368页。
③ 严耕望：《魏晋南北朝佛教地理稿》，上海古籍出版社，2007年，第3页。
④［隋］费长房：《历代三宝纪》卷二，《大正藏》第49册，第34页上。
⑤［隋］费长房：《历代三宝纪》卷四，《大正藏》第49册，第54页中。
⑥［唐］静泰：《众经目录》卷二，《大正藏》第55册，第194页上。
⑦［唐］道宣：《大唐内典录》卷一，《大正藏》第55册，第224页下。

《古今译经图纪》载：“沙门竺大力，西域人，情好远游，无惮艰险，弘道终日，未以为劳。以献帝建安二年岁次丁丑，于洛阳译《修行本起经》(二卷)，康孟详度语。”①

《大周刊定众经目录》载：“《修行本起经》一部，二卷（三十八纸，《宝唱录》云一名《宿行本起》）。右，后汉竺昙果、康孟详共译，出《内典录》。”②

汉献帝建安四年（199）己卯

康孟详译《修行本起经》

《高僧传》载：“孟详译《中本起》及《修行本起》。先是沙门昙果于迦维罗卫国得梵本，孟详共竺大力译为汉文。安公云：‘孟详所出，奕奕流便，足腾玄趣也。’”③

《历代三宝纪》：“（建安四年）《兴起本行经》等五部合八卷，并康孟详出。”④

支谦或生于本年

《出三藏记集》载：“支谦，字恭明，一名越，大月支人也。祖父法度，以汉灵帝世，率国人数百归化，拜率善中郎将。”⑤“后太子登位，遂隐于穹隘山，不交世务，从竺法兰道人更练五戒。凡所游从，皆沙门而已。后卒于山中，春秋六十。”⑥

《高僧传》载：“先有优婆塞支谦，字恭明，一名越，本月支人，来游汉境。”⑦

《中国佛教通史》：“现存文献中没有支谦生卒年的明确记载，但可从现存文献的叙述中大致推出支谦生年的上下限。首先，现存几种早期文献都说，支谦60岁卒，而其翻译经典的时间为吴黄武元年（222）至建兴年，共三十余年。建兴为吴主孙亮年号，共两年，为252—253年，而僧祐《支谦传》说：‘后太子登位，遂隐于穹隘山，不交世务……后卒于山中，春秋六十。’此文后面有吴主孙亮在支谦卒后

①［唐］靖迈：《古今译经图纪》卷一，《大正藏》第55册，第350页中。
②［唐］明佺：《大周刊定众经目录》卷八，《大正藏》第55册，第417页上。
③［梁］慧皎：《高僧传》卷一，《大正藏》第50册，第324页下。
④［隋］费长房：《历代三宝纪》卷二，《大正藏》第49册，第34页上。
⑤［梁］僧祐：《出三藏记集》卷十三，《大正藏》第55册，第97页中。
⑥［梁］僧祐：《出三藏记集》卷十三，《大正藏》第55册，第97页下。
⑦［梁］慧皎：《高僧传》卷一，《大正藏》第50册，第325页上。

的感喟，因此可以推知，支谦卒于孙亮在位时期，即253—258年之间。可见，支谦的生年在194—199年之间，此为东汉献帝兴平元年（194）至建安四年（199）。上述文献都说，支谦祖父、父亲是在汉灵帝时期（168—189）来汉地的，因此，支敏度所说支谦在汉地出生是准确的。”①

汉献帝建安六年（201）辛巳

新疆库车库木吐拉千佛洞开凿

《中国佛教艺术史》载：“东汉建安六年（210），新疆库车‘库木吐拉千佛洞’开凿。”②

汉献帝建安十年（205）乙酉

成光子西行入印度

《释迦方志》载：“后汉献帝建元十年，秦州刺史遣成光子，从鸟鼠山度铁桥而入，穷于达嚫。旋归之日，还践前途，自出别传。”③

饶宗颐在《金赵城藏本法显传题记》中指出：“此说果可信，则东汉末自蜀至印，即后来所谓牂牁天竺道，实已畅通，故可从秦州，以至南印度之达嚫……故汉末成光子由秦州至达嚫，必由蜀出永昌，以入南印度，可以推想而知。”④

汉献帝建安十一年（206）丙戌

支谦为狗所伤

《出三藏记集》载：“越年七岁，骑竹马戏于邻家，为狗所啮，胫骨伤碎。邻人

① 赖永海主编：《中国佛教通史》第一卷，江苏人民出版社，2010年，第156页。

② 赖永海、王月清主编：《中国佛教艺术史》，南京大学出版社2017年，第2页。

③［唐］道宣：《释迦方志》卷二，《大正藏》第51册，第969页上。

④ 饶宗颐：《金赵城藏本法显传题记》，《“中央研究院”历史语言研究所集刊》第四十五本第三分，中央研究院历史语言研究所，1974年，第424页。

欲杀狗取肝傅疮，越曰：‘天生此物，为人守吠。若不往君舍，狗终不见啮。此则失在于我，不关于狗。若杀之得差，尚不可为；况于我无益，而空招大罪。且畜生无知，岂可理责？’由是村人数十家感其言，悉不复杀生。”①

按：据汉献帝建安四年（199）下“支谦或生于本年”条，推之可知，“支谦为狗所伤”条，当发生于本年。

汉献帝建安十二年（207）丁亥

昙果译《中本起经》

《出三藏记集》载：“《中本起经》二卷（或云《太子中本起经》）。右一部，凡二卷，汉献帝建安中，康孟详译出。”②

《历代三宝纪》载：“《中本起经》二卷（亦云《太子中本起经》，见《始兴录》）。右一经二卷。释道安云：‘沙门昙果于迦维罗卫国得此梵本来至洛阳，建安十二年翻，康孟详度语。’”③

《众经目录》载：“《中本起经》二卷（四十七纸）。后汉建安年，康孟详共竺大力译。”④

《大唐内典录》载：“《中本起经》（二卷，二十七纸）。后汉建安年，康孟详共竺大力译。”⑤

《古今译经图纪》载：“沙门昙果，西域人，学该内外，解通真俗。于迦毗罗卫国得《中本起经》，赍来至洛。以献帝建安十二年岁次丁亥，翻《中本起经》（二卷），康孟详译语。”⑥

《大周刊定众经目录》载：“《中本起经》一部，二卷（或云《太子中本起经》）。”⑦

《开元释教录》载：“《中本起经》二卷（或云《太子中本起经》，见《始兴

---

①［梁］僧祐：《出三藏记集》卷十三，《大正藏》第55册，第97页中。

②［梁］僧祐：《出三藏记集》卷二，《大正藏》第55册，第6页下。

③［隋］费长房：《历代三宝纪》卷四，《大正藏》第49册，第54页中。

④［唐］静泰：《众经目录》卷一，《大正藏》第55册，第186页下。

⑤［唐］道宣：《大唐内典录》卷七，《大正藏》第55册，第298页下。

⑥［唐］靖迈：《古今译经图纪》卷一，《大正藏》第55册，第350页中。

⑦［唐］明佺：《大周刊定众经目录》卷十四，《大正藏》第55册，第469页下。

录》。经初题云出《长阿含》）。右一部二卷，其本见在。沙门昙果，西域人。学该内外，解通真俗。于迦维罗卫国赍经梵本届于洛阳，以献帝建安十二年丁亥译《中本起经》。康孟详度语。《内典录》中以昙果与孟详共出，遂与孟详《太子本起瑞应》合为一本者，非也。二经全异，不可合之。祐云：'《中本起》康孟详出者，据其共经故耳。'"①

汉献帝建安十四年（209）己丑

支谦学书

《出三藏记集》载："（支谦）十岁学书，同时学者皆伏其聪敏。"②

按：据汉献帝建安四年（199）下"支谦或生于本年"条，推之可知，"支谦学书"条，当发生于本年。

汉献帝建安十六年（211）辛卯

竺大力译出《修行本起经》

《历代三宝纪》载："（建安十六年）《修行本起经》二卷，竺大力此年出之。'"③

《众经目录》载："《修行本起经》二卷（后汉世沙门昙果、竺大力共译）。"④"《修行本起经》二卷（三十纸）。后汉世昙果、竺大力共译。"⑤

《大周刊定众经目录》载："《修行本起经》一部二卷（三十八纸，《宝唱录》云一名《宿行本起》）。右，后汉竺昙果、康孟详共译。出《内典录》。"⑥

《高僧传》云："孟详译《中本起》及《修行本起》。先是，沙门昙果于迦维罗卫国得梵本，孟详共竺大力译为汉文。"⑦

① [唐] 智昇：《开元释教录》卷一，《大正藏》第55册，第483页中。
② [梁] 僧祐：《出三藏记集》卷十三，《大正藏》第55册，第97页中。
③ [隋] 费长房：《历代三宝纪》卷二，《大正藏》第49册，第34页上。
④ [隋] 法经：《众经目录》卷三，《大正藏》第55册，第129页上。
⑤ [唐] 静泰：《众经目录》卷二，《大正藏》第55册，第194页上。
⑥ [唐] 明佺：《大周刊定众经目录》卷八，《大正藏》第55册，第417页上。
⑦ [梁] 慧皎：《高僧传》卷一，《大正藏》第50册，第324页下。

汉献帝建安十七年（212）壬辰

支谦学胡书

《出三藏记集》载：“（支谦）十三学胡书，备通六国语。初桓、灵世，支谦译出法典，有支亮纪明资学于谶，谦又受业于亮。博览经籍，莫不究练，世间艺术，多所综习。其为人细长黑瘦，眼多白而精黄，时人为之语曰：‘支郎眼中黄，形体虽细是智囊。’其本奉大法，精练经旨。”①

《高僧传》载：“初汉桓灵之世有支谶，译出众经。有支亮，字纪明，资学于谶，谦又受业于亮。博览经籍，莫不精究，世间伎艺，多所综习。遍学异书，通六国语。其为人细长黑瘦，眼多白而睛黄，时人为之语曰：‘支郎眼中黄，形躯虽细是智囊。’”②

按：据汉献帝建安四年（199）下“支谦或生于本年”条，推之可知，“支谦学胡书”条，当发生于本年。

汉献帝建安二十三年（218）戊戌

曹植作《辩道论》

曹植所作之《辩道论》，见《广弘明集》卷五。③

张可礼在《三曹年谱》中指出：“（建安二十三年）曹植作《辩道论》。《辩道论》见《全三国文》卷一八。论中有‘世有方士，吾王悉所招致……本所以集之于魏国者，诚恐斯人之徒，挟奸宄以欺众，行妖隐以惑民，故聚而禁之也……自家王与太子及余兄弟，咸以为调笑，不信之矣’等句。据《武帝纪》、《文帝纪》，建安二十二年十月，曹丕为太子，二十五年正月嗣位为丞相、魏王。《辩道论》中称丕为太子，则论当作于建安二十二年十月至二十五年正月之间，暂系于是，备考。”④

《汉晋学术编年》指出《辩道论》作于建安二十三年，并考证云：“按本文称东

---

① ［梁］僧祐：《出三藏记集》卷十三，《大正藏》第55册，第97页中。

② ［梁］慧皎：《高僧传》卷一，《大正藏》第50册，第325页上。

③ ［唐］道宣：《广弘明集》卷五，《大正藏》第52册，第118页下。

④ 张可礼编著：《三曹年谱》，齐鲁书社，1983年，第160页。

汉为‘中兴’，知为魏未代汉时所作。又有‘吾王’‘家主’‘太子’诸说，必为曹丕立为太子后所作，故志之于此。”[①]

《中国文学编年史》：“曹植二十七岁，其《侍太子坐》诗及《辩道论》或作于此年。按，《侍太子坐》题中称‘太子’；《辩道论》云‘自家王与太子及余兄弟咸以为调笑’，则二篇均作于曹丕为太子期间。曹丕建安二十二年十月为太子，建安二十五年十月即帝位，然则二篇之作当在此期间，姑系于此年。”[②]

① 刘汝霖：《汉晋学术编年》（卷下），华东师范大学出版社，2010年，第464页。

② 陈文新主编：《中国文学编年史·汉魏卷》，湖南人民出版社，2006年，第433页。

三国

汉献帝延康元年·魏文帝黄初元年（220）庚子

支谦避难奔吴

《出三藏记集》载："献帝之末，汉室大乱，与乡人数十共奔于吴。初发日，唯有一被，有一客随之，大寒无被，越呼客共眠。夜将半，客夺其被而去。明旦，同侣问被所在，越曰：'昨夜为客所夺。'同侣咸曰：'何不相告？'答曰：'我若告发，乡等必以劫罪罪之。岂宜以一被而杀一人乎？'远近闻者，莫不叹服。"①

《高僧传》载："汉献末乱，（支谦）避地于吴。孙权闻其才慧，召见悦之，拜为博士，使辅导东宫。与韦曜诸人共尽匡益。但生自外域，故《吴志》不载。"②

颍阴县妇人书佛经

《后汉书·皇后纪》载："颍阴，县，属颍川郡。"③

《出三藏记集》载："昔汉建安末，济阴丁氏之妻忽如中疾，便能胡语。又求纸笔自为胡书，复有西域胡人见其此书云，是经莂，推寻往古，不无此事。但义非金口，又无师译，取舍兼怀，故附之疑例。"④

《法苑珠林》载："晋济阴丁承，字德慎。建安中，为凝阴令。时北界居民妇，诣外井汲水。有胡人长鼻深目，左过井上，从妇人乞饮。饮讫，忽然不见。妇则腹痛，遂加转剧。啼呼有顷，卒然起坐，胡语指麾。邑中有数十家，悉共观视。妇呼索纸笔来，欲作书。得笔，便作胡书：横行，或如乙，或如己。满五纸，投著地，教人读此书。邑中无能读者。有一小儿，十余岁，妇即指此小儿能读。小儿得书，便胡语读之，观者惊愕，不知何谓。妇教小儿起舞，小儿即起，翘足，以手弄相和。须臾各休，即以白德慎。德慎召见妇及儿，问之，云：'当时忽忽不自觉知。'德慎欲验其事，即遣吏赍书诣许下寺，以示旧胡，胡大惊，言佛经中间亡失，道远忧不能得。虽口诵，不具足。此乃本书，遂留写之。"⑤

---

①［梁］僧祐：《出三藏记集》卷十三，《大正藏》第55册，第97页中。

②［梁］慧皎：《高僧传》卷一，《大正藏》第50册，第325页上。

③［南朝宋］范晔：《后汉书》卷十下，中华书局，1965年，第462页。

④［梁］僧祐：《出三藏记集》卷五，《大正藏》第55册，第40页中。

⑤［唐］道世：《法苑珠林》卷十八，《大正藏》第53册，第417页上、中。

陈志远在《六朝佛教史研究论集》中指出："这则故事所包含的历史信息颇为丰富。首先它印证了许昌早有西域胡人居住的佛寺。这些胡人可能像《高僧传》中记载的安玄那样是'游贾洛阳'，也有可能是避难来到汉地。第二，它展现了汉末佛教经典主要依靠口传，文本不易获得的现实。这与《道行经记》《般舟三昧经记》中译场的分工相符。第三，最值得关注的是，它描述了书写佛经所用胡语文字的形态是'横行，或如乙，或如己'。我们知道，当时通行的书写佛经的文字是佉卢文，其中的字母'ha'与汉文'乙'字形状相似。二、三两点都是当时状况的忠实写照，绝非后世所能杜撰。这反过来更可以证实随着政治中心的转移，佛教已经传播到洛阳周边的许昌。"①

按：东汉无济阴、凝阴县，疑"济阴""凝阴"当是"颍阴"之误。本条事在"建安中"，未详其年，兹系于汉献帝建安之末。

四川省乐山柿子湾佛像两尊

《中国早期佛教造像研究》："另两尊佛像发现在乐山柿子湾I区1号墓内。一刻于中室门楣上方正中，通高28厘米；另一刻于左后室门楣上方正中，通高35厘米。形制与麻浩崖墓佛像基本相同，柿子湾造像肉髻更高些，保存状况较差。该墓与麻浩1号墓形制基本相同，亦为大型横前室三后室墓。据附近相似崖墓纪年题刻如箭坝台子洞崖墓延熹二年墓表、和尚冲等岩墓建和、永和纪年题刻推断，亦为东汉遗刻。在其他崖墓相同部位，雕刻的多是西王母坐像。"②

按：兹系于汉献帝建安之末。

内蒙古东汉晚期砖室墓佛教壁画

《中国早期佛教造像研究》载："1973年在内蒙古和林格尔发掘了一座东汉晚期的砖室墓小板申1号墓，墓内有壁画。该墓正式清理以前目击者笔记的记载，前室顶部绘云气，东面绘青龙及东王公像，西面绘白虎及西王母像，南面绘朱雀、仙人骑白象和凤凰从九韶，北面绘玄武、猞猁和雨师驾三虬。画面在清理时已被破坏，无从核对。俞伟超认为，其南北两面都表现佛教内容：仙人投胎，故乘白象；凤凰从九韶，鼓乐作时佛乃诞生也。温玉成认为：'壁画中的猞猁，乃置于盘中，为放射光芒的四个球状物。河南密县打虎亭2号墓98壁画中也有此物。舍利喻涅槃，示无明将破，故置

① 陈志远：《六朝佛教史研究论集》，博扬文化事业有限公司，2020年，第25页。

②［韩］李正晓：《中国早期佛教造像研究》，文物出版社，2005年，第41页。

于北方。墓葬中画此，乃企盼再生、转世之意。魂神不灭、人死当更复生，是佛教轮回转世之说，进一步的发展，便是直接造出来佛。由此推测，小板申1号墓及打虎亭2号墓早于沂南画像石墓。’”①

按：兹系于汉献帝建安之末。

山东沂南东汉晚期石墓画像

《中国早期佛教造像研究》载：“1953年在山东省沂南发掘的一座东汉晚期的画像石墓的画像石雕刻中，有四尊像与佛教有关。三尊立像有明显的头光。‘童子像’有二尊，分别刻于墓中室八角檠天柱的南北两面之顶端，两像为立式，双手拱于胸前，所着服饰作垂嶂状。另外，在童子像的下部，柱中间位置，还各刻画一尊立像和坐像。作趺坐式的，双肩有类似西王母像上常见的飘拂着的羽纹，其右手上举，左手握衣角，头顶系髻。”②

按：兹系于汉献帝建安之末。

什郁县皂角乡白果树村马堆子出土画像砖

《中国早期佛教造像研究》载：“1972年在四川成都什邡县皂角乡白果树村马堆子出土了一方泥质灰陶条形画像砖，残长21、残宽15、厚7.5厘米。砖面模印三座楼阁式三级佛塔，正中为佛塔，塔刹相轮、伞盖、宝珠清晰可辨。左右两侧各有一株巨大的长茎莲花和佛塔。左右两塔图像已残破不全，唯居中佛塔线条清晰可辨。四层重楼上置三级塔刹，塔角尖直。《魏书·释老志》谓：‘凡宫塔制度，犹依天竺旧状而重构之。从一级至三、五、七、九，世人相承，谓之浮图，或云佛图。’”③

按：兹系于汉献帝建安之末。

摇钱树座上的佛像

《中国早期佛教造像研究》载：“佛饰摇钱树主要出土于四川，有两种类型，一是塑在陶质摇钱树座上，另一种是铸在青铜的摇钱树枝干上。1942年在四川省彭山江口镇一座东汉晚期的崖墓内出土的一件泥质灰陶摇钱树座，高21.4、底径19.3厘米，圆形底座有模印龙虎争璧，座上有一佛二胁侍，现藏南京博物院。居中一像是坐像，

---

①［韩］李正晓：《中国早期佛教造像研究》，文物出版社，2005年，第41—42页。

②［韩］李正晓：《中国早期佛教造像研究》，文物出版社，2005年，第42—43页。

③［韩］李正晓：《中国早期佛教造像研究》，文物出版社，2005年，第45页。

头上有肉髻，右手作施无畏印，左手应是握着衣角，身着通肩袈裟，胸前阴刻弧线衣纹，衣褶分明。右胁侍束发，身着交领窄袖衫，右手置腰间，左手屈肘上举；左胁侍光头，身着袒右式衣，右手屈肘上举，左手平置腹前。”①

按：兹系于汉献帝建安之末。

印染布菩萨供养像

《中国美术全集·绘画编·原始社会至南北朝绘画》载：“八五，印染布菩萨供养像，东汉。棉布印染，纵四八厘米，横八九厘米。新疆维吾尔自治区博物馆藏。菩萨像见于蓝蜡染棉布残片上。该残片一九五九年出土于新疆民丰县尼雅遗址夫妻合葬墓中，既是我国已知最早的棉织物，又是我国比较早的一幅佛教图画。其画与佛教内容有关，现残存三组：供养菩萨在残片右侧下方，比较完整，半身微侧，大目高鼻，发卷曲，头后有项光，袒胸，佩璎珞，右手执一角杯，上面气泡四溢。是图造型较完美，线有轻重虚实之变化。残片中央部分仅留一人足、狮爪和狮尾。狮是兽中之王，早期佛教常以狮喻释迦牟尼。残片下方为羯摩鱼身和飞翔的金翅鸟，鱼尾蹲一虎（？），当为羯摩鱼本生故事。”②

按：此印染布菩萨供养像未详其年，故系于东汉之末，曹魏之初。

苏涂

《后汉书·三韩传》载：“（马韩）诸国邑各以一人主祭天神，号为‘天君’。又立苏涂，建大木以县铃鼓，事鬼神。其南界近倭，亦有文身者。”③

《三国志·魏书》载：“其立苏涂之义，有似浮屠，而所行善恶有异。”④

日本学者荻原秀三郎在《神灵依附物、神灵凭依者和“宇宙轴”》中指出：“‘苏圎’之称由‘苏’和‘圎’两音组成，‘苏’是表示‘耸’、‘涌’等意思的形容词，‘圎’则是指柱、竹、竿、棒等长形物体的古语，用汉字来表示的话，可以写作‘苏涂’，许多学者认为‘苏涂’也就是《三国志·魏志·东夷传》‘韩传·马韩’条中所记载的‘苏涂’。”⑤

①［韩］李正晓：《中国早期佛教造像研究》，文物出版社，2005年，第47页。

②中国美术全集编委会编：《中国美术全集·绘画编·原始社会至南北朝绘画》，人民美术出版社，1986年，图版说明第45页。

③［南朝宋］范晔：《后汉书》卷八十五，中华书局，1965年，第2819页。

④［西晋］陈寿：《三国志》卷三十，中华书局，1959年，第852页。

⑤［日］荻原秀三郎：《神灵依附物、神灵凭依者和“宇宙轴”》，《民族艺术》1996年第1期。

按：汉籍“苏涂”之名，最早见于《后汉书》，故列于东汉灭亡之公元220年。

孙权建昌乐寺

《佛祖统纪》载：“黄初元年，吴主孙权于武昌建昌乐寺。”①

《古今图书集成》载：“昌乐院，在县南六里。建安二十五年，孙权作寺，宋初废其地为武昌镇。”②

《大清一统志》载：“武昌镇在武昌县东南六十里，古昌乐院旧址。”③

按：《续高僧传》有“昌乐王寺”④之说，未知“昌乐寺”与“昌乐王寺”是否为一寺两名，待考。

魏文帝黄初三年·孙吴黄武元年（222）壬寅

昙柯迦罗游化许昌、洛阳

《高僧传》载：“昙柯迦罗，此云法时，本中天竺人。家世大富，常修梵福。迦罗幼而才悟，质像过人，读书一览，皆文义通畅。善学《四围陀论》。风云星宿图谶运变，莫不该综。自言天下文理，毕已心腹。至年二十五，入一僧坊，看遇见《法胜毗昙》，聊取览之，茫然不解，殷勤重省，更增昏漠，乃叹曰：‘吾积学多年，浪志坟典，游刃经籍，义不再思，文无重览。今睹佛书，顿出情外，必当理致钩深，别有精要。’于是赍卷入房，请一比丘略为解释，遂深悟因果，妙达三世，始知佛教宏旷，俗书所不能及。乃弃舍世荣，出家精苦，诵大小乘经及诸部《毗尼》。”⑤

《法苑珠林》载：“桓帝已后，北天竺国有五西国僧来到汉地，与大僧受具足戒。一名支法领，二名支谦，三名竺法护，四名竺道生，五名支娄谶。其时大律未有，支法领口诵出《戒本》一卷，《羯磨本》一卷，在此流行。今时名《旧羯磨》。后到魏

---

①［宋］志磐：《佛祖统纪》卷三十五，《大正藏》第49册，第331页中。

②［清］陈梦雷：《古今图书集成·方舆汇编·职方典》第一千一百一十二卷，中华书局、巴蜀书社1986年，第148册，第36页。

③［清］穆彰阿、潘锡恩等纂修：《大清一统志》卷三三六，上海古籍出版社，2008年，第8册，第53页。

④《续高僧传》卷六云：“释昙准，姓弘，魏郡汤阴人，住昌乐王寺。”［唐］道宣：《续高僧传》卷六，《大正藏》第50册，第472页上。

⑤［梁］慧皎：《高僧传》卷一，《大正藏》第50册，第324页下。

黄初三年，昙摩迦罗（昙柯迦罗）又译出戒律。”①

《古今译经图纪》载：“沙门昙柯迦罗者，此云法时，印度人也。幼而才敏，质像瓌玮。寻读一览，文义悉通。善《四围陀》，妙《五明论》。图谶运变，靡所不该，自谓在世无过于己。尝入僧坊遇见法胜毗昙，殷勤寻省，莫知旨趣。乃深叹曰：‘佛法钩深。’因即出家诵大小乘经及诸毗尼。以文帝黄初三年岁次壬寅，游化许、洛，睹魏境僧众全无律范。”②

支谦开始译经

《出三藏记集》载：“后吴主孙权闻其博学有才慧，即召见之，因问经中深隐之义。应机释难，无疑不析。权大悦，拜为博士。使辅导东宫，甚加宠秩。越以大教虽行，而经多胡文，莫有解者，既善华戎之语，乃收集众本，译为汉言。从黄武元年至建兴中，所出《维摩诘》《大般泥洹》《法句》《瑞应本起》等二十七经，曲得圣义，辞旨文雅。又依《无量寿》《中本起经》，制《赞菩萨连句梵呗三契》，注《了本生死经》，皆行于世。”③

《高僧传》载：“孙权闻其才慧，召见悦之，拜为博士。使辅导东宫，与韦曜诸人共尽匡益。但生自外域，故《吴志》不载。谦以大教虽行，而经多梵文，未尽翻译，已妙善方言，乃收集众本，译为汉语。从吴黄武元年至建兴中，所出《维摩》《大般泥洹》《法句》《瑞应本起》等四十九经，曲得圣义，辞旨文雅。又依《无量寿》《中本起》制《菩萨连句梵呗三契》，并注《了本生死经》等，皆行于世。”④

魏文帝黄初五年·孙吴黄武三年（224）甲辰

维祇难至武昌

《法句经序》载：“始者维祇难，出自天竺，以黄武三年来适武昌，仆从受此

① [唐] 道世：《法苑珠林》卷八十九，《大正藏》第53册，第944页下。
② [唐] 靖迈：《古今译经图纪》卷一，《大正藏》第55册，第351页上。
③ [梁] 僧祐：《出三藏记集》卷十三，《大正藏》第55册，第97页下。
④ [梁] 慧皎：《高僧传》卷一，《大正藏》第50册，第325页上。

五百偈本，请其同道竺将焰为译。”①

《高僧传》载：“维祇难，本天竺人。世奉异道，以火祠为正。时有天竺沙门习学小乘，多行道术，经远行逼暮，欲寄难家宿。难家既事异道，猜忌释子，乃处之门外，露地而宿。沙门夜密加咒术，令难家所事之火欻然变灭，于是举家共出，稽请沙门入室供养。沙门还以咒术，变火令生。难既睹沙门神力胜己，即于佛法大生信乐，乃舍本所事，出家为道，依此沙门以为和上。受学三藏，妙善四含。游化诸国，莫不皆奉。以吴黄武三年，与同伴竺律炎来至武昌。赍《昙钵经》梵本。《昙钵》者，即《法句经》也。时吴士共请出经，难既未善国语。乃共其伴律炎译为汉文。炎亦未善汉言，颇有不尽，志存义本，辞近朴质。”②

维祇难译《阿差末菩萨经》等

《出三藏记集》载：“《阿差末经》四卷（或云《阿差末菩萨经》。《别录》所载，《安录》先阙）。”③“《法句经》二卷，右一部，凡二卷。魏文帝时，天竺沙门维祇难，以吴主孙权黄武三年赍胡本，武昌竺将炎共支谦译出。”④

《历代三宝纪》载：（黄武三年）“维祇难于武昌郡译《阿差末菩萨经》等二部，合六卷。”⑤“《吴阿差末菩萨经》四卷（见吴、别二《录》，初出）。《法句经》二卷（初出，《吴录》云五卷，见《三藏记》）。右二部合六卷，魏文帝世天竺沙门维祇难，吴言障碍。学通三藏，妙善四含。历国游方，以行化为业。发趾西域同伴竺律炎到自江左。黄武三年，于武昌郡译为吴文。而维祇难既未善方音，翻梵之际颇有不尽。志存义本，辞句朴质。”⑥

《大唐内典录》载：“《阿差末菩萨经》四卷（见《吴》《别》二《录》，初出）。《法句经》二卷（初出，《吴录》云五卷，见《三藏记》）。右二部，合六卷。魏文帝世，天竺沙门维祇难，吴言障碍，学通三藏，妙善四含。历国游方，以行化为业。发趾西域同伴竺律炎自到江左。黄武三年，于武昌郡译为吴文。而维祇难既未善方音，翻梵之际，颇有不尽。志存义本，辞句朴质，如文可知。”⑦

---

①［孙吴］维祇难等译：《法句经》卷一，《大正藏》第4册，第566页下。

②［梁］慧皎：《高僧传》卷一，《大正藏》第50册，第326页中。

③［梁］僧祐：《出三藏记集》卷二，《大正藏》第55册，第8页下。

④［梁］僧祐：《出三藏记集》卷二，《大正藏》第55册，第6页下。

⑤［隋］费长房：《历代三宝纪》卷三，《大正藏》第49册，第36页上。

⑥［隋］费长房：《历代三宝纪》卷五，《大正藏》第49册，第57页上。

⑦［唐］道宣：《大唐内典录》卷二，《大正藏》第55册，第227页下。

《古今译经图纪》载："沙门维祇难者，此言障碍，印度人也。学通三藏，妙善四含，以游化为业。与竺律炎发自西域，因到江左。以黄武三年岁次甲辰，于武昌郡译《阿差末经》（四卷）、《法句集经》（二卷）。"①

《大周刊定众经目录》载："《法句经》一部，二卷（初译，《吴录》云五卷）。右，吴黄武年代，唯耆难于武昌郡译，出《长房录》。"②

竺律炎同维祇难来武昌

《高僧传》载："以吴黄武三年，（维祇难）与同伴竺律炎来至武昌。"③

《历代三宝纪》载："（维祇难）发趾西域同伴竺律炎到自江左。"④

《开元释教录》载："沙门竺律炎，印度人也。解行清厉，内外博通。与维祇难同游吴境。"⑤

魏文帝黄初七年·孙权黄武五年（226）丙午

士燮卒

《三国志·吴书》载："燮在郡四十余岁，黄武五年，年九十卒。"⑥

《三国志·吴书》载："燮兄弟并为列郡，雄长一州，偏在万里，威尊无上。出入鸣钟磬，备具威仪，笳箫鼓吹，车骑满道，胡人夹毂焚烧香者常有数十。"⑦

魏文帝不信有火浣布

《法苑珠林》载："魏文帝时，不信南方有火浣布。帝云：'火功尚能铄石销金，何为不烧其布。'文帝既崩，至太子明帝时，西国有献火浣布袈裟。明帝初依父语，不信。以火试之，久烧不坏。始知有征，言不虚也。文帝前已著史籍上，有不信火浣

---

①［唐］靖迈：《古今译经图纪》卷一，《大正藏》第55册，第352页上。

②［唐］明佺：《大周刊定众经目录》卷五，《大正藏》第55册，第401页下。

③［梁］慧皎：《高僧传》卷一，《大正藏》第50册，第326页中。

④［隋］费长房：《历代三宝纪》卷五，《大正藏》第49册，第57页上。

⑤［唐］智昇：《开元释教录》卷二，《大正藏》第55册，第487页下。

⑥［西晋］陈寿：《三国志》卷四十九，中华书局，1959年，第1193页。

⑦［西晋］陈寿：《三国志》卷四十九，中华书局，1959年，第1192页。

布之文者，并私改有之。”①

《抱朴子·内篇》载：“魏文帝穷览洽闻，自呼于物无所不经，谓天下无切玉之刀，火浣之布，及著《典论》，尝据言此事。其间未期，二物毕至，帝乃叹息，遽毁斯论。事无固必，殆为此也。”②

按：《典论》成书于公元217年，而魏文帝修改典论，最迟当在226年，故系于此年。成书于唐代的《法苑珠林》认为修订《典论》的人是魏明帝，而两晋之际的葛洪则认为是魏文帝本人修改的《典论》，未详孰是，待考。

魏明帝太和三年·孙吴黄龙元年（229）己酉

吴潘夫人建慧宝寺

《佛祖统纪》载：“太和三年，吴潘夫人于武昌建慧宝寺。”③

程欣人对此事表示怀疑：“《佛祖统纪》卷三十五云：‘（魏明帝）太和三年（公元229年）吴潘失人于武昌建慧宝寺。’亦未详出处。据《三国志》卷五十《妃嫔传》载，孙权先后娶纳谢、徐步、王、潘等夫人。潘夫人是最后‘召充后宫’的，其子亮继承权位时仅十岁，说明潘是孙权称帝（黄龙元年，即太和三年）后的中期（约赤乌前后）充入后宫的。若谓‘太和三年吴潘夫人于武昌建慧宝寺’，则其时潘尚未入宫，年纪约只数岁，岂非与史实出入太远了吗？”④

魏明帝太和四年·孙吴黄龙二年（230）庚戌

竺律炎译经三卷

《出三藏记集》载：“《三摩竭经》一卷（与《分和檀王经》大同小异）。”⑤

《历代三宝纪》载：“《三摩竭经》一卷（见《始兴录》，与《分和檀王经》大

---

①［唐］道世：《法苑珠林》卷三十五，《大正藏》第53册，第559页中。

② 王明：《抱朴子内篇校笺》（增订本），中华书局，1985年，第15—16页。

③［宋］志磐：《佛祖统纪》卷三十五，《大正藏》第49册，第331页下。

④ 程欣人：《武昌东吴墓中出土的佛像散记》，《汉江考古》1989年第1期。

⑤［梁］僧祐：《出三藏记集》卷四，《大正藏》第55册，第26页下。

同小异）。《梵志经》一卷（见《始兴录》与《五百梵志经》同本异出）。《佛医经》一卷（共支越出。非全典，从大经略见《宝唱录》，或云《佛医王经》）。右三经，合三卷。魏明帝世，天竺沙门竺律炎，维祇难卒后为孙权于杨都译。群录不同，或云将炎（或云持炎，或云）律炎。未详孰是，故备举之。"①

《古今译经图纪》载："沙门竺律炎，印度人，解行清厉，内外博通，与维祇难同游吴境，以武烈皇帝黄龙二年岁次庚戌，于杨都译《梵志经》（一卷）、《佛医经》（一卷）、《三摩竭经》（一卷）。"②

《开元释教录》载："沙门竺律炎，印度人也。解行清厉，内外博通，与维祇难同游吴境。维祇卒后，以孙权黄龙二年庚戌，于杨都译《摩登伽》等经四部。其名群录不同，或云将炎，或云持炎，或云律炎，未详孰是，故备列之。"③

曹植或于本年审定《瑞应本起经》

《三国志·魏书》载："（太和）三年，（曹植）徙封东阿。"④

《三国志·魏书》载："诏诸王朝六年正月。（太和六年）其二月，以陈四县封植为陈王，邑三千五百户。植每欲求别见独谈，论及时政，幸冀试用，终不能得。既还，怅然绝望。时法制，待藩国既自峻迫，寮属皆贾竖下才，兵人给其残老，大数不过二百人。又植以前过，事事复减半，十一年中而三徙都，常汲汲无欢，遂发疾薨，时年四十一。"⑤

《历代三宝纪》载："《瑞应本起经》二卷（黄武年第二出。一云《太子本起瑞应》，与康孟详出者小异，陈郡谢锵、吴郡张洗等笔受，魏东阿王植详定，见《始兴录》及《三藏记》）。"⑥

按：曹植于太和三年十二月徙封为东阿王，太和六年徙封为陈王；因太和六年曹植又徙都至陈郡，终于绝望，乃至一蹶不振，发病身亡。鱼山坐落于东阿县，曹植就国于东阿，其行动亦受到严格地限制与密切地监视，故曹植审定《瑞应本起经》，事当在太和四年至太和五年之间。兹系于太和四年。

---

①［隋］费长房：《历代三宝纪》卷五，《大正藏》第49册，第57页上。
②［唐］靖迈：《古今译经图纪》卷一，《大正藏》第55册，第352页上。
③［唐］智昇：《开元释教录》卷二，《大正藏》第55册，第487页下。
④［西晋］陈寿：《三国志》卷十九，中华书局，1959年，第569页。
⑤［西晋］陈寿：《三国志》卷十九，中华书局，1959年，第576页。
⑥［隋］费长房：《历代三宝纪》卷五，《大正藏》第49册，第57页上。

曹植登鱼山制梵呗

《异苑》载："陈思王曹植字子建，尝登鱼山，临东阿。忽闻岩岫里有诵经声，清通深亮，远谷流响，肃然有灵气。不觉敛衿祇敬，便有终焉之志，即效而则之。今之梵唱，皆植依拟所造。"①

《高僧传》载："始有魏陈思王曹植，深爱声律，属意经音。既通般遮之瑞响，又感鱼山之神制。于是删治《瑞应》《本起》以为学者之宗。传声则三千有余，在契则四十有二。其后帛桥、支籥亦云祖述陈思，而爱好通灵，别感神制，裁变古声，所存止一十而已。"②

《法苑珠林》载："陈思王曹植，字子建，魏武帝第四子也。幼含珪璋，十岁属文，下笔便成，初不改字。世间术艺，无不毕善。邯郸淳于见而骇服，称为天人。植每读佛经，辄流连嗟玩，以为至道之宗极也。遂制转赞七声升降曲折之响。世人讽诵，咸宪章焉。尝游鱼山，忽闻空中梵天之响，清雅哀婉，其声动心。独听良久，而侍御皆闻。植深感神理，弥寤法应。乃摹其声节，写为梵呗。纂文制音，传为后式。梵声显世，始于此焉。其所传呗，凡有六契。"③

按：僧祐撰《法苑杂缘原始集目录序》，其《序》录有《陈思王感鱼山梵声制呗记》④。然今只存其题，未详其文。曹植登鱼山制梵呗，前条已考，此事或在太和四年至五年之间。兹系于本年。

魏明帝太和五年（231）辛亥

竺法护生

《出三藏记集》载："竺法护，其先月支人也，世居燉煌郡。"⑤

《高僧传》载："竺昙摩罗刹，此云法护。其先月支人，本姓支氏。世居燉煌郡。"⑥

按：目前学术界对于竺法护的生卒年限尚无定论。李尚全认为，竺法护的生卒为

① ［南朝宋］刘敬叔：《异苑》卷五，中华书局，1996年，第48页。
② ［梁］慧皎：《高僧传》卷十三，《大正藏》第50册，第415页上。
③ ［唐］道世：《法苑珠林》卷三十六，《大正藏》第53册，第576页上。
④ ［梁］僧祐：《出三藏记集》卷十二，《大正藏》第55册，第92页中。
⑤ ［梁］僧祐：《出三藏记集》卷十三，《大正藏》第55册，第97页下。
⑥ ［梁］慧皎：《高僧传》卷一，《大正藏》第50册，第326页下。

公元228—306年。[①]孙昌武认为，竺法护的生卒为公元231—308年。[②]姜星鲁认为，竺法护的生卒为约公元3—4世纪。[③]今依孙昌武之说。

魏明帝太和六年（232）壬子

佛图澄生

《高僧传》载："竺佛图澄者，西域人也，本姓帛氏。少出家，清真务学，诵经数百万言，善解文义。虽未读此土儒、史，而与诸学士论辩疑滞，皆闇若符契，无能屈者。自云：'再到罽宾受诲名师，西域咸称得道。'"[④]

《高僧传》载："（石）虎悲恸呜咽，知其必逝，即为凿圹营坟。至十二月八日（佛图澄）卒于邺宫寺，是岁晋穆帝永和四年也。士庶悲哀，号赴倾国，春秋一百一十七矣。"[⑤]

按：《高僧传》云佛图澄于东晋穆帝永和四年（348）卒，其寿一百一十七。据此推之，佛图澄当生于本年。

魏明帝青龙二年（234）甲寅

朱士行或生于本年

《出三藏记集》载："朱士行，颍川人也。志业清粹，气韵明烈，坚正方直，劝沮不能移焉。少怀远悟，脱落尘俗，出家以后，便以大法为己任。常谓入道资慧，故专务经典。初天竺朔佛，以汉灵帝时出《道行经》，译人口传，或不领，辄抄撮而过，故意义首尾颇有格碍。士行常于洛阳讲《小品》，往往不通。每叹此经大乘之要，而译理不尽，誓志捐身，远迎《大品》。"[⑥]

---

① 李尚全：《"敦煌菩萨"竺法护的生平及其佛学思想》，《敦煌学辑刊》2004年第1期。
② 孙昌武：《中国佛教文化史》第一册，中华书局，2010年，第249页。
③ 姜星鲁：《竺法护译经感觉动词语义场研究》，浙江大学博士学位论文，2010年。
④［梁］慧皎：《高僧传》卷九，《大正藏》第50册，第383页中。
⑤［梁］慧皎：《高僧传》卷九，《大正藏》第50册，第386页下。
⑥［梁］僧祐：《出三藏记集》卷十三，《大正藏》第55册，第97页上。

《高僧传》载："朱士行，颍川人，志业方直，劝沮不能移其操。少怀远悟，脱落尘俗，出家已后，专务经典。昔汉灵之时，竺佛朔译出《道行经》，即《小品》之旧本也，文句简略，意义未周。士行尝于洛阳讲《道行经》，觉文章隐质，诸未尽善，每叹曰：'此经大乘之要，而译理不尽。'誓志捐身，远求大本。"①

《法苑珠林》载："晋仕（士）行沙门者，颍川人也。姓朱氏，气志方远，识宇沈正。循心直诣，荣辱不能动焉。时经典未备，唯有《小品》，而章句阙略，义致弗显。"②

孟楠在《中原西行求法第一人——朱士行》中指出："（《高僧传》）既云士行'少怀远悟，脱离尘俗'，则其出家当在20岁以前，因为古人以20岁举行'冠礼'即标志是成年人了。假定朱士行出家时为20岁，出家时间大约在嘉平末年（254年），则其生年当在234年；士行以80岁卒于于阗，则其卒年大约在西晋建兴二年（314年）。朱士行甘露五年（260年）西行时年已26岁，最后死在于阗，则其在西域地区生活了54年。"③

孙吴嘉禾四年（235）乙卯

瑞相院建立

《金陵梵刹志》载："三国吴乙（卯），嘉木（禾）四年，有僧创室名瑞相院，室成，不知所往。"④

魏明帝景初二年·孙吴赤乌元年（238）戊午

《佛说五王经》题记

《中国古代写本识语集录》所录《佛说五王经》敦煌太守仓慈题记云："景初二

① [梁]慧皎：《高僧传》卷四，《大正藏》第50册，第346页中。

② [唐]道世：《法苑珠林》卷二十八，《大正藏》第53册，第491页上。

③ 孟楠：《中原西行求法第一人——朱士行》：《新疆大学学报》（哲学·人文社会科学版），1993年第1期。

④[明]葛寅亮：《金陵梵刹志》卷三十九，《中国佛寺志汇刊》第一辑，明文书局，1980年，第1300页。

年岁戊午九月十六日，敦煌太守仓慈，为众生供养，熏沐写已。”①

《中国佛教通史》：“发现于敦煌藏经洞的《魏敦煌太守仓慈写〈佛说五王经〉题记》表明，当时的敦煌太守已经有佛教信仰……景初二年为238年。仓慈，《三国志·魏书》有传。他曾先后做过绥集都尉、长安令等小官，太和中（227—233）迁升为敦煌太守。他在敦煌对来自西域的商人给以保护政策。在西域诸胡中威信极高。如果这一题记属实，则可证明，敦煌佛教于此时已经有相当大的影响了。”②

另见《魏晋南北朝敦煌文献编年》。③

某作《大十二门经后记》

《出三藏记集》所录《大十二门经序》载：“此经世高所出也。辞旨雅密，正而不艳，比诸禅经，最为精悉。案《经后记》云：‘嘉禾七年，在建邺周司隶舍写。’缄在箧匮，向二百年矣。冥然不行，无闻名者。比丘竺道护于东垣界贤者经中得，送诣濩泽，乃得流布。得经之后，俄而其家遇火，护若不睹，为灰炭矣。自然将丧斯禅也，后死者不得与闻此经也。此经也，八音所诲，四道作训，约无乏，文重无简矣。精义入神，何以上乎？前世又为《悬解》，一家之传，故全而次之。然世高出经，贵本不饰，天竺古文，文通尚质，仓卒寻之，时有不达。今为略注，继前人之末，非敢乱朱，冀有以寤焉。”④

通玄寺建立

《三国志·吴书》载：“（建安）七年，权母吴氏薨。”⑤

《吴地记》载：“通元（玄）寺，吴大帝孙权吴夫人舍宅置。”⑥

《吴郡图经续记》载：“报恩寺，在长洲县西北一里半，在古为通玄寺。吴赤乌中，先主母吴夫人舍宅以建。”⑦

《吴地记》曹林娣校注云：“通元（玄）寺，又云报恩讲寺，在府城北陲，俗称

---

①［日］池田温：《中国古代写本识语集录》，东京大学东洋文化研究所，1990年，第71页。

② 赖永海主编：《中国佛教通史》第一卷，江苏人民出版社，2010年，第290—291页。

③ 饶宗颐主编，王素、李方著：《魏晋南北朝敦煌文献编年》，新文丰出版公司，1997年，第53页。

④［梁］僧祐：《出三藏记集》卷六，《大正藏》第55册，第46页中。

⑤［西晋］陈寿：《三国志》卷四十七，中华书局，1959年，第1116页。

⑥［唐］陆广微撰，曹林娣校注：《吴地记》，江苏古籍出版社，1999年，第91页。

⑦［北宋］朱长文撰，胡珽校正，董金鉴续校：《吴郡图经续记》卷中，《丛书集成初编》，中华书局，1985年，第21页。

北寺，吴赤乌中孙权母吴夫人舍宅建。”[①]

按：孙权母吴氏，卒于建安七年（202），其舍宅建通玄寺，事在赤乌中。未详何年，待考。兹系于赤乌元年。

魏明帝景初三年·孙吴赤乌二年（239）己未

魏明帝曾欲坏浮屠

《魏书·释老志》载：“魏明帝曾欲坏宫西佛图。外国沙门乃金盘盛水，置于殿前，以佛舍利投之于水，乃有五色光起，于是帝叹曰：‘自非灵异，安德尔乎？’遂徙于道东，为作周阁百间。佛图故处，凿为蒙汜池，种芙蓉于中。”[②]

《破邪论》载：“魏明帝曾欲坏宫西浮图。外国沙门乃金盘盛水置于殿前。以舍利投水。乃有五色光起。帝加叹异。乃于道东作周閰百间以为精舍。”[③]

《法苑珠林》载：“魏明帝洛城中本有三寺。其一在宫之西，每系舍利在幡刹之上，辄斥见宫内。帝患之，将毁除坏。时有外国沙门居寺，乃赍金盘成水，水贮舍利，五色光明，腾焰不息。帝见叹曰：‘非夫神效，安德尔乎！’乃于道东造周閰百间，名为‘官佛图精舍’云。”[④]

按：魏明帝崩于景初三年，故帝欲坏宫内浮图之事，至迟当发生于此年，故系于此。

竺法护出家

《出三藏记集》载：“（竺法护）年八岁出家，事外国沙门高座为师，诵经日万言，过目则能。天性纯懿，操行精苦，笃志好学，万里寻师。是以博览六经，涉猎百家之言，虽世务毁誉，未常介于视听也。”[⑤]

《高僧传》载：“（竺法护）年八岁出家，事外国沙门竺高座为师，诵经日万言，过目则能。天性纯懿，操行精苦，笃志好学，万里寻师。是以博览六经，游心七籍。

---

①［唐］陆广微撰，曹林娣校注：《吴地记》，江苏古籍出版社，1999年，第93页。

②［北齐］魏收：《魏书》卷一百一十四，中华书局，1974年，第3029页。

③［唐］法琳：《破邪论》卷一，《大正藏》第52册，第481页上。

④［唐］道世：《法苑珠林》卷四十，《大正藏》第53册，第600页下。

⑤［梁］僧祐：《出三藏记集》卷十三，《大正藏》第55册，第97页下。

虽世务毁誉，未尝介抱。”①

按：据魏明帝太和五年（231）下“竺法护生”条，推之可知，“竺法护出家”条，当发生于本年。

魏齐王正始元年·孙吴赤乌三年（240）庚申

佛图澄出家

《高僧传》载：“（佛图）澄自说生处去邺九万余里，弃家入道一百九年。酒不逾齿，过中不食，非戒不履，无欲无求。受业追游，常有数百，前后门徒，几且一万。所历州郡，兴立佛寺八百九十三所，弘法之盛，莫与先矣。”②

《高僧传》载：“（石）虎悲恸呜咽，知其必逝，即为凿圹营坟。至十二月八日（佛图澄）卒于邺宫寺，是岁晋穆帝永和四年也。士庶悲哀，号赴倾国，春秋一百一十七矣。”③

按：《高僧传》云东晋穆帝永和四年（348）佛图澄卒时，其出家已一百九年。据此推之，佛图澄出家，此事当发生于本年。

魏齐王正始二年·孙吴赤乌四年（241）辛酉

阚泽论三教及佛教故事

《三国志·吴书》载：“赤乌五年，（阚泽）拜太子太傅，领中书令如故。”④

《广弘明集》载：“（吴主孙权）下敕问尚书令阚泽曰：‘汉明已来凡有几年，佛教入汉既久，何缘始至江东？’泽曰：‘自汉明永平十年，佛法初来，至今赤乌四年，则一百七十年矣。初，永平十四年，五岳道士与摩滕角力之时，道士不如，南岳道士褚善信、费叔才等在会，自憾而死，门徒弟子归葬南岳，不预出家，无人流布。后遭汉政陵迟，兵戎不息，经今多载，始得兴行。’又曰：‘孔丘、李老得

① ［梁］慧皎：《高僧传》卷一，《大正藏》第50册，第326页下。
② ［梁］慧皎：《高僧传》卷九，《大正藏》第50册，第387页上。
③ ［梁］慧皎：《高僧传》卷九，《大正藏》第50册，第386页下。
④ ［西晋］陈寿：《三国志》卷五十三，中华书局，1959年，第1249页。

与佛比对不？’泽曰：‘臣闻鲁孔君者，英才诞秀，圣德不群，世号素王。制述经典，训奖周道，教化来叶，师儒之风，泽闰今古；亦有逸民知许成子、原阳子、庄子、老子等百家子书，皆修身自玩，放畅山谷，纵佚其心，学归澹泊，事乖人伦，长幼之节，亦非安俗化民之风。至汉景帝以黄子、老子义体尤深，改子为经，始立道学，敕令朝野，悉讽诵之。若以孔、老二教比方佛法，远则远矣。所以然者，孔、老二教，法天制用，不敢违天；诸佛设教，天法奉行，不敢违佛。以此言之，实非比对（今见章醮，似俗酒脯碁琴行之）。’吴主大悦，以泽为太子太傅。云云。”①

此事亦见《释迦方志》卷二。②

孙权建普济院

《吴地记》载：“吴赤乌四年，僧性康来自康居国，孙权建寺居之。名普济禅院。”③

魏齐王正始三年·孙吴赤乌五年（242）壬戌

阚泽舍宅为德润寺

《佛祖统纪》载：“（正始三年）吴尚书令阚泽，舍宅为德润寺。”④

魏齐王正始四年·孙吴赤乌六年（243）癸亥

普济寺建立

《三国志·吴书》载：“（赤乌）六年冬（阚泽）卒，权痛惜感悼，食不进者数日。”⑤

《大明一统志》载：“普济寺，在（宁波府）慈溪县治东北。吴阚泽拾宅建。”⑥

按：阚泽卒于孙吴赤乌六年，其舍宅建普济寺，事不可详考。兹系于其卒年。

---

①［唐］道宣：《广弘明集》卷一，《大正藏》第52册，第99页下。
②［唐］道宣：《释迦方志》卷二，《大正藏》第51册，第971页上。
③［唐］陆广微撰，曹林娣校注：《吴地记》，江苏古籍出版社，1999年，第126页。
④［宋］志磐：《佛祖统纪》卷三十五，《大正藏》第49册，第331页下。
⑤［西晋］陈寿：《三国志》卷五十三，中华书局，1959年，第1250页。
⑥［明］李贤等：《大明一统志》卷四十六，三秦出版社，1990年，第755页。

魏齐王正始八年·孙吴赤乌十年（247）丁卯

康僧会至建业

《出三藏记集》载："康僧会，其先康居人，世居天竺。其父因商贾，移于交阯。会年十余岁，二亲并亡，以至性闻。既而出家，砺行甚峻。为人弘雅有识量，笃志好学，明练三藏，博览六典，天文图纬，多所贯涉，辩于枢机，颇属文翰。时孙权称制江左，而未有佛教。会欲运流大法，乃振锡东游。以赤乌十年至建业，营立茅茨，设像行道。有司奏曰：'有胡人入境，自称沙门，容服非恒，事应验察。'权曰：'吾闻汉明梦神，号称为佛，彼之所事，岂其遗风耶？'即召会诘问，有何灵验。会曰：'如来迁迹，忽逾千载，遗骨舍利，神曜无方。昔阿育起塔，乃八万四千。夫塔寺之兴，所以表遗化也。'权以为夸诞，乃谓会曰：'若能得舍利，当为造塔；如其虚妄，国有常刑。'会请期七日。乃谓其属曰：'法之兴废，在此一举，今不至诚，后将何及！'乃共洁斋静室，以铜瓶加几，烧香礼请。七日期毕，寂然无应，求申二七，亦复如之。权曰：'此欺诳也！'将欲加罪。会更请三七，权又特听。会曰：'法云应被，而吾等无感，何假王宪，当誓死为期耳！'三七日暮，犹无所见。莫不震惧。既入五更，忽闻瓶中鎗然有声。会自往视，果获舍利。明旦呈权，举朝集观，五色光焰，照耀瓶上。权手自执瓶，泻于铜盘，舍利所冲，盘即破碎。权肃然惊起曰：'希有之瑞也！'会进而言曰：'舍利威神，岂直光相而已，乃劫烧之火不能燔，金刚之杵不能坏矣。'权命取铁椎砧，使力士击之。砧椎并陷，而舍利无损。权大嗟服，即为建塔。以始有佛寺，故曰建初寺，因名其地为佛陀里。由是江左大法遂兴。"①

《高僧传》载："康僧会，其先康居人。世居天竺，其父因商贾移于交趾。会年十余岁，二亲并终。至孝服毕出家，励行甚峻。为人弘雅有识量，笃至好学。明解三藏，博览六经。天文图纬多所综涉，辩于枢机颇属文翰。时孙权已制江左，而佛教未行……时吴地初染大法，风化未全。僧会欲使道振江左，兴立图寺，乃杖锡东游。以吴赤乌十年，初达建邺。营立茅茨，设像行道。时吴国以初见沙门，睹形未及其道，疑为矫异。有司奏曰：'有胡人入境，自称沙门。容服非恒，事应检察。'权曰：'昔汉明帝梦神，号称为佛。彼之所事岂非其遗风耶？'即召会诘问，

---

①［梁］僧祐：《出三藏记集》卷十三，《大正藏》第55册，第96页上。

有何灵验。会曰：'如来迁迹，忽逾千载。遗骨舍利，神曜无方。昔阿育王起塔乃八万四千。夫塔寺之兴，以表遗化也。'权以为夸诞，乃谓会曰：'若能得舍利，当为造塔。如其虚妄，国有常刑。'会请期七日，乃谓其属曰：'法之兴废，在此一举。今不至诚，后将何及？'乃共洁斋静室，以铜瓶加凡烧香礼请。七日期毕，寂然无应。求申二七，亦复如之。权曰：'此寔欺诳，将欲加罪。'会更请三七，权又特听。会谓法属曰：'宣尼有言曰，'文王既没，文不在兹乎？'法灵应降，而吾等无感。何假王宪，当以誓死为期耳。'三七日暮犹无所见，莫不震惧。既入五更，忽闻瓶中鎗然有声。会自往视，果获舍利。明旦呈权，举朝集观。五色光炎照耀瓶上，权自手执瓶泻于铜盘。舍利所冲，盘即破碎。权大肃然惊起而曰：'希有之瑞也。'会进而言曰：'舍利威神，岂直光相而已。乃劫烧之火不能焚，金刚之杵不能碎。'权命令试之。会更誓曰：'法云方被，苍生仰泽。愿更垂神迹以广示威灵。'乃置舍利于铁砧碓上，使力者击之。于是砧碓俱陷，舍利无损。权大叹服，即为建塔。以始有佛寺，故号建初寺。因名其地为佛陀里。由是江左大法遂兴。"①

《隋书·经籍志》载："三国时，有西域沙门康僧会，赍佛经至吴译之，吴主孙权，甚大敬信。"②

杨维中在《中国佛教通史》中说，康僧会于赤乌四年至吴。③杨氏于此节考辨甚详，可参考之。

孙权造建初寺

《高僧传》载："（康僧会）以吴赤乌十年，初达建邺，营立茅茨，设像行道……权大叹服，即为建塔，以始有佛寺故，号建初寺。因名其地为佛陀里，由是江左大法遂兴。"④

《历代三宝纪》载："康僧会感得舍利放光，孙权信伏，即为会造建初寺，此江东寺之先也。"⑤

---

①［梁］慧皎：《高僧传》卷一，《大正藏》第50册，第325页上。

②［唐］魏徵等：《隋书》卷三十五，中华书局，1973年，第1097页。

③ 赖永海主编：《中国佛教通史》第一卷，江苏人民出版社，2010年，第146页。

④［梁］慧皎：《高僧传》卷一，《大正藏》第50册，第325页中。［梁］慧皎：《高僧传》卷一，《大正藏》第50册，第325页下。

⑤［隋］费长房：《历代三宝纪》卷三，《大正藏》第49册，第36页上。

《吴地记》载："（赤乌）十年，权建舍利塔十三级于寺中，以报母恩。"①

《太平御览》引《建康实录》载："吴赤乌十年，胡人康僧会入境，置经行所，朝夕礼念，有司以闻。帝曰：'昔汉明帝感梦金人，使往西方求之，得摩腾、竺法兰来中国立经行教，今无乃是遗类乎。'因引见僧会。其言佛教灭度已久，唯有舍利可以求请。遂于大内立坛，结静三七日得之。帝崇佛道，以是江东初有佛法。"②

曹不兴画佛

《高僧传》载："时吴地初染大法，风化未全。僧会欲使道振江左，兴立图寺，乃杖锡东游。以吴赤乌十年，初达建邺。营立茅茨，设像行道。时吴国以初见沙门，睹形未及其道，疑为矫异。"③

《图画见闻志·论曹吴体法》引蜀僧仁显《广画新集》云："昔竺乾有康僧会者，初入吴，设象行道。时曹不兴见西国佛画仪范写之，故天下盛传曹也。"④

按：曹不兴画佛，事在康僧会初入吴。可知此事最早当在赤乌十年，兹系于本年。

魏齐王嘉平二年·孙吴赤乌十三年（250）庚午

昙柯迦罗至洛阳译《僧祇戒本》

《高僧传》载："（昙柯迦罗）常贵游化，不乐专守，以魏嘉平中来至洛阳。于时魏境虽有佛法，而道风讹替，亦有众僧未禀归戒，正以剪落殊俗耳。设复斋忏，事法祠祀，迦罗既至，大行佛法。时有诸僧共请迦罗译出戒律，迦罗以律部曲制，文言繁广，佛教未昌，必不承用。乃译出《僧祇戒心》。止备朝夕。更请梵僧立羯磨法受戒，中夏戒律，始自于此。迦罗后不知所终。"⑤

《历代三宝纪》载：（嘉平二年庚午）"昙柯罗于洛阳译《僧祇戒本》一卷。"⑥

《历代三宝纪》载："魏《僧祇戒本》一卷（初出，见竺道祖《魏世录》）。右，

①［唐］陆广微撰，曹林娣校注：《吴地记》，江苏古籍出版社，1999年，第126页。

②［宋］李昉等：《太平御览》卷六百五十三，中华书局，1960年，第2918页。

③［梁］慧皎：《高僧传》卷一，《大正藏》第50册，第325页中。

④ 米田水：《图画见闻志·画继》，湖南美术出版社，2000年，第37页。

⑤［梁］慧皎：《高僧传》卷一，《大正藏》第50册，第324页下。

⑥［隋］费长房：《历代三宝纪》卷三，《大正藏》第49册，第36页上。

戒本一卷，中天竺国沙门昙柯迦罗，魏云法时。”①

《众经目录》载：“《僧祇戒本》一卷（二十纸）。后魏世，昙摩迦罗译。”②

《大唐内典录》载：“《僧祇戒本》一卷（初出，见竺道祖《魏世录》）。右戒本一卷。中天竺国沙门昙柯迦罗，魏云法时。”③

《古今译经图纪》载：“（昙柯迦罗）睹魏境僧众全无律范，遂以齐王芳嘉平二年岁次庚午。于洛阳更集梵僧，以羯磨受戒，并翻《僧祇戒本》（一卷），此方戒律之始。”④

《开元释教录》载：“于时，魏境虽有佛法，而道风讹替，亦有众僧未禀归戒，止以剃落为殊俗耳。设复斋忏，事同祠祀。迦罗既至，大行佛法。诸僧请出毗尼，迦罗以律藏曲制，文言繁广，佛教未昌，必不承用。遂以齐王芳嘉平二年庚午，于洛阳白马寺出《僧祇戒心》，且备朝夕。于是更集梵僧，立羯磨受戒，东夏戒律始自乎此。”⑤

魏齐王嘉平三年·孙吴赤乌十四年·太元元年（251）辛未

康僧会译《六度集经》等

《出三藏记集》载：“《六度集经》九卷（或云《六度无极经》，或云《度无极集》或云《杂无极经》）。”⑥“《吴品》五卷（凡有十品，今阙）。”⑦

《历代三宝纪》载：“太元元年（康僧会于杨都建初寺译《六度集》等经四部，一十六卷）。”⑧“《吴品经》五卷（即是《小品般若》，见《三藏集记》）。”⑨

《历代三宝纪》载：“僧会适吴，舍利耀灵于江左。迦罗游魏，禁戒宣布于洛中，法

① ［隋］费长房：《历代三宝纪》卷五，《大正藏》第49册，第56页中。
② ［唐］静泰：《众经目录》卷一，《大正藏》第55册，第188页上。
③ ［唐］道宣：《大唐内典录》卷二，《大正藏》第55册，第226页下。
④ ［唐］靖迈：《古今译经图纪》卷一，《大正藏》第55册，第351页上。
⑤ ［唐］智昇：《开元释教录》卷一，《大正藏》第55册，第486页下。
⑥ ［梁］僧祐：《出三藏记集》卷二，《大正藏》第55册，第7页上。
⑦ ［梁］僧祐：《出三藏记集》卷二，《大正藏》第55册，第7页上。
⑧ ［隋］费长房：《历代三宝纪》卷三，《大正藏》第49册，第36页上。
⑨ ［隋］费长房：《历代三宝纪》卷五，《大正藏》第49册，第59页上。

律自是大行。建初所以特立译人随世，仍彼方言出经逐时。便题名目，致有《吴品》。”①

《古今译经图纪》载：“（康僧会）以吴太元二年岁次辛未，于杨都译《六度集经》（九卷）、《吴品经》（五卷）、《菩萨净行经》（二卷）、《杂譬喻集经》（二卷）、《阿难念弥经》（一卷）、《镜面王经》（一卷）、《察微王经》（一卷）、《梵皇王经》（一卷）、《权方便经》（一卷）、《坐禅经》（一卷）、《菩萨二百五十法》（一卷）、《法镜解子注》（二卷）、《道树经注解》（一卷）、《安般经注解》（一卷）。总一十四部，合二十九卷。”②

《大唐内典录》载：“《六度集经》九卷（一云《六度无极经》，一云《度无极经》，一云《杂无极经》，见《竺道祖录》及《三藏记》）。”③

《大周刊定众经目录》载：“《吴品经》一部，五卷（亦名《大智度无极经》，即是《小品般若》）。右，魏齐王世，吴赤乌年，沙门康僧会译。出僧祐及长房二《录》。”④“《六度集经》一部，八卷（一百四十五纸，一名《六度无极经》，一名《度无极经》，一名《杂无极经》）。右，吴世康僧会于武昌译，出《内典录》。”⑤

按：《吴品》，译于曹魏齐王世（239—254），吴赤乌年间（238—251），其跨度甚大，未详其年。兹系于赤乌十四年。

帛法祚生

《出三藏记集》载：“祖弟法作亦少有令誉，被博士征，不就。”⑥

《高僧传》载：“祖弟法祚，亦少有令誉，被博士征，不就。”⑦

《高僧传》载：“（帛法祚）遂为光所害，春秋五十有七。”⑧

《北山录》载：“祖弟法祚，德行冲允，实祖之季也（祚亦有少誉，被博士征，不就）。”⑨

按：关于帛法祚之卒年，后文已考。若以晋怀帝永嘉二年（308）法祚为张光所害

---

①［隋］费长房：《历代三宝纪》卷五，《大正藏》第49册，第56页上。
②［唐］靖迈：《古今译经图纪》卷一，《大正藏》第55册，第352页中。
③［唐］道宣：《大唐内典录》卷二，《大正藏》第55册，第230页上。
④［唐］明佺：《大周刊定众经目录》卷二，《大正藏》第55册，第381页中。
⑤［唐］明佺：《大周刊定众经目录》卷五，《大正藏》第55册，第402页上。
⑥［梁］僧祐：《出三藏记集》卷十五，《大正藏》第55册，第107页下。
⑦［梁］慧皎：《高僧传》卷一，《大正藏》第50册，第327页中。
⑧［梁］慧皎：《高僧传》卷一，《大正藏》第50册，第327页下。
⑨［唐］神清撰，慧宝注：《北山录》卷四，《大正藏》第52册，第595页上。

而推之，帛法祚或生于本年。

魏齐王嘉平四年·孙吴建兴元年（252）壬申

康僧铠至洛阳

《高僧传》载："时又有外国沙门康僧铠者，亦以嘉平之末来至洛阳。译出《郁伽长者》等四部经。[①]

《历代三宝纪》载：（嘉平四年）"康僧铠于洛阳译《郁伽长者所问经》二卷。"[②]"《郁伽长者所问经》二卷（第二译，一名《郁伽罗越问菩萨行经》，见竺道祖《魏录》）。《无量寿经》二卷（第二译，见竺道祖《晋世杂录》及《宝唱录》，与世高出者小异）。右二部，合四卷，天竺国沙门康僧铠，齐王世嘉平年于洛阳白马寺译。"[③]

《众经目录》载："《郁伽长者所问经》一卷（二十四纸）。魏世康僧铠译。"[④]

《大唐内典录》载："《郁伽长者所问经》二卷（第二译，一名《郁伽罗越问菩萨行经》，见竺道祖《魏录》）。《无量寿经》二卷（第二译，见竺道祖《晋世杂录》及《宝唱录》，与世高出者小异）。右二部，合四卷。天竺国沙门康僧铠，齐王世嘉平年，于洛阳白马寺译。《高僧传》载，直云《郁伽长者》等四经，捡道祖魏晋《录》及僧祐《出三藏记》并宝唱梁代《录》等，所列如前。自外二部，并不显名，校阅群《录》未见。"[⑤]

《古今译经图纪》载："沙门康僧铠者，印度人也。广学群经，义畅幽旨。以嘉平四年岁次壬申，于洛阳白马寺译《郁伽长者所问经》（二卷）、《无量寿经》（二卷）。"[⑥]

《大周刊定众经目录》载："《郁伽长者所问经》一卷（或二卷，第二译，三十纸）。右，前魏齐王代嘉平年，康僧铠于洛阳白马寺译，出《长房录》。"[⑦]"《无量

---

①［梁］慧皎：《高僧传》卷一，《大正藏》第50册，第325页上。

②［隋］费长房：《历代三宝纪》卷三，《大正藏》第49册，第37页上。

③［隋］费长房：《历代三宝纪》卷五，《大正藏》第49册，第56页中。

④［唐］静泰：《众经目录》卷二，《大正藏》第55册，第191页中。

⑤［唐］道宣：《大唐内典录》卷二，《大正藏》第55册，第226页下。

⑥［唐］靖迈：《古今译经图纪》卷一，《大正藏》第55册，第351页中。

⑦［唐］明佺：《大周刊定众经目录》卷四，《大正藏》第55册，第394页中。

寿经》一部二卷（第二译，与世高译少异）。右魏齐王世嘉平年，天竺国沙门康僧铠，于洛阳白马寺译，出《长房录》。”①

《开元释教录》载：“《郁伽长者所问经》一卷（或二卷，第三译，一名《郁伽罗越问菩萨行经》。嘉平四年出，见竺道祖《魏录》，今编入《宝积》，即第十九会是）。《无量寿经》二卷（第四译，见竺道祖《晋世杂录》及《宝唱录》，与世高出者小异，又与《宝积无量寿》等同本）。《四分杂羯磨》一卷（题云《昙无德律部杂羯磨》，以结戒场为首新附）。右三部，四卷，其本并在。沙门康僧铠，印度人也，广学群经，义畅幽旨。以嘉平四年壬申，于洛阳白马寺译《郁伽长者经》等三部。《高僧传》中云译四部，不具显名。竺道祖魏晋《录》、僧祐、宝唱梁代《录》等，及长房、道宣、靖迈三《录》并云二部，余二既不显名，校阅未见。今更得一部。余欠一经。检亦未获。”②

支谦隐于穹隘山

《出三藏记集》载：“后太子登位，（支谦）遂隐于穹隘山，不交世务。从竺法兰道人更练五戒。凡所游从，皆沙门而已。”③

《资治通鉴》载：“（曹魏嘉平四年）夏，四月，吴主殂。孙弘素与诸葛恪不平，惧为恪所治，秘不发丧，欲矫诏诛恪。孙峻以告恪，恪请弘咨事，于坐中杀之。乃发丧，谥吴主曰大皇帝。太子亮即位，大赦，改元建兴。”④

邓攀在《支谦生平略考》中指出：“据上文辨析，支谦辅太子是在孙和时代，故其隐居也不当缘于孙登之卒。孙和为太子以悲剧收场，因鲁王与之争权，赤乌十三年（250年）太子被废，鲁王赐死，改立孙亮为太子。此事对吴国政局影响甚巨，朝中大臣多有以此牵连诛死或流放者，71岁的孙权亦心力交瘁，仅过两年即病逝。支谦作为东宫官员，虽未‘诛、放’，但遇此大变，恐怕也饱受惊吓。新太子登基，前太子的旧臣支谦颇识时务，主动离京隐居。‘太子登位’即指太子孙亮登基，从高丽本，卒字衍文，明矣。”⑤

---

①［唐］明佺：《大周刊定众经目录》卷三，《大正藏》第55册，第389页上。

②［唐］智昇：《开元释教录》卷一，《大正藏》第55册，第486页下。

③［梁］僧祐：《出三藏记集》卷十三，《大正藏》第55册，第97页下。

④［北宋］司马光：《资治通鉴》卷七十五，中华书局，1956年，第2395页。

⑤ 邓攀：《支谦生平略考》，《南京晓庄学院学报》2008年第4期。

魏齐王嘉平五年·孙吴建兴二年（253）癸酉

支谦译《老女人经》

《出三藏记集》载：“《老女人经》一卷（安公云出《阿毗昙》）。”①

《历代三宝纪》载：“《老女人经》一卷（出《阿毗昙》，《吴录》直云《老女经》，或云《老母经》，见《三藏记》）。”②

《众经目录》载：“《老母经》一卷（亦名《老女人经》，二纸），吴世支谦译。”③

《大唐内典录》载：“《老母经》（二纸，亦名《老女人经》），吴时支谦译。”④

《大周刊定众经目录》载：“《老母经》一卷（亦名《老女人经》，二纸）。右，吴时支谦译，出《内典录》。”⑤

《开元释教录》载：“《老女人经》一卷（亦名《老母经》或云《老女经》），吴月支优婆塞支谦译（《拾遗》编入第一译）。”⑥

《敦煌佛教经录辑校》载：“支谦以吴孙亮建兴中出《佛说老女经》一卷。”⑦

按：未详何年，兹列于孙吴建兴之末。

魏高贵乡公正元元年·孙吴五凤元年（254）甲戌

昙谛于洛阳译出《昙无德羯磨》

《高僧传》载：“又有安息国沙门昙帝，亦善律学，以魏正元之中，来游洛阳，

---

①［梁］僧祐：《出三藏记集》卷二，《大正藏》第55册，第7页上。

②［隋］费长房：《历代三宝纪》卷五，《大正藏》第49册，第57页下。

③［唐］静泰：《众经目录》卷二，《大正藏》第55册，第191页下。

④［唐］道宣：《大唐内典录》卷九，《大正藏》第55册，第318页中。

⑤［唐］明佺：《大周刊定众经目录》卷三，《大正藏》第55册，第389页下。

⑥［唐］智昇：《开元释教录》卷十二，《大正藏》第55册，第596页上。

⑦ 方广锠：《敦煌佛教经录辑校》，江苏古籍出版社，1997年，第13页。

出《昙无德羯磨》。”[①]

《历代三宝纪》载：“《昙无德羯磨》一卷（初出，见竺道祖《魏录》）。右一卷，昙无德者，魏云法藏，藏师地梨荼由，是阿逾阇第九世弟子。藏承其后，即《四分律》主也。自斯异部兴焉，此当佛后二百年中。后安息国沙门昙谛以高贵乡公正元年，届乎洛汭（妙善律，学于白马寺，众请译出）。”[②]“废帝高贵乡公髦（正元元年，昙谛于洛阳出《昙无德羯磨》一卷）。”[③]

《众经目录》载：“《昙无德羯磨》一卷（魏正元年，安息沙门昙谛于洛阳译）。”[④]

《大唐内典录》载：“《昙无德羯磨》（四十一纸），前魏正元元年，昙谛于洛阳译。”[⑤]

《古今译经图纪》载：“沙门昙帝，安息国人，善学律藏，妙达幽微。以高贵乡公正元元年岁次甲戌，于洛阳译《昙无德羯磨》（一卷）。”[⑥]

红陶佛饰魂瓶

《中国早期佛教造像研究》载：“红陶佛饰魂瓶，高37.2、腹径23厘米，现藏南京市博物馆。1979年江苏省南京市江宁县殷巷五库孙吴墓出土。由墓葬形制及随葬器物判断，当为五凤至天册年间（254—275年）遗存。罐曾施彩，现已剥落。盘口，口部外撇。上部堆塑。罐口周边围绕飞鸟，上方起庑殿顶方亭。其下正面塑重檐门楼，檐上栖息禽鸟。上方四小罐，罐上各饰飞鸟。楼两侧设双阙。后部塑七尊佛像，皆有肉髻、背光，着通肩大衣，施禅定印，坐双狮莲花座。下部罐腹贴塑团龙一周，正面并有一对舞猴及一对铺首。”[⑦]

魏高贵乡公正元二年·孙吴五凤二年（255）乙亥

支疆梁接译《法华三昧经》

《历代三宝纪》载：“《法华三昧经》六卷（一本有‘正’字，祐云失译。）右

---

①［梁］慧皎：《高僧传》卷一，《大正藏》第50册，第325页上。
②［隋］费长房：《历代三宝纪》卷五，《大正藏》第49册，第56页下。
③［隋］费长房：《历代三宝纪》卷三，《大正藏》第49册，第37页上。
④［隋］法经：《众经目录》卷五，《大正藏》第55册，第140页中。
⑤［唐］道宣：《大唐内典录》卷九，《大正藏》第55册，第324页中。
⑥［唐］靖迈：《古今译经图纪》卷一，《大正藏》第55册，第351页中。
⑦［韩］李正晓：《中国早期佛教造像研究》，文物出版社，2005年，第56页。

一部六卷，高贵乡公世，甘露元年七月，外国沙门支疆梁接，魏言正无畏，于交州译，沙门道声笔受，祐云失译。房检及见竺道祖《魏世录》及《始兴录》。若依交州及《始兴录》地应入《吴录》，今据平及《魏录》收，附此。”①

《古今译经图纪》载：“沙门支疆梁接者，此云无畏，西域人。以五凤二年岁次乙亥，于交州译《法华三昧经》（六卷），沙门竺道馨笔受。”②

《弘赞法华传》载：“《法花三昧经》六卷（一本加‘正’字）。外国沙门支疆梁接，魏言正无畏，以魏高贵卿公世甘露元年七月于交州译，沙门道馨笔受，无别广传，经目云然。”③

《大唐内典录》载：“《法华三昧经》六卷（一本有‘正’字）。右一部六卷。高贵乡公世，甘露元年七月，外国沙门支强梁接，魏云正无畏，于交州译，沙门道馨笔受。祐云失译，房捡及见竺道祖《魏世录》及《始兴录》。若依交州及始兴地，应入《吴录》。今据及《魏录》。”④

《开元释教录》载：“《法华三昧经》六卷（一本有正字，初出，与法护《正法华》等同本，见竺道祖《魏录》，亦见《始兴录》）。右一部，六卷，本阙。沙门支强梁接，吴云正无畏，西域人。以孙亮五凤二年乙亥，于交州译《法华三昧经》，沙门竺道馨笔受。《长房》《内典》二《录》编于曹魏之代，今依交州及始兴地割入《吴录》。”⑤

《贞元新定释教目录》载：“《法华三昧经》六卷（一本有正字，初出，与法护《正法华》等同本，见竺道祖《魏录》，亦见《始兴录》）。右一部，六卷，本阙。沙门支强梁接，吴云正无畏，西域人。以孙亮五凤二年乙亥，于交州译《法华三昧经》，沙门竺道馨笔受。《长房》《内典》二《录》编于曹魏之代。今依交州及始兴地割入《吴录》。”⑥

梁启超说：“房录又载甘露七年有支疆梁接者，译《法华三昧经》六卷于交州，是法华亦以此时输入，然《祐录》不载，真否难断。”⑦梁氏所言之“甘露七年”者当

---

①［隋］费长房：《历代三宝纪》卷五，《大正藏》第49册，第56页下。
②［唐］靖迈：《古今译经图纪》卷一，《大正藏》第55册，第352页中。
③［唐］惠详：《弘赞法华传》卷二，《大正藏》第51册，第14页下。
④［唐］道宣：《大唐内典录》卷二，《大正藏》第55册，第227页上。
⑤［唐］智昇：《开元释教录》卷二，《大正藏》第55册，第491页中。
⑥［唐］圆照：《贞元新定释教目录》卷三，《大正藏》第55册，第788页下。
⑦ 梁启超：《梁启超全集》第十三卷，北京出版社，1999年，第3814页。

是“甘露元年七月”之误。

按：《历代三宝纪》载译于甘露元年，《古今译经图纪》载译于五凤二年，未详孰是，兹系于五凤二年。

魏高贵乡公甘露二年·孙吴太平二年（257）丁丑

白延所出经论

《出三藏记集》载：“白延者，不知何许人，魏正始之末重译出《首楞严》，又《须赖》及《除灾患经》凡三部云。”①

《历代三宝纪》载：“《首楞严经》二卷（第二出，与汉世支谶所出本同，文少异，见竺道祖《晋世杂录》及《三藏记》）。《无量清净平等觉经》二卷（第三出，与世高、康僧铠等所出《无量寿经》本同，文名少异，见竺道祖《晋世杂录》）。《叉须赖经》一卷（一本无‘叉’字，见竺道祖及僧祐等《录》）。《除灾患经》一卷（见《三藏集记》）。《平等觉经》一卷（见竺道祖《魏吴录》）。《菩萨修行经》一卷（一名《长者威施所问菩萨修行经》，一名《长者修行经》，见《始兴》及宝唱等二《录》）。右六部，合八卷，高贵乡公世西域沙门白延怀道游化，甘露年中，来届洛阳，止白马寺，众请译焉。”②“丁丑（白延于洛阳出《首楞严》等五部六卷）。”③

《众经目录》载：“《除恐灾患经》一卷（魏世沙门白延译）。”④“《须赖经》一卷（魏世白延译）。”⑤“《无量清净平等经》二卷（魏世白延译）。”⑥“《首楞严经》二卷（魏世白延译）。”⑦

《古今译经图纪》载：“沙门白延，西域人。才明盖世，深解逾伦。以高贵乡公甘露三年岁次丁丑，于洛阳白马寺译《首楞严经》（二卷）、《无量清净平等觉经》（二卷）、《叉须赖经》（一卷）、《除灾患经》（一卷）、《平等觉经》（一卷）、《菩

---

①［梁］僧祐：《出三藏记集》卷十三，《大正藏》第55册，第96页上。
②［隋］费长房：《历代三宝纪》卷五，《大正藏》第49册，第56页下。
③［隋］费长房：《历代三宝纪》卷三，《大正藏》第49册，第37页上。
④［隋］法经：《众经目录》卷一，《大正藏》第55册，第116页下。
⑤［隋］法经：《众经目录》卷一，《大正藏》第55册，第117页下。
⑥［隋］法经：《众经目录》卷一，《大正藏》第55册，第119页中。
⑦［隋］法经：《众经目录》卷一，《大正藏》第55册，第119页下。

萨修行经》（一卷）。凡六部，合八卷。”①

《大唐内典录》载：“《首楞严经》二卷（第二出，与汉世支谶所出本同文少异，见竺道祖《晋世杂录》及《三藏记》）。《无量清净平等觉经》二卷（第三出，与世高，康僧铠等所出《无量寿经》本同，文名少异，见竺道祖《晋世杂录》）。《叉须赖经》一卷（一本无‘叉’字，见竺道祖及僧祐等《录》）。《除灾患经》一卷（见《三藏记》）。《平等觉经》一卷（见竺道祖《魏吴录》）。《菩萨修行经》一卷（一名《长者威施所问菩萨修行经》，一名《长者修行经》，见《始兴》及宝唱等二《录》）。右六部，合八卷。高贵乡公世，西域沙门白延，怀道游化，甘露年中来届洛阳，止白马寺，众请译焉。”②

《开元释教录》载：“沙门白延，西域人也，才明盖世，深解逾伦。以高贵乡公甘露三年戊寅，游化洛阳，止白马寺。出《无量清净》等经五部。《长房》等《录》又有《平等觉经》一卷，亦云白延所出。今以此经即是《无量清净平等觉经》，但名有广略，故不复存也。”③

汤用彤在《汉魏两晋南北朝佛教史》（增订本）中指出：“然此实晋凉州之白延，不在魏世，《开元录》误。”④

对于文献中出现的“曹魏时期的白延”和“西凉时期的帛延”是否是同一人，季羡林于《鸠摩罗什时代及其前后龟兹和焉耆两地的佛教信仰》一文中提出：“白（白帛通用，龟兹国姓）延是一个人呢？还是两个人？魏晋相差100多年……我对这个问题没有彻底研究，只有两存其说了。不过我还想在这里补充一个例证。《梁高僧传》，卷一《昙柯迦罗传》后面附了一段话：‘又有沙门帛延，不知何人，亦才明有深解，以甘露中译出《无量清净平等觉经》等凡六部经，后不知所终焉。’这样看来，《开元录》未必是‘误’的。”⑤

按：《古今译经图纪》载“甘露三年岁次丁丑”，今查《中国历史纪年表》⑥，干支丁丑，当为甘露二年。

---

①［唐］靖迈：《古今译经图纪》卷一，《大正藏》第55册，第351页中。

②［唐］道宣：《大唐内典录》卷二，《大正藏》第55册，第227页上。

③［唐］智昇：《开元释教录》卷一，《大正藏》第55册，第487页上。

④ 汤用彤：《汉魏晋南北朝佛教史》（增订本），北京大学出版社，2011年。第155页。

⑤ 季羡林：《鸠摩罗什时代及其前后龟兹和焉耆两地的佛教信仰》，《孔子研究》2005年第6期。

⑥ 方诗铭：《中国历史纪年表》（新修订本），上海书店出版社，2013年，第47页。

嵊县潘亿墓青瓷五联罐

《吴晋魂瓶建筑堆塑研究》载："（魂瓶，三国吴浙江嵊州市出土）嵊县浦口镇四村出土，太平二年纪年墓，三国吴时期作品。整个魂瓶分成两个部分，以大罐上面的平台作为分界线。平台上面部分为五个小管，外侧堆塑人物、鸟兽、蛇鳖等。人物有的起舞，有的沉思；鸟群或左右盼顾，或展翅欲飞。其中两小罐中间塑有一重檐，上檐伸出，且塑有三四角攒尖顶亭阙，屋面刻画均匀，作瓦楞状。平台下面下部呈罐形，其上附有泥鳅入洞场景。"①

另见宿白之《四川钱树和长江中下游部分器物上的佛像——中国南方发现的早期佛像札记》。②

魏高贵乡公甘露三年·孙吴永安元年（258）戊寅

孙綝坏浮屠祠

《三国志·吴书》载："綝遣将军孙耽送亮之国，徙尚于零陵，迁公主于豫章。綝意弥溢，侮慢民神，遂烧大桥头伍子胥庙，又坏浮屠祠，斩道人。"③

《资治通鉴》载："（曹魏高贵乡公甘露三年）綝使光禄勋孟宗告太庙，废吴主为会稽王。召群臣议曰：'少帝荒病昏乱，不可以处大位，承宗庙，已告先帝废之。诸君若有不同者，下异议。'皆震怖，曰：'唯将军令！'綝遣中书郎李崇夺吴主玺绶，以吴主罪班告远近。尚书桓彝不肯署名，綝怒，杀之。典军施正劝綝迎立琅邪王休，綝从之。己未，綝使宗正楷与中书郎董朝迎琅邪王于会稽。遣将军孙耽送会稽王亮之国，亮时年十六。徙全尚于零陵，寻追杀之；迁全公主于豫章。"④

按：孙綝废孙亮为会稽王，事在甘露三年九月，是年十二月，孙綝遂为孙休所杀。故孙綝坏浮屠祠事当在甘露三年冬。

---

① 蒋志芬：《吴晋魂瓶建筑堆塑研究》，华东师范大学硕士学位论文，2014年，第17—18页。

② 宿白：《四川钱树和长江中下游部分器物上的佛像——中国南方发现的早期佛像札记》，《文物》2004年第10期。

③［西晋］陈寿：《三国志》卷六十四，中华书局，1959年，第1449页。

④［北宋］司马光：《资治通鉴》卷七十七，中华书局，1956年，第2447页。

支谦或卒于此年

《出三藏记集》载："后卒于山中，春秋六十。吴主孙亮与众僧书曰：'支恭明不救所疾，其业履冲素，始终可高，为之恻怆，不能已已！'其为时所惜如此。"[①]

汤用彤在《汉魏两晋南北朝佛教史》（增订本）中指出："支谦辅导东宫，不知确否，亦不知在何时。但事如确，则其所谓东宫者，或即太子登。《祐录》所谓'后太子登位卒'，'位'字衍文。后世传抄者不悉登为人名，故改'登卒'为'登位'。而'登位卒'者，则再后抄手，依二本合写也。谦于登卒后，遂隐居山中，其卒时当在孙亮建兴元年（公元252年）后也。"[②]

邓攀在《支谦生平略考》中指出："《祐录》谓支谦'后卒于山中，春秋六十'，《僧传》阙载。则其寿可知，而卒年无记。故汤用彤言，'其卒时当在孙亮建兴元年（公元252年）后也'。吕澂也没有考证准确生卒年，仅称其为约三世纪人。但支谦卒年亦并非无迹可循。《祐录》在记其卒后，又曰：'吴主孙亮与众僧书曰："支恭明不救所疾，其业履冲素，始终可高，为之恻怆，不能已已！"其为时所惜如此。'孙亮于神凤元年（252年）即位，立刻改元建兴，太平三年（258年）九月被废，在位6年。《祐录》所记孙亮书，内容正是哀悼支谦之死，则支谦卒年不迟于太平三年九月。又《经记》《祐录》《僧传》记支谦译经截止时间皆为'建兴中'。《长房录》《道宣录》皆记'建兴末年'，《开元录》记'建兴二年'。查建兴始于壬申四月，终于癸酉十二月，前后2年，实有20月。'建兴中'与'建兴末年'、'建兴二年'虽表述有异，实皆可定为癸酉年，即建兴二年（253年）。则支谦卒年当在建兴二年至太平三年之间，以公元纪年大略可记为253年至258年。'春秋六十'，则生年当在汉兴平元年至建安四年，即194年至199年。"[③]

支谦尝作《法句经序》

支谦所作之《法句经序》，见《出三藏记集》卷七。[④]

吕澂在《中国佛学源流略讲》中指出："把抄集的《四十二章经》说成是印度佛经传入中国的第一部，并与汉明帝求法联系起来，其根据可能是来自支谦的《法句经

---

①［梁］僧祐：《出三藏记集》卷十三，《大正藏》第55册，第97页下。

② 汤用彤：《汉魏两晋南北朝佛教史》（增订本），北京大学出版社，2011年，第76—77页。

③ 邓攀：《支谦生平略考》，《南京晓庄学院学报》2008年第4期。

④［梁］僧祐：《出三藏记集》卷七，《大正藏》第55册，第49页下。

序》。此序载在《出三藏记集》中，原无作者名字，但它纯属《法句经》译者的口吻，所以无妨说是支谦所作。”[1]

曹明伦在《中国当代译论对佛教典籍的失察与误读》中指出：“其实《法句经序》本文亦说：‘昔传此时有所不出，会将炎来，更从谘问，受此偈等，复得十三品，并校往故，有所增定，第其品目，合为一部三十九篇，大凡偈七百五十二章，庶有补益，共广闻焉。’‘昔传’之版本乃支谦与人合译，‘有所增订’的版本由支谦独自完成，而《法句经序》是为后一个版本而作，因此不可能作于黄武三年（公元224年）。据《出三藏记集》对支谦所译众经的记载，我们现在能确定是该序作于黄武三年（公元224年）之后，建兴元年（公元252年）之前，而据支谦独译的36部经之排序，《法句经序》当作于公元224年至252年这段时间的前半期。”[2]

支谦所出经论

《出三藏记集》载：“魏代之初有高士河南支恭明，为作注解探玄畅滞，真可谓入室者矣。”[3]“《合微密持经记》，支恭明作。”[4]

《魏书·释老志》载：“晋元康中，有胡沙门支恭明译佛经《维摩》、《法华》、三《本起》等。微言隐义，未之能究。后有沙门常山卫道安性聪敏，日诵经万余言，研求幽旨。慨无师匠，独坐静室十二年，覃思构精，神悟妙赜，以前所出经，多有舛驳，乃正其乖谬。”[5]

陈志远在《“合本子注”再检讨——早期佛典翻译史的独特方法》中指出：“如果此篇文字是支谦所作，支谦自己翻译的《微密持经》（《大正藏》经号1011）此处作为参校的子本，实在难以理解。此外我们还注意到，经记后半抄录了‘剡西台昙斐’的别记。《高僧传》云昙斐‘会稽剡人，少出家受业于慧基法师，后东西禀访，备穷经论之旨。居于乡邑法华台寺。’‘剡西台’当是指其人出家常居之‘法华台寺’。昙斐卒于天监年间，活动的时间大致在刘宋元嘉以后。笔者倾向认为，合《微密持

---

① 吕澂：《吕澂佛学论著选集》第五卷，齐鲁书社，1991年，第2468页。

② 曹明伦：《中国当代译论对佛教典籍的失察与误读》，《四川大学学报》（哲学社会科学版）2011年第6期。

③［梁］僧祐：《出三藏记集》卷六，《大正藏》第55册，第45页中。

④［梁］僧祐：《出三藏记集》卷七，《大正藏》第55册，第51页下。

⑤［北齐］魏收：《魏书》卷一百一十四，中华书局，1974年，第3029页。

经》不是支谦所为，而是经过昙斐在宋、齐年间的整理、改定，是在五世纪出现的。”①

按：《魏书》载晋元康中有胡沙门支恭明译经，恐魏收记载之时代有误。若不误，则或是名同而人异耳。

魏元帝景元元年·孙吴永安三年（260）庚辰

朱士行出家

《历代三宝纪》载：（甘露五年庚辰）“颍川朱士行，最先出家，即汉地沙门之始也。”②

《历代三宝纪》载：“惟昔大魏颍川朱士行，以甘露五年出家学道为沙门。”③

吕澂在《中国佛学源流略讲》中指出：“朱士行是曹魏时代颍川地方的人，少年出家，恰当嘉平中（公元249—253年）昙柯迦罗传来《僧祇戒本》，并创行羯磨受戒，所以他依法成为比丘，和在他以前仅仅以离俗为僧的有别。从这一点上，后人也将他当作汉土真正沙门的第一人。”④

朱士行西行求法

《出三藏记集》载：“（朱士行）遂以魏甘露五年，发迹雍州，西渡流沙。既至于阗，果写得正品梵书，胡本九十章，六十万余言。遣弟子不如檀，晋言法饶，凡十人，送经胡本还洛阳。未发之间，于阗小乘学众遂以白王云：‘汉地沙门欲以婆罗门书惑乱正典，王为地主，若不禁之，将断大法，聋盲汉地，王之咎也！’王即不听赍经。士行愤慨，乃求烧经为证。王欲试验，乃积薪殿庭，以火燔之。士行临阶而誓曰：‘若大法应流汉地者，经当不烧；若其无应，命也如何！’言已投经，火即为灭，不损一字，皮牒如故。大众骇服，称其神感。”⑤

《高僧传》载：“（朱士行）遂以魏甘露五年发迹雍州，西渡流沙，既至于阗，果得梵书正本凡九十章。遣弟子不如檀，此言法饶，送经梵本还归洛阳。未发之顷，

① 陈志远：《“合本子注”再检讨——早期佛典翻译史的独特方法》，《汉语佛学评论》第六辑，上海古籍出版社，2018年，第102—103页。

②［隋］费长房：《历代三宝纪》卷三，《大正藏》第49册，第37页上。

③［隋］费长房：《历代三宝纪》卷七，《大正藏》第55册，第47页下。

④ 吕澂：《中国佛学源流略讲》，中华书局，1979年，第295页。

⑤［梁］僧祐：《出三藏记集》卷十三，《大正藏》第55册，第97页上。

于阗诸小乘学众遂以白王云：‘汉地沙门欲以婆罗门书惑乱正典。王为地主，若不禁之，将断大法。聋盲汉地，王之咎也。’王即不听赍经。士行深怀痛心，乃求烧经为证。王即许焉，于是积薪殿前以火焚之。士行临火誓曰：‘若大法应流汉地，经当不然。如其无护，命也如何。’言已，投经火中。火即为灭，不损一字，皮牒如本。大众骇服，咸称其神感。”①

《法苑珠林》载：“魏甘露五年，发迹雍州，西至于阗，寻求经藏，逾历诸国。西域僧徒多小乘学，闻仕（士）行求方等诸经，咸骇怪不与，曰：‘边人不识正法，将多惑乱。’仕（士）行曰：‘经云：千载后将末，法当东流。若疑非佛说，请以至诚验之。’乃焚柴灌油，烟焰方盛。仕（士）行捧经洟流，稽颡誓曰：‘若果出金口，应宣布汉地。诸佛菩萨，宜为证明。’于是投经火中，腾燎移景，既而一积煨烬，文字无毁，皮牒若故。举国欣敬，因留供养。”②

朱士行尝著《朱士行汉录》

《开元释教录》载：“朱士行《汉录》一卷，右曹魏时，颍川沙门朱士行于洛阳讲《道行经》，因著其录。后往西域求经，于彼而卒。”③

吕澂在《中国佛学源流略讲》中指出：“就因为朱士行求法故事的动人，后人更伪托有《朱士行汉录》的经录著作。此录在隋初即已散失，费长房撰《历代三宝记》从当时所见几种南北朝时代经录里转引了二十五条，可看出它的特征是对于汉代各译家的重要翻译都臆造了译出年代，又有些译家像竺法兰、康巨等也独有它的记载。其后唐代法琳《破邪论》更引用了《朱士行录》说秦始皇时即有印度沙门来华传说。由这些资料看，朱录是有意地表明佛法东传之早，并对几个有问题的早期译家像迦叶摩腾、竺法兰等说得那样斑斑可考，这大概是南北朝时代的佛徒为了和道家校论教兴年代的先后，就伪作了这部经录来做有力的典据。现在对于它的简别还是很关重要的。”④

按：朱士行尝于洛阳讲经，又于甘露五年西渡流沙，则其著《汉录》之事，兹系于本年。

---

① [梁] 慧皎：《高僧传》卷四，《大正藏》第50册，第346页中。

② [唐] 道世：《法苑珠林》卷二十八，《大正藏》第53册，第491页上。

③ [唐] 智昇：《开元释教录》卷十，《大正藏》第55册，第572页下。

④ 吕澂：《吕澂佛学论著选集》第五卷，齐鲁书社，1991年，第2883页。

帛法桥生

《高僧传》载："帛法桥，中山人。少乐转读而乏声，每以不畅为慨。于是绝粒忏悔七日七夕，稽首观音，以祈现报。同学苦谏，誓而不改。至第七日，觉喉内豁然，即索水洗漱云：'吾有应矣。'于是作三契，经声彻里许，远近惊嗟，悉来观听。尔后诵经数十万言，昼夜讽咏，哀婉通神。"①

《高僧传》载："（帛法桥）至年九十，声犹不变，以晋穆帝永和中，卒于河北，即石虎末也。"②

按：《高僧传》云帛法桥于晋穆帝永和中（345—356）卒于河北，时石虎之末也。今检史籍，石虎卒于后赵太宁元年（349），时晋穆帝永和五年也。据此推之，帛法桥或生于本年。

吴永安三年青瓷五联罐

《镇江东吴西晋墓》载："东吴至西晋时期，是五联罐的鼎盛时代，成为当时青瓷工艺的代表之作。中罐更加高大，四小罐几被淹没在繁复的楼台、人物、动物的群塑之中。这时的五联罐又名'谷仓'，从浙江绍兴永安三年的'谷仓'铭文'富且洋（祥）、宜公卿、多子孙、寿命长、千意（亿）万岁未见英（殃）'中可以看出，此时五联罐已是吉祥、消灾的象征了。"③

另见宿白之《四川钱树和长江中下游部分器物上的佛像——中国南方发现的早期佛像札记》。④

魏元帝景元二年·孙吴永安四年（261）辛巳

青瓷佛像

《中国早期佛教造像研究》载："1992年在湖北鄂州石山乡塘角头村南又清理了11座墓葬，其中M4是一座有横前堂和矩形后室之孙吴墓。墓中由前堂通往后室的甬道

① [梁]慧皎：《高僧传》卷十三，《大正藏》第50册，第413页下。
② [梁]慧皎：《高僧传》卷十三，《大正藏》第50册，第413页下。
③ 刘建国：《镇江东吴西晋墓》，《考古》1984年第6期。
④ 宿白：《四川钱树和长江中下游部分器物上的佛像——中国南方发现的早期佛像札记》，《文物》2004年第10期。

西侧原放置有一尊釉陶佛坐像，佛像两侧有两个侍立的陶俑，施以酱褐色釉。坐佛高20.6、底宽13厘米，面相椭圆，头上有肉髻（已残），眼、鼻、口清晰，颏下有弧形衣领，两手上下作弧形衣纹，两手交叠于腹前，但被衣纹遮住，不露双腿。侍立俑头部有圆点似白毫，大目、高鼻、张口，着交领衫，束腰，下穿裤，赤足而立。据研究，M4略早于M2，而M2墓中出有永安四年（261年）铭墓砖。”①

魏元帝景元三年·孙吴永安五年（262）壬午

武昌莲溪寺校尉彭卢墓鎏金铜饰片

《中国早期佛教造像研究》载：“武昌莲溪寺校尉彭卢墓鎏金铜饰片，高3.05、宽3.1、厚0.1厘米，现藏湖北省博物馆。1956年在湖北武昌莲溪寺孙吴永安五年（262年）校尉彭卢砖墓出土。杏叶状鎏金铜饰片上镂刻有立姿菩萨装佛教造像，背面素面。这种杏叶状垂饰可能是马具中用于鞧带的饰件。这是吴地迄今所见有最早纪年的佛像。造像头部方圆、高肉髻、有头光，上身赤裸，佩项圈，左手抬至胸前，右手平置，双手肘间绕有帛带，下着衣裙，腰部有流苏复莲四瓣纹饰带，双足八字形立于莲台上，座两旁伸出花蕾。”②

魏元帝景元四年·孙吴永安六年（263）癸未

青瓷佛饰三足奁

《中国早期佛教造像研究》载：“青瓷佛饰三足奁，高11.1、径13.4厘米，佛图像高2.5厘米，现藏浙江省嵊县文物管理委员会。1987年3月浙江省嵊县浦口镇四村大坟山孙吴墓出土。同出墓砖有‘永安六年’（263年）、‘潘氏’等铭文。潘氏是孙吴大族。三足奁腹壁用弦纹分隔为上中下三段。中段三蹄足上方贴塑铺首衔环，铺首之间贴佛像。佛像有头光、肉髻。”③

---

① ［韩］李正晓：《中国早期佛教造像研究》，文物出版社，2005年，第55页。

② ［韩］李正晓：《中国早期佛教造像研究》，文物出版社，2005年，第73—74页。

③ ［韩］李正晓：《中国早期佛教造像研究》，文物出版社，2005年，第56—57页。

魏元帝咸熙元年（264）甲申

西域六沙门于曹魏所出佛经

《历代三宝纪》载：“魏沙门昙柯迦罗一部（一卷戒）。沙门康僧铠二部（四卷经）。沙门昙谛一部（一卷羯磨）。沙门白延六部（八卷经）。沙门支疆梁接一部（六卷经）。沙门安法贤二部（五卷经）。”[①]

《历代三宝纪》载：“《罗摩伽经》三卷（见竺道祖、宝唱、法上、灵佑等四《录》）。《大般涅槃经》二卷（略《大本》前数品，为此二卷，见竺道祖《魏录》，初出）。右二部合五卷，外国沙门安法贤译。群《录》并云魏世，不辩何帝年，今依编于末。又《别录》亦载。”[②]

《古今译经图纪》载：“沙门安法贤，西域人。艺业克深，慧解尤峻。振锡游邦，自远而至。译《罗摩伽经》一部（三卷），《大般涅槃经》一部（二卷）。”[③]

《大唐内典录》载：“《罗摩伽经》三卷（见竺道祖、宝唱、法上、灵裕等四《录》）。《大般涅槃经》二卷（略《大本》前数品为此二卷，见《竺道祖录》，初出）。右二部，合五卷。外国沙门安法贤译。群《录》并云魏世，不辩何帝年，今依编于《魏录》之末。又《别录》亦载，故不敢削之。”[④]

《开元释教录》载：“《罗摩伽经》三卷（见竺道祖、宝唱、法上、灵佑等四《录》。是《华严经·入法界品》少分，初出），《大般涅槃经》二卷（第二出，略《大本》前数品为此二卷，见竺道祖《魏录》）。右二部，五卷，其本并阙。沙门安法贤，西域人，艺业克深，慧解尤峻。振锡游邦，自远而至。译《罗摩伽》等经二部。群《录》并云魏世，不辩何帝之年，今依编于末。又《别录》亦载诸失译经，总于《吴录》后列。”[⑤]

按：以上诸经未详译于何年，兹附于曹魏之末。白延所出经论，请参见魏高贵乡公甘露二年（257）。

---

①［隋］费长房：《历代三宝纪》卷五，《大正藏》第49册，第56页上。

②［隋］费长房：《历代三宝纪》卷五，《大正藏》第49册，第56页下。

③［唐］靖迈：《古今译经图纪》卷一，《大正藏》第55册，第351页中。

④［唐］道宣：《大唐内典录》卷二，《大正藏》第55册，第227页上。

⑤［唐］智昇：《开元释教录》卷一，《大正藏》第55册，第487页上。

西晋

晋武帝泰始元年·孙吴元兴二年·甘露元年（265）乙酉

竺法护曾在敦煌建立伽蓝

《释氏稽古略》载："护尝于燉煌（今甘肃省沙州路，古流沙地，《禹贡》雍州之域也）建立伽蓝，精进行道。"①

按：竺法护来洛阳之前，居敦煌，尝于敦煌建立伽蓝，其时不详，兹系于竺法护来洛阳之年。

竺法护至洛阳

《出三藏记集》载："是时晋武帝之世，寺庙图像虽崇京邑，而《方等》深经，蕴在西域。护乃慨然发愤，志弘大道，遂随师至西域，游历诸国。外国异言三十有六，书亦如之，护皆遍学。贯综诂训，音义字体，无不备晓。遂大赍胡本，还归中夏。"②

《高僧传》载："是时晋武之世，寺庙图像虽崇京邑，而《方等》深经，蕴在葱外。护乃慨然发愤，志弘大道，遂随师至西域，游历诸国。外国异言三十六种，书亦如之，护皆遍学。贯综诂训，音义字体，无不备识。遂大赍梵经，还归中夏。自燉煌至长安，沿路传译写为晋文。所获览即《正法华》《光赞》等一百六十五部，孜孜所务，唯以弘通为业。终身写译，劳不告倦。经法所以广流中华者，护之力也。"③

《隋书·经籍志》载："太始中，有月支沙门竺法护，西游诸国，大得佛经，至洛翻译，部数甚多。佛教东流，自此而盛。"④

《佛祖历代通载》载："太始元年，月氏国沙门昙摩罗奈，晋言法护，至洛阳。"⑤

按：竺法护译《正法华经》《光赞般若经》，事在晋武帝太康七年（286）。

竺法护译《萨芸分陀利经》等

《出三藏记集》载："《法华经》（《旧录》有《萨芸分陀利经》，云是异出《法华》，未详谁出，今阙此经。竺法护出《正法华经》十卷，鸠摩罗什出《新妙法莲华

---

①［元］觉岸：《释氏稽古略》卷一，《大正藏》第49册，第774页中。

②［梁］僧祐：《出三藏记集》卷十三，《大正藏》第55册，第97页下。

③［梁］慧皎：《高僧传》卷一，《大正藏》第50册，第326页下。

④［唐］魏徵等：《隋书》卷三十五，中华书局，1973年，第1097页。

⑤［元］念常：《佛祖历代通载》卷六，《大正藏》第49册，第517页下。

经》七卷）。右一经，三人出，其一经失译人名，已入《失源录》。”[①]“《无尽意经》（竺法护出《无尽意》四卷）。”[②]

《历代三宝纪》载：“《萨芸分陀利经》六卷（太始元年译。见竺道祖《晋世杂录》）。”[③]“《无尽意经》四卷（太始元年第二出，与阿差末同本别译，出大集。见《聂道真录》，或五卷）。”[④]“《佛升忉利天为母说法经》二卷（太始年出。亦云《佛升忉利天品经》，见《聂道真录》）。”[⑤]“《仁王般若波罗蜜经》一卷（或二卷，见《晋世杂录》）。”[⑥]

《众经目录》载：“《无尽意经四卷》（亦是《阿差末经》，晋太始年竺法护译）。”[⑦]“《无尽意经》六卷（或四卷，亦是《阿差末经》。八十六纸）。晋太始年，竺法护译。”[⑧]“《佛升忉利天为母说法经》卷上（少下卷，晋太康年，竺法护译）。”[⑨]“《佛升忉利天为母说法经》二卷（或三卷，三十六纸），晋太康年，竺法护译。”[⑩]“《仁王般若经》二卷（二十八纸）。”[⑪]

《古今译经图纪》载：“《萨芸分陀利经》（六卷）。”[⑫]“《无尽意经》（四卷）。”[⑬]“《佛升忉利天为母说法经》（一卷）。”[⑭]“《仁王般若波罗蜜经》（一卷）。”[⑮]

《大唐内典录》载：“《萨芸分陀利经》六卷（太始元年译，见竺道祖《晋世杂录》）。”[⑯]“《无尽意经》（六卷，或四卷，是《阿差末经》。八十六纸）。西晋太始年，

---

①［梁］僧祐：《出三藏记集》卷二，《大正藏》第55册，第14页上。
②［梁］僧祐：《出三藏记集》卷二，《大正藏》第55册，第14页下。
③［隋］费长房：《历代三宝纪》卷六，《大正藏》第49册，第62页上。
④［隋］费长房：《历代三宝纪》卷六，《大正藏》第49册，第62页中。
⑤［隋］费长房：《历代三宝纪》卷六，《大正藏》第49册，第62页下。
⑥［隋］费长房：《历代三宝纪》卷六，《大正藏》第49册，第62页下。
⑦［隋］法经：《众经目录》卷一，《大正藏》第55册，第120页上。
⑧［唐］静泰：《众经目录》卷二，《大正藏》第55册，第189页下。
⑨［隋］法经：《众经目录》卷一，《大正藏》第55册，第117页中。
⑩［唐］静泰：《众经目录》卷二，《大正藏》第55册，第190页下。
⑪［隋］法经：《众经目录》卷一，《大正藏》第55册，第183页中。
⑫［唐］靖迈：《古今译经图纪》卷二，《大正藏》第55册，第353页中。
⑬［唐］靖迈：《古今译经图纪》卷二，《大正藏》第55册，第353页中。
⑭［唐］靖迈：《古今译经图纪》卷二，《大正藏》第55册，第353页中。
⑮［唐］靖迈：《古今译经图纪》卷二，《大正藏》第55册，第353页中。
⑯［唐］道宣：《大唐内典录》卷二，《大正藏》第55册，第232页下。

竺法护于长安译。”[①]“《佛升忉利天为母说法经》（二卷，太始年出，一云《佛升忉利天品经》，见《聂道真录》）。”[②]“《仁王般若波罗蜜经》（二卷，二十八纸）。”[③]

《大周刊定众经目录》载：“《无尽意经》一部，四卷（或五卷，第二出，与《阿差末》同本别译，八十六纸）。右，西晋太始年，沙门竺法护于长安译，出《长房录》。”[④]“《闲居经》一部，十卷。右，晋武帝代沙门竺法护译，长房《入藏录》云：‘与《大悲分陀利经》同本别译。’出《长房录》。”[⑤]“《仁王般若经》一部，二卷（或一卷，三十一纸）。右，西晋永嘉年，沙门竺法护译，出《晋世杂录》。”[⑥]“《佛升忉利天为母说法经》一部，二卷（或三卷，三十六纸）。右，西晋武帝太康年，沙门竺法护于长安译，见《内典录》。”[⑦]

《开元释教录》载：“又长房等《录》，竺法护译中更有《无尽意经》四卷，据其法护已出《阿差末经》，不合再出《无尽意》，其《阿差末经》题云：‘晋曰《无尽意》。’《录》中脚注云：‘或四卷。’此是梵晋名异，理实一经录存二本，误之甚也）。”[⑧]“《佛升忉利天为母说法经》二卷（亦云《佛升忉利天品经》，或三卷，三十七纸）。西晋三藏竺法护译。”[⑨]“《仁王般若经》一卷（或二卷，三十一纸）。西晋三藏竺法护译（第一译）。”[⑩]

敦煌石窟禅定佛

《中国美术全集·雕塑卷》载：“禅定佛，魏晋，泥质，甘肃敦煌第260窟中心柱北向面下层龛内。此尊佛像带有鲜明的西域艺术风格，尤其在衣服的样式和衣纹的处理上，完全是西域化的。佛左手握袈裟衣角，右臂包在袈裟之中，衣褶用细而密的流线有视律地画出，整体上有一种秀骨清像之感。”[⑪]

---

① ［唐］道宣：《大唐内典录》卷六，《大正藏》第55册，第286页上。
② ［唐］道宣：《大唐内典录》卷二，《大正藏》第55册，第241页上。
③ ［唐］道宣：《大唐内典录》卷九，《大正藏》第55册，第316页上。
④ ［唐］明佺：《大周刊定众经目录》卷二，《大正藏》第55册，第383页中。
⑤ ［唐］明佺：《大周刊定众经目录》卷三，《大正藏》第55册，第391页中。
⑥ ［唐］明佺：《大周刊定众经目录》卷二，《大正藏》第55册，第381页下。
⑦ ［唐］明佺：《大周刊定众经目录》卷三，《大正藏》第55册，第388页下。
⑧ ［唐］智昇：《开元释教录》卷十四，《大正藏》第55册，第628页上。
⑨ ［唐］智昇：《开元释教录》卷二十，《大正藏》第55册，第704页上。
⑩ ［唐］智昇：《开元释教录》卷十四，《大正藏》第55册，第626页中。
⑪ 于明主编：《中国美术全集·雕塑卷上》，青海人民出版社，2003年，第148页。

按：此尊魏晋时代的禅定佛，具体年代不详，故系于曹魏之末，西晋之初。

敦煌石窟阿难像

《中国雕塑经典》载："图号：140。名称：阿难。时期：魏晋。材料：泥质。存藏处：甘肃敦煌第290窟。此处阿难是以一个未长大的孩童形象出现。他面呈方型，方中带圆，眉毛扬得很高，眼睛细小，衣纹线条处理流畅生动，右脚向后伸出，感觉衣裙随之飘起，具有典型的魏晋时期秀骨清像的特征，风度脱俗潇洒，古代匠师准确的把握住了阿难的性格并予以表现。他既有做为王室成员的娇嫩稚气，又忠厚、腼腆、羞涩。他神情憨厚，似刚刚睡醒，正在努力睁开双眼，是一个单纯可爱的孩子。此像在艺术造型上非常成功，极具生活气息，是来源于生活，又高于生活的成功的艺术作品。阿难的相貌似带有西域少数民族的特点，但其内在气质与审美趣味已经明显走上了汉化的道路。"①

按：此尊系魏晋时阿难像，具体年代不详，故系于曹魏之末，西晋之初。

康僧会致使孙皓礼敬佛法

《出三藏记集》载："至孙皓昏虐，欲燔塔庙。群臣佥谏，以为佛之威力不同余神。康会感瑞，大皇创寺，今若轻毁，恐贻后悔。皓悟，遣张昱诣寺诘会。昱雅有才辩，难问纵横，会应机骋辞，文理交出。自旦至夕，昱不能屈。既退，会送于门。时寺侧有淫祀者。昱曰：'玄化既孚，此辈何故近而不革？'会曰：'震霆破山，聋者不闻，非音之细。苟在理通，则万里悬应；如其阻塞，则肝胆楚越。'昱还，叹：'会才明，非臣所测，愿天鉴察之。'皓大集朝贤，以马车迎会。会就坐，皓问曰：'佛教所明善恶报应，何者是耶？'会对曰：'夫明主以孝慈训世，则赤乌翔而老人星见；仁德育物，则醴泉涌而嘉禾出。善既有瑞，恶亦如之。故为恶于隐，鬼得而诛之；为恶于显，人得而诛之。《易》称'积恶余殃'，《诗》咏'求福不回'，虽儒典之格言，即佛教之明训也。'皓曰：'若然，则周孔已明之矣，何用佛教？'会曰：'周孔虽言，略示显近，至于释教，则备极幽远。故行恶则有地狱长苦，修善则有天宫永乐。举兹以明劝沮，不亦大哉！'皓乃服。皓虽闻正法，而昏暴之性不胜其虐。后使宿卫兵入后宫治园，于地中得一立金像，高数尺，以呈皓。皓使着厕前。至四月八日，皓至厕污秽像，云灌佛讫，还与诸臣共笑为乐。未暮，阴囊肿痛，叫呼不可堪忍。太史

① 邹文主编：《中国雕塑经典》，人民美术出版社，2000年，第80页。

占言，犯大神所为。群臣祷祀诸庙，无所不至，而苦痛弥剧，求死不得。彩女先有奉法者，闻皓病。因问讯云：‘陛下就佛图中求福不？’皓举头问：‘佛神大耶？’彩女答：‘佛为大圣，天神所尊。’皓心遂悟其语意。故彩女即迎像著殿上，香汤洗数十遍，烧香忏悔。皓于枕上叩头，自陈罪逆，有顷，所痛即间。遣使至寺，问讯诸道人，能说经者令来见。僧会即随使入。皓问罪福之由，会具为敷析，辞甚精辩。皓先有才解，欣然大悦，因求看沙门戒。会以戒文秘禁，不可轻宣，乃取《本业》百三十五愿，分作二百五十事，行步坐起，皆愿众生。皓见慈愿致深，世书所不及，益增善意，即就会受五戒。旬日疾瘳，乃修治会所住寺，号为天子寺。宣敕宫内，宗室群臣，莫不必奉。会在吴朝，亟说正法，以皓性凶粗，不及妙义，唯叙报应近验，以开讽其心焉。”①

《法苑珠林》载：“吴时于建邺后园平地，获金像一躯。讨其本缘，谓是周初育王所造。镇于江府也，何以知然？自秦汉魏未有佛法南达，何得有像埋瘗于地？孙皓得之，素未有信，不甚尊重，置于厕处，令执屏筹。至四月八日，皓如戏曰：‘今是八日浴佛时。’遂尿头上。寻即通肿，阴处尤剧，痛楚号嗷，忍不可禁。太史占曰：‘犯大神圣所致。’便遍祀神祇，并无效应。宫内伎女素有信佛者曰：‘佛为大神，陛下前秽之，今急可请耶！’皓信之，伏枕归依，忏谢尤恳，有顷便愈。遂以马车迎沙门僧会入宫，以香汤洗像，惭悔殷重。广修功德于建邺寺，隐痛渐愈也。”②

《佛祖历代通载》载：“吴孙皓始即位，改甘露元年。下令遍毁神祠，被及梵宇。”③

晋武帝泰始二年·孙吴甘露二年·宝鼎元年（266）丙戌

荀勖于洛阳造金像佛菩萨

《洛阳伽蓝记》载：“寺南有宜寿里，内有苞信县令段晖宅。地下常闻钟声，时见五色光明，照于堂宇。晖甚异之。遂掘光所，得金像一躯，可高三尺，并有二菩萨，趺坐上铭云：‘晋太始二年五月十五日侍中中书监荀勖造。’”④

---

①［梁］僧祐：《出三藏记集》卷十三，《大正藏》第55册，第96页下。

②［唐］道世：《法苑珠林》卷十三，《大正藏》第53册，第383页中。

③［元］念常：《佛祖历代通载》卷六，《大正藏》第49册，第517页中。

④［魏］杨衒之撰，周祖谟校释：《洛阳伽蓝记校释》卷一，中华书局，2010年，第45—46页。

竺法护译《须真天子经》

《出三藏记集》载："《须真天子经》二卷（泰始二年十一月出）。"① "《须真天子经》二卷（或云《须真天子问四事经》，太始二年十一月八日出）。右一部，二卷，晋武帝世天竺菩萨沙门昙摩罗察口授出，安文惠、白元信笔受。"② "太始二年十一月八日，于长安青门内白马寺，中天竺菩萨昙摩罗察口授出之。时传言者，安文惠、帛元信；手受者，聂承远、张玄泊、孙休达。十二月三十日未时讫。"③

《历代三宝纪》载："十一月八日，竺法护于长安白马寺译《须真天子经》二卷。"④ "《须真天子经》二卷（太始二年于长安青门内白马寺出。安文惠、白元信传语，聂承远、张玄伯、孙休达笔受。亦云《问四事经》，见竺道祖《晋世杂录》）。"⑤

《众经目录》事实上载："《须真天子经》三卷（或四卷，四十六纸）。晋太始年，竺法护译。"⑥

《古今译经图纪》载："《须真天子经》（二卷）。"⑦

《大唐内典录》载："《须真天子经》二卷（太始二年，于长安青门白马寺出。安文惠、白元信传语，聂承远、张玄伯、孙休达笔受，亦云《问四事经》，见竺道祖《晋世杂录》）。"⑧ "《须真天子经》（三卷或四卷，四十六纸）。西晋太始年，竺法护于长安译。"⑨

《大周刊定众经目录》载："《须真天子经》一部二卷（或名《须真天子问四事经》）。右，西晋太始二年，竺法护于白马寺译。出《长房录》。"⑩

《开元释教录》载："《须真天子经》三卷（初出，或二卷，或加'所问'二字，亦云《问四事经》，太始三年十一月八日，于长安青门外白马寺出，安文惠等传，聂承远等笔受，至十二月十三日讫，见道祖、僧祐二《录》）。"⑪ "《须真天子经》三

---

①［梁］僧祐：《出三藏记集》卷二，《大正藏》第55册，第7页下。
②［梁］僧祐：《出三藏记集》卷二，《大正藏》第55册，第9页下。
③［梁］僧祐：《出三藏记集》卷七，《大正藏》第55册，第48页中。
④［隋］费长房：《历代三宝纪》卷三，《大正藏》第49册，第37页上。
⑤［隋］费长房：《历代三宝纪》卷六，《大正藏》第49册，第62页中。
⑥［唐］静泰：《众经目录》卷一，《大正藏》第55册，第182页下。
⑦［唐］靖迈：《古今译经图纪》卷二，《大正藏》第55册，第353页中。
⑧［唐］道宣：《大唐内典录》卷二，《大正藏》第55册，第233页上。
⑨［唐］道宣：《大唐内典录》卷六，《大正藏》第55册，第287页下。
⑩［唐］明佺：《大周刊定众经目录》卷五，《大正藏》第55册，第398页下。
⑪［唐］智昇：《开元释教录》卷二，《大正藏》第55册，第494页下。

卷（亦云《须真天子所问经》，亦云《问四事经》，或二卷，四十六纸），西晋三藏竺法护译（第二译，两译一阙）。”[①]

《贞元新定释教目录》载：“《须真天子经》三卷（初出，或二卷，或加‘所问’二字，亦云《问四事经》，太始二年十一月八日，于长安青门外白马寺出，安文惠等僧，聂承远等笔受，至十二月三十日讫，见道祖、僧祐二《录》）。”[②]

按：《开元释教录》作“太始三年”，今据众经录，当作“太始二年”。

晋武帝泰始四年（268）戊子

麓山寺建立

李邕《岳麓寺碑》云：“麓山寺者，晋太始四年之所立也。有若法崇禅师者，振锡江左，除结涧阴。尝与炎汉太宗，长沙清庙，栋宇接近，云雾晦冥，赤豹文狸，栋萝薜带。山祇见于法服，窦后依于佛光。至请旧居，特为新寺。”[③]

张松辉在《竺法崇初建麓山寺时间新考》中指出：“既然法崇是晋、宋之交的人，他就不可能于西晋初入湘建麓山寺，法崇入湘建寺只能也在晋宋之交时。”[④]

竺法护译《小品经》

《出三藏记集》载：“竺法护更出《小品经》七卷。”[⑤]

《历代三宝纪》载：“《小品经》七卷（太始四年三月四日译。是第二出，或八卷，见《聂道真录》。与《旧道行经》本同，文小异）。”[⑥]

《众经目录》载：“《新道行经》十卷（一名《新小品经》，或七卷。晋太始年，竺法护译）。”[⑦]“《新道行经》十卷（一名《新小品经》，或七卷，一百五十四纸）。晋太始年，竺法护译。”[⑧]

---

①［唐］智昇：《开元释教录》卷二十，《大正藏》第55册，第709页中。

②［唐］圆照：《贞元新定释教目录》卷三，《大正藏》第55册，第792页上。

③ 周绍良主编：《全唐文新编》第二部，第一册，卷二六三，吉林文史出版社，2000年，第2968页。

④ 张松辉：《竺法崇初建麓山寺时间新考》，《船山学刊》2002年第2期。

⑤［梁］僧祐：《出三藏记集》卷二，《大正藏》第55册，第14页上。

⑥［隋］费长房：《历代三宝纪》卷六，《大正藏》第49册，第62页上。

⑦［隋］法经：《众经目录》卷一，《大正藏》第55册，第119页中。

⑧［唐］静泰：《众经目录》卷二，《大正藏》第55册，第189页中。

《大唐内典录》载：“《小品经》七卷（太始四年三月四日译，是第二出，或八卷，见《聂道真录》。与《旧道行经》大同小异）。”[①]“《小品经》（七卷，一百五十四纸，一名《新道行》）。西晋竺法护译。”[②]

《古今译经图纪》载：“《小品经》（七卷）。”[③]

《大周刊定众经目录》载：“《小品经》一部，七卷（第二译）。右，西晋太始四年，竺法护于洛阳译。出《长房录》，与汉世竺佛朔译《旧道行》全异。”[④]

《开元释教录》载：“又按长房等《录》，竺法护译中更有《小品经》七卷者，不然；护公既有《新道行经》，不合别出《小品》。又《道行》脚注亦名《小品》，又《义善寺录》中有《大智度无极经》四卷，亦云护公所出。既与《道行》同本，更亦不合别翻，既并繁重，故不存也。”[⑤]

《贞元新定释教目录》载：“《新道行经》十卷（亦名《小品》，或七卷，祐《录》名更出《小品》）。西晋三藏竺法护译，第四译。右，按长房等《录》，竺法护译中《更有小品经》七卷者不然。护公既有《新道行经》，不合《别录》中有《大智度无极经》四卷，亦云护公所出。既与《道行》同本，更亦不合别翻。既并繁重，故不存也。”[⑥]

晋武帝泰始五年（269）己丑

竺法护译《大般泥洹经》

《出三藏记集》载：“《方等泥洹经》二卷（或云《大般泥洹经》，太始五年七月二十三日出）。”[⑦]

《历代三宝纪》载：（泰始五年）“七月二十五日，竺法护出《大般泥洹经》二卷。”[⑧]“《大般泥洹经》二卷（太始五年七月三日出，亦云《方等泥洹经》，见《聂

---

①［唐］道宣：《大唐内典录》卷二，《大正藏》第55册，第232页下。

②［唐］道宣：《大唐内典录》卷六，《大正藏》第55册，第285页下。

③［唐］靖迈：《古今译经图纪》卷二，《大正藏》第55册，第353页中。

④［唐］明佺：《大周刊定众经目录》卷二，《大正藏》第51册，第381页下。

⑤［唐］智昇：《开元释教录》卷十四，《大正藏》第55册，第626页上。

⑥［唐］圆照：《贞元新定释教目录》卷二十四，《大正藏》第55册，第959页下。

⑦［梁］僧祐：《出三藏记集》卷二，《大正藏》第55册，第8页上。

⑧［隋］费长房：《历代三宝纪》卷三，《大正藏》第49册，第37页上。

道真录》）。”①

《众经目录》载：“《大般泥洹经》二卷（亦是《游行经》，晋世竺法护译）。”②

《大唐内典录》载：“《大般泥洹经》二卷（太始五年七月三日出，亦云《方等泥洹经》，见《聂道真录》）。”③

《古今译经图纪》载：“《大般泥洹经》（二卷）。”④

《大周刊定众经目录》载：“《大般泥洹经》，一部二卷（是《游行经》）。右，西晋竺法护译，出《长房录》。”⑤

《开元释教录》载：“《方等般泥洹经》二卷（亦云《大般泥洹经》，或三卷，四十五纸）。西晋竺法护译。”⑥“《方等般泥洹经》二卷（初出，与隋译《四童子经》同本，或无‘般’字，或三卷，或云《大般泥洹经》。太始五年七月二十三日出，见道真、僧祐二《录》）。”⑦

《贞元新定释教目录》载：“《方等般泥洹经》二卷（初出，与隋译《四童子》同本，或无‘般’字。三卷，或云《大般泥洹经》。太始五年七月二十三日出，见道真、僧祐《录》）。”⑧

荆州都督羊祜供给武当山寺

《晋书·羊祜传》载:“（羊）祜年五岁，时令乳母取所弄金环。乳母曰：‘汝先无此物。’祜即诣邻人李氏东垣桑树中探得之。主人惊曰：‘此吾亡儿所失物也，云何持去！’乳母具言之，李氏悲惋。时人异之，谓李氏子则祜之前身也。”⑨

《法苑珠林》载：“（羊）祜年长，常患头风，医欲攻治，祜曰：‘吾生三日时，头首北户，觉风吹顶，意甚患之，但不能语耳。病源既久，不可治也。’祜后为荆州都督，镇襄阳，经给武当寺，殊余精舍。或问其故。祜默然，后因忏悔，叙说因果，

---

①［隋］费长房：《历代三宝纪》卷六，《大正藏》第49册，第62页中。
②［隋］法经：《众经目录》卷三，《大正藏》第55册，第130页中。
③［唐］道宣：《大唐内典录》卷二，《大正藏》第55册，第233页中。
④［唐］靖迈：《古今译经图纪》卷二，《大正藏》第55册，第353页中。
⑤［唐］明佺：《大周刊定众经目录》卷八，《大正藏》第55册，第421页中。
⑥［唐］智昇：《开元释教录》卷二十，《大正藏》第55册，第703页中。
⑦［唐］智昇：《开元释教录》卷二，《大正藏》第55册，第494页上。
⑧［唐］圆照：《贞元新定释教目录》卷三，《大正藏》第55册，第791页中。
⑨［唐］房玄龄等：《晋书》卷三十四，中华书局，1974年，第1023—1024页。

乃曰：‘前身承有诸罪，赖造此寺，故获申济。所以使供养之情，偏殷勤重也。’”①

《资治通鉴》载：“（西晋武帝泰始五年）帝有灭吴之志，壬寅，以尚书左仆射羊祜都督荆州诸军事，镇襄阳。”②

按：羊祜供养武当山寺，其时当在其荆州刺史任内，其年待考。兹系于就职荆州刺史之年。

晋武帝泰始六年（270）庚寅

竺法护译《宝藏经》等

《出三藏记集》载：“《宝藏经》二卷（《旧录》云《文殊师利宝藏经》，或云《文殊师利现宝藏》，太始六年十月出）。”③“《德光太子经》一卷（或云《赖吒和罗所问光德太子经》，太始六年九月三十日出）。”④“竺法护出《般舟三昧》二卷。”⑤“《当来变经》一卷。”⑥

晋武帝泰始七年·孙吴建衡三年（271）辛卯

竺法护译《超日明三昧经》

《出三藏记集》载：“《超日明经》二卷（《旧录》云《超日明三昧经》）。右一部，凡二卷。晋武帝时，沙门竺法护先译梵文，而辞义烦重，优婆塞聂承远整理文偈，删为二卷。”⑦

《历代三宝纪》载：“《超日明三昧经》三卷（太始七年正月译。初出，或两卷，或直云《超日明经》，见《聂道真录》）。”⑧

---

①［唐］道世：《法苑珠林》卷二十六，《大正藏》第53册，第479页下。
②［北宋］司马光：《资治通鉴》卷七十九，中华书局，1956年，第2509页。
③［梁］僧祐：《出三藏记集》卷二，《大正藏》第55册，第7页下。
④［梁］僧祐：《出三藏记集》卷二，《大正藏》第55册，第7页下。
⑤［梁］僧祐：《出三藏记集》卷二，《大正藏》第55册，第14页中。
⑥［梁］僧祐：《出三藏记集》卷二，《大正藏》第55册，第8页中。
⑦［梁］僧祐：《出三藏记集》卷二，《大正藏》第55册，第9页下。
⑧［隋］费长房：《历代三宝纪》卷六，《大正藏》第49册，第62页中。

《众经目录》载："《超日明三昧经》二卷（四十六纸）。晋太始年，竺法护译。"①

《古今译经图纪》载："《超日明三昧经》（三卷）。"②

《大唐内典录》载："《超日明三昧经》三卷（太始七年正月译，初出，或两卷，或直云《超日明经》，见聂道真录）。"③

《大周刊定众经目录》载："《超日明三昧经》一部，二卷（一名《超日明经》，或三卷，初译，五十五纸）。右，西晋太始七年竺法护译。出《长房录》。"④

《开元释教录》载："《超日明三昧经》二卷（太始七年正月译，初出，或三卷，或直云《超日明经》。见《聂道真录》及《僧祐录》）。"⑤"《超日明三昧经》二卷（或直云《超日明经》，或三卷）。西晋三藏竺法护译（第一译）。右一经，前后两译，一存一阙。"⑥"《超日明三昧经》二卷（或直云《超日明经》，或三卷），四十八纸。"⑦

《贞元新定释教目录》载："《超日明三昧经》二卷（太始七年正月译，初出，或三卷，或直云《超日明经》，见真、佑二《录》）。"⑧

揵陀勒至洛阳

《高僧传》载："揵陀勒者，本西域人。来至洛阳积年，众虽敬其风操，而终莫能测。后谓众僧曰：'洛东南有槃鵄山，山有古寺庙处，基墌犹存，可共修立。'众未之信，试逐检视。入山到一处，四面平坦，勒示云：'此即寺基也。'即掘之，果得寺下石基。后示讲堂僧房处，如言皆验，众咸惊叹，因共修立，以勒为寺主。寺去洛城一百余里，朝朝至洛阳诸寺赴中，暮辄乞油一钵，还寺然灯。以此为常，未曾违失。有人健行，欲随勒观其迟疾，奔驰流汗，恒苦不及。勒令执袈裟角，唯闻厉风之响，不复觉倦。须臾，至寺。勒后不知所终。"⑨

《法苑珠林》载："晋揵陀勒，不知何国人也。尝游洛邑，周历数年。虽敬其风

①［唐］静泰：《众经目录》卷一，《大正藏》第55册，第182页下。
②［唐］靖迈：《古今译经图纪》卷二，《大正藏》第55册，第353页中。
③［唐］道宣：《大唐内典录》卷二，《大正藏》第55册，第233页上。
④［唐］明佺：《大周刊定众经目录》卷五，《大正藏》第55册，第399页上。
⑤［唐］智昇：《开元释教录》卷二，《大正藏》第55册，第495页下。
⑥［唐］智昇：《开元释教录》卷十四，《大正藏》第55册，第632页中。
⑦［唐］智昇：《开元释教录》卷十九，《大正藏》第55册，第686页下。
⑧［唐］圆照：《贞元新定释教目录》卷四，《大正藏》第55册，第793页上。
⑨［梁］慧皎：《高僧传》卷十，《大正藏》第50册，第388页下。

操，而莫能测焉。后语人曰：‘盘鸱山中有古塔寺，若能修建，其福无量。’众人许之，与俱入山。既至，唯草木深芜，莫知基朕。勒指示曰：‘此是寺基也。’众试掘之，果得塔下石础。复示讲堂、僧房、井灶，开凿寻求，皆如其言。于是始疑其异。寺既修复，勒为僧主。去洛百里，每朝至洛邑赴会，听讲竟，辄乞油一钵，擎之还寺，虽复去来早晚，未曾失中晡之期。有人日能行数百里者，欲随而验之，乃与俱发，此人驰而不及。勒顾笑曰：‘汝执吾袈裟，可以不倦。’既持衣后，不及移晷，便已至寺。其人休息数日乃还，方悟神人。后不知终。”①

《释氏通鉴》载：“（泰始七年）辛卯，西域揵陀勒至洛阳。”②

吴建衡三年佛像画像砖

《中国早期佛教造像研究》载：“吴建衡三年（271年）佛像画像砖，长22、宽12、厚4.7厘米，藏浙江省临海市博物馆。浙江绍兴市内出土，佛像分别饰于砖侧与砖顶端面。两像均为立式，有头光，着裙袍。砖铭为：‘建衡三年二月□□’。”③

晋武帝泰始八年（272）壬辰

竺法护译《新道行经》

《历代三宝纪》载：（泰始八年）“护又出《新道行经》十卷。”④“《新道行经》十卷（太始年第二出，与汉世竺佛朔译《旧道行》全异，亦名《小品》，出《光赞般若》）。”⑤

《众经目录》载：“《新道行经》十卷（一名《新小品经》，或七卷，晋太始年竺法护译）。”⑥“《新道行经十卷》（一名《新小品经》，或七卷，一百五十四纸），晋太始年竺法护译。”⑦

---

①［唐］道世：《法苑珠林》卷二十八，《大正藏》第53册，第492页上。
②［宋］本觉：《释氏通鉴》卷二，《卍续藏》第76册，第20页上。
③［韩］李正晓：《中国早期佛教造像研究》，文物出版社，2005年，第75—76页。
④［隋］费长房：《历代三宝纪》卷三，《大正藏》第49册，第37页上。
⑤［隋］费长房：《历代三宝纪》卷六，《大正藏》第49册，第62页上。
⑥［隋］法经：《众经目录》卷一，《大正藏》第55册，第119页中。
⑦［隋］法经：《众经目录》卷二，《大正藏》第55册，第189页中。

《古今译经图纪》载："《新道行经》（十卷）。"①

《大唐内典录》载："《小品经》七卷（一百五十四纸，一名《新道行》），西晋竺法护译。"②

《大周刊定众经目录》载："《新道行经》一部，十卷（或七卷，第二出，亦名《小品》，出《光赞般若》，一百八十五纸）。右，西晋太始年，沙门竺法护于洛阳及江左译，出《长房录》。"③

《开元释教录》载："《新道行经》十卷（亦名《小品》，或七卷，祐云更出《小品》。太始八年译，第四出，与《旧道行》等同本。房《录》更载《小品》七卷，误也，见祐、房二《录》。《藏》中者非此本，先阙）。"④"《新道行经》十卷（亦名《小品》，或七卷，祐《录》名更出《小品》）。西晋三藏竺法护译（第四译，又按长房等《录》，竺法护译中更有《小品经》七卷者不然，护公既有《新道行经》，不合别出《小品》。又《道行》脚注亦名《小品》。又《义善寺录》中有《大智度无极经》四卷，亦云护公所出。既与道行同本，更亦不合别翻，既并繁重，故不存也）。"⑤

《贞元新定释教目录》载："《新道行经》一卷（亦云《小品》，或七卷，祐云更出《小品》，太始八年译，第四出，与《旧道行》等同本。房云更载《小品》七卷，误也。见房、佑二《录》，《藏》中者非此本，先阙）。"⑥"《新道行经》十卷（或七卷），西晋三藏竺法护译（出长房等《录》）。右，一经。捡诸藏本，并与《小品般若》文句全同者，其本错也。护公所译《新道行经》，时无其本，承闻东都有护本，求寻之，未获译。"⑦

晋武帝泰始九年·孙吴凤凰二年（273）癸巳

南京赵士岗出土青瓷佛饰魂瓶

《中国早期佛教造像研究》载："吴凤凰二年（273年），高34.3、腹径23.8厘米，

---

①［唐］靖迈：《古今译经图纪》卷二，《大正藏》第55册，第353页中。
②［唐］道宣：《大唐内典录》卷六，《大正藏》第55册，第285页下。
③［唐］明佺：《大周刊定众经目录》卷二，《大正藏》第55册，第381页下。
④［唐］智昇：《开元释教录》卷二，《大正藏》第55册，第495页中。
⑤［唐］智昇：《开元释教录》卷十四，《大正藏》第55册，第626页上。
⑥［唐］圆照：《贞元新定释教目录》卷三，《大正藏》第55册，第792页中。
⑦［唐］圆照：《贞元新定释教目录》卷二十七，《大正藏》第55册，第1001页下。

现藏南京博物院。1955年在南京赵士岗的孙吴凤凰二年（273年）墓中出土。罐顶为一扁平圆盖。上部有群鸟、莲花等。其下依次堆塑群鸟、四小罐、楼阙、人物等。人物均为坐姿，双手抱在胸前，在双阙两侧各排列六人。人像前有一周矮栏与下部罐沿相连。罐腹上半部的贴塑图案交错排列成两排，内容有凤、乘骑人物、佛像和铺首。其中唯一的佛图像身着通肩大衣，有头光，坐双狮莲花座。”①

南京赵士岗出土釉陶佛饰

《中国早期佛教造像研究》载：“釉陶佛饰，吴凤凰二年（273年），现藏南京博物院。1955年江苏省南京市赵士岗出土。3件，模制，为魂瓶上的贴塑构件。佛图像有头光，着通肩大衣，两侧可见狮头。”②

晋武帝泰始十年（274）甲午

竺法护译《无尽意经》

《出三藏记集》载：“《无尽意经》（竺法护出《无尽意四卷》）。”③

《历代三宝纪》载：（泰始十年）“护又出《无尽意经》四卷。”④“《无尽意经》四卷（太始元年第二出，与《阿差末》同本别译，出《大集》，见《聂道真录》，或五卷）。”⑤

《众经目录》载：“《无尽意经》四卷（亦是《阿差末经》，晋太始年竺法护译。）”⑥

《古今译经图纪》载：“《无尽意经》（四卷）。”⑦

《大唐内典录》载：“《无尽意经》六卷（或四卷，是《阿差末经》，八十六纸）。西晋太始年，竺法护于长安译。”⑧

---

①［韩］李正晓：《中国早期佛教造像研究》，文物出版社，2005年，第57页。
②［韩］李正晓：《中国早期佛教造像研究》，文物出版社，2005年，第57页。
③［梁］僧祐：《出三藏记集》卷二，《大正藏》第55册，第14页下。
④［隋］费长房：《历代三宝纪》卷三，《大正藏》第49册，第37页上。
⑤［隋］费长房：《历代三宝纪》卷六，《大正藏》第49册，第62页中。
⑥［隋］彦琮：《众经目录》卷二，《大正藏》第55册，第159页中。
⑦［唐］靖迈：《古今译经图纪》卷二，《大正藏》第55册，第353页中。
⑧［唐］道宣：《大唐内典录》卷六，《大正藏》第55册，第286页上。

《大周刊定众经目录》载："《无尽意经》一部，四卷（或五卷，第二出，与《阿差末》同本别译，八十六纸）。右，西晋太始年，沙门竺法护于长安译，出《长房录》。"[1]

《开元释教录》载："又长房等《录》，竺法护译中更有《无尽意经》四卷，据其法护已出《阿差末经》，不合再出《无尽意》，其《阿差末经》题云：'晋曰《无尽意》。'《录》中脚注云：'或四卷'。此是梵晋名异，理实一经，录存二本，误之甚也。"[2]

晋武帝咸宁元年·孙吴天册元年（275）乙未

南京江宁县出土青瓷佛饰魂瓶

《中国早期佛教造像研究》载："青瓷佛饰魂瓶，吴天册元年（275年），高41.8、腹径22.8厘米，现藏江苏省南京市博物馆。1979年江苏省南京市江宁县上坊棱角山孙吴天册元年墓出土，同出有纪年墓砖。此罐胎灰质硬，釉色青亮，釉层匀净。罐顶有多重堆塑，上层在一方形盖上塑前后开门、四角起翘的圆形建筑，顶立一鸟。其四面各塑一尊佛像。佛像为模印，有头光，着通肩大衣，趺坐莲花座上。方盖边墙四角各立一鸟。往下依次塑群鸟、楼阙、四小罐、坐熊及众多俑。下部罐腹贴塑两周模印纹饰，有麒麟、骑兽仙人、铺首、熊头、坐佛、朱雀、僧人、飞羊等。"[3]

另见宿白之《四川钱树和长江中下游部分器物上的佛像——中国南方发现的早期佛像札记》。[4]

晋武帝咸宁二年·孙吴天玺元年（276）丙申

帛法祚出家

《出三藏记集》载："（帛法祚）年二十五出家，深洞佛理，关陇知名。"[5]

---

① [唐]明佺：《大周刊定众经目录》卷二，《大正藏》第55册，第383页中。

② [唐]智昇：《开元释教录》卷十四，《大正藏》第55册，第628页上。

③ [韩]李正晓：《中国早期佛教造像研究》，文物出版社，2005年，第57页。

④ 宿白：《四川钱树和长江中下游部分器物上的佛像——中国南方发现的早期佛像札记》，《文物》2004年第10期。

⑤ [梁]僧祐：《出三藏记集》卷十五，《大正藏》第55册，第107页下。

《高僧传》载："（帛法祚）年二十五出家，深洞佛理，关陇知名。"[①]

《北山录》载："（帛法祚）二十五出家，洞明佛理。"[②]

按：据魏齐王曹芳嘉平三年（251）下"帛法祚生"条，推之可知，"帛法祚出家"条，当发生于本年。

金坛储侯墓青瓷五联罐

《佛教初传与早期中国佛教艺术》载："从考古发现上看，魂瓶的大量出现，正是在吴末晋初……例如……1973年江苏省金坛县白塔乡东吴天玺元年（276年）墓。"[③]

《汉魏时期蜀汉、孙吴墓葬中的佛教遗物——兼谈长江流域的佛教传播》载："1973年5月，金坛县白塔公社东吴'天玺元年'（276年）纪年砖室墓中出土堆塑楼台谷仓罐，其堆塑、印贴楼台九层、庑廊四条、阙十二个。另有人物、小盂和走兽等。上塑长衫、高冠、踞坐、右手抚胸、左手下垂的5人和短衫、高冠的胡人杂耍表演者……魂瓶是三国东吴地区具有特色的随葬明器，它从寓意到具象的演变过程反映了佛教艺术的发展，也表明佛教在孙吴中晚期已相当流行。"[④]

另见宿白之《四川钱树和长江中下游部分器物上的佛像——中国南方发现的早期佛像札记》。[⑤]

晋武帝咸宁三年（277）丁酉

阙公则卒

《法苑珠林》载："晋阙公则，赵人也。恬放萧然，唯勤法事。晋武之世，死于洛阳。道俗同志，为设会于白马寺中，其夕转经，宵分闻空中有唱赞声。仰见一人，形器壮伟，仪服整丽。乃言曰：'我是阙公则，今生西方安乐世界，与诸菩萨共来听

---

① ［梁］慧皎：《高僧传》卷一，《大正藏》第50册，第327页下。

② ［唐］神清撰，慧宝注：《北山录》卷四，《大正藏》第52册，第595页上。

③ 黄文昆：《佛教初传与早期中国佛教艺术》，《敦煌研究》1995年第1期。

④ 杨秋莎：《汉魏时期蜀汉、孙吴墓葬中的佛教遗物——兼谈长江流域的佛教传播》，《四川文物》2003年第5期。

⑤ 宿白：《四川钱树和长江中下游部分器物上的佛像——中国南方发现的早期佛像札记》，《文物》2004年第10期。

经。’合堂惊跃，皆得睹见。”①

《僧史》云：“（咸宁三年丁酉）阙公则悟放萧然，唯勤法事，至是迁寂，忽现空中，报言生西方安乐界矣。”②

卫士度母行斋得钵

《法苑珠林》载：“（阙公则）时复有汲郡卫士度，亦苦行居士也，师于则公，其母又甚信向，诵经长斋，常饭僧，时日将中，母出斋堂与诸尼僧逍遥眺望，忽见空中有一物下，正落母前，乃则钵也，有饭盈焉，馨气充勃。阖堂萧然，一时礼敬。母自分行斋，人食之皆七日不饥。此钵犹云尚存北土。度善有文辞，作《八关忏文》，晋末斋者尚用之。”③

陈瑞自号天师

《华阳国志》载：“咸宁三年春，刺史濬诛犍为民陈瑞。瑞初以鬼道惑民，其道始用酒一斗、鱼一头，不奉他神，贵鲜洁。其死丧产乳者不百日不得至道治。其为师者曰祭酒。父母妻子之丧不得抚殡入吊及问乳病者。后转奢靡，作朱衣、素带、朱帻、进贤冠。瑞自称天师，徒众以千百数。濬闻，以为不孝，诛瑞及祭酒袁旌等，焚其传舍。益州民有奉瑞道者、见官二千石长吏巴郡太守犍为唐定等，皆免官或除名。蜀中山川神祠皆种松柏，濬以为非礼，皆废坏烧除，取其松柏为舟船，惟不毁禹王祠及汉武帝祠。又禁民作巫祀。于是蜀无淫祀之俗，教化大行，有木连理、嘉禾、黄龙、甘露之祥。”④

《法苑珠林》载：“又晋武帝咸宁二年，有道士陈瑞，以左道惑众，自号天师。徒附数千，积有年岁，为益州刺史王濬诛灭。”⑤

《广弘明集》载：“又晋武帝咸宁二年，为道士陈瑞以左道惑众，自号天师，徒附数千。积有岁月，为益州刺史王濬诛灭。”⑥

按：《华阳国志》言“咸宁三年”，《法苑珠林》《广弘明集》则作“咸宁二年”，未详孰是，待考。兹系于咸宁三年。

---

①［唐］道世：《法苑珠林》卷四十二，《大正藏》第53册，第616页中。
②［宋］本觉：《释氏通鉴》卷二，《卍续藏》第76册，第20页中。
③［唐］道世：《法苑珠林》卷四十二，《大正藏》第53册，第616页中。
④ 刘琳：《华阳国志校注》，巴蜀书社，1984年，第609页。
⑤［唐］道世：《法苑珠林》卷五十五，《大正藏》第53册，第704页下。
⑥［唐］道宣：《广弘明集》卷十二，《大正藏》第52册，第171页中。

晋武帝咸宁四年（278）戊戌

《陀罗尼神咒经》卷四题记

《中国古代写本识语集录》所录《陀罗尼神咒经》卷四题记云："咸宁四年七月十日校了。奉持信士张自言、张赵氏敬愿，比丘沕汁代写。"①

孔令梅在《汉晋北朝时期敦煌张氏与佛教关系探析》中指出："张氏早在西汉后期就迁入敦煌，东汉时期成为当地的儒术高门。以敦煌张奂、张芝一族为例，他们以儒业文艺见长，是东汉后期著名的文化人士。据冯培红先生研究，东汉'上书三策，请求经营西域北道'的敦煌太守张珰和'善于对策、通晓五行'的张衡也皆是敦煌人。曹魏时期'功曹张恭素有学行，郡人推行长史事，恩信甚著'。西晋敦煌张氏名人辈出，张钳被誉为造诣太学的'敦煌五龙'之一，还有太子仆张勃、郡主簿张宅、郡功曹张邈等也都极具学识。敦煌张氏多精通儒术，富有谋略和才干，是典型的儒学文化大族。敦煌张氏不仅具有深厚的儒学素养，其思想也很活跃，较早地接触佛教，是敦煌大族中很早就信仰佛教的家族。日本栗原贞一旧藏敦煌文献《陀罗尼神咒经》卷4题记载西晋'咸宁四年（278）七月十日，校了，奉持信士张自言、张赵氏敬愿，比丘沕汁代写。'此经具有咒密色彩，是敦煌张氏也是敦煌大族中信仰佛教的较早记录。"②

另见《魏晋南北朝敦煌文献编年》③《全三国两晋南朝文补遗》④。

晋武帝太康元年·孙吴天纪四年（280）庚子

康僧会卒

《出三藏记集》载："会以晋武帝太康元年卒。"⑤

---

①［日］池田温：《中国古代写本识语集录》，东京大学东洋文化研究所，1990年，第72页。
② 孔令梅：《汉晋北朝时期敦煌张氏与佛教关系探析》，《社会科学家》2011年第2期。
③ 饶宗颐主编，王素、李方：《魏晋南北朝敦煌文献编年》，新文丰出版公司，1997年，第62—63页。
④ 韩理洲等：《全三国两晋南朝文补遗》，三秦出版社，2013年，第101页。
⑤［梁］僧祐：《出三藏记集》卷十三，《大正藏》第55册，第97页上。

《高僧传》载："至吴天纪四年四月，皓降晋。九月会遘疾而终，是岁晋武太康元年也。"[①]

康僧会作《法镜经序》

康僧会所作之《法镜经序》，见《出三藏记集》卷六。[②]

按：康僧会尝作《法镜经序》，未详何年，兹系于康僧会卒年。

竺法护译《密迹金刚力士经》

《历代三宝纪》载："《密迹金刚力士经》五卷（太康元年十月八日出。或八卷、四卷。见支敏度及竺道祖《晋世杂录》）。"[③]

《众经目录》载："《密迹金刚力士经》五卷（或四卷，一百一十二纸）。晋太康年，竺法护译。"[④]

《古今译经图纪》载："《密迹金刚力士经》（五卷）。"[⑤]

《大唐内典录》载："《密迹金刚力士经》五卷（太康元年十月八日出，或八卷、四卷，见支敏度及竺道祖《晋世杂录》）。"[⑥]

《大周刊定众经目录》载："《密迹金刚力士经》一部，五卷（或八卷，一百三十二纸）。右，晋太康元年，竺法护译，出《内典录》。"[⑦]

《开元释教录》载："《密迹金刚力士经》七卷（或五卷，或四卷，或八卷，太康元年十月八日出。亦直云《密迹经》，见支敏度、竺道祖及僧祐三《录》，今编入《宝积》，当第三会）。"[⑧]

《贞元新定释教目录》载："《密迹金刚力士经》七卷（或五卷，或四卷，或八卷，太康元年十月八日出。亦直云《密迹经》，见支敏度、竺道祖及僧祐三《录》，今编入《宝积》，当第三会）。"[⑨]

---

①［梁］慧皎：《高僧传》卷一，《大正藏》第50册，第326页上。
②［梁］僧祐：《出三藏记集》卷六，《大正藏》第55册，第46页中。
③［隋］费长房：《历代三宝纪》卷六，《大正藏》第49册，第62页上。
④［唐］静泰：《众经目录》卷一，《大正藏》第55册，第182页中。
⑤［唐］靖迈：《古今译经图纪》卷二，《大正藏》第55册，第353页中。
⑥［唐］道宣：《大唐内典录》卷二，《大正藏》第55册，第232页下。
⑦［唐］明佺：《大周刊定众经目录》卷一，《大正藏》第55册，第374页中。
⑧［唐］智昇：《开元释教录》卷二，《大正藏》第55册，第493页中。
⑨［唐］圆照：《贞元新定释教目录》卷三，《大正藏》第55册，第790页下。

南京江宁县出土釉陶佛饰魂瓶

《中国早期佛教造像研究》载："釉陶佛饰魂瓶，西晋太康元年（280年），高38、腹径20厘米，现藏江苏省南京市博物馆。1984年江苏省南京市江宁县索墅砖瓦厂西晋墓出土。墓中伴出太康元所纪年砖。上部分三层。上层以一方形四角尖顶建筑为顶盖，四面有边墙，边墙四角塑佛像，现仅存一尊，中层围绕大罐贴四小罐，由蹲熊背负。小罐之间塑飞鸟和跪坐俑。下层正面置双阙，阙间二胡人，阙后排列九尊佛像。佛像均有肉髻、头光，着通肩大衣。"①

另见宿白之《四川钱树和长江中下游部分器物上的佛像——中国南方发现的早期佛像札记》。②

青瓷佛饰魂瓶

《中国早期佛教造像研究》载："西晋太康元年（280年），高47、腹径26厘米，现藏浙江省慈溪市文物管理委员会。1977年浙江省慈溪市杜湖水库太康元年墓出土。上部分三层。上层为方形院落，中央一座重檐庑殿顶高阁，四面围筑庑廊，廊中间建门亭，四角置望楼。中层前后开门，前门塑麒麟、蹲兽，后门贴铺首衔环，左右两面贴麒麟、凤凰，四隅置四小罐及飞鸟、蹲兽、骑兽人。下层前后塑成重檐庑殿顶门楼，外壁贴塑五尊佛像及跪拜人、持械武士，门两侧塑卫士、文臣、跪拜人、羊和骑兽人，楼顶塑凤凰、麒麟、蹲兽。左右两面廊下塑乐师、歌舞人和卧羊、骑兽人。下部罐肩、腹饰网格纹带，贴塑佛像、武士、游鱼、麒麟、双凤、立羊、卧羊、骑兽人。"③

另见宿白之《四川钱树和长江中下游部分器物上的佛像——中国南方发现的早期佛像札记》。④

侯官药山寺建立

《八闽通志》载："药山寺，晋太康元年建。"⑤

晁成林在《唐代福建地区的诗僧与僧诗》中指出："唐前福建的寺院建设最早的

---

①［韩］李正晓：《中国早期佛教造像研究》，文物出版社，2005年，第57—58页。

② 宿白：《四川钱树和长江中下游部分器物上的佛像——中国南方发现的早期佛像札记》，《文物》2004年第10期。

③［韩］李正晓：《中国早期佛教造像研究》，文物出版社，2005年，第58页。

④ 宿白：《四川钱树和长江中下游部分器物上的佛像——中国南方发现的早期佛像札记》，《文物》2004年第10期。

⑤［明］黄忠昭修纂：《八闽通志》下册（修订本），卷七十五，福建人民出版社，2006年，第1097页。

记录始于西晋太康元年（280年）的侯官药山寺。一般而言，寺院的建设要滞后于当地佛教的传播和流布。因此，福建地区的佛学传布至少应早于西晋太康年间，抑或是开始于汉魏时期也未可知。”①

晋武帝太康二年（281）辛丑

西晋会稽鄮县塔寺

《高僧传》载：“释慧达，姓刘，本名萨河。并州西河离石人。少好田猎。年三十一忽如暂死，经日还苏，备见地狱苦报，见一道人云是其前世师，为其说法训诲，令出家，往丹阳、会稽、吴郡觅阿育王塔像，礼拜悔过，以忏先罪。既醒，即出家学道，改名慧达，精勤福业，唯以礼忏为先。”②

《法苑珠林》载：“初西晋会稽鄮县塔寺，今在越州东三百七十里鄮县界。东去海四十里，在县东南七十里，南去吴村二十五里。案前传云：‘晋太康二年，有并州离石人刘萨何者，生在田家，弋猎为业。得病死苏，见一胡僧语何曰：“汝罪重，应入地狱。吾悯汝无识，且放。今洛下，齐城、丹阳、会稽并有古塔及浮江石像，悉阿育王所造。可勤求礼忏，得免此苦。”既醒之后，改革前习，出家学道，更名慧达。如言南行，至会稽。海畔山泽，处处求觅，莫识基绪。达悲塞烦冤，投造无地。忽于中夜闻土下钟声，即迁记其处，剡木为刹。三日间，忽有宝塔及舍利从地踊出，灵塔相状，青色似石而非石。高一尺四寸，方七寸，五层露盘，似西域于阗所造。面开窗子，四周天金。中悬铜磬，每有钟声，疑此磬也。绕塔身上，并是诸佛菩萨金刚圣僧杂类等像。状极微细，瞬目注睛，乃有百千像现。面目手足，咸具备焉。斯可谓神功圣迹，非人智所及也。今在大木塔内。于八王日舆巡邑里，见者莫不下拜。念佛生善，斋戒终身。其舍利者，在木塔底。其塔左侧多有古迹。塔侧诸暨县，越旧都之地也。以句章、鄞、鄮、剡等四县为之。诸暨东北一百七里大部乡有古越城，周回三里。’《地记》云：‘越之中叶，在此为都。离宫别馆，遗基尚在。悉生豫章，多在门阶之侧。行位相当，森竦可爱。风雨晦朔，犹闻钟磬之声。’百姓至今多怀肃敬，其迹繁矣。《舆志》云：‘阿育，释迦弟子。能役鬼神，一日夜于天下造佛骨宝塔

① 晁成林：《唐代福建地区的诗僧与僧诗》，《中国韵文学刊》2016年第1期。

②［梁］慧皎：《高僧传》卷十三，《大正藏》第50册，第409页中。

八万四千，皆从地出。’案晋沙门竺慧达云：‘东方两塔，一在于此，一在彭城。今袜陵长干又是其一，则有三矣。今以经验，亿家造一塔。计此东夏，理多不疑。且见扬、越，即有二塔。广统九域，故有隐之。’《会稽记》云：‘东晋承相王导云：“初过江时，有道人神采不凡，言从海来相造。昔与育王共游。鄮县下真舍利起塔镇之。育王与诸真人捧塔飞行，虚空入海。诸弟子攀别，一时俱堕，化为乌石。石犹人形，其塔在铁围山也。”’太守褚府君云：‘海行者述岛上有聚乌石，作道人形，颇有衣服。褚令凿取。将视之，石文悉如袈裟之状。’”①

《太平寰宇记》载：“（云岩县）废可野寺，在县北十五里。古老相传刘萨河坐禅处。稽胡呼堡为可野，四面悬绝，唯有北面一路通人马。”②

按：释慧达若于晋武帝太康二年暴卒后而复苏，直至东晋简文帝时，近百年，慧达已是百余岁的老人。此事当存疑，待考。

强梁娄至于广州译出《十二游经》

《出三藏记集》载：“《十二游经》一卷（《旧录》云《十二由经》）。《十二游经》一卷（异本，大同小异）。”③

《历代三宝纪》载：（太康二年）“强良娄至，出《十二游经》一卷。”④又云：“《十二游经》一卷，右，一经一卷。武帝世，外国沙门强梁娄至，晋言真喜，太始（康）二年于广州译，见《始兴》及《宝唱录》。”⑤

《众经目录》载：“《十二游经》一卷（五纸）。”⑥

《古今译经图纪》载：“沙门强梁娄至者，此云真喜，西域人也。志情旷放，弘化在怀，以晋武帝太康二年，岁次辛丑，于广州译《十二游经》（一卷）。”⑦

《大唐内典录》载：“《十二游经》一卷。右，一经一卷。武帝世，外国沙门强梁娄至，晋言真喜，太始二年于广州译。见《始兴》及《宝唱录》。”⑧

《大周刊定众经目录》载：“《十二游经》一卷（五纸）。右，西晋武帝代沙门

---

① [唐]道世：《法苑珠林》卷三十八，《大正藏》第53册，第585页。
② [宋]乐史撰，王文楚等点校：《太平寰宇记》卷三十五，中华书局，2007年，第746页。
③ [梁]僧祐：《出三藏记集》卷四，《大正藏》第55册，第30页中。
④ [隋]费长房：《历代三宝纪》卷三，《大正藏》第49册，第38页上。
⑤ [隋]费长房：《历代三宝纪》卷六，《大正藏》第49册，第65页上。
⑥ [唐]静泰：《众经目录》卷四，《大正藏》第55册，第211页上。
⑦ [唐]靖迈：《古今译经图纪》卷二，《大正藏》第55册，第354页上。
⑧ [唐]道宣：《大唐内典录》卷二，《大正藏》第55册，第236页上。

姜梁娄至于广州译。出《宝唱录》。”①

《开元释教录》载：“沙门强梁娄至，晋言真喜，西域人。志情旷放，弘化在怀。”②

《贞元新定释教目录》载：“《十二游经》一卷（初出）。右，一部一卷，本阙。沙门强梁娄至，晋言真喜，西域人，志情放旷，弘化在怀。以武帝太康二年辛丑，于广州译《十二游经》一部，见《始兴录》及《宝唱录》。”③

安法钦于洛阳译经

《出三藏记集》载：“《道神足无极变化经》四卷（一名《合道神足经》）。”④

《历代三宝纪》载：“《道神足无极变化经》二卷（第二译，或三卷，四卷，即是竺法护所出《佛升忉利天为母说法经》同本别名，文小异，见竺道祖《晋世杂录》）。”⑤

《众经目录》载：“《道神足无极变化经》二卷（晋太康年，安法钦译）。”⑥

《古今译经图纪》载：“《道神足无极变化经》（一卷）。”⑦

《大唐内典录》载：“《道神足无极变化经》（二卷，第二译，或三卷，即法护出《佛升忉利天为母说法》同本别译，文小不同，见《竺祖录》）。”⑧

《开元释教录》载：“沙门安法钦，安息国人。学赡众经，幽鉴无滞。以武帝太康二年辛丑讫惠帝光熙元年丙寅，于洛阳译《道神足》等经五部。”⑨

《贞元新定释教目录》载：“《道神足无极变化经》四卷（第二出，一名《合道神足经》。或二卷，或三卷，与竺法护所出《佛升忉利天为母说法经》同本异译，见《竺道祖录》）。”⑩

金华古方M30青瓷五联罐

《浙江金华古方六朝墓》载：“（谷仓），另一件M30出土，已残，腹部贴塑武士

---

①［唐］明佺：《大周刊定众经目录》卷九，《大正藏》第55册，第431页上。

②［唐］智昇：《开元释教录》卷二，《大正藏》第55册，第497页中。

③［唐］圆照：《贞元新定释教目录》卷四，《大正藏》第55册，第794页下。

④［梁］僧祐：《出三藏记集》卷四，《大正藏》第55册，第21页下。

⑤［隋］费长房：《历代三宝纪》卷六，《大正藏》第49册，第65页上。

⑥［隋］法经：《众经目录》卷一，《大正藏》第55册，第117页下。

⑦［唐］靖迈：《古今译经图纪》卷二，《大正藏》第55册，第354页上。

⑧［唐］道宣：《大唐内典录》卷二，《大正藏》第55册，第243页中。

⑨［唐］智昇：《开元释教录》卷二，《大正藏》第55册，第497页下。

⑩［唐］圆照：《贞元新定释教目录》卷四，《大正藏》第55册，第794页下。

骑马俑，并有佛像一和飞鸟三残片，均为模制，似谷仓上部堆塑。”[①]“M30有‘太康二年’纪年砖，属西晋早期墓。M25、M30均出土谷仓，是典型三国、西晋特有的器物，东晋墓基本不见此类器物。”[②]

另见宿白之《四川钱树和长江中下游部分器物上的佛像——中国南方发现的早期佛像札记》。[③]

晋武帝太康三年（282）壬寅

朱士行遣法饶送《放光经》经回洛阳

《出三藏记集》载：“出塞西至于阗国，写得正品梵书，胡本九十章，六十万余言。以太康三年，遣弟子弗如檀，晋字法饶，送经胡本至洛阳，住三年。”[④]

《高僧传》载：“（朱士行）遣弟子不如檀，此言法饶。送经梵本还归洛阳。”[⑤]

张伯通造像记

《汉魏六朝碑刻校注》载：“晋太康御龙有三年，五月十八日，佛弟子张伯通、妻殷、为亡父母、姊殷善光，造弥勒像一躯。上为皇帝，下及众生正觉。”[⑥]

毛远明在《汉魏六朝碑刻校注》中指出：“这是我国早期的石佛造像及发愿辞。记刻于碑座。拓片分拓两纸，均高三四厘米，宽一七厘米，正书。”[⑦]

明州现世尊舍利

《释氏稽古略》载：“太康三年，世尊舍利是年出现明州，今阿育王山广利禅寺。”[⑧]

---

① 贡昌：《浙江金华古方六朝墓》，《考古》1984年第9期。

② 贡昌：《浙江金华古方六朝墓》，《考古》1984年第9期。

③ 宿白：《四川钱树和长江中下游部分器物上的佛像——中国南方发现的早期佛像札记》，《文物》2004年第10期。

④［梁］僧祐：《出三藏记集》卷七，《大正藏》第55册，第47页下。

⑤［梁］慧皎：《高僧传》卷四，《大正藏》第50册，第346页中。

⑥ 毛远明校注：《汉魏六朝碑刻校注》第二册，线装书局，2008年，第282页。

⑦ 毛远明校注：《汉魏六朝碑刻校注》第二册，线装书局，2008年，第282页。

⑧［元］觉岸：《释氏稽古略》卷一，《大正藏》第49册，第774页下。

灵塔寺建立

《淳熙三山志》载："灵塔台：永宁里，（旧记〉灵塔寺，晋太康三年置，武德二年赐今额。旧产钱一百九十九文。"①

《八闽通志》载："灵塔寺，在十一都，晋太康三年建。唐武德二年赐额。"②

晋武帝太康四年（283）癸卯

陶璜表送银钵等

《艺文类聚》引《交州杂事》曰："太康四年，刺史陶璜表送临邑王花然（范熊）所献银钵一口，水精钵一口。"③

晋武帝太康五年（284）甲辰

法饶至许昌

《出三藏记集》载："以太康三年，（朱士行）遣弟子弗如檀，晋字法饶，送经胡本至洛阳。住三年，复至许昌二年。"④

《历代三宝纪》云："于于阗国得前梵本九十章，减六十万言，（朱士行）遣弟子弗如檀，晋云法饶，从于阗送还归洛阳。"⑤

竺法护译《修行经》

《出三藏记集》载："《修行经》七卷（二十七品，《旧录》云：'《修行道地经》。'太康五年二月二十三日出）。"⑥

---

①［南宋］梁克家修纂：《淳熙三山志》卷三十四，海风出版社，2000年，第545页。

②［明］黄忠昭修纂:《八闽通志》下册（修订本），卷七十五，福建人民出版社,2006年，第1097页。

③［唐］欧阳询：《艺文类聚》卷七十三，上海古籍出版社，1965年，第1254页。

④［梁］僧祐：《出三藏记集》卷七，《大正藏》第55册，第47页下。

⑤［隋］费长房：《历代三宝纪》卷六，《大正藏》第49册，第65页上。

⑥［梁］僧祐：《出三藏记集》卷二，《大正藏》第55册，第7页中。

《历代三宝纪》载：（太康五年）“二月二十三日，护出《修行经》七卷。”[①]“《修行经》七卷（太康五年出，是第二译。与汉世安世高出六卷者少异，亦云《道地经》，见《宝唱录》）。”[②]

《众经目录》载：“《修行经》七卷（晋世竺法护译）。”[③]

《古今译经图纪》载：“《修行经》（七卷）。”[④]

《大唐内典录》载：“《修行经》七卷（大康五年出，是第二译，与汉世安世高出六卷者少异，亦云《地道经》，见《宝唱录》）。”[⑤]

《大周刊定众经目录》载：“《修行经》一部，七卷（第二译，与世高译者少异）。右，西晋太康五年，竺法护译，出《长房录》。”[⑥]

《开元释教录》载：“《修行地道经》六卷（初卷题云《揄遮伽复弥经》，此曰《修行地道》或直云《修行经》，或七卷，一百三十五纸）。西晋竺法护译。”[⑦]

《贞元新定释教目录》载：“《修行地道经》六卷（或直云《修行经》，或七卷）。西晋三藏竺法护译，第三译，三译一阙。”[⑧]“《修行地道经》六卷（初卷题云《瑜遮伽复弥经》，晋《修行地道》或直云《修行经》，或七卷）。一百四十五纸。”[⑨]

竺法护作《修行道地经序》

《修行道地经》所录《修行道地经序》载：“造立《修行道地经》者，天竺沙门，厥名众护。出于中国圣兴之域，幼学大业洪要之典，通尽法藏十二部经，三达之智，靡不贯博。钩玄致妙，能体深奥。以大慈悲弘益众生，助明大光照悟盲冥。叙尊甘露荡荡之训，权现真人，其实菩萨也！愍念后贤庶几道者，傥有力劣不能自前，故总众经之大较，建易进之径路。分别五阴成败所趣，变起几微生死之苦，劝迷励惑，故作斯经。虽文约而义丰，采喻远近，防制奸心。但以三昧禅数为务，解空归无众，想为

---

① [隋]费长房：《历代三宝纪》卷三，《大正藏》第49册，第38页上。
② [隋]费长房：《历代三宝纪》卷六，《大正藏》第49册，第62页上。
③ [隋]法经：《众经目录》卷三，《大正藏》第55册，第129页上。
④ [唐]靖迈：《古今译经图纪》卷二，《大正藏》第55册，第353页中。
⑤ [唐]道宣：《大唐内典录》卷二，《大正藏》第55册，第232页下。
⑥ [唐]明佺：《大周刊定众经目录》卷九，《大正藏》第55册，第431页中。
⑦ [唐]智昇：《开元释教录》卷二十，《大正藏》第55册，第721页上。
⑧ [唐]圆照：《贞元新定释教目录》卷二十三，《大正藏》第55册，第955页下。
⑨ [唐]圆照：《贞元新定释教目录》卷三十，《大正藏》第55册，第1044页中。

宗，真可谓离患之至寂，无为之道哉！”[①]

按：原题“并序”，可知此序当为竺法护译出此经之时所作也。

《阿维越致遮经》出经后记

《出三藏记集》载：“太康五年十月十四日，菩萨沙门法护，于燉煌从龟兹副使美（羌）子侯，得此梵书《不退转法轮经》。口敷晋言，授沙门法乘，使流布，一切咸悉闻知。”[②]

晋武帝太康六年（285）乙巳

龟兹城廓中有佛塔庙千所

《晋书·西戎传》载：“龟兹国西去洛阳八千二百八十里，俗有城郭，其城三重，中有佛塔庙千所。人以田种畜牧为业，男女皆翦发垂项。王宫壮丽，焕若神居。武帝太康中，其王遣子入侍。”[③]

《晋书·武帝纪》云：“（太康六年）龟兹、焉耆国遣子入侍。”[④]

按：“龟兹国城廓中佛塔庙千所”为晋人所知，其事当在太康六年。今系于此。

竺法护译《生经》等

《出三藏记集》载：“《生经》五卷（或四卷）。”[⑤]“《海龙王经》四卷（或三卷，太康六年七月十日出）。”[⑥]“《大善权经》二卷（或云《慧上菩萨问大善权经》，或云《慧上菩萨经》，或云《善权方便经》，或云《善权方便所度无极经》，太康六年六月十七日出）。”[⑦]

《历代三宝纪》载：“《生经》五卷（太康六年正月十九日译。或四卷，见

①［西晋］竺法护译：《修行道地经》卷一，《大正藏》第15册，第181页下。

②［梁］僧祐：《出三藏记集》卷七，《大正藏》第55册，第50页中。

③［唐］房玄龄等：《晋书》卷九十七，中华书局，1974年，第2543页。

④［唐］房玄龄等：《晋书》卷三，中华书局，1974年，第76页。

⑤［梁］僧祐：《出三藏记集》卷二，《大正藏》第55册，第7页中。

⑥［梁］僧祐：《出三藏记集》卷二，《大正藏》第55册，第7页中。

⑦［梁］僧祐：《出三藏记集》卷二，《大正藏》第55册，第8页上。

《聂道真录》）。”[①]“《海龙王经》四卷（太康六年七月出。或三卷，见《聂道真录》）。”[②]“《阿惟越致经》四卷（或云《阿惟越致遮经》，或云《不退转法轮经》四卷，或云《广博严净经》六卷。四经同本别译，见《聂道真录》）。《持人菩萨所问经》三卷（或四卷。与《持世经》同本别译）。《等集众德三昧经》三卷（或云《集一切福德三昧经》，或二卷，见《聂道真录》）。”[③]“《大善权经》二卷（太康六年六月译。初出亦云《慧上菩萨问大善权经》，或云《慧上菩萨经》，或《善权方便》，或《方便所度无极》，凡五名见《聂道真录》）。”[④]“《顺权方便经》二卷（亦云《转女身菩萨经》，亦云《推权方便经》。《旧录》云《顺权女经》，见《聂道真录》）。《随权女经》二卷（见《别录》，《安录》无）。《如幻三昧经》二卷（或三卷）。《等目菩萨经》二卷（或三卷）。”[⑤]“七月十日，护出《海龙王经》四卷。”[⑥]

《众经目录》载：“《生经》五卷（晋世沙门竺法护译）。”[⑦]“《惠上菩萨问大善权经》二卷（三十纸），晋太康年竺法护译。”[⑧]

《古今译经图纪》载：“《生经》（五卷）。”[⑨]“《海龙王经》（四卷）。”[⑩]“《大善权经》（二卷）。”[⑪]

《大唐内典录》载：“《生经》五卷（太康六年正月十九日译，或四卷，见《聂道真录》）。”[⑫]“《海龙王经》四卷（太康六年七月出，或三卷，见《聂道真录》）。”[⑬]“《大善权经》二卷（太康六年六月译，初出，亦云《慧上菩萨问大善权经》，或云《慧上菩萨经》或《善权方便》或《方便所度无极》，凡五名，见《聂道真录》）。”[⑭]

---

① [隋] 费长房：《历代三宝纪》卷六，《大正藏》第49册，第62页上。
② [隋] 费长房：《历代三宝纪》卷六，《大正藏》第49册，第62页中。
③ [隋] 费长房：《历代三宝纪》卷六，《大正藏》第49册，第62页中。
④ [隋] 费长房：《历代三宝纪》卷六，《大正藏》第49册，第62页下。
⑤ [隋] 费长房：《历代三宝纪》卷六，《大正藏》第49册，第62页下。
⑥ [隋] 费长房：《历代三宝纪》卷三，《大正藏》第49册，第38页上。
⑦ [隋] 法经：《众经目录》卷三，《大正藏》第55册，第128页上。
⑧ [唐] 静泰：《众经目录》卷二，《大正藏》第55册，第191页上。
⑨ [唐] 靖迈：《古今译经图纪》卷二，《大正藏》第55册，第353页中。
⑩ [唐] 靖迈：《古今译经图纪》卷二，《大正藏》第55册，第353页中。
⑪ [唐] 靖迈：《古今译经图纪》卷二，《大正藏》第55册，第353页中。
⑫ [唐] 道宣：《大唐内典录》卷二，《大正藏》第55册，第233页上。
⑬ [唐] 道宣：《大唐内典录》卷二，《大正藏》第55册，第233页上。
⑭ [唐] 道宣：《大唐内典录》卷二，《大正藏》第55册，第233页中。

《大周刊定众经目录》载："《生经》一部五卷（或四卷，《宝唱录》云《论生经》一百二十六纸）。右，西晋竺法护译，出《长房录》。"① "《海龙王经》一部四卷（第一译，或三卷）。右，西晋太康六年，竺法护译，出《长房录》。"② "《慧上菩萨问大善权经》一部，二卷（一名《大善权经》，一名《慧上菩萨经》，或云《善权方便经》，初出，或云《方便所度无极经》，三十纸）。右，西晋太康六年，沙门竺法护译，见《长房录》。"③

《开元释教录》载："《生经》五卷（初出，或四卷，太康六年正月十九日出，有五十五经见《聂道真录》及《僧祐录》）。"④ "《生经》五卷（有五十五经，或四卷），西晋三藏竺法护译（第一译，两译一阙）。"⑤ "《海龙王经》四卷（初出，或三卷，太康六年七月十日出，见《聂道真录》及《僧祐录》）。"⑥ "《慧上菩萨问大善权经》二卷（第二出，或一卷，太康六年六月十七日出，或云《大善权经》，或云《慧上菩萨经》，或云《善权方便经》，或云《善权方便所度无极经》，见真、祐二《录》）。"⑦

《贞元新定释教目录》载："《生经》五卷（初出，或四卷，太康六年正月十九日出，有云有五十五经，见《真录》及《祐录》）。"⑧ "《海龙王经》四卷（初出，或三卷，太康六年七月十日出，见聂道真及僧祐《录》）。"⑨ "《慧上菩萨问大善权经》二卷，或一卷，西晋三藏竺法护译，第二译，五译三阙。右一经与《宝积》第三十八《大乘方便会》同本异译。"⑩

按：《海龙王经》翻译完成之时间，一书而两说，未详孰是。

晋药师铜佛款识

《光绪广州府志》载："晋太康六年八月十六日，东作使张扬剌生得小男，药师

① ［唐］明佺：《大周刊定众经目录》卷八，《大正藏》第55册，第418页上。
② ［唐］明佺：《大周刊定众经目录》卷四，《大正藏》第55册，第397页下。
③ ［唐］明佺：《大周刊定众经目录》卷四，《大正藏》第55册，第393页上。
④ ［唐］智昇：《开元释教录》卷二，《大正藏》第55册，第495页上。
⑤ ［唐］智昇：《开元释教录》卷十三，《大正藏》第55册，第616页上。
⑥ ［唐］智昇：《开元释教录》卷二，《大正藏》第55册，第494页下。
⑦ ［唐］智昇：《开元释教录》卷二，《大正藏》第55册，第493页下。
⑧ ［唐］圆照：《贞元新定释教目录》卷三，《大正藏》第55册，第792页中。
⑨ ［唐］圆照：《贞元新定释教目录》卷三，《大正藏》第55册，第792页上。
⑩ ［唐］圆照：《贞元新定释教目录》卷二十，《大正藏》第55册，第916页中。

留此，上铸药师佛，愿父母眷属，生生见佛，世世闻法，道心坚固，乃至菩提。谨案铜佛供在省城光孝寺库房，高约二尺余，款识刻于铜佛之背。”①

《十二砚斋金石过眼续录》载：“太康六年八月十六日，东作使张扬刺生得小男，□师留此，上祷药师佛，愿已过父母，见在眷属，法界有情，生生见佛，世世闻法，道心坚固，乃至菩提，不□□。”②

《番禺县续志点注本》载：“辽师铜造像，正书，存。‘太康六年（1080年）八月十六日，东作使张扬刺，生得小男，药师留此。上铸药师像，愿亡过父母，见在眷属。法界有情，生生见佛，世世闻法，道心坚固，乃至菩提，不堕恶趣。’右铜佛在省城光孝寺供奉库房中。‘府志’。〔谨按〕此造像，古色深黝，制作极精。高一尺一寸五分强。像座圆式，铭题回环其下，共六十一字。翁氏、阮氏《粤东金石略》均未载。同治间（1862 ~ 1874年），宛平杨海琴兵备翰来粤过寺，手拓数纸，乃得发见。诸鉴赏家，以齐太公吕望表，‘太康’作‘大康’，遂谓为晋太康（281 ~ 289年）物，不知晋初全石铭刻多八分书，罕正书，造像祈福，起于北魏，晋无之。此铭文字，不类西晋人手笔。《辽史》道宗改元‘大康’，与此纪年相合。‘大康六年’，为道宗即位之二十五年也。《晋书・职官志》无‘东作使’，《辽・百官志》有‘将作监’，属官未详。《宋志》‘将作监’属官有‘东、西二作’。叶隆礼《契丹国志》云：‘辽官制多仿中国’。此称‘东作使’可补《辽史》之阙。其为辽时造像无疑，特未知何年南来，供奉于诃林耳。‘张扬刺’之名，未见史传。然《辽史》有‘萧阿刺’、‘萧夺刺’、‘萧札刺’，《元史》有‘谙都刺’，元诗人有‘萨都刺’。晋人名无此字音。又史载：辽道宗恒召僧设坛内殿，王氏《金石萃编》著录：‘大康元年，行满寺陁罗尼幢。大康三年，戒坛寺陁罗尼幢。’足见当时风尚佞佛，亦其证也。辽金石，传世极少，尤可宝贵矣。《广州府志》‘大康’作‘太康’，误列于晋时，谓款识刻于佛背，亦非。‘东作’误作‘东作铸’，‘药师像’，‘像’误作‘佛’。‘父母’上脱‘亡过’二字，‘眷属’上脱‘见在’二字。‘生生’上脱‘法界有情’四字，‘乃至菩提’下脱‘不堕恶趣’四字，兹并订正。”③

《敦煌莫高窟第100窟研究》一书载：“（张扬刺造药师铜像）这是目前中国所见

---

① ［清］戴肇辰、苏佩训修，史澄、李光廷纂：《光绪广州府志》卷九十八《金石略二》，清光绪五年刊本。

② ［清］汪鋆：《十二砚斋金石过眼续录》卷四，扬州陈恒和书林，民国二十年藏版。

③ 番禺市地方志编纂委员会办公室主持整理：《番禺县续志点注本》卷三十四，广东人民出版社，2000年，第609页。

最古关于药师造像的记载，由于原像不存，有关细节不得而知。”①

按：此造像断代或曰西晋，或云辽代，未详孰是。故诸说并附，以求教于学林。

晋武帝太康七年（286）丙午

竺法护译《正法华经》等

《出三藏记集》载：“《正法华经》十卷（二十七品，《旧录》云《正法华经》，或云《方等正法华经》，太康七年八月十日出）。”②

《历代三宝纪》载：（太康七年）“八月十日，护出《正法华经》十卷。十月二十七日，出《普超经》四卷。十一月二十五日，出《光赞般若经》十卷。”③“《正法华经》十卷（太康七年出。清信士张士明、张仲正及法献等笔受。或七卷，见《聂道真录》。昙邃诵之，日一遍，遂感神请，九十日毕。施白马一匹，白羊五头，绢九十匹）。”④

《众经目录》载：“《正法华经》七卷（晋太康年，竺法护译）。”⑤“《正法华经》十卷（一百八十九纸），晋太康年，竺法护译。”⑥

《大唐内典录》载：“《正法华经》十卷（太康七年出，清信士张士明、张仲正及法献等笔受，或七卷，见《聂道真录》。昙邃诵之，日一遍，遂感神请，九十日毕，施白马一匹，白羊五头，绢九十匹）。”⑦“《正法华经》（十卷，一百八十九纸）。西晋太康年，竺法护于长安译。”⑧

《大周刊定众经目录》载：“《正法华经》一部十卷（二百二十一纸）。右，西晋太康七年，沙门竺法护于长安译，出《内典录》。”⑨

《开元释教录》载：“《正法华经》十卷（或云《方等正法华》，或七卷，二十七品。太康七年八月十日出，第三译，清信士张士明、张仲正、聂承远等笔受，

---

① 米德昉：《敦煌莫高窟第100窟研究》，甘肃教育出版社，2016年，第243页。
②［梁］僧祐：《出三藏记集》卷二，《大正藏》第55册，第7页中。
③［隋］费长房：《历代三宝纪》卷三，《大正藏》第49册，第38页上。
④［隋］费长房：《历代三宝纪》卷六，《大正藏》第49册，第62页上。
⑤［隋］法经：《众经目录》卷一，《大正藏》第55册，第117页上。
⑥［唐］静泰：《众经目录》卷二，《大正藏》第55册，第189页下。
⑦［唐］道宣：《大唐内典录》卷二，《大正藏》第55册，第232页下。
⑧［唐］道宣：《大唐内典录》卷六，《大正藏》第55册，第286页下。
⑨［唐］明佺：《大周刊定众经目录》卷二，《大正藏》第55册，第385页中。

见真、祐二《录》）。”[①]“《正法华经》十卷（或云《方等正法华》，或七卷，一帙，一百九十纸）。西晋三藏竺法护译。”[②]

《贞元新定释教目录》载：“《正法华经》十卷（或云《方等正法花》，或七卷，二十七品。太康七年八月十日出，第三译。清信士张仲正、聂承远等笔受，见真、祐二《录》。昙邃诵之且遍遂感神请，九十日毕，施白马一匹，羊五口，绢九十六匹）。”[③]

《北山录》载：“其始译《正法华》，既定诂训，命康那律讲授，讽诵者翕然为美。至罗什世重译为《妙法莲华》，而护所译稍潜其耀，盖睹大辂者，不以椎轮为贵也。”[④]

竺法乘妙答客言

《高僧传》载：“竺法乘，未详何人。幼而神悟超绝，悬鉴过人。依竺法护为沙弥，清真有志气，护甚嘉焉。护既道被关中，且资财殷富。时长安有甲族欲奉大法，试护道德，伪往告急，求钱二十万。护未答，乘年十三侍在师侧，即语曰：‘和上意已相许矣。’客退后，乘曰：‘观此人神色，非实求钱，将以观和上道德何如耳。’护曰：‘吾亦以为然。’明日此客率其一宗百余口，诣护请受戒具，谢求钱之意，于是师资名布遐迩。乘后西到燉煌，立寺延学，忘身为道。诲而不倦。使夫豺狼革心，戎狄知礼，大化西行，乘之力也。后终于所住。孙绰《道贤论》以乘比王濬冲，论云：‘法乘、安丰少有机悟之鉴，虽道俗殊操，阡陌可以相准。’高士季颙为之赞传。乘同学竺法行、竺法存，并山栖履操，知名当世矣。”[⑤]

按：竺法乘，生平阙考。然其妙答客言之事，似在竺法护初来长安之时。兹系于“竺法护来长安”条下。

竺法护译《持心经》等

《出三藏记集》载：“《持心经》六卷（十七品，一名《等御诸法》，一名《庄严佛法》。《旧录》云《持心梵天经》，或云《持心梵天所问经》。太康七年三月十日出）。”[⑥]

---

① [唐] 智昇：《开元释教录》卷二，《大正藏》第55册，第494页上。
② [唐] 智昇：《开元释教录》卷二十，《大正藏》第55册，第703页下。
③ [唐] 圆照：《贞元新定释教目录》卷三，《大正藏》第55册，第791页中。
④ [唐] 神清撰，慧宝注：《北山录》卷四，《大正藏》第52册，第594页下。
⑤ [梁] 慧皎：《高僧传》卷四，《大正藏》第50册，第347页中。
⑥ [梁] 僧祐：《出三藏记集》卷二，《大正藏》第55册，第7页中。

《历代三宝纪》载："《持心经》六卷，太康七年出（凡十七品，一名《等御诸法经》，一名《持心梵天所问经》，一名《庄严佛法经》，亦云《持心梵天经》。见《旧录》《聂道真录》）。"① "《普超经》四卷（太康七年出。第二译，与汉世支谶《阿阇世王经》本同别译，亦云《普超三昧经》，亦云《文殊普超三昧经》，见竺道祖《杂录》）。"②

《众经目录》载："《持心梵天所问经》四卷（一名《等御诸法》，一名《庄严佛法》，或十卷，晋太康年竺法护译）。"③ "《持心梵天所问经》四卷（一名《等御诸法》，一名《庄严佛法》，或六卷，九十四纸）。晋太康年竺法护译。"④

《古今译经图纪》载："《持心经》（六卷）。"⑤

《大唐内典录》载："《持心经》六卷（太康七年出，凡十七品，一名《等御诸法经》，一名《持心梵天所问经》，一名《庄严佛法经》，亦云《持心梵天经》，见《旧录》《聂道真录》）。"⑥

《大周刊定众经目录》载："《持心梵天所问经》一部，四卷（或名《等御诸法经》，或名《持心梵天经》，或名《庄严佛法经》，或名《持心经》，一百四纸）。右，西晋太康七年沙门法护译，出《长房录》。"⑦

《开元释教录》载："《持心梵天经》四卷（一名《庄严佛法》，又名《等御诸法》，凡十七品，或六卷，初出，或加'所问'二字，或直云《持心经》，太康七年三月十日出，聂承远笔受，见《旧》、真、祐三《录》）。"⑧

《贞元新定释教目录》载："《持心梵天经》四卷（一名《庄严佛法》，又名《等御诸法》，凡十七品，或六卷。初出，或加'所问'二字，或直云《持心经》。太康七年三月十日出，聂承远笔受，见《旧》、真、祐三《录》）。"⑨ "《持心梵天经》四卷（一名《庄严佛法经》，又名《等御诸法经》）。西晋三藏竺法护译（或六卷，

---

①［隋］费长房：《历代三宝纪》卷六，《大正藏》第49册，第62页上。
②［隋］费长房：《历代三宝纪》卷六，《大正藏》第49册，第62页中。
③［隋］法经：《众经目录》卷一，《大正藏》第55册，第118页中。
④［唐］静泰：《众经目录》卷二，《大正藏》第55册，第190页中。
⑤［唐］靖迈：《古今译经图纪》卷二，《大正藏》第55册，第353页中。
⑥［唐］道宣：《大唐内典录》卷二，《大正藏》第55册，第232页下。
⑦［唐］明佺：《大周刊定众经目录》卷三，《大正藏》第55册，第387页中。
⑧［唐］智昇：《开元释教录》卷二，《大正藏》第55册，第494页上。
⑨［唐］圆照：《贞元新定释教目录》卷三，《大正藏》第55册，第791页中。

七十品），第一译。”①

《持心经》出经后记

《出三藏记集》载：“《持心经》，太康七年三月十日，燉煌开士竺法护在长安说出梵文授承远。”②

竺潜生

《高僧传》载：“竺潜，字法深，姓王，琅琊人，晋丞相武昌郡公敦之弟也。”③

《高僧传》载：“（竺潜）以晋宁康二年卒于山馆，春秋八十有九。”④

按：《高僧传》云竺潜于东晋孝武帝宁康二年（374）卒，春秋八十九。据此推之，竺潜当生于本年。

晋武帝太康八年（287）丁未

竺法护译《普门品经》等

《出三藏记集》载：“《月明童子经》一卷（一名《月光童子经》）。”⑤

《历代三宝纪》载：（太康八年）“正月十一日，出《普门品经》一卷。四月二十七日，出《宝女问经》一卷。”⑥“《普门品经》一卷（太康八年正月出，见《聂道真录》）。”⑦“《宝女经》四卷（太康八年四月二十七日出。或三卷，亦云《宝女三昧经》，或云《宝女问慧经》，出大集，见《聂道真录》）。”⑧“《月光童子经》一卷（亦云《月明童子经》，与《申日兜》《失利越》等三经同本异译）。”⑨

《众经目录》载：“《月光童子经》一卷（更有一卷同名而卷小，不足八纸）。

---

①［唐］圆照：《贞元新定释教目录》卷二十一，《大正藏》第55册，第922页下。

②［梁］僧祐：《出三藏记集》卷八，《大正藏》第55册，第57页下。

③［梁］慧皎：《高僧传》卷四，《大正藏》第50册，第347页下。

④［梁］慧皎：《高僧传》卷四，《大正藏》第50册，第348页上。

⑤［梁］僧祐：《出三藏记集》卷二，《大正藏》第55册，第8页上。

⑥［隋］费长房：《历代三宝纪》卷三，《大正藏》第49册，第38页上。

⑦［隋］费长房：《历代三宝纪》卷六，《大正藏》第49册，第62页下。

⑧［隋］费长房：《历代三宝纪》卷六，《大正藏》第49册，第62页中。

⑨［隋］费长房：《历代三宝纪》卷六，《大正藏》第49册，第62页下。

晋世竺法护译。”[①]“《宝女问慧经》一卷（出《宝女品》）。”[②]

《古今译经图纪》载：“《普门品经》（一卷）。”[③]“《宝女问慧经》（一卷）。”[④]

《大唐内典录》载：“《普门品经》一卷（太康八年正月出，见《聂道真录》）。”[⑤]“《宝女问慧经》一卷（第二译，与吴世支谦出者同出四卷《宝女经》）。”[⑥]“《月光童子经》（一卷，八纸。更有一卷同名而少不足）。西晋竺法护译。”[⑦]

《大周刊定众经目录》载：“《月光童子经》一卷（与《申日经》《申日兜经》《失利越经》三经同本异译，一名《月明童子经》，十纸）。右西晋沙门竺法护译，见《长房录》。”[⑧]“《宝女问慧经》一部四卷（或三卷，或名《实女经》，亦名《宝女三昧经》，六十三纸）。右，晋太康八年沙门竺法护于长安译，是《大集经·宝髻菩萨品》，出《聂道真录》。”[⑨]“《月光童子经》一卷（与《申日经》《申日兜经》《失利越经》三经同本异译，一名《月明童子经》，十纸）。右，西晋沙门竺法护译，见《长房录》。”[⑩]

《开元释教录》载：“《普门品经》一卷（初出，亦云《普门经》，与《宝积文殊普门会》等同本。太康八年正月十一日出，见《聂道真录》及《僧祐录》）。”[⑪]“《普门品经》一卷（亦云《普门经》），西晋三藏竺法护译（第一译）。右一经，与《宝积》第十《文殊师利普门会》同本异译（《周录》将为《法华》支派者，误之甚也。新旧三译，一译阙本）。”[⑫]“《宝女所问经》三卷（太康八年四月二十七日出，是《大集宝女品》异译，或四卷，亦直云《宝女问慧经》，亦云《宝女三昧经》，见道真、僧祐二《录》）。”[⑬]“《月光童子经》一卷（初出，一名《月明童子经》，或名《申日

---

①［唐］静泰：《众经目录》卷二，《大正藏》第55册，第191页中。
②［唐］静泰：《众经目录》卷二，《大正藏》第55册，第123页下。
③［唐］靖迈：《古今译经图纪》卷二，《大正藏》第55册，第353页中。
④［唐］靖迈：《古今译经图纪》卷二，《大正藏》第55册，第354页上。
⑤［唐］道宣：《大唐内典录》卷二，《大正藏》第55册，第233页中。
⑥［唐］道宣：《大唐内典录》卷二，《大正藏》第55册，第235页下。
⑦［唐］道宣：《大唐内典录》卷六，《大正藏》第55册，第289页下。
⑧［唐］明佺：《大周刊定众经目录》卷四，《大正藏》第55册，第394页中。
⑨［唐］明佺：《大周刊定众经目录》卷二，《大正藏》第55册，第383页中。
⑩［唐］明佺：《大周刊定众经目录》卷四，《大正藏》第55册，第394页中。
⑪［唐］智昇：《开元释教录》卷二，《大正藏》第55册，第493页中。
⑫［唐］智昇：《开元释教录》卷十一，《大正藏》第55册，第586页下。
⑬［唐］智昇：《开元释教录》卷二，《大正藏》第55册，第493页下。

经》，与《德护长者经》等同本，见《僧祐录》）。”①

《贞元新定释教目录》载：“《普门品经》一卷，亦云《普门经》，西晋三藏竺法护译，第一译。右一经，与《宝积》第十《文殊师利普门会》同本异译（《周录》将为《法华》支派者，误之甚也。新旧三译，一译阙本）。”②“《宝女所问经》三卷（太康八年四月二十日出，是《大集宝女品》异译，或四卷，亦直云《宝女经》，或云《宝女问慧经》，亦云《宝女三昧经》，见道真、僧祐二《录》）。”③“《月光童子经》一卷（一名《月明童子经》，或名《申日经》），西晋三藏竺法护译，第一译。”④

帛僧光生

《高僧传》载：“帛僧光，或云昙光，未详何许人。少习禅业。……晋永和初，游于江东，投剡之石城山……处山五十三载，春秋一百一十岁。晋太元之末，以衣蒙头，安坐而卒。”⑤

按：《高僧传》云帛僧光于东晋孝武帝太元（376—396）末年卒。据此推之，帛僧光或生于本年。

晋武帝太康九年（288）戊申

诃罗竭持咒水治洛阳大疫

《高僧传》载：“诃罗竭者，本樊阳人。少出家，诵经二百万言。性虚玄，守戒节，善举厝，美容色。多行头陀，独宿山野。晋武帝太康九年，暂至洛阳，时疫疾甚流，死者相继，竭为咒治，十差八九。”⑥

《法苑珠林》载：“晋洛阳有释诃罗竭者，本襄阳人。少出家，诵经二百万言。性虚玄，守戒节，善举厝，美容色。多行头陀，独宿山野。晋武帝太康九年，暂至洛阳，时疫疾甚流，咒者皆愈。”⑦

---

①［唐］智昇：《开元释教录》卷二，《大正藏》第55册，第494页中。

②［唐］圆照：《贞元新定释教目录》卷二十，《大正藏》第55册，第915页中。

③［唐］圆照：《贞元新定释教目录》卷三，《大正藏》第55册，第791页上。

④［唐］圆照：《贞元新定释教目录》卷二十一，《大正藏》第55册，第925页下。

⑤［梁］慧皎：《高僧传》卷十一，《大正藏》第50册，第395页下。

⑥［梁］慧皎：《高僧传》卷十，《大正藏》第50册，第389页上。

⑦［唐］道世：《法苑珠林》卷九十七，《大正藏》第53册，第1003页中。

竺法护译《密迹经》

《出三藏记集》载："《密迹经》五卷（或云《密迹金刚力士经》，或七卷，太康九年十月八日出）。"①

《历代三宝纪》载："《密迹金刚力士经》八卷。"②

《众经目录》载："《密迹金刚力士经》四卷，晋太康年竺法护译。"③"《密迹金刚力士经》五卷（或四卷，一百一十二纸），晋太康年，竺法护译。"④

《古今译经图纪》载："《密迹金刚力士经》（五卷）。"⑤

《大唐内典录》载："《密迹金刚力士经》（五卷，一百一十二纸）。西晋竺法护译。"⑥

《开元释教录》载："《密迹金刚力士经》二卷（出五卷《密迹经》第四、第五卷）。"⑦

《贞元新定释教目录》载："《密迹金刚力士经》二卷（出五卷《密迹经》第四卷、第五卷）。"⑧

竺法慧或生于本年

《高僧传》载："竺法慧，本关中人，方直有戒行。入嵩高山，事浮图密为师。"⑨

按：永和元年（345），竺法慧为庾翼所害，寿五十八。据此推之，竺法慧当生于本年。

青瓷佛饰魂瓶

《中国早期佛教造像研究》载："青瓷佛饰魂瓶，太康九年（288年），高40.5、腹径27.5厘米，现藏浙江省湖州市博物馆。1971年浙江省湖州市升山乡西山西晋墓出土。墓内有'太康九年扬州人高'铭文砖。上部顶盖作重檐攒尖顶楼阁，四周回廊，廊檐四角各栖一鸟。其下前后堆塑重檐式门楼，有狮形檐柱。前门两旁立双阙。门楼

---

①［梁］僧祐：《出三藏记集》卷二，《大正藏》第55册，第7页中。
②［隋］费长房：《历代三宝纪》卷十三，《大正藏》第49册，第109页下。
③［隋］彦琮：《众经目录》卷一，《大正藏》第55册，第151页上。
④［唐］静泰：《众经目录》卷一，《大正藏》第55册，第182页中。
⑤［唐］靖迈：《古今译经图纪》卷二，《大正藏》第55册，第353页中。
⑥［唐］道宣：《大唐内典录》卷九，《大正藏》第55册，第314页中。
⑦［唐］智昇：《开元释教录》卷二十，《大正藏》第55册，第698页下。
⑧［唐］圆照：《贞元新定释教目录》卷三十，《大正藏》第55册，第1047页上。
⑨［梁］慧皎：《高僧传》卷十，《大正藏》第50册，第389页上。

上层置四小罐，罐上均以四角攒尖顶作盖，小罐之间塑飞鸟。下层两侧列置八尊佛像。腹部贴塑四首龙、双首凤（或朱雀）、神兽、蜥蜴和佛像。”[①]

另见宿白之《四川钱树和长江中下游部分器物上的佛像——中国南方发现的早期佛像札记》。[②]

夔凤飞天铜镜

《中国早期佛教造像研究》载：“西晋太康九年（288年）夔凤飞天铜镜，现藏江西省靖安县博物馆。直径13.8厘米。1985年江西省靖安县雷公垦殖场虎山分场西晋‘太康九年校尉’墓出土。扁圆纽，内区四叶纹中各有一奔兽，四叶之间饰对凤，凤首间铸有铭文‘大吉’等。外区一周十六联弧内饰禽兽纹，其中一弧内饰飞天。”[③]

西晋太康九年佛像画像砖

《中国早期佛教造像研究》载：“西晋太康九年（288年）佛像画像砖，长36、宽17、厚6厘米，现藏江苏省盱眙县图书馆。1978年发现于江苏省盱眙肥盱城镇沙岗村，为墓砖。同出墓砖中有‘太康九年五月……’纪年铭文。砖正面模印三尊佛像，上下相叠。佛像有头光，坐姿，双手均执莲苞。砖的侧面模印三飞天，其间饰莲花花蕾。”[④]

晋武帝太康十年（289）己酉

竺法护译《文殊师利净律经》等

《出三藏记集》载：“《文殊师利净律经》一卷（一本云《净律经》，太康十年四月八日出）。”[⑤]“《离垢施女经》一卷（大康十年十二月二日出）。”[⑥]“《魔逆经》一卷（太康十年十二月二日出）。”[⑦]

---

① [韩] 李正晓：《中国早期佛教造像研究》，文物出版社，2005年，第58页。

② 宿白：《四川钱树和长江中下游部分器物上的佛像——中国南方发现的早期佛像札记》，《文物》2004年第10期。

③ [韩] 李正晓：《中国早期佛教造像研究》，文物出版社，2005年，第70页。

④ [韩] 李正晓：《中国早期佛教造像研究》，文物出版社，2005年，第76页。

⑤ [梁] 僧祐：《出三藏记集》卷二，《大正藏》第55册，第7页下。

⑥ [梁] 僧祐：《出三藏记集》卷二，《大正藏》第55册，第7页下。

⑦ [梁] 僧祐：《出三藏记集》卷二，《大正藏》第55册，第7页下。

《历代三宝纪》载：（太康十年）“四月八日，护出《文殊师利净律经》一卷。十二月二日，出《离垢施女经》一卷，并《魔逆经》等，并在洛阳白马寺出。”[①]“《文殊师利净律经》一卷（太康十年四月八日，护于洛阳白马寺遇西域沙门寂志诵出。经后尚有数品，悉忘。但宣忆者聂道真笔受，见《竺道祖录》一云《净律经》）。”[②]“《离垢施女经》一卷（太康十年二月二日出，见《聂道真录》）。《须摩提菩萨经》一卷（亦云《须摩提经》，亦云《须摩经》，见聂道真及竺道祖等《录》）。”[③]“《龙施女经》一卷（《旧录》云《龙施本起经》，第二出）。《大方等顶王经》一卷（初出。亦云《顶王经》，亦云《维摩诘子问经》，亦云《善思童子经》，凡四名见《支敏度录》）。《无所悕望经》一卷（亦云《象步经》，亦云《象腋经》，见《聂道真录》）。《魔逆经》一卷（太康十年十二月二日出，见《聂道真录》）。《济诸方等学经》一卷（或无学字，见竺道祖《晋世杂录》）。《菩萨行五十缘身经》一卷（亦云《五十缘身行经》，亦云《菩萨缘身五十事经》，见竺道祖《晋世杂录》）。”[④]“《无思议孩童菩萨经》一卷（一云《不思议光所问经》，亦云《名无思议光经》）。”[⑤]

《众经目录》载：“《文殊师利净律经》一卷（晋世竺法护译）。”[⑥]“《文殊师利净律经》一卷（十三纸），晋世竺法护译。”[⑦]“《离垢施女经》一卷（晋太康年，竺法护译）。”[⑧]“《离垢施女经》一卷（二十四纸），晋太康年，竺法护译。”[⑨]“《魔逆经》一卷（晋太康年，竺法护译）。”[⑩]

《古今译经图纪》载：“《文殊师利净律经》（一卷）。”[⑪]“《离垢施女经》（一卷）。”[⑫]“《魔逆经》（一卷）。”[⑬]

---

①［隋］费长房：《历代三宝纪》卷三，《大正藏》第49册，第38页上。
②［隋］费长房：《历代三宝纪》卷六，《大正藏》第49册，第63页上。
③［隋］费长房：《历代三宝纪》卷六，《大正藏》第49册，第62页下。
④［隋］费长房：《历代三宝纪》卷六，《大正藏》第49册，第63页上。
⑤［隋］费长房：《历代三宝纪》卷六，《大正藏》第49册，第63页上。
⑥［隋］法经：《众经目录》卷五，《大正藏》第55册，第139页中。
⑦［唐］静泰：《众经目录》卷二，《大正藏》第55册，第193页下。
⑧［隋］法经：《众经目录》卷一，《大正藏》第55册，第119页上。
⑨［唐］静泰：《众经目录》卷二，《大正藏》第55册，第192页上。
⑩［隋］法经：《众经目录》卷一，《大正藏》第55册，第116页中。
⑪［唐］靖迈：《古今译经图纪》卷二，《大正藏》第55册，第353页中。
⑫［唐］靖迈：《古今译经图纪》卷二，《大正藏》第55册，第353页中。
⑬［唐］靖迈：《古今译经图纪》卷二，《大正藏》第55册，第353页中。

《大唐内典录》载："《文殊师利净律经》一卷（太康十年四月八日，护于洛阳白马寺遇西域沙门寂志诵出经后，尚有数品悉忘，但宣忆者。聂道真笔受，见《竺道祖录》，一云《净律经》）。"[①]"《离垢施女经》一卷（太康十年二月二日出，见《聂道真录》）。"[②]"《魔逆经》一卷（太康十年十二月二日出，见《聂道真录》）。"[③]

《大周刊定众经目录》载："《文殊师利净律经》一卷（一名《净律经》，十五纸）。右，西晋代竺法护于白马寺译，出《达摩郁多罗录》及《长房录》。"[④]"《离垢施女经》一卷（初出，二十四纸）。右，西晋太康十年竺法护译，出《长房录》。"[⑤]"《魔逆经》一卷（二十二纸，初出）。右，西晋太康年竺法护译，出《长房录》。"[⑥]

《开元释教录》载："《文殊师利净律经》一卷（初出，又直云《净律经》，太康十年四月八日于白马寺出，先遇西域寂志诵出经本后，尚有数品其人忘，但宣忆者。道真笔授，见祖、祐二《录》）。"[⑦]"《离垢施女经》一卷（初出，太康十年十二月二日出，与《宝积无垢施会》等同本，见道真、僧祐二《录》。《内典录》内更载《无垢施应辩经》者，误也，彼道真译，如后所显）。"[⑧]"《魔逆经》一卷（太康十年十二月二日于洛阳城四白马寺出，聂道真笔受，见《僧祐录》及《经后记》）。"[⑨]

《贞元新定释教目录》载："《文殊师利净律经》一卷（初出，又直云《净律经》。太康十年四月八日于白马寺出，先遇西域寂志诵出经本后，尚有数品其人忘，但宣忆者。道真笔受，见祖、祐二《录》）。"[⑩]"《离垢施女经》一卷（初出，太康十年十二月二日出，与《宝积无垢施会》等同本，见道真、僧祐二《录》。《内典录》中更载《无垢施应辩经》者，误也，彼道真译，如后所译）。"[⑪]"《魔逆经》一卷（太康十年十二

---

①［唐］道宣：《大唐内典录》卷二，《大正藏》第55册，第233页下。
②［唐］道宣：《大唐内典录》卷二，《大正藏》第55册，第233页下。
③［唐］道宣：《大唐内典录》卷二，《大正藏》第55册，第233页下。
④［唐］明佺：《大周刊定众经目录》卷六，《大正藏》第55册，第403页下。
⑤［唐］明佺：《大周刊定众经目录》卷三，《大正藏》第55册，第390页上。
⑥［唐］明佺：《大周刊定众经目录》卷一，《大正藏》第55册，第374页中。
⑦［唐］智昇：《开元释教录》卷二，《大正藏》第55册，第495页上。
⑧［唐］智昇：《开元释教录》卷二，《大正藏》第55册，第493页下。
⑨［唐］智昇：《开元释教录》卷二，《大正藏》第55册，第494页下。
⑩［唐］圆照：《贞元新定释教目录》卷三，《大正藏》第55册，第792页上。
⑪［唐］圆照：《贞元新定释教目录》卷三，《大正藏》第55册，第791页上。

月二日于洛阳城西白马寺出，聂道真笔受，见《僧祐录》及《经后记》）。”①

《文殊师利净律经记》

《文殊师利净律经》后记云：“沙门昙法护于京师遇西国寂志，从出此经。经后尚有数品，其人忘失，辄宣现者转之为晋。更得其本，补令具足。太康十年四月八日，白马寺中聂道真对笔受。劝助刘元谋、傅公信、侯彦长等。”②

《敦煌佛教经录辑校》载：“《文殊师利净律经》，□法护于京师遇西国寂志，从出此经。经后尚有数品，其人忘失，唯宣现者。太康十年四月八日，白马寺中，聂道真对笔□受□。”③

《魔逆经记》

《魔逆经》出经后记云：“太康十年十二月二日，月支菩萨法护手执梵书，口宣晋言，聂道真笔受。于洛阳城西白马寺中始出。析显元写使功德流布，一切蒙福度脱。”④

《敦煌佛教经录辑校》载：“《魔逆经》，太康十年十二月二日出。”⑤

居士抵世常供养沙门

《集神州三宝感通录》载：“抵世常者，晋太康中富人，居时禁晋人作沙门。常奉法，不惧宪网。潜于宅中，立精舍供养沙门，于法兰亦在其中，比丘来者不惮。后有僧来，姿形丑陋，衣弊足泥，常逆作礼，命奴洗足。僧曰：‘常自洗之，何用奴也。’常曰：‘老病以奴自代。’僧不许，常私骂而去。僧现八尺形容，仪光伟伟，飞行而去。常抚膺自扑泥中，家内僧尼、行路，五六十人，望见空中数十丈分明，奇香芬气一月留宅云。”⑥

《法苑珠林》载：“晋抵世常，中山人也。家道殷富。大康中禁晋人作沙门，世常奉法精进，潜于宅中起立精舍供养沙门，于法兰亦在焉。僧众来者，无所辞却。有一比丘，姿形顽陋，衣服尘弊，跋涉涂泞，来造世常。常出为作礼，命奴取水，为其洗足。比丘曰：‘世常应自洗我足。’常曰：‘年老疲瘵，以奴自代。’比丘不听，

---

① ［唐］圆照：《贞元新定释教目录》卷三，《大正藏》第55册，第792页上。

② ［梁］僧祐：《出三藏记集》卷七，《大正藏》第55册，第51页中。

③ 方广锠：《敦煌佛教经录辑校》，江苏古籍出版社，1997年，第15页。

④ ［梁］僧祐：《出三藏记集》卷七，《大正藏》第55册，第50页中。

⑤ 方广锠：《敦煌佛教经录辑校》，江苏古籍出版社，1997年，第16页。

⑥ ［唐］道宣：《集神州三宝感通录》卷三，《大正藏》第52册，第432页上。

世常窃骂而去。比丘便现神足，变身八尺。颜容瑰伟，飞行而去。世常抚膺悔叹，自仆泥中。时抵家僧尼及行路者五六十人，俱得望视。见在空中数十丈，上了了分明。奇芬异气，经月不歇。法兰即名理法师见宗者也，有记在后卷。传兰以语于弟子法阶，阶每说之，道俗多闻矣。”[①]

按：诸书不载其年，但云太康中，兹系于太康末年。

于法兰潜于宅中精舍

《高僧传》载：“于法兰，高阳人。少有异操，十五出家，便以精勤为业。研讽经典以日兼夜，求法问道必在众先。迄在冠年，风神秀逸。道振三河，名流四远。性好山泉，多处岩壑。尝于冬月在山，冰雪甚厉，时有一虎来入兰房，兰神色无忤，虎亦甚驯，至明旦雪止乃去。山中神祇常来受法，其德被精灵，皆此类也。后闻江东山水剡县称奇。乃徐步东瓯，远瞩嵊崃。居于石城山足，今之元华寺是也。时人以其风力比庾元规，孙绰《道贤论》以比阮嗣宗。论云：‘兰公遗身，高尚妙迹，殆至人之流。阮步兵傲独不群，亦兰之俦也。’居剡少时，欻然叹曰：‘大法虽兴，经道多阙。若一闻圆教，夕死可也。’乃远适西域，欲求异闻。至交州遇疾，终于象林。沙门支遁追立像，赞曰：‘于氏超世，综体玄旨，嘉遁山泽，驯洽虎兕。’《别传》云：‘兰亦感枯泉漱水，事与竺法护同，未详。’又有竺法兴、支法渊、于法道与兰同时比德。兴以洽见知名，渊以才华著称，道以义解驰声矣。”[②]

《法苑珠林》载：“太康中，禁晋人作沙门。世常奉法精进，潜于宅中起立精舍供养沙门。于法兰亦在焉。”[③]

按：诸书皆不载其年，但云太康中。兹系于太康末年。

安法钦尝译《阿阇贳王经》

《历代三宝纪》载：“《阿阇贳王经》二卷（太康年译，见竺道祖《晋世杂录》）。”[④]

《古今译经图纪》载：“《阿阇世王经》（二卷）。”[⑤]

《大唐内典录》载：“《阿阇贳王经》二卷（太康年译，见竺道祖《晋世杂录》）。”[⑥]

---

①［唐］道世：《法苑珠林》卷二十八，《大正藏》第53册，第492页上。

②［梁］慧皎：《高僧传》卷四，《大正藏》第50册，第349页下。

③［唐］道世：《法苑珠林》卷二十八，《大正藏》第53册，第492页上。

④［隋］费长房：《历代三宝纪》卷六，《大正藏》第49册，第65页上。

⑤［唐］靖迈：《古今译经图纪》卷二，《大正藏》第55册，第354页中。

⑥［唐］道宣：《大唐内典录》卷二，《大正藏》第55册，第236页上。

《大周刊定众经目录》载："《阿阇贳王经》一部，二卷。右，晋惠帝代太康年，沙门安法钦译，出《长房录》。"[①]

《开元释教录》载："《阿阇贳王经》二卷（太康年译，见竺道祖《录》，第三出，与《普超经》等同本）。"[②]

《贞元新定释教目录》载："《阿阇贳王经》二卷（大康年译，见《竺道祖录》，第三出，与《普超经》等同本）。"[③]"《阿阇贳王经》二卷，西晋安息三藏安法钦译，第三译。"[④]

按：太康二年，安法钦于洛阳始译经。《阿阇王经》二卷，只云太康年译，未详何年。兹系于太康之末。

晋武帝太熙元年·晋惠帝永熙元年（290）庚戌

竺法护译《宝髻菩萨所问经》等

《出三藏记集》载："《宝结经》二卷（一名《菩萨净行经》，《旧录》云《宝结菩萨经》，或云《宝结菩萨所问经》。永熙元年七月十四日出）。"[⑤]"《严净佛土经》二卷（《旧录》云《文殊师利严净经》，或云《文殊佛土严净经》）。"[⑥]

《历代三宝纪》载："《宝髻菩萨所问经》二卷（泰熙元年七月十四日出。《大集》一名《菩萨净行经》，《旧录》云《宝髻经》，见《聂道真录》）。"[⑦]"《文殊师利佛土严净经》二卷（泰熙元年出。或云《严净佛土》，或云《佛土严净》，见竺道祖《晋世杂录》。）"[⑧]

《众经目录》载："《文殊师利佛土严净经》二卷（三十四纸）。晋永熙年，竺法护于洛阳译。"[⑨]"《文殊师利佛土严净经》二卷（晋永熙年，竺法护于洛阳

---

①［唐］明佺：《大周刊定众经目录》卷七，《大正藏》第55册，第410页下。

②［唐］智昇：《开元释教录》卷二，《大正藏》第55册，第497页下。

③［唐］圆照：《贞元新定释教目录》卷四，《大正藏》第55册，第794页下。

④［唐］圆照：《贞元新定释教目录》卷二十四，《大正藏》第55册，第963页上。

⑤［梁］僧祐：《出三藏记集》卷二，《大正藏》第55册，第7页下。

⑥［梁］僧祐：《出三藏记集》卷二，《大正藏》第55册，第7页下。

⑦［隋］费长房：《历代三宝纪》卷六，《大正藏》第49册，第62页中。

⑧［隋］费长房：《历代三宝纪》卷六，《大正藏》第49册，第62页中。

⑨［唐］静泰：《众经目录》卷一，《大正藏》第55册，第183页上。

译）。”[①]“《宝髻菩萨经》二卷（是《宝髻菩萨品》，一名《菩萨净行经》，晋永熙年，竺法护译）。”[②]“《菩萨净行经》二卷（是《宝髻菩萨品》，一名《宝髻菩萨经》，四十八纸）。晋永熙年，竺法护译。”[③]

《古今译经图纪》载：“《宝髻菩萨所问经》（二卷）。”[④]“《文殊师利佛土严净经》（二卷）。”[⑤]

《大唐内典录》载：“《宝髻菩萨所问经》二卷（泰熙元年七月十四日出，《大集》一名《菩萨净行经》，《旧录》云《宝结经》）。”[⑥]“《文殊师利佛土严净经》二卷（泰熙年出，或云《严净佛土》或云《佛土严净》，见竺道祖《晋世杂录》）。”[⑦]

《大周刊定众经目录》载：“《宝结菩萨所问经》一部二卷（一名《菩萨净行经》，四十八纸）。右，西晋太熙年，沙门竺法护译，是《大集宝髻品》，出《长房录》。”[⑧]“《文殊师利佛土严净经》一部二卷（一名《佛土严净经》，一名《严佛土净经》，四十纸）。右，西晋太熙年，竺法护于洛阳译，出《长房录》。”[⑨]

《开元释教录》载：“《宝髻菩萨所问经》二卷（一名《菩萨净行经》，《旧录》直云《宝髻经》是别译《大集宝髻品》。太熙元年七月十四日出，见道真、僧祐二《录》，今入《宝积》，当四十七会）。”[⑩]“《文殊师利佛土严净经》二卷（或直云《严净佛土经》，亦直云《佛土严净经》）。西晋三藏竺法护译（第一译，三译一阙）。”[⑪]

《贞元新定释教目录》载：“《宝髻菩萨所问经》二卷（一名《菩萨净行经》，《旧录》直云《宝髻经》是别译《大集宝髻品》。大熙元年七月十四日出，见道真、僧祐二《录》，今入《宝积》，当四十七会）。”[⑫]“《文殊师利佛土严净经》二卷（或直云《严净佛土经》，亦直云《佛土严净经》。太熙元年译，初出，与《宝积文殊授记

---

① ［隋］法经：《众经目录》卷一，《大正藏》第55册，第115页中。
② ［隋］法经：《众经目录》卷一，《大正藏》第55册，第120页上。
③ ［唐］静泰：《众经目录》卷二，《大正藏》第55册，第189页下。
④ ［唐］靖迈：《古今译经图纪》卷二，《大正藏》第55册，第353页中。
⑤ ［唐］靖迈：《古今译经图纪》卷二，《大正藏》第55册，第353页中。
⑥ ［唐］道宣：《大唐内典录》卷二，《大正藏》第55册，第233页上。
⑦ ［唐］道宣：《大唐内典录》卷二，《大正藏》第55册，第233页上。
⑧ ［唐］明佺：《大周刊定众经目录》卷二，《大正藏》第55册，第383页中。
⑨ ［唐］明佺：《大周刊定众经目录》卷四，《大正藏》第55册，第397页中。
⑩ ［唐］智昇：《开元释教录》卷二，《大正藏》第55册，第493页中。
⑪ ［唐］智昇：《开元释教录》卷十一，《大正藏》第55册，第586页下。
⑫ ［唐］圆照：《贞元新定释教目录》卷三，《大正藏》第55册，第790页下。

会》同本。见竺道祖《晋世杂录》及《僧祐录》）。”①

比丘康那律写《正法华经》完毕

《法华游意》载：“经既有二本，初讲亦有两人。汉地以竺法护为始，护公以永熙元年八月二十八日，比丘康那律师于洛阳写《正法花经》竟，与法护口挍古训译出深义。九月本齐，十四日于东牛寺施设檀会讲此经竟，日昼夜莫不欢喜。”②

《正法华经》后记

《正法华经》后记云：“永熙元年八月二十八日，比丘康那律于洛阳写《正法华品》竟，时与清戒界节优婆塞、张季博、董景玄、刘长武、长文等，手执经本诣白马寺。容对与法护口校古训，讲出深义。以九月本斋十四日，于东牛寺中施檀大会讲诵此经，竟日尽夜，无不咸欢，重已校定。”③

上虞出土青瓷五联罐

《三国西晋青瓷堆塑罐的属性概述》载：“1995年上虞驿亭镇出土的西晋青瓷堆塑罐，通高54.3厘米。上塑两层建筑，并以佛像、飞鸟作装饰，下层建筑周围塑吹奏、弹琴、拱手跪姿的人俑，其间有一龟趺碑，碑上铭‘太熙元年’等文字，下部罐身戳印八圈联珠纹，联珠纹间印网格带纹，肩腹部还堆塑跪熊、铺首、骑士以及龟、蟹之类水族纹饰。”④

另见宿白之《四川钱树和长江中下游部分器物上的佛像——中国南方发现的早期佛像札记》。⑤

晋惠帝永平元年·元康元年（291）辛亥

比丘尼净捡或生于本年

《比丘尼传》载：“净捡，本姓仲，名令仪，彭城人也。父诞，武威太守。捡少

①［唐］圆照：《贞元新定释教目录》卷三，《大正藏》第55册，第790页下。
②［隋］吉藏：《法华游意》卷一，《大正藏》第34册，第650页上。
③［梁］僧祐：《出三藏记集》卷八，《大正藏》第55册，第56页下。
④ 沈一萍：《三国西晋青瓷堆塑罐的属性概述》，《东方博物》2009年第1期。
⑤ 宿白：《四川钱树和长江中下游部分器物上的佛像——中国南方发现的早期佛像札记》，《文物》2004年第10期。

好学，早寡，家贫。常为贵游子女教授琴书。闻法信乐，莫由咨禀。”[①]

《比丘尼传》载：“到升平末，忽复闻前香，并见赤气。有一女人，手把五色花，自空而下。捡见欣然，因语众曰：‘好持后事，我今行矣。’执手辞别，腾空而上，所行之路，有似虹蜺，直属于天，时年七十矣。”[②]

按：《比丘尼传》云净捡于东晋穆帝升平（357—361）末卒，寿七十。据此推之，净捡或生于本年。

诃罗竭入石室中坐禅

《高僧传》载：“至晋惠帝元康元年，（诃罗竭）乃西入，止娄至山石室中坐禅。此室去水既远，时人欲为开涧，竭曰：‘不假相劳。’乃自起以左脚蹑室西石壁，壁陷没指，既拔足，水从中出。清香软美，四时不绝，来饮者皆止饥渴，除疾病。”[③]

竺法护译《大哀经》等

《出三藏记集》载：“《大哀经》七卷（二十八品，《旧录》云《如来大哀经》。元康元年，七月七日出）。”[④]“《贤劫经》七卷（《旧录》云《贤劫三昧经》或云《贤劫定意经》，元康元年，七月二十一日出）。”[⑤]“《度世品经》六卷（或云《度世》或为五卷，元康元年，四月十三日出）。”[⑥]“《如来兴显经》四卷（一本云《兴显如幻经》，元康元年，十二月二十五日出）。”[⑦]“《勇伏定经》二卷（安公云：‘更出《首楞严》。’元康元年，四月九日出）。”[⑧]

《历代三宝纪》载：“《大哀经》七卷（元康元年出。或八卷，或六卷，是大集一品，见竺道祖《晋世杂录》）。”[⑨]《贤劫经》七卷（元康元年出，赵文龙笔受。或十卷，十三卷。《旧录》云：‘永康年出。’见《聂道真录》）。”[⑩]“《度世品经》六卷（元

---

①［梁］宝唱：《比丘尼传》卷一，《大正藏》第50册，第934页下。
②［梁］宝唱：《比丘尼传》卷一，《大正藏》第50册，第935页上。
③［梁］慧皎：《高僧传》卷十，《大正藏》第50册，第389页上。
④［梁］僧祐：《出三藏记集》卷二，《大正藏》第55册，第7页中。
⑤［梁］僧祐：《出三藏记集》卷二，《大正藏》第55册，第7页中。
⑥［梁］僧祐：《出三藏记集》卷二，《大正藏》第55册，第7页中。
⑦［梁］僧祐：《出三藏记集》卷二，《大正藏》第55册，第7页下。
⑧［梁］僧祐：《出三藏记集》卷二，《大正藏》第55册，第9页上。
⑨［隋］费长房：《历代三宝纪》卷六，《大正藏》第49册，第62页上。
⑩［隋］费长房：《历代三宝纪》卷六，《大正藏》第49册，第62页上。

康元年四月十三日出。是《华严经·世间品》，见《聂道真录》）。”[①]“《如来兴显经》五卷（元康元年十二月二十五日出。是《华严经·如来性品》，亦云《兴显如幻经》，见《聂道真录》）。”[②]“《勇伏定经》二卷（元康元年四月九日出。是第四译，与支谶、支谦、白延等所出《首楞严经》本同名异文少别，见《聂真道录》）。”[③]

《众经目录》载：“《大哀经》八卷（是初《陀罗尼自在王菩萨品》，或七卷，一百一十九纸）。晋元康年，竺法护译。”[④]“《贤劫经》一十三卷（一百九十五纸）。晋元康年，竺法护译。”[⑤]“《如来兴显经》四卷（一名《兴显如幻经》，是《如来性起品》，六十七纸）。　晋元康年，竺法护别译。”[⑥]“《度世经》六卷（是《离世间品》，晋元康年，竺法护别译）。”[⑦]“《勇伏定经》二卷（晋元康年，竺法护译）。”[⑧]

《古今译经图纪》载：“《大哀经》（七卷)。”[⑨]“《贤劫经》（七卷）。”[⑩]“《度世品经》（六卷）。”[⑪]“《如来兴显经》（五卷）。”[⑫]“《勇伏定经》（二卷）。”[⑬]

《大唐内典录》载：“《大哀经》七卷（元康元年出，或八卷，或六卷，是《大集一品》，见竺道祖《晋世杂录》）。”[⑭]“《如来兴显经》五卷（元康元年十二月二十五日出。是《花严经·如来性品》，亦云《兴显如幻经》，见《聂道真录》）。”[⑮]“《勇伏定经》二卷（元康元年四月九日出，是第四译，与支谶、支谦、白延等所出《首楞严经》本同异出，见《聂道真录》）。”[⑯]“《贤劫经》七卷（元康元年出，赵文龙笔受，或十卷，十三卷。《旧录》云永康年出，见《聂道真

---

①［隋］费长房：《历代三宝纪》卷六，《大正藏》第49册，第62页上。
②［隋］费长房：《历代三宝纪》卷六，《大正藏》第49册，第62页上。
③［隋］费长房：《历代三宝纪》卷六，《大正藏》第49册，第62页下。
④［唐］静泰：《众经目录》卷二，《大正藏》第55册，第189页下。
⑤［唐］静泰：《众经目录》卷一，《大正藏》第55册，第182页上。
⑥［唐］静泰：《众经目录》卷二，《大正藏》第55册，第190页中。
⑦［隋］法经：《众经目录》卷一，《大正藏》第55册，第119页下。
⑧［隋］法经：《众经目录》卷一，《大正藏》第55册，第119页下。
⑨［唐］靖迈：《古今译经图纪》卷二，《大正藏》第55册，第353页中。
⑩［唐］靖迈：《古今译经图纪》卷二，《大正藏》第55册，第353页中。
⑪［唐］靖迈：《古今译经图纪》卷二，《大正藏》第55册，第353页中。
⑫［唐］靖迈：《古今译经图纪》卷二，《大正藏》第55册，第353页中。
⑬［唐］靖迈：《古今译经图纪》卷二，《大正藏》第55册，第353页中。
⑭［唐］道宣：《大唐内典录》卷二，《大正藏》第55册，第232页下。
⑮［唐］道宣：《大唐内典录》卷二，《大正藏》第55册，第233页上。
⑯［唐］道宣：《大唐内典录》卷二，《大正藏》第55册，第233页中。

录》）。”[①]“《度世品经》六卷（元康元年四月十三日出，是《华严经·世间品》，见《聂道真录》）。”[②]

《大周刊定众经目录》载：“《度世品经》一部六卷（一百一十九纸）。右，西晋元康元年沙门竺法护译，是《华严经·离世间品》，出《长房录》。”[③]“《贤劫经》一部十三卷（或十卷，二百一十七纸）。右，西晋元康年沙门竺法护于长安译。出《内典录》。”[④]“《度世品经》一部六卷（一百一十九纸）。右，西晋元康元年沙门竺法护译，是《华严经·离世间品》，出《长房录》。”[⑤]“《如来兴显经》一部四卷（一名《兴显如幻经》，七十七纸）。右，西晋元康年沙门竺法护译，是《华严经·性起品》，出《长房录》。”[⑥]“《勇伏定经》一部二卷（第四出）。右，晋元康年竺法护译，与支谦、支谶、帛延所出《首楞严》同名异文，少别。”[⑦]

《开元释教录》载：“《勇伏定经》二卷（安公云：‘更出《首楞严》也。’元康元年四月九日出，聂承远笔受，第六译，见道真、僧祐二《录》。祐、房二《录》更载《首楞严》二卷者，误也）。”[⑧]“《贤劫经》十三卷（题云《飏陀劫三昧》，晋曰《贤劫定意经》。永康元年七月二十一日出，赵文龙笔受，初出，或七卷，或十卷，见道真、僧祐二《录》。房等别存《飏陀劫三昧经》，误也）。”[⑨]“《度世品经》六卷（或云《度世经》，或五卷，元康元年四月十三日出，是《华严·离世间品》异译，见聂道真、僧祐二《录》）。”[⑩]“《如来兴显经》四卷（一名《兴显如幻经》，元康元年十二月二十五日出，是《华严经·如来性起品》及《十忍品》异译，见聂道真及僧祐二《录》）。”[⑪]

《贞元新定释教目录》载：“《大哀经》八卷（《旧录》云《如来大哀经》，元康元年七月七日出，八月二日讫，有二十八品别译，或六卷，或七卷。见竺道祖《晋世杂

---

①［唐］道宣：《大唐内典录》卷二，《大正藏》第55册，第232页下。
②［唐］道宣：《大唐内典录》卷二，《大正藏》第55册，第232页下。
③［唐］明佺：《大周刊定众经目录》卷二，《大正藏》第55册，第380页中。
④［唐］明佺：《大周刊定众经目录》卷四，《大正藏》第55册，第397页下。
⑤［唐］明佺：《大周刊定众经目录》卷二，《大正藏》第55册，第380页中。
⑥［唐］明佺：《大周刊定众经目录》卷二，《大正藏》第55册，第380页下。
⑦［唐］明佺：《大周刊定众经目录》卷五，《大正藏》第55册，第398页上。
⑧［唐］智昇：《开元释教录》卷二，《大正藏》第55册，第495页下。
⑨［唐］智昇：《开元释教录》卷二，《大正藏》第55册，第494页下。
⑩［唐］智昇：《开元释教录》卷二，《大正藏》第55册，第494页上。
⑪［唐］智昇：《开元释教录》卷二，《大正藏》第55册，第494页上。

录》及《僧祐录》。”①“《贤劫经》十三卷（亦名《飏陀三昧经》，或七卷，或十卷，一帙）。西晋三藏竺法护译（第一译，两译一阙）。”②“《度世品经》六卷（或云《度世经》，或五卷，元康元年四月十三日出。是《华严·离世间品》异译，见聂道真、僧祐二《录》）。”③“《如来兴显经》四卷（一名《兴显如幻经》，元康元年十二月二十五日出，是《华严经·如来性起品》及《十忍》异译，见聂道真及僧祐二《录》）。”④“《勇伏定经》二卷（安公云更出《首楞严》。元康元年四月九日出，聂承远笔受，第六译，见真、祐二《录》。祐、房二《录》更载《首楞严》二卷者，误也）。”⑤

竺叔兰译《首楞严经》等

《出三藏记集》载：“竺叔兰，本天竺人也。祖父娄陀，笃志好学，清简有节操。时国王无道，百姓思乱。有贼臣将兵，得罪惧诛，以其国豪，呼与共反。娄陀怒曰：‘君出于微贱，而任居要职，不能以德报恩，而反为逆谋乎？我宁守忠而死，不反而生也！’反者惧谋泄，即杀之而作乱。娄陀子达摩尸罗，齐言法首，先在他国。其妇兄二人，并为沙门。闻父被害，国内大乱，即与二沙门奔晋，居于河南，生叔兰。叔兰幼而聪辩，从二舅咨受经法，一闻而悟，善胡汉语及书，亦兼诸文史。然性颇轻躁，游猎无度。常单骑逐鹿，值虎堕马，折其右臂，久之乃差。后驰骋不已，母数呵谏，终不改。为之蔬食，乃止。”⑥

《出三藏记集》载：“（竺叔兰）以晋元康元年译出《放光经》及《异维摩诘》十余万言，既学兼胡汉，故译义精允。”⑦“河南居士竺叔兰善解方言，译出为《放光经》二十卷。”⑧“《异维摩诘经》三卷，《首楞严经》二卷（《别录》所载，《安录》先阙。《旧录》有叔兰《首楞严》二卷）。右二部，凡五卷。晋惠帝时，竺叔兰以元康元年译出。”⑨

《历代三宝纪》载：“《首楞严经》二卷（元康元年出，是第五译，与二支、一

---

①［唐］圆照：《贞元新定释教目录》卷三，《大正藏》第55册，第791页上。
②［唐］圆照：《贞元新定释教目录》卷二十二，《大正藏》第55册，第933页中。
③［唐］圆照：《贞元新定释教目录》卷三，《大正藏》第55册，第791页中。
④［唐］圆照：《贞元新定释教目录》卷三，《大正藏》第55册，第791页中。
⑤［唐］圆照：《贞元新定释教目录》卷四，《大正藏》第55册，第793页上。
⑥［梁］僧祐：《出三藏记集》卷十三，《大正藏》第55册，第98页中。
⑦［梁］僧祐：《出三藏记集》卷十三，《大正藏》第55册，第98页下。
⑧［梁］僧祐：《出三藏记集》卷十三，《大正藏》第55册，第97页中。
⑨［梁］僧祐：《出三藏记集》卷二，《大正藏》第55册，第9页下。

白、一竺出者文异本同，见《道真录》）。”[①]

《众经目录》载：“《首楞严经》二卷（晋惠帝世，竺叔兰译）。”[②]“《异维摩诘经》三卷（晋惠帝世竺叔兰译）。”[③]

《古今译经图纪》载：“沙门竺叔兰者，西域人也，解标众望，行洁群先。于晋惠帝世游化之洛，于洛阳译《异毗摩罗诘经》（三卷），《首楞严经》（二卷），凡二部，合五卷。”[④]

《大唐内典录》载：“《异毗摩罗诘经》三卷（元康元年第五出，与汉佛调、吴支谦及竺法护、罗什等出大同小异，或二卷，见《道祖录》）。《首楞严经》二卷（元康元年出，是第五译，与二支一白一竺出文是本同，见《道真录》）。右二经，合五卷，惠帝世西域沙门竺叔兰，并于洛阳出之。”[⑤]

《开元释教录》载：“《异毗摩罗诘经》三卷（祐云《异维摩诘经》或作‘思’字，或二卷，元康六年译，第三出，与佛调、支谦等所出本同文异，见道祖、僧祐二《录》）。”[⑥]“《放光般若波罗蜜经》三十卷（亦云《放光摩诃般若经》，亦云《摩诃般若放光经》。三帙，或二十一卷，四百六十六纸）。西晋三藏无罗叉共竺叔兰译。”[⑦]

《大周刊定众经目录》载：“《首楞严经》一部二卷（第五译，三十六纸）。右晋惠帝元康年，竺叔兰于洛阳译，出《长房录》。”[⑧]“《异维摩诘经》一部三卷（第五译，或二卷，或作《思维摩经》）。右，西晋惠帝元康六年，沙门竺叔兰于洛阳译，出《长房录》。”[⑨]

《贞元新定释教目录》载：“《异毗摩罗诘经》三卷（祐云《异维诘经》或作‘思’字，或二卷，元康六年译，第三出，与佛调、支谦译等所出本文异，见道祖、僧祐二《录》）。《首楞严经》二卷（元康元年出，第七译，与支谶、白延、法护等

---

①［隋］费长房：《历代三宝纪》卷六，《大正藏》第49册，第65页中。
②［隋］法经：《众经目录》卷一，《大正藏》第55册，第119页下。
③［隋］法经：《众经目录》卷一，《大正藏》第55册，第119页上。
④［唐］靖迈撰：《古今译经图纪》卷二，《大正藏》第55册，第354页中。
⑤［唐］道宣：《大唐内典录》卷二，《大正藏》第55册，第236页中。
⑥［唐］智昇：《开元释教录》卷二，《大正藏》第55册，第498页上。
⑦［唐］智昇：《开元释教录》卷二十，《大正藏》第55册，第701页上。
⑧［唐］明佺：《大周刊定众经目录》卷五，《大正藏》第55册，第398页上。
⑨［唐］明佺：《大周刊定众经目录》卷三，《大正藏》第55册，第386页上。

所出本同，文异，见真、祐《录》）。右，二部五卷，其本并阙。优婆塞竺叔兰（今准《僧祐录》中《朱士行传》《竺叔兰传》《放光经后记》支敏度《合首楞严记》皆云叔兰是白衣居士，长房《内典》等《录》云是沙门者，误也）。”①

按：《异维摩诘经》《出三藏记集》《历代三宝纪》《大唐内典录》皆作元康元年出。《开元释教录》《大周刊定众经目录》《贞元新定释教目录》皆作元康六年出。未详孰是，待考。兹将此条系于元康元年。

竺法护出《首楞严三昧》

《出三藏记集》载："元康元年四月九日，燉煌菩萨支法护，手执胡经，口出《首楞严三昧》，聂承远笔受。愿令四辈，揽综奉宣，观异同意。”②

《〈正法华经〉记》撰就

《出三藏记集》载："太康七年八月十日，燉煌月支菩萨沙门法护，手执胡经，口宣出《正法华经》二十七品，授优婆塞、聂承远、张仕明、张仲政共笔受。竺德成、竺文盛、严威伯、续文承、赵叔初、张文龙、陈长玄等，共劝助欢喜。九月二日讫，天竺沙门竺力、龟兹居士帛元信，共参校。元年二月六日重复，又元康元年，长安孙伯虎以四月十五日写素解。”③

《〈如来大哀经〉记》撰就

《出三藏记集》载："元康元年七月七日，敦煌菩萨支法护，手执胡经，经名《如来大哀》。口授聂承远、道真正书晋言，以其年八月二十三日讫。护亲自覆校，当令大法光显流布，其有揽者，疾得总持，畅泽妙法。”④

无罗叉等译《放光般若经》

《水经注》引《陈留风俗传》曰："浚水迳其北者也。又东，汳水出焉。故《经》云：‘汳出阴沟于浚仪县北也。’汳水东迳仓垣城南，即浚仪县之仓垣亭也。”⑤

《出三藏记集》载："《放光经》二十卷（晋元康元年五月十五日出，有九十品，

---

①［唐］圆照：《贞元新定释教目录》卷四，《大正藏》第55册，第795页中。

②［梁］僧祐：《出三藏记集》卷七，《大正藏》第55册，第49页中。

③［梁］僧祐：《出三藏记集》卷八，《大正藏》第55册，第56页下。

④［梁］僧祐：《出三藏记集》卷九，《大正藏》第55册，第63页中。

⑤［北魏］郦道元著，陈桥驿校证：《水经注校证》卷二十三，中华书局，2007年，第555页。

一名《旧小品》，阙）。右一部，凡二十卷，魏高贵乡公时，沙门朱士行以甘露五年到于阗国，写得此经正品梵书胡本十九章……。到晋武帝元康初，于陈留仓垣水南寺译出。”[①]“遂得送至陈留仓垣水南寺。河南居士竺叔兰，善解方言，译出为《放光经》二十卷。”[②]

《历代三宝纪》载：“（《放光般若经》）遂得送来达到陈留，还遇于阗僧无罗叉、竺叔兰等。当惠帝世元康元年五月十日，于仓垣水南寺译之。而竺道祖、僧祐、王宗、宝唱、李廓、法上、灵裕等诸《录》，述著众经，并云：‘朱士行翻此。’盖据其元寻之人，推功归之耳。房审校勘《支敏度录》及《高僧传·出经后记》诸杂别目等，乃是无罗叉、竺叔兰等三人详译。朱士行身留停于阗，仍于彼化，唯遣弟子奉赍经来到乎晋地，斯岂得称士行出也。”[③]

《众经目录》载：“《放光般若波罗蜜经》三十卷（晋元康年，无罗叉共竺叔兰于陈留仓垣译）。”[④]

《古今译经图纪》载：“沙门无罗叉者，于殿（阗）国人，以晋惠帝元康元年，岁次辛亥，于仓垣水南寺译《放光般若经》（二十卷）。此经梵本，是沙门朱仕（士）行于于阗遣弟子弗如檀送还洛阳。檀未发顷，彼小乘学僧诣王谗仕（士）行，云经非佛说，仕（士）行于时即求烧经为证，王即许焉。于是积火焚之，投经火中，火灭经存，更增光净。王臣惊骇，咸称神感，遂送达此。”[⑤]

《大唐内典录》载：“《放光般若经》二十卷（第三出，与汉世竺佛朔所译《道行》及《小品》并同本异译别名）。”[⑥]

《大周刊定众经目录》载：“《放光般若经》一部三十卷（或二十卷，五百三十纸）。右，西晋元康元年，沙门无罗叉等于陈留仓垣译，出《内典录》。”[⑦]

《开元释教录》载：“《放光般若波罗蜜经》三十卷（第二出，与《光赞》《大品》等同本，或二十卷，亦云《放光摩诃般若经》，亦云《摩诃般若放光经》。元康元年出，曰《经后记》）。右，一部三十卷，其本见在。沙门无罗叉（《经后记》云无叉罗）于

① ［梁］僧祐：《出三藏记集》卷二，《大正藏》第55册，第7页中。
② ［梁］僧祐：《出三藏记集》卷十三，《大正藏》第55册，第97页中。
③ ［隋］费长房：《历代三宝纪》卷六，《大正藏》第49册，第65页中。
④ ［隋］法经：《众经目录》卷一，《大正藏》第55册，第118页中。
⑤ ［唐］靖迈：《古今译经图纪》卷二，《大正藏》第55册，第354页中。
⑥ ［唐］道宣：《大唐内典录》卷二，《大正藏》第55册，第236页上。
⑦ ［唐］明佺：《大周刊定众经目录》卷二，《大正藏》第55册，第381页下。

阗国人，以惠帝元康元年辛亥五月十五日，于陈留仓恒（《经记》作垣）水南寺译《放光经》一部，至十二月二十四日讫，河南居士竺叔兰口传，祝太玄、周玄明笔受。”①

《贞元新定释教目录》载：“《光般若波罗蜜经》三十卷（第二出，与《光赞大品》等同本，或二十卷，亦云《放光摩诃般若经》，亦云《摩诃般若放光经》元康元年出，见《经后记》）。右，一部三十卷，其本见在，沙门无罗叉（《经后记》云无叉罗），于阗国人，以惠帝元康元年辛亥五月十五日，于陈留仓恒（《经记》作洹）水南寺译《放光经》一部，至十二月二十四日讫，河南居士竺叔兰口传，祝太玄、周玄明笔受。”②

《〈放光经〉记》撰就

《历代三宝纪》载：“以元康元年五月十五日，众贤者皆集议，晋书正写。时执胡本者于阗沙门无叉罗、优婆塞、竺叔兰口传，祝太玄、周玄明共笔受。正书九十章，凡二十万七千六百二十一言。时仓垣诸贤者等，大小皆劝助供养。至其年十二月二十四日，写都讫。经义深奥，又前后写者，参挍不能善悉。”③

按：《历代三宝纪》卷六所载之日期稍异，“得送来达到陈留，还遇于阗僧无罗叉、竺叔兰等，当惠帝世，元康元年五月十日于仓垣水南寺译之。”④

温州平阳墓青瓷五联罐

《试论温州古陶瓷的文化内涵》载：“温州市郊杨府山出土的东汉晚期五联罐、瑞安市塘下场桥出土的百戏堆塑罐、瓯海区藤桥石埠出土的西晋百戏堆塑罐、平阳县鳌江横河村西晋元康元年（291年）墓出土的鸡笼、猪圈、狗舍、水井、灶、火盆、鸡首壶等成套陪葬明器，都是东汉盛行的厚葬风俗的延续。这些明器模仿现实生活中的动物和实用器以及娱乐生活，对于我们了解当时东瓯先民的经济状况与文化艺术生活具有重要意义。两件百戏堆塑罐上的人物戴尖顶帽，高鼻深目，显系西域胡人，他们或吹笙、或击鼓、或倒立杂耍，传播着当时西域地区流行的民间杂技，充满浓郁异域风情，与越窑青瓷堆塑佛寺罐上的胡人有异曲同工之妙，都是研究佛教传播历史的重

---

①［唐］智昇：《开元释教录》卷二，《大正藏》第55册，第497页下。

②［唐］圆照：《贞元新定释教目录》卷四，《大正藏》第55册，第794页下。

③［隋］费长房：《历代三宝纪》卷七，《大正藏》第49册，第47页下。

④［隋］费长房：《历代三宝纪》卷六，《大正藏》第49册，第65页中。

要实证。”①

阮平尔在《浙江省博物馆藏隋以前文物的佛教因素研究》中指出：“1966年浙江省平阳县鳌江种云乡出土。此瓶由盖与瓶身两部分组成，现予详细介绍。盖底为13×14厘米的长方形体，长方体盖板上置庭院式楼阙群。四角各置楼阙一座，楼阙的两面都开有一方孔，两楼阙之间均安两立柱，在柱上置庑殿顶大门。盖的正中是主楼，主楼长5.5、宽4.5、高4.2厘米，庑殿顶，其长边正背面均开有方形门洞一，整体上组成了以主楼为主的完整庭院院落。瓶的上部由正、背、左、右四面和上下两层堆塑群体组成。在中心口的上层四角，各置一小盂，小盂又有一柱与下层相连，其总体上还是五管的式范，只是四小管已是象征性了，不与瓶体相通。正面开有三方孔门洞与瓶体相通，上洞门外左右各置一亭楼，下洞门口在两方柱上盖庑殿顶，上下层间有二兽顶立，构成中洞门。在楼门的正前方左右各置亭阙一座。门楼上部有数只飞鸟簇拥，下部左右有一侍者守立。侍者戴尖顶帽，脸颊窄，深目高鼻，两手均抱长条形器械。背面上层最上部贴饰一骑兽，稍下置两飞鸟与二兽，每只飞鸟各与一只兽头首相接，其中一兽为狮，另一兽长尾瘦身，形体似豹。背面的下层有两方孔门洞与瓶体相通，下洞门口在两方柱上置庑殿式大屋顶，其门口有一大一小的武士骑辟邪立于门口，左侧立一侍者。上方孔门旁，左右各贴佛像一尊，佛像消瘦，背光、肋骨清晰可见。左面上层堆塑三只狮首，接靠瓶体中口者最大，接靠小盂的两只较小，并有飞鸟簇拥。在两小盂与盂柱相连处，各有一猴。下层有伎乐俑六人，有弹琴、拍鼓、耍杂和合掌于胸前作祈拜者。伎乐俑旁立一龟趺，上刻‘元康元年八月二日会稽上虞’碑铭。下层中间紧贴瓶体又有佛像一尊，外面堆塑人面，其中有合掌跪立于胸前者，有右手扶胸者，有手端盘碟果物者，有左手托盏托，右手拿羽觞作欲饮状者，有一人在一高立的容器上用勺舀捞什么，又有手执器械者，也有在瓶体口沿上作双手扶膝而坐者，还有人骑辟邪者，凡十种造像。在小盂柱体连接处，其中左边有猴一只，右边为辟邪。”②

另见宿白之《四川钱树和长江中下游部分器物上的佛像——中国南方发现的早期佛像札记》。③

---

① 伍显军：《试论温州古陶瓷的文化内涵》，《东方博物》2006年第2期。

② 阮平尔：《浙江省博物馆藏隋以前文物的佛教因素研究》，《东南文化》1992年第5期。

③ 宿白：《四川钱树和长江中下游部分器物上的佛像——中国南方发现的早期佛像札记》，《文物》2004年第10期。

晋惠帝元康二年（292）壬子

竺法护译《如来兴显经》

《出三藏记集》载："《如来兴显经》四卷（一本云《兴显如幻经》，元康元年十二月二十五日出）。"①

《历代三宝纪》载："《如来兴显经》五卷（元康元年十二月二十五日出，是《华严经如来性品》，亦云《兴显如幻经》，见《聂道真录》）。"②

《众经目录》载："《如来兴显经》四卷（一名《兴显如幻经》，是《如来性起品》，六十七纸）。晋元康年，竺法护别译。"③

《大唐内典录》载："《如来兴显经》四卷（六十七纸，是《性起品》，西晋元康年，竺法护译）。"④

《古今译经图纪》载："《如来兴显经》（五卷）。"⑤

《大周刊定众经目录》载："《如来兴显经》一部四卷（一名《兴显如幻经》，七十七纸）。右西晋元康年，沙门竺法护译，是《华严经性起品》，出《长房录》。"⑥

《开元释教录》载："《如来兴显经》四卷（一名《兴显如幻经》，元康元年十二月二十五日出，是《华严经如来性起品》及《十忍品》异译，见聂道真及僧祐二《录》）。"⑦

《贞元新定释教目录》载："《如来兴显经》四卷（一名《兴显如幻经》），六十二纸。"⑧

贤首《华严传》云："《如来兴显经》四卷，是性起品，《无量颂偈》乃将《十忍品》后遍之，亦不题。次元康二年，竺法护译此经。"⑨

---

①［梁］僧祐：《出三藏记集》卷二，《大正藏》第55册，第7页下。
②［隋］费长房：《历代三宝纪》卷六，《大正藏》第49册，第62页上。
③［唐］静泰：《众经目录》卷二，《大正藏》第55册，第190页中。
④［唐］道宣：《大唐内典录》卷六，《大正藏》第55册，第285页中。
⑤［唐］靖迈：《古今译经图纪》卷二，《大正藏》第55册，第353页中。
⑥［唐］明佺：《大周刊定众经目录》卷二，《大正藏》第55册，第380页下。
⑦［唐］智昇：《开元释教录》卷二，《大正藏》第55册，第494页上。
⑧［唐］圆照：《贞元新定释教目录》卷二十九，《大正藏》第55册，第1027页上。
⑨［宋］观复：《圆觉经钞辨疑误》卷一，《卍续藏》第10册，第6页中。

青瓷佛饰魂瓶

《中国早期佛教造像研究》载："青瓷佛饰魂瓶，西晋元康二年（292年），高59.2、底径14厘米，现藏江苏省吴县文物管理委员会。1976年3月江苏省吴县枫桥狮子山二号西晋墓出土。顶盖平面方形，边长13.2厘米，周边起院墙，四面辟门，四角有角楼，中央起重楼。上部为二层。前面为门楼、双阙。侧面下层塑一龟趺碑，碑上刻铭'元康二年润月十九超（造）会稽'，另塑大小不一胡俑二十人，作奏乐舞蹈状。上层四隅置四小罐及飞鸟十八只以及朱雀、佛像和熊。下部罐腹贴塑武士、朱雀、天马、熊、鹿、狗、羊、鸡、鱼和骑兽仙人等。按西晋元康二年不置闰，元康三年闰二月，碑铭年月可能系匠人误刻。"①

张志新在《江苏吴县狮子山四号西晋墓》中指出："这件罐的腹部有模印的'佛像'贴塑。这些像身披袈裟，双手合抱，头上有高耸的帕结，并有一圆形的'佛光'，身下有覆莲座。这些形象，与一号墓出土的黄釉堆塑罐上的佛像十分相似，仅较小、简单而已。这些模印像的出现，说明西晋时期青瓷的装饰艺术已经受到了佛教的影响。"②

另见宿白之《四川钱树和长江中下游部分器物上的佛像——中国南方发现的早期佛像札记》。③

僧法兰立棋墅石碑

陈仁锡《剡溪记》载："惟殿后高岗，晋永平元年僧法兰书'棋墅'一字，可珍若'东眺''西眺'二碑隶字，不知何人所书，笔亦奇古。"④

杨维中在《中国佛教通史》中指出："根据报道，2007年3月在上虞东山发现了僧法兰于晋永平二年（292）在东山寺僧法兰所立'棋墅'石碑一方。石碑宽52厘米，高106厘米，厚12厘米，背毛面，正面中部阴刻有楷书字体'棋墅'两字，左侧下部刻'永平二年僧法兰立'。一般而言，上虞东山谢安隐居东山而闻名，如果这一记载属实，则可知远至西晋初期有僧法兰就住于东山。此中的最大疑点是年号问题。'永平'是西晋皇帝晋惠帝司马衷的第二个年号，但该年号只持续了三个月，永平元年三月改

---

① ［韩］李正晓：《中国早期佛教造像研究》，文物出版社，2005年，第60页。

② 张志新：《江苏吴县狮子山四号西晋墓》，《考古》1983年第8期。

③ 宿白：《四川钱树和长江中下游部分器物上的佛像——中国南方发现的早期佛像札记》，《文物》2004年第10期。

④ 李穆南、郄智毅、刘金玲主编：《历代游记》，中国环境科学出版社；学苑音像出版社，2006年，第167页。

元康元年（291）。此碑书永平二年，显然是错的。”[①]

晋惠帝元康三年（293）癸丑

釉陶佛饰魂瓶

《中国早期佛教造像研究》载：“釉陶佛饰魂瓶，西晋元康三年（293年），高33.4、腹径21.2厘米，现藏南京博物院。1955年江苏省南京市中华门外郎家山出土。口沿立五尊佛坐像。正面开门，颈部出沿之上置四小罐，小罐之间立五尊佛坐像，形象模糊。”[②]

另见宿白之《四川钱树和长江中下游部分器物上的佛像——中国南方发现的早期佛像札记》。[③]

晋惠帝元康四年（294）甲寅

竺法护译《圣法印经》等

《出三藏记集》载：“《圣法印经》一卷（天竺名《阿遮昙摩》，又图安公云出《杂阿含》）。”[④]“元康四年十二月二十五日，月支菩萨沙门昙法护，于酒泉演出此（《圣法印经》）经。弟子竺法首笔受。令此深法，普流十方，大乘常住。”[⑤]

《〈慧印三昧〉及〈济方等学〉二经序赞》云：“晋元康四年，菩萨沙门支法护于酒泉出此经，弟子竺法首笔受。而何规所得经本，二经同卷题方等。于法护乱三昧，于支谦实由编写成。然非为诬滥，而一往观览，容生疑惑。聊记所忆，存之末尘，故出别记。”[⑥]

《历代三宝纪》载：“《圣法印经》一卷（元康四年十二月五日于酒泉郡出，竺法首笔受，亦直云《圣印经》，亦云《慧印经》。道安云：‘出《杂阿含》’，见聂

---

① 赖永海主编：《中国佛教通史》（第一卷），江苏人民出版社，2010年，第345—346页。

②［韩］李正晓：《中国早期佛教造像研究》，文物出版社，2005年，第60页。

③ 宿白：《四川钱树和长江中下游部分器物上的佛像——中国南方发现的早期佛像札记》，《文物》2004年第10期。

④［梁］僧祐撰：《出三藏记集》卷二，《大正藏》第55册，第8页上。

⑤［梁］僧祐撰：《出三藏记集》卷七，《大正藏》第55册，第51页中。

⑥［梁］僧祐：《出三藏记集》卷七，《大正藏》第55册，第51页上。

道真及《宝唱录》）。《移山经》一卷（《旧录》云《力士移山经》）。《严净定经》一卷（一名《序世经》）。《慧明经》一卷。《大迦叶本经》一卷。《光世音大势至受决经》一卷（元康年出。亦直云《观世音受记经》，见《聂道真录》）。《诸方佛名功德经》一卷。《目连上净居天经》一卷（一本无‘天’字，出《佛本行集经》）。《普首童真经》一卷（见《聂道真录》）。《十方佛名经》一卷。《三品修行经》一卷（亦云《三品悔过经》。道安云：‘近代人合《大修行经》’）。《金益长者子经》一卷。《众祐经》一卷。《观行不移四事经》一卷。《小法没尽经》一卷。《四妇喻经》一卷。《庐夷亘经》一卷。《盧罗王经》一卷。《檀若经》一卷。《龙施经》一卷。《马王经》一卷。《鹿母经》一卷。《给孤独明德经》一卷（亦云《给孤独氏经》）。《龙王兄弟施达试王经》一卷。《劝化王经》一经。《百佛名经》一卷（初出）。《殖众德本经》一卷。《沙门果证经》一卷。《身观经》一卷。《医王经》一卷。《法观经》一卷。《意经》一卷。《降龙经》一卷。《应法经》一卷。《邪见经》一卷。《何苦经》一卷。《受岁经》一卷。《贫穷经》一卷。《灌腊经》一卷（亦云《般泥洹后四辈灌腊经》）。《密具经》一卷（出《生经》）。《悔过经》一卷（亦云《舍利弗悔过》）。《犯罪经》一卷。《法社经》一卷（世注为疑）。《杂赞经》一卷。《盂兰经》一卷。《分别经》一卷。《腹使经》一卷（出《生经》）。[①]《苦应经》一卷。《闲居经》一卷（出《生经》）。《四种人经》一卷。《七宝经》一卷。《四未曾有经》一卷（亦云《四未有经》）。《八阳经》一卷。《三十二相因经》一卷（或云《菩萨三十二相经》，见《道安录》）。《四自在神通经》一卷。《佛悔过经》一卷。《三转月明经》一卷。《解无常经》一卷。《胎藏经》一卷。《离垢盖经》一卷。《小郁伽经》一卷（与《郁伽长者经》不同）。”[②]

《众经目录》载：“《圣法印经》一卷（晋元康年竺法护译）。”[③]“《圣法印经》一卷（二纸）。晋元康年，竺法护译。”[④]

《古今译经图纪》载：“《圣法印经》（一卷）。”[⑤]

《大唐内典录》载：“《圣法印经》一卷（元康四年十二月五日于酒泉郡出，竺法首笔受，亦直云《圣印经》，亦云《慧印经》。道安云出《杂阿含》，见聂道真及

---

①［隋］费长房：《历代三宝纪》卷六，《大正藏》第49册，第64页上。

②［隋］费长房：《历代三宝纪》卷六，《大正藏》第49册，第64页中。

③［隋］法经：《众经目录》卷三，《大正藏》第55册，第130页上。

④［唐］静泰：《众经目录》卷二，《大正藏》第55册，第195页中。

⑤［唐］靖迈：《古今译经图纪》卷二，《大正藏》第55册，第353页下。

宝唱《录》）。”①

《大周刊定众经目录》载：“《圣法印经》一卷（二纸），右，西晋元康四年竺法护译，出《长房录》。”②

《开元释教录》载：“《圣法印经》一卷（天竺名《阿遮昙摩文图》，出《杂阿含》第三，或无‘法’字，亦云《慧印经》，元康四年十二月五日于酒泉郡出，竺法首笔受，见道真、宝唱、僧祐三《录》）。”③

《贞元新定释教目录》载：“《圣法印经》一卷（天竺名《阿遮昙摩文图》，出《杂阿含》第三，或无‘法’字，亦云《慧印经》，元康四年十二月二十日于醴泉郡竺法首笔受，见真、祐、唱三《录》）。”④

青瓷佛饰魂瓶

《中国早期佛教造像研究》载：“青瓷佛饰魂瓶，西晋元康四年（294年），浙江上虞出土。器口上部贴饰有佛像、乐人以及飞鸟等、腹部有朱雀、羽人、神兽、执捧胡人等。上部为楼阁建筑。器口上龟碑有‘元康四年九月九日’等铭文。”⑤

孙长初在《六朝青瓷中的宗教信仰》中指出：“骑狮人物烛台在江苏省句容市的西晋元康四年墓中也有出土。由于狮子是外来的献贡之物，普通的制瓷工匠难以有机会亲眼目睹，因此不可能准确地把握狮子的现实造型，只能根据佛教徒的宣传、描述，加上自身的理解进行创作，以至于造成这些器物的外形似狮非狮，称谓多样，有狮子、辟邪、麒麟、神兽等名称。”⑥

另见宿白之《四川钱树和长江中下游部分器物上的佛像——中国南方发现的早期佛像札记》。⑦

---

①［唐］道宣：《大唐内典录》卷二，《大正藏》第55册，第234页中。

②［唐］明佺：《大周刊定众经目录》卷九，《大正藏》第55册，第428页上。

③［唐］智昇：《开元释教录》卷二，《大正藏》第55册，第495页上。

④［唐］圆照：《贞元新定释教目录》卷三，《大正藏》第55册，第792页中。

⑤［韩］李正晓：《中国早期佛教造像研究》，文物出版社，2005年，第60页。

⑥ 孙长初：《六朝青瓷中的宗教信仰》，《东南文化》2014年第1期。

⑦ 宿白：《四川钱树和长江中下游部分器物上的佛像——中国南方发现的早期佛像札记》，《文物》2004年第10期。

晋惠帝元康五年（295）乙卯

比丘善惠题记

《中国古代写本识语集录》所录《戒缘》卷下比丘善惠题记云："戒缘下纠，元康五年九月三日，比丘善惠所供养经。"①

另见《魏晋南北朝敦煌文献编年》。②

《犯戒罪报轻重经》比丘善惠题记

《中国古代写本识语集录》所录《犯戒罪报轻重经》比丘善惠题记云："《犯戒罪报轻重经》，元康五年九月七日，比丘惠善写已。"③

另见《魏晋南北朝敦煌文献编年》。④

吴县狮子山青瓷五联罐

《魏晋南北朝瓷器装饰研究》载："晋元康五年（纪年砖）句容孙西村墓青瓷五联罐，有楼阙。有鸟、坐佛、胡人，无贴饰。"⑤

另见宿白之《四川钱树和长江中下游部分器物上的佛像——中国南方发现的早期佛像札记》。⑥

晋惠帝元康六年（296）丙辰

《诸佛要集经》题记

《中国古代写本识语集录》所录《诸佛要集经》题记云："□康二年正月□

① ［日］池田温：《中国古代写本识语集录》，东京大学东洋文化研究所，1990年，第74页。

② 饶宗颐主编，王素、李方著：《魏晋南北朝敦煌文献编年》，新文丰出版公司，1997年，第65—66页。

③ ［日］池田温：《中国古代写本识语集录》，东京大学东洋文化研究所，1990年，第74页。

④ 饶宗颐主编，王素、李方著：《魏晋南北朝敦煌文献编年》，新文丰出版公司，1997年，第66页。

⑤ 王勇：《魏晋南北朝瓷器装饰研究》，山东大学硕士学位论文，2010年，第52页。

⑥ 宿白：《四川钱树和长江中下游部分器物上的佛像——中国南方发现的早期佛像札记》，《文物》2004年第10期。

二日，月支菩萨法护，手执□□授聂承远和上，弟子沙门竺法首笔□□令此经，布流十方，戴佩弘化，速成正□。元康六年三月十八日写已，凡三万十二章，合一万九千五百九十六字。”①

陈国灿在《敦煌藏经洞魏晋写经系年订补——纪念姜亮夫先生编撰〈莫高窟年表〉六十年》中指出：“《诸佛要集经》在敦煌藏经洞所出写经中虽然未见，但在《大藏经》的‘经藏’中却有收入，僧祐《出三藏记集》记西晋高僧竺法护所译佛经时载：‘《要集经》，二卷（下注：或云《诸佛要集经》，天竺曰《佛陀僧祇提》）’其次需要说明的是：《诸佛要集经》古写本，并非出土于库车，据日本《新西域记》载：此件乃1908年日本大谷探险队第二次探险时，由野村荣一郎、橘瑞超于当年12月在吐鲁番吐峪沟的一所古寺庙遗址中所得。……题记中所言的‘和上弟子沙门竺法首’，又见于《圣法印经》后之题记，该记云：‘元康四年十二月二十五日，月支菩萨沙门法护，于酒泉演出此经，弟子竺法首笔受。’表明竺法首是酒泉的高僧，由此也可推知，这件《诸佛要集经》古写本，原来也是写于酒泉。西晋元康年间，既然酒泉的写经能流入到吐鲁番，那么，同样也是可以流布到敦煌的。”②

晋惠帝元康七年（297）丁巳

竺法护译《渐备一切智德经》等

《出三藏记集》载：“元康七年十一月二十一日，沙门法护在长安市西寺中出《渐备经》，手执胡本，译为晋言。”③

《历代三宝纪》载：“《渐备一切智德经》十卷（元康七年出，是《华严十地品》，或五卷，见《聂道真录》）。《闲居经》十卷。”④“《金刚藏菩萨行经》一卷（元康七年于长安市西寺译出，《华严》第二十二卷）。”⑤

《众经目录》载：“《渐备一切智德经》五卷（是《华严经十地品》，或十卷。

---

①［日］池田温：《中国古代写本识语集录》，东京大学东洋文化研究所，1990年，第74页。

②陈国灿：《敦煌藏经洞魏晋写经系年订补——纪念姜亮夫先生编撰〈莫高窟年表〉六十年》，《汉语史学报》2003年。

③［梁］僧祐：《出三藏记集》卷九，《大正藏》第55册，第62页中。

④［隋］费长房：《历代三宝纪》卷六，《大正藏》第49册，第62页上。

⑤［隋］费长房：《历代三宝纪》卷六，《大正藏》第49册，第62页下。

晋元康年，竺法护别译）。”①

《古今译经图纪》载：“《金刚藏菩萨行经》（一卷）。”②

《大唐内典录》载：“《渐备一切智德经》五卷（一百五纸，是《十地品》。西晋元康年，竺法护别译）。”③“《金刚藏菩萨行经》（元康七年于长安市西寺译出，《华严》第二十二卷）。”④

《大周刊定众经目录》载：“《渐备一切智德经》一部五卷（一百二十二纸）。”⑤

《开元释教录》载：“《渐备一切智德经》五卷（一名《十住》，又名《大慧光三昧》，或十卷，元康元年十一月二十一日出，是《华严十地品》异译，见聂道真及僧祐二《录》）。”⑥“《渐备一切智德经》五卷，西晋竺法护译。”⑦“《金刚藏菩萨行经》（出《渐备经》）。”⑧

《贞元新定释教目录》载：“《渐备一切智德经》五卷（一名《十住》，又名《大慧光三昧》，或十卷，元康七年十一月十一日出，是《华严十地品》异译，见聂道真及僧祐二《录》）。”⑨“《渐备一切智德经》五卷（或十卷，一名《十住》，又名《大慧光三昧》），一百五纸。”⑩“《金刚藏菩萨行经》（出《渐备经》）。”⑪

灰陶塔式罐

《中国早期佛教造像研究》载：“灰陶塔式罐，西晋元康七年（297年），高34、腹径21.6厘米，现藏江苏省扬州博物馆。江苏仪征市胥浦乡九十三号西晋墓出土。盖墓出土有‘元康七年七月十日’‘广陵郡舆县张平’铭文砖。陶罐外型四重塔式，顶部一层为四角尖顶圆形屋，上部第二层四面各设一龛，龛内各有一像端坐，旁立一侍者；罐腹部层正面设一门，两侧为双阙，沿罐一周塑持节俑六尊。”⑫

---

①［隋］法经：《众经目录》卷一，《大正藏》第55册，第119页下。
②［唐］靖迈：《古今译经图纪》卷二，《大正藏》第55册，第353页中。
③［唐］道宣：《大唐内典录》卷六，《大正藏》第55册，第285页中。
④［唐］道宣：《大唐内典录》卷六，《大正藏》第55册，第233页下。
⑤［唐］明佺：《大周刊定众经目录》卷十三，《大正藏》第55册，第460页下。
⑥［唐］智昇：《开元释教录》卷二，《大正藏》第55册，第494页上。
⑦［唐］智昇：《开元释教录》卷一，《大正藏》第55册，第726页上。
⑧［唐］智昇：《开元释教录》卷二，《大正藏》第55册，第497页上。
⑨［唐］圆照：《贞元新定释教目录》卷三，《大正藏》第55册，第791页上。
⑩［唐］圆照：《贞元新定释教目录》卷二十九，《大正藏》第55册，第1026页下。
⑪［唐］圆照：《贞元新定释教目录》卷四，《大正藏》第55册，第794页中。
⑫［韩］李正晓：《中国早期佛教造像研究》，文物出版社，2005年，第60—61页。

另见宿白之《四川钱树和长江中下游部分器物上的佛像——中国南方发现的早期佛像札记》。①

张家山墓青瓷五联罐

阮荣春在《“早期佛教造像南传系统”研究概说》中指出：“迄今发现于吴地的百余件早期佛教造像，就器物特征及纪年墓的年代，均显示出雕造于康僧会至建业‘设像行道’前后（康于晋武帝太康元年去世），其中能明确纪年的有24件：江苏江宁张家山谷仓罐西晋元康七年。”②

另见宿白之《四川钱树和长江中下游部分器物上的佛像——中国南方发现的早期佛像札记》。③

晋惠帝元康八年（298）戊午

诃罗竭坐化

《高僧传》载：“至元康八年端坐从化，弟子依西国法阇维之。焚燎累日，而尸犹坐火中水不灰烬，乃移还石室内。”④

青瓷佛饰魂瓶

《中国早期佛教造像研究》载：“青瓷佛饰魂瓶，西晋元康八年（298年），高41、底径13.5厘米，现藏浙江省博物馆。1983年浙江省杭州市杭州钢铁厂西晋墓出土。罐盖平面正方形，中央有一上圆下方重檐殿宇，四周回廊，转角处各塑一球形装饰，状似莲蕾。上部为两层。上层四隅有四盘口小罐，前后面有门屋，单面坡顶。下层前后面有门屋，檐下熊形柱。正面两旁立双阙。左右两侧面塑佛像，一面三尊、一面四尊，模制，皆有肉髻、头光，着通肩大衣，坐双狮莲花座。”⑤

---

① 宿白：《四川钱树和长江中下游部分器物上的佛像——中国南方发现的早期佛像札记》，《文物》2004年第10期。

② 阮荣春：《“早期佛教造像南传系统”研究概说》，《东南文化》1991年第1期。

③ 宿白：《四川钱树和长江中下游部分器物上的佛像——中国南方发现的早期佛像札记》，《文物》2004年第10期。

④［梁］慧皎：《高僧传》卷十，《大正藏》第50册，第389页上。

⑤［韩］李正晓：《中国早期佛教造像研究》，文物出版社，2005年，第61页。

另见李刚之《青瓷风韵：永恒的千峰翠色》[①]、宿白之《四川钱树和长江中下游部分器物上的佛像——中国南方发现的早期佛像札记》。[②]

晋惠帝元康九年（299）己未

帛远为司马颙所敬

《出三藏记集》载："帛远，字法祖，本姓万氏，河内人。父威达，以儒雅知名，州府辟命皆不行。祖少发道心，启父出家，辞理切至，父不能夺，遂改服从道。祖才思俊彻，敏朗绝伦。诵经日八九千言，研味方等，妙入幽微，世俗坟索，多所该贯。乃于长安造筑精舍，以讲习为业。白黑禀受，几出千人。晋惠之末，太宰河间王颙镇关中，虚心敬重。待以师友之敬。每至闲辰靖夜，辄谈讲道德。于时西府初建，俊乂甚盛，能言之士，咸服其远达。"[③]

《高僧传》载："帛远，字法祖。本姓万氏，河内人。父威达，以儒雅知名。州府辟命，皆不赴。祖少发道心，启父出家。辞理切至，父不能夺。遂改服从道。祖才思俊彻，敏朗绝伦。诵经日八九千言。研味《方等》，妙入幽微。世俗坟素，多所该贯。乃于长安造筑精舍，以讲习为业。白黑宗禀，几且千人。晋惠之末，太宰河间王（司马）颙镇关中，虚心敬重。待以师友之敬。每至，闲辰靖夜辄谈讲道德。于时，西府初建，后又甚盛。能言之士，咸服其远达。"[④]

《晋书》载："（元康九年）以北中郎将、河间王颙为镇西将军，镇关中。"[⑤]

《晋书》载："（元康）九年，代梁王肜为平西将军，镇关中。石函之制，非亲亲不得都督关中，颙于诸王为疏，特以贤举。"[⑥]

《资治通鉴》载："（西晋惠帝元康九年）以河间王颙为镇西将军，镇关中。"[⑦]

按：搜检诸史及《高僧传》，可知司马颙敬重帛远，事或在本年。

---

① 李刚主编：《青瓷风韵：永恒的千峰翠色》，浙江人民美术出版社，1999年，第96—97页。

② 宿白：《四川钱树和长江中下游部分器物上的佛像——中国南方发现的早期佛像札记》，《文物》2004年第10期。

③［梁］僧祐：《出三藏记集》卷十五，《大正藏》第55册，第107页下。

④［梁］慧皎：《高僧传》卷一，《大正藏》第50册，第327页上。

⑤［唐］房玄龄等撰：《晋书》卷四，中华书局，1974年，第95页。

⑥［唐］房玄龄等撰：《晋书》卷五十九，中华书局，1974年，第1620页。

⑦［北宋］司马光：《资治通鉴》卷八十三，中华书局，1956年，第2628页。

晋惠帝永康元年（300）庚申

石崇卒

《广弘明集》载："又诬云：'石崇奉佛亦至，而不免族诛云云。'答曰：'石崇之为人，余所悉也。骄盈耽酒，放僭无度，多藏厚敛，不恤茕独。论才，则有一割之利。计德，则尽无取焉。虽托名事佛，而了无禁戒，即如世人貇清心秽，色厉内荏，口咏禹、汤，而行偶桀、跖。自贻伊祸，又谁之咎乎？"[①]

《资治通鉴》载："（西晋惠帝永康元年）卫尉石崇之甥欧阳建素与相国伦有隙，崇有爱妾曰绿珠，孙秀使求之，崇不与。及淮南王允败，秀因称石崇、潘岳、欧阳建奉允为乱，收之。崇叹曰：'奴辈利吾财尔！'收者曰：'知财为祸，何不早散之？'崇不能答。初，潘岳母常诮责岳曰：'汝当知足，而乾没不已乎！'及败，岳谢母曰：'负阿母。'遂与崇，建皆族诛，籍没崇家。"[②]

按：石崇奉佛之时，待考。今附于其卒年。

竺法护译《飏陀劫三昧经》

《出三藏记集》载："《贤劫经》七卷（《旧录》云《贤劫三昧经》，或云《贤劫定意经》，元康元年七月二十一日出）。"[③]

《历代三宝纪》载："《飏陀劫三昧经》七卷。"[④]

《众经目录》载："《贤劫经》十卷（一云《贤劫三昧经》，或七卷，晋元康年，竺法护译）。"[⑤]"《贤劫经》一十三卷（一百九十五纸），晋元康年，竺法护译。"[⑥]

《古今译经图纪》载："《飏陀劫三昧经》（七卷）。"[⑦]

《大唐内典录》载："《飏陀劫三昧经》七卷。"[⑧]

---

①［唐］道宣：《广弘明集》卷一，《大正藏》第52册，第8页下。
②［北宋］司马光：《资治通鉴》卷八十三，中华书局，1956年，第2644—2645页。
③［梁］僧祐：《出三藏记集》卷二，《大正藏》第55册，第7页中。
④［隋］费长房：《历代三宝纪》卷六，《大正藏》第49册，第62页上。
⑤［隋］法经：《众经目录》卷一，《大正藏》第55册，第117页上。
⑥［唐］静泰：《众经目录》卷一，《大正藏》第55册，第182页上。
⑦［唐］靖迈：《古今译经图纪》卷二，《大正藏》第55册，第353页中。
⑧［唐］道宣：《大唐内典录》卷二，《大正藏》第55册，第232页下。

《大周刊定众经目录》载：“《飏陀劫三昧经》一部七卷。”①

《开元释教录》载：“《贤劫经》十三卷（题云《飏陀劫三昧》，晋曰《贤劫定意经》，永康元年，七月二十一日出，赵文龙笔受。初出，或七卷，或十卷，见道真、僧祐二《录》，房等别存，《飏陀劫三昧经》误也）。”②“《贤劫经》十三卷（题云《飏陀劫三昧》，晋曰《贤劫定意经》，《旧录》云《贤劫三昧经》，或十卷，或七卷。一帙，一百九十二纸）。西晋三藏竺法护译（第一译，两译一阙）。”③

《贞元新定释教目录》载：“《贤劫经》十三卷（题云《飏陀劫三昧经》，晋曰《贤劫定意经》，永康元年七月二十一日出，赵文龙笔受，初出，或十七卷，或十卷，见道真、僧祐二《录》，房《录》别存《飏陀劫三昧经》，误也）。”④

《〈出贤劫经〉记》撰就

《出贤劫经记》云：“永康元年七月二十一日，月支菩萨竺法护，从罽宾沙门得是贤劫三昧，手执口宣。时竺法友，从洛寄来。笔者赵文龙。使其功德，福流十方，普遂蒙恩，离于罪盖。其是经者，次见千佛，稽受道化，受菩萨决，致无生忍。至一切法。十方亦尔。”⑤

巴陵显安寺生异木

《续高僧传》引《荆南记》云：“晋永康元年，僧房床下忽生一树，随伐随生，如是非一，树生逾疾。咸共异之，置而不剪，旬日之间，植柯极栋，遂移房避之。自尔已后，树长便迟，但极晚秀，夏中方有花，叶秋落与众木不殊。多历年稔，人莫识也。后外国僧见，攀而流涕，曰：‘此娑罗树也，佛处其下涅槃。吾思本事，所以泣耳。’而花开细白，不足观采。”⑥

竺叔兰与乐广清谈

《出三藏记集》载：“（竺叔兰）性嗜酒，饮至五六斗方畅。常大醉卧于路傍，仍入河南郡门唤呼，吏录送河南狱。时河南尹乐广，与宾客共酣，已醉，谓兰曰：‘君侨

①［唐］明佺：《大周刊定众经目录》卷十二，《大正藏》第55册，第443页中。
②［唐］智昇：《开元释教录》卷二，《大正藏》第55册，第494页下。
③［唐］智昇：《开元释教录》卷十九，《大正藏》第55册，第710页上。
④［唐］圆照：《贞元新定释教目录》卷三，《大正藏》第55册，第792页上。
⑤［梁］僧祐：《出三藏记集》卷七，《大正藏》第55册，第48页下。
⑥［唐］道宣：《续高僧传》卷二十七，《大正藏》第50册，第663页下。

客，何以学人饮酒？’叔兰曰：‘杜康酿酒，天下共饮，何以侨旧？’广又曰：‘饮酒可尔，何以狂乱乎！’答曰：‘民虽狂而不乱，犹府君虽醉而不狂。’广大笑。时坐客曰：‘外国人那得面白？’叔兰曰：‘河南人面黑尚不疑，仆面白复何怪耶！’于是宾主叹其机辩，遂释之。”①

《世说新语》载：“乐令善于清言，而不长于手笔。将让河南尹，请潘岳为表。潘云：‘可作耳，要当得君意。’乐为述己所以为让，标位二百许语。潘直取错综，便成名笔。时人咸云：‘若乐不假潘之文，潘不取乐之旨，则无以成斯矣。’”②

《资治通鉴》载：“（西晋惠帝永康元年）贾后使黄门自首欲与太子为逆。诏以黄门首辞班示公卿，遣东武公澹以千兵防卫太子，幽于许昌宫，令持书御史刘振持节守之，诏宫臣不得辞送。洗马江统、潘滔、舍人王敦、杜蕤、鲁瑶等冒禁至伊水，拜辞涕泣。司隶校尉满奋收缚统等送狱。其系河南狱者，乐广悉解遣之；系洛阳县狱者，犹未释。都官从事孙琰说贾谧曰：‘所以废徙太子，以其为恶故耳。今宫臣冒罪拜辞，而加以重辟；流闻四方，乃更彰太子之德也，不如释之。’谧乃语洛阳令曹摅使释之；广亦不坐。”③

《资治通鉴》载：“（西晋惠帝永康元年）初，孙秀尝为小吏，事黄门郎潘岳，岳屡挞之。卫尉石崇之甥欧阳建素与相国伦有隙，崇有爱妾曰绿珠，孙秀便求之，崇不与。及淮南王允败，秀因称石崇、潘岳、欧阳建奉允为乱，收之。崇叹曰：‘奴辈利吾财尔！’收者曰：‘知财为祸，何不早散之？’崇不能答。初，潘岳母常诮责岳曰：‘汝当知足，而乾没不已乎！’及败，岳谢母曰：‘负阿母。’遂与崇，建皆族诛，籍没崇家。”④

按：乐广至迟于太安二年（303）已迁尚书令。永康元年（300），时愍怀太子案，乐广解河南狱。乐广将让河南尹，请潘岳为表，而潘岳亦被害于永康元年。故竺叔兰同乐广清谈，此事至迟当发生于本年。

竺叔兰感应缘

《出三藏记集》载：“顷之，（竺叔兰）无疾暴亡，三日还苏。自说入一朱门，金银为堂，见一人，自云是其祖父，谓叔兰曰：‘吾修善累年，今受此报。汝罪人，

① ［梁］僧祐：《出三藏记集》卷十三，《大正藏》第55册，第98页中。

② 徐震堮：《世说新语校笺》，中华书局，1984年，第137页。

③ ［北宋］司马光：《资治通鉴》卷八十三，中华书局，1956年，第2637页。

④ ［北宋］司马光：《资治通鉴》卷八十三，中华书局，1956年，第2644—2645页。

何得来耶！’时守门人以杖驱之，入竹林中，见其猎伴为鹰犬所啄啮，流血号叫，求救于叔兰。叔兰走避数十步，值牛头人欲叉之。叔兰曰：‘我累世佛弟子，常供二沙门，何罪见治？’牛头人答：‘此唯受福，不关猎罪。’俄而见其两舅来，语牛头曰：‘我等二人恒受其供，恶少善多，可得相免。’遂随道人归。既而还苏，于是改节修慈，专志经法。”①

按：前条竺叔兰醉酒，收系河南狱，乐广与之清谈，并释之。顷之，竺叔兰感应缘。故将此事系于本年。

青铜镀金菩萨坐像

《六朝时代的金铜佛》载：“青铜镀金，菩萨坐像，三国～晋，高9.7厘米。”②

按：该青铜镀金菩萨坐像被解读为三、四世纪之间的作品。兹系于本年。

晋惠帝永宁元年·建始元年（301）辛酉

张轨为凉州刺史

《魏书·释老志》载：“凉州自张轨后，世信佛教。敦煌地接西域，道俗交得其旧式，村坞相属，多有塔寺。”③

《资治通鉴》载：“（西晋惠帝永宁元年）春，正月，以散骑常侍安定张轨为凉州刺史。轨以时方多难，阴有保据河西之志，故求为凉州。”④

---

①［梁］僧祐：《出三藏记集》卷十三，《大正藏》第55册，第98页中。

② 和泉市久保惣記念美術館編：《六朝時代の金銅仏》，久保惣記念美術館，1991年，第1页。《六朝時代の金銅仏》载：“仏像としては異様ながら、腕の位置と、頭光に相当する部分の上端に北魏初期の仏像光背にあらわされるのと同様のパルメット文が刻まれているという点から、仏像と判断した。ただし、頭光の下の両側に張せきり出したふくらみは羽翼の表現で、その下の刻みのある円形部は席を象ったのではないかと推測される。席上に蓮華座（？）があり、その上に宝冠をつけた菩薩が坐し、しかも羽翼をもつ姿にあらわされるのは「古式金銅仏」展図録の図1～6など仏教受容の初相を物語る資料と共通する。光背、衣刻、蓮華座に施された刻線は、仏教彫刻のざっくりとした彫りとは異なり、長い打点を連続させた、漢時代青銅器具の手法を継承している。全面に粉緑色の銹がひろがった様態と像の顔貌からは江南あるいは四川の特質がうかがわれ、揺銭樹や鏡にあらわされた仏教図像の系譜をひく、3～4世紀の西南中国の遺例と考えられる。”

③［北齐］魏收：《魏书》卷一百一十四，中华书局，1974年，第3032页。

④［北宋］司马光：《资治通鉴》卷八十四，中华书局，1956年，第2650页。

释法炬等所出经论

《出三藏记集》载："《楼炭经》六卷（《别录》所载，安录先阙），《大方等如来藏经》一卷（《旧录》云《佛藏方等经》），《法句本末经》四卷（一名《法句喻经》，或六卷，或云《法句譬经》），《福田经》一卷（或云《诸德福田经》）。右四部，凡十二卷。晋惠怀时，沙门法炬译出。其法句喻福田二经，炬与沙门法立共译出。"①

《历代三宝纪》载："右一百三十二部，合一百四十二卷。惠帝世，沙门释法炬出。初，炬共法立同出。立死，炬又自出。多出大部与立所出每相参合，广略异耳。《僧祐录》全不载，既见旧别诸录，依聚继之，庶知有据以考正伪焉。"②

《大唐内典录》载："右，一百三十二部，合一百四十二卷。惠帝世，沙门释法炬出。初，炬共法立同出，立死后，炬又自出，多出大部，与立所出每相参合，广略异耳。《僧祐录》全不载，既见旧别诸《录》，依取继之。庶知有据，以考正伪焉。"③

《佛祖统纪》载："（永宁元年）西天沙门竺叔兰、白法祖、支法度、法立、法炬、共译经百六十五部。炬译《有金贡太山赎罪经》。"④

《十诵律僧俊戒》题记

《中国古代写本识语集录》所录《十诵律僧俊戒》题记云："永宁元年七月，比丘僧俊戒记智。"⑤

《大净法门品经》译出

《〈大净法门品经〉题记》云："《大净法门品经》，建始元年三月二十六日出。"⑥

支法度译《逝童子经》等

《出三藏记集》载："《逝童子经》一卷（与《菩萨逝经》大同小异）。"⑦

《历代三宝纪》载："《逝童子经》一卷（第三出，亦名《长者制经》，亦直云《制

---

①［梁］僧祐：《出三藏记集》卷二，《大正藏》第55册，第9页下—第10上。
②［隋］费长房：《历代三宝纪》卷六，《大正藏》第49册，第66页下。
③［唐］道宣：《大唐内典录》卷二，《大正藏》第55册，第237页下。
④［宋］志磐：《佛祖统纪》卷三十六，《大正藏》第49册，第338页下。
⑤［日］池田温：《中国古代写本识语集录》，东京大学东洋文化研究所，1990年，第75页。
⑥ 方广锠：《敦煌佛教经录辑校》，江苏古籍出版社，1997年，第15页。
⑦［梁］僧祐：《出三藏记集》卷四，《大正藏》第55册，第25页下。

经》，亦云《菩萨逝经》，亦直云《逝经》，五本大同，别译为异名殊耳）。”[①]

《众经目录》载：“《逝童子经》一卷（二纸）。晋世支法度译。”[②]

《大唐内典录》载：“《逝童子经》一卷（第二出，亦名《长者制经》，亦直云《制经》，亦云《菩萨逝经》，亦直云《逝经》，五本文同别译为异名）。”[③]

《古今译经图纪》载：“沙门支法度，于晋惠帝永宁元年岁次辛酉，译《文殊师利现宝藏经》（二卷）。《十善十恶经》（一卷）。《誓童子经》（一卷）。《善生子经》（一卷）。总四部，合五卷。”[④]

《大周刊定众经目录》载：“《逝童子经》一卷（第二出。一名《长者制经》，一名《制经》，亦云《菩萨逝经》，亦云《逝经》，二纸）。右，西晋永宁元年，支法度译，出《长房录》。”[⑤]“《善生子经》一卷（第二）。右，西晋支法度译，出《长房录》。”[⑥]“《文殊师利现宝藏经》一部，二卷（四十九纸）。右，西晋惠帝永兴元年，沙门支法度译，出《长房录》，《真寂寺录》云与《大方广宝箧经》同本异译。”[⑦]“《分别善恶所起经》一卷（一名《十善十恶经》）。右，西晋惠帝代沙门支法度译，出《长房录》。”[⑧]“《吉善十恶经》，右，支法度译，出《宝唱录》。”[⑨]

《开元释教录》载：“《逝童子经》一卷（第四出。亦名《长者制经》，亦直云《制经》，亦名《菩萨逝经》，亦直云《逝经》。五本大同，别译为异名殊耳，见《宝唱录》）。《善生子经》一卷（初出，与祇多蜜、竺难提等所出同本，出《中阿含》第三十三，异译见支敏度、竺道祖、宝唱等三《录》）。《文殊师利现宝藏经》二卷（第三出，与竺法护所出《现宝藏经》等同本，见《竺道祖录》及《宝唱录》）。《十善十恶经》一卷（初出，见竺道祖《晋录》及《宝唱录》）。右四部，五卷。（《逝童子》等二部二卷见在，《文殊现宝藏》等二部三卷，阙本）。沙门支法度，未详何许人，于惠帝代永宁元年辛酉译《逝童子经》等四部。”[⑩]

---

①［隋］费长房：《历代三宝纪》卷六，《大正藏》第49册，第68页上。
②［唐］静泰：《众经目录》卷二，《大正藏》第55册，第192页下。
③［唐］道宣：《大唐内典录》卷二，《大正藏》第55册，第239页中。
④［唐］靖迈：《古今译经图纪》卷二，《大正藏》第55册，第354页下。
⑤［唐］明佺：《大周刊定众经目录》卷四，《大正藏》第55册，第395页中。
⑥［唐］明佺：《大周刊定众经目录》卷八，《大正藏》第55册，第423页中。
⑦［唐］明佺：《大周刊定众经目录》卷四，《大正藏》第55册，第393页上。
⑧［唐］明佺：《大周刊定众经目录》卷七，《大正藏》第55册，第411页下。
⑨［唐］明佺：《大周刊定众经目录》卷七，《大正藏》第55册，第415页上。
⑩［唐］智昇：《开元释教录》卷二，《大正藏》第55册，第501页中。

《贞元新定释教目录》载："《逝童子经》一卷（第四出，亦名《长者制经》，亦直云《制经》，亦名《菩萨逝经》，亦直云《逝经》，五本大同别译为异名殊耳，见《宝唱录》）。《善生子经》一卷（初出，与祇多密，竺难提等所出同本，出《中阿含第三十三》。异译，见支敏度、竺道祖、宝唱等三《录》）。《文殊师利现宝藏经》二卷（第三出，与竺法护所出《现宝藏经》等同本，出《祖》《唱》二《录》）。《十善十恶经》一卷（初出，见竺道祖《晋录》及《宝唱录》）。右，四部五卷（《逝童子》等二部，二卷，见在。《文殊现宝藏》等二部，三卷，阙本）。沙门支法度，未详何许人，于惠帝代永宁元年辛酉，译《逝童子经》等四部。"①

或写《佛家仪注书》等

陈国灿在《敦煌藏经洞魏晋写经系年订补——纪念姜亮夫先生编撰〈莫高窟年表〉六十年》中指出："三〇一年晋惠帝永宁元年辛酉，或写《佛家仪注书》、《比丘尼忏单波夜提文》，背为《太子赞》。本卷出莫高窟，今存巴黎国民图书馆，P.2924。……现在所能见到真正出自莫高窟的佛经写本，最早也是十六国时期的，而P2924号《比丘尼忏单波夜提文》，恐怕也早不过这个时期。"②

比丘尼智贤或生于本年

《比丘尼传》载："智贤，本姓赵，常山人也。父珍，扶柳县令。贤幼有雅操，志概贞立。及在缁衣，戒行修备，神情凝远，旷然不杂。太守杜霸，笃信黄老，憎嫉释种，符下诸寺，克日简汰。制格高峻，非凡所行。年少怖惧，皆望风奔骇，唯贤独无惧容，兴居自若。集城外射堂，皆是耆德，简试之日，尼众盛壮，唯贤而已。霸先试贤以格，格皆有余。贤仪观清雅，辞吐辩丽。霸密挟邪心，逼贤独住。贤识其意，誓不毁戒法，不苟存身命，抗言拒之。霸怒，以刀斫贤二十余疮，闷绝躄地，霸去乃苏。倍加精进，菜斋苦节，门徒百余人，常如水乳。"③

《比丘尼传》载："晋太和中，年七十余，诵《正法华经》，犹日夜一遍。其所住处，众鸟依栖，经行之时，鸣呼随逐云。"④

① [唐] 圆照：《贞元新定释教目录》卷四，《大正藏》第55册，第798页中。

② 陈国灿：《敦煌藏经洞魏晋写经系年订补——纪念姜亮夫先生编撰〈莫高窟年表〉六十年》，《汉语史学报》2003年。

③ [梁] 宝唱：《比丘尼传》卷一，《大正藏》第50册，第935页上。

④ [梁] 宝唱：《比丘尼传》卷一，《大正藏》第50册，第935页中。

按：《比丘尼传》云智贤东晋废帝太和（366—371）中卒，年七十余。据此推之，比丘尼智贤或生于本年。

晋惠帝永宁二年・太安元年（302）壬戌

竺法护译《五盖疑结失行经》

《出三藏记集》载："《五盖疑结失行经》一卷。（安公云：'不似护公出。'《后记》云：'永宁二年，四月十二日出。'）"①

《历代三宝纪》载："《五盖疑结失行经》一卷（永宁二年四月十二日出，见《聂道真录》）。"②

《众经目录》载："《五盖疑结失行经》一卷（晋永宁年，竺法护译）。"③

《古今译经图纪》载："《五盖疑结失行经》（一卷）。"④

《大唐内典录》载："《五盖疑结失行经》一卷（永宁二年四月十二日出，见《聂道真录》）。"⑤

《大周刊定众经目录》载："《五盖疑结失行经》一卷。右，西晋永明二年，竺法护译，出《长房录》。"⑥

《开元释教录》载："《五盖疑结失行经》一卷（永宁二年四月十二日出，第一译，安公云不似护公出。见《聂道真录》及《僧祐录》）。"⑦"《五盖疑结失行经》一卷，西晋三藏竺法护译（第一译）。"⑧

《贞元新定释教目录》载："《五盖疑结失行经》一卷（永宁二年四月十二日出，第一译。安公云不似护公出，见真、祐《录》）。"⑨

---

①［梁］僧祐：《出三藏记集》卷二，《大正藏》第55册，第8页下。
②［隋］费长房：《历代三宝纪》卷六，《大正藏》第49册，第63页中。
③［隋］法经：《众经目录》卷三，《大正藏》第55册，第128页下。
④［唐］靖迈：《古今译经图纪》卷二，《大正藏》第55册，第353页下。
⑤［唐］道宣：《大唐内典录》卷二，《大正藏》第55册，第234页上。
⑥［唐］明佺：《大周刊定众经目录》卷七，《大正藏》第51册，第410页上。
⑦［唐］智昇：《开元释教录》卷二，《大正藏》第55册，第496页上。
⑧［唐］智昇：《开元释教录》卷十五，《大正藏》第55册，第641页中。
⑨［唐］圆照：《贞元新定释教目录》卷四，《大正藏》第55册，第793页中。

竺法护译《大六向拜经》等

《出三藏记集》载："《大六向拜经》一卷（《旧录》云《六向拜经》，或云《威华长者六向拜经》）。"[①]"《菩萨十住经》一卷。"[②]"《摩调王经》一卷（出《六度集》）。"[③]"竺法护出《鸯掘魔经》一卷。"[④]"《照明三昧经》一卷。"[⑤]

《历代三宝纪》载："《大六向拜经》一卷（太安元年译。或云《尸迦罗越六向拜经》，或直云《六向拜经》见《支敏度》及《宝唱录》）。"[⑥]"《鸯掘魔经》一卷（一名《指鬘经》或作《鸯掘魔罗经》，见《聂道真录》）。《菩萨十住经》一卷（与《菩萨十地经》，大同小异）。《摩调王经》一卷（第二出，与吴世支谦译者大同小异，出《六度集》）。《照明三昧经》一卷。"[⑦]

《众经目录》载："《照明三昧经》一卷（晋世竺法护译）。"[⑧]"《大六向拜经》一卷（一名《威花长者六向拜经》，一名《尸迦罗越六向拜经》，晋世竺法护译）。"[⑨]"《菩萨十住经》一卷（晋世竺法护译）。"[⑩]"《菩萨十住经》一卷（十四纸），晋世竺法护译。"[⑪]"《摩调王经》一卷（晋世竺法护译）。"[⑫]

《古今译经图纪》载："《照明三昧经》（一卷）。"[⑬]"《大六向拜经》（一卷）。"[⑭]"《菩萨十住经》（一卷）。"[⑮]"《摩调王经》（一卷）。"[⑯]

《大唐内典录》载："《照明三昧经》一卷。"[⑰]"《大六向拜经》一卷（太

---

① [梁] 僧祐：《出三藏记集》卷二，《大正藏》第55册，第8页中。
② [梁] 僧祐：《出三藏记集》卷二，《大正藏》第55册，第8页中。
③ [梁] 僧祐：《出三藏记集》卷二，《大正藏》第55册，第8页中。
④ [梁] 僧祐：《出三藏记集》卷二，《大正藏》第55册，第14页下。
⑤ [梁] 僧祐：《出三藏记集》卷二，《大正藏》第55册，第8页中。
⑥ [隋] 费长房：《历代三宝纪》卷六，《大正藏》第49册，第63页中。
⑦ [隋] 费长房：《历代三宝纪》卷六，《大正藏》第49册，第63页中。
⑧ [隋] 法经：《众经目录》卷一，《大正藏》第55册，第116页中。
⑨ [隋] 法经：《众经目录》卷三，《大正藏》第55册，第130页中。
⑩ [隋] 法经：《众经目录》卷一，《大正藏》第55册，第115页下。
⑪ [唐] 静泰：《众经目录》卷一，《大正藏》第55册，第183页下。
⑫ [隋] 法经：《众经目录》卷三，《大正藏》第55册，第128页下。
⑬ [唐] 靖迈：《古今译经图纪》卷二，《大正藏》第55册，第353页下。
⑭ [唐] 靖迈：《古今译经图纪》卷二，《大正藏》第55册，第353页下。
⑮ [唐] 靖迈：《古今译经图纪》卷二，《大正藏》第55册，第353页中。
⑯ [唐] 靖迈：《古今译经图纪》卷二，《大正藏》第55册，第353页下。
⑰ [唐] 道宣：《大唐内典录》卷二，《大正藏》第55册，第234页上。

安元年译，或云《尺迦罗越六向拜经》，或直云《六向拜经》，见支敏度及宝唱《录》）。”[①]“《菩萨十住经》（一卷五纸），西晋竺法护译。”[②]“《摩调王经》一卷（第二出，与吴世支谦译者大同小异，出《六度集》）。”[③]

《大周刊定众经目录》载：“《照明三昧经》一卷（七纸）。右晋代竺法护译，出《长房录》。”[④]“《迦罗越六向拜经》一卷（一名《六向拜》，一名《大六向拜经》，一名《威花长者六向拜》）。”[⑤]“《菩萨十住经》一卷（五纸），右，西晋沙门竺法护译，是《华严经十住品》，出《长房录》。”[⑥]“《摩调王经》一卷（第二出）。右，西晋竺法护译，与支谦译者大同小异，出《长房录》。”[⑦]

《开元释教录》载：“《照明三昧经》一卷（初出，见《僧祐录》）。”[⑧]“《菩萨十住行道品》一卷（是《华严十住品》异译，见隋沙门《法经录》，祐、房二《录》直云《菩萨十住》，即此《行道品》是）。”[⑨]“《大六向拜经》一卷（《旧录》无‘大’字，太安元年译。或云《尸迦罗越六向拜经》，出《长阿含》第十一，异译。见支敏度、僧祐、宝唱三《录》）。”[⑩]“《摩调王经》（《随蓝》等四经并出《六度集》）。”[⑪]

《贞元新定释教目录》载：“《照明三昧经》一卷，西晋三藏竺法护译，第一译。”[⑫]“《菩萨十住行道品》一卷（亦直云《菩萨十住》）。西晋三藏竺法护译，出《法经录》，《拾遗》编入。”[⑬]“《大六向拜经》一卷（《旧录》无‘大’字，太安元年译。或云《尸迦罗越六向拜》，出《长阿含第十一》，异译。见支敏度、僧祐、宝唱三《录》）。”[⑭]“《摩调王经》（《随蓝》等四经，并出《六度集》）。”[⑮]

---

① [唐]道宣：《大唐内典录》卷二，《大正藏》第55册，第234页上。
② [唐]道宣：《大唐内典录》卷六，《大正藏》第55册，第285页中。
③ [唐]道宣：《大唐内典录》卷二，《大正藏》第55册，第234页上。
④ [唐]明佺：《大周刊定众经目录》卷五，《大正藏》第55册，第399页上。
⑤ [唐]明佺：《大周刊定众经目录》卷十四，《大正藏》第55册，第469页上。
⑥ [唐]明佺：《大周刊定众经目录》卷二，《大正藏》第55册，第380页下。
⑦ [唐]明佺：《大周刊定众经目录》卷五，《大正藏》第55册，第402页上。
⑧ [唐]智昇：《开元释教录》卷三，《大正藏》第55册，第247页下。
⑨ [唐]智昇：《开元释教录》卷二，《大正藏》第55册，第494页上。
⑩ [唐]智昇：《开元释教录》卷二，《大正藏》第55册，第496页上。
⑪ [唐]智昇：《开元释教录》卷二，《大正藏》第55册，第497页上。
⑫ [唐]圆照：《贞元新定释教目录》卷二十四，《大正藏》第55册，第966页下。
⑬ [唐]圆照：《贞元新定释教目录》卷二十一，《大正藏》第55册，第920页中。
⑭ [唐]圆照：《贞元新定释教目录》卷四，《大正藏》第55册，第793页中。
⑮ [唐]圆照：《贞元新定释教目录》卷四，《大正藏》第55册，第794页中。

南京墓青瓷五联罐

参见曾凡的《关于福建六朝墓的一些问题》[①]、李军的《论早期越窑青瓷》[②]，以及宿白的《四川钱树和长江中下游部分器物上的佛像——中国南方发现的早期佛像札记》。[③]

晋惠帝太安二年（303）癸亥

竺潜出家

《高僧传》载：“（竺潜）年十八出家，事中州刘元真为师。”[④]

《高僧传》载：“（刘）元真早有才解之誉，故孙绰赞曰：‘索索虚衿，翳翳闲冲。谁其体之，在我刘公。谈能雕饰，照足开蒙。怀抱之内，豁尔每融。’潜伏膺已后，剪削浮华，崇本务学，微言兴化，誉洽西朝。风姿容貌，堂堂如也。”[⑤]

《魏书·释老志》载：“朕承天绪，属当穷运之弊，欲除伪定真，复羲农之治。其一切荡除胡神，灭其踪迹，庶无谢于风氏矣。自今以后，敢有事胡神及造形像泥人、铜人者，门诛。虽言胡神，问今胡人，共云无有。皆是前世汉人无赖子弟刘元真、吕伯强之徒，接乞胡之诞言，用老庄之虚假，附而益之，皆非真实。至使王法废而不行，盖大奸之魁也。”[⑥]

《北山录》载：“刘元真早有才能之誉，深为孙绰所重。”[⑦]

按：据晋武帝太康七年（286）下“竺潜生”条，推之可知，“竺潜出家”条，当发生于本年。

安法钦译《文殊师利现宝藏经》

《出三藏记集》载：“《文殊师利示现宝藏经》二卷。”[⑧]

---

① 曾凡：《关于福建六朝墓的一些问题》，《考古》1994年第5期。

② 李军：《论早期越窑青瓷》，《东南文化》1999年第4期。

③ 宿白：《四川钱树和长江中下游部分器物上的佛像——中国南方发现的早期佛像札记》，《文物》2004年第10期。

④［梁］慧皎：《高僧传》卷一，《大正藏》第50册，第347页下。

⑤［梁］慧皎：《高僧传》卷一，《大正藏》第50册，第347页下。

⑥［北齐］魏收：《魏书》卷一百一十四《释老志》，中华书局，1974年，第3034页。

⑦［唐］神清撰，［宋］慧宝注：《北山录》卷三，《大正藏》第52册，第588页上。

⑧［梁］僧祐：《出三藏记集》卷三，《大正藏》第55册，第19页中。

《历代三宝纪》载："《文殊师利现宝藏经》二卷（太安二年出，或三卷，亦云《示现宝藏经》，见竺道祖《晋世杂录》）。"①

《众经目录》载："《文殊师利现宝藏经》三卷（三十二纸）。晋太始年竺法护译。"②

《古今译经图纪》载："《文殊师利现宝藏经》（二卷）。"③

《大唐内典录》载："《文殊师利现宝藏经》二卷（太安二年出，或三卷，亦云《示现宝藏经》，见竺道祖《晋世杂录》）。"④

《大周刊定众经目录》载："《文殊师利现宝藏经》一部二卷（或名《示现宝藏经》，或三卷）。右，西晋惠帝太安年，安息国沙门安法钦于洛阳译，见《长房录》。"⑤

《开元释教录》载："《文殊师利现宝藏经》二卷（初出，亦云《示现宝藏经》，或三卷，与《宝箧经》等同本，太安年译，见竺道祖《录》）。"⑥

《贞元新定释教目录》载："《文殊师利现宝藏经》二卷（初出，亦云《现宝藏经》，或三卷，与《宝箧经》等同本，大安年译，见《竺道祖录》）。"⑦

竺法护译《弥勒菩萨所问本愿经》等

《出三藏记集》载："《弥勒本愿经》一卷（或云《弥勒菩萨所问本愿经》）。"⑧"《弥勒成佛经》一卷（与罗什所出异本）。"⑨"《佛为菩萨五梦经》一卷（《旧录》云《佛五梦》或云《太子五梦》）。"⑩"《五百弟子本起经》一卷（《旧录》云《五百弟子自说本末经》，或云《佛五百弟子自说本起经》）。"⑪"《胞胎经》一卷（《旧录》云《胞胎受身经》）。"⑫"《奈女耆域经》一卷（或云《奈女经》）。"⑬

《历代三宝纪》载："《弥勒菩萨所问本愿经》一卷（大安二年五月十七日

---

① [隋] 费长房：《历代三宝纪》卷六，《大正藏》第49册，第65页上。
② [唐] 静泰：《众经目录》卷二，《大正藏》第55册，第191页上。
③ [唐] 靖迈：《古今译经图纪》卷二，《大正藏》第55册，第354页中。
④ [唐] 道宣：《大唐内典录》卷二，《大正藏》第55册，第236页上。
⑤ [唐] 明佺：《大周刊定众经目录》卷四，《大正藏》第55册，第393页上。
⑥ [唐] 智昇：《开元释教录》卷二，《大正藏》第55册，第497页中。
⑦ [唐] 圆照：《贞元新定释教目录》卷四，《大正藏》第55册，第794页下。
⑧ [梁] 僧祐：《出三藏记集》卷二，《大正藏》第55册，第8页中。
⑨ [梁] 僧祐：《出三藏记集》卷二，《大正藏》第55册，第8页上。
⑩ [梁] 僧祐：《出三藏记集》卷二，《大正藏》第55册，第8页中。
⑪ [梁] 僧祐：《出三藏记集》卷二，《大正藏》第55册，第8页中。
⑫ [梁] 僧祐：《出三藏记集》卷二，《大正藏》第55册，第8页中。
⑬ [梁] 僧祐：《出三藏记集》卷二，《大正藏》第55册，第8页中。

译。一名《弥勒菩萨本愿经》，一名《弥勒难经》，见《聂道真录》及《竺道祖录》）。”①“《弥勒成佛经》一卷（太安二年出。一名《弥勒当来下生经》，见《聂道真录》）。”②“《舍利弗目连游诸国经》一卷（或云《舍利弗摩诃目揵连游诸四卫经》）。《瑠璃王经》一卷。《宝施女经》一卷（一名《须摩提法律三昧经》，见《聂道真录》）。《佛为菩萨五梦经》一卷（太安二年五月译。一名《佛五梦》，一名《太子五梦》，一名《仙人五梦》，见《旧录》及《聂道真录》）。《摩诃目揵连本经》一卷（一本有‘诃’无‘揵’字）。《太子墓魄经》一卷（第二出）。《四不可得经》一卷（见聂道真及正度等《录》）。《菩萨悔过法经》一卷（或无‘经’字。下注云出《龙树十住论》）。《乳光经》一卷（与《犊子经》本同译别）。”③“《心明女梵志妇饭汁施经》一卷（亦直云《心明经》）。”④“《五百弟子自说本起经》一卷（太安二年五月译。《旧录》云《五百弟子说本末经》，见《聂道真录》。）《师子月佛生经》一卷（大安年译，见《聂道真录》）。《迦叶结集传经》一卷（或云《结集戒经》，见《聂道真录》）。《柰女耆域经》一卷（太安年出。一名《柰女经》，见《聂道真录》）。《胞胎经》一卷（太安二年八月一日译。或云《胞胎受身经》，见《聂道真录》）。《维摩诘所说法门经》一卷（太安二年四月一日译。是第三出，与汉世严佛调、吴世支谦出者大同小异，见《聂道真录》）。《郁伽罗越问菩萨行经》一卷（或云《郁伽长者经》，即《大郁伽经》。或二卷是第三出，与魏世康僧铠、吴世支谦译本同广略文异。见道安及支敏度等《录》）。《幻士仁贤经》一卷（见《聂道真录》）。《决总持经》一卷（一云《决定总持经》）。《首意女经》一卷（一云《梵女首意经》）。《舍头谏经》一卷（亦云《大子二十八宿经》，亦云《虎耳意经》，与《摩登伽经》同本异出，第二译，与汉世安世高所出者小异，见《释道安录》）。《十二因缘经》一卷（第三出，与汉世安世高出，《内典》亦云《贝多树下思惟十二因缘经》）。《六十二见经》一卷（亦云《梵网六十二见经》，见《竺道祖录》）。《四自侵经》一卷。《无言童子经》一卷（或二卷，亦云《无言菩萨经》。出大集，见《聂道真录》）。”⑤

---

①［隋］费长房：《历代三宝纪》卷六，《大正藏》第49册，第63页上。
②［隋］费长房：《历代三宝纪》卷六，《大正藏》第49册，第63页上。
③［隋］费长房：《历代三宝纪》卷六，《大正藏》第49册，第63页上。
④［隋］费长房：《历代三宝纪》卷六，《大正藏》第49册，第63页中。
⑤［隋］费长房：《历代三宝纪》卷六，《大正藏》第49册，第63页下。

《众经目录》载："《弥勒菩萨所问本愿经》一卷（晋世竺法护译）。"① "《弥勒成佛经》一卷（十七纸），晋世竺法护译。"② "《佛为菩萨五梦经》一卷（一名《佛五梦》，一名《大子五》，晋世竺法护译）。"③ "《五百弟子自说本起经》一卷（晋太康年，竺法护译）。"④ "《胞胎经》一卷（一名《胞胎受身经》，十五纸）。晋太安年，竺法护译。"⑤

《古今译经图纪》载："《弥勒菩萨所问本愿经》（一卷）。"⑥ "《弥勒成佛经》（一卷）。"⑦ "《佛为菩萨五梦经》（一卷）。"⑧ "《五百弟子自说本起经》（一卷）。"⑨ "《师子月佛生经》（一卷）。"⑩ "《胞胎经》（一卷）。"⑪ "《维摩诘所说法门经》（一卷）。"⑫

《大唐内典录》载："《弥勒菩萨所问本愿经》一卷（大安二年五月十七日译，一名《弥勒本愿经》，一名《弥勒难经》，见《聂道真录》及《竺道祖录》）。"⑬ "《弥勒成佛经》（一卷十七纸），西晋竺法护译。"⑭ "《佛为菩萨五梦经》一卷（太安二年五月译，一名《佛五梦》，一名《太子五梦》，一名《仙人五梦》，见《旧录》及《聂道真录》）。"⑮ "《五百弟子自说本起经》一卷（太安二年五月译。《旧录》云《五百弟子说本末经》，见《聂道真录》）。"⑯ "《师子月佛生经》一卷（太安年译，见《聂道真录》）。"⑰ "《胞胎经》一卷（太安二年八月一日译，或云《胞胎受身经》，见《聂

① [隋] 法经：《众经目录》卷一，《大正藏》第55册，第116页中。
② [唐] 静泰：《众经目录》卷二，《大正藏》第55册，第191页下。
③ [隋] 法经：《众经目录》卷六，《大正藏》第55册，第144页下。
④ [隋] 法经：《众经目录》卷三，《大正藏》第55册，第128页中。
⑤ [唐] 静泰：《众经目录》卷一，《大正藏》第55册，第186页下。
⑥ [唐] 靖迈：《古今译经图纪》卷二，《大正藏》第55册，第353页中。
⑦ [唐] 靖迈：《古今译经图纪》卷二，《大正藏》第55册，第353页下。
⑧ [唐] 靖迈：《古今译经图纪》卷二，《大正藏》第55册，第353页下。
⑨ [唐] 靖迈：《古今译经图纪》卷二，《大正藏》第55册，第353页下。
⑩ [唐] 靖迈：《古今译经图纪》卷二，《大正藏》第55册，第353页下。
⑪ [唐] 靖迈：《古今译经图纪》卷二，《大正藏》第55册，第353页下。
⑫ [唐] 靖迈：《古今译经图纪》卷二，《大正藏》第55册，第353页下。
⑬ [唐] 道宣：《大唐内典录》卷二，《大正藏》第55册，第233页下。
⑭ [唐] 道宣：《大唐内典录》卷六，《大正藏》第55册，第291页下。
⑮ [唐] 道宣：《大唐内典录》卷二，《大正藏》第55册，第233页下。
⑯ [唐] 道宣：《大唐内典录》卷二，《大正藏》第55册，第234页中。
⑰ [唐] 道宣：《大唐内典录》卷二，《大正藏》第55册，第234页中。

道真录》）。”[①]“《奈女耆域经》（十九纸），西晋竺法护译。”[②]

《大周刊定众经目录》载：“《弥勒菩萨所问本愿经》一卷（一名《弥勒菩萨本愿经》，一名《弥勒菩萨难经》，九纸）。右，西晋代竺法护译，出《内典录》。”[③]“《弥勒成佛经》一卷（一名《弥勒当来下生经》，第一译，十七纸）。右，西晋太安年竺法护译，见《内典录》。”[④]“《佛为菩萨五梦经》一卷（第二译，一名《佛五梦经》，一名《太子五梦经》，一名《仙人五梦经》）。右，西晋太安二年，竺法护译，见《旧录》及《道真录》。”[⑤]“《五百弟子自说本缘经》一卷（《化度录》云《五百弟子自说本起经》，二十四纸）。右，西晋太康年竺法护译，出《内典录》。”[⑥]“《胞胎经》一卷（一名《胞胎受身经》，十七纸）。右，西晋代太安年竺法护译，出《内典录》。”[⑦]“《奈女耆域经》一卷（或云《柰女经》）。”[⑧]

《开元释教录》载：“《弥勒菩萨所问本愿经》一卷（初出，太安二年五月十一日译，或无‘所问’二字，亦云《弥勒本愿经》，一名《弥勒难经》，与《宝积弥勒所问会》等同本，见道真、道祖、僧祐三《录》）。”[⑨]“《弥勒成佛经》一卷（初出，一名《弥勒当来下生经》，太安二年出，一十七纸，见《聂道真录》及《僧祐录》）。”[⑩]“《佛为菩萨五梦经》一卷（太安二年五月译，第二出，一名《佛五梦经》，一名《太子五梦经》，一名《仙人五梦经》，见《旧录》及道真、僧祐二《录》）。”[⑪]“《五百弟子自说本起经》一卷（太安二年五月译，或云《佛五百弟子自说本起》。《旧录》云《五百弟子自说本末经》亦云《五百弟子本起经》，见道真、僧祐二《录》）。”[⑫]“《胞胎经》一卷（《旧录》云《胞胎受身经》，太安二年八月

①［唐］道宣：《大唐内典录》卷二，《大正藏》第55册，第234页中。

②［唐］道宣：《大唐内典录》卷九，《大正藏》第55册，第323页上。

③［唐］明佺：《大周刊定众经目录》卷一，《大正藏》第55册，第374页中。

④［唐］明佺：《大周刊定众经目录》卷四，《大正藏》第55册，第396页上。

⑤［唐］明佺：《大周刊定众经目录》卷七，《大正藏》第55册，第410页上。

⑥［唐］明佺：《大周刊定众经目录》卷七，《大正藏》第55册，第410页下。

⑦［唐］明佺：《大周刊定众经目录》卷七，《大正藏》第55册，第410页下。

⑧［唐］明佺：《大周刊定众经目录》卷十四，《大正藏》第55册，第469页下。

⑨［唐］智昇：《开元释教录》卷二，《大正藏》第55册，第493页下。

⑩［唐］智昇：《开元释教录》卷二，《大正藏》第55册，第495页中。

⑪［唐］智昇：《开元释教录》卷二，《大正藏》第55册，第496页上。

⑫［唐］智昇：《开元释教录》卷二，《大正藏》第55册，第495页上。

一日出，与《宝积处胎会》同本，见《聂道真录》及《僧祐录》）。”[①]“《奈女耆域因缘经》一卷（或云《奈女耆域经》，或直云《奈女经》，或云《奈女耆域国》者，误也。一十七纸）。”[②]“《维摩诘所说法门经》一卷（太安二年四月一日译，第四出，见《聂道真录》。《祐录》直云《维摩诘经》。《祐录》又有《删维摩诘经》，祐云意谓先出《维摩》繁重，护删出逸偈也）。”[③]

《贞元新定释教目录》载：“《弥勒菩萨所问本愿经》一卷（初出，太安二年五月十一日译。或无‘所问’二字，亦云《弥勒本愿经》，一名《弥勒难经》。与《宝积弥勒所问会》等同本，见道真、道祖、僧祐三《录》）。”[④]“《弥勒成佛经》一卷（一名《弥勒当来下生经》，十七纸）。西晋三藏竺法护译，第一译。右一经，前后两译，一存一阙。”[⑤]“《佛为菩萨五梦经》一卷（太安二年五月译，第二出，一名《佛五梦经》，一名《太子五梦经》，一名《仙人五梦经》，见《旧录》及真、祐《录》）。”[⑥]“《五百弟子自说本起经》一卷（大安二年五月译，或云《佛五百弟子自说本起》。《旧五百弟子自说本来经》亦云《五百弟子本起经》，见真、祐二《录》）。”[⑦]“《胞胎经》一卷（《旧录》云《胞胎受身经》。太康二年八月一日出，初出，与《宝积处胎会》同本，见《聂道真录》及《僧祐录》）。”[⑧]“《奈女耆域经》一卷（或云《奈女经》，太安年译，第二出，见真、祐《录》）。”[⑨]“《维摩诘所说法门经》一卷（太安二年四月一日译，第四出，见《聂道真录》，直云《维摩诘经》。《祐录》又有《那维摩诘经》，祐云意谓先出《维摩》繁重，护那出逸偈也）。”[⑩]

竺叔兰同支孝龙校定《放光经》

《高僧传》载：“（《放光经》）遂得送至陈留仓垣水南寺。时河南居士竺叔

---

①［唐］智昇：《开元释教录》卷二，《大正藏》第55册，第493页中。
②［唐］智昇：《开元释教录》卷二十，《大正藏》第55册，第717页上。
③［唐］智昇：《开元释教录》卷二，《大正藏》第55册，第495页中。
④［唐］圆照：《贞元新定释教目录》卷三，《大正藏》第55册，第791页上。
⑤［唐］圆照：《贞元新定释教目录》卷二十四，《大正藏》第55册，第963页下。
⑥［唐］圆照：《贞元新定释教目录》卷四，《大正藏》第55册，第793页中。
⑦［唐］圆照：《贞元新定释教目录》卷三，《大正藏》第55册，第792页中。
⑧［唐］圆照：《贞元新定释教目录》卷三，《大正藏》第55册，第790页下。
⑨［唐］圆照：《贞元新定释教目录》卷四，《大正藏》第55册，第793页中。
⑩［唐］圆照：《贞元新定释教目录》卷三，《大正藏》第55册，第792页下。

兰，本天竺人。父世避难居于河南，兰少好游猎。后经暂死，备见业果。因改励专精，深崇正法，博究众音，善于梵汉之语。又有无罗叉比丘，西域道士。稽古多学，乃手执梵本，叔兰译为晋文，称为《放光波若》，皮牒故本今在豫章。至太安二年，支孝龙就叔兰一时写五部校为定本。时未有品目，旧本十四匹，缣令写为二十卷。"[①]

《高僧传》载："支孝龙，淮阳人。少以风姿见重，加复神彩卓荦，高论适时。常披味《小品》以为心要。陈留阮瞻、颖川庾凯并结知音之交，世人呼为八达。时或嘲之曰：'大晋龙兴，天下为家。沙门何不全发肤去袈裟释胡服被绫罗？'龙曰：'抱一以逍遥，唯寂以致诚。剪发毁容，改服变形。彼谓我辱，我弃彼荣。故无心于贵，而愈贵。无心于足，而愈足矣。'其机辩适时皆此类也。时竺叔兰初译《放光经》，龙既素乐无相。得即披阅，旬有余日，便就开讲。后不知所终矣。孙绰为之赞曰：'小方易拟，大器难像。桓桓孝龙，克迈高广。物竞宗归，人思效仰。云泉弥漫，兰风肸向。'"[②]

竺法寂至仓垣水北寺求《放光般若经》

《出三藏记集》载："至太安二年十一月十五日，沙门竺法寂来至仓垣水北寺求经本。写时捡取现品五部并胡本，与竺叔兰更共考校书写，永安元年四月二日讫，于前后所写捡最为差定，其前所写可更取校。"[③]

晋惠帝永安元年·永兴元年·前赵元熙元年（304）甲子

竺法护译《所欲致患经》等

《出三藏记集》载："《灭十方冥经》一卷（元熙元年八月十四日出）。"[④]"《所欲致患经》一卷。"[⑤]"《菩萨斋法》一卷（一名《菩萨正斋经》，一名《持斋

① ［梁］慧皎：《高僧传》卷四，《大正藏》第50册，第346页中。
② ［梁］慧皎：《高僧传》卷四，《大正藏》第50册，第346页下。
③ ［梁］僧祐：《出三藏记集》卷七，《大正藏》第55册，第47页下。
④ ［梁］僧祐：《出三藏记集》卷二，《大正藏》第55册，第8页上。
⑤ ［梁］僧祐：《出三藏记集》卷二，《大正藏》第55册，第8页下。

经》）。”[①]“《过去佛分卫经》一卷（《旧录》云《过世佛分卫经》）。”[②]

《历代三宝纪》载：“《所欲致患经》一卷（太安三年正月译，见聂道真及王宗等《录》）。《法没尽经》一卷（或作‘灭’字，一云《空寂菩萨所问经》，第二译，与吴世支谦出者同）。《菩萨斋法经》一卷（或无‘经’字，一名《正斋》，一名《持斋》，一名《贤首菩萨斋法》）。《独证自誓三昧经》一卷（一名《如来自誓三昧经》）。《过去佛分卫经》一卷（或云《过去》，见《旧录》）。”[③]“《灭十方冥经》一卷（光熙元年八月十四日出。一本无‘灭’字，见《聂道真录》）。”[④]

《众经目录》载：“《所欲致患经》一卷（二纸）。晋世竺法护译。”[⑤]“《灭十方冥经》一卷（晋元熙年竺法护译）。”[⑥]

《古今译经图纪》载：“《灭十方冥经》（一卷）。”[⑦]“《所欲致患经》（一卷）。”[⑧]

《大唐内典录》载：“《过去佛分卫经》（二纸，西晋竺法护译）。”[⑨]“《灭十方冥经》一卷（光熙元年八月十四日出，一本无‘灭’字，见《聂道真录》）。”[⑩]“《所欲致患经》（二纸），西晋竺法护译。”[⑪]“《所欲致患经》一卷（太安三年正月译，见聂道真及王宗《录》）。”[⑫]

《大周刊定众经目录》载：“《菩萨斋经》一卷（一名《贤首菩萨斋法经》）。右，西晋竺法护译，出《长房录》。”[⑬]“《菩萨斋法经》一卷（一名《正斋经》，一名《持斋经》，八纸）。右，晋代竺法护译，出《长房录》。”[⑭]“《所欲致患经》一卷（三纸）。右，西晋竺法护译，出《长房录》。”[⑮]

---

①［梁］僧祐：《出三藏记集》卷二，《大正藏》第55册，第8页下。
②［梁］僧祐：《出三藏记集》卷二，《大正藏》第55册，第8页下。
③［隋］费长房：《历代三宝纪》卷六，《大正藏》第49册，第63页中。
④［隋］费长房：《历代三宝纪》卷六，《大正藏》第49册，第63页中。
⑤［唐］静泰：《众经目录》卷一，《大正藏》第55册，第187页上。
⑥［隋］法经：《众经目录》卷一，《大正藏》第55册，第115页下。
⑦［唐］靖迈：《古今译经图纪》卷二，《大正藏》第55册，第353页中。
⑧［唐］靖迈：《古今译经图纪》卷二，《大正藏》第55册，第353页下。
⑨［唐］道宣：《大唐内典录》卷九，《大正藏》第55册，第322页下。
⑩［唐］道宣：《大唐内典录》卷二，《大正藏》第55册，第234页上。
⑪［唐］道宣：《大唐内典录》卷九，《大正藏》第55册，第323页上。
⑫［唐］道宣：《大唐内典录》卷二，《大正藏》第55册，第234页上。
⑬［唐］明佺：《大周刊定众经目录》卷六，《大正藏》第55册，第404页中。
⑭［唐］明佺：《大周刊定众经目录》卷一，《大正藏》第55册，第404页中。
⑮［唐］明佺：《大周刊定众经目录》卷七，《大正藏》第55册，第411页上。

《开元释教录》载："《所欲致患经》一卷（初出，太安三年正月译，见道真、王宗、僧祐三《录》）。"①

《贞元新定释教目录》载："《灭十方冥经》一卷（光熙元年八月十四日出，或云《十方灭冥经》，见《聂道真录》及《僧祐录》）。"②"《所欲致患经》一卷（初出，太安三年正月译，见道真、王宗、僧祐三《录》）。"③"《所欲致患经》一卷，西晋三藏竺法护译，第一译（二译一阙）。"④

按：晋惠帝太安年号，止两年。若云太安三年，即本年也。

竺法寂与竺叔兰考校《放光般若经》为定本

《出三藏记集》载："至太安二年十一月十五日，沙门竺法寂来至仓垣水北寺。求经本写时，捡取现品五部并胡本，与竺叔兰更共考挍书写。永安元年四月二日讫。于前后所写，检最为差定。其前所写，可更取挍。晋胡音训，畅义难通，诸开士大学文生书写供养。讽诵读者，愿留三思，恕其不逮也。"⑤

《放光经记》

《放光经记》云："惟昔大魏颖川朱士行，以甘露五年出家，学道为沙门。出塞西至于阗国，写得正品梵书，胡本九十章，六十万余言。以太康三年，遣弟子弗如檀，晋字法饶，送经胡本至洛阳。住三年，复至许昌。二年后至陈留界仓垣水南寺。以元康元年五月十五日，众贤者皆集议，晋书正写。时执胡本者，于阗沙门无叉罗、优婆塞竺叔兰口传，祝太玄、周玄明共笔受。正书九十章，凡二十万七千六百二十一言。时仓垣诸贤者等，大小皆劝助供养。至其年十二月二十四日写都讫。经义深奥，又前后写者，参校不能善悉。至太安二年十一月十五日，沙门竺法寂来至仓垣水北寺。求经本写时，检取现品五部并胡本，与竺叔兰更共考校书写。永安元年四月二日讫。于前后所写，检最为差定。其前所写，可更取校。晋胡音训，畅义难通，诸开士大学文生书写供养。讽诵读者，愿留三思，恕其不逮也。"⑥

---

①［唐］智昇：《开元释教录》卷二，《大正藏》第55册，第495页上。

②［唐］圆照：《贞元新定释教目录》卷三，《大正藏》第55册，第792页上。

③［唐］圆照：《贞元新定释教目录》卷三，《大正藏》第55册，第792页中。

④［唐］圆照：《贞元新定释教目录》卷二十三，《大正藏》第55册，第949页上。

⑤［梁］僧祐：《出三藏记集》卷七，《大正藏》第55册，第47页下。

⑥［晋］未详作者：《放光经记》，［梁］僧祐《出三藏记集》卷七，《大正藏》第55册，第47页下。

晋惠帝永兴二年（305）乙丑

帛远欲潜遁陇右

《出三藏记集》载："祖见群雄交争，干戈方始，志欲潜遁陇右，以保雅操。会张辅为秦州刺史，镇陇上，祖与之俱行。辅以祖名德显著，众望所归，欲令反服，为己僚佐。祖固志不移，由是结憾。先有州人管蕃与祖论议，屡屈于祖，蕃深衔耻恨，每加谗构。"①

《高僧传》载："祖见群雄交争，干戈方始。志欲潜遁陇右以保雅操。会张辅为秦州刺史镇陇上，祖与之俱行。辅以祖名德显著，众望所归，欲令反服为己僚佐。祖固志不移，由是结憾。先有州人管蕃与祖论议屡屈于祖，蕃深衔耻恨，每加谗构。"②

《资治通鉴》载："（东晋惠帝永兴二年）颙以冯翊太守张辅为秦州刺史……张辅至秦州，杀天水太守封尚，欲以立威。"③

《大般涅槃经》题记

董作宾之《敦煌纪年表》载："永兴二年（305年）二月二十日水曹参军夏生所写供养《大般涅槃经》。"④

晋惠帝光熙元年·成汉晏平元年（306）丙寅

安法钦译《大阿育王经》

《出三藏记集》载："《大阿育王经》一卷（云佛在波罗奈者）。"⑤

《历代三宝纪》载："《大阿育王经》五卷（光熙年出，见竺道祖《晋世杂录》）。"⑥

---

①［梁］僧祐：《出三藏记集》卷十五，《大正藏》第55册，第107页中。

②［梁］慧皎：《高僧传》卷一，《大正藏》第50册，第327页上。

③［北宋］司马光：《资治通鉴》卷八十六，中华书局，1956年，第2708页。

④ 董作宾：《董作宾先生全集·乙编》第三册，艺文印书馆，1977年，第201页。

⑤［梁］僧祐：《出三藏记集》卷五，《大正藏》第55册，第38页下。

⑥［隋］费长房：《历代三宝纪》卷六，《大正藏》第49册，第65页上。

《古今译经图纪》载："《大阿育王经》（五卷）。"①

《大唐内典录》载："《大阿育王经》五卷（光熙年出，见竺道祖《晋世杂录》）。"②

《大周刊定众经目录》载："《大阿育王经》一部，五卷。右，西晋惠帝代光熙年，安息国沙门安法钦于洛阳译。"③

《开元释教录》载："《阿育王传》七卷（或加'大'字，亦云《大阿育王经》，或五卷，初出，与梁译《育王经》同本，光熙年译，见《竺道祖录》）。"④"《阿育王传》七卷（亦云《大阿育王经》，或五卷）。西晋安息三藏安法钦译（第一译）。右二《传》同本异译，佛圆寂后一百年余，育王出世，方有此《传》。《大周录》中编在《大乘经》中者，误也（长房等《录》复云僧伽婆罗更出《育王传》五卷者，误也。前经即《传》，不合重载）。"⑤"《阿育王传》七卷（或加'大'字，或五卷，亦云《大阿育王经》），一百纸。"⑥

《贞元新定释教目录》载："《阿育王传》七卷（或加'大'字，亦云《大阿育王经》。或五卷，初出，与梁译《育王经》同本。光熙年译，见《竺道祖录》）。"⑦"《阿育王传》七卷（或加'大'字，或五卷，亦云《大阿育王经》），一百纸。"⑧

安法钦尝译《道神足无极变化经》等

《历代三宝纪》载："《道神足无极变化经》二卷（第二译，或三卷，四卷即是竺法护所出《佛升忉利天为母说法经》同本别名，文小异，见竺道祖《晋世杂录》）。《阿难目佉经》一卷（与《微密持经》本同名异，见竺道祖《晋世杂录》，有作目法字）。"⑨

《古今译经图纪》载："沙门安法钦，安息国人。学赡众经，语兼晋俗，幽鉴无滞，克畅玄门。以晋武帝太康二年岁次辛丑讫惠帝光熙元年岁次丙寅，于洛阳译《大阿育王经》（五卷），《道神足无极变化经》（一卷），《文殊师利现宝藏经》（二卷），

---

①［唐］靖迈：《古今译经图纪》卷二，《大正藏》第55册，第354页中。
②［唐］道宣：《大唐内典录》卷二，《大正藏》第55册，第236页上。
③［唐］明佺：《大周刊定众经目录》卷五，《大正藏》第51册，第400页中。
④［唐］智昇：《开元释教录》卷二，《大正藏》第55册，第497页中。
⑤［唐］智昇：《开元释教录》卷十三，《大正藏》第55册，第623页上。
⑥［唐］智昇：《开元释教录》卷二十，《大正藏》第55册，第696页下。
⑦［唐］圆照：《贞元新定释教目录》卷四，《大正藏》第55册，第794页下。
⑧［唐］圆照：《贞元新定释教目录》卷三十，《大正藏》第55册，第1045页上。
⑨［隋］费长房：《历代三宝纪》卷六，《大正藏》第49册，第65页上。

《阿阇世王经》（二卷），《阿难目佉经》（一卷）。总五部，合一十二卷。”①

按：安法钦，生卒事迹不详。唯知其于西晋武帝太康二年至惠帝光熙元年于洛阳译经，余事无考。兹附其事迹于光熙元年。

竺法护译《灭十方冥经》

《历代三宝纪》载：“《灭十方冥经》一卷（光熙元年八月十四日出。一本无‘灭’字，见《聂道真录》）。”②

《古今译经图纪》载：“《灭十方冥经》（一卷）。”③

《大唐内典录》载：“《灭十方冥经》一卷（光熙元年八月十四日出，一本无‘灭’字，见《聂道真录》）。”④

《大周刊定众经目录》载：“《灭十方冥经》一卷（初出，一本无‘灭’字，六纸）。右，西晋代光熙元年竺法护译，出《长房录》。”⑤

《开元释教录》载：“《灭十方冥经》一卷（光熙元年八月十四日出，或云《十方灭冥经》，见《聂道真录》及《僧祐录》）。”⑥“《灭十方冥经》一卷（或云《十方灭冥经》，六纸）。”⑦

《贞元新定释教目录》载：“《灭十方冥经》一卷（光熙元年八月十四日出，或云《十方灭冥经》，见《聂道真录》及《僧祐录》）。”⑧“《灭十方冥经》一卷（或云《十方灭冥经》，六纸）。”⑨

优婆塞卫士度译《道行般若经》

《出三藏记集》载：“《摩诃般若波罗蜜道行经》二卷（《众录》并云《道行经》二卷，卫士度略出，今阙）。右一部，凡二卷。晋惠帝时，卫士度略出。”⑩

《高僧传》载：“时晋惠之世，又有优婆塞卫士度，译出《道行般若经》二卷。

---

①［唐］靖迈：《古今译经图纪》卷二，《大正藏》第55册，第354页上。
②［隋］费长房：《历代三宝纪》卷六，《大正藏》第49册，第63页中。
③［唐］靖迈：《古今译经图纪》卷二，《大正藏》第55册，第353页中。
④［唐］道宣：《大唐内典录》卷二，《大正藏》第55册，第234页上。
⑤［唐］明佺：《大周刊定众经目录》卷一，《大正藏》第55册，第374页下。
⑥［唐］智昇：《开元释教录》卷二，《大正藏》第55册，第494页下。
⑦［唐］智昇：《开元释教录》卷十九，《大正藏》第55册，第711页下。
⑧［唐］圆照：《贞元新定释教目录》卷三，《大正藏》第55册，第792页上。
⑨［唐］圆照：《贞元新定释教目录》卷二十九，《大正藏》第55册，第1035页下。
⑩［梁］僧祐：《出三藏记集》卷二，《大正藏》第55册，第10页上。

士度本司州汲郡人，陆沈寒门，安贫乐道，常以佛法为心。当其亡日，清净澡漱，诵经千余言，然后引衣尸卧奄然而卒。”①

《历代三宝纪》载：“《摩诃般若波罗蜜道行经》二卷（第二出。直云《道行经》，与汉世竺佛朔译者文质为异，见竺道祖《晋世杂录》）。右一经二卷，惠帝世优婆塞卫士度略出。从《旧道行中》删改，亦是《小品》及《放光》等要别名耳。未详士度是何许人，传录弗载，缘起莫寻。”②

《众经目录》载：“《道行般若经》二卷（晋世卫士度译）。”③

《大唐内典录》载：“《摩诃般若波罗蜜道行经》二卷（第二出，亦直云《道行经》，与竺佛朔译者文质为异，见《竺道祖晋世杂录》）。右，一经二卷。惠帝世，优婆塞卫士度略出，从《旧道行》中删改，亦是《小品》及《放光》等要别名耳。未详士度是何许人，传录弗载，缘起莫寻。”④

《大周刊定众经目录》载：“《摩诃般若波罗蜜道行经》一部二卷（或直云《道行》）。右，西晋惠帝代，优婆塞卫士度译，出《宝唱录》。”⑤

《开元释教录》载：“又长房等《录》云优婆塞卫士度。于惠帝代，出《摩诃般若波罗蜜道行经》二卷。云从《旧道行》中删改略出（《僧祐录》云众《录》并云《道行经》二卷，卫士度略出）。既取旧经删略，即非梵本别翻。今载别生录中，此不复存也。”⑥“《摩诃般若波罗蜜道行经》二卷（亦直云《道行经新编上》）。右一经，长房等《录》并云西晋惠帝代优婆塞卫士度略出，从《旧道行》中删改，亦是《小品》及《放光》等要别名耳（《撰录》者曰既从《大经》略出，即类别生编正经中，恐将乖误，故附斯《录》）。”⑦

《贞元新定释教目录》载：“优婆塞卫士度于惠帝代出《摩诃般若波罗蜜道行经》二卷。云从《旧道行》中删改略出（《僧祐录》云众经并云《道行经》二卷，卫士度略出也）。既取旧经删略，即非梵本别翻，今载别生录中，此不复存也。”⑧“《摩诃

①［梁］慧皎：《高僧传》卷一，《大正藏》第50册，第327页下。

②［隋］费长房：《历代三宝纪》卷六，《大正藏》第49册，第66页下。

③［隋］法经：《众经目录》卷六，《大正藏》第55册，第144页上。

④［唐］道宣：《大唐内典录》卷二，《大正藏》第55册，第237页下。

⑤［唐］明佺：《大周刊定众经目录》卷二，《大正藏》第55册，第381页下。

⑥［唐］智昇：《开元释教录》卷二，《大正藏》第55册，第501页上。

⑦［唐］智昇：《开元释教录》卷十六，《大正藏》第55册，第651页中。

⑧［唐］圆照：《贞元新定释教目录》卷四，《大正藏》第55册，第798页中。

般若波罗蜜道行经》二卷，亦直云《道行经新编上》。右一经，长房等《录》并云西晋惠帝代优婆塞卫士度略出，从《旧道行》中删改，亦是《小品》及《放光》等异别名耳（撰录者曰既从大经略出，即类别生编正经中，恐将乖误，故附斯《录》）。”[①]

按：卫士度，晋惠帝时人，余事无考。兹系于晋惠帝之末。

耆域至洛阳

《高僧传》载：“耆域者，天竺人也。周流华戎，靡有常所。而倜傥神奇，任性忽俗。迹行不恒，时人莫之能测。自发天竺，至于扶南，经诸海滨，爰及交广，并有灵异。既达襄阳，欲寄载过江，船人见梵沙门衣服弊陋，轻而不载，船达北岸，域亦已度。前行见两虎，虎弭耳掉尾，域以手摩其头，虎下道而去，两岸见者随从成群。以晋惠之末，至于洛阳，诸道人悉为作礼，域胡跪晏然，不动容色。时或告人以前身所更，谓支法渊从牛中来，竺法兴从人中来。又讥诸众僧，谓衣服华丽，不应素法。见洛阳宫城云：‘髣髴似忉利天宫，但自然之与人事不同耳。’域谓沙门耆阇蜜曰：‘匠此宫者从忉利天来，成便还天上矣。屋脊瓦下，应有千五百作器。’时咸云，昔闻此匠实以作器着瓦下。又云，宫成之后，寻被害焉。时衡阳太守南阳滕永文在洛，寄住满水寺，得病经年不差，两脚挛屈不能起行。域往看之，曰：‘君欲得病疾差不。’因取净水一杯，杨柳一枝，便以杨柳拂水，举手向永文而咒，如此者三。因以手搦永文两膝令起，即起行步如故。此寺中有思惟树数十株枯死，域问永文此树死来几时，永文曰：‘积年矣。’域即向树咒，如咒永文法，树寻荑发，扶疏荣茂。尚方暑中有一人病症将死，域以应器着病者腹上，白布通覆之。咒愿数千言，即有臭气熏彻一屋，病者曰：‘我活矣。’域令人举布，应器中有若垽淤泥者数升，臭不可近，病者遂活。洛阳兵乱，辞还天竺。洛中沙门竺法行者，高足僧也。时人方之乐令，因请域曰：‘上人既得道之僧，愿留一言以为永诫。’域曰：‘可普会众人也。’众既集，域升高座曰：‘守口摄身意，慎莫犯众恶。修行一切善，如是得度世。’言讫便禅默，行重请曰：‘愿上人当授所未闻，如斯偈义，八岁童子亦已谙诵，非所望于得道人也。’域笑曰：‘八岁虽诵，百岁不行，诵之何益。人皆知敬得道者，不知行之自得道。悲夫！吾言虽少，行者益多也。’于是辞去。数百人各请域中食，域皆许往。明旦五百舍皆有一域，始谓独过。后相雠问，方知分身降焉。既发，诸道人送至河南城。域徐行，追者不及。域乃以杖画地曰：‘于斯别矣。’其日有从长安来者，见域

① ［唐］圆照：《贞元新定释教目录》卷二十六，《大正藏》第55册，第988页上。

在彼寺中。又贾客胡湿登者，即于是日将暮，逢域于流沙，计已行九千余里。既还西域，不知所终。”①

《弘明集》载：“晋武之初，机缘渐深，耆域耀神通之迹。”②

《法苑珠林》载：“长沙太守滕永文，先颇精进。时在洛阳，两脚风挛经年。域为咒，应时得申，数日起行。满水寺中有思惟树，先枯死。域向之咒，旬日树还生茂。”③

按：耆域至洛阳的时间，《高僧传》未详其年，但云“晋惠之末”、“洛阳兵乱，辞还天竺”之辞，故将耆域至洛阳之事，暂系于此年。

晋惠帝下诏建兴福寺

《法苑珠林》载：“晋惠帝洛下造兴福寺，常供百僧。”④

按：《法苑珠林校注》依高丽藏本，作“兴胜寺”。⑤晋惠帝造兴福寺供僧，事不可详考，兹系于晋惠帝末年。

晋怀帝永嘉元年（307）丁卯

竺法护译《阿差末经》等

《出三藏记集》载：“《无极宝经》一卷（《别录》所载，先阙。《安录》或云《无极宝三昧经》）。”⑥“《阿差末经》四卷（或云《阿差末菩萨经》，《别录》所载，安《录》先阙）。”⑦

《历代三宝纪》载：“《无极宝三昧经》一卷（永嘉元年三月三日译，见《聂道真录》及《别录》）。”⑧“《阿差末经》四卷（永嘉元年十二月一日译。是第二出，

---

①［梁］慧皎：《高僧传》卷九，《大正藏》第50册，第388页上。

②［梁］僧祐：《弘明集》卷十四，《大正藏》第52册，第96页上。

③［唐］道世：《法苑珠林》卷七十八，《大正藏》第53册，第867页。

④［唐］道世：《法苑珠林》卷一百，《大正藏》第53册，第1025页中。

⑤［唐］道世撰，周叔迦、苏晋仁校注：《法苑珠林校注》卷一百，中华书局，2003年，第2889页。

⑥［梁］僧祐：《出三藏记集》卷二，《大正藏》第55册，第8页下。

⑦［梁］僧祐：《出三藏记集》卷二，《大正藏》第55册，第8页下。

⑧［隋］费长房：《历代三宝纪》卷六，《大正藏》第49册，第63页中。

或五卷、七卷。《出大集》或云《阿差末菩萨经》，见《聂道真录》及《别录》）。”[①]

《众经目录》载：“《无极宝三昧经》一卷（三十纸）。晋永嘉年，竺法护译。”[②]“《阿差末经》七卷（是《无尽意品》，或四卷，九十二纸）。晋永嘉年，竺法护译。”[③]

《古今译经图纪》载：“《无极宝三昧经》（一卷）。”[④]“《阿差末经》（四卷）。”[⑤]

《大唐内典录》载：“《无极宝三昧经》一卷（永嘉元年三月三日译，见《聂道真录》及《别录》）。”[⑥]“《无极宝三昧经》（一卷，三十纸）。西晋永嘉年，竺法护译。右一经，再译，异翻一本云《宝如来三昧经》，二卷。失译人代，文同故略。”[⑦]“《阿差末经》（七卷，或四卷，是《无尽意品》，九十二纸）。西晋永嘉年，竺法护于长安译。”[⑧]

《大周刊定众经目录》载：“《无极宝三昧经》一卷（三十纸）。右，西晋永嘉元年竺法护译，见《长房录》，以前二经同本别译。”[⑨]“《阿差末经》一部，七卷（或四卷，第三出，或云《差末菩萨经》。一百六纸）。右，晋永嘉年，沙门竺法护于长安译，是《大集经无尽意品》，出见《长房录》。”[⑩]

《开元释教录》载：“《无极宝三昧经》一卷（初出，或云《无极宝经》，与《宝如来三昧》同本，永嘉元年三月三日出，见《别录》及聂道真、僧祐二《录》）。”[⑪]“《无极宝三昧经》一卷（或无‘三昧’字，三十纸）。西晋三藏竺法护译。”[⑫]“《阿差末经》七卷（晋曰《无尽意》，或四卷，或五卷。或云《阿差末菩萨经》。九十二纸）。西晋竺法护译。”[⑬]

---

①［隋］费长房：《历代三宝纪》卷六，《大正藏》第49册，第62页上。
②［唐］静泰：《众经目录》卷二，《大正藏》第55册，第190页下。
③［唐］静泰：《众经目录》卷二，《大正藏》第55册，第189页下。
④［唐］靖迈：《古今译经图纪》卷二，《大正藏》第55册，第353页中。
⑤［唐］靖迈：《古今译经图纪》卷二，《大正藏》第55册，第353页中。
⑥［唐］道宣：《大唐内典录》卷二，《大正藏》第55册，第234页上。
⑦［唐］道宣：《大唐内典录》卷九，《大正藏》第55册，第315页中。
⑧［唐］道宣：《大唐内典录》卷六，《大正藏》第55册，第286页上。
⑨［唐］明佺：《大周刊定众经目录》卷三，《大正藏》第55册，第389页上。
⑩［唐］明佺：《大周刊定众经目录》卷二，《大正藏》第55册，第383页中。
⑪［唐］智昇：《开元释教录》卷二，《大正藏》第55册，第494页中。
⑫［唐］智昇：《开元释教录》卷十九，《大正藏》第55册，第705页上。
⑬［唐］智昇：《开元释教录》卷十九，《大正藏》第55册，第702页下。

《贞元新定释教目录》载：“《无极宝三昧经》一卷（初出，或云《无极宝经》，与《宝如来三昧经》同本。永嘉元年三月三日出，见《别录》、聂道真、僧祐二《录》）。”[①]“《无极宝三昧经》一卷（或无‘三昧’字），三十纸。”[②]“《阿差末经》七卷（晋曰《无尽意》，或四卷，或五卷）。西晋三藏竺法护译。”[③]

竺法义生

《高僧传》载：“竺法义，未详何许人。晋太元五年（380）卒于都，春秋七十有四矣。”[④]

据此推之，竺法义当生于本年。

康法朗西入天竺

《高僧传》载：“康法朗，中山人。少出家，善戒节。尝读经，见双树鹿苑之处。郁而叹曰：‘吾已不值圣人，宁可不睹圣处。’于是誓往迦夷，仰瞻遗迹。乃共同学四人发迹张掖，西过流沙。行经三日，路绝人踪。忽见道傍有一故寺，草木没人，中有败屋两间。间中各有一人，一人诵经，一人患痢。两人比房，不相料理。屎尿纵横，举房臭秽。朗谓其属曰：‘出家同道，以法为亲。不见则已，岂可见而舍耶！’朗乃停六日，为洗浣供养。至第七日，见此房中皆是香华，乃悟其神人。因语朗云：‘比房是我和上，已得无学，可往问讯。’朗往问讯，因语朗云：‘君等诚契，皆当入道。不须远游诸国，于事无益。唯当自力行道，勿令失时。’但朗功业尚小未纯，未得所愿，当还真丹国作大法师。于是四人不复西行，仍留此专精业道。唯朗更游诸国，研寻经论。后还中山，门徒数百，讲法相系。后不知所终。孙绰为之赞曰：‘人亦有言，瑜瑕弗藏，朗公冏冏，能韬其光。敬终慎始，研微辩章。何以取证，冰坚履霜。’”[⑤]

《法苑珠林》卷九五记载：“晋沙门康法朗，学于中山。永嘉中与四比丘，西入天竺。”[⑥]

---

①［唐］圆照：《贞元新定释教目录》卷三，《大正藏》第55册，第791页上。
②［唐］圆照：《贞元新定释教目录》卷二十九，《大正藏》第55册，第1028页中。
③［唐］圆照：《贞元新定释教目录》卷二十，《大正藏》第55册，第917页下。
④［梁］慧皎：《高僧传》卷四，《大正藏》第50册，第350页下。
⑤［梁］慧皎：《高僧传》卷四，《大正藏》第50册，第347页上。
⑥［唐］道世：《法苑珠林》卷九五，《大正藏》第53册，第998页上。

康法郎弟子令韶

《高僧传》载："朗弟子令韶，其先雁门人，姓吕，少游猎，后发心出家，事朗为师。思学有功，特善禅数，每入定，或数日不起。后移柳泉山，凿穴宴坐。朗终后刻木为像，朝夕礼事。孙绰《正像论》云：'吕韶凝神于中山。'即其人也。"[①]

按：令韶，其生卒未详，兹附于康法朗之下。

帛远为张辅所杀

《出三藏记集》载："（祖）行至汧县，忽语道人及弟子云：'我数日对当至。'便辞别，作素书分布经像及资财都讫。明晨诣辅共语，忽忤辅意，辅使收之行罚，众咸怪惋。祖曰：'我来毕对，此宿命久结，非今事也。'乃呼十方佛：'祖前身罪缘，欢喜毕对。愿从此以后，与辅为善知识，无令受杀人之罪。'遂鞭之五十，奄然命终。辅后具闻其事，方大惋恨。初，祖道化之声被于关陇，崤函之右奉之若神。戎晋嗟恸，行路流涕。陇上羌胡率精骑五千，将欲迎祖西归，中路闻其遇害，悲恨不及。众咸愤激，欲复祖之雠，辅遣军上陇，羌胡率轻骑逆战，时天水故帐下督富整，遂因忿斩辅。群胡既雪怨耻，称善而还，共分祖尸，各起塔庙。辅字世伟，南阳人，张衡之后。虽有才解，而酷不以理，横杀天水太守封尚，百姓疑骇，因乱而斩焉。管蕃亦卒以倾险致败。"[②]"孙绰《道贤论》，以法祖匹稽康。论云：'帛祖衅起于管蕃，中散祸作于钟会。二贤并以俊迈之气，昧其图身之虑，栖心事外，轻世招患，治不异也。'共见称如此。祖既博涉多闲，善通胡汉之语，常译《惟逮》《弟子本起》《五部僧》等三部经，又注《首楞严经》。又言别译数部小经，值乱零失，不知其名。"[③]

《高僧传》载："祖行至汧县，忽语道人及弟子云：'我数日对当至。'便辞别。作素书分布经像，及资财都讫。明晨诣辅共语，忽忤辅意，辅使收之行罚，众咸怪惋。祖曰：'我来此毕对，此宿命久结，非今事也。'乃呼十方佛：'祖前身罪缘，欢喜毕对。愿从此以后与辅为善知识，无令受杀人之罪。'遂便鞭之五十，奄然命终。辅后具闻其事，方大惋恨。初，祖道化之声被于关陇，崤函之右奉之若神。戎晋嗟恸，行路流涕。陇上羌胡率精骑五千，将欲迎祖西归。中路闻其遇害，悲恨不及。众咸愤激，欲复祖之雠。辅遣军上陇，羌胡率轻骑逆战。时天水故涱下督富整，遂因

---

① [梁] 慧皎：《高僧传》卷四，《大正藏》第50册，第347页中。

② [梁] 僧祐：《出三藏记集》卷十五，《大正藏》第55册，第107页中。

③ [梁] 僧祐：《出三藏记集》卷十五，《大正藏》第55册，第107页下。

忿斩辅。群胡既雪怨耻，称善而还。共分祖尸各起塔庙。辅字世伟，南阳人，张衡之后。虽有才解而酷不以理。横杀天水太守封尚，百姓疑骇，因乱而斩焉。管蕃亦卒以倾险致败。”[①]“孙绰《道贤论》以法祖匹嵇康，论云：‘帛祖衅起于管蕃，中散祸作于钟会，二贤并以俊迈之气，昧其图身之虑，栖心事外，经世招患，殆不异也。’其见称如此。祖既博涉多闲，善通梵汉之语，尝译《惟逮》《弟子本》《五部僧》等三部经，又注《首楞严经》。又有别译数部小经，值乱零失，不知其名。”[②]

《十六国春秋》载：“永嘉元年正月，东羌校尉韩稚杀秦州刺史张辅。”[③]

按：永嘉元年春正月，张辅被杀。则帛远为张辅所杀，其事当在晋惠帝光熙元年末至永嘉元年初。兹系于永嘉元年。

帛远尝译《惟逮菩萨经》等

《出三藏记集》载：“《惟逮菩萨经》一卷（今阙）。右一部，凡一卷。晋惠帝时，沙门帛法祖译出。”[④]

《高僧传》载：“孙绰《道贤论》以法祖匹嵇康。论云：‘帛祖衅起于管蕃，中散祸作于钟会。二贤并以俊迈之气，昧其图身之虑。栖心事外，经世招患，殆不异也。’其见称如此。祖既博涉多闲，善通梵汉之语。尝译《惟逮》《弟子本》《五部僧》等三部经。又注《首楞严经》，又有别译数部小经，值乱零失，不知其名。”[⑤]

《历代三宝纪》载：“《严净佛土经》二卷（亦云《净土经》）。《泥洹经》二卷。《善权经》一卷。《持心梵志经》一卷。《檀持陀罗尼经》一卷。《大方等如来藏经》一卷。《如来兴显经》一卷。《海龙王经》一卷。《长者修行经》一卷（亦云《长者威施所问菩萨修行经》，亦云《菩萨修行经》）。《五百童子经》一卷（亦云《幼童经出生经》）。《佛问四童子经》一卷。《调伏王子道心经》一卷（出《大集》）。《誓童子经》一卷（或作逝，与《菩萨逝经》大同小异，第二出）。《五百王子作净土愿经》一卷。《三幼童经》一卷。《二童子见佛说偈供养经》一卷。《大爱道般泥洹经》一卷。《等集三昧经》一卷。《首达经》一卷（《旧录》）。《无量破魔陀罗尼经》一卷。

---

①［梁］慧皎：《高僧传》卷一，《大正藏》第50册，第327页上。

②［梁］慧皎：《高僧传》卷一，《大正藏》第50册，第327页中。

③［北魏］崔鸿撰，［清］汤球辑补：《十六国春秋辑补》卷六十七，中华书局，2020年，第783页。

④［梁］僧祐：《出三藏记集》卷二，《大正藏》第55册，第9页下。

⑤［梁］慧皎：《高僧传》卷一，《大正藏》第50册，第327页中。

《贤者五福经》一卷。《郁伽罗越问菩萨经》一卷。《惟逮菩萨经》一卷（见《高僧传》及《三藏记》）。右二十三经，合二十五卷。惠帝世，河内沙门白法祖出。《高僧传》止云祖出一经，然其所出诸经遭世扰攘，名录罕存，莫纪其实。房广搜检诸杂记录，见此二十二经，并注祖出，今依所睹备而载之。”①

《众经目录》载：“《首楞严经注解》一卷（帛远）。”②“《惟逮菩萨经》一卷（晋惠帝世，沙门帛法祖译）。”③

《大周刊定众经目录》载：“《五百童子经》一卷（亦云《幼童经》出第四卷）。右，西晋惠帝代河内沙门帛法祖译。”④“《大爱道般涅槃经》一卷，右，西晋惠帝代河内沙门帛法祖译。”⑤“《佛说首达经》一卷，一名《唯先首达经》，右，西晋惠帝代帛法祖译。”⑥

《开元释教录》载：“《等集三昧经》一卷，西晋河内沙门帛法祖译（第二译）。”⑦“《大方等如来藏经》一卷，西晋河内沙门帛法祖译（第二译）。”⑧“《檀持陀罗尼经》一卷，西晋河内沙门帛法祖译。《如来兴显经》一卷，西晋河内沙门帛法祖译。《善权经》一卷，西晋河内沙门帛法祖译。《海龙王经》一卷，西晋河内沙门帛法祖译。《持心梵志经》一卷，西晋河内沙门帛法祖译。”⑨

帛尸梨密多罗至中国

《出三藏记集》载：“尸梨蜜，西域人也。时人呼之为高座。传云，国王之子，当承继世，而以国让弟，闇轨太伯。既而悟心天启，遂为沙门。蜜天资高朗，风骨迈举，直尔对之，便自卓出于物。西晋永嘉中始到此土，止建初寺。”⑩

《高僧传》载：“帛尸梨密多罗，此云吉友，西域人。时人呼为高座。传云：‘国王之子当承继世，而以国让弟。闇轨太伯，既而悟心天启，遂为沙门。’密天姿高

①［隋］费长房：《历代三宝纪》卷十四，《大正藏》第49册，第633页中。
②［隋］法经：《众经目录》卷六，《大正藏》第55册，第148页上。
③［隋］法经：《众经目录》卷一，《大正藏》第55册，第116页中。
④［唐］明佺：《大周刊定众经目录》卷八，《大正藏》第51册，第418页下。
⑤［唐］明佺：《大周刊定众经目录》卷八，《大正藏》第51册，第421页中。
⑥［唐］明佺：《大周刊定众经目录》卷八，《大正藏》第51册，第424页中。
⑦［唐］智昇：《开元释教录》卷十四，《大正藏》第55册，第629页上。
⑧［唐］智昇：《开元释教录》卷十四，《大正藏》第55册，第631页中。
⑨［唐］智昇：《开元释教录》卷十四，《大正藏》第55册，第633页下。
⑩［梁］僧祐：《出三藏记集》卷十三，《大正藏》第55册，第98页下。

朗，风神超迈。直尔对之，便卓出于物。晋永嘉中，始到中国，值乱，仍过江，止建初寺。”①

按：帛尸梨密多罗何时来到中土，《出三藏记集》《高僧传》皆言“永嘉中”，未详何年。《高僧传》又言“值乱，仍过江，止建初寺”，可推测帛尸梨密多罗不像是在永嘉末年才到中国，而是在中土动荡战乱、政局不稳的情况下，才渡江来到建初寺。考虑到这点，兹且将帛尸梨密多罗来到中国的时间暂系于晋怀帝永嘉元年。

晋怀帝永嘉二年（308）戊辰

竺法护译《普曜经》等

《出三藏记集》载：“《阿耨达经》二卷（一名《弘道广显三昧经》。《旧录》云《阿耨达龙王经》或云《阿耨达请佛经》）。”②“《无量寿经》二卷（一名《无量清净平等觉经》）。”③

《历代三宝纪》载：“法护出《普曜经》八卷。”④“《普曜经》八卷（永嘉二年于天水寺出。是第三译，沙门康殊、白法巨等笔受。与蜀普曜及智猛云所出六卷者小异，见《聂道真及古缘》）。”⑤“《弘道广显三昧经》二卷（永嘉二年三月出。一云《阿耨达》，一云《阿耨达请佛》，一云《金刚门定意》。或无‘三昧’字，凡四名有十品。一本但有七品，少中三品。一本正有前五品，见《聂道真录》）。”⑥“《无量寿经》二卷（永嘉二年正月二十一日译。是第四出，与吴世支谦、魏世康僧铠、白延等出本同文异。亦云《无量清净平等觉经》，见竺道祖《晋世杂录》）。”⑦

《众经目录》载：“《无量寿经》二卷（晋元嘉年，竺法护译）。”⑧“《无量寿经》二卷（三十九纸）。晋永嘉年，竺法护译。”⑨“《普曜经》八卷，或六卷，

---

①［梁］慧皎：《高僧传》卷一，《大正藏》第50册，第327页下。
②［梁］僧祐：《出三藏记集》卷二，《大正藏》第55册，第7页下。
③［梁］僧祐：《出三藏记集》卷二，《大正藏》第55册，第7页下。
④［隋］费长房：《历代三宝纪》卷三，《大正藏》第49册，第38页上。
⑤［隋］费长房：《历代三宝纪》卷六，《大正藏》第49册，第62页上。
⑥［隋］费长房：《历代三宝纪》卷六，《大正藏》第49册，第62页中。
⑦［隋］费长房：《历代三宝纪》卷六，《大正藏》第49册，第62页中。
⑧［隋］法经：《众经目录》卷一，《大正藏》第55册，第119页中。
⑨［唐］静泰：《众经目录》卷二，《大正藏》第55册，第191页中。

一百四十七纸。晋永嘉年，竺法护译。”[①]“《弘道广显三昧经》四卷（五十三纸），晋永嘉年，竺法护译。”[②]

《古今译经图纪》载：“《弘道广显三昧经》（二卷）。”[③]“《无量寿经》（二卷）。”[④]

《大唐内典录》载：“《普曜经》八卷（永嘉二年于天水寺出，是第三译。沙门康殊、白法臣等笔受，与蜀普曜及智猛、宝云所出六卷者小异，见《聂道真》及《古录》）。”[⑤]“《无量寿经》二卷（永嘉二年正月二十一日译，是第四出，与吴世支谦、魏世康僧铠、白延等出本同文异，亦云《无量清净平等觉经》，见竺道祖《晋世杂录》）。”[⑥]“《弘道广显三昧经》二卷（永嘉二年三月出，一云《阿耨达》，一云《阿耨达请佛》，一云《金刚定意》。或无‘三昧’字，凡四名，凡十品，一本但有七品，少中三品，一本正有前五品，见《聂道真录》）。”[⑦]“《弘道广显三昧经》（四卷，五十三纸）。西晋永嘉年，竺法护于长安译。右一经，竺法护初译，称《阿耨达龙王经》。三卷，同本异译，存于一经。”[⑧]

《法华传记》载：“《光世音经》一卷，西晋永嘉二年，竺法护译。”[⑨]

《大周刊定众经目录》载：“《光世音经》一卷（出《正法华》）。右西晋永嘉二年，竺法护译，出《长房录》。”[⑩]“《普曜经》一部八卷（一名《方等本起经》，第二译，一百八十二纸）。右，晋怀帝永嘉二年，竺法护于天水寺译，出《长房录》。”[⑪]“《弘道广显三昧经》一部四卷（亦云《阿耨达请佛经》，一名《金刚门定意经》，或无‘三昧’字，六十三纸）。右，凡四名，有十品，一本但七品，少中三品，一本只有前五品。西晋永嘉二年，竺法护于长安译，《长房录》如前。又《宝唱录》六名，一名《阿耨达经》，一名《阿耨达龙王经》，一名《佛道广显经》，余同上，初出。《阿耨达龙王经》一部二卷（五十三纸）。右，西晋竺法护于长安译，见

---

① [唐] 静泰：《众经目录》卷一，《大正藏》第55册，第186页中。
② [唐] 静泰：《众经目录》卷二，《大正藏》第55册，第190页上。
③ [唐] 靖迈：《古今译经图纪》卷二，《大正藏》第55册，第353页中。
④ [唐] 靖迈：《古今译经图纪》卷二，《大正藏》第55册，第353页中。
⑤ [唐] 道宣：《大唐内典录》卷二，《大正藏》第55册，第232页下。
⑥ [唐] 道宣：《大唐内典录》卷二，《大正藏》第55册，第233页中。
⑦ [唐] 道宣：《大唐内典录》卷二，《大正藏》第55册，第233页中。
⑧ [唐] 道宣：《大唐内典录》卷九，《大正藏》第55册，第314页下。
⑨ [唐] 僧详：《法华传记》卷一，《大正藏》第51册，第52页中。
⑩ [唐] 明佺：《大周刊定众经目录》卷二，《大正藏》第55册，第385页中。
⑪ [唐] 明佺：《大周刊定众经目录》卷四，《大正藏》第55册，第397页上。

《内典录》。已上二部六卷，同本异译。”[①]“《无量寿经》一部二卷（四十六纸，第四出，与吴世支谦、魏康僧铠、帛延出本同文异，亦云《无量清净平等觉经》）。右，晋永嘉二年，沙门竺法护译。出《长房录》。”[②]

《开元释教录》载：“《普曜经》八卷（一名《方等本起》，安公云出《方等部》。永嘉二年五月，于天水寺出，第二译。沙门康殊、白法巨等笔受，见古、真、祐三《录》）。”[③]“《普曜经》八卷（一名《方等本起》，一百四十三纸）。西晋三藏竺法护译。”[④]“《弘道广显三昧经》四卷（一名《阿耨达龙王所问决诸狐疑清净品》，亦名《入金刚问定意经》，凡十二品，或二卷，永嘉二年三月出。见真、祐二《录》。《内典》中别载《阿耨达经》，误也）。”[⑤]“《无量寿经》二卷（一名《无量清净平等觉经》，永嘉二年正月二十一日出。第六译，与汉世高、支谶等所出本同文异，见《竺道祖录》及《僧祐录》）。”[⑥]

《贞元新定释教目录》载：“《普曜经》八卷（一名《方等本起》，安公云出《方等部》。永嘉二年五月，于天水寺出。第二译，与唐译《方广庄严经》等同本，沙门康珠、白法祖等笔受，见古、真、祐三《录》）。”[⑦]“《弘道广显三昧经》四卷（或无‘三昧’字，亦名《阿耨达龙王经》，亦名《入金刚门定意经》，凡十二品）。西晋三藏竺法护译。右一经，《仁寿》《大周》等《录》皆云与《阿耨达龙王经》同本异译，二经俱云竺法护出，编为重译（按《僧祐录》，竺法护所出但有《阿耨达经》二卷，下注云一名《弘道广显三昧经》。《长房录》中竺法护所译有《弘道广显三昧经》二卷，下注云亦名《阿耨达请佛经》。《唐内典录》护公所译双载二经。又《长房》《内典》二录，西晋失译复有《阿耨达龙王经》一卷。今对勘二经，文并无异，但以立名多种，致使群录差殊，或有双载二经，或有互显名目，时无悟者，流滥日深。今一废一存，庶无谬失。但留一本，编入单本）。”[⑧]“《无量寿经》二卷（一名《无量清净平等觉经》，永嘉二年正月二十一日出，第六译，与汉世高、支谶等所出本同文异，见《竺祖录》及

① ［唐］明佺：《大周刊定众经目录》卷四，《大正藏》第55册，第393页上。
② ［唐］明佺：《大周刊定众经目录》卷三，《大正藏》第55册，第389页中。
③ ［唐］智昇：《开元释教录》卷二，《大正藏》第55册，第494页上。
④ ［唐］智昇：《开元释教录》卷十九，《大正藏》第55册，第703页下。
⑤ ［唐］智昇：《开元释教录》卷二，《大正藏》第55册，第494页下。
⑥ ［唐］智昇：《开元释教录》卷二，《大正藏》第55册，第495页中。
⑦ ［唐］圆照：《贞元新定释教目录》卷三，《大正藏》第55册，第791页中。
⑧ ［唐］圆照：《贞元新定释教目录》卷二十二，《大正藏》第55册，第934页上。

《祐录》）。”[①]“《无量寿经》二卷（亦云《无量清净平等觉经》）。西晋三藏竺法护译，第六译。”[②]

《摩诃般若波罗蜜经》题记

《中国古代写本识语集录》所录《摩诃般若波罗蜜经》题记云：“永嘉二年二月写讫。”[③]

《〈普曜经〉记》撰就

《普曜经记》云：“永嘉二年，太岁在戊辰五月，本斋菩萨沙门法护，在天水寺手执胡本，口宣晋言。时笔受者，沙门康殊、帛法炬（巨）。”[④]

帛法祚为张光所害

《出三藏记集》载：“时梁州刺史张光，以作（祚）兄不肯反服，辅之所杀，光又逼作（祚）令罢道。作（祚）执志坚贞，以死为誓，遂为光所害，春秋五十有七。注《放光波若经》，及著《显宗论》等。光字景武，江夏人。后为武都氐杨难敌所围，发愤而死。”[⑤]

《高僧传》载：“时梁州刺史张光，以祚兄不肯反服，辅之所杀，光又逼祚令罢道，祚执志坚贞，以死为誓，遂为光所害，春秋五十有七。注《放光般若经》，及著《显宗论》等。光字景武，江夏人。后为武都在杨难敌所围，发愤而死。”[⑥]

《资治通鉴》载：“（西晋怀帝永嘉二年）诏以张光为梁州刺史。”[⑦]

按：帛远为张辅所杀之事，前文已考。据《高僧传》所载，张光已知帛法祖为张辅所杀，故效法而将法祚杀之。若参以正史，比附《高僧传》，可知帛法祚被杀，或在本年。

帛法祚尝著《显宗论》

《出三藏记集》载：“注《放光波若经》及著《显宗论》等。”[⑧]

---

①［唐］圆照：《贞元新定释教目录》卷三，《大正藏》第55册，第792页下。
②［唐］圆照：《贞元新定释教目录》卷二十四，《大正藏》第55册，第960页中。
③［日］池田温：《中国古代写本识语集录》，东京大学东洋文化研究所，1990年，第75页。
④［梁］僧祐：《出三藏记集》卷七，《大正藏》第55册，第48页中。
⑤［梁］僧祐：《出三藏记集》卷十五，《大正藏》第55册，第107页下。
⑥［梁］慧皎：《高僧传》卷一，《大正藏》第50册，第327页中。
⑦［北宋］司马光：《资治通鉴》卷八十六，中华书局，1956年，第2739页。
⑧［梁］僧祐：《出三藏记集》卷十五，《大正藏》第55册，第107页下。

《众经目录》载：“《显宗论》一卷（帛法作）。”①

《显宗论》载：“救济义，以归依彼。能息无边生死苦轮大怖畏故。”②

《显宗论》载：“为人好发言，讥刺他人。随实不实，伤切人心。由此当招风刀之苦。”③

按：法祚尝著《显宗论》，然未详其年。帛法祚或卒于本年，兹系于此。

晋怀帝永嘉三年（309）己巳

雁门郡傁人县百余家入清凉山

《古清凉传》载：“《华严经菩萨住处品》云：‘东北方，有菩萨住处，名清凉山。过去有菩萨常于中住，彼现有菩萨名文殊师利。有一万菩萨，常为说法。’余每览此土名山，虽嵩岱作镇、蓬瀛仙窟，皆编俗典，事止域中，未有出于金口，传之宝藏。宅万圣而敷化，自五印而飞声，方将此迹，美曜灵山，利周贤劫，岂常篇之所纪，同年而语哉！今山上有清凉寺，下有五台县清凉府，此实当可为龟鉴矣。一名五台山，其中五山高耸，顶上并不生林木，事同积土，故谓之台也。郦元《水经》云：‘其山，五峦巍然，回出群山之上，故谓五峰。晋永嘉三年，雁门郡傁人县百余家避乱入此山，见山人为之步驱而不返。遂宁居岩野，往还之士时有望其居者，至诣寻访，莫知所在。故人以是山为仙者之都矣。’”④

于法开生

《高僧传》载：“于法开，不知何许人。事兰公为弟子，深思孤发，独见言表。善《放光》及《法华》，又祖述耆婆，妙通医法。尝乞食投主人家，值妇人在草危急，众治不验，举家遑扰，开曰：‘此易治耳。’主人正宰羊，欲为淫祀，开令先取少肉为羹，进竟，因气针之，须臾羊膜里儿而出。”⑤

《高僧传》载：“（于法开）年六十卒于山寺。”⑥

---

①［隋］法经：《众经目录》卷六，《大正藏》第55册，第148页中。

②［宋］释道诚：《释氏要览》卷一，《大正藏》第54册，第271页上。

③［宋］释道诚：《释氏要览》卷三，《大正藏》第54册，第307页上。

④［唐］慧祥：《古清凉传》卷一，《大正藏》第51册，第1092页下。

⑤［梁］慧皎：《高僧传》卷四，《大正藏》第50册，第350页上。

⑥［梁］慧皎：《高僧传》卷四，《大正藏》第50册，第350页中。

《释氏稽古略》载："（太和三年戊辰）沙门于法开是年入寂。"①

据此可知，于法开当生于本年。

竺叔兰葬母

《出三藏记集》载："后遭母难，三月便欲葬。有邻人告曰：'今岁月不便，可待来年。'叔兰曰：'夫生者必有一死，死者不复再生，人神异涂，理之然也。若使亡母栖灵有地，则乌鸟之心毕矣；若待来年，恐逃走无地，何暇奉营乎？'遂即葬毕。明年，石勒果作乱，寇贼纵横。"②

《资治通鉴》载："（西晋怀帝永嘉三年）十一月，甲申，汉楚王聪、始安王曜归于平阳。王弥南出轘辕，流民之在颍川、襄城、汝南、南阳、河南者数万家，素为居民所苦，皆烧城邑，杀二千石、长吏以应弥。石勒寇信都，杀冀州刺史王斌。王浚自领冀州。诏车骑将军王堪、北中郎将裴宪将兵讨勒，勒引兵还，拒之；魏郡太守刘矩以郡降勒。勒至黎阳，裴宪弃军奔淮南，王堪退保仓垣。"③

《资治通鉴》载："（西晋怀帝永嘉四年）二月，勒袭鄄城，杀兖州刺史袁孚，遂拔仓垣，杀王堪。复北济河，攻冀州诸郡，民从之者九万余口。"④

按：永安元年（304）四月二日，竺叔兰于仓垣水北寺校定《放光般若经》。晋怀帝永嘉三年十一月，石勒至黎阳；永嘉四年二月，石勒破仓垣，杀王堪。故竺叔兰葬母之事，当在永嘉三年末。

晋怀帝永嘉四年·前赵河瑞二年（310）庚午

竺潜始登坐讲经

《高僧传》载："至年二十四，讲《法华》《大品》。既蕴深解，复能善说。故观风味道者，常数盈五百。"⑤

按：据晋武帝太康七年（286）下"竺潜生"条，推之可知，"竺潜始登坐讲经"

---

①［元］觉岸：《释氏稽古略》卷二，《大正藏》第49册，第782页中。

②［梁］僧祐：《出三藏记集》卷十三，《大正藏》第55册，第98页下。

③［北宋］司马光：《资治通鉴》卷八十七，中华书局，1956年，第2746—2747页。

④［北宋］司马光：《资治通鉴》卷八十七，中华书局，1956年，第2748页。

⑤［梁］慧皎：《高僧传》卷一，《大正藏》第50册，第347页下。

条，当发生于本年。

佛图澄至洛阳

《高僧传》载：“以晋怀帝永嘉四年来适洛阳，志弘大法。善诵神咒，能役使鬼物，以麻油杂胭脂涂掌，千里外事，皆彻见掌中，如对面焉，亦能令洁斋者见。又听铃音以言事，无不劾验。”①

《高僧传》载：“（佛图）澄或言佛图磴，或言佛图橙，或言佛图澄，皆取梵音之不同耳。”②

《世说新语·言语篇》引《澄别传》云：“道人佛图澄，不知何许人，出于敦煌，好佛道，出家为沙门。永嘉中，至洛阳，值京师有难，潜遁草泽间。”③

《晋书》载：“佛图澄，天竺人也。本姓帛氏。少学道，妙通玄术。永嘉四年，来适洛阳，自云百有余岁，常服气自养，能积日不食。善诵神咒，能役使鬼神。腹旁有一孔，常以絮塞之，每夜读书，则拔絮，孔中出光，照于一室。又尝斋时，平旦至流水侧，从腹旁孔中引出五藏六府洗之，讫，还内腹中。又能听铃音以言吉凶，莫不悬验。”④

佛图澄至石勒军门

《高僧传》载：“（佛图澄）以晋怀帝永嘉四年来适洛阳，志弘大法。善诵神咒，能役使鬼物，以麻油杂胭脂涂掌，千里外事，皆彻见掌中，如对面焉，亦能令洁斋者见。又听铃音以言事，无不劾验。欲于洛阳立寺，值刘曜寇斥洛台，帝京扰乱，澄立寺之志遂不果。乃潜泽草野，以观世变。时石勒屯兵葛陂，专以杀戮为威，沙门遇害者甚众。澄悯念苍生，欲以道化勒，于是杖策到军门。”⑤

《晋书》载：“及洛中寇乱，乃潜草野以观变。石勒屯兵葛陂，专行杀戮，沙门遇害者甚众。澄投勒大将军郭黑略家，黑略每从勒征伐，辄豫克胜负，勒疑而问曰：‘孤不觉卿有出众智谋，而每知军行吉凶何也？’黑略曰：‘将军天挺神武，幽灵所助，有一沙门智术非常，云将军尝略有区夏，已应为师。臣前后所白，皆其

① ［梁］慧皎：《高僧传》卷九，《大正藏》第50册，第387页中。
② ［梁］慧皎：《高僧传》卷九，《大正藏》第50册，第387页上。
③ 徐震堮：《世说新语校笺》，中华书局，1984年，第126页。
④ ［唐］房玄龄等：《晋书》卷九十五，中华书局，1974年，第2485页。
⑤ ［梁］慧皎：《高僧传》卷九，《大正藏》第50册，第387页中。

言也。’勒召澄，试以道术。澄即钵盛水，烧香咒之，须臾钵中生青莲花，光色曜日，勒由此信之。”[①]

《艺文类聚》载：“澄以钵盛水，烧香咒之，须臾，钵中生青莲华。”[②]

竺叔兰避难荆州

《出三藏记集》载：“明年，石勒果作乱，寇贼纵横，（竺叔兰）因避地奔荆州。后无疾，忽告知识曰：‘吾将死矣！’数日便卒，识者以为知命。”[③]

按：去年竺叔兰葬母。本年二月，石勒破仓垣，因而竺叔兰避难荆州。此后竺叔兰事迹无考。

晋怀帝永嘉六年（312）壬申

释道安生

《出三藏记集》载：“释道安，本姓卫，常山扶柳人也。”[④]

《高僧传》载：“释道安，姓卫氏，常山扶柳人也。家世英儒，早失覆荫，为外兄孔氏所养。”[⑤]

陈垣在《释氏疑年录》中指出，释道安出生于公元三一四年，即晋愍帝建兴二年。[⑥]

梁启超则认为：“本传记安卒年，而未著其所得寿数，无从推其生年。惟传称其年十二出家，三年执勤无怨，数岁后，为师所敬异，遣之游学，至邺，遇佛图澄。安之谒澄，最初亦当十七八岁，故能与澄对语，得其嗟赏。澄入中国，在晋怀帝永嘉四年，下距道安卒时之太元十四年，凡七十九年。若安年十七八，而澄初至即往谒者，即安当生于惠帝元康三四年间，寿盖九十六七矣。”[⑦]

汤用彤在《汉魏两晋南北朝佛教史》（增订本）中对道安生年考证后指出：“《高

---

① ［唐］房玄龄等：《晋书》卷九十五，中华书局，1974年，第2485页。
② ［唐］欧阳询：《艺文类聚》卷七十三，上海古籍出版社，1982年，第1254页。
③ ［梁］僧祐：《出三藏记集》卷十三，《大正藏》第55册，第98页下。
④ ［梁］僧祐：《出三藏记集》卷十五，《大正藏》第55册，第108页上。
⑤ ［梁］慧皎：《高僧传》卷五，《大正藏》第50册，第351页下。
⑥ 陈垣：《释氏疑年录》，中华书局，1964年，第37页。
⑦ 梁启超：《佛学研究十八篇》，商务印书馆，2014年，第147页。

僧传》谓道安卒于晋太元十年二月八日（即符坚建元二十一年），年七十二（此据丽本。宋、元、明三本均无此四字。《太平御览》卷六五五引《高僧传》及《名僧传抄》，均有此四字）。此言不知何所本。然据《中阿含经序》，道安实约死于符坚末年（建元二十一年）。而道安作《四阿含幕抄序》及《毗婆沙序》，均有'八九之年'（即七年十二岁）之语。考二经之出也，其时约在自建元十八年八月至十九年八月。二序之作，或均在建元十九年中，皆自言七十二岁。如安公死于二十一年二月，则实七十四岁。"①故"晋怀帝晋永嘉六年，道安生于常山扶柳县"。②

胡中才在《道安研究》中则认为："道安的出生地，《高僧传·道安》称之为'常山扶柳'，诸多学者也一致认可这一记载。然而，根据《晋书·地理志》所载，晋时共设十三州，州下设郡国。时冀州统郡国十三个，包括安平国和常山郡。其中，常山郡'统县八'，即'真定、石邑、井陉、上曲阳、蒲吾、南行唐、灵寿、九门'。八县之中并无扶柳；而安平国'统县八'，即'信都、下博、武邑、武遂、观津、扶柳、广宗、经'。八县之中有扶柳。从地域上看，信都（今冀州旧城）与常山郡中间还隔着一个赵国，根本不连片。而信都自曹魏文帝黄初年间至晋代，就是冀州、安平国、信都县三级治所。自西汉至东晋，治所设在信都的郡国，或称信都，或称广川，或称新博，或称乐成，或称安平。虽名称几经更移，但其所辖之县均含'扶柳'。西晋末年道安出生之时，治所在信都的郡国为安平国。所以说道安出生地为'常山扶柳'是错误的，应为'安平扶柳'。扶柳旧城至今尚存，位于今河北冀州市西南小寨乡扶柳村。村南一里有个旧城遗址，即古扶柳县城。自西汉高帝六年至隋代，这里一直是扶柳县治所所在地。隋以后未再建治，城池还渐荒废，遗址多成为耕地。道安具体居住在扶柳县的何村何庄，史书无载。根据以上考证可得出结论，道安于晋怀帝永嘉六年（312）出生于冀州安平扶柳。"③

对于释道安的生卒问题，方广锠有详考，可参见其专著《道安评传》。④

按：学界多采汤用彤之说，今据之。

---

① 汤用彤：《汉魏两晋南北朝佛教史》（增订本），北京大学出版社，2011年，第111页。
② 汤用彤：《汉魏两晋南北朝佛教史》（增订本），北京大学出版社，2011年，第131页。
③ 胡中才：《道安研究》，宗教文化出版社，2011年，第4页。
④ 方广锠：《道安评传》，昆仑出版社，2004年，第2—8页。

晋怀帝永嘉七年·晋愍帝建兴元年（313）癸酉

竺法护译《大净法门经》

《历代三宝纪》载："《大净法门经》一卷（建兴元年十二月二十六日出，见《聂道真录》）。"①

《众经目录》载："《大净法门经》一卷（二十四纸），晋世竺法护译。"②

《古今译经图纪》载："《大净法门经》（一卷）。"③

《大唐内典录》载："《大净法门经》一卷（建兴元年十二月二十六日出，见《道真录》）。"④"《大净法门经》（一卷，二十四纸），西晋竺法护译。"⑤

《大周刊定众经目录》载："《大净法门经》一卷（一名《上金光首女所问儒首童真所问开化经》，一名《净法门经》，二十九纸）。右，西晋建兴元年竺法护译，出《内典录》。"⑥

《开元释教录》载："《大净法门经》一卷（题云《大净法门品上金光首女所问溥首童真所开化经》。初出，与《大庄严法门经》等同本，建兴元年十二月二十六日出，见聂道真及僧祐二《录》）。"⑦"《大净法门经》一卷，西晋三藏竺法护译（第一译）。"⑧"《大净法门经》一卷（题云《大净法门经上金光首女所问溥首童真所开化经》，二十四纸）。西晋三藏竺法护译。"⑨

《贞元新定释教目录》载："《大净法门经》一卷（题云《大净法门品上金光首女所问傅首童真所开化经》。初出，与《大庄严法门经》等同本，建兴元年十二月二十六日出，见聂道真及僧祐二《录》）。"⑩"《大净法门经》一卷（题云《大净门

---

①［隋］费长房：《历代三宝纪》卷六，《大正藏》第49册，第63页下。
②［唐］静泰：《众经目录》卷二，《大正藏》第55册，第191页上。
③［唐］靖迈：《古今译经图纪》卷二，《大正藏》第55册，第353页中。
④［唐］道宣：《大唐内典录》卷二，《大正藏》第55册，第233页下。
⑤［唐］道宣：《大唐内典录》卷九，《大正藏》第55册，第289页中。
⑥［唐］明佺：《大周刊定众经目录》卷五，《大正藏》第55册，第399页中。
⑦［唐］智昇：《开元释教录》卷二，《大正藏》第55册，第494页中。
⑧［唐］智昇：《开元释教录》卷十二，《大正藏》第55册，第595页上。
⑨［唐］智昇：《开元释教录》卷二十，《大正藏》第55册，第705页中。
⑩［唐］圆照：《贞元新定释教目录》卷三，《大正藏》第55册，第791页下。

品上金光首女所问溥首童真所开化经》），二十四纸。”[①]

通玄寺供养维卫、迦叶二佛石像

《高僧传》载：“以像于西晋将末，建兴元年癸酉之岁，浮在吴松江沪渎口。渔人疑为海神，延巫祝以迎之，于是风涛俱盛，骇惧而还。时有奉黄老者，谓是天师之神，复共往接，飘浪如初。后有奉佛居士吴县民朱应，闻而叹曰：‘将非大觉之垂应乎。’乃洁斋共东云寺帛尼及信者数人，到沪渎口。稽首尽虔，歌呗至德，即风潮调静。遥见二人浮江而至，乃是石像。背有铭志，一名惟卫，二名迦叶，即接还安置通玄寺。吴中士庶嗟其灵异，归心者众矣。”[②]

《法苑珠林》载：“西晋愍帝建兴元年，吴郡吴县松江沪渎口，渔者萃焉。遥见海中有二人现，浮游水上，渔人疑为海神，延巫祝，备牲牢以迎之，风涛弥盛，骇惧而返。复有奉五斗米道黄老之徒曰：“斯天师也。”复共往接，风浪如初。有奉佛居士吴县朱膺闻之，叹曰：“将非大觉之垂降乎？”乃洁斋共东灵寺帛尼及信佛者数人至渎口，稽首迎之，风波遂静。浮江二人，随潮入浦，渐近渐明，乃知石像。将欲捧接，人力未展，聊试擎之，飘然而起。便舆还通玄寺。看像背铭，一名惟卫，二名迦叶，莫测帝代，而书迹分明。举高七尺，施设法座，欲安二像，人虽数十，而了不动；复重启请，翻然得起。以事表闻朝廷，士庶归心者十室而九。沙门释法开，来自西域，称经说东方有二石像，及阿育王塔，有供养礼觐者，除积罪云。又别传云：天竺沙门一十二人，送像至郡；像乃水上，不没不行。以状奏闻，下敕听留吴郡。”[③]

《佛祖历代通载》[④]《释氏稽古略》[⑤]《佛祖统纪》[⑥]亦载此事。

释昙邃出家白马寺

《高僧传》载：“释昙邃，未详何许人。少出家，止河阴白马寺。蔬食布衣，诵《正法华经》，常一日一遍。又精达经旨，亦为人解说。尝于夜中忽闻扣户云，欲请法师九旬说法，邃不许，固请乃赴之，而犹是眠中。比觉已身在白马坞神祠中，并一

---

①［唐］圆照：《贞元新定释教目录》卷二十九，《大正藏》第55册，第1028页下。
②［梁］慧皎：《高僧传》卷十三，《大正藏》第50册，第409页下。
③［唐］道世：《法苑珠林》卷十三，《大正藏》第53册，第383页中。
④［元］念常：《佛祖历代通载》卷六，《大正藏》第49册，第519页上。
⑤［元］觉岸：《释氏稽古略》卷一，《大正藏》第49册，第776页下。
⑥［宋］志磐：《佛祖统纪》卷三十六，《大正藏》第49册，第339页中。

弟子。自尔日日密往，余无知者。后寺僧经祠前过，见有两高座，邃在北，弟子在南，如有讲说声。又闻有奇香之气，于是道俗共传，咸云神异。至夏竟，神施以白马一匹，白羊五头，绢九十匹。咒愿毕，于是各绝。邃后不知所终。”[①]

按：释昙邃为详其生平，《高僧传》但题为“晋河阴白马寺释昙邃”，故系于西晋之末。

西域沙门智山至中土

《比丘尼传》载：“和上者，西域沙门智山也。住罽宾国，宽和有智思，雅习禅诵。晋永嘉末，来达中夏，分卫自资，语必弘道。时信浅薄，莫知祈禀。”[②]

按：西域沙门智山至中土，《比丘尼传》止言“晋永嘉末”，故系于永嘉七年。

安慧则至洛阳

《高僧传》载：“晋永嘉中，天下疫病，则昼夜祈诚，愿天神降药以愈万民。一日出寺门，见两石形如瓮，则疑是异物，取看之，果有神水在内。病者饮服，莫不皆愈。”[③]

《高僧传》载：“安慧则，未详氏族。少无恒性，卓越异人，而工正书，善谈吐……后止洛阳大市寺，手自细书黄缣，写《大品经》一部，合为一卷。字如小豆，而分明可识，凡十余本。以一本与汝南周仲智妻胡母氏供养，胡母过江赍经自随，后为灾火所延，仓卒不暇取经，悲泣懊恼，火息后，乃于灰中得之。首轴颜色，一无亏损。于时同见闻者，莫不回邪改信。此经今在京师简靖寺首尼处。时洛阳又有康慧持者，亦神异通灵云。”[④]

按：安慧则入洛阳，《高僧传》载“永嘉中”，然未详其年，待考。兹系于永嘉末年。

晋愍帝造通灵、白马寺

《法苑珠林》载：“晋敏帝于长安造通灵、白马二寺。”[⑤]

---

①［梁］慧皎：《高僧传》卷十二，《大正藏》第50册，第406页中。
②［梁］宝唱：《比丘尼传》卷一，《大正藏》第50册，第934页下。
③［梁］慧皎：《高僧传》卷十，《大正藏》第50册，第389页中。
④［梁］慧皎：《高僧传》卷十，《大正藏》第50册，第389页中。
⑤［唐］道世：《法苑珠林》卷一百，《大正藏》第53册，第1025页中。

《辩正论》载："晋敏帝笃意冥感，远降神仪，仍于长安造通灵、白马二寺。"①

按：晋愍帝于建兴四年投降被俘，时长安已内外交困，粮断食绝。以理度之，于时似无可能再修此二寺。兹将此事系于晋愍帝即位之年。

建兴寺建立

《弥勒尊佛碑》云："建兴寺者，晋朝建兴元年所立也。薙草开基，疏源设砌。多招法侣，广置缁徒。大辨名僧，抠衣戾止。"②

永嘉以来洛阳所建佛寺

《洛阳伽蓝记》载："至于晋室永嘉，唯有寺四十二所。"③

绍兴凤凰山墓青瓷五联罐

《佛教南传之路》载："最近，日本龙谷大学，北京大学、南京博物院和南京艺术学院学者联合组成了'早期佛教造像南传系统中日联合研究组'，就中国南方进行了多次调查，现已了解到汉至西晋间的佛教造像近二百二十处，其中有纪年的三十余处，时代集中在汉末至西晋前期，最早的纪年为云南大理下关北郊出土的汉熹平年间（172—178）的七件吹箫胡僧俑，最晚的为浙江绍兴凤凰山出土的西晋永嘉七年（313）的佛饰魂瓶。"④

另见《古越遗珍研究》⑤、宿白之《四川钱树和长江中下游部分器物上的佛像——中国南方发现的早期佛像札记》。⑥

晋愍帝建兴二年（314）甲戌

竺法护或卒于本年

《出三藏记集》载："后值惠帝西幸长安，关中萧条，百姓流移。护与门徒避地

① ［唐］法琳：《辩正论》卷三，《大正藏》第52册，第502页下。

② 周绍良主编：《全唐文新编》卷二三四，吉林文史出版社，2000年，第2642页。

③ ［魏］杨衒之撰，周祖谟校译：《洛阳伽蓝记校释》，中华书局，2010年，第22页。

④ 阮荣春：《佛教南传之路》，湖南美术出版社，2000年，第16页。

⑤ 王结华、毛颖、刘丽文：《古越遗珍研究》，科学出版社，2010年，第174页。

⑥ 宿白：《四川钱树和长江中下游部分器物上的佛像——中国南方发现的早期佛像札记》，《文物》2004年第10期。

东下，至昆池遘疾，卒，春秋七十有八。后孙兴公制《道贤论》，以天竺七僧方竹林七贤，以护比山巨源，其论云：‘护公德居物宗，巨源位登论道，二公风德高远，足为流辈。’其见美后代如此。初护于西域得《超日明经》胡本，译出颇多繁重。时有信士聂承远，乃更详正文偈，删为二卷，今之所传经是也。承远明练有才理，笃志法务，护公出经，多参正焉。”①

《高僧传》载：“及晋惠西奔，关中扰乱百姓流移。护与门徒避地，东下至渑池，遘疾而卒。春秋七十有八。后孙绰制《道贤论》，以天竺七僧方竹林七贤，以护匹山巨源。论云：‘护公德居物宗，巨源位登论道。二公风德高远，足为流辈矣。’其见美后代如此。时有清信士聂承远，明解有才，笃志务法。护公出经多参正文句。超日明经初译，颇多烦重。承远删正，得今行二卷。其所详定类皆如此。承远有子道真，亦善梵学。此君父子比辞雅便，无累于古。又有竺法首、陈士伦、孙伯虎、虞世雅等，皆共承护旨，执笔详校。安公云：‘护公所出，若审得此公手目，纲领必正。凡所译经，虽不辩妙婉显，而宏达欣畅，特善无生。依慧不文，朴则近本。’其见称若此。护世居燉煌，而化道周给。时人咸谓燉煌菩萨也。”②

汤用彤在《汉魏两晋南北朝佛教史》（增订本）中指出：“《祐录》《僧传》云，护公于晋惠西奔，关中扰乱，与门徒避地东下，至渑池遘疾而卒。查晋惠西奔在永安元年（304年）。其后四年乃怀帝永嘉二年，护尚在天水寺译经，自非死于惠帝之时。而洛都自元康以后，祸乱相寻（永宁元年齐王冏与赵王伦等战于洛阳，明年长沙王乂又在洛与冏战，次年张方入洛，次年为永安元年，劫帝幸长安），元康七年护在长安，永康元年护不在洛阳，此后东都大乱，无东奔之理。且长安大乱，人民多避乱凉州，法护世居敦煌，似亦应西遁而不东迈。按道安《合放光光赞随略解序》，谓《光赞》‘寝逸凉土’，则凉州或护晚年所在地，而所译诸经，多藏于彼处也。”③

日本学者野上俊静在《中国佛教通史》中指出，竺法护卒于永嘉二年。④

周叔迦则认为：“（晋）惠帝西奔长安时，护与弟子避乱东下，至渑池而卒，年七十八。考惠帝西奔是永兴元年（304）事，而《贞元释教录》纪竺法护译经岁月，于惠帝光熙（306），怀帝永嘉（307—312）中都有译品，最后为愍帝建兴元年（313）

---

①［梁］僧祐：《出三藏记集》卷十三，《大正藏》第55册，第98页上。

②［梁］慧皎：《高僧传》卷一，《大正藏》第50册，第326页下。

③ 汤用彤：《汉魏晋南北朝佛教史》（增订本），北京大学出版社，2011年，第92页。

④［日］野上俊静等著，郑钦仁译：《中国佛教通史》，牧童出版社，1978年，第15页。

十二月二十六日。是竺法护之卒至早是建兴二年。”[①]

《中国学术思想编年》亦认为竺法护卒于晋愍帝建兴二年。[②]

按：周叔迦之说是，今依周氏之说。

支道林生

《高僧传》载：“支遁，字道林，本姓关氏。陈留人，或云河东林虑人。幼有神理，聪明秀彻。初至京师，太原王蒙甚重之，曰：‘造微之功，不减辅嗣。’陈郡殷融尝与卫玠交，谓其神情俊彻，后进莫有继之者。及见遁，叹息以为重见若人。家世事佛，早悟非常之理。隐居余杭山，深思《道行》之品，委曲《慧印》之经。卓焉独拔，得自天心。”[③]

《高僧传》载：“（支道林）后病甚，移还坞中，以晋太和元年闰四月四日终于所住，春秋五十有三。即窆于坞中，厥冢存焉。或云终剡，未详。”[④]

按：东晋废帝太和元年（366年），支道林卒，时年五十三。据此推之，支道林当生于本年。

孙绰生

《晋书》载：“绰字兴公。博学善属文，少与高阳许询俱有高尚之志。”[⑤]

按：据晋废帝太和六年·晋简文帝咸安元年（371）下“孙绰卒”条，推之可知，孙绰当生于本年。

朱士行或卒于本年

《出三藏记集》载：“士行年八十而卒。依西方阇维法，薪尽火灭，而尸骸犹全。众咸惊异，乃咒曰：‘若真得道，法当毁坏。’应声碎散，遂敛骨起塔焉。”[⑥]

《高僧传》载：“（朱）士行遂终于于阗，春秋八十。依西方法阇维之，薪尽火灭，尸犹能全。众咸惊异，乃咒曰：‘若真得道法当毁败。’应声碎散，因敛骨起塔焉。后

---

① 周叔迦：《周叔迦佛学论著集》，中华书局，1991年，第127—128页。

② 张岂之主编：《中国学术思想编年·魏晋南北朝卷》，陕西师范大学出版社，2006年，第229页。

③［梁］慧皎：《高僧传》卷四，《大正藏》第50册，第348页中。

④［梁］慧皎：《高僧传》卷四，《大正藏》第50册，第349页下。

⑤［唐］房玄龄等：《晋书》卷五十六，中华书局，1974年，第1544页。

⑥［梁］僧祐：《出三藏记集》卷十三，《大正藏》第55册，第97页中。

弟子法益从彼国来，亲传此事。故孙绰《正像论》云：'士行散形于于阗。'此之谓也。"①

《开元释教录》载："朱士衡（朱士行）停在于阗，年八十而卒。依西方阇维法，薪尽火灭，而尸骸犹全。众咸惊异，乃咒曰：'若真得道，法当毁坏'，应声碎散，遂敛骨起塔焉。"②

按：朱士行生卒，请参阅魏明帝青龙二年（234年）下"朱士行或生于本年"条之考证。

晋愍帝建兴四年（316）丙子

西晋译经情况

《辩正论》载："西晋二京，合寺一百八十所，译经一十三人，七十三部，僧尼三千七百余人。"③

若罗严译《时非时经》

《出三藏记集》载："《时经》一卷（或云《时非时经》）。"④

《历代三宝纪》载："《时非时经》一卷（亦云《时经》）。"⑤

《大唐内典录》载："《时非时经》（二纸，一名《时经》）。"⑥

《大周刊定众经目录》载："《时非时经》一卷（三纸，一名《时经》）。右西晋法炬法立译。出长房录。"⑦

《开元释教录》载："外国法师若罗严，手执胡本，口自宣译。凉州道人，于阗城中写记。"⑧"《时非时经》一卷（或直云《时经》），外国法师若罗严译（莫知帝代，《出经后记》。右此《时非时经》，群《录》皆云：'西晋沙门法炬所译。'经后题云：'外国法师若罗严手执胡本，口自宣译，凉州道人于阗城中写记。'今依经记为正，

---

①［梁］慧皎：《高僧传》卷四，《大正藏》第50册，第346页下。
②［唐］智昇：《开元释教录》卷二，《大正藏》第55册，第498页上。
③［唐］法琳：《辩正论》卷三，《大正藏》第52册，第503页下。
④［梁］僧祐：《出三藏记集》卷四，《大正藏》第55册，第28页上。
⑤［隋］费长房：《历代三宝纪》卷十四，《大正藏》第49册，第117页中。
⑥［唐］道宣：《大唐内典录》卷七，《大正藏》第55册，第299页下。
⑦［唐］明佺：《大周刊定众经目录》卷七，《大正藏》第55册，第411页上。
⑧［唐］智昇：《开元释教录》卷二，《大正藏》第55册，第501页中。

既莫知于帝代，且附《西晋录》中）。”①

《贞元新定释教目录》载：“《时非时经》（亦直云《时经》，准《经后记》，非法炬译，具如后述）。”②“《时非时经》一卷（或直云《时经》，见《经后记》）。右，一部一卷，其本见在。沙门若罗严，外国人也，译《时非时经》一部。《经后记》云：‘外国法师若罗严手执胡本，口自宣译。凉州道人釪镇（或作釪镇）城中写记。’房等皆云法炬译者，谬也。既莫知于帝代，且附西晋录中。”③“《时非时经》一卷（亦直云《时经》）二纸。”④

按：若罗严，天竺三藏法师。⑤其生平诸书阙载，未详其帝代。兹系于西晋之末。

竺僧敷移居江左

《高僧传》载：“竺僧敷，未详氏族。学通众经，尤善《放光》及《道行波若》。西晋末乱，移居江左。”⑥

越窑印贴佛像四系罐

《中国美术全集》载：“一八二，越窑印贴佛像四系罐，西晋，高一八.四厘米，口径一四.五厘米。一九七九年浙江省嵊县春联马石弄砖室墓出土，嵊县文物管理委员会藏。罐直口鼓腹，平底微内凹，肩部交替地安装四个横系和佛像，佛坐于莲座上。器物外面施青釉。越窑瓷器堆贴佛像起于三国，说明佛教传入中国后影响很大，很快地传播到了民间，并在瓷器上得到了反映。”⑦

竹林寺建立

《比丘尼传》载：“晋建兴中于宫城西门立寺，捡乃造之……捡即剃落从和上受十戒，同其志者二十四人，于宫城西门共立竹林寺。未有尼师，共咨净捡。”⑧

按：竹林寺未详其建造之年，《比丘尼传》止言“建兴中”，故系于建兴四年。

---

①［唐］智昇：《开元释教录》卷十三，《大正藏》第55册，第617页上。

②［唐］圆照：《贞元新定释教目录》卷四，《大正藏》第55册，第797页上。

③［唐］圆照：《贞元新定释教目录》卷四，《大正藏》第55册，第798页下。

④［唐］圆照：《贞元新定释教目录》卷三十，《大正藏》第55册，第1041页中。

⑤［西晋］若罗严译：《佛说时非时经》卷一，《大正藏》第17册，第738页中。

⑥［梁］慧皎：《高僧传》卷五，《大正藏》第50册，第355页中。

⑦ 中国美术全集编辑委员会编：《中国美术全集·工艺美术编·陶瓷上册》，上海人民美术出版社，1988年，图版说明第62页。

⑧［梁］宝唱：《比丘尼传》卷一，《大正藏》第50册，第934页下。

东晋十六国

晋建武元年·前凉建兴五年·前赵麟嘉二年（317）丁丑

东平王刘约死而复苏

《圆觉经大疏释意钞》载：“刘聪，麟嘉二年癸亥，东平王约是也。聪之死一宿犹暖，遂不殡殓。乃苏言：‘见元海于不周山，经五日，遂从至昆仑山，三日复返于不周山。见诸王公、卿、将、相，死者悉在。宫室甚壮丽，号蒙珠离国。’元海谓约曰：‘东北有遮须夷，无主久待，汝父为之，父二年当来。来后国中大乱，大相杀害，家死亡略尽，但可永明辈十数人在耳。汝且还，后年当来，见汝非迟。’不久约辞，而道过一国，名曰倚尼渠余国。引约入宫，与囊一枚曰：‘为吾遗汉皇帝。’约辞而归，置皮囊于几上。俄而苏，使左右几上取囊开之，有一方白玉。题文曰：‘倚尼渠国天王敬信遮须夷国天王。岁在摄提，当见驰使呈聪。’聪曰：‘君审如此，吾不惧死也。’其后约死，屡昼见聪。恶之言，谓太子粲曰：‘吾寝疾惙顿，怪异特甚。往以约言为妖，比累日见之，此儿必来迎吾也，何图人死定有神灵如是。’大与元年，聪死，与此王并葬焉。由此言之，则死而有知，岂为虚哉！又有死而苏者，相继不绝，皆见幽涂官属受苦之处，一与内经相应，若今待契苏者，岂虚为此见哉！”①

竺僧朗或生于本年

《高僧传》载：“竺僧朗，京兆人也。少而游方问道，长还关中，专当讲说。尝与数人同共赴请，行至中途忽告同辈曰：‘君等寺中衣物，似有窃者。’如言即反，果有盗焉，由其相语，故得无失。朗常蔬食布衣，志耽人外。”②

按：竺僧朗生年，请参阅隆安五年（401）“竺僧朗或卒于本年”条之考证。

昙摩耶舍或生于本年

《高僧传》载：“昙摩耶舍，此云法明，罽宾人。”③

《高僧传》载：“以晋隆安中，初达广州住白沙寺。耶舍善诵《毗婆沙律》，人咸号为大毗婆沙。时年已八十五，徒众八十五人。”④

---

①［唐］宗密：《圆觉经大疏释意钞》卷九，《卍续藏》第9册，第673页上。

②［梁］慧皎：《高僧传》卷五，《大正藏》第50册，第354页中。

③［梁］慧皎：《高僧传》卷一，《大正藏》第50册，第329页中。

④［梁］慧皎：《高僧传》卷一，《大正藏》第50册，第329页中。

按：若以隆安五年（401）计，则昙摩耶舍至广州时已八十有五。据此推之，昙摩耶舍或生于本年。

沙门智山西返罽宾

《比丘尼传》载："时信浅薄，莫知祈禀，建武元年（智山）还反罽宾。后竺佛图澄还述其德业，皆追恨焉。"①

晋元帝太兴元年（318）戊寅

晋元帝诏竺潜讲经

《高僧传》载："中宗元皇，及肃祖明帝、丞相王茂弘、大尉庾元规，并钦其风德，友而敬焉。"②

《佛祖统纪》载："元帝太兴元年，诏：沙门竺潜入内殿讲经。以方外重德，令着屐登殿。"③

释道安读书再览能诵

《高僧传》载："（释道安）年七岁，读书再览能诵，乡邻嗟异。"④

按：据晋怀帝永嘉六年（312）下"释道安生"条，推之可知，"释道安读书再览能诵"条，当发生于本年。

晋元帝太兴二年（319）己卯

晋元帝起造白马寺

《法苑珠林》载："白马寺在建康中黄里。太兴二年，晋中宗元皇帝起造。昔外国王欲灭佛法，宣令四远，毁坏塔寺。次招提寺，忽有一白马从西方来，绕塔悲鸣，腾跃空中，或复下地。一日一夜，鸣声不绝。以事白王，王潜下泪，深自愧责，即敕

---

①［梁］宝唱：《比丘尼传》卷一，《大正藏》第50册，第934页下。

②［梁］慧皎：《高僧传》卷四，《大正藏》第50册，第347页下。

③［宋］志磐：《佛祖统纪》卷三十六，《大正藏》第49册，第339页中。

④［梁］慧皎：《高僧传》卷五，《大正藏》第50册，第351页下。

普停。已毁之塔，并更修复。由此白马，大法更兴，因改招提为白马。此寺之号，亦取是名焉。”①

晋元帝太兴三年·前赵光初三年（320）庚辰

竺法义出家

《高僧传》载：“（竺法义）年十三，遇深公，便问：‘仁利是君子所行，孔丘何故罕言。’深曰：‘物鲜能行，是故罕言。’深见其幼而颖悟，劝令出家。于是栖志法门，从深受学。游刃众典，尤善《法华》。”②

按：据晋怀帝永嘉元年（307）下“竺法义生”条，推之可知，“竺法义出家”条，当发生于本年。

竺法汰生

《高僧传》载：“竺法汰，东莞人。少与道安同学，虽才辩不逮而姿貌过之。”③

《高僧传》载：“临亡数日，忽觉不悆，乃语弟子：‘吾将去矣。’以晋太元十二年卒，春秋六十有八。”④

按：《高僧传》云竺法汰于东晋孝武帝太元十二年（387）卒，时年六十八。据此推之，竺法汰当生于本年。

竺僧敷讲经于瓦棺寺

《高僧传》载：“（竺僧敷）止京师瓦官寺，盛开讲席，建邺旧僧莫不推服。时同寺沙门道嵩，亦才解相次，与道安书云：‘敷公研微秀发，非吾等所及也。’时异学之徒，咸谓心神有形，但妙于万物，随其能言，互相摧压。敷乃著《神无形论》。以有形便有数，有数则有尽，神既无尽，故知无形矣。时仗辩之徒，纷纭交诤，既理有所归，愜然信服。后又著《放光》《道行》等义疏。后终于寺中，春秋七十余矣。竺法汰与道安书云：‘每忆敷上人周旋如昨，逝殁奄复多年，与其清谈之日，未尝不

---

①［唐］道世：《法苑珠林》卷三十九，《大正藏》第53册，第594页下。
②［梁］慧皎：《高僧传》卷四，《大正藏》第50册，第350页下。
③［梁］慧皎：《高僧传》卷五，《大正藏》第50册，第354页中。
④［梁］慧皎：《高僧传》卷五，《大正藏》第50册，第355页上。

相忆。思得与君共覆疏其美，岂图一旦永为异世。痛恨之深，何能忘情。其义理所得，披寻之功，信难可图矣。’汰与安书，数述敷义，今推寻失其文制，湮没可悲。”①

《释氏通鉴》载：“（晋元帝太兴三年）庚辰，扬都瓦官寺竺僧敷因，时咸谓心神有形，但妙于万物耳。敷乃著《神无形论》。辟之略云：‘有形便有数，有数则有尽，神既无尽，故知无形。’见者钦服。”②

晋元帝太兴四年（321）辛巳

竺僧显南逗江左

《高僧传》载：“竺僧显，本姓傅氏，北地人。贞苦善戒节，蔬食诵经，业禅为务。常独处山林，头陀人外。或时数日入禅，亦无饥色。时刘曜寇荡西京，朝野崩乱。显以晋太兴之末，南逗江左。复历名山，修己恒业，后遇疾绵笃，乃属想西方，心甚苦至。见无量寿佛，降以真容，光照其身，所苦都愈。是夕便起澡浴，为同住及侍疾者说己所见，并陈诫因果，辞甚精析。至明清晨，平坐而化。室内有殊香，旬余乃歇。”③

按：竺僧显“太兴之末”逗留江左。未详其年，待考。兹系于太兴四年。

沙门法常建佛塔于于潜

《法苑珠林》载：“晋太兴中，于潜董汪信尚木像，夜有光明。后像侧有声投地，视乃舍利。水中浮沈，五色晃昱，右行三匝。后沙门法常看之，遂腾踊高四五尺，投常怀中。常曰：‘若使常兴立寺宇，更见威神。’又跃于前，于即常为建寺塔，于潜，入法者日以十数焉。”④

按：《集神州三宝感通录》⑤文与《法苑珠林》大同，皆言“晋太兴中”，未详其年，待考。兹系于太兴四年。

---

①［梁］慧皎：《高僧传》卷五，《大正藏》第50册，第355页中。
②［宋］本觉：《释氏通鉴》卷三，《卍续藏》第76册，第22页中。
③［梁］慧皎：《高僧传》卷十一，《大正藏》第50册，第395页下。
④［唐］道世：《法苑珠林》卷四十，《大正藏》第53册，第601页上。
⑤［唐］道宣：《集神州三宝感通录》卷一，《大正藏》第52册，第410页下。

晋元帝永昌元年·前赵光初五年（322）壬午

帛尸梨密多罗吊唁周颉

《出三藏记集》载："（帛尸梨密多罗）止建初寺，丞相王导一见而奇之，以为吾之徒也。由是名显。太尉庾元规、光禄周伯仁、太常谢幼玙、廷尉桓茂伦、皆一代名士，见之终日累叹，披衿致契。导常诣蜜，蜜解带偃伏，悟言神解。时尚书令卞望之亦与蜜致善。卞令敛衿饰容，端坐对之。诸公于是叹其精神洒厉，皆得其所。桓廷尉曾欲为蜜作目，久之未得，有云，尸梨蜜可称卓朗。于是桓乃咨嗟绝叹，以为标题之极。大将军王处冲时在南夏，闻王、周诸公器重蜜，疑以为失鉴。既见，乃振欣奔至，一面便尽。周颉为仆射领选，临入，过视蜜，乃抚背而叹：'若使太平世，尽得选此贤辈，真令人无恨！'俄而颉遇害，蜜往省其孤，对坐作胡呗三契，梵响凌云。次诵咒数千言，声高韵畅，颜容不变。既而挥涕拭泪，神气自若。其哀乐废兴，皆此类也。王公曾谓蜜曰：'外国正当有君，一人而已耳。'蜜笑而答曰：'若使我如诸君，今日岂得在此。'当时以为当言。蜜性高简，不学晋语。诸公与之语言，蜜因传译，然而神领意得，顿尽言前，莫不叹其自然天拔，悟得非常。蜜善持咒术，所向皆验。初江东未有咒法，蜜传出《孔雀王》诸神咒，又授弟子觅历高声梵呗，传响于今。"①

《高僧传》载："（帛尸梨密多罗）值乱仍过江，止建初寺。丞相王导一见而奇之，以为吾之徒也。由是名显。太尉庾元规、光禄周伯仁、太常谢幼与廷尉桓茂伦皆一代名士，见之终日累叹，披衿致契。导尝诣密，密解带偃伏，悟言神解。时尚书令卞望之亦与密致善，须臾望之至，密乃敛衿饰容，端坐对之。有问其故，密曰：'王公风道期人，卞令轨度格物，故其然耳。'诸公于是叹其精神洒厉，皆得其所。桓廷尉尝欲为密作目，久之未得。有云：'尸梨密可谓卓朗。'于是桓乃咨嗟绝叹，以为标题之极。太将军王处仲在南夏，闻王周诸公皆器重密，疑以为失。及见密，乃欣振奔，至一面尽虔。周颉为仆射，领选临入过造密，乃叹曰：'若使太平之世尽得选此贤，真令人无恨也！'俄而颉遇害，密往省其孤，对坐作胡呗三契，梵响凌云。次诵咒数千言，声音高畅，颜容不变。既而挥涕收泪，神气自若。

① ［梁］僧祐：《出三藏记集》卷十三，《大正藏》第55册，第98页下。

其哀乐废兴皆此类也。王公尝谓密曰：‘外国有君一人而已。’密笑曰：‘若使我如诸君，今日岂得在此？’当时为佳言。密性高简，不学晋语。诸公与之语言，密虽因传译。而神领意得，顿尽言前。莫不叹其自然天拔，悟得非常。密善持咒术，所向皆验。初，江东未有咒法，密译出《孔雀王经》明诸神咒。又授弟子觅历高声，梵呗传响于今。”①

《世说新语》载：“高坐道人不作汉语。或问此意，简文曰：‘以简应对之烦。’”《刘注》引《高坐别传》曰：‘和尚胡名尸黎密，西域人。传云国王子，以国让弟，遂为沙门。永嘉中始到此土，止于大市中。和尚天姿高朗，风韵遒迈，丞相王公一见奇之，以为吾之徒也。俄而周侯遇害，和尚对其灵坐，作胡祝数千言，音声高畅，既而挥涕收泪。其哀乐废兴皆此类。性高简，不学晋语。诸公与之言，皆因传译然神领意，得顿在言前。’”②

《资治通鉴》载：“元帝永昌元年……周𫖮被收，路经太庙，大言曰：‘贼臣王敦，倾覆社稷，枉杀忠臣；神祇有灵，当速杀之！’收人以戟伤其口，血流至踵，容止自若，观者皆为流涕。并戴渊杀之于石头南门之外。”③

按：周𫖮死于王敦之乱。故帛尸梨密多罗吊唁周𫖮，事当在本年。

晋巴丘县巫师舒礼感应缘

《法苑珠林》载：“晋巴丘县有巫师舒礼，晋永昌元年病死。土地神将送诣太山。俗人谓巫师为道人，过福舍门前。土地神问吏：‘此是何等舍？’门吏曰：‘道人舍。’土地神曰：‘是人亦是道人，便以相付。’礼入门，见数千间瓦屋，皆悬竹帘，自然床榻，男女异处。有诵经者，呗偈者，自然饮食者，快乐不可言。礼文书名已，至太山门，而又身不至到，推土地神。神云：‘道见数千间瓦屋。’即问吏言：‘是道人，即以付之。’于是遣神更录取。礼观未遍，见有一人，八手四眼，捉金杵逐欲撞之。便怖走，还出门。神已在门迎，捉送太山。太山府君问礼：‘卿在世间皆何所为？’礼曰：‘事三万六千神，为人解除祠祀，或杀牛犊猪羊鸡鸭。’府君曰：‘汝罪应上热鏊。’使吏牵着鏊所。见一物牛头人身，捉铁叉。叉礼着鏊上。宛转，身体焦烂，求死不得。已经一宿二日。府君问主者：‘礼寿命应尽，为顿夺其命？’校录籍，余

① ［梁］慧皎：《高僧传》卷一，《大正藏》第50册，第327页下。

② 徐震堮：《世说新语校笺》，中华书局，1984年，第55页。

③ ［北宋］司马光：《资治通鉴》卷九十二，中华书局，1956年，第2903页。

算八年。府君曰：‘录来。’牛头人复以铁叉叉着鏊边。府君曰：‘今遣卿归，终毕余算。勿复杀生淫祀。’礼忽还活，遂不复作巫师。”①

东晋永昌元年佛饰魂瓶

《中国早期佛教造像研究》载：“佛饰魂瓶，东晋永昌元年（322年），高40.7、腹径27.5厘米，现藏浙江省博物馆。浙江省萧山市东晋永昌元年墓出土。下部饰一周模制贴塑，有飞鸟、蜥蜴、蛇头、熊、铺首、羊、孔雀、瑞兽和佛像。”②

杨泓在《跋鄂州孙吴墓出土陶佛像》中指出：“迄今所知出土贴塑小佛像的谷仓罐纪年最迟的墓葬，是浙江萧山发现的东晋元帝永昌元年墓，可说是以贴塑佛像谷仓罐随葬的尾声。”③

另宿白之《四川钱树和长江中下游部分器物上的佛像——中国南方发现的早期佛像札记》。④

古中丘城佛图澄所立寺碑

《封氏闻见记》载：“邢州内丘县西，古中丘城，寺有碑，后赵石勒光初五年所立也。碑云：‘太和上佛图澄愿者，天竺大国罽宾小王之元子，本姓湿，所以言湿者，思润里，一作理。国泽被无外，是以号之为湿。’按《高僧传》《名僧传》《晋书·艺术传》，佛图澄并无此姓，今云姓湿，亦异闻也。大历中，予因行县，憩于此寺，读碑见之，写寄陆长源，长源大喜，复书致谢。”⑤

赵明诚《金石录》亦载之，然录文与《封氏闻见记》小异，赵氏于此碑有详考。《金石录》载：“右《赵浮图澄造释迦像碑》。唐封演《闻见记》云：‘内丘县西，古中丘城，寺有碑，后赵石勒光初五年立。《碑》云：“大和上竺浮图澄者，天竺大国附庸小国王之元子也，本姓湿。”’此碑即演所见，其说皆同。按《晋书·艺术传》：‘澄本姓帛氏。’今《碑》作‘湿’。碑当时所立，宜得其真。又《史》作‘佛图’，《碑》作‘浮图’，二字音相近尔。惟光初乃刘曜年号，而以为石勒时，盖演误也。”⑥

---

①［唐］道世：《法苑珠林》卷六十二，《大正藏》第53册，第756页上。

②［韩］李正晓：《中国早期佛教造像研究》，文物出版社，2005年，第61页。

③ 杨泓：《跋鄂州孙吴墓出土陶佛像》，《考古》1996年第11期。

④ 宿白：《四川钱树和长江中下游部分器物上的佛像——中国南方发现的早期佛像札记》，《文物》2004年第10期。

⑤［唐］封演：《封氏闻见记》卷八，学苑出版社，2001年，第179—180页。

⑥［宋］赵明诚：《金石录》卷二十，中华书局，1991年，第476—477页。

《语石》载："刘曜光初五年，《佛图澄造象碑》。"[1]

王廙作画于昌乐寺

《历代名画记》载："王廙，字世将，上品上，琅琊临沂人。善属词，工书画，过江后为晋代书画第一。音律众妙毕综，元帝时为左卫将军，封武康侯。时镇军谢尚于武昌昌乐寺造东塔，戴若思造西塔，并请廙画。"[2]

《晋书·王廙传》载："廙在州大诛戮侃时将佐，及征士皇甫方回，于是大失荆土之望，人情乖阻。帝乃征廙为辅国将军，加散骑常侍。以母丧去职。服阕，拜征虏将军，进左卫将军。"[3]

《晋书·武帝本纪》载："（晋武帝太康七年）始制大臣听终丧三年。"[4]可知，王廙于太兴二年（319）丁忧三年，至晋元帝永昌元年（322）结束。

《资治通鉴》载："（东晋元帝太兴二年）王廙在荆州，多杀陶侃将佐；以皇甫方回为侃所敬，责其不诣己，收斩之。士民怨怒，上下不安。帝闻之，征廙为散骑常侍，以周访代为荆州刺史。"[5]

《资治通鉴》又载："（东晋元帝永昌元年）冬，十月，己丑，荆州刺史武陵康侯王廙卒。"[6]

据此可知，王廙受邀往赴昌乐寺东、西塔画，其事当在本年。

晋元帝永昌二年·晋明帝太宁元年（323）癸未

卫士度卒

《出三藏记集》载："时晋惠之世，又有优婆塞卫士度，译出《道行波若经》二卷。士度本司州汲郡汲人。陆沈寒门，安贫乐道，常以佛法为心。当其亡日，清净澡漱，诵经千余言，然后盖衣尸卧，奄然而卒。"[7]

---

① ［清］叶昌炽：《语石校注》卷一，今日中国出版社，1995年，第33页。
② ［日］冈村繁译注，俞慰刚译：《历代名画记译注》（第五卷），上海古籍出版社，2002年，第256页。
③ ［唐］房玄龄等：《晋书》卷七十六，中华书局，1974年，第2004页。
④ ［唐］房玄龄等：《晋书》卷三，中华书局，1974年，第77页。
⑤ ［北宋］司马光：《资治通鉴》卷九十一，中华书局，1956年，第2869页。
⑥ ［北宋］司马光：《资治通鉴》卷九十二，中华书局，1956年，第2908页。
⑦ ［梁］僧祐：《出三藏记集》卷十五，《大正藏》第55册，第107页下。

《高僧传》载："时晋惠之世，又有优婆塞卫士度，译出《道行般若经》二卷。士度本司州汲郡人，陆沈寒门，安贫乐道，常以佛法为心。当其亡日，清净澡漱，诵经千余言，然后引衣尸卧，奄然而卒。"①

《法苑珠林》载："时复有汲郡卫士度，亦苦行居士也，师于则公，其母又甚信向，诵经长斋。常饭僧，时日将中，母出斋堂与诸尼僧逍遥眺望，忽见空中有一物下，正落母前，乃则钵也，有饭盈焉，馨气充勃。阖堂萧然，一时礼敬。母自分行斋，人食之，皆七日不饥。此钵犹云尚存北土。度善有文辞，作《八关忏文》，晋末斋者尚用之。晋永昌中死，亦见灵异。有造像者，作《圣贤传》具载其事，云度亦生西方。吴兴王该曰：'烛日阙叟登霄，卫度继轨，咸恬泊于无生，俱蜕骸以不死者也。'"②

按：《中国历代年号考》载："永昌：322—323二月"③，则卫士度之卒，或在永昌元年也。

帛尸梨密多罗译《灌顶经》等

《出三藏记集》载："《大孔雀王神咒》一卷，《孔雀王杂神咒》一卷，右二部，二卷。晋元皇帝时，西域高座沙门尸梨蜜所出。"④

《历代三宝纪》载："（东晋）《灌顶经》九卷（见《杂录》）。《大孔雀王神咒经》一卷（竺道祖《晋世杂录》及《三藏记》)。《孔雀王杂神咒经》一卷（亦见《竺道祖录》，但译未尽，及《三藏记》）。右三部合一十一卷。元帝世，西域沙门帛尸梨蜜多罗，晋言吉友。"⑤

《众经目录》载："《大灌顶经》九卷（或十二卷），晋世帛尸梨蜜多罗译。"⑥"《大灌顶经》十二卷（一百一十三纸），晋世帛尸梨蜜多罗译。"⑦"《孔雀王神咒经》一卷（晋咸康年，沙门帛尸利蜜多译）。《孔雀王杂神咒经》一卷（晋咸康年，沙门帛尸利蜜多译）。"⑧"《孔雀王神咒经》一卷（重翻阙本，贞观九年

---

①［梁］慧皎：《高僧传》卷一，《大正藏》第50册，第327页下。

②［唐］道世：《法苑珠林》卷四十二，《大正藏》第53册，第616页中。

③ 李崇智：《中国历代年号考》（修订本），中华书局，2001年，第22页。

④［梁］僧祐：《出三藏记集》卷二，《大正藏》第55册，第10页上。

⑤［隋］费长房：《历代三宝纪》卷七，《大正藏》第49册，第69页上。

⑥［隋］彦琮：《众经目录》卷一，《大正藏》第55册，第151页上。

⑦［唐］静泰：《众经目录》卷一，《大正藏》第55册，第182页上。

⑧［隋］法经：《众经目录》卷一，《大正藏》第55册，第118页下。

入正目讫），晋咸康沙门白尸利蜜多译。《孔雀王杂神咒经》一卷（重翻阙本），晋咸康年沙门白尸利译。”[①]

《古今译经图纪》载：“沙门白尸梨蜜多罗，此云吉友，西域人。国王之太子，以国让弟，遂为沙门。天姿高朗，风神俊迈，仪貌卓然，出于物表。以晋元帝世来游建康，止建初寺，丞相王导见而奇之。导尝诣，蜜多罗吉友解带偃卧，及尚书令卞望之至，吉友乃敛容端坐。有问其故，蜜多罗曰：‘王公风道期人，卞令轨度格物，故其然耳。’内外博通，应对辩捷，凡是晋朝令仆、王公，莫不雅重，皆所叹伏。善咒术，能梵呗，世号‘高座法师’。译《灌顶经》等三部，合一十一卷。谓《灌顶经》（九卷）、《大孔雀王神咒经》（一卷）、《孔雀王杂神咒经》（一卷）。”[②]

《大唐内典录》载：“《灌顶经》九卷（见《杂录》）。《大孔雀王神咒经》一卷（见《道祖》及《三藏记》）。《孔雀王杂神咒经》（本见《道祖》及《三藏记》，然俱译未尽）。右三部，合一十一卷。元帝世，西域沙门帛尸梨蜜多罗，晋言吉友。”[③]“《大灌顶经》（十二卷，或九卷，一百一十二纸）。东晋元年帝世，帛尸利蜜多于杨都译。”[④]

《大周刊定众经目录》载：“《大灌顶经》一部，十二卷（或九卷，或五卷，一百一十二纸）。右，东晋元帝帛尸利蜜多于杨州译，出《内典录》。”[⑤]“《灌顶经》一部九卷。右，东晋元帝世，白尸利蜜多译。《长房录》云出《杂录》。”[⑥]“《孔雀王杂神咒经》一卷，右，东晋沙门帛尸利蜜多译，出《长房录》。《孔雀王神咒经》一部二卷（或一卷）。右，东晋咸康年，沙门帛尸利蜜多译，出《长房录》。”[⑦]

《开元释教录》载：“《大灌顶经》十二卷（或无‘大’字。《录》云九卷，未详。房云见《杂录》）。《大孔雀王神咒经》一卷（见《竺道祖录》及《僧祐录》，初出）。《孔雀王杂神咒经》一卷（见《竺道祖录》及《僧祐录》，第二出）。右，三部一十四卷（初一部十二卷见在，后二部二卷阙本）。”[⑧]“《大灌顶经》十二卷（一帙，或无‘大’字，《录》云九卷，未详）。东晋西域三藏帛尸梨密多罗译（单重合译）。右卷

①［唐］静泰：《众经目录》卷五，《大正藏》第55册，第213页下。
②［唐］靖迈：《古今译经图纪》卷二，《大正藏》第55册，第355页下。
③［唐］道宣：《大唐内典录》卷三，《大正藏》第55册，第244页中。
④［唐］道宣：《大唐内典录》卷六，《大正藏》第55册，第286页下。
⑤［唐］明佺：《大周刊定众经目录》卷四，《大正藏》第55册，第393页中。
⑥［唐］明佺：《大周刊定众经目录》卷四，《大正藏》第55册，第393页下。
⑦［唐］明佺：《大周刊定众经目录》卷五，《大正藏》第55册，第399页中。
⑧［唐］智昇：《开元释教录》卷三，《大正藏》第55册，第503页上。

别各是一经，具列如左。（第一卷，《灌顶三归五戒带佩护身咒经》。第二卷，《灌顶七万二千神王护比丘咒经》。第三卷，《灌顶十二万神王护比丘尼咒经》。第四卷，《灌顶百结神王护身咒经》。第五卷，《灌顶宫宅神王守镇左右咒经》。第六卷，《灌顶冢墓因缘四方神咒经》。第七卷，《灌顶伏魔封印大神咒经》。第八卷，《灌顶摩尼禀大神咒经》。第九卷，《灌顶召五方龙摄疫毒神咒经》。第十卷，《灌顶梵天神策经》。第十一卷），《灌顶隋愿往生十方净土经》（或云《普广品》第十一《即别行随愿往生经》是）。第十二卷，《灌顶拔除过罪生死得度经》（即是《旧药师经》佛游维耶离者，此为第一译）。"[①]"《大孔雀王神咒经》一卷，东晋西域三藏帛尸梨蜜多罗译（第一译）。《孔雀王杂神咒经》一卷，东晋西域三藏帛尸梨蜜多罗译（第二译）。"[②]

《贞元新定释教目录》载："《大灌顶经》十二卷（或无'大'字，《录》云九卷，未详。此《灌顶》总十二部经，后人分之，卷别各一，房云见《杂录》）。《大孔雀王神咒经》一卷（见《竺道祖录》及《僧祐录》，初出）。《孔雀王杂神咒经》一卷（见《竺道祖录》及《僧祐录》，第三出）。右三部，一十四卷（初一部，十二卷见在。后二部二卷，阙本）。沙门帛尸梨蜜多罗，晋言吉支（友），西域人，国王之子，当承继世，而以国让弟。闇轨大伯，既而悟心天启，遂为沙门。"[③]"《大灌顶经》十二卷（或无'大'字，《录》云九卷，未详）。一帙，东晋西域三藏帛尸利蜜多罗译，单重合译。右卷别各是一经，具列如左。第一卷，《灌顶三归五戒带佩护身咒经》。第二卷，《灌顶七万二千神王护比丘咒经》。第三卷，《灌顶十二万神王护比丘咒经》。第四卷，《灌顶百结神王护身咒经》。第五卷，《灌顶宫宅神王守镇左右咒经》。第六卷，《灌顶冢墓因缘四方神咒经》。第七卷，《灌顶伏魔封印大神咒经》。第八卷，《灌顶摩尼罗亶大神咒经》。第九卷，《灌顶召五方龙摄疫毒神咒经》。第十卷，《灌顶梵天神策经》。第十一卷，《灌顶随愿往生十方净土经》（或《广普品》第十一，即《别行随愿往生经》是）。第十二卷，《灌顶拔除过罪生死得度经》（即是《旧药师经》佛游维耶离者，此为第一译）。"[④]"《大灌顶经》一十二卷（一帙或无'大'字，《录》云九卷，未详），一百一十八纸。"[⑤]"《大孔雀王神咒经》一卷，东晋西域三藏帛尸梨蜜多罗译，第一译。《孔雀王杂神咒经》一卷，东晋西域

① ［唐］智昇：《开元释教录》卷十一，《大正藏》第55册，第593页下。
② ［唐］智昇：《开元释教录》卷十四，《大正藏》第55册，第630页下
③ ［唐］圆照：《贞元新定释教目录》卷五，《大正藏》第55册，第800页上。
④ ［唐］圆照：《贞元新定释教目录》卷二十一，《大正藏》第55册，第924页上。
⑤ ［唐］圆照：《贞元新定释教目录》卷二十九，《大正藏》第55册，第1028页中。

三藏帛尸梨蜜多罗译，第二译。”[①]

霍旭初在《龟兹石窟佛学研究》中指出：“《历代三宝记》在中国佛教经录里，伪误滥收甚多。《灌顶经》掺入帛尸梨密多罗名下就是一例。近年有学者研究，该经是一部‘中土编造的经典’。经过我国近代著名佛学家吕澂先生研究论证，《灌顶经》从帛尸梨密多罗翻译目录中删除，恢复为‘失译’。帛尸梨密多罗的《大孔雀王神咒经》一卷、《孔雀王杂神咒经》一卷，亦经吕澂先生勘定，两经实际是一个经。综上所述……帛尸梨密多罗只翻译了《大孔雀王神咒经》一卷。”[②]

按：《灌顶经》或云九卷，或云十二卷，未详孰是，故并列于此。《灌顶经》等，帛尸梨蜜多罗于晋元帝时译，其时待考，兹系于晋元帝永昌二年。《大唐内典录》作“东晋元年帝世”，“年”字似衍。

晋明帝敬佛

《历代名画记》载：“明帝司马绍，字道几（下品上），元帝长子。幼异，有对日之奇。及长，善书画，有识鉴，最善画佛像。蔡谟集云：‘帝画佛于乐贤堂，经历寇乱而堂独存。显宗效著，作为颂。’”[③]

《佛祖统纪》载：“太宁元年，帝手御丹青，图释迦佛于大内乐贤堂。又往兴皇寺，集义学沙门百员讲论佛道。”[④]

释昙徽生

《高僧传》载：“释昙徽，河内人。”[⑤]

《高僧传》载：“以晋太元二十年卒。临亡之日，体无余患。上堂同众中食，因而告别。食竟还房，右胁而化，春秋七十三矣。”[⑥]

按：《高僧传》云释昙徽于东晋孝武帝太元二十年（395年）卒，时七十有三。据此推之，释昙徽当生于本年。

---

①［唐］圆照：《贞元新定释教目录》卷二十四，《大正藏》第55册，第964页中。

② 霍旭初：《龟兹石窟佛学研究》，宗教文化出版社，2013年，第189—190页。

③［日］冈村繁译注，俞慰刚译：《历代名画记译注》（第五卷），上海古籍出版社，2002年，第247页。

④［宋］志磐：《佛祖统纪》卷三十六，《大正藏》第49册，第339页中。

⑤［梁］慧皎：《高僧传》卷五，《大正藏》第50册，第356页中。

⑥［梁］慧皎：《高僧传》卷五，《大正藏》第50册，第356页中。

释道安出家

《出三藏记集》载："（释道安）年十二出家，神性聪敏，而形貌至陋，不为师之所重。"①

《高僧传》载："至年十二出家，神智聪敏，而形貌甚陋，不为师之所重。"②

按：据晋怀帝永嘉六年（312）下"释道安生"条，推之可知，"释道安出家"条，当发生于本年。

晋明帝太宁二年（324）甲申

周嵩临刑犹诵佛经

《晋书》载："王敦既害𫖮而使人吊嵩，嵩曰：'亡兄天下人，为天下人所杀，复何所吊！'敦甚衔之，惧失人情，故未加害，用为从事中郎。嵩，王应嫂父也，以𫖮横遇祸，意恒愤愤，尝众中云：'应不宜统兵。'敦密使妖人李脱诬嵩及周筳潜相署置，遂害之。嵩精于事佛，临刑犹于市诵经云。"③

《资治通鉴》载："（东晋明帝太宁二年）春，正月，王敦诬周嵩、周莛与李脱谋为不轨，收嵩、莛于军中，杀之；遣参军贺鸾就沈充于吴，尽杀周札诸兄子；进兵袭会稽，札拒战而死。"④

昙备生

《比丘尼传》载："昙备，本姓陶，丹阳建康人也。少有清信，愿修正法。而无有昆弟，独与母居。事母恭孝，宗党称之。"⑤

《比丘尼传》载："（昙备）年七十三，泰元二十一年卒。"⑥

按：据晋孝武帝太元二十一年（396）"昙备卒"条，推之可知，"昙备生"条，当发生于本年。

---

①［梁］僧祐：《出三藏记集》卷十五，《大正藏》第55册，第108页上。
②［梁］慧皎：《高僧传》卷五，《大正藏》第50册，第351页下。
③［唐］房玄龄等：《晋书》卷六十一，中华书局，1974年，第1661—1662页。
④［北宋］司马光：《资治通鉴》卷九十三，中华书局，1956年，第2920页。
⑤［梁］宝唱：《比丘尼传》卷一，《大正藏》第50册，第935页下。
⑥［梁］宝唱：《比丘尼传》卷一，《大正藏》第50册，第936页上。

晋明帝建佛寺两座

《法苑珠林》载："晋肃宗明帝造皇兴、道场二寺，集义学百僧。"①

《释氏稽古略》载："（太宁二年）帝崇斋兴福，造皇兴、道场二寺。"②

按：《释迦方志》卷二作"明兴、道场二寺"。③

晋明帝太宁三年·前赵光初八年（325）乙酉

竺潜着屐入殿内

《高僧传》载："建武太宁中，潜恒着屐至殿内，时人咸谓方外之士，以德重故也。"④

按：《高僧传》止言"太宁中"，故系于太宁三年。

佛图澄知刘岳被执

《高僧传》载："光初八年，曜遣从弟伪中山王岳，将兵攻勒，勒遣石虎率步骑拒之。大战洛西，岳败保石梁坞，虎坚栅守之。澄与弟子自官寺至中寺，始入寺门，叹曰：'刘岳可悯。'弟子法祚问其故，澄曰：'昨日亥时岳已被执。'果如所言。"⑤

《资治通鉴》载："（东晋明帝太宁三年）后赵将石生屯洛阳，寇掠河南，司州刺史李矩、颍川太守郭默军数败，又乏食，乃遣使附于赵。赵主曜使中山王岳将兵万五千人趣孟津，镇东将军呼延谟帅荆、司之众自崤、渑而东，欲会矩、默，共攻石生。岳克孟津、石梁二戍。斩获五千余级，进围石生于金墉。后赵中山公虎帅步骑四万，入自成皋关，与岳战于洛西。岳兵败，中流矢，退保石梁。虎作堑栅环之，遏绝内外。岳众饥甚，杀马食之。虎又击呼延谟，斩之。曜自将兵救岳，虎帅骑三万逆战。赵前军将军刘黑击虎将石聪于八特阪，大破之。曜屯于金谷，夜，军中无故大惊，士卒奔溃，乃退屯渑池。夜，又惊溃，遂归长安。六月，虎拔石梁，禽岳及其将

① [唐] 道世：《法苑珠林》卷一百，《大正藏》第53册，第1025页中。

② [元] 觉岸：《释氏稽古略》卷二，《大正藏》第49册，第777页下。

③ [唐] 道宣：《释迦方志》卷二，《大正藏》第51册，第974页上。

④ [梁] 慧皎：《高僧传》卷四，《大正藏》第50册，第347页下。

⑤ [梁] 慧皎：《高僧传》卷九，《大正藏》第50册，第384页上。

佐八十余人，氐、羌三千余人，皆送襄国，坑其士卒九千人。遂攻王腾于并州，执腾，杀之，坑其士卒七千余人。曜还长安，素服郊次，哭，七日乃入城，因愤恚成疾。”①

渔人于海上得文殊金像

《高僧传》载：“又昔浔阳陶侃经镇广州，有渔人于海中见神光，每夕艳发，经旬弥盛。怪以白侃。侃往详视，乃是阿育王像，即接归，以送武昌寒溪寺。寺主僧珍尝往夏口，夜梦寺遭火，而此像屋独有龙神围绕。珍觉，驰还寺，寺既焚尽，唯像屋存焉。侃后移镇，以像有威灵，遣使迎接。数十人举之至水，及上船，船又覆没。使者惧而反之，竟不能获。侃幼出雄武，素薄信情，故荆楚之间，为之谣曰：‘陶惟剑雄，像以神标。云翔泥宿，邈何遥遥。可以诚致，难以力招。’及远创寺既成，祈心奉请，乃飘然自轻，往还无梗。方知远之神感证在风谚矣。于是率众行道，昏晓不绝，释迦余化，于斯复兴。”②

《法苑珠林》载：“东晋庐山文殊师利菩萨像者，昔有晋名臣陶侃，字士行，建旟南海。有渔人每夕见海滨光，因以白侃遣寻。俄见金像陵波而趣船侧，捡其铭勒，乃阿育王所造文殊师利菩萨像也。昔传云：‘育王既统此洲，学鬼王制狱，怨酷尤甚。文殊现处镬中，火炽水清，生青莲华。王心感悟，即日毁狱，造八万四千塔，建立形像，其数亦尔。’此其一也。初，侃未能深信因果，既嘉此瑞，遂大尊重，乃送武昌寒溪寺。后迁荆州，故遣迎上。像初在舆，数人可举。今加以壮夫数十，确不移处。后更足以事力，輴车牵曳，仅得上船，船复即没。使具闻，侃听还本寺，两三人便起。沙门慧远，敬伏威仪，迎入庐岫，而了无艰阻。斯即圣灵感降，惟其人乎！故谚曰：‘陶惟剑雄，像以神标；云翔泥宿，邈何遥遥。’是也。”③

《舆地纪胜》载：“《寰宇记》在武昌樊山下，山溪夏时凛然，常有寒气，故名。《图经》云：‘寒溪之上有晋旧寺，曰寒溪寺。陶侃为置文殊铜像，今别为西山寺。’有菩萨泉，东坡有泉铭云：‘陶侃为广州，渔人夜见神光海上，迹之，得金像。初送武昌寒溪寺，后惠远禅师迎像于庐山。’”④

---

①［北宋］司马光：《资治通鉴》卷九十三，中华书局，1956年，第2935—2936页。

②［梁］慧皎：《高僧传》卷六，《大正藏》第50册，第358页下。

③［唐］道世：《法苑珠林》卷十三，《大正藏》第53册，第386页下。

④［南宋］王象之：《舆地纪胜》卷八十一，中华书局，1992年，第2623页。。

《佛祖统纪》载："（太宁三年）渔人见海上有光，网之，得金像文殊。"①

释法相或生于本年

《高僧传》载："释法相，姓梁，不测何人。常山居精苦，诵经十余万言。鸟兽集其左右，皆驯若家禽。太山祠有大石函，贮财宝，相时山行，宿于庙侧，忽见一人玄衣武冠，令相开函，言绝不见。其函石盖，重过千钧，相试提之，飘然而起，于是取其财以施贫民。后度江南止越城寺，忽游纵放荡，优俳滑稽，或时裸袒，干冒朝贵。"②

《高僧传》载："至晋元兴末卒，春秋八十。"③

《法苑珠林》载："晋沙门释法相，河东人也。常独山居，精苦为业。鸟兽集其左右，驯若家兽。太山祠大石函以盛财宝。相时山行，宿于其庙。见一人玄衣武冠，令相开函，言终不见。其函石盖，重过千钧。相试提之，飘然而开。于是取其财宝，以施贫民。后渡江南，住越城寺。忽遨游放荡，俳优滑稽。或时裸袒，干冒朝贵。"④

按：依《高僧传》所载，释法显卒于晋元帝元兴末年（402—404），时春秋八十。据此可知，释法相或生于本年。

晋明帝敬事比丘尼道容

《比丘尼传》载："道容，本历阳人，住乌江寺。戒行精峻，善占吉凶，逆知祸福，世传为圣。晋明帝时，甚见敬事。以花布席下，验其凡圣，果不萎焉。"⑤

《法苑珠林》载："晋尼竺道容，不知何许人，居于乌江寺。戒行精峻，屡有征感。晋明帝时，甚见敬事。以华藉席，验其所得，果不萎焉。"⑥

《资治通鉴》载：（东晋明帝太宁三年）戊子，帝崩。年二十七。

按：晋明帝崩于太宁三年闰八月二十五日（325年10月18日）。晋明帝礼敬比丘道容之事，其时待考。兹系于本年。

---

①［宋］志磐：《佛祖统纪》卷三十六，《大正藏》第49册，第339页中。

②［梁］慧皎：《高僧传》卷十二，《大正藏》第50册，第406页下。

③［梁］慧皎：《高僧传》卷十二，《大正藏》第50册，第406页下。

④［唐］道世：《法苑珠林》卷十九，《大正藏》第53册，第428页下。

⑤［梁］宝唱：《比丘尼传》卷一，《大正藏》第50册，第936页中。

⑥［唐］道世：《法苑珠林》卷四十二，《大正藏》第53册，第616页中。

晋成帝咸和元年（326）丙戌

竺慧理至钱塘武林山

《佛祖统纪》载："咸和元年，西天沙门竺慧理至钱塘武林山，惊曰：'中天竺灵鹫小岭，何年飞来此地耶！'因名'天竺山飞来峰'，建寺曰'灵隐'。仙翁葛洪书额（《寰宇记》：'此山名"稽宿"，以许由隐居于此，故易名"灵隐"）。'"[①]

释道安不为师所重

《出三藏记集》载："驱使田舍，至于三年，执勤就劳，曾无怨色。笃性精进，斋戒无阙。"[②]

《高僧传》载："（释道安）神智聪敏，而形貌甚陋，不为师之所重。驱役田舍，至于三年，执勤就劳，曾无怨色，笃性精进，斋戒无阙。"[③]

按：据晋元帝永昌二年·晋明帝太宁元年（323）下"释道安出家"条，推之可知，"释道安不为师所重"条，当发生于本年。

晋成帝咸和二年·前赵光初十年（327）丁亥

释道安启师求经

《出三藏记集》载："数岁之后，方启师求经。师与《辩意经》一卷，可五千余言。安赍经入田，因息寻览。暮归，以经还师，复求余经。师曰：'昨经不读，今复求耶！'对曰：'即已闇诵。'师虽异之，而未信也。复与《成具光明经》一卷，可减万言，赍之如初，暮复还师。师执经覆之，不差一字。师大惊，敬而异之。"[④]

《高僧传》载："数岁之后，（释道安）方启师求经，师与《辩意经》一卷，可五千言。安赍经入田，因息就览，暮归，以经还师，更求余者，师曰：'昨经未读，

---

①［宋］志磐：《佛祖统纪》卷三十六，《大正藏》第49册，第339页下。

②［梁］僧祐：《出三藏记集》卷十五，《大正藏》第55册，第108页上。

③［梁］慧皎：《高僧传》卷五，《大正藏》第50册，第351页下。

④［梁］僧祐：《出三藏记集》卷十五，《大正藏》第55册，第108页上。

今复求耶。’答曰：‘即已闇诵。’师虽异之，而未信也。复与《成具光明经》一卷，减一万言，赍之如初。暮复还师。师执经覆之，不差一字，师大惊，嗟而异之。”①

胡中才在《道安研究》中指出：“晋成帝咸和二年（327），道安‘方启师求经’，始受《辩意经》和《成具光明经》。《高僧传·道安》载，道安田役3年，‘方启师求经’。道安于公元323年驱役田舍，3年后当是公元326年，即晋成帝咸和元年。”②

竺定往视诃罗竭之尸身

《高僧传》载：“后西域人竺定，字安世，晋咸和中往其国。亲自观视，（诃罗竭）尸俨然平坐，已三十余年，定后至京，传之道俗。”③

按：诃罗竭圆寂于元康八年（298年），三十余年，乃晋成帝咸和年间也。兹系于咸和二年。

竺法旷生

《高僧传》载：“竺法旷，姓罣，下邳人，寓居吴兴，早失二亲，事后母以孝闻。家贫无蓄，常躬耕垄畔，以供色养。及母亡，行丧尽礼，服阕出家，事沙门竺昙印为师。印明叡有道行，旷师事竭诚，迄受具戒。栖风立操，卓尔殊群，履素安业，志行渊深。印尝疾病危笃，旷乃七日七夜祈诚礼忏，至第七日，忽见五色光明照印房户，印如觉有人以手按之，所苦遂愈。后辞师远游，广寻经要，还止于潜青山石室。每以法华为会三之旨，无量寿为净土之因，常吟咏二部，有众则讲，独处则诵。”④

《高僧传》载其：“元兴元年（402）卒，春秋七十有六。”⑤

据此推之，竺法旷当生于此年。

王珉舍宅建寺

《吴地记》载：“虎丘山，避唐太祖讳，改为武丘山，又名海涌山，在吴县西北九里二百步……其山本晋司徒王珣与弟司空王珉之别墅，咸和二年，舍山为东、西二寺，立祠于山。”⑥

---

①［梁］慧皎：《高僧传》卷五，《大正藏》第50册，第351页下。

② 胡中才：《道安研究》，宗教文化出版社，2011年，第7页。

③［梁］慧皎：《高僧传》卷十，《大正藏》第50册，第389页上。

④［梁］慧皎：《高僧传》卷五，《大正藏》第50册，第356页下。

⑤［梁］慧皎：《高僧传》卷五，《大正藏》第50册，第357页上。

⑥［唐］陆广微撰，曹林娣校注：《吴地记》，江苏古籍出版社，1999年，第62—63页。

晋成帝咸和三年·前凉建兴十六年·前赵光初十一年（328）戊子

周闵携佛经避苏峻之乱

《法苑珠林》载："晋周闵，汝南人也，晋护军将军。世奉法。苏峻之乱，都邑人士皆东西灭迁。闵家有《大品》一部，以半幅八丈素，反复书之。又有余经数囊，《大品》亦杂在其中。既当避难单行，不能得尽持去，尤惜《大品》，不知在何囊中。仓卒应去，不展寻搜，裴回叹咤，不觉《大品》忽自出外。闵惊喜，持去。周氏遂世宝之，今云尚在。一说云：'周嵩妇胡母氏有素书《大品》，素广五寸，而《大品》一部尽在焉。'又并有舍利，银罂贮之，并缄于深箧。永嘉之乱，胡母将避兵南奔，经及舍利自出箧外，因取怀之，以渡江东。又尝遇火，不暇取经。及屋尽火灭，得之于灰烬之下，俨然如故。会稽王道子就嵩曾孙云求以供养。后尝暂在新渚寺。刘敬叔云：'曾亲见此经，字如麻大，巧密分明。'新渚寺，今天安是也。此经盖得道僧释慧则所写也。或云：'尝在简靖寺，靖首尼读诵之。'"①

《资治通鉴》载："（东晋成帝咸和三年）春，正月，温峤入救建康，军于寻阳。韩晃袭司马流于慈湖；流素懦怯，将战，食炙不知口处，兵败而死。丁未，苏峻帅祖涣、许柳等众二万人，济自横江，登牛渚，军于陵口。台兵御之，屡败。二月，庚戌，峻至蒋陵覆舟山。陶回谓庾亮曰：'峻知石头有重戍，不敢直下，必向小丹杨南道步来；宜伏兵邀之，可一战擒也。'亮不从。峻果自小丹杨来，迷失道，夜行，无复部分。亮闻，乃悔之。朝士以京邑危逼，多遣家人入东避难，左卫将军刘超独迁妻孥入居宫内。"②

据此推之，周闵携佛经避苏峻之乱，其事当发生于本年。

刘曜梦金人

《晋书》载："咸和三年，（刘曜）夜梦三人金面丹唇，东向逡巡，不言而退，曜拜而履其迹。旦召公卿已下议之，朝臣咸贺以为吉祥，惟太史令任义进曰：'三者，

---

①［唐］道世：《法苑珠林》卷十八，《大正藏》第53册，第417页中。

②［北宋］司马光：《资治通鉴》卷九十四，中华书局，1956年，第2949—2950页。

历运统之极也。东为震位，王者之始次也。金为兑位，物衰落也。唇丹不言，事之毕也。逡巡揖让，退舍之道也。为之拜者，屈伏于人也。履迹而行，慎不出疆也。东井，秦分也。五车，赵分也。秦兵必暴起，亡主丧师，留败赵地。远至三年，近七百日，其应不远。愿陛下思而防之。’曜大惧，于是躬亲二郊，饰缮神祠，望秩山川，靡不周及。大赦殊死已下，复百姓租税之半。长安自春不雨，至于五月。”①

《十六国春秋》亦载之，文字小异。②

石勒访佛图澄

《高僧传》载：“至光初十一年，曜自率兵攻洛阳，勒欲自往拒曜，内外僚佐，无不必谏。勒以访澄，澄曰：‘相轮铃音云：“秀支替戾冈，仆谷劬秃当。”此羯语也。秀支，军也；替戾冈，出也；仆谷，刘曜胡位也；劬秃当，捉也。此言军出捉得曜也。’时徐光闻澄此旨，苦劝勒行。勒乃留长子石弘，共澄以镇襄国，自率中军步骑，直指洛城。两阵才交，曜军大溃。曜马没水中，石堪生擒之送勒。澄时以物涂掌观之，见有大众，众中缚一人，朱丝约项，其时因以告弘。当尔之时，正生擒曜也。”③

《幽明录》载：“石勒问佛图澄：‘刘曜可擒，兆可见否？’澄令童子斋七日，取麻油掌中研之，燎旃檀而咒。有顷，举手向童子，掌内晃然有异。澄问：‘有所见不？’曰：‘唯见一军人，长大白皙，有异望，以朱（丝）缚其肘。’澄曰：‘此即曜也。’其年，果生擒曜。”④

《晋书》载：“刘曜败季龙于高候，遂围洛阳。勒荥阳太守尹矩、野王太守张进等皆降之，襄国大震。勒将亲救洛阳，左右长史、司马郭敖、程遐等固谏曰：‘刘曜乘胜雄盛，难与争锋，金墉粮丰，攻之未可卒拔。曜悬军千里，势不支久。不可亲动，动无万全，大业去矣。’勒大怒，按剑叱遐等出。于是赦徐光，召而谓之曰：‘刘曜乘高候之势，围守洛阳，庸人之情皆谓其锋不可当也。然曜带甲十万，攻一城而百日不克，师老卒殆，以我初锐击之，可一战而擒。若洛阳不守，曜必送死冀州，自河已北，席卷南向，吾事去矣。程遐等不欲吾亲行，卿以为何如？’光对曰：‘刘曜乘高候之势而不能进临襄国，更守金墉，此其无能为也。悬军三时，亡攻战之利，若鸾旗亲驾，必望旌奔败。定天下之计，在今一举。今此机会，所谓天授，授而弗应，祸

① ［唐］房玄龄等：《晋书》卷一百三，中华书局，1974年，第2699页。

② ［北魏］崔鸿，［清］汤球辑补：《十六国春秋辑补》卷八，中华书局，2020年，第98—99页。

③ ［梁］慧皎：《高僧传》卷九，《大正藏》第50册，第384页上。

④ ［南朝宋］刘义庆撰，郑晚晴辑注：《幽明录》卷五，文化艺术出版社，1988年，第174页。

之攸集。’勒笑曰：‘光之言是也。’佛图澄亦谓勒曰：‘大军若出，必擒刘曜。’勒尤悦，使内外戒严，有谏者斩。”①

《资治通鉴》载：“（东晋成帝咸和三年）冬，十一月，后赵王勒欲自将救洛阳，僚佐程遐等固谏曰：“刘曜悬军千里，势不支久。大王不宜亲动，动无万全。”勒大怒，按剑叱遐等出。乃赦徐光，召而谓之曰：“刘曜乘一战之胜，围守洛阳，庸人之情皆谓其锋不可当。曜带甲十万，攻一城而百日不克，帅老卒怠，以我初锐击之，可一战而擒也。若洛阳不守，曜必送死冀州，自河已北，席卷而来，吾事去矣。程遐等不欲吾行，卿以为何如？”对曰：“刘曜乘高候之势，不能进临襄国，更守金墉，此其无能为可知也。以大王威略临之，彼必望旗奔败。平定天下，在今一举，不可失也。”勒笑曰：“光言是也。”乃使内外戒严，有谏者斩。”②“勒使曜与其太子熙书，谕令速降；曜但敕熙与诸大臣‘匡维社稷，勿以吾易意也。’勒见而恶之，久之，乃杀曜。”③

康僧会塔为战火所焚

《高僧传》载：“至晋成咸和中，苏峻作乱。焚会所建塔，司空何充复更修造。平西将军赵诱，世不奉法，傲慢三宝。入此寺，谓诸道人曰：‘久闻此塔屡放光明，虚诞不经，所未能信。若必自睹，所不论耳。’言竟，塔即出五色光，照曜堂刹。诱肃然毛竖，由此信敬。于寺东更立小塔，远由大圣神感，近亦康会之力。故图写厥像传之于今。孙绰为之赞曰：‘会公箫瑟，寔惟令质。心无近累，情有余逸。属此幽夜，振彼尤黜。超然远诣，卓矣高出。’有《记》云：‘孙皓打试舍利，谓非其权时。’余案皓将坏寺，诸臣咸答。康会感瑞，大皇创寺。是知初感舍利必也权时。故数家传记咸言孙权感舍利于吴宫。其后更试神验，或将皓也。”④

《资治通鉴》载：“（东晋成帝咸和三年）（苏）峻兵入台城……时百官奔散，殿省萧然。峻兵既入，叱褚翜令下。翜正立不动，呵之曰：‘苏冠军来觐至尊，军人岂得侵逼！’由是峻兵不敢上殿，突入后宫，宫人及太后左右侍人皆见掠夺。峻兵驱役百官，光禄勋王彬等皆被捶挞，令负檐登蒋山。裸剥士女，皆以坏席苫草自鄣，无草者坐地以土自覆；哀号之声，震动内外。”⑤

---

①［唐］房玄龄等：《晋书》卷一百五，中华书局，1974年，第2744页。
②［北宋］司马光：《资治通鉴》卷九十四，中华书局，1956年，第2963页。
③［北宋］司马光：《资治通鉴》卷九十四，中华书局，1956年，第2965页。
④［梁］慧皎：《高僧传》卷一，《大正藏》第50册，第326页上。
⑤［北宋］司马光：《资治通鉴》卷九十四，中华书局，1956年，第2951页。

按：晋成帝咸和三年，苏峻攻入京师，而康僧会于建业所建之塔，当为这场兵火所毁。故将此事系于晋成帝咸和三年。

晋成帝咸和四年（329）己丑

晋成帝为释迦像制颂

《晋书》载："彭城王（司马）纮上言，乐贤堂有先帝手画佛象，经历寇难，而此堂犹存，宜敕作颂。帝下其议。谟曰：'佛者，夷狄之俗，非经典之制。先帝量同天地，多才多艺，聊因临时而画此象，至于雅好佛道，所未承闻也。盗贼奔突，王都隳败，而此堂块然独存，斯诚神灵保祚之征，然未是大晋盛德之形容，歌颂之所先也。人臣睹物兴义，私作赋颂可也。今欲发王命，敕史官，上称先帝好佛之志，下为夷狄作一象之颂，于义有疑焉。'于是遂寝。"①

《资治通鉴》载："（东晋成帝咸和四年）二月，丙戌，诸军攻石头。建成长史滕含击苏逸，大破之。苏硕帅骁勇数百，渡准而战，温峤击斩之。韩晃等惧，以其众就张健于曲阿，门隘不得出，更相蹈藉，死者万数。西军获苏逸，斩之。滕含部将曹据抱帝奔温峤船，群臣见帝，顿首号泣请罪。杀西阳王羕，并其二子播、充、孙崧及彭城王雄。陶侃与任让有旧，为请其死。帝曰：'是杀吾侍中、右卫者，不可赦也。'乃杀之。司徒导入石头，令取故节，陶侃笑曰：'苏武节似不如是。'导有惭色。丁亥，大赦。张健疑弘徽等贰于己，皆杀之，帅舟师自延陵将入吴兴。乙未，扬烈将军王允之与战，大破之，获男女万余口。健复与韩晃、马雄等轻军西趋故鄣，郗鉴遣军李闳追之，及于平陵山，皆斩之。是时宫阙灰烬，以建平园为宫。温峤欲迁都豫章，三吴之豪请都会稽，二论纷纭未决。司徒导曰：'孙仲谋、刘玄德俱言："建康，王者之宅。"古之帝王，不必以丰俭移都。苟务本节用，何忧凋弊！若农事不修，则乐土为墟矣。且北寇游魂，伺我之隙，一旦示弱，窜于蛮越，求之望实，惧非良计。今特宜镇之以静，群情自安。'由是不复徙都。以褚翜为丹杨尹。时兵火之后，民物凋残，翜收集散亡，京邑遂安。"②

按：咸和三年二月，苏峻攻破建康。咸和四年二月，晋成帝回到建康。咸和四年

---

①［唐］房玄龄等：《晋书》卷七十七，中华书局，1974年，第2035页。

②［北宋］司马光：《资治通鉴》卷九十四，中华书局，1956年，第2967—2968页。

三月，司马纮由高密王徙为彭城王。则晋成帝为释迦像制颂，事当在本年。

高悝得佛像迎于长干寺

《高僧传》载："昔晋咸和中，丹阳尹高悝，于张侯桥浦里，掘得一金像，无有光趺，而制作甚工。前有梵书云是育王第四女所造。悝载像还至长干巷口，牛不复行，非人力所御，乃任牛所之，径趣长干寺。尔后年许，有临海渔人张系世，于海口得铜莲华趺，浮在水上。即取送县。县表上上台，敕使安像足下，契然相应。后有西域五僧诣悝云：'昔于天竺得阿育王像，至邺遭乱，藏置河边。王路既通，寻觅失所。近得梦云，像已出江东，为高悝所得，故远涉山海，欲一见礼拜耳。'悝即引至长干，五人见像，歔欷涕泣，像即放光，照于堂内。五人云：'本有圆光，今在远处，亦寻当至。'"①

《历代三宝纪》载：（咸和四年，已丑）"丹阳尹高悝，旦行至张侯桥，望自中有五色光，出水上高数尺。悝往看，异之。遣人入水，乃得一金像。无光趺工，制殊常，悝乃下车，载像将还，至长干寺安置。委曲具在《高僧·刘萨何传》。临海人张系世，常于海中捕鱼，见水上有光往，视乃是铜莲华趺，即表上帝，敕安此像脚下，齐同如一。其趺上有梵书，外国僧读云：'是阿育王第四女造。'开皇九年平陈，此像今在京大兴善寺。"②

《法苑珠林》载："东晋成帝咸和年中，丹阳尹高悝，往还市阙，每张侯桥浦有异光现。乃使吏寻之，获金像一躯，西域古制，光趺并阙。悝下车载像，至长干巷口，牛不复行。悝止御者，任牛所往，遂径赴长干寺，因安置之。杨都翕然，劝悟者甚众。像于中宵，忽放金光。岁余，临海县渔人张孙世于海上见铜莲华趺，丹光游泛。乃驰舟接取，具送上台。帝令试安像足，恰然同合。久之有西域五僧振锡诣悝云：'昔游天竺，得阿育王像，至邺遭乱，藏于河滨。王路既通，寻觅失所。近感梦云："吾出江东，为高悝所得，在阿育王寺。"故远来相投，欲一礼拜。'悝引至寺，五僧见像，歔欷洟泣。像为之放光，照于堂内。及绕像形，僧云：'本有圆光，今在远处，亦寻当至。'五僧即住供养。至咸和元年，南海交州合浦采珠人董宗之，每见海底有光。浮于水上，寻之得光，以事上闻，简文帝敕施此像，孔穴悬同，光色无异。凡四十余年，东西别处。祥感光趺，方乃符合。"③

---

①［梁］慧皎：《高僧传》卷十三，《大正藏》第50册，第409页中。

②［隋］费长房：《历代三宝纪》卷三，《大正藏》第49册，第38页上。

③［唐］道世：《法苑珠林》卷十三，《大正藏》第53册，第383页下。

《方舆胜览》载："长干寺，（建康）郡南五里。有大长干，小长干，东长干，并是地名，江东谓山陇之间曰干。长干寺，今名天禧寺，在长干。"①

比丘尼僧基生

《比丘尼传》载："僧基，本姓明，济南人也。绾发志道，秉愿出家。"②

《比丘尼传》载："（僧基）年六十八，隆安元年（397）卒矣。"③

据此推之，比丘尼僧基当生于本年。

晋成帝咸和五年·后赵建平元年（330）庚寅

天神降于安邑

《高僧传》载："至石勒建平中，有天神降于安邑厅事，讽咏经音，七日乃绝。时有传者，并皆讹废。"④

《事物纪原》载："后赵石勒时，建中神降安邑，讽咏经音，七日方绝，僧有摹写为梵呗焉。此赞梵之始也。"⑤

佛图澄救石斌

《邺中记》载："石虎性好佞佛，众巧奢靡，不可纪也。尝作檀车，广丈余，长二丈，四轮，作金佛像坐于车上，九龙吐水灌之。又作木道人，恒以手摩佛心腹之间。又十余木道人，长二尺余，皆披袈裟绕佛行，当 佛前，辄揖礼佛，又以手撮香投炉中，与人无异。车行，则木人行，龙吐水；车止，则止。亦解飞所造也。"⑥

《高僧传》载："石虎有子名斌，后（石）勒爱之甚重。忽暴病而亡，已涉二日。勒曰：'朕闻号太子死，扁鹊能生。大和上国之神人，可急往告，必能致福。'澄乃取杨枝咒之，须臾能起，有顷平复。由是勒诸稚子多在佛寺中养之。每至四月八日，

①［宋］祝穆撰，施和金点校：《方舆胜览》卷十四，中华书局，2003年，第245页。

②［梁］宝唱：《比丘尼传》卷一，《大正藏》第50册，第936页上。

③［梁］宝唱：《比丘尼传》卷一，《大正藏》第50册，第936页上。

④［梁］慧皎：《高僧传》卷十三，《大正藏》第50册，第415页上。

⑤［北宋］高承撰，金圆、许沛藻点校：《事物纪原》卷七，中华书局，1989年，第385页。

⑥［东晋］陆翙：《邺中记》，中华书局，1985年，第8页。

勒躬自诣寺灌佛为儿发愿。”①

竺道壹生

《高僧传》载：“竺道壹，姓陆，吴人也。少出家，贞正有学业，而晦迹隐智，人莫能知，与之久处，方悟其神出，琅琊王珣兄弟深加敬事。”②

《高僧传》载：“（竺道壹）后暂往吴之虎丘山，以晋隆安中遇疾而卒，即葬于山南，春秋七十有一矣。”③

按：竺道壹卒年《高僧传》止言“晋隆安中”，以其寿七十有一而推之，竺道壹或生于本年，兹系于此。

许询建崇化寺

《建康实录》载：“许询字玄度，高阳人。父归，以琅琊太守随中宗过江，迁会稽内史，因家于山阴。询幼冲灵，好泉石，清风朗月，举酒咏怀。中宗闻而征为议郎，辞不受职，遂托迹居永兴。肃宗连征司徒掾，不就。乃策杖披裘，隐于永兴西山，凭树构堂，萧然自致。至今此地名为萧山。遂舍永兴、山阴二宅为寺，家财珍异，悉皆是给。既成，启奏孝宗，诏曰：‘山阴旧宅为祇洹寺，永兴新居为崇化寺。’询乃于崇化寺造四层塔，物产既整，犹欠露盘相轮。一朝风雨，相轮等自备，时所访问，乃是剡县飞来。既而，移皋屯之岩，常与沙门支遁及谢安石、王羲之等同游往来，至今皋屯呼为许玄度岩也。”④

《佛祖统纪》载：“（咸和五年）许询以会稽永兴新居为崇化寺，建塔四层。”⑤

晋成帝咸和六年（331）辛卯

释慧永生

《高僧传》载：“释慧永，姓潘，河内人也。”⑥

①［梁］慧皎：《高僧传》卷九，《大正藏》第50册，第384页中。
②［梁］慧皎：《高僧传》卷五，《大正藏》第50册，第357页上。
③［梁］慧皎：《高僧传》卷五，《大正藏》第50册，第357页中。
④［唐］许嵩著，张忱石点校，《建康实录》卷八，中华书局，1986年，第216—217页。
⑤［宋］志磐：《佛祖统纪》卷三十六，《大正藏》第49册，第339页下。
⑥［梁］慧皎：《高僧传》卷六，《大正藏》第50册，第362页上。

《高僧传》载："永厉行精苦，愿生西方，以晋义熙十年遇疾绵笃，而专谨戒律，执志愈勤，虽枕痾怀苦，颜色怡悦。未尽少时，忽敛衣合掌，求屣欲起，如有所见，众咸惊问，答云佛来，言终而卒，春秋八十有三。"①

据此推之，释慧永当生于本年。

释僧先遇释道安于客舍

《高僧传》载："释僧先，冀州人，常山渊公弟子。性纯素，有贞操。为沙弥时，与道安相遇于逆旅，安时亦未受具戒，因共披陈志慕，神气慷慨。临别相谓曰：'若俱长大，勿忘同游。'"②

按：咸和七年，释道安受具足戒。释僧先旅逢释道安，其时不可详考，兹于释道安受具足戒之前。

昙摩耶舍为弗若多罗所知

《高僧传》载："（昙摩耶舍）少而好学，年十四为弗若多罗所知。长而气干高爽，雅有神慧。该览经律，明悟出群。陶思八禅，游心七觉。时人方之浮头婆驮。孤行山泽，不避豺虎。独处思念，动移宵日。"③

按：据东晋建武元年（317）下"昙摩耶舍或生于本年"条，推之可知，"昙摩耶舍为弗若多罗所知"条，当发生于本年。

晋成帝咸和七年（332）壬辰

释道安受具足戒

《出三藏记集》载："（释道安）后为受具戒，恣其游方。"④

《高僧传》载："（释道安）后为受具戒，恣其游学。"⑤

胡中才在《道安研究》中指出："晋成帝成和七年（332），道安受具足戒，并

---

①［梁］慧皎：《高僧传》卷六，《大正藏》第50册，第362页中。

②［梁］慧皎：《高僧传》卷五，《大正藏》第50册，第355页上。

③［梁］慧皎：《高僧传》卷一，《大正藏》第50册，第329页中。

④［梁］僧祐：《出三藏记集》卷十五，《大正藏》第55册，第108页上。

⑤［梁］慧皎：《高僧传》卷五，《大正藏》第50册，第351页下。

有四处游学的自由。年满20周岁的出家者才能授具足戒。道安，公元312年出生，公元332年满20周岁。故其授具足戒当是公元332年，即晋成帝咸和七年。”①

释昙戒或生于本年

《高僧传》载：“释昙戒，一名慧精，姓卓，南阳人，晋外兵部棘阳令潜之弟也。居贫务学，游心坟典。后闻于法道讲《放光经》，乃借衣一听，遂深悟佛理。”②

《名僧传抄》载：“惠精，又名昙戒，本姓卓，南阳人，晋外兵郎棘阳令潜之弟也。幼而家贫，无衣着，不得从师友。负薪炙火，披玩六籍。后闻于法道讲《放光经》，借衣听焉。告其兄曰：‘始悟儒浅近，道教虚旷。不能复驰骋方内，政欲自放人外耳。’潜曰：‘诚复人各有心，何能独善其志？’”③

《名僧传抄》载：“后与安同憩长安太后寺。安平后，隆安中疾病，口诵弥勒，未尝懈息。弟子智生侍疾，问曰：‘何不愿生西方，而专呼弥勒？’答曰：‘吾等道安八人先发誓愿，愿生兜率，面见弥勒。道愿悉以先见，唯吾尚存，欲遂本愿。’语毕，即有光照于身，容颜更悦。俄而迁化，春秋七十，葬于道安墓右。”④

按：据晋安帝隆安五年（401）下“释昙戒或卒于此年”条，推之可知，“释昙戒或生于本年”条，当发生于本年。

竺僧辅或生于本年

《高僧传》载：“竺僧辅，邺人也。少持戒行，执志贞苦，学通诸论，兼善经法，道振伊洛，一都宗事。”⑤

《出三藏记集》所录《道地经序》载：“时雁门沙门支昙讲，邺都沙门竺僧辅，此二仁者，聪明有融，信而好古，冒崄远至，得与酬酢。寻章察句，造此训传，怖权与进者，暂可微寤。蚊蚋奋翼以助随岚，蚁垄增封嵩岳之顶，岂其能益于高猛哉！探颐奥邈，惟八辈难之，况末学小子，庶几兹哉！然天竺圣邦，道岨辽远，幽见硕儒，少来周化。先哲既逝，来圣未至，进退狼跋，咨嗟涕洟。故作章句，申己丹赤。冀诸

① 胡中才：《道安研究》，宗教文化出版社，2011年，第7页。

②［梁］慧皎：《高僧传》卷五，《大正藏》第50册，第356页中。

③［梁］宝唱：《名僧传抄》卷一，《卍续藏》第77册，第357页上。

④［梁］宝唱：《名僧传抄》卷一，《卍续藏》第77册，第357页上。

⑤［梁］慧皎：《高僧传》卷五，《大正藏》第50册，第355页中。

神通，照我喁喁，必枉灵趾，烛谬正阙也。”[①]

按：释道安与竺僧辅交好，往来甚密，故于《道地经序》中详载此事，然《高僧传·竺僧辅传》却失载之，未知何故？

竺僧辅卒年，可参阅公元391年“竺僧辅或卒于此年”条。据其卒年推之，可知竺僧辅或生于本年。

康僧渊至江东

《高僧传》载：“康僧渊，本西域人，生于长安。貌虽梵人，语实中国。容止详正，志业弘深。诵《放光》《道行》二波若，即大小品也。晋成之世，与康法畅、支敏度等俱过江。畅亦有才思，善为往复，著《人物始义论》等。畅常执麈尾行，每值名宾，辄清谈尽日。庾元规谓畅曰：‘此麈尾何以常在？’畅曰：‘廉者不取，贪者不与，故得常在也。’敏度亦聪哲有誉，著《译经录》，今行于世。渊虽德愈畅、度，而别以清约自处。常乞丐自资，人未之识。后因分卫之次，遇陈郡殷浩。浩始问佛经深远之理，却辩俗书性情之义。自昼之曛，浩不能屈，由是改观。”[②]

《世说新语·言语篇》载：“庾法畅造庾太尉，握麈尾至佳。公曰：‘此至佳，那得在？’法畅曰：‘廉者不求，贪者不与，故得在耳。’”[③]

《世说新语·假谲篇》载：“愍度道人始欲过江，与一伧道人为侣，谋曰：‘用旧义在江东，恐不办得食。’便共立‘心无义’。既而此道人不成渡。愍度果讲义积年。后有伧人来，先道人寄语云：‘为我致意愍度，无义那可立？治此计，权救饥尔！无为遂负如来也。’”[④]《名德沙门题目》曰：“支愍度才鉴清出。”[⑤]孙绰《愍度赞》曰：“支度彬彬，好是拔新，俱禀昭见，而能越人。世重秀异，咸竞尔珍。孤桐峄阳，浮磬泗滨。”[⑥]

《释氏通鉴》载：“壬辰（咸和七年）沙门康僧渊、康法畅、支敏度等，俱过江。”[⑦]

---

① ［梁］僧祐：《出三藏记集》卷十，《大正藏》第55册，第69页下。

② ［梁］慧皎：《高僧传》卷四，《大正藏》第50册，第346页下。

③ 徐震堮：《世说新语校笺》，中华书局，1984年，第62页。

④ 徐震堮：《世说新语校笺》，中华书局，1984年，第459页。

⑤ 徐震堮：《世说新语校笺》，中华书局，1984年，第459页。

⑥ 徐震堮：《世说新语校笺》，中华书局，1984年，第459页。

⑦ ［宋］本觉：《释氏通鉴》卷三，《卍续藏》第76册，第23页上。

按：庾法畅似是康法畅。

晋成帝咸和八年·后赵建平四年·成汉玉衡二十三年（333）癸巳

石勒至寺观佛

《十六国春秋》载："（石）勒死之年，天静无风，而塔上一铃独鸣，澄谓众曰：'铃音云，国有大丧，不出今年矣。'既而勒果死。"①

《高僧传》载："至建平四年四月，天静无风，而塔上一铃独鸣。（佛图）澄谓众曰：'铃音云："国有大丧，不出今年矣。"'是岁，七月勒死。"②

《法苑珠林》载："至建平四年四月八日，（石）勒至寺观佛，微风吹铃有声。顾谓众曰：'解此铃音者不？'铃言：'国有大丧，不出今年。'至七月而勒死。石虎即位，师奉过勒，赐以舆辇，入出乘马，所有祥感，其相极多，略而不述。"③

释道安外出参学

《魏书·释老志》载："后有沙门常山卫道安，性聪敏，日诵经万余言，研求幽旨。慨无师匠，独坐静室十二年，覃思构精，神悟妙赜，以前所出经多有舛驳，乃正其乖谬。"④

《隋书》载："石勒时，常山沙门卫道安，性聪敏，诵经日至万余言。以胡僧所译《维摩》《法华》，未尽深旨，精思十年，心了神悟，乃正其乖舛，宣扬解释。"⑤

按：咸和八年，石勒卒。故将此条系于石勒卒年之后。

---

①［北魏］崔鸿撰，［清］汤球辑补：《十六国春秋辑补》卷二十二，中华书局，2020年，第271页。

②［梁］慧皎：《高僧传》卷九，《大正藏》第50册，第384页中。

③［唐］道世：《法苑珠林》卷三十一，《大正藏》第53册，第517页中。

④［北齐］魏收：《魏书》卷一百一十四，中华书局，1974年，第3029页。

⑤［唐］魏徵等：《隋书》卷三十五，中华书局，1973年，第1097页。

晋成帝咸和九年·后赵延熙元年（334）甲午

释慧远生

《出三藏记集》载："释慧远，本姓贾，雁门楼烦人也。弱而好书，珪璋秀发。"[①]

《高僧传》载："释慧远，本姓贾氏，雁门娄烦人也。弱而好书，珪璋秀发。"[②]

《世说新语·文学篇》引张野《远法师铭》曰："沙门释慧远，雁门楼烦人。本贾氏，世为冠族。年十二，随舅令狐氏游学许、洛……年八十三而终。"[③]

据《高僧传》本传载，慧远卒于晋义熙十二年（416），寿八十三。[④]

据此推之，释慧远当生于本年。

释昙徽随释道安出家

《高僧传》载："（释昙徽）年十二，投道安出家。安尚其神彩，且令读书。……以晋太元二十年（395）卒，临亡之日，体无余患。上堂同众中食，因而告别。食竟还房，右胁而化，春秋七十三矣。"[⑤]

胡中才在《道安研究》中指出："昙徽当出生于晋元帝永昌元年（322）。'年十二'当是晋成帝咸和九年（334），正是道安受具足戒的第三年。如果道安这一年还在他师傅身边，收昙徽为徒的可能性极小。而且，昙徽是河内人，道安只有游学河内，才可能遇上这个小徒弟。所以，道安收昙徽为徒应是其授具足戒后外出参学时期，只可能在咸和八年至九年。"[⑥]

按：据晋元帝永昌二年·晋明帝太宁元年（323）下"释昙徽生"条，推之可知，"释昙徽随释道安出家"条，当发生于本年。

临淄城中有阿育王寺

《弘明集》载："道人澄公仁圣，于石勒虎之世，谓虎曰：'临淄城中有古阿育王寺处，犹有形像承露盘，在深林巨树之下，入地二十丈。'虎使者依图陷求，皆如

---

① ［梁］僧祐：《出三藏记集》卷十五，《大正藏》第55册，第109页中。

② ［梁］慧皎：《高僧传》卷六，《大正藏》第50册，第358页上。

③ 徐震堮：《世说新语校笺》，中华书局，1984年，第132页。

④ ［梁］慧皎：《高僧传》卷六，《大正藏》第50册，第361页中。

⑤ ［梁］慧皎：《高僧传》卷五，《大正藏》第50册，第356页中。

⑥ 胡中才：《道安研究》，宗教文化出版社，2011年，第8页。

言得。”①

按：“石勒虎之世”，当在后赵延熙元年，故系于本年。

安法开于余杭立寺

《法苑珠林》载：“晋咸和中，北僧安法开至余杭，欲建立寺，无资财。手索钱贯，货之积年，得钱三万，市地作屋，常以索贯为资，欲立刹，无舍利。有罗幼者，先自有之，开求不许。及开至寺礼佛，见幼舍利囊已在座前，即告幼。幼随来见之，喜悦与开共立寺宇于余杭云。”②

按：安法开于余杭立寺，其年不可考，故系与咸和末年。

精严寺建立

《吴地记》载：“（嘉兴县）会稽太守朱买臣坟西五百步，有晋兵部尚书徐恬宅舍为灵光寺。”③

《舆地纪胜》载：“精严寺在嘉兴西北，晋咸和中，吏部尚书鄂国侯徐恬因井中有光耀五色，遂舍宅为寺，奏闻赐名灵光寺，祥符赐今额。”④

按：东晋尚书徐恬，或作徐熙。徐恬（熙）舍宅为寺，不可详考。兹将此事系于咸和之末。

晋成帝咸康元年·成汉玉恒元年·后赵建武元年（335）乙未

王度上书石虎

《高僧传》载：“伪中书著作郎王度奏曰：‘夫王者郊祀天地，祭奉百神，载在祀典，礼有尝飨。佛出西域，外国之神，功不施民，非天子诸华所应祠奉。往汉明感梦，初传其道。唯听西域人得立寺都邑，以奉其神，其汉人皆不得出家。魏承汉制，亦修前轨。今大赵受命，率由旧章，华戎制异，人神流别。外不同内，飨祭殊礼，荒

---

①［梁］僧祐：《弘明集》卷二，《大正藏》第52册，第12页下。

②［唐］道世：《法苑珠林》卷四十，《大正藏》第53册，第601页上。

③［唐］陆广微撰，曹林娣校注：《吴地记》，江苏古籍出版社，1999年，第47页。

④［南宋］王象之：《舆地纪胜》卷三，中华书局，1992年，第185页。

夏服祀，不宜杂错。国家可断赵人悉不听诣寺烧香礼拜，以遵典礼。其百辟卿士，下逮众隶，例皆禁之。其有犯者，与淫祀同罪。其赵人为沙门者，还从四民之服。’伪中书令王波同度所奏。虎下书曰：‘度议云：佛是外国之神，非天子诸华所可宜奉。朕生自边壤，忝当期运，君临诸夏。至于飨祀，应兼从本俗。佛是戎神，正所应奉。夫制由上行，永世作则，苟事无亏，何拘前代。其夷赵百蛮有舍其淫祀，乐事佛者，悉听为道。”①

《晋书》载：“及季龙僭位，迁都于邺，倾心事澄，有重于勒。下书衣澄以绫锦，乘以雕辇，朝会之日，引之升殿，常侍以下悉助举舆，太子诸公扶翼而上，主者唱大和尚，众坐皆起，以彰其尊。又使司空李农旦夕亲问，其太子诸公五日一朝，尊敬莫与为比。支道林在京师，闻澄与诸石游，乃曰：‘澄公其以季龙为海鸥鸟也。’百姓因澄故多奉佛，皆营造寺庙，相竞出家，真伪混淆，多生愆过。季龙下书料简，其著作郎王度奏曰：‘佛，外国之神，非诸华所应祠奉。汉代初传其道，惟听西域人得立寺都邑，以奉其神，汉人皆不出家。魏承汉制，亦循前轨，今可断赵人悉不听诣寺烧香礼拜，以遵典礼，其百辟卿士下逮众隶，例皆禁之。其有犯者，与淫祀同罪。其赵人为沙门者，还服百姓。’朝士多同度所奏。季龙以澄故，下书曰：‘朕出自边戎，忝君诸夏，至于飨祀，应从本俗。佛是戎神，所应兼奉，其夷赵百姓有乐事佛者，特听之。’②

支道根译《方等法华经》

《历代三宝纪》载：“《方等法华经》五卷（咸康元年译）。……成帝世，沙门支道根出，并见竺道祖《晋世杂录》。”③

《法华文句记》载：“次有沙门支道根，晋咸康元年译为五卷，名《方等法华》。”④

《大唐内典录》载：“《方等法华经》五卷（咸康元年译）。”⑤

《大周刊定众经目录》载：“《方等法华经》一部，五卷。右，东晋成帝咸康元年，支道根译。出《竺道祖录》。”⑥

①［梁］慧皎：《高僧传》卷九，《大正藏》第50册，第385页下。
②［唐］房玄龄等：《晋书》卷九十五，中华书局，1974年，第2487—2488页。
③［隋］费长房：《历代三宝纪》卷七，《大正藏》第49册，第69页上。
④［唐］湛然：《法华文句记》卷八，《大正藏》第34册，第312页下。
⑤［唐］道宣：《大唐内典录》卷三，《大正藏》第55册，第244页下。
⑥［唐］明佺：《大周刊定众经目录》卷二，《大正藏》第55册，第385页下。

《开元释教录》载："《方等法华经》五卷（咸康元年译，见竺道祖《晋世杂录》。第四出，与法护《正法华》等同本）。"①"《方等法华经》五卷，东晋沙门支道根译（第四译）。"②

《贞元新定释教目录》载："《方等法华经》五卷，右二部，七卷，其本并阙。沙门支道根，履味游方，怀道利物。以成帝咸康元年乙未，译《阿閦佛刹》等经二部。"③"《方等法华经》五卷，东晋沙门支道根（根）译，第四译。"④

支道林译《方等法华经》

《法华传记》载："东晋咸康元乙未年，沙门支道林译成六卷，名《方等法华经》者是也。"⑤

《古今译经图纪》载："沙门支道林，履味游方，怀道利物。以晋成帝咸康元年，岁次乙未，译《方等法华经》（五卷）。"⑥

《法华经玄赞要集》载："《晋录》云：'《方等法华经》五卷，无本。东晋咸康元年，沙门支道林译，无本。'"⑦

康僧渊遇殷浩

《世说新语·文学篇》载："康僧渊初过江，未有知者，恒周旋市肆，乞索以自营。忽往殷渊源许，值盛有宾客，殷使坐，粗与寒温，遂及义理，语言辞旨，曾无愧色；领略粗举，一往参诣，由是知之。僧渊氏族所出未详，疑是胡人。"⑧

陈寅恪指出："据《世说新语·排调篇》：'康僧渊初过江，未有知者'之语，王导、庾亮皆当日勋贵重臣，必非未知名之伧道人所易谒见者。然则僧渊、法畅与王导、庾亮问对之时，必在其已知名之后，而非其初过江之年。且《世说新语·排调篇》有'王丞相每调之'之语，则渊公、茂弘二人必以久交屡见之故，始有每调之可能。而元规必见畅公持至佳之麈尾，不止一次，然后始能作'那得常在'之问。故取此数端，综

---

①［唐］智昇：《开元释教录》卷三，《大正藏》第55册，第503页中。
②［唐］智昇：《开元释教录》卷十四，《大正藏》第55册，第628页下。
③［唐］圆照：《贞元新定释教目录》卷五，《大正藏》第55册，第800页中。
④［唐］圆照：《贞元新定释教目录》卷二十四，《大正藏》第55册，第962页下。
⑤［唐］僧详：《法华传记》卷一，《大正藏》第51册，第50页下。
⑥［唐］靖迈：《古今译经图纪》卷二，《大正藏》第55册，第356页上。
⑦［唐］栖复：《法华经玄赞要集》卷六，《卍续藏》第34册，第292页中。
⑧ 徐震堮：《世说新语校笺》，中华书局，1984年，第126页。

合推计，则僧渊、法畅、敏度三人之过江，至迟亦在成帝初年咸和之世矣。”①

戴丽琴在《〈世说新语〉与佛教》中指出：“康僧渊过江时殷浩在武昌。殷浩出仕初在陶侃处，约在咸康八年（333），而殷浩约咸康三年（337）离开武昌。也就是说，康僧渊遇殷浩在咸康元年（335）左右。”②

石虎奉佛图澄至邺

《晋书》载：“澄时止邺城寺中，弟子遍于郡国。”③

《太平寰宇记》载：“天乐寺，石虎因佛图澄造。寺内有文石香炉，即澄所执供养者。又有鸣鹤、飞龙等丹。”④

释道安自冀州入邺

《出三藏记集》载：“（释道安）至邺，入中寺，遇佛图澄。澄见而嗟叹，与语终日。众见其形望不称，咸共轻怪。澄曰：‘此人远识，非尔俦也。’”⑤

《高僧传》载：“（释道安）至邺，入中寺，遇佛图澄，澄见而嗟叹，与语终日。众见形貌不称，咸共轻怪，澄曰：‘此人远识，非尔俦也。’因事澄为师。澄讲，安每覆述，众未之惬，咸言：‘须待后次，当难杀昆仑子。’即安后更覆讲，疑难锋起，安挫锐解纷，行有余力，时人语曰：‘漆道人，惊四邻。’”⑥

《高僧传·佛图澄》本传载：“子弘袭位，少时虎废弘自立，迁都于邺，称元建武。虎倾心事澄，有重于勒。乃下书曰：‘和上国之大宝，荣爵不加，高禄不受，荣禄匪及，何以旌德。从此已往，宜衣以绫锦，乘以雕辇。朝会之日，和上升殿，常侍以下，悉助举舆。太子诸公，扶翼而上。主者唱大和上至，众坐皆起，以彰其尊。’又敕伪司空李农旦夕亲问，太子诸公五日一朝，表朕敬焉。澄时止邺城内中寺。”⑦

胡中才在《道安研究》中指出：“约晋成帝咸康元年，道安‘至邺（今河北临漳）入中寺，遇佛图澄’，后师事佛图澄十余年。《高僧传·佛图澄》载，佛图澄于晋永嘉六年（312），自葛陂跟随前赵部将石勒，石勒建后赵，其仍随之。《资治通鉴·晋

① 陈寅恪：《金明馆丛稿初编》，生活·读书·新知　三联书店，2001年，第176页。

② 戴丽琴：《〈世说新语〉与佛教》，华中师范大学博士学位论文，2010年，第43页。

③［唐］房玄龄等：《晋书》卷九十五，中华书局，1974年，第2488页。

④［宋］乐史撰，王文楚等点校：《太平寰宇记》卷五十五，中华书局，2007年，第1140页。

⑤［梁］僧祐：《出三藏记集》卷十五，《大正藏》第55册，第108页上。

⑥［梁］慧皎：《高僧传》卷五，《大正藏》第50册，第351页下。

⑦［梁］慧皎：《高僧传》卷九，《大正藏》第50册，第384页中。

纪·显宗成皇帝》载，晋咸和八年七月，石勒死，子石弘即位。九年十一月，石虎废石弘自立，咸康元年九月，迁都于邺，佛图澄随至邺。所以，道安至邺遇佛图澄，只能是在石虎迁都以后。由于道安在3年前就授了具足戒，并有游学自由，且道安已在游学之中，所以，道安见到佛图澄，也不会在石虎迁都后很久。约在石虎迁都当年，即晋成帝咸康元年（335）冬。”①

晋孙稚感应记

《法苑珠林》载：“晋孙稚，字法晖，齐国般阳县人也。父祚，晋太中大夫。稚幼而奉法。年十八，以咸康元年八月病亡。祚后移居武昌。至三年四月八日，沙门于法阶行尊像经家门。夫妻大小出观，见稚亦在人众之中，随侍像行。见父母，拜跪问讯，随共还家。祚先病。稚云：‘无他祸祟，不自将护所致耳，五月当差。’言毕辞去。其年七月十五日复归，跪拜问讯，悉如生时，说其外祖父为太山府君。见稚，说稚母字曰：‘汝是某甲儿耶？未应便来，那得至此。’稚答：‘伯父将来，欲以代谪。’有教推问，欲鞭罚之，稚救解得原。稚兄容，字思渊，时在其侧。稚谓曰：‘虽离故形，在优乐处，但读书无他作。愿兄勿复忧也，但勤精进，系念修善，福自随人矣。我二年学成，当生国王家。同辈有五百人，今在福堂。学成皆当上生第六天上。我本亦应上生，但以解救先人因缘缠缚，故独生王家耳。’到五年七月七日，复归，说：‘郏城当有寇难。’事例甚多，悉皆如言。家人秘之，故无传者。又云：‘先人多有罪谪，宜为作福。我今受身人中，不须复营，但救先人也。愿父兄勤为功德。作福食时，务使鲜洁。一一如法者，受上福。次者，次福。若不能然，徒费设耳。当使平等，心无彼我，其福乃多。’祚时有婢，稚未还时，忽病殆死，通身皆痛。稚云：‘此婢欲叛，我前与鞭，不复得去耳。’稚问，婢云：‘前实欲叛，与人为期，日垂至而便住。’云云。”②

晋成帝咸康二年·后赵建武二年（336）丙申

石虎造太武殿初成

《晋书》载：“（石虎）于襄国起太武殿，于邺造东西宫，至是皆就。太武殿基

① 胡中才：《道安研究》，宗教文化出版社，2011年，第8页。

②［唐］道世：《法苑珠林》卷九十一，《大正藏》第53册，第958页上。

高二丈八尺，以文石碎之，下穿伏室，置卫士五百人于其中。东西七十五步，南北六十五步。皆漆瓦、金铛、银楹、金柱、珠帘、玉壁，穷极枝巧。”① “制：‘征士五人车一乘，牛二头，米各十五斛，绢十匹，调不办者以斩论。’将以图江表。于是百姓穷窘，鬻子以充军制，犹不能赴，自经于道路死者相望，而求发无已。会青州言济南平陵城北石兽，一夜中忽移在城东南善石沟，上有狼狐千余迹随之，迹皆成路。季龙大悦曰：‘兽者，朕也。自平陵城北而东南者，天意将使朕平荡江南之征也。天命不可违，其敕诸州兵明年悉集。朕当亲董六军，以副成路之祥。’群臣皆贺，上《皇德颂》者一百七人。时妖怪尤多，石然于泰山，八日而灭。东海有大石自立，旁有血流。邺西山石间血流出，长十余步，广二尺余。太武殿画古贤悉变为胡，旬余，头悉缩入肩中。季龙大恶之，佛图澄对之流涕。”②

《晋书·佛图澄传》载：“季龙造太武殿初成，图画自古贤圣、忠臣、孝子、烈士、贞女，皆变为胡状，旬余，头悉缩入肩中，惟冠髴仿佛微出，季龙大恶之，秘而不言也。澄对之流涕，乃自启茔墓于邺西紫陌，还寺，独语曰：‘得三年乎？’自答：‘不得。’又曰：‘得二年、一年、百日、一月乎？’自答：‘不得。’遂无复言。谓弟子法祚曰：‘戊申岁祸乱渐萌，己酉石氏当灭。吾及其未乱，先从化矣。’卒于邺宫寺。”③

《资治通鉴》载：“（东晋成帝咸康二年）赵王虎作太武殿于襄国，作东、西宫于邺，十二月，皆成。太武殿基高二丈八尺，纵六十五步，广七十五步，甃以文石。下穿伏室，置卫士五百人。以漆灌瓦，金珰，银楹，珠帘，玉壁，穷极工巧。殿上施白玉床、流苏帐，为金莲华以冠帐顶。”④

佛图澄祈雨

《十六国春秋》载：“（建武二年）时众役烦兴、军旅不息，加以诸州自建武元年十一月不雨雪，至于二年八月，谷价踊贵，金一斤直米二升。民流死者十有五六。百姓嗷然，人无生赖矣。”⑤

《高僧传》载：“时又久旱，自正月至六月，虎遣太子诣临漳西釜口祈雨，久而

---

①［唐］房玄龄等：《晋书》卷一百六，中华书局，1974年，第2765页。

②［唐］房玄龄等：《晋书》卷一百六，中华书局，1974年，第2773页。

③［唐］房玄龄等：《晋书》卷九十五，中华书局，1974年，第2490页。

④［北宋］司马光：《资治通鉴》卷九十五，中华书局，1956年，第3007—3008页。

⑤［北魏］崔鸿撰，［清］汤球辑补：《十六国春秋辑补》卷十六，中华书局，2020年，第199页。

不降。虎令澄自行，即有白龙二头降于祠所。其日大雨，方数千里，其年大收。戎貊之徒，先不识法，闻澄神验，皆遥向礼拜，并不言而化焉。”①

晋居士张应改俗祠事佛有征

《法苑珠林》载：“咸康二年，（张）应至马沟籴盐，还泊芜湖蒲宿，梦见三人以钢钩钓之。应曰：‘我佛弟子。’牵终不置，曰：‘奴叛走多时。’应怖谓曰：‘放我当与君一升酒调。’乃放之。谓应：‘但畏后人复取汝耳。’眠觉，腹痛泄痢，达家大困。应与昙铠闷绝已久。病甚，遣呼之，适值不在。应寻气绝，经日而苏活。说有数人以钢钩钓将北去，下一坂岸，岸下见有镬汤刀剑楚毒之具。应时寤是地狱，欲呼师名，忘昙铠字，但唤和尚救我，亦时唤佛。有顷一人从西面来，形长丈余，执金杵欲撞此钓人，曰：‘佛弟子也，何入此中。’钓人怖散。长人引应去，谓曰：‘汝命也尽，不复久生，可暂还家，颂呗三偈，并取和尚名字。三日当复命过，即生天矣。’应既苏，即复怵然。既而三日持斋颂呗，遣人疏取昙铠名。至日中食毕，礼佛赞呗，遍与家人辞别，澡洗着衣，如眠便尽。”②

单道开至邺下

《法苑珠林》载：“赵沙门单，或作善，字道开，不知何许人也。《别传》云：燉煌人，本姓孟。少出家，欲穷栖岩谷，故先断谷食。初进面，三年后服炼松脂。三十年后，唯时吞小石子。石子下，辄复断酒脯杂果。体畏风寒，唯啖椒姜。气力微弱，而肤色润泽，行步如飞。山神数试，未曾倾动。仙人常来，意亦不耐，每啮蒜以却之。端坐静念，昼夜不眠。久在抱牢，石虎建武二年，自西平迎来至邺下。不乘舟车，日行七百余里。过南安度一童子为沙弥，年十三四，行亦及开。既至，居于照德佛图，裳服缕弊，背膊常袒。于屋内作棚阁，高八九尺，上织菅为帐，禅于其中。绝谷七载，常御杂药，药有松脂茯苓之气，善能治目疾。常周行墟野，救疗百姓。王公远近，赠遗累积，皆受而施散，一毫无余。”③

唐人陆羽《茶经》载：“《艺术传》：‘燉煌人单道开，不畏寒暑，常服小石子，所服药有松、桂、蜜之气，所饮茶苏而已。’”④

---

①［梁］慧皎：《高僧传》卷九，《大正藏》第50册，第385页中。

②［唐］道世：《法苑珠林》卷六十二，《大正藏》第53册，第756页下。

③［唐］道世：《法苑珠林》卷二十七，《大正藏》第53册，第485页上。

④［唐］陆羽著，卡卡译注：《茶经》卷下，中国纺织出版社，2006年，第24页。

龙泉寺建立

《大龙泉寺碑》云："龙泉寺者，晋咸康二年，县民王阳及虞宏实等之所建立。二人以宿植之良因，修未来之胜果，爰舍净财，兴斯福事，虽宏壮未极，而严净有余。其地势则凭峻岭以为墉，萦长江其如带，乃于形胜之所，式建方坟，背巘面流，亭然孤立，譬昆峰之望坳泽，若圆峤之汛沧溟。栖真之致，莫与为俦。道场之建，于兹二百年矣。值梁室板荡，大盗潜移，四海沸腾，九夷交乱。其壮骑之所凭陵。戎马之所蔺轹，燎薙原草，邑无遗噍。玉堂金穴，余构莫存，甲第高门，尺椽皆尽。浙河之左，尤钟其弊。于时禹川殷阜，举袂成帷，云栋绣栭，雕甍绮阁，皆夷漫涤荡，万不一存。润屋为墟，曝骸如莽。家靡余爨，路无行迹。唯此伽蓝，嶷然不动，清梵夜响，和铃旦扬，行人宴嘿，风尘无警。或有履锋介士，弯弧剑客，莫不释戈免胄，望崖顶礼。岂非慈善幽赞，功德冥符，能伏獯戎，善和怨适。斯固三宝之力，不可思议。"[①]

李邈舍宅为灵曜寺

《佛祖统纪》载："（咸康）二年尚书令李邈，舍句容宅为灵曜寺。"[②]

按：尚书令李邈，《晋书》无传，未详何人，待考。

晋成帝咸康三年·后赵建武三年·燕王四年（337）丁酉

侯子光自称佛太子

《晋书》载："安定人侯子光，弱冠美姿仪，自称佛太子，从大秦国来，当王小秦国。易姓名为李子杨，游于鄠县爰赤眉家，颇见其妖状，事微有验。赤眉信敬之，妻以二女，转相扇惑。京兆樊经、竺龙、严谌、谢乐子等聚众数千人于杜南山，子杨称大黄帝，建元曰龙兴。赤眉与经为左右丞相，龙、谌为左右大司马，乐子为大将军。镇西石广击斩之，子杨颈无血，十余日而面色无异于生。"[③]

《太平广记》引《录异记》云："安定人侯子光，弱冠美姿仪，自称佛太子，从大秦国来，当王小秦国。易姓名为李氏，依墉爰赤眉家。颇见其妖怪，事微有验。赤眉信之，妻以二女，转相扇惑。京兆樊绥、竺龙、谨谌、谢乐等众聚数千于杜阳山，称大皇

---

①［清］董诰等编：《全唐文》卷九百八十九，上海古籍出版社，1990年，第4538页。

②［宋］志磐：《佛祖统纪》卷三十六，《大正藏》第49册，第339页下。

③［唐］房玄龄等：《晋书》卷一百六，中华书局，1974年，第2767页。

帝，改元龙兴。立官属。大将军镇西石广斩平之。子光颈无血，十余日面色如生。”[①]

《资治通鉴》载：“（东晋成帝咸康三年）安定侯子光，自称佛太子，云从大秦国来，当王小秦国，聚众数千人于杜南山，自称黄帝，改元龙兴。石广讨斩之。”[②]

释慧持生

《高僧传》载：“释慧持者，慧远之弟也。”[③]

《高僧传》载：“以晋义熙八年卒于寺中，春秋七十有六。”[④]

据此可知，释慧持生于本年。

支昙兰或生于本年

《高僧传》载：“《高僧传》载：“支昙兰，青州人。蔬食乐禅，诵经三十万言。”[⑤]

《高僧传》载：“晋元熙中卒于山，春秋八十有三矣。”[⑥]

按：支昙兰东晋元熙（419—420）中卒，春秋八十三，或生于本年，兹系于此。

晋周子长应征记

《法苑珠林》载：“晋周子长，侨居武昌五丈浦东堽头。咸康三年，子长至塞溪浦中愁家。家去五丈数里。合暮还五丈，未达，减一里许。先是空堽，忽见四匝瓦屋当道。门卒便捉子长头。子长曰：‘我是佛弟子，何故捉我？’吏问曰：‘若是佛弟子，能经呗不。’子长先能诵《四天王》及《鹿子经》，便为诵之，三四过。捉故不置，知是鬼，便骂之曰：‘武昌痴鬼，语汝我是佛弟子。为汝诵经数偈，故不放人也！捉者便放，不复见屋。’鬼故逐之，过家门前，鬼遮不得入门，亦不得作声。而心将鬼至寒溪寺中过。子长便擒鬼胸，复骂曰：‘武昌痴鬼，今当将汝至寺中和尚前了之。’鬼亦擒子长胸，相拖度五丈塘西行。后诸鬼谓捉者曰：‘放为，西将牵我入寺中。’捉者已放。子长故复语后者曰：‘寺中正有道人辈，乃未肯畏之。’后一鬼小语曰：‘汝近城东，看道人面，何以得败？’便共大笑。子长比达家，三更尽。”[⑦]

---

①［宋］李昉等：《太平广记》卷二百八十四，中华书局，1961年，第2267页。

②［北宋］司马光：《资治通鉴》卷九十五，中华书局，1956年，第3012页。

③［梁］慧皎：《高僧传》卷六，《大正藏》第50册，第361页中。

④［梁］慧皎：《高僧传》卷六，《大正藏》第50册，第362页上。

⑤［梁］慧皎：《高僧传》卷十一，《大正藏》第50册，第396页下。

⑥［梁］慧皎：《高僧传》卷十一，《大正藏》第50册，第396页下。

⑦［唐］道世：《法苑珠林》卷六十五，《大正藏》第53册，第785页下。

竺法雅为石宣所敬

《高僧传》载："法雅，河间人，凝正有器度，少善外学，长通佛义，衣冠士子，咸附咨禀，时依门徒，并世典有功，未善佛理。雅乃与康法朗等，以经中事数，拟配外书，为生解之例，谓之格义。乃毗浮、相昙等，亦辩格义，以训门徒。雅风采洒落，善于枢机。外典佛经，递互讲说。与道安、法汰每披释凑疑，共尽经要。后立寺于高邑，僧众百余，训诱无懈。雅弟子昙习，祖述先师，善于言论。为伪赵太子石宣所敬云。"①

《北山录》载："竺法雅，河间人。拟正有庶，少善外学。长达佛经，才思俊赡。时贤企慕，兼善著述。"②

《释氏通鉴》载："（晋成帝咸康三年）竺法雅久事图澄，才思俊赡。尝与康法朗等撰《经中格义》，以训门徒。"③

佛图澄进言于石虎

《资治通鉴》载："（东晋成帝咸康三年）赵太子邃素骁勇，赵王虎爱之。常谓群臣曰：'司马氏父子兄弟自相残灭，故使朕得至此；如朕有杀阿铁理否？'既而邃骄淫残忍，好妆饰美姬，斩其首，洗血置盘上，与宾客传观之，又烹其肉共食之。河闲公宣、乐安公韬皆有宠于虎，邃疾之如雠。虎荒耽酒色，喜怒无常。使邃省可尚书事，每有所关白，虎恚曰：'此小事，何足白也！'时或不闻，又恚曰：'何以不白！'诮责箠棰，月至再三。邃私谓中庶子李颜等曰：'官家难称，吾欲行冒顿之事，卿从我乎？'颜等伏不敢对。秋，七月，邃称疾不视事，潜帅宫臣文武五百余骑饮于李颜别舍，因谓颜等曰：'我欲至冀州杀河闲公，有不从者斩！'行数里，骑皆逃散。颜叩头固谏，邃亦昏醉而归。其母郑氏闻之，私遣中人诮让邃；邃怒，杀之。佛图澄谓虎曰：'陛下不宜数往东宫。'虎将视邃疾，思澄言而还，既而瞋目大言曰：'我为天下主，父子不相信乎！'乃命所亲信女尚书往察之。邃呼前与语，因抽剑击之。虎怒，收李颜等诘问，颜具言其状，杀颜等三十余人。幽邃于东宫，既而赦之，引见太武东堂；邃朝而不谢，俄顷即出。虎使谓之曰：'太子应朝中宫，岂可遽去！'邃径出，不顾。虎大怒，废邃为庶人。其夜，杀邃及其妃张氏，并男女二十六人同埋于

---

① ［梁］慧皎：《高僧传》卷四，《大正藏》第50册，第347页上。

② ［唐］神清撰，慧宝注：《北山录》卷四，《大正藏》第52册，第595页上。

③ ［宋］本觉：《释氏通鉴》卷三，《卍续藏》第76册，第23页中。

一棺；诛其宫臣支党二百余人；废郑后为东海太妃。立其子宣为天王皇太子，宣母杜昭仪为天王皇后。①

程段儿造石塔

《中国历代纪年佛像图典》载：“程段儿造石塔，十六国前凉太缘二年（337年），石灰岩，高43厘米、底径12厘米。1960年甘肃酒泉出土，酒泉博物馆藏。发愿文：‘惟太缘二年岁在丙子六月中旬，程段儿自惟薄福，生值末世，不观佛典自竭为父母，合家立此石塔形象。愿以此福，成无上道并及命过秋官、女妻、陵男，亦同上愿。’史无太缘，当为东晋孝武帝太元（376—396）之年号，缘与元互用故。据《晋书》十六国之前前凉用东晋年号，然太元二年干支为丁丑，元年为丙子，干支虽误，亦属常事。从塔龛内佛像看，其交脚弥勒与敦煌二七五窟十六国交脚弥勒风格亦相近。”②

另见《全三国两晋南朝文补遗》。③

晋成帝咸康四年·成汉玉恒四年·后赵建武四年（338）戊戌

佛图澄劝石虎毋伐前燕

《高僧传》载：“虎每欲伐燕。澄谏曰：‘燕国运未终，卒难可克。’虎屡伐败绩，方信澄诫。”④

《十六国春秋》载：“初，慕容皝与段辽有隙，遣使称藩于季龙，陈辽宜伐，请尽众来会。及军至令支，皝师不出，季龙将伐之。天竺佛图澄进曰：‘燕福德之国，未可加兵。’季龙作色曰：‘以此攻城，何城不克？以此众战，谁能御之？区区小竖，何所逃也！’太史令赵揽固谏曰：‘燕城岁星所守，行师无功，必受其祸。’季龙怒，鞭之，黜为肥如长。进师攻棘城，旬余不克。皝遣子恪帅胡骑二千晨出挑战，诸门皆若有师出者，四面如云。季龙大惊，弃甲而遁，于是召赵揽复为太史令。”⑤

---

①［北宋］司马光：《资治通鉴》卷九十五，中华书局，1956年，第3011—3012页。

② 金申：《中国历代纪年佛像图典》，文物出版社，1994年，第433—434页。

③ 韩理洲等辑校编年：《全三国两晋南朝文补遗》，三秦出版社，2013年，第150页。

④［梁］慧皎：《高僧传》卷九，《大正藏》第50册，第385页中。

⑤［北魏］崔鸿撰，［清］汤球辑补：《十六国春秋辑补》卷十六，中华书局，2020年，第203页。

《资治通鉴》载："（东晋成帝咸康四年）赵王虎以燕王皝不会赵兵攻段辽而自专其利，欲伐之。太史令赵揽谏曰：'岁星守燕分，师必无功。'虎怒，鞭之。皝闻之，严兵设备：罢六卿，纳言，常伯，冗骑常侍官。赵戎卒数十万，燕人震恐。皝谓内史高诩曰：'将若之何？'对曰：'赵兵虽强，然不足忧，但坚守以拒之，无能为也。'"①

释昙徽兼习经史

《高僧传》载："二三年中，（释昙徽）学兼经史。"②

按：据晋成帝咸和九年（334）下"释昙徽随释道安出家"条，推之可知，"释昙徽兼习经史"条，当发生于本年。

支道林出家

《高僧传》载："（支道林）年二十五出家，每至讲肆善标宗会，而章句或有所遗，时为守文者所陋。谢安闻而善之，曰：'此乃九方堙之相马也，略其玄黄，而取其骏逸。'王洽、刘恢、殷浩、许询、郗超、孙绰、桓彦表、王敬仁、何次道、王文度、谢长遐、袁彦伯等，并一代名流，皆著尘外之狎。遁尝在白马寺与刘系之等谈《庄子逍遥篇》云：'各适性以为逍遥。'遁曰：'不然，夫桀跖以残害为性，若适性为得者，从亦逍遥矣。'于是退而注《逍遥篇》。群儒旧学，莫不叹服。"③

《世说新语·赏誉篇》载："王、刘听林公讲，王语刘曰：'向高坐者，故是凶物。'复更听，王又曰：'自是钵釪后王、何人也。'《高逸沙门传》曰：'王蒙恒寻遁，遇祇洹寺中讲，正在高坐上。每举尘尾，常领数百言，而情理俱畅，预坐百余人皆结舌注耳。蒙云："听讲众僧，向高坐者，是钵釪后王、何人也。"'"④

《世说新语·文学篇》载："《庄子·逍遥篇》，旧是难处，诸名贤所可钻味，而不能拔理于郭、向之外。支道林在白马寺中，将冯太常共语，因及《逍遥》。支卓然标新理于二家之表，立异义于众贤之外，皆是诸名贤寻味之所不得。后遂用支理。"⑤

戴丽琴在《〈世说新语〉与佛教》中指出："支遁注《庄子·逍遥篇》及论《逍遥》新义在咸康四年至永和四年间，然很可能就在咸康四年出家后不久。如前所述，

① ［北宋］司马光：《资治通鉴》卷九十六，中华书局，1956年，第3018页。
② ［梁］慧皎：《高僧传》卷五，《大正藏》第50册，第356页中。
③ ［梁］慧皎：《高僧传》卷四，《大正藏》第50册，第348页中。
④ 徐震堮：《世说新语校笺》，中华书局，1984年，第262页。
⑤ 徐震堮：《世说新语校笺》，中华书局，1984年，第119—120页。

太常并非冯怀最终职位，故其与支遁论时很可能就是太常，此其一。其二，咸康四年冯怀正任太常且后不再为太常。”[①]

按：据晋愍帝建兴二年（314）下“支道林生”条，推之可知，“支道林出家”条，当发生于本年。

道整或生于本年

《高僧传》载：“正字文业，洛阳清水人，或曰济阴人。”[②]

《高僧传》载：“（道整）终于襄阳，春秋六十余矣。”[③]

按：据其卒年推之可知，道整或生于本年。其卒年，请参阅398年“道整或卒于此年”条。

卑摩罗叉或生于本年

《高僧传》载：“卑摩罗叉，此云无垢眼，罽宾人。沈靖有志力，出家履道，苦节成务。先在龟兹，弘阐律藏，四方学者，竞往师之，鸠摩罗什时亦预焉。”[④]

《高僧传》载：“（卑摩罗）叉养德好闲，弃喧离俗，其年冬，复还寿春石涧，卒于寺焉，春秋七十有七。叉为人眼青，时人亦号为‘青眼律师’。”[⑤]

按：据晋安帝义熙十一年·后秦弘始十七年（415）下“卑摩罗叉或卒于本年”条，推之可知，“卑摩罗叉或生于本年”条，当发生于本年。

十六国铜坐佛像

《中国历代纪年佛像图典》载：“十六国铜佛坐像，后赵建武四年（338年），铜鎏金，高39.7厘米，美国旧金山亚洲艺术馆藏。此像是目前发现有纪年可考的最古佛像，束发形肉髻、禅定印，方台座正面有孔，当年应有水瓶、花束之类附属物，光背等亦脱落。其U字状的平板重叠式衣褶，也可以在犍陀罗同期造像上发现。但此像面容为蒙古人种特征。从佛像的四方台座、衣纹手法和整体构图分析可视为含有犍陀罗佛像因素的中国早期北方佛像。”[⑥]

---

① 戴丽琴：《〈世说新语〉与佛教》，华中师范大学博士学位论文，2010年，第18页。

② ［梁］慧皎：《高僧传》卷一，《大正藏》第50册，第328页下。

③ ［梁］慧皎：《高僧传》卷一，《大正藏》第50册，第328页下。

④ ［梁］慧皎：《高僧传》卷二，《大正藏》第50册，第333页中。

⑤ ［梁］慧皎：《高僧传》卷二，《大正藏》第50册，第333页下。

⑥ 金申：《中国历代纪年佛像图典》，文物出版社，1994年，第433页。

《中国早期佛教美术考古泛议》载："后赵建武四年像（旧金山亚洲艺术博物馆藏鎏金铜佛坐像），高40厘米，是幸存下来最大的一尊，高肉髻，直发纹，眼稍大，高鼻梁，头后有水平方向安插光背的榫；双手前后相叠于腹前作禅定印，结跏趺坐于长方形座上，不露足；身披通肩大衣，圆领，衣角敷搭左肩并垂至肩后，身前衣褶作对称形式，间隔较宽的浅阶梯式衣褶呈层叠的U字形下垂。佛座前面有品字形排列的三个圆形小孔，似为安插中间香炉及两侧双狮之用。像座背面留下了珍贵的阴刻文字题记，残缺过半，约13行，识为：'建武四年岁在戊戌八月卅□比丘□□……慕道德……□□□…………及□……生'。建武四年像的造型特征及其题记具有经典的意义。现在能见到的同类型十六国金铜佛像大都是7—20厘米高的坐姿禅定像，藏于故宫等博物院（馆）者不在少数，20世纪初流失国外尤多。构件较完整的实例显示，除造像主体而外，背后应配有光背（头后都有榫以安插光背，光背上刻头光、身光，饰火焰纹、化佛、飞天等）。有的还在两侧配置胁侍成为三尊像，上方有伞形的华盖（伞盖周围悬挂铃铎、流苏等），佛像座前或见双狮，座下承以四足床趺（或称高足床）。其共有的明显特征是通肩大衣在身前层叠、对称的U字形（或V字形）衣褶。此即所谓南北朝前期第一阶段的类型，日本藏家称为古式金铜佛"①

晋成帝咸康五年（339）己亥

庾亮感应

《法苑珠林》载："晋时庾亮诛陶称后，咸康五年冬节，会文武数十人，忽然悉起，向阶拜揖。庾惊问故，并云：'陶公来。'陶公是称父侃也。庾亦起迎。陶公扶两人，悉是传诏。左右数十人皆操伏戈。陶公谓庾曰：'老仆举君自代，不图此恩，反戮其孤，故来相问。陶称何罪，身已得讼于帝矣。'庾不得一言，遂寝疾。入年一日死。"②

《资治通鉴》载："（东晋成帝咸康五年）以建威将军陶称为南中郎将、江夏相，入沔中。称将二百人下见亮，亮素恶称轻狡，数称前后罪恶，收而斩之。"③

① 黄文昆：《中国早期佛教美术考古泛议》，《敦煌研究》2015年第1期。

②［唐］道世：《法苑珠林》卷九十一，《大正藏》第53册，第962页中。

③［北宋］司马光：《资治通鉴》卷九十六，中华书局，1956年，第3027页。

《资治通鉴》载："（晋成帝咸康六年）春，正月，庚子朔，都亭文康侯庾亮薨。"①

释昙徽剃度

《高僧传》载："（释昙徽）十六，（释道安）方许剃发，于是专务佛理，镜测幽凝。未及立年，便能讲说。虽志业高素，而以恭推见重。"②

按：据晋元帝永昌二年·晋明帝太宁元年（323）下"释昙徽生"条，推之可知，"释昙徽剃度"条，当发生于本年。

康僧渊与王导品相

《世说新语》载："康僧渊目深而鼻高，王丞相每调之。僧渊曰：'鼻者，面之山；目者，面之渊。山不高则不灵，渊不深则不清。'"③

刘孝标注《世说新语》引《管辂别传》云："鼻者，天中之山。"④又引《相书》云："鼻之所在为天中，鼻有山象，故曰山。"⑤

《高僧传》载："琅琊王茂弘以鼻高眼深戏之，渊曰：'鼻者面之山，眼者面之渊。山不高则不灵，渊不深则不清。'时人以为名答。"⑥

《晋书》载："咸康五年薨，时年六十四。"⑦

按：康僧渊约于咸康元年过江，东晋丞相王导则卒于咸康五年。兹将此事系于本年。

昙备出家

《比丘尼传》载："（昙备）年及笄嫁，征币弗许，母不能违，听其离俗。精勤戒行，日夜无怠。"⑧

《礼记集解》载："郑注云：'妇人十五许嫁，笄而礼之，因着缨，明有系也。盖以五采为之，其制未闻。"⑨

---

①［北宋］司马光：《资治通鉴》卷九十六，中华书局，1956年，第3036页。
②［梁］慧皎：《高僧传》卷五，《大正藏》第50册，第356页中。
③ 徐震堮：《世说新语校笺》，中华书局，1984年，第428页。
④ 徐震堮：《世说新语校笺》，中华书局，1984年，第428页。
⑤ 徐震堮：《世说新语校笺》，中华书局，1984年，第428页。
⑥［梁］慧皎：《高僧传》卷四，《大正藏》第50册，第347页上。
⑦［唐］房玄龄等：《晋书》卷六十五，中华书局，1974年，第1753页。
⑧［梁］宝唱：《比丘尼传》卷一，《大正藏》第50册，第935页下。
⑨［清］孙希旦撰，沈啸寰、王星贤点校：《礼记集解》卷二，中华书局，1989年，第44页。

按：据晋明帝太宁二年（324）“昙备生”条，推之可知，“昙备出家”条，当发生于本年。

王珣与弟珉舍宅为寺

《虎丘西寺经藏碑》云：“阖闾之葬海浦也，水银为溟渤，黄金为凫雁，精气为白虎，是名虎丘。东晋王珣、王珉舍山造寺。”①

《方舆胜览》载：“虎丘寺，在城西北九里。晋司徒王珣及弟珉舍宅为寺。”②

《至顺镇江志》载：“普宁寺，在（丹阳）县治南一里。晋咸康五年，内史王珣舍宅为之。本名显阳，其门西向故云。”③

光运寺建立

《晋书》载：“（王导）咸康五年薨，时年六十四。”④

《方舆胜览》载：“光运寺，在（广东路韶州）水西，即始兴内史王导故宅。”⑤

《舆地纪胜》载：“王导宅在水西，按刘史君《厅记》云：‘晋司空王导充始兴内史，今光运寺即导宅焉。’”⑥

按：晋成帝咸康五年，王导卒。兹将此事系于本年。

晋成帝咸康六年·后赵建武六年（340）庚子

第一次沙门敬王者论

《弘明集》载：“晋咸康六年，成帝幼冲。庾冰辅政，谓沙门应尽敬王者。尚书令何充等议不应敬。下礼官详议，博士议与充同。门下承冰旨为驳，尚书令何充及仆射褚翌、诸葛恢，尚书凭怀、谢广等奏，沙门不应尽敬。尚书令冠军抚军都乡侯臣充，散骑常侍左仆射长平伯臣翌，散骑常侍右仆射建安伯臣恢，尚书关中侯臣怀守，尚书昌安子臣广等言：‘世祖武皇帝以盛明革命肃祖明皇帝聪圣玄览，岂于时沙门，

---

① 周绍良主编：《全唐文新编》卷五三〇，吉林文史出版社，2000年，第6158页。
② ［宋］祝穆撰，施和金点校：《方舆胜览》卷二，中华书局，2003年，第38页。
③ ［元］俞希鲁：《至顺镇江志》卷九，台湾华文书局，1975年，第554页。
④ ［唐］房玄龄等：《晋书》卷六十五，中华书局，1974年，第1753页。
⑤ ［宋］祝穆撰，施和金点校：《方舆胜览》卷三十五，中华书局，2003年，第638页。
⑥ ［南宋］王象之：《舆地纪胜》卷九十，中华书局，1992年，第2900页。

不易屈膝？顾以不变其修善之法，所以通天下之志也。愚谓宜遵承先帝故事，于义为长。’庾冰重讽旨，谓应尽敬。为晋成帝作诏：‘夫万方殊俗，神道难辩，有自来矣。达观傍通，诚当无怪。况阿跪拜之礼，何必尚然？当复原先王所以尚之之意，岂直好此屈折而坐遘盘辟哉！固不然矣，因父子之敬，建君臣之序。制法度、崇礼秩，岂徒然哉！良有以矣！既其有以，将何以易之。然则名礼之设，其无情乎，且今果有佛耶？将无佛耶？有佛耶其道固弘，无佛耶义将何取。继其信然，将是方外之事。方外之事，岂方内所体？而当矫形骸、违常务、易礼典、弃名教，是吾所甚疑也。名教有由来，百代所不废。昧旦丕显，后世犹殆。殆之为弊，其故难寻。而今当远慕，茫昧依俙未分。弃礼于一朝，废教于当世。使夫凡流傲逸宪度，又是吾之所甚疑也。纵其信然，纵其有之。吾将通之于神明，得之于胸怀耳。轨宪宏模固不可废之于正朝矣，凡此等类皆晋民也。论其才智，又常人也。而当因所说之难辩，假服饰以凌度，抗殊俗之傲礼，直形骸于万乘，又是吾所弗取也。诸君并国器也，悟言则当测幽微，论治则当重国典。苟其不然，吾将何述焉？’”[①]

《广弘明集》载：“唯东晋成帝咸康六年，丞相王导、太尉庾亮薨后，庾冰辅政。帝在幼冲，为帝出诏，令僧致拜。时尚书令何充、尚书谢广等，议不合拜。往返三议，当时遂寝。”[②]

李通见帛远于冥府讲经

《出三藏记集》载：“后少时有一人，姓李名通，死而更苏，云：‘见祖法师在阎罗王处，为王讲《首楞严经》。云讲竟应往忉利天。又见祭酒王浮，一云道士基公，次被锁械，求祖忏悔。’昔祖平素之日，与浮每争邪正，浮屡屈。既意不自忍，乃作《老子化胡经》以诬谤佛法。殃有所归，故死方思悔。”[③]

《高僧传》载：“后少时有一人，姓李名通，死而更苏，云：‘见祖法师在阎罗王处，为王讲《首楞严经》，云：“讲竟，应往忉利天。”又见祭酒王浮，一云道士基公，次被锁械，求祖忏悔。’昔祖平素之日，与浮每争邪正，浮屡屈，既瞋不自忍，乃作《老子化胡经》，以诬谤佛法，殃有所归，故死方思悔。”[④]

《佛祖统纪》载：“（咸康六年）沙门白法祖与道士王符议论，符屡屈。乃伪作

---

①［梁］僧祐：《弘明集》卷十二，《大正藏》第52册，第79页中。

②［唐］道宣：《广弘明集》卷二十五，《大正藏》第52册，第285页中。

③［梁］僧祐：《出三藏记集》卷十五，《大正藏》第55册，第107页下。

④［梁］慧皎：《高僧传》卷一，《大正藏》第50册，第327页中。

《老子化胡经》。后法祖亡，有李通者，暴死。见祖法师在冥府为阎王讲《楞严三昧经》，云讲竟应往忉利天讲经。又见道士王符身被杻械，求祖法师忏悔。阎王诃之曰：‘汝造言谤佛，待世间伪经尽毁，汝罪方脱。’”[①]

按：有关老子化胡的问题，可参读王维诚之《老子化胡说考证》。[②]

法新、僧行造金像

《法苑珠林》载：“宋元嘉十四年，孙彦曾家世奉佛，妾王慧称少而信向，年大弥笃，诵《法华经》。辄见浦中有杂色光。使人掘深二尺，得金像，连光趺高二尺一寸。趺铭云：‘建武六年岁在庚子，官寺道人法新、僧行所造。’即加磨莹也。”[③]

竺潜隐遁剡山

《高僧传》载：“中宗肃祖升遐，王庾又薨，（竺潜）乃隐迹剡山以避当世。追踪问道者，已复结旅山门。潜优游讲席三十余载，或畅《方等》，或释《老》《庄》。投身北面者，莫不内外兼洽。”[④]

《晋书》载：“咸康五年（王导）薨，时年六十四。”[⑤]

《晋书》载：“咸康六年（庾亮）薨，时年五十二。”[⑥]

按：王导卒于咸康五年，庾亮卒于咸康六年。故竺潜隐遁剡山之事最早当于咸康六年，今系于此。

庾亮尝观康僧渊吐纳

《世说新语·栖息篇》载：“康僧渊在豫章，去郭数十里立精舍，旁连岭，带长川，芳林列于轩庭，清流激于堂宇。乃闲居研讲，希心理味。庾公诸人多往看之，观其运用吐纳，风流转佳，加已处之怡然，亦有以自得，声名乃兴。后不堪，遂出。”[⑦]

《世说新语》载：“庾公尝入佛图，见卧佛，（《涅槃经》云：‘如来背痛，

---

① [宋] 志磐：《佛祖统纪》卷三十六，《大正藏》第49册，第339页下。
② 王维诚：《老子化胡说考证》，《国学季刊》第四卷第二期，北京大学出版社，1934年。
③ [唐] 道世：《法苑珠林》卷十四，《大正藏》第53册，第388页上。
④ [梁] 慧皎：《高僧传》卷四，《大正藏》第50册，第347页下。
⑤ [唐] 房玄龄等：《晋书》卷六十五，中华书局，1974年，第1753页。
⑥ [唐] 房玄龄等：《晋书》卷七十三，中华书局，1974年，第1924页。
⑦ 徐震堮：《世说新语校笺》，中华书局，1984年，第360页。

于双树间北首而卧。’故后之图绘者为此象。）曰：‘此子疲于津梁。’于时以为名言。”①

《资治通鉴》载：“（东晋成帝咸康六年）春，正月，庚子朔，都亭文康侯庾亮薨。”②

萧登福在《道家道教与中土佛教初期经义发展》中指出：“文中说庾公诸人往康僧渊所立精舍（寺庙），‘观其运用吐纳，风流转佳’；‘吐纳’系道教养生之法，在六朝时‘啸吟’‘五石散’‘吐纳’‘六气’（吹呼晞呵嘘呬）治病法，甚流行于常时。”③

按：康僧渊约于咸康元年过江，庾亮则卒于咸康六年，故庾亮见卧佛之事、尝于豫章精舍观康僧渊吐纳呼吸之事，其时待考。兹系于咸康之末。

晋成帝咸康八年·后赵建武八年·前凉建兴三十年（342）壬寅

帛尸梨密多罗或卒于此年

《出三藏记集》载：“年八十余，咸康中卒。诸公闻之，痛惜流涕。宣武桓公常云：‘少见高座，称其精神渊著，当年出伦。’其为名士所叹如此。”④

《高僧传》载：“（帛尸梨密多罗）晋咸康中卒，春秋八十余。诸公闻之，痛惜流涕。桓宣武每云少见高座，称其精神著出当年。琅琊王珉师事于密，乃为之序曰：‘《春秋》吴楚称子，传者以为先中国而后四夷，岂不以三代之胤，行乎殊俗之礼，以戎狄贪婪，无仁让之性乎？然而卓世之秀，时生于彼，逸群之才，或侔乎兹，故知天授英伟，岂俟于华戒，自此以来，唯汉世有金日磾，然日磾之贤，尽于仁孝忠诚，德信纯至，非为明达足论。高座心造峰极，交俊以神，风领朗越，过之远矣。’密常在石子冈东行头陀，既卒，因葬于此。成帝怀其风，为树刹冢所。后有关右沙门来游

① 徐震堮：《世说新语校笺》，中华书局，1984年，第56页。

②［北宋］司马光：《资治通鉴》卷九十六，中华书局，1956年，第3036页。

③ 萧登福：《道家道教与中土佛教初期经义发展》，上海古籍出版社，2003年，第216页。

④［梁］僧祐：《出三藏记集》卷十三，《大正藏》第55册，第99页上。

京师，乃于冢处起寺。陈郡谢琨赞成其业，追旌往事，仍曰高座寺也。”①

《历代名画记》载：“会昌五年，武宗毁天下寺塔，两京各留三两所，故名画在寺壁者，唯存一二。当时有好事或揭取，陷于屋壁。已前所记者，存之盖寡。先是宰相李德裕镇浙西，创立甘露寺，唯甘露寺不毁，取管内诸寺画壁，置于寺内，大约有：顾恺之画维摩诘，在大殿外西壁……（顾画维摩诘，初置甘露寺中，后为虞尚书简辞所取，宝于家以匣之）。”②

《至大金陵新志》引《塔寺记》曰：“尸黎密冢曰高坐，在石子冈。常行头陀卒于梅冈，即葬焉。晋元帝于冢边立寺，因名高坐。”③

《南朝寺考》载：“高座寺，晋咸康中造。本名尸黎密寺，以地有甘露井。（陈云：‘当即今之永宁泉。’）故亦名甘露寺。永嘉之末，有西域沙门尸黎密者，渡江而南，止建初寺，不通汉语。为丞相王导等所敬，时人呼为高座。常在石子冈东，（陈云：‘即今聚宝门外雨花山冈。’）行头陀，卒葬于此。成帝怀其风素，于冢树刹。后有关右沙门来游建康，就刹起寺。陈郡谢混，追旌往事，遂名其寺为高座。或曰：‘晋竺道生所居爰名高座’，不足据也。”④

按：《塔寺记》所载与《高僧传》略有不同，未详孰是，并附于此，待考。

后赵五层浮图金露盘题记

《水经注》载：“又东径平晋城南，今城中有浮图五层，上有金露盘，题云：‘赵建武八年，比释道龙和上、竺浮图澄，树德劝化，兴立神庙。’浮屠已坏，露盘尚存，炜炜有光明。”⑤

释法显或生于本年

《出三藏记集》载：“释法显，本姓龚，平阳武阳人也。”⑥

---

①［梁］慧皎：《高僧传》卷一，《大正藏》第50册，第328页上。

②［日］冈村繁译注，俞慰刚译：《历代名画记译注》（第三卷），上海古籍出版社，2002年，第209—210页。

③［元］张铉：《至大金陵新志》卷十三下之下，《文渊阁四库全书》第四百九十二册，台湾商务印书馆，2008年。

④［清］刘世珩：《南朝寺考》，普惠大藏经刊行会校印本，民国三十三年，第13页。

⑤［北魏］郦道元著，陈桥驿校证：《水经注校证》卷五，中华书局，2007年，第137页。

⑥［梁］僧祐：《出三藏记集》卷十五，《大正藏》第55册，第111页中。

《高僧传》载："释法显，姓龚，平阳武阳人。"①

对于释法显的卒年，目前学术界尚无定论。《出三藏记集》载："后到荆州，卒于新寺，春秋八十有二。"②《出三藏记集》载："六卷《泥洹记》……义熙十三年十月一日，于谢司空石所立道场寺出此《方等大般泥洹经》，至十四年正月二日，挍定尽讫。"③"《婆粗富罗律》……以晋义熙十二年岁次寿星十一月，共天竺禅师佛驮跋陀于道场寺译出，至十四年二月末乃讫。"④

据此可知，至迟在418年，释法显仍在建康。

《高僧传》载："佛驮什，此云觉寿，罽宾人。少受业于弥沙塞部僧，专精律品，兼达禅要。以宋景平元年七月届于扬州。先沙门法显于师子国得《弥沙塞律》梵本，未被翻译而法显迁化。京邑诸僧闻什既善此学，于是请令出焉。"⑤佛驮什于423年到建康，而法显已经圆寂，所以法显的卒年应在418—423之间。

《高僧传》载："（释法显）后至荆州，卒于辛寺，春秋八十有六。"⑥

日本学者镰田茂雄在《中国佛教通史》中指出，释法显生于335年较为适当。⑦

章巽在《法显传校注》中则认为释法显或生于342年⑧，章氏之说是，今据其说。

敦煌三危山佛女镇墓文

《全三国两晋南朝文补遗》载："建兴三十年（下阙）地上生人□青乌子诏令，死者佛女自当其殃，不加罪福，（下阙）速去他乡，不得复来。急急如律令。"⑨

吴浩军在《河西镇墓文丛考（三）——敦煌墓葬文献研究系列之五》中指出："本件未见公开发表，时间等均不详。段氏谓本墓为'前凉建兴三十年墓'，似乎镇墓文原有纪年，为'建兴三十年'，而段氏未录。因未见原物，姑存疑待考。此件墓主为'佛女'，一些研究者据此认为镇墓文反映了佛教在敦煌丧葬中的影响，恐怕还有点问题。目前所知河西走廊出土东汉至魏晋南北朝时期墓葬文献中尚未发现丧葬活动有

① [梁] 慧皎：《高僧传》卷三，《大正藏》第50册，第337页下。

② [梁] 僧祐：《出三藏记集》卷十五，《大正藏》第55册，第112页中。

③ [梁] 僧祐：《出三藏记集》卷八，《大正藏》第55册，第60页中。

④ [梁] 僧祐：《出三藏记集》卷三，《大正藏》第55册，第21页上。

⑤ [梁] 慧皎：《高僧传》卷三，《大正藏》第50册，第339页上。

⑥ [梁] 慧皎：《高僧传》卷三，《大正藏》第50册，第338页中。

⑦ [日] 镰田茂雄著，关世谦译：《中国佛教通史》第三卷，佛光文化，1985年，第72页。

⑧ 章巽：《法显传校注》，中华书局，2008年，序言第2页。

⑨ 韩理洲等辑校编年：《全三国两晋南朝文补遗》，三秦出版社，2013年，第154页。

僧侣参与或受佛教影响的证据……笔者认为，此件镇墓文中的'佛女'应为墓主人名号，或者至多是佛教徒而已，并不能说明佛教对丧葬活动的影响。且从敦煌和吐鲁番地区出土衣物疏及镇墓文等墓葬文献所反映的丧葬习俗看，亦尚未有证据证明在六世纪中叶以前佛教思想对此一地区的丧葬活动产生过影响。"[①]

按：韩理洲此条注云："本文见黄景春《早期买地券、镇墓文整理与研究》一文，原注云：'资料出处：转引自姜伯勤《敦煌艺术宗教和礼乐文明》第二七六页，中国社会科学院一九九六年。'"[②]

孟景欲建刹立寺

《集神州三宝感通录》载："晋咸康中，建安太守孟景欲建刹，于夕闻床头锵然，视得舍利三枚，景立刹。"[③]

《法苑珠林》载："晋咸康中，建安太守孟景欲建刹立寺，于夕闻床头锵然，视得舍利三枚，因立寺刹。"[④]

晋康帝建元元年·成汉汉兴六年·
后赵建武九年（343）癸卯

比丘尼明感渡江

《比丘尼传》载："明感，本姓朱，高平人也。世奉大法经。为虏贼所获，欲以为妻，备加苦楚，誓不受辱。谪使牧羊，经历十载，怀归转笃，反途莫由。常念三宝，兼愿出家。忽遇一比丘，就请五戒，仍以《观世音经》授之，因得习诵，昼夜不休。愿得还家，立五层塔。不胜忧念，逃走东行。初不识路，昼夜兼涉。径入一山，见有斑虎，去之数步。初甚恐慑，小却意定，心愿逾至，遂随虎而行。积日弥旬，得达青州，将入村落，虎便不见。至州，复为明伯连所虏。音问至家，夫儿迎赎。家人拘制，其志未谐。苦身勤精，三年乃遂。专笃禅行，戒品无愆。脱有小犯，辄累晨忏悔，要见瑞相，然后乃休，或见雨花，或闻空声，或睹佛像，或夜善梦。年及桑榆，

① 吴浩军：《河西镇墓文丛考（三）——敦煌墓葬文献研究系列之五》，《敦煌学辑刊》2015年第1期。

② 韩理洲等辑校编年：《全三国两晋南朝文补遗》，三秦出版社，2013年，第154页。

③［唐］道宣：《集神州三宝感通录》卷一，《大正藏》第52册，第411页上。

④［唐］道世：《法苑珠林》卷四十，《大正藏》第53册，第601页中。

操行弥峻。江北子女，师奉如归。晋永和四年春，与慧湛等十人济江诣司空公何充，充一见甚敬重。于时京师未有尼寺，充以别宅为之立寺。问感曰：‘当何名之？’答曰：‘大晋四部今日始备，檀越所建，皆造福业，可名曰建福寺。’公从之矣。后遇疾，少时便卒。”①

曾向阳在《南京的尼和尼寺溯原》中指出：“此后，过了80多年，南京才有了正式的尼寺，即‘建福寺’，建福寺的康明感尼是南京历史上第一个具名的比丘尼……据梁释宝唱所撰《比丘尼传》载，康明感尼与弟子渡江并立寺的时间为晋太和四年（即公元369年），笔者认为，这个记载有误。该传‘建福寺惠湛尼传七’中有（湛）‘建元二年渡江，司空公大加崇敬，请居建福寺住云云。’的记载，此处所讲，应是康明感尼与弟子惠湛渡江的时间。《建康实录》卷第八‘康皇帝岳’中载：‘按《寺记》：帝时置两寺：褚皇后立延兴寺，在今县东南二里运沟西岸；中书令何充立建福寺。今废也。’康帝在位3年，建福寺只可能建于‘建元’元年至三年之间，因此，建福寺建于建元二年（公元344年）是可信的。”②

竺法慧至襄阳羊叔子寺

《高僧传》载：“竺法慧，本关中人，方直有戒行。入嵩高山，事浮图密为师。晋康帝建元元年至襄阳，止羊叔子寺。不受别请，每乞食，辄赍绳床自随，于闲旷之路，则施之而坐。时或遇雨，以油帔自覆，雨止，唯见绳床，不知慧所在，讯问未息，慧已在床。每语弟子法照曰：‘汝过去时折一鸡脚，其殃寻至。’俄而，照为人所掷，脚遂永疾。后语弟子云：‘新野有一老公当命过，吾欲度之。’仍行于畦畔之间。果见一公，将牛耕田，慧从公乞牛，公不与，慧前自捉牛鼻，公惧其异，遂以施之。慧牵牛咒愿，七步而反，以牛还公。公少日而亡。”③

支道林与王濛、刘惔听何充谈论政事

《世说新语》载：“王、刘与林公共看何骠骑，骠骑看文书不顾之。王谓何曰：‘我今故与林公来相看，望卿摆拨常务，应对玄言，那得方低头看此邪？’何曰：‘我不看此，卿等何以得存？’诸人以为佳。”④

---

① ［梁］宝唱：《比丘尼传》卷一，《大正藏》第50册，第935页下。

② 曾向阳：《南京的尼和尼寺溯原》，《南京社会科学》1995年第2期。

③ ［梁］慧皎：《高僧传》卷十，《大正藏》第50册，第389页上。

④ 徐震堮：《世说新语校笺》，中华书局，1984年，第100—101页。

戴丽琴在《〈世说新语〉与佛教》中指出："按此事大约在建元元年，支遁三十岁。据《晋书》卷七《成帝纪》和《康帝纪》，何充为镖骑将军在咸康八年七月至康帝建元元年十月。"①

释慧永出家

《高僧传》载："（释慧永）年十二出家，伏事沙门竺昙现为师，后又伏膺道安法师。"②

按：据晋成帝咸和六年（331）下"释慧永生"条，推之可知，"释慧永出家"条，当发生于本年。

佛图澄谏言于石虎

《高僧传》载："后晋军出淮泗，陇比凡城皆被侵逼，三方告急，人情危扰。虎乃瞋曰：'吾之奉佛供僧，而更致外寇，佛无神矣。'澄明旦早入，虎以事问澄，澄因谏虎曰：'王过去世经为大商主。至罽宾寺，尝供大会。中有六十罗汉，吾此微身亦预斯会。时得道人谓吾曰："此主人命尽当受鸡身，后王晋地。"今王为王，岂非福耶。疆场军寇，国之常耳。何为怨谤三宝，夜兴毒念乎。'虎乃信悟，跪而谢焉。"③

《资治通鉴》载："（东晋康帝建元元年）秋，七月，赵汝南太守戴开帅数千人诣翼降。丁巳，下诏议经略中原。翼欲悉所部之众北伐，表桓宣为都督司、雍、梁三州、荆州之四郡诸军事、梁州刺史，前趣丹水；桓温为前锋小督、假节，帅众入临淮；并发所统六州奴及车牛驴马，百姓嗟怨。"④

何充舍宅为建福寺

《世说新语》载："何次道往瓦官寺礼拜甚勤。阮思旷语之曰：'卿志大宇宙，勇迈终古。'何曰：'卿今日何故忽见推？'阮曰：'我图数千户郡，尚不能得；卿乃图作佛，不亦大乎？'"⑤

《世说新语》载："二郗奉道，二何奉佛，皆以财贿。谢中郎云：'二郗谄于道，

① 戴丽琴：《〈世说新语〉与佛教》，华中师范大学博士学位论文，2010年，第20页。
② [梁]慧皎：《高僧传》卷六，《大正藏》第50册，第362页上。
③ [梁]慧皎：《高僧传》卷九，《大正藏》第50册，第385页上。
④ [北宋]司马光：《资治通鉴》卷九十七，中华书局，1956年，第3055—3056页。
⑤ 徐震堮：《世说新语校笺》，中华书局，1984年，第428页。

二何佞于佛。’”①

刘孝标注《世说新语》引《中兴书》云：“郗愔及弟昙奉天师道。”②

刘孝标注《世说新语》引《晋阳秋》云：“何充性好佛道，崇修佛寺，供给沙门以百数。久在扬州，征役吏民，功赏万计，是以为遐迩所讥。充弟准，亦精勤，唯读佛经、营治寺庙而已矣。”③

《比丘尼传》载：“初，晋兴平中净检（净捡）尼，是比丘尼之始也。”④

《建康实录》载：“《寺记》：‘帝时置两寺，褚皇后立延兴寺，在今县东南二里，运沟西岸；中书令何充立建福寺，今废也。’”⑤

《佛祖统纪》载：“建元元年，中书令何充舍宅为建福寺，以居比丘尼。”⑥

唐嘉在《东晋宋齐梁陈比丘尼研究》中指出：“何充立建福寺没有疑问，但何时立寺史料记载不一。《大正藏》原文录立寺时间为‘晋永和四年（348）春’。《佛祖统纪》载：‘（康帝）建元元年（343），中书令何充舍宅为建福寺。’《释氏六贴》录为‘太初四年（389）’。据《晋书》记载，何充永和二年（346）卒。那么，建福寺立寺必不能晚于永和二年。另《建康实录》录：‘晋康帝时，置两寺，褚皇后立建兴寺，在今县东南二里，运渎西岸；中书令何充立建福寺，今废也。’晋康帝在位只有两年，即建元元年（343）与建元二年（344），建兴寺（延兴寺）立于建元二年，如按建福寺早于延兴寺，应在建元二年或建元二年前。又《比丘尼传》之‘建福寺慧湛尼传’云：‘（湛）建元二年渡江，司空何充大加崇敬，请居建福寺住。’‘建福寺康明感尼传’云：‘晋建元元年春，与慧湛等十人济江，诣司空公何充。’综上，建福寺应立于建元元年(343)至建元二年（344）间。关于建福寺的废止年代，《南朝寺考》录：‘（建福寺）康帝时建，隋初废。’也就是说，建福寺自建元二年立后，至隋初废寺，经历东晋、宋、齐、梁、陈五代。”⑦

---

① 徐震堮：《世说新语校笺》，中华书局，1984年，第436页。

② 徐震堮：《世说新语校笺》，中华书局，1984年，第436页。

③ 徐震堮：《世说新语校笺》，中华书局，1984年，第436—437页。

④［梁］宝唱：《比丘尼传》卷二，《大正藏》第50册，第941页上。

⑤［唐］许嵩著，张忱石点校，《建康实录》卷八，中华书局，1986年，第209页。

⑥［宋］志磐：《佛祖统纪》卷三十六，《大正藏》第49册，第340页上。

⑦ 唐嘉：《东晋宋齐梁陈比丘尼研究》，巴蜀书社，2011年，第82—83页。

晋康帝建元二年·成汉太和元年·前凉建兴三十二年（344）甲辰

褚皇后立延兴寺

《比丘尼传》载："建元二年，皇后褚氏为立寺于都亭里通恭巷内，名曰延兴。"[①]《建康实录》载："镇西将军谢尚造谢寺，今改名兴严寺，即延兴寺。"[②]

比丘尼僧基入延兴寺

《比丘尼传》载："基净持戒范，精进习经。数与昙备尼名辈略齐。枢机最密，善言事议，康皇帝雅相崇礼。建元二年，皇后褚氏为立寺于都亭里通恭巷内，名曰延兴。基居寺住，徒众百余人，当事清明，道俗加敬。"[③]

比丘尼慧湛渡江

《比丘尼传》载："慧湛，本姓彭，任城人也。神貌超远，精操殊特，渊情旷达，济物为务，恶衣蔬食，乐在其中。尝荷衣山行，逢群劫，欲举刃向湛，手不能胜，因求湛所负衣。湛欢笑而与曰：'君意望甚重，所获殊轻。'复解其衣内新裙与之。劫即辞谢并以还湛，湛舍之而去。建元二年渡江，司空何充大加崇敬，请居建福寺住云。"[④]

《释氏六帖》录有《慧湛伏贼》条："姓刘，彭城人。神貌超远，精操殊特，济物为务，恶衣蔬食。路逢群贼，举刃向湛，手不能下，伏罪而止。又求湛所负衣，湛笑而与之曰：'君意望甚重，所获极轻。'复解新衣与之。贼等并却还，湛舍之而去。建元二年渡江，何充重之。"[⑤]

鸠摩罗什生

释僧肇之《鸠摩罗什法师诔》载："癸丑之年，年七十。四月十三日薨于大寺。"[⑥]

---

①［梁］宝唱：《比丘尼传》卷一，《大正藏》第50册，第936页上。
②［唐］许嵩著，张忱石点校，《建康实录》卷八，中华书局，1986年，第228页。
③［梁］宝唱：《比丘尼传》卷一，《大正藏》第50册，第936页上。
④［梁］宝唱：《比丘尼传》卷一，《大正藏》第50册，第936页上。
⑤［五代］释义楚：《释氏六帖》，浙江古籍出版社，1990年，第138页。
⑥［唐］道宣：《广弘明集》卷二十三，《大正藏》第52册，第264页中。

《出三藏记集》载："鸠摩罗什，齐言童寿，天竺人也。家世国相。什祖父达多，倜傥不群，名重于国。父鸠摩炎，聪明有懿节。将嗣相位，乃辞避出家，东度葱岭。龟兹王闻其弃荣，甚敬慕之。自出郊迎，请为国师。王有妹，年始二十，才悟明敏，过目必能，一闻则诵。且体有赤黡，法生智子，诸国娉之，并不行。及见炎，心欲当之。王闻大喜，逼炎为妻，遂生什。什之在胎，其母慧解倍常，往雀梨大寺听经，忽自通天竺语，众咸叹异。有罗汉达摩瞿沙曰：'此必怀智子。'为说舍利弗在胎之证。既而生什，岐嶷若神。什生之后，还忘前语。顷之，其母出家修道，学得初果。"①

《高僧传》载："鸠摩罗什，此云童寿，天竺人也，家世国相。什祖父达多，倜傥不群，名重于国。父鸠摩炎，聪明有懿节，将嗣相位，乃辞避出家，东度葱岭。龟兹王闻其弃荣，甚敬慕之，自出郊迎，请为国师。王有妹，年始二十，识悟明敏，过目必能，一闻则诵。且体有赤黡，法生智子，诸国娉之，并不肯行。及见摩炎，心欲当之，乃逼以妻焉，既而怀什。什在胎时，其母自觉神悟超解，有倍常日。闻雀梨大寺名德既多，又有得道之僧，即与王族贵女，德行诸尼，弥日设供，请斋听法。什母忽自通天竺语，难问之辞，必穷渊致，众咸叹之。有罗汉达摩瞿沙曰：'此必怀智子，为说舍利弗在胎之证。'及什生之后，还忘前言。顷之，什母乐欲出家，夫未之许，遂更产一男，名弗沙提婆。后因出城游观，见冢间枯骨异处纵横，于是深惟苦本，定誓出家，若不落发，不咽饮食。至六日夜，气力绵乏，疑不达旦。夫乃惧而许焉。以未剃发故，犹不尝进。即敕人除发，乃下饮食。次旦受戒，仍乐禅法，专精匪懈，学得初果。"②

《晋书》载："鸠摩罗什，天竺人也。世为国相。父鸠摩罗炎，聪懿有大节，将嗣相位，乃辞避出家，东度葱岭。龟慈王闻其名，郊迎之，请为国师。王有妹，年二十，才悟明敏，诸国交娉，并不许，及见炎，心欲当之，王乃逼以妻焉。既而罗什在胎，其母慧解倍常。"③

汤用彤在《汉魏两晋南北朝佛教史》（增订本）中指出："鸠摩罗什（《祐录》十四，《高僧传》，及《晋书·艺术传》均有传，于法师之名并作鸠摩罗什。《祐录》所载诸经序多同。惟有时称为鸠摩罗耆婆，如《十住经序》。或作拘摩罗耆婆，如《成实论记》。或作究摩罗耆婆，如《大智论记》。或称鸠摩罗，如《小品经序》。或作

① [梁] 僧祐：《出三藏记集》卷十四，《大正藏》第55册，第100页中。
② [梁] 慧皎：《高僧传》卷二，《大正藏》第50册，第330页上。
③ [唐] 房玄龄等：《晋书》卷九十五，中华书局，1974年，第2499—2502页。

究摩罗，如《法华经后序》。或称罗什，如《新出首楞严经序》。或作耆婆，如《菩提经注序》）法师约于晋康帝之世（343或344年）生于龟兹（关于什公年岁，系依《广弘明集》僧肇《什法师诔文》推算。此下所记，多以《祐录》之传为本。按丽本《祐录》传云：'鸠摩罗什，齐言童寿。'此传原作于南齐之世也）。"[1]

董青建感应缘

《法苑珠林》载："晋董青建者，不知何许人。父字贤明，建元初为越骑校尉。建母宋氏孕建时，梦有人语云：'尔必生男，体上当有青志，可名为青建。'及生如言，即名焉。有容止，美言笑，性理宽和，家人未尝睹其愠色。见者咸异之。至年十四，而州迎主簿。建元初皇储镇樊汉，为水曹参军。二年七月十六日寝疾，自云：'必不振济。'至十八日，临尽起坐，谓母曰：'罪尽福至，缘累永绝。愿母自割，不须忧念。因七声大哭，声尽而绝。'将殡丧斋前，其夜灵语云：'生死道乖，勿安斋前。自当有造像道人来迎丧者。'明日果有道人来，名昙顺，即依灵语，向昙顺说之。昙顺曰：'贫道住在南林寺，造丈八像垂成，贤子乃有此感应。寺西有少空地，可得安丧也。'遂葬寺边。三日，其母将亲表十许人墓所致祭，于墓东见建如生，云：'愿母割哀还去，建今还在寺住。'母即止哭而还。举家菜食长斋。至闰月十一日，贤明梦见建云：'愿父暂出东斋。'贤明便香汤自浴，斋戒出东斋。至十四夜，于眠中闻建唤声，惊起见建在斋前如生时。父问：'汝往在何处？'建云：'从亡来住在练神宫中，满百日，当得生忉利天。建不忍见父母兄弟哭泣伤恸，三七日礼诸佛菩萨，请四天王，故得暂还。愿父母从今以后，勿复啼哭祭祠。阿母已发愿求见建，建不久当命终，即共建同生一处。父寿可得七十三，命终之后，当三年受罪报。勤苦行道，可得免脱。'问曰：'汝从夜中来，那得有光明？'建曰：'今与菩萨诸天共下，此其身光耳。'又问云：'汝天上识谁？'建曰：'见王车骑、张吴兴、外祖宋西河。'建曰：'非但此一门中生，从四十七年以来至今七死七生，已得四道果。先发七愿，愿生人间，故历生死。从今永毕，得离七苦。建临尽时，见七处生死。所以大哭者，与七家分别也。'问云：'汝皆生谁家？'建曰：'生江吏部、羊广州、张吴兴、王车骑、萧吴兴、梁给事、董越骑等家。唯此间生十七年，余处正五三年耳。自今以后，毒厉岁多，宜勤修功德。建见世人死，多堕三涂，生天者少，勤精进，可得免度。发愿生天，亦

---

① 汤用彤：《汉魏两晋南北朝佛教史》（增订本），北京大学出版社，2011年，第154页。

得相见。行脱差异，无相值期。’又问云：‘汝母忧忆汝垂死，可令见汝不？’建曰：‘不须相见，益怀煎苦耳。耶但依向言说之。诸天已去，不容久住。’惨有悲色，忽然不见。去后竹林左右犹有香气，家人亦并闻余香焉。建云：‘所生七家，江槩、羊希、张永、王玄、宋谟、萧惠明、梁季父也。贤明遂以出家，名法藏也。”①

按：此昙顺，似非什公、庐山远公之弟子释昙顺。考莲社昙顺之生平，盖晋康帝建元二年，昙顺犹未生也。

永安寺建立

《舆地纪胜》载：“庾冰宅，《寰宇记》云：‘即永安寺也。’今为祥符寺。”②

《资治通鉴》载：“（东晋成帝建元二年）江州刺史庾冰有疾；太后征冰辅政，冰辞，十一月，庚辰，卒。”③

按：永安寺，庾冰故宅所建，兹系于其卒年。

晋穆帝永和元年·后赵建武十一年·前燕燕王十二年（345）乙巳

帛僧光至石城山

《高僧传》载：“晋永和初，（帛僧光）游于江东，投剡之石城山。山民咸云此中旧有猛兽之灾，及山神纵暴，人踪久绝。光了无惧色，雇人开剪，负杖而前。行入数里，忽大风雨，群虎号鸣。光于山南见一石室，仍止其中，安禅合掌，以为栖神之处。至明旦雨息，乃入村乞食，夕复还中。经三日，乃梦见山神，或作虎形，或作蛇身，竞来怖光，光一皆不恐。经三日，又梦见山神。自言移往章安县寒石山住，推室以相奉。尔后薪采通流，道俗宗事。乐禅来学者，起茅茨于室侧，渐成寺舍，因名隐岳。光每入定，辄七日不起。”④

杨维中在《中国佛教通史》中指出：“石城隐岳寺是僧光于东晋永和（345—

①［唐］道世：《法苑珠林》卷五十二，《大正藏》第53册，第677页中。

②［南宋］王象之：《舆地纪胜》卷九，中华书局，1992年，第504页。

③［北宋］司马光：《资治通鉴》卷九十七，中华书局，1956年，第3061页。

④［梁］慧皎：《高僧传》卷十一，《大正藏》第50册，第395页下。

356）年初创建的……僧光在斯山斯寺五十三年，太元末年为396年，逆推可知，帛光大致从永和元年（345）入住此山，后来逐渐修成隐岳寺。”①

佛图澄生墓

《水经注》载：“赵建武十一年，造紫陌浮桥于水上，为佛图澄先造生墓于紫陌。”②

慕容皝建龙翔佛寺

《水经注》载：“白狼水又东北径龙山西，燕慕容皝以柳城之北、龙山之南，福地也，使阳裕筑龙城，改柳城为龙城县，十二年，黑龙、白龙见于龙山，皝亲观龙，去二百步，祭以太牢，二龙交首嬉翔，解角而去。皝悦，大赦，号新宫曰‘和龙宫’，立‘龙翔祠’于山上。”③

《晋书》载：“时有黑龙白龙各一，见于龙山，皝亲率群僚观之，去龙二百余步，祭以太牢。二龙交首嬉翔，解角而去。皝大悦，还宫，赦其境内，号新宫曰‘和龙’，立龙翔佛寺于山上。”④

按：《太平御览》事与《晋书》同，惟云：“（燕王）十二年四月。”⑤

释道恒生

《高僧传》载：“释道恒，蓝田人。”⑥

《高僧传》载：“晋义熙十三年（417年）卒于山舍，春秋七十二。”⑦

据此推之，释道恒当生于本年。

释法显出家

《出三藏记集》载：“法显三兄并龆龀而亡。其父惧祸及之，三岁便度为沙弥。居家数年，病笃欲死，因送还寺。信宿便差。不复肯归，母欲见之不能得为，立小屋于门外，以拟去来。”⑧

---

① 赖永海主编：《中国佛教通史》第一卷，江苏人民出版社，2010年，第347—348页。

② [北魏] 郦道元著，陈桥驿校证：《水经注校证》卷十，中华书局，2007年，第260页。

③ [北魏] 郦道元著，陈桥驿校证：《水经注校证》卷十四，中华书局，2007年，第350页。

④ [唐] 房玄龄等：《晋书》卷一百九，中华书局，1974年，第2825—2826页。

⑤ [宋] 李昉等：《太平御览》卷一百二十一，中华书局，1960年，第583页。

⑥ [梁] 慧皎：《高僧传》卷六，《大正藏》第50册，第364页中。

⑦ [梁] 慧皎：《高僧传》卷六，《大正藏》第50册，第365页上。

⑧ [梁] 僧祐：《出三藏记集》卷十五，《大正藏》第55册，第111页中。

《高僧传》载："（释法显）有三兄，并龆龀而亡，父恐祸及显，三岁便度为沙弥。居家数年，病笃欲死，因以送还寺，信宿，便差。不肯复归，其母欲见之不能得，后为立小屋于门外，以拟去来。"①

按：晋成帝咸康八年（342）下"释法显或生于本年"条，推之可知，"释法显出家"条，当发生于本年。

竺法慧为庾翼所害

《高僧传》载："后征西庾稚恭镇襄阳，既素不奉法，闻慧有非常之迹，甚嫉之。慧预告弟子曰：'吾宿对寻至，诫劝眷属令勤修福善。'尔后二日，果收而刑之，春秋五十八矣。临死语众人云：'吾死后三日，天当暴雨。'至期果洪注，城门水深一丈，居民漂没，多有死者。"②

《法苑珠林》载："后征西庾移恭镇襄阳，既素不奉法，闻慧有非常之迹，甚嫉之。慧预告弟子曰：'吾宿对寻至。诫劝眷属，令勤修福善。'尔后二日果收而刑之，春秋五十八矣。临死语众人云：'犹枉刑吾，吾死后三日天当暴雨。'至期果洪注，城门外深一丈。恭眷属居民等并皆没死。"③

《晋书·庾翼传》载："翼如厕，见一物如方相，俄而疽发背。疾笃，表第二子爰之行辅国将军、荆州刺史，司马朱焘为南蛮校尉，以千人守巴陵。永和元年卒，时年四十一。追赠车骑将军，谥曰肃。"④

《资治通鉴》载："（东晋康帝建元元年）庾翼欲移镇襄阳，恐朝廷不许，乃奏云移镇安陆。帝及朝士皆遣使譬止翼，翼遂违诏北行；至夏口，复上表请镇襄阳。翼时有众四万，诏加翼都督征讨诸军事。"⑤

按：建元元年（343年），庾翼镇襄阳。永和元年（346年），庾翼卒。则其刑收竺法慧当在此期间。若依《高僧传》，竺法慧亡后三日，襄阳暴雨，水深一丈，民多有死者。又据《法苑珠林》所云，比之正史，则竺法翼遇害，当在本年。

---

①［梁］慧皎：《高僧传》卷三，《大正藏》第50册，第337页下。

②［梁］慧皎：《高僧传》卷十，《大正藏》第50册，第389页上。

③［唐］道世：《法苑珠林》卷九十七，《大正藏》第53册，第1003页下。

④［唐］房玄龄等：《晋书》卷七十三，中华书局，1974年，第1935页。

⑤［北宋］司马光：《资治通鉴》卷九十七，中华书局，1956年，第3056页。

晋穆帝永和二年·成汉太和三年·成汉嘉宁元年·后赵建武十二年·前凉建兴三十四年（346）丙午

何充卒

《晋书》载："永和二年（何充）卒，时年五十五，赠司空，谥曰文穆。"①

《晋书》载："充居宰相，虽无澄正改革之能，而强力有器局，临朝正色，以社稷为己任，凡所选用，皆以功臣为先，不以私恩树亲戚，谈者以此重之。然所昵庸杂，信任不得其人，而性好释典，崇修佛寺，供给沙门以百数，糜费巨亿而不吝也。亲友至于贫乏，无所施遗，以此获讥于世。阮裕尝戏之曰：'卿志大宇宙，勇迈终古。'充问其故。裕曰：'我图数千户郡尚未能得，卿图作佛，不亦大乎！'于时郗愔及弟昙奉天师道，而充与弟崇准信释氏，谢万讥之云：'二郗谄于道，二何佞于佛。'充能饮酒，雅为刘惔所贵。惔每云：'见次道饮，令人欲倾家酿。'言其能温克也。"②

《资治通鉴》载："（东晋成帝咸康六年），春，正月，庚子朔，都亭文康侯庾亮薨。以护军将军、录尚书何充为中书令。"③

《资治通鉴》载："（东晋穆帝永和二年）己卯，都乡文穆侯何充卒。充有器局，临朝正色，以社稷为己任，所选用皆以功效，不私亲旧。"④

按：何充佞佛，其年不可详考。自咸康六年，何充为中书令，居台阁，崇修佛寺、供给沙门。至永和二年（346年），何充卒。大抵何充佞佛，当在其位居台阁之时也。兹系于其卒年。

沙门吴进献言于石虎

《晋书》载："（石）勒及季龙并贪而无礼，既王有十州之地，金帛珠玉及外国珍奇异货不可胜纪，而犹以为不足，曩代帝王及先贤陵墓靡不发掘，而取其宝货焉。邯郸城西石子堈上有赵简子墓，至是季龙令发之，初得炭深丈余，次得木板厚一尺，积板厚八尺，乃及泉，其水清冷非常，作绞车以牛皮囊汲之，月余而水不尽，不可发

① ［唐］房玄龄等：《晋书》卷七十七，中华书局，1974年，第2031页。

② ［唐］房玄龄等：《晋书》卷七十七，中华书局，1974年，第2030—2031页。

③ ［北宋］司马光：《资治通鉴》卷九十六，中华书局，1956年，第3036页。

④ ［北宋］司马光：《资治通鉴》卷九十七，中华书局，1956年，第3069页。

而止。又使掘秦始皇冢，取铜柱铸以为器。时沙门吴进言于季龙曰：'胡运将衰，晋当复兴，宜苦役晋人以厌其气。'季龙于是使尚书张群发近郡男女十六万，车十万乘，运土筑华林苑及长墙于邺北，广长数十里。"[①]

《太平御览》引崔鸿《十六国春秋·后赵录》云："建武十二年，沙门吴进言于帝曰：'胡运将衰，晋当复兴，当苦役晋人以厌其气。'帝于是使尚书张郡发近郡男女十六万，车十万乘，运土筑华林园及长墟于邺北，广长五里。"[②]

按：《资治通鉴》文与《晋书》稍异，沙门吴进献言于石虎之事，载于东晋穆帝永和三年。[③]

释慧远求学许昌、洛阳

《出三藏记集》载："（释慧远）年十三，随舅令狐氏游学许、洛。故少为诸生，博综六经，尤善《老》《庄》。性度弘伟，风鉴朗拔。虽宿儒才彦，莫不服其深致焉。"[④]

《高僧传》载："（释慧远）年十三，随舅令狐氏游学许、洛。故少为诸生，博综六经，尤善《庄》《老》。性度弘博，风鉴朗拔。虽宿儒英达，莫不服其深致。"[⑤]

《世说新语》引张野《远法师铭》曰："年十二，随舅令狐氏游学许、洛。"[⑥]

《庐山莲宗宝鉴》载："咸和九年，师十二岁，从舅氏令孤游学许洛。"[⑦]

按：晋成帝咸和九年·后赵延熙元年（334）下"释慧远生"条，推之可知，"释慧远求学许昌、洛阳"条，当发生于本年。咸和九年，释慧远方生，而《宝鉴》却言其已十二岁，当谬。

单道开自西平来

《高僧传》载："单道开，姓孟，燉煌人。少怀栖隐，诵经四十余万言。绝谷饵柏实，柏实难得，复服松脂，后服细石子。一吞数枚，数日一服，或时多少啖姜椒，如此七年。后不畏寒暑，冬温夏凉，昼夜不卧。与同学十人共契服食，十年之外，或死或退，唯开全志。阜陵太守遣马迎开，开辞能步行，三百里路，一日早至。山树神

---

①［唐］房玄龄等：《晋书》卷一百七，中华书局，1974年，第2781—2782页。

②［宋］李昉等：《太平御览》卷三十七，中华书局，1960年，第170页。

③［北宋］司马光：《资治通鉴》卷九十七，中华书局，1956年，第3078页。

④［梁］僧祐：《出三藏记集》卷十五，《大正藏》第55册，第109页中。

⑤［梁］慧皎：《高僧传》卷六，《大正藏》第50册，第358页上。

⑥ 徐震堮：《世说新语校笺》，中华书局，1984年，第132页。

⑦［元］普度：《庐山莲宗宝鉴》卷四，《大正藏》第47册，第320页中。

或现异形试之，初无惧色。以石虎建武十二年从西平来，一日行七百里，至南安。度一童子为沙弥，年十四，禀受教法，行能及开。时太史奏虎云：'有仙人星见，当有高士入境。'虎普敕州郡，有异人令启闻。其年冬十一月，秦州刺史上表送开。初止邺城西法綝祠中，后徙临漳昭德寺。于房内造重阁，高八九尺许。于上编菅为禅室，如十斛篓大，常坐其中。虎资给甚厚，开皆以惠施。时乐仙者多来咨问，开都不答，乃为说偈云：'我矜一切苦，出家为利世。利世须学明，学明能断恶。山远粮粒难，作斯断食计。非是求仙侣，幸勿相传说。'开能救眼疾，时秦公石韬就开治目，着药小痛，韬甚惮之，而终得其效。佛图澄曰：'此道士观国兴衰，若去者，当有大灾。'"①

王濛听支道林讲

《世说新语》载："王、刘听林公讲，王语刘曰：'向高坐者，故是凶物。'复更听，王又曰：'自是钵釪后王、何人也。'"②

《世说新语》引《沙门高逸传》云："王蒙恒遁，遇祇洹寺中讲，正在高座上。每举麈尾，常领数百言，而精理俱畅，预坐百余人皆结舌注耳。蒙云：'听讲众僧，向高座者，是钵釪后王、何人也。'"③

《南朝寺考》载："祇洹寺，在凤凰楼之西，建初寺之分刹也。晋支遁尝升寺中高座讲义，与刘惔王蒙相酬答，其名始著。"④

戴丽琴在《〈世说新语〉与佛教》中指出："按此事约在永和二年前。文中'王、刘'指王濛、刘惔，其言支遁相貌丑异，而善于清言。据文意知是王、支二人初相遇之事，但未能确定其时支遁是否已经出家。支遁《述怀诗》云'弱冠弄双玄'，事在咸和八年，其时支遁未出家。然王濛永和三年逝世，且《世说新语》多条载其与支遁交游，则交游有些时日，故此事当不晚于永和二年。地点不能确定是在京师还是会稽。"⑤

支道林品评王濛

《世说新语》载："林公道王长史：'敛衿作一来，何其轩轩韶举！'"⑥

---

①［梁］慧皎：《高僧传》卷九，《大正藏》第50册，第387页中。
② 徐震堮：《世说新语校笺》，中华书局，1984年，第262页。
③ 徐震堮：《世说新语校笺》，中华书局，1984年，第262页。
④［清］刘世珩：《南朝寺考》，普惠大藏经刊行会校印本，民国三十三年，第20页。
⑤ 戴丽琴：《〈世说新语〉与佛教》，华中师范大学博士学位论文，2010年，第20页。
⑥ 徐震堮：《世说新语校笺》，中华书局，1984年，第341页。

按：王濛卒于永和三年，其事待考。兹系于本年。

支道林同王濛品评刘惔

《世说新语》载："王长史谓林公：'真长可谓金玉满堂。'林公曰：'金玉满堂，复何为简选？'王曰：'非为简选，直致言处自寡耳。'"①

按：王濛卒于永和三年，其事待考。兹系于本年。

支道林探望王濛

《世说新语》载："王长史尝病，亲疏不通。林公来，守门人速启之曰：'一异人在门，不敢不启。'王笑曰：'此必林公。'"②

刘孝标注《世说新语》引《语林》云："诸人尝要阮光禄共诣林公。阮曰：'欲闻其言，恶见其面。'此则林公之形，信当丑异。"③

戴丽琴在《〈世说新语〉与佛教》中指出："事在永和三年王濛病逝前夕，王濛家。'亲疏不通'，以行仪自骄的王濛或许因为形容憔悴而不愿人见，故而此事很可能在王濛病逝前夕。王濛逝世时年三十九，时支遁三十四岁。'亲疏不通'而能通支遁，二人交情非同一般。"④

支道林入沃洲山

《高僧传》载："王羲之时在会稽，素闻（支）遁名，未之信，谓人曰：'一往之气，何足言。'后遁既还剡，经由于郡，王故诣遁，观其风力。既至，王谓遁曰：'《逍遥篇》可得闻乎？'遁乃作数千言，标揭新理，才藻惊绝。王遂披衿解带，流连不能已。仍请住灵嘉寺，意存相近。"⑤

《世说新语·文学篇》载："王逸少作会稽，初至，支道林在焉。孙兴公谓王曰：'支道林拔新领异，胸怀所及乃自佳，卿欲见不？'王本自有一往隽气，殊自轻之。后孙与支共载往王许，王都领域，不与交言。须臾支退。后正值王当行，车已在门，支语王曰：'君未可去，贫道与君小语。'因论《庄子逍遥游》。支作数千言，才藻

---

① 徐震堮：《世说新语校笺》，中华书局，1984年，第256页。

② 徐震堮：《世说新语校笺》，中华书局，1984年，第341页。

③ 徐震堮：《世说新语校笺》，中华书局，1984年，第341页。

④ 戴丽琴：《〈世说新语〉与佛教》，华中师范大学博士学位论文，2010年，第22页。

⑤［梁］慧皎：《高僧传》卷四，《大正藏》第50册，第348页下。

新奇，花烂映发。王遂披襟解带，留连不能。”[①]

按：永和二年，殷浩任扬州刺史，任命王羲之为会稽内史。

支道林归剡山

《高僧传》载：“（支道林）俄又投迹剡山，于沃洲小岭立寺行道，僧众百余，常随禀学。时或有堕者，遁乃著座右铭以勖之。曰：‘勤之勤之，至道非弥。奚为淹滞，弱丧神奇。茫茫三界，眇眇长羁。烦劳外凑，冥心内驰。殉赴钦渴，缅邈忘疲。人生一世，涓若露垂。我身非我，云云谁施。达人怀德，知安必危。寂寥清举，濯累禅池。谨守明禁，雅玩玄规。绥心神道，抗志无为。寮朗三蔽，融冶六疵。空同五阴，豁虚四支。非指喻指，绝而莫离。妙觉既陈，又玄其知。婉转平任，与物推移。过此以往，勿思勿议。敦之觉父，志在婴儿。’时论以遁才堪经赞，而洁己拔俗，有违兼济之道，遁乃作《释蒙论》。晚移石城山，又立栖光寺。宴坐山门，游心禅苑，木喰涧饮，浪志无生。乃注《安般》《四禅》诸经及《即色游玄论》《圣不辩知论》、《道行旨归》《学道诫》等。追踪马鸣，蹑影龙树。义应法本，不违实相。”[②]

康僧渊尝于豫章山建寺

《高僧传》载：“（康僧渊）后于豫章山立寺，去邑数十里。带江傍岭，林竹郁茂，名僧胜达，响附成群。以常《持心梵天经》，空理幽远，故偏加讲说。尚学之徒，往还填委。后卒于寺焉。”[③]

按：康僧渊移居豫章山，其事似在咸康五年（339）至永和二年（346）之间。康僧渊未显之前，以分卫而存。自与殷浩清谈，又得王导品鉴，一时名声大噪，且东晋名士素以供养僧道为风尚，僧渊既得大名，当得供养，此与《高僧传》云其立寺于豫章山事合。咸康五年，王导卒；永和二年，殷浩出仕。盖王导卒后，殷浩出山，僧渊承此变故，或有终焉之志，既而移居豫章山。兹将本条系于永和二年。

释昙顺生

《庐山记》载：“昙顺，黄龙人也。幼而出家，亲承罗什之训。旧疑宿滞，多所通达。议论精博，讲释群经，演赞大乘。了悟玄微，色空无著。什公尝叹曰：‘昙顺

---

① 徐震堮：《世说新语校笺》，中华书局，1984年，第121页。

②［梁］慧皎：《高僧传》卷四，《大正藏》第50册，第348页下。

③［梁］慧皎：《高僧传》卷四，《大正藏》第50册，第347页上。

实奇器矣。’”①

《庐山记》载：“元嘉二年（425年）己丑岁终，春秋七十九。”②

据此可知，释昙顺生于此年。

滕畯舍宅为寺

《法苑珠林》载：“有长沙太守江陵滕畯，一云滕舍，以永和二年舍宅为寺。”③

晋穆帝永和三年·成汉嘉宁二年（347）丁未

支道林与谢安、许询、王濛等共论《庄子·渔父篇》

《世说新语》载：“支道林、许、谢盛德，共集王家。谢顾谓诸人：‘今日可谓彦会，时既不可留，此集固亦难常。当共言咏，以写其怀。’许便问主人有《庄子》不？正得《渔父》一篇。谢看题，便各使四坐通。支道林先通，作七百许语，叙致精丽，才藻奇拔，众咸称善。于是四坐各言怀毕。谢问曰：‘卿等尽不？’皆曰：‘今日之言，少不自竭。’谢后粗难，因自叙其意，作万余语，才峰秀逸。既自难干，加意气拟托，萧然自得，四坐莫不厌心。支谓谢曰：‘君一往奔诣，故复自佳耳。’”④

戴丽琴在《〈世说新语〉与佛教》中指出：“按此事件地点在王濛家，然未知在会稽还是建康。此不知具体时间。永和三年王濛病逝。此次话题是《庄子》之《渔父》，支遁才思敏捷，最先作，‘作七百许语，叙致精丽，才藻奇拔，众咸称善’，则支遁此论，文辞精美并为时人所赏，然不敌谢安。”⑤

支道林讲《维摩诘经》

《世说新语》载：“支道林、许掾诸人共在会稽王斋头。支为法师，许为都讲。（《沙门高逸传》曰：‘道林时讲《维摩诘经》。’）支通一义，四坐莫不厌心。许

---

①［宋］陈舜俞：《庐山记》卷三，《大正藏》第51册，第1042页上。

②［宋］陈舜俞：《庐山记》卷三，《大正藏》第51册，第1042页上。

③［唐］道世：《法苑珠林》卷十三，《大正藏》第53册，第385页上。

④ 徐震堮：《世说新语校笺》，中华书局，1984年，第132页。

⑤ 戴丽琴：《〈世说新语〉与佛教》，华中师范大学博士学位论文，2010年，第22页。

送一难，众人莫不抃舞。但共嗟咏二家之美，不辩其理之所在。”①

戴丽琴在《〈世说新语〉与佛教》中指出：“此事地点在会稽王斋头。据文中‘许掾’，此事在永和三年后。许询辟掾约在永和三年。”②

按：本条戴氏有详考，可参阅之。

支道林与殷浩清谈才性论

《世说新语》载：“支道林、殷渊源俱在相王许。相王谓二人：‘可试一交言。而才性殆是渊源崤、函之固，君其慎焉！’支初作，改辙远之，数四交；不觉入其玄中。相王抚肩笑曰：‘此自是其胜场，安可争锋！’”③

戴丽琴在《〈世说新语〉与佛教》中指出：“按此事在司马昱府邸，时间疑在永和二三年间。支遁与殷浩在司马昱府邸高谈阔论，最可能是殷浩任扬州刺史时。据《晋书》殷浩本传，殷浩任扬州刺史在永和二年七月，又桓温平蜀（永和三年三月）后不久殷浩丁忧去官，服阙复为扬州刺史时已经开始筹备北伐了。”④

昙摩耶舍以未得果而自责

《高僧传》载：“（昙摩耶舍）尝于树下每自克责，年将三十尚未得果，何其懈哉。于是累日，不寝不食。专精苦到，以悔先罪。乃梦见博叉天王，语之曰：‘沙门当观方弘化，旷济为怀。何守小节，独善而已。道假众缘复须时熟，非分强求，死而无证。’觉自思惟，欲游方授道。既而逾历名邦，履践郡国。”⑤

按：据东晋建武元年（317）下“昙摩耶舍或生于本年”条，推之可知，“昙摩耶舍以未得果而自责”条，当发生于本年。

释僧碧或生于本年

《高僧传》载：“释僧䂮，姓傅氏，北地泥阳人，晋河间郎中令遐之元子也。少出家，止长安大寺，为弘觉法师弟子，觉亦一时法匠，䂮初从受业，后游青、司、樊、沔之间。通六经及三藏，律行清谨，能匡振佛法。”⑥

---

① 徐震堮：《世说新语校笺》，中华书局，1984年，第123—124页。
② 戴丽琴：《〈世说新语〉与佛教》，华中师范大学博士学位论文，2010年，第23页。
③ 徐震堮：《世说新语校笺》，中华书局，1984年，第127页。
④ 戴丽琴：《〈世说新语〉与佛教》，华中师范大学博士学位论文，2010年，第24—25页。
⑤［梁］慧皎：《高僧传》卷一，《大正藏》第50册，第329页中。
⑥［梁］慧皎：《高僧传》卷六，《大正藏》第50册，第363页上。

《高僧传》载："以弘始之末，卒于长安大寺，春秋七十矣。"①

按：《高僧传》云释僧䂮于后秦姚兴弘始（399—416年）末卒于长安大寺，时春秋七十矣。据此推之，释僧䂮或生于本年。

张文君舍宅为白鹤寺

《白鹤寺记》云："今乐清县白鹤寺者，乃东晋张文君字子雁舍宅为之也。以仁山智水，足为幽居。傲禄藏名，卜兹深隐。始其拔俗，终乎遇仙。亭亭鹤影，西瞻而似舞如飞。迢迢鹿踪，东去而转高渐远。胜游一遇，尘迹几何。山号丹霞，寺名白鹤。松萝四合，泉石幽奇，楼殿一川。"②

《乐清县志》引《名胜志》云："在丹霞山下。晋邑人张文君修炼于此，后舍宅为寺，时有白鹤飞鸣其上，因名。旧志：相传晋永和三年，张文君舍宅为寺，后得道，日中乘白鹿入竹仙去。后人以所入竹制笙箫，其声若出金石。又尝有白鹤飞鸣其上。"③

晋穆帝永和四年·后赵建武十四年（348）戊申

释道祖生

《高僧传》载："释道祖，吴国人也。少出家，为台寺支法齐弟子。幼有才思，精勤务学。"④

《高僧传》载："（释道祖）以晋元熙元年（419年）卒，春秋七十二矣。"⑤

据此推之，释道祖当生于本年。

按：台寺支法齐（或作支法济），《高僧传》无传，未详何人。阙考。

释昙恒生

《庐山记》载："昙恒，河东人，童孺出家。"⑥

---

① ［梁］慧皎：《高僧传》卷六，《大正藏》第50册，第363页中。

② 周绍良主编：《全唐文新编》卷九二一，吉林文史出版社，2000年，第12648页。

③ ［清］鲍作雨编著：《道光乐清县志》卷十六，线装书局，2009年，第1059—1060页。

④ ［梁］慧皎：《高僧传》卷六，《大正藏》第50册，第363页上。

⑤ ［梁］慧皎：《高僧传》卷六，《大正藏》第50册，第363页上。

⑥ ［宋］陈舜俞：《庐山记》卷三，《大正藏》第51册，第1042页上。

《庐山记》载："晋义熙十四年戊午岁终，春秋七十一。"①

据此可知，释昙恒生于此年。

释昙影或生于本年

《高僧传》载："释昙影，或云北人，不知何许郡县。性虚靖，不甚交游，而安贫志学，举止详审，过似淹迟，而神气骏捷，志与形反。能讲《正法华经》及《光赞波若》，每法轮一转，辄道俗千数。"②

《高僧传》载："（释昙影）以晋义熙中卒，春秋七十矣。"③

按：据晋安帝义熙十四年·北凉玄始七年（418）下"释昙影或卒于本年"条，推之可知，"释昙影或生于本年"条，当发生于本年。

蔡谟上疏乞骸

《弘明集》载："蔡谟，字道明，陈留人。晋太常彭城王纮表以肃祖。好佛道，手画形像于乐贤堂，经历寇难而堂犹存。宜敕著作，咸使作颂。显宗出，纮表博议。谟曰：'佛者夷人，惟闻变夷从夏，不闻变夏从夷。先帝天纵多才，聊画此像，未是大晋盛德之形容。今欲发王命，敕史官上称先帝好佛之志，下为夷狄作一像之颂，于义有疑焉。'康帝即位，拜司徒。永和四年五月诏书下，固执不就。上疏乞骸骨。"④

谢尚舍宅为庄严寺

《建康实录》引《塔寺记》云："今兴严寺，即谢尚宅也，南直竹格巷，临秦淮，在今县城东南一里二百步。尚尝梦其父告之曰：'西南有气至，冲人必死，竹当其锋，家无一全，汝宜修福建塔寺，可禳之。若未暇立寺，可杖头刻作塔形，见有气来，可拟之。'尚悟惧，来辰造塔寺，遂刻小塔施杖头，恒著左右。后果有异黑气，遥见西南从天而下，始如车轮，渐弥大，直冲尚家，以杖头指之，气便回散，阖门获全。气所经处，数里无复孑遗。遂于永和四年舍宅造寺，名庄严寺。"⑤

---

①［宋］陈舜俞：《庐山记》卷三，《大正藏》第51册，第1042页上。

②［梁］慧皎：《高僧传》卷六，《大正藏》第50册，第364页上。

③［梁］慧皎：《高僧传》卷六，《大正藏》第50册，第364页上。

④［梁］僧祐：《弘明集》卷六，《大正藏》第52册，第126页下。

⑤［唐］许嵩著，张忱石点校，《建康实录》卷八，中华书局，1986年，第225页。

支道林赞美佛图澄

《世说新语》载：“佛图澄与诸石游，林公曰：‘澄以石虎为海鸥鸟。’”①

《晋书》载：“支道林在京师，闻澄与诸石游，乃曰：‘澄公其以季龙为海鸥鸟也。’”②

戴丽琴在《〈世说新语〉与佛教》中指出：“疑支遁此语在佛图澄生前，即永和四年前。永和四年，佛图澄圆寂。据《晋书》卷九五《佛图澄传》和卷八《穆帝纪》，佛图澄于永和五年四月石季龙死的前一年逝世。又《太平御览》③和《北堂书钞》④皆引《赵书》云‘于建武末’卒，建武末，即永和四年。”⑤

石韬宿于佛精舍

《高僧传》载：“至虎建武十四年七月，石宣、石韬将图相杀。宣时到寺与澄同坐，浮图一铃独鸣。澄谓宣曰：‘解铃音乎，铃云胡子落度。’宣变色曰：‘是何言欤。’澄谬曰：‘老胡为道，不能山居无言。重茵美服，岂非落度乎。’石韬后至，澄熟视良久。韬惧而问澄。澄曰：‘怪公血臭，故相视耳。’至八月，澄使弟子十人斋于别室，澄时暂入东合。虎与后杜氏问讯澄，澄曰：‘胁下有贼，不出十日自佛图以西，此殿以东，当有流血，慎勿东行也。’杜后曰：‘和上耄耶，何处有贼。’澄即易语云：‘六情所受，皆悉是贼。老自应耄，但使少者不惛。遂便寓言，不复彰的。’后二日，宣果遣人害韬于佛寺中，欲因虎临丧，仍行大逆。虎以澄先诫，故获免。及宣事发被收，澄谏虎曰：‘既是陛下之子，何为重祸耶。陛下若含怒加慈者，尚有六十余岁。如必诛之，宣当为彗星下扫邺宫也。’虎不从，以铁锁穿宣颔，牵上薪積而焚之。收其官属三百余人，皆轘裂支解，投之漳河。澄乃敕弟子罢别室斋也。后月余日，有一妖马，髦尾皆有烧状，入中阳门，出显阳门。东首东宫，皆不得入，走向东北，俄尔不见。澄闻而叹曰：‘灾其及矣。’至十一月，虎大飨群臣于太武前殿。澄吟曰：‘殿乎殿乎，棘子成林，将坏人衣。’虎令发殿石下视之，有棘生焉。”⑥

《晋书》载：“石宣将杀石韬，宣先到寺与澄同坐，浮屠一铃独鸣，澄谓曰：‘解

---

① 徐震堮：《世说新语校笺》，中华书局，1984年，第58页。

②［唐］房玄龄等：《晋书》卷九十五，中华书局，1974年，第2487页。

③［宋］李昉等：《太平御览》卷一百九十五，中华书局，1960年，第943页。

④［唐］虞世南：《北堂书钞》卷九十二，中国书店，1989年，第349页。

⑤ 戴丽琴：《〈世说新语〉与佛教》，华中师范大学博士学位论文，2010年，第24页。

⑥［梁］慧皎：《高僧传》卷九，《大正藏》第50册，第386页上。

铃音乎？铃云胡子洛度。’宣变色曰：‘是何言欤？’澄谬曰：‘老胡为道，不能山居无言，重茵美服，岂非洛度乎！’石韬后至，澄孰视良久。韬惧而问澄，澄曰：‘怪公血臭，故相视耳。’季龙梦龙飞西南，自天而落，旦而问澄，澄曰：‘祸将作矣，宜父子慈和，深以慎之。’季龙引澄入东合，与其后杜氏问讯之。澄曰：‘胁下有贼，不出十日，自浮图以西，此殿以东，当有血流，慎勿东也。’杜后曰：‘和尚耄邪！何处有贼？’澄即易语云：‘六情所受，皆悉是贼。老自应耄，但使少者不昏即好耳。’遂便寓言，不复彰的。后二日，宣果遣人害韬于佛寺中，欲因季龙临丧杀之。季龙以澄先诫，故获免。及宣被收，澄谏季龙曰：‘皆陛下之子也，何为重祸邪！陛下若含怒加慈者，尚有六十余岁。如必诛之，宣当为彗星下扫邺宫。’季龙不从。后月余，有一妖马，髦尾皆有烧状，入中阳门，出显阳门，东首东宫，皆不得入，走向东北，俄尔不见。澄闻而叹曰：‘灾其及矣！’季龙大享群臣于太武前殿，澄吟曰：‘殿乎，殿乎！棘子成林，将坏人衣。’季龙令发殿石下视之，有棘生焉。冉闵小字棘奴。”①

《晋书》载：“石韬起堂于太尉府，号曰宣光殿，梁长九丈。宣视而大怒，斩匠，截梁而去。韬怒，增之十丈。宣闻之，恚甚。谓所幸杨柸、牟成曰：‘韬凶竖勃逆，敢违我如是！汝能杀之者，吾入西宫，当尽以韬之国邑分封汝等。韬既死，主上必亲临丧，因行大事，蔑不济矣。’柸等许诺。时东南有黄黑云，大如数亩，稍分为三，状若匹布，东西经天，色黑而青。酉时贯日，日没后分为七道，每相去数十丈，间有白云如鱼鳞，子时乃灭。韬素解天文，见而恶之，顾谓左右曰：‘此变不小，当有刺客起于京师，不知谁定当之？’是夜韬燕其僚属于东明观，乐奏，酒酣，愀然长叹曰：‘人居世无常，别易会难。各付一杯，开意为吾饮，令必醉。知后会复何期而不饮乎！’因泫然流涕，左右莫不歔欷，因宿于佛精舍。宣使杨柸、牟皮、牟成、赵生等缘猕猴梯而入，杀韬，置其刀箭而去。旦，宣奏之。季龙哀惊气绝，久之方苏。”②

《资治通鉴》载：“（东晋穆帝永和四年）赵秦公韬有宠于赵王虎，欲立之，以太子宣长，犹豫未决。宣尝忤旨，虎怒曰：‘悔不立韬也！’韬由是益骄，造堂于太尉府，号曰宣光殿，梁长九丈。宣见之，大怒，斩匠，截梁而去；韬怒，增之至十丈。宣闻之，谓所幸杨柸、牟成、赵生曰：‘凶竖傲愎敢尔！汝能杀之，吾入西宫，

① [唐]房玄龄等：《晋书》卷九十五，中华书局，1974年，第2489—2490页。
② [唐]房玄龄等：《晋书》卷一百七，中华书局，1974年，第2783页。

当尽以韬之国邑分封汝等。韬死，主上必临丧，吾因行大事，蔑不济矣。’杸等许诺。秋，八月，韬夜与僚属宴于东明观，因宿于佛精舍。宣使杨杯等缘猕猴梯而入，杀韬，置其刀箭而去。旦日，宣奏之，虎哀惊气绝，久之方苏。”[①]

按：《法苑珠林》卷六十一，事同而文稍异，兹不赘录。[②]

佛图澄进言于石虎

《资治通鉴》载：“（东晋穆帝永和四年）虎疑宣杀韬，欲召之，恐其不入，乃诈言其母杜后哀过危惙；宣不谓见疑，入朝中宫，因留之。建兴人史科知其谋，告之；虎使收杨杯、牟成，皆亡去；获赵生，诘之，具服。虎悲怒弥甚，囚宣于席库，以铁环穿其颔而锁之，取杀韬刀箭舐其血，哀号震动宫殿。佛图澄曰：‘宣、韬皆陛下之子，今为韬杀宣，是重祸也。陛下若加慈恕，福祚犹长；若必诛之，宣当为彗星下扫邺宫。’虎不从。”[③]

佛图澄卒

《高僧传》载：“（佛图澄）还房谓弟子法祚曰：‘戊申岁祸乱渐萌，己酉石氏当灭。吾及其未乱，先从化矣。’即遣人与虎辞曰：‘物理必迁，身命非保。贫道焰幻之躯，化期已及。既荷恩殊重，故逆以仰闻。’虎怆然曰：‘不闻和上有疾，乃忽尔告终。’即自出宫，诣寺而慰喻焉。澄谓虎曰：‘出生入死，道之常也。修短分定，非人能延。道重行全，德贵无怠。苟业操无亏，虽亡若在。违而获延，非其所愿。今意未尽者，以国家心存佛理，奉法无吝。兴起寺庙，崇显壮丽，称斯德也，宜享休祉。而布政猛烈，淫刑酷滥，显违圣典，幽背法诫，不自惩革，终无福祐。若降心易虑，惠此下民，则国祚延长，道俗庆赖，毕命就尽，没无遗恨。’虎悲恸呜咽，知其必逝，即为凿圹营坟。至十二月八日卒于邺宫寺，是岁晋穆帝永和四年也。士庶悲哀，号赴倾国，春秋一百一十七矣。”[④]

《高僧传》载：“初虎殓澄，以生时锡杖及钵内棺中。后冉闵篡位，开棺唯得钵杖，不复见尸。或言澄死之月，有人见在流沙，虎疑不死，开棺不见尸。”[⑤]

---

①［北宋］司马光：《资治通鉴》卷九十八，中华书局，1956年，第3081—3082页。
②［唐］道世：《法苑珠林》卷六十一，《大正藏》第53册，第745页下。
③［北宋］司马光：《资治通鉴》卷九十八，中华书局，1956年，第3082页。
④［梁］慧皎：《高僧传》卷九，《大正藏》第50册，第386页下。
⑤［梁］慧皎：《高僧传》卷九，《大正藏》第50册，第387页上。

《高僧传》载："田融《赵记》云：'澄未亡数年，自营冢圹。'澄既知冢必开，又尸不在中，何容预作，恐融之谬矣。"①

《水经注》载："建武十五年卒，十二月葬焉，即此处也。"②

《魏书·释老志》载："石勒时，有天竺沙门浮图澄，少于乌苌国就罗汉入道，刘曜时到襄国。后为石勒所宗信，号为大和尚，军国规谟颇访之，所言多验。"③

《北齐书》载："邺北城有白马佛塔，是石季龙为澄公所作。"④

《太平寰宇记》载："佛图澄冢，澄死，葬于此。经冉闵开视，了无骸骨。又《邺中记》云：'澄死后，有人于陇上见之，石虎令开视，惟有一石，虎曰："石者，朕也，葬吾而去，吾其死矣！"果然。'"⑤

按：石虎在邺北城为佛图澄所建之白马佛塔，未详其年，兹列于佛图澄卒年。

建贤寺比丘尼安令首出家

《比丘尼传》载："安令首，本姓徐，东莞人也。父忡，仕伪赵为外兵郎。令首幼聪敏好学，言论清绮，雅性虚淡，不乐人间，从容闲静，以佛法自娱，不愿求娉。父曰：'汝应外属，何得如此？'首曰：'端心业道，绝想人外，毁誉不动，廉正自足。何必三从，然后为礼？'父曰：'汝欲独善一身，何能兼济父母？'首曰：'立身行道，方欲度脱一切，何况二亲耶？'忡以问佛图澄，澄曰：'君归家，洁斋三日竟，可来。'忡从之。澄以茵支子磨麻油傅忡右掌，令忡视之。见一沙门在大众中说法，形状似女。具以白澄。澄曰：'是君女先身，出家益物。往事如此，若从其志，方当荣拔六亲，令君富贵。生死大苦海，向得其边。'忡还许之。首便剪落，从澄乃净捡尼受戒，立建贤寺。澄以石勒所遗剪花纳七条衣及象鼻澡灌与之。博览群籍，经目必诵，思致渊深，神照详远。一时道学，莫不宗焉，因其出家者二百余人。又造五六精舍，匪惮勤苦，皆得修立。石虎敬之，擢父忡为黄门侍郎清河太守。"⑥

按：未详安令首何时出家，然其出家之时佛图澄尚在，故系于佛图澄卒年。

---

①［梁］慧皎：《高僧传》卷九，《大正藏》第50册，第387页上。

②［北魏］郦道元著，陈桥驿校证：《水经注校证》卷十，中华书局，2007年，第260页。

③［北齐］魏收：《魏书》卷一百一十四，中华书局，1974年，第3029页。

④［唐］李百药：《北齐书》卷十二，中华书局，1972年，第163页。

⑤［宋］乐史撰，王文楚等点校：《太平寰宇记》卷五十五，中华书局，2007年，第1138页。

⑥［梁］宝唱：《比丘尼传》卷一，《大正藏》第50册，第935页上。

晋穆帝永和五年·后赵太宁元年（349）己酉

石虎卒

《晋书》载："石季龙死，子世嗣伪位。"①

《资治通鉴》载："（东晋穆帝永和五年）己巳，虎卒，太子世即位，尊刘氏为皇太后。"②

《高僧传》载："虎常问澄：'佛法云何？'澄曰：'佛法不杀。''朕为天下之主，非刑杀无以肃清海内。既违戒杀生，虽复事佛，讵获福耶。'澄曰：'帝王之事佛，当在心体恭心顺，显畅三宝，不为暴虐，不害无辜。至于凶愚无赖，非化所迁，有罪不得不杀，有恶不得不刑。但当杀可杀，刑可刑耳。若暴虐恣意，杀害非罪，虽复倾财事法，无解殃祸。愿陛下省欲兴慈，广及一切，则佛教永隆，福祚方远。'虎虽不能尽从，而为益不少。"③

三胡道人

《光世音应验记》载："石虎死后，冉闵杀胡。无少长，悉坑灭之。晋人之类胡者，往往滥死。时邺西寺中有三胡道人，共计议曰：'冉家法严，政复逃匿，同无免理。光世音菩萨救人厄，今唯当至心自归。'乃共诵经请乞，昼夜不懈。数日后，收人来至，围寺一匝。三人拔刀入户，欲各杀之。一道士所住讲堂壁下，先有积材。一人先来，举刃拟之，而诛中积材，刃曲如钩，不可得拔。次一人又前斫之，刀应手而中，即一段飞在空中，一段返还自向。后余一人，见变如此，不敢复前，投刀谢之：'不审上人有何神术，乃令白刃不伤？'道士答曰：'我实无术。闻官杀胡，恐自不免，唯归心光世音。当是威神怜佑耳！'此人驰还白闵，具说事状，闵即敕特原三道士。道壹在邺亲所闻见。"④

按：永和五年末，冉闵下《屠胡令》。则三胡道人事，当发生于本年。且《光世音应验记》文末所载"道壹在邺亲所闻见"，则此道壹，将是竺道壹乎？若是，则可

---

①［唐］房玄龄等撰：《晋书》卷八，中华书局，1974年，第195页。

②［北宋］司马光：《资治通鉴》卷九十八，中华书局，1956年，第3089页。

③［梁］慧皎：《高僧传》卷九，《大正藏》第50册，第385页上。

④ 董志翘：《〈观世音应验记三种〉译注》，江苏古籍出版社，2002年，第12页。

补《高僧传》所略之早年事迹也。

释法和入蜀

《出三藏记集》载："释法和，冀州人。凝静有操行，少与安公同师受学，善能标朗论纲，解悟疑滞。安公所得群经常共校之。"①

《高僧传》载："释法和，荥阳人也。少与安公同学，以恭让知名善能标明论纲，解悟疑滞。因石氏之乱，率徒入蜀，巴汉之士，慕德成群。"②

按：石虎卒，中原遂发生石氏之乱。故释法和入蜀，当在本年。

释僧先隐于飞龙山

《高僧传》载："先受戒已后，励行精苦，学通经论。值石氏之乱，隐于飞龙山，游想岩壑，得志禅慧。"③

帛法桥卒

《高僧传》载："帛法桥，中山人。少乐转读而乏声，每以不畅为慨。于是绝粒忏悔七日七夕，稽首观音以祈现报。同学苦谏，誓而不改。至第七日，觉喉内豁然，即索水洗漱云：'吾有应矣。'于是作《三契经》，声彻里许，远近惊嗟，悉来观听。尔后诵经数十万言，昼夜讽咏，哀婉通神，至年九十声犹不变。以晋穆帝永和中卒于河北，即石虎末也。有弟子僧扶，亦戒行清高。"④

按：帛法桥卒于"石虎末也"，故列于石虎卒年。

帛法桥弟子僧扶，未详其人，《高僧传》阙载，诸录亦无闻。

东晋吴兴金像出水缘

《法苑珠林》载："初，永和五年，广州商客下载欲竟，恨船轻。中夜，觉有人来奔船。惊共寻视，了无所见，而船载自重，不可更加。虽骇其异，而不测也。列迈利涉，常先诸舫。不久遂达渚宫。才泊水次，夜复觉人自船登岸，船载还轻。及像现也，方知其兆。时大司马桓温镇牧西陕，躬事顶拜，倾动邦邑。诸寺僧众，咸竞迎

① [梁] 僧祐：《出三藏记集》卷十五，《大正藏》第55册，第109页中。
② [梁] 慧皎：《高僧传》卷五，《大正藏》第50册，第354页上。
③ [梁] 慧皎：《高僧传》卷五，《大正藏》第50册，第355页上。
④ [梁] 慧皎：《高僧传》卷十三，《大正藏》第50册，第413页中。

引，铿然不动。”①

单道开至许昌

《高僧传》载：“至石虎太宁元年，（单道）开与弟子南度许昌，虎子侄相杀，邺都大乱。”②

《晋书》载：“及季龙末，道开南渡许昌，寻而邺中大乱。”③

《法苑珠林》载：“佛图澄曰：‘此道士观国兴衰，若去者当有大灾。’至石虎太宁元年，开与弟子南度许昌。虎子侄相杀，邺都大乱。”④

释道安游方问道

《高僧传》载：“于时学者多守闻见，安乃叹曰：‘宗匠虽邈，玄旨可寻，应穷究幽远，探微奥，令无生之理宣扬季末，使流遁之徒归向有本。’于是游方问道，备访经律。”⑤

胡中才在《道安研究》中指出：“（约晋穆帝永和五年一至五月）道安是个尊师之僧，在佛图澄在世之时，‘游方问道，备访经律’的可能性极小。但是，道安是个求学若渴之僧，他不满足佛图澄方术见长那一套，早就想外出游学。佛图澄圆寂，对于道安来说，是他外出游学的一个机遇，特别是晋穆帝永和五年（349）四月，石虎死，立石世。石世仅在位33天就被石遵所废。这种弟兄互相残杀的局面，可能会使道安觉得邺城将危，他会酝酿以‘游方问道，备访经律’为由，外出避难。”⑥

释道安返冀入华林园

《出三藏记集》载：“初，经出已久，而旧译时谬，致使深义隐没未通。每至讲说，唯叙大意，转读而已。安穷览经典，钩深致远。其所注《般若》《道行》《密迹》《安般》诸经，并寻文比句，为起尽之义，及《析疑》《甄解》，凡二十二卷。序致渊富，妙尽玄旨。条贯既叙，文理会通，经义克明，自安始也。又自汉暨晋，经来稍多。而传经之人，名字弗记。后人追寻，莫测年代。安乃总集名目，表其时人，铨品

---

① ［唐］道世：《法苑珠林》卷十三，《大正藏》第53册，第385页上。

② ［梁］慧皎：《高僧传》卷九，《大正藏》第50册，第387页中。

③ ［唐］房玄龄等：《晋书》卷九十五，中华书局，1974年，第2492页。

④ ［唐］道世：《法苑珠林》卷四十六，《大正藏》第53册，第642页中。

⑤ ［梁］慧皎：《高僧传》卷五，《大正藏》第50册，第351页下。

⑥ 胡中才：《道安研究》，宗教文化出版社，2011年，第9页。

新旧，撰为经录。众经有据，实由其功。四方学士，竞往师之，受业弟子法汰、慧远等五百余人。及石氏之乱，乃谓其众曰：‘今天灾旱蝗，寇贼纵横，聚则不立，散则不可。’遂率众人王屋女机山。”①

《高僧传》载：“（释道安）至年四十五，复还冀部，住受都寺，徒众数百，常宣法化。时石虎死，彭城王石遵墓袭嗣立。遣中使竺昌蒲请安入华林园，广修房舍。安以石氏之末，国运将危，乃西适牵口山。”②

区结成在《慧远》中指出：“晋穆帝永和四年戊申，释道安还冀州。”③

胡中才在《道安研究》中则认为：“晋穆帝永和五年（349）五至十一月，后赵王石遵遣中使竺昌蒲请道安入住华林园。晋穆帝永和五年（349）四月，石虎死，太子石世即位。五月，石遵废石弘自立，十一月石遵被杀。所以，石遵请道安人住华林园的时间，即晋穆帝永和五年五至十一月之间。道安此时，或刚离开邺城，或还没来得及离开邺城，就被石遵请进了华林园。《高僧传·道安》载，道安‘年四十五……时石虎死，’‘石遵墓袭嗣位，遣中使竺昌浦请安入华林园’。此记载有误。道安45岁，论周岁当是公元357年，即晋穆帝升平元年；虚岁也当是公元356年，即晋穆帝永和十二年。而石虎死，石遵篡位是晋穆帝永和五年（349），道安周岁37岁，虚岁也只有38岁。且石遵在位仅半年时间，道安45岁时，后赵早已亡国了。所以，道安45岁时被石遵所请，绝不可能。”④

按：《高僧传》此处记载当误。此处言释道安四十五岁时回到冀州，下文又说当时正值石虎死后，石遵即位之事，考之史实，石虎、石遵皆死于公元349年。《高僧传》的记述与历史不符，故“至年四十五”之辞，当误。故汤用彤说：“晋穆帝永和五年，年三十七，石遵请入居华林园。其后避难，疑先居濩泽，后北往飞龙山。”⑤

释道安避难濩泽

《高僧传》载：“（释道安）后避难潜于濩泽，太阳竺法济、并州支昙讲《阴持入经》，安后从之受业。顷之，与同学竺法汰俱憩飞龙山，沙门僧先、道护已在彼山，

① ［梁］僧祐：《出三藏记集》卷十五，《大正藏》第55册，第108页上。
② ［梁］慧皎：《高僧传》卷五，《大正藏》第50册，第352页上。
③ 区结成：《慧远》，东大图书公司，1987年，第148页。
④ 胡中才：《道安研究》，宗教文化出版社，2011年，第9—10页。
⑤ 汤用彤：《汉魏两晋南北朝佛教史》（增订本），北京大学出版社，2011年，第112页。

相见欣然，乃共披文属思，妙出神情。”①

胡中才在《道安研究》中指出：“晋穆帝永和五年（349）十二月，道安‘避难潜于濩泽’《资治通鉴·晋纪·孝宗穆皇帝》载，石遵把道安请进华林园不久，后赵便发生了内乱，当年十一月，后赵之部将冉闵便废杀石遵，立义王石鉴为帝。《高僧传·道安》中记载，道安曾谈到‘石氏之末，国运将危’。其外出避难应该就在这个时候。因为两个月后，即次年闰正月，冉闵又废杀石鉴，尽灭石氏，自称天王了。实际上，华林园是皇帝常去的地方，并不是僧人应住的地方，石遵请道安入华林园，是石遵的一种特别优待。那么，石遵被杀，这个优待就自然取消了。所以，道安在这个时候离邺外出避难，是最符合情理的。道安这次出走，开始了他的首次避难，即《高僧传·道安》所说的‘避难潜于濩泽’（今山西阳城）。”②

竺僧辅避难濩泽

《高僧传》载：“值西晋饥乱，辅与释道安等隐于濩泽，研精辩析，洞尽幽微。”③

支道林评南北学问

《世说新语》载：“褚季野语孙安国云：‘北人学问，渊综广博。’孙答曰：‘南人学问，清通简要。’支道林闻之，曰：‘圣贤故所忘言，自中人以还，北人看书如显处视月，南人学问如牖中窥日。’”④

《晋书》载：“（褚裒）永和五年卒，年四十七，远近嗟悼，吏士哀慕之。”⑤

支道林品藻王胡之

《世说新语》载：“林公云：‘见司州，警悟交至，使人不得住，亦终日忘疲。’”⑥“或问林公：‘司州何如二谢？’林公曰：‘故当攀安提万。’”⑦

《晋书》载：“颐之弟胡之，字修龄，弱冠有声誉，历郡守、侍中、丹阳尹。素有风眩疾，发动甚数，而神明不损。石季龙死，朝廷欲绥辑河洛，以胡之为西中郎

---

① ［梁］慧皎：《高僧传》卷五，《大正藏》第50册，第351页下。
② 胡中才：《道安研究》，宗教文化出版社，2011年，第10页。
③ ［梁］慧皎：《高僧传》卷五，《大正藏》第50册，第355页中。
④ 徐震堮：《世说新语校笺》，中华书局，1984年，第117页。
⑤ ［唐］房玄龄等：《晋书》卷九十三，中华书局，1974年，第2417页。
⑥ 徐震堮：《世说新语校笺》，中华书局，1984年，第267页。
⑦ 徐震堮：《世说新语校笺》，中华书局，1984年，第292页。

将、司州刺史、假节，以疾固辞，未行而卒。”[1]

《资治通鉴》载：“（东晋哀帝兴宁二年）吴兴太守王胡之为司州刺史，上疏称劲才行，请解禁锢，参其府事，朝廷许之。会胡之以病，不行。”[2]

戴丽琴在《〈世说新语〉与佛教》中指出：“此中‘司州’若支遁原话，则在永和五年后，称王胡之为司州，则朝廷任命已下。……然未知在王胡之生前还是身后，地点亦不可知。”[3]

晋穆帝永和六年·后赵青龙元年·后赵永宁元年·冉魏永兴元年（350）庚戌

有金佛像现于荆州

《集神州三宝感通录》载：“永和六年岁次丁未，依勘长历乃三年也。二月八日夜，有像现于荆州城北，长七尺五寸，合光趺高一丈一尺，皆莫测其所从也。”[4]

《法苑珠林》载：“东晋穆帝永和六年岁次丁未，依勘长历乃三年也。二月八日夜，有像现于荆州城北。长七尺五寸，合光趺高一丈一尺，皆莫测其所从也。”[5]

鸠摩罗什出家

《出三藏记集》载：“什年七岁，亦俱出家，从师受经，口诵日得千偈，偈有三十二字，凡三万二千言。诵《毗昙》既过，师授其义，即自通解，无幽不畅。时龟兹国人以其母王女，利养甚多，乃携什避之。”[6]

《高僧传》载：“什年七岁，亦俱出家，从师受经日诵千偈，偈有三十二字，凡三万二千言。诵《毗昙》既过，师授其义，即自通达，无幽不畅。时龟兹国人，以其母王妹，利养甚多，乃携什避之。”[7]

---

① ［唐］房玄龄等：《晋书》卷七十六，中华书局，1974年，第2005页。

② ［北宋］司马光：《资治通鉴》卷一百一，中华书局，1956年，第3196页。

③ 戴丽琴：《〈世说新语〉与佛教》，华中师范大学博士学位论文，2010年，第25页。

④ ［唐］道宣：《集神州三宝感通录》卷二，《大正藏》第52册，第415页中。

⑤ ［唐］道世：《法苑珠林》卷十三，《大正藏》第53册，第385页上。

⑥ ［梁］僧祐：《出三藏记集》卷十四，《大正藏》第55册，第100页中。

⑦ ［梁］慧皎：《高僧传》卷二，《大正藏》第50册，第330页中。

《晋书》载："及年七岁，母遂与俱出家。罗什从师受经，日诵千偈，偈有三十二字，凡三万二千言，义亦自通。"①

释道安作《阴持入经序》

释道安所作之《阴持入经序》，见《出三藏记集》卷六。②

《出三藏记集》所录《阴持入经序》载："安未近积罪，生逢百罗，戎狄孔棘，世之圣导。潜遯晋山，孤居离众，幽处穷壑。窃览篇目，浅识独见，滞而不达，夙宵抱疑，咨诹靡质。会太阳比丘竺法济，并州道人支昙讲，陟岨冒寇，重尔远集。此二学士高朗博通，诲而不倦者也。遂与折盘畅碍，造兹注解。世不值佛，又处边国，音殊俗异，规矩不同，又以愚量圣，难以逮也。冀未践绪者，少有微补，非敢自必，析究经旨。"③

胡中才在《道安研究》中指出："晋穆帝永和六年（350），道安在濩泽作《阴持入经序》。道安在其《阴持入经序》中说，由于'戎狄孔棘，世乏圣导'。使自己'潜遁晋山，孤居离众'，幸'会太阳比丘竺法济，并州道人支昙讲，陟阻冒寇，重尔远集'。自己才终于遇到机会，'遂与析槃畅碍，造兹注解'。《高僧传·道安》又载，道安'避难潜于濩泽。太阳竺法济、并州支昙讲《阴持入经》'。此记载清楚表明，道安所潜遁的'晋山'即濩泽，濩泽是平阳郡所属的一个县，县内有濩泽山。濩泽地处山西析城山与阳城之间。命之谓'晋山'是不错的。道安在这里与竺法济、支昙讲相聚也是吻合的。在这里共同研讨《阴持入经》与道安为《阴持入经》作序更是吻合的。所以，道安的《阴持入经序》作于濩泽。道安既于晋穆帝永和五年（349）十二月'避难潜于濩泽'，到濩泽当年为《阴持入经》作序的可能极小，当在次年较符合情理。"④

释道安作《道地经序》

释道安所作之《道地经序》，见《出三藏记集》卷十。⑤

《出三藏记集》所录《道地经序》载："予生不辰，值皇纲纽绝，玁狁猾夏，山左荡没。避难濩泽，师殒友折，周爰咨谋，顾靡所询。时雁门沙门支昙讲，邺

---

①［唐］房玄龄等：《晋书》卷九十五，中华书局，1974年，第2499页。

②［梁］僧祐：《出三藏记集》卷六，《大正藏》第55册，第44页下。

③［梁］僧祐：《出三藏记集》卷六，《大正藏》第55册，第45页上。

④ 胡中才：《道安研究》，宗教文化出版社，2011年，第17页。

⑤［梁］僧祐：《出三藏记集》卷十，《大正藏》第55册，第69页上。

都沙门竺僧辅，此二仁者，聪明有融，信而好古。冒崄远至，得与酬酢。寻章察句，造此训传，俙权与进者，暂可微寤。蚊蚋奋翼以助随岚，蚁垤增封嵩岳之顶，岂其能益于高猛哉！探赜奥邈，惟八辈难之。况末学小子，庶几兹哉！然天竺圣邦，道岨辽远，幽见硕儒，少来周化。先哲既逝，来圣未至，进退狼跋，咨嗟涕洟。故作章句，申己丹赤。冀诸神通，照我喁喁。必枉灵趾，烛谬正阙也。”①

胡中才在《道安研究》中指出：“晋穆帝永和六年（350），道安在濩泽作《道地经序》。道安在其《道地经序》中说，正当自己“‘避难濩泽’时，雁门沙门支昙讲，邺都沙门竺僧辅‘冒险远至’，使自己能与此二人互相探讨，最终‘寻章察句，造此训传’。但《高僧传·僧辅》也记载其曾‘与释道安隐于濩泽’，《阴持入经序》又载太阳比丘竺法济，并州道人支昙讲，‘陟阻冒寇，重尔远集’，与道安聚于濩泽。这些记载都说明僧辅、支昙讲确与道安相聚于濩泽，故道安的《道地经序》正如其自己在序中所说，就是在濩泽所作。当与《阴持人经序》同时期。”②

释道安作《十二门经序》

释道安所作之《十二门经序》，见《出三藏记集》卷六。③

《出三藏记集》所录《十二门经序》载：“安宿不敏，生值佛后，又处异国，楷范多阙，仰希古烈，滞而未究，寤寐忧悸，有若疾首。每惜兹邦禅业替废，敢作注于句末。虽未足光融圣典，且发曚者，傥易览焉。安世高善开禅数，斯经似其所出，故录之于末。”④

释道安作《大十二门经序》

释道安所作之《大十二门经序》，见《出三藏记集》卷六。⑤

《出三藏记集》所录《大十二门经序》载：“此经世高所出也。辞旨雅密，正而不艳，比诸禅经，最为精悉。案《经后记》云：‘嘉禾七年，在建邺周司隶舍写。’

① ［梁］僧祐：《出三藏记集》卷十，《大正藏》第55册，第69页下。
② 胡中才：《道安研究》，宗教文化出版社，2011年，第17—18页。
③ ［梁］僧祐：《出三藏记集》卷六，《大正藏》第55册，第45页中。
④ ［梁］僧祐：《出三藏记集》卷六，《大正藏》第55册，第46页上。
⑤ ［梁］僧祐：《出三藏记集》卷六，《大正藏》第55册，第46页上。

缄在箧匮，向二百年矣。冥然不行，无闻名者。比丘竺道护于东垣界贤者经中得之，送诣濩泽，乃得流布。得经之后，俄而其家遇火，护若不睹，为灰炭矣。自然将丧斯禅也，后死者不得与闻此经也。此经也，八音所诲，四道作训，约无乏，之文重无简矣。精义入神，禅何以上乎？前世又为《悬解》，一家之传，故全而次之。然世高出经，贵本不饰，天竺古文，文通尚质，仓卒寻之，时有不达。今为略注，继前人之末，非敢乱朱，冀有以寤焉。"[①]

胡中才在《道安研究》中指出："晋穆帝永和六年（350），道安在濩泽作《十二门经序》《大十二门经序》。道安在其《大十二门经序》中说，《大十二门经》是'比丘竺道护于东垣界贤者经中得之，送诣濩泽，乃得流布'。可见《大十二门经》是道护送到濩泽与道安一起研究的。而'大十二门经'，即为'十二门之大经'。十二门禅含'四禅''四等''四空'，而本篇重在叙述'四禅''四空'，是《十二门经》中的重点部分，故称大经。故可从中看出，《十二门经》和《大十二门经》是一个整体，似是道护同时送濩泽，共同研讨后，由道安作序的。作序时间当与《阴持入经序》和《道地经序》同年。"[②]

张野生

《庐山记》载："张野，字莱民，南阳宛人也。后徙浔阳柴桑，与陶元亮通婚姻。学兼华竺，善属文。州举秀才、南中郎、府功曹，州治中，后征散骑常侍，俱不就。天资孝友，田宅旧业，悉推与弟。一味之甘，一庾之粟，共九族分之。衣食躬自菲薄，人不堪其忧，不改其乐。凡所著述传于世万余言。"[③]

《庐山记》载："义熙十四年（418）戊午终，春秋六十九。"[④]

据此推之，张野当生于本年。

比丘尼僧基出家

《比丘尼传》载："（僧基）绾发志道，秉愿出家。母氏不听，密以许嫁，秘其聘礼。迎接日近，女乃觉知，即便绝粮，水浆不下。亲属共请，意不可移。至于七日，母呼女婿，婿敬信，见妇殆尽，谓妇母曰：'人各有志，不可夺也。'母即从之。

---

①［梁］僧祐：《出三藏记集》卷六，《大正藏》第55册，第46页中。

②胡中才：《道安研究》，宗教文化出版社，2011年，第18页。

③［宋］陈舜俞：《庐山记》卷三，《大正藏》第51册，第1040页上。

④［宋］陈舜俞：《庐山记》卷三，《大正藏》第51册，第1040页上。

因遂出家，时年二十一。”①

按：据晋成帝咸和五年·后赵建平元年（329）下“比丘尼僧基生”条，推之可知，“比丘尼僧基出家”条，当发生于本年。

晋穆帝永和七年·前秦皇始元年（351）辛亥

竺僧朗至泰山

《高僧传》载：“（竺僧朗）以伪秦符健皇始元年移卜泰山，与隐士张忠为林下之契，每共游处。忠后为符坚所征，行至华阴山而卒。朗乃于金舆谷昆仑山中别立精舍，犹是泰山西北之一岩也。”②

《玄品录》载：“张忠，字臣和，中山人也。永嘉之乱，隐于泰山。恬静寡欲，清虚服气。餐松饵木，修导引之法。不修经典劝教，但以至道虚元为宗。其居依重岩深谷，凿地为穴室。弟子亦以穴居。去忠六十余步，五日一朝。其教以形不以言，弟子受业观形而退。立道坛于穴上，每旦朝拜之。食用瓦器，凿石为釜。左右居人馈之衣食，一无所受。好事者颇或问以水火之祥，忠曰：‘天不言，而四时行焉，万物生焉。阴阳之事，非穷山野叟所知。’其遣诸外物类如此，在期颐而视听无。爽符坚遣使召之，赐以衣冠，辞曰：‘年朽发落，不堪衣冠，请以野服入见。’坚谓之曰：‘先生考盘山林，研精道素。独善之美有余，兼济之功未也。故远屈先生，将任齐尚父。’忠曰：‘昔因丧乱避地泰山，与乌兽为俱，以全朝夕之命。属尧舜之世，年衰志谢，不堪展效。尚父之昆，非敢窃拟。山柄之性情存岩窦，乞还余齿，归死岱宗。’坚以安车送之，行达华山，叹曰：‘我东岳道士，殁于西岳，命也，奈何！’行五十里，及关而卒。使者驰驲白之，坚遣黄门郎韦华持节策吊，赐命服，谥曰安道先生。”③

《世界佛教通史》指出：“前秦符坚皇始元年（351），竺僧朗到了泰山，与隐士张忠（字巨和）结成林下密友，总是共同出游。张忠是为避永嘉之乱隐居泰山，并不以研究经典为主，而是‘清虚服气，餐芝饵石，修导养之法’，自称‘东岳道士’。张忠与前秦统治者关系密切，曾被符坚遣使迎入长安，归途中逝于华山之东。竺僧朗

---

①［梁］宝唱：《比丘尼传》卷一，《大正藏》第50册，第936页上。

②［梁］慧皎：《高僧传》卷五，《大正藏》第50册，第354页中。

③［元］张雨撰，谭玉龙校注：《玄品录校注》卷三，四川大学出版社，2019年，第123—124页。

与他过从甚密，只能是与道家的修炼有关，并不是以研讨义理为主。张忠与少数民族统治者关系密切的特点，在竺僧朗那里就更为突出了。”①

按：竺僧朗，生卒阙考。唯知其入泰山，事在本年。

朗公寺或建于本年

《法苑珠林》载：“西晋泰山金舆谷朗公寺，昔中原值乱，永嘉失驭，有沙门释僧朗所居之山，常有云阴，俗异其祯，威声振远，天下知闻。于时无主，英雄负图，七国宗庙，敬以崇福焉，诸国竞送金铜像并赠宝物。朗恭事尽礼，每陈祥瑞。今居一堂，门牖常开，鸟雀不近，杂秽不着，远近嗟异。其寺至今向三百五十年。”②

按：《法苑珠林》的成书时间，学界普遍认为乃唐高宗总章元年（668）③，朗公寺以竺僧朗而闻名于世，兹系于竺僧朗至泰山之年。

泰山支僧敦

《高僧传》载：“（与竺僧朗同）时泰山复有支僧敦者，本冀州人，少游汧陇，长历荆雍。妙通大乘，兼善数论，著《人物始义论》，亦行于世矣。”④

按：支僧敦，其生平仅《高僧传》三十余字，兹附于竺僧朗至泰山事后。《人物始义论》之作者，《高僧传》一书两说，一云康法畅所著，一云支僧敦所著，未详孰是。然《历代三宝纪》《北山录》《法苑珠林》《大唐内典录》皆云康法畅所作。此事待考。

释慧持学读书

《高僧传》载：“（释慧持）冲默有远量，年十四学读书，一日所得，当他一旬。善文史，巧才制。”⑤

按：据晋成帝咸康三年（337）下“释慧持生”条，推之可知，“释慧持学书”条，当发生于本年。

释道安避难至飞龙山

《高僧传》载：“顷之，（释道安）与同学竺法汰俱憩飞龙山，沙门僧先、道护

---

① 魏道儒主编：《世界佛教通史》第三卷，中国社会科学出版社，2015年，第138页。

②［唐］道世：《法苑珠林》卷十三，《大正藏》第53册，第383页下。

③ 王侃：《〈诸经要集〉与〈法苑珠林〉成书时间及相关问题考辨》，《宗教学研究》2016年第4期。

④［梁］慧皎：《高僧传》卷五，《大正藏》第50册，第354页中。

⑤［梁］慧皎：《高僧传》卷六，《大正藏》第50册，第361页中。

已在彼山，相见欣然，乃共披文属思，妙出神情。”[①]

胡中才在《道安研究》中指出：“《高僧传·道安》记载，道安在濩泽只是‘顷之’之时，便上了飞龙山。按照这个记载，道安上飞龙山应在晋穆帝永和六年（350）为妥。但是，道安在濩泽研习了《道地经》《阴持入经》《大十二门经》《小十二门经》等，这些佛经还多是道护、僧辅、支昙讲、竺法济等僧从其他地方送来，而且，又如道安在《道地经序》《阴持入经序》中所讲的，这些僧人‘冒险远至’‘陟岨冒寇，重尔远集’。也是历经艰险才来到了这个地方，来后又一起研讨了那么多佛经，显然道安在濩泽的时间不是‘顷之’，而是有一段时间。故晋穆帝永和七年离开濩泽北上飞龙山的可能性较大。”[②]

释僧先与释道安重逢

《高僧传》载：“道安后复从之，相会欣喜。谓昔誓始从，因共披文属思，新悟尤多。安曰：‘先旧格义，于理多违。’先曰：‘且当分折逍遥，何容是非先达。’安曰：‘弘赞理教，宜令允惬，法鼓竞鸣，何先何后。’先乃与汰等。南游晋平，讲道弘化。后还襄阳，遇疾而卒。”[③]

汤用彤在《汉魏两晋南北朝佛教史》（增订本）中指出，“南游晋平”句中“平”字当为“土”字之误，汤氏之说为是，今据其说。[④]

道护遇释道安于飞龙山

《高僧传》载：“又有沙门道护，亦冀州人，贞节有慧解，亦隐飞龙山。与安等相遇，乃共言曰：‘居靖离俗，每欲匡正大法。岂可独步山门，使法轮辍轸。宜各随力所被，以报佛恩。’众佥曰善，遂各行化，后不知所终。”

按：根据《高僧传》文义，道护先隐于飞龙山，或与僧先为友。永和七年，道安既避难至飞龙山，则僧先同道安叙旧，道护或在座共语。兹将此事系于本年。

释昙戒投师释道安

《高僧传》载：“（释昙戒）废俗从道，伏事安公为师。博通三藏，诵经五十余

① ［梁］慧皎：《高僧传》卷五，《大正藏》第50册，第351页下。
② 胡中才：《道安研究》，宗教文化出版社，2011年，第19页。
③ ［梁］慧皎：《高僧传》卷五，《大正藏》第50册，第355页上。
④ ［梁］慧皎著，汤用彤校注：《高僧传》，中华书局，1992年，第195页。

万言，常日礼五百拜佛。”①

《名僧传抄》载：“年十九，投释道安。安津为同学，甚相知敬。”②

《释氏六帖》载：“伏事安公为师，博通三藏，诵经五十余万言，日礼五百拜佛。”③

按：据晋成帝咸和七年（332）下“释昙戒或生于本年”条，推之可知，“释昙戒投师释道安”条，当发生于本年。

支道林见王子猷兄弟

《世说新语》载：“支道林入东，见王子猷兄弟。还，人问：‘见诸王何如？’答曰：‘见一群白颈乌，但闻唤哑哑声。’”④

余嘉锡在《世说新语笺疏》中指出：“道林之言，讥王氏兄弟作吴音耳。哑哑之声与唱喏殊不相似，放翁之说，近于傅会。”⑤

戴丽琴在《〈世说新语〉与佛教》中指出：“此事或在永和七年前。永和七年，支遁初会王羲之，王羲之遇之甚厚，必得与其子相见，故不晚于永和七年。”⑥

支道林与王羲之论王濛

《世说新语》载：“林公谓王右军云：‘长史作数百语，无非德音，如恨不苦。’王曰：‘长史自不欲苦物。’”⑦

徐震堮之《世说新语校笺》注云：“长史，王濛。”⑧

戴丽琴在《〈世说新语〉与佛教》中指出：“此事当在永和七年后。”⑨

支道林与谢朗清谈

《世说新语》载：“林道人诣谢公，东阳时始总角，新病起，体未堪劳，与林公讲论，遂至相苦。母王夫人在壁后听之，再遣信令还，而太傅留之。王夫人因自出，

---

①［梁］慧皎：《高僧传》卷五，《大正藏》第50册，第356页中。
②［梁］宝唱：《名僧传抄》卷一，《卍续藏》第77册，第357页上。
③［五代］释义楚：《释氏六帖》，浙江古籍出版社，1990年，第180页。
④ 徐震堮：《世说新语校笺》，中华书局，1984年，第453页。
⑤ 余嘉锡：《世说新语笺疏》，中华书局，2007年，第997页。
⑥ 戴丽琴：《〈世说新语〉与佛教》，华中师范大学博士学位论文，2010年，第26页。
⑦ 徐震堮：《世说新语校笺》，中华书局，1984年，第258页。
⑧ 徐震堮：《世说新语校笺》，中华书局，1984年，第258页。
⑨ 戴丽琴：《〈世说新语〉与佛教》，华中师范大学博士学位论文，2010年，第26页。

云：‘新妇少遭家难，一生所寄，唯在此儿。’因流涕抱儿以归。谢公语同坐曰：‘家嫂辞情忼慨，致可传述，恨不使朝士见！’”①

《晋书》载：“朗字长度。父据，早卒。朗善言玄理，文义艳发，名亚于玄。总角时，病新起，体甚羸，未堪劳，于叔父安前与沙门支遁讲论，遂至相苦。其母王氏再遣信令还，安欲留，使竟论，王氏因出云：‘新妇少遭艰难，一生所寄惟在此儿。’遂流涕携朗去。安谓坐客曰：‘家嫂辞情慷慨，恨不使朝士见之。’朗终于东阳太守。”②

戴丽琴在《〈世说新语〉与佛教》中指出：“此约在永和七年，谢安府邸。谢东阳即谢朗，谢安次兄（谢）据之长子。谢朗‘始总角’约在永和七年前后。”③

王坦之难支道林之《即色论》

《世说新语》载：“道林造《即色论》，论成，示王中郎，中郎都无言。支曰：‘默而识之乎？’王曰：‘既无文殊，谁能见赏？’”④

刘孝标注《世说新语》引《支道林集·妙观章》云：“夫色之性也，不自有色。色不自色，虽色而空。”⑤

《肇论疏》载：“第二破晋朝支道林《即色游玄义》也。今寻林法师《即色论》，无有此语。然《林法师集》别有《妙观章》云：‘夫色之性也，不自有色。色不自色，虽色而空。’今之所引，正此引文也。”⑥

戴丽琴在《〈世说新语〉与佛教》中指出：“按此事在《即色论》初成之时，或早在永和七年，然定在升平二年前。从现存史料来看，明确提到与支遁讨论即色论的有二人。一是王坦之（文度），一是王洽（敬和）。汤用彤《汉魏两晋南北朝佛教史》（增订本）云‘《广弘明集》载王洽《与林法师书》，盖《即色游玄论》所附之王敬和问也。’王洽曾就支遁问《道行旨归》。王洽卒于升平二年。故而支遁作即色游玄论定是升平二年之前。《高僧传》载支遁作《即色游玄论》于支遁晚移石城山立于栖光寺时。支遁到剡县的时间，疑在永和七年至永和一十年间。综合论之，支遁《即色

① 徐震堮：《世说新语校笺》，中华书局，1984年，第123页。

②［唐］房玄龄等：《晋书》卷七十九，中华书局，1974年，第2087页。

③ 戴丽琴：《〈世说新语〉与佛教》，华中师范大学博士学位论文，2010年，第27页。

④ 徐震堮：《世说新语校笺》，中华书局，1984年，第121页。

⑤ 徐震堮：《世说新语校笺》，中华书局，1984年，第121页。

⑥［唐］元康：《肇论疏》卷一，《大正藏》第45册，第171页下。

论》或早在永和七年，然定在升平二年前。[1]”

释法羽或生于本年

《高僧传》载：“释法羽，冀州人。”[2]

《高僧传》载：“羽誓志既重，即服香屑，以布缠体，诵《舍身品》竟，以火自燎。道俗观视，莫不悲慕焉。时年四十有五。”[3]

按：据晋孝武帝太元二十年·后燕建兴十年·北魏登国十年（395）下“释法羽或于本年燃身”条，推之可知，释法羽或生于本年。

晋穆帝永和八年·前秦皇始二年（352）壬子

窦傅感应记

《光世音应验记》载：“窦傅者，河内人也。永和中，高昌、吕护各拥部曲，相与不和。傅为昌所用，作官长。护遣骑抄系，为所俘执。同伴六七人共系一狱，镰械甚严。克日当杀之。沙门支道山时在护营中，先与傅相识。闻其幽执，至狱候视之，隔户共语。傅语山曰：‘困厄，命在漏刻，何方相救？’山曰：‘人事不见其方，唯光世音菩萨救人危难。若能至心归请，必有感应。’傅亦先闻光世音，及得山语，遂专心属念，昼夜三日，至诚自归。内观其锁械，如觉缓解，有异于常。聊试推荡，摧然离体。傅乃复至心曰：‘今蒙哀佑，已令桎梏自解。而同伴尚多，无情独去。光世音神力普济，当令具免。’言毕，复牵挽余人，皆以次解落，若有割刖之者。遂开户走出，行于警徼之间，莫有觉者。便逾城径去。时夜已向晓，行四五里天明，不敢复进。共逃隐一蓁中。须臾，觉有失囚，人马络绎，四出寻捕，焚草残林，无幽不遍。唯傅所隐处一亩许地，终无至者。遂得免脱还，乡里敬信异常，咸信奉佛法。道山后过江，为谢庆绪具说其事。”[4]

《晋书》载：“初，冉闵之僭号也，石季龙将李历、张平、高昌等并率其所部称藩于俊，遣子入侍。既而投款建邺，结援苻坚，并受爵位，羁縻自固，虽贡使不绝，

---

① 戴丽琴：《〈世说新语〉与佛教》，华中师范大学博士学位论文，2010年，第30页。
② ［梁］慧皎：《高僧传》卷十二，《大正藏》第50册，第404页下。
③ ［梁］慧皎：《高僧传》卷十二，《大正藏》第50册，第404页下。
④ 董志翘：《〈观世音应验记三种〉译注》，江苏古籍出版社，2002年，第16页。

而诚节未尽。吕护之走野王也，遣弟奉表谢罪于俊，拜宁南将军、河内太守。又上党冯鸯自称太守，附于张平，平屡言之，俊以平故，赦其罪，以为京兆太守。护、鸯亦阴通京师。”①

《资治通鉴》载：“（东晋穆帝永和八年）故赵将拥兵据州郡者，各遣使降燕；燕王俊以王擢为益州刺史，夔逸为秦州刺史，张平为并州刺史，李历为兖州刺史，高昌为安西将军，刘宁为车骑将军。慕容恪屯安平，积粮，治攻具，将讨王午。丙戌，中山苏林起兵于无极，自称天子；恪自鲁口还讨林。闰月，戊子，燕王俊遣广威将军慕舆根助恪攻林，斩之。王午为其将秦兴所杀。吕护杀兴，复自称安国王。”②

按：据《光世音应验记》所载，窦傅感应之事在晋穆帝永和中。今依诸史所载，尤可断定此事之上下限。永和七年，冉闵称帝、高昌称藩于慕容俊。永和八年，冉闵为慕容俊所破，吕护自称安国王。永和八年十月，后赵故将降慕容俊。至永和十年三月，吕护方降于慕容俊，受河内太守。据此可知，高昌、吕护交伐，似在永和八年、九年间。兹系于永和八年。

支道山，未详何人。《高僧传》无传，史籍阙载。

史公神道碑

《舆地纪胜》载：“后汉溧阳侯《史公神道碑》，著永和八年立，唐正（贞）观十四年重立。”③

鸠摩罗什至罽宾

《出三藏记集》载：“什年九岁，进到罽宾，遇名德法师盘头达多，即罽宾王之从弟也。渊粹有大量，三藏九部，莫不缕贯，亦日诵千偈，名播诸国。什既至，仍师事之。遂诵杂藏、《中阿含》、《长阿含》，凡四百万言。达多每与什论议，与推服之。声彻于王，王即请入，集外道论师共相攻难。言气始交，外道轻其幼稚，言颇不顺。什乘其隙而挫之，外道折服，愧惋无言。王益敬异，日给鹅腊一双，粳面各三升，苏酥六升。此外国之上供也。所住寺僧乃差大僧五人，沙弥十人，营视洒扫，有若弟子，其见尊崇如此。”④

---

① [唐] 房玄龄等：《晋书》卷一百十，中华书局，1974年，第2839页。
② [北宋] 司马光：《资治通鉴》卷九十九，中华书局，1956年，第3130—3131页。
③ [南宋] 王象之：《舆地纪胜》卷十七，中华书局，1992年，第792页。
④ [梁] 僧祐：《出三藏记集》卷十四，《大正藏》第55册，第100页中。

《高僧传》载："什年九岁，随母渡辛头河，至罽宾，遇名德法师盘头达多，即罽宾王之从弟也。渊粹有大量，才明博识，独步当时，三藏九部，莫不该练。从旦至中，手写千偈，从中至暮，亦诵千偈。名播诸国，远近师之。什至，即崇以师礼，从受《杂藏》、《中》、长二《含》凡四百万言。达多每称什神俊，遂声彻于王，王即请入宫，集外道论师，共相攻难。言气始交，外道轻其年幼，言颇不逊。什乘隙而挫之，外道折伏，愧惋无言。王益敬异，日给鹅腊一双，粳米面各三斗，酥六升。此外国之上供也。所住寺僧乃差大僧五人，沙弥十人，营视扫洒。有若弟子，其见尊崇如此。"①

龚斌在《鸠摩罗什传》之《鸠摩罗什年谱简编》中指出："（晋穆帝永和八年）罗什至罽宾，师从槃头达多。与外道论师共相攻难，外道折服，王敬异之。"②

释法显丧父

《出三藏记集》载："（释法显）十岁遭父忧，叔父以其母寡独不立，逼使还俗。显曰：'本不以有父而出家也。正欲远尘离俗，故入道耳。'叔父善其言，乃止。顷之母丧，至性过人。葬事既毕，仍即还寺。常与同学数十人于田中刈稻，时有饥贼欲夺其谷，诸沙弥悉奔走，唯显独留，语贼曰：'若欲须谷，随意所取。但君等昔不布施，故此生饥贫，今复夺人，恐来世弥甚。贫道豫为君忧，故相语耳！'言讫即还。贼弃谷而去。众僧数百人，莫不叹服。"③

《高僧传》载："（释法显）十岁遭父忧，叔父以其母寡独不立，逼使还俗，显曰：'本不以有父而出家也，正欲远尘离俗，故入道耳。'叔父善其言，乃止。顷之，母丧，至性过人，葬事毕，仍即还寺。尝与同学数十人，于田中刈稻，时有饥贼欲夺其谷，诸沙弥悉奔走，唯显独留，语贼曰：'若欲须谷，随意所取，但君等昔不布施，故致饥贫，今复夺人，恐来世弥甚，贫道预为君忧耳。'言讫即还，贼弃谷而去，众僧数百人，莫不叹服。"④

按：晋成帝咸康八年（342）下"释法显或生于本年"条，推之可知，"释法显丧父"条，当发生于本年。

---

① [梁]慧皎：《高僧传》卷二，《大正藏》第50册，第330页中。
② 龚斌：《鸠摩罗什传》，上海古籍出版社，2013年，第280页。
③ [梁]僧祐：《出三藏记集》卷十五，《大正藏》第55册，第111页下。
④ [梁]慧皎：《高僧传》卷三，《大正藏》第50册，第337页下。

释道安往太行恒山立寺收徒

《高僧传》载：“安后于太行恒山创立寺塔，改服从化者中分河北。时武邑太守卢歆，闻安清秀。使沙门敏见苦要之。安辞不获免，乃受请开讲。名实既符，道俗欣慕。”[①]

胡中才在《道安研究》中指出：“以此推断，慧远出生于晋成帝咸和八年（333），其21岁时拜师道安，当是晋永和九年（353）。又据《高僧传·慧持》载，慧持是慧远的弟弟，‘年十八出家，与兄共伏事道安法师’。其于‘晋义熙八年（412）卒于寺中，春秋七十有六”。以此推断，慧持出生于晋成帝咸康二年（336），其18周岁之时，正是晋穆帝永和九年（353）。但是，慧远、慧持到太行恒山的时间，并不是道安前往太行恒山的时间，他们到太行恒山拜师时，如前所述，道安已立寺、收徒，到恒山一年有余了。”[②]

后赵僧法常造金铜佛立像

金申在《新发现的十六国时期僧法常造金铜佛立像》中指出：“僧法常造释迦牟尼佛立像，铜鎏金，高14厘米，出自河北中部。佛像面相方圆丰满，大眼横长，额正中有白毫。大衣斜披而下，呈袒右肩式，衣领凿刻连珠纹图案。大衣贴体，衣纹厚重有力，躯干正面和后背衣纹呈‘U’形。右手作施无畏印，左手抓大衣一角。背光及台座早年失落，仅存像身部分，鎏金局部尚有遗存。整体造型饱满，细部线条雕刻有力，富有立体感。像背后的阴线刻有‘后赵法常佛’五字。第一字笔画不清，似亦可辩为‘石’字。‘后赵’指的应是石勒、石虎兄弟所建的后赵（319—358）。佛发为高肉髻，上有浅线刻发纹，仍属4至5世纪佛像普遍流行的所谓磨光式肉髻。佛像左手抓大衣一角，右手施无畏印，整体动态和框架有着犍陀罗佛像整体构图的影响，特别是大衣边缘下垂至膝部的形式，可看出这种表现方法的一致性。……佛图澄止于邺城（今河北临漳）内中寺，派弟子法常北上襄国（今邢台）。法常与从襄国而来的弟子法佐相遇，二人在城墙下共宿，谈话议及师父，神僧佛图澄全都知道他们谈话的内容云云。僧人法名虽然难免重复，但这尊佛像与‘佛图澄传’的法常名字相符，与佛图澄当年活动的后赵地域都能吻合，推断这尊金铜佛像背后所刻的后赵和僧人名字就是佛图澄的弟子法常。因此，法常像的制作年代应该在320年至351年

---

① [梁]慧皎：《高僧传》卷五，《大正藏》第50册，第351页下。

② 胡中才：《道安研究》，宗教文化出版社，2011年，第19—20页。

之间。”[①]

《高僧传》载：“（后赵延熙元年）澄时止邺城内中寺，遣弟子法常北至襄国。”[②]

按：未详《高僧传·佛图澄传》所载之法常，与造此释迦牟尼佛立像之僧法常是否为同一人？察其人物皆在石赵，又入于襄国，且此佛像又出土于河北中部，故怀疑乃是一人。此金铜释迦牟尼佛立像，其时无考，兹系于后赵之末。

晋穆帝永和九年（353）癸丑

王羲之作《兰亭集序》

《晋书·王羲之传》载：“羲之自为之序以申其志，曰：‘永和九年，岁在癸丑，暮春之初，会于会稽山阴之兰亭，修禊事也。群贤毕至，少长咸集。此地有崇山峻岭，茂林修竹，又有清流激湍，映带左右，引以为流觞曲水，列坐其次。虽无丝竹管弦之盛，一觞一咏，亦足以畅叙幽情。是日也，天朗气清，惠风和畅，仰观宇宙之大，俯察品类之盛，所以游目骋怀，足以极视听之娱，信可乐也。夫人之相与，俯仰一世，或取诸怀抱，悟言一室之内，或因寄所托，放浪形骸之外。虽趣舍万殊，静躁不同，当其欣于所遇，暂得于己，快然自足，不知老之将至。及其所之既倦，情随事迁，感慨系之矣。向之所欣，俯仰之间，已为陈迹，犹不能不以之兴怀。况修短随化，终期于尽。古人云，死生亦大矣，岂不痛哉！每览昔人兴感之由，若合一契，未尝不临文嗟悼，不能喻之于怀。固知一死生为虚诞，齐彭殇为妄作，后之视今，亦犹今之视昔，悲夫！故列叙时人，录其所述，虽世殊事异，所以兴怀，其致一也。后之览者，亦将有感于斯文。’或以潘岳《金谷诗序》方其文，羲之比于石崇，闻而甚喜。”[③]

《晋书》载：“孙绰、李充、许询、支遁等皆以文义冠世，并筑室东土，与羲之同好。尝与同志宴集于会稽山阴之兰亭，羲之自为之序以申其志。”[④]

《元丰九域志》载：“天章寺，王右军兰亭也。”[⑤]

---

① 金申：《新发现的十六国时期僧法常造金铜佛立像》，《收藏》2020年第1期，第28页。

②［梁］慧皎：《高僧传》卷九，《大正藏》第50册，第384页下。

③［唐］房玄龄等：《晋书》卷八十，中华书局，1974年，第2099页。

④［唐］房玄龄等：《晋书》卷八十，中华书局，1974年，第2099页。

⑤［北宋］王存撰，王文楚、魏嵩山点校，《元丰九域志》卷五，中华书局，1984年，第617页。

《祖庭事苑》载："晋右将军王羲之，字逸少。善草隶，为古合之冠。论者称其笔势飘若游云，矫若惊龙。尝为越州内史。永和九年三月上巳日，与子弟辈至山阴之兰亭，修禊事也。曲水流觞，赋诗为乐，遂制游兰亭诗序。辞翰冠绝，为世所宝。"①

释智严生

《出三藏记集》载："释智严，不知何许人。弱冠出家，便以精勤著名，纳衣宴坐，蔬食永岁。"②

《高僧传》载："释智严，西凉州人，弱冠出家，便以精勤著名，纳衣宴坐，蔬食永岁，每以本域丘墟，志欲博事名师，广求经诰。"③

《高僧传》载："严大喜，于是步归。至罽宾，无疾而化，时年七十八。"④

按：据刘宋元嘉八年（431）下"释智严或卒于本年"条，推之可知，"释智严生"条，当发生于本年前后。

晋穆帝永和十年·前秦皇始四年·前凉和平元年（354）甲寅

穆章皇后何法倪建永安寺

《比丘尼传》载："晋穆皇帝礼接敬厚，常称曰：'久看更佳。'谓章皇后何氏曰：'京邑比丘尼鲜有昙备之俦也。'到永和十年，后为立寺于定阴里，名永安（今之何后寺是）。谦虚导物，未尝有矜慢之容。名誉日广，远近投集，众三百人。"⑤

《建康实录》载："帝时置僧尼寺三所。何皇后寺，在县东一里，南临大道。"⑥

《南朝寺考》载："何皇后寺，晋穆帝何皇后，性耽释氏，造尼寺一所，在西州桥侧，南临大道，（陈云，当今仓巷桥左近。）后人呼为何皇后寺。女尼居之者，戒

---

①［北宋］善卿：《祖庭事苑》卷四，《卍续藏》第64册，第369页中。
②［梁］僧祐：《出三藏记集》卷十五，《大正藏》第55册，第112页中。
③［梁］慧皎：《高僧传》卷三，《大正藏》第50册，第339页上。
④［梁］慧皎：《高僧传》卷三，《大正藏》第50册，第339页下。
⑤［梁］宝唱：《比丘尼传》卷一，《大正藏》第50册，第935页下。
⑥［唐］许嵩著，张忱石点校，《建康实录》卷八，中华书局，1986年，第228页。

行不尽严齐，蔡兴宗尝纳寺尼智妃为妾也。寺有陆整画壁云。”①

释道恒遇隐士张忠

《高僧传》载：“（释道恒）年九岁，戏于路，隐士张忠见而嗟曰：‘此小儿有出人之相，在俗必有辅政之功，处道必能光显佛法，恨吾老矣，不得见之。’恒少失二亲，事后母以孝闻，家贫无蓄，常手自画缋，以供赡奉，而笃好经典，学兼宵夜。”②

按：据晋穆帝永和元年（345）下“释道恒生”条，推之可知，“释道恒遇隐士张忠”条，当发生于本年。

释慧远欲与弟往豫章

《出三藏记集》载：“（释慧远）年二十一，欲度江东，就范宣子共契嘉遁。值王路屯阻，有志不果。”③

《高僧传》载：“（释慧远）年二十一，欲渡江东，就范宣子共契嘉遁。值石虎已死，中原寇乱，南路阻塞，志不获从。”④

按：晋成帝咸和九年·后赵延熙元年（334）下“释慧远生”条，推之可知，“释慧远欲与弟往豫章”条，当发生于本年。

释慧远从释道安出家

《出三藏记集》载：“（释慧远）年二十一，欲度江东，就范宣子共契嘉遁。值王路屯阻，有志不果。乃于关左遇见安公，一面尽敬，以为真吾师也。遂投簪落饰，忘质受业。”⑤

《高僧传·慧远传》载：“（释慧远）年二十一，欲渡江东，就范宣子共契嘉遁。值石虎已死，中原寇乱，南路阻塞，志不获从。时沙门释道安立寺于太行恒山，弘赞像法，声甚著闻，远遂往归之，一面尽敬，以为‘真吾师也’。后闻安讲《波若经》，豁然而悟，乃叹曰：‘儒道九流，皆糠粃耳。’便与弟慧持，投簪落彩，委命受业。”⑥

方立天在《魏晋南北朝佛教》之《慧远年谱》中指出：“前秦皇始四年（永和十

---

①［清］刘世珩：《南朝寺考》，普惠大藏经刊行会校印本，民国三十三年，第14页。

②［梁］慧皎：《高僧传》卷六，《大正藏》第50册，第364页中。

③［梁］僧祐：《出三藏记集》卷十五，《大正藏》第55册，第109页中。

④［梁］慧皎：《高僧传》卷六，《大正藏》第50册，第358页上。

⑤［梁］僧祐：《出三藏记集》卷十五，《大正藏》第55册，第109页中。

⑥［梁］慧皎：《高僧传》卷六，《大正藏》第50册，第358页上。

年），21岁。慧远欲赴江东会隐士范宣子，因战乱受阻，后和弟慧持至太行、恒山，从著名僧人道安出家，易姓名为释慧远。”①

曹虹在《慧远评传》中则认为：“关于慧远依道安为弟子的经过，若据《出三藏记集》卷一五《慧远法师传》，则为慧远‘乃于关左遇见安公，一面尽敬，以为真吾师也，遂投簪落饰，委质受业②。’这与《高僧传》所述有一些出入。横超慧日《大乘大义章研究序说》认为：《高僧传》记叙的不妥，‘在于慧远见到道安后过了一段时间才入门，这令人感到不自然。特别是其时的道安专心于禅观的研究与实践，而倾心于《般若经》的讲义是道安移住襄阳以后之事，因而《高僧传》云云有失妥当。这恐怕是着眼于后来道安专注于般若经，慧远亦倾力学之，因而想当然地把听讲《般若经》当作其入道的机缘，若以此记叙为事实则不妥。’案：此一说可备参考。然其论《高僧传》作者有虚拟之辞，则亦缺乏实证。”③

谢敷奉佛

《冥祥记》载：“晋谢敷，字庆绪，会稽山阴人也，镇军将军辅之兄子也。少有高操，隐于东山，笃信大法，精勤不倦。手写《首楞严经》，当在都白马寺中。寺为灾火所延，什物余经，并成煨尽，而此经止烧纸头界外而已。文字悉存，无所毁失。”④

谷文斌在《六朝灵验类小说研究》中指出：“《高僧传·竺法旷传》曾提及兴宁年间（363—365）旷至若耶，与谢敷、郗超等交游，而上文已提及谢敷在归隐若耶山之前，已崇信佛教十余年，则谢敷奉佛时间当不晚于永和十年。”⑤

释僧叡生

《高僧传》载：“释僧叡，魏郡长乐人也。少乐出家。”⑥

《中国佛教史》指出：“僧祐《出三藏记集》卷十四的《鸠摩罗什传》中，没有僧叡的名字。《高僧传》对僧叡的评价很高，但传记却写得语焉不详。从僧叡自己写的《喻疑》推算，他可能卒于法显译出的《大般泥洹经》（417年）之后，昙无谶译出

---

① 方立天：《方立天文集》第一卷《慧远及其佛学》，中国人民大学出版社，2006年，第181页。

②［梁］僧祐：《出三藏记集》卷十五，《大正藏》第55册，第109页中。

③ 曹虹：《慧远评传》，南京大学出版社，2011年，第36页。

④［齐］王琰：《冥祥记》，载《鲁迅全集》第八卷《古小说钩沉》，人民文学出版社，1973年，第590—591页。

⑤ 谷文彬：《六朝灵验类小说研究》，华中师范大学博士学位论文，2015年，第30页。

⑥［梁］慧皎：《高僧传》卷六，《大正藏》第50册，第364页上。

的《大般涅槃经》（421年）之前。僧传说他活了六十七岁，那么他的生年当在351—355年之间。”①

斯翰在《僧叡生卒年考》中指出：“僧叡自言弘始三年时他恰当‘知命之年’，即50岁。这是一个十分明确的记录，‘既知命’者，是年正满50岁之谓也。弘始乃后秦年号，弘始三年为公元401年，由此上推，则可知僧叡生年为349年，相当于东晋永和五年，因其67岁卒，又可知卒年为418年，即后秦亡后一年。”②

徐文明在《僧叡的生卒年代与思想》中则认为：“因此据《喻疑》确定僧叡生年尚有漏洞，更可靠的资料则是《大品经序》。《大品经序》谓：‘余既知命，遇此真化，敢竭微诚，属当译任。执笔之际，三惟亡师“五失”及“三不易”之诲，则忧惧交怀，惕焉若厉。虽复履薄临深，未足喻也。幸冀宗匠通鉴，文虽左右，而旨不违中，遂谨受案译，敢当此任。以弘始五年，岁在癸卯，四月十三日，于京城之北逍遥园中出此经。……以其年十二月十五日出尽。’可知僧叡其时已至知命之年，为五十岁，此说出自自述，应当是最可靠的资料。”③

按：徐文明所说当是，今采之。

释慧叡生

《高僧传》载：“释慧叡，冀州人。少出家，执节精峻，常游方而学。经行蜀之西界为人所抄掠，常使牧羊。有商客信敬者，见而异之，疑是沙门，请问经义，无不综达。商人即以金赎之，既还袭染衣，笃学弥至。游历诸国，乃至南天竺界。音译诰训，殊方异义，无不必晓。后还憩庐山。”④

《高僧传》载：“叡以宋元嘉中卒，春秋八十有五矣。”⑤

《庐山记》载：“（释慧叡）以宋元嘉十六年己卯顺寂，春秋八十五。”⑥

按：据刘宋元嘉十六年（439）下“释慧叡卒”条，推之可知，“释慧叡生”条，当发生于本年。

---

① 任继愈：《中国佛教史》第二卷，中国社会科学出版社，1985年，第451页。

② 斯翰：《僧叡生卒年考》，《学术研究》1989年第3期。

③ 徐文明：《中国佛教哲学》，宗教文化出版社，2008年，第119页。

④［梁］慧皎：《高僧传》卷七，《大正藏》第50册，第367页上。

⑤［梁］慧皎：《高僧传》卷七，《大正藏》第50册，第367页中。

⑥［宋］陈舜俞：《庐山记》卷三，《大正藏》第51册，第1041页下。

晋穆帝永和十一年（355）乙卯

支道林至白楼亭

《世说新语》载："孙兴公、许玄度共在白楼亭，共商略先往名达。林公既非所关，听讫，云：'二贤故自有才情。'"①

戴丽琴在《〈世说新语〉与佛教》中指出："此条刘注引《会稽记》曰：'亭在山阴，临流映壑也。'则事或在晋穆帝永和七年至永和十一年间，地点在山阴白楼亭。据《晋书》卷五六《孙绰传》载'会稽内史王羲之引为右军长史，转永嘉太守'②。孙绰在王羲之永和七年为会稽内史时为长史，大约于永和十一年王羲之辞官后转永嘉太守。"③

故列此条于永和十一年。

支道林同于法开弟子法威论《小品》

《世说新语》载："于法开始与支公争名，后情渐归支，意甚不分，遂遁迹剡下。遣弟子出都，语使过会稽，于时支公正讲《小品》。开戒弟子：'道林讲，比汝至，当在某品中。'因示语攻难数十番，云：'旧此中不可复通。'弟子如言诣支公，正值讲，因谨述开意。往反多时，林公遂屈。厉声曰：'君何足复受人寄载来！'"④

《高僧传》载："开有弟子法威，清悟有枢辩，故孙绰为之赞曰：'《易》曰翰白，《诗》美蘋藻。斑如在场，芬若停潦。于威明发，介然遐讨。有洁其名，无愧怀抱。'开尝使威出都，经过山阴，支遁正讲《小品》。开语威言，道林讲，比汝至，当至某品中，示语攻难数十番。云：'此中旧难通。'威既至郡，正值遁讲，果如开言，往复多番，遁遂屈，因厉声曰：'君何足复受人寄载来耶。'故东山喭云：'深量，开思，林谈，识记。'"⑤

戴丽琴在《〈世说新语〉与佛教》中指出："事在永和七年至永和十一年间。据文意，于法开因与支遁论战失利而遁居剡县，可见时间应定在支遁还未离开山阴南下

① 徐震堮：《世说新语校笺》，中华书局，1984年，第264页。
② ［唐］房玄龄等：《晋书》卷五十六，中华书局，1974年，第1545页。
③ 戴丽琴：《〈世说新语〉与佛教》，华中师范大学博士学位论文，2010年，第27页。
④ 徐震堮：《世说新语校笺》，中华书局，1984年，第125页。
⑤ ［梁］慧皎：《高僧传》卷四，《大正藏》第50册，第350页上。

定居剡县之前。支遁居剡县，或不迟于在永和十一年，此年王羲之辞职隐居剡东金庭。《高僧传》载此事在《于法开传》，所叙支遁言行无异。”[①]

故列此条于永和十一年。

支道林欲向竺潜买剡县岇山

《世说新语》载：“支道林因人就深公买印（岇）山，深公答曰：‘未闻巢、由买山而隐。’”[②]

《出三藏记集》载：“《与高句骊国道人书》，支道林。”[③]

《高僧传》载：“支遁遣使求买仰山之侧沃洲小岭，欲为幽栖之处，潜答云：‘欲来辄给，岂闻巢由买山而隐遁。’后与高丽道人书云：‘上座竺法深，中州刘公之弟子。体德贞时，道俗纶综。往在京邑，维持法网，内外具瞻，弘道之匠也。’”[④]

《世说新语·言语篇》载：“支道林常养数匹马。或言：‘道人畜马不韵。’支曰：‘贫道重其神骏。’”[⑤]

白居易《沃洲山禅院记》载：“沃洲山在剡县南三十里，禅院在沃洲山之阳，天姥岑之阴。南对天台，而华顶、赤城列焉；北对四明，而金庭、石鼓介焉；西北有支遁岭，而养马坡、放鹤峰次焉。”[⑥]

戴丽琴在《〈世说新语〉与佛教》中指出：“支遁自山阴移至剡县岇山，事在永和七年至永和十一年间。支遁欲隐，深公以巢、由为譬，可见当时僧人心中佛、道无二。”[⑦]

支道林好鹤

《世说新语》载：“支公好鹤，住剡东岇山。有人遗其双鹤，少时，翅长欲飞，支意惜之，乃铩其翮。鹤轩翥不复能飞，乃反顾翅垂头，视之如有懊丧意。林曰：‘既有凌霄之姿，何肯为人作耳目近玩？’养令翮成，置使飞去。”[⑧]

《高僧传》载：“后有饷鹤者，遁谓鹤曰：‘尔冲天之物，宁为耳目之玩乎。’

---

① 戴丽琴：《〈世说新语〉与佛教》，华中师范大学博士学位论文，2010年，第27页。

② 徐震堮：《世说新语校笺》，中华书局，1984年，第430页。

③［梁］僧祐：《出三藏记集》卷十二，《大正藏》第55册，第85页上。

④［梁］慧皎：《高僧传》卷四，《大正藏》第50册，第348页上。

⑤ 徐震堮：《世说新语校笺》，中华书局，1984年，第68页。

⑥［唐］白居易著，谢思炜校注：《白居易文集校注》，中华书局，2011年，第1862页。

⑦ 戴丽琴：《〈世说新语〉与佛教》，华中师范大学博士学位论文，2010年，第28页。

⑧ 徐震堮：《世说新语校笺》，中华书局，1984年，第75页。

遂放之。”①

《吴郡志》载：“支遁庵在南峰，古号支硎山，晋高僧支遁常居于此。剜山为龛，甚宽敞。道林又常放鹤于此，今有亭基。”②

戴丽琴在《〈世说新语〉与佛教》中指出：“按此事在剡东岇山，当在其居岇山之后。支遁始居剡东岇山在永和七年至永和十一年间。”③

殷浩欲同支道林辩《小品》

《世说新语》载：“殷中军读《小品》，下二百签，皆是精微，世之幽滞。尝欲与支道林辩之，竟不得。今《小品》犹存。”④

《世说新语·文学篇》载：“殷中军被废东阳，始看佛经。初视《维摩诘》，疑‘般若波罗密’太多；后见《小品》，恨此语少。”⑤

刘孝标注《世说新语》引《沙门高逸传》云：“殷浩能言名理，自以有所不达，欲访之于遁。遂邂逅不遇，深以为恨，其为名识赏重，如此之至焉。”⑥

刘孝标注《世说新语》引《语林》云：“浩于佛经有所不了，故遣人迎林公。林乃虚怀欲往，王右军驻之曰：‘渊源思致渊富，既未易为敌，且已所不解，上人未必能通，纵复服从，亦名不益高；若佻脱不合，便丧十年所保，可不须往。’林公亦以为然，遂止。”⑦

《世说新语·文学篇》载：“殷中军被废，徙东阳，大读佛经，皆精解，唯至事数处不解。遇见一道人，问所签，便释然。”⑧

《晋书》载：“（殷浩）永和十二年卒。”⑨

戴丽琴在《〈世说新语〉与佛教》中指出：“按此事约在永和十一年，抑或在殷浩卒年前。”⑩

---

①［梁］慧皎：《高僧传》卷四，《大正藏》第50册，第349页中。
②［宋］范成大：《吴郡志》卷九，江苏古籍出版社，1999年，第112页。
③ 戴丽琴：《〈世说新语〉与佛教》，华中师范大学博士学位论文，2010年，第28—29页。
④ 徐震堮：《世说新语校笺》，中华书局，1984年，第124页。
⑤ 徐震堮：《世说新语校笺》，中华书局，1984年，第127页。
⑥ 徐震堮：《世说新语校笺》，中华书局，1984年，第124页。
⑦ 徐震堮：《世说新语校笺》，中华书局，1984年，第124—125页。
⑧ 徐震堮：《世说新语校笺》，中华书局，1984年，第131页。
⑨［唐］房玄龄等：《晋书》卷七十七，中华书局，1974年，第2047页。
⑩ 戴丽琴：《〈世说新语〉与佛教》，华中师范大学博士学位论文，2010年，第30页。

佛陀耶舍留止龟兹

《出三藏记集》载："佛陀耶舍，齐言觉明，罽宾人也。婆罗门种，世事外道。有一沙门从其家乞，其父怒，令人欧之，遂手脚挛躄，不能行止。乃问于巫师，对曰：'坐犯贤人，鬼神使然也。'即请此沙门，竭诚悔过。数日便瘳。因令耶舍出家为其弟子，时年十三。常随师远行，于旷野逢虎，师欲走避。耶舍曰：'此虎已饱，必不侵人。'俄而虎去，前行果见余肉。师密异之。至年十五，诵经日得五六万言。所住寺常于外分卫，废于诵习。有一罗汉重其聪敏，恒乞食供之。十九，诵大小乘经二百余万言。然性简傲，颇以知见自处，谓少堪己师，故不为诸僧所重。但美仪止，善谈笑，见者忘其深恨。年及受戒，莫为临坛，所以向立之岁，犹为沙弥。乃从其舅学五明诸论，世间法术，多所通习。二十七，方受具戒。以读诵为务，手不释牒，每端坐思义，不觉虚中而过。其专精如此。后至沙勒国，时太子达摩弗多，齐言法子，见其容貌端雅，问所从来。耶舍酬对清辩，太子悦之。仍请宫内供养，待遇隆厚。罗什后至，从其受学《阿毗昙》《十诵律》，甚相尊敬。什随母东归，耶舍留止。"①

《高僧传》载："佛陀耶舍，此云觉明，罽宾人也，婆罗门种，世事外道。有一沙门，从其家乞，其父怒，使人打之，父遂手脚挛癖，不能行止。乃问于巫师，对曰：'坐犯贤人，鬼神使然也。'即请此沙门，竭诚忏悔，数日便瘳，因令耶舍出家，为其弟子，时年十三。常随师远行，于旷野逢虎，师欲走避，耶舍曰：'此虎已饱，必不侵人。'俄而虎去，前行果见余残，师密异之。至年十五，诵经日得二三万言。所住寺，常于外分卫，废于诵习，有一罗汉重其聪敏，恒乞食供之。至年十九，诵大小乘经数百万言。然性度简傲，颇以知见自处，谓少堪己师者，故不为诸僧所重。但美仪止，善谈笑，见者忘其深恨。年及进戒，莫为临坛，所以向立之岁，犹为沙弥。乃从其舅学五明诸论。世间法术，多所练习，年二十七，方受具戒。恒以读诵为务，手不释牒。每端坐思义，尚云不觉虚过于时，其专精如此。后至沙勒国，国王不悆，请三千僧，会耶舍预其一焉。时太子达摩弗多，此言法子，见耶舍容服端雅，问所从来，耶舍酬对清辩，太子悦之，仍请留宫内供养，待遇隆厚。罗什后至，复从舍受学，甚相尊敬。什既随母还龟兹，耶舍留止。"②

龚斌在《鸠摩罗什传》之《鸠摩罗什年谱简编》中指出："（晋穆帝永和十一年）佛陀耶舍约于本年或之前至沙勒国，罗什从之受学《十诵律》。据《高僧传》，罗什

---

①［梁］僧祐：《出三藏记集》卷十四，《大正藏》第55册，第102页上。

②［梁］慧皎：《高僧传》卷二，《大正藏》第50册，第333页下。

十二岁，其母携还龟兹，则至迟在罗什还龟兹之前，耶舍已在沙勒国。罗什由罽宾还龟兹，路经沙勒，而耶舍先已止此，故得以相遇也。”①

鸠摩罗什还龟兹入沙勒

《出三藏记集》载：“（鸠摩罗什）至年十二，其母携还龟兹。至月氏北山，有一罗汉见而异之，谓其母言：‘常当守护此沙弥，若至三十五不破戒者，当大兴佛法，度无数人，与沤波掬多无异。若戒不全，无能为也，正可才明俊艺法师而已。什进到沙勒国，顶戴佛钵，心自念言：‘钵形甚大，何其轻耶？’即重不可胜，失声下之。母问其故，答曰：‘我心有分别，故钵有轻重耳！’什于沙勒国诵《阿毗昙六足诸门》《增一阿含》。及还龟兹，名盖诸国。时龟兹僧众一万余人，疑非凡夫，咸推而敬之，莫敢居上。由是不预烧香之次，遂博览《四韦陀》五明诸论，外道经书，阴阳星算，莫不究晓。妙达吉凶，言若符契。性率达，不砺小检，修行者颇非之，什自得于心，未常懈意。”②

《高僧传》载：“（鸠摩罗什）至年十二，其母携还龟兹，诸国皆聘以重爵，什并不顾。时什母将什至月氏北山，有一罗汉见而异之，谓其母曰：‘常当守护此沙弥，若至三十五不破戒者，当大兴佛法，度无数人，与优波掘多无异。若戒不全，无能为也，正可才明携诣法师而已。’什进到沙勒国，顶戴佛钵，心自念言：‘钵形甚大，何其轻耶？’即重不可胜，失声下之。母问其故，答云：‘儿心有分别，故钵有轻重耳。’遂停沙勒一年。其冬诵《阿毗昙》，于《十门》《修智》诸品，无所咨受，而备达其妙，又于《六足》诸问，无所滞碍。沙勒国有三藏沙门名喜见，谓其王曰：‘此沙弥不可轻，王宜请令初开法门。凡有二益：一国内沙门耻其不逮，必见勉强；二龟兹王必谓什出我国，而彼尊之是尊我也，必来交好。’王许焉，即设大会，请什升座，说《转法轮经》，龟兹王果遣重使酬其亲好。什以说法之暇，乃寻访外道经书，善学《围陀含多论》，多明文辞制作问答等事，又博览《四围陀》典及五明诸论。阴阳星算，莫不必尽，妙达吉凶，言若符契，为性率达，不厉小检，修行者颇共疑之，然什自得于心，未尝介意。时有莎车王子、参军王子兄弟二人，委国请从而为沙门。兄字须利耶跋陀，弟字须利耶苏摩。苏摩才伎绝伦，专以大乘为化，其兄及诸学者，皆共师焉，什亦宗而奉之，亲好弥至。苏摩后为什说《阿耨达经》，什闻阴界

---

① 龚斌：《鸠摩罗什传》，上海古籍出版社，2013年，第280页。

②［梁］僧祐：《出三藏记集》卷十四，《大正藏》第55册，第100页中。

诸入皆空无相，怪而问曰：‘此经更有何义，而皆破坏诸法。’答曰：‘眼等诸法非真实有。’什既执有眼根，彼据因成无实，于是研核大小，往复移时。什方知理有所归，遂专务方等。乃叹曰：‘吾昔学小乘，如人不识金，以鍮石为妙。’因广求义要，受诵《中》《百》二《论》，及《十二门》等。顷之，随母进到温宿国，即龟兹之北界。时温宿有一道士，神辩英秀，振名诸国，手击王鼓，而自誓言：‘论胜我者，斩首谢之。’什既至，以二义相检，即迷闷自失，稽首归依，于是声满葱左，誉宣河外。龟兹王躬往温宿，迎什还国，广说诸经，四远宗仰，莫之能抗。时王子为尼，字阿竭耶末帝，博览群经，特深禅要，云已证二果。闻法喜踊，乃更设大集，请开方等经奥。什为推辩“诸法皆空无我”，分别‘阴界假名非实’。时会听者莫不悲感追悼，恨悟之晚矣。”①

《晋书》载：“（鸠摩罗什）年十二，其母携到沙勒，国王甚重之，遂停沙勒一年。博览五明诸论及阴阳星算，莫不必尽，妙达吉凶，言若符契。为性率达，不拘小检，修行者颇共疑之。然罗什自得于心，未尝介意，专以大乘为化，诸学者皆共师焉。”②

竺僧朗尝于泰山别立精舍

《高僧传》载：“（张）忠后为符坚所征，行至华阴山而卒。朗乃于金舆谷昆仑山中别立精舍，犹是泰山西北之一岩也。峰岫高险，水石宏壮。朗创筑房室，制穷山美，内外屋宇数十余区，闻风而造者百有余人，朗孜孜训诱，劳不告倦。”③

按：隐士张忠卒后，僧朗方别立精舍于泰山西北。张忠卒年，似不可考。然而永和十一年，释道恒尝遇张忠于路，张忠自言“老矣”，似近其卒年。若是，则竺僧朗别立精舍之事，或与此时相近，至早亦不过本年。兹系于本年。

释慧持出家

《高僧传》载：“（释慧持）年十八出家，与兄（释慧远）共伏事道安法师。遍学众经，游刃三藏。”④

按：据晋成帝咸康三年（337）下“释慧持生”条，推之可知，“释慧持出家”条，当发生于本年。

①［梁］慧皎：《高僧传》卷二，《大正藏》第50册，第330页中。
②［唐］房玄龄等：《晋书》卷九十五，中华书局，1974年，第2499页。
③［梁］慧皎：《高僧传》卷五，《大正藏》第50册，第354页中。
④［梁］慧皎：《高僧传》卷六，《大正藏》第50册，第361页中。

释昙戒请益于释道安

《名僧传抄》载：“（释昙戒）游方请业，数四年中，忽请安曰：‘世间之苦，难可大堪。百年俄顷，复不待人。虽苦之速，德行为先，精学足以导心，今就行道去。’安曰：‘兼之为胜，如不能兼，各从其志，吾助尔憙。诵经五十万言，礼佛为业。’时禅法未传，依经独坐。”①

《名僧传抄》载：“（释昙戒）年十九，投释道安。安津为同学，甚相知敬。”②

按：晋穆帝永和七年（351）下“释昙戒投师释道安”条、《名僧传抄》所云之“数四年中”，推之可知，“释昙戒请益于释道安”条，当发生于本年。

竺道生或生于本年

《出三藏记集》载：“竺道生，彭城人也，家世仕子。父为广戚令，乡里称为善人。生幼而颖慧，聪悟若神。其父知非凡器，爱而异之。”③

《高僧传》载：“竺道生，本姓魏，巨鹿人，寓居彭城。家世仕族，父为广戚令，乡里称为善人。生幼而颖悟，聪哲若神，其父知非凡器，爱而异之。”④

汤用彤在《汉魏两晋南北朝佛教史》（增订本）中指出：“竺道生不知寿若干岁，及生于何年。按南京瓦官寺立于兴宁年中（363至365年，《僧传》《法汰》及《慧力传》。）竺法汰于兴宁三年随道安达襄阳，后经荆州东下至京都，居瓦官寺。简文帝敬重之，请讲《放光经》。简文帝在位仅二年。（371至372年）其时瓦官寺创立未久。及汰居之，乃拓房宇，修立众业。（《高僧传·法汰传》）是汰之来都，在兴宁年后，简文帝之世也。（但《世说·赏誉篇》载法汰因王领军之供养，而名遂重。查王洽卒于升平二年〔358年〕，其时法汰尚未共道安南来。《世说》所载，应为另一王氏子弟。）汰后卒于南京，在太元十二年。自兴宁末至此，共二十三年。竺道生出家即在此二十三年间。据《高僧传》，简文帝请法汰讲《般若》时，黑白观听，士庶成群，三吴负帙至者数千。道生之出家，或在是时（371至372年）。又其后若干年，而道生年十五。（如假定在375年，而道生死于434年，则道生寿六十岁。）又其后五年，当二十岁，受具足戒。《祐录》曰：‘年至具戒，器鉴日跻，讲演之声，遍于区夏。

---

①［梁］宝唱：《名僧传抄》卷一，《卍续藏》第77册，第357页上。

②［梁］宝唱：《名僧传抄》卷一，《卍续藏》第77册，第357页上。

③［梁］僧祐：《出三藏记集》卷十五，《大正藏》第55册，第110页上。

④［梁］慧皎：《高僧传》卷七，《大正藏》第50册，第366页下。

王公贵胜，并闻风造席。庶几之士，皆千里命驾。生风雅从容，善于接诱。其性烈而温，其气清而穆。故豫在言对，莫不披心焉。’《高僧传》谓生与叡公（当为慧叡）及慧严、慧观同学齐名。叡等三人均未闻其为法汰弟子。此曰同学，盖谓同学于鸠摩罗什也。慧观曾师慧远。然生公则未闻为远弟子。且法汰与安公同学，故道生与远公为平辈。至若世传道生入白莲社为十八高贤之一，亦不可信。”①

张雪松在《中华佛教史·汉魏两晋南北朝佛教史卷》中则认为：“至此，我们可以得出结论，法汰在佛图澄死后不久，就与道安分别，自己带领弟子南下，4世纪50年代初时，先到荆州，未受桓温重视，旋即南下南京。在南京受到桓温政敌王、谢家族人士支持，名声逐渐扩大，大约在60年代即受到会稽王司马昱的青睐，听其讲经。而大约也就在此时，道生便随渐得大名的法汰出家。故此，我们可以合理地推论出，道生大约生于355年，在60年代随法汰在南京出家，在370年左右便可以同人讲法，大约70年代中期受具足戒。”②

昙摩密多生

《出三藏记集》载：“昙摩蜜多，齐言法秀，罽宾人也。”③

《高僧传》载：“昙摩密多，此云法秀，罽宾人也。”④

《高僧传》载：“（昙摩密多）以元嘉十九年（442）七月六日卒于上寺，春秋八十有七。”⑤

据此推之，昙摩密多当生于本年。

晋穆帝永和十二年·前凉建兴四十四年（356）丙辰

释昙翼资给释慧远

《出三藏记集》载：“（释慧远）既入乎道，厉然不群，常欲总摄纲维，以大法为己任，精思讽持，以夜续昼。沙门昙翼每给以灯烛之费，安公闻而喜曰：‘道士诚

---

① 汤用彤：《汉魏两晋南北朝佛教史》（增订本），北京大学出版社，2011年，第337页。

② 季羡林、汤一介总主编，张雪松著：《中华佛教史·汉魏两晋南北朝佛教史卷》，山西教育出版社，2014年，第119页。

③［梁］僧祐：《出三藏记集》卷十四，《大正藏》第55册，第105页上。

④［梁］慧皎：《高僧传》卷三，《大正藏》第50册，第342页下。

⑤［梁］慧皎：《高僧传》卷三，《大正藏》第50册，第343页上。

知人矣！’”①

《高僧传》载：“（释慧远）既入乎道，厉然不群，常欲总摄纲维，以大法为己任。精思讽持，以夜续昼，贫旅无资，缊纩常阙，而昆弟恪恭，终始不懈。有沙门昙翼，每给以灯烛之费。”②

按：依《高僧传》本传，此事至迟当发生于释慧远二十四岁之前，兹系于本年。

晋小楷《遗教经》

《安徽金石略》载：“晋小楷《遗教经》，永和十二年，在泾县，存。相传得之水中，今在平园民家。尝取而观之，似汇帖中所刻者不知何本也。始余著此记时，有以拓本来者，缺其首尾，故以为不全。今泾新志，因余言而误。及志成，友人左春谷，名暄，过平园，拓以来，后有‘永和十二年六月廿一日王羲之书’字，又后附书法三昧一段，亦有‘永和四年十月十三日王羲之书’字，因详识之。《泾川金石记》。”③

释道安返邺

《高僧传》载：“至年四十五，（释道安）复还冀部，住受都寺，徒众数百，常宣法化。”④

汤用彤在《汉魏两晋南北朝佛教史》（增订本）中指出：“晋穆帝升平元年，年四十五，还冀部，住受都寺。疑此后又西适牵口山，又至王屋林山。复渡河居陆浑。”⑤

弘农太守咨请妙相尼宣讲佛法

《比丘尼传》载：“妙相，本姓张，名佩华，弘农人也。父茂，家素富盛。相早习经训，十五适太子舍人北地皇甫达。达居丧失礼，相恶之，告求离绝，因请出家，父并从之。精勤蔬食，游心慧藏，明达法相。住弘农北岳，荫林面野，徒属甚多。悦志闲旷，遁影其中二十余载，励精苦行，久而弥笃。每说法度人，常惧听者不能专志，或涕泣以示之，是故其所启训皆能弘益。晋永和中，弘农太守请七日斋，座上白衣咨请佛法，言挟不逊。相正色曰：‘君非直见慢，亦大轻邦宰。何用无礼，苟出人

---

①［梁］僧祐：《出三藏记集》卷十五，《大正藏》第55册，第109页中。

②［梁］慧皎：《高僧传》卷六，《大正藏》第50册，第358页上。

③ 中国东方文化研究会历史文化分会编：《历代碑志丛书》第二十一册，《安徽金石略》卷三，江苏古籍出版社，1998年，第11页。

④［梁］慧皎：《高僧传》卷五，《大正藏》第50册，第352页上。

⑤ 汤用彤：《汉魏两晋南北朝佛教史》（增订本），北京大学出版社，2011年，第112页。

间耶！’于是称疾而退。当时道俗咸叹服焉。后枕疾累日，临终怡悦，顾语弟子曰：‘不问穷达，生必有死，今日别矣。’言绝而终。”①

按：弘农太守咨请妙相宣讲佛法，此事止言“晋永和中”，未详其年。兹系于东晋永和末。

道整任前秦著作郎

《高僧传》载：“（道整）年十八，为伪秦著作郎。”②

按：据晋成帝咸康四年（338）下“道整或生于本年”条，推之可知，“道整任前秦著作郎”条，当发生于本年。

晋穆帝升平元年·前秦寿光三年·前秦永兴元年（357）丁巳

释慧远登座讲说，释道安特许其不废俗书

《出三藏记集》载：“远藉慧解于前因，资胜心于旷劫，故能神明英越，机鉴遐深。无生实相之玄，般若中道之妙，即色空慧之秘，缘门寂观之要，无微不析，无幽不畅。志共理冥，言与道合。安公常叹曰：‘使道流东国，其在远乎！’”③

《高僧传》载：“（释慧远）年二十四，便就讲说。尝有客听讲，难实相义，往复移时，弥增疑昧。远乃引《庄子》义为连类，于是惑者晓然，是后安公特听慧远不废俗书。安有弟子法遇、昙徽，皆风才照灼，志业清敏，并推伏焉。”④

区结成在《慧远》中指出：“约于是年道安同学竺法汰率弟子南下建康，途至荆州遇疾，停江陵。远奉师命往问疾。适逢法汰弟使弟子与主张《心无义》的道恒辩难。远就席攻难，道恒不能答，心无义遂息。”⑤

按：晋成帝咸和九年（334）下“释慧远生”条，推之可知，“释慧远登座讲说，释道安特许其不废俗书”条，当发生于本年。

---

①［梁］宝唱：《比丘尼传》卷一，《大正藏》第50册，第935页中。

②［梁］慧皎：《高僧传》卷一，《大正藏》第50册，第328页下。

③［梁］僧祐：《出三藏记集》卷十五，《大正藏》第55册，第109页中。

④［梁］慧皎：《高僧传》卷六，《大正藏》第50册，第358页上。

⑤ 区结成：《慧远》，东大图书公司，1987年，第149页。

净捡请昙摩羯多立戒坛

《比丘尼传》载："升平元年二月八日，洛阳请外国沙门昙摩羯多为立戒坛。晋沙门释道场以《戒因缘经》为难云：'其法不成。'因浮舟于泗。（净）捡等四人同坛上从大僧以受具戒，晋土有比丘尼亦捡为始也。当其羯磨之日，殊香芬馥，阖众同闻，莫不欣叹加其敬仰。善修戒行，志学不休。信施虽多，随得随散。常自后己，每先于人。"①

僧建请昙摩羯多立戒坛

《比丘尼传》载："晋咸康中，沙门僧建于月支国得《僧祇尼羯磨》及《戒本》。升平元年二月八日，洛阳请外国沙门昙摩羯多，为立戒坛。晋沙门释道场，以《戒因缘经》为难，云其法不成，因浮舟于泗，捡等四人同坛上，从大僧以受具戒。"②

支道林评许询与王修清谈

《世说新语》载："许掾年少时，人以比王苟子，许大不平。时诸人士及林法师并在会稽西寺讲，王亦在焉。许意甚忿，便往西寺与王论理，共决优劣。苦相忻挫，王遂大屈。许复执王理，王执许理，更相覆疏；王复屈。许谓支法帅曰：'弟子向语何似？'支从容曰：'君语佳则佳矣，何至相苦邪？岂是求理中之谈哉！'"③

戴丽琴在《〈世说新语〉与佛教》中指出："按此事约在永和二年前后，升平二年前。《法书要录》载张怀瓘《书断》：'王修以升平元年卒，年二十四。'④又《文学》载王修年十二作《贤人论》，在永和二年，许询因与其齐名而'大不平'，自是年岁长于王修，则其'年少时'与王修争名自然在此年前后，或稍后。"⑤

支道林为谢万所讥

《世说新语》载："王子猷诣谢万，林公先在坐，瞻瞩甚高。王曰：'若林公须发并全，神情当复胜此不？'谢曰：'唇齿相须，不可以偏亡。须发何关于神明？'林公意甚恶。曰：'七尺之躯，今日委君二贤。'"⑥

《世说新语·容止篇》载："谢公云：'见林公双眼黯黯明黑。'孙兴公见林公，

---

① [梁]宝唱：《比丘尼传》卷一，《大正藏》第50册，第934页下。
② [梁]宝唱：《比丘尼传》卷一，《大正藏》第50册，第934页下。
③ 徐震堮：《世说新语校笺》，中华书局，1984年，第122页。
④ [唐]张彦远辑，洪丕谟点校：《法书要录》卷九，上海书画出版社，1986年，第233页。
⑤ 戴丽琴：《〈世说新语〉与佛教》，华中师范大学博士学位论文，2010年，第21页。
⑥ 徐震堮：《世说新语校笺》，中华书局，1984年，第434页。

‘稜稜露其爽。’”①

《晋书》载：“万再迁豫州刺史、领淮南太守、监司豫冀并四州军事、假节。”②

《资治通鉴》载：“（东晋穆帝升平二年）以吴兴太守谢万为西中郎将，监司、豫、冀、并四州诸军事、豫州刺史。”③

余嘉锡《世说新语笺疏》案云：“《容止篇》‘王长史’条注言：‘林公之形，信当丑异。’疑道林有齞唇历齿之病。谢万恶其神情高傲，故言正复有发无关神明；但唇亡齿寒，为不可缺耳。其言谑而近虐，宜林之怫然不悦也。”④

戴丽琴在《〈世说新语〉与佛教》中指出：“事约在永和七年至升平元年间。据《晋书》卷七九本传，谢万升平二年八月领豫州刺史北征，后废为庶人，其取笑支遁之事可能在其北伐之前。”⑤

僧意与王修清谈

《世说新语》载：“僧意在瓦官寺中，王苟子来，与共语，便使其唱理。意谓王曰：‘圣人有情不？’王曰：‘无。’重问曰：‘圣人如柱邪？’王曰：‘如筹算，虽无情，运之者有情。’僧意云：‘谁运圣人邪？’苟子不得答而去。”⑥

按：王修升平元年卒，兹将此事系于本年。

晋穆帝升平二年·前燕光寿三年（358）戊午

支道林探望谢玄

《世说新语》载：“谢车骑在安西艰中，林道人往就语，将夕乃退。有人道上见者，问云：‘公何处来？’答云：‘今日与谢孝剧谈一出来。’”⑦

《晋书》载：“二年秋八月，安西将军谢奕卒。”⑧

---

① 徐震堮：《世说新语校笺》，中华书局，1984年，第342页。
② ［唐］房玄龄等：《晋书》卷七十九，中华书局，1974年，第2086页。
③ ［北宋］司马光：《资治通鉴》卷一百，中华书局，1956年，第3168页。
④ 余嘉锡：《世说新语笺疏》，中华书局，2007年，第952页。
⑤ 戴丽琴：《〈世说新语〉与佛教》，华中师范大学博士学位论文，2010年，第31页。
⑥ 徐震堮：《世说新语校笺》，中华书局，1984年，第131页。
⑦ 徐震堮：《世说新语校笺》，中华书局，1984年，第124页。
⑧ ［唐］房玄龄等：《晋书》卷八，中华书局，1974年，第203页。

《史通·言语》载："剧谈者以谲诳为宗。"①

杨勇在《世说新语校笺》中指出："谢孝，谢玄在丧服中代称也。剧谈，穷之以理，苦相诘难，轻薄其词也。"②

王晓毅在《支道林生平事迹考》中指出："谢玄生于343年，其父死时，年仅15岁，未仕，居剡县山庄无疑。支遁去谢玄处清谈，定在此时此处。"③

竺法汰为王洽所重

《世说新语》载："法汰北来，未知名，王领军供养之。每与周旋行来，往名胜许，辄与俱。不得汰，便停车不行。因此名遂重。"④

《晋书》载："（王）洽字敬和，导诸子中最知名，与荀羡俱有美称。弱冠，历散骑、中书郎、中军长史、司徒左长史、建武将军、吴郡内史。征拜领军，寻加中书令，固让，表疏十上。穆帝诏曰：'敬和清裁贵令，昔为中书郎，吾时尚小，数呼见，意甚亲之。今所以用为令，既机任须才，且欲时时相见，共讲文章，待以友臣之义。而累表固让，甚违本怀。其催洽令拜。'苦让，遂不受。升平二年（358）卒于官，年三十六。"⑤

按：据此推之，可知法汰与王洽交游，事在升平二年前。今系于本年。

常山寺建立

崔鸿《前燕录》曰："慕容俊寿光三年，常山寺大树根下得璧七十二，圭七十，光色精奇，有异常玉。"⑥

《十六国春秋》卷二十七、《太平御览》卷一百二十一⑦、《初学记》卷五⑧，皆云"二年"，未详孰是。杨维中在《中国佛教通史》中对这个问题下了结论："此事发生于慕容俊寿光二年三月，而在寿光元年十一月时，慕容俊已经将都城从蓟城迁到

---

① 程千帆：《史通笺记》，中华书局，1980年，第104页。

② 杨勇：《世说新语校笺》（修订本）上册，（台北）正文书局，2000年，第208页。

③ 王晓毅：《支道林生平事迹考》，《中华佛学报》1995年第8期。

④ 徐震堮：《世说新语校笺》，中华书局，1984年，第263页。

⑤ ［唐］房玄龄等：《晋书》卷六十五，中华书局，1974年，第1755—1756页。

⑥ ［宋］李昉等：《太平御览》卷三十九，中华书局，1960年，第188页。

⑦ ［宋］李昉等：《太平御览》卷一百二十一，中华书局，1960年，第584页。

⑧ ［唐］徐坚等：《初学记》卷五，中华书局，1962年，第101页。

邺城。这也许是容易将常山寺解释成邺城的缘由。”①

晋穆帝升平三年·前秦甘露元年（359）己未

单道开至建业

《高僧传》载：“至晋升平三年，（单道开）来之建业，俄而至南海，后入罗浮山。独处茅茨，萧然物外。春秋百余岁，卒于山舍。敕弟子以尸置石穴中，弟子乃移之石室。有康泓者，昔在北间，闻开弟子叙开昔在山中，每有神仙去来，乃遥心敬挹。及后从役南海，亲与相见。侧席钻仰，禀闻备至，乃为之传赞曰：‘萧哉若人，飘然绝尘。外轨小乘，内畅空身。玄象晖曜，高步是臻。餐茹芝英，流浪岩津。’”②

《晋书》载：“升平三年至京师，后至南海，入罗浮山，独处茅茨，萧然物外。年百余岁，卒于山舍，敕弟子以尸置石穴中，弟子乃移入石室。陈郡袁宏为南海太守，与弟颖叔及沙门支法防共登罗浮山，至石室口，见道开形骸如生，香火瓦器犹存。宏曰：‘法师业行殊群，正当如蝉蜕耳。’乃为之赞云。”③

佛驮跋陀罗生

《出三藏记集》载：“佛驮跋陀，齐言佛贤，北天竺人也。”④

《高僧传》载：“佛驮跋陀罗，此云觉贤，本姓释氏，迦维罗卫人，甘露饭王之苗裔也。祖父达摩提婆，此云法天，尝商旅于北天竺，因而居焉。”⑤

《高僧传》载：“贤以元嘉六年（429）卒。春秋七十有一矣。”⑥

据此推之，佛驮跋陀罗当生于此年。

《譬喻经》出《广演品》、出《地狱品》题记

《中国古代写本识语集录》所录《譬喻经》出《广演品》、出《地狱品》题记云：

---

① 赖永海主编：《中国佛教通史》第一卷，江苏人民出版社，2010年，第539页。

②［梁］慧皎：《高僧传》卷九，《大正藏》第50册，第387页中。

③［唐］房玄龄等：《晋书》卷九十五，中华书局，1974年，第2492页。

④［梁］僧祐：《出三藏记集》卷十四，《大正藏》第55册，第103页中。

⑤［梁］慧皎：《高僧传》卷二，《大正藏》第50册，第334页中。

⑥［梁］慧皎：《高僧传》卷二，《大正藏》第50册，第335页下。

“甘露元年三月十七日，于酒泉城内，斋丛中写讫。此月上旬，汉人及杂类，被诛向两百人。愿蒙解脱生，信敬三宝，无有退转。惟大圣之难遭，念至教实叵值。值之不恳恻，来世何所冀。感觉弘慈，察彻知所忌。”①

陈国灿在《敦煌藏经洞魏晋写经系年订补——纪念姜亮夫先生编撰〈莫高窟年表〉六十年》中指出：“魏晋时期，如姜先生所指出的，甘露年号，被多位帝王所用。此处姜先生采用了前秦苻坚甘露元年（359）说，日本常盘大定氏、池田温氏均持此说。近年吴震氏又有新说，他在《敦煌吐鲁番写经题记中‘甘露’年脱考辨》一文中提出：根据当时历史背景看，酒泉以及河西地区没有使用过前秦苻坚的‘甘露’年号，题记中的酒泉城不在酒泉郡，而在高昌郡内，即《吐鲁番出土文书》所载‘高昌城东廿里酒泉城’。此‘甘露元年’，应是公元460年高昌阚氏王朝首王阚伯周初建高昌国时的年号，这一年三月上旬，柔然攻杀沮渠安周集团残余势力，扶植阚伯周上台，称王建号，改沮渠的承平十八年（460）为甘露元年。此经在这一事件后新写，也是篇事件中死难的‘被诛向二百人’‘愿蒙解脱生生’。正是由于有了此经的题记，才揭示出这段不为人所知的流血的历史。此说颇具新意，符合历史大背景，当可成立。如此，则甘露元年三月十七日，于酒泉城内写的《譬喻经》，似应安排在公元460年为宜。那么，它就不一定是莫高窟藏经洞所出，很有可能属于吐鲁番出土物。”②

另见韩理洲之《全三国两晋南朝文补遗》。③

刘遗民生

《肇论疏》载：“庐山远法师作《刘公传》云：“刘程之，字仲思，彭城人，汉楚元王裔也。承积庆之重粹，体方外之虚心。百家渊谈，靡不游目；精研佛理，以期尽妙。陈郡殷仲文、谯圀桓玄，诸有心之士，莫不崇拭。”④

《庐山记》载：“刘程之，字仲思，彭城聚里人。汉楚元王之苗裔也，历晋世至卿相。程之少孤事母，州闾称孝。坟典百家靡不周览，尤好佛理。陈郡殷仲堪、桓玄等诸贤莫不崇仰。”⑤

---

①［日］池田温：《中国古代写本识语集录》，东京大学东洋文化研究所，1990年，第76页。

②陈国灿：《敦煌藏经洞魏晋写经系年订补——纪念姜亮夫先生编撰〈莫高窟年表〉六十年》，《汉语史学报》2003年第1期。

③韩理洲等辑校编年：《全三国两晋南朝文补遗》，三秦出版社，2013年，第162页。

④［唐］元康：《肇论疏》卷二，《大正藏》第45册，第181页下。

⑤［宋］陈舜俞：《庐山记》卷三，《大正藏》第51页，第1039页中。

徐文明在《刘遗民生卒考》中指出：“刘遗民当生于东晋升平三年，卒于义熙十一年，寿五十七。”①

张诠生

《庐山记》载：“张诠，字秀硕，莱民之族人也。情性高逸，酷嗜坟籍。虽耕锄，犹带经自乐。朝廷以散骑常侍征，不赴。庾悦以其家贫，以寻阳令禄之。笑曰：‘古人正以容膝为安，屈吾志，亦何荣乎？’竟不就。”②

《庐山记》载：“宋景平元年癸亥（423）终，春秋六十五。”③

据此推之，张诠当生于本年。

晋穆帝升平四年·前燕光寿四年·前燕光熙元年·前秦甘露二年（360）庚申

《维摩经义记》卷二沙门静志题记

《中国古代写本识语集录》所录《维摩经义记》卷二沙门静志题记云：“甘露二年正月廿七日，沙门静志写记。”④

陈国灿在《敦煌藏经洞魏晋写经系年订补——纪念姜亮夫先生编撰〈莫高窟年表〉六十年》中指出：“依据对前件甘露元年二月写《譬喻经》的订补，则此件应排在公元461年为宜。吐鲁番吐峪沟出土的这件‘甘露二年’写经，表明‘甘露’年号确实是在高昌地区使用过。这又可反证，甘露元年写的《譬喻经》，也应是吐鲁番的出土物。”⑤

苻坚为智贤尼制袈裟

《比丘尼传》载：“智贤，本姓赵，常山人也。父珍，扶柳县令。贤幼有雅操，志概贞立。及在缁衣，戒行修备，神情凝远，旷然不杂。太守杜霸，笃信黄老，憎嫉释种，符下诸寺，克日简汰。制格高峻，非凡所行。年少怖惧，皆望风奔骇，唯贤独

① 徐文明：《刘遗民生卒考》，《佛学研究》2012年第1期。

② ［宋］陈舜俞：《庐山记》卷三，《大正藏》第51册，第1040页中。

③ ［宋］陈舜俞：《庐山记》卷三，《大正藏》第51册，第1040页中。

④ ［日］池田温：《中国古代写本识语集录》，东京大学东洋文化研究所，1990年，第76页。

⑤ 陈国灿：《敦煌藏经洞魏晋写经系年订补——纪念姜亮夫先生编撰〈莫高窟年表〉六十年》，《汉语史学报》2003年第1期。

无惧容，兴居自若。集城外射堂，皆是耆德，简试之日，尼众盛壮，唯贤而已。霸先试贤以格，格皆有余。贤仪观清雅，辞吐辩丽。霸密挟邪心，逼贤独住。贤识其意，誓不毁戒法，不苟存身命，抗言拒之。霸怒，以刀斫贤二十余疮，闷绝躄地，霸去乃苏。倍加精进，菜斋苦节，门徒百余人，常如水乳。及符坚伪立，闻风敬重，为制织绣袈裟，三岁方成，价直百万。后住司州西寺，弘显正法，开长信行。"①

《资治通鉴》载："（晋穆帝升平元年，357年）群臣皆顿首请立坚。坚乃去皇帝之号，称大秦天王，即位于太极殿，诛生幸臣中书监董荣、左仆射赵韶等二十余人。大赦，改元永兴。"②

按：苻坚即皇帝位之后，为智贤制袈裟，"三岁方成"，大约于本年制成。兹系于本年。

支道林问孙绰其与许询何如

《世说新语》载："支道林问孙兴公：'君何如许掾？'答曰：'高情远致，弟子早已伏膺；然一吟一咏，许将北面矣。'"③

《真诰》载："王逸少有事系禁中已五年，云事已散。即王右军也。受时不欲呼杨君名，所以道其字耳。逸少即王廙兄旷之子，有风炁，善书。后为会稽太守，永和十一年去郡，告灵不复仕。先与许先生周旋，颇亦慕道，至升平五年辛酉岁亡，年五十九。"④

《晋书》载："（孙）绰字兴公。博学善属文，少与高阳许询俱有高尚之志……绰与询一时名流，或爱询高迈，则鄙于绰，或爱绰才藻，而无取于询。沙门支遁试问绰：'君何如许？'答曰：'高情远致，弟子早已伏膺；然一咏一吟，许将北面矣。'绝重张衡、左思之赋，每云：'《三都》《二京》，五经之鼓吹也。'尝作《天台山赋》，辞致甚工，初成，以示友人范荣期，云：'卿试掷地，当作金石声也。'荣期曰：'恐此金石非中宫商。'然每至佳句，辄云：'应是我辈语。'除著作佐郎，袭爵长乐侯。"⑤

卞东波在《清谈家·隐士·玄言诗人——东晋名士许询的生平与创作》中指出：

---

①［梁］宝唱：《比丘尼传》卷一，《大正藏》第50册，第935页上。

②［北宋］司马光：《资治通鉴》卷一百，中华书局，1956年，第3165页。

③ 徐震堮：《世说新语校笺》，中华书局，1984年，第290页。

④［日］吉川忠夫、麦谷邦夫编，朱越利译：《真诰校注》卷十六，中国社会科学出版社，2006年，第495—496页。

⑤［唐］房玄龄等：《晋书》卷五十六，中华书局，1974年，第1544页。

“《世说新语·规箴》第20则说：‘王右军与王敬仁、许玄度并善。二人亡后，右军议论更克。’可见许询先于王羲之卒，又《真诰》《书断》载王卒于升平五年（361），许必卒于361年前，则许询享年30左右，与史载其早卒相合。”[①]

许询澡心学佛

《世说新语》载：“许掾尝诣简文，尔夜风恬月朗，乃共作曲室中语。襟情之咏，偏是许之所长，辞寄清婉，有逾平日。简文虽契素，此遇尤相咨嗟，不觉造膝，共义手语，达于将旦。既而曰：‘玄度才情，故未易多有许。’（《续晋阳秋》曰：‘询能言理，曾出都迎姊，简文皇帝、刘真长说其情旨及襟怀之咏，每造郄赏对，夜以系日。’）”[②]

按：许询卒年，上条已录，兹不赘述。兹将此事附系于本年。

释慧远随释道安入牵口山

《高僧传》载：“安以石氏之末，国运将危，乃西适牵口山。迄冉闵之乱，人情萧素，安乃谓其众曰：‘今天灾旱蝗，寇贼纵横，聚则不立，散则不可。’遂复率众入王屋、女休山。”[③]

胡中才在《道安研究》中指出此事发生于公元360年：“晋升平四年，慕容儁死，11岁的慕容暐继位。其母可足浑氏乱政，朝廷内部发生内讧。道安此时极易想起石虎死后出现的‘石氏之乱’，觉得避为上策。冀部（信都）附近无崇山峻岭，牵口山耸立于太行山以西的高山峻岭之中，易躲避战乱。所以，道安西适牵口山，可能在这个时候。而晋穆帝升平四年、哀帝隆和元年（359—361），连续两年‘大旱’。道安一行数百人的生存又遇到困难。从而使道安在牵口山为难地说，‘天灾旱蝗’，‘寇贼纵横’，‘聚则不立，散则不可’。”[④]

释僧导或生于本年

《高僧传》载：“释僧导，京兆人。”[⑤]

---

① 卞东波：《清谈家·隐士·玄言诗人——东晋名士许询的生平与创作》，《古典文学知识》2016年第2期，第37页。

② 徐震堮：《世说新语校笺》，中华书局，1984年，第268页。

③［梁］慧皎：《高僧传》卷五，《大正藏》第50册，第352页上。

④ 胡中才：《道安研究》，宗教文化出版社，2011年，第20—21页。

⑤［梁］慧皎：《高僧传》卷七，《大正藏》第50册，第371页上。

徐文明在《僧叡的生卒年代与思想》中指出："建元十八年（382）壬午岁僧导就已经与他所尊重的僧叡一起参与译经了，此时他肯定经已受具足戒，因为依照情理道安是不会让一个沙弥参与译经大事的。一般冠岁之后始受具足，因此此时僧导已经年逾二十，以二十为计，则他生于363年。由此僧导的生年应在公元360至363年间。"①

晋穆帝升平五年（361）辛酉

晋穆帝召于法开诊脉

《高僧传》载："升平五年，孝宗有疾，（于法）开视脉，知不起，不肯复入，康献后令曰：'帝小不佳，昨呼于公视脉，亘到门不前，种种辞惮，宜收付廷尉。'俄而帝崩，获免。还剡石城，续修元华寺，后移白山灵鹫寺。每与支道林争即色空义，庐江何默申明开难，高平郄超宣述林解，并传于世。"②

《世说新语·术解篇》载："郗愔信道甚精勤。常患腹内恶，诸医不可疗，闻于法开有名，往迎之。既来便脉，云：'君侯所患，正是精进太过所致耳。'合一剂汤与之。一服即大下，去数段许纸，如拳大，剖看，乃先所服符也。"③

《隋书》载："《议论备豫方》一卷，于法开撰。"④

净捡或卒于此年

《比丘尼传》载："到升平末，（净捡）忽复闻前香，并见赤气。有一女人，手把五色花，自空而下。捡见欣然，因语众曰：'好持后事，我今行矣。'执手辞别，腾空而上，所行之路，有似虹蜺，直属于天，时年七十矣。"⑤

按：比丘尼净捡卒于升平末，未详其年，待考。兹系于升平五年。

释昙诜生

《高僧传》载："诜亦清雅有风则，注《维摩》及著《穷通论》等。"⑥

---

① 徐文明：《中国佛教哲学》，宗教文化出版社，2008年，第122页。
② ［梁］慧皎：《高僧传》卷四，《大正藏》第50册，第350页上。
③ 徐震堮：《世说新语校笺》，中华书局，1984年，第383页。
④ ［唐］魏徵等：《隋书》卷三十四，中华书局，1973年，第1046页。
⑤ ［梁］宝唱：《比丘尼传》卷一，《大正藏》第50册，第935页上。
⑥ ［梁］慧皎：《高僧传》卷六，《大正藏》第50册，第363页上。

《庐山记》载："昙诜，广陵人。"①

《庐山记》载："建寺后五十五年，以元嘉十七年庚辰（440）最后终，春秋七十九。"②

据此推之，昙诜当生于本年。

谢安拜访竺法旷

《高僧传》载："谢安为吴兴，故往展敬（竺法旷），而山栖幽阻，车不通辙，于是解驾山椒，陵峰步往。"③

《晋书·谢安传》载："温当北征，会万病卒，安投笺求归。寻除吴兴太守。在官无当时誉，去后为人所思。顷之征拜侍中，迁吏部尚书、中护军。"④

《晋书·谢万传》载："后复以为散骑常侍，会卒，时年四十二，因以为赠。"⑤

《北堂书钞》引《晋起居住》载："升平五年诏曰：'前西平中郎将谢万，字（万）石，才义简亮，宜居献替，其以为散骑常侍。'"⑥

据此可知，竺法旷拜访谢安当在此年。

释昙恒始讲大乘经论

《庐山记》载："（释昙恒）年十三，讲大乘经论，深明至理。"⑦

按：据晋穆帝永和四年·后赵建武十四年（348）下"释道恒生"条，推之可知，"释昙恒始讲大乘经论"条，当发生于本年。

张翼尝赠竺法颗诗三首

《广弘明集》载："赠沙门竺法颗三首。沙门竺法颗远还西山，作诗以赠，因亦嘲之。省其二经，聊为之赞。"⑧

《述书赋》载："张翼，字君祖，下邳人，晋东海太守。时穆帝令翼写王右军手

① [宋] 陈舜俞：《庐山记》卷三，《大正藏》第51册，第1042页中。
② [宋] 陈舜俞：《庐山记》卷三，《大正藏》第51册，第1042页中。
③ [梁] 慧皎：《高僧传》卷五，《大正藏》第50册，第356页下。
④ [唐] 房玄龄等：《晋书》卷七十九，中华书局，1974年，第2073页。
⑤ [唐] 房玄龄等：《晋书》卷七十九，中华书局，1974年，第2087页。
⑥ [唐] 虞世南：《北堂书钞》卷五十八，中国书店，1989年，第192页。
⑦ [宋] 陈舜俞：《庐山记》卷三，《大正藏》第51册，第1042页上。
⑧ [唐] 道宣：《广弘明集》卷三十，《大正藏》第52册，第359页上。

表，帝自批后，右军殆不能别。久乃悟云：‘小人几欲乱真。’”①

按：竺法頵，未详其人。康僧渊晚年隐于豫章山，法頵尝入山访之，法頵后归西山。此西山未详，似是与豫章山路程相近之衢州西山。张翼，晋穆帝时人，东海太守。其生卒未详、事迹不可详考。穆帝尝令张翼手书王羲之表章，并作朱批。事似在穆帝成年以后。考穆帝生于建元二年（343），崩于升平五年五月（361），可知张翼活跃之时，似在永和、升平间。因张翼、法頵余事无考，兹将本条系于穆帝末年。

康僧渊尝代竺法頵答张翼

《广弘明集》载："诗序：‘省赠法頵诗，经通妙远，亹亹清绮。虽云言不尽意，殆亦几矣。夫诗者，志之所之，意迹之所寄也。志妙玄解，神无不畅。夫未能冥达玄通者，恶得不有仰钻之咏哉？吾想茂德之形容，虽栖守殊涂，标寄玄同，仰代答之，未足尽美，亦各言其志也。’其辞曰：‘真朴运既判，万象森已形。精灵感冥会，变化靡不经。波浪生死徒，弥纶始无名。舍本而逐末，悔吝生有情。胡不绝可欲，反宗归无生。达观均有无，蝉蜕豁朗明。逍遥众妙津，栖凝于玄冥。大慈顺变通，化育曷常停。幽闲自有所，岂与菩萨并。摩诘风微指，权道多所成。悠悠满天下，孰识秋露情。’”②

张翼答康僧渊

《广弘明集》载："茫茫混成始，豁矣四天朗。三辰环须弥，百亿同一像。灵和陶烟煴，会之有妙长。大慈济群生，冥感如影响。蔚蔚沙弥众，粲粲万心仰。谁不欣大乘，兆定于玄曩。三法虽成林，居士亦有党。不见虬与龙，洒鳞凌霄上。冲心超远寄，浪怀邈独往。众妙常所晞，维摩余所赏。苟未体善权，与子同髣髴。悠悠诚满域，所遗在废想。"③

康僧渊答张翼

《广弘明集》载："遥望华阳岭，紫霄笼三辰。琼岩朗璧室，玉润洒灵津。丹谷挺樛树，季颖奋晖薪。融飙冲天籁，逸响互相因。鸾凤翔回仪，虬龙洒飞鳞。中有冲漠士，耽道玩妙均。高尚凝玄寂，万物忽自宾。栖峙游方外，超世绝风尘。翘想晞眇踪，矫步寻若人。咏啸舍之去，荣丽何足珍。濯志八解渊，辽朗豁冥神。研机通微

① 尹冬民：《〈述书赋〉笺证》，荣宝斋出版社，2019年，第150页。
② [唐]道宣：《广弘明集》卷三十，《大正藏》第52册，第359页中。
③ [唐]道宣：《广弘明集》卷三十，《大正藏》第52册，第359页下。

妙，遗觉忽忘身。居士成有党，顾眄非畴亲。借问守常徒，何以知反真。”①

按：《广弘明集》原作“陈庾僧渊”，然考之史籍，检阅《高僧传》，自安公统一沙门姓氏以来，汉地沙门皆以释氏为姓。且安公晋人，至南朝陈时已逾二百年，至是汉僧非释姓者似已罕见。依理推之，“庾僧渊”之“庾”字当是“康”字之误耳，今据理而改之。

以上康僧渊答张翼诗之事，未详其年。然以理推之，似在张翼赠法颙诗后，僧渊即以玄言诗代法颙而答之。两事似在同时，或相近。兹系于本年。

张翼尝作《道树经赞》

《道树经赞》云：“峨峨王舍国，蔚蔚灵竹园。中有神化长，空观体善权。私呵晞光景，岂识真迹端。恢恢道明玄，解发至神欢。飘忽凌虚起，无云受慧难。”②

张翼尝作《三昧经赞》

《三昧经赞》云：“迹超十二烧，戒由三昧成。贤行极妙住，道志慧以明。九本既殊动，四禅不同冥。渊哉不起灭，始自无从生。借问导气伦，安测泥洹灵。”③

按：张翼尝作二《经赞》，未详其年。兹附于张翼事迹之末。

晋哀帝隆和元年·前秦甘露四年（362）壬戌

支道林止东安寺

《高僧传》载：“（支道林）晚出山阴，讲《维摩经》，遁为法师，许询为都讲，遁通一义，众人咸谓询无以厝难。询设一难，亦谓遁不复能通。如此至竟两家不竭。凡在听者，咸谓审得遁旨，回令自说，得两三反便乱。至晋哀帝即位，频遣两使征请出都，止东安寺，讲《道行波若》。白黑钦崇，朝野悦服。太原王濛，宿构精理，撰其才词，往诣遁，作数百语，自谓遁莫能抗。遁乃徐曰：‘贫道与君别来多年，君语了不长进。’濛惭而退焉，乃叹曰：‘实缁钵之王何也。’郄超问谢安：‘林公谈何如嵇中散。’安曰：‘嵇努力裁得去耳。’又问：‘何如殷浩？’安曰：‘亹亹论辩，

---

①［唐］道宣：《广弘明集》卷三十，《大正藏》第52册，第359页下。

②［唐］道宣：《广弘明集》卷三十，《大正藏》第52册，第359页中。

③［唐］道宣：《广弘明集》卷三十，《大正藏》第52册，第359页中。

恐殷制支。超拔直上渊源，浩实有惭德。’郄超后与亲友书云：‘林法师神理所通，玄拔独悟。实数百年来，绍明大法，令真理不绝，一人而已。’”①

《世说新语·文学篇》载：“支道林初从东出，住东安寺中。……王长史宿构精理，并撰其才藻，往与支语，不大当对。王叙致作数百语，自谓是名理奇藻。支徐徐谓曰：‘身与君别多年，君义言了不长进。’王大惭而退。”②

刘孝标注《世说新语》引《高门沙逸传》云：“遁居会稽，晋哀帝钦其风味，遣中使至东迎之。遁遂辞丘壑，高步天邑。”③

王晓毅在《支道林生平事迹考》中指出：“上文中王长史，慧皎《高僧传》认为是王濛，而王濛死于永和三年，决不会于晋哀帝时代，去东安寺与支论战。再者，王濛与支遁为神交，断然不会如此相互轻诋。查与支遁交往中可称为‘王长史’者，还有王胡之和王坦之。王胡之已死于永和五年。可见，去东安寺的‘王长史’，只能是王坦之。《晋书·王坦之传》：‘出为大司马桓温长史，寻以父忧去职。’桓温于隆和二年（363）为大司马，王坦之的父亲王述于太和二年（368）去世，王坦之于363年到368年任大司马长史，与支道林住东安寺的时间相符。再者，支道林与王坦之在学术上相轻，由来已久。《世说新语》有数条记载，如《轻诋篇》：‘王中郎与林公绝不相得，王谓林公诡辨林公道王云：“着腻颜帢，緰布单衣，挟《左传》，逐郑康成车后，问是何物尘垢囊？”’”④

佛驮跋陀罗丧父

《高僧传》载：“（佛驮跋陀罗之）父达摩修耶利，此云法日，少亡。贤三岁孤，与母居。”⑤

按：晋穆帝升平三年·前秦甘露元年（359）下“佛驮跋陀罗生”条，推之可知，“佛驮跋陀罗丧父”条，当发生于本年。

释法显受大戒

《出三藏记集》载：“（释法显）二十受大戒，志行明洁，仪轨整肃。常慨经律

①［梁］慧皎：《高僧传》卷四，《大正藏》第50册，第348页下。
② 徐震堮：《世说新语校笺》，中华书局，1984年，第124页。
③ 徐震堮：《世说新语校笺》，中华书局，1984年，第124页。
④ 王晓毅：《支道林生平事迹考》，《中华佛学报》1995年第8期。
⑤［梁］慧皎：《高僧传》卷二，《大正藏》第50册，第334页中。

舛阙，誓志寻求。”①

《高僧传》载：“（释法显）及受大戒，志行明敏，仪轨整肃，常慨经律舛阙，誓志寻求。”②

按：晋成帝咸康八年（342）下“释法显或生于本年”条，推之可知，“释法显受大戒”条，当发生于本年。

释道安至王屋、女休山

《高僧传》载：“迄冉闵之乱，人情萧素，安乃谓其众曰：‘今天灾旱蝗，寇贼纵横，聚则不立，散则不可。’遂复率众入王屋、女休山。”③

方广锠在《道安评传》中指出：“（东晋升平四年，360年）道安率众由邺都避难到王屋女休山（即濩泽，今山西阳城西南）。”④

胡中才在《道安研究》中则认为：“［晋哀帝隆和元年（362）左右］牵口山资源贫乏，又遇旱蝗之灾。虽可避难，难以避荒。数百之人‘聚则不立，散则不可’（《高僧传·道安》），于是，他们再次决定迁徙。而道安一行在牵口山饱受旱蝗之苦，遭遇聚散两难，应该说是经历了一段时间后，才有这个体会。所以，从牵口山南下王屋女休山，可能是在牵口山一两年之后。”⑤

昙摩密多出家

《出三藏记集》载：“（昙摩密多）年六七岁，神明澄正，每见法事，辄自然欣跃，其亲爱而异之，遂令出家。罽宾多出圣达，屡值明师，博贯群经，特深禅法，所得之要，极其微奥。为人沈邃有慧解，仪轨详整，生而连眉，故世称连眉禅师焉。”⑥

《高僧传》载：“（昙摩密多）年至七岁，神明澄正，每见法事，辄自然欣跃，其亲爱而异之，遂令出家。罽宾多出圣达，屡值明师，博贯群经，特深禅法，所得门户，极甚微奥。为人沈邃有慧解，仪轨详正，生而连眉，故世号‘连眉禅师’。”⑦

---

①［梁］僧祐：《出三藏记集》卷十五，《大正藏》第55册，第111页下。

②［梁］慧皎：《高僧传》卷三，《大正藏》第50册，第337页下。

③［梁］慧皎：《高僧传》卷五，《大正藏》第50册，第352页上。

④ 方广锠：《道安评传》，昆仑出版社，2004年，第283页。

⑤ 胡中才：《道安研究》，宗教文化出版社，2011年，第21页。

⑥［梁］僧祐：《出三藏记集》卷十四，《大正藏》第55册，第105页上。

⑦［梁］慧皎：《高僧传》卷三，《大正藏》第50册，第342页下。

按：晋穆帝永和十一年（355）下“昙摩密多生”条，推之可知，“昙摩密多出家”条，当发生于本年。

晋哀帝隆和二年·兴宁元年·前秦甘露五年（363）癸亥

支道林同王坦之清谈

《世说新语》载：“王文度在西州，与林法师讲，韩、孙诸人并在坐，林公理每欲小屈。孙兴公曰：‘法师今日如著弊絮在荆棘中，触地挂阂。’”[①]

余嘉锡之《世说新语笺疏》引程炎震云：“坦之未尝为扬州，支遁下都在哀帝时，王述方刺扬州，盖就其父官廨中设讲耳。”[②]

《资治通鉴》载：“（东晋穆帝永和十年）以前会稽内史王述为扬州刺史。”[③]“（兴宁二年）五月，戊辰，以扬州刺史王述为尚书令。加大司马温扬州牧、录尚书事。”[④]

王晓毅在《支道林生平事迹考》中指出：“自永和十年至兴宁二年，王述任扬州刺史，而隆和年间，韩康伯与孙绰均在中央政府任职。故此事定发生在支遁最后一次进京的隆安～兴宁之际。支、王、韩、孙四人同在‘西州’，大概与王坦之父亲王述此时正任扬州刺史有关。”[⑤]

释道安入陆浑

《出三藏记集》载：“顷之，（释道安）复渡河依陆浑，山栖木食修学。”[⑥]

《高僧传》载：“顷之，（释道安）复渡河依陆浑，山栖木食修学。”[⑦]

胡中才在《道安研究》中则认为：“约晋哀帝隆和元年（362）或哀帝兴宁元年（363），道安率僧众‘复渡河依陆浑（今河南嵩县东北），山木食修学’。王屋女休山的生存条件并不比牵口山好，道安在那里同样遇到了生存问题，而且这里是燕晋拉锯战的前线。这时，道安和慧远想到了两个问题：一是南下晋地，摆脱北方胡族混

① 徐震堮：《世说新语校笺》，中华书局，1984年，第437页。
② 余嘉锡：《世说新语笺疏》，中华书局，2007年，第957页。
③［北宋］司马光：《资治通鉴》卷九十九，中华书局，1956年，第3138页。
④［北宋］司马光：《资治通鉴》卷一百一，中华书局，1956年，第3195页。
⑤ 王晓毅：《支道林生平事迹考》，《中华佛学报》1995年第8期。
⑥［梁］僧祐：《出三藏记集》卷十五，《大正藏》第55册，第108页上。
⑦［梁］慧皎：《高僧传》卷五，《大正藏》第50册，第352页上。

战；二是慧远、僧辅曾在许、洛、伊一带生活了很长一段时间，觉得那一带的生存环境要比王屋女休山好得多。于是，率众南下陆浑。《高僧传·道安》载，道安到王屋女休山后，‘顷之’即到陆浑。所以，道安到陆浑的时间，只有可能是道安到王屋女休山的当年或次年初。”①

袁宏登罗浮山

《高僧传》载：“晋兴宁元年，陈郡袁宏为南海太守，与弟颖叔及沙门支法防，共登罗浮山。至石室口，见开形骸及香火瓦器犹存。宏曰：‘法师业行殊群，正当如蝉蜕耳。’乃为赞曰：‘物俊招奇，德不孤立。辽辽幽人，望岩凯入。飘飘灵仙，兹焉游集。遗屣在林，千载一袭。’后沙门僧景、道渐并欲登罗浮，竟不至顶。”②

鸠罗摩什受具足戒

《出三藏记集》载：“（鸠摩罗什）后从佛陀耶舍学《十诵律》，又从须利耶苏摩咨禀大乘。乃叹曰：‘吾昔学小乘，譬人不识金，以鍮石为妙矣。’于是广求义要，诵《中》《百》二论。于龟兹帛纯王新寺得《放光经》，始披读，魔来蔽文，唯见空牒。什知魔所为，誓心逾固，魔去字显，仍习诵之。后于雀梨大寺读大乘经，忽闻空中语曰：‘汝是智人，何以读此？’什曰：‘汝是小魔，宜时速去！我心如地，不可转也。’停住二年，广诵大乘经论，洞其秘奥。后往罽宾，为其师盘头达多具说一乘妙义。师感悟心服，即礼什为师，言：‘我是和上小乘师，和上是我大乘师矣。’西域诸国服什神俊，咸共崇仰。每至讲说，诸王长跪高座之侧，令什践其膝以登焉。”③

《高僧传》载：“至年二十，（鸠摩罗什）受戒于王宫，从卑摩罗叉学《十诵律》。有顷，什母辞往天竺，谓龟兹王白纯曰：‘汝国寻衰，吾其去矣。’行至天竺，进登三果。什母临去谓什曰：‘方等深教，应大阐真丹，传之东土，唯尔之力。但于自身无利，其可如何。’什曰：‘大士之道，利彼忘躯。若必使大化流传，能洗悟蒙俗，虽复身当炉镬，苦而无恨。’于是留住龟兹，止于新寺。后于寺侧故宫中，初得《放光经》，始就披读。魔来蔽文，唯见空牒，什知魔所为，誓心逾固，魔去字显，仍习诵之。复闻空中声曰：‘汝是智人，何用读此。’什曰：‘汝是小魔，宜时速去，我心如地，不可转也。’停住二年，广诵大乘经论，洞其秘奥。龟兹王为造金师子座，

---

① 胡中才：《道安研究》，宗教文化出版社，2011年，第21—22页。

②［梁］慧皎：《高僧传》卷九，《大正藏》第50册，第387页下。

③［梁］僧祐：《出三藏记集》卷十四，《大正藏》第55册，第100页下。

以大秦锦褥铺之，令什升而说法。什曰：‘家师犹未悟大乘，欲躬往仰化，不得停此。’俄而大师盘头达多不远而至。王曰：‘大师何能远顾。’达多曰：‘一闻弟子所悟非常，二闻大王弘赞佛道，故冒涉艰危，远奔神国。’什得师至，欣遂本怀。为说《德女问经》，多明因缘空假，昔与师俱所不信，故先说也。师谓什曰：‘汝于大乘见何异相，而欲尚之。’什曰：‘大乘深净，明“有法皆空”，小乘偏局，多诸漏失。’师曰：‘汝说一切皆空，甚可畏也，安舍有法而爱空乎。如昔狂人，令绩师绩线，极令细好，绩师加意，细若微尘，狂人犹恨其粗。’绩师大怒，乃指空示曰：‘此是细缕。’狂人曰：‘何以不见。’师曰：‘此缕极细，我工之良匠，犹且不见，况他人耶。’狂人大喜，以付织师，师亦效焉。皆蒙上赏，而实无物，汝之空法，亦由此也。‘什乃连类而陈之，往复苦至，经一月余日，方乃信服。师叹曰：‘师不能达，反启其志，验于今矣。’于是礼什为师，言：‘和上是我大乘师，我是和上小乘师矣。’西域诸国，咸伏什神俊，每年讲说，诸王皆长跪座侧，令什践而登焉，其见重如此。”①

《晋书》载：“（鸠摩罗什）年二十，龟兹王迎之还国，广说诸经，四远学徒莫之能抗。有顷，罗什母辞龟兹王往天竺，留罗什住，谓之曰：‘方等深教，不可思议，传之东土，惟尔之力。但于汝无利，其可如何？’什曰：‘必使大化流传，虽苦而无恨。’母至天竺，道成，进登第三果。西域诸国咸伏罗什神俊，每至讲说，诸王皆长跪坐侧，令罗什践而登焉。”②

释慧严生

《高僧传》载：“释慧严，姓范，豫州人。”③

《高僧传》载：“严以宋元嘉二十年卒于东安寺，春秋八十有一矣。”④

据此可知，释慧严生于此年。

比丘尼慧果生

《比丘尼传》载：“慧果，本姓潘，淮南人也。常行苦节，不衣绵纩，笃好《毗尼》，戒行清白，道俗钦羡，风誉远闻。”⑤

---

①［梁］慧皎：《高僧传》卷二，《大正藏》第50册，第331页上。

②［唐］房玄龄等：《晋书》卷九十五，中华书局，1974年，第2499页。

③［梁］慧皎：《高僧传》卷七，《大正藏》第50册，第367页中。

④［梁］慧皎：《高僧传》卷七，《大正藏》第50册，第368页上。

⑤［梁］宝唱：《比丘尼传》卷二，《大正藏》第50册，第937页中。

《比丘尼传》载："（比丘尼慧果）春秋七十余，元嘉十年（433年）而卒。"①

按：兹以七十岁计，比丘尼慧果当生于本年。

于法开离京讲《放光经》

《高僧传》载："至哀帝时，（于法开）累被诏征，乃出京讲《放光经》。凡旧学抱疑，莫不因之披释。"②

《资治通鉴》载："（东晋哀帝兴宁二年，三月）帝信方士言，断谷饵药以求长生。侍中高崧谏曰：'此非万乘所宜为；陛下兹事，实日月之食。'不听。辛未，帝以药发，不能亲万机，褚太后复临朝摄政。"③

龚斌在《鸠摩罗什传》之《鸠摩罗什年谱简编》中指出："（晋哀帝兴宁元年）于法开约于本年前后至京师讲《放光经》。"④

按：哀帝继位，雅好佛法，故屡召于法开入大内宣讲佛理。时哀帝膺服神仙方术，辟谷食气，佐以药石，亦或服五石散，正是出入佛老、玩味玄学之辈。且于法开精通医术，尤擅诊脉，故哀帝累召于法开觐见，或缘于此。法开不堪其扰，遂出京讲《放光经》，以逃心神之累。至兴宁二年，哀帝服药病发，致不能亲理万机。法开方下定决心，辞帝东归。

故于法开离开建康出讲《放光经》似在兴宁元年，兹系于本年。

晋哀帝兴宁二年·前秦甘露六年（364）甲子

晋哀帝诏建瓦官寺

《建康实录》载："是岁（兴宁二年），（晋哀帝）诏移陶官于淮水北，遂以南岸窑处之地施僧慧力，造瓦官寺。"⑤

《润州江宁县瓦棺寺维摩诘画像碑》云："在江宁县瓦棺寺变相者，晋虎头将军顾恺之所画也。"⑥

---

①［梁］宝唱：《比丘尼传》卷二，《大正藏》第50册，第937页下。

②［梁］慧皎：《高僧传》卷四，《大正藏》第50册，第350页中。

③［北宋］司马光：《资治通鉴》卷一百一，中华书局，1956年，第3194页。

④ 龚斌：《鸠摩罗什传》，上海古籍出版社，2013年，第283页。

⑤［唐］许嵩著，张忱石点校，《建康实录》卷八，中华书局，1986年，第233页。

⑥ 周绍良主编：《全唐文新编》第二部，第一册，卷二六六，吉林文史出版社，2000年，第2998页。

释慧力于瓦官寺造宝塔

《高僧传》载："释慧力，未知何人。晋永和中，来游京师。常乞食蔬苦头陀修福。至晋兴宁中，启乞陶处以为瓦官寺。初标塔基，是今塔之西。每夕标辄东移十余步，旦取还，已复随徙，潜共伺之，见一人着朱衣武冠，拔标置东方，仍于其处起塔，今之塔处是也。记者云：'寺立后三十年，当为天火所烧。'"①

《弘赞法华传》载："晋兴宁二年，沙门慧力于瓦官寺造石多宝塔一所。"②

王荣国在《东晋建康瓦官寺佛教》一文中，就王晓毅否定瓦官寺建于兴宁二年的问题进行了考辨，王荣国经过考证后得出瓦官寺确实创建于兴宁二年的结论。③

晋哀帝诏竺潜讲《般若经》

《高僧传》载："至哀帝好重佛法，频遣两使殷勤征请，潜以诏旨之重，暂游宫阙，即于御筵开讲《大品》，上及朝士并称善焉。……潜虽复从运东西，而素怀不乐，乃启还剡之仰山，遂其先志。于是逍遥林阜，以毕余年。支遁遣使求买仰山之侧沃洲小岭，欲为幽栖之处，潜答云：'欲来辄给，岂闻巢、由买山而隐遁。'后与高丽道人书云：'上座竺法深，中州刘公之弟子。体德贞峙，道俗纶综。往在京邑，维持法网。内外具瞻，弘道之匠也。'顷以道业靖济，不耐尘俗。考室山泽，修德就闲。今在剡县之仰山，率合同游，论道说义，高栖皓然，遐迩有咏。"④

《佛祖历代通载》载："（兴宁二年）是年哀帝诏法师竺潜讲般若于禁中。尝着屐至殿中，人聚观叹道德高风。"⑤

哀帝诏支道林讲法于禁中

《高僧传》载："王洽、刘恢、殷浩、许询、郗超、孙绰、桓彦表、王敬仁、何次道、王文度、谢长遐、袁彦伯等，并一代名流，皆著尘外之狎。"⑥

《释氏稽古略》载："东晋哀帝兴宁二年十月，沙门竺潜辞阙还剡山。诏遁继讲法于禁中。一时名士殷浩、郗超、孙绰、桓彦表、王敬仁、何充、王坦之、袁彦伯并

---

①［梁］慧皎：《高僧传》卷十三，《大正藏》第50册，第410页上。
②［唐］惠详：《弘赞法华传》卷一，《大正藏》第51册，第13页中。
③ 王荣国：《东晋建康瓦官寺佛教》，《佛教文化研究》2017年第1期。
④［梁］慧皎：《高僧传》卷四，《大正藏》第50册，第347页下。
⑤［元］念常：《佛祖历代通载》卷六，《大正藏》第49册，第523页上。
⑥［梁］慧皎：《高僧传》卷四，《大正藏》第50册，第348页中。

与结方外交，天下想见其标致也。”①

支道林讲《小品》于瓦官寺

《世说新语》载：“有北来道人好才理，与林公相遇于瓦官寺，讲小品。于时竺法深、孙兴公悉共听。此道人语，屡设疑难，林公辩答清析，辞气俱爽。此道人每辄摧屈。孙问深公：‘上人当是逆风家，向来何以都不言？’公笑而不答。林公曰：‘白旃檀非不馥，焉能逆风？’深公得此义，夷然不屑。”②

支道林还东山

《高僧传》载：“遁淹留京师，涉将三载，乃还东山。上书告辞曰：‘遁顿首言，敢以不才，希风世表。未能鞭后，用愆灵化。盖沙门之义，法出佛圣，雕纯反朴，绝欲归宗。游虚玄之肆，守内圣之则。佩五戒之贞，毗外王之化。谐无声之乐，以自得为和。笃慈爱之孝，蠕动无伤。衔抚恤之哀，永悼不仁。秉未兆之顺，远防宿命。挹无位之节，履亢不悔。是以哲王御南面之重，莫不钦其风尚。安其逸轨，探其顺心，略其形敬，故令历代弥新矣。陛下天钟圣德，雅尚不倦。道游灵模，日昃忘御，可谓钟鼓晨极，声振天下。清风既邵，莫不幸甚。上愿陛下，齐龄二仪，弘敷至化。去陈信之妖诬，寻丘祷之弘议。绝小涂之致泥，奋宏辔于夷路。若然者，太山不淫季氏之旅，得一以成灵。王者非圆丘而不禋，得一以永贞。若使贞灵各一，人神相忘，君君而下无亲举，神神而咒不加灵，玄德交被，民荷冥佑。恢恢六合，成吉祥之宅。洋洋大晋，为元亨之宇。常无为而万物归宗，执大象而天下自往。国典刑杀，则有司存焉。若生而非惠，则赏者自得。戮而非怒，则罚者自刑。弘公器以厌神意，提铨衡以极冥量。所谓天何言哉，四时行焉。贫道野逸东山，与世异荣，菜蔬长阜，漱流清壑，褴褛毕世，绝窥皇阶。不悟乾光曲曜，猥被蓬荜，频奉明诏，使诣上京，进退惟谷，不知所厝。自到天道，屡蒙引见。优以宾礼，策以微言。每愧才不拔滞，理无拘新，不足对扬玄模，允塞视听，踧踖侍人，流汗位席。曩四翁赴汉，于木蕃魏，皆出处有时，默语适会。今德非昔人，动静乖哀，游魂禁省，鼓言帝侧，将困非据，何能有为。且岁月僶俛，感若斯之叹，况复同志索居，综习辽落，延首东顾，孰能无怀。上愿陛下，时蒙放遣，归之林薄，以鸟养鸟，所荷为优。谨露板以闻，申其愚管，裹粮望路，伏待慈诏。’诏即许焉，资给发遣，事事丰厚，一时名流，并饯离于征虏。

---

① [元] 觉岸：《释氏稽古略》卷二，《大正藏》第49册，第781页中。

② 徐震堮：《世说新语校笺》，中华书局，1984年，第119页。

蔡子叔前至，近遁而坐，谢万石后至，值蔡暂起，谢便移就其处。蔡还，合褥举谢掷地，谢不以介意。其为时贤所慕如此。既而收迹剡山，毕命林泽。人尝有遗遁马者，遁爱而养之，时或有讥之者，遁曰：'爱其神骏，聊复畜耳。'后有饷鹤者，遁谓鹤曰：'尔冲天之物，宁为耳目之玩乎。'遂放之。遁幼时，尝与师共论物类。谓鸡卵生用，未足为杀，师不能屈。师寻亡，忽见形，投卵于地，壳破鸲行，顷之俱灭，遁乃感悟，由是蔬食终身。"①

按：《高僧传》载："遁淹留京师，涉将三载，乃还东山。"据晋哀帝隆和元年·前秦甘露四年（362）下"支道林止东安寺"条，推之可知，"支道林还东山"条，当发生于本年。

支道林入支硎山

《高僧传》载："（支道林）后还吴，立支山寺，晚欲入剡。谢安为吴兴，与遁书曰：'思君日积，计辰倾迟，知欲还剡自治，甚以怅然。人生如寄耳，顷风流得意之事，殆为都尽。终日戚戚，触事惆怅，唯迟君来，以晤言消之，一日当千载耳。此多山县，闲静，差可养疾。事不异剡，而医药不同，必思此缘，副其积想也。'"②

《吴地记》载："支硎山在吴县西十五里。晋支遁，字道林。尝隐于此山，后得道，乘白马升云而去。山中有寺，号曰报恩，梁武帝置。"③

王晓毅在《支道林生平事迹考》中指出："《本传》将此事置于支道林立吴县支山寺与赴山阴住灵嘉寺之间，恐误。据《晋书·谢安传》，谢安于40岁（升平四年）时出山，任桓温司马，升平五年因谢万死而'投笺求归，寻除吴兴太守'。可见谢安任吴兴太守，不能早于隆安元年。谢安信写得甚为伤感，信中所言'风流得意之事，殆为都尽'，是指当年在会稽的名士朋友大都去逝或出仕。如仅升平五年，王羲之、许询、谢万、王洽等人便相继作古，而孙绰等人则早已入仕离开会稽。综上所述，谢安此信定写于兴宁二年支道林准备'还剡'之后。"④

王坦之舍园宅为安乐寺

《高僧传》载："释慧受，安乐人。晋兴宁中来游京师。蔬食苦行，常修福业。

①［梁］慧皎：《高僧传》卷四，《大正藏》第50册，第348页中。
②［梁］慧皎：《高僧传》卷四，《大正藏》第50册，第348页中。
③［唐］陆广微撰，曹林娣校注：《吴地记》，江苏古籍出版社，1999年，第69页。
④ 王晓毅：《支道林生平事迹考》，《中华佛学报》1995年第8期。

尝行过王坦之园，夜辄梦于园中立寺。如此数过，受欲就王乞立一间屋处，未敢发言，且向守园客松期说之。期云：‘王家之园，恐非所图也。’受曰：‘若令诚感，何忧不得。’即诣王陈之。王大喜，即以许焉。初立一小屋，每夕复梦见一青龙从南方来化为刹柱。受将沙弥试至新亭江寻觅，乃见一长木随流来下。受曰：‘必是吾所见者也。’于是雇人牵上，竖立为刹，架以一层。道俗竞集，咸叹神异。坦之即舍园为寺。以受本乡为名，号曰安乐寺。东有丹阳尹王雅宅、西有东燕太守刘斗宅、南有豫章太守范宁宅，并施以成寺。后有沙门道靖、道敬等，更加修饰，于今崇丽焉。”①

《南朝寺考》载：“安乐寺在临秦寺旁，亦王坦之所造也。先是，有僧慧受，安乐人，尝梦于坦之园中立寺，因以为请，坦之即舍园为寺，以受本乡为名，号曰安乐。东有丹阳尹王雅宅、西有东燕太守刘鬬宅、南有豫章太守范宁宅，并施以成寺。”②

《建康实录》载：“案，帝时侍中、中书令王坦之造临秦、安乐二寺，在今县南二里半，南门临秦淮水也。”③

《南朝寺考》载：“晋侍中中书令王坦之，信奉释氏，于秦淮水北造一寺，名曰临秦，以门临淮水为义。”④

释慧远南投荆州南阳

《高僧传》载：“俄而慕容俊逼陆浑，（释慧远同释道安）遂南投襄阳。”⑤

汤用彤在《汉魏两晋南北朝佛教史》（增订本）中指出：“晋哀帝兴宁三年（公元365年），年三十二，随安公南投襄阳。”⑥

方立天在《魏晋南北朝佛教》之《慧远年谱》中则认为：“兴宁二年（前秦甘露六年）。31岁。以燕军逼陆浑，慧远随道安等去陆浑山，南投荆州南阳（今河南邓县东南）。”⑦

---

①［梁］慧皎：《高僧传》卷十三，《大正藏》第50册，第410页中。
②［清］刘世珩：《南朝寺考》，普慧大藏经刊行会校印本，民国三十三年，第26页。
③［唐］许嵩著，张忱石点校，《建康实录》卷八，中华书局，1986年，第240页。
④［清］刘世珩：《南朝寺考》，普慧大藏经刊行会校印本，民国三十三年，第26页。
⑤［梁］慧皎：《高僧传》卷五，《大正藏》第50册，第352页上。
⑥ 汤用彤：《汉魏两晋南北朝佛教史》（增订本），北京大学出版社，2011年，第189页。
⑦ 方立天：《方立天文集》第一卷《魏晋南北朝卷》，中国人民大学出版社，2006年，第182页。

佛驮跋陀罗丧母

《出三藏记集》载："（佛驮跋陀罗）五岁而孤。"[1]

《高僧传》载："（佛驮跋陀罗）五岁复丧母，为外氏所养。从祖鸠婆利闻其聪敏，兼悼其孤露，乃迎还，度为沙弥。"[2]

按：晋穆帝升平三年·前秦甘露元年（359）下"佛驮跋陀罗生"条，推之可知，"佛驮跋陀罗丧母"条，当发生于本年。

于法开辞还东山

《高僧传》载："讲竟，（于法开）辞还东山。帝恋德殷勤，�钱绢及步舆，并冬夏之服，谢安、王文度悉皆友善。或问：'法师高明刚简，何以医术经怀？'答曰：'明六度以除四魔之病，调九候以疗风寒之疾，自利利人，不亦可乎？'"[3]

《资治通鉴》载："（东晋哀帝兴宁三年，二月）丙申，帝崩于西堂，事遂寝。"[4]

按：兴宁二年三月，哀帝药发中毒。年内，于法开出讲《放光经》毕，归至建康，知哀帝已不能亲理万机。升平五年，时晋穆帝召其入内治病，法开险为廷尉所收，此祸犹在眼前。故法开决意辞还东山，以避祸端。于是，哀帝赐其钱帛用度。兴宁三年二月，晋哀帝崩。故于法开向哀帝请辞归山，至迟在兴宁二年末，兹系于本年。

晋哀帝兴宁三年·前秦建元元年·前凉升平九年（365）乙丑

习凿齿与释道安书

《弘明集》载："兴宁三年四月五日，凿齿稽首和南。承应真履正，明白内融；慈训兼照，道俗齐荫。宗虚者，悟无常之旨。存有者，达外身之权；清风藻于中夏，鸾响厉乎八冥。玄味远猷，何劳如之。弟子闻不终朝而雨六合者，弥天之云也。弘渊源以润八极者，四大之流也。彼真无为降，而万物赖其泽；此本无心行，而高下蒙其润。况哀

① [梁] 僧祐：《出三藏记集》卷十四，《大正藏》第55册，第103页中。

② [梁] 慧皎：《高僧传》卷二，《大正藏》第50册，第334页下。

③ [梁] 慧皎：《高僧传》卷四，《大正藏》第50册，第350页中。

④ [北宋] 司马光：《资治通鉴》卷一百一，中华书局，1956年，第3198页。

世降步，愍时而生；资始系于度物，明道存乎练俗。乘不疾之舆，以涉无远之道；命外身之驾，以应十方之求。而可得玉润于一山，冰结于一谷。望阆风而不回仪，损此世而不诲度者哉。且夫自大教东流，四百余年矣，虽藩王居士时有奉者，而真丹宿训，先行上世。道运时迁，俗未佥悟，藻悦涛波，下士而已。唯肃祖明皇帝，实天降德，始钦斯道。手画如来之容，口味三昧之旨，戒行峻于岩隐，玄祖畅乎无生。大块既唱，万窍怒吗，贤哲君子，靡不归宗。日月虽远，光景弥晖。道业之隆，莫盛于今。岂所谓月光首寂，将生真土；灵钵东迁，忽验于兹乎？又闻三千得道，俱见南阳；明学开士，陶演真言。上考圣达之诲，下测道行之验；深经并往，非斯而谁？怀道迈训，舍兹孰降。是以此方诸僧咸有倾想，目欣金色之瑞，耳迟无上之藏。老幼等愿，道俗同怀。系咏之情，非常言也。若庆云东徂，摩尼回曜，一蹑七宝之座，暂视明誓之灯；雨甘露于丰草，植栴檀于江湄。则如来之教，复崇于今日；玄波逸响，重荡濯于一代矣。不胜延豫，裁书致心，意之蕴积，曷云能畅？弟子襄阳习凿齿稽首和南。"①

释道安新野分散门徒

《出三藏记集》载："俄而慕容俊过陆浑，遂南投新野。复议曰：'今遭凶年，不依国主则法事难立。又教化之体，宜令广布。'咸曰：'随法师教！'乃令法汰诣杨州，曰：'彼多君子，好尚风流。'法和入蜀，'山水可以修闲'。安与弟子慧远等五百余人渡河，夜行值雷雨，乘电光而进。前得人家，见门里有一双马棉间。棉悬一马篼，可容一斛。安便呼林伯升。主人惊出，果姓林，名伯升。谓是神人，厚相赏接。既而弟子问何以知其姓字？安曰：'两木为林，篼容伯升也。'"②

《高僧传》载："俄而慕容俊逼陆浑，遂南投襄阳，行至新野，（释道安）谓徒众曰：'今遭凶年，不依国主，则法事难立，又教化之体，宜令广布。'咸曰：'随法师教。'乃令法汰诣杨州，曰：'彼多君子，好尚风流。'法和入蜀，山水可以修闲。安与弟子慧远等四百余人渡河，夜行值雷雨，乘电光而进。前行得人家，见门里有二马棉，棉间悬一马篼，可容一斛，安便呼林百升。主人惊出，果姓林名百升，谓是神人，厚相接待。既而弟子问何以知其姓字，安曰：'两木为林，篼容百升也。'"③

《广弘明集》载："有沙门常山卫道安，性聪敏，日诵万余言，研求幽旨，慨无

① [梁] 僧祐：《弘明集》卷十二，《大正藏》第52册，第76页下。
② [梁] 僧祐：《出三藏记集》卷十五，《大正藏》第55册，第108页上。
③ [梁] 慧皎：《高僧传》卷五，《大正藏》第50册，第352页上。

师匠。独坐静室十有二年，覃思构精，神悟妙赜。以前出经多有舛驳，乃正其乖谬，尔后沙门传法，大著中原。”①

《隋书》载：“时中国纷扰，四方隔绝，道安乃率门徒，南游新野，欲令玄宗所在流布，分遣弟子，各趋诸方。法性诣扬州，法和入蜀，道安与慧远之襄阳。”②

汤用彤在《汉魏两晋南北朝佛教史》（增订本）中指出：“晋哀帝兴宁三年（公元365年），年三十二，随安公南投襄阳。”③

竺法汰与释道安分别

《高僧传》载：“（竺法汰）与道安避难行至新野。安分张徒众，命汰下京。临别谓安曰：‘法师仪轨西北，下座弘教东南。江湖道术此焉相望矣。至于高会净因，当期之岁寒耳。’于是分手泣涕而别。”④

释道安抵达襄阳

《出三藏记集》载：“（释道安）遂住襄阳。”⑤

《高僧传》载：“（释道安）既达襄阳，复宣佛法。”⑥

按：习凿齿致书释道安之时在本年四月五日，且释道安动身前往襄阳期间夜逢雷雨，可知时值仲夏，故释道安抵达襄阳必在本年内。兹系于本年。

习凿齿诣释道安

《出三藏记集》载：“习凿齿闻而诣之。既坐而称曰：‘四海习凿齿。’安曰：‘弥天释道安。’时人咸以为名答。凿齿常饷安梨数十枚。正值讲坐，便手自割分，梨尽人遍，无参差者。高平郗超遣使遗米千石，修书累纸，深致殷勤。安答书曰：‘捐米弥觉有待之为烦！’凿齿与谢安书曰：‘来此见释道安，故是远胜，非常道士。师徒数百，斋讲不倦。无变化伎术可以惑常人之耳目，无重威大势可以整群小之参差，而师徒肃肃，自相尊敬，洋洋济济，乃是吾由来所未见。其人理怀简衷，多所博涉，内外群书，略皆遍睹，阴阳算数，亦皆能通。佛经故最是所长，作义乃似法兰、法祖

---

①［唐］道宣：《广弘明集》卷二，《大正藏》第52册，第101页下。
②［唐］魏徵等撰：《隋书》卷三十五，中华书局，1973年，第1097页。
③ 汤用彤：《汉魏两晋南北朝佛教史》（增订本），北京大学出版社，2011年，第189页。
④［梁］慧皎：《高僧传》卷五，《大正藏》第50册，第354页下。
⑤［梁］僧祐：《出三藏记集》卷十五，《大正藏》第55册，第108页中。
⑥［梁］慧皎：《高僧传》卷五，《大正藏》第50册，第352页上。

辈。统以大无，不肯稍齐物等智，在方中驰骋也。恨不使足下见之！其亦每言思得一见足下。’其为时贤所重如此。”①

《高僧传》载：“时襄阳习凿齿锋辩天逸，笼罩当时。其先闻安高名，早已致书通好，曰：‘承应真履正，明白内融，慈训兼照，道俗齐荫。自大教东流四百余年，虽蕃王居士时有奉者。而真丹宿川，先行上世，道运时迁，俗未佥悟。自顷道业之隆，咸无以匹。所谓月光将出，灵钵应降。法师任当洪范，化洽幽深，此方诸僧，咸有思慕。若庆云东徂，摩尼回曜，一蹑七宝之座，暂现明哲之灯。雨甘露于丰草，植栴檀于江湄。则如来之教，复崇于今日，玄波溢漾，重荡于一代矣。’文多不悉载。及闻安至止，即往修造。既坐，称言：‘四海习鉴齿。’安曰：‘弥天释道安。’时人以为名答。齿后饷梨十枚，正值众食，便手自剖分，梨尽人遍，无参差者。高平郗超遣使遗米千斛，修书累纸，深致殷勤。安答书云：‘捐米弥觉有待之为烦。’习凿齿与谢安书云：‘来此见释道安，故是远胜，非常道士，师徒数百，斋讲不倦。无变化伎术，可以惑常人之耳目；无重威大势，可以整群小之参差。而师徒肃肃，自相尊敬，洋洋济济，乃是吾由来所未见。其人理怀简衷，多所博涉，内外群书，略皆遍睹，阴阳算数，亦皆能通，佛经妙义，故所游刃。作义乃似法兰、法道，恨足下不同日而见，其亦每言思得一叙。’其为时贤所重，类皆然也。”②

《金楼子》载：“习凿齿诣释道安，值持钵趋堂，凿齿乃翔往众僧之斋也，众皆舍钵敛衽，唯道安食不辍，不之礼也。习甚恚之，乃厉声曰：‘四海习凿齿，故故来看尔。’道安应曰：‘弥天释道安，无暇得相看。’习愈忿曰：‘头有钵上色，钵无头上毛。’道安曰：‘面有匙上色，匙无面上坳。’习又曰：‘大鹏从南来，众鸟皆戢翼。何物冻老鸱，腩腩低头食？’道安曰：‘微风入幽谷，安能动大才。猛虎当道食，不觉蚤虻来。’于是习无以对。”③

《历代三宝纪》载：“时襄阳有习凿齿者，锋辩天逸，笼罩当时。其先藉安高名早著，已致书通好。及闻安至止，即往修造。既坐，称言：‘四海习凿齿’。安曰：‘弥天释道安。’时人以为名答。”④

《晋书》载：“时有桑门释道安，俊辩有高才，自北至荆州，与凿齿初相见。道

---

①［梁］僧祐：《出三藏记集》卷十五，《大正藏》第55册，第108页中。

②［梁］慧皎：《高僧传》卷五，《大正藏》第50册，第352页中。

③［梁］萧绎撰，许逸民校笺：《金楼子校笺》卷五，中华书局，2011年，第1128—1129页。

④［隋］费长房：《历代三宝纪》卷八，《大正藏》第49册，第76页下。

安曰：‘弥天释道安。’凿齿曰：‘四海习凿齿。’时人以为佳对。”①

方广锠在《道安评传》中指出：“365年三月，前燕慕容恪攻下洛阳，前燕势力席卷河南南部，在这前后，道安一行从陆浑出发，迤俪南行。他先南下来到南阳（今河南南阳），在这里停留了一段时间。在南阳时他收到东晋襄阳名士习凿齿于365年四月五日在襄阳写的一封邀请信，邀请他到襄阳去。想必这封信坚定了他南投东晋的决心。于是带领慧远等人，来到新野（今河南新野）。这也就是三国时刘备曾经屯兵的地方。在新野，道安在传教理论上做出一个重大决策——法依国主；随之在具体行动上也有一个重大决定——分张徒众。”②

胡中才在《道安研究》中指出：“晋哀帝兴宁三年（365）五、六月，道安率僧众500余人自陆浑南下襄阳，在新野分张众徒。道安南下襄阳的时间，从多方考证都是一致的。一是道安到襄阳是应襄阳习凿齿之邀，习凿齿给道安的书函写得明确：‘兴宁三年四月五日’，从道安南下途中‘夜行值雷雨’的情况看，道安是接到习凿齿书函后，当年夏天就南下了。二是《资治通鉴·晋纪·哀皇帝》载，兴宁二年（364），燕将李洪攻破许昌、汝南、陈郡，燕太宰慕容恪又攻打洛阳，东晋守将陈佑率众奔陆浑，接着逃奔新城。次年，即晋兴宁三年（365）三月，慕容恪攻破洛阳，至此，河南诸城垒，皆为燕军所取。燕军逼进陆浑，道安修道的环境再次被破坏。恰在这个时候，接到了习凿齿的书函，道安此时决心南下也是符合情理的。三是《高僧传·道安》载，‘（道）安在樊沔十五载’。而《晋书·朱序传》和《资治通鉴·晋纪·孝武帝》皆载，晋太元四年（379）二月，符丕攻破襄阳城，俘道安、习凿齿、朱序返长安。以此推算，道安公元365年南下襄阳，在襄阳度过了十五载。”③

释昙徽随释道安入襄阳

《高僧传》载：“（释昙徽）后随安在襄阳。”④

释慧远随释道安南投襄阳

《出三藏记集》载：“（释慧远）后随安公南游樊、沔。”⑤

---

①［唐］房玄龄等：《晋书》卷八十二，中华书局，1974年，第2153页。

② 方广锠：《道安评传》，昆仑出版社，2004年，第123—124页。

③ 胡中才：《道安研究》，宗教文化出版社，2011年，第22—23页。

④［梁］慧皎：《高僧传》卷五，《大正藏》第50册，第356页中。

⑤［梁］僧祐：《出三藏记集》卷十五，《大正藏》第55册，第109页中。

《高僧传》载："安有弟子法遇、昙徽，皆风才照灼，志业清敏，并推伏焉，后随安公南游樊河。"①

区结成在《慧远》中指出："（366年）随慧远等离南阳南下，经新野至梁州襄阳。释法和自新野入蜀。释慧永欲与慧远南往罗浮山栖居，远为道安所留，永先行。永在江州浔阳为陶范所留，于庐山西北麓为建西林寺。是年起，道安讲《放光般若经》，岁常再遍。"②

龚斌在《慧远法师传》之《慧远年谱》中则认为："（365年）道安始至襄阳，慧远与弟慧持随之南下樊沔。《慧远传》：'后随安公南游樊沔。'慧远随道安至襄阳之年，可由《出三藏记集》卷八道安《摩诃钵罗若波罗蜜经抄序》推知。据此文'昔在汉阴十有五栽''及至京师，渐四年矣''会建元十八年'等语，知道安在襄阳前后共十五年，后离襄阳至长安，又将涉四载，为建元十八年（384），则道安至襄阳，时在兴宁三年也。"③

释慧远视疾法汰

《高僧传》载："（竺法汰）遇疾停阳口。时桓温镇荆州，遣使要过供事汤药。安公又遣弟子慧远下荆问疾。汰病小愈，诣温。温欲共汰久语，先对诸宾未及前汰。汰既疾，势未歇，不堪久坐。乃乘舆历厢回出，相闻与温曰：'风痰忽发，不堪久语，比当更造。'温匆匆起出，接与归焉。汰形长八尺，风姿可观。含吐蕴藉，词若兰芳。时沙门道恒颇有才力，常执《心无义》大行荆土。汰曰：'此是邪说，应须破之。'乃大集名僧，令弟子昙一难之。据经引理，析驳纷纭。恒仗其口辩，不肯受屈。日色既暮，明旦更集。慧远就席，设难数番，关责锋起。恒自觉义途差异，神色微动。麈尾扣案，未即有答。远曰：'不疾而速，杼轴何为？'座者皆笑矣。《心无》之义于此而息。"④

方立天在《慧远及其佛学》中指出："（兴宁三年）慧远在襄阳期间曾奉道安之命前往荆州慰问患病的竺法汰，并参与攻难道恒的'心无'义，据称'心无'义由此而息。"⑤

---

① [梁]慧皎：《高僧传》卷五，《大正藏》第50册，第351页下。

② 区结成：《慧远》，东大图书公司，1987年，第149页。

③ 龚斌：《慧远法师传》，江西人民出版社，2008年，第217页。

④ [梁]慧皎：《高僧传》卷五，《大正藏》第50册，第354页下。

⑤ 方立天：《方立天文集》第一卷《魏晋南北朝佛教》，中国人民大学出版社，2006年，第182页。

张雪松在《中华佛教史·汉魏两晋南北朝佛教史卷》中指出："汤先生怀疑年代有错，可能是由于《高僧传》中说，在法汰于荆州时，'安公又遣弟子慧远下荆问疾'。因为慧远是道安在山西太行时收的徒弟，所以若派慧远去探病，则时代必晚。但笔者认为《高僧传》中的这段记录有误，以此推断年代不妥。晋哀帝兴宁三年（365年）道安带慧远等弟子南下襄阳，时值道恒等人在荆州一带宣扬'心无义'，法汰派弟子昙壹前去辩难，道安也派慧远去荆州破心无义。由于这次辩难十分出名，慧远在荆州也就广为人知，很可能后世就因此误会，'当时慧远正奉道安之命前往慰问患病的竺法汰，也就席攻难道恒'，因此僧传中说：'安公又遣弟子慧远下荆问疾'，此记恐系将两次地点相同而时间不同的事情（法汰在荆州生病，慧远在荆州辩难）弄混，是误记。"①

释道安统一僧姓

《高僧传》载："初，魏晋沙门依师为姓，故姓各不同，安以为大师之本，莫尊释迦，乃以释命氏。后获《增一阿含》，果称四河入海，无复河名，四姓为沙门，皆称释种，既悬与经符，遂为永式。"②

《历代三宝纪》载："魏朱士行创首出家服法，为僧犹称俗姓。吴晋相踵，弗革其风。逮自符秦，有释道安，独拔当时，居然超悟。道俗钦仰，众若稻麻。云既剃除，绍继释种，子而异父，岂曰相承？今者出家，宜悉称释。及后经至翻《四阿含》，其文果云：'四姓出家，同一释种。'众咸叹伏。"③

陈寅恪指出："僧徒姓释，始自道安。（释道安俗姓卫，常山扶柳人）。在姓释的僧徒中原无外国人。晋时如释道慈，豫章人。释僧叡，魏郡长乐人。他是释道安的弟子，从师父之姓。释慧远，俗姓贾，雁门楼烦人，释慧持，为释慧远之弟，兄弟二人俱师事释道安，从其姓。释道恒，蓝田人，师事鸠摩罗什。鸠摩罗什一作旬摩罗耆婆，天竺人。释僧肇，京兆人，亦师事鸠哮罗什。总之，'释'姓为道安所创，非外国姓、胡姓，而只具有宗教的意义。这也可以说是夷夏之防的一个表现。但自道安以后，并非中国僧徒都姓释，姓释的僧徒中也有外人。"④

---

① 季羡林、汤一介总主编，张雪松著：《中华佛教史·汉魏两晋南北朝佛教史卷》，山西教育出版社，2014年，第118页。

②［梁］慧皎：《高僧传》卷五，《大正藏》第50册，第352页下。

③［隋］费长房：《历代三宝纪》卷四，《大正藏》第49册，第53页中。

④ 万绳楠整理：《陈寅恪魏晋南北朝史讲演录》，贵州人民出版社，2007年，第292页。

胡中才在《道安研究》中指出："晋哀帝兴宁三年（365）秋，道安在襄阳白马寺统一僧姓为释氏。不久，习凿齿拜见道安，两人见面，习凿齿说：'四海习凿齿。'道安回答：'弥天释道安。''时人以为名答。'习凿齿特邀道安南下襄阳，心情迫切。《高僧传·道安》载，习凿齿'及闻道安至止，即往修造。'说明习凿齿拜见道安是在道安至襄阳后不久，不可能逾年。又据习凿齿见道安之时，曾'饷梨十枚'，说明习凿齿见道安就在当年秋天梨熟季节。又根据习凿齿见道安时，自报姓名'四海习凿齿'，道安对答为'弥天释道安'，而不是原来的竺道安了，说明道安在习凿齿见他之前，已经统一僧姓为释氏了。道安雷雨之夏南下襄阳途中还是竺道安，梨熟之秋习公造访时已称释道安了。也就是说，道安统一僧姓为释氏的具体时间，应该是晋哀帝兴宁三年（365）夏秋间，地点就是襄阳白马寺。"①

释道安回信郗超

《世说新语》载："郗嘉宾钦崇释道安德问，饷米千斛，修书累纸，意寄殷勤。道安答直云：'损米，愈觉有待之为烦。'"②

《出三藏记集》载："高平郗超遣使遗米千石，修书累纸，深致殷勤。安答书曰：'捐米弥觉有待之为烦。'"③

胡中才在《道安研究》中指出："道安到襄阳后，苦于生计是在初到时。后来，孝武帝颁下诏书，让道安享受王公俸禄后，就不再自己操持衣食住行方面的事了。所以，郗超赠米当是道安到襄阳初期，但是应该在习凿齿致书谢安，使道安在东晋名士中的名声大起之后，故约在太和二、三年的时候。"④

戴丽琴在《〈世说新语〉与佛教》中则认为："此事当在兴宁二年（364年）或稍后。据汤用彤先生《汉魏两晋南北朝佛教史》（增订本）详考，释道安在襄阳自兴宁二年（364）至太元四年（379）。据《资治通鉴》卷一〇四，郗超卒于太元二年（377）十二月，则郗超与释道安往来之事在兴宁二年至太元二年之间。然而以释道安之名望与郗超奉佛之虔诚，郗超奉米道安之事最可能发生在道安初下襄阳之际，即兴宁二年或稍后。"⑤

---

① 胡中才：《道安研究》，宗教文化出版社，2011年，第23页。

② 徐震堮：《世说新语校笺》，中华书局，1984年，第208页。

③［梁］僧祐：《出三藏记集》卷十五，《大正藏》第55册，第108页中。

④ 胡中才：《道安研究》，宗教文化出版社，2011年，第26页。

⑤ 戴丽琴：《〈世说新语〉与佛教》，华中师范大学博士学位论文，2010年，第54页。

释法虔卒

《高僧传》载："遁有同学法虔，精理入神，先遁亡，遁叹曰：'昔匠石废斤于郢人，牙生辍弦于锺子，推己求人，良不虚矣。宝契既潜，发言莫赏，中心蕴结，余其亡矣。'乃著《切悟章》，临亡成之，落笔而卒。"①

《世说新语·伤逝篇》载："支道林丧法虔之后，精神賈丧，风味转坠。常谓人曰：'昔匠石废斤于郢人，牙生辍弦于锺子，推己外求，良不虚也。冥契既逝，发言莫赏，中心蕴结，余其亡矣！'却后一年，支遂殒。"②

刘孝标注《世说新语》引《支遁传》云："法虔，道林同学也。儁朗有理义，遁甚重之。"③

按：晋废帝太和元年（366），支道林卒。释法虔先一年已往生。据此推之，释法虔当卒于本年。

凉州东苑佛像

《太平御览》载："（兴宁）三年，姑臧北山杨树生松叶，西苑牝鹿生角，东苑铜佛生毛。"④

释道昺生

《庐山记》载："道昺姓陈，颍川人。幼出家，为远公弟子。深达经律，涉猎外书，特深《庄》《老》。德行孤峻，慧悟夙深。所披文不复再览，讲述经典，其理直明。"⑤

《庐山记》载："元嘉十二年乙亥终，春秋七十一。"⑥

据此推之，释道昺当生于本年。

释慧观生

《高僧传》载："释慧观，姓崔，清河人。"⑦

---

①［梁］慧皎：《高僧传》卷四，《大正藏》第50册，第349页下。
②徐震堮：《世说新语校笺》，中华书局，1984年，第351页。
③徐震堮：《世说新语校笺》，中华书局，1984年，第351页。
④［宋］李昉等：《太平御览》卷一百二十四，中华书局，1960年，第601页。
⑤［宋］陈舜俞：《庐山记》卷三，《大正藏》第51册，第1042页上。
⑥［宋］陈舜俞：《庐山记》卷三，《大正藏》第51册，第1042页上。
⑦［梁］慧皎：《高僧传》卷七，《大正藏》第50册，第368页中。

《高僧传》载："宋元嘉中卒，春秋七十有一。"[1]

按：据刘宋元嘉十三年（436）下"释慧观或卒于此年"条，推之可知，"释慧观生"条，当发生于本年。

释道恒出家

《高僧传》载："（释道恒）至年二十，后母又亡，行丧尽礼，服毕出家。游刃佛理，多所兼通，学该内外，才思清敏。"[2]

按：据晋穆帝永和元年（345）下"释道恒生"条，推之可知，"释道恒出家"条，当发生于本年。

竺僧度

《高僧传》载："竺僧度，姓王，名晞，字玄宗，东莞人也。虽少出孔微，而天姿秀发，至年十六，神情爽拔，卓尔异人，性度温和，乡邻所羡。时独与母居，孝事尽礼，求同郡杨德慎女，亦乃衣冠家人。女字苕华，容貌端正，又善坟籍，与度同年，求婚之日，即相许焉。未及成礼，苕华母亡，顷之，苕华父又亡，度母亦卒。度遂睹世代无常，忽然感悟，乃舍俗出家，改名僧度。迹抗尘表，避地游学。苕华服毕，自惟三从之义，无独立之道，乃与度书谓：'发肤不可伤毁，宗祀不可顿废。'令其顾世教，改远志，曜翘烁之姿，于盛明之世，远休祖考之灵，近慰人神之愿。并赠诗五首，其一篇曰：'大道自无穷，天地长且久。巨石故叵消，芥子亦难数。人生一世间，飘忽若过牖。荣华岂不茂，日夕就雕朽。川上有余吟，日斜思鼓缶。清音可娱耳，滋味可适口。罗纨可饰躯，华冠可曜首。安事自剪削，耽空以害有。不道妄区区，但令君恤后。'度答书曰：'夫事君以治一国，未若弘道以济万邦。安亲以成一家，未若弘道以济三界。发肤不毁，俗中之近言耳。但吾德不及远，未能兼被，以此为愧。然积篑成山，亦冀从微之著也。且披袈裟，振锡杖。饮清流，咏《波若》。虽公王之服，八珍之膳，铿锵之声，晔晔之色，不与易也。若能悬契，则同期于泥洹矣。且人心各异，有若其面，卿之不乐道，犹我之不慕俗矣。杨氏，长别离矣。万世因缘，于今绝矣。岁聿云暮，时不我与，学道者当以日损为志，处世者当以及时为务。卿年德并茂，宜速有所慕，莫以道士经心，而坐失盛年也。'又报诗五篇，其一首曰：'机运无停住，倏忽岁时过。巨石会当竭，芥子岂云多。良由去不息，故令川

---

[1] ［梁］慧皎：《高僧传》卷七，《大正藏》第50册，第368页中。

[2] ［梁］慧皎：《高僧传》卷六，《大正藏》第50册，第364页中。

上嗟。不闻荣启期，皓首发清歌。布衣可暖身，谁论饰绫罗。今世虽云乐，当奈后生何。罪福良由己，宁云己恤他。’度既志怀匪石，不可回转。苕华感悟，亦起深信。度于是专精佛法，披味群经，著《毗昙旨归》，亦行于世。后不知所终。”①

《大唐内典录》载：“哀帝世，沙门竺僧度”。②

徐清祥在《东晋士族出家考》中指出：“竺僧度出生于东莞（今山东营县）王氏次等士族。他出家的原因是生死问题。在他订婚之后，他的未婚岳父岳母及自己的母亲相继死亡。‘度遂睹世代无常，忽然感悟，乃舍俗出家，改名僧度。’他对毗昙学得很好，其《毗昙旨归》一书当时见称于世，今亡。其行迹与生卒年皆不可考。《本传》把他与河内竺慧超合传，并提到慧超与雁门周续之友善。其生卒年大概与周续之相仿，应是东晋晚期的人。”③

按：竺僧度，其生卒不可详考，因其乃哀帝时人，兹系于哀帝兴宁三年之末。

竺僧度所出经论

《历代三宝纪》载：“《毗昙旨归》一卷。右一卷，哀帝世，沙门竺僧度撰。”④

河内竺慧超

《高僧传》载：“（与竺僧度同）时河内又有竺慧超者，亦行解兼著，与高士雁门周续之友善，注《胜鬘经》焉。”⑤

按：竺慧超，事迹未详。《高僧传》云其与竺僧度同时，兹附于竺僧度事迹之下。

竺法旷与郗超、谢敷结居尘外

《高僧传》载：“晋兴宁中，（竺法旷）东游禹穴，观瞩山水。始投若耶之孤潭，欲依岩傍岭，栖闲养志，郄超、谢庆绪并结居尘外。时东土多遇疫疾，旷既少习慈悲，兼善神咒。遂游行村里，拯救危急，乃出邑止昌原寺，百姓疾者，多祈之致效。有见鬼者，言旷之行住，常有鬼神数十，卫其前后。时沙门竺道邻，造无量寿像，旷乃率其有缘，起立大殿。相传云，伐木遇旱，旷咒令至水。”⑥

---

① ［梁］慧皎：《高僧传》卷四，《大正藏》第50册，第351页上。
② ［唐］道宣：《大唐内典录》卷三，《大正藏》第55册，第245页上。
③ 徐清祥：《东晋士族出家考》，《世界宗教研究》2005年第3期。
④ ［隋］费长房：《历代三宝纪》卷七，《大正藏》第49册，第73页中。
⑤ ［梁］慧皎：《高僧传》卷四，《大正藏》第50册，第351页中。
⑥ ［梁］慧皎：《高僧传》卷五，《大正藏》第50册，第356页下。

《世说新语》载："郗尚书与谢居士善。常称：'谢庆绪识见虽不绝人，可以累心处都尽。'"①

按：此事在兴宁中，未详其年，兹系于兴宁三年。

晋废帝太和元年·前秦建元二年·前凉升平十年（366）丙寅

卢悚以邪术惑众

《晋书》载："咸安二年正月，降封帝为海西县公。四月，徙居吴县，敕吴国内史刁彝防卫，又遣御史顾允监察之。十一月，妖贼卢悚遣弟子殿中监许龙晨到其门，称太后密诏，奉迎兴复。帝初欲从之，纳保母谏而止。龙曰：'大事将捷，焉用儿女子言乎？'帝曰：'我得罪于此，幸蒙宽宥，岂敢妄动哉！且太后有诏，便应官属来，何独使汝也？汝必为乱。'因叱左右缚之，龙惧而走。帝知天命不可再，深虑横祸，乃杜塞聪明，无思无虑，终日酣畅，耽于内宠，有子不育，庶保天年。"②

《晋书·毛安之传》载："孝武即位，妖贼卢悚突入殿廷。安之闻难，率众直入云龙门，手自奋击。既而左卫将军殷康、领军将军桓秘等至，与安之并力，悚因剿灭。"③

《法苑珠林》载："又晋文帝太和元年，彭城道士卢悚自称大道祭酒，以邪术惑众，聚合徒党向晨攻广汉门，云：'迎海西公。'时殿中桓秘等觉知与战，寻被诛斩。"④

释道安作《僧尼轨范》

《高僧传》载："安既德为物宗，学兼三藏，所制《僧尼轨范》《佛法宪章》。条为三例：一曰行香定座上讲经上讲之法；二曰常日六时行道饮食唱时法；三曰布萨差使悔过等法。天下寺舍，遂则而从之。"⑤

胡中才在《道安研究》中指出："约晋废帝太和元年（366），道安制定《僧尼轨

① 徐震堮：《世说新语校笺》，中华书局，1984年，第362页。

②［唐］房玄龄等：《晋书》卷八，中华书局，1974年，第215页。

③［唐］房玄龄等：《晋书》卷八十一，中华书局，1974年，第2128页。

④［唐］道世：《法苑珠林》卷五十五，《大正藏》第53册，第704页下。

⑤［梁］慧皎：《高僧传》卷五，《大正藏》第50册，第353页中。

范》，并派慧远在岘山甘泉洞建甘泉寺。”[①]“制定《僧尼规范》，是道安认为‘此乃最急’之事，而且是道安到襄阳后，同统一僧尼姓氏一样，整顿僧团的重要措施之一，故大约到襄阳的次年就可能实施。”[②]

支道林卒

《高僧传》载：“遁先经余姚坞山中住，至于名辰犹还坞中。或问其意，答云：‘谢安在昔数来，见辄移旬日，今触情举目，莫不兴想。’后病甚，移还坞中，以晋太和元年闰四月四日终于所住，春秋五十有三。即窆于坞中，厥冢存焉。或云终剡，未详。郄超为之序传，袁宏为之铭赞，周昙宝为之作诔。孙绰《道贤论》以遁方向子期，论云：‘支遁、向秀雅尚《庄》《老》。二子异时，风好玄同矣。’又《喻道论》云：‘支道林者，识清体顺，而不对于物。玄道冲济，与神情同任。此远流之所以归宗，悠悠者所以未悟也。’后高士戴逵行经遁墓，乃叹曰：‘德音未远，而拱木已繁，冀神理绵绵，不与气运俱尽耳。’遁有同学法虔，精理入神，先遁亡，遁叹曰：‘昔匠石废斤于郢人，牙生辍弦于钟子，推己求人，良不虚矣。宝契既潜，发言莫赏，中心蕴结，余其亡矣。’乃著《切悟章》，临亡成之，落笔而卒。凡遁所著文翰集有十卷盛行于世。时东土复有竺法仰者，慧解致闻，为王坦之所重。亡后犹见形诣王，勖以行业焉。”[③]

《世说新语·伤逝篇》载：“戴公见林法师墓，曰：‘德音未远，而拱木已积。冀神理绵绵，不与气运俱尽耳。’”[④]

刘孝标注《世说新语》引《支遁传》云：“遁，太和元年终于剡之石城山，因葬焉。”[⑤]

刘孝标注《世说新语》引王珣《法师墓下诗·序》曰：“余以宁康二年命驾之剡石城山，即法师之丘也；高坟郁为荒楚，丘陇化为宿莽，遗迹未灭，而其人已远。感想平昔，触物凄怀。”[⑥]

① 胡中才：《道安研究》，宗教文化出版社，2011年，第24页。
② 胡中才：《道安研究》，宗教文化出版社，2011年，第25页。
③［梁］慧皎：《高僧传》卷四，《大正藏》第50册，第348页中。
④ 徐震堮：《世说新语校笺》，中华书局，1984年，第352页。
⑤ 徐震堮：《世说新语校笺》，中华书局，1984年，第352页。
⑥ 徐震堮：《世说新语校笺》，中华书局，1984年，第352页。

汤用彤认为支道林卒于太和元年。[①]单鹏对支道林的卒年亦有专文考辨，亦认为支道林卒于太和元年。[②]

王晓毅在《支道林生平事迹考》中指出："王珣与支道林为同时代人，其说可信。支道林墓应在石城山。"[③]

释法羽出家

《高僧传》载："（释法羽）十五出家，为慧始弟子。始立行精苦，修头陀之业。羽操心勇猛，深达其道。常欲仰轨药王，烧身供养。"[④]

按：据晋穆帝永和七年·前秦皇始元年（351）下"释法羽或生于本年"条，推之可知，"释法羽出家"条，当发生于本年。

乐僔于莫高窟造窟一所

《中国绘画史》载："莫高窟的开凿年代，据唐圣历元年《李怀让重修莫高窟碑》记载，是在符秦建元二年（晋废帝太和元年即公元366年）为乐僔和尚所开创，距今一千六百多年。"[⑤]

刘慧在《中原北方早期弥勒造像研究》中指出："武周圣历元年（698），李怀让《重修莫高窟佛龛碑》：'莫高窟者，厥前秦建元二年（366），有沙门乐僔，戒行清虚，掷心恬静，尝杖锡林野，行至此山，忽见金光，状有千佛，□□□□□造窟一龛。次有法良禅师，从东庙此，又与僔师窟侧，更即营造。伽蓝之起，滥觞于二僧'，'复有刺使建平公，东阳王等各修一大窟，而后合州黎庶，造作相仍，……'。"[⑥]

竺潜讲经简文帝处

《高僧传》载："于时简文作相，朝野以为至德，以潜是道俗标领，又先朝友敬，尊重挹服，顶戴兼常，迄乎龙飞，虔礼弥笃。潜尝于简文处，遇沛国刘惔，惔嘲之曰：'道士何以游朱门？'潜曰：'君自睹其朱门，贫道见为蓬户。'司空何次道，

---

① 汤用彤：《汉魏两晋南北朝佛教史》（增订本），北京大学出版社，2011年，第102页。
② 单鹏：《支遁卒年新说之商榷》，《求索》2010年第8期。
③ 王晓毅：《支道林生平事迹考》，《中华佛学报》1995年第8期。
④［梁］慧皎：《高僧传》卷十二，《大正藏》第50册，第404页下。
⑤ 王伯敏：《中国绘画史》，上海人民美术出版社，1982年，第94页。
⑥ 刘慧：《中原北方早期弥勒造像研究》，上海大学博士学位论文，2010年，第122页，脚注1。

懿德纯素，笃信经典，每加祇崇，遵以师资之敬，数相招请，屡兴法祀。”①

《世说新语》载：“竺法深在简文坐，刘尹问：‘道人何以游朱门？’答曰：‘君自见其朱门，贫道如游蓬户。’《高逸沙门传》曰：‘法师居会稽，皇帝重其风德，遣使迎焉。法师暂出应命。司徒会稽王天性虚澹，与法师结殷勤之欢。师虽升履丹墀，出入朱邸，泯然旷达，不异蓬宇也。”②

《晋书》载：“太和元年，进位丞相、录尚书事，入朝不趋，赞拜不名，剑履上殿，给羽葆鼓吹班剑六十人，又固让。”③故《佛祖历代通载》所载之“兴宁二年，竺潜与刘惔之辩”事，时间当误。

按：简文帝作相为太和元年。

竺佛念入长安

《出三藏记集》载：“竺佛念，凉州人也。志行弘美，辞才辩赡，博见多闻，备识风俗。家世河西，通习方语。故能交译戎华，宣法关渭，符、姚二代，常参传经，二《含》之具，盖其功也。”④“竺佛念，凉州人也。弱年出家，志业坚清，外和内朗，有通敏之鉴。讽习众经，粗涉外学，其《苍》《雅》诂训，尤所明练。少好游方，备贯风俗。家世西河，洞晓方语，华戎音义，莫不兼解。故义学之徒虽阙，而洽闻之声甚著。符坚伪建元之中，外国沙门僧伽跋澄及昙摩难提入长安，坚秘书郎赵政请跋澄出《婆须蜜经》胡本，当时名德莫能传译，众咸推念。于是澄执梵文，念译胡汉，质断疑义，音字方明。”⑤

《高僧传》载：“竺佛念，凉州人，弱年出家，志业清坚，外和内朗，有通敏之鉴。讽习众经，粗涉外典，其《苍雅》诂训，尤所明达。少好游方，备观风俗，家世西河，洞晓方语，华戎音义，莫不兼解，故义学之誉虽阙，洽闻之声甚著。符氏建元中，有僧伽跋澄、昙摩难提等入长安，赵正请出诸经，当时名德莫能传译，众咸推念，于是澄执梵文，念译为晋。质断疑义，音字方明。”⑥

《历代三宝纪》载：“晋孝武帝世，凉州沙门竺佛念，识朗通敏，少好游方，家

---

① [梁] 慧皎：《高僧传》卷四，《大正藏》第50册，第348页上。
② 徐震堮：《世说新语校笺》，中华书局，1984年，第60页。
③ [唐] 房玄龄等：《晋书》卷九，中华书局，1974年，第220页。
④ [梁] 僧祐：《出三藏记集》卷十三，《大正藏》第55册，第99页中。
⑤ [梁] 僧祐：《出三藏记集》卷十五，《大正藏》第55册，第111页中。
⑥ [梁] 慧皎：《高僧传》卷一，《大正藏》第50册，第329页上。

世西河，洞华戎语。前秦符氏建元年初来入长安。时秘书郎赵正请僧伽跋澄及昙摩难提等出众经论，当世名僧莫能传译，众咸推念，二合文显，念之译功。自汉世来，安高支谦之后，莫逾于念。故符、姚二代，为译人之宗，关内名僧，咸共嘉尚。其后自出，所件如前，《高僧传》中唯载五部，其外八部彰别杂录，故备列之。”①

《古今译经图纪》载：“沙门竺佛念，凉州人，弱年离俗，志业清高，外和内朗。通鉴明敏，综习群经，尤工苍雅。家世西河，洞晓方语，梵秦音义，莫不博洽。符秦建元年，与跋澄等同入长安。为等度语，于符姚二代，为译人之宗。”②

按：《高僧传》云佛念于建元初入长安，《开元释教录》载佛念于建元三年始译佛经。若依《高僧传》所载，众僧咸推佛念助译，距其入长安似略有时日。兹系于建元二年。

晋废帝太和二年·前秦建元三年（367）丁卯

支道林还山

《释氏稽古略》载：“晋废帝太和二年，遁杭表辞阙还山，有诏资给。敦遣诸公祖饯于征虏亭。投迹越之剡山，于沃州小岭立寺行道。”③

陈垣在《释氏疑年录》中指出：支道林“东晋太和元年闰四月卒，年五十三（三一四—三六六）。《释氏稽古略》云‘太和二年，遁抗表还山’，误，今据《梁僧传》四及《世说》《伤逝篇》《言语篇》注”。④

李正西则认为支道林卒于隆安三年之后，他在《支遁评传》中则认为：“晋安帝隆安三年（公元399年），支遁还在进行社会活动，还在写文章。因此，支遁只能是死在隆安三年（公元399年）之后。他活到了85岁左右。那么，这封书信是否为当事人假借支遁的名义所作？答案是，这是不可能的。因为如果支遁已经弃世，沙门却假托他的名义，给手握军政大权，有政治野心，企图取晋王朝而代之的桓玄写这封请求州官不要查实沙门名籍的书信，就有欺骗桓玄之嫌，就会受到桓玄严厉的处罚，甚至会有

① ［隋］费长房：《历代三宝纪》卷八，《大正藏》第49册，第77页上。
② ［唐］靖迈：《古今译经图纪》卷三，《大正藏》第55册，第358页中。
③ ［元］觉岸：《释氏稽古略》卷二，《大正藏》第49册，第781页下。
④ 陈垣：《释氏疑年录》，中华书局，1964年，第3页。

被桓玄杀头的危险。而有谁愿意冒这样的风险？！”[①]

按：《高僧传》载，支道林于太和元年卒，寿五十三岁。然而《释氏稽古略》卷二、《佛祖统纪》卷三十六、《佛祖历代通载》卷六皆云太和二年上表还山之事，待考。兹系于此。

竺佛念译《十诵比丘戒本》

《出三藏记集》载：“《十诵比丘戒本》一卷（或云《十诵大比丘戒》）。右一部，凡一卷。晋简文帝时，西域沙门昙摩持诵胡本，竺佛念译出。《比丘尼大戒》一卷，右一部，凡一卷。晋简文帝时，沙门释僧纯于西域拘夷国得胡本到关中，令竺佛念、昙摩持、慧常，共译出。”[②]

《历代三宝纪》载：“（符秦）《十诵比丘戒本》一卷，《教授比丘二岁坛文》一卷（僧纯于龟兹国得来，佛念执文译语，慧详笔受，见《宝唱录》）。右二部合二卷，晋简文世，西域三藏律师昙摩持，秦言法慧，共竺佛念于长安译，慧详笔受。”[③]

《众经目录》载：“《十诵比丘戒本》一卷（二十六纸）。”[④]

《古今译经图纪》载：“秦符氏都长安。沙门昙摩特，此言法海，西域人，善持律藏，妙入契经。以符秦建元三年岁次辛未，共竺佛念于长安译《十诵比丘戒本》（一卷）、《授尼二岁坛文》（一卷）。凡二部（合二卷），惠泽笔受。”[⑤]

《大唐内典录》载：“《十诵比丘戒本》，《教授比丘尼二岁坛文》（僧纯于龟兹国得来，佛念执文译语，慧详笔受，见《宝唱录》）。右二部，合二卷。晋简文世，西域三藏律师昙摩特，秦言法慧，共竺佛念等于长安译，慧详笔受。《比丘尼大戒本》，右一卷。晋简文帝世，律师释慧常共昙摩特、竺佛念等于长安译。《录》乃不载所出部名，计应多是《十诵戒本》。”[⑥]

《大周刊定众经目录》载：“《十诵比丘戒本》一卷（二十九纸）。右，前秦沙门昙摩持共竺佛念于长安译，出《长房录》。《十诵比丘尼戒本》一卷（三十四纸）。右，前秦沙门慧常共昙摩持于长安译，出《长房录》。《教授比丘尼二岁坛文》一卷。

---

① 李正西：《支遁评传》，宗教文化出版社，2009年，第24页。
② [梁] 僧祐：《出三藏记集》卷二，《大正藏》第55册，第10页上。
③ [隋] 费长房：《历代三宝纪》卷八，《大正藏》第49册，第75页中。
④ [唐] 静泰：《众经目录》卷一，《大正藏》第55册，第188页中。
⑤ [唐] 靖迈：《古今译经图纪》卷三，《大正藏》第55册，第359页上。
⑥ [唐] 道宣：《大唐内典录》卷三，《大正藏》第55册，第250页上。

右，前秦昙摩持共竺佛念译，出《长房录》。”[①]

《开元释教录》载：“以符坚（谥庄烈天王）建元三年丁卯、四年戊辰于长安译《十诵戒本》等三部。竺佛念传语，慧常笔受（安公《僧戒序》云：‘佛念写其梵文，道贤为译，慧当笔受其《比丘尼戒》。’《僧祐录》云：‘晋简文帝时，沙门僧纯于西域拘夷国得梵本，到关中，令佛念、昙摩侍、慧常共出。’谨按《长房》等录，皆以慧常为其译主，与昙摩持、竺佛念共译。今以秦僧慧常元不游于天竺，常虽共出《尼戒》，执本乃是昙摩。佛念传译，常为笔受。与其《僧戒》何别？此乃别标，慧常推校本末，事乃分明：常为助翻，昙摩为主。故入昙摩之录，慧常不别存焉）。”[②]

《贞元新定释教目录》载：“《十诵比丘戒本》一卷（或云《十诵大比丘戒》。初出，见《僧祐录》）。《比丘尼大戒》一卷（亦云《十诵比丘尼戒》，第二出，见《僧祐录》）。《教授比丘尼二岁坛文》一卷（或无‘尼’字，僧纯于龟兹国得梵本来，佛念译语，惠常笔受，见《宝唱录》）。右，三部三卷，其本并阙。沙门昙摩持，或云侍，秦言法慧，亦云法海，西域人。善持律藏，抄入契经，以苻坚（谥庄烈天王）建元三年丁卯四年戊辰，于长安译《十诵戒本》等三部。竺佛念传语，慧常笔受（安公《僧戒序》云：‘佛念写其梵文，道贤为译，惠常笔受其《比丘尼戒》。’《僧祐录》云：‘晋简文帝时，沙门僧纯于西域拘夷国得梵本，到关中令佛念、昙摩持、慧常共出。’谨案长房等《录》皆以惠常为其译主，今主与昙摩持、竺佛念共译。今以秦僧慧常元不游于天竺，常虽共出《尼戒》，执本乃是昙摩，佛念传译，常为笔受。与其《僧戒》何别，此乃引标惠常。推校本末，事乃分明：常为助翻，昙摩为主。故入昙摩之录，惠常不别存焉）。”[③]“《十诵比丘戒本》一卷（或云《十大比丘戒》）。符秦西域沙门昙摩持共佛念译，第一译。”[④]

释道安创立本无宗

《肇论疏》引弥天释道安法师《本无论》云：“明本无者，秤如来兴世，以本无弘教。故《方等》深经，皆云五阴本无。本无之论，由来尚矣。须得彼义，为是本无，明如来兴世，只以本无化物。若能苟解无本，即思异息矣，但不能悟诸法本来是

---

① ［唐］明佺：《大周刊定众经目录》卷十，《大正藏》第55册，第432页中。
② ［唐］智昇：《开元释教录》卷三，《大正藏》第55册，第510页下。
③ ［唐］圆照：《贞元新定释教目录》卷五，《大正藏》第55册，第807页中。
④ ［唐］圆照：《贞元新定释教目录》卷二十五，《大正藏》第55册，第984页中。

无，所以名本无为真，末有为俗耳。”①

胡中才在《道安研究》中指出：“道安曾派慧远前往荆州同心无派道恒进行辩论。这说明‘六家七宗’纷纷创立，并进入了大辩论时期。作为‘六家七宗’之首的本无宗，应创立较早，大约应在同心无派辩论的前两年创立。慧远到荆州参加辩论，是法汰在荆州组织他的徒弟昙一同道恒进行辩论，不分输赢之后才请慧远去的。法汰东下扬州遇疾阳口，被桓温请往荆州。法汰在太和末年继续东下，止建康瓦官寺，举行法会时，简文帝‘亲临幸’，而简文帝在位仅一年时间。由此可知，法汰下建康当是在简文帝即帝位之前，即太和五年左右。所以，道安派慧远到荆州协助法汰，展开对心无派道恒的辩论，当是太和四年（369）左右。故本无宗创立时间应是此前两年，即晋废帝太和二年（367）。”②

释僧业生

《高僧传》载：“释僧业，姓王，河内人。幼而聪悟，博涉众典。”③

《高僧传》载：“业以元嘉十八年，卒于吴中，春秋七十有五。”④

据此推之，释僧业当生于本年。

竺道壹止瓦官寺

《高僧传》载：“晋太和中出都，（竺道壹）止瓦官寺，从汰公受学，数年之中，思彻渊深，讲倾都邑。汰有弟子昙一，亦雅有风操，时人呼昙一为大一，道一为小壹。名德相继，为时论所宗，晋简文皇帝深所知重。”⑤

按：竺道壹止瓦官寺，其时不可详考。然观《高僧传》文句，竺道壹止瓦官寺，事当在简文帝继位前之数年间。且简文帝入朝为相，事在太和元年（366）。竺道壹从竺法汰受学数载，方为简文帝所知重。以理度之，竺道壹止瓦官寺，其事似在太和二年（367）至太和四年（369）之间，兹系于太和二年。

西林寺建立

《集古录》载：“晋太和二年，光禄卿陶范始，为现弟子慧永造寺，而号西林。”⑥

---

① ［晋］惠达：《肇论疏》卷一，《大正藏》第54册，第59页中。

② 胡中才：《道安研究》，宗教文化出版社，2011年，第25页。

③ ［梁］慧皎：《高僧传》卷十一，《大正藏》第50册，第401页上。

④ ［梁］慧皎：《高僧传》卷十一，《大正藏》第50册，第401页上。

⑤ ［梁］慧皎：《高僧传》卷五，《大正藏》第50册，第357页上。

⑥ ［北宋］欧阳修：《集古录跋尾》卷五，光绪丁亥校刻，行素竹堂藏版。

《舆地纪胜》载："西林寺，晋太和二年建。水石之美，亦东林之亚。"①

晋废帝太和三年·前秦建元四年（368）戊辰

竺道馨讲经

《比丘尼传》载："竺道馨，本姓羊，太山人也。志性专谨，与物无忤。沙弥时，常为众使，口恒诵经。及年二十，诵《法华》《维摩》等经。具戒后，研求理味，蔬食苦节，弥老弥至。住洛阳东寺，雅能清谈，尤善《小品》，贵在理通，不事辞辩，一州道学所共师宗。比丘尼讲经，馨其始也。晋泰和中，有女人杨令辩，笃信黄老，专行服气。先时人物亦多敬事，及馨道王，其术寝亡。令辩假结同姓，数相去来，内怀妬嫉，伺行毒害。后窃以毒药内馨食中，诸治不愈。弟子问：'往谁家得病？'答曰：'我其知主，皆籍业缘，汝无问也。设道有益，我尚不说，况无益耶？'不言而终。"②

《事物纪原》载："东晋废帝太和三年，洛阳东寺尼道馨通《法华》《维摩》，研穷理味，一方宗师。此尼讲说之始也。"③

于法开卒

《高僧传》载："（于法开）年六十卒于山寺，孙绰为之目曰：'才辩纵横，以数术弘教，其在开公乎！'"④

《释氏稽古略》载："（太和三年戊辰）沙门于法开是年入寂。"⑤

《法句经道行品·泥洹品沙弥净明》题记

《中国古代写本识语集录》所录《法句经道行品·泥洹品沙弥净明》题记云："升平十二年，沙弥净明。咸安三年十月廿日，沙弥净明诵习法句起。"⑥

---

①［南宋］王象之：《舆地纪胜》卷三十，中华书局，1992年，第1312页。

②［梁］宝唱：《比丘尼传》卷一，《大正藏》第50册，第936页上。

③［北宋］高承撰，金圆、许沛藻点校：《事物纪原》卷七，中华书局，1989年，第389页。

④［梁］慧皎：《高僧传》卷四，《大正藏》第50册，第350页中。

⑤［元］觉岸：《释氏稽古略》卷二，《大正藏》第49册，第782页中。

⑥［日］池田温：《中国古代写本识语集录》，东京大学东洋文化研究所，1990年，第76页。

另见《魏晋南北朝敦煌文献编年》。[①]

释昙恒受具足戒

《庐山记》载："（释昙恒）及具戒，内外典籍，皆悉备通。德行孤清，岁寒无改。栖神幽境，群鹿驯扰。诚无我心，物情自伏。愿修西方，同归净社。"[②]

按：据晋穆帝永和四年·后赵建武十四年（348）下"释道恒生"条，推之可知，"释昙恒受具足戒"条，最早当发生于本年。

释惠常译《长安译比丘尼大戒》

《古今译经图纪》载："沙门释惠常，戒轨严峻，慧善毗尼，共昙摩特、竺佛念等，以符秦建元四年，岁次壬申，于长安译《比丘尼大戒》（一卷）。"[③]

晋废帝太和四年（369）己巳

释道敬生

《高僧传》载："时有释道敬者，本琅琊胄族，晋右将军王羲之曾孙。"[④]

《庐山记》载："永初元年庚申终，春秋五十一。"[⑤]

按：释道敬于刘宋永初元年（420）卒，时年五十一。据此推之，释道敬当生于本年。

释慧永至西林寺

《高僧传》载："（释慧永）素与远共期，欲结宇罗浮之岫，远既为道安所留，永乃欲先逾五岭。行经浔阳，郡人陶范苦相要留，于是且停庐山之西林寺，既门徒稍盛。又慧远同筑，遂有意终焉。永贞素自然，清心克己，言常含笑，语不伤物，耽好经典，善于讲说，蔬食布衣，率以终岁。又别立一茅室于岭上，每欲禅思，辄往居焉，时有至房者，并闻殊香之气。永屋中常有一虎，人或畏者，辄驱令上山。人去

① 饶宗颐主编，王素、李方著：《魏晋南北朝敦煌文献编年》，新文丰出版公司，1997年，第93页。
② ［宋］陈舜俞：《庐山记》卷三，《大正藏》第51册，第1042页上。
③ ［唐］靖迈：《古今译经图纪》卷三，《大正藏》第55册，第359页上。
④ ［梁］慧皎：《高僧传》卷十三，《大正藏》第50册，第410页下。
⑤ ［宋］陈舜俞：《庐山记》卷三，《大正藏》第51册，第1042页上。

后，还复驯伏。永尝出邑，薄晚还山，至乌桥，乌桥营主醉，骑马当道，遮永不听去。日时向晚，永以杖遥指马，马即惊走，营主倒地，永捧慰还营，因尔致疾。明晨往寺，向永悔过，永曰：‘非贫道本意，恐戒神所为耳。’白黑闻知，归心者众矣。”①

曹虹在《慧远评传》中指出：“慧永早于慧远约十四年已来到庐山。”②

龚斌在《慧远法师传》之《慧远年谱》中则认为：“（376年）慧永约于本年至庐山，住西林寺。”③

按：释慧远于东晋孝武帝太元八年（383）入庐山，若依曹虹之说，释慧永当于本年至庐山西林寺。

晋废帝太和五年·前秦建元六年·前燕建熙十一年（370）庚午

前秦苻坚致竺僧朗书

《广弘明集》载：“皇帝敬问太山朗和上，大圣膺期，灵权超逸。荫盖十方，化融无外。若山海之养群生，等天地之育万物。养存生死，澄神寂妙。朕以虚薄，生与圣会，而隔万机不获辇驾。今遣使人，安车相请。庶冀灵光，回盖京邑。今并送紫金数斤，供镀形像，绢绫三十匹，奴子三人，可备洒扫。至人无违，幸望纳受。想必玄鉴，见朕意焉。”④

竺僧朗答苻坚书

《高僧传》载：“秦主符坚钦其德素，遣使征请，朗同辞老疾乃止，于是月月修书倸遗。坚后沙汰众僧，乃别诏曰：‘朗法师戒德冰霜，学徒清秀，昆仑一山，不在搜例。’”⑤

《广弘明集》载：“僧朗顿首顿首，如来永世，道风潜沦。忝在出家，栖心山岭。精诚微薄，未能弘匠。不悟陛下远问山川，诏命殷勤，实感恩旨。气力虚微，未堪跋

①［梁］慧皎：《高僧传》卷六，《大正藏》第50册，第362页上。

② 曹虹：《慧远评传》，南京大学出版社，2002年，第96页。

③ 龚斌：《慧远法师传》，江西人民出版社，2008年，第223页。

④［唐］道宣：《广弘明集》卷二十八，《大正藏》第52册，第322页中。

⑤［梁］慧皎：《高僧传》卷五，《大正藏》第50册，第354页中。

涉。愿广开法轮，显保天祚。僧朗顿首顿首。蒙重惠赐，即为施设。福力之功，无不蒙赖。贫道才劣，不胜所重。”①

释僧济或生于本年

《高僧传》载：“释僧济，未详何许人。”②

《高僧传》载：“（释僧济）于是转身右胁，言气俱尽，春秋四十有五矣。”③

杨维中在《中国佛教通史》中指出：“慧远于东晋义熙十二年（416）圆寂。依此推知：假定僧济比其师早一年圆寂，则可知僧济最迟的生年为370年。”④

竺道生始登讲

《出三藏记集》载：“于时法汰道人德业弘懿，乃携以归依，遂改服受学。既践法门，俊思卓拔。披读经文，一览能诵，研味句义，即自解说。是以年在志学，便登讲座，探赜索隐，思彻渊泉，吐纳问辩，辞清珠玉。虽宿望学僧，当世名士，皆虑挫辞穷，莫能抗敌。虽扬童之参《玄》文，鲁连之屈田巴，无以过也。”⑤

《高僧传》载：“故年在志学，（竺道生）便登讲座，吐纳问辩，辞清珠玉。虽宿望学僧，当世名士，皆虑挫词穷，莫敢酬抗。”⑥

《庐山记》载：“（竺道生）后从沙门竺法汰出家，遂用竺为氏。既践法门，俊思奇拔。研味句义，触类开解。年十五，便登讲坐，吐纳问答，如贯珠玉。”⑦

按：据晋穆帝永和十一年（355）下“竺道生或生于本年”条，推之可知，“竺道生始登讲”条，当发生于本年。

释僧导出家

《高僧传》载：“（释僧导）十岁出家，从师受业，师以《观世音经》授之。读竟咨师：‘此经有几卷？’师欲试之，乃言：‘止有此耳。’导曰：‘初云“尔时无尽意”，故知尔前已应有事。’师大悦之，授以《法华》一部。于是昼夜看寻，粗解

---

① ［唐］道宣：《广弘明集》卷二十八，《大正藏》第52册，第322页中。
② ［梁］慧皎：《高僧传》卷六，《大正藏》第50册，第362页中。
③ ［梁］慧皎：《高僧传》卷六，《大正藏》第50册，第362页中。
④ 赖永海主编：《中国佛教通史》第一卷，江苏人民出版社，2010年，第614页。
⑤ ［梁］僧祐：《出三藏记集》卷十五，《大正藏》第55册，第110页下。
⑥ ［梁］慧皎：《高僧传》卷七，《大正藏》第50册，第366页下。
⑦ ［宋］陈舜俞：《庐山记》卷三，《大正藏》第51册，第1040页下。

文义。贫无油烛，常采薪自照。”①

按：据晋穆帝升平四年（360）下“释僧导或生于本年”条，推之可知，“释僧导出家”条，当发生于本年。

晋废帝太和六年·晋简文帝咸安元年（371）辛未

董宗之于海底得一佛光

《高僧传》载：“晋咸安元年，交州合浦县采珠人董宗之，于海底得一佛光，刺史表上，晋简文帝敕施此像。孔穴悬同，光色一重。凡四十余年，东西祥感，光趺方具。”②

《梁书·诸夷·扶南国传》载：“晋咸和中，丹阳尹高悝行至张侯桥，见浦中五色光长数尺，不知何怪，乃令人于光处掊视之，得金像，未有光趺。悝乃下车，载像还，至长干巷首，牛不肯进，悝乃令驭人任牛所之，牛径牵车至寺，悝因留像付寺僧。每至中夜，常放光明，又闻空中有金石之响。经一岁，捕鱼人张系世，于海口忽见铜花趺浮出水上，系世取送县，县以送台，乃施像足，宛然合。会简文咸安元年，交州合浦人董宗之采珠没水，于底得佛光艳，交州押送台，以施像，又合焉。自咸和中得像，至咸安初，历三十余年，光趺始具。初，高悝得像后，西域胡僧五人来诣悝，曰：‘昔于天竺得阿育王造像，来至邺下，值胡乱，埋像于河边，今寻觅失所。’五人尝一夜俱梦见像曰：‘已出江东，为高悝所得。’悝乃送此五僧至寺，见像嘘欷涕泣，像便放光，照烛殿宇。又瓦官寺慧邃欲模写像形，寺主僧尚虑亏损金色，谓邃曰：‘若能令像放光，回身西向，乃可相许。’慧邃便恳到拜请，其夜像即转坐放光，回身西向，明旦便许模之。像趺先有外国书，莫有识者，后有三藏那求跋摩识之，云是阿育王为第四女所造也。及大同中，出旧塔舍利，敕市寺侧数百家宅地，以广寺域，造诸堂殿并瑞像周回阁等，穷于轮奂焉。其图诸经变，并吴人张繇丹青运手。繇丹青之工，一时冠绝。”③

孙绰卒

《晋书》载：“（孙绰）年五十八，卒。”④

---

①［梁］慧皎：《高僧传》卷七，《大正藏》第50册，第371页上。

②［梁］慧皎：《高僧传》卷十三，《大正藏》第50册，第409页下。

③［唐］姚思廉：《梁书》卷五十四，中华书局，1973年，第792—793页。

④［唐］房玄龄等：《晋书》卷五十六，中华书局，1974年，第1547页。

《建康实录》载："（太宗简文皇帝咸安元年）是岁，散骑常侍领著作孙绰卒。"①

《汉魏六朝百三家集题辞注》载："东晋佛乘文人，孙兴公最有名。"②

陈慧娟在《孙绰生平考》中指出："孙绰的卒年资料不多，目前唯一明确记载的是《建康实录》。因为没有足够可信的资料质疑这一论断，本文暂从其说，将其卒年系于简文咸安元年（公元371年）。综上，孙绰约生于晋惠帝永宁元年（公元301年），卒于简文帝咸安元年（公元371年），享年七十一岁。"③

孙绰尝撰《喻道论》

《出三藏记集》载："孙绰，《喻道论》。"④

《弘明集》卷三录有孙绰《喻道论》全文。⑤

比丘尼智贤或卒于此年

《比丘尼传》载："晋太和中，年七十余，诵《正法华经》，犹日夜一遍。其所住处，众鸟依栖，经行之时，鸣呼随逐云。"⑥

按：比丘尼智贤其卒年未详，兹系于太和六年。

释道融或生于本年

《高僧传》载："释道融，汲郡林虑人。"⑦

《高僧传》载："（释道融）迄至立年，才解英绝，内外经书，暗游心府。闻罗什在关，故往咨禀。什见而奇之，谓姚兴曰：'昨见融公，复是奇特聪明释子。'"⑧

《论语集注》载："三十而立，有以自立，则守之固而无所事志矣。"⑨

按：依《高僧传》所载，后秦弘始三年（401），鸠摩罗什入关。释道融先闻鸠摩罗什在长安之消息，遂往赴咨禀焉。时道融之年岁，至少已三十矣。且鸠摩罗什拜谒

---

① [唐]许嵩著，张忱石点校，《建康实录》卷八，中华书局，1986年，第242页。
②[明]张溥著，殷孟伦注：《汉魏六朝百三家集题辞注》，人民文学出版社，1960年，第157页。
③ 陈慧娟：《孙绰生平考》，《中山大学研究生学刊》2009年第3期。
④ [梁]僧祐：《出三藏记集》卷十二，《大正藏》第55册，第93页下。
⑤ [梁]僧祐：《弘明集》卷三，《大正藏》第52册，第16页中。
⑥ [梁]宝唱：《比丘尼传》卷一，《大正藏》第50册，第935页中。
⑦ [梁]慧皎：《高僧传》卷六，《大正藏》第50册，第363页中。
⑧ [梁]慧皎：《高僧传》卷六，《大正藏》第50册，第363页中。
⑨ [宋]朱熹：《论语集注》卷一，《四书章句集注》，中华书局，1983年，第54页。

姚兴时，称释道融为“融公”，足见释道融之英才超绝，其年寿恐在三十开外。然道融之年寿，今已无法详考。若以弘始三年释道融年三十岁计，则释道融当生于本年。

释慧义生

《高僧传》载：“释慧义，姓梁，北地人。少出家，风格秀举，志业强正。初游学于彭、宋之间，备通经义。”①

《高僧传》载：“（释慧义）宋元嘉二十一年终于乌衣寺，春秋七十三矣。”②

据此推之，释慧义当生于本年。

释昙诜出家

《庐山记》载：“（释昙诜）幼而出家，为远公弟子。颇通外学，别识山中鸟兽毛色俊钝之性，洞晓草木枝干善恶甘苦之味。尤能讲说，风神超朗，气岸凝远。审于传写，持本不移。注《维摩经》，著《穷通论莲社录》。”③

《礼记集解》载：“人生十年曰幼，学。”④

按：释昙诜幼而出家，师事释慧远。古人十岁以前曰幼，据晋穆帝升平五年（361）下“释昙诜生”条，推之可知，“释昙诜出家”条，至迟当发生于本年。

晋简文帝咸安二年·前秦建元八年（372）壬申

苻坚遣浮屠顺道

《三国史》载：“高勾丽小兽林王二年（晋简文咸安二年），秦王苻坚遣浮屠顺道，賫送佛像经文。（夏六月）王遣使回谢。”⑤

《三国遗事》载：“《高丽本记》云：小兽林王即位二年壬申，乃东晋咸安二年孝武帝即位之年也。前秦符坚遣使及僧顺道，送佛像、经文（时坚都关中，即长安）。又四年甲戌，阿道来自晋。明年乙亥二月，创肖门寺，以置顺道。又创伊弗兰寺以置

① [梁] 慧皎：《高僧传》卷七，《大正藏》第50册，第368页下。

② [梁] 慧皎：《高僧传》卷七，《大正藏》第50册，第368页下。

③ [宋] 陈舜俞：《庐山记》卷三，《大正藏》第51册，第1042页中。

④ [清] 孙希旦撰，沈啸寰、王星贤点校：《礼记集解》卷二，中华书局，1989年，第12页。

⑤ [朝鲜] 朴永善：《朝鲜禅教考》卷一，《卍续藏》第87册，第220页中。

阿道。此高丽佛法之始。”①

《东海高僧传》载：“释顺道，不知何许人也。迈德高标，慈忍济物，誓志弘宣，周流震旦，移家就机，诲人不倦。句高丽第十七解味留王（或云小兽林王）二年壬申夏六月，秦符坚发使及浮屠顺道，送佛像经文，于是君臣以会遇之礼，奉迎于省门，投诚敬信，感庆流行。寻遣使回谢，以贡方物。”②

黄有福、陈景富在《中朝佛教文化交流史》中指出：“公元370年，前秦苻坚灭前燕，拓地至今辽宁西部地区，高句丽也乘前燕初亡，前秦势力对此鞭长莫及之机，与前秦争夺原属前燕的辽东、玄菟等郡，一面又为抵御北方拓拔鲜卑的侵扰，与前秦交好。在这种形势下，始有公元372年前秦遣使及浮屠顺道赍经文、佛像至高句丽之举。高句丽一是出于交好前秦，巩固国防的政治需要，二是受到后赵之影响，已经有了崇信佛教的一定的群众基础和思想基础，因此对此事表示出高度重视的态度，正式创立寺院，建立弘扬佛教的根据地。如果说，‘高丽道人’可以被看作高句丽民间信仰佛教（或者说佛教在民间流传）之始，那么，顺道、阿道的到来并为之创寺，就应被认为是高句丽国家接受佛教的开始。从这角度看，《三国遗事》关于‘顺道肇丽’的说法无疑是正确的。”③

《中国学术思想编年·魏晋南北朝卷》指出：“关于佛教入高丽之始，史所记有异。《三国遗事》卷三：‘元魏释昙始（一云惠始）传云：始关中人，自出家已后，多有异迹。晋孝武大元年末，赍经律数十部，往辽东宣化，现授三乘，立以归戒。盖高丽闻道之始也。义熙初复还关中，闻导三辅。’《高僧传》卷一〇《昙始传》所记略同。此显以晋太元之末的昙始传法为‘高丽闻道之始’。此说距顺道肇丽晚24年，故当以“‘顺道肇丽’为佛教入高丽之先”。④

竺法旷行斋忏禳

《高僧传》载：“晋简文皇帝遣堂邑太守曲安远诏问（竺法旷）起居，并咨以妖星，请旷为力。旷答诏曰：‘昔宋景修福，妖星移次，陛下光辅以来，政刑允辑，天下任重，万机事殷，失之毫牦，差以千里。唯当勤修德政，以赛天谴，贫道必当尽诚

① [高丽] 一然：《三国遗事》卷三，《大正藏》第49册，第986页上。
② [高丽] 觉训：《东海高僧传》卷一，《大正藏》第50册，第1016页上。
③ 黄有福、陈景富：《中朝佛教文化交流史》，中国社会科学出版社，1993年，第30—31页。
④ 张岂之主编：《中国学术思想编年·魏晋南北朝卷》，陕西师范大学出版社，2006年，第314页。

上答，正恐有心无力耳。’乃与弟子斋忏，有顷灾灭。”①

《晋书》载：“简文咸安元年十二月辛卯，荧惑逆行入太微，二年三月犹不退。占曰：‘国不安，有忧。’是时，帝有桓温之逼。”②

《神僧传》载：“晋简文皇帝遣堂邑太守曲安远诏问起居，并咨以妖星，请旷为力。旷乃与弟子斋忏，有顷灾灭。东土百姓多遇疫疾，祈之即愈。有见鬼者言旷之行住常有鬼神数十卫其前后，时人咸叹异之。”③

按：咸安元年十二月，荧惑逆行入太微，至咸安二年三月。依《高僧传》所载，竺法旷斋忏之后，有顷灾灭。则此事当发生咸安二年三、四月间。

长沙寺始铸华趺

《法苑珠林》载：“有长沙太守江陵滕畯，以永和二年舍宅为寺，额表郡名……至晋简文咸安二年，始铸华趺。”④

简文帝幸瓦官寺

《高僧传》载：“汰下都止瓦官寺，晋太宗简文皇帝深相敬重，请讲《放光经》。开题大会，帝亲临幸，王侯公卿，莫不毕集。汰形解过人，流名四远，开讲之日，黑白观听，士女成群。及咨禀门徒，以次骈席，三吴负帙至者千数。瓦官寺本是河内山玩公墓为陶处，晋兴宁中，沙门慧力启乞为寺，止有堂塔而已。及汰居之，更拓房宇，修立众业，又起重门，以可地势。汝南世子司马综第去寺近，遂侵掘寺侧，重门沦陷。汰不介怀，综乃感悟，躬往悔谢。汰卧与相见，傍若无人。领军王洽、东亭王珣、太傅谢安并钦敬无极。”⑤

《南朝寺考》载：“简文帝敬礼释法汰，于寺讲《放光经》，车驾临幸，遂拓房宇。”⑥

按：晋简文帝在位共两年，故将简文帝幸瓦官寺事系于咸安二年。

简文帝造新林寺

《比丘尼传》载：“及简文帝，先事清水道师，道师京都所谓王濮阳也，第内为

---

①［梁］慧皎：《高僧传》卷五，《大正藏》第50册，第356页下。

②［唐］房玄龄等：《晋书》卷十三，中华书局，1974年，第378页。

③［明］朱棣：《神僧传》卷二，《大正藏》第50册，第956页下。

④［唐］道世：《法苑珠林》卷十三，《大正藏》第53册，第385页上。

⑤［梁］慧皎：《高僧传》卷五，《大正藏》第50册，第354页下。

⑥［清］刘世珩：《南朝寺考》，普慧大藏经刊行会校印本，民国三十三年，第18页。

立道舍，（比丘尼竺道）容亟开导，未之从也。后宫人每入道屋，辄见神人为沙门形，满于室内。帝疑容所为也，而莫能决。践祚之后，乌巢太极殿帝使曲安远筮之云：‘西南有女人师，能灭此怪。’帝遣使往乌江迎道容，以事访之，容曰：‘唯有清斋七日，受持八戒，自当消弭。’帝即从之，整肃一心，七日未满，群乌竞集，运巢而去。帝深信重，即为立寺，资给所须，因林为名，名曰新林。即以师礼事之，遂奉正法。后晋显尚佛，道容之力也。”①

《法苑珠林》引《晋南京寺记》云：“波提寺在秣陵县新林青陵。昔晋咸安二年，简文皇帝起造，本名新林寺。时历阳郡乌江寺尼道容，苦行通灵，预知祸福，世传为圣僫。咸安初有乌巢殿屋。帝使常筮人占之曰：‘西南有女人师，当能销伏此怪。’即遣使至乌江迎圣僫，问：‘此吉凶焉在？’僫曰：‘修德可以禳灾，斋戒亦能转障。’帝乃律斋七日，礼忏精勤。法席未终，忽有群乌运巢而去，一时净尽。帝深加敬信，因为圣僫起此寺焉。”②

《法苑珠林》载：“（比丘尼竺道容）以华藉席，验其所得，果不萎焉。时简文帝事清水道，所奉之师即京师所谓王濮阳也。第内具道舍。客函开化，帝末之从。其后帝每入道屋，辄见神人为沙门形，盈满室内。帝疑容所为，因事为师，遂奉正法。晋氏显尚佛道，此尼力也。当时崇异，号为圣人，新林寺即帝为容所造也。”③

竺法义染疾

《光世音应验记》载：“沙门竺法义者，山居好学。后得病积时，攻治备至，而了不自损，日就绵笃。遂不复治，惟归诚光世音。如此数日，昼眠，梦见一道人来候其病，因为治之。刳出肠胃，湔洗腑藏，见有积聚不净甚多。洗濯毕，还内之，语义曰：‘病已除也。’眠觉，众患豁然，寻便复常。义住始宁保山，余先君少与游处。义每说事，辄懔然增肃。案其经云：‘或现沙门、梵志之像。’意者义公之梦是乎？”④

《高僧传》载：“至咸安二年，忽感心气疾病。常存念观音，乃梦见一人，破腹洗肠，觉便病愈。傅亮每云：‘吾先君与义公游处，每闻说观音神异，莫不大小肃然。’”⑤

---

①［梁］宝唱：《比丘尼传》卷一，《大正藏》第50册，第936页中。

②［唐］道世：《法苑珠林》卷三十一，《大正藏》第53册，第526页中。

③［唐］道世：《法苑珠林》卷四十二，《大正藏》第53册，第616页中。

④ 董志翘：《〈观世音应验记三种〉译注》，江苏古籍出版社，2002年，第25页。

⑤［梁］慧皎：《高僧传》卷四，《大正藏》第50册，第350页下。

《法苑珠林》载："晋始宁山有竺法义，晋兴宁中沙门。游刃众典，尤善《法华》，受业弟子常有百余。至咸安二年，忽感心气疾病，常存念观世音，乃梦见一人，破腹洗肠，寤便病愈。傅亮每云：吾先君与义公游处无间，说观世音神异，莫不大小肃然。"①

《法华经显应录》载："咸和二年染疾，诵习无亏，夜梦一僧，为出肠胃洗涤，垢秽洗已，还纳腹中，梦觉疾即痊愈。晋帝尝宣至禁中，从受五戒，供奉殷厚。至大和年，不疾而化。敕市新亭岗起塔安窆，今中兴寺是也。"②

释僧叡出家

《高僧传》载："（释僧叡）少乐出家，至年十八始获从志，依投僧贤法师为弟子。谦虚内敏，学与时竞。"③

按：据晋穆帝永和十年（354）下"释僧叡生"条，推之可知，"释僧叡出家"条，当发生于本年。

释僧饶生

《高僧传》载："释僧饶，建康人。出家，止白马寺。善尺牍及杂技，而偏以音声著称，擅名于宋武文之世。"④

《高僧传》载："宋大明二年卒，年八十六。"⑤

据此推之，释僧饶当生于本年。

僧伽提婆入长安

《出三藏记集》载："僧伽提婆，罽宾人也，姓瞿昙氏。入道修学，远求明师，兼通三藏，多所诵持。尤善《阿毗昙心》，洞其纤旨。常诵《三法度》，昼夜嗟味，以为道之府也。为人俊朗有深鉴，仪止温恭，务在诲人，恂恂不怠。符氏建元中，入关宣流法化。"⑥

《高僧传》载："僧伽提婆，此言众天，或云提和，音讹故也。本姓瞿昙氏，罽

① [唐]道世：《法苑珠林》卷十七，《大正藏》第53册，第409页中。
② [宋]宗晓：《法华经显应录》卷一，《卍续藏》第78册，第30页下。
③ [梁]慧皎：《高僧传》卷六，《大正藏》第50册，第364页上。
④ [梁]慧皎：《高僧传》卷十三，《大正藏》第50册，第413页下。
⑤ [梁]慧皎：《高僧传》卷十三，《大正藏》第50册，第413页下。
⑥ [梁]僧祐：《出三藏记集》卷十三，《大正藏》第55册，第99页中。

宾人。入道修学，远求明师。学通三藏，尤善《阿毗昙心》。洞其纤旨，常诵《三法度论》，昼夜嗟味，以为入道之府也。为人俊朗有深鉴，而仪止温恭，务在诲人，恂恂不怠。符氏建元中来入长安，宣流法化。”①

《历代三宝纪》载：“罽宾三藏法师僧伽提婆，或云提和，此盖梵之楚夏耳，秦言众天。晋简文帝世，符氏建元年中入于长安，宣流法化。”②

按：僧伽提婆入华时间，《高僧传》言在苻秦建元间（365—385），《历代三宝纪》云在晋简文帝时。查检帝纪，简文帝在位两年，故提婆入华之年，至迟当在本年。

长干寺造三级塔

《佛祖统纪》载：“（简文帝咸安二年）敕长干寺造三级塔，毕功之日光照栏宇。”③

晋简文帝咸安三年·晋孝武帝宁康元年·前秦建元九年（373）癸酉

桓温卒

《集神州三宝感通录》载：“晋大司马桓温，末年奉法。有尼失名，自远来造，而才行不群，桓温敬而不倦。每浴必移影，温讶而私视，见尼裸形，挥刀自割，破腹出藏，断截身首，支分脔切，温骇而怖。有顷，尼出室，身如常。温以情问，尼曰：‘若遂陵居（君）上，形当如之。’时温方谋问鼎，闻此怅然便止。遂辞，不测所之云云。”④

《法苑珠林》载：“晋大司马桓温，末年颇奉佛法，饭饴尼僧。有一比丘尼，失其名，来自远方，投温为檀越。尼才行不恒，温甚敬待，居之门内。尼每浴必至移时。温疑而窥之，见尼裸身挥刀，破腹出脏，断截身首，支分脔切。温怪骇而还。有顷，尼出浴室，身形如常。温以实问，尼答云：‘若遂凌君上，形当如之。’时温方

① ［梁］慧皎：《高僧传》卷一，《大正藏》第50册，第328页下。
② ［隋］费长房：《历代三宝纪》卷八，《大正藏》第49册，第76页上。
③ ［宋］志磐：《佛祖统纪》卷三十六，《大正藏》第49册，第340页下。
④ ［唐］道宣：《集神州三宝感通录》卷三，《大正藏》第52册，第433页上。

谋问鼎，闻之怅然。故以戒惧，终守臣节。尼辞去，不知所在。”[①]

《资治通鉴》载：“（东晋孝武帝咸安元年）十一月，癸卯，温自广陵将还姑孰，屯于白石。”[②]

据此可知，桓温见比丘尼事当在东晋简文帝咸安元年（371）。

桓豁邀释道安至江陵

《出三藏记集》载：“安在樊河十五载，每岁常再遍讲《放光经》，未常废阙。桓冲要出江陵，朱序西镇，复请还襄阳。”[③]

《高僧传》载：“时征西将军桓朗子镇江陵，要安暂往。朱序西镇，复请还襄阳，深相结纳。序每叹曰：‘安法师道学之津梁，澄治之垆肆矣。’”[④]

《晋书·朱序传》载：“宁康初，拜使持节、监沔中诸军事、南中郎将、梁州刺史，镇襄阳。”[⑤]

《资治通鉴》载：“（东晋孝武帝宁康元年）庚戌，加右将军、荆州刺史桓豁征西将军，督荆、杨、雍、交、广五州诸军事。”[⑥]

《资治通鉴》载：“（东晋孝武帝太元二年）桓豁表兖州刺史朱序为梁州刺史，镇襄阳……丙辰，征西大将军、荆州刺史桓豁卒。”[⑦]

方广锠在《道安评传》中指出，释道安返回襄阳的时间在前秦建元九年。[⑧]

胡中才在《道安研究》中则认为：“宁康元年七月之后，太元二年七月之前。而道安宁康元年在襄阳建寺，宁康二年在襄阳撰写《综理众经目录》，宁康三年四月八日至太元元年冬，还在襄阳铸丈六佛像。所以，只能是太元元年腊月至太元二年七月，请道安到江陵。以此推算，太元二年春较合适。”[⑨]

---

①［唐］道世：《法苑珠林》卷三十三，《大正藏》第53册，第545页上。

②［北宋］司马光：《资治通鉴》卷一百三，中华书局，1956年，第3249页。

③［梁］僧祐：《出三藏记集》卷十五，《大正藏》第55册，第108页中。

④［梁］慧皎：《高僧传》卷五，《大正藏》第50册，第352页中。

⑤［唐］房玄龄等：《晋书》卷八十一，中华书局，1974年，第2132页。

⑥［北宋］司马光：《资治通鉴》卷一百三，中华书局，1956年，第3263页。

⑦［北宋］司马光：《资治通鉴》卷一百四，中华书局，1956年，第3282页。

⑧ 方广锠：《道安评传》，昆仑出版社，2004年，第284页。

⑨ 胡中才：《道安研究》，宗教文化出版社，2011年，第29页。

释道安造檀溪寺

《高僧传》载：“安以白马寺狭，乃更立寺，名曰檀溪，即清河张殷宅也。大富长者，并加赞助，建塔五层，起房四百。凉州刺史杨弘忠送铜万斤，拟为承露盘，安曰：‘露盘已讫汰公营造，欲回此铜铸像，事可然乎。’忠欣而敬诺。”①

《释氏稽古略》载：“至是武帝宁康元年，（释道安）于襄阳立檀溪寺，建浮图铸铜佛像。”②

支昙籥止建初寺

《高僧传》载：“支昙籥，本月支人，寓居建业。少出家，清苦蔬食，憩吴虎丘山。晋孝武初，敕请出都，止建初寺。孝武从受五戒，敬以师礼。籥特禀妙声，善于转读。尝梦天神授其声法，觉因裁制新声。梵向清靡，四飞却转。反折还喉叠哢。虽复东阿先变，康会后造，始终循环，未有如籥之妙。后进传写，莫匪其法。所制六言梵呗，传响于今。后终于所住，年八十一。”③

《南朝寺考》载：“孝武帝敕请出都，止建初寺。帝从受五戒，敬以师礼。（《传》所谓‘出都’‘下都’，皆至京师建康也。此六朝人语。）”④

按：《高僧传》载支昙籥于晋孝武初止建初寺，兹系于宁康元年。

月支优婆塞支施仑所出经论

《开元释教录》载：“（前凉）优婆塞支施仑（四部六卷经）。《须赖经》一卷（与曹魏白延、吴支谦、宋功德贤所出《须赖经》同本，见经后记，第三出，咸安三年出）。《如幻三昧经》二卷（第四出，与安高、法护《如幻三昧》及《宝积善住意会》等同本，见《首楞严经》后记，咸安三年出）。《上金光首经》一卷（第二出，与晋法护《大净法门经》、隋耶舍《大庄严法门经》同本，咸安三年出，见《首楞严经》后记）。《首楞严经》二卷（第八出，与汉支谶、吴支谦、魏白延、晋法护等所出《首楞严》同本，咸安三年出，见经后记）。右四部六卷（《须赖经》一部一卷，见在。《如幻》等五部三卷，阙本）。”⑤“《须赖经》一卷，前凉月支优婆塞支施仑

---

①［梁］慧皎：《高僧传》卷五，《大正藏》第50册，第352页中。

②［元］觉岸：《释氏稽古略》卷二，《大正藏》第49册，第784页上。

③［梁］慧皎：《高僧传》卷十三，《大正藏》第50册，第413页下。

④［清］刘世珩：《南朝寺考》，普慧大藏经刊行会校印本，民国三十三年，第9页。

⑤［唐］智昇：《开元释教录》卷四，《大正藏》第55册，第519页上。

译（《出经后记》第三译，前后四译，三本阙）。”[①]“《如幻三昧经》二卷，前凉月支优婆塞支施仑译（出《首楞严后记》，第四译，新编入）。”[②]“《上金光首经》一卷，前凉月支优婆塞支施仑译（出《首楞严后记》，第二译，新编入）。右一经，与《大净法门经》等同本，前后三译，二存一阙。”[③]“《须赖经》一卷（一十八纸），前凉月支优婆塞支施仑译（《出经后记》第三译，前后四译，三本阙）。”[④]

《贞元新定释教目录》载：“前凉优婆塞支施仑（四部六卷经）。《须赖经》一卷（第三出，兴曹魏白延、吴支谦、宋功德贤所出《须赖》同本，见《经后记》，咸安三年出）。《如幻三昧经》三卷（第四出，与安法护《如幻三昧》及《宝积善住意会》等同本，见《首楞严经后记》，咸安三年出）。《上金光首经》一卷（第二出，与晋法护《大净法门经》，隋耶舍《大庄严法门经》同本，咸安三年出，见《首楞严经后记》）。《首楞严经》一卷（第八出，与汉支谦、吴支谦、魏白延、晋法护等所出《首楞严》同本，咸安三年，见《经后记》）。右，四部六卷（《须赖经》一部一卷，见在。《如幻》等三部五卷，阙本）。优婆塞支施仑，月支人也，博综众经，特善《方等》。意在开化，传于未闻。奉经来游，达于凉土，张公见而重之，请令翻译。以咸安三年癸酉（从晋年号也）于凉州内正厅堂后湛露轩下，出《须赖》等经四部。龟兹王世子帛延传语，常侍西海赵潇、会水令马亦、内待来恭政三人笔受。沙门释慧常、释进行同在会证。凉州自属，辞不加文饰也。出《须赖经后记》及《首楞严经后记》（前凉之代应更出经，后进遇之，幸续编附）。”[⑤]

杜斗城在《河西佛教史》中指出：“以上四部共六卷经，智昇在编《开元录》时已缺失三部五卷，只存《须赖经》一卷。”[⑥]

《首楞严》后记

《出三藏记集》载：“咸和三年，岁在癸酉。凉州刺史张天锡，在州出此《首楞严经》。于时有月支优婆塞支施仑，手执胡本。支博综众经，于《方等》《三昧》特善，其志业大乘学也。出《首楞严》《须赖》《上金光首》《如幻三昧》，时在凉州，

---

① [唐] 智昇：《开元释教录》卷十二，《大正藏》第55册，第601页上。
② [唐] 智昇：《开元释教录》卷十四，《大正藏》第55册，第627页中。
③ [唐] 智昇：《开元释教录》卷十四，《大正藏》第55册，第629页下。
④ [唐] 智昇：《开元释教录》卷二十，《大正藏》第55册，第709页上。
⑤ [唐] 圆照：《贞元新定释教目录》卷六，《大正藏》第55册，第815页下。
⑥ 杜斗城等：《河西佛教史》，中国社会科学出版社，2009年，第24页。

州内正听堂湛露轩下集。时译者归慈王世子帛延、善晋胡音，延博解群籍，内外兼综。受者常侍西海赵潚，会水令马奕、内侍来恭政，此三人皆是俊德，有心道德。时在坐沙门释慧常、释进行。凉州自属辞。辞旨如本，不加文饰，饰近俗质近道，文质兼唯圣有之耳。”①

按：东晋孝武帝宁康元年（373），岁在癸酉，时前凉张天锡升平十七年。故知《出三藏记集》所载之“咸和三年”当为东晋简文帝“咸安三年”之误也。

前凉沙弥净明写《法句经》道行品、泥洹品题记二

《魏晋南北朝敦煌文献编年》载：“前凉沙弥净明写《法句经》道行品、泥洹品题配二，咸安三年（373）十月廿日。纸质，全1行，17字。墨书。敦煌藏经洞出品（？）藏甘博（1）。图敦煌书法选，4页。秦明智C，卷首图版6页上。文敦煌书法选，4页。秦明智C，470页。识语集录，76页。注文为‘咸安三年十月廿日，沙弥净明诵习法句起’。其上又有升平十二年（368）题记（见上）。识语集录认为可疑。按：‘咸安’为东晋简文帝年号，只有二年。张氏前凉于升平十五年（371）后，改奉东晋‘咸安’年号，一般认为从二年（372）开始，至六年（376）结束。秦明智B；又C，459 ~ 461页。薄小莹，1页。林聪明，91、328页。杨森，125页。胡、傅，34 ~ 35页。”②

郝春文、陈大为在《敦煌的佛教与社会》中指出：“卷后的两行题记，可能是沙弥净明先后两次诵经的记录。升平、咸安均为东晋年号，远在河西的前凉政权一直沿用着东晋年号。《法句经》出于敦煌石室，足以说明前凉时期是敦煌佛教发展的一个重要阶段。”③

另见韩理洲之《全三国两晋南朝文补遗》。④

晋孝武帝敬重比丘尼竺道容

《比丘尼传》载：“逮孝武时，弥相崇敬（竺道容）。”⑤

《法苑珠林》载：“孝武初，（竺道容）忽而绝迹，不知所在。乃葬其衣钵，故

---

①［梁］僧祐：《出三藏记集》卷七，《大正藏》第55册，第49页中。

② 饶宗颐主编，王素、李方著：《魏晋南北朝敦煌文献编年》，新文丰出版公司，1997年，第97—98页。

③ 郝春文、陈大为：《敦煌的佛教与社会》，甘肃教育出版社，2013年，第6—7页。

④ 韩理洲等辑校编年：《全三国两晋南朝文补遗》，三秦出版社，2013年，第158页。

⑤［梁］宝唱：《比丘尼传》卷一，《大正藏》第50册，第936页中。

寺边有冢云。”[①]

按：比丘尼道容，晋明帝、晋简文帝皆雅相敬重。孝武帝时亦如此，可见东晋诸帝对其钦服之传承。故将此条系于东晋孝武帝即位之初的宁康元年。

晋孝武帝邀竺法旷至建康

《高僧传》载：“晋孝武帝钦承风闻，要请（竺法旷）出京，事以师礼，止于长干寺。”[②]

按：去年，简文帝派遣堂邑太守曲安远诏问竺法旷，并咨以妖星，请竺法旷行斋忏禳。竺法旷为之斋忏，有顷灾灭。晋孝武帝继位，时年幼，仅十一二岁。孝武帝钦承风闻并邀竺法旷至建康，并以师礼事之，似在其即位之初，兹系于本年。

释道安建谷隐寺

《万历襄阳府志》载：“谷隐寺，在县南十里。东晋宁康中建。”[③]

《大明一统志》载：“谷隐寺，在（襄阳）府治南一十里，晋建。”[④]

《大清一统志》载：“谷隐寺在襄阳县东南十三里，晋释道安居此。”[⑤]

根据胡中才的研究，清乾隆年间的《襄阳府志》《南漳县志》载，观音寺、谷隐寺、檀溪寺均建于“晋宁康中”，而明天顺三年的《襄阳郡志》明确记载，檀溪寺是道安于“东晋宁康元年”创建。而檀溪寺又是道安在建观音寺、谷隐寺时，张殷发心捐宅而建的。故三个寺院始建时间都是晋宁康元年。[⑥]

晋孝武帝宁康二年·前秦建元十年（374）甲戌

道整讽谏苻坚

《高僧传》载：“（道整）后迁至黄门郎，武威太守。为人无须而瘦，有妻妾而

① [唐] 道世：《法苑珠林》卷四十二，《大正藏》第53册，第616页中。

② [梁] 慧皎：《高僧传》卷五，《大正藏》第50册，第357页上。

③ [明] 吴道迩：《万历襄阳府志》卷三十二，明万历十二年刻本，第1页。

④ [明] 李贤等：《大明一统志》卷六十，三秦出版社，1990年，第919页。

⑤ [清] 穆彰阿、潘锡恩等纂修：《大清一统志》卷三百四十八，上海古籍出版社，2008年，第八册，第299页。

⑥ 胡中才：《道安在襄阳》，宗教文化出版社，2012年，第181—183页。

无儿，时人谓阉。然而情度敏达，学兼内外，性好讥谏，无所回避。”①

《十六国春秋》载：“（道整）后迁黄门侍郎，武威太守。为人无须而瘦，有妻妾而无儿，时人谓为阉。然而情度敏达，学兼内外。性好几谏，无所回避。建元中，慕容垂夫人段氏得幸于坚，坚与之同辇游于后庭。整作歌以讽之云：‘不见雀来入燕室，但见浮云蔽白日。’坚改容谢之，命夫人下辇。”②

《资治通鉴》载：“（东晋孝武帝宁康二年）冬，十二月，有人入秦明光殿大呼曰：‘甲申、乙酉，鱼羊食人，悲哉无复遗！’秦王坚命执之，不获。秘书监朱肜、秘书侍郎略阳赵整固请诛诸鲜卑，坚不听。整，宦官也，博闻强记，能属文，好直言，上书及面谏，前后五十余事。慕容垂夫人得幸于坚，坚与之同辇游于后庭，整歌曰：‘不见雀来入燕室，但见浮云蔽白日。”坚改容谢之，命夫人下辇。’③

竺潜卒

《高僧传》载：“（竺潜）以晋宁康二年，卒于山馆，春秋八十有九。烈宗孝武诏曰：‘深法师理悟虚远，风鉴清贞，弃宰相之荣，袭染衣之素。山居人外，笃勤匪懈，方赖宣道，以济苍生，奄然迁化，用痛于怀，可赙钱十万，星驰驿送。’孙绰以深比刘伯伦，论云：‘深公道素渊重，有远大之量。刘伶肆意放荡，以宇宙为小。虽高栖之业，刘所不及，而旷大之体同焉。’”④

竺潜诸高足

《高僧传》载：“时仰山复有竺法友，志业强正，博通众典，尝从深受《阿毗昙》，一宿便诵。深曰：‘经目则讽，见称昔人，若能仁更兴大晋者，必取汝为五百之一也。’年二十四，便能讲说。后立剡县城南台寺焉。竺法蕴悟解入玄，尤善《放光波若》。康法识，亦有义学之功，而以草隶知名。尝遇康昕，昕自谓笔道过识，识共昕各作右军草，傍人窃以为货，莫之能别。又写众经，甚见重之。竺法济幼有才藻，作《高逸沙门传》。凡此诸人，皆潜之神足，孙绰并为之赞，不复具抄。”⑤

---

①［梁］慧皎：《高僧传》卷一，《大正藏》第50册，第328页下。

②［北魏］崔鸿撰，［清］汤球辑补：《十六国春秋辑补》卷四十一，中华书局，2020年，第532—533页。

③［北宋］司马光：《资治通鉴》卷一百三，中华书局，1956年，第3268页。

④［梁］慧皎：《高僧传》卷四，《大正藏》第50册，第347页下。

⑤［梁］慧皎：《高僧传》卷四，《大正藏》第50册，第348页上。

按：以上皆竺潜之高足，本附于《高僧传·竺潜传》末，咏其文意，似竺潜亡时，诸徒皆在左右。兹系于竺潜卒年。

竺佛念译《出曜经》

《出三藏记集》载："《出曜经》十九卷。"①

《历代三宝纪》载："《出曜经》一十九卷（建元十年出，见《二秦录》及《高僧传》《宝唱录》等，或云《论》）。"②

《古今译经图纪》载："然念自符秦建元十年，岁次戊寅，讫至姚秦译《出耀论》（二十卷）、《菩萨璎珞经》（一十二卷）。"③

《众经目录》载："《出曜论》十九卷（前秦世，竺佛念译）。"④

《大唐内典录》载："《出曜经》一十九卷（建元十年出，见《二秦录》及《高僧传》《宝唱录》或云《论》）。"⑤

《大周刊定众经目录》载："《出曜经》一部，十九卷。右，秦代凉州沙门竺佛念译，出《长房录》。"⑥

《开元释教录》载："《出曜经》二十卷（亦云《出曜论》，或十九卷。符秦建元十九年出，见《二秦录》《高僧传》、僧祐、宝唱等《录》）。上见在，已下阙。"⑦"《出曜经》二十卷（或云《出棹论》，或十九卷）。姚秦凉州沙门竺佛念于符秦代译（单本）。"⑧"《出曜经》二十卷（亦云《出曜论》，或十九卷）四百八十四纸。"⑨"《出曜经》二十卷（亦云《出曜论》，或十九卷，四百八十四纸）。姚秦竺佛念译。"⑩

《贞元新定释教目录》载："《出曜经》二十卷（亦云《出曜论》，或十九卷，符秦建元十年出，见《二秦录》《高僧传》、僧祐、宝唱等《录》）。已上见，已

---

①［梁］僧祐：《出三藏记集》卷二，《大正藏》第55册，第10页中。
②［隋］费长房：《历代三宝纪》卷八，《大正藏》第49册，第77页上。
③［唐］靖迈：《古今译经图纪》卷三，《大正藏》第55册，第358页下。
④［隋］法经：《众经目录》卷五，《大正藏》第55册，第142页中。
⑤［唐］道宣：《大唐内典录》卷三，《大正藏》第55册，第252页上。
⑥［唐］明佺：《大周刊定众经目录》卷九，《大正藏》第55册，第425页中。
⑦［唐］智昇：《开元释教录》卷四，《大正藏》第55册，第512页上。
⑧［唐］智昇：《开元释教录》卷十三，《大正藏》第55册，第622页上。
⑨［唐］智昇：《开元释教录》卷二十，《大正藏》第55册，第696页上。
⑩［唐］智昇：《开元释教录》卷二十，《大正藏》第55册，第721页上。

下阙。”①“《出曜经》二十卷（或云《出曜论》，或十九卷），姚秦凉州沙门竺佛念于符秦代译，单本。”②“《出曜经》二十卷（亦云《出曜论》，或十九卷），四百八十四纸。”③

高句丽僧阿道来

《朝鲜禅教考》载：“（小兽林四年），僧阿道来。”④

宗炳生

《宋书》载：“宗炳，字少文，南阳涅阳人也。祖承，宜都太守。父繇之，湘乡令。母同郡师氏，聪辩有学义，教授诸子。炳居丧过礼，为乡闾所称。”⑤

《宋书》载：“元嘉二十年，炳卒，时年六十九。衡阳王义季与司徒江夏王义恭书曰：‘宗居士不救所病，其清履肥素，终始可嘉，为之恻怆，不能已已。’”⑥

《庐山记》载：“（宗炳）元嘉二十四年癸未终，春秋六十九。”⑦

据此推之，宗炳当生于本年。

释道安撰《综理众经目录》

《出三藏记集》卷五载：“《新集安公注经及杂经志录第四》：‘夫日月丽天，众星助耀，雨从龙降，彪池佐润，由是丰泽洪沾，大明焕赫也。而犹有爝火于云夜，抱瓮于汉阴者，时有所不足也。佛之著教，真人发起，大行于外国，有自来矣。延及此土，当汉之末世，晋之盛德也。然方言殊音，文质从异，译胡为晋，出非一人。或善胡而质晋，或善晋而未备胡，众经皓然，难以折中。窃不自量，敢豫僧数，既荷佐化之名，何得素餐终日乎？辄以洒扫之余暇，注众经如左。非敢自必，必值圣心，庶望考文，时有合义。愿将来善知识，不咎其默守，冀抱瓮燋火，傥有微益……此土众经，出不一时，自孝灵光和已来，迄今晋康宁二年，近二百载。值残出残，遇全出

① [唐] 圆照：《贞元新定释教目录》卷六，《大正藏》第55册，第808页下。
② [唐] 圆照：《贞元新定释教目录》卷二十三，《大正藏》第55册，第955页中。
③ [唐] 圆照：《贞元新定释教目录》卷三十，《大正藏》第55册，第1044页中。
④ [朝鲜] 朴永善：《朝鲜禅教考》卷一，《卍续藏》第87册，第220页中。
⑤ [梁] 沈约：《宋书》卷九十三，中华书局，1974年，第2278页。
⑥ [梁] 沈约：《宋书》卷九十三，中华书局，1974年，第2279页。
⑦ [宋] 陈舜俞：《庐山记》卷三，《大正藏》第51册，第1040页上。

全，非是一人，难卒综理，为之《录》一卷（今有）。”①

《高僧传》载：“自汉魏迄晋，经来稍多，而传经之人，名字弗说，后人追寻，莫测年代。安乃总集名目，表其时人，诠品新旧，撰为《经录》，众经有据，实由其功。四方学士，竞往师之。”②

《中国学术思想编年·魏晋南北朝卷》指出：“魏晋以来佛经篇目繁杂凌乱，亟待整理，多数经典无明确的译者姓名和译著时间，许多佛经仅为零散片断，首尾亦不完整，更混有相当多的伪作与来历不明者。加之译者‘或善胡而质晋，或善晋而未备胡’，难以准确把握经义。鉴于此，道安撰成此目录，史称‘安录’。此目录共校理出六类佛经，一是‘经论本录’，即按译者年代顺序收录内容完整且译文优秀的译经；二是‘失译经录’，即失去译者姓名的译经；三是‘异经录’，收录不同地区的佛经译本；四是‘古异经录’，收录古代翻译的佛经；五是‘疑经录’，专收难辨真伪的佛经；六为‘注经、杂经录’，主要收道安自注各经。这是对东汉以来中土流传佛经的一次比较彻底的清理，‘安诚无愧为佛录开山祖矣’（以上参考姚名达《中国目录学史》，商务印书馆，1998）。后《祐录》（即僧祐《出三藏记集》）即在此基础上完成。此目录今已佚。《出三藏记集》卷五谓此录所记迄晋‘康宁二年’，疑‘晋康宁’当为‘宁康’之误。”③

释道安作《安般注序》等

释道安所作之《安般注序》，见《出三藏记集》卷六。④释道安所作之《人本欲生经序》，见《出三藏记集》卷六。⑤释道安所作之《了本生死经序》，见《出三藏记集》卷六。⑥释道安所作之《道行般若经序》，见《道行般若经》卷一。⑦

《高僧传》载：“初经出已久，而旧译时谬，致使深藏隐没未通，每至讲说，唯叙大意转读而已，安穷览经典，钩深致远，其所注《般若道行》《密迹》《安般》诸经，并寻文比句，为起尽之义，乃析疑甄解，凡二十二卷。序致渊富，妙尽深旨，条

---

① [梁] 僧祐：《出三藏记集》卷五，《大正藏》第55册，第39页中。

② [梁] 慧皎：《高僧传》卷五，《大正藏》第50册，第352页上。

③ 张岂之主编：《中国学术思想编年·魏晋南北朝卷》，陕西师范大学出版社，2006年，第317—318页。

④ [梁] 僧祐：《出三藏记集》卷六，《大正藏》第55册，第43页下。

⑤ [梁] 僧祐：《出三藏记集》卷六，《大正藏》第55册，第45页上。

⑥ [梁] 僧祐：《出三藏记集》卷六，《大正藏》第55册，第45页中。

⑦ [东汉] 支娄迦谶译：《道行般若经》卷一，《大正藏》第8册，第425页上。

贯既叙，文理会通，经义克明，自安始也。”①

胡中才在《道安研究》中指出：“约晋孝武帝太和末年至宁康初年（371—374），道安作《了本生死经序》《人本生死经序》《安般注序》《道行般若经序》等。道安《综理众经目录》自序云：‘……自孝灵光和以来，迄今晋宁康二年，近二百载，……为之录一卷’。可见道安作《综理众经目录》为晋宁康二年。而《综理众经目录》之《注经及杂经志录》已收录有《道行般若》《了本生死》《人本欲生》《安般守意》等经。说明这些佛经的注解和作序在宁康二年作目录时已经完成了。但由于道安在襄阳派慧常等僧外出收集佛经后，才收集到大量佛经。故为这些佛经作序也不会太早，只有晋孝武帝太和末年至宁康初年的可能性较大。”②

昙摩密多游历诸国

《出三藏记集》载：“（昙摩密多）少好游方，誓志宣化，周历诸国，遂适龟兹。未至一日，王梦神告曰：‘有大福德人，明当入国，汝应供养。’明旦，即敕外司，若有异人入境，必驰奏闻。俄而禅师果至，王自出郊迎，延请入宫，遂从禀戒，尽四事之供。禅师安而能迁，不滞利养，居数年，密有去志。神又降梦曰：‘福德人舍王去矣！’王惕然惊觉。既而君臣固留，莫之能止。”③

《高僧传》载：“（昙摩密多）少好游方，誓志宣化，周历诸国，遂适龟兹，未至一日，王梦神告王曰：‘有大福德人，明当入国，汝应供养。’明旦，即敕外司，若有异人入境，必驰奏闻。俄而密多果至，王自出郊迎，延请入宫，遂从禀戒，尽四事之礼。密多安而能迁，不拘利养，居数载，密有去心。神又降梦曰：‘福德人舍王去矣。’王惕然惊觉，既而君臣固留，莫之能止。”④

按：昙摩密多，少好游方，游历诸国。入龟兹数载之事，未详其年，其事当在七岁以后、二十岁以前。兹系于昙摩密多二十岁之前。又据晋穆帝永和十一年（355）下“昙摩密多生”条，推之可知，“昙摩密多游历诸国”条，至迟当发生于本年。

---

①［梁］慧皎：《高僧传》卷五，《大正藏》第50册，第352页上。

② 胡中才：《道安研究》，宗教文化出版社，2011年，第26—27页。

③［梁］僧祐：《出三藏记集》卷十四，《大正藏》第55册，第105页上。

④［梁］慧皎：《高僧传》卷三，《大正藏》第50册，第342页下。

晋孝武帝宁康三年·前秦建元十一年（375）乙亥

孝武帝遣使征请竺法义

《高僧传》载："晋宁康三年，孝武皇帝遣使征请（竺法义）出都讲说。"①

释慧远与释道安筹铸佛像

《法苑珠林》载："东晋孝武宁康三年四月八日，襄阳檀溪寺沙门释道安，盛德昭彰，播声宇内。于郭西精舍铸造丈八金铜无量寿佛。"②

《释迦方志》载："东晋孝武宁康三年二月八日，沙门释道安盛德昭彰，擅名宇内。于襄阳郭西铸丈六无量寿像。"③

区结成在《慧远》中指出："（375年）二月与道安筹铸丈六释迦像。"④

释道安造无量寿佛像

《广弘明集》载："襄州檀溪寺金像行者，东晋宁康中，沙门释道安之所造也。及成就已乃行至万山，明迎返寺，其夕又出至寺门，至山蹋，石现一足相。"⑤

《续高僧传》载："又梁襄阳金像寺丈六无量寿瑞像者，东晋孝武宁康三年二月八日，沙门释道安之所造也。"⑥

《集神州三宝感通录》载："东晋孝武宁康三年四月八日，襄阳檀溪寺沙门释道安，盛德昭彰，声振宇内，于郭西精舍铸造丈八金铜无量寿佛，明年季冬严饰成就。晋镇军将军雍州刺史郄恢之创莅襄部，赞击福门，其像夜出西游万山，遗示一迹，印文入石。乡邑道俗，一时奔赴，惊嗟迎接，还本供养。复以其夕出住寺门，众咸骇异，恢乃改名。"⑦

---

①［梁］慧皎：《高僧传》卷四，《大正藏》第50册，第350页下。

②［唐］道世：《法苑珠林》卷十三，《大正藏》第53册，第384页中。

③［唐］道宣：《释迦方志》卷二，《大正藏》第51册，第971页中。

④ 区结成：《慧远》，东大图书公司，1987年，第150页。

⑤［唐］道宣：《广弘明集》卷十五，《大正藏》第52册，第202页中。

⑥［唐］道宣：《续高僧传》卷二十九，《大正藏》第50册，第692页下。

⑦［唐］道宣：《集神州三宝感通录》卷二，《大正藏》第52册，第414页下。

王珣追忆支道林

《嘉泰会稽志》引王珣《诗序》云："予以宁康三年，命驾之剡石城山，即法师之墓也。高坟郁为荒垄，丘陇化为宿莽，遗迹未灭，而其人已远。感想平昔，触物凄怀，其为时贤所惜如此。①

高句丽小兽林王建寺以置僧侣

《朝鲜禅教考》载："越明年春，（小兽林王）始创肖门寺，以置顺道。又创伊弗兰寺，以置阿道。"②

苗威、孙炜冉在《高句丽小兽林王考述》中指出："面对故国原王常年用兵，民生困苦的局面，小兽林王暂缓搁置了对百济的报复打击，而是力图在创造外部良好环境的同时，积极对内实施改革，使高句丽的思想、文化、政治制度等发生了翻天覆地的大变革。其措施有三：第一，引进佛教。据《三国史记》载：'小兽林王二年（372）夏六月，秦王苻坚遣使及浮屠顺道送佛像、经文。四年（374），僧阿道来。五年（375）春二月，始创肖门寺，以置顺道。又创伊弗兰寺，以置阿道。此海东佛法之始。'尽管从其他文献可知，佛教作为一种宗教思想，在小兽林王以国家形式正式引入高句丽之前，民间已有所流入，如《高僧传》和《海东高僧传》所载记的关于东晋高僧支遁寄予高句丽僧人介绍竺法深书信的事件，但民间力量对宗教的推动还是非常有限的，而小兽林王由前秦引进而来的佛像、经文，以及此后在国内奉迎高僧、兴建佛寺，则是从统治阶级层面，由国家的角度推行的宗教普及，这样的推广和表率作用是民间力量所不能企及的，所以，才称此举为'海东佛法之始'。"③

涉公至长安

《高僧传》载："涉公者，西域人也。虚靖服气，不食五谷，日能行五百里。言未然之事，验若指掌。以苻坚建元十一年至长安。能以秘咒，咒下神龙。每旱，坚常请之咒龙，俄而龙下钵中，天辄大雨。坚及群臣亲就钵中观之，咸叹其异。坚奉为国神，士庶皆投身接足，自是无复炎旱之忧。"④

《晋书》载："僧涉者，西域人也，不知何姓。少为沙门，苻坚时入长安。虚静

---

① [南宋] 沈作宾修，施宿等纂：《嘉泰会稽志》卷九，清嘉庆十三年刻本，第44页。
② [朝鲜] 朴永善：《朝鲜禅教考》卷一，《卍续藏》第87册，第220页中。
③ 苗威、孙炜冉：《高句丽小兽王考述》，《吉林师范大学学报（人文社会科学版）》，2014年第5期。
④ [梁] 慧皎：《高僧传》卷十，《大正藏》第50册，第389页中。

服气，不食五谷，日能行五百里，言未然之事，验若指掌。能以秘祝下神龙，每旱，坚常使之咒龙请雨。俄而龙下钵中，天辄大雨，坚及群臣亲就钵观之。”①

按：《法苑珠林》事与《高僧传》同，文稍异，兹不赘录。②

王坦之尝与沙门竺法汰论幽冥报应

《高僧传》载：“时东土复有竺法仰者，慧解致闻，为王坦之所重。亡后犹见形诣王，勖以行业焉。”③

《晋书》载：“初，坦之与沙门竺法师甚厚，每共论幽明报应，便要先死者当报其事。后经年，师忽来云：‘贫道已死，罪福皆不虚。惟当勤修道德，以升济神明耳。’言讫不见。坦之寻亦卒，时年四十六。临终，与谢安、桓冲书，言不及私，惟忧国家之事，朝野甚痛惜之。追赠安北将军，谥曰献。”④

《续搜神记》云：“沙门竺法度者，先与比中中郎将王坦之友善。每共论生死罪福报应之事，茫昧难明，未审有无，便共为要，若先无常，其神有知，及罪福决定者，当相报语。王坦后在都，忽见师来。王便惊云：‘上人何处来。’答曰：‘贫道以某日月命过，罪福皆不虚。事若影响，檀越但当勤修道德，以升济神明耳。先与君要，故来相语。’言讫而不见耳。”⑤

《资治通鉴》载：“（东晋孝武帝宁康三年）夏，五月，丙午，蓝田献侯王坦之卒。”⑥

《太平广记》引《述异记》云：“巴西张寻，梦庭生一竹，节相似，都为一门。以问竺法度，云：‘当暴贵，但不得久矣。’果然如其所言。出《述异记》。”⑦

兹将竺法度事并附于此条，以广其闻也。

释慧严博晓诗书

《高僧传》载：“（释慧严）年十二，为诸生，博晓诗书。”⑧

---

①［唐］房玄龄等：《晋书》卷九十五，中华书局，1974年，第2497页。
②［唐］道世：《法苑珠林》卷六十三，《大正藏》第53册，第765页上。
③［梁］慧皎：《高僧传》卷四，《大正藏》第50册，第349页下。
④［唐］房玄龄等：《晋书》卷七十五，中华书局，1974年，第1969页。
⑤［唐］法琳：《辩正论》卷七，《大正藏》第52册，第539页上。
⑥［北宋］司马光：《资治通鉴》卷一百三，中华书局，1956年，第3268页。
⑦［宋］李昉等：《太平广记》卷二百七十六，中华书局，1961年，第2187页。
⑧［梁］慧皎：《高僧传》卷七，《大正藏》第50册，第367页中。

按：据晋哀帝隆和二年（363）下“释慧严生”条，推之可知，“释慧严博晓诗书”条，当发生于本年。

竺道生器鉴日深

《出三藏记集》载：“（竺道生）年至具戒，器鉴日跻，讲演之声，遍于区夏。王公贵胜，并闻风造席；庶几之士，皆千里命驾。生风雅从容，善于接诱，其性烈而温，其气清而穆，故豫在言对，莫不披心焉。初住龙光寺，下帷专业。”①

《高僧传》载：“（竺道生）年至具戒，器鉴日深，性度机警，神气清穆。”②

《庐山记》载：“（竺道生）年二十，器鉴日深。”③

按：据晋穆帝永和十一年（355）下“竺道生或生于本年”条，推之可知，“竺道生器鉴日深”条，当发生于本年。

释宝云生

《出三藏记集》载：“释宝云，未详其氏族，传云凉州人也。弱年出家，精勤有学行。志韵刚洁，不偶于世，故少以直方纯素为名。而求法恳恻，忘身徇道，誓欲躬睹灵迹，广寻群经。”④

《高僧传》载：“释宝云，未详氏族，传云凉州人。少出家，精勤有学行，志韵刚洁，不偶于世，故少以方直纯素为名，而求法恳恻，亡身殉道，志欲躬睹灵迹，广寻经要。”⑤

《高僧传》载：“以元嘉二十六年终于山寺，春秋七十有四。”⑥

据此推之，释宝云当生于本年。

释慧观以博见驰名

《高僧传》载：“（释慧观）十岁便以博见驰名。”⑦

按：据东晋哀帝兴宁三年（365）下“释慧观生”条，推之可知，“释慧观以博见

①［梁］僧祐：《出三藏记集》卷十五，《大正藏》第55册，第110页下。
②［梁］慧皎：《高僧传》卷七，《大正藏》第50册，第366页下。
③［宋］陈舜俞：《庐山记》卷三，《大正藏》第51册，第1040页下。
④［梁］僧祐：《出三藏记集》卷十五，《大正藏》第55册，第113页上。
⑤［梁］慧皎：《高僧传》卷三，《大正藏》第50册，第339页下。
⑥［梁］慧皎：《高僧传》卷三，《大正藏》第50册，第340页上。
⑦［梁］慧皎：《高僧传》卷七，《大正藏》第50册，第368页中。

驰名”条，当发生于本年。

昙摩密多度流沙入敦煌

《出三藏记集》载：“（昙摩密多）遂度流沙，进到炖煌。于旷野之地建立精舍，植㮈千株，房阁池林，极为严净。”①

《高僧传》载：“（昙摩密多）遂度流沙，进到炖煌，于闲旷之地建立精舍。植㮈千株，开园百亩，房阁池沼，极为严净。”②

按：去年（374）昙摩密多已欲离开龟兹，虽龟兹君臣固留而不能止其东度敦煌之心，且昙摩密多少好游方，弱冠以前，已在龟兹居数载。据晋孝武帝宁康二年·前秦建元十年（374）下“昙摩密多游历诸国”条，推之可知，“昙摩密多度流沙入敦煌”条，至迟当发生于本年。兹系于本年。

释慧达至京师

《高僧传》载：“释慧达，姓刘。本名萨河，并州西河离石人。少好田猎。年三十一，忽如暂死，经日还苏，备见地狱苦报，见一道人云，是其前世师。为其说法训诲，令出家，往丹阳、会稽、吴郡觅阿育王塔像，礼拜悔过，以忏先罪。既醒，即出家学道，改名慧达，精勤福业，唯以礼忏为先。晋宁康中，至京师……达以刹像灵异，倍加翘励……达停止通玄寺，首尾三年，昼夜虔礼，未尝暂废。顷之，进适会稽，礼拜鄮塔。此塔亦是育王所造，岁久荒芜，示存基跖。达翘心束想，乃见神光焰发，因是修立龛砌，群鸟无敢栖集。凡近寺侧畋渔者，必无所获，道俗传感，莫不移信。后郡守孟𫖮复加开拓，达东西觐礼，屡表征验，精勤笃励，终年无改。后不知所之。”③

《南朝寺考》载：“《晋并州竺慧达传》，本姓刘，名萨诃，西河离石人。少好畋猎，年三十一，忽如暂死，经日还苏，备见地狱苦报。见一道人，云是其前世师，为之说法训诲，令出家，往丹阳会稽吴郡，觅阿育王塔像，礼拜悔过，以忏先罪。既醒，即出家学道，改名慧达，精勤福业。晋宁康中，至京师，先是简文帝于长干寺造三层塔，塔成之后，每夕放光。达上越城顾望，见此塔杪，独有异色，便往拜敬，晨夕恳到。夜见塔下时有光出，乃告人共掘，掘入丈许，得三石碑。中央碑覆中有一铁

---

①［梁］僧祐：《出三藏记集》卷十四，《大正藏》第55册，第105页上。

②［梁］慧皎：《高僧传》卷三，《大正藏》第50册，第342页下。

③［梁］慧皎：《高僧传》卷十三，《大正藏》第50册，第409页中。

函，函中又有银函，银函里金函，金函里有三舍利，又有一爪甲及一发，发伸长数尺，卷则成螺，光色炫耀，乃周敬王时阿育王造八万四千塔，此其一也。既道俗叹异，乃于旧塔之西，更竖一刹，施安舍利。”①

按：释慧达至京师，事在晋武帝宁康年间，未详其年。兹系于宁康之末。

晋孝武帝太元元年·前秦建元十二年·前凉升平二十年·代国建国三十九年（376）丙子

郗愔召谢敷入仕

《晋书》载：“镇军郗愔召（谢敷）为主簿，台征博士，皆不就。”②

《资治通鉴》载：“（东晋孝武帝太元元年）以会稽内史郗愔为镇军大将军、都督浙江东五郡诸军事。”③

徐荣感应记

《光世音应验记》载：“徐荣者，琅玡人。常至东阳，还经定山，舟人不貫，误堕迴复中，旋舞涛波之间，垂欲沉没。荣无复计，唯至心呼观世音名。斯须间，如有数十人齐力掣船者，涌出复中，还得平流，沿江还还下。日已向暮，天大阴暗，风雨甚驶，不知所向，而涌浪转盛。荣诵经不辍口，有顷，望见山头有火焰赫然，回舵趣之，径得还浦，举船安稳。既至，亦不复见光。同旅异之，疑非人火。明旦，问浦中人：‘昨夜山上是何火光？’众皆愕然曰：‘昨风雨如此，岂有火理？吾等并不见。’然后了其为神光矣。荣后为会稽府都护谢庆绪闻其自说如此。与荣同舟者，有沙门支道蕴，谨笃士也，具见其事。后为余说之，与荣同说。”④

《法苑珠林》载：“晋徐荣者，琅邪人。尝至东阳，还经定山。舟人不惯，误堕洄澓中，游舞涛波，垂欲沉没。荣无复计，唯至心呼观世音。斯须间，如有数十人齐力引船者，踊出澓中，还得平流，沿江还下。日已向暮，天大阴暗，风雨甚驶，不知所向，而涛浪转盛。荣诵经不辍口。有顷，望见山头有火光赫然，回柁趣之，径得运

① ［清］刘世珩：《南朝寺考》，普慧大藏经刊行会校印本，民国三十三年，第11—12页。
② ［唐］房玄龄等：《晋书》卷九十四，中华书局，1974年，第2456—2457页。
③ ［北宋］司马光：《资治通鉴》卷一百四，中华书局，1956年，第3272页。
④ 董志翘：《〈观世音应验记三种〉译注》，江苏古籍出版社，2002年，第21—22页。

浦，举船安隐。既至，亦不复见光。同侣异之，疑非人火。明旦，问浦中人：'昨夜山上是何火光？'众皆愕然曰：'昨风雨如此，岂如有火理？吾等并不见。'然后了其为神光矣。荣后为稽府督护。谢敷闻其自说如此。时与荣同船者，有沙门支道蕴，谨笃士也。具见其事，后为傅亮言之。与荣所说同。"①

按：是年，郗愔召谢敷入侍，谢敷不就。且依《光世音应验记》所载，徐荣后为会稽府都护，似谢敷于本年入会稽府时，徐荣将此感应说与谢敷。兹将徐荣感应记系于本年。

沙门支道蕴，未详何人。《高僧传》、史籍阙载。

竺佛念译《菩萨璎珞经》

《出三藏记集》载："《菩萨璎珞经》十二卷。"②

《历代三宝纪》载：（建元）"十二（竺佛念出《菩萨璎珞经》一十二卷）。"③"《菩萨璎珞经》一十四卷（建元十二年七月出，见《二秦录》及《高僧传》，或十三卷）。"④

《众经目录》载："《菩萨璎珞经》十四卷（前秦建元年，沙门竺佛念于长安译）。"⑤"《菩萨璎珞经》十三卷（或十四卷）。前秦建元年，竺佛念于长安译。"⑥"《菩萨璎珞经》十二卷（三百三纸），或十四卷。前秦建元年，竺佛念于长安译。"⑦

《古今译经图纪》载："《菩萨璎珞经》（一十二卷）。"⑧

《大唐内典录》载："《菩萨璎珞经》十四卷（建元十二年七月出，见《二秦录》及《高僧传》，或十二卷）。"⑨"《菩萨璎珞经》（十二卷或十四卷，三百三十七纸）。前秦建元年，竺佛念于长安译。"⑩

《大周刊定众经目录》载："《菩萨璎珞经》一部十六卷（或十四卷，或十二卷，

---

①［唐］道世：《法苑珠林》卷六十五，《大正藏》第53册，第785页中。
②［梁］僧祐：《出三藏记集》卷二，《大正藏》第55册，第10页中。
③［隋］费长房：《历代三宝纪》卷三，《大正藏》第49册，第39页上。
④［隋］费长房：《历代三宝纪》卷八，《大正藏》第49册，第77页上。
⑤［隋］法经：《众经目录》卷一，《大正藏》第55册，第115页上。
⑥［隋］彦琮：《众经目录》卷一，《大正藏》第55册，第150页下。
⑦［唐］静泰：《众经目录》卷一，《大正藏》第55册，第182页上。
⑧［唐］靖迈：《古今译经图纪》卷三，《大正藏》第55册，第358页下。
⑨［唐］道宣：《大唐内典录》卷三，《大正藏》第55册，第252页上。
⑩［唐］道宣：《大唐内典录》卷六，《大正藏》第55册，第286页中。

三百三十七纸）。右，前秦竺佛念于长安译，出《内典录》。”①

《开元释教录》载：“《菩萨璎珞经》十二卷（一名《现在报》，第二出，或十三卷，或十四卷，或十六卷。符秦建元十二年七月出，见《二秦录》《高僧传》《僧祐录》））。”②“《菩萨璎珞经》十二卷（或十四卷，或十六卷）。姚秦凉州沙门竺佛念译（第二译两译一阙）。”③“《菩萨璎珞经》十二卷（一名《现在报》。或十四卷，或十六卷，或十三卷，三百三十一纸）。姚秦凉州沙门竺佛念译（第二译，两译一阙）。”④

《贞元新定释教目录》载：“《菩萨璎珞经》十二卷（一名《现在报》。第二出，或十二卷，或十四卷，或十六卷。符秦建元十二年七月出，见《二秦录》《高僧传》《僧祐录》）。”⑤“《菩萨璎珞经》十二卷（或十四卷，或十六卷）。姚秦凉州沙门竺佛念译，第二译，两译一阙。”⑥“《菩萨璎珞经》十二卷（一名《现在报》。或十四卷，或十六卷，或十三卷）。三百三十七纸。”⑦

佛驮跋陀罗以习诵为业

《出三藏记集》载：“（佛驮跋陀罗）十七出家，与同学数人诵经，众皆一月，佛贤一日诵毕。其师叹曰：‘佛贤一日，敵三十夫也。’及受具戒，修业精勤，博学群经，多所通达，少以禅律驰名。常与同学僧伽达多共游罽宾，同处积载，达多虽服其才明，而未测其人也。后于禅室见佛贤神变，乃敬心祈问，方知得不还果。”⑧

《高僧传》载：“（佛驮跋陀罗）至年十七，与同学数人，俱以习诵为业，众皆一月，贤一日诵毕，其师叹曰：‘贤一日敌三十夫也。’及受具戒，修业精勤，博学群经，多所通达。少以禅律驰名，常与同学僧伽达多共游罽宾，同处积载，达多虽伏其才明，而未测其人也。后于密室闭户坐禅，忽见贤来，惊问：‘何来？’答云：‘暂至兜率，致敬弥勒。’言讫便隐，达多知是圣人，未测深浅。后屡见贤神变，乃敬心

①［唐］明佺：《大周刊定众经目录》卷四，《大正藏》第55册，第392页上。
②［唐］智昇：《开元释教录》卷四，《大正藏》第55册，第512页上。
③［唐］智昇：《开元释教录》卷十二，《大正藏》第55册，第602页上。
④［唐］智昇：《开元释教录》卷二十，《大正藏》第55册，第709页下。
⑤［唐］圆照：《贞元新定释教目录》卷六，《大正藏》第55册，第808页下。
⑥［唐］圆照：《贞元新定释教目录》卷二十二，《大正藏》第55册，第933页中。
⑦［唐］圆照：《贞元新定释教目录》卷二十九，《大正藏》第55册，第1033页上。
⑧［梁］僧祐：《出三藏记集》卷十四，《大正藏》第55册，第103页中。

祈问，方知得不还果。”①

按：据晋穆帝升平三年·前秦甘露元年（359）下“佛驮跋陀罗生”条，推之可知，“佛驮跋陀罗以习诵为业”条，当发生于本年。

昙摩密多适凉州

《出三藏记集》载：“顷之，（昙摩密多）复适凉州，仍于公府旧寺更营堂房，学徒济济，禅业甚盛。”②

《高僧传》载：“顷之，（昙摩密多）复适凉州，仍于公府旧事，更葺堂宇，学徒济济，禅业甚盛。”③

按：据晋孝武帝宁康三年·前秦建元十一年（375）下“昙摩密多度流沙入敦煌”条，推之可知，“昙摩密多适凉州”条，昙摩密多“顷之”入凉州，最早当发生于去年年内，最迟当发生于本年间。兹系于本年。

释慧远作《晋襄阳丈六金像颂》

《广弘明集》载：“昔众祐降灵出自天竺，托化生宫兴于上国，显迹重冥开辟神路，明晖宇宙光宅大千。万流澄源圆映无主，觉已虚凝湛焉遗照，于是乘变化以动物而众邪革心，躇神步以感时而群疑同释，法轮玄运，三乘并辙，道世交兴，天人攸梦。净音既畅，逸响远流，密风遐扇，远生善教，末年垂千祀，徒欣大化，而运乖其会，弗获叩津妙门，发明渊极，罔两神影餐服至言。虽欣味余尘，道风遂迈，拟足逸步，玄迹已邈，每希想光晷，仿佛容仪，寤寐兴怀。若形心目，冥应有期，幽情莫发，慨焉自悼。悲愤靡寄，乃远契百念，慎敬慕之思。追述八王同志之感，魂交寝梦而情悟于中，遂命门人铸而像焉。夫形理虽殊，阶涂有渐，精粗诚异。悟亦有因，是故拟状灵范；启殊津之心，仪形神摸，辟百虑之会。使怀远者兆玄根于来叶，存近者遘重劫之厚缘，乃道福兼弘，真迹可践，三原反流，九神同渊。于时四辈悦情，道俗高趣，迹向和应者如林。铸均有虚室之供，而进助者不以纤毫为挫，劝佐有弥劫之勤，操务者不以昏疲告劳，因物任能不日而成，功自人事，犹天匠焉。夫明志莫如词，宣德莫如颂，故志以词显而功业可存，德以颂宣而形容可像，匪词匪颂，将何美焉？乃作颂曰：堂堂天师，明明远度。迈群挺萃，超然先悟。惠在恬虚，妙不以数。

①［梁］慧皎：《高僧传》卷二，《大正藏》第50册，第334页下。
②［梁］僧祐：《出三藏记集》卷十四，《大正藏》第55册，第105页上。
③［梁］慧皎：《高僧传》卷三，《大正藏》第50册，第342页下。

感时而兴，应世成务。金颜映发，奇相晖布。肃肃灵仪，依依神步。茫茫造物，玄运冥驰。伟哉释迦，与化推移。静也渊默，动也天随。绵绵远御，亹亹长縻。反宗无像，光潜影离。仰慕千载，是拟是仪。”①

曹虹在《慧远评传》中则认为：“可以确定为慧远追随道安期间留下的惟一文章，是《晋襄阳丈六金像赞》，其副题为‘因释和上立丈六像作’，这里的‘释和上’即指道安。这一文章的写作缘起直接与道安的弘教活动有关。慧远当时作为道安所率领的檀溪寺教团的一员，在文章中表达出与师主共同的尊佛之情，这既是一种具有生命自觉的精神冲动，也蕴含对理想人格的理性憧憬……慧远所撰赞文当成于宁康四年（376）前后。”②

罗骧在《慧远与东晋佛教的变迁》中指出：“桓豁镇守江陵的时间是孝武帝宁康元年（373年），道安诸人暂住。同年朱序西镇襄阳，诸人又返回襄阳，因为道安僧团人数众多，原来居住的白马寺已经不能容纳，故立檀溪寺，恰好凉州刺史杨弘忠送铜万斤，道安遂造为释迦像。铜像完成的时间约在376年左右，慧远作赞、序的时间应该大致相近。”③

竺昙猷建崇善寺

《高僧传》载：“竺昙猷，或云法猷，敦煌人。少苦行，习禅定，后游江左，止剡之石城山，乞食坐禅。尝行到一行蛊家乞食，猷咒愿竟，忽有蜈蚣从食中跳出，猷快食无他。后移始丰赤城山石室坐禅，有猛虎数十蹲在猷前，猷诵经如故，一虎独睡，猷以如意扣虎头问：‘何不听经？’俄而群虎皆去。有顷，壮蛇竞出，大十余围，循环往复，举头向猷，经半日复去。后一日神现形，诣猷曰：‘法师威德既重，来止此山，弟子辄推室以相奉。’猷曰：‘贫道寻山愿得相值，何不共住？’神曰：‘弟子无为不尔，但部属未洽法化，卒难制语。远人来往或相侵触，人神道异，是以去耳。’猷曰：‘本是何神？居之久，近欲移何处去耶？’神曰：‘弟子夏帝之子，居此山二千余年。寒石山是家舅所治，当往彼住。’寻还山阴庙，临别执手赠猷香三奁。于是鸣鞞吹角陵云而去赤城山。山有孤岩独立，秀出千云。猷抟石作梯升岩宴坐，接竹传水以供常用。禅学造者十有余人，王羲之闻而故往。仰峰高挹，致敬而反。赤城

① ［唐］道宣：《广弘明集》卷十五，《大正藏》第52册，第198页中。
② 曹虹：《慧远评传》，南京大学出版社，2002年，第78—80页。
③ 罗骧：《慧远与东晋佛教的变迁》，南开大学博士学位论文，2010年，第20页。

岩与天台瀑布灵溪四明，并相连属。而天台悬崖峻峙，峰岭切天。古老相传云：‘上有佳精舍，得道者居之。虽有石桥跨涧，而横石断人。且莓苔青滑，自终古以来无得至者。’猷行至桥所，闻空中声曰：‘知君诚笃，今未得度，却后十年自当来也。’猷心怅然，夕留中宿。闻行道唱萨之声。旦复欲前，见一人须眉皓白。问猷所之，猷具答意。公曰：‘君生死身何可得去，吾是山神，故相告耳。’猷乃退还，道经一石室，过中憩息，俄而云雾晦合，室中尽鸣，猷神色无扰。明旦，见人着单衣袷来曰：‘此乃仆之所居，昨行不在家中，遂致搔动，大深愧怍。’猷曰：‘若是君室，请以相还。’神曰：‘仆家室已移，请留令住。’猷停少时，猷每恨不得度石桥，后洁斋累日复欲更往。见横石洞开，度桥少许。睹精舍神僧，果如前所说。因共烧香中食。食毕，神僧谓猷曰：‘却后十年自当来此，今未得住。’于是而返，顾看横石还合如初。”①

《嘉定赤城志》载：“崇善寺在县北五里赤城山下，晋太元元年建。先是，兴宁中僧昙猷依岩造寺，号中岩，后以多赤蚁，徙平地。”②

释道安作《合放光光赞略解序》

《出三藏记集》载：“《放光》《光赞》。同本异译耳。其本俱出于阗国持来，其年相去无几。《光赞》，于阗沙门祇多罗以泰康七年赍来，护公以其年十一月二十五日出之。《放光分》，如檀以泰康三年于阗为师送至洛阳，到元康元年五月乃得出耳。先《光赞》来四年，后《光赞》出九年也。《放光》，于阗沙门无叉罗执胡，竺叔兰为译。言少事约，删削复重，事事显炳，焕然易观也。而从约必有所遗于天竺辞及腾每大简焉。《光赞》，护公执胡本，聂承远笔受，言准天竺，事不加饰。悉则悉矣，而辞质胜文也。每至事首，辄多不便，诸反覆相明，又不显灼也。考其所出，事事周密耳。互相补益，所悟实多。恨其寝逸凉土九十一年，几至泯灭，乃达此邦也。斯经既残不具，并《放光》寻出，大行华京，息心居士翕然传焉。中山支和上遣人于仓垣断绢写之，持还中山。中山王及众僧城南四十里幢幡迎经。其行世如是，是故《光赞》人无知者。昔在赵魏，迸得其第一品，知有兹经，而求之不得。至此，会慧常、进行、慧辩等持如天竺，路经凉州，写而困焉。展转秦雍，以晋泰元元年五月

① [梁] 慧皎：《高僧传》卷十一，《大正藏》第50册，第395页下。

② 中华书局编辑部：《宋元方志丛刊》第七册，《嘉定赤城志》卷二十八，中华书局，1990年，第7498页。

二十四日乃达襄阳。寻之玩之，欣有所益，辄记其所长，为《略解》如左。”①

释道安所作之《合放光光赞略解序》，见《出三藏记集》卷七。②

《渐备经》等至襄阳

《出三藏记集》载：“泰元元年，岁在丙子五月二十四日，此经达襄阳。释慧常以酉年，因此经寄互市人康儿，展转至长安。长安安法华遣人送至互市，互市人送达襄阳，付沙门释道安。襄阳时齐僧有三百人，使释僧显写送与杨州道人竺法汰。《渐备经》以泰元元年十月三日达襄阳，亦是慧常等所送，与《光赞》俱来。顷南乡间人留写，故不与《光赞》俱至耳。《首楞严》《须赖》并皆与渐备俱至凉州。道人释慧常，岁在壬申。于内苑寺中写此经，以酉年因寄，至子年四月二十三日达襄阳。”③

释道安作《渐备经十住胡名并书叙》

《出三藏记集》载：“《渐备经》，护公以元康七年出之。其经有五卷，五万余言。第一卷说一住事，今无此一卷。今现有二住以上至十住，为十品。《渐备经》十住与《本业》大品异。说事委悉于《本业》大品，不知何以曀于凉州。昔凉州诸道士释教道、竺法彦义，斯二道士，普皆博学，以经法为意，不知何以不集此经，又亦不闻其有所说，始知博闻之难。《为人兴显经》且亦是大经，说事广大，义理幽深。乃是众经之美望，辞叙茂赡，真有奇闻。而帛法巨亦是博学道士，昔邺中亦与周旋，不知何以复不集此经，又不闻其言。博闻强记信难。有护公出《须赖经》，虽不见，恒闻彦说之。张天锡更出《首楞严》，故当应委于先者。元康七年十一月二十一日，沙门法护在长安市西寺中出《渐备经》，手执胡本，译为晋言。护公，菩萨人也，寻其余音遗迹，使人仰之弥远。夫诸方等无生、诸三昧经，类多此公所出，真众生之冥梯。大品出来虽数十年，先出诸公略不缕习，不解诸公何以尔？诸公才明过人，当能留心思研。心以为至业者，故当极有所得。先出诸公故恨大简，于文句殊多可恨。大品顷来东西诸讲习无不以为业，于文句犹不同，觉其转深，但才分有限，思寻有极，幽旨作非短思所尽。然文句故可力为，方欲研之，穷此一生，冀有微补。

“《渐备经》恨不得上一卷，冀因缘冥中之助，忽复得之。《渐备》所说十住位

---

① ［梁］僧祐：《出三藏记集》卷七，《大正藏》第55册，第48页上。

② ［梁］僧祐：《出三藏记集》卷七，《大正藏》第55册，第48页上。

③ ［梁］僧祐：《出三藏记集》卷九，《大正藏》第55册，第62页下。

分众行，各有阶级，目下殊异于众经，方欲根悉研寻之。如今芒芒犹涉大海，不知第一住中何说。彼或有因缘，信使君不可不持作意，尽寻求之理。大品上两卷若有可寻之阶，亦勤以为意。护公出《光赞》，计在《放光》前九年，不九年当八年，不知何以遂逸在凉州，不行于世。寻出经时，乃在长安出之，而都不流行，乃不知其故。吾往在河北，唯见一卷，经后记云十七章，年号日月亦与此记同，但不记处所，所以为异。然出经时人云聂承远笔受，帛元信、沙门法度，此人皆长安人也。以此推之，略当必在长安出此经胡本，亦言于阗沙门祇多罗所赍来也。此同如慧常等凉州来疏，正似凉州出，未详其故。或乃护公在长安时，经未流宣，唯持至凉州，未能乃详审。泰元元年，岁在丙子，五月二十四日，此经达襄阳。释慧常以酉年，因此经寄互市人康儿，展转至长安。长安安法华遣人送至互市，互市人送达襄阳，付沙门释道安。襄阳时齐僧有三百人，使释僧显写送与扬州道人竺法汰。

"《渐备经》，以泰元元年十月三日达襄阳，亦是慧常等所送，与《光赞》俱来。顷南乡间人留写，故不与《光赞》俱至耳。《首楞严》《须赖》并皆与渐备俱至凉州，道人释慧常，岁在壬申，于内苑寺中写此经，以酉年因寄，至子年四月二十三日达襄阳。《首楞严经》事事多于先者，非第一第二第九，此章最多，近三四百言许，于文句极有所益。《须罗经》亦复小多，能有佳处。云有《五百戒》，不知何以不至，此乃最急，四部不具，于大化有所阙。《般若经》乃以善男子善女人为教首，而戒立行之本，百行之始，犹树之有根，常以为深恨。若有缘便尽访求之理，先胡本有至信，因之勿零落。"[①]

释僧叡尝听竺僧朗讲《放光般若经》

《高僧传》载："（释僧叡）至年二十二，博通经论。尝听僧朗法师讲《放光经》，屡有机难。朗与贤有濠上之契，谓贤曰：'叡比格难，吾累思不能通，可谓贤贤弟子也。'"[②]

《历代三宝纪》载："（僧叡）年二十二，博通经论。尝听僧朗法师讲《放光经》，屡有讥难。朗与贤有濠上之契，朗谓贤曰：'叡比格难，吾累思不能通，可谓贤贤弟子也。'"[③]

---

①［梁］僧祐：《出三藏记集》卷九，《大正藏》第55册，第62页上。

②［梁］慧皎：《高僧传》卷六，《大正藏》第50册，第364页上。

③［隋］费长房：《历代三宝纪》卷八，《大正藏》第49册，第81页下。

《大唐内典录》载："叡，魏郡人，少出家，年二十二博通经论。听僧朗法师讲《放光》，屡有讥难。朗谓其师僧贤曰：'叡比格难吾，累思不能通，可谓贤贤弟子也。'"①

按：据晋穆帝永和十年（354）下"释僧叡生"条，推之可知，"释僧叡尝听竺僧朗讲《放光般若经》"条，当发生于本年。

晋孝武帝太元二年·前秦建元十三年（377）丁丑

苻坚遣使求鸠摩罗什

《出三藏记集》载："什道震西域，声被东国。符氏建元十三年，岁次丁丑，正月，太史奏有星见外国分野，当有大德智人入辅中国。坚素闻什名，乃悟曰：'朕闻西域有鸠摩罗什，将非此耶？'"②

《高僧传》载："什既道流西域，名被东川。时符坚僭号关中，有外国前部王及龟兹王弟并来朝坚，坚引见，二王说坚云，西域多产珍奇，请兵往定，以求内附。至符坚建元十三年岁次丁丑正月，太史奏云：'有星见于外国分野，当有大德智人，入辅中国。'坚曰：'朕闻西域有鸠摩罗什，襄阳有沙门释道安，将非此耶。'即遣使求之。"③

《晋书》载："苻坚闻之，密有迎罗什之意。会太史奏云：'有星见外国分野，当有大智入辅中国。'坚曰：'朕闻西域有鸠摩罗什，将非此邪？'乃遣骁骑将军吕光等率兵七万，西伐龟兹，谓光曰：'若获罗什，即驰驿送之。'"④

按：《出三藏记集》并无"襄阳有沙门释道安"句。⑤

晋武帝《释道安法师俸给诏》

《高僧传》载："晋孝武皇帝，承风钦德，遣使通问，并有诏曰：安法师器识伦通，风韵标朗，居道训俗，徽绩兼著。岂直规济当今，方乃陶津来世俸给。一同王

---

①［唐］道宣：《大唐内典录》卷三，《大正藏》第55册，第254页中。

②［梁］僧祐：《出三藏记集》卷十四，《大正藏》第55册，第100页下。

③［梁］慧皎：《高僧传》卷二，《大正藏》第50册，第331页中。

④［唐］房玄龄等：《晋书》卷九十五，中华书局，1974年，第2500页。

⑤［梁］僧祐：《出三藏记集》卷十四，《大正藏》第55册，第100页下。

公，物出所在。”[①]

方广锠在《道安评传》中指出：“（东晋宁康元年，373年）约同年，晋孝武帝下诏褒奖道安。”[②]

胡中才在《道安研究》中则认为：“《晋书·孝武帝纪》载，孝武帝即位之后，一直是‘崇德太后临朝摄政’，直至‘太元元年春正月……丙午，帝始临朝’。二年三月，朱序镇襄阳时，从江陵请回道安。据孝武帝遣使通问在襄阳的情况来看，孝武帝颁诏书时间当是太元二年（377）三月以后。”[③]

朱序邀释道安至襄阳

《高僧传》载：“朱序西镇，复请（释道安）还襄阳，深相结纳。序每叹曰：‘安法师道学之津梁，澄治之垆肆矣。’”[④]

《资治通鉴》载：“（东晋孝武帝太元二年）桓豁表兖州刺史朱序为梁州刺史，镇襄阳。”[⑤]

郗超卒

《晋书》载：“超字景兴，一字嘉宾。少卓荦不羁，有旷世之度，交游士林，每存胜拔，善谈论，义理精微。愔事天师道，而超奉佛。愔又好聚敛，积钱数千万，尝开库，任超所取。超性好施，一日中散与亲故都尽。其任心独诣，皆此类也。”[⑥]“（郗超）性好闻人栖遁，有能辞荣拂衣者，超为之起屋宇，作器服，畜仆竖，费百金而不吝。又沙门支遁以清谈著名于时，风流胜贵，莫不崇敬，以为造微之功，足参诸正始。而遁常重超，以为一时之俊，甚相知赏。”[⑦]

《资治通鉴》载：“（东晋孝武帝太元二年）十二月，临海太守郗超卒。”[⑧]

郗超尝与名僧书信往来，并尝造诸论，惜多亡轶。今存其目者有“《本无难问》（郗嘉宾，竺法汰难并郗答，往反四首）、《郗与法濬书》、《郗与开法师书》、《郗

---

① [梁]慧皎：《高僧传》卷五，《大正藏》第50册，第352页下。

② 方广锠：《道安评传》，昆仑出版社，2004年，第284页。

③ 胡中才：《道安研究》，宗教文化出版社，2011年，第30页。

④ [梁]慧皎：《高僧传》卷五，《大正藏》第50册，第352页中。

⑤ [北宋]司马光：《资治通鉴》卷一百四，中华书局，1956年，第3282页。

⑥ [唐]房玄龄等：《晋书》卷六十七，中华书局，1974年，第1802—1803页。

⑦ [唐]房玄龄等：《晋书》卷六十七，中华书局，1974年，第1804—1805页。

⑧ [北宋]司马光：《资治通鉴》卷一百四，中华书局，1956年，第3284页。

与支法师书》”[①]、“《通神咒》（郗嘉宾）、《明感论》（郗嘉宾）”[②]等；止《奉法要》一文，今存于《弘明集》卷十三[③]。

夏德美在《郗超〈奉法要〉与早期居士佛教》中指出：“《奉法要》是现存最早出于士人之手正面阐述佛教义理的文字。《弘明集》中收录的几篇早于或与《奉法要》差不多同时的有关居士佛教的文字，有《牟子理惑论》《正诬论》《喻道论》等，这些文字都是为了向不信佛（或者污蔑佛教）的人说明佛法的正确可靠，说明佛教与中国固有的儒道文化不相违背，或者高于儒道文化，所以都带有论辩性质，在论证过程中多使用儒家、道家的经典、典故，而对于佛教自身的义理较少说明，主要涉及因果报应。《奉法要》却完全站在佛教徒的角度，去总结、概括佛教之中最为重要的内容，为信奉者提供修行的依据，所以主要引用佛教的经典，主要说明佛教的义理，与儒道比较的内容非常少见。”[④]

竺法汰尝与郗超论《本无义》

《出三藏记集》载：“《本无难问》，郗嘉宾，竺法汰难并郗答，往反四首。”[⑤]

按：竺法汰与郗超往来论难，其时不可详考，兹系于郗超卒年。

郗超尝闻吕竦父之感应记

《光世音应验记》载：“始丰南溪中，流急岸峭，回曲如萦。又多大石，白日行者，犹怀危惧。吕竦字茂高，兖州人也，寓居始丰。自说其父尝行溪中，去家十许里，日向暮，天忽风雨，晦冥如漆，不复知东西。自分覆溺，唯归心光世音，且诵且念。须臾，有火光夹岸，如人捉炬者，照见溪中了了。径得归家，火常在前导，去船十余步。竦后与郗嘉宾周旋，郗口所说。”[⑥]

《法苑珠林》载：“晋吕竦，字茂高，兖州人也。寓居始丰，其县南溪，流急岸峭，回曲如萦。又多大石，白日行者犹怀危惧。竦自说，其父尝行溪中，去家十许里，日向暮，天忽风雨，晦冥如漆，不复知东西。自分覆溺，唯归心观世音，且诵且念。须臾，有火光来岸，如人捉炬者，照见溪中了了，遥得归家，火常在前导，去船

① ［梁］僧祐：《出三藏记集》卷十二，《大正藏》第55册，第83页上。
② ［梁］僧祐：《出三藏记集》卷十二，《大正藏》第55册，第83页下。
③ ［梁］僧祐：《弘明集》卷十三，《大正藏》第52册，第86页中。
④ 夏德美：《郗超〈奉法要〉与早期居士佛教》，《古籍研究》2019年第1期。
⑤ ［梁］僧祐：《出三藏记集》卷十二，《大正藏》第55册，第83页上。
⑥ 董志翘：《〈观世音应验记三种〉译注》，江苏古籍出版社，2002年，第19页。

十余步。竦后与郗嘉宾周旋，郗所传说。”[1]

按：吕竦父事，恐难详考以系其年，兹系于郗超卒年。

绍灵寺丈六金像

《集神州三宝感通录》载：“东晋太元二年，沙门慧护于吴郡绍灵寺建释迦文一丈六尺金像。于寺南傍高凿穴以启镕铸。既成将移，夜中穴内清明有花六出，白色鲜发，四面翻洒。未及于地，自敛而上归。及晓，白云若烟，出所铸穴，云中白龙见长数十丈，光彩炳焕，徐引绕穴。每至像前瞻仰迟徊，似归敬者。斯时风霁景清，细雨而加香气。像既入座，龙乃升天。”[2]

按：《法苑珠林》亦载此事[3]，文同，兹不赘录。

竺惠猷夜梦读诗

《异苑》曰：“太元二年，沙门竺惠猷夜梦读诗，其后曰：‘陌南酸枣树名为六奇木，遣人以伐取，载还柱马屋。’”[4]

《太平御览》载：“沙门竺慧猷，太元二年夜梦读诗五首，其一篇后曰：‘陌南酸枣树名为六奇木，遣人以伐取，载还柱马屋。’”[5]

释道安发愿往生弥勒净土

《高僧传》载：“于是众共抽舍，助成佛像，光相丈六，神好明著，每夕放光，彻照堂殿，像后又自行至万山，举邑皆往瞻礼，迁以还寺。安既大愿果成，谓言：‘夕死可矣。’符坚遣使送外国金箔倚像，高七尺，又金坐像、结珠弥勒像、金缕绣像、织成像，各一张。每讲会法聚，辄罗列尊像，布置幢幡，珠佩迭晖，烟华乱发。使夫升阶履闼者，莫不肃焉尽敬矣。有一外国铜像，形制古异，时众不甚恭重。安曰：‘像形相致佳，但髻形未称。’令弟子炉冶其髻，既而光焰焕炳，耀满一堂。详视髻中，见一舍利，众咸愧服。安曰：‘像既灵异，不烦复治。’乃止。识者咸谓安知有舍利，故出以示众。”[6]

胡中才在《道安研究》中指出：“《高僧传·道安》载，晋孝武帝太元元年冬，

---

① [唐] 道世：《法苑珠林》卷六十五，《大正藏》第53册，第785页上。

② [唐] 道宣：《集神州三宝感通录》卷二，《大正藏》第52册，第416页下。

③ [唐] 道世：《法苑珠林》卷十三，《大正藏》第53册，第386页中。

④ [南朝宋] 刘叔敬撰，范宁校点：《异苑》卷七，中华书局，1996年，第69页。

⑤ [宋] 李昉等：《太平御览》卷九百六十五，中华书局，1960年，第4282页。

⑥ [梁] 慧皎：《高僧传》卷五，《大正藏》第50册，第352页中。

所铸之丈六佛像严饰成就，道安认为：大愿果成，谓言‘夕死可矣’。此时道安觉得他研究佛教义理和立寺都达到了愿望，其思维重心可以侧重追求晚年精神生活的安宁了。特别是时隔月余，即太元二年正月，前秦苻坚就遣使给道安送外国金箔倚像，请道安赴秦。同年春，晋孝武帝也遣使通问道安，诏令道安享受王公俸禄。这时，道安感到自己又被卷进了秦晋的政治旋涡。不安宁的日子即将到来。此时，他立誓愿生兜率，求得精神安宁，是符合情理的。所以，道安立誓愿生兜率的时间应在秦、晋皇帝双双遣使通问他以后，即太元二年春以后。而太元三年二月，苻坚就派十余万大军攻打襄阳争取道安，道安再次分众，他集约同门立誓愿生兜率，到太元三年已不可能。故道安集约同门立誓愿生兜率的时间，应为太元二年。”①

长沙太守腾含舍宅为寺

《高僧传》载：“释昙翼，姓姚，羌人也，或云冀州人。年十六出家，事安公为师。少以律行见称，学通三藏，为门人所推。经游蜀郡，刺史毛璩深重之，为设中食，躬自瞻奉。见翼于饭中得一粒谷，先取食之，璩密以敬异，知必不孤信施。得后饷米千斛，翼受而分施。翼尝随安在檀溪寺，晋长沙太守腾含，于江陵舍宅为寺。告安求一僧为纲领，安谓翼曰：‘荆楚士庶，始欲师宗，成其化者，非尔而谁。’翼遂杖锡南征，缔构寺宇，即长沙寺是也。”②

胡中才在《道安研究》中指出：“此记载说明，昙翼建长沙寺，是在檀溪寺建起之后，苻丕进攻襄阳之前，即宁康三年（375）至太元三年（378）二月以前，而且正在建设过程中，苻丕派兵驻守江陵，以阻东晋援襄阳之军，昙翼被迫停建，直至苻丕退兵之后，方又复建。据此分析，当在太元二年（377），若在太元元年或以前，即可竣工。”③

周续之生

《宋书》载：“周续之，字道祖，雁门广武人也。其先过江居豫章建昌县。”④

《宋书》载：“（周）续之素患风痹，不复堪讲，乃移病钟山。景平元年卒，时

① 胡中才：《道安研究》，宗教文化出版社，2011年，第30—31页。
② ［梁］慧皎：《高僧传》卷五，《大正藏》第50册，第355页中。
③ 胡中才：《道安研究》，宗教文化出版社，2011年，第31页。
④ ［梁］沈约：《宋书》卷九十三，中华书局，1974年，第2280页。

年四十七。”①

据此推之，周续之当生于本年。

晋孝武帝太元三年·前秦建元十四年（378）戊寅

桓冲命昙翼渡江造寺

《高僧传》载：“后互贼越逸，侵掠汉南，江陵阖境，避难上明，翼又于彼立寺。群寇既荡，复还江陵，修复长沙寺。丹诚祈请，遂感舍利，盛以金瓶，置于斋座。翼乃顶礼立誓曰：‘若必是金刚余荫，愿放光明。’至乎中夜，有五色光彩从瓶渐出，照满一堂。举众惊嗟，莫不以翼神感。当于尔时，虽复富兰等见，亦回伪归真也。后入巴陵君山伐木，《山海经》所谓洞庭山也。山上有穴，通吴之苞山。山既灵异，人甚惮之。翼率人入山，路值白蛇数十，卧遮行辙，翼退还所住，遥请山灵为其礼忏。乃谓神曰：‘吾造寺伐材，幸愿共为功德。’夜即梦见神人告翼曰：‘法师既为三宝须用，特相随喜，但莫令余人妄有所伐。’明日更往，路甚清夷，于是伐木，沿流而下，其中伐人不免私窃，还至寺上，翼材已毕。余人所私之者，悉为官所取。其诚感如此。”②

《晋书》载：“坚遣其将苻融寇樊、邓，石越寇鲁阳，姚苌寇南乡，韦钟寇魏兴，所在陷没。冲遣江夏相刘奭、南中郎将朱序击之，而奭畏懦不进，序又为贼所擒。冲深自咎责，上疏送章节，请解职，不许。遣左卫将军张玄之诣冲谘谋军事。冲率前将军刘波及兄子振威将军石民、冠军将军石虔等伐苻坚，拔坚筑阳。攻武当，走坚兖州刺史张崇。坚遣慕容垂、毛当寇邓城，苻熙、石越寇新野。冲既惮坚众，又以疾疫，还镇上明。”③

《法苑珠林》载：“有东西二寺，昔符坚伐晋，荆州北岸并没属秦。时桓仲为荆牧，邀翼法师度江造东寺，安长沙寺僧，西寺安四层寺僧。符坚殁后，北岸诸地还属晋家。长沙四层诸僧各还本寺，西东二寺因旧广立，自晋宋齐梁陈氏，僧徒常数百

---

①［梁］沈约：《宋书》卷九十三，中华书局，1974年，第2281页。

②［梁］慧皎：《高僧传》卷五，《大正藏》第50册，第355页下。

③［唐］房玄龄等：《晋书》卷七十四，中华书局，1974年，第1951页。

人。”[①]

《资治通鉴》载：“（东晋孝武帝太元二年）丙辰，征西大将军、荆州刺史桓豁卒。冬，十月，辛丑，以桓冲都督江、荆、梁、益、宁、交、广七州诸军事，领荆州刺史；以冲子嗣为江州刺史。又以五兵尚书王蕴都督江南诸军事，假节，领徐州刺史；征西司马领南郡相谢玄为兖州刺史，领广陵相，监江北诸军事。桓冲以秦人强盛，欲移阻江南，奏自江陵徙镇上明，使冠军将军刘波守江陵，咨议参军杨亮守江夏。”[②]

按：公元377年，桓冲赴任荆州刺史；公元378年，前秦攻陷襄阳。故桓仲邀翼法师度江造东寺，安长沙寺僧，事当在本年。

释慧远避难荆州上明寺

《高僧传》载：“道安为朱序所拘不能得去，乃分张徒众各随所之。临路，诸长德皆被诲约，远不蒙一言。远乃跪曰：‘独无训勖，惧非人例。’安曰：‘如公者岂复相忧。’远于是与弟子数十人，南适荆州，住上明寺。”[③]

汤用彤在《汉魏两晋南北朝佛教史》（增订本）中指出：“晋孝武帝太元三年（公元378年），年四十五，别安公东下。先荆州，后住匡山之龙泉精舍。”[④]

荷兰学者许里和在《佛教征服中国》中指出：“公元378年在秦军即将攻占这座城市时，他和胞弟慧持带着数十名学生离开襄阳，并在江陵名刹上明寺住了一段时间。”[⑤]

区结成在《慧远》中指出：“二月秦将苻丕寇襄阳，道安命徒众分散。慧远与弟慧持、同学昙徽，及弟子数十人离襄阳南避，至荆州上明寺。”[⑥]

方立天在《魏晋南北朝佛教》之《慧远年谱》中则认为：“［太元四年（379年）］慧远与弟慧持、同学昙徽及弟子数十人到荆州上明寺（今湖北松滋县西）。”[⑦]

龚斌在《慧远法师传》之《慧远年谱》中也指出慧远等人是于379年前往荆州，住上明寺。

---

① ［唐］道世：《法苑珠林》卷三十九，《大正藏》第53册，第598页上。

② ［北宋］司马光：《资治通鉴》卷一百四，中华书局，1956年，第3282—3283页。

③ ［梁］慧皎：《高僧传》卷六，《大正藏》第50册，第358页上。

④ 汤用彤：《汉魏两晋南北朝佛教史》（增订本），北京大学出版社，2011年，第190页。

⑤ ［荷兰］许里和著，李四龙、裴勇等译：《佛教征服中国》，江苏人民出版社，1998年，第340页。

⑥ 区结成：《慧远》，东大图书公司，1987年，第150页。

⑦ 方立天：《方立天文集》第一卷《慧远及其佛学》，中国人民大学出版社，2006年，第184页。

释慧持止上明寺

《高僧传》载：“及安在襄阳遣远东下，持亦俱行，初憩荆州上明寺。”①

杨维中在《中国佛教通史》中指出：“上明寺是东晋太元三年（378）底开始建造的。”②

释昙徽止上明寺

《高僧传》载：“符丕寇境，（释昙徽）乃东下荆州，止上明寺。每法轮一转，则黑白奔波。常顾解有所从，乃图写安形，存念礼拜。于是江陵士女，咸西向致敬印手菩萨。或问：‘法师道化，何如和上。’徽曰：‘和上内行深浅，未易可测。外缘所被，多诸应验，在吾一渧，宁比江海耶。’”③

杜愿丧子感应缘

《集神州三宝感通录》载：“晋太元三年，杜愿，涪人，家巨富。男天保十岁暴亡。数月，家养猪生五子，一最肥，官长新至，愿将为礼。捉就欲杀，有僧忽至谓愿曰：‘豚是天保，如何百日遂相忘耶？’言竟不见。即四寻视，乃在天，西腾空而去也。”④

《法苑珠林》载：“晋杜愿，字永平，梓橦涪城人也。家巨富，有一男名天保，愿爱念。年十岁，泰元三年暴病而死。经数月日，家所养猪，生五子，一子最肥。后官长新到，愿将以作礼，捉就杀之。有一比丘忽至愿前谓曰：‘此豚是君儿也，如何百余日中而相忘乎？’言竟，忽然不见，四顾寻视，见在天西，腾空而去。香气充布，弥日乃歇。”⑤

竺佛念译《四阿含暮抄经》等

《出三藏记集》载：“《四阿含暮抄经》二卷。右一部，凡二卷。晋孝武时，西域沙门鸠摩罗佛提于邺寺出，佛提执胡本，竺佛念、佛护为译，僧导、僧叡笔受。”⑥

《历代三宝纪》载：“《四阿含暮抄经》二卷（建元十四年出。）右一经，二卷。晋孝武帝世西域三藏沙门鸠摩罗佛提，秦言童觉，于邺寺译。佛提执梵本，竺佛念、

---

①［梁］慧皎：《高僧传》卷六，《大正藏》第50册，第361页中。
②赖永海主编：《中国佛教通史》第一卷，江苏人民出版社，2010年，第373页。
③［梁］慧皎：《高僧传》卷五，《大正藏》第50册，第356页中。
④［唐］道宣：《集神州三宝感通录》卷三，《大正藏》第52册，第433页上。
⑤［唐］道世：《法苑珠林》卷五十二，《大正藏》第53册，第677页中。
⑥［梁］僧祐：《出三藏记集》卷二，《大正藏》第55册，第10页中。

佛护等译为秦文，沙门僧导、昙究、僧叡等笔受。”[①]“《鼻柰耶经》一十卷（或云《戒因缘经》，沙门昙景笔受，见释道安《经序》）。”[②]

《众经目录》载：“《四阿含暮抄》二卷（前秦世，鸠摩罗佛提共竺佛念等译）。”[③]“《鼻奈耶》十卷（前秦世，竺佛念译）。”[④]

《古今译经图纪》载：“沙门鸠摩罗佛提，此言童觉，西域人。以符秦建元五年至七年岁次乙亥，共竺佛念、佛护等于长安安邺寺译《四阿含暮抄经》一部（二卷），沙门僧导、昙究、僧叡等笔受。”[⑤]“《鼻柰耶经》（十卷）。”[⑥]

《大唐内典录》载：“《四阿含暮抄经》（建元十四年出之），右一经二卷。晋孝武世，西域三藏沙门鸠摩罗佛提，秦言童觉，于邺寺译。佛提执梵本，竺佛念、佛护等译为秦文，沙门僧导、昙究、僧叡等笔受。”[⑦]“《鼻奈耶》（十卷），前秦竺佛念、道安等于长安译。”[⑧]“《鼻奈耶》（十卷，一百五十五纸），前秦竺佛念共道安等于长安译。”[⑨]

《开元释教录》载：“《鼻奈耶律》十卷（一名《诫因缘经》、亦云《鼻柰耶经》、亦云《戒果因缘经》，沙门昙景笔受，见《安公经序》，符秦建元十四年壬午，正月十二日出）。”[⑩]“《四阿含暮抄解》二卷（亦云《四阿含暮抄经》），三十六纸。”[⑪]

《贞元新定释教目录》载：“《四阿含暮抄解》二卷（亦云《四阿含募抄经》），四十六纸。”[⑫]“《鼻奈耶律》十卷，一帙（一名《诫因缘经》，亦名《戒果因缘经》，亦云《鼻奈耶经》），一百五十五纸。”[⑬]

---

①［隋］费长房：《历代三宝纪》卷八，《大正藏》第49册，第75页下。
②［隋］费长房：《历代三宝纪》卷八，《大正藏》第49册，第77页上。
③［隋］法经：《众经目录》卷六，《大正藏》第55册，第144页中。
④［隋］法经：《众经目录》卷五，《大正藏》第55册，第140页上。
⑤［唐］靖迈：《古今译经图纪》卷三，《大正藏》第55册，第358页中。
⑥［唐］靖迈：《古今译经图纪》卷三，《大正藏》第55册，第358页下。
⑦［唐］道宣：《大唐内典录》卷三，《大正藏》第55册，第250页上。
⑧［唐］道宣：《大唐内典录》卷七，《大正藏》第55册，第300页中。
⑨［唐］道宣：《大唐内典录》卷九，《大正藏》第55册，第324页上。
⑩［唐］智昇：《开元释教录》卷四，《大正藏》第55册，第512页上。
⑪［唐］智昇：《开元释教录》卷二十，《大正藏》第55册，第696页下。
⑫［唐］圆照：《贞元新定释教目录》卷三十，《大正藏》第55册，第1045页上。
⑬［唐］圆照：《贞元新定释教目录》卷三十，《大正藏》第55册，第1043页中。

释僧叡游历名邦四处讲说

《高僧传》载："（释僧叡）至年二十四，游历名邦，处处讲说，知音之士，负帙成群。常叹曰：'经法虽少，足识因果，禅法未传，厝心无地。'"[①]

按：据晋穆帝永和十年（354）下"释僧叡生"条，推之可知，"释僧叡游历名邦四处讲说"条，当发生于本年。

释僧导遇释僧叡

《高僧传》载："（释僧导）至年十八，博读转多。气干雄勇，神机秀发，形止方雅，举动无忤。僧叡见而奇之，问曰：'君于佛法且欲何愿。'导曰：'且愿为法师作都讲。'叡曰：'君方当为万人法主，岂肯对扬小师乎。'迄受具戒，识洽愈深，禅律经论，达自心抱。"[②]

徐文明在《僧叡的生卒年代与思想》中指出："建元十八年（382）壬午岁僧导就已经与他所尊重的僧叡一起参与译经了，此时他肯定已经受具足戒，因为依照情理道安是不会让一个沙弥参与译经大事的。一般冠岁之后始受具足，因此此时僧导已经年逾二十，以二十为计，则他生于363年。由此僧导的生年应在公元360至363年间。"[③]

按：据晋穆帝升平四年（360）下"释僧导或生于本年"条，推之可知，"释僧导遇释僧叡"条，当发生于本年。

道整作《酒德》之歌

《十六国春秋》载："坚宴群臣于钓台，以秘书监朱彤为酒正。坚曰：'今日之饮，当以落地为限。'秘书侍郎整以坚颇好酒，因为《酒德之歌》，乃歌曰：'地列酒泉，天垂酒池。杜康妙识，仪狄先知。纣丧殷邦，桀倾夏国。由此言之，前危后则。'又歌曰：'获黍西秦，采麦东齐。春封夏发，鼻纳心迷。'坚大悦，命整书之以为酒戒，自是每宴群臣，礼饮而已。"[④]

《资治通鉴》载："（东晋孝武帝太元三年）九月，秦王坚与群臣饮酒，以秘书监朱彤为正，命人人以极醉为限。秘书侍郎赵整作《酒德之歌》曰：'地列酒泉，天垂酒池，杜康妙识，仪狄先知。纣丧殷邦，桀倾夏国，由此言之，前危后则。'坚大

---

①［梁］慧皎：《高僧传》卷六，《大正藏》第50册，第364页上。

②［梁］慧皎：《高僧传》卷七，《大正藏》第50册，第371页上。

③ 徐文明：《中国佛教哲学》，宗教文化出版社，2008年，第122页。

④［北魏］崔鸿撰，［清］汤球辑补：《十六国春秋辑补》卷四十一，中华书局，2020年，第533页。

悦，命整书之以为酒戒，自是宴群臣，礼饮而已。”①

晋孝武帝太元四年·前秦建元十五年（379）己卯

释道安岁讲《放光般若经》两遍

《高僧传》载：“安在樊沔十五载，每岁常再讲《放光波若》，未尝废阙。”②

按：释道安于兴宁三年秋（365）至太元四年（379）居襄樊，其每年讲《放光般若经》两遍。至本年，释道安为苻丕送至长安，前后正十五年也。故将此条系于本年。

前秦迎释道安、习凿齿至长安

《出三藏记集》载：“符坚素闻其声，每云：‘襄阳有释道安，是名器，方欲致之，以辅朕躬。’后坚攻襄阳，安与朱序俱获于坚。坚谓仆射权翼曰：‘朕以十万之师取襄阳，唯得一人半。’翼曰：‘谁耶？’坚曰：‘安公一人，习凿齿半人也。’既至，住长安城内五重寺，僧众数千人，大弘法化。初魏晋沙门依师为姓，故姓各不同。安以为大师之本，莫尊释迦，乃以释命氏。后获《增一阿含经》，果称四河入海，无复河名；四姓为沙门，皆称释种。既悬与经符，遂为后式焉。”③

《高僧传》载：“时符坚素闻安名，每云：‘襄阳有释道安，是神器，方欲致之，以辅朕躬。’后遣符丕南攻襄阳，安与朱序俱获于坚，坚谓仆射权翼曰：‘朕以十万之师取襄阳，唯得一人半。’翼曰：‘谁耶？’坚曰：‘安公一人，习凿齿半人也。’既至，住长安五重寺，僧众数千，大弘法化。初，魏晋沙门依师为姓，故姓各不同，安以为大师之本，莫尊释迦，乃以释命氏。后获《增一阿含》，果称四河入海，无复河名，四姓为沙门，皆称释种，既悬与经符，遂为永式。”④

《晋书》载：“（苻坚）游于东苑，命沙门道安同辇。权翼谏曰：‘臣闻天子法驾，侍中陪乘，清道而行，进止有度。三代末主，或亏大伦，适一时之情，书恶来世。故班姬辞辇，垂美无穷。道安毁形贱士，不宜参秽神舆。’坚作色曰：‘安公道冥至境，

---

①［北宋］司马光：《资治通鉴》卷一百四，中华书局，1956年，第3286—3287页。

②［梁］慧皎：《高僧传》卷五，《大正藏》第50册，第352页下。

③［梁］僧祐：《出三藏记集》卷十五，《大正藏》第55册，第108页中。

④［梁］慧皎：《高僧传》卷五，《大正藏》第50册，第352页下。

德为时尊，朕举天下之重，未足以易之。非公与辇之荣，此乃朕之显也！’命翼扶安升辇。”[①]

《佛祖统纪》载：“（太元）四年，秦人攻拔襄阳，获道安、习凿齿。送往长安，秦主符坚喜曰：‘晋平吴，会利在二陆；今破襄阳，获士裁一人半。”[②]

汤用彤在《汉魏两晋南北朝佛教史》（增订本）中指出：“晋孝武帝太元四年（公元379年），道安西至长安（同行者有弟子道立）。符坚甚重之。（详见《僧传》）敕内外学士，有疑皆师于安。”[③]

胡中才在《道安研究》中指出：“道安夏天到长安，传载其识鼎、识铜斛及被苻坚诏为国师，应为该年秋之事。”[④]

释道安作《比丘尼戒本所出本末序》

释道安所作之《比丘尼戒本所出本末序》，见《出三藏记集》卷十一。[⑤]释道安所作之《比丘大戒序》，见《出三藏记集》卷十一。[⑥]释道安所作之《关中近出尼二种坛文夏坐杂十二事并杂事共卷前中后三记》，见《出三藏记集》卷十一。[⑦]

《出三藏记集》所录《关中近出尼二种坛文夏坐杂十二事并杂事共卷前中后三记》载：“卷初记云：‘太岁己卯，鹑尾之岁，十一月十一日，在长安出此《比丘尼大戒》，其月二十六日讫。僧纯于龟兹佛陀舌弥许戒本，昙摩侍传，佛念执胡，慧常笔受。’”[⑧]

胡中才在《道安研究》中指出：“《关中近出尼二种坛文夏坐杂十二事并杂事共卷前中后三记》载，‘太岁己卯，鹑尾之岁，十一月十一日，在长安出此《比丘尼大戒》，其月二十六日讫。’并载‘慧常笔受’。太岁己卯即晋太元四年（前秦建元十五年，公元379年）。《比丘大戒序》也载‘慧常笔受’。《比丘尼戒本所出本末序》又载‘慧常传’。可见这三部戒本皆有慧常参加译出。慧常是道安的徒弟，曾派其前往天竺取经，其到西凉时，道安被俘长安，慧常随即又折往长安，于道安到长安的当年年底参与了道安组织的几个戒本的翻译。因这三个戒本都注明了慧常的参加。

---

① [唐] 房玄龄等：《晋书》卷一百十四，中华书局，1974年，第2913页。
② [宋] 志磐：《佛祖统纪》卷三十六，《大正藏》第49册，第341页上。
③ 汤用彤：《汉魏两晋南北朝佛教史》（增订本），北京大学出版社，2011年，第125页。
④ 胡中才：《道安研究》，宗教文化出版社，2011年，第35页。
⑤ [梁] 僧祐：《出三藏记集》卷十一，《大正藏》第55册，第79页下。
⑥ [梁] 僧祐：《出三藏记集》卷十一，《大正藏》第55册，第80页上。
⑦ [梁] 僧祐：《出三藏记集》卷十一，《大正藏》第55册，第81页中。
⑧ [梁] 僧祐：《出三藏记集》卷十一，《大正藏》第55册，第81页中。

所以，时间应当都是晋孝武帝太元四年（前秦建元十五年，公元379年）冬。”①

释僧叡拜释道安为师

徐文明在《僧叡的生卒年代与思想》中指出：“前秦建元十五年（379）二月，破襄阳，请道安至长安，僧叡乃再师道安。得遇安公乃僧叡一生中之大事，值此名师，使其在学问及修行上更进一层，故僧叡终生念念不忘。”②

释法遇至长沙寺

《高僧传》载：“释法遇，不知何人。弱年好学，笃志坟素，而任性夸诞，谓傍若无人。后与安公相值，忽然信伏，遂投簪许道，事安为师。既沐玄化，悟解非常，折挫本心，谦虚成德。义阳太守阮保，闻风钦慕，遥结善友，修书通好，施遗相接。后襄阳被寇，遇乃避地东下，止江陵长沙寺。讲说众经，受业者四百余人。时一僧饮酒，废夕烧香，遇止罚而不遣，安公遥闻之，以竹筒盛一荆子，手自缄封，题以寄遇，遇开封见杖，即曰：‘此由饮酒僧也，我训领不勤，远贻忧赐。’即命维那鸣槌集众，以杖筒置香橙上，行香毕，遇乃起，出众前向筒致敬。于是伏地，命维那行杖三下，内杖筒中，垂泪自责。时境内道俗莫不叹息，因之励业者甚众。”③

《晋书》载：“（东晋孝武帝太元四年）二月戊午，苻坚使其子丕攻陷襄阳，执南中郎将朱序。”④

太元砖文

《寰宇访碑录》载：“太元砖文，八分书，太元四年何梦华得于皋亭山中佛寺。今赠袁上舍廷梼，江苏吴县袁氏家藏。”⑤

释道立入长安

《高僧传》载：“释道立，不知何许人。少出家，事安公为师，善《放光经》。又以《庄》《老》，三玄微应佛理，颇亦属意焉。性澄靖，不涉当世。后随安入关，隐覆舟山。岩居独处，不受供养。每潜思入禅，辄七日不起，如此者数矣。后夏初忽

---

① 胡中才：《道安研究》，宗教文化出版社，2011年，第35—36页。
② 徐文明：《中国佛教哲学》，宗教文化出版社，2008年，第123页。
③［梁］慧皎：《高僧传》卷五，《大正藏》第50册，第356页上。
④［唐］房玄龄等：《晋书》卷九，中华书局，1974年，第229页。
⑤［清］孙星衍：《寰宇访碑录》卷一，嘉庆壬戌本，第15页。

出山，鸠集众僧，自为讲《大品》。或问其故，答云：‘我止可至秋，为欲令所怀粗讫耳。’自恣后数日，果无疾而终，时人谓知命者矣。”①

按：释道立随释道安入长安，则事当在本年。

尼坛文夏坐杂十二事并杂事前记

《出三藏记集》载：“太岁己卯，鹑尾之岁，十一月十一日。在长安出此比丘尼大戒，其月二十六日讫。僧纯于龟兹佛陀舌弥许戒本、昙摩侍传、佛念执胡，慧常笔受。”②

大比丘尼戒仪后记

《出三藏记集》载：“秦建元十五年十一月五日，岁在鹑尾，比丘僧纯、昙充，从丘慈高德沙门佛图舌弥许，得此授大比丘尼戒仪及二岁戒仪，从受坐至嘱授诸杂事。令昙摩侍出，佛图卑为译，慧常笔受。凡此诸事，是所施行之急者，若为人师而不练此，此无异于土牛后人也。凉州道人竺道曼，于丘慈因此异事，来与炖煌道人。此沙门各各所住祠，或二百或三百人为一部僧。比丘尼向三百人，凡有五祠，各各从所使僧祠依准，为界内无共说戒法也。常暮说戒，说戒之日，比丘尼差三人，往白所依僧云，今日当说戒。僧即差二人往诣比丘尼，僧知人数，还白大僧云，比丘尼凡有若干，于某祠清净说戒，普共闻知。如是三白，比丘尼便自共行筹说戒，如法僧事。”③

释慧严出家

《高僧传》载：“（释慧严）十六出家，又精炼佛理。”④

按：据晋哀帝隆和二年（363）下“释慧严生”条，推之可知，“释慧严出家”条，当发生于本年。

晋孝武帝太元五年·前秦建元十六年（380）庚辰

竺法义卒

《高僧传》载：“（竺法义）晋太元五年卒于都，春秋七十有四矣。帝以钱十万

①［梁］慧皎：《高僧传》卷五，《大正藏》第50册，第356页中。

②［梁］僧祐：《出三藏记集》卷十一，《大正藏》第55册，第81页中。

③［梁］僧祐：《出三藏记集》卷十一，《大正藏》第55册，第81页下。

④［梁］慧皎：《高僧传》卷七，《大正藏》第50册，第367页中。

买新亭岗为墓，起塔三级。义弟子昙爽于墓所立寺，因名新亭精舍。后宋孝武南下伐凶，銮旆至止，式宫此寺。及登禅，复幸禅堂，因为开拓，改曰中兴。故元嘉末童谣云：‘钱唐出天子。’乃禅堂之谓。故中兴禅房犹有龙飞殿焉，今之天安是也。”[①]

《宋书》载：“世祖大明四年，于中兴寺设斋。有一异僧，众莫之识，问其名，答言名明慧，从天安寺来，忽然不见。天下无此寺名，乃改中兴曰天安寺。”[②]

《法苑珠林》作“义以太元七年亡”。[③]

《太平广记》载：“义以太原七年亡，宋尚书令傅亮撰其事迹。亮自云：‘其先君与义游，义每说其事，辄凛然增肃焉。’”[④]

涉公卒

《高僧传》载：“（涉公）至十六年十二月无疾而化，坚哭之甚恸。卒后七日，坚以其神异，试开棺视之，不见尸骸所在，唯有殓被存焉。至十七年，自正月不雨，至于六月。坚减膳撤悬，以迎和气，至七月降雨。坚谓中书朱彤曰：‘涉公若在，朕岂燋心于云汉若是哉，此公其大圣乎。’彤曰：‘斯术幽远，实亦旷古之奇也。’”[⑤]

《晋书·僧涉传》载：“僧涉者，西域人也，不知何姓。少为沙门，苻坚时入长安，虚静服气，不食五谷，日能行五百里，言未然之事，验若指掌。能以秘祝下神龙，每旱，坚常使之咒龙请雨。俄而龙下钵中，天辄大雨，坚及群臣亲就钵观之。卒于长安。后大旱移时，苻坚叹曰：‘涉公若在，岂忧此乎！’”[⑥]

释僧翼生

《高僧传》载：“释僧翼，本吴兴余杭人。少而信悟，早有绝尘之操。初出家，止庐山寺，依慧远修学，蔬素苦节，见重门人。”[⑦]

《高僧传》载：“翼蔬食涧饮三十余年，以宋元嘉二十七年卒，春秋七十。”[⑧]

据此推之，释僧翼当生于本年。

---

①［梁］慧皎：《高僧传》卷四，《大正藏》第50册，第350页下。
②［梁］沈约：《宋书》卷九十七，中华书局，1974年，第2392页。
③［唐］道世：《法苑珠林》卷九十五，《大正藏》第53册，第988页中。
④［宋］李昉等：《太平广记》卷一百一十，中华书局，1961年，第751页。
⑤［梁］慧皎：《高僧传》卷十，《大正藏》第50册，第389页中。
⑥［唐］房玄龄等：《晋书》卷九十五，中华书局，1974年，第2497页。
⑦［梁］慧皎：《高僧传》卷十三，《大正藏》第50册，第410页下。
⑧［梁］慧皎：《高僧传》卷十三，《大正藏》第50册，第410页下。

时人为释道安谚

《出三藏记集》载："安外涉群书，善为文章。长安中衣冠子弟为诗赋者，皆依附致誉。与学士杨弘仲论《诗风雅》，皆有理致。"①

《高僧传》载："安外涉群书，善为文章。长安中，衣冠子弟为诗赋者，皆依附致誉。时蓝田县得一大鼎，容二十七斛。边有篆铭，人莫能识，乃以示安，安云：'此古篆书，云鲁襄公所铸。'乃写为隶文。又有人持一铜斛，于市卖之，其形正圆，下向为斗，横梁昂者为斗，低者为合，梁一头为籥，籥同钟，容半合，边有篆铭。坚以问安，安云：'此王莽自言出自舜，皇龙集戊辰，改正即真，以同律量，布之四方，欲小大器钧，令天下取平焉。'其多闻广识如此。坚敕学士内外有疑，皆师于安。故京兆为之语曰：'学不师安，义不中难。'"②

《十六国春秋》载："（建元十六年）是年，有人持一铜斛于市卖之。其形正员，下向为斗，横梁昂者为升，低者为合，梁一头为籥，籥同黄钟，可容半合，边有篆铭。坚以问道安，安曰：'此王莽时物，自言出自舜。皇龙戊辰改正，即真以同律。量布之四方，欲大小器钧，令天下取平焉。'坚乃敕学士：'内外有疑，皆师于安。'故时人为之谚曰：'学不师安，义不中难。'"③

《古谣谚》载："苻坚建元十六年，有人持一铜斛于市卖之。其形正圆，下向为斗，横梁昂者为升，低者为合，梁一头为籥，籥同黄钟，可容半合，边有篆铭。坚以问道安，安曰：'此王莽时物，自言出自舜。黄龙戊辰改正，即真以同律。量布之四方，欲大小器钧，令天下取平焉。'坚乃敕学士：'内外有疑，皆师于安。'故时人为之谚曰：'学不师安，义不中难。'"④

道整援琴而歌

《十六国春秋》载："坚后分氐户于诸镇，以四帅子弟三千户配长乐公丕镇邺，亲送丕于灞上，流涕而别。诸戎子弟离其父兄者，皆悲泣号恸，酸感行人。整因侍宴，援琴而歌曰：'阿得脂，阿得脂，博劳旧父是仇绥，尾长翼短不能飞。远徙种人

①［梁］僧祐：《出三藏记集》卷十五，《大正藏》第55册，第108页下。

②［梁］慧皎：《高僧传》卷五，《大正藏》第50册，第353页上。

③［北魏］崔鸿：《十六国春秋》卷三十七，文渊阁四库全书，第四百六十三册，台湾商务印书馆，1983年。

④［清］杜文澜：《古谣谚》卷二十三，中华书局，1958年，第368页。

留鲜卑，一旦缓急语阿谁？’坚笑而不纳。”①

《晋书》载：“洛既平，坚以关东地广人殷，思所以镇静之，引其群臣于东堂议曰：‘凡我族类，支胤弥繁，今欲分三原、九嵕、武都、汧、雍十五万户于诸方要镇，不忘旧德，为磐石之宗，于诸君之意如何？’皆曰：‘此有周所以祚隆八百，社稷之利也。’于是分四帅子弟三千户，以配苻丕镇邺，如世封诸侯，为新券主。坚送丕于灞上，流涕而别。诸戎子弟离其父兄者，皆悲号哀恸，酸感行人，识者以为丧乱流离之象。”②

《资治通鉴》载：“（东晋孝武帝太元五年）坚以诸氐种类繁滋，秋，七月，分三原、九嵕、武都、汧、雍氐十五万户，使诸宗亲各领之，散居方镇，如古诸侯。长乐公丕领氐三千户，以仇池氐酋射声校尉杨膺为征东左司马，九嵕氐酋长水校尉齐午为右司马，各领一千五百户，为长乐世卿。……坚送丕至灞上，诸氐别其父兄，皆恸哭，哀感路人。赵整因侍宴，援琴而歌曰：‘阿得脂，阿得脂，博劳舅父是仇绥，尾长翼短不能飞。远徙种人留鲜卑，一旦缓急当语谁！’坚笑而不纳。”③

孝武帝建新亭精舍

《南朝寺考》载：“法义憩于始宁之保山，宁康三年，孝武皇帝遣使征请下都讲说，太元五年卒，春秋七十有四。帝以钱十万买新亭冈为墓，起塔三级。义弟子昙爽于墓所立寺，因名新亭精舍。”④

司马道子造中寺

《艺文类聚》载：“中寺者，晋太元五年会稽王司马道子之所立也。斜出旗亭，事非湫隘，傍超壁水，望异狭斜。”⑤

《南朝寺考》载：“中寺在旗亭壁水之间。（陈云案：晋太学在秦淮水南，旗亭在大道侧，当今南门镇淮桥左近。）晋太元五年，会稽王道子之所造也。”⑥

---

①［北魏］崔鸿撰，［清］汤球辑补：《十六国春秋辑补》卷四十一，中华书局，2020年，第533页。

②［唐］房玄龄等：《晋书》卷一百十三，中华书局，1974年，第2903页。

③［北宋］司马光：《资治通鉴》卷一百四，中华书局，1956年，第3295—3297页。

④［清］刘世珩：《南朝寺考》，普慧大藏经刊行会校印本，民国三十三年，第28页。

⑤［唐］欧阳询：《艺文类聚》卷七十七，上海古籍出版社，1982年，第1313页。

⑥［清］刘世珩：《南朝寺考》，普慧大藏经刊行会校印本，民国三十三年，第29页。

晋孝武帝太元六年·前秦建元十七年（381）辛巳

晋孝武帝于内殿立精舍

《建康实录》载：“（东晋孝武帝太元）六年春正月，帝初奉佛法，立精舍于殿内，引诸沙门居之。”①

《资治通鉴》载：“（东晋孝武帝太元六年）春，正月，帝初奉佛法，立精舍于殿内，引诸沙门居之。尚书左丞王雅表谏，不从。”②

释慧远于庐山立龙泉精舍

《水经注》载：“庐山之北，有石门水。水出岭端，有双石高竦，其状若门，因有石门之目焉。水导双石之中，悬流飞瀑，近三百许步，下散漫十数步，上望之连天，若曳飞练于霄中矣。下有磐石，可坐数十人，冠军将军刘敬宣，每登陟焉。其水历涧，径龙泉精舍南，太元中，沙门释慧远所建也。其水下入江南岭，即彭蠡泽西天子鄣也。峰磴险峻，人迹罕及。”③

《庐山记》载：“观之北五里，有龙泉庵。初，远法师至于庐山，爱此间旷，欲结庵焉。地无流泉，师以杖刺地，应时泉涌，浸为溪流。既而寻阳岁旱，远师诵《龙王经》于池上，俄有龙起而上天，雨乃大足，故号龙泉。”④

《佛祖统纪》载：“（太元六年）慧远法师（安公门人）自襄阳至庐山，立龙泉精舍。”⑤

《天中记》载：“龙泉山西有龙泉精舍。初，远法师遣诸道人行，卜地息此而渴，法师因以杖掘地，即泉出。天旱，法师令道人读《海龙王经》，泉中有物如蛇而出角，腾空中去，须臾而雨。”⑥

《珂雪斋集》载：“往游龙泉寺，度沮水，水清澈见底。不数里入山口如户，遂行于日夕所望黛色中也。二十余里，至龙泉寺，过胡康侯墓，宋时老松尚存。康侯，

---

①［唐］许嵩著，张忱石点校，《建康实录》卷九，中华书局，1986年，第268页。

②［北宋］司马光：《资治通鉴》卷一百四，中华书局，1956年，第3298页。

③［北魏］郦道元著，陈桥驿校证：《水经注校证》卷三十九，中华书局，2007年，第924页。

④［宋］陈舜俞：《庐山记》卷一，《大正藏》第51册，第1027页上。

⑤［宋］志磐：《佛祖统纪》卷三十六，《大正藏》第49册，第341页中。

⑥［明］陈耀文撰，陈龙光校：《天中记》卷十，明万历十七年刻本，第31页。

武夷人，父渊寓迹荆、湖间。至安国，为蔡京所恶，退居当阳之漳滨。后子宏复徙居衡山矣。寺右掖为远公洞，洞高不可登，遂归。至康侯墓前听松。月上，松影满地，遒劲甚。取酒少饮，夜宿于寺。按伪秦建元九年，远随安公南游樊、沔。及秦将符子寇并襄阳，道安为朱序所留，不得去，乃分遣徒众各随所至。远于是与弟子数十人，南适荆州，则是寺开山，正兹时也。所住精舍无水，师云：‘若此地可居，当使朽壤抽泉。’言已，清泉顿出，即本传所云‘始住龙泉精舍’是也。然浔阳亦有龙泉寺，未知孰是。”①

胡中才在《道安研究》中指出：“约晋孝武帝太元四年至八年（379—383），慧远在湖北当阳建龙泉寺。《玉泉寺志·别院脚庙》转引清《当阳县志》载，当阳县北落龙嘴龙泉寺，‘东晋孝武帝时，名僧慧远创建。寺后有潭，名金龙潭，又名远公洞’。而晋孝武帝太元三年前，慧远在襄阳，太元八年后到了庐山，故建龙泉寺当在太元三年与太元八年之间。学术界历来对慧远在这个时期的去向缺乏考证，《当阳县志》的记载可为证。但是，太元三年慧远在上明寺避难，时襄阳被围，道安被困，慧远只有可能同大家一起在上明避难，恐无心建寺。而太元四年，襄阳已陷，道安被俘往长安，昙翼一行回了长沙寺，上明寺又是僧辅在那里当家，慧远有可能在这个时候前往不远的当阳建龙泉寺。”②

释慧持至庐山

《高僧传》载：“（释慧持）后适庐山，皆随远共止。持形长八尺，风神俊爽，常蹑革屣，纳衣半胫，庐山徒属，莫匪英秀，往反三千，皆以持为称首。……晋卫军琅琊王珣，深相器重。时有西域沙门僧伽罗叉，善诵四《含》，珣请出《中阿含经》，持乃校阅文言，搜括详定，后还山。少时，豫章太守范宁，请讲《法华》《毗昙》，于是四方云聚，千里遥集。王珣与范宁书云：‘远公、持公孰愈。’范答书云：‘诚为贤兄弟也。’王重书曰：‘但令如兄诚未易有，况复弟贤耶。’兖州刺史琅琊王恭，致书于沙门僧检曰：‘远、持兄弟至德何如。’检答曰：‘远、持兄弟也，绰绰焉信有道风矣。’罗什在关，遥相钦敬，致书通好，结为善友。”③

按：据“后适庐山，皆随远共止”可知，释慧持与释慧远于本年同往庐山，详考

①［明］袁中道著，钱伯诚点校：《珂雪斋集》，《游居柿录》卷六，上海古籍出版社，1989年，第1226页。

②胡中才：《道安研究》，宗教文化出版社，2011年，第35页。

③［梁］慧皎：《高僧传》卷六，《大正藏》第50册，第361页中。

请参阅本年之“释慧远于庐山立龙泉精舍”条。

竺昙无兰出《比丘二百六十戒三部合异》等

《出三藏记集》载：“晋泰元六年，岁在辛巳，六月二十五日，比丘竺昙无兰，在杨州丹阳郡建康县堺谢镇西寺，合此三戒，到七月十八日讫，故记之。”①

《历代三宝纪》载：“《二百六十戒三部合异》二卷（太元六年六月二十日于谢镇西寺，合僧详重校，见《旧录》及《宝唱录》）。”②

《众经目录》载：“《比丘二百六十戒三部合异》一卷（东晋沙门竺昙无兰译）。”③

《古今译经图纪》载：“《二百六十戒三部合异》（二卷）。”④

《大唐内典录》载：“《二百六十戒三部合异》二卷（太元六年六月二十日于谢镇西寺合，僧译重挍，见《旧》《唱》二《录》）。”⑤“《十诵比丘戒本》一卷（太元六年合僧纯、昙摩持、竺僧舒三家本，以为一卷，见《宝唱录》。）”⑥

《大周刊定众经目录》载：“《二百六十戒三部合异》二卷，右东晋孝武帝代竺昙无兰于杨都谢镇西寺译，出《长房录》。”⑦

《开元释教录》载：“《二百六十戒三部合异》二卷（序加‘大比丘’字），东晋西域沙门竺昙无兰撰（右，《合戒序》云：‘晋太元六年辛巳六月二十五日，比丘竺昙无兰在谢镇西寺合此三戒，到七月十八日讫，故记之。’又《长房》《内典》二《录》及靖迈《经图》之中并云：‘汉明帝时，沙门竺法兰译《二百六十戒合异》二卷。’今详此说，理定不然。当佛法初兴，戒律未备，戒之合异，从何而来？今愚见，所裁只是竺昙无兰所合之者，二人名姓俱同，录家误上‘昙无’即‘法’还是‘法兰’。故《高僧传》法兰所译但标余部，无此《戒》名，今此《录》中废之不立。其昙无所合非是正翻，此《录》之中亦不合载。但以二说差误，故存而记之）。”⑧

《贞元新定释教目录》载：“《二百六十戒三部合异》二卷（序加‘大比丘’字，

---

①［梁］僧祐：《出三藏记集》卷十一，《大正藏》第55册，第81页中。

②［隋］费长房：《历代三宝纪》卷七，《大正藏》第49册，第69页中。

③［隋］法经：《众经目录》卷六，《大正藏》第55册，第144页下。

④［唐］靖迈：《古今译经图纪》卷二，《大正藏》第55册，第356页上。

⑤［唐］道宣：《大唐内典录》卷三，《大正藏》第55册，第245页上。

⑥［隋］费长房：《历代三宝纪》卷七，《大正藏》第49册，第70页中。

⑦［唐］明佺：《大周刊定众经目录》卷十，《大正藏》第55册，第433页中。

⑧［唐］智昇：《开元释教录》卷十五，《大正藏》第55册，第649页上。

大元六年六月二十日于谢镇西寺合，僧详重校，见《旧录》及《宝唱》)。”①“《二百六戒三部合异》二卷（序加‘大比丘’字），东晋西域沙门竺昙无兰译（右，《合戒序》云：‘晋太元六年辛巳六月二十五日，比丘竺昙无兰在谢镇西寺合此戒，到七月十八日记之。’又《长房》《内典》二《录》及靖迈《经图》之中并云：‘汉明帝时，沙门竺法兰译《二百六十戒合异》二卷。’今详此说，理定不然。当佛法初兴，戒律未备，戒之合异，从何而来？今愚见，所裁只是竺昙无兰所合之者，二人名姓俱同，录家误上‘昙无’即‘法’，还是‘法兰’。故《高僧传》法兰所译但标余部，无此《戒》名，今此《录》中废之不立。其昙无所合非是正翻，此《录》之中亦不合载。但以二说差误，故存而记之）。”②

僧伽跋澄来长安

《出曜经序》载：“有罽宾沙门僧伽跋澄，以前秦建元十九年，陟葱岭、涉流沙，不远万里来至长安。其所暗识富博绝伦，先师器之。既重其人，吐诚亦深，数四年中，上闻异要，奇杂盈耳。俄而三秦覆坠，避地东周。”③

《出三藏记集》载：“僧伽跋澄，罽宾人也。毅然有渊懿之量。历寻名师，修习精诣，博览众典，特善数经。闇诵《阿毗昙毗婆沙》，贯其妙旨。常浪志游方，观风弘化。符坚之末，来入关中。先是大乘之典未广，禅数之学甚盛。既至长安，咸称法匠焉。”④

《高僧传》载：“僧伽跋澄，此云众现，罽宾人。毅然有渊懿之量，历寻名师，备习三藏，博览众典，特善数经，暗诵《阿毗昙毗婆沙》，贯其妙旨。常浪志游方，观风弘化。符坚建元十七年，来入关中。先是，大乘之典未广，禅数之学甚盛，既至长安，咸称法匠焉。”⑤

《高僧传》载：“符氏建元中，有僧伽跋澄、昙摩难提等入长安。”⑥

《开元释教录》载：“沙门僧伽跋澄，或云跋橙，秦言众现，罽宾国人。毅然有渊懿之量，历寻名师，修习精诣。博览众典，特善数经。暗诵《毗婆沙》，贯其妙旨

---

①［唐］圆照：《贞元新定释教目录》卷五，《大正藏》第55册，第801页中。
②［唐］圆照：《贞元新定释教目录》卷二十五，《大正藏》第55册，第985页上。
③［后秦］竺佛念译：《出曜经》卷一，《大正藏》第4册，第609页下。
④［梁］僧祐：《出三藏记集》卷十三，《大正藏》第55册，第99页上。
⑤［梁］慧皎：《高僧传》卷一，《大正藏》第50册，第328页上。
⑥［梁］慧皎：《高僧传》卷一，《大正藏》第50册，第329页中。

（《毗婆沙》即《鞞婆沙》，是非《大毗婆沙》也）。常浪志游方，观风弘化。符坚建元之末，来入关中。”①

按：《出曜经序》云僧伽跋澄于前秦建元十九年至长安，恐误。《高僧传》云其建元十七年至长安，当是。

释法和与释道安等会于泰山

《高僧传》载：“（释法和）闻襄阳陷没，自蜀入关，住阳平寺。后于金舆谷设会，与安公共登山岭，极目周睇，既而悲曰：‘此山高耸，游望者多。一从此化，竟测何之。’安曰：‘法师持心有在，何惧后生。若慧心不萌，斯可悲矣。’后与安公详定新经，参正文义。顷之，伪晋王姚绪请住蒲坂讲说。其后少时敕语弟子：‘俗内烦恼，苦累非一。’乃正衣服，绕佛礼拜，还坐本处，以衣蒙头，奄然而卒，时年八十矣。”②

胡中才在《道安研究》中指出：“晋孝武帝太元五、六年（前秦建元十六年或十七年，公元380—381年），道安与法和会于关中金舆谷。道安于晋孝武帝太元四年刚到长安，又于当年为《比丘尼戒本》作序，法和于当年自蜀赴关中的可能性也较小。而太元七年后，道安又组织译场进行了繁忙的译经工作，译经班子已有了法和。所以，只有太元五、六年，与习凿齿住户县时，与法和会于金舆谷的可能性较大。”③

释法遇致书释慧远

《高僧传》载：“既而（释法遇）与慧远书曰：‘吾人微暗短，不能率众，和上虽隔在异域，犹远垂忧念，吾罪深矣。’（释法遇）后卒于江陵，春秋六十矣。”④

龚斌在《慧远法师传》之《慧远年谱》中指出：“苻丕会攻襄阳在太元三年，明年襄阳陷落。则法遇避地东下止江陵长沙寺，当在太元三四年间。道安于太元四年入关中，而慧远于太元三年至五年间在荆州上明寺。法遇致慧远书中既称‘和上虽隔在异域’，则道安此时已在关中，慧远在庐山。故定于本年（381年）。”⑤

---

①［唐］智昇：《开元释教录》卷三，《大正藏》第55册，第511页上。

②［梁］慧皎：《高僧传》卷五，《大正藏》第50册，第354页上。

③ 胡中才：《道安研究》，宗教文化出版社，2011年，第36—37页。

④［梁］慧皎：《高僧传》卷五，《大正藏》第50册，第356页上。

⑤ 龚斌：《慧远法师传》，江西人民出版社，2008年，第226页。

释法庄或生于本年

《高僧传》载："释法庄，姓申，淮南人。"①

《高僧传》载："宋大明初卒于寺，春秋七十有六。"②

按：释法庄若卒于刘宋孝武帝大明元年（457），据此推之，释法庄当生于本年。

晋孝武帝太元七年·前秦建元十八年（382）壬午

苻坚派吕光西伐龟兹及乌耆诸国

《高僧传》载："（建元）十八年九月，坚遣骁骑将军吕光、陵江将军姜飞，将前部王及车师王等，率兵七万，西伐龟兹及乌耆诸国。临发，坚饯光于建章宫，谓光曰：'夫帝王应天而治，以子爱苍生为本，岂贪其地而伐之乎，正以怀道之人故也。朕闻西国有鸠摩罗什，深解法相，善闲阴阳，为后学之宗，朕甚思之。贤哲者，国之大宝。若克龟兹，即驰驿送什。'光军未至，什谓龟兹王白纯曰：'国运衰矣，当有勍敌。日下人从东方来，宜恭承之，勿抗其锋。'"③

《晋书》载："光军未至，罗什谓龟兹王白纯曰：'国运衰矣，当有勍敌从日下来，宜恭承之，勿抗其锋。'"④

释道安谏苻坚勿轻伐东晋

《出三藏记集》载："初，坚承石氏之乱，至是民户殷富，四方略定，唯有东南一隅，未能抗服。坚每与侍臣谈话，未尝不欲平一江左，欲以晋帝为仆射，谢安为侍中。坚弟平阳公融及朝臣石越、原绍并切谏，终不能回。绍以安为坚所敬信，乃共请曰：'主上将有事东南，公何能不为苍生致一言耶？'会坚出东苑，命安升辇同载。仆射权翼谏曰：'臣闻天子法驾，侍中陪乘，道安毁形，宁可参厕乘舆！'坚懔然作色曰：'安公道德可尊，朕将举天下而不易。虽舆辇之荣，乃是为其臭腐耳！'即敕翼扶之而登舆。俄而顾谓安公曰：'朕将与公南游吴越，整六师而巡狩，陟会稽而观沧海，不亦乐乎！'安对曰：'檀越应天御世，有八州之富，居中土而制四海，宜栖

①［梁］慧皎：《高僧传》卷十二，《大正藏》第50册，第407页中。

②［梁］慧皎：《高僧传》卷十二，《大正藏》第50册，第407页中。

③［梁］慧皎：《高僧传》卷二，《大正藏》第50册，第331页中。

④［唐］房玄龄等：《晋书》卷九十五，中华书局，1974年，第2500页。

神无为，与尧舜比隆。今欲以百万之众，求厥田下下之土；且东南地卑气厉，昔舜、禹游而不反，秦皇适而弗归。以贫道观之，非愚心所同也。平阳公懿戚，石越重臣，并谓不可，犹尚见拒；贫道轻浅，言必不允。既荷厚遇，敢不尽诚耳！’坚曰：‘非为地不广，民不足治也。将简天心，明大运所在耳！顺时巡狩，亦著前典。若如来言，则帝王无省方之文乎？’安曰：‘若銮驾必动，可暂幸洛阳，抗威畜锐，传檄江南。如其不服，伐之未晚。’坚不从。”①

《高僧传》载：“初，坚承石氏之乱，至是民户殷富，四方略定，东极沧海，西并龟兹，南苞襄阳，北尽沙漠，唯建业一隅，未能抗伏。坚每与侍臣谈话，未尝不欲平一江左，以晋帝为仆射，谢安为侍中。坚弟平阳公融及朝臣石越、原绍等，并切谏，终不能回。众以安为坚所信敬，乃共请曰：‘主上将有事东南，公何不能为苍生致一言耶。’会坚出东苑，命安升辇同载，仆射权翼谏曰：‘臣闻天子法驾，侍中陪乘，道安毁形，宁可参厕。’坚勃然作色曰：‘安公道德可尊，朕以天下不易，舆辇之荣，未称其德。’即敕仆射扶安登辇。俄而顾谓安曰：‘朕将与公南游吴越，整六师而巡狩，涉会稽以观沧海，不亦乐乎。’安对曰：‘陛下应天御世，有八州之贡富，居中土而制四海，宜栖神无为，与尧舜比隆。今欲以百万之师，求厥田下下之上。且东南区地，地卑气厉。昔舜禹游而不反，秦皇适而不归，以贫道观之，非愚心所同也。平阳公懿戚，石越重臣，并谓不可，犹尚见拒。贫道轻浅，言必不允，既荷厚遇，故尽丹诚耳。’坚曰：‘非为地不广，民不足治也，将简天心，明大运所在耳。顺时巡狩，亦著前典，若如来言，则帝王无省方之文乎。’安曰：‘若銮驾必动，可先幸洛阳，抗威蓄锐，传檄江南，如其不服，伐之未晚。’坚不从。”②

《资治通鉴》载：“（东晋孝武帝太元七年）坚素信重沙门道安，群臣使道安乘闲进言。十一月，坚与道安同辇游于东苑，坚曰：‘朕将与公南游吴、越，泛长江，临沧海，不亦乐乎！’安曰：‘陛下应天御世，居中土而制四维，自足以比隆尧、舜；何必栉风沐雨，经略遐方乎！且东南卑湿，沴气易构，虞舜游而不归，大禹往而不复，何足以上劳大驾也！’坚曰：‘天生烝民而树之君，使司牧之，朕岂敢惮劳，使彼一方独不被泽乎！必如公言，是古之帝王皆无征伐也！’道安曰：‘必不得已，陛下宜驻跸洛阳，遣使者奉尺书于前，诸将总六师于后，彼必稽首入臣，不必亲涉江、

①［梁］僧祐：《出三藏记集》卷十五，《大正藏》第55册，第108页下。

②［梁］慧皎：《高僧传》卷五，《大正藏》第50册，第353页上。

淮也。’坚不听。”①

鸠摩罗佛提译《四阿含暮抄》

《出三藏记集》载：“会建元十八年，正车师前部王名弥第来朝，其国师字鸠摩罗跋提，献胡《大品》一部，四百二牒，言二十千首卢。首卢三十二字，胡人数经法也。即审数之，凡十七千二百六十首卢，残二十七字，都并五十五万二千四百七十五字。”②

《历代三宝纪》载：“《四阿含暮抄经》二卷（建元十四年出）。右，一经二卷。晋孝武帝世，西域三藏沙门鸠摩罗佛提，秦言童觉，于邺寺译。佛提执梵本，竺佛念、佛护等译为秦文，沙门僧导、昙救、僧叡等笔受。”③

《众经目录》载：“《四阿含暮抄》二卷（前秦世，鸠摩罗佛提共竺佛念等译）。”④“《四阿含暮抄》二卷，前秦世鸠摩罗佛提译（贞观九年入正目讫）。”⑤

《大唐内典录》载：“《四阿含暮抄经》（建元十四年出之）。右，一经二卷。晋孝武世，西域三藏沙门鸠摩罗佛提，秦言童觉，于邺寺译。佛提执梵本，竺佛念、佛护等译为秦文，沙门僧导、昙究、僧叡等笔受。”⑥

《大周刊定众经目录》载：“《四阿含暮抄》一部，二卷。”⑦

《开元释教录》载：“沙门鸠摩罗佛提，秦言童觉，西域人。以符坚建元十八年壬午八月，于邺寺译《阿含暮抄》一部，冬十一月乃讫。佛提执梵本，佛念，佛护译为秦文，沙门僧导、僧叡、昙究笔受。”⑧“《四阿含暮抄解》二卷（阿罗汉婆索跋陀撰），符秦西域沙门鸠摩罗什佛提等译（《拾遗》编入单本）。”⑨“《四阿含暮抄解》二卷（亦云《四阿含暮抄经》，四十六纸），符秦鸠摩罗佛提等译。”⑩

《贞元新定释教目录》载：“《四阿含暮抄解》二卷（亦云《四阿含暮抄经》，安公制序，见《僧祐录》）。右，一部二卷，其本见在。沙门鸠摩罗佛提，秦言童觉，

---

①［北宋］司马光：《资治通鉴》卷一百四，中华书局，1956年，第3304页。
②［梁］僧祐：《出三藏记集》卷八，《大正藏》第55册，第52页中。
③［隋］费长房：《历代三宝纪》卷八，《大正藏》第49册，第75页下。
④［隋］法经：《众经目录》卷六，《大正藏》第55册，第144页中。
⑤［唐］静泰：《众经目录》卷五，《大正藏》第55册，第217页下。
⑥［唐］道宣：《大唐内典录》卷三，《大正藏》第55册，第250页上。
⑦［唐］明佺：《大周刊定众经目录》卷十四，《大正藏》第55册，第471页下。
⑧［唐］智昇：《开元释教录》卷三，《大正藏》第55册，第510页下。
⑨［唐］智昇：《开元释教录》卷十三，《大正藏》第55册，第623页中。
⑩［唐］智昇：《开元释教录》卷二十，《大正藏》第55册，第721页下。

西域人，以苻坚建元十八年壬午八月于邺寺译《阿含暮抄》一部，冬十一月乃讫。佛提执梵本，佛念、佛护译为秦文，沙门僧道、僧叡、昙究笔受。”[①]“《四阿含暮抄解》二卷（亦云《四阿含募抄经》），四十六纸。”[②]

按：鸠摩罗佛提，亦名鸠摩罗跋提。

诸《经录》皆作建元十八年出，《历代三宝纪》《大唐内典录》却作建元十四年出。未详何故。

释道安作《摩诃钵罗若波罗蜜经抄序》

释道安所作之《摩诃钵罗若波罗蜜经抄序》，见《出三藏记集》卷八。[③]

《出三藏记集》所录《摩诃钵罗若波罗蜜经抄序》载：“昔在汉阴十有五载，讲《放光经》岁常再遍。及至京师，渐四年矣，亦恒岁二，未敢堕息。然每至滞句，首尾隐没，释卷深思，恨不见护公、叉罗等。会建元十八年，正车师前部王名弥第来朝，其国师字鸠摩罗跋提，献胡《大品》一部，四百二牒，言二十千首卢。首卢三十二字，胡人数经法也。即审数之，凡十七千二百六十首卢，残二十七字，都并五十五万二千四百七十五字。天竺沙门昙摩蜱执本，佛护为译，对而捡之，慧进笔受。与《放光》《光赞》同者，无所更出也。其二经译人所漏者，随其失处，称而正焉。其义异不知孰是者，辄并而两存之，往往为训其下，凡四卷。”[④]

释道安作《鼻奈耶序》

释道安所作之《鼻奈耶序》，见《鼻奈耶》卷一。[⑤]

《鼻奈耶》所录之《鼻奈耶序》载：“道安常恨三藏不具，以为阙然。岁在壬午，鸠摩罗佛提赍《阿毗昙抄》《四阿含抄》来至长安。渴仰情久，即于其夏出《阿毗昙抄》四卷，其冬出《四阿含抄》四卷。又其伴罽宾鼻奈，厥名耶舍，讽鼻奈经甚利，即令出之。佛提梵书，佛念为译，昙景笔受，自正月十二日出，至三月二十五日乃了，凡为四卷。与往年昙摩寺出戒曲相似，如合符焉。于二百六十事疑碍之滞，都谀然焉。上闻异要，焕乎可观焉。二年之中，于此秦邦三藏具焉。”[⑥]

---

① [唐]圆照：《贞元新定释教目录》卷五，《大正藏》第55册，第807页中。
② [唐]圆照：《贞元新定释教目录》卷三十，《大正藏》第55册，第1045页上。
③ [梁]僧祐：《出三藏记集》卷八，《大正藏》第55册，第52页中。
④ [梁]僧祐：《出三藏记集》卷八，《大正藏》第55册，第52页中。
⑤ [后秦]竺佛念译：《鼻奈耶》卷一，《大正藏》第24册，第851页上。
⑥ [后秦]竺佛念译：《鼻奈耶》卷一，《大正藏》第24册，第851页上。

胡中才在《道安研究》中指出："晋孝武帝太元七年（前秦建元十八年，公元382年）正月初，道安组织译场。……《鼻奈耶经》是道安组织译场时首译的一部佛经。故组织译场当在壬午年（即晋孝武帝太元七年）正月初。"①

竺佛念译《摩诃钵罗般若波罗蜜经》

《出三藏记集》载："《摩诃钵罗若波罗蜜经抄》五卷（一名《长安品经》，或云《摩诃般若波罗蜜经》，伪秦符坚建元十八年出）。右一部，凡五卷。晋简文帝时，天竺沙门昙摩蜱，执胡《大品》本，竺佛念译出。"②

《历代三宝纪》载："《摩诃钵罗般若波罗蜜经》五卷（建元十八年译。或七卷，见僧叡《二秦录》）。右一经五卷。晋孝武帝世，天竺三藏沙门昙摩蜱，秦言法爱，执《大品》梵本，竺佛念译为秦文。亦云《长安品》。从所出处为名，是外国经抄。"③"《长安品经》五卷（亦名《摩诃钵罗经》）。"④

《众经目录》载："《摩诃般若波罗蜜经抄》五卷（一名《摩诃般若经》，一名《长安品经》，前秦建元年，沙门昙摩蜱共竺佛念译）。"⑤"《摩诃般若波罗蜜经钞长安品》五卷（一名《须菩提品》，一名《长安品经》，八十三纸）。前秦建元年，沙门昙摩埤共竺佛念译。"⑥

《古今译经图纪》载："沙门昙摩蜱，此言法爱，印度人，器宇明敏，志好弘诱。以符秦建元十八年岁次丙戌，与竺佛念共于长安译《摩诃般若波罗蜜经抄》一部（五卷）。"⑦

《大唐内典录》载："《摩诃钵罗般若波罗蜜经》（建元十八年译，或七卷，见僧叡《三秦录》）。右，一经五卷。晋孝武帝世，天竺三藏沙门昙摩蜱，秦言法爱，执《大品》梵本，竺佛念译为秦文。亦云《长安品》，从所出处为名，是外国经抄。"⑧"《摩诃般若钞长安品》（五卷，八十三纸，一名《菩提品》，一名《长安品》）。

① 胡中才：《道安研究》，宗教文化出版社，2011年，第37页。
② ［梁］僧祐：《出三藏记集》卷二，《大正藏》第55册，第10页中。
③ ［隋］费长房：《历代三宝纪》卷八，《大正藏》第49册，第75页下。
④ ［隋］费长房：《历代三宝纪》卷十三，《大正藏》第49册，第109页下。
⑤ ［隋］法经：《众经目录》卷六，《大正藏》第55册，第144页中。
⑥ ［唐］静泰：《众经目录》卷二，《大正藏》第55册，第196页上。
⑦ ［唐］靖迈：《古今译经图纪》卷三，《大正藏》第55册，第358页中。
⑧ ［唐］道宣：《大唐内典录》卷三，《大正藏》第55册，第250页上。

前秦建元年，昙摩蜱共竺佛念译。”①

《大周刊定众经目录》载：“《摩诃般若波罗蜜经钞长安品》五卷（一名《须菩提品》，一名《长安品经》，八十三纸）。右，前秦建元年，沙门昙摩蜱共竺佛念译，出《内典录》。”②

《开元释教录》载：“《摩诃般若波罗蜜钞经》五卷（或无‘钞’字，或七卷，亦云《般罗若》，一名《须菩提品》，亦名《长安品》，第六出，与《道行》《小品》《明度》等同本，见僧叡《二秦录》及《僧祐录》）。右，一部五卷，其本见在。沙门昙摩蜱，秦言法爱，印度人。器宇明敏，志存弘喻。以符坚建元十八年壬午，译《般若钞经》一部。佛护译传（佛护即佛图罗刹也），慧进笔受，安公校定，共传云与《大品放光光赞》同本者，或恐寻之未审也。”③

《贞元新定释教目录》载：“《摩诃般若波罗蜜钞经》五卷（一名《须菩提品》，亦名《长安品》）。姚秦天竺沙门昙摩卑共竺佛念译，第六译。右一经，《长房》《内典》二录云是外国经，钞者寻之未审也。据其文理，乃与《小品》《道行经》等同本异译，故初题云《摩诃般若波罗蜜经道行品第一》，但文不足三分过二，准《道行》后阙十品。”④“《摩诃般若波罗蜜钞经》五卷（或无‘钞’字，亦名《长安品经》，一名《须菩提品经》，或七卷），九十纸。”⑤

释道安东赴邺

《四阿含暮抄序》载：“余以壬午之岁八月，东省先师寺庙于邺寺，令鸠摩罗佛提执梵，佛念、佛护为译，僧导、昙究、僧叡笔受，至冬十一月乃讫。此岁夏出阿毗昙，冬出此经，一年之中具三藏也，深以自幸。但恨八九之年始遇斯经，恐韦编未绝不终其业耳。若加数年，将无大过也。”⑥

汤用彤在《汉魏两晋南北朝佛教史》（增订本）中指出：“晋孝武帝太元七年（公元382年），壬午，年七十一，八月东赴邺视佛图澄寺庙。”⑦

---

① ［唐］道宣：《大唐内典录》卷七，《大正藏》第55册，第301页下。

② ［唐］明佺：《大周刊定众经目录》卷二，《大正藏》第55册，第381页下。

③ ［唐］智昇：《开元释教录》卷三，《大正藏》第55册，第511页上。

④ ［唐］圆照：《贞元新定释教目录》卷二十，《大正藏》第55册，第911页上。

⑤ ［唐］圆照：《贞元新定释教目录》卷二十九，《大正藏》第55册，第1024页中。

⑥ ［前秦］鸠摩罗佛提等译：《四阿含暮抄解》卷一，《大正藏》第25册，第1页上。

⑦ 汤用彤：《汉魏两晋南北朝佛教史》（增订本），北京大学出版社，2011年，第112页。

释僧彻生

《高僧传》载："释僧彻，姓王，本太原晋阳人。少孤，兄弟二人寓居襄阳。"[①]

《高僧传》载："宋元嘉二十九年卒，春秋七十。"[②]

据此推之，释僧彻当生于本年。

晋孝武帝太元八年·前秦建元十九年（383）癸未

前秦大败于淝水之战

《高僧传》载："（苻坚）遣平阳公融等精锐二十五万为前锋，坚躬率步骑六十万。到项，晋遣征虏将军谢石、徐州刺史谢玄拒之。坚前军大溃于八公西，晋军逐北三十余里，死者相枕。融马倒殒首，坚单骑而遁，如所谏焉。安常注诸经，恐不合理，乃誓曰：'若所说不堪远理，愿见瑞相。'乃梦见胡道人，头白眉毛长，语安云：'君所注经，殊合道理。我不得入泥洹，住在西域，当相助弘通，可时时设食。'后《十诵律》至，远公乃知和上所梦宾头卢也。于是立座饭之，处处成则。安既德为物宗，学兼三藏，所制《僧尼轨范》《佛法宪章》，条为三例：一曰行香定座上讲经上讲之法。二曰常日六时行道饮食唱时法。三曰布萨差使悔过等法。天下寺舍，遂则而从之。"[③]

苻坚兵败时八人感应缘

《系观世音应验记》载："苻坚败时，有八人自石城破走。夜落群峦深山之中，不知道路，饿极垂死。其中一人本事佛，知有观世音，即相劝存念。于是皆从其语，欻然便闻有铃声。知是神异，随声而行，即便得出。"[④]

按：太元八年，苻坚淝水兵败，单骑逃至淮北。

苻融尝著《浮图赋》

《晋书》载："苻融，字博休，坚之季弟也。少而岐嶷夙成，魁伟美姿度。健之

---

① [梁]慧皎：《高僧传》卷七，《大正藏》第50册，第370页下。

② [梁]慧皎：《高僧传》卷七，《大正藏》第50册，第370页下。

③ [梁]慧皎：《高僧传》卷五，《大正藏》第50册，第353页上。

④ 董志翘：《〈观世音应验记三种〉译注》，江苏古籍出版社，2002年，第179页。

世封安乐王，融上疏固辞，健深奇之，曰：‘且成吾兒箕山之操。’乃止。苻生爱其器貌，常侍左右，未弱冠便有台辅之望。长而令誉弥高，为朝野所属。坚僭号，拜侍中，寻除中军将军。融聪辩明慧，下笔成章，至于谈玄论道，虽道安无以出之。耳闻则诵，过目不忘，时人拟之王粲。尝著《浮图赋》，壮丽清赡，世咸珍之。未有升高不赋，临丧不诔，朱肜、赵整等推其妙速。”①

《资治通鉴》载：“（东晋孝武帝太元八年）融驰骑略陈，欲以帅退者，马倒，为晋兵所杀，秦兵遂溃。”②

按：苻融所作之《浮图赋》，今已亡佚。兹系于苻融殒没之年。

僧伽跋澄译出《阿毗昙毗婆沙》

《出三藏记集》载：“《杂阿毗昙毗婆沙》十四卷（伪秦建元十九年四月出，至八月二十九日出讫。或云《杂阿毗昙心》）。”③“坚秘书郎赵政字文业，博学有才章，即坚之琳、瑀也。崇仰大法，常闻外国宗习《阿毗昙毗婆沙》，而跋澄讽诵，乃四事礼供，请译梵文。遂共名德法师道安集僧宣译。跋澄口诵经本，外国沙门昙摩难提笔受为胡文，佛图罗刹宣译，秦沙门智敏笔受为汉文。以伪建元十九年译出，自孟夏至仲秋方讫。”④

《高僧传》载：“符坚秘书郎赵正，崇仰大法，尝闻外国宗习《阿毗昙毗婆沙》，而跋澄讽诵，乃四事礼供，请译梵文，遂共名德法师释道安等，集僧宣译。跋证口诵经本，外国沙门昙摩难提笔受为梵文，佛图罗刹宣译，秦沙门敏智笔受为晋本，以伪秦建元十九年译出，自孟夏至仲秋方讫。”⑤

《历代三宝纪》载：“《阿毗昙毗婆沙》十四卷（建元十九年出，或十二卷）。”⑥

《众经目录》载：“《杂阿毗昙毗婆沙论》十四卷（前秦建元年，僧伽跋澄共佛图罗刹于长安译）。”⑦“《杂阿毗昙毗婆沙论》十四卷（重翻阙本）。前秦建元年，僧伽跋澄共佛图罗刹于长安译。”⑧

---

①［唐］房玄龄等：《晋书》卷一百十四，中华书局，1974年，第2934页。
②［北宋］司马光：《资治通鉴》卷一百五，中华书局，1956年，第3312页。
③［梁］僧祐：《出三藏记集》卷二，《大正藏》第55册，第10页中。
④［梁］僧祐：《出三藏记集》卷十三，《大正藏》第55册，第99页上。
⑤［梁］慧皎：《高僧传》卷一，《大正藏》第50册，第328页中。
⑥［隋］费长房：《历代三宝纪》卷八，《大正藏》第49册，第76页上。
⑦［隋］法经：《众经目录》卷五，《大正藏》第55册，第142页中。
⑧［隋］彦琮：《众经目录》卷五，《大正藏》第55册，第178页上。

《古今译经图纪》载：“（僧伽跋澄）共释道安等译《杂阿毗昙婆沙论》一部（一十四卷）。”①

《大唐内典录》载：“《阿毗昙毗婆沙》十四卷（建元十九年出，或十一卷）。”②

《大周刊定众经目录》载：“《阿毗昙毗婆沙》一部十四卷（或十一卷，《僧祐录》云《杂阿毗昙毗婆沙》，或有‘心’字）。右，前秦代僧伽跋澄，秦言众现译，出《长房录》。”③

《开元释教录》载：“《鞞婆沙论》十四卷（亦云《鞞婆沙阿毗昙论》，亦云‘广说’，或十五卷，十九卷，或无‘论’字。三百三十五纸）。符秦僧伽跋澄译。”④

《贞元新定释教目录》载：“《鞞婆沙论》十四卷（或无‘论’字，亦云《鞞婆沙阿毗昙》，亦云‘广说’，或十五卷，或十九卷。建元十九年四月出，至八月末讫。难提录为梵文，佛图罗刹传译，敏智笔受，安公制《序》见《僧祐录》）。”⑤

僧伽跋澄携《出曜经》至长安

《出曜经》载：“《出曜经》者，婆须密舅法救菩萨之所撰也，集比一千章，立为三十三品，名曰《法句》，录其本起，系而为释，名曰《出曜》。《出曜》之言，旧名《譬喻》，即十二部经第六部也。有罽宾沙门僧伽跋澄，以前秦建元十九年，陟葱岭、涉流沙，不远万里来至长安。其所暗识富博绝伦，先师器之。”⑥

昙摩难提协助僧伽跋澄译经

《高僧传》载：“跋澄口诵经本，外国沙门昙摩难提笔受为梵文，佛图罗刹宣译，秦沙门敏智笔受为晋本，以伪秦建元十九年译出，自孟夏至仲秋方讫。”⑦

僧伽提婆出《阿毗昙八犍度》

《出三藏记集》载：“《阿毗昙八揵度》二十卷（一名《迦旃延阿毗昙》，建元

① ［唐］靖迈：《古今译经图纪》卷三，《大正藏》第55册，第358页中。
② ［唐］道宣：《大唐内典录》卷三，《大正藏》第55册，第250页中。
③ ［唐］明佺：《大周刊定众经目录》卷十，《大正藏》第55册，第434页下。
④ ［唐］智昇：《开元释教录》卷二十，《大正藏》第55册，第720页下。
⑤ ［唐］圆照：《贞元新定释教目录》卷五，《大正藏》第55册，第807页下。
⑥ ［后秦］竺佛念译：《出曜经》卷一，《大正藏》第4册，第609页下。
⑦ ［梁］慧皎：《高僧传》卷一，《大正藏》第50册，第328页中。

十九年出）。”[①]

《历代三宝纪》载：“《阿毗昙八犍度》三十卷（建元十九年出，亦名《迦旃延阿毗昙》，竺佛念传语，沙门慧力、僧茂等笔受，佛灭后三百余年，迦旃延阿罗汉造，或二十卷）。”[②]

《众经目录》载：“《阿毗昙论》三十卷（一名《迦旃延阿毗昙》，一名《八揵度》，或二十卷，前秦建元年沙门僧伽提婆于洛阳译）。”[③]“《阿毗昙论》三十卷（或二十卷，一名《迦旃延阿毗昙》，名《八犍度论》）。前秦建元年，僧伽提婆共竺佛念译。”[④]

《大唐内典录》载：“《阿毗昙八犍度》三十卷（建元十九年出，亦名《迦旃延阿毗昙》，佛念传，沙门慧力、僧茂等笔受。佛灭后三百余年，迦旃延阿罗汉造，或二十卷）。”[⑤]

《大周刊定众经目录》载：“《阿毗昙八犍度》一部三十卷（或二十卷，一名《迦旃延阿毗昙八犍度》，四百五十纸）。右，前秦建元年沙门僧伽提婆共竺佛念译，出《长房录》。”[⑥]

《开元释教录》载：“《阿毗昙八揵度论》三十卷（或无‘论’字，或二十卷，或云《迦旃延阿毗昙》，或云《阿毗昙经八揵度》。初出，与唐译《发智论》同本。建元十九年四月二十日出，至十月二十日讫，见《僧祐录》）。”[⑦]“《阿毗昙八犍度论》三十卷（或无‘论’字，或云《迦旃延阿毗昙》，或云《阿毗昙经八犍度》。或二十卷，三帙，四百六十二纸）。符秦僧伽提婆共竺佛念译。”[⑧]

《贞元新定释教目录》载：“《阿毗昙八揵度论》三十卷（或无‘论’字，或二十卷，或云《迦旃延阿毗昙》，或云《阿毗昙经八揵度》。初出，与唐译《发智论》同本。建元十九年四月二十日出，至十月二十三日讫，见《僧祐录》）。”[⑨]“《阿毗昙八揵度论》三十卷，三帙（或无‘论’字，或云《迦旃延阿毗昙经》，或云《阿毗

①［梁］僧祐：《出三藏记集》卷二，《大正藏》第55册，第10页下。
②［隋］费长房：《历代三宝纪》卷八，《大正藏》第49册，第76页上。
③［隋］法经：《众经目录》卷五，《大正藏》第55册，第142页上。
④［隋］彦琮撰：《众经目录》卷一，《大正藏》第55册，第155页下。
⑤［唐］道宣：《大唐内典录》卷三，《大正藏》第55册，第250页中。
⑥［唐］明佺：《大周刊定众经目录》卷十，《大正藏》第55册，第434页下。
⑦［唐］智昇：《开元释教录》卷三，《大正藏》第55册，第511页上。
⑧［唐］智昇：《开元释教录》卷二十，《大正藏》第55册，第720页上。
⑨［唐］圆照：《贞元新定释教目录》卷五，《大正藏》第55册，第808页上。

昙八揵度》，或二十卷）。四百六十二纸。”[①]

释道安作《阿毗昙序》

释道安所作之《阿毗昙序》，见《出三藏记集》卷十。[②]

《出三藏记集》所录《阿毗昙序》载：“以建元十九年，罽宾沙门僧迦禘婆，诵此经甚利，来诣长安。比丘释法和请令出之。佛念译传，慧力、僧茂笔受，和理其指归。自四月二十日出，至十月二十三日乃讫。其人检挍译人，颇杂义辞，龙蛇同渊，金鍮共肆者，彬彬如也。和抚然恨之，余亦深谓不可，遂令更出。夙夜匪懈，四十六日而得尽定，损可损者四卷焉。至于事须悬解起尽之处，皆为细其下。胡本十五千七十二首卢（四十八万二千三百四言）。秦语十九万五千二百五十言。”[③]

释道安作《鞞婆沙序》

释道安所作之《鞞婆沙序》，见《出三藏记集》卷十。[④]

《出三藏记集》所录《鞞婆沙序》载：“会建元十九年，罽宾沙门僧伽跋澄讽诵此经，四十二处，是尸陀盘尼所撰者也。来至长安，赵郎饥虚在往，求令出焉。其国沙门昙无难提笔受为梵文，弗图罗刹译传，敏智笔受为此秦言，赵郎正义起尽。自四月出，至八月二十九日乃讫。胡本一万一千七百五十二首卢长五字也，凡三十七万六千六十四言也。秦语为十六万五千九百七十五字。经本甚多，其人忘失。唯四十事，是释《阿毗昙》十门之本，而分十五事为小品回著前，以二十五事为大品而著后。此大小二品，全无所损。其后二处是忘失之遗者，令第而次之。赵郎谓译人曰：‘《尔雅》有《释古》《释言》者，明古今不同也。昔来出经者，多嫌胡言方质，而改适今俗，此政所不取也。何者？传胡为秦，以不开方言，求知辞趣耳，何嫌文质？文质是时，幸勿易之，经之巧质，有自来矣。唯传事不尽，乃译人之咎耳。’众咸称善。斯真实言也。遂案本而传，不令有损言游字，时改倒句，余尽实录也。余欣秦土忽有此经，挈海移岳，奄在兹域，载玩载咏，欲疲不能，遂佐对挍，一月四日，然后乃知大方之家富，昔见之至夹也。恨八九之年，方窥其牖耳。愿欲求如意珠者，

---

①［唐］圆照：《贞元新定释教目录》卷三十，《大正藏》第55册，第1043页中。

②［梁］僧祐：《出三藏记集》卷十，《大正藏》第55册，第72页上。

③［梁］僧祐：《出三藏记集》卷十，《大正藏》第55册，第72页上。

④［梁］僧祐：《出三藏记集》卷十，《大正藏》第55册，第73页中。

必牢庄强伴，勿令不周仓若之实者也。”[①]

释超进或生于本年

《高僧传》载：“释超进，本姓颛顼氏，长安人。笃志精勤，幼而敦学，大小诸经，并加综采。神性和敏，戒行严洁，故年在未立，而振誉关中。”[②]

《高僧传》载：“（释超进）以宋元徽中卒，春秋九十有四。”[③]

按：若释超进卒于刘宋元徽五年（477），推之可知，释超进或生于本年。

释昙迁生

《高僧传》载：“释昙迁，姓支，本月支人。寓居建康。笃好玄儒，游心佛义，善谈《庄》《老》，并注《十地》。又工正书，常布施题经。巧于转读，有无穷声韵，梵制新奇，特拔终古。”[④]

《高僧传》载：“齐建元四年卒，年九十九。”[⑤]

据此推之，释昙迁当生于本年。

释僧肇生

《高僧传》载：“释僧肇，京兆人。家贫以佣书为业，遂因缮写，乃历观经史，备尽坟籍。爱好玄微，每以《庄》《老》为心要。尝读《老子德章》，乃叹曰：‘美则美矣，然期神冥累之方，犹未尽善也。’后见《旧维摩经》，欢喜顶受，披寻玩味，乃言始知所归矣。因此出家，学善方等，兼通三藏。及在冠年，而名振关辅，时竞誉之徒，莫不猜其早达，或千里趍负，入关抗辩。肇既才思幽玄，又善谈说，承机挫锐，曾不流滞。时京兆宿儒，及关外英彦，莫不挹其锋辩，负气摧衄。”[⑥]

《高僧传》载：“晋义熙十年卒于长安，春秋三十有一矣。”[⑦]

据此可知，释僧肇当生于本年。

---

① ［梁］僧祐：《出三藏记集》卷十，《大正藏》第55册，第73页中。
② ［梁］慧皎：《高僧传》卷七，《大正藏》第50册，第374页中。
③ ［梁］慧皎：《高僧传》卷七，《大正藏》第50册，第374页中。
④ ［梁］慧皎：《高僧传》卷十三，《大正藏》第50册，第414页上。
⑤ ［梁］慧皎：《高僧传》卷十三，《大正藏》第50册，第414页上。
⑥ ［梁］慧皎：《高僧传》卷六，《大正藏》第50册，第365页上。
⑦ ［梁］慧皎：《高僧传》卷六，《大正藏》第50册，第365页下。

释道融出家

《高僧传》载："（释道融）十二出家。厥师爱其神彩，先令外学，往村借《论语》。竟不赍归，于彼已诵。师更借本覆之，不遗一字，既嗟而异之，于是恣其游学。"①

按：据晋废帝太和六年・晋简文帝咸安元年（371）下"释道融或生于本年"条，推之可知，"释道融出家"条，当发生于本年。

释慧远南下入庐山

《高僧传》载："（释慧远）后欲往罗浮山，及届浔阳，见庐峰清静，足以息心，始住龙泉精舍。此处去水大远，远乃以杖扣地曰：'若此中可得栖立，当使朽壤抽泉。'言毕清流涌出，后卒成溪。其后少时，浔阳亢旱，远诣池侧读《海龙王经》，忽有巨蛇从池上空，须臾大雨，岁以有年，因号精舍为龙泉寺焉。时有沙门慧永，居在西林，与远同门旧好，遂要远同止。"②

《异苑》载："沙门释慧远栖神庐岳，尝有游龙翔其前。远公有奴，以石掷中，仍腾跃上升。有倾，风飙烨，公知是龙之所兴。登山烧香，会僧齐声唱偈。于是霹雳回向投龙之石，云雨乃除。"③

方立天在《魏晋南北朝佛教》之《慧远年谱》中指出："（383年，慧远）与弟慧持等拟去广东罗浮山，途经浔阳，见庐山幽静，足以息心，乃留住龙泉精舍，后住西林寺。"④

释昙邕从苻坚南征

《高僧传》载："释昙邕，姓杨，关中人，少仕伪秦至卫将军，形长八尺，雄武过人。太元八年，从符坚南征，为晋军所败。"⑤

唐遵灵验记

《法苑珠林》载："晋唐遵，字保道，上虞人也。晋太元八年暴病而死，经夕得稣。云：'有人呼将去，至一城府，未进顷，见其从叔自城中出，惊问遵："汝何故来？"遵答："违离姑姊，并历年载。欲往问讯，本明当发。夜见数人

① [梁] 慧皎：《高僧传》卷六，《大正藏》第50册，第363页中。
② [梁] 慧皎：《高僧传》卷六，《大正藏》第50册，第358页上。
③ [唐] 道世：《法苑珠林》卷四，《大正藏》第53册，第301页上。
④ 方立天：《方立天文集》第一卷《慧远及其佛学》，中国人民大学出版社，2006年，第184页。
⑤ [梁] 慧皎：《高僧传》卷六，《大正藏》第50册，第362页下。

急呼来此。即时可得归去，而不知还路。”从叔云：“汝姑丧已二年。汝大姊儿道文近被录来，既蒙恩放，仍留看戏，不即还去。积日方归，家已殡殓，乃入棺中。又摇动棺器，冀望其家觉寤开棺。棺遂至路，落棺车下。其家或欲开之，乃问卜者。卜云不吉。遂不敢开，不复得生。今为把沙之役，辛勤极苦。汝宜速去，勿复住此。且汝小姊又已丧亡，今与汝姑共在地狱，日夕忧苦，不知何时可得免脱。汝今还去，可语其儿，勤修功德，庶得免之。”于此示遵归路。将别又属遵曰：“汝得还生，良为殊庆。在世无几，倏如风尘。天堂地狱，苦乐报应，吾昔闻其语，今睹其实。汝宜深勤善业，务为孝敬，爱法持戒，慎不可犯。一去人身，入此罪地，幽穷苦酷，自悔何及。勤以在心，不可忘也。我家亲属，生时不信罪福，今并遭涂炭，长受楚毒，焦烂伤痛，无时暂休。欲求一日改恶为善，当何得耶？悉我所具知，故以嘱汝，劝化家内，共加勉励。”言已洟泣，因此而别。’遵随路而归，俄而至家。家治棺将竟，方营殡殓。遵既附尸，尸寻气通，移日稍差。劝示亲识，并奉大法。初遵姑适南郡徐汉，长姊适江夏乐瑜，其小姊适吴兴严晚。途路悬远，久断音息。遵既差，遂至三郡，寻访姑及小姊，姊子果并丧亡。长姊亦说儿道文殓后，棺动堕车，皆如叔言。既闻遵说道文横死之意，姊追加痛恨，重为制服。”①

晋孝武帝太元九年·前秦建元二十年·后燕燕元元年·西燕燕兴元年（384）甲申

道整作歌以谏苻坚

《高僧传》载：“符坚末年，宠惑鲜卑，隳于治政，正因歌谏曰：‘昔闻孟津河，千里作一曲，此水本自清，是谁搅令浊。’坚动容曰：‘是朕也。’又歌曰：‘北园有一枣，布叶垂重阴，外虽饶棘刺，内实有赤心。’坚笑曰：‘将非赵文业耶。’其调戏机捷，皆此类也。后因关中佛法之盛，乃愿欲出家，坚惜而未许。”②

《十六国春秋》载：“坚末年好色，宠惑鲜卑，惰于政治。整又援琴而歌曰：‘昔闻孟津河，千里作一曲。此水自本清，是谁乱使浊？’坚动容曰：‘是朕也。’又歌

① [唐] 道世：《法苑珠林》卷九十七，《大正藏》第53册，第1003页上。

② [梁] 慧皎：《高僧传》卷一，《大正藏》第50册，第328页下。

曰：‘北园有枣树，布叶垂重阴。外虽多棘刺，内实有赤心。’坚笑曰：‘将非赵文业邪！’其调戏机捷，皆此类也。整博闻强记，能属文。好直言，上书及面陈前后五十余事。官至秘书侍郎。后因关中佛法之盛，愿欲出家。坚惜弗许。”[①]

按：《高僧传》所云之“苻坚末年”，似指前秦败于淝水以后之事；公元383年冬十二月，苻坚败归长安。《高僧传》所云之“外虽饶棘刺”，当指384年初慕容垂称燕王，三月慕容泓称济北王，四月姚苌称万年秦王诸事。故道整作歌以谏苻坚，当系于本年。

吕光破龟兹获鸠摩罗什

《出三藏记集》载：“十九年，即遣骁骑将军吕光将兵伐龟兹及焉耆诸国。临发，谓光曰：‘闻彼有鸠摩罗什，深解法相，善闲阴阳，为彼学之宗，朕甚思之。若克龟兹，即驰驿送什。’光军未至，什谓其王帛纯曰：‘国运衰矣，当有勍敌。日下人从东方来，宜恭承之，勿抗其锋。’纯不从而战，光遂破龟兹，杀纯获什。光性疏慢，未测什智量，见其年尚少，乃凡人戏之，强妻以龟兹王女。什拒而不受，辞甚苦到。光曰：‘道士之操不逾先父，何所苦辞？’乃饮以淳酒，同闭密室。什被逼既至，遂亏其节。或令骄牛及乘恶马，欲使堕落，什常怀忍辱，曾无异色，光惭愧而止。光还中路，置军于山下，将士已休。什曰：‘不可，在此必见狼狈，宜徙军陇上。’光不纳。至夜果大雨，洪潦暴起，水深数丈，死者数千。光始敬异之。什谓光曰：‘此凶亡之地，不宜淹留，推数揆运，应速言归，中路必有福地可居。’光从之。”[②]

《高僧传》载：“光军未至，什谓龟兹王白纯曰：‘国运衰矣，当有勍敌。日下人从东方来，宜恭承之，勿抗其锋。’纯不从而战，光遂破龟兹，杀纯，立纯弟震为主。光既获什，未测其智量，见年齿尚少，乃凡人戏之，强妻以龟兹王女，什距而不受，辞甚苦到。光曰：‘道士之操，不逾先父。何可固辞。’乃饮以醇酒，同闭密室。什被逼既至，遂亏其节。或令骑牛及乘恶马，欲使堕落。什常怀忍辱，曾无异色，光惭愧而止。光还中路，置军于山下，将士已休，什曰：‘不可在此，必见狼狈，宜徙军陇上。’光不纳。至夜果大雨，洪潦暴起，水深数丈，死者数千。光始密而异之。

---

①［北魏］崔鸿撰，［清］汤球辑补：《十六国春秋辑补》卷四十一，中华书局，2020年，第533—534页。

②［梁］僧祐：《出三藏记集》卷十四，《大正藏》第55册，第100页下。

什谓光曰：‘此凶亡之地，不宜淹留。推运揆数，应速言归，中路必有福地可居。’光从之。”①

《十六国春秋》载：“杜进言于光曰：‘龙者神兽，人君利见之象。《易》曰：“见龙在田，德施普也。”斯诚明将军道合灵和，德符幽显。愿将军勉之，以成大庆。’光有喜色，又进攻龟兹城。夜梦金象飞越城外。光曰：‘此谓佛神去之，胡必亡矣。’光攻城益急。”②

《晋书》载：“光军未至，罗什谓龟兹王白纯曰：‘国运衰矣，当有勍敌从日下来，宜恭承之，勿抗其锋。’纯不从，出兵距战，光遂破之，乃获罗什。光见其年齿尚少，以凡人戏之，强妻以龟兹王女，罗什距而不受，辞甚苦至。光曰：‘道士之操不逾先父，何所固辞？’乃饮以醇酒，同闭密室。罗什被逼，遂妻之。光还，中路置军于山下，将士已休，罗什曰：‘在此必狼狈，宜徙军陇上。’光不纳。至夜，果大雨，洪潦暴起，水深数丈，死者数千人，光密异之。光欲留王西国，罗什谓光曰：‘此凶亡之地，不宜淹留，中路自有福地可居。’光还至凉州，闻苻坚已为姚苌所害，于是窃号河右。”③

《资治通鉴》载：“（东晋孝武帝太元十年）吕光以龟兹饶乐，欲留居之。天竺沙门鸠摩罗什谓光曰：‘此凶亡之地，不足留也。将军但东归，中道自有福地可居。’光乃大飨将士，议进止，众皆欲还。乃以驼二万余头载外国珍宝奇玩，驱骏马万余匹而还。”④

安法师塔修成

《梁书》载：“阿育王即铁轮王，王阎浮提，一天下，佛灭度后，一日一夜，役鬼神造八万四千塔，此即其一也。吴时有尼居其地，为小精舍，孙綝寻毁除之，塔亦同泯。吴平后，诸道人复于旧处建立焉。晋中宗初渡江，更修饰之，至简文咸安中，使沙门安法师程造小塔，未及成而亡，弟子僧显继而修立。至孝武太元九年，上金相轮及承露。”⑤

---

①［梁］慧皎：《高僧传》卷二，《大正藏》第50册，第331页中。

②［北魏］崔鸿撰，［清］汤球辑补：《十六国春秋辑补》卷八十一，中华书局，2020年，第917页。

③［唐］房玄龄等：《晋书》卷九十五，中华书局，1974年，第2500页。

④［北宋］司马光：《资治通鉴》卷一百六，中华书局，1956年，第3343页。

⑤［唐］姚思廉：《梁书》卷五十四，中华书局，1973年，第790—791页。

释昙邕出家

《高僧传》载："（释昙邕）还至长安，因从安公出家。"①

《资治通鉴》载："（东晋孝武帝太元八年）十二月，秦王坚至长安，哭阳平公而后入，谥曰哀公。大赦，复死事者家。"②

按：苻坚淝水兵败，释昙邕（时俗姓杨，为前秦卫将军）遂同苻坚一并返回长安。后于长安剃发，随释道安出家。此事最早当在太元九年（384年）末，兹系于本年。

释慧远建东林寺

《出三藏记集》载："晋太元之初，襄阳失守，安公入关。远乃迁于寻阳，葺宇庐岳。江州刺史桓伊为造殿房。此山仪形九流，峻耸天绝，栖集隐伦，吐纳灵异。远创建精舍，洞尽山美。却负香炉之峰，傍带瀑布之壑，仍石叠基，即松栽构，清泉环阶，白云满室。复于寺内别置禅林，森树湮凝，石莚落合。凡在瞻履，皆神清而气肃焉。"③

《高僧传》载："时有沙门慧永，居在西林，与远同门旧好，遂要远同止。永谓刺史桓伊曰：'远公方当弘道，今徒属已广，而来者方多。贫道所栖褊狭，不足相处，如何。'桓乃为远复于山东更立房殿，即东林是也。远创造精舍，洞尽山美，却负香炉之峰，傍带瀑布之壑，仍石垒基，即松栽构，清泉环阶，白云满室。复于寺内别置禅林，森树烟凝，石筵苔合。凡在瞻履，皆神清而气肃焉。"④

《东林寺碑》云："东林寺者，晋太元九年慧远法师之所建也。"⑤

曹虹在《慧远评传》中指出："关于东林寺竣工期，早期史料有两说：唐李邕《东林寺碑》、北宋陈舜俞《庐山记》卷一等作太元九年（384）；《庐山记》卷三所引《十八贤传》《佛祖统纪》《释氏要览》等作太元十一年（386）。据有关学者的推论，后一说值得相信，其理由综合起来有两点：一是《十八贤传》中的《慧远传》和《昙诜传》都直接或间接提到东林寺成于太元十一年，虽然此书作者情况不明，内容上的史实性也多有讹误，但必出于唐代（不迟于中叶以后）庐山之地的某人之手，关于东

①［梁］慧皎：《高僧传》卷六，《大正藏》第50册，第362页下。

②［北宋］司马光：《资治通鉴》卷一百五，中华书局，1956年，第2315页。

③［梁］僧祐：《出三藏记集》卷十五，《大正藏》第55册，第109页中。

④［梁］慧皎：《高僧传》卷六，《大正藏》第50册，第358页中。

⑤周绍良主编：《全唐文新编》第二部，第一册，卷二百六十四，吉林文史出版社，2000年，第2976页。

林寺建立年代可能据碑石而言，不当尽疑；二是寺的赞助者桓伊镇浔阳当在太元九年或十年，他在任职稍有政绩的两三年后而提供东林寺建筑费，这比较合乎情理。”①

昙摩难提至长安

《出三藏记集》载：“昙摩难提，兜佉勒人也。龆岁出家，聪慧夙成。研讽经典，以专精致业。遍观三藏，闇诵增一、中《阿含经》。博识洽闻，靡所不练。是以国内远近，咸共推服。少而观方，遍涉诸国。常谓弘法之体，宜宣布未闻。故远冒流沙，怀宝东游，以符坚建元二十年至于长安。先是中土群经，未有《四含》。坚侍臣武威太守赵政，志深法藏，乃与安公共请出经。是时慕容冲已叛，起兵击坚，关中骚动。政于长安城内集义学僧写出两经，佛念传译，慧嵩笔受。自夏迄春，绵历二年方讫。具二《阿含》，凡一百卷。自经流东夏，迄于符世，卷数之繁，唯此为广。”②

《高僧传》载：“昙摩难提，此云法喜，兜佉勒人。龆年离俗，聪慧夙成。研讽经典，以专精致业。遍观三藏，暗诵《增一阿含经》，博识洽闻，靡所不综，是以国内远近，咸共推服。少而观方，遍历诸国，常谓弘法之体，宜宣布未闻，故远冒流沙，怀宝东入，以符氏建元中，至于长安。难提学业既优，道声甚盛，符坚深见礼接。先是中土群经，未有《四含》，坚臣武威太守赵正，欲请出经。时慕容冲已叛，起兵击坚，关中扰动，正慕法情深，忘身为道。乃请安公等，于长安城中，集义学僧，请难提译出《中》《增一》二《阿含》，并先无所出《毗昙心》《三法度》等，凡一百六卷。佛念传译，慧嵩笔受，自夏迄春，绵涉两载，文字方具。”③

释道安《增一阿含经序》载：“有外国沙门昙摩难提者，兜佉勒国人也，龆龀出家，孰与广闻，诵二《阿含》，温故日新，周行诸国，无土不涉。以秦建元二十年来诣长安，外国乡人咸皆善之。”④

竺佛念复请昙摩难提译经

《出三藏记集》载：“至建元二十年，政复请昙摩难提出《增一阿含》及《中阿含》，于长安城内集义学沙门，请念为译，敷析研核，二载乃讫。二《含》光显，念

---

①曹虹：《慧远评传》，南京大学出版社，2002年，第100页。

②［梁］僧祐：《出三藏记集》卷十三，《大正藏》第55册，第99页中。

③［梁］慧皎：《高僧传》卷一，《大正藏》第50册，第328页中。

④［东晋］僧伽提婆译：《增一阿含经》卷一，《大正藏》第2册，第549页上。

之力也。”[①]

《高僧传》载：“至建元二十年正月，复请昙摩难提出《增一阿含》及《中阿含》，于长安城内，集义学沙门，请念为译，敷析研核，二载乃竟。二《含》之显，念宣译之功也。”[②]

昙摩难提译《增一阿含》等经

《出三藏记集》载：“《增一阿含经》三十三卷（秦建元二十年夏出，二十一年春讫定。三十三卷或分为二十四分）。《中阿含经》五十九卷（同建元二十年出）。右二部，凡九十二卷。晋孝武时兜佉勒国沙门昙摩难提以符坚时入长安，难提口诵胡本，竺佛念译出。”[③]

《历代三宝纪》载：“《中阿含经》五十九卷（建元二十一年出，是第一译，竺佛念笔受。见竺道祖《晋世杂录》）。《增一阿含经》五十卷（建元二十年四月一日，为秦武威太守赵文业出，是第一译。沙门慧嵩、竺佛念等笔受。见僧叡《二秦录》，僧祐及宝唱并载）。”[④]

《众经目录》载：“《增一阿含经》五十卷（前秦建元年，沙门昙摩难提译）。”[⑤]“《中阿含经》五十九卷（前秦建元年昙摩难提译）。”[⑥]“《增壹阿含经》五十一卷，前秦建元年昙摩难提译。”[⑦]“《中阿含经》五十九卷（重翻阙本），前秦建元年昙摩难提译。”[⑧]“《增一阿含经》五十卷（七百九十五纸），前秦建元年昙摩难提译。”[⑨]“《中阿含经》五十九卷（重翻阙本），前秦建元年昙摩难提译。”[⑩]

《古今译经图纪》载：“沙门昙摩难提，此言法喜，兜佉勒国人。龆年离俗，聪慧夙成，研讽经典，以专精致业。遍观三藏，暗诵《阿含》，博识洽闻，靡所不综。外国远近，咸共推伏。少而观方，遍涉诸国，常以弘化为务。以符秦建元年中达于长

①［梁］僧祐：《出三藏记集》卷十五，《大正藏》第55册，第111页中。
②［梁］慧皎：《高僧传》卷一，《大正藏》第50册，第329页中。
③［梁］僧祐：《出三藏记集》卷二，《大正藏》第55册，第10页中。
④［隋］费长房：《历代三宝纪》卷八，《大正藏》第49册，第75页下。
⑤［隋］法经：《众经目录》卷三，《大正藏》第55册，第128页上。
⑥［隋］法经：《众经目录》卷三，《大正藏》第55册，第129页上。
⑦［隋］彦琮：《众经目录》卷一，《大正藏》第55册，第154页上。
⑧［隋］彦琮：《众经目录》卷五，《大正藏》第55册，第178页中。
⑨［唐］静泰：《众经目录》卷一，《大正藏》第55册，第186页中。
⑩［唐］静泰：《众经目录》卷五，《大正藏》第55册，第216页上。

安。坚先闻提誉，深见礼接，以建元二十年岁次戊子，坚遣道安集义学僧，请难提译《中阿含经》（五十九卷）、《增壹阿含经》（五十一卷）。”①

《大唐内典录》载：“《中阿含经》五十九卷（建元二十年出，是第一译。竺佛念笔受，见竺道祖《晋世杂录》）。《增一阿含经》五十卷（建元二十年四月一日为秦武威太守赵业出，第一译。慧嵩、佛念笔受，见僧叡《二秦录》，祐、唱《录》并载）。”②“《增一阿含经》（五十卷，七百九十五纸）。东晋前秦建元年，昙摩难提于长安译。右一经，前后别译一十七部，文义无爽，故略不出。”③

《大周刊定众经目录》载：“《中阿含经》一部五十九卷（初译）。右，前秦昙摩难提译，出《长房录》。”④“《增一阿含经》一部五十卷（《内典》云或五十一卷，初译。长房《入藏录》云四十二经，九百三十九纸）。右，前秦建元二十年昙摩难提长安译，出《长房录》。”⑤

《开元释教录》载：“《中阿含经》五十九卷（建元二十年出，是第一译。竺佛念笔受，见竺道祖《晋世杂录》及《僧祐录》）。《增壹阿含经》五十卷（第一译，建元二十年甲申夏出，至来春讫为四十卷。佛念传译，昙嵩笔受，见《安公经序》。僧叡、僧祐、宝唱《录》并载，祐云三十三及二十四卷，恐误）。”⑥

《贞元新定释教目录》载：“《中阿含经》五十九卷（建元二十年出，是第一译，竺佛念笔受，见竺道祖《晋世杂录》及《僧祐录》）。《增壹阿含经》五十卷（第一译，建元二十年甲申夏出，至来春讫为四十一卷。佛念传译，昙嵩笔受，见《安公经序》。僧叡、僧祐、宝唱《录》并载。祐云三十三及二十四卷，恐误）。”⑦

僧伽跋澄译出《婆须蜜经》等

《出三藏记集》载：“罽宾沙门僧伽跋澄，以秦建元二十年，转此经一部来诣长安。武威太守赵政文业者，学不厌士也，求令出之。佛念译传，跋澄、难陀、禘婆三人执胡本，慧嵩笔受。以三月五日出，至七月十三日乃讫，胡本十二千首卢也。”⑧“初

① ［唐］靖迈：《古今译经图纪》卷三，《大正藏》第55册，第358页中。

② ［唐］道宣：《大唐内典录》卷三，《大正藏》第55册，第250页中。

③ ［唐］道宣：《大唐内典录》卷九，《大正藏》第55册，第322页上。

④ ［唐］明佺：《大周刊定众经目录》卷八，《大正藏》第55册，第419页中。

⑤ ［唐］明佺：《大周刊定众经目录》卷八，《大正藏》第55册，第422页中。

⑥ ［唐］智昇：《开元释教录》卷三，《大正藏》第55册，第511页中。

⑦ ［唐］圆照：《贞元新定释教目录》卷五，《大正藏》第55册，第808页上。

⑧ ［梁］僧祐：《出三藏记集》卷十，《大正藏》第55册，第71页下。

跋澄又赍《婆须蜜》梵本自随，明年赵政复请出之，跋澄乃与昙摩难提及僧伽提婆三人共执梵本，秦沙门佛念宣译，慧嵩笔受，安公、法和对共校定，故二经流布传学迄今。跋澄戒德整峻，虚静离俗，关中僧众则而象之，后不知所终。”[①]“初，安公之出《婆须蜜经》也，提婆与僧伽跋澄共执梵文。”[②]

《历代三宝纪》载：“《婆须蜜经》十卷（建元二十年出，或云是集论。）”[③]“《僧伽罗刹集经》三卷（建元二十年十一月三十日出。）”[④]

《众经目录》载：“《婆须蜜所集论》十卷（前秦建元年，沙门僧伽跋澄共竺佛念译）。”[⑤]

《古今译经图纪》载：“《尊者婆须蜜所集论》一部（十卷）。《僧伽罗刹集经》（三卷）。”[⑥]

《大唐内典录》载：“《婆须蜜经》十卷（建元二十年出，或云是集论）。”[⑦]“《僧伽罗刹集经》三卷（建元二十年十一月三十日出）。”[⑧]

《大周刊定众经目录》载：“《僧伽罗刹集经》一部三卷。右，前秦建元二十年僧伽跋澄译，出《长房录》。”[⑨]“《尊婆须蜜所集论》一部十二卷（或十卷，三百七纸）。右，前秦建元十九年僧伽跋澄共竺佛念译，出《长房录》。”[⑩]

《开元释教录》载：“《尊婆须蜜菩萨所集论》十卷（或云《婆须蜜经》，或十二卷，或十四卷，建元二十年三月五日出，至七月十三日讫。跋澄、难提、提婆三人执本，佛念译传，慧嵩笔受，见《僧祐录》）。”[⑪]“《僧伽罗刹所集经》三卷（或云《僧伽罗刹集》，初出，或五卷，建元二十年出十一月三十日讫，佛念传译，慧嵩笔受，见《僧祐录》。于长安石羊寺出，亦云佛护传译）。”[⑫]“《尊婆须蜜菩萨所集

① [梁] 僧祐：《出三藏记集》卷十三，《大正藏》第55册，第99页上。
② [梁] 僧祐：《出三藏记集》卷十三，《大正藏》第55册，第99页下。
③ [隋] 费长房：《历代三宝纪》卷八，《大正藏》第49册，第76页上。
④ [隋] 费长房：《历代三宝纪》卷八，《大正藏》第49册，第76页上。
⑤ [隋] 法经：《众经目录》卷五，《大正藏》第55册，第142页中。
⑥ [唐] 靖迈：《古今译经图纪》卷三，《大正藏》第55册，第358页中。
⑦ [唐] 道宣：《大唐内典录》卷三，《大正藏》第55册，第250页中。
⑧ [唐] 道宣：《大唐内典录》卷三，《大正藏》第55册，第250页中。
⑨ [唐] 明佺：《大周刊定众经目录》卷七，《大正藏》第55册，第412页上。
⑩ [唐] 明佺：《大周刊定众经目录》卷十，《大正藏》第55册，第434页下。
⑪ [唐] 智昇：《开元释教录》卷三，《大正藏》第55册，第510页下。
⑫ [唐] 智昇：《开元释教录》卷三，《大正藏》第55册，第510页下。

论》十卷（尊者婆须蜜造，或十四卷，或十二卷）。符秦罽宾三藏僧伽跋澄等译（单本）。”① “《僧伽罗刹所集经》三卷（僧伽罗刹撰，或五卷）。符秦罽宾三藏僧伽跋澄等译（第一译，两译一阙）。”② “《尊婆须蜜菩萨所集论》十卷（或十二卷，或十四卷。亦云《婆须蜜经》，三百六十二纸），符秦僧伽跋澄等译。”③ “《僧伽罗刹所集经》三卷（或云《僧伽罗刹集》，或五卷，八十五纸）。符秦僧伽跋澄等译。”④

《贞元新定释教目录》载：“《尊婆须蜜菩萨所集论》十卷（或云《婆须蜜经》，或十二卷，或十四卷。建元二十年三月五日出，至七月十三日讫。跋澄、难提、提婆三人执本，佛念传译，慧嵩笔受，安公制《序》，见《僧祐录》）。”⑤ “《僧伽罗刹所集经》三卷（或云《僧伽罗刹集》。初出，或五卷，建元二十年出，十一月二十日讫。佛念传译，慧嵩笔受，安公制《序》，见《僧祐录》。于长安石羊寺出，亦云佛护传译）。”⑥

佛图罗刹转译佛经

《出三藏记集》载：“佛图罗刹者，不知何国人。德业纯白，该览经典，久游中土，善闲汉言。其宣译梵文，见重符世焉。”⑦

《高僧传》载：“佛图罗刹，不知何国人，德业纯粹，该览经典，久游中土，善闲汉言，其宣译梵文，见重符世。”⑧

按：佛图罗刹同僧伽跋澄等译经，前条已载，兹附其事略于此。

某作《婆须蜜集序》

《婆须蜜集序》，见《出三藏记集》卷十。⑨

《出三藏记集》所录《婆须蜜集序》载：“罽宾沙门僧伽跋澄，以秦建元二十年，转此经一部来诣长安。武威太守赵政文业者，学不厌士也，求令出之。佛念译传，跋

---

① [唐] 智昇：《开元释教录》卷十三，《大正藏》第55册，第621页上。
② [唐] 智昇：《开元释教录》卷十三，《大正藏》第55册，第622页中。
③ [唐] 智昇：《开元释教录》卷二十，《大正藏》第55册，第720页中。
④ [唐] 智昇：《开元释教录》卷二十，《大正藏》第55册，第721页上。
⑤ [唐] 圆照：《贞元新定释教目录》卷五，《大正藏》第55册，第807页下。
⑥ [唐] 圆照：《贞元新定释教目录》卷五，《大正藏》第55册，第807页下。
⑦ [梁] 僧祐：《出三藏记集》卷十三，《大正藏》第55册，第99页中。
⑧ [梁] 慧皎：《高僧传》卷一，《大正藏》第50册，第328页中。
⑨ [梁] 僧祐：《出三藏记集》卷十，《大正藏》第55册，第71页下。

澄、难陀、褅婆三人执胡本，慧嵩笔受。以三月五日出，至七月十三日乃讫，胡本十二千首卢也。余与法和对挍修饰，武威少多润色。此经说三乘为九品，特善修行，以止观迳十六最悉。每寻上人之高韵，未尝不忘臭味也。恨窥数仞之门晚，惧失其宗庙之美，百官之富也。”①

颜延之生

《宋书》载：“孝建三年，卒，时年七十三。追赠散骑常侍、特进，金紫光禄大夫如故。谥曰宪子。延之与陈郡谢灵运俱以词彩齐名，自潘岳、陆机之后，文士莫及也，江左称颜、谢焉。所著并传于世。”②

孙艳庆在《中古琅邪颜氏家族学术文化研究》中指出：“颜延之以文采风流、名士放达而有盛名于当世，其于佛教的崇信、于僧人的敬仰也同样引人瞩目。梁释僧祐编撰《弘明集》便曾收录颜氏所撰《庭诰》中论佛道优劣得失的篇章，及其与何承天往复辩论佛理的大量书信文章。以至于唐代僧人道宣言及梁代释僧祐编撰《弘明集》，便说其是‘讨颜、谢之风规，总周、张之门律，辨驳通议，极情理之幽求’。张伯伟指出这里的‘颜、谢’就是颜延之与谢灵运，并说‘可见颜延之佞佛，是很为佛门所重视的。’琅邪颜氏家族至晋宋之际而有颜延之为代表的崇信佛教之士，大略也与时代相关。”③

颜延之同僧人之交往及其佛教思想，可以参考黄水云之《颜延之及其诗文研究》第三章。④

据此可知，颜延之当生于本年。

佛陀耶舍留辅沙勒太子

《出三藏记集》载：“顷之，王薨，太子即位，王孙为太子。时符坚遣吕光攻龟兹，龟兹王急，求救于沙勒，王自率兵救之，使耶舍留辅太子，委以后任。救军未至而龟兹已败。王归，具说罗什为光所执，乃叹曰：‘我与罗什相遇虽久，未尽怀抱，其忽羁虏，相见何期。’”⑤

---

①［梁］僧祐：《出三藏记集》卷十，《大正藏》第55册，第71页下。
②［梁］沈约：《宋书》卷七十三，中华书局，1974年，第1904页。
③ 孙艳庆：《中古琅邪颜氏家族学术文化研究》，齐鲁书社，2013年，第202页。
④ 黄水云：《颜延之及其诗文研究》，文史哲出版社，1989年，第75—107页。
⑤［梁］僧祐：《出三藏记集》卷十四，《大正藏》第55册，第102页中。

《高僧传》载："顷之王薨，太子即位，时符坚遣吕光西伐龟兹，龟兹王急，求救于沙勒，沙勒王自率兵赴之，使耶舍留辅太子，委以后事。救军未至，而龟兹已败，王归，具说罗什为光所执，舍乃叹曰：'我与罗什相遇虽久，未尽怀抱，其忽羁虏，相见何期。'"①

《资治通鉴》载："（东晋孝武帝太元九年）龟兹王帛纯窘急，重赂狯胡以求救；狯胡王遣其弟呐龙、侯将馗帅骑二十余万，并引温宿、尉头等诸国兵合七十余万以救龟兹；秦吕光与战于城西，大破之。帛纯出走，王侯降者三十余国。光入其城，城如长安市邑，宫室甚盛。光抚宁西域，威恩甚著，远方诸国，前世所不能服者，皆来归附，上汉所赐节传。光皆表而易之，立帛纯弟震为龟兹王。"②

唐雍州鄠县金像出沣水西

《法苑珠林》载："唐雍州鄠县东沣水西李赵曲，有金像高三尺六寸，并焰光四尺，数放光明。像形露右髆，极威严。余闻往寻见之，趺上铭云：'秦建元二十年四月八日于长安中寺造。十王慧韶感佛泥日，幸遇遗像，是以赖身之余，造铸神摸。若诚感必应，愿使十方同福。'铭文如此。"③

麦积山石窟开凿

《方舆胜览》载："瑞应院，在麦积山。后秦姚兴凿山而修，千崖万象，转崖为阁，乃秦川胜境。"④

《麦积山石窟的分期》载："麦积山石窟约始创于后秦，历经西秦、北魏、西魏、北周、隋、唐、宋、元、明、清各代，都不断地开凿和修缮。麦积山石窟的分期，主要依据窟龛形制、造像内容、造像特点及有关的历史文献和造像铭文，基本上可分为十六国（包括后秦、西秦）、北魏、西魏、北周、隋、唐、宋八期。其中以北魏、西魏、北周三代凿窟最多。公元384年，姚苌得到羌族人的拥护，据北地（今陕西富平）称秦王。次年，取长安称帝，史称后秦。其子姚兴继位后，得西域名僧鸠摩罗什，以国师礼倍加优宠。一时佛事大盛，兴窟造像蔚然成风。作为"秦地林泉之冠"的麦积山，东距长安不甚远，其幽雅清净的自然环境，正是禅僧们修窟习禅的理想胜地。麦

① [梁] 慧皎：《高僧传》卷二，《大正藏》第50册，第334页上。
② [北宋] 司马光：《资治通鉴》卷一百五，中华书局，1956年，第3332页。
③ [唐] 道世：《法苑珠林》卷十四，《大正藏》第53册，第392页中。
④ [宋] 祝穆撰，施和金点校：《方舆胜览》卷六十九，中华书局，2003年，第1211页。

积山现存编号为74、78、70、71、165等窟，可能就是后秦到西秦间开凿修造的。时间约自公元384—431年左右，为麦积山石窟第一期。”①

黄文昆在《麦积山的历史与石窟》中指出：“自公元396年后秦据有秦州，至416年春姚兴卒，其间的二十年中，当有麦积山石窟的创建。”②

金维诺在《中国石窟·天水麦积山》中指出：“麦积山第76窟底层铭记既有南燕题铭，此窟当建于弘始九年。但窟中造像与壁画曾经后代重新妆銮。现存壁画供养人部分尚涂有灰浆，似准备重绘，与台座铭记被涂尚未及重题一样。窟顶莲花藻井，四周伎乐飞天一周，色彩明丽，似为北魏晚期所绘。从中部莲心仍可见到底层原有莲花较偏后，重绘时莲心移向前部。此窟虽经重修，但窟内布局以及主要造像仍可窥见初建时之形制，窟建于弘始九年（公元407年），又早于炳灵寺建弘元年（公元420年）凫十三年。这一题铭的发现，不仅证实麦积山确实创建于十六国姚秦时期，史称‘六国共修’盖亦有所据，而且对于佛教造像形制的发展，又提供了新的研究资料。”③

对于金维诺的结论，郑炳林、花平宁于《麦积山石窟第76窟建窟时代考》一文中认为值得商榷：“笔者于2001年12月中旬在麦积山石窟考察期间，在项峰、屈涛二先生及林梅女士的陪同下再次详细参观考察了这个石窟及其主尊佛座正面铭记，发现有一些值得我们研究的问题，主要是金先生对这个铭记的释读还有进一步探讨的余地，特别是‘燕’字的辨识我们还不能苟同。经过我们的研究并结合当时的历史情况，我们认为麦积山石窟第76窟的开凿与南燕主慕容德无关，很可能与在陇南地区建立政权并一度管辖天水的仇池国有关，是仇池管辖天水时期开凿的石窟。”④

武容造像记

《希古楼金石萃编》载：“维燕元年甲申四月癸丑朔，佛弟子武容为亡九兄叉罗造像两躯。”⑤

---

① 董玉祥：《麦积山石窟的分期》，《文物》1983年第6期。

② 黄文昆：《麦积山的历史与石窟》，《文物》1989年第3期。

③ 天水麦积山石窟艺术研究所编：《中国石窟·天水麦积山》，文物出版社，1998年，第168页。

④ 郑炳林、花平宁：《麦积山石窟第76窟建窟时代考》，《麦积山石窟艺术文化论文集上》，2002年。

⑤ 刘承幹：《希古楼金石萃编》卷十，民国二十二年刻本，文物出版社，1982年，第755页。

另见《全三国两晋南朝文补遗》。[①]

苻坚置释道安、王嘉于外殿以咨政事

《十六国春秋》载："（苻）坚遣鸿胪郝稚征处士王嘉于倒兽山，嘉有异术，能知未然，人咸神之，姚苌及慕容冲皆遣使迎之。十一月，嘉入长安，众闻之，以为坚有福，故圣人助之，三辅堡壁及四山氐、羌归坚者四万余人。坚每日召嘉与道安于外殿，动静咨之。"[②]

《资治通鉴》载："（东晋孝武帝太元九年）陇西处士王嘉，隐居倒虎山，有异术，能知未然，秦人神之。秦王坚、后秦王苌及慕容冲皆遣使迎之。十一月，嘉入长安，众闻之，以为坚有福，故圣人助之，三辅堡壁及四山氐、羌归坚者四万余人。坚置嘉及沙门道安于外殿，动静咨之。"[③]

临川王雅相礼待释昙戒

《高僧传》载："晋临川王甚知重（释昙戒）。"[④]

《名僧传抄》载："晋临川王雅相礼待（释昙戒），资给四事。"[⑤]

《晋书》载："（孝武帝）九年春正月庚子，封武陵王孙宝为临川王。"[⑥]

《佛光大辞典》载："四事供养，谓供给资养佛、僧等日常生活所需之四事。四事，指衣服、饮食、卧具、医药，或指衣服、饮食、汤药、房舍等。据《无量寿经》卷下载，须经常以四事供养一切诸佛。又据《盂兰盆经疏》卷上载，每年于僧自恣之日，以四事供养佛、法、僧三宝。"[⑦]

按：司马宝为临川王，事在本年。至刘宋时，方降王爵为西丰侯。故临川王敬重昙戒之事，其时不可详考，兹系于本年。

---

① 韩理洲等辑校编年：《全三国两晋南朝文补遗》，三秦出版社，2013年，第168页。

②［北魏］崔鸿：《十六国春秋》卷三十八，文渊阁四库全书，第四百六十三册，台湾商务印书馆，1983年。

③［北宋］司马光：《资治通鉴》卷一百五，中华书局，1956年，第3337页。

④［梁］慧皎：《高僧传》卷五，《大正藏》第50册，第356页中。

⑤［梁］宝唱：《名僧传抄》卷一，《卍续藏》第77册，第357页上。

⑥［唐］房玄龄等：《晋书》卷九，中华书局，1974年，第233页。

⑦ 慈怡主编：《佛光大辞典》第二册，佛光出版社，1988年，第1701页。

晋孝武帝太元十年·前秦建元二十一年·前秦太安元年·后燕更始元年·西秦建义元年（385）乙酉

苻坚为姚苌所害

《十六国春秋》载："坚自以平生遇苌有恩，尤忿之，数骂苌求死。谓张夫人曰：'岂可令羌奴辱吾儿！'乃先杀宝锦。辛丑，苌遣人缢坚于新平佛寺中，时年四十八。张夫人、中山公诜等皆自杀。三军皆为之哀恸。苌欲匿杀之，名谥曰：'庄烈天王'。初，坚强盛之时，国有童谣曰：'河水清复清，苻坚死新城。'坚闻而恶之，每征伐，戒军候云：'地有名新者避之。'时又童谣云：'阿坚连牵三十年，后若欲败时，当在江淮间。'又有谣曰：'鱼羊田升当灭秦。'识者以为鱼羊，鲜也。田升，卑也。言灭秦者鲜卑也。坚在位二十七年，因寿春之败，其国大乱，后二年，竟死于新平佛寺，卒如谣言。及丕称号，伪谥坚曰'世祖宣昭皇帝'。坚既被杀后，寺主摩沙兰常梦坚曰：'可为吾作宫。'既而寺左右民家死疫相继，巫者常见坚怒曰：'不吾宫，将尽杀新平民。'因共改新平寺为苻家庙，遂无复灾。每年正月二日，民竞祠以太牢。"①

《晋书》载："初，坚强盛之时，国有童谣云：'河水清复清，苻诏死新城。'坚闻而恶之，每征伐，戒军候云：'地有名新者避之。'时又童谣云：'阿坚连牵三十年，若后欲败当在江淮间。'坚在位二十七年，因寿春之败，其国大乱，后二年，竟死于新平佛寺，咸应谣言矣。"②

《资治通鉴》载："（东晋孝武帝太元十年）辛丑，苌遣人缢坚于新平佛寺。张夫人、中山公诜皆自杀。后秦将士皆为之哀恸。苌欲隐其名，谥坚曰壮烈天王。"③

按：据《十六国春秋》可知，新平佛寺寺主乃摩沙兰也，然检之群书，其名、事迹既不见于《藏经》，它书亦不载，独录于《十六国春秋》矣。今附于本条。

道整出家

《高僧传》载："后因关中佛法之盛，（赵正）乃愿欲出家，（苻）坚惜而未许，

---

①［北魏］崔鸿：《十六国春秋》卷三十八，文渊阁四库全书，第四百六十三册，台湾商务印书馆，1983年。

②［唐］房玄龄等：《晋书》卷一百十四，中华书局，1974年，第2929页。

③［北宋］司马光：《资治通鉴》卷一百六，中华书局，1956年，第3348页。

及坚死后，方遂其志，更名道整。因作颂曰：‘佛生何以晚，泥洹一何早，归命释迦文，今来投大道。’”①

《十六国春秋》载：“后因关中佛法之盛，愿欲出家。坚惜弗许。及坚死，方遂其志。更名道整，因作颂曰：‘我生何以晚，泥洹一何旦。归命释迦文，今来受大道。’”②

谢安卒

《世说新语·贤媛篇》载：“谢遏（谢玄）绝重其姊，张玄常称其妹，欲以敌之。有济尼者，并游张、谢二家。人问其优劣？答曰：‘王夫人神情散朗，故有林下风气。顾家妇清心玉映，自是闺房之秀。’”③

《晋书》载：“初，同郡张玄妹亦有才质，适于顾氏，玄每称之，以敌道韫。有济尼者，游于二家，或问之，济尼答曰：‘王夫人神情散朗，故有林下风气。顾家妇清心玉映，自是闺房之秀。’”④

《晋书》载：“（谢道韫）初适凝之，还，甚不乐。安曰：‘王郎，逸少子，不恶，汝何恨也？’答曰：‘一门叔父则有阿大、中郎，群从兄弟复有封、胡、羯、末，不意天壤之中乃有王郎！’封谓谢韶，胡谓谢朗，羯谓谢玄，末谓谢川，皆其小字也。”⑤

《资治通鉴》载：“（东晋孝武帝太元十年）丁酉，建昌文靖公谢安薨。”⑥

按：王凝之与谢道韫婚，其婚年不可考。然谢玄敬重其姐谢道韫，济尼游于谢、张家，其事必在谢安亡故之前。故系于谢安卒年。

王忱请释僧辅为戒师

《高僧传》载：“竺僧辅，邺人也。少持戒行，执志贞苦，学通诸论，兼善经法。道振伊洛，一都宗事。值西晋饥乱，辅与释道安等隐于濩泽，研精辩析，洞尽幽微。后憩荆州上明寺，单蔬自节，礼忏翘勤，誓生兜率，仰瞻慈氏。时琅琊王忱为荆州刺史，藉辅贞素，请为戒师，一门宗奉。后未亡二日，忽云：‘明日当去。’至于临终，

①［梁］慧皎：《高僧传》卷一，《大正藏》第50册，第328页下。

②［北魏］崔鸿撰，［清］汤球辑补：《十六国春秋辑补》卷四十一，齐鲁书社，2020年，第534页。

③ 徐震堮：《世说新语校笺》，中华书局，1984年，第378页。

④［唐］房玄龄等：《晋书》卷九十六，中华书局，1974年，第2517页。

⑤［唐］房玄龄等：《晋书》卷九十六，中华书局，1974年，第2516页。

⑥［北宋］司马光：《资治通鉴》卷一百六，中华书局，1956年，第3348页。

妙香满室，梵响相系，道俗奔波，来者万数。是日后分，无疾而化，春秋六十。因葬寺中，僧为起塔。”①

《晋书·王忱传》载：“太元中，出为荆州刺史，都督荆益宁三州军事、建武将军、假节。”②

按：王忼当为王忱之误。

竺法汰问苻朗

《晋书》载：“（苻融）既至扬州，风流迈于一时，超然自得，志陵万物，所与悟言，不过一二人而已。骠骑长史王忱，江东之俊秀，闻而诣之，朗称疾不见。沙门释法汰问朗曰：‘见王吏部兄弟未？’朗曰：‘吏部为谁？非人面而狗心、狗面而人心兄弟者乎？’王忱丑而才慧，国宝美貌而才劣于弟，故朗云然。汰怅然自失。其忤物侮人，皆此类也。谢安常设宴请之，朝士盈坐，并机褥壶席。”③

《资治通鉴》载：“（东晋孝武帝太元九年）谢玄遣阴陵太守高素攻秦青州刺史苻朗，军至琅邪，朗来降。朗，坚之从子也。”④

《资治通鉴》载：“（东晋孝武帝太元十年）丁酉，建昌文靖公谢安薨。”⑤

由上可知，苻朗降晋，事在太元九年；而谢安尝宴请苻朗，安又卒于太元十年，可知苻朗臧否王氏兄弟，事在太元十年也。

释慧观出家

《高僧传》载：“（释慧观）弱年出家，游方受业。”⑥

《礼记集解》载：“二十曰弱，冠。”⑦《礼记集解》引郑玄注曰：“二十成人，始加冠，体犹未壮，故曰弱也。”⑧

按：据东晋哀帝兴宁三年（365）下“释慧观生”条，推之可知，“释慧观出家”条，当发生于本年。

---

①［梁］慧皎：《高僧传》卷五，《大正藏》第50册，第355页中。

②［唐］房玄龄等：《晋书》卷七十五，中华书局，1974年，第1973页。

③［唐］房玄龄等：《晋书》卷一百十四，中华书局，1974年，第2936页。

④［北宋］司马光：《资治通鉴》卷一百五，中华书局，1956年，第3334页。

⑤［北宋］司马光：《资治通鉴》卷一百五，中华书局，1956年，第3348页。

⑥［梁］慧皎：《高僧传》卷七，《大正藏》第50册，第368页中。

⑦［清］孙希旦撰，沈啸寰、王星贤点校：《礼记集解》卷二，中华书局，1989年，第12页。

⑧［清］孙希旦撰，沈啸寰、王星贤点校：《礼记集解》卷二，中华书局，1989年，第13页。

昙无谶生

《出三藏记集》载："昙无谶，中天竺人也。"①

《高僧传》载："昙无谶，或云昙摩忏，或云昙无忏，盖取梵音不同也。"②

《高僧传》载："至逊义和三年三月，谶固请西行，更寻《涅槃后分》，逊忿其欲去，乃密图害谶，伪以资粮发遣，厚赠宝货。临发之日，谶乃流涕告众曰：'谶业对将至，众圣不能救矣。'以本有心誓，义不容停。比发，逊果遣刺客于路害之，春秋四十九，是岁宋元嘉十年也。黑白远近，咸共惜焉。"③

据此推之，昙无谶当生于本年。

雷次宗生

《宋书》载："雷次宗，字仲伦，豫章南昌人也。"④

《庐山记》载："雷次宗，字仲伦，豫章南昌人。博学，尤明《诗》《礼》，不就征辟。"⑤

按：据刘宋元嘉二十五年（448）下"雷次宗卒"条，推之可知，"雷次宗生"条，当发生于本年。

周续之丧母

《宋书》载："（周）续之年八岁丧母，哀戚过于成人，奉兄如事父。豫章太守范宁于郡立学，招集生徒，远方至者甚众。"⑥

按：据晋孝武帝太元二年·前秦建元十三年（377）下"周续之生"条，推之可知，"周续之丧母"条，当发生于本年。

阮瑜之感应缘

《太平广记》载："晋太元十年，阮瑜之居在始兴佛图前。少孤贫，不立，哭泣无时。忽见一鬼，书搏著前，云：'父死归玄冥，何为久哭泣？即后三年中，君家可得立，仆当寄君家，不使有损失，勿畏。我为凶，要为君作吉。'后鬼恒在家，家须

---

①［梁］僧祐：《出三藏记集》卷十四，《大正藏》第55册，第102页下。

②［梁］慧皎：《高僧传》卷二，《大正藏》第50册，第335页下。

③［梁］慧皎：《高僧传》卷二，《大正藏》第50册，第336页下。

④［梁］沈约：《宋书》卷九十三，中华书局，1974年，第2292页。

⑤［宋］陈舜俞：《庐山记》卷三，《大正藏》第51册，第1039页下。

⑥［梁］沈约：《宋书》卷九十三，中华书局，1974年，第2280页。

用者鬼与之。二三年，君小差为鬼作食，共谈笑语议，阮问姓，答云：‘姓李，名留之，是君姊夫耳。’阮问君那得来，鬼云：‘仆受罪已毕，今暂生鬼道，权寄君家，后四五年当去。’曰：‘复何处去？’答云：‘当生世间。’至期，果别而去。”[①]

某作《僧伽罗刹经序》

《僧伽罗刹经序》，见《出三藏记集》卷十。[②]

《出三藏记集》所录《僧伽罗刹经序》载：“以建元二十年，罽宾沙门僧伽跋澄赍此经本来诣长安，武威太守赵文业请令出焉。佛念为译，慧嵩笔受。正值慕容作难于近郊；然译出不襄。余与法和对检定之，十一月三十日乃了也。此年出《中阿含》六十卷，《增一阿含》四十六卷。伐鼓击柝之中，而出斯一百五卷，穷通不改其恬，讵非先师之故迹乎！”[③]

某作《僧伽罗刹集经后记》

《僧伽罗刹集经后记》见《出三藏记集》卷十。[④]

《出三藏记集》所录《僧伽罗刹集经后记》载：“大秦建元二十年十一月三十日，罽宾比丘僧伽跋澄于长安石羊寺口诵此经及《毗婆沙》。佛图罗刹翻译，秦言未精，沙门释道安，朝贤赵文业，研核理趣，每存妙尽，遂至留连，至二十一年二月九日方讫。且《婆须蜜经》及昙摩难提口诵《增一阿含》并《幻网经》，使佛念为译人。念乃学通内外，才辩多奇。常疑西域言繁质，谓此土好华，每存莹饰，文句灭其繁长。安公赵郎之所深疾，穷校考定，务在典骨。既方俗不同，许其五失胡本，出此以外，毫不可差。五失如安公《大品序》所载。余既预众末，聊记卷后，使知释赵为法之至。”[⑤]

释道安作《增一阿含序》

《增一阿含序》，见《出三藏记集》卷九。[⑥]

《出三藏记集》所录《增一阿含序》载：“有外国沙门昙摩难提者，兜佉勒国人也。齠齓出家，孰与广闻，诵二《阿含》，温故日新。周行诸国，无土不涉。以秦建

---

①［宋］李昉等：《太平广记》卷三百二十，中华书局，1961年，第2539页。

②［梁］僧祐：《出三藏记集》卷十，《大正藏》第55册，第71页中。

③［梁］僧祐：《出三藏记集》卷十，《大正藏》第55册，第71页中。

④［梁］僧祐：《出三藏记集》卷十，《大正藏》第55册，第71页中。

⑤［梁］僧祐：《出三藏记集》卷十，《大正藏》第55册，第71页中。

⑥［梁］僧祐：《出三藏记集》卷九，《大正藏》第55册，第64页中。

元二十年来诣长安，外国乡人咸皆善之，武威太守赵文业，求令出焉。佛念译传，昙嵩笔受。岁在甲申夏出，至来年春乃讫。为四十一卷，分为上下部。上部二十六卷，全无遗忘。下部十五卷，失其录偈也。余与法和共考正之，僧略、僧茂助校漏失，四十日乃了。此年有阿城之役，伐鼓近郊，而正专在斯业之中，全具二《阿含》一百卷，《鞞婆沙》《婆和须蜜》《僧伽罗刹传》，此五大经，自法东流，出经之优者也。"[①]

释道安卒

《出三藏记集》载："（释道安）以伪建元二十一年二月八日，斋毕无疾而卒。葬五给寺中。未终之前，王嘉往候安。安曰：'世事如此，行将及人，相与去乎？'嘉曰：'诚如所言，师且行前，吾有小债未了，不得俱去。'及姚苌之得长安也，嘉故在城内。苌与符登相持甚久，苌患之，问嘉曰：'吾得天下不？'答曰：'略得。'苌怒曰：'得当言得，何略之有？'遂斩之。嘉所谓负债者也。苌死，其子略方得杀登称帝，所谓'略得'者也。嘉字子年，陇西人。形貌鄙陋，似若不足，滑稽好语笑，然不食五谷，清虚服气，人咸宗而事之。往问善恶，嘉随而应答，语则可笑，状如调戏，辞似谶记，不可领解，事过皆验。及嘉之死，其日有人于陇上见之。法师之潜契神人，皆此类也。初，安闻罗什在西域，思共讲析微言，安劝坚取之。什亦远闻其风，谓是东方圣人，恒遥而礼之。初，安生，便左臂上有一皮，广寸许，著臂如钏，将可得上下，唯不得出手而已。时人谓之印手菩萨。安终后二十余年而什方至。什恨不相见，甚悲怅焉。初，安笃志经典，务在宣法，所请外国沙门僧伽跋澄、昙摩难提及僧伽提婆等，译出众经百余万言。常与沙门法和铨定音字，详核文旨，新出众经，于是获正。孙兴公为《名德沙门论目》云：'释道安博物多才，通经名理。'其见述于世如此。"[②]

《高僧传》载："安每与弟子法遇等，于弥勒前立誓，愿生兜率。后至秦建元二十一年正月二十七日，忽有异僧，形甚庸陋，来寺寄宿。寺房既迮，处之讲堂。时维那直殿，夜见此僧从窗隙出入，遽以白安，安惊起礼讯，问其来意，答云：'相为而来。'安曰：'自惟罪深，讵可度脱。'彼答云：'甚可度耳，然须臾浴圣僧，情愿必果。'具示浴法。安请问来生所往处，彼乃以手虚拨天之西北，即见云开，备睹兜率妙胜之报，尔夕大众数十人悉皆同见。安后营浴具，见有非常小儿，伴侣数十，

① [梁]僧祐：《出三藏记集》卷九，《大正藏》第55册，第64页中。
② [梁]僧祐：《出三藏记集》卷十五，《大正藏》第55册，第109页上。

来入寺戏。须臾就浴，果是圣应也。至其年二月八日，忽告众曰：‘吾当去矣。’是日斋毕，无疾而卒，葬城内五级寺中。是岁晋太元十年也，年七十二。未终之前，隐士王嘉往候安，安曰：‘世事如此，行将及人，相与去乎。’嘉曰：‘诚如所言，师并前行，仆有小债未了，不得俱去。’及姚苌之得长安也，嘉时故在城内，苌与符登相持甚久，苌乃问嘉：‘朕当得登不？’答曰：‘略得。’苌怒曰：‘得当言得，何略之有。’遂斩之，此嘉所谓负债者也。苌死后，其子兴方杀登。兴字子略，即嘉所谓略得者也。嘉字子年，洛阳人也，形貌鄙陋，似若不足。本滑稽，好语笑，然不食五谷，清虚服气，人咸宗而事之。往问善恶，嘉随而应答，语则可笑，状如调戏，辞似谶记，不可领解，事过多验。初养徒于加眉谷中，符坚遣大鸿胪征不就。及坚将欲南征，遣问休否，嘉无所言，乃乘使者马，佯向东行数百步，因落靴帽，解弃衣服，奔马而还。以示坚寿春之败，其先见如此。及姚苌害嘉之日，有人于垄上见之，乃遗书于苌。安之潜契神人，皆此类也。安先闻罗什在西国，思共讲析，每劝坚取之。什亦远闻安风，谓是东方圣人，恒遥而礼之。初安生而便左臂有一皮，广寸许著臂，捋可得上下之，唯不得出手。又肘外有方肉，上有通文，时人谓之为印手菩萨。安终后十六年，什公方至，什恨不相见，悲恨无极。安既笃好经典，志在宣法，所请外国沙门僧伽提婆、昙摩难提及僧伽跋澄等，译出众经百余万言。常与沙门法和诠定音字，详核文旨，新出众经，于是获正。孙绰为《名德沙门论》，自云：‘释道安博物多才，通经名理。’又为之赞曰：‘物有广赡，人固多宰，渊渊释安，专能兼倍，飞声汧陇，驰名淮海，形虽草化，犹若常在。’有别记云：‘河北别有竺道安，与释道安齐名，谓习凿齿致书于竺道安。道安本随师姓竺，后改为释。世见其二姓，因谓为两人，谬矣。’”①

《魏书·释老志》载：“道安卒后二十余载而罗什至长安，恨不及安，以为深慨。”②

《隋书》载：“（道安）后至长安，苻坚甚敬之。道安素闻天竺沙门鸠摩罗什，思通法门，劝坚致之。什亦闻安令问，遥拜致敬。姚苌弘始二年，罗什至长安，时道安卒后已二十载矣，什深慨恨。什之来也，大译经论，道安所正，与什所译，义如一，初无乖舛。”③

---

①［梁］慧皎：《高僧传》卷五，《大正藏》第50册，第353页中。

②［北齐］魏收：《魏书》卷一百一十四，中华书局，1974年，第3092页。

③［唐］魏徵等：《隋书》卷三十五，中华书局，1973年，第1097页。

释昙邕南下投庐山释慧远为师

《高僧传》载："安公既往，乃南投庐山，事远公为师。内外经书，多所综涉。志尚弘法，不惮疲苦。"①

龚斌在《慧远法师传》之《慧远年谱》中指出："（385年）道安卒于本年，故南投庐山，或亦在本年。"②

昙摩难提出《中阿含经》

《出三藏记集》载："《中阿含经》五十九卷（同建元二十年出）。"③

《历代三宝纪》载："《中阿含经》五十九卷（建元二十一年出，是第一译，竺佛念笔受，见竺道祖《晋世杂录》）。"④

《众经目录》载："《中阿含经》五十九卷（前秦建元年，昙摩难提译）。"⑤"《中阿含经》五十九卷（重翻阙本）。前秦建元年，昙摩难提译。"⑥

《古今译经图纪》载："（苻）坚遣道安集义学僧，请（昙摩）难提译《中阿含经》（五十九卷）。"⑦

《大唐内典录》载："《中阿含经》五十九卷（建元二十一年出，是第一译，竺佛念笔受，见竺道祖《晋世杂录》）。"⑧

《大周刊定众经目录》载："《中阿含经》一部五十九卷（初译）。右，前秦昙摩难提译，出《长房录》。"⑨

《开元释教录》载："《中阿含经》五十九卷（建元二十年出，是第一译。竺佛念笔受，见竺道祖《晋世杂录》及《僧祐录》）。"⑩

《贞元新定释教目录》载："《中阿含经》五十九卷（建元二十年出，是第一译，

① ［梁］慧皎：《高僧传》卷六，《大正藏》第50册，第362页下。

② 龚斌：《慧远法师传》，江西人民出版社，2008年，第228页。

③ ［梁］僧祐：《出三藏记集》卷二，《大正藏》第55册，第10页中。

④ ［隋］费长房：《历代三宝纪》卷八，《大正藏》第49册，第75页下。

⑤ ［隋］法经：《众经目录》卷三，《大正藏》第55册，第129页上。

⑥ ［隋］彦琮：《众经目录》卷五，《大正藏》第55册，第178页中。

⑦ ［唐］靖迈：《古今译经图纪》卷三，《大正藏》第55册，第358页中。

⑧ ［唐］道宣：《大唐内典录》卷三，《大正藏》第55册，第250页中。

⑨ ［唐］明佺：《大周刊定众经目录》卷八，《大正藏》第55册，第419页中。

⑩ ［唐］智昇：《开元释教录》卷三，《大正藏》第55册，第511页中。

竺佛念笔受，见竺道祖《晋世杂录》及《僧祐录》）。”①

僧伽提婆或于本年译出《阿毗昙心》

《出三藏记集》载：“《阿毗昙心》十六卷（或十三卷，苻坚建元末于洛阳出）。”②“安公先所出《阿毗昙》《广说》《三法度》等诸经，凡百余万言，译人造次，未善详审，义旨句味，往往愆谬。俄而安公弃世，不及改正。”③

《历代三宝纪》载：“《阿毗昙心》一十六卷（建元末于洛阳出，见僧叡《二秦录》）。”④

《众经目录》载：“《阿毗昙心论》十六卷（前秦建元年，僧伽提婆于洛阳译）。”⑤“《阿毗昙心论》十六卷（重翻阙本），前秦建元年，僧伽提婆于洛阳译。”⑥

《古今译经图纪》载：“（僧伽提婆）又于建元末年译《阿毗昙心》一部（十六卷）。”⑦

《大唐内典录》载：“《阿毗昙心》一十六卷（建元末于洛阳出，见僧叡《二秦录》）。”⑧

《大周刊定众经目录》载：“《阿毗昙心》一部十六卷（或十三卷）。右，晋孝武帝代罽宾沙门僧伽提婆译，出《长房录》。”⑨

《开元释教录》载：“《阿毗昙心》十六卷（初出，或十三卷。建元末年于洛阳出，见僧叡《二秦录》及《僧祐录》）。”⑩“《阿毗昙心》十六卷（或十三卷）。苻秦罽宾三藏僧伽提婆译（第一译）。”⑪

《贞元新定释教目录》载：“《阿毗昙心》十六卷（初出，或十三卷。建元末年于洛阳出，见僧叡《二秦录》及《僧祐录》）。”⑫“《阿毗昙心》十六卷（或十三卷）。

---

①［唐］圆照：《贞元新定释教目录》卷五，《大正藏》第55册，第808页上。
②［梁］僧祐：《出三藏记集》卷二，《大正藏》第55册，第10页下。
③［梁］僧祐：《出三藏记集》卷十三，《大正藏》第55册，第99页下。
④［隋］费长房：《历代三宝纪》卷八，《大正藏》第49册，第76页上。
⑤［隋］法经：《众经目录》卷五，《大正藏》第55册，第142页中。
⑥［隋］彦琮：《众经目录》卷五，《大正藏》第55册，第177页下。
⑦［唐］靖迈：《古今译经图纪》卷二，《大正藏》第55册，第356页下。
⑧［唐］道宣：《大唐内典录》卷三，《大正藏》第55册，第250页中。
⑨［唐］明佺：《大周刊定众经目录》卷十，《大正藏》第55册，第434页下。
⑩［唐］智昇：《开元释教录》卷三，《大正藏》第55册，第511页中。
⑪［唐］智昇：《开元释教录》卷十五，《大正藏》第55册，第649页中。
⑫［唐］圆照：《贞元新定释教目录》卷五，《大正藏》第55册，第808页上。

符秦罽宾三藏僧伽提婆译（第一译）。”①

石佛寺佛经碑

《山左金石志》载：“河清□年立，八分书，侧正书。碑高七尺，广二尺六寸五分，厚五寸五分，在巨野县石佛寺。右碑正面刻经文八行，行二十五字，径三寸，经句未了，似非止一石。碑侧有大安元年，□治十年重立诸题名。”②

按：大安元年，似是太安元年。

司马道子立简静寺

《比丘尼传》载：“妙音，未详何许人也。幼而志道，居处京华。博学内外，善为文章。晋孝武皇帝太傅会稽王道、孟顗等并相敬信。每与帝及太傅、中朝学士谈论属文，雅有才致，藉甚有声。太傅以太元十年为立简静寺，以音为寺主。徒众百余人，内外才义者，因之以自达，供倈无穷，富倾都邑。贵贱宗事，门有车马日百余两。”③

谢安姑舍宅为法云寺

《方舆胜览》载：“法云寺，谢安故宅。刘禹锡有《双桧》诗。”④

《扬州画舫录》载：“晋宁康三年，谢安领扬州刺史，建宅于此。至太元十年，移居新城，其姑就本宅为尼，建寺名法云，手植双桧。又曰：‘谢太傅祠，安故宅，内有法云寺，旧有双桧。’”⑤

晋孝武帝太元十一年·北魏登国元年·前秦太初元年·后秦建初元年·后燕建兴元年·西燕中兴元年·后凉太安元年（386）丙戌

释僧䂮为姚苌、姚兴所重

《高僧传》载：“姚苌、姚兴早挹风名，素所知重，及僭有关中，深相顶敬（释

---

①［唐］圆照：《贞元新定释教目录》卷二十五，《大正藏》第55册，第985页下。

②［清］毕沅、阮元等撰：《山左金石志》卷十，清嘉庆二年阮氏小琅嬛仙馆刻本。

③［梁］宝唱：《比丘尼传》卷一，《大正藏》第50册，第936页下。

④［宋］祝穆撰，施和金点校：《方舆胜览》卷四十四，中华书局，2003年，第796页。

⑤［清］李斗：《扬州画舫录》卷四，中华书局，1980年，第82页。

僧朁）。兴既崇信三宝，盛弘大化，建会设斋，烟盖重叠，使夫慕道舍俗者，十室其半。”①

按：姚苌于本年于长安即皇帝位。

慧远居东林寺

《高僧传》载："时有沙门慧永，居在西林，与远同门旧好，遂要远同止。永谓刺史桓伊曰：'远公方当弘道，今徒属已广，而来者方多。贫道所栖褊狭，不足相处，如何。'桓乃为远复于山东更立房殿，即东林是也。远创造精舍，洞尽山美。却负香炉之峰，傍带瀑布之壑，仍石垒基，即松栽构，清泉环阶，白云满室。复于寺内别置禅林，森树烟凝，石筵苔合。凡在瞻履，皆神清而气肃焉。"②

《庐山记》载："沙门慧永禅师先居西林，与师有旧，欲邀同止，乃谓刺史桓伊曰：'远公弘道，学者日集，贫道所栖，狭不足处，奈何！'时又梦山神请曰：'此山足以栖神。'一夕忽有雷雨，震击诘朝，林麓大辟，唯素沙布地，兼有楩柟文梓良材，桓乃即其地更立房殿，名其殿曰'神运'。以在永师所居之东故，号东林。即太元十一年，岁次丙戌寺成。"③

《庐山莲宗宝鉴》载："太元十一年寺成，师以东南经律未备，禅法无闻，乃于寺内别置禅室，请一禅师率众习禅。令弟子逾越沙漠求禅经，庶江表四辈咸皆得以修习，愿使大乘之化自北而南。"④

《庐山记》载："至太平兴国寺七里，寺前之水曰清溪，溪上上有清溪亭。寺晋武帝太元九年置，旧名东林。"⑤"孝武帝太元九年，至庐山以杖卓地曰：'有泉当住。'忽泉迸出，乃诛茅为庵，讲《涅槃经》。感得山神献灵，资助材木，雷雨辟地。江州太守惊其神异，奏立东林寺名。其殿曰'神运'。"⑥

《方舆胜览》载："慧远法师居庐山东林寺，有白莲池，与刘遗民、雷次宗、周玉之、宗炳、陶潜、竺道生等十八人，同修净土之法。然远公招陶潜入社，终不能

---

①［梁］慧皎：《高僧传》卷六，《大正藏》第50册，第363页中。
②［梁］慧皎：《高僧传》卷六，《大正藏》第50册，第358页上。
③［宋］陈舜俞：《庐山记》卷三，《大正藏》第51册，第1039页上。
④［元］普度：《庐山莲宗宝鉴》卷四，《大正藏》第47册，第320页中。
⑤［宋］陈舜俞：《庐山记》卷一，《大正藏》第51册，第1027页下。
⑥［元］普度：《庐山莲宗宝鉴》卷四，《大正藏》第47册，第320页中。

致。谢灵运求入社，而以心杂不许。”①

汤用彤在《汉魏两晋南北朝佛教史》（增订本）中指出：“按桓伊于太元九年为江州刺史，曾移镇浔阳，约至十七年卒。东林寺之立，盖在此诸年中。陈舜俞《记》引《十八高贤传》，谓寺成于太元十一年（公元386年），或实录也。”②

庐山沙门独居岩中

《广博物志》载：“浔阳有庐山者，盘基彭蠡之西。其崇标峻极，辰光隔辉，幽涧澄深，积清百仞，若乃绝阻重险，非人迹之所游。窈窕冲深，常含霞而贮气，真可谓神明之区域，列真之苑囿矣！太元十一年，有樵采其阳者，于时鲜霞褰林，倾晖映岫，见一沙门披法服独在岩中。俄顷，振裳挥锡，凌崖直上，排丹霄而轻举，起九折而一指，既白云之可乘，何帝乡之足远哉！穷目苍苍，翳然灭迹。”③

东晋孝武帝致竺僧朗书

《高僧传》载：“晋孝武致书遗（竺僧朗）。”④

《广弘明集》载：“皇帝敬问太山朗和上，承叡德光时，飞声东岳。灵海广淹，有生蒙润。大人起世，善翼匡时。辄申经略，悬禀妙算。昔刘曜创荒戎狄继业，元皇龙飞遂息江表。旧京沦没，神州倾荡。苍生荼蓼，寄在左衽。每一念至，嗟悼朕心。长驱魏赵，扫平燕伐。今龙旗方兴，克复洴洛。思与和上同养群生，至人通微，想明朕意。今遣使者，送五色珠像一驱，明光锦五十匹，象牙簟五领，金钵五枚，到愿纳受。”⑤

竺僧朗答东晋孝武帝书

《广弘明集》载：“僧朗顿首顿首，夫至人无隐，德生为圣，非德非圣，何敢有喻。夫曰出家，栖息尘表。慕静山林，心希玄寂。灵迹难逮，形累而已。奉被诏命，慰及应否，大晋重基，先承孝治。惠同天地，覆养无边。愿开大乘，伸扬道味。僧朗顿首顿首。”⑥

---

①［宋］祝穆撰，施和金点校：《方舆胜览》卷二十二，中华书局，2003年，第398页。
②汤用彤：《汉魏两晋南北朝佛教史》（增订本），北京大学出版社，2011年，第192页。
③［明］董斯张：《广博物志》卷五，上海古籍出版社，1992年，第116页。
④［梁］慧皎：《高僧传》卷五，《大正藏》第50册，第354页中。
⑤［唐］道宣：《广弘明集》卷二十八，《大正藏》第52册，第322页上。
⑥［唐］道宣：《广弘明集》卷二十八，《大正藏》第52册，第322页上。

《资治通鉴》载："初，东海王纂自长安来，麾下壮士三千余人，丕忌之，既败，惧为纂所杀，帅骑数千南奔东垣，谋袭洛阳。扬威将军冯该自陕邀击之，杀丕，执其太子宁、长乐王寿，送建康。"①

姚苌礼敬王嘉

《晋书》载："姚苌之入长安，礼嘉如苻坚故事，逼以自随，每事咨之。苌既与苻登相持，问嘉曰：'吾得杀苻登定天下不？'嘉曰：'略得之。'苌怒曰：'得当云得，何略之有！'遂斩之。先此，释道安谓嘉曰：'世故方殷，可以行矣。'嘉答曰：'卿其先行，吾负债未果去。'俄而道安亡，至是而嘉戮死，所谓'负债'者也。苻登闻嘉死，设坛哭之，赠太师，谥曰文。及苌死，苌子兴字子略方杀登，'略得'之谓也。嘉之死日，人有陇上见之。其所造《牵三歌谶》，事过皆验，累世犹传之。又著《拾遗录》十卷，其记事多诡怪，今行于世。"②

昙摩难提辞还西域

《出三藏记集》载："难提学业既优，道声甚盛，坚屡礼请，厚致供施。在秦积载，后不知所终。"③

《高僧传》载："及姚苌寇逼关内，人情危阻，难提乃辞还西域，不知所终。其时也，符坚初败，群锋互起，戎妖纵暴，民流四出，而犹得传译大部，盖由赵正之力。正字文业，洛阳清水人，或曰济阴人。"④

《资治通鉴》载："（东晋孝武帝太元十一年）后秦王苌即皇帝位于长安，大赦，改元建初，国号大秦。"⑤

按：苻坚于太元十年为姚苌所缢，姚苌又于太元十一年即位于长安。由此可知昙摩难提辞还西域，事在本年。

徐义感通记

《续光世音应验记》载："苻坚既遭寿春之败，兵革锋起，部曲离散，坚亦寻死。子丕在邺，便自崇立，树置百官。时犹釭鼓日阵，士将旰食。尚书徐义为贼

---

①［北宋］司马光：《资治通鉴》卷一百六，中华书局，1956年，第3369页。

②［唐］房玄龄等：《晋书》卷九十五，中华书局，1974年，第2496—2497页。

③［梁］僧祐：《出三藏记集》卷十三，《大正藏》第55册，第99页中。

④［梁］慧皎：《高僧传》卷一，《大正藏》第50册，第328页下。

⑤［北宋］司马光：《资治通鉴》卷一百六，中华书局，1956年，第3364页。

所获，仍被羁。复连手发于野树，埋其两足。众共防守，终晨逮夜。义素奉佛，乃自归于光世音菩萨，虑苦意专。有顷，忽尔假寐，梦有人谓之曰：‘今事亟矣，乃寐眠乎？’义乃惊起，见左右悉眠。试自奋动，手发拭然自解。因尔拔足，亦即得脱。力欲越众人走，而脚痛痹，不得蹑地，身犹倚树。时一帅急惊曰：‘梦失罪人，其然乎？’时夜笼月，遥足相见，并对云：‘犹在也。’各复还卧。脚少间，去，行百余步，隐道侧聚草中，裁得藏身。便闻相追寻声。人骑四出，秉火盖野。其所隐甚微，而竟得免脱。天明贼散，义走归邺寺投众僧，具为惠严法师说其事。”①

《晋书》载：“初，苻纂之奔丕也，部下壮士三千余人，丕猜而忌之。及永之败，惧为纂所杀，率骑数千南奔东垣。晋扬威将军冯该自陕要击，败之，斩丕首，执其太子宁、长乐王寿，送于京师，朝廷赦而不诛，归之于苻宏。徐义为慕容永所获，械埋其足，将杀之。义诵《观世音经》，至夜中，土开械脱，于重禁之中若有人导之者，遂奔杨佺期，佺期以为洛阳令。”②

《法苑珠林》载：“秦徐义者，高陆人也。少奉法，为苻坚尚书。坚末兵革锋起，贼获义，将加戮害。乃埋其两足，编发于树。夜中专念观世音，有顷得眠，梦人谓之曰：‘今事亟矣，何暇眠乎！’义便惊起，见守防之士并疲而寝。乃试自奋动，手发既解，足亦得脱，因而遁去。百余步，隐小丛草，便闻追者交驰，火炬星陈，互绕此丛，而竟无见者。天明贼散，归投邺寺，遂得免云。”③

《太平广记》引《冥祥记》载：“苻秦徐义，高陆人。为尚书，少奉佛法。时兵革蜂起，贼获义，将加害。乃埋其两足，编发于树。至夜，义专念观世音。有顷，忽梦人谓之曰：‘今事亟矣，何暇眠乎？’义便惊起，见防守者并疲而寝，乃试自奋动，手发既解，足亦得脱。而遁百余步隐草中，便闻追者交驰，秉炬无见者，迨明贼散，义归投邺寺，遂得免焉。”④

《太平御览》载：“又《载记》曰：‘符丕败，徐义为慕容永所获。械埋其足，将杀之。义诵《观世音经》，至夜，土开械脱，出于重禁之中，若有人脱之者，遂奔。”⑤

《资治通鉴》载：“（太元十一年）西燕慕容永遣使诣秦主丕，求假道东归。丕弗许，与永战于襄陵，秦兵大败，左丞相王永、卫大将军俱石子皆死。初，东海王纂

① 董志翘：《〈观世音应验记三种〉译注》，江苏古籍出版社，2002年，第30页。
② [唐] 房玄龄等：《晋书》卷一百十五，中华书局，1974年，第2947页。
③ [唐] 道世：《法苑珠林》卷十七，《大正藏》第53册，第409页中。
④ [宋] 李昉等：《太平广记》卷一百一十，中华书局，1961年，第765页。
⑤ [宋] 李昉等：《太平御览》卷六百四十四，中华书局，1960年，第2883页。

自长安来，麾下壮士三千余人，丕忌之，既败，惧为纂所杀，帅骑数千南奔东垣，谋袭洛阳。扬威将军冯该自陕邀击之，杀丕，执其太子宁、长乐王寿，送建康；诏赦不诛，以付苻宏。纂与其弟尚书永平侯师奴帅秦众数万走据杏城，其余王公百官皆没于永。永遂进据长子，即皇帝位，改元中兴。”①

按：依《晋书》所载，徐义被慕容永所执，事在苻丕兵败被斩之时，则徐义感应记，当发生于本年。

白乌集江州寺

《宋书》载：“晋孝武帝太元十一年八月乙酉，白乌集江州寺庭，群乌翔卫。”②

《宋书》载：“白乌，王者宗庙肃敬则至。”③

晋孝武帝太元十二年·后秦建初二年（387）丁亥

竺法汰卒

《高僧传》载：“（竺法汰）临亡数日，忽觉不悆，乃语弟子：‘吾将去矣。’以晋太元十二年卒，春秋六十有八。烈宗孝武诏曰：‘汰法师道播八方，泽流后裔。奄尔丧逝，痛贯于怀。可赙钱十万，丧事所须，随由备办。’孙绰为之赞曰：‘凄风拂林，鸣弦映壑。爽爽法汰，校德无怍。’汰弟子昙一、昙二并博练经义，又善《老》《易》。风流趣好与慧远齐名。昙二少卒，汰哭之恸曰：‘天丧回也。’汰所著义疏，并与郄超书《论本无义》，皆行于世。或有言曰：‘汰是安公弟子者非也。’”④

《世说新语·赏誉篇》载：“孙绰为汰赞曰：‘凄风拂林，明泉映壑。爽爽法汰，校德无怍。事外潇洒，神内恢廓。实从前起，名随后跃。’”⑤

竺法汰尝与释道安书

《世说新语·文学篇》载：“汰法师云：‘六通、三明同归，正异名耳。’”⑥

---

①［北宋］司马光：《资治通鉴》卷一百六，中华书局，1956年，第3369页。
②［梁］沈约：《宋书》卷二十九，中华书局，1974年，第842页。
③［梁］沈约：《宋书》卷二十九，中华书局，1974年，第841页。
④［梁］慧皎：《高僧传》卷五，《大正藏》第50册，第355页上。
⑤ 徐震堮：《世说新语校笺》，中华书局，1984年，第263页。
⑥ 徐震堮：《世说新语校笺》，中华书局，1984年，第129页。

《出三藏记集》载：“《问释道安三乘并书》（竺法汰）。”[①]“《问释道安神》（竺法汰）。”[②]“《问释道安六通》（竺汰）。”[③]

《高僧传》载：“竺法汰与道安书云：‘每忆（竺僧）敷上人周旋如昨，逝殁奄复多年。与其清谈之日，未尝不相忆。思得与君共覆疏其美，岂图一旦永为异世。痛恨之深，何能忘情。其义理所得，披寻之功，信难可图矣。’汰与安书数述敷义。今推寻，失其文制，湮没可悲。”[④]

《大唐内典录》载：“《问释道安三乘并书》（竺法汰）。”[⑤]“《问释道安六通》（竺法汰）。”[⑥]“《问释道安神》（竺法汰）。”[⑦]

戴丽琴在《〈世说新语〉与佛教》中指出：“竺法汰此言在穆帝永和十一年（355）前后至孝武太元十二年（387）逝世之间。竺法汰卒于太元十二年（387）。竺法汰此言当其在江东时。《出三藏记集》卷十二载《法论目录》有竺法汰《问释道安六通》。既通书信，则与道安已经分别，且此言当是书信之后。”[⑧]

按：竺法汰与释道安书，皆亡。然其《问释道安六通》，止存片语于《世说新语》，兹附于本条。

竺道壹止虎丘山

《高僧传》载：“及（简文）帝崩、汰死，壹乃还东，止虎丘山。学徒苦留不止，乃令丹阳尹移壹还都，壹答移曰：‘盖闻大道之行，嘉遁得肆其志。唐虞之盛，逸民不夺其性。弘方由于有外，致远待而不践。大晋光熙，德被无外，崇礼佛法，弘长弥大。是以殊域之人，不远万里，被褐振锡，洋溢天邑。皆割爱弃欲，洗心清玄。遐期旷世，故道深常隐，志存慈救，故游不滞方。自东徂西，唯道是务，虽万物惑其日计，而识者悟其岁功。今若责其属籍，同役编户，恐游方之士，望崖于圣世，轻举之徒，长往而不反，亏盛明之风，谬主相之旨。且荒服之宾，无关天台，幽薮之人，不书王府。幸以时审翔，而后集也。’壹于是闲居幽阜，晦影穷

---

① ［梁］僧祐：《出三藏记集》卷十二，《大正藏》第55册，第83页下。
② ［梁］僧祐：《出三藏记集》卷十二，《大正藏》第55册，第84页下。
③ ［梁］僧祐：《出三藏记集》卷十二，《大正藏》第55册，第84页下。
④ ［梁］慧皎：《高僧传》卷五，《大正藏》第50册，第355页中。
⑤ ［唐］道宣：《大唐内典录》卷十，《大正藏》第55册，第328页上。
⑥ ［唐］道宣：《大唐内典录》卷十，《大正藏》第55册，第329页中。
⑦ ［唐］道宣：《大唐内典录》卷十，《大正藏》第55册，第329页中。
⑧ 戴丽琴：《〈世说新语〉与佛教》，华中师范大学博士学位论文，2010年，第52—53页。

谷。”[①]

《世说新语》载：“道壹道人好整饰音辞，从都下还东山，经吴中。已而会雪下，未甚寒，诸道人问在道所经。壹公曰：‘风霜固所不论，乃先集其惨澹。郊邑正自飘瞥，林岫便已皓然。’”[②]

刘汝霖之《东晋南北朝学术编年》将此事系于太元十三年（388）。[③]

牟钟鉴在《中国宗教通史》中指出：“都维那是一种高级僧官的名称，在南朝僧官系统中，一般为最高僧官的副手。竺道一有此官衔，可见东晋时已开始设置了僧官体制。竺道一卒于东晋安帝隆安（397 ~ 401）中，那说明东晋僧官之设一定早于隆安五年（401）。”[④]

戴丽琴在《〈世说新语〉与佛教》中指出：“此事大约在晋太元十二年（387）冬。此年竺道壹师竺法汰逝世，竺道壹离开京师返东经过吴中。”[⑤]

《中国学术编年·三国两晋卷》则认为：“（387年）僧竺道壹作《答丹阳尹》。”[⑥]

僧伽提婆同释法和至洛阳

《出三藏记集》载：“后山东清平，提婆乃与冀州沙门法和，俱适洛阳。四五年间，研讲前经，居华岁积，转明汉语，方知先所出经多有乖失。法和叹恨未定，重请译改，乃更出《阿毗昙》及《广说》，先出众经，渐改定焉。”[⑦]

按：僧伽提婆于晋孝武帝太元十六年（391）渡江至庐山，由此逆推四、五年，可知提婆与释法和入洛阳，当在本年。

释法和至洛阳

《出三藏记集》载：“（释法和）后游洛阳，又请提婆重出《广说》等经。居阳平寺，年八十余，为伪晋公姚绪所请，集僧斋讲。敕其弟子曰：‘俗内烦恼，苦累非一，

---

① ［梁］慧皎：《高僧传》卷五，《大正藏》第50册，第357页上。

② 徐震堮：《世说新语校笺》，中华书局，1984年，第82页。

③ 刘汝霖：《东晋南北朝学术编年》，华东师范大学出版社，2010年，第92—94页。

④ 牟钟鉴、张践：《中国宗教通史》（修订版），中国社会科学出版社，2007年，第405页。

⑤ 戴丽琴：《〈世说新语〉与佛教》，华中师范大学博士学位论文，2010年，第56页。

⑥ 梅新林、俞樟华主编，王德华撰：《中国学术编年·三国两晋卷》，华东师范大学出版社，2013年，第381页。

⑦ ［梁］僧祐：《出三藏记集》卷十三，《大正藏》第55册，第99页下。

无常甚乐。’乃正衣服，绕塔礼拜。还诣坐所，以衣覆首，忽然而卒。时人谓之知命。”[①]

按：释法和于本年同僧伽提婆共入洛阳，前条已述。

释道照生

《高僧传》载：“释道照，姓麹，平西人。少善尺牍，兼博经史。”[②]

《高僧传》载：“（释道照）宋元嘉三十年卒，年六十六。”[③]

据此可知，释道照当生于本年。

外国道人咒术

《法苑珠林》载：“太元十二年，道人外国来，能吞刀、吐火、吐珠玉金银。自说其所受术师白衣，非沙门也。行见一人担担，上有小笼子，可受升余。语担人云：‘吾步行疲极，寄君担。’担人甚怪之，虑是狂人。便语云：‘自可尔耳。君欲何许自厝耶？’其答云：‘若见许，正欲入笼子中。’担人逾怪，下担入笼中，笼不更大，其亦不更小。担之亦不觉重于先。既行数十里，树下住食。担人呼共食，云：‘我自有食。’不肯出，正住笼中。出饮食器物，罗列肴膳，丰腆亦辨，反呼担人食。未半，语担人：‘我欲与妇共食。’即复口出一女子，年二十许。衣裳容貌甚美。二人便共食。食欲竟，其夫便卧。妇语担人：‘我有外夫，欲来共食。夫觉，君勿道之。’妇便口中出一年少丈夫共食。笼中便有三人。宽急之事，亦复不异。有顷，其夫动，如欲觉。其妇以外，夫起，语担人曰：‘可去。’即以妇内口中。次及食器物。此人既至国中，有一家大富，资财巨万，而性悭吝。语担人：‘吾试为君破奴悭。’即至其家，有好马，甚珍之，系在柱下，忽失去。寻索不知处。明日见马在五升罂中，终不可破，便语言：‘君作百人厨以周穷乏，马得出耳。’主人即狼狈作之。毕，马还在柱下。明旦，其父母老在堂上忽复不见。举家遑怖，不知所在。开庄器，忽见父母泽壶中，不知何由得出。复往守请之。其云：‘当更作千余人食，饴百穷者，乃当得出。’既作，其父母自在床上。”[④]

---

①［梁］僧祐：《出三藏记集》卷十五，《大正藏》第55册，第109页中。

②［梁］慧皎：《高僧传》卷十三，《大正藏》第50册，第415页下。

③［梁］慧皎：《高僧传》卷十三，《大正藏》第50册，第415页下。

④［唐］道世：《法苑珠林》卷六十一，《大正藏》第53册，第749页中。

晋孝武帝太元十三年·前秦太初三年·西秦建义四年·西秦太初元年·翟魏建光元年（388）戊子

《佛说摩诃沙头经》译记

《中国古代写本识语集录》所录《佛说摩诃刹头经》译记云："《佛说摩诃刹头经》，右西秦太初年，乞伏氏都菀川，沙门圣坚，于江陵新寺译。"①

《历代三宝纪》载："乞伏国仁，陇西鲜卑，世居苑川，为南单于。前秦败后，遂称秦王，仍都子城，尊事沙门。时遇圣坚行化达彼，仁加崇敬，恩礼甚隆。既播释风，仍令翻译。相承五主四十四年。"②

《开元释教录》载："沙门释圣坚，或云法坚，亦谓坚公，未详孰是，故备列之。器量弘普，利物为心，以乞伏秦太初年间，于河南国为乾归（谥武元王）译《罗摩伽》等经一十五部。寻其圣坚游化，随处出经，既适无停所，弗知附见何代《世录》为正。今依法上总注，入《乞伏秦世录》云。"③

按：释圣坚，《高僧传》阙载。

竺道壹会帛道猷于耶溪

《高僧传》载："（竺道壹同）时若耶山有帛道猷者，本姓冯，山阴人，少以篇牍著称。性率素，好丘壑，一吟一咏，有濠上之风。与道壹经有讲筵之遇，后与壹书云：'始得优游山林之下，纵心孔释之书，触兴为诗，陵峰采药，服饵蠲痾，乐有余也。但不与足下同日，以此为恨耳。因有诗曰：连峰数千里，修林带平津。云过远山翳，风至梗荒榛。茅茨隐不见，鸡鸣知有人。闲步践其径，处处见遗薪。始知百代下，故有上皇民。'壹既得书，有契心抱，乃东适耶溪，与道猷相会，定于林下。于是纵情尘外，以经书自娱。"④

按：竺道壹于太元十二年移居虎丘山，既得帛道猷之书，遂东适耶溪。事当在太元十二、三年间也，兹系于太元十三年。

---

①［日］池田温：《中国古代写本识语集录》，东京大学东洋文化研究所，1990年，第79—80页。

②［隋］费长房：《历代三宝纪》卷九，《大正藏》第49册，第82页中。

③［唐］智昇：《开元释教录》卷四，《大正藏》第55册，第518页上。

④［梁］慧皎：《高僧传》卷五，《大正藏》第50册，第357页上。

王荟建嘉祥寺迎竺道壹

《高僧传》载："顷之，郡守琅琊王荟于邑西起嘉祥寺，以壹之风德高远，请居僧首。壹乃抽六物遗于寺，造金牒千像。壹既博通内外，又律行清严，故四远僧尼，咸依附咨禀，时人号曰九州都维那。"①

《晋书·王荟传》载："顷之，桓冲表请荟为江州刺史，固辞不拜。转督浙江东五郡、左将军、会稽内史，进号镇军将军，加散骑常侍。"②

《晋书·桓冲传》载："表以'夏口江沔冲要，密迩强寇，兄子石民堪居此任，辄版督荆江十郡军事、振武将军、襄城太守。寻阳北接强蛮，西连荆郢，亦一任之要。今府州既分，请以王荟补江州刺史'。诏从之，时荟始遭兄劭丧，将葬，辞不欲出。于是卫将军谢安更以中领军谢輶代之。冲闻之而怒，上疏以为輶文武无堪，求自领江州，帝许之。"③

《晋书·郗愔传》载："转冠军将军、会稽内史。及帝践阼，就加镇军、都督浙江东五郡军事。久之，以年老乞骸骨，因居会稽。征拜司空，诏书优美，敦奖殷勤，固辞不起。太元九年卒，时年七十二。"④

《资治通鉴》载："（东晋孝武帝太元八年）冲表其兄子石民领襄城太守，戍夏口，冲自求领江州刺史；诏许之。"⑤

《资治通鉴》载："（东晋孝武帝太元十二年）春，正月，乙巳，以朱序为青，兖二州刺史，代谢玄镇彭城；序求镇淮阴，许之。以玄为会稽内史。"⑥

按：桓冲表奏王荟为江州刺史，事在东晋太元八年。时王荟之兄王劭方卒。王荟以居丧将葬而固辞。次年，郗愔卒，王荟转督浙江五郡，会稽内史。竺道壹所居之虎丘山、耶溪，亦在王荟治下。至太元十二年，谢玄为会稽内史。今案《高僧传》，参以正史。以理推之，盖淝水一役，江左稍安，晋廷一时锐意无两。故王荟起基立寺，当在太元十二年也。待嘉祥寺成，王荟即迎道壹驻寺，其时似在太元十二年末、十三年初也。竺道壹东适耶溪之年，王荟倾之迎其至嘉祥寺，为僧首、号九州都维那。此

---

① [梁] 慧皎：《高僧传》卷五，《大正藏》第50册，第357页中。
② [唐] 房玄龄等：《晋书》卷六十五，中华书局，1974年，第1760页。
③ [唐] 房玄龄等：《晋书》卷七十四，中华书局，1974年，第1951—1952页。
④ [唐] 房玄龄等：《晋书》卷六十七，中华书局，1974年，第1802页。
⑤ [北宋] 司马光：《资治通鉴》卷一百五，中华书局，1956年，第3308页。
⑥ [北宋] 司马光：《资治通鉴》卷一百七，中华书局，1956年，第3373页。

事似在发生于本年内。兹系于太元十三年。

周续之从学于范宁

《宋书》载：“（周）续之年十二，诣宁受业。居学数年，通《五经》并《纬候》，名冠同门，号曰‘颜子’。”①

《庐山记》载：“（周续之）年十二，诣范宁受业。通五经五纬，号十经。同门推为颜子。”②

按：据晋孝武帝太元二年·前秦建元十三年（377）下“周续之生”条，推之可知，“周续之从学于范宁”条，当发生于本年。

瑞相院重修

《金陵梵刹志》载：“孝武帝戊子十三年，（瑞相）寺废重修。”③

晋孝武帝太元十四年·后凉麟嘉元年·后燕建兴四年（389）己丑

释慧元卒

《高僧传》载：“释慧元，河北人。为人性善，喜愠无色。常习禅诵经，劝化福事，以为恒业。晋太元初，于武陵平山立寺。有二十余僧，飡蔬幽遁，永绝人途。以太元十四年卒。卒后有人入武当山下见之，神色甚畅，寄语寺僧勿使寺业有废，自是寺内常闻空中应时有磬声，依而集众，未尝差失。沙门竺慧直居之，直精苦有戒节，后绝粒，唯饵松柏。因登山蝉蜕焉。”④

《北山录》载：“崔慧元营寺于武陵。既殁，武当山下有见者，神色甚畅，寄语于寺僧曰：‘勿令寺业有废。’自是空中依时有磬声也。”⑤

《太平广记》引《朗州图经》曰：“沙门惠原，本姓春氏，义阳人也。少以弓弩

①［梁］沈约：《宋书》卷九十三，中华书局，1974年，第2280页。

②［宋］陈舜俞：《庐山记》卷三，《大正藏》第51册，第1039页下。

③［明］葛寅亮：《金陵梵刹志》卷三十九，《中国佛寺志汇刊》第一辑，明文书局，1980年，第1300页。

④［梁］慧皎：《高僧传》卷十三，《大正藏》第50册，第410页上。

⑤［唐］神清撰，慧宝注：《北山录》卷八，《大正藏》第52册，第623页下。

为业，至武陵山，射一孕鹿，将死能言，曰：'吾先身只杀汝，汝今遂并杀害我母子。既是缘对，应为汝死。'复向言曰：'吾寻当成佛也，汝可行善，生生代代，勿复结冤。'惠原即悟前缘，遂落发于鹿死之处，而置迦蓝，名耆阇窟山寺。《王融别传》言惠死后十年，有人于武当山下见之。"[①]

按：《名僧传抄》有《晋武陵平山惠原》[②]条，似与《高僧传》之释慧元人同而名异。

晋张鹿杀经旷现报

《法苑珠林》载："河间国兵张鹿、经旷二人，相与皆善。晋太元十四年五月五日，共升钟岭，坐于山椒。鹿酗酒失性，拔刀斩旷。旷母尔夕梦旷，自说为鹿所杀，投尸涧中，脱裈覆腹。寻觅之时，必难可得，当令裈飞起以示处也。明晨追捕，一如所言。鹿知事露，欲规叛逸。出门辄见旷手执双刀，来拟其面，遂不得去。母具告官，鹿以伏辜。"[③]

支妙音为王国宝言事

《晋书》载："中书郎范宁，国宝舅也，儒雅方直，疾其阿谀，劝孝武帝黜之。国宝乃使陈郡袁悦之因尼支妙音致书与太子母陈淑媛，说国宝忠谨，宜见亲信。帝知之，托以他罪杀悦之。国宝大惧，遂因道子谮毁宁，宁由是出为豫章太守。"[④]

《资治通鉴》载："（东晋孝武帝太元十四年）中书侍郎范宁、徐邈为帝所亲信，数进忠言，补正阙失，指斥奸党。王国宝，宁之甥也。宁尤疾其阿谀，劝帝黜之。陈郡袁悦之有宠于道子，国宝使悦之因尼克妙音致书于太子母陈淑媛云：'国宝忠谨，宜见亲信。'帝知之，发怒，以他事斩悦之。国宝大惧，与道子共谮范宁出为豫章太守。"[⑤]

按：王国宝，王坦之第三子也。

王忱请竺僧辅为戒师

《高僧传》载："（竺僧辅）后憩荆州上明寺，单蔬自节，礼忏翘勤，誓生兜率，

---

①［宋］李昉等：《太平广记》卷一百一，中华书局，1961年，第682页。
②［梁］宝唱：《名僧传抄》卷一，《卍续藏》第77册，第350页中。
③［唐］道世：《法苑珠林》卷七十，《大正藏》第53册，第821页中。
④［唐］房玄龄等：《晋书》卷七十五，中华书局，1974年，第1971页。
⑤［北宋］司马光：《资治通鉴》卷一百七，中华书局，1956年，第3391—3392页。

仰瞻慈氏。时琅琊王忱为荆州刺史，藉辅贞素，请为戒师，一门宗奉。”[①]

《资治通鉴》载：“（东晋太元十四年）秋，七月，以骠骑长史王忱为荆州刺史，都督荆、益、宁三州诸军。忱，国宝之弟也。”[②]

苻朗临刑作偈

《晋书》载：“后数年，王国宝谮而杀之。王忱将为荆州刺史，待杀（苻）朗而后发。临刑，（苻朗）志色自若，为诗曰：‘四大起何因？聚散无穷已。既过一生中，又入一死理。冥心乘和畅，未觉有终始。如何箕山夫，奄焉处东市！旷此百年期，远同嵇叔子。命也归自天，委化任冥纪。’著《苻子》数十篇行于世，亦《老》《庄》之流也。”[③]

《资治通鉴》载：“（东晋孝武帝太元十四年）秋，七月，以骠骑长史王忱为荆州刺史、都督荆、益、宁三州诸军。忱，国宝之弟也。”[④]

释宝云入庐山

《名僧传抄》载：“宝云，河北人也。志局简正，师友称之。太元十四年入庐山，时年十八矣。值造波若台，通债少僧，贞石筑土，云投一石，石相击，误中一犊子死。惭恨惆怅，弥历年所。”[⑤]

按：据晋孝武帝宁康三年·前秦建元十一年（375）下“释宝云生”条，推之可知，释宝云入庐山时，方十四岁也。《名僧传抄》云已十八，或有本也。

司马恬鸩释法相

《高僧传》载：“晋镇北将军司马恬，恶其不节，招（释法相）而鸩之，频倾三钟，神气清夷，淡然无扰，恬大异之。”[⑥]

《弘赞法华传》载：“时镇北将军司马恬，恶其无道，招（释法相）而鸩之，频倾三钟，神色不变，澹然无扰，恬大异之，惭惧悔愧，厚加供养。”[⑦]

---

①［梁］慧皎：《高僧传》卷五，《大正藏》第50册，第355页中。
②［北宋］司马光：《资治通鉴》卷一百七，中华书局，1956年，第3388页。
③［唐］房玄龄等：《晋书》卷一百十四，中华书局，1974年，第2936页。
④［北宋］司马光：《资治通鉴》卷一百七，中华书局，1956年，第3388页。
⑤［梁］宝唱：《名僧传抄》卷一，《卍续藏》第77册，第358页下。
⑥［梁］慧皎：《高僧传》卷十二，《大正藏》第50册，第406页下。
⑦［唐］惠详：《弘赞法华传》卷六，《大正藏》第51册，第27页中。

《法苑珠林》载："镇北将军司马恬，恶其不节，招（释法相）而鸩之，频倾三钟，神气清怡，恬然自若。"[①]

《晋书》载："（东晋孝武帝）十三年夏四月戊午，以青兖二州刺史朱序为持节、都督雍梁沔中九郡诸军事、雍州刺史，谯王恬之为镇北将军、青兖二州刺史。"[②]

《资治通鉴》载："（东晋孝武帝太元十五年）春，正月，乙亥，谯敬王恬薨。"[③]

按：据此推之，司马恬于太元十三年（388）夏四月任镇北将军，至太元十五年（390）正月薨于镇北将军任上。其毒鸩释法相，大约在太元十三年至太元十四年间。其时待考，兹系于太元十四年（389）。

晋孝武帝太元十五年·后燕建兴五年（390）庚寅

吴柱立沙门法长为天子

《广弘明集》载："寺饶僧众，妖孽必作。如后赵沙门张光、后燕沙门法长、南凉道密、魏孝文时法秀、太和时惠仰等，并皆反乱者。"[④]

《资治通鉴》载："（东晋孝武帝太元十五年）九月，北平人吴柱聚众千余，立沙门法长为天子，破北平郡，转寇广都，入白狼城。燕幽州牧高阳王隆方葬其夫人，郡县守宰皆会之，众闻柱反，请隆还城，遣大兵讨之。隆曰：'今闾阎安业，民不思乱，柱等以诈谋惑愚夫，诱胁相聚，无能为也。'遂留葬讫，遣广平太守、广都令先归，续遣安昌侯进将百余骑趋白狼城，柱众闻之，皆溃，穷捕，斩之。"[⑤]

按：此事亦见《十六国春秋·后燕录三》。

某作《八犍度阿毗昙根犍度》后别记

《出三藏记集》载："斯《经序》曰，其人忘因缘一品，故阙文焉。近自罽宾沙门昙摩卑，暗之来经，密川僧伽禘婆译出。此品八犍度文具也，而卑云，八犍度是体耳，别有六足，可自百万言。卑诵二足，今无译可出，慨恨良深。泰元十五年正月

① [唐] 道世：《法苑珠林》卷十九，《大正藏》第53册，第428页下。
② [唐] 房玄龄等：《晋书》卷九，中华书局，1974年，第236页。
③ [北宋] 司马光：《资治通鉴》卷一百七，中华书局，1956年，第3394页。
④ [唐] 道宣：《广弘明集》卷十一，《大正藏》第52册，第166页下。
⑤ [北宋] 司马光：《资治通鉴》卷一百七，中华书局，1956年，第3397页。

十九日，于扬州瓦官佛图记。”[①]

另见池田温之《中国古代写本识语集录》。[②]

程道慧死而复生

《法苑珠林》载：“晋程道慧，字文和，武昌人也。世奉五斗米道，不信有佛。常云：‘古来正道，莫逾李老。何乃信惑胡言，以为胜教。’太元十五年病死，心下尚暖。家不殡殓，数日得苏。说：‘初死时，见十许人缚录将去。逢一比丘云：“此人宿福，未可缚也。”’乃解其缚，散驱而去。道路修平，而两边棘刺森然，略不容足。驱诸罪人，驰走其中，肉随着刺，号呻聒耳。见慧行在平路，皆叹羡曰：‘佛弟子行路修福人也。’慧曰：‘我不奉法。’其人笑曰：‘君忘之耳。’慧因自忆先身奉佛，已经五生五死，忘失本志。今生在世，幼遇恶人，未达邪正，乃惑邪道。既至大城，径进听事。见一人年可四五十，南面而坐。见慧惊曰：‘君不应来。’有一人着单衣帻，持簿书对曰：‘此人伐社杀人，罪应来此。’向所逢比丘，亦随慧入，申理甚至，云：‘伐社非罪也。此人宿福甚多，杀人虽重，报未至也。’南面坐者曰：‘可罚所录人。’命慧就坐，谢曰：‘小鬼谬滥，枉相录来。亦由君忘失宿命，不知奉大正法故也。’将遣慧还，乃使暂兼覆校将军，历观地狱。慧欣然辞出，导从而行。行至诸城，城皆是地狱，人众巨亿，悉受罪报。见有猘狗咬人，百节肌肉散落，流血藉地。又有群鸟，其喙如锋，飞来甚速，欻然而至，入人口中，表里贯洞。其人宛转呼叫，筋骨碎落。其余经见，与赵泰屑荷大抵粗同。不复具载。唯此二条为异，故详记之。观历既遍，乃遣慧还。复见向所逢比丘，与慧一铜物，形如小铃，曰：‘君还至家，可弃此门外，勿以入室。某年月日君当有厄，诫慎。过此寿延九十。’时道慧家于京师大桁南，自见来还，达皂荚桥，见亲表三人，住车共语，悼慧之亡。至门见婢，行哭而市。彼人及婢咸弗见也。慧将入门，置向铜物门外树上，光明舒散，流飞属天。良久还小，奄尔而灭。至户闻尸臭，惆怅恶之。时宾亲奔吊，突慧者多，不得裴回。因进入尸，忽然而苏。说所逢车人及市婢，咸皆符同。慧后为廷尉，预西堂听诵。未及就列，欻然顿闷不识人，半日乃愈。计其时日，即道人所戒之期。顷之迁为广州刺史。元嘉六年卒，六十九

---

① [梁] 僧祐：《出三藏记集》卷十，《大正藏》第55册，第73页中。

② [日] 池田温：《中国古代写本识语集录》，东京大学东洋文化研究所，1990年，第77—78页。

矣。”①

王恭礼佛造寺

《晋书》载：“（王）恭性抗直，深存节义，读《左传》至‘奉王命讨不庭’，每辍卷而叹。为性不弘，以暗于机会，自在北府，虽以简惠为政，然自矜贵，与下殊隔。不闲用兵，尤信佛道，调役百姓，修营佛寺，务在壮丽，士庶怨嗟。”②

《资治通鉴》载：“（东晋孝武帝太元十五年）二月，辛巳，以中书令王恭为都督青、兖、幽、并、冀五州诸军事，兖、青二州刺史，镇京口。”③

按：王恭礼佛造寺，事在其担任兖、青刺史时。然未详其年，待考。兹系于其就任之年。

王慧龙生

《魏书》载：“王慧龙，自云太原晋阳人，司马德宗尚书仆射愉之孙，散骑侍郎缉之子也。幼聪慧，愉以为诸孙之龙，故名焉。”④

《魏书》载：“慧龙年十四，为沙门僧彬所匿。”⑤

按：晋安帝元兴三年（404），王慧龙十四岁。据此推之，王慧龙当生于本年。

晋孝武帝太元十六年·后秦建初六年·翟魏建光四年·定鼎元年（391）辛卯

昙摩难提出《王子法益坏目因缘经》

《王子法益坏目因缘经序》载：“故请天竺沙门昙摩难提出斯缘本。秦建初六年，岁在辛卯，于安定城，二月十八日出，至二十五日乃讫。胡本三百四十三首卢也，传为汉文一万八百八十言。佛念译音，情义实难。或离文而就义，或正滞而傍通，或取解于诵人，或事略而曲备。冀将来之学士令，鉴罪福之不朽。设有毫厘润色者，尽铭

---

①［唐］道世：《法苑珠林》卷五十五，《大正藏》第53册，第709页上。

②［唐］房玄龄等：《晋书》卷八十四，中华书局，1974年，第2186页。

③［北宋］司马光：《资治通鉴》卷一百七，中华书局，1956年，第3394—3395页。

④［北齐］魏收：《魏书》卷三十八，中华书局，1974年，第875页。

⑤［北齐］魏收：《魏书》卷三十八，中华书局，1974年，第875页。

之于萌兆。”①

《历代三宝纪》载：“《阿育王太子坏目因缘经》一卷（亦云《王子法益坏目因缘经》。建初六年二月八日，于安定城为尚书令姚旻出，见《二秦录》。一本无‘经’字，此应入后秦，从多附少）。”②

《众经目录》载：“《阿育太子坏目因缘经》一卷（前秦建元年，昙摩难提与竺佛念译）。”③

《古今译经图纪》载：“《王子法益坏目因缘经》（一卷）。”④

《大唐内典录》载：“《阿育王太子坏目因缘经》（亦云《王子法益坏目因缘经》。建初二年六月八日，于安定城为尚书令姚旻出，见《二秦录》。一本无‘经’字，此应入，后从多附此）。”⑤

《大周刊定众经目录》载：“《阿育王太子坏目因缘经》一卷（一名《王子法益坏目因缘经》）。右，前秦代建初二年六月八日，昙摩难提共佛念于长安定城为尚书令姚旻译。一本无‘经’字，出《内典录》。”⑥

《开元释教录》载：“《阿育王息坏目因缘经》一卷（第三出，姚秦建初六年辛卯于安定城为尚书令姚旻二月十八日出，至二十五日讫。佛念传译兼制序，见《二秦录》。此应入后秦，从多附此）。”⑦

竺佛念宣译《王子法益经》并序

《出三藏记集》载：“昙摩难提又出《王子法益坏目因缘经》，念为宣译，并作经序。”⑧

《阿育王太子法益坏目因缘经序》兹附于下：

“原夫善恶之运契，犹形影之相須。受对明验，凡三差焉：现也、中也、后也。播九色之深恩，以悦天妃之耳目。孤禽投王而全命，形受五兀之切酷，斯现报也；群徒潜沦于幽壑，神陟轮飘而不改，身酸历世之殃，衅不晓王子之丧目，斯中报也；阿

①［梁］僧祐：《出三藏记集》卷七，《大正藏》第55册，第51页下。
②［隋］费长房：《历代三宝纪》卷八，《大正藏》第49册，第75页下。
③［隋］法经：《众经目录》卷六，《大正藏》第55册，第146页上。
④［唐］靖迈：《古今译经图纪》卷三，《大正藏》第55册，第358页下。
⑤［唐］道宣：《大唐内典录》卷三，《大正藏》第55册，第250页中。
⑥［唐］明佺：《大周刊定众经目录》卷四，《大正藏》第55册，第396页上。
⑦［唐］智昇：《开元释教录》卷三，《大正藏》第55册，第511页中。
⑧［梁］僧祐：《出三藏记集》卷十五，《大正藏》第55册，第111页中。

兰纵祸于无想，婴佩永惑于始终，为着翅之暴狸，飞沈受困而难计，斯后报也。故圣人降灵，必有所由，非务不豫，青白明矣。玄鉴三世，弱丧之流，深记来变坏形之累，趣使引入百练之室。自如来逝后，阿育登位，纲维阎浮，光被流洽。图形神寺，八万四千，罗汉御世，泛济亿数，国主师宗，玄化滂涌，万民仰戴而不已，神祇钦赖而愈深。然王子法益，宿殖洪业，生在王宫，容貌殊特。后复受对，靡知缘起。会秦尚书令、公辅国将军、宗正卿、领城门校尉使者、司隶校尉姚旻者，南安郡人也。亲姚诏之次兄，字景嶷，文为儒表，则列勋于千载。武为邈群，则皎然而独标。亢音通冥，则辩机而旷远。执素纵情，则翱翔而无论。德也纯懿，范也难摸。恭逸翰于群才，振龙威于昆锋。然愍永惑之叵救，伤愚党之不寤。欲绍先胜之遗迹，竖玄宗于末俗。故请天竺沙门昙摩难提，出斯缘本。秦建初六年，岁在辛卯，于安定城。二月十八日出，至二十五日乃讫。梵本三百四十三首，卢冶传为汉文一万八百八十言，念译晋音，情义实难，或离文而就义，或正滞而傍通，或取解于诵人，或事略而曲备。冀将来之学士，令鉴罪福之不朽。设有毫厘润色者，尽铭之于萌兆，故叙之焉。”①

《贞元新定释教目录》载：“提以符坚建元二十年甲申，至姚苌建初六年辛卯，译《中阿含》等经五部。提后还西域，不知所终。”②

慧远请僧伽提婆入庐山译经

《阿毗昙心论》载：“晋太元元年，僧伽提婆共慧远于庐山译（《阿毗昙心论》）。”③

《出三藏记集》载：“《阿毗昙心论》四卷（晋太元十六年，在庐山为远公译出）。《三法度》二卷（同以太元十六年于庐山出）。”④“顷之，姚兴王秦，法事甚盛。于是法和入关，而提婆度江。先是庐山慧远法师翘勤妙典，广集经藏，虚心侧席，延望远宾。闻其至止，即请入庐岳。”⑤“每逢西域一宾，（释慧远）辄恳恻咨访。屡遣使入关，迎请禅师，解其摈事，传出《禅经》。又请罽宾沙门僧伽提婆出数经。所以禅法经戒，皆出庐山，几且百卷。”⑥

《高僧传》载：“后有罽宾沙门僧伽提婆，博识众典，以晋太元十六年来至浔阳，

---

①［后秦］昙摩难提译：《阿育王息坏目因缘经》卷一，《大正藏》第50册，第172页中。

②［唐］圆照：《贞元新定释教目录》卷五，《大正藏》第55册，第808页中。

③［东晋］僧伽提婆、慧远译：《阿毗昙心论》卷一，《大正藏》第28册，第809页上。

④［梁］僧祐：《出三藏记集》卷二，《大正藏》第55册，第10页下。

⑤［梁］僧祐：《出三藏记集》卷十三，《大正藏》第55册，第99页下。

⑥［梁］僧祐：《出三藏记集》卷十五，《大正藏》第55册，第110页上。

远请重译《阿毗昙心》及《三法度论》，于是二学乃兴，并制序标宗，贻于学者。孜孜为道，务在弘法，每逢西域一宾，辄恳恻咨访。”[①]

《历代三宝纪》载：“《阿毗昙心论》四卷（太元十六年，在庐山为慧远出，道慈笔受）。《三法度论》二卷（太元十六年于庐山出，《别录》云一卷。与秦昙摩难提出者大同小异，或直云《三法度》，或无‘论’字，或作‘经’字）。”[②]

《众经目录》载：“《三法度论》三卷（晋太元年，僧伽提婆共惠远于庐山译）。”[③]“《阿毗昙心论》四卷（晋太元年，僧伽提婆共惠远于庐山译）。”[④]

《古今译经图纪》载：“（僧伽提婆）后以晋孝武帝太元十六年岁次辛卯化游江左。沙门慧远请入庐山，即以其年译《阿毗昙心论》一部（四卷），《三法度论》（二卷）。”[⑤]

《大唐内典录》载：“《阿毗昙心论》四卷（太元十六年在庐山出，道慈笔受，见《僧祐录》）。《三法度论》二卷（太元六年于庐山出。《别录》云一卷，与秦昙摩难提出者小异，或云《三法度》，无‘论’字，或注经者。）”[⑥]

《大周刊定众经目录》载：“《三法度论》一部二卷（或三卷）。右，东晋太元十六年僧伽提婆于庐山译，出《长房录》。”[⑦]“《阿毗昙心》一部四卷。右，晋孝武帝代僧伽提婆于庐山为远法师译，出《长房录》。”[⑧]

《开元释教录》载：“《阿毗昙心论》四卷（或云《阿毗昙心》，无‘论’字，尊者法胜造。太元十六年，（僧伽提婆）在庐山为慧远法师译出，道慈笔受，见《僧祐录》）。《三法度论》二卷（太元十六年在庐山为远法师出，第二译，与难提出者大同小异，或三卷，《别录》云一卷，或直云《三法度》，无‘论’字，或云‘经论’，见《僧祐录》）。”[⑨]“《阿毗昙心论》四卷（尊者法胜造，或无‘论’字）。东晋罽宾三藏瞿昙僧伽提婆译（单本）。”[⑩]“《三法度论》二卷（或无‘论’字，或云‘经’，

①［梁］慧皎：《高僧传》卷六，《大正藏》第50册，第359页中。
②［隋］费长房：《历代三宝纪》卷七，《大正藏》第49册，第70页下。
③［隋］法经：《众经目录》卷五，《大正藏》第55册，第142页中。
④［隋］法经：《众经目录》卷五，《大正藏》第55册，第142页中。
⑤［唐］靖迈：《古今译经图纪》卷二，《大正藏》第55册，第356页下。
⑥［唐］道宣：《大唐内典录》卷三，《大正藏》第55册，第246页中。
⑦［唐］明佺：《大周刊定众经目录》卷十，《大正藏》第55册，第434页中。
⑧［唐］明佺：《大周刊定众经目录》卷十，《大正藏》第55册，第434页下。
⑨［唐］智昇：《开元释教录》卷三，《大正藏》第55册，第505页上。
⑩［唐］智昇：《开元释教录》卷十三，《大正藏》第55册，第621页上。

或三卷，或云一卷）。东晋罽宾三藏瞿昙僧伽提婆译（第二译，两译一阙。右此《三法度论》有本有《释》本，有三章《九真度释》，亦有九品，庐山远法师《序》云本是尊者山贤造，《释》是天竺大乘居士僧伽先撰。《经后记》云大乘比丘释僧伽先撰，二说少殊，未详孰正）。”[①]“《阿毗昙心论》四卷（或无‘论’字，六十九纸），东晋瞿昙僧伽提婆译。”[②]“《三法度论》二卷（或无‘论’字，或云论，或云经，或三卷，或云十卷，四十九纸），东晋瞿昙僧伽提婆译。”[③]

《贞元新定释教目录》载：“《阿毗昙心论》四卷（或云《阿毗昙心》，无‘论’字，尊者法胜造。大元十六年，在庐山为惠远法师译出，道慈笔受，远公制《序》，见《僧祐录》）。《三法度论》二卷（大元十六年在庐山为远法师出，远公制《序》，第二译，与难提出者大同小异。或三卷，《别录》云一卷，或直云《三法度》，无‘论’字，或云经，或云经论，见《僧祐录》）。”[④]

按：《阿毗昙心论》云“太元元年”译，应是僧伽提婆首译。太元十六年，慧远法师请其重译《阿毗昙心论》。

僧伽提婆译《阿毗昙心》等

《高僧传》载：“《阿毗昙心》四卷（晋太元十六年在庐山为远公译出）。《三法度》二卷（同以太元十六年于庐山出）。”[⑤]《高僧传》载：“后有罽宾沙门僧伽提婆。博识众典。以晋太元十六年来至浔阳。远请重译《阿毗昙心》及《三法度论》。于是二学乃兴。”[⑥]

《高僧传》载：“初，僧伽跋澄出《婆须蜜》，及昙摩难提所出《二阿含》《毗昙》《广说》《三法度》等凡百余万言。属慕容之难，戎敌纷扰。兼译人造次，未善详悉。义旨句味，往往不尽。俄而安公弃世，未及改正。后山东清平，提婆乃与冀州沙门法和俱适洛阳。四五年间，研讲前经。居华稍积，博明汉语。方知先所出经多有乖失。法和慨叹未定，乃更令提婆出《阿毗昙》及广说众经。顷之，姚兴王秦，法事甚盛。于是法和入关，而提婆渡江。先是，庐山慧远法师翘勤妙典，广集经藏。虚心侧席，

---

①［唐］智昇：《开元释教录》卷十三，《大正藏》第55册，第621页上。
②［唐］智昇：《开元释教录》卷二十，《大正藏》第55册，第720页中。
③［唐］智昇：《开元释教录》卷二十，《大正藏》第55册，第720页中。
④［唐］圆照：《贞元新定释教目录》卷五，《大正藏》第55册，第801页下。
⑤［梁］僧祐：《出三藏记集》卷二，《大正藏》第55册，第10页下。
⑥［梁］慧皎：《高僧传》卷六，《大正藏》第50册，第359页中。

延望远宾。闻其至止，即请入庐岳。以晋太元中请出《阿毗昙心》及《三法度》等。提婆乃于般若台手执梵文，口宣晋语。去华存实，务尽义本。今之所传盖其文也。”①

按：僧伽提婆译《阿毗昙心》及《三法度论》，上条已详载，兹不赘录。

释慧远出《阿毗昙心序》

《阿毗昙心序》，见《出三藏记集》卷十。②

《出三藏记集》所录《阿毗昙心序》载：“罽宾沙门僧伽提婆，少玩兹文，味之弥久。兼宗匠本，正关入神。要其人，情悟所参，亦已涉其津矣。会遇来游，因请令译。提婆乃手执胡本，口宣晋言。临文诫惧，一章三复，远亦实而重之。敬慎无违，然方言殊韵，难以曲尽。傥或失当，俟之来贤，幸诸明哲正其大谬。晋太元十六年出。”③

晋孝武帝为长干寺更加三层

《高僧传》载：“先是，简文皇帝于长干寺造三层塔，塔成之后，每夕放光。达上越城顾望，见此刹杪独有异色，便往拜敬，晨夕恳到。夜见刹下时有光出，乃告人共掘，掘入丈许，得三石碑。中央碑覆中，有一铁函，函中又有银函，银函里金函，金函里有三舍利。又有一爪甲及一发，发申长数尺，卷则成螺，光色炫耀。乃周敬王时阿育王起八万四千塔，此其一也。既道俗叹异，乃于旧塔之西，更竖一刹，施安舍利。晋太元十六年，孝武更加为三层。”④

释道敬出家

《高僧传》载：“（释道敬）避世出家，情爱丘壑。栖于若耶山，立悬溜精舍。敬后为供养众僧，乃舍具足，专精十戒云。⑤

《庐山记》载：“道敬，琅琊王氏，从祖凝之刺江州。太元十六年，入山出家，为远公弟子。博览儒书，兼明至典。年十七，通大乘经论。所诵日过万言，才学幽深，时贤敬伏。每叹戒律终身难全，愿净六根，但禀一戒，师亦听之。冰霜莹然，德

① ［梁］慧皎：《高僧传》卷一，《大正藏》第50册，第328页下。
② ［梁］僧祐：《出三藏记集》卷十，《大正藏》第55册，第72页下。
③ ［梁］僧祐：《出三藏记集》卷十，《大正藏》第55册，第72页下。
④ ［梁］慧皎：《高僧传》卷十三，《大正藏》第50册，第409页中。
⑤ ［梁］慧皎：《高僧传》卷十三，《大正藏》第50册，第410页下。

望尤著。远公归寂，入若耶山。”①

按：释道敬生于晋废帝太和四年（369），其出家在晋孝武帝太元十六年（391）。故《高僧传》所云之“年十七”当是“（太元）十七年”也。

释法庄出家

《高僧传》载：“（释法庄）十岁出家，为庐山慧远弟子。少以苦节标名。”②

按：据晋孝武帝太元六年·前秦建元十七年（381）下“释法庄生”条，推之可知，“释法庄出家”条，当发生于本年。

昙无谶师从达摩耶舍

《出三藏记集》载：“谶六岁遭父忧，随母佣织㲲㲪为业。见沙门达摩耶舍，齐言法明，道俗所宗，丰于利养。其母羡之，故以谶为其弟子。”③

《高僧传》载：“（昙无谶）六岁遭父丧，随母佣织㲲㲪为业。见沙门达摩耶舍，此云法明，道俗所崇，丰于利养，其母美之，故以谶为其弟子。”④

释法恭或生于本年

《高僧传》载：“释法恭，姓关，雍州人。初出家，止江陵安养寺。后出京师，住东安寺。少而苦行殊伦，服布衣，饵菽麦。诵经三十余万言。每夜讽咏，辄有殊香异气，入恭房者，咸共闻之。又以弊纳聚蚤虱，常披以饴之。”⑤

《高僧传》载：“宋太始中还西，卒于彼，春秋八十。”⑥

按：若释法恭卒于刘宋泰始七年（471），据此推之，释法恭当生于本年。

竺僧辅或卒于此年

《高僧传》载：“后未亡二日，（竺僧辅）忽云：‘明日当去。’至于临终，妙香满室，梵响相系，道俗奔波，来者万数。是日后分，无疾而化，春秋六十。因葬寺中，僧为起塔。”⑦

---

①［宋］陈舜俞：《庐山记》卷三，《大正藏》第51册，第1042页上。
②［梁］慧皎：《高僧传》卷十二，《大正藏》第50册，第407页中。
③［梁］僧祐：《出三藏记集》卷十四，《大正藏》第55册，第102页下。
④［梁］慧皎：《高僧传》卷二，《大正藏》第50册，第335页下。
⑤［梁］慧皎：《高僧传》卷十二，《大正藏》第50册，第407页下。
⑥［梁］慧皎：《高僧传》卷十二，《大正藏》第50册，第407页下。
⑦［梁］慧皎：《高僧传》卷五，《大正藏》第50册，第355页中。

晋孝武帝太元十七年·后秦建初七年（392）壬辰

孝武帝问事妙音尼

《比丘尼传》载："荆州刺史王忱死，烈宗意欲以王恭代之。时桓玄在江陵，为忱所折挫，闻恭应往，素又惮恭。殷仲堪时为恭门生，玄知殷仲堪弱才，亦易制御，意欲得之。乃遣使凭妙音尼为堪图州。既而烈宗问妙音：'荆州缺，外闻。云谁应作者？'答曰：'贫道道士，岂容及俗中论议；如闻外内谈者，并云无过殷仲堪，以其意虑深远，荆楚所须。'帝然之，遂以代忱。权倾一朝，威行内外。"①

《资治通鉴》载："（晋孝武帝太元十七年）冬，十月，辛亥，荆州刺史王忱卒……十一月，癸酉，以黄门郎殷仲堪为都督荆、益、宁三州诸军事、荆州刺史，镇江陵。仲堪虽有英誉，资望犹浅，议者不以为允。到官，好行小惠，纲目不举。"②

《资治通鉴》载："（晋孝武帝太元十七年）玄在江陵，仲堪甚敬惮之。桓氏累世临荆州，玄复豪横，士民畏之，过于仲堪。尝于仲堪听事前戏马，以稍拟仲堪。"③

殷仲堪与释慧远谈《易》

《高僧传》载："殷仲堪之荆州，过山展敬，与远共临北涧论《易》体。移景不倦，见而叹曰：'识信深明，实难为庶。'"④

《世说新语》载："殷荆州曾问远公：'《易》以何为体？'答曰：'《易》以感为体。'殷曰：'铜山西崩，灵钟东应，便是《易》耶？'远公笑而不答。"⑤

《资治通鉴》载："（东晋孝武帝太元十七年）十一月，癸酉，以黄门郎殷仲堪为都督荆、益、宁三州诸军事、荆州刺史，镇江陵。"⑥

区结成在《慧远》中指出："（392年）冬十一月，殷仲堪由黄门侍郎出为荆州刺

---

① ［梁］宝唱：《比丘尼传》卷一，《大正藏》第50册，第936页下。
② ［北宋］司马光：《资治通鉴》卷一百八，中华书局，1956年，第3407页。
③ ［北宋］司马光：《资治通鉴》卷一百八，中华书局，1956年，第3408页。
④ ［梁］慧皎：《高僧传》卷六，《大正藏》第50册，第359页上。
⑤ 徐震堮：《世说新语校笺》，中华书局，1984年，第132页。
⑥ ［北宋］司马光：《资治通鉴》卷一百八，中华书局，1956年，第3407页。

史，来山谒慧远，与远谈易。是年，慧远以禅经律藏多未备，命弟子支法领、法净等赴天竺寻经典。”[①]

方立天在《魏晋南北朝佛教》之《慧远年谱》中指出：“太元十七年（392年），冬十一月，殷仲堪由黄门郎出为都督荆、益、宁三州诸军事，荆州刺史，镇江陵，途经庐山，慧远与之谈论《周易》的体要。”[②]

《全上古三代秦汉三国六朝文》辑《孝武帝与殷仲堪诏》载：“太元十七年十一月，卿去有日，使人酸然。常谓永为廊庙之宝，而忽为荆楚之珍，良以慨恨！”[③]

据此可知，《高僧传》所载，事在太元十七年。

迦留陀伽译出《十二游经》

《出三藏记集》载：“《十二游经》一卷（异本，文大同小异）。”[④]

《历代三宝纪》载：“《十二游经》一卷（第二出，与强梁译者小异）。右一卷，孝武帝世外国沙门迦留陀伽，晋言时永，太元十七年译。见竺道祖《晋世杂录》及《宝唱录》。”[⑤]

《众经目录》载：“《十二游经》一卷（五纸）。”[⑥]

《古今译经图纪》载：“沙门迦留陀伽，此云时水，西域人。弘喻有方，怀道游国，以晋孝武帝泰元十七年，岁次壬辰，译《十二游经》（一卷）。”[⑦]

《大唐内典录》载：“《十二游经》（第二出，与畺良译者小异）。右一卷，孝武帝世，外国沙门迦留陀伽，晋言时水，太元十七年译。见竺道祖《晋世杂录》及宝唱等《录》。”[⑧]“《十二游经》（五纸）。”[⑨]

《大周刊定众经目录》载：“《十二游经》一卷（五纸）。右，东晋孝武帝代沙

---

① 区结成：《慧远》，东大图书公司，1987年，第151页。

② 方立天：《方立天文集》第一卷《慧远及其佛学》，中国人民大学出版社，2006年，第186页。

③［清］严可均辑：《全上古三代秦汉三国六朝文》，《全晋文》卷十一，中华书局，1958年，第1526页。

④［梁］僧祐：《出三藏记集》卷四，《大正藏》第55册，第30页中。

⑤［隋］费长房：《历代三宝纪》卷七，《大正藏》第49册，第70页中。

⑥［隋］法经：《众经目录》卷二，《大正藏》第55册，第196页中。

⑦［唐］靖迈：《古今译经图纪》卷二，《大正藏》第55册，第356页下。

⑧［唐］道宣：《大唐内典录》卷三，《大正藏》第55册，第246页中。

⑨［唐］道宣：《大唐内典录》卷九，《大正藏》第55册，第325页下。

门迦留陀伽译，出《长房录》。”①

《开元释教录》载：“《十二游经》一卷（第二出，与畺梁译者少异，见竺道祖《晋世杂录》及《宝唱录》）。右，一部一卷，其本见在。沙门迦留陀伽，晋言时水，西域人。弘喻有方，怀道游国。以孝武帝太元十七年壬辰，译《十二游经》一部。”②“《十二游经》一卷（东晋西域沙门迦留陀伽译，《拾遗》编入，第二译，三译二阙）。”③“《十二游经》一卷（六纸），东晋迦留陀伽译。”④

《贞元新定释教目录》载：“《十二游经》一卷（第二出，与畺良译者少异，见竺道祖《晋世杂录》，见《宝唱录》）。右，一部一卷，其本见在。沙门迦留陀伽，晋言时水，西域人。弘喻有方，怀道游国。以孝武帝太元十七年壬辰，译《十二游经》一部。”⑤“《十二游经》一卷。东晋西域沙门迦留陀伽译，《拾遗》编入，第二译，三译二阙。”⑥“《十二游经》一卷，六纸。”⑦

支法领遇佛陀耶舍

《开元释教录》载：“《四分序》云：‘壬辰之年，有晋国沙门支法领西越流沙，远期天竺，路经于阗。会遇昙无德部体大乘三藏沙门佛陀耶舍。才艳博闻，明练经律，三藏方等皆讽诵，通利即于其国广集诸经于精舍。还以岁在戊申，始达秦国，秦主姚欣然即以其年请出律藏。时集持律沙门三百余人于长安中寺，出即以领弟子慧辩为译。其壬辰年，即秦建初七年也。戊申岁，即弘始十年也。’又有说云：‘耶舍与佛念等共勘法领所将梵本，然后翻出。’众说少殊，未详孰王。又准僧肇《长阿含序》及《高僧传》并云：‘《四分》弘始十二年出者。’此或据部终时说也。”⑧

殷仲堪征宗炳为主簿

《宋书》载：“刺史殷仲堪、桓玄并辟主簿，举秀才，（宗炳）不就。”⑨

---

①［唐］明佺：《大周刊定众经目录》卷九，《大正藏》第55册，第431页上。
②［唐］智昇：《开元释教录》卷三，《大正藏》第55册，第505页中。
③［唐］智昇：《开元释教录》卷十三，《大正藏》第55册，第623页上。
④［唐］智昇：《开元释教录》卷二十，《大正藏》第55册，第721页中。
⑤［唐］圆照：《贞元新定释教目录》卷五，《大正藏》第55册，第802页中。
⑥［唐］圆照：《贞元新定释教目录》卷二十三，《大正藏》第55册，第956页下。
⑦［唐］圆照：《贞元新定释教目录》卷三十，《大正藏》第55册，第1044页下。
⑧［唐］智昇：《开元释教录》卷四，《大正藏》第55册，第517页中。
⑨［梁］沈约：《宋书》卷九十三，中华书局，1974年，第2278页。

《晋书》载："（孝武帝太元十七年）十一月癸酉，以黄门郎殷仲堪为都督荆益梁三州诸军事、荆州刺史。"①

韦宾在《宗炳出仕考》中指出："知宗炳为辟主簿，举秀才不就事当在太元十七年十一月之后，即392年冬之后。"②

释慧远同僧伽提婆重订《阿毗昙心》以为定本

《出三藏记集》载："释和尚昔在关中，令鸠摩罗跋提出此经。其人不闲晋语，似偈本难译，遂隐而不传。至于断章，直云修妒路。及见提婆，乃知有此偈。以偈检前所出，又多首尾隐没，互相涉入，译人所不能传者彬彬然，是以劝令更出。以晋泰元十六年，岁在单阏，贞于重光。其年冬，于寻阳南山精舍，提婆自执胡经，先诵本文。然后乃译为晋语，比丘道慈笔受。至来年秋，复重与提婆挍正，以为定本。时众僧上座竺僧根、支僧纯等八十人，地主江州刺史王凝之，优婆塞西阳太守任固之为檀越，并共劝佐而兴立焉。"③

晋孝武帝太元十八年·北凉麟嘉五年·窦冲元光元年（393）癸巳

戴逵作《释疑论》

戴逵所作之《释疑论》，见《广弘明集》卷十八。④

区结成在《慧远》中指出："（393年）秋戴逵来书，寄所作《释疑论》，以为业报之谈只是劝教方便之言。周续之见书，作《难释疑论》代慧远作覆。逵来书再辩。"⑤

方立天在《魏晋南北朝佛教》之《慧远年谱》中指出："（393年）东晋学者、著名画家、雕塑家戴逵作《释疑论》，就佛教因果报应说致书慧远，提出质疑，周续之

① [唐] 房玄龄等：《晋书》卷九，中华书局，1974年，第239页。
② 韦宾：《宗炳出仕考》，《文艺研究》2009年第10期。
③ [梁] 僧祐：《出三藏记集》卷十，《大正藏》第55册，第72页中。
④ [唐] 道宣：《广弘明集》卷十八，《大正藏》第52册，第221页下。
⑤ 区结成：《慧远》，东大图书公司，1987年，第151页。

见论为作《难释疑论》。”[①]

龚斌在《慧远法师传》之《慧远年谱》中指出：“（393年）陈统《年谱》谓戴逵作《释疑论》在本年秋。其说是。考《晋书·戴逵传》，‘太元二十年，皇太子始出东宫，太子太傅会稽王道子、少傅王雅、詹事王珣又上疏曰：“逵执操贞厉，含味独游，年在耆老，清风弥劭。东宫虚德，式延事外，宜加旌命，以参僚侍。逵既重幽居之操，必以难进为美，宜下所在备礼发遣，会病卒。”’据《通鉴》卷一百八，太元二十年三月，‘皇太子出就东宫’，则会稽王道子等上疏征戴及戴病卒，当在此年三四月间。戴作《释疑论》寄慧远后，周续之作《难释疑论》，开头云：‘近见君《释疑论》。’这说明周续之此文作于戴逵作《释疑论》后不久。又检慧远《答戴逵书》云：‘去秋与诸人共读君论，并亦有同异。观周郎作答，意谓世典与佛教粗是其中。今封相呈，想暇日能力寻省。’据此可知，戴逵《释疑论》作于慧远《答戴逵书》之前一年，且必在太元二十年之前。今暂定于本年。按，佛教主张善恶皆有报应，戴逵则以为‘修短穷达自有定分，积善积恶之谈盖是劝教之言耳’，故作《释疑论》。慧远、周续之便与戴辩析善恶报应之说。”[②]

《维摩诘经》卷上王相高题记

《中国古代写本识语集录》录《维摩诘经》卷上王相高题记云：“麟嘉五年六月九日，王相高写竟。疏拙、见者莫笑也。”[③]

另见《魏晋南北朝敦煌文献编年》。[④]

释慧远讲经不辍

《世说新语》载：“远公在庐山中，虽老，讲论不辍。弟子中或有堕者，远公曰：‘桑榆之光，理无远照，但愿朝阳之晖，与时并明耳。’执经登坐，讽诵朗畅，词色甚苦，高足之徒，皆肃然增敬。”[⑤]

戴丽琴在《〈世说新语〉与佛教》中指出：“此在庐山东林寺。则在太元十一年

① 方立天：《方立天文集》第一卷《慧远及其佛学》，中国人民大学出版社，2006年，第186页。

② 龚斌：《慧远法师传》，江西人民出版社，2008年，第232—233页。

③［日］池田温：《中国古代写本识语集录》，东京大学东洋文化研究所，1990年，第78页。

④ 饶宗颐主编，王素、李方著：《魏晋南北朝敦煌文献编年》，新文丰出版公司，1997年，第102—103页。

⑤ 徐震堮：《世说新语校笺》，中华书局，1984年，第314页。

（386）后。又此言‘老’，而慧远春秋八十有余，大概在慧远花甲之年（大元十八年，393）之后。”[①]

按：今依戴说，兹将此事系于释慧远花甲之年。

延恩寺塔碑文

《全三国两晋南朝文补遗》载：“太元十八年闰月，大斧。太元十八年闰月，中斧。太元十八年闰月，小斧。”[②]

韩理洲此条注云：“本砖文录文见《台州金石录·台州砖录》卷四。本次整理，据以录文并标点。据《二十史朔闰表》是年闰七月，故本文作于东晋太元十八年（三九三）闰七月。”[③]

另见《台州编年史》第一卷。[④]

释慧璩生

《高僧传》载：“释慧璩，丹阳人。出家止瓦官寺。读览经论，涉猎书史。众技多闲，而尤善唱导。出语成章，动辞制作，临时采博，罄无不妙。”[⑤]

《高僧传》载：“大明末终于寺，年七十二。”[⑥]

据此推之，释慧璩当生于本年。

释慧严学洞群籍

《高僧传》载：“迄甫立年，（释慧严）学洞群籍，风声四远，化洽殊邦。”[⑦]

《礼记集解》引郑玄注曰：“三十而立，气血已定，故曰壮。”[⑧]

按：据晋哀帝隆和二年（363）下“释慧严生”条，推之可知，“释慧严学洞群籍”条，当发生于本年。

---

① 戴丽琴：《〈世说新语〉与佛教》，华中师范大学博士论文，2010年，第58页。

② 韩理洲等辑校编年：《全三国两晋南朝文补遗》，三秦出版社，2013年，第142页。

③ 韩理洲等辑校编年：《全三国两晋南朝文补遗》，三秦出版社，2013年，第142页。

④ 任林豪、马曙明编著：《台州编年史》第一卷，浙江古籍出版社，2017年，第78页。

⑤［梁］慧皎：《高僧传》卷十三，《大正藏》第50册，第416页上。

⑥［梁］慧皎：《高僧传》卷十三，《大正藏》第50册，第416页上。

⑦［梁］慧皎：《高僧传》卷七，《大正藏》第50册，第367页中。

⑧［清］孙希旦撰，沈啸寰、王星贤点校：《礼记集解》卷二，中华书局，1989年，第13页。

晋孝武帝太元十九年·前秦延初元年·后秦皇初元年·后凉麟嘉六年·后燕建兴九年（394）甲午

释昙翼得金像于江陵城北

《高僧传》载："翼常叹寺立僧足，而形像尚少。阿育王所造容仪，神瑞皆多，布在诸方，何其无感，不能招致。乃专精恳恻，请求诚应。以晋太元十九年甲午之岁二月八日，忽有一像现于城北，光相冲天，时白马寺僧众，先往迎接，不能令动。翼乃往祇礼，谓众人曰：'当是阿育王像，降我长沙寺焉。'即令弟子三人捧接，飘然而起，迎还本寺，道俗奔赴，车马轰填。后罽宾禅师僧伽难陀从蜀下，入寺礼拜，见像光上有梵字，便曰：'是阿育王像，何时来此。'时人闻者方知翼之不谬。年八十二而终，终日，像圆光奄然灵化，莫知所之，道俗咸谓翼之通感焉。时长沙寺复有僧卫沙门，学业甚著，为殷仲堪所重，尤善《十住》，乃为之注解。"①

周续之、戴逵、慧远等书信往来

周续之复戴逵书，见《广弘明集》卷十八。②

释慧远答《戴处士书》

释慧远答《戴处士书》，见《广弘明集》卷十八。③

方立天在《魏晋南北朝佛教》之《慧远年谱》中指出："（太元十九年）慧远复戴逵书，并示以周续之难逵复书，重申前义。"④

龚斌在《慧远法师传》之《慧远年谱》中指出："（394年）慧远、周续之与戴逵辩论佛教善恶报应说。"⑤

故将戴逵与释慧远往复书信论答之事，系于本年。

① ［梁］慧皎：《高僧传》卷五，《大正藏》第50册，第355页下。
② ［唐］道宣：《广弘明集》卷十八，《大正藏》第52册，第223页下。
③ ［唐］道宣：《广弘明集》卷十八，《大正藏》第52册，第224页上。
④ 方立天：《方立天文集》第一卷《慧远及其佛学》，中国人民大学出版社，2006年，第186页。
⑤ 龚斌：《慧远法师传》，江西人民出版社，2008年，第233页。

《佛说称扬诸佛功德经》后记

《佛说称扬诸佛功德经》所录《佛说称扬诸佛功德经后记》载："麟嘉六年六月二十日，于龟兹国金华祠演出此经，译梵音为晋言。昙摩跋檀者，通阿毗昙，畅诸经义，又加究尽摩诃衍事，辩说深法，于龟兹国博解第一。林即请命出此经，檀手自执梵本，衍为龟兹语经。当如是时，道俗欢喜叹未曾有，竞共讽诵美其功德。沙门慧海者，通龟兹语，善解晋音。林复命使译龟兹语为晋音，林自笔受，章句鄙拙，为辞不雅，贵存本而已。其闻此经，欢喜信乐，一心恭敬，受持讽诵诸佛名字、兴显赞扬如来功德，广加宣传，得不退转，疾成无上正真之道，无数天魔不能毁坏无上道心。"①

后燕慕容垂致竺僧朗书

《广弘明集》载："皇帝敬问太山朗和上，澄神灵绪，慈荫百国。凡在含生，孰不蒙润。朕承藉纂统方夏事膺，昔蜀不恭，魏武含慨。今二贼不平，朕岂获安。又元戎克兴，征扫暴乱。至人通灵，随权指化。愿兵不血刃，四海混伏。委心归诚，久敬何已。今遣使者，送官绢百匹，袈裟三领，绵五十斤，幸为咒愿。"②

竺僧朗答后燕慕容垂书

《广弘明集》载："僧朗顿首顿首，能人御世，英规遐邈。光敷道化，融济四海。贫道忝服道味，习教山林。岂惟诏旨，咨及国难。王者膺期，统有六合。大能并小，自是常伦。若葵藿之倾太阳，飞步之宗鳞凤。皇泽载融，群生系仰。陛下高明，何思不服。贫道穷林，蒙赐过分，僧朗顿首。"③

《资治通鉴》载："（东晋孝武帝太元十九年）燕主垂东巡阳平、平原，命辽西王农济河，与安南将军尹国略地青、兖。农攻廪丘，国攻阳城，皆拔之。东平太守韦简战死，高平、泰山、琅邪诸郡皆委城奔溃，农进军临海，遍置守宰。"④

按：公元394年，泰山已属后燕，且设置郡守。故将慕容垂致书竺僧朗之事系于本年。

---

①［北魏］吉迦夜译：《佛说称扬诸佛功德经》，《大正藏》第14册，第105页上。
②［唐］道宣：《广弘明集》卷二十八，《大正藏》第52册，第322页中。
③［唐］道宣：《广弘明集》卷二十八，《大正藏》第52册，第322页中。
④［北宋］司马光：《资治通鉴》卷一百八，中华书局，1956年，第3418页。

陶夔拜访释僧群

《高僧传》载："释僧群，未详何许人。清贫守节，蔬食诵经。后迁居罗江县之霍山，构立茅室。山孤在海中，上有石盂，径数丈许，水深六七尺，常有清流。古老相传云，是群仙所宅。群仙饮水不饥，因绝粒。后晋守太守陶夔，闻而索之。群以水遗夔，出山辄臭，如此三四。夔躬目越海，天甚晴霁，及至山，风雨晦暝，停数日竟不得至，乃叹曰：'俗内凡夫，遂为贤圣所隔。'慨恨而返。群庵舍与盂隔一小涧，常以一木为梁，由之汲水。后时忽有一折翅鸭，舒翼当梁，头就唼群。群欲举锡杖拨之，恐畏伤损，因此回还，绝水不饮，数日而终，春秋一百四十矣。临终向人说，年少时，经折一鸭翅，验此以为现报。"①

《乾隆福州府志》载："晋安郡太守：王楚之，太元十七年任。陶夔，太元十九年任。孔粲，太元二十年任。"②

据此推之，陶夔访释僧群，事当在本年。

释慧果生

《高僧传》载："释慧果，豫州人。少以蔬苦自业。"③

《高僧传》载："果以宋太始六年卒，春秋七十有六。"④

据此推之，释慧果当生于本年。

晋孝武帝太元二十年·后燕建兴十年·北魏登国十年（395）乙未

晋孝武帝令竺昙猷禳星却祸

《高僧传》载："晋太元中有妖星，帝普下诸国有德沙门令斋忏悔攘灾。猷乃祈诚冥感，至六日旦见青衣小儿来悔过云：'横劳法师。'是夕星退。别说云：'攘星

---

①［梁］慧皎：《高僧传》卷十二，《大正藏》第50册，第404页上。

②［清］徐景熹：《乾隆福州府志》卷三十一，《中国地方志集成·福建府县志辑·乾隆福州府志①》，上海书店出版社，2000年，第604页。

③［梁］慧皎：《高僧传》卷十二，《大正藏》第50册，第407页中。

④［梁］慧皎：《高僧传》卷十二，《大正藏》第50册，第407页中。

是帛僧光。’未详。”[①]

《世说新语》载：“太元末，长星见，孝武心甚恶之。夜，华林园中饮酒，举杯属星云：‘长星，劝尔一杯酒，自古何时有万岁天子。’”[②]

刘校标注引徐广《晋纪》云：“‘泰元二十年九月，有蓬星如粉絮，东南行，历须、女至央星。’按太元末，唯有此妖，不闻长星也。且汉文八年，有长星出东方。文颖注曰：‘长星有光芒，或竟天，或长十丈，或二三丈，无常也。’此星见，多为兵革事。此后十六年，文帝乃崩。盖知长星非关天子，《世说》虚也。”[③]

戴逵造无量寿佛像

《法苑珠林》载：“自泥洹以来，久逾千祀，西方像制，流式中夏。虽依经镕铸，各务仿佛，名士奇匠，竞心展力，而精分密数，未有殊绝。晋世有谯国戴逵字安道者，风清概远，肥遯旧吴，宅性居理，游心释教，且机思通赡，巧拟造化，思所以影响法相。咫尺应身，乃作无量寿挟侍菩萨。研思致妙，精锐定制。潜于帷中，密听众论，所闻褒贬，辄加详改。核准度于毫芒，审光色于浓淡，其和墨点彩，刻形镂法，虽周人尽策之微，宋客象楮之妙，不能逾也。委心积虑，三年方成。振代迄今，所未曾有。”[④]

《法苑珠林》载：“东晋会稽山阴灵宝寺木像者，征士谯国戴逵所制。逵以中古制像，略皆朴拙，至于开敬，不足动心。素有洁信，又甚巧思，方欲改斫威容，庶参真极。注虑累年，乃得成遂。东夏制像之妙，未之有如上之像也。致使道俗瞻仰，忽若亲遇。高平郗嘉宾撮香咒曰：‘若使有常，将复睹圣颜；如其无常，愿会弥勒之前。’所拈之香，于手自然，芳烟直上，极目云际，余芬裴回，馨盈一寺。于时道俗莫不感厉。像今在越州嘉祥寺。”[⑤]

《历代名画记》载：“逵既巧思，又善铸佛像及雕刻。曾造无量寿木像，高丈六，并菩萨。逵以古制朴拙，至于开敬，不足动心。乃潜坐帷中，密听众论。所听褒贬，辄加详研，积思三年，刻像乃成。迎至山阴灵宝寺，郗超观而礼之，撮香誓曰，云云。既而手中香勃然烟上，极目云际。前后徵拜，终不起，太元二十一年

---

① [梁]慧皎：《高僧传》卷十一，《大正藏》第50册，第396页中。
② 徐震堮：《世说新语校笺》，中华书局，1984年，第211页。
③ 徐震堮：《世说新语校笺》，中华书局，1984年，第211页。
④ [唐]道世：《法苑珠林》卷十六，《大正藏》第53册，第406页上。
⑤ [唐]道世：《法苑珠林》卷十三，《大正藏》第53册，第386页中。

也。”[①]

释昙徽卒

《高僧传》载：“（释昙徽）以晋太元二十年卒。临亡之日，体无余患。上堂同众中食，因而告别。食竟还房，右胁而化，春秋七十三矣。著《立本论》九篇、《六识旨归》十二首，并行于世。”[②]

沙门支昙猛献言于慕容宝

《晋书》载：“遣其太子宝及农与慕容麟等率众八万伐魏，慕容德、慕容绍以步骑一万八千为宝后继。魏闻宝将至，徙往河西。宝进师临河，惧不敢济。还次参合，忽有大风黑气，状若堤防，或高或下，临覆军上。沙门支昙猛言于宝曰：‘风气暴迅，魏军将至之候，宜遣兵御之。’宝笑而不纳。昙猛固以为言，乃遣麟率骑三万为后殿，以御非常。麟以昙猛言为虚，纵骑游猎。俄而黄雾四塞，日月晦冥，是夜魏师大至，三军奔溃，宝与德等数千骑奔免，士众还者十一二，绍死之。”[③]

《资治通鉴》载：“（东晋孝武帝太元二十年）燕军至参合陂，有大风，黑气如堤，自军后来，临覆军上。”[④]

《释迦方志》载：“后燕建兴末，沙门昙猛者从大秦路入达王舍城，及返之日，从陀历道而还东夏。”[⑤]

周续之入庐山

《宋书》载：“（周续之）既而闲居读《老》《易》，入庐山事沙门释慧远。时彭城刘遗民遁迹庐山，陶渊明亦不应征命，谓之寻阳三隐。以为身不可遣，余累宜绝，遂终身不娶妻，布衣蔬食。”[⑥]

《庐山记》载：“（周续之）后入庐山，预远公净社。又与刘遗民、陶渊明号‘寻阳三隐’。”[⑦]

---

①［日］冈村繁译注，俞慰刚译：《历代名画记译注》（第五卷），上海古籍出版社，2002年，第304页。

②［梁］慧皎：《高僧传》卷五，《大正藏》第50册，第356页中。

③［唐］房玄龄等：《晋书》卷一百二十三，中华书局，1974年，第3089页。

④［北宋］司马光：《资治通鉴》卷一百八，中华书局，1956年，第3423页。

⑤［唐］道宣：《释迦方志》卷二，《大正藏》第51册，第969页中。

⑥［梁］沈约：《宋书》卷九十三，中华书局，1974年，第2280页。

⑦［宋］陈舜俞：《庐山记》卷三，《大正藏》第51册，第1040页上。

曹虹在《慧远评传》中指出："太元二十年（395）左右，（周续之）入庐山师事慧远。"①

昙无谶学佛由小乘转大乘

《出三藏记集》载："（昙无谶）十岁，与同学数人读咒，聪敏出群，诵经日得万余言。初学小乘，兼览五明诸论，讲说精辩，莫能酬抗。后遇白头禅师，共谶论议，习业既异，交争十旬。谶虽攻难锋起，而禅师终不肯屈。谶服其精理，乃谓禅师曰：'颇有经典可得见不？'禅师即授以树皮《涅槃经》本。谶寻读惊悟，方自惭恨，以为坎井之识，久迷大方。于是集众悔过，遂专业大乘。"②

《高僧传》载："（昙无谶）十岁，同学数人读咒，聪敏出群，诵经日得万余言。初学小乘，兼览五明诸论，讲说精辩，莫能酬抗。后遇白头禅师，共谶论议，习业既异，交诤十旬。谶虽攻难锋起，而禅师终不肯屈。谶伏其精理，乃谓禅师曰：'颇有经典，可得见不。'禅师即授以树皮《涅槃经》本。谶寻读惊悟，方自惭恨，以为坎井之识，久迷大方，于是集众悔过，遂专大乘。"③

按：据晋孝武帝太元十年（385）下"昙无谶生"条，推之可知，"昙无谶学佛由小乘转大乘"条，当发生于本年。

姚绪于蒲坂阿育王寺得佛骨

《弘明集》载："近姚略叔父为晋王，于河东蒲坂，古老所谓阿育王寺处，见有光明。凿求得佛遗骨，于石函银匣之中，光曜殊常，随略迎都于灞上。比丘今见，存辛寺。"④

《十六国春秋》载："（皇初二年）以叔父征虏（将军）（姚）绪为晋王。"⑤

《十六国春秋》载："（弘始元年）（姚）兴以日月薄蚀，灾眚屡见，降号称王。下书令群公卿士将牧守宰各降一级。"⑥

---

①曹虹著：《慧远评传》，南京大学出版社，2002年，第148页。

②［梁］僧祐：《出三藏记集》卷十四，《大正藏》第55册，第102页下。

③［梁］慧皎：《高僧传》卷二，《大正藏》第50册，第335页下。

④［梁］僧祐：《弘明集》卷二，《大正藏》第52册，第12页下。

⑤［北魏］崔鸿撰，［清］汤球辑补：《十六国春秋辑补》卷五十一，中华书局，2020年，第639页。

⑥［北魏］崔鸿撰，［清］汤球辑补：《十六国春秋辑补》卷五十一，中华书局，2020年，第642页。

汤用彤在《汉魏两晋南北朝佛教史》（增订本）中指出："掘出基墌，认为古塔，原无足怪。至若金像，秦始皇已有制作，地下枯骨，所在皆有，不必即其所传故事，尽属虚构也。"①

按：姚绪为后秦晋王，其时在皇初二年（395）春正月至弘始元年（399）九月。僧祐又言姚绪近为晋王，则此事当在本年。

释法羽或于本年燃身

《高僧传》载："（释法羽）常欲仰轨药王，烧身供养。时伪晋王姚绪镇蒲坂，羽以事白绪，绪曰：'入道多方，何必烧身，不敢固违，幸愿三思。'羽誓志既重，即服香屑，以布缠体，诵《舍身品》竟，以火自燎。道俗观视，莫不悲慕焉。时年四十有五。"②

关于僧尼燃身的原因，唐嘉的《东晋宋齐梁陈比丘尼研究》中有相关论述，可参考之。③

按：姚绪镇蒲坂，上条已录，兹不赘述。然法羽燃身，未详其时，兹系于姚绪镇蒲坂之初。

竺昙无兰译《三十七品经》

《出三藏记集》载："《三十七品经》一卷（晋太元二十年，岁在丙申六月出）。"④

《历代三宝纪》载："《三十七品经》一卷（太元十二年译，道安云出《律经》）。"⑤

《古今译经图纪》载："《三十七品经》（一卷）。"⑥

《众经目录》载："《三十七品序》一卷（昙无兰）。"⑦

《大唐内典录》载："《三十七品经》一卷（太元二十年译，道安云出《律经》，后例一卷）。"⑧

《大周刊定众经目录》载："《三十七品经》一卷。右，东晋代太康（元）年竺

---

① 汤用彤：《汉魏两晋南北朝佛教史》（增订本），北京大学出版社，2011年，第6页。

② [梁]慧皎：《高僧传》卷十二，《大正藏》第50册，第404页下。

③ 唐嘉：《东晋宋齐梁陈比丘尼研究》，巴蜀书社，2011年，第269—273页。

④ [梁]僧祐：《出三藏记集》卷二，《大正藏》第55册，第10页中。

⑤ [隋]费长房：《历代三宝纪》卷七，《大正藏》第49册，第69页中。

⑥ [唐]靖迈：《古今译经图纪》卷二，《大正藏》第55册，第356页上。

⑦ [隋]法经：《众经目录》卷六，《大正藏》第55册，第147页上。

⑧ [唐]道宣：《大唐内典录》卷三，《大正藏》第55册，第245页上。

昙无兰译，出《长房录》。”[①]

《开元释教录》载：“《三十七品经》（安公云：‘出《律经》。’《僧祐录》云：‘晋太元二十一年，岁在丙申六月，在谢镇西寺撰出。’）。”[②]

《贞元新定释教目录》载：“《三十七品经》（安公云：‘出《律经》。’《僧祐录》云：‘晋大元二十年岁在丙申六月，在谢镇西寺撰出。’）。”[③]“《三十七品经》一卷（安公云：‘出《律经新编上》。’）。《僧祐录》云：‘东晋沙门竺昙无兰，太元二十一年六月谢镇西寺撰。’兰《序》自记而不标所出。”[④]

晋孝武帝太元二十一年·后秦皇初三年·后燕永康元年·后凉龙飞元年·西秦太初九年（396）丙申

晋孝武帝崩

《晋书》载：“（二十一年）秋九月庚申，帝崩于清暑殿，时年三十五。葬隆平陵。帝幼称聪悟。简文之崩也，时年十岁，至晡不临，左右进谏，答曰：‘哀至则哭，何常之有？’谢安尝叹以为精理不减先帝。既威权己出，雅有人主之量。既而溺于酒色，殆为长夜之饮。末年长星见，帝心甚恶之，于华林园举酒祝之曰：‘长星，劝汝一杯酒，自古何有万岁天子邪！’太白连年昼见，地震水旱为变者相属。醒日既少，而傍无正人，竟不能改焉。时张贵人有宠，年几三十，帝戏之曰：‘汝以年当废矣。’贵人潜怒，向夕，帝醉，遂暴崩。时道子昏惑，元显专权，竟不推其罪人。初，简文帝见谶云：‘晋祚尽昌明。’及帝之在孕也，李太后梦神人谓之曰：‘汝生男，以“昌明”为字。’及产，东方始明，因以为名焉。简文帝后悟，乃流涕。及为清暑殿，有识者以为‘清暑’反为‘楚’声，哀楚之征也。俄而帝崩，晋祚自此倾矣。”[⑤]

《建康实录》载：“案，《图经》：‘武帝游于清暑殿，有一人黄衣，自号天泉

---

① ［唐］明佺：《大周刊定众经目录》卷一，《大正藏》第55册，第376页上。
② ［唐］智昇：《开元释教录》卷三，《大正藏》第55册，第504页中。
③ ［唐］圆照：《贞元新定释教目录》卷五，《大正藏》第55册，第801页下。
④ ［唐］圆照：《贞元新定释教目录》卷二十六，《大正藏》第55册，第991页中。
⑤ ［唐］房玄龄等：《晋书》卷九，中华书局，1974年，第241—242页。

池神，名淋岑君，谓帝曰："若见善待，当福佑之。"帝怪恐，投以佩刀。神怒曰："君为不道，将使知之。"因不见，遂闻鼓鼙之音而去。帝乃请大沙门为斋夜转诵，见一臂长三丈来摸经案，甚怪之。后帝与宫妓泛龙舟，饮宴于池，有慢色神，乃见形攀龙舟沉，帝遂溺死。'与今本纪不同，寻考其实，则暴崩清暑殿，非缪也。"①

谢敷卒

《晋书》载："初，月犯少微，少微一名处士星，占者以隐士当之。谯国戴逵有美才，人或忧之。俄而（谢）敷死，故会稽人士以嘲吴人云：'吴中高士，便是求死不得死。'"②

《法苑珠林》载："敷死时，友人疑其得道，及闻此经，弥复惊异。"③

谷文彬在《六朝灵验类小说研究》中指出："张彦远《历代名画记》卷五云戴氏卒于太元二十一年（396），则谢敷至迟当不晚于太元二十一年（396）去世。又，陆澄《法论目录》著录有'谢庆绪《阿毗昙五法行义》'，而《阿毗昙心》译经据未详作者《阿毗昙心序》介绍系高僧僧伽提婆太元十七年秋（391）译出。谢氏撰有《阿毗昙五法行义》④一书，则说明他生前见过《阿毗昙心》，则谢敷卒年应在太元十七年以后。由此，谢敷卒于太元十七年至太元二十一年之间。"⑤

谢敷卒年，无法详考，止知其卒于戴逵之先，故系于本年。兹附谢敷著作于右：《阿毗昙五法行义》⑥、《郗与谢庆绪书往反五首》⑦、《书与谢庆绪论十住往反四首》⑧（二首分为下卷）、《识三本论》⑨。

谢敷尝作《安般守意经序》

谢敷所作之《安般守意经序》，见《出三藏记集》卷六。⑩

---

①［唐］许嵩著，张忱石点校，《建康实录》卷九，中华书局，1986年，第293—294页。
②［唐］房玄龄等：《晋书》卷九十四，中华书局，1974年，第2457页。
③［唐］道世：《法苑珠林》卷十八，《大正藏》第53册，第418页上。
④［梁］僧祐：《出三藏记集》卷十二，《大正藏》第55册，第84页中。
⑤ 谷文彬：《六朝灵验类小说研究》，华中师范大学博士学位论文，2015年，第30页。
⑥［梁］僧祐：《出三藏记集》卷十二，《大正藏》第55册，第84页中。
⑦［梁］僧祐：《出三藏记集》卷十二，《大正藏》第55册，第84页中。
⑧［梁］僧祐：《出三藏记集》卷十二，《大正藏》第55册，第84页下。
⑨［梁］僧祐：《出三藏记集》卷十二，《大正藏》第55册，第84页下。
⑩［梁］僧祐：《出三藏记集》卷六，《大正藏》第55册，第43页下。

谢敷尝作《观世音应验记》

《观音义疏》载："晋世谢敷作《观世音应验传》，齐陆杲又续之。"①

《观世音应验记三种》载："一、竺长舒。二、沙门帛法桥。三、邺西寺三胡道人。四、窦傅。五、吕竦。六、徐荣。七、沙门竺法义。右七条，谢庆绪往撰《光世音应验》一卷十余事，送与先君。余昔居会土，遇兵乱失之。顷还此竟，寻求其文，遂不复存。其中七条具识事，不能复记余事，故以所忆者更为此记，以悦同信之士云。"②

按：《观世音应验记》曾失而复得，其流布情况，董志翘有详细的介绍，具体参考董志翘《〈观世音应验记三种〉译注》之《代前言》部分。③

竺昙猷卒

《高僧传》载："猷以太元之末卒于山室，尸犹平坐而举体绿色。"④

按：《高僧传》云其卒于太元之末，且太元二十年，竺昙猷尚为孝武帝消禳灾星。则昙猷之卒，当在此年矣。

释慧持送道仪至东安寺

《高僧传》载："持有姑为尼，名道仪，住在江夏。仪闻京师盛于佛法，欲下观化。持乃送姑至都，止于东安寺。"⑤

《比丘尼传》载："道仪，本姓贾，雁门娄烦人，慧远之姑。出适同郡解直，直为寻阳令亡，仪年二十二。弃舍俗累，披着法衣。聪明敏哲，博闻强记。诵《法华经》，讲《维摩小品》。精义妙理，因心独悟。戒行高峻，神气清邈。闻中畿经律渐备，讲集相续。晋泰元末乃至京师，住何后寺。端心律藏，妙究精微。身执卑恭，在幽不惰。衣裳粗弊，自执杖钵。清散无矫，道俗高之。年七十八，遇疾已笃，执心弥励，诵念无殆。弟子请曰：'愿加消息，冀蒙胜损。'答曰：'非所宜言，言绝而卒。'"⑥

---

① [隋]智顗：《观音义疏》卷一，《大正藏》第34册，第923页下。

② 董志翘：《〈观世音应验记三种〉译注》，江苏古籍出版社，2002年，第1页。

③ 董志翘：《〈观世音应验记三种〉的重新发现及研究——代前言》，《〈观世音应验记三种〉译注》，江苏古籍出版社，2002年，第1—21页。

④ [梁]慧皎：《高僧传》卷十一，《大正藏》第50册，第396页中。

⑤ [梁]慧皎：《高僧传》卷六，《大正藏》第50册，第361页中。

⑥ [梁]宝唱：《比丘尼传》卷一，《大正藏》第50册，第937页上。

区结成在《慧远》中指出：“（东晋孝武帝太元二十一年）弟慧持送姑道仪尼适经京师。”①

按：释慧持送其姑道仪比丘尼至京都东安寺，《高僧传》未载其年，《比丘尼传》云晋太元末至京师。兹系于太元二十一年。

康道和译《益意经》

《出三藏记集》载：“《益意经》二卷。”②

《历代三宝纪》载：“《益意经》三卷（第二出）右一部，合三卷。孝武帝世，沙门康道和太元末译。见竺道祖《晋世杂录》，朱士行《汉录》云二卷，不显译人。”③

《古今译经图纪》载：“沙门康道和，戒德有仪，轨范群物。以晋孝武帝泰元二十一年，岁次丙申，译《益意经》一部（三卷）。”④

《大唐内典录》载：“《益意经》三卷，右一部，合三卷。孝武帝世，沙门康道和太元末译。见竺道祖《晋世杂录》，朱士行《汉录》云二卷，不显译人。”⑤

《大周刊定众经目录》载：“《益意经》一部三卷（第二译）。右东晋太元末康道和译。出竺道祖录。”⑥

《开元释教录》载：“沙门康道和，戒德有仪，轨范群物。以孝武帝太元二十一年景申，译《益意经》一部。”⑦

《贞元新定释教目录》载：“沙门康道和，戒德有仪，轨范群物。以孝武帝太元二十一年景申，译《益意经》一部。”⑧“《益意经》一卷，东晋三藏康道和译，第二译。”⑨

瓦官寺为火所焚

《高僧传》载：“至晋孝武太元二十一年七月夜，自然火起。寺僧数十，都无知

---

① 区结成：《慧远》，东大图书公司，1987年，第151页。
②［梁］僧祐：《出三藏记集》卷四，《大正藏》第55册，第22页上。
③［隋］费长房：《历代三宝纪》卷七，《大正藏》第49册，第70页中。
④［唐］靖迈：《古今译经图纪》卷二，《大正藏》第55册，第356页下。
⑤［唐］道宣：《大唐内典录》卷三，《大正藏》第55册，第246页中。
⑥［唐］明佺：《大周刊定众经目录》卷五，《大正藏》第55册，第401页上。
⑦［唐］智昇：《开元释教录》卷三，《大正藏》第55册，第505页中。
⑧［唐］圆照：《贞元新定释教目录》卷五，《大正藏》第55册，第802页中。
⑨［唐］圆照：《贞元新定释教目录》卷二十四，《大正藏》第55册，第966页中。

者，明旦见塔已成灰聚。帝曰：‘此国不祥之相也。’即敕杨法尚、李绪等，速令修复。至九月帝崩。有戴安道所制五像，及戴颙所治丈六金像。昔铸像初成，而面首殊瘦，诸工无如之何，乃迎颙看之。颙曰：‘非面瘦也，乃臂胛肥耳。’既鑢减臂胛，而面相自满，诸工无不叹息。又有师子国四尺二寸玉像，并皆在焉。昔师子国王闻晋孝武精于奉法，故遣沙门昙摩抑远献此佛。”①

竺昙无兰撰《三十七品经序》

竺昙无兰所作之《三十七品经序》，见《出三藏记集》卷十。②

《出三藏记集》所录《三十七品经序》载：“晋泰元二十一年，岁在丙申，六月，沙门竺昙无兰在杨州谢镇西寺撰。”③

姚兴设无遮大会

《四分比丘戒本疏》载：“至秦姚兴，谥文桓帝。皇初三年，殿前设无遮大会。帝问得戒有何证验，遂有智严法师请往西国，问得戒事。至北天竺，遇问罗汉，罗汉云：‘我之小圣，不委得戒。汝且住此，吾今为汝往问弥勒。’于是入定升天，为问弥勒。弥勒答云：‘振旦僧尼得戒。’遂与金花一尺，影现以为证验。罗汉得已，转授智严，智严来日，迦毗罗神送至此土。”④

西秦五佛像之一

《中国美术全集·雕塑篇九·炳灵寺等石窟雕塑》载：“五佛像之一，西秦。高一一〇厘米，炳灵寺一六九窟南壁二三龛。二三龛位于一六九窟南壁上方，为一个横长方形的背屏式龛，龛前并排塑造五佛像，均作磨光高肉髻，面形方圆，细眉大眼，身躯健壮，结跏趺坐，双手置于腹前作禅定印。佛着轻薄的通肩大衣，身躯轮廓显现，衣纹为劲健流畅的阴刻线，简洁明快，富有韵律，其处理方法不是通常所见早期造像的中垂式。由其东起一、二佛之间墨书‘丙申’年号，推测可能为西秦乞伏乾归时期（公元三九六年）制作，具有我国早期佛教艺术古朴刚健、淳厚质朴的特色。”⑤

---

①［梁］慧皎：《高僧传》卷十三，《大正藏》第50册，第410页上。

②［梁］僧祐：《出三藏记集》卷十，《大正藏》第55册，第70页中。

③［梁］僧祐：《出三藏记集》卷十，《大正藏》第55册，第70页下。

④［唐］定宾：《四分比丘戒本疏》卷一，《大正藏》第40册，第464页中。

⑤ 中国美术全集编辑委员会编：《中国美术全集·雕塑篇九·炳灵寺等石窟雕塑》，人民出版社，1988年，《图版说明》第1页。

晋孝武帝遣书令宗尼

《比丘尼传》载："令宗，本姓满，高乎金乡人也。幼有清信，乡党称之。家遇丧乱，为虏所驱，归诚恳至，称佛法僧，诵《普门品》，拔除其眉，托云恶疾，求诉得放，随路南归。行出冀州，复为贼所逐，登上林树，专诚至念。捕者前望，终不仰视，寻索不得，俄尔而散。宗下复去，不敢乞食，初不觉饥，晚达孟津，无船可济，憧惶忧惧，更称三宝。忽见一白鹿，不知所从来，下涉河流，沙尘随起，无有波澜。宗随鹿而济，曾不沾濡，平行如陆。因得达家，仍即入道。诚心冥诣，学行精恳，开览经法，深义入神。晋孝武闻之，遣书通问。后百姓遇疾，贫困者众，宗倾资赈给，告乞人间。不避阻远，随宜赡恤，蒙赖甚多，忍饥勤苦，形容枯悴。年七十五，忽早召弟子，说其夜梦：'见一大山，云是须弥，高峰秀绝，上与天连，宝饰庄严，晖耀烂日，法鼓铿锵，香烟芳靡，语吾令前，愕然惊觉。即体中忽忽有异于常，虽无痛恼，状如昏醉。'同学道津曰：'正当是极乐耳。'交言未竟，奄忽迁神。"①

按：令宗尼，《比丘尼传》止称"晋孝武闻之，遣书通问"，故系于东晋孝武帝太元之末。

比丘尼竺道容不知所终

《比丘尼传》载："太元中，（竺道容）忽而绝迹讲，不知所在。帝敕葬其衣钵，故寺边有冢云。"②

《法苑珠林》载："孝武初，（竺道容）忽而绝迹，不知所在。乃葬其衣钵，故寺边有冢云。"③

按：据《法苑珠林》之说，竺道容于晋孝武帝宁康初（373）即已不知所在，而《比丘尼传》云乃在太元中不知所终，未详孰是。兹系于太元之末。

释僧济入庐山

《高僧传》载："（释僧济）晋太元中来入庐山，从远公受学，大小诸经及世典书数，皆游炼心抱，贯其深要。"④

---

①［梁］宝唱：《比丘尼传》卷一，《大正藏》第50册，第936页中。

②［梁］宝唱：《比丘尼传》卷一，《大正藏》第50册，第936页中。

③［唐］道世：《法苑珠林》卷四十二，《大正藏》第53册，第616页中。

④［梁］慧皎：《高僧传》卷六，《大正藏》第50册，第362页中。

按：未详其年，兹系于太元之末。

帛僧光卒

《高僧传》载：“（帛僧光）处山五十三载，春秋一百一十岁。晋太元之末，以衣蒙头，安坐而卒。众僧咸谓依常入定，过七日后，怪其不起。乃共看之。颜色如常，唯鼻中无气。神迁虽久，而形骸不朽。”①

昙备卒

《比丘尼传》载：“（昙备）年七十三，泰元二十一年卒。弟子昙罗，博览经律，机才赡密，敕续师任。更立四层塔，讲堂房宇，又造卧像及七佛龛堂云。”②

支昙兰游剡

《高僧传》载：“（支昙兰）晋太元中游剡，后憩始丰赤城山，见一处林泉清旷而居之。经于数日，忽见一人长大，数呵兰令去。又见诸异形禽兽数以恐兰，见兰恬然自得，乃屈膝礼拜云：‘珠欺王是家舅，今往韦卿山就之，推此处以相奉。’尔后三年，忽闻车骑隐隐，从者弥峰。俄而有人着帻，称珠欺王通既前，从其妻子男女等二十三人，并形貌端整，有逾于世。既至兰所，暄凉讫，兰问住在何处，答云：‘乐安县韦卿山。久服风问，今与家累仰投，乞受归戒。’兰即授之，受法竟俫钱一万，蜜二器，辞别而去。便闻鸣笳动吹，响振山谷。兰禅众十余，共所闻见。”③

按：支昙兰游剡，未详其年。兹系于太元之末。

释昙始赍经宣化于辽东

《高僧传》载：“释昙始，关中人。自出家以后，多有异迹。晋孝武大元之末，赍经律数十部，往辽东宣化。显授三乘，立以归戒，盖高句骊闻道之始也。”④

按：释昙始于太元之末前往辽东宣化，兹系于太元二十一年。

---

①［梁］慧皎：《高僧传》卷十一，《大正藏》第50册，第395页下。
②［梁］宝唱：《比丘尼传》卷一，《大正藏》第50册，第936页上。
③［梁］慧皎：《高僧传》卷十一，《大正藏》第50册，第396页下。
④［梁］慧皎：《高僧传》卷十，《大正藏》第50册，第392页中。

晋安帝隆安元年·后秦皇初四年·后凉龙飞二年·北魏皇始二年·南凉太初元年·北凉神玺元年（397）丁酉

僧伽提婆至建康

《出三藏记集》载："至隆安元年，（僧伽提婆）游于京师。晋朝王公及风流名士，莫不造席致敬。时卫军东亭侯王珣，雅有信慧，住持正法，建立精舍，广招学众。提婆至止，珣即迎请。仍于其舍讲《阿毗昙》。名僧毕集，提婆宗致既精，辞旨明析，振发义奥，众咸悦悟。时王珣、僧弥亦在听坐，后于别屋自讲。珣问法网道人：'阿字所得云何。'答曰：'大略全是，小未精核耳。'其敷演之明，易启人心如此。其年冬，珣集京都义学沙门四十余人，更请提婆于其寺译出《中阿含》，罽宾沙门僧伽罗叉执胡本，提婆翻为晋言，至来夏方讫。其在关、洛江左所出众经，垂百余万言。历游华戎，备悉风俗。从容机警，善于谈笑，其道化声誉，莫不闻焉。未详其卒岁月。提婆或作提和，盖音讹故不同云。"①

《高僧传》载："（僧伽提婆）至隆安元年来游京师，晋朝王公及风流名士，莫不造席致敬。时卫军东亭侯琅琊王珣，渊懿有深信，荷持正法，建立精舍，广招学众。提婆既至，珣即延请，仍于其舍讲《阿毗昙》，名僧毕集。提婆宗致既精，词旨明析，振发义理，众咸悦悟。时王僧珍亦在座听，后于别屋自讲，珣问法纲道人：'阿弥所得云何？'答曰：'大略全是，小未精核耳。'其敷析之明，易启人心如此。其冬，珣集京都义学沙门释慧持等四十余人，更请提婆重译《中阿含》等，罽宾沙门僧伽罗叉执梵本，提婆翻为晋言，至来夏方讫。其在江洛左右，所出众经百余万言，历游华戎，备悉风俗，从容机警，善于谈笑。其道化声誉，莫不闻焉，后不知所终。"②

《世说新语》载："提婆初至，为东亭第讲阿毗昙。始发讲，坐裁半，僧弥便云：'都已晓。'即于坐分数四有意道人，更就余屋自讲。提婆讲竟，东亭问法冈道人曰：'弟子都未解，阿弥那得已解？所得云何？'曰：'大略全是，故当小未精核耳。'"③

《古今译经图纪》载："隆安元年，岁次丁酉，春游建康，晋朝王公，风流名士，

① ［梁］僧祐：《出三藏记集》卷十三，《大正藏》第55册，第99页下。

② ［梁］慧皎：《高僧传》卷一，《大正藏》第50册，第329页上。

③ 徐震堮：《世说新语校笺》，中华书局，1984年，第133—134页。

莫不造席，以其年冬十一月，为将军东亭侯王珣，集杨都名德四十沙门释慧持等，重译《中阿含经》（六十卷）、《增壹阿含经》（五十卷），至二年六月方讫，竺道祖笔受。”①

僧伽提婆重译《中阿含经》等

《出三藏记集》载：“《中阿含经》六十卷（晋隆安元年十一月十日于东亭寺译出，至二年六月二十五日讫。与昙摩提所出本不同）。”②

《历代三宝纪》载：“《中阿含经》六十卷（隆安元年十一月于东亭寺出，至二年六月讫。道祖笔受，第二译，与昙摩难提译者本不同，见《道祖录》）。《增一阿含经》五十卷（隆安元年正月出，是第二译，与难提本小异，竺道祖笔受。或四十二，或三十三，无定，见道祖及宝唱《录》）。”③

《众经目录》载：“《中阿含经》六十卷（晋世沙门僧伽提婆译）。”④“《中阿含经》六十卷（一千一百四十七纸），晋世僧伽提婆译。”⑤

《古今译经图纪》载：“（僧伽提婆）隆安元年岁次丁酉春游建康，晋朝王公风流名士莫不造席。以其年冬十一月，为将军东亭侯王珣，集杨都名德四十沙门释慧持等，重译《中阿含经》（六十卷）、《增壹阿含经》（五十卷），至二年六月方讫。竺道祖笔受。”⑥

《大唐内典录》载：“《中阿含经》六十卷（隆安元年十一月于东亭寺出，至二年六月讫。道祖笔受，第二译，与昙摩难提出不同，见祖《录》）。《增一阿含》五十卷（隆安元年正月出，是第二译，与难提本小异，道祖笔受，卷或四十二，三十三，无定，见道祖、宝唱《录》）。”⑦“《中阿含经》（六十卷，一千一百四十七纸）。东晋僧伽提婆于杨都译。”⑧

《大周刊定众经目录》载：“《中阿含经》一部六十卷（或五十八卷，合一千二百八十七纸。右，《达摩郁多罗录》云有二百二十二卷，《长房录》云六十九

---

①［唐］靖迈：《古今译经图纪》卷二，《大正藏》第55册，第356页下。

②［梁］僧祐：《出三藏记集》卷二，《大正藏》第55册，第10页下。

③［隋］费长房：《历代三宝纪》卷七，《大正藏》第49册，第70页下。

④［隋］法经：《众经目录》卷三，《大正藏》第55册，第129页上。

⑤［唐］静泰：《众经目录》卷一，《大正藏》第55册，第186页中。

⑥［唐］靖迈：《古今译经图纪》卷二，《大正藏》第55册，第356页下。

⑦［唐］道宣：《大唐内典录》卷三，《大正藏》第55册，第246页中。

⑧［唐］道宣：《大唐内典录》卷七，《大正藏》第55册，第296页下。

经）。右，东晋安帝隆安元年，僧伽提婆于杨州译，出《长房录》。”① “《增一阿含经》一部，五十卷（第二译，宝唱云三十三卷，或四十二卷）。右，东晋安帝隆安元年，三藏瞿昙僧伽提婆庐山译，出《长房录》。右，《宝唱录》云明定前多说四谛、十二因缘、五阴、六入、十八界，出苏陀耶沙弥论义得戒事。后出世界成败，又出成道度人，又作三道宝阶，又出波斯匿王十梦，又出高广大床是金银象牙等作之，又明七佛得道制戒。僧伽提婆所出，晋隆安元年正月二日就译，竺道祖笔受为三十三卷，出道祖《晋代杂录》，用纸七百三十七纸也。”②

《开元释教录》载：“《中阿含经》六十卷（第二出，或五十八卷，隆安元年十一月十日于东亭寺出，二年六月二十五日讫。与昙摩难提出者同本，沙门道慈笔受，见《道祖录》）。《增壹阿含经》五十一卷（第二出，隆安元年正月出，与难提本小异，竺道祖笔受，或四十二，或三十三，无定，亦有六十卷成者，见道祖及宝唱《录》）。”③ “《中阿含经》五十九卷（建元二十年出，是第一译，竺佛念笔受，见竺道祖《晋世杂录》及《僧祐录》）。《增壹阿含经》五十卷（第一译，建元二十年甲申夏出，至来春讫，为四十卷。佛念传译，昙嵩笔受，见《安公经序》，僧叡、僧祐、宝唱《录》并载，祐云三十三及二十四卷，恐误）。”④ “《中阿含经》六十卷（或五十八卷六帙），东晋罽宾三藏瞿昙僧伽提婆译（第二译，两译一阙）。右，此部经凡有五诵，都十八品，总二百二十二经别（僧肇《长含序》云《中含》四分五诵）。《增壹阿含经》五十一卷（或五十卷，或四十二卷，或三十三五帙）。东晋罽宾三藏瞿昙僧伽提婆译（第二译，两译一阙）。右，此部经凡有五十品，总四百七十二经别（僧肇《长含序》云《增一阿含》四分八诵）。”⑤ “《中阿含经》六十卷（或五十八卷，六帙，一千一百四十六纸）。《增一阿含经》五十一卷（或五十卷，或四十二卷，或六十卷，或三十三卷，五帙，八百二十纸）。右二经，东晋僧伽提婆译。”⑥

《贞元新定释教目录》载：“《中阿含经》六十卷（第二出，或五十八卷，隆安元年十一月十日东亭寺出，二年六月二十五日讫。与昙摩难提出者同本，沙门同道等笔受，道慈制序，见《道祖录》）。《增一阿含经》五十一卷（第二出，隆安元年正

① ［唐］明佺：《大周刊定众经目录》卷八，《大正藏》第55册，第419页中。
② ［唐］明佺：《大周刊定众经目录》卷八，《大正藏》第55册，第422页上。
③ ［唐］智昇：《开元释教录》卷三，《大正藏》第55册，第505页上。
④ ［唐］智昇：《开元释教录》卷三，《大正藏》第55册，第511页中。
⑤ ［唐］智昇：《开元释教录》卷十三，《大正藏》第55册，第610页下。
⑥ ［唐］智昇：《开元释教录》卷二十，《大正藏》第55册，第715页上。

月出。与难提本小异，竺道祖笔受，或四十二，或三十三，无定，亦有六十卷成者，见道祖及宝唱《录》）。”① “《中阿含经》六十卷（或五十八卷，六帙）。东晋罽宾三藏瞿昙僧伽提婆译，第二译（两译一阙）。右，此部经凡有五诵都十八品，总二百二十二经别（僧肇《长含序》云《中含》四分五诵）。《增壹阿含经》五十一卷（或五十卷，或四十卷，或三十二卷，五帙）。东晋罽宾三藏瞿昙僧伽提婆译，第二译（两译一阙）。右，此部经凡有五十品，总四百七十二经别（僧肇《长含序》云谓《增一阿含》四分八诵）。”②

比丘尼僧基卒

《比丘尼传》载：“（比丘尼僧基）年六十八，隆安元年卒矣。”③

僧伽跋澄至洛阳

《出曜经序》载：“有罽宾沙门僧伽跋澄，以前秦建元十九年，陟葱岭、涉流沙，不远万里来至长安。其所暗识富博绝伦，先师器之。既重其人，吐诚亦深，数四年中，上闻异要，奇杂盈耳。俄而三秦覆坠，避地东周。后秦皇初四年，还辕伊洛，将返旧乡，伫驾京师，望路致慨，恨《法句》之不全、《出曜》之未具，缅邈长怀，蕴情盈抱。”④

拓跋珪诏法果为沙门统

《魏书·释老志》载：“初，皇始中，赵郡有沙门法果，诫行精至，开演法籍。太祖闻其名，诏以礼征赴京师。后以为道人统，绾摄僧徒。每与帝言，多所惬允，供施甚厚。……初，法果每言，太祖明睿好道，即是当今如来，沙门宜应尽礼，遂常致拜。谓人曰：‘能鸿道者人主也，我非拜天子，乃是礼佛耳。’法果四十，始为沙门。”⑤

《广弘明集》载：“太宗践位，亦遵先业，京邑四方建立图像，仍令沙门敷导民俗。皇始中，赵郡沙门法果，戒行精至，开演法籍。太祖诏征以为沙门统，绾摄僧

---

① [唐] 圆照：《贞元新定释教目录》卷五，《大正藏》第55册，第801页下。
② [唐] 圆照：《贞元新定释教目录》卷二十三，《大正藏》第55册，第944页上。
③ [梁] 宝唱：《比丘尼传》卷一，《大正藏》第50册，第936页上。
④ [后秦] 竺佛念译：《出曜经》卷一，《大正藏》第4册，第609页下。
⑤ [北齐] 魏收：《魏书》卷一百一十四《释老志》，中华书局，1974年，第3030—3031页。

徒。言多允惬，供施甚厚。”①

《佛祖统纪》载：“皇始二年，诏赵郡法果为沙门统。”②

北魏拓跋珪致竺僧朗书

《高僧传》载：“魏主拓跋珪亦送书致物，其（竺僧朗）为时人所敬如此。”③

《广弘明集》载：“皇帝敬问太山朗和上，承沙圣灵，要须经略，已命元戎，上人德同海岳，神算遐长，冀助威谋，克宁荒服。今遣使者，送素二十端，白毡五十领，银钵二枚，到愿纳受。”④

释宝云入西域

《出三藏记集》载：“（释宝云）以晋隆安之初，远适西域。与法显、智严先后相随，涉履流沙，登逾雪岭，勤苦艰危，不以为难。”⑤

《高僧传》载：“（释宝云）遂以晋隆安之初远适西域，与法显、智严先后相随。涉履流沙，登逾雪岭，勤苦艰危，不以为难。”⑥

《名僧传抄》载：“隆安元年，（释宝云）乃辞入西域。誓欲眼都神迹，躬行忏悔。遂游于阗，及天竺诸国，与智严、法显发轸，是同游造各异。于陀历国，见金薄弥勒成佛像，整高八丈。云于像下，箅诚启忏五十日，夜见神光，照烛晈然如曙，观者盈路，彼诸宿德沙门并云灵辉数见（云云）。”⑦

释道温生

《高僧传》载：“释道温，姓皇甫，安定朝那人，高士谧之后也。少好琴书，事亲以孝闻。”⑧

《高僧传》载：“（释道温）宋太始初卒，春秋六十有九。”⑨

按：《高僧传》云释道温于刘宋明帝泰始（465—471）初卒，时六十有九。据此

---

①［唐］道宣：《广弘明集》卷二，《大正藏》第52册，第102页上。

②［宋］志磐：《佛祖统纪》卷三十八，《大正藏》第49册，第353页下。

③［梁］慧皎：《高僧传》卷五，《大正藏》第50册，第354页中。

④［唐］道宣：《广弘明集》卷二十八，《大正藏》第52册，第322页上。

⑤［梁］僧祐：《出三藏记集》卷十五，《大正藏》第55册，第113页上。

⑥［梁］慧皎：《高僧传》卷三，《大正藏》第50册，第339页下。

⑦［梁］宝唱：《名僧传抄》卷一，《卍续藏》第77册，第358页下。

⑧［梁］慧皎：《高僧传》卷七，《大正藏》第50册，第372页中。

⑨［梁］慧皎：《高僧传》卷七，《大正藏》第50册，第372页中。

推之，释道温当生于本年。

道整与郗恢同游

《高僧传》载：“（道整）后遁迹商洛山，专精经律。晋雍州刺史郗恢，钦其风尚，逼共同游，终于襄阳，春秋六十余矣。”①

《资治通鉴》载：“（东晋孝武帝太元十七年）冬，十月，辛亥，荆州刺史王忱卒。雍州刺史朱序以老病求解职，诏以太子右卫率郗恢为雍州刺史，代序镇襄阳。”②

《资治通鉴》载：“（东晋孝安帝隆安元年）秦主兴入寇湖城，弘农太守陶仲山、华山太守董迈皆降之。遂至陕城，进寇上洛，拔之。”③

按：郗恢任雍州刺史，事在392年。后秦攻陷商洛，事在397年九月。故道整与郗恢同游，事当在392—397年间。然考其与郗恢同游商洛，又寿终于襄阳，似此事当在397年之前。兹系于397年。

雷次宗入庐山莲社

《宋书》载：“（雷次宗）少入庐山，事沙门释慧远，笃志好学，尤明《三礼》《毛诗》，隐退不交世务。本州辟从事，员外散骑侍郎征，并不就。与子侄书以言所守，曰：夫生之修短，咸有定分，定分之外，不可以智力求，但当于所禀之中，顺而勿率耳。吾少婴羸患，事钟养疾，为性好闲，志栖物表，故虽在童稚之年，已怀远迹之意。暨于弱冠，遂托业庐山，逮事释和尚。于时师友渊源，务训弘道，外慕等夷，内怀悱发，于是洗气神明，玩心坟典，勉志勤躬，夜以继日。爰有山水之好，悟言之欢，实足以通理辅性，成夫亹亹之业，乐以忘忧，不知朝日之晏矣。自游道餐风，二十余载，渊匠既倾，良朋凋索，续以衅逆违天，备尝荼蓼，畴昔诚愿，顿尽一朝，心虑荒散，情意衰损，故遂与汝曹归耕垄畔，山居谷饮，人理久绝。”④

《庐山记》载：“（雷次宗）入庐山，立馆东林僧房之东，与远公同社。”⑤

《礼记集解》载：“人生十年曰幼，学；二十曰弱，冠。”⑥

按：据雷次宗《与子侄书》可知，雷次宗于二十岁入庐山，师事慧远。

---

①［梁］慧皎：《高僧传》卷一，《大正藏》第50册，第328页下。

②［北宋］司马光：《资治通鉴》卷一百八，中华书局，1956年，第3407页。

③［北宋］司马光：《资治通鉴》卷一百九，中华书局，1956年，第3458页。

④［梁］沈约：《宋书》卷九十三，中华书局，1974年，第2292—2293页。

⑤［宋］陈舜俞：《庐山记》卷三，《大正藏》第51册，第1039页下。

⑥［清］孙希旦撰，沈啸寰、王星贤点校：《礼记集解》卷二，中华书局，1989年，第12页。

竺道生入庐山

《出三藏记集》载："隆安中，（竺道生）移入庐山精舍。幽栖七年，以求其志。常以为入道之要，慧解为本。故钻仰群经，斛酌杂论，万里随法，不惮崄远。"①

《高僧传》载："（竺道生）初入庐山，幽栖七年，以求其志。常以入道之要，慧解为本，故钻仰群经，斟酌杂论，万里随法，不惮疲苦。"②

按：据晋安帝元兴元年·后秦弘始四年·南凉弘昌元年·北魏天兴五年（402）下"竺道生受学于鸠摩罗什"条，推之可知，"竺道生入庐山"条，最早当发生于本年。

晋安帝隆安二年·后秦皇初五年·北魏天兴元年·北凉神玺二年·后凉龙飞三年（398）戊戌

拓跋珪初兴佛法

《魏书》载："天兴元年，（拓跋珪）下诏曰：'夫佛法之兴，其来远矣。济益之功，冥及存没，神踪遗轨，信可依凭。其敕有司，于京城建饰容范，修整宫舍，令信向之徒，有所居止。'是岁，始作五级佛图、耆阇崛山及须弥山殿，加以缋饰。别构讲堂禅堂、及沙门座，莫不严具焉。"③

慧达为羌人所捕

《观音义疏》载："慧达以晋隆安二年，北陇上掘甘草。于时，羌饿，捕人食之，达为羌所得，闭在栅中，择肥者先食。达急，一心称名诵经，食余人稍尽，唯达并一小儿次拟明日，达竟夜诵犹冀一感，向晓羌来取之，忽见一虎从草透出咆哮，诸羌散走，虎因啮栅，作一穴而去。达将小儿走叛得免。"④

《法苑珠林》载："晋沙门释开达，隆安二年登垄采甘草，为羌所执。时年大饥，羌胡相啖。乃置达栅中，将食之，先在栅者十有余人，羌曰夕烹俎，唯达尚存。自达被执，便潜诵《观世音经》，不懈乎心。及明日当见啖，其晨始曙，忽有大虎径逼群羌，奋怒号吼，羌各骇怖迸走，虎乃前咬栅木，得成小阙可容人过，已而徐去。达初

---

①［梁］僧祐：《出三藏记集》卷十五，《大正藏》第55册，第110页下。
②［梁］慧皎：《高僧传》卷七，《大正藏》第50册，第366页下。
③［北齐］魏收：《魏书》卷一百一十四《释老志》，中华书局，1974年，第3030页。
④［隋］智𫖮：《观音义疏》卷一，《大正藏》第34册，第928页下。

见虎咬栅，必谓见害。既栅穿，而不入，心疑其异将是观世音力。计度诸羌未应便及，即穿栅逃走，夜行昼伏，遂得免脱。”①

佛驮跋陀罗译《新微密持经》

《出三藏记集》载：“《新微密持经》一卷（阙）。”②

《历代三宝纪》载：“《新微密持经》一卷（隆安二年第二出，与吴世支谦所译大同小异，见竺道祖《晋世杂录》）。”③

《古今译经图纪》载：“《新微密持经》（一卷）。”④

《大唐内典录》载：“《新微密持经》（隆安二年第二出，与支谦出小异，见祖《录》）。”⑤

《大周刊定众经目录》载：“《新微密持经》一卷（第二出，一名《成道降魔得一切智经》）。右，东晋安帝隆安二年，佛陀跋陀罗于庐山译，出《长房录》。”⑥

《开元释教录》载：“《出生无量门持经》一卷（或云《新微密持经》，于庐山译，第五出，与支谦《无量门微密持经》等同本，见祖、祐二《录》。祐、房等《录》别存《新微密持经》，误也）。”⑦“《出生无量门持经》一卷（或云《新微密持经》），东晋天竺三藏佛陀跋陀罗译（第五译）。”⑧“《出生无量门持经》一卷（或云《新微密持经》，七纸），东晋天竺三藏佛陀跋陀罗译。”⑨

《贞元新定释教目录》载：“《出生无量门持经》一卷（或云《新微密持经》，于庐山译，第五出，与支谦《无量门微密经》等同本，见祖、祐、房等《录》，别存《新微密持》，误也）。”⑩“《出生无量门持经》一卷（或云《新微密持经》），东晋天竺三藏佛陀跋陀罗译，第五译。”⑪“《出生无量门持经》一卷（或云《新微密持经》），七纸。”⑫

---

①［唐］道世：《法苑珠林》卷十七，《大正藏》第53册，第409页下。
②［梁］僧祐：《出三藏记集》卷二，《大正藏》第55册，第11页下。
③［隋］费长房：《历代三宝纪》卷七，《大正藏》第49册，第71页上。
④［唐］靖迈：《古今译经图纪》卷二，《大正藏》第55册，第357页上。
⑤［唐］道宣：《大唐内典录》卷三，《大正藏》第55册，第247页上。
⑥［唐］明佺：《大周刊定众经目录》卷四，《大正藏》第55册，第395页上。
⑦［唐］智昇：《开元释教录》卷三，《大正藏》第55册，第505页中。
⑧［唐］智昇：《开元释教录》卷十二，《大正藏》第55册，第600页上。
⑨［唐］智昇：《开元释教录》卷二十，《大正藏》第55册，第708页中。
⑩［唐］圆照：《贞元新定释教目录》卷五，《大正藏》第55册，第802页中。
⑪［唐］圆照：《贞元新定释教目录》卷二十二，《大正藏》第55册，第931页上。
⑫［唐］圆照：《贞元新定释教目录》卷二十九，《大正藏》第55册，第1031页中。

朱明舍宅为寺

《吴地记》载：“晋隆安二年，郡人朱明孝义立身，而家大富。与弟同居，弟妻言：‘树坏，欲弃兄异居。’明知弟意，乃以金帛余穀尽给与弟，唯留空宅。忽一夕狂风骤雨，悉吹财帛还归明宅，弟与妻羞见乡里，自尽。明乃舍宅为寺，号朱明寺。”①

鸠摩罗什东至姑臧

《出三藏记集》载：“（鸠摩罗什）停凉积年，吕光父子既不弘道，故韫其经法无所宣化。符坚已亡，竟不相见。姚苌闻其高名，虚心要请，到晋隆安二年，吕隆始听什东。既至姑臧，会苌卒，子兴立，遣使迎什。”②

《晋书》载：“罗什之在凉州积年，吕光父子既不弘道，故蕴其深解，无所宣化。姚兴遣姚硕德西伐，破吕隆，乃迎罗什，待以国师之礼。”③

释僧肇至姑臧

《高僧传》载：“后罗什至姑臧，肇自远从之，什嗟赏无极。及什适长安，肇亦随返。”④

佛陀耶舍东适龟兹

《出三藏记集》载：“（佛陀耶舍）停十余年，王薨，因至龟兹，法化甚盛。时什在姑臧，遣信要之。裹粮欲去，国人请留，复停岁余。”⑤

《高僧传》载：“（佛陀耶舍）停十余年，乃东适龟兹，法化甚盛。时什在姑臧，遣信要之，裹粮欲去，国人留之，复停岁许。”⑥

释僧彻师事庐山慧远

《高僧传》载：“彻年十六，入庐山造远公。远见而异之，问曰：‘宁有出家意耶？’对曰：‘远尘离俗，固其本心。绳墨镕钧，更唯匠者。’远曰：‘君能入道，当得无畏法门。’于是投簪委质，从远受业。遍学众经，尤精《波若》。又以问道之

---

①［唐］陆广微撰，曹林娣校注：《吴地记》，江苏古籍出版社，1999年，第97页。
②［梁］僧祐：《出三藏记集》卷十四，《大正藏》第55册，第101页中。
③［唐］房玄龄等：《晋书》卷九十五，中华书局，1974年，第2501页。
④［梁］慧皎：《高僧传》卷六，《大正藏》第50册，第365页上。
⑤［梁］僧祐：《出三藏记集》卷十四，《大正藏》第55册，第102页中。
⑥［梁］慧皎：《高僧传》卷二，《大正藏》第50册，第334页上。

暇，亦厝怀篇牍，至若一赋一咏，辄落笔成章。尝至山南攀松而啸，于是清风远集，众鸟和鸣，超然有胜气。退还咨远：'律制管弦，戒绝歌舞。一吟一啸，可得为乎？'远曰：'以散乱言之，皆为违法。'由是乃止。"[①]

按：据晋孝武帝太元七年·前秦建元十八年（382）下"释僧彻生"条，推之可知，"释僧彻师事庐山慧远"条，当发生于本年。

姚旻请僧伽跋澄翻译《出曜经》

《出曜经》载："太尉姚旻，笃诚深乐，闻不俟驾，（皇初）五年秋请令出之。"[②]

敦煌祁家湾北凉陶钵片

戴春阳、张珑在《敦煌祁家湾——西晋十六国墓葬发掘报告》中指出："尸床上随葬铜钱2枚，尸罩外头前置一朱书斗瓶，上书'神玺二年十一月己丑朔八日丙申……'。尸床上还撒有有意识砸碎的陶钵碎片，上书与佛教有关的隐语。"[③]

邓诗漫在《东汉至魏晋南北朝镇墓陶文集释及字表》中指出："皇子□女宝女……宽□申□觉□光生南□□儿道□教之效女佛生文佛德□……"[④]

另见《敦煌祁家湾——西晋十六国墓葬发掘报告》图六一。[⑤]

道整或卒于此年

《高僧传》载："（道整）终于襄阳，春秋六十余矣。"[⑥]

徐清祥在《东晋士族出家考》中指出："'后遁迹商洛山，专精经律'。商洛山在今陕西省商州以南，属秦岭山脉南麓。'晋雍州刺史郄恢，钦其风尚，逼共同游，终于襄阳，春秋六十余岁。'郄（又作郗）恢，字道胤，高平金乡人（今山东巨野南）人。他是郗鉴的孙子，郗昙的儿子。郗恢镇襄阳的时间在398年，因为郗恢被殷仲堪所害即在此年（隆安二年）。据此，道整卒年不会晚于398年。前秦建国于350年，苻坚当政于357年，道整十八岁为秦著作郎，死时约60余岁，那么他们生年约为335—338

---

① ［梁］慧皎：《高僧传》卷七，《大正藏》第50册，第370页下。

② ［后秦］竺佛念译：《出曜经》卷一，《大正藏》第4册，第609页下。

③ 戴春阳、张珑：《敦煌祁家湾——西晋十六国墓葬发掘报告》，文物出版社，1994年，第46页。

④ 邓诗漫：《东汉至魏晋南北朝镇墓陶文集释及字表》，吉林大学硕士学位论文，2019年，第163页。

⑤ 戴春阳、张珑：《敦煌祁家湾——西晋十六国墓葬发掘报告》，文物出版社，1994年，第87页。

⑥ ［梁］慧皎：《高僧传》卷一，《大正藏》第50册，第328页下。

年，卒年约为396—398年。”[①]

僧伽提婆重译《中阿含经》完毕

《出三藏记集》载：“《中阿含经》六十卷（晋隆安元年十一月十日于东亭寺译出，至二年六月二十五日讫。与昙摩提所出本不同）。”[②]

《历代三宝纪》载：“《中阿含经》六十卷（隆安元年十一月于东亭寺出，至二年六月讫。道祖笔受，第二译，与昙摩难提译者本不同，见《道祖录》）。”[③]

《众经目录》载：“《中阿含经》六十卷（晋世沙门僧伽提婆译）。”[④]“《中阿含经》六十卷（一千一百四十七纸），晋世僧伽提婆译。”[⑤]

《古今译经图纪》载：“（僧伽提婆）隆安元年岁次丁酉春游建康，晋朝王公风流名士莫不造席。以其年冬十一月，为将军东亭侯王珣，集杨都名德四十沙门释慧持等，重译《中阿含经》（六十卷）、《增壹阿含经》（五十卷），至二年六月方讫。竺道祖笔受。”[⑥]

《大唐内典录》载：“《中阿含经》六十卷（隆安元年十一月于东亭寺出，至二年六月讫。道祖笔受，第二译，与昙摩难提出不同，见祖《录》）。”[⑦]“《中阿含经》（六十卷，一千一百四十七纸）。东晋僧伽提婆于杨都译。”[⑧]

《大周刊定众经目录》载：“《中阿含经》一部六十卷（或五十八卷，合一千二百八十七纸。右，《达摩郁多罗录》云有二百二十二卷，《长房录》云六十九经）。右，东晋安帝隆安元年，僧伽提婆于杨州译，出《长房录》。”[⑨]

《开元释教录》载：“《中阿含经》六十卷（第二出，或五十八卷，隆安元年十一月十日于东亭寺出，二年六月二十五日讫。与昙摩难提出者同本，沙门道慈笔受，见《道祖录》）。”[⑩]“《中阿含经》六十卷（或五十八卷六帙），东晋罽宾

---

① 徐清祥：《东晋士族出家考》，《世界宗教研究》，2005年第3期。
② ［梁］僧祐：《出三藏记集》卷二，《大正藏》第55册，第10页下。
③ ［隋］费长房：《历代三宝纪》卷七，《大正藏》第49册，第70页下。
④ ［隋］法经：《众经目录》卷三，《大正藏》第55册，第129页上。
⑤ ［唐］静泰：《众经目录》卷一，《大正藏》第55册，第186页中。
⑥ ［唐］靖迈：《古今译经图纪》卷二，《大正藏》第55册，第356页下。
⑦ ［唐］道宣：《大唐内典录》卷三，《大正藏》第55册，第246页中。
⑧ ［唐］道宣：《大唐内典录》卷七，《大正藏》第55册，第296页下。
⑨ ［唐］明佺：《大周刊定众经目录》卷八，《大正藏》第55册，第419页中。
⑩ ［唐］智昇：《开元释教录》卷三，《大正藏》第55册，第505页上。

三藏瞿昙僧伽提婆译（第二译，两译一阙）。右，此部经凡有五诵，都十八品，总二百二十二经别（僧肇《长含序》云《中含》四分五诵）。”[①]“《中阿含经》六十卷（或五十八卷，六帙，一千一百四十六纸）。”[②]

《贞元新定释教目录》载：“《中阿含经》六十卷（第二出，或五十八卷，隆安元年十一月十日东亭寺出，二年六月二十五日记。与昙摩难提出者同本，沙门同道等笔受，道慈制序，见《道祖录》）。”[③]“《中阿含经》六十卷（或五十八卷，六帙）。东晋罽宾三藏瞿昙僧伽提婆译，第二译（两译一阙）。右，此部经凡有五诵都十八品，总二百二十二经别（僧肇《长含序》云《中含》四分五诵）。”[④]

大安寺建立

《舆地纪胜》载：“谢尚宅，今（隆兴府，江南西路）城北大安寺也。晋隆安二年，镇西将军谢尚施宅为之。”[⑤]

《江城名迹》载：“大安寺，在（南昌府）城北，初名东寺。有铁香炉，高六尺许。识云：‘赤乌元年造。’晋时，西域僧安世高，来止于此。遂名大安寺。一云晋隆安二年，镇西将军谢尚，施宅为之。”[⑥]

《金石萃编》载：“寺在府城北，初名东寺。有铁香炉，高六尺许。识云：‘赤乌元年造。’晋时，西域僧安世高，本安息王太子，避位来止于此，遂名大安寺。”[⑦]

晋安帝隆安三年·后秦皇初六年·后秦弘始元年·南燕慕容德二年·后凉龙飞四年（399）己亥

鸠摩罗什以术试外国道人罗叉

《出三藏记集》载：“光中书监张资，文翰温雅，识量沈粹，寝疾困笃。光博营

① ［唐］智昇：《开元释教录》卷十三，《大正藏》第55册，第610页下。
② ［唐］智昇：《开元释教录》卷二十，《大正藏》第55册，第715页上。
③ ［唐］圆照：《贞元新定释教目录》卷五，《大正藏》第55册，第801页下。
④ ［唐］圆照：《贞元新定释教目录》卷二十三，《大正藏》第55册，第944页上。
⑤ ［南宋］王象之：《舆地纪胜》卷二十六，中华书局，1992年，第1168—1169页。
⑥ ［明］陈弘绪：《江城名迹》卷三，清文渊阁《四库全书》本，第20页。
⑦ ［清］王昶：《金石萃编》卷一百二十二，上海扫叶山房石印本，1926年。

救疗，有外国道人罗叉，云能差资病，光喜，给赐甚丰。什知叉诳诈，告资曰：‘叉不能为益，徒烦费耳。冥运虽隐，可以事试也。乃以五色丝作绳结之，烧为灰末，投水中。灰若出水还成绳者，病不可愈。’须臾灰散浮出，复绳本形。既而叉治无效，少日资亡。顷之，吕光卒，子纂袭伪位。”①

《高僧传》载：“光中书监张资，文翰温雅，光甚器之，资病，光博营救疗。有外国道人罗叉云：‘能差资疾。’光喜，给赐甚重。什知叉诳诈，告资曰：‘叉不能为，益徒烦费耳，冥运虽隐，可以事试也。’乃以五色系作绳结之，烧为灰末，投水中，灰若出水还成绳者，病不可愈，须臾，灰聚浮出，复绳本形。既而叉治无效，少日资亡。顷之，光又卒。子绍袭位。数日，光庶子纂杀绍自立，称元咸宁。”②

《晋书》载：“中书监张资病，光博营救疗。有外国道人罗叉，云能差资病。光喜，给赐甚重。罗什知叉诳诈，告资曰：‘叉不能为益，徒烦费耳。冥运虽隐，可以事试也。’乃以五色丝作绳结之，烧为灰末，投水中，灰若出水还成绳者，病不可愈。须臾，灰聚浮出，复为绳，叉疗果无效，少日资亡。”③

龚斌在《鸠摩罗什传》之《鸠摩罗什年谱简编》中指出：“（晋安帝隆安三年）吕光中书监张资病，外国道人罗叉云能疗资疾。罗什告资，并以术试叉乃狂诈。《高僧传》叙毕此事后曰：‘少日资亡，顷之光又卒。’光死于本年十二月，则罗什试罗叉狂诈，亦在本年。”④

桓玄欲延致释慧远

《出三藏记集》载：“后桓玄以震主之威，苦相延致。乃贻书骋说，劝令登仕。远答辞坚正，确乎不拔，志逾丹石，终莫能屈。”⑤

《高僧传》载：“后桓玄征殷仲堪，军经庐山，要远出虎溪，远称疾不堪。玄自入山，左右谓玄曰：‘昔毁仲堪入山礼远，愿公勿敬之。’玄答：‘何有此理，仲堪本死人耳。’及至见远，不觉致敬。玄问：‘不敢毁伤，何以剪削？’远答云：‘立身行道，玄称善。’所怀问难，不敢复言，乃说征讨之意。远不答，玄又问：‘何以

---

①［梁］僧祐：《出三藏记集》卷十四，《大正藏》第55册，第101页上。

②［梁］慧皎：《高僧传》卷二，《大正藏》第50册，第331页下。

③［唐］房玄龄等：《晋书》卷九十五，中华书局，1974年，第2500—2501页。

④ 龚斌：《鸠摩罗什传》，上海古籍出版社，2013年，第294页。

⑤［梁］僧祐：《出三藏记集》卷十五，《大正藏》第55册，第110页中。

见愿？’远云：‘愿檀越安隐，使彼亦无他。’玄出山谓左右曰：‘实乃生所未见。’”①

《资治通鉴》载：“（东晋安帝隆安三年）是岁，荆州大水，平地三丈，仲堪竭仓廪以赈饥民。桓玄欲乘其虚而伐之，乃发兵西上，亦声言救洛，与仲堪书曰：‘佺期受国恩而弃山陵，宜共罪之。今当入沔讨除佺期，已顿兵江口。若见与无贰，可收杨广杀之；如其不尔，便当帅兵入江。’时巴陵有积谷，玄先遣兵袭取之。梁州刺史郭铨当之官，路经夏口，玄诈称朝廷遣铨为己前锋，乃授以江夏之众，使督军诸军并进，密报兄伟令为内应。伟遑遽不知所为，自赍疏示仲堪。仲堪执伟为质，令与玄书，辞甚苦至。玄曰：“仲堪为人无决，常怀成败之计，为儿子作虑，我兄必无忧也。仲堪遣殷遹帅水军七千至西江口，玄使郭铨、苻宏击之，遹等败走。玄顿巴陵，食其谷；仲堪遣杨广及弟子道护等拒之，皆为玄所败。江陵震骇。城中乏食，以胡麻廪军士。玄乘胜至零口，去江陵二十里，仲堪急召杨佺期以自救。佺期曰：‘江陵无食，何以待敌！可来见就，共守襄阳。’仲堪志在全军保境，不欲弃州逆走，乃绐之曰：‘比来收集，已有储矣。’佺期信之，帅步骑八千，精甲耀日，至江陵，仲堪唯以饭饷其军。佺期大怒曰：‘今兹败矣！’不见仲堪，与其兄广共击玄。玄畏其锐，退军马头。明日，佺期引兵急击郭铨，几获之。会玄兵至，佺期大败，单骑奔襄阳。仲堪出奔酂城。玄遣将军冯该追佺期及广，皆获而杀之，传首建康。佺期弟思平、从弟尚保、孜敬逃入蛮中。仲堪闻佺期死，将数百人将奔长安，至冠军城，该追获之，还至柞溪，逼令自杀，并杀殷道护。”②

汤用彤在《汉魏两晋南北朝佛教史》（增订本）中指出：“晋安帝隆安三年（公元399年），年六十六，桓玄道经庐山。”③

区结成在《慧远》中指出：“（398）桓玄军经庐山，要慧远出见。远称疾不行。玄自入山出言问难，及见慧远不觉致敬。出山后谓左右曰：‘实乃生所未见。’是年收弟子释僧彻。”④“（399）桓玄欲延致慧远，来书劝远罢道，慧远覆拒。十二月桓玄发兵袭江陵，殷仲堪被害。”⑤

---

① ［梁］慧皎：《高僧传》卷六，《大正藏》第50册，第360页中。

② ［北宋］司马光：《资治通鉴》卷一百一十一，中华书局，1956年，第3502页。

③ 汤用彤：《汉魏两晋南北朝佛教史》（增订本），北京大学出版社，2011年，第190页。

④ 区结成：《慧远》，东大图书公司，1987年，第152页。

⑤ 区结成：《慧远》，东大图书公司，1987年，第152页。

桓玄征宗炳为主簿

《宋书》载：“桓玄并辟（宗炳）主簿，举秀才，不就。”①

韦宾在《宗炳出仕考》中指出：“按《晋书》列传第六十九桓玄本传及《晋书》帝纪第十，可知隆安二年，桓玄因王国宝事始得志，为广州刺史而仍留荆州。隆安三年，桓玄袭殷仲堪而害之，而后表求领江、荆二州。又按此前则加诏桓玄为都督荆州四郡，则知若‘刺史殷仲堪、桓玄并辟主簿，举秀才不就’为‘共辟’，其事当在隆安二年与三年之间，即398—399年之间，时宗炳约二十五岁。”②

竺昙林作谶谣于司马元显专权时

《宋书》载：“司马元显时，民谣诗云：‘当有十一口，当为兵所伤。木亘当北度，走入浩浩乡。’又云：‘金刀既以刻，娓娓金城中。’此诗云襄阳道人竺昙林所作，多所道，行于世。孟颢释之曰，‘十一口’者，玄字象也。‘木亘’，桓也。桓氏当悉走入关、洛，故云‘浩浩乡’也。‘金刀’，刘也。倡义诸公，皆多姓刘。‘娓娓’，美盛貌也。”③

《资治通鉴》载：“（东晋安帝隆安三年）会稽王道子有疾，且无日不醉。世子元显知朝望去之，乃讽朝廷解道子司徒、扬州刺史。乙未，以元显为扬州刺史。道子醒而后知之，大怒，无如之何。元显以庐江太守会稽张法顺为谋主，多引树亲党，朝贵皆畏事之。”④

释慧持入蜀

《高僧传》载：“持后闻成都地沃民丰，志往传化，兼欲观瞩峨嵋，振锡岷岫，乃以晋隆安三年辞远入蜀。远苦留不止，远叹曰：‘人生爱聚，汝乃乐离，如何。’持亦悲曰：‘若滞情爱聚者，本不应出家，今既割欲求道，正以西方为期耳。’于是兄弟收泪，悯默而别。行达荆州，刺史殷仲堪礼遇欣重。时桓玄亦在彼，玄虽涉学功疏，而一往神出，见持有邻几独绝，尤叹是今古无比，大欲结欢。持既疑其为人，遂弃而不纳，殷、桓二人苦欲留之，持益无停意，临去，与玄书曰：‘本欲栖病峨嵋之岫，观化流沙之表，不能负其发足之怀，便束装首路。’玄得书惆怅，知其不可止。

---

①［梁］沈约：《宋书》卷九十三，中华书局，1974年，第2278页。

②韦宾：《宗炳出仕考》，《文艺研究》2009年第10期。

③［梁］沈约：《宋书》卷三十一，中华书局，1974年，第915页。

④［北宋］司马光：《资治通鉴》卷一百一十一，中华书局，1956年，第3491页。

遂乃到蜀，止龙渊精舍，大弘佛法。井络四方，慕德成侣，刺史毛璩雅相崇挹。时有沙门慧岩、僧恭，先在岷蜀，人情倾盖，及持至止，皆望风推服，有升持堂者，皆号登龙门。”①

法显西行求法

《出三藏记集》载：“（释法显）以晋隆安三年，与同学慧景、道整、慧应、慧嵬等发自长安。”②

《高僧传》载：“（释法显）常慨经律舛阙，誓志寻求。以晋隆安三年，与同学慧景、道整、慧应、慧嵬等，发自长安。”③

《高僧法显传》载：“法显昔在长安，慨律藏残缺，于是遂以弘始二年岁在己亥，与慧景、道整、慧应、慧嵬等，同契至天竺寻求戒律。”④

《古今译经图纪》载：“以晋安帝隆安三年，岁次己亥，历游印度，敬奉灵迹。学梵书语，研究奥旨，手抄梵文。”⑤

释慧嵬与释法显俱游西域

《高僧传》载：“释慧嵬，不知何许人。止长安大寺。戒行澄洁，多栖处山谷，修禅定之业。有一无头鬼来，嵬神色无变，乃谓鬼曰：‘汝既无头，便无头痛之患，一何快哉。’鬼便隐形。复作无腹鬼来，但有手足，嵬又曰：‘汝既无腹，便无五藏之忧，一何乐哉。’须臾复作异形，嵬皆随言遣之。后又时天甚寒雪，有一女子来求寄宿。形貌端正，衣服鲜明，姿媚柔雅，自称天女：‘以上人有德，天遣我来，以相慰喻。’谈说欲言，劝动其意。嵬执志贞确，一心无扰。乃谓女曰：‘吾心若死灰，无以革囊见试。’女遂陵云而逝。顾而叹曰：‘海水可竭，须弥可倾，彼上人者，秉志坚贞。’后以晋隆安三年，与法显俱游西域，不知所终。”⑥

释慧嵬事迹亦见《法苑珠林》卷五。⑦

---

①［梁］慧皎：《高僧传》卷六，《大正藏》第50册，第361页中。

②［梁］僧祐：《出三藏记集》卷十五，《大正藏》第55册，第111页下。

③［梁］慧皎：《高僧传》卷三，《大正藏》第50册，第337页下。

④［东晋］法显：《高僧法显传》卷一，《大正藏》第51册，第857页上。

⑤［唐］靖迈：《古今译经图纪》卷二，《大正藏》第55册，第357页中。

⑥［梁］慧皎：《高僧传》卷十一，《大正藏》第50册，第396页中。

⑦［唐］道世：《法苑珠林》卷五，《大正藏》第53册，第304页上。

支道林与桓玄书

《支道林法师与桓玄论州符求沙门名籍书》云："隆安三年四月五日，京邑沙门等顿首白。夫标极有宗，则仰之者至。理契神冥，则沐浴弥深。故尼父素室，颜氏流涟，岂不以道隆德盛直往忘反者哉？贫道等虽人凡行薄，奉修三宝，爱自天至，信不待习。但日损功德，抚心增忾，赖圣主哲王复躬弘其道，得使山居者骋业，城傍者闲通。缘皇泽旷洒，朽干蒙荣。然沙门之于世也，犹虚舟之寄大壑耳，其来不以事，退亦乘闲。四海之内，竟自无宅。邦乱则振锡孤游，道洽则欣然俱萃。所以自远而至，良有以也。将振宏纲于季世，展诚心于百代。而顷频被州符求抄名籍，煎切甚急，未悟高旨。野人易惧，抱忧实深。遂使禅人失静，勤士废行，丧精绝气，达旦不寐，索然不知何以自安。伏愿明公扇唐风于上位，待白足于其下，使怀道获济，有志俱全。则身亡体尽，毕命此矣。天听殊邈，或未具简。谨以上闻，伏追悚息。"①

王晓毅认为此文非支道林所作；②单鹏考证后认为，此文是伪作；③戴丽琴亦认为此文是伪作。④

陈志远在《六朝佛教史研究论集》中指出："篇中提及京师建康的僧人'频被州符，求抄名籍，煎切甚急'的情状，并非纯系伪托，很可能反映了隆安三年的真实情况。"⑤

竺佛念译《出曜经》完毕

《出曜经》载："六年春讫。澄执梵本，佛念宣译，道嶷笔受，和碧二师师法括而正之。时不有怙，从本而已。旧有四卷，所益已多，得此具解，览之画然矣。"⑥

美国学者那体慧在《汉文佛教文献研究》中指出："因此在387年之前，僧祐就提到竺佛念翻译过四部作品：一部阿毗达摩论著，一部《譬喻》（*avadāna*）和两部阿含类经典。在此之后，僧祐的记录则付之阙如；在僧祐的竺佛念传记中，从未提到过387年到398年之间的任何作品。也就是说，我们可以得出结论，竺佛念在此期间有一个翻译的断层期。从姚兴统治的后秦弘始年间（399—415）初期开始，僧祐却又再次提到

---

① ［梁］僧祐：《弘明集》卷十二，《大正藏》第52册，第85页下。
② 王晓毅：《支道林生平事迹考》，《中华佛学学报》1995年第8期，第269页。
③ 单鹏：《支遁卒年新说之商榷》，《求索》2010年第8期。
④ 戴丽琴：《〈世说新语〉与佛教》，华中师范大学博士学位论文，2010年，第88页。
⑤ 陈志远：《六朝佛教史研究论集》，博扬文化事业有限公司，2020年，第275页。
⑥ ［后秦］竺佛念译：《出曜经》卷一，《大正藏》第4册，第609页下。

了竺佛念的译作。他写道，在此期间‘经学甚盛’，竺佛念‘一部接一部地’译出（续出）了多种经典。与前段时间的翻译活动中的情况不同，在前段时间内竺佛念与至少两位外国沙门工作关系密切，而后段时间中则没有提到他与其他人有过合作。因此，我们可以推论竺佛念现在是在单独工作。”①

释僧叡作《出曜经序》

《出曜经》所录《出曜经序》载：“《出曜经》者，婆须密舅法救菩萨之所撰也，集比一千章，立为三十三品，名曰法句，录其本起，系而为释，名曰出曜。出曜之言，旧名譬喻，即十二部经第六部也。有罽宾沙门僧伽跋澄，以前秦建元十九年，陟葱岭，涉流沙，不远万里来至长安。其所暗识富博绝伦，先师器之。既重其人，吐诚亦深，数四年中，上闻异要，奇杂盈耳。俄而三秦覆坠，避地东周。后秦皇初四年，还辕伊洛，将返旧乡，伫驾京师，望路致慨，恨《法句》之不全、《出曜》之未具，缅邈长怀，蕴情盈抱。太尉姚旻，笃诚深乐，闻不俟驾，五年秋请令出之，六年春讫。澄执梵本，佛念宣译，道嶷笔受，和碧二师师法括而正之。时不有怙，从本而已。旧有四卷，所益已多，得此具解，览之画然矣。予自武当，轩衿华领，咨询观化，预参检校，聊复序之。弘始元年八月十二日僧叡造首。”②

《贤劫千佛品经第十道人宝贤题记》

《中国古代写本识语集录》所录《贤劫千佛品经第十道人宝贤题记》云：“神玺三年太岁在亥正月廿日，道人宝贤，于高昌写此千佛□□敬□侍□。”③

《正法华经·光世音品张施题记》

《中国古代写本识语集录》所录《正法华经·光世音品张施题记》云：“魏隆大道、玄通无津、庨廓幽微，眺睹叵闻。至人精惑，翫然发真，三光俱盛，乾坤改新。无际含气，现民显矣，世尊明德感神。神玺三年七月十七日，张施于宽安县中写讫。手拙具字而已，见者莫咲也。若脱漏，望垂删定。三光弛像，机运回度。丈夫失记，志意错虞，一计不成，亦为百□虞。”④

---

①［美］那体慧著，［新］纪赟译：《汉文佛教文献研究》，广西师范大学出版社，2018年，第121页。

②［后秦］竺佛念译：《出曜经》卷一，《大正藏》第4册，第609页中。

③［日］池田温：《中国古代写本识语集录》，东京大学东洋文化研究所，1990年，第78页。

④［日］池田温：《中国古代写本识语集录》，东京大学东洋文化研究所，1990年，第78页。

后秦姚兴致竺僧朗书

《高僧传》载："及后秦姚兴亦佳叹重（竺僧朗）。"①

《广弘明集》载："皇帝敬问太山朗和上，勤神履道，飞声映世。休问远振，常无已已。朕京西夏，思济大猷。今关未平，事唯左右。已命元戎，克宁伊洛。冀因斯会，东封巡省。凭灵仗威，须见指授。今遣使者，送金浮图三级，经一部，宝台一区，庶望玄鉴，照朕意焉。"②

杨维中在《中国佛教通史》中指出："从文中的叙述看，此事发生于前秦攻克洛阳前不久。根据史书记载，弘始元年（399），姚兴率兵攻打东晋，一举攻陷洛阳，迫使晋军南撤，晋之淮、汉以北纷纷降秦，前秦统治疆域迅速扩大。可见，姚兴派使者慰问僧朗与姚兴政治野心有密切关系。"③

竺僧朗献言于慕容德

《十六国春秋》载："（燕二年，己亥）沙门僧朗素善占候，德因遣牙门苏抚访其所适。朗报曰：'山野绝俗之士，不应预闻朝议，但有待之累，非有托无以立。陛下今来，即朗之檀越。敬览三策，潘尚书之议，可谓兴邦之术矣。今岁初长星起于奎娄，遂扫虚危。而虚危齐之分野，除旧布新之象。宜先定旧鲁，巡抚琅邪。待秋风戒节，然后北转临齐。此天道也。'抚又问以年世，朗以《周易》筮之曰：'燕衰庚戌。'抚曰：'几何？'曰：'年则一纪，世则及子。'抚曰：'何其促乎？'朗曰：'卦兆然也，岂关人哉！'抚秘不敢言。德大悦，从之。"④

《晋书》载："沙门朗公素知占候，德因访其所适。朗曰：'敬览三策，潘尚书之议可谓兴邦之术矣。今岁初，长星起于奎娄，遂扫虚危，而虚危，齐之分野，除旧布新之象。宜先定旧鲁，巡抚琅邪，待秋风戒节，然后北转临齐，天之道也。'德大悦，引师而南，兖州北鄙诸县悉降，置守宰以抚之。存问高年，军无私掠，百姓安之，牛酒属路。"⑤

《资治通鉴》载："（东晋安帝隆安三年）南燕右卫将军慕容云斩李辩，帅将士家属二万余口出滑台赴德。德欲攻滑台，韩范曰：'向也魏为客，吾为主人；今也吾

①［梁］慧皎：《高僧传》卷五，《大正藏》第50册，第354页中。

②［唐］道宣：《广弘明集》卷二十八，《大正藏》第52册，第322页下。

③ 赖永海主编：《中国佛教通史（第一卷）》，江苏人民出版社，2010年，第545页。

④［北魏］崔鸿撰，［清］汤球辑补：《十六国春秋辑补》卷五十九，中华书局，2020年，第718—719页。

⑤［唐］房玄龄等：《晋书》卷一百二十七，中华书局，1974年，第3166页。

为客，魏为主人。人心危惧，不可复战，不如先据一方，自立基本，乃图进取。’张华曰：‘彭城，楚之旧都，可攻而据之。’北地王钟等皆劝德攻滑台。尚书潘聪曰：‘滑台四通八达之地，北有魏，南有晋，西有秦，居之未尝一日安也。彭城土旷人稀，平夷无险，且晋之旧镇，未易可取。又密迩江、淮，夏秋多水。乘舟而战者，吴之所长，我之所短也。青州沃野二千里，精兵十余万，左有负海之饶，右有山河之固，广固城曹嶷所筑，地形阻峻，足为帝王之都。三齐英杰，思得明主以立功于世久矣。辟闾浑昔为燕臣，今宜遣辩士驰说于前，大兵继踵于后，若其不服，取之如拾芥耳。既得其地，然后闭关养锐，伺隙而动，此乃陛下之关中、河内也。’德犹豫未决。沙门竺朗素善占候，德使牙门苏抚问之，朗曰：‘敬览三策，潘尚书之议，兴邦之言也。且今岁之初，彗星起奎、娄，扫虚、危；彗者，除旧布新之象，奎、娄为鲁，虚、危为齐。宜先取兖州，巡抚琅邪，至秋乃北徇齐地，此天道也。’抚又密问以年世，朗以《周易》筮之曰：‘燕衰庚戌，年则一纪，世则及子。’抚还报德，德乃引师而南，兖州北鄙诸郡县皆降之。德置守宰以抚之，禁军士无得虏掠。百姓大悦，牛酒属路。”①

释道龚尝译《悲华经》等

《出三藏记集》载：“《宝梁经》二卷。右一部，凡二卷。晋安帝时，沙门释道龚出（传云于凉州出）。”②

《历代三宝纪》载：“《悲华经》十卷（第二出，见竺道祖《河西录》。又，《古录》亦载。此前道龚已出，虽处年不同，等是凉世出。疑前译不善精，故有两文，异似再翻）。”③

《众经目录》载：“《宝梁经》二卷（晋世沙门道龚译）。”④“《宝梁经》二卷（三十纸），北凉世道龚译。”⑤

《古今译经图纪》载：“沙门释道龚，虚心广运，弘利为道，以北凉河西王神玺、永初年间，于张掖为蒙逊译《悲华经》一部（十卷），《宝梁经》一部（二

---

①［北宋］司马光：《资治通鉴》卷一百一十一，中华书局，1956年，第3489—3491页。
②［梁］僧祐：《出三藏记集》卷二，《大正藏》第55册，第11页下。
③［隋］费长房：《历代三宝纪》卷九，《大正藏》第49册，第84页上。
④［隋］法经：《众经目录》卷五，《大正藏》第55册，第139页上。
⑤［唐］静泰：《众经目录》卷一，《大正藏》第55册，第185页上。

卷）。”[①]

《大唐内典录》载：“《悲华经》十卷（见《古录》似是先译，龚更删改）。《宝梁经》二卷（见竺道祖《河西录》）。右二部，合一十二卷，晋安帝世，沙门释道龚，于张掖为河西王沮渠氏出。”[②]

《大周刊定众经目录》载：“《悲华经》一部十卷（初出）。右，北凉沙门道龚为西河王沮渠氏译，出《长房录》。”[③]“《宝梁经》一部二卷（四十四纸）。右，北凉道龚译，出《达摩郁多罗录》，又出《长房录》。”[④]

《开元释教录》载：“（北凉）沙门释道龚（二部，一十二卷经）。”[⑤]“《宝梁经》二卷（今编入《宝积》，当第四十四会，见竺道祖《河西录》及《僧祐录》)。《悲华经》十卷（第三出，与法护《闲居经》及《大悲分陀利》，昙无谶《悲华经》等同本。房云见《古录》，似是先译，龚更删改。今疑即无谶出者是）。右，二部一十二卷（前《宝梁经》一部二卷，见存。后《悲华经》一部十卷，阙本）。沙门释道龚，虚心广运，弘利为道。以北凉河西王（蒙逊僭号）永安年间，于张掖为蒙逊译《宝梁》等经二部。”[⑥]“第四十四，《宝梁聚会》二卷。北凉沙门释道龚译（勘同编入）。右，旧译单本，当第一百一十三卷及一百一十四卷。”[⑦]“《悲华经》十卷，北凉沙门释道龚译（第三译）。”[⑧]

《贞元新定释教目录》载：“沙门释道龚（二部，一十二卷经）。”[⑨]“《宝梁经》二卷（今编入《宝积》第四十四会，见竺道祖《河西录》及《僧祐录》）。《悲华经》十卷（第一出，与法护《闲居经》及《大悲分陀利》，昙无谶《悲华经》同本。房云见《祐录》，似是先译，龚更删改，今疑即无谶出者是）。右，二部一十二卷（前《宝梁经》一部二卷，见在。后《悲华经》一部十卷，阙本）。沙门释道龚，虚心广运，弘利为道。以北凉河西王（蒙逊僭号）永安年间，于张掖为蒙逊译《宝梁》等经

---

①［唐］靖迈：《古今译经图纪》卷三，《大正藏》第55册，第360页中。
②［唐］道宣：《大唐内典录》卷三，《大正藏》第55册，第255页中。
③［唐］明佺：《大周刊定众经目录》卷三，《大正藏》第55册，第391页中。
④［唐］明佺：《大周刊定众经目录》卷六，《大正藏》第55册，第405页中。
⑤［唐］智昇：《开元释教录》卷四，《大正藏》第55册，第519页中。
⑥［唐］智昇：《开元释教录》卷四，《大正藏》第55册，第519页中。
⑦［唐］智昇：《开元释教录》卷十一，《大正藏》第55册，第586页上。
⑧［唐］智昇：《开元释教录》卷十四，《大正藏》第55册，第629页上。
⑨［唐］圆照：《贞元新定释教目录》卷六，《大正藏》第55册，第816页上。

二部。”[①]

按：“神玺”乃北凉沮渠蒙逊所用之年号，共三年；“永初”乃宋武帝刘裕之年号，亦三年，兹系于神玺之末。

吕绍妻张氏欲出家为尼

《晋书》载：“时吕绍妻张氏亦有操行，年十四，绍死，便请为尼。吕隆见而悦之，欲秽其行，张氏曰：‘钦乐至道，誓不受辱。’遂升楼自投于地，二胫俱折，口诵佛经，俄然而死。”[②]

《资治通鉴》载：“（东晋安帝隆安三年）（吕）绍遣虎贲中郎将吕开帅禁兵拒战于端门，吕超帅卒二千赴之，众素惮纂，皆不战而溃。纂入自青角门，升谦光殿。……绍登紫合自杀。吕超奔广武。”[③]

按：吕绍妻欲出家为比丘尼，以常理度之，事当在本年。

晋安帝隆安四年·后秦弘始二年·后凉咸宁二年·南凉建和元年·南燕建平元年·西凉庚子元年（400）庚子

南燕慕容德致竺僧朗书

《高僧传》载：“燕主慕容德钦朗名行，假号东齐王，给以二县租税，朗让王而取租税，为兴福业。”[④]

《广弘明集》载：“皇帝敬问太山朗和上，遭家多难，灾祸屡臻。昔在建熙，王室西越，赖武王中兴，神武御世。大启东夏，拯拔区域，遐迩蒙苏，天下幸甚。天未忘灾，武王即晏。永康之始，西倾东荡。京华主上播越，每思灵阙，屏营饮泪。朕以无德，生在乱兵，遗民未几，继承天禄。幸和上大恩，神祇盖护，使者送绢百匹，并假东齐王奉高山、茌二县封给，书不尽意，称朕心焉。”[⑤]

---

① ［唐］圆照：《贞元新定释教目录》卷六，《大正藏》第55册，第816页中。
② ［唐］房玄龄等：《晋书》卷九十六，中华书局，1974年，第2526页。
③ ［北宋］司马光：《资治通鉴》卷一百一十一，中华书局，1956年，第3505页。
④ ［梁］慧皎：《高僧传》卷五，《大正藏》第50册，第354页中。
⑤ ［北宋］司马光：《资治通鉴》卷一百一十一，中华书局，1956年，第3516页。

竺僧朗答南燕慕容德书

《广弘明集》载："僧朗顿首，陛下龙飞，统御百国。天地融溢，皇泽载赖。善达高鉴，惠济黔首。荡平之期，何忧不一。陛下信向三宝，思旨殊隆。贫道习定，味静深山，岂临此位，且领民户，兴造灵刹，所崇像福，冥报有归。僧朗顿首顿首。"①

《资治通鉴》载："（安帝隆安四年）是岁，南燕王德即皇帝位于广固，大赦，改元建平。更名备德，欲使吏民易避。追谥燕主暐曰幽皇帝。以北地王钟为司徒，慕舆拔为司空，封孚为左仆射，慕舆护为右仆射。立妃段氏为皇后。"②

慕容德建神通寺

《十六国春秋》载："（建平元年）是年，德为僧朗建神通寺于齐州。"③

《北山录》载："齐州太（泰）山神通寺，南燕慕容德为僧朗禅师之所立也，以三县民给之。"④

《元和郡县图志》载："神通寺在（历城）县东七十里琨瑞山中。苻秦时，沙门竺僧朗隐居也。朗少事佛图澄，尤明气纬，隐于此谷，因谓之朗公谷。"⑤

鸠摩罗什向吕纂进言

《出三藏记集》载："咸宁二年，有猪生子，一身三头。龙出东厢井中，到殿前蟠卧，比旦失之。纂以为美瑞，号大殿为龙翔殿。俄而有黑龙升于当阳九宫门，纂改九宫门为龙兴门。什奏曰：'比日潜龙出游，豕妖表异。龙者阴类，出入有时，而今屡见，则为灾眚。必有下人谋上之变。宜克己修德，以答天戒。'纂不纳。与什博，戏杀棋曰：'斫胡奴头。'什辄答曰：'不能斫胡奴，胡奴将斫人头。'此言有旨，纂终不悟。后纂从弟超，小名胡奴，果杀纂斩首。其豫睹征兆，皆此类也。"⑥

《高僧传》载："咸宁二年，有猪生子，一身三头，龙出东厢井中，到殿前蟠卧，比旦失之，纂以为美瑞，号大殿为龙翔殿。俄而有黑龙升于当阳九宫门，纂改九宫门为龙兴门。什奏曰：'皆潜龙出游，豕妖表异。龙者阴类，出入有时，而今屡见，则

---

①［唐］道宣：《广弘明集》卷二十八，《大正藏》第52册，第322页下。

②［北宋］司马光：《资治通鉴》卷一百一十一，中华书局，1956年，第3516页。

③［北魏］崔鸿：《十六国春秋》卷六十三，文渊阁四库全书本，第463册，第843页。

④［唐］神清撰，慧宝注：《北山录》卷三，《大正藏》第52册，第590页上。

⑤［唐］李吉甫撰，贺次君点校：《元和郡县图志》卷十，中华书局，1983年，第277页。

⑥［梁］僧祐：《出三藏记集》卷十四，《大正藏》第55册，第101页上。

为灾眚，必有下人谋上之变，宜克棋修德，以答天戒。’纂不纳，与什博，戏杀，纂曰：‘斫胡奴头。’什曰：‘不能斫胡奴头，胡奴将斫人头。’此言有旨，而纂终不悟。光弟保有子名超，超小字胡奴，后果杀纂斩首，立其兄隆为主，时人方验什之言也。什停凉积年，吕光父子既不弘道，故蕴其深解，无所宣化，符坚已亡，竟不相见。及姚苌僭有关中，亦挹其高名，虚心要请，诸吕以什智计多解，恐为姚谋，不许东入。及苌卒，子兴袭位，复遣敦请。”①

《晋书》载：“顷之，光死，纂立。有猪生子，一身三头。龙出东箱井中，于殿前蟠卧，比旦失之。纂以为美瑞，号其殿为龙翔殿。俄而有黑龙升于当阳九宫门，纂改九宫门为龙兴门。罗什曰：‘比日潜龙出游，豕妖表异，龙者阴类，出入有时，而今屡见，则为灾眚，则有下人谋上之变。宜克己修德，以答天戒。’纂不纳，后果为吕超所杀。”②

《晋书·吕纂载记》载，“道士句摩罗耆婆言于纂曰：‘潜龙屡出，豕犬见妖，将有下人谋上之祸，宜增修德政，以答天戒。’纂纳之。耆婆，即罗什之别名也。”③

《高僧传》载鸠摩罗什谏吕纂，仅此一事。然而《晋书》所记，却分为二事。《吕纂载记》篇末云：“初，纂尝与鸠摩罗什棋，杀罗什子，曰：‘斫胡奴头。’罗什曰：‘不斫胡奴头，胡奴斫人头。’超小字胡奴，竟以杀纂。”④

龚斌在《鸠摩罗什传》之《鸠摩罗什年谱简编》中指出：“（晋安帝隆安五年）吕纂与罗什围棋，杀罗什子，纂曰：‘斫胡奴头。’什曰：‘不能斫胡奴头，胡奴斫人头。’胡奴，吕超小字。不久，超果杀吕纂。”⑤

按：《高僧传》言吕纂闻谏不纳，而《晋书》却言纳之，未详孰是。兹并列于此，待考。

释法显至张掖镇

《高僧法显传》载：“（释法显）度养楼山，至张掖镇。张掖大乱，道路不通。张掖王殷勤遂留为作檀越。于是与智严、慧简、僧绍、宝云、僧景等相遇，欣于同志，便共夏坐。夏坐讫，复进到敦煌。有塞东西可八十里，南北四十里。共停一月余日。法显等五人随使先发，复与宝云等别。敦煌太守李浩供给度沙河。沙河中多有恶鬼，热风遇则皆死，无一全者。上无飞鸟，下无走兽。遍望极目，欲求度处，则莫知

---

①［梁］慧皎：《高僧传》卷二，《大正藏》第50册，第332页上。
②［唐］房玄龄等：《晋书》卷九十五，中华书局，1974年，第2501页。
③［唐］房玄龄等：《晋书》卷一百二十二，中华书局，1974年，第3067页。
④［唐］房玄龄等：《晋书》卷一百二十二，中华书局，1974年，第3069页。
⑤ 龚斌：《鸠摩罗什传》，上海古籍出版社，2013年，第295页。

所拟，唯以死人枯骨为幖帜耳。”①

《出三藏记集》载：“（释法显）西度沙河。上无飞鸟，下无走兽，四顾茫茫，莫测所之。唯视日以准东西，人骨以标行路耳。屡有热风恶鬼，遇之必死，显任缘委命，直过险难。”②

《高僧传》载：“（释法显）西渡流沙，上无飞鸟，下无走兽，四顾茫茫，莫测所之。唯视日以准东西，望人骨以标行路耳，屡有热风恶鬼，遇之必死。显任缘委命，直过险难。”③

释法显与炳灵寺

李并成在《炳灵寺若干重要史实钩沉》中指出：“169窟10号龛壁画下层佛像左侧供养僧人题名：‘法显供养之像。’该法显是否即晋代著名的遍游五天竺的高僧法显？目前虽不能完全肯定，但笔者认为可能性极大。能留有供养像和题名的僧人绝非一般僧侣，应为高僧。查南朝梁释慧皎《高僧传》所载法显即往天竺求经的法显，别无第二个法显。且法显供养像的位置十分突出，绘于佛像的左上方，紧靠佛像，所绘形体较大，端庄富态，显示出其地位之尊崇。又据《佛国记》载，法显于后秦弘治二年（400年）往天竺求经，‘初发迹长安，度陇至乾归国，夏坐。夏坐讫，前行至檀国。度养楼山，至张掖镇。’‘度陇’，即翻越陇关；‘乾归国’当指西秦乞伏乾归之地，时立都于今甘肃榆中县宛川；‘傉檀国’，为南凉秃发傉檀之域，时立都于今青海乐都；‘养楼山’指今扁都口一带所在的祁连山脉东段。可见法显的行程是经由秦陇南道西行的。既过“傉檀国”，必经炳灵寺，在此一带渡过黄河，然后转由大斗拔谷道至张掖继续西去。因而炳灵寺中自然应留有法显的供养像与题记。也由此可知，炳灵寺及169窟的始建年代无疑应早于公元400年，远在该窟著名的纪年题记‘建弘元年’（420年）之前。炳灵寺当为我国开凿最早的石窟之一。”④

杜斗城在《河西佛教史》中指出：“这些题记中两次提到的‘法显’，颇引人注意。故有人认为，其应指东晋隆安三年（399年）三月西去印度的著名旅行家法显留下的遗迹。此法显因有《佛国记》一书流布于世，故为人们熟知。从其书中可觅，法显

---

①［东晋］法显：《高僧法显传》卷一，《大正藏》第51册，第857页上。

②［梁］僧祐：《出三藏记集》卷十五，《大正藏》第55册，第111页下。

③［梁］慧皎：《高僧传》卷三，《大正藏》第50册，第337页下。

④ 李并成：《炳灵寺若干重要史实钩沉》，《炳灵寺石窟学术研讨会论文集》，甘肃人民出版社，2003年，第106页。

从长安出发经西秦占据着的苑川（今甘肃榆中县北）地方至南凉秃发傉檀的乐都（今青海省乐都县），又度养娄山入张掖到敦煌。这就是说，法显所行的路线正好经过了‘河南国’（西秦）。其在这一带渡河，可能要经过当时黄河的重要渡口炳灵寺一带。但问题在于法显为平阳郡武阳人（今山西襄垣县），而炳灵寺的题记却为‘恒州道人’。恒州为北魏太和十七年（493年）改司州置（治在今山西大同市东北），可知其时间上距法显途经河南国的时间（339年）相去甚远，换言之，‘法显供养佛时’及‘恒州道人法显康乐而也礼拜佛时’的两条题记，可能是北魏太和十七年（493年）以后人‘追记’的。追记者对法显的籍贯只知一个大概，故写武阳为恒州，但皆在今山西省境内。总之，这两条题记既不可能是法显行经炳灵寺时所写，也不可能是当时人的墨书，而是后人根据法显西行的事迹而追题的。”①

释法显供养之像，据李并成考证，至迟在公元400年之前，故系于是年。

铜佛坐像

《中国历代纪年佛像图典》载：“铜佛坐像，十六国（公元400年后），铜鎏金，高7.5厘米，国内个人收藏。”②

铜佛坐像

《中国历代纪年佛像图典》载：“铜佛坐像，十六国（公元400年后），铜鎏金，高11.4厘米、宽8.9厘米，美国纳尔逊艺术陈列馆藏。十六国佛像至今遗存尚多，多无纪年，一般为磨光肉髻。此像为水波状发髻，有犍陀罗佛像因素在内。”③

鎏金铜释迦坐像一铺

《中国历代纪年佛像图典》载：“鎏金铜释迦坐像一铺，十六国（公元400年后）金铜，高27.9厘米，日本出光美术馆藏。十六国佛像尚有遗留，因附属光背和台座脱落，故多释迦一身，似此带四足方座和火焰形光背及菩萨、弟子数尊一铺者甚罕见。此造像与1955年河北石家庄北宋村出土十六国造像相似，均为U形衣纹，束发式肉髻、佛下方有二狮子，其原型仍是受犍陀罗佛像影响，与建武四年（338年）佛像亦属同一类型，然技法较之成熟，火焰光背造型及台座阴刻花纹亦流畅生动，故时代较建武四

---

① 杜斗城等：《河西佛教史》，中国社会科学出版社，2009年，第76—77页。

② 金申：《中国历代纪年佛像图典》，文物出版社，1994年，第434页。

③ 金申：《中国历代纪年佛像图典》，文物出版社，1994年，第434—435页。

年佛像为晚，应是400年略稍后年代所制。此像虽无纪年，然作为十六国或北魏早期造像精品，有重要参考价值，不忍割弃，一并附之。”①

释慧远游石门作《游石门诗》并序

《释文纪》载：“释法师以隆安四年仲春之月，因咏山水，遂杖锡而游。于时交徒同趣三十余人，咸拂衣晨征，怅然增兴。虽林壑幽邃，而开涂竞进；虽乘危履石，并以所悦为安。既至，则援木寻葛，历险穷崖，猿臂相引，仅乃造极。于是拥胜倚岩，详观其下，始知七岭之美，蕴奇于此：双阙对峙其前，重岩映带其后，峦阜周回以为障，崇岩四营而开宇；其中则有石台、石池、宫馆之象，触类之形，致可乐也；清泉分流而合注，渌渊镜净于天池，文石发彩，焕若披面，柽松芳草，蔚然光目。其为神丽，亦已备矣。斯日也，众情奔悦，瞩览无厌。游观未久，而天气屡变：霄雾尘集，则万象隐形；流光回照，则众山倒影。开阖之际，状有灵焉，而不可测也。乃其将登，则翔禽拂翮，鸣猿厉响，归云回驾，想羽人之来仪；哀声相和，若玄音之有寄。虽仿佛犹闻，而神以之畅；虽乐不期欢，而欣以永日。当其冲豫自得，信有味焉，而未易言也。退而寻之，夫崖谷之间，会物无主。应不以情而开兴，引人致深若此，岂不以虚明朗其照，闲邃笃其情耶？并三复斯谈，犹昧然未尽。俄而太阳告夕，所存已往，乃悟幽人之玄览，达恒物之大情，其为神趣，岂山水而已哉！于是徘徊崇岭，流目四瞩：九江如带，丘阜成垤。因此而推，形有巨细，智亦宜然。乃喟然叹：宇宙虽遐，古今一契；灵鹫邈矣，荒途日隔；不有哲人，风迹谁存？应深悟远，慨焉长怀！各欣一遇之同欢，感良辰之难再，情发于中，遂共咏之云尔！”②

曹虹在《慧远评传》中指出：“有年月可考的一次游山文咏活动，是在隆安二年（400）仲春时节游石门并有‘共咏’保存下来的作品就是旧题庐山诸道人《游石门诗并序》，其实应出于慧远弟子之手。据其序称：‘石门在精舍南十余里，一名障山。基连大岭，体绝众阜，辟三泉之会，并立而开流。’从实际地理位置看，这里的精舍指的是东林寺所在地。吴宗慈编撰《庐山志》‘山川胜迹·山北第二路·石门涧’条，对此已作了精确说明：‘所谓“精舍南十余里”者，乃指远公龙泉精舍言，更可证龙泉精舍即东林寺，今由东林南至石门约十余里。’游石门之人的基地既然在东林寺，

① 金申：《中国历代纪年佛像图典》，文物出版社，1994年，第435页。
②［明］梅鼎祚：《释文纪》，《现代佛学大系》第8册，弥勒出版社，1982年，第141页。

‘诸道人’的归属就比较清楚了。”①

王谧修书与释慧远

《出三藏记集》载：“司徒王谧，护军王默等并钦慕风德，遥致师敬。谧修书曰：‘年始四十七，而衰同耳顺。’远答曰：‘古人不爱尺璧而重寸阴，观其所存，似不在长年。檀越既履顺而游，乘佛理以御心，因此而推，复何羡于遐龄耶？想斯理久已得之，为复酬来讯耳。’”②

《高僧传》载：“司徒王谧、护军王默等，并钦慕风德，遥致师敬。谧修书曰：‘年始四十，而衰同耳顺。’远答曰：‘古人不爱尺璧，而重寸阴，观其所存，似不在长年耳。檀越既履顺而游性，乘佛理以御心，因此而推复何羡于遐龄，聊想斯理，久已得之，为复酬来信耳。’”③

《晋书》载：“（王谧）义熙三年卒，时年四十八。”④

区结成在《慧远》中指出：“（400年）夏与徒众三十余人游石门，为庐山诗，诸同游为和诗。司徒王谧修书致敬，慧远覆书勉励修行。”⑤

据此推之，王谧修书与释慧远，当在此年。

昙摩出《杂问律事》等

《历代三宝纪》载：“《杂问律事》二卷（众律要用并见《二秦录》）。”⑥

《古今译经图纪》载：“沙门昙摩卑，晋云法爱，以晋安帝隆安四年岁次庚子，于杨都尚书令王法度精舍，沙门僧遵等二十余德，请昙摩卑译《杂门律事》（二卷）。”⑦

《大唐内典录》载：“《杂问律事》两卷（人处不同，文亦不异，见《别录》）。右一部，合二卷。安帝世，隆安四年三月二日，沙门释僧遵等二十余德于杨（扬）州尚书令王法度精舍，请三藏律师昙摩，晋言法泽，出序具卷首，明佛法僧物，互相交

---

① 曹虹：《慧远评传》，南京大学出版社，2002年，第324—325页。
② ［梁］僧祐：《出三藏记集》卷十五，《大正藏》第55册，第110页上。
③ ［梁］慧皎：《高僧传》卷六，《大正藏》第50册，第359页中。
④ ［唐］房玄龄等：《晋书》卷六十五，中华书局，1974年，第1759页。
⑤ 区结成：《慧远》，东大图书公司，1987年，第152页。
⑥ ［隋］费长房：《历代三宝纪》卷七，《大正藏》第49册，第70页下。
⑦ ［唐］靖迈：《古今译经图纪》卷二，《大正藏》第55册，第357页上。

涉，分齐差殊甚，要须善防护。”①

《大周刊定众经目录》载：“《杂问律事》一部二卷（译处不同，文与前异，见《别录》）。右，东晋安帝隆安四年，三藏律师昙摩译，出《长房录》。”②

《开元释教录》载：“《杂问律事》二卷（初出，见《长房录》）。右，一部二卷，本阙。沙门昙摩，晋翻云法，善于律学。以安帝隆安四年庚子三月二日，于杨都尚书令王法度精舍，沙门释僧遵等二十余德，请译《杂问律事》。序具卷首，明佛法僧物互相交涉，分齐差殊，甚要须善防护。”③“《杂问律事》二卷。东晋西域沙门昙摩译（第一译）。”④

《贞元新定释教目录》载：“《杂问律事》二卷（初出，见《长房录》）。右，一部二卷，本阙。沙门昙摩，晋翻云法，善于律学。以安帝隆安四年庚子三月二日，于杨都尚书令王法度精舍，沙门释僧遵等二十余德，请译《杂问律事》。序具卷首，明佛法僧物互相交涉，分齐差殊，甚要须善防护。”⑤“《杂问律事》二卷。东晋西域沙门昙摩译（第一译）。”⑥

释僧济出邑讲经

《高僧传》载：“（释僧济）年始过立，便出邑开讲，历当元匠，远每谓曰：‘共吾弘佛法者，尔其人乎。’”⑦

《论语集注》载：“三十而立，有以自立，则守之固而无所事志矣。”⑧

按：据晋废帝太和五年（370）下“释僧济或生于本年”条，推之可知，“释僧济出邑讲经”条，当发生于本年。

桓道懋感妇重生

《法苑珠林》载：“晋桓道懋者，谯人也。晋隆安四年丧妇。道懋内顾甚笃，缠痛无已。其年，夜始寝，视屏风上见有人手。惊起炳炬，照屏风外，乃其妇也。

---

①［唐］道宣：《大唐内典录》卷三，《大正藏》第55册，第246页下。
②［唐］明佺：《大周刊定众经目录》卷十，《大正藏》第55册，第433页中。
③［唐］智昇：《开元释教录》卷三，《大正藏》第55册，第506页下。
④［唐］智昇：《开元释教录》卷十五，《大正藏》第55册，第648页下。
⑤［唐］圆照：《贞元新定释教目录》卷五，《大正藏》第55册，第803页下。
⑥［唐］圆照：《贞元新定释教目录》卷二十五，《大正藏》第55册，第984页下。
⑦［梁］慧皎：《高僧传》卷六，《大正藏》第50册，第362页中。
⑧［宋］朱熹：《论语集注》卷一，《四书章句集注》，中华书局，1983年，第54页。

形貌庄严，具如生平。愍了不畏惧，遂引共卧。言语往还，陈叙存亡。愍曰：‘卿亡来初无音影，今夕那得忽还？’答曰：‘欲还何极！人神道殊，各有司属。无由自任耳。新妇生时，差无余罪。正常疑君怜爱婢使，以此妒忌之心，受报地狱，始获免脱。今当受生为人，故来与君别也。’愍曰：‘当生何处？可得相寻知不？’答曰：‘但知当生，不测何处。一为世人，无容复知宿命，何由相寻求耶？’至晓辞去洟泗而别，愍送至步廊下而归。已而方大悑惧，恍惚积日。”①

西秦《佛说摩诃刹头经》译记

《全三国两晋南朝文补遗》载：“《佛说摩诃刹头经》译记，右西秦太初年，乞伏氏都菀川，沙门圣坚于江陵新寺译。庾爽笔。注：本题记录文见《魏晋南北朝敦煌文献编年》一〇七页，原注云：‘纸质。全二行，行九～十六字。墨书。敦煌藏经洞出品（？）’原书据文中‘都菀川’事订作于太初八年（三九五）六月至十三年七月。姑以最晚订作于西秦太初十三年（四〇〇）年七月。”②

四世纪佉罗文金铜禅定佛像

金申在《新发现的十六国时期僧法常造金铜佛立像》中指出：“得注意的还有1979年西安文管会从废铜中收购的一尊金铜禅定佛像（高13.4厘米），磨光肉髻，通肩大衣，衣纹在肩部断面呈起伏阶梯形，立体感颇强。像背后刻有佉罗文，据林梅村先生考证，意为‘此佛为智猛所赠（或制），谨向列迦之后裔，弗斯陀迦·慧悦致意’。他认为铭文的特点应是4世纪末，弗斯陀迦·慧悦应是大月氏望族摩迦列的后裔。佉罗文起源于犍陀罗地区，2～4世纪流行于中亚，4世纪后渐废，在于阗、疏勒、龟兹及敦煌汉长城遗址中都有发现。内地则在洛阳汉魏故城遗址发现过一处佉罗文井栏题记。而长安发现的这尊佛像的大磨光肉髻、面相有些类似汉族，大衣前的坐垫为汉代流行的菱格纹和三角纹，从诸方面风格分析，此像是制作于中亚至长安一带的，铸造者可能是汉化了的大月氏人。”③

定善寺建立

《汉魏晋佛寺辑考》载：“定善院，在江苏淮安市，晋隆安四年置。《民国续纂

---

① ［唐］道世：《法苑珠林》卷七十五，《大正藏》第53册，第851页中。
② 韩理洲等辑校编年：《全三国两晋南朝文补遗》，三秦出版社，2013年，第168页。
③ 金申：《新发现的十六国时期法常造鎏金铜佛立像》，《收藏》2020年第1期。

山阳县志》卷二‘建寘·寺观’：定善寺，东晋安帝隆安元年丁酉，僧德聪居京师，诏选入南凉，建和元年庚子归，创建本郡东南乡定善院，见龙兴寺陈文烛碑阴。寺外有塔七层，名镇海塔。塔前有桥，相传建自晋永宁年，因名永宁桥。笺曰：南凉建和元年，即东晋隆安四年。”①

《风流宛在·扬州文物保护单位图录》载：“定善寺遗址位于宝应县曹甸镇古塔村东部。定善寺始建于公元400年，开山祖师为东晋安帝时世称辩才的高僧德聪。清代重建，毁于战火。遗址呈长方形，南北长179.5米，东西宽260米，占地面积46690平方米。保存有古井、碑刻、古银杏等。”②

按：今人考古研究认为定善寺建于东晋隆安四年，然检索《高僧传》及诸史，学问僧德聪乃宋太宗太平兴国时人也。

晋安帝隆安五年·后秦弘始三年·后燕光始元年·后凉神鼎元年·北凉永安元年（401）辛丑

释昙霍至西平

《高僧传》载：“释昙霍者，未详何许人。蔬食苦行，常居冢间树下，专以神力化物。时河西鲜卑偷发利鹿孤僭据西平，自称为王，号年建和。建和二年十一月，霍从河南来至自西平，持一锡杖，令人跪之，云：‘此是波若眼，奉之可以得道。’人遗其衣物，受而辄投诸地，或放之河中。有顷，衣自还本主，一无所污。行疾如风，力者追之，恒困不及。言人死生贵贱，毫厘无爽。人或藏其锡杖，霍闭目少时，立知其处。并奇其神异，终莫能测。然因之事佛者甚众。

“鹿孤有弟耨檀，假署车骑，权倾伪国。性猜忌，多所贼害。霍每谓檀曰：‘当修善行道，为后世桥梁。’檀曰：‘仆先世以来，恭事天地名山大川。今一旦奉佛，恐违先人之旨。公若能七日不食，颜色如常，是为佛道神明，仆当奉之。’乃使人幽守七日，而霍无饥渴之色。檀遣沙门智行密持饼遗霍，霍曰：‘吾尝谁欺，欺国王耶。’檀深奇之，厚加敬仰。因此改信，节杀兴慈。国人既蒙其祐，咸称曰大师，出入街巷，百姓并迎为之礼。

---

① 封野：《汉魏晋南北朝佛寺辑考》（上册），凤凰出版社，2013年，第221页。

② 华德龙主编：《风流宛在——扬州文物保护单位图录》，苏州大学出版社，2017年，第241页。

“檀有女，病甚笃，请霍救命，霍曰：‘死生有命，圣不能转，吾岂能延寿，正可知早晚耳。’檀固请之，时宫后门闭，霍曰：‘急开后门，及开则生，不及则死。’檀命开之，不及而卒。”[①]

《晋书》载：“沙门昙霍者，不知何许人也。秃发傉檀时从河南来，持一锡杖，令人跪曰：‘此是般若眼，奉之可以得道。’时人咸异之。或遗以衣服，受而投之于河，后日以还其本主，衣无所污。行步如风云，言人死生贵贱无毫厘之差。人或藏其锡杖，昙霍大哭数声，闭目须臾，起而取之，咸奇其神异，莫能测也。每谓傉檀曰：‘若能安坐无为，则天下可定，祚胤克昌，如其穷兵好杀，祸将及己。’傉檀不能从。傉檀女病甚，请救疗，昙霍曰：‘人之生死自有定期，圣人亦不能转祸为福，昙霍安能延命邪！正可知早晚耳。’傉檀固请之。时后宫门闭，昙霍曰：‘急开后门，及开门则生，不及则死。’傉檀命开之，不及而死。后兵乱，不知所在也。”[②]

姚兴迎鸠摩罗什入长安

《出三藏记集》载：“弘始三年，有树连理生于庙庭，逍遥园葱变为薤。到其年十二月二十日，什至长安，待以国师之礼，甚见优宠。自大法东被，始于汉明，历涉魏、晋，经论渐多。而支、竺所出，多滞文格义。兴少崇三宝，锐志讲集。”[③]

《高僧传》载：“（姚）兴弘始三年三月，有树连理，生于广庭。逍遥园葱变为茝，以为美瑞，谓智人应入。至五月，兴遣陇西公硕德西伐吕隆，隆军大破。至九月，隆上表归降，方得迎什入关，以其年十二月二十日至于长安。兴待以国师之礼，甚见优宠。晤言相对，则淹留终日，研微造尽，则穷年忘倦。自大法东被，始于汉明，涉历魏晋，经论渐多，而支、竺所出，多滞文格义。兴少达崇三宝，锐志讲集。”[④]

《魏书·释老志》载：“时西域有胡沙门鸠摩罗什，思通法门，道安思与讲释，每劝坚致罗什。什亦承安令问，谓之东方圣人，或时遥拜致敬。道安卒后二十余载而罗什至长安，恨不及安，以为深慨。”[⑤]

《高僧传·释道安传》载：“至其年二月八日，忽告众曰：‘吾当去矣。’是日

① [梁] 慧皎：《高僧传》卷十，《大正藏》第50册，第389页下。
② [唐] 房玄龄等：《晋书》卷九十五，中华书局，1974年，第2502—2503页。
③ [梁] 僧祐：《出三藏记集》卷十四，《大正藏》第55册，第101页中。
④ [梁] 慧皎：《高僧传》卷二，《大正藏》第50册，第332页上。
⑤ [北齐] 魏收：《魏书》卷一百一十四，中华书局，1974年，第3029页。

斋毕，无疾而卒，葬城内五级寺中。是岁晋太元十年也，年七十二。”[①]

《隋书·经籍志》载：“姚苌弘始二年，罗什至长安。”[②]误，当是弘始三年入长安也。

《晋书》载：“罗什之在凉州积年，吕光父子既不弘道，故蕴其深解，无所宣化。姚兴遣姚硕德西伐，破吕隆，乃迎罗什，待以国师之礼，仍使入西明合及逍遥园，译出众经。罗什多所暗诵，无不究其义旨，既览旧经多有纰缪，于是兴使沙门僧叡、僧肇等八百余人传受其旨，更出经论，凡三百余卷。沙门慧叡才识高明，常随罗什传写，罗什每为慧叡论西方辞体，商略同异，云：‘天竺国俗甚重文制，其宫商体韵，以入管弦为善。凡觐国王，必有赞德，经中偈颂，皆其式也。’罗什雅好大乘，志在敷演，常叹曰：‘吾若著笔作大乘阿毗昙，非迦旃子比也。今深识者既寡，将何所论！’惟为姚兴著《实相论》二卷，兴奉之若神。尝讲经于草堂寺，兴及朝臣、大德沙门千有余人肃容观听，罗什忽下高坐，谓兴曰：‘有二小儿登吾肩，欲鄣须妇人。’兴乃召宫女进之，一交而生二子焉。兴尝谓罗什曰：‘大师聪明超悟，天下莫二，何可使法种少嗣。’遂以伎女十人，逼令受之。尔后不住僧坊，别立廨舍，诸僧多效之。什乃聚针盈钵，引诸僧谓之曰：‘若能见效食此者，乃可畜室耳。’因举匕进针，与常食不别，诸僧愧服乃止。杯渡比丘彭城，闻罗什在长安，乃叹曰：‘吾与此子戏，别三百余年，相见杳然未期，迟有遇于来生耳。’”[③]

按：释道安卒于东晋太元十年，即公元三八五年也。而鸠摩罗什至长安，乃后秦弘始三年也，此距道安亡日，共十五年。《释老志》云二十余载，似误。《隋书·经籍志》云鸠摩罗什弘始二年至长安，亦误，当是弘始三年也。

释道恒拜访鸠摩罗什

《高僧传》载：“罗什入关，（释道恒）即往修造，什大嘉之，及译出众经，并助详定。时恒有同学道标，亦雅有才力，当时擅名，与恒相次。”[④]

释道融咨访鸠摩罗什

《高僧传》载：“（释道融）迄至立年，才解英绝，内外经书，暗游心府。闻罗

---

①［梁］慧皎：《高僧传》卷五《大正藏》第50册，第353页下。

②［唐］魏徵等：《隋书》卷三十五，中华书局，1973年，第1097页。

③［唐］房玄龄等：《晋书》卷九十五，中华书局，1974年，第2501—2502页。

④［梁］慧皎：《高僧传》卷六，《大正藏》第50册，第364页下。

什在关，故往咨禀。什见而奇之，谓姚兴曰：‘昨见融公，复是奇特聪明释子。’兴引见叹重，勅入逍遥园，参正详译。”[①]

《法苑珠林》载：“（释道融）迄至立年，才解英绝，内外经书，暗游心府。姚兴曰：‘昨见融公，复是奇聪明释子。’敕入逍遥园，与什参正详译。”[②]

《论语集注》载：“三十而立，有以自立，则守之固而无所事志矣。”[③]

按：据晋废帝太和六年·晋简文帝咸安元年（371）下“释道融或生于本年”条，推之可知，“释道融出家”条，当发生于本年。

依《高僧传》所载，释道融乃鸠摩罗什引荐于姚兴。《法苑珠林》却不言鸠摩罗什引荐之事。未详孰是。

释昙影往见鸠摩罗什

《高僧传》载：“（释昙影）后入关中，姚兴大加礼接，及什至长安，影往从之，什谓兴曰：‘昨见影公，亦是此国风流标望之僧也。’兴敕住逍遥园，助什译经。”[④]

释昙鉴策杖从学鸠摩罗什

《高僧传》载：“释昙鉴，姓赵，冀州人。少出家，事竺道祖为师。蔬食布衣，律行精苦，学究群经，兼善数论。闻什公在关，杖策从学，什常谓鉴为一闻持人。”[⑤]

释法显自于阗入北天竺

《高僧法显传》载：“（释法显）在道一月五日，得到于阗。其国丰乐，人民殷盛，尽皆奉法，以法乐相娱。众僧乃数万人，多大乘学，皆有众食。彼国人民星居，家家门前皆起小塔，最小者可高二丈许，作四方僧房，供给客僧及余所须。国主安顿供给法显等于僧伽蓝。僧伽蓝名瞿摩帝，是大乘寺，三千僧共揵搥食。入食堂时，威仪齐肃，次第而坐，一切寂然，器钵无声。净人益食不得相唤，但以手指麾。慧景、道整、慧达先发，向竭叉国。法显等欲观行像，停三月日。其国中有四大僧伽蓝，不数小者。从四月一日，城里便扫洒道路，庄严巷陌。其城门上张大帏幕，事事严饰。王及夫人，婇女皆住其中，瞿摩帝僧是大乘学，王所敬重，最先行像。离城二四里，

---

①［梁］慧皎：《高僧传》卷六，《大正藏》第50册，第363页中。

②［唐］道世：《法苑珠林》卷五十五，《大正藏》第53册，第708页中。

③［宋］朱熹：《论语集注》卷一，《四书章句集注》，中华书局，1983年，第54页。

④［梁］慧皎：《高僧传》卷六，《大正藏》第50册，第364页上。

⑤［梁］慧皎：《高僧传》卷六，《大正藏》第50册，第370页上。

作四轮像车，高三丈余，状如行殿，七宝庄校，悬缯幡盖。像立车中，二菩萨侍，作诸天侍从，皆以金银雕莹，悬于虚空，像去门百步，王脱天冠，易着新衣，徒跣持花香，翼从出城迎像，头面礼足，散花烧香。像入城时，门楼上夫人、婇女遥散众花，纷纷而下。如是庄严供具，车车各异。一僧伽蓝则一日行像。自月一日为始，至十四日行像乃讫。行像讫，王及夫人乃还宫耳。其城西七八里有僧伽蓝，名王新寺。作来八十年，经三王方成。可高二十五丈，雕文刻镂，金银覆上，众宝合成。塔后作佛堂，庄严妙好，梁柱、户扇、窗牖，皆以金薄。别作僧房，亦严丽整饰，非言可尽。岭东六国诸王，所有上价宝物，多作供养，人用者少。既过四月行像，僧韶一人随胡道人向罽宾。法显等进向子合国。在道二十五日。便到其国。国王精进有千余僧。多大乘学。住此十五日已。于是南行四日，至葱岭山，到于麾国安居。安居已，山行二十五日，到竭叉国，与慧景等合。值其国王作般遮越师。般遮越师，汉言五年大会也。会时请四方沙门，皆来云集，集已，庄严众僧坐处，悬缯幡盖。作金银莲华，著僧座后，铺净坐具。王及群臣如法供养，或一月、二月，或三月，多在春时。王作会已，复劝诸群臣设供供养，或一日、二日、三日、五日，乃至七日。供养都毕，王以所乘马，鞍勒自副，使国中贵重臣骑之，并诸白氎，种种珍宝、沙门所须之物，共诸群臣，发愿布施众僧。布施僧已，还从僧赎。其地山寒，不生余谷，唯熟麦耳。众僧受岁已，其晨辄霜。故其王每请众僧，令麦熟然后受岁。其国中有佛唾壶，以石作之。色似佛钵，又有佛一齿，其国中人为佛齿起塔。有千余僧徒，尽小乘学。自山以东，俗人被服类粗与秦土同，亦以毡褐为异。沙门法用转胜，不可具记。其国当葱岭之中。自葱岭已前，草木果实皆异，唯竹及安石榴、甘蔗三物，与汉地同耳。从此西行向北天竺国。在道一月，得度葱岭。葱岭山冬夏有雪，又有毒龙，若失其意，则吐毒风，雨雪，飞沙砾石。遇此难者，万无一全。彼土人即名为雪山也。度岭已，到北天竺。始入其境，有一小国名陀历。亦有众僧，皆小乘学。其国昔有罗汉，以神足力，将一巧匠上兜率天，观弥勒菩萨长短、色貌，还下，刻木作像。前后三上观，然后乃成。像长八丈，足趺八尺，斋日常有光明，诸国王竞兴供养。今故现在于此。顺岭西南行十五日，其道艰岨，崖岸崄绝，其山唯石，壁立千仞，临之目眩，欲进则投足无所。下有水，名新头河。昔人有凿石通路施傍梯者，凡度七百，度梯已，蹑悬緪过河。河两岸相去减八十步。九译所记，汉之张骞、甘英皆不至此。众僧问法显："佛法东过，其始可知耶？"显云："访问彼土人，皆云古老相传。自立弥勒菩萨像后，便有天竺沙门赍经、律过此河者。像立在佛泥洹后三百许年，计于周氏平王时。由兹而言，大教宣流，始自此像。非夫弥勒大士继轨释迦，孰能令三宝宣通，边人识法。

固知冥运之开，本非人事，则汉明帝之梦，有由而然矣。”①

《出三藏记集》载：“（释法显）凡所经历三十余国，至北天竺。未至王舍城三十余里，有一寺，逼暮仍停。明旦，显欲诣耆阇崛山，寺僧谏曰：‘路甚艰崄，且多黑师子，亟经噉人，何由可至？’显曰：‘远涉数万，誓到灵鹫。宁可使积年之诚，既至而废耶？虽有崄难，吾不惧也！’众莫能止，乃遣两僧送之。显既至山中，日将曛夕，遂欲停宿。两僧危惧，舍之而还。显独留山中，烧香礼拜，翘感旧迹，如睹圣仪。至夜，有三黑师子来蹲显前，舐唇摇尾。显诵经不辍，一心念佛，师子乃低头下尾，伏显足前。显以手摩之，咒曰：‘汝若欲相害，待我诵竟；若见试者，可便退去。’师子良久乃去。明晨还反，路穷幽深，榛木荒梗，禽兽交横，正有一径通行而已。未至里余，忽逢一道人，年可九十，容服粗素，而神明俊远。虽觉其韵高，而不悟是神人。须臾进前，逢一年少道人。显问：‘向逢一老道人是谁耶？’答曰：‘头陀弟子大迦叶也。’显方惋慨良久。既至山前，有一大石横塞室口，遂不得入。显乃流涕，致敬而去。”②

日本学者足立喜六在《〈法显传〉考证》中指出：“法显等于印度历四月二十九日（五月十四日）行像讫，发于阗国，在道二十五日，留子合国十五日，南行四日，抵于麈国，华历六月二十八日入安居。盖已迟于四月十六日入夏坐之期约七十余日矣。或者彼欲在于阗国观行像，故特仿印度法，乃将安居于后耶？而其第三次夏坐则为隆安五年（西历四〇一年）。”③

章巽在《法显传校注》中指出：“于麈国之安居，为法显西行后第三年，即公元401年之夏坐。”④

释僧肇至长安

《高僧传》载：“及什适长安，肇亦随返。姚兴命肇与僧叡等，入逍遥园，助详定经论。肇以去圣久远，文义多杂，先旧所解，时有乖谬，及见什咨禀，所悟更多。”⑤

《魏书·释老志》载：“是时，鸠摩罗什为姚兴所敬，于长安草堂寺集义学八百

---

①［东晋］法显：《高僧法显传》卷一，《大正藏》第51册，第857页中。

②［梁］僧祐：《出三藏记集》卷十五，《大正藏》第55册，第111页下。

③［日］足立喜六著，何健民、张小柳译：《〈法显传〉考证》，商务印书馆，1936年，第50页。

④ 章巽：《法显传校注》，中华书局，2008年，第20页。

⑤［梁］慧皎：《高僧传》卷六，《大正藏》第50册，第365页上。

人，重译经本。罗什聪辩有渊思，达东西方言。时沙门道彤、僧略、道恒、道檦、僧肇、昙影等，与罗什共相提挈，发明幽致。诸深大经论十有余部，更定章句，辞义通明，至今沙门共所祖习。道彤等皆识学洽通，僧肇尤为其最。罗什之撰译，僧肇常执笔，定诸辞义，注《维摩经》，又著数论，皆有妙旨，学者宗之。”[①]

许抗生在《僧肇评传》中引用韩国学者孙炳哲的博士论文《肇论通解及研究》说：“《高僧传·僧肇传》记载，僧肇曾慕名赴姑臧（甘肃省的武威），从学于鸠摩罗什，以后随罗什到长安。隋吉藏《百论疏》说：‘什至京师，肇从请业。’这说明僧肇没有到姑臧去过。汤用彤先生认为吉藏的说法不对。可是僧肇本人也有类似的说法，在《般若无知论》中说：‘大秦天王（指姚兴）……乃集义学沙门五百余人于逍遥观，躬执秦文，与什公参定方等。……余以短乏，会厕嘉会，以力上闻异要，始于时也。’从‘始于时也’的记载看，僧肇可能是在长安才从罗什学习，没有去过姑臧。所以，僧肇随罗什学习，应该从罗什入长安（401年）以后开始。（该博士论文藏于北京大学图书馆）”[②]据此，许抗生在《僧肇评传》中指出：“孙炳哲氏这一说法是有一定道理的。从《高僧传》本身记载来看，似也可证实这点。《僧传》说僧肇‘及在冠年（二十岁时），而名振关辅’，并与‘竞誉之徒’在长安论辩。其时已是弘始五年（公元403年），鸠摩罗什则已在弘始三年（公元401年）抵达长安，所以僧肇不可能在冠年之后再去姑臧师事罗什。看来《僧传》所说‘罗什至姑臧，肇自远从之’的这一记载确是有问题的，是不可相信的。”[③]

某作《菩萨波罗提木叉后记》

《出三藏记集》载：“夫穷像于玄原之无始，万行始于戒信之玄兆。是故天竺鸠摩罗什法师心首持诵。什言此戒出《梵网经》中。而什法师少玩大方，齐异学于迦夷。淳风东扇，故弘始三年，秦王道契百王之业，奉心大法。于逍遥观中，三千学士与什参定大小乘经五十余部，唯菩萨十戒四十八轻最后诵出。时融影三百人等一时受行，修菩萨道。岂唯当时之益，乃有累劫之津也。故慧融书三千部，流通于后代，持诵相授。属诸后学好道之君子，愿来劫不绝，共见千佛，龙华同坐。”[④]

---

① [北齐] 魏收：《魏书》卷一百一十四《释老志》，中华书局，1974年，第3031页。
② 许抗生：《僧肇评传》，《中国思想家评传丛书》第四十二册，南京大学出版社，1998年，第4页。
③ 许抗生：《僧肇评传》，《中国思想家评传丛书》第四十二册，南京大学出版社，1998年，第4页。
④ [梁] 僧祐：《出三藏记集》卷十一，《大正藏》第55册，第79页中。

释僧肇作《梵网经序》

《梵网经序》载："夫宗本湛然，理不可易，是以妙穷于玄原之境、万行起于深信之宅。是以天竺法师鸠摩罗什，诵持此品以为心首。此经本有一百十二卷六十一品。什少践于大方，齐异学于迦夷。弘始三年淳风东扇，秦主姚兴，道契百王、玄心大法，于草堂之中，三千学士与什参定大小二乘五十余部，唯《梵网经》最后诵出。时融、影三百人等，一时受菩萨十戒。岂唯当时之益，乃有累劫之津！故与道融别书，出此心地一品，当时有三百余人诵此一品。故即书是品八十一部，流通于后代持诵相授。嘱诸后学好道君子，愿来劫不绝共见龙华。夫《梵网经》者，盖是万法之玄宗，众经之要旨，大圣开物之真模，行者阶道之正路。是以如来权教，虽复无量，所言要趣，莫不以此为指南之说。是以秦主识达圜中，神凝纷表。虽威纶四海，而沾想虚玄。虽风偃八荒，而静虑尘外，故弘始三年，淳风东扇。于是诏天竺法师鸠摩罗什在长安草堂寺及义学沙门三千余僧，手执梵文，口翻解释五十余部。唯《梵网经》一百二十卷，六十一品。其中《菩萨心地品》第十，专明菩萨行地。是时，道融、道影，三百人等即受菩萨戒。人各诵此品，以为心首。师徒义合，敬写一品八十一部流通于世。欲使仰希菩提者，追踪以悟理故，冀于后代同闻焉。"①

许抗生在《僧肇评传》中指出："《梵网经序》造作的具体年代已很难考定。现序文载于《出三藏记集经序续编》和《全晋文》中。……这里只是说，罗什从弘始三年来长安住于草堂寺开始译经，并已译出五十余部，其中《梵网经》的《菩萨心地品》专明菩萨行地，为道融、道影等三百余人所诵，'以为心首'，并受菩萨戒，并没有说明此经译于何年。以此我们也就很难推定此一序文作于何年代了。《梵网》一经，《祐录》著录于卷四《新集续撰失译杂经录》内，似非罗什所译。以此僧肇是否作序，亦甚可怀疑。"②

筏提摩多开始翻译《释摩诃衍论》

《释摩诃衍论》载："《释摩诃衍论》者，斯乃穷性海之源，密藏罄行。因之，本渊词以轮星而过乎月珠，君子莫识其旨归。以锦华而达于日域，和畴莫测其涯际。可谓一山界中在两日月，一天下中在两皇帝。朕闻其梵本先在于中天竺，遣

① [后秦] 鸠摩罗什译：《梵网经》卷一，《大正藏》第24册，第997页上。

② 许抗生：《僧肇评传》，《中国思想家评传丛书》第四十二册，南京大学出版社，1998年，第10页。

騡奉迎。近至东界，以弘始三年，岁次星纪九月上旬于大庄严寺亲受笔削，敬译斯论，直翻译人筏提摩多三藏，传俗语人刘连陀等，执笔之人谢贤金等，首尾二年方缮写毕功。”①

戴颙造弥勒像

《法苑珠林》载：“逵弟二子颙，字仲若，素韵渊澹，雅好丘园。既负荷幽贞，亦继志才巧。逵每制像，常共参虑。济阳江夷少与颙友，夷尝托颙造观世音像。致力罄思，欲令尽美，而相好不圆，积年无成。后梦有人告之曰：‘江夷于观世音无缘，可改为弥勒菩萨。’戴即停手，驰书报江。信未及发，而江书已至，俱于此夕感梦，语事符同。戴喜于神应，即改为弥勒。于是触手成妙，初不稽思。光颜圆满，俄尔而成。有识赞仰，咸悟因缘之匪差。此像旧在会稽龙华寺。寻二戴像制，历代独步。其所造甚多，并散在诸寺，难悉详录。②

《佛祖统纪》载：“（隆安五年）戴颙，逵之子，才巧如其父。江夷尝托颙造观音像，积年未成。夜梦人曰：‘江夷于观音无缘，可改为弥勒。’颙即驰报，而夷书已至。俱于此夕感梦，及改造弥勒，触手成妙。”③

释贤护卒

《高僧传》载：“释贤护，姓孙，凉州人。来止广汉阎兴寺，常习禅定为业，又善于律行，纤毫无犯。以晋隆安五年卒，临亡口出五色光明，照满寺内。遗言使烧身，弟子行之。既而支节都尽，唯一指不然，因埋之塔下。”④

释慧进生

《高僧传》载：“释慧进，姓姚，吴兴人。少而雄勇任，性游侠。”⑤

《高僧传》载：“未亡少时，忽闻空中声曰：‘汝所愿已足，必得生西方也。’至齐永明三年无病而卒，春秋八十有五。”⑥

据此所知，可知释慧进生于本年。

---

①［后秦］筏提摩多译：《释摩诃衍论》卷一，《大正藏》第32册，第592页上。

②［唐］道世：《法苑珠林》卷十六，《大正藏》第53册，第406页中。

③［宋］志磐：《佛祖统纪》卷三十六，《大正藏》第49册，第341页下。

④［梁］慧皎：《高僧传》卷十一，《大正藏》第50册，第396页下。

⑤［梁］慧皎：《高僧传》卷十二，《大正藏》第50册，第407页下。

⑥［梁］慧皎：《高僧传》卷十二，《大正藏》第50册，第408页上。

竺道壹卒

《高僧传》载："（竺道壹）后暂往吴之虎丘山，以晋隆安中遇疾而卒，即葬于山南，春秋七十有一矣。孙绰为之赞曰：'驰词说言，因缘不虚，惟兹壹公，绰然有余。譬若春圃，载芬载誉，条被猗蔚，枝干森疏。'壹弟子道宝，姓张亦吴人。聪慧夙成，尤善席上。张彭祖、王秀琰皆见推重，并著莫逆之交焉。"①

按：竺道壹卒年，僧传止言"晋隆安中"，兹系于隆安之末。

释昙邕为释慧远信使

《高僧传》载："（释昙邕）后为远入关，致书罗什，凡为使命，十有余年，鼓击风流，摇动峰岫，强捍果敢，专对不辱。"②

按：南庐山慧远、北长安鸠摩罗什，两位宗师迫切地需要进行学术交流，故释昙邕为信使，似在鸠摩罗什入长安之年。故系于本年。

释慧观入庐山

《高僧传》载："（释慧观）晚适庐山，又咨禀慧远。"③

按：释慧观享寿七十有一，依《高僧传》所云，其"晚适庐山"，则释慧观时已近四十。次年（402），释慧观又由东晋入关至长安师事于鸠摩罗什。据东晋哀帝兴宁三年（365）下"释慧观生"条，推之可知，"释慧观入庐山"条，至迟当发生于本年，其依《高僧传》所载，释慧观至迟于本年入庐山，大体与其年寿相合，故将此事系于本年。

刘遗民始慕释慧远

《肇论疏》载："拭禄寻阳柴桑，以为入山之资。未旋几时，桓玄东下，格称永始。逆谋始，刘（遗民）便命孥，考室林薮。"④

《资治通鉴》载："（东晋安帝元兴二年）十二月，庚寅朔，玄筑坛于九井山北，壬辰，即皇帝位。册文多非薄晋室，或谏之，玄曰：'揖让之文，正可陈之于下民耳，

---

①［梁］慧皎：《高僧传》卷五，《大正藏》第50册，第357页中。

②［梁］慧皎：《高僧传》卷六，《大正藏》第50册，第362页下。

③［梁］慧皎：《高僧传》卷七，《大正藏》第50册，第368页中。

④［唐］元康：《肇论疏》卷二，《大正藏》第45册，第181页下。

岂可欺上帝乎！’大赦，改元永始。”①

《庐山记》载：“刘程之，字仲思，彭城聚里人，汉楚元王之苗裔也。历晋世至卿相，程之少孤，事母州闾称孝。坟典百家，靡不周览，尤好佛理。陈郡殷仲堪、桓玄等诸贤，莫不崇仰。解褐府参军，程之既慕远公名德，欲白首同社。乃录寻阳柴桑，以为入山之资，岁满弃去。”②

据此推之，刘遗民转任柴桑令的时间大约在晋安帝隆安五年（401）。

释昙戒或卒于此年

《高僧传》载：“（释昙戒）后笃疾，常诵弥勒佛名不辍口，弟子智生侍疾，问何不愿生赡养，诫曰：‘吾与和上等八人，同愿生兜率。和上及道愿等皆已往生，吾未得去，是故有愿耳。’言毕，即有光照于身，容貌更悦，遂奄尔迁化，春秋七十，仍葬安公墓右。”③

《名僧传抄》载：“后与安同憩长安太后寺。安平后，隆安中疾病，口诵弥勒，未尝懈息。弟子智生侍疾，问曰：‘何不愿生西方，而专呼弥勒？’答曰：‘吾等道安八人先发誓愿，愿生兜率，面见弥勒。道愿悉以先见，唯吾尚存，欲遂本愿。’语毕，即有光照于身，容颜更悦。俄而迁化，春秋七十，葬于道安墓右。”④

按：释昙戒卒于隆安中，未详何年，兹系于隆安五年。

竺僧朗或卒于本年

《高僧传》载：“此谷中旧多虎灾，常执仗结群而行，及朗居之，猛兽归伏，晨行夜往，道俗无滞，百姓咨嗟，称善无极，故奉高人至今犹呼金舆谷为朗公谷也。凡有来诣朗者，人数多少，未至一日，辄以逆知。使弟子为具饮食，必如言果至，莫不叹其有预见之明矣。后卒于山中，春秋八十有五。”⑤

按：竺僧朗卒年，已不可详考。永和七年（351），僧朗至泰山；隆安四年（400），慕容德致书僧朗。此事距其隐居泰山，已逾半个世纪。且太和五年（370），苻坚致书僧朗，僧朗回信言老有疾。古人有五十以下耻言老之谚。若以太和五年，竺僧朗五十余

---

①［北宋］司马光：《资治通鉴》卷一百一十三，中华书局，1956年，第3555页。
②［宋］陈舜俞：《庐山记》卷三，《大正藏》第51册，第1039页中。
③［梁］慧皎：《高僧传》卷五，《大正藏》第50册，第356页下。
④［梁］宝唱：《名僧传抄》卷一，《卍续藏》第77册，第357页上。
⑤［梁］慧皎：《高僧传》卷五，《大正藏》第50册，第354页中。

岁，至隆安四年，已近八十五。自隆安四年以后，僧朗遂事迹不详。故僧朗卒年，似在隆安末，元兴初。其卒年待考，兹系于隆安五年。

昙摩耶舍至广州

《高僧传》载：“（昙摩耶舍）以晋隆安中，初达广州住白沙寺。耶舍善诵《毗婆沙律》，人咸号为‘大毗婆沙’，时年已八十五，徒众八十五人。时有清信女张普明咨受佛法，耶舍为说《佛生缘起》，并为译出《差摩经》一卷。”①

按：昙摩耶舍隆安中至广州，未详其年，兹系于隆安五年。

昙摩耶舍译出《差摩经》

《历代三宝纪》载：“《差摩经》一卷（晋隆安年达广州，在白沙寺为清信女张普明译，此应入晋世，随人附秦。）”②

《古今译经图纪》载：“以晋安帝隆安年中达于广州，于白沙寺为清信女张普明译《差摩经》（一卷）。”③

《大唐内典录》载：“《差摩经》一卷（晋隆安年达广州，在白沙寺为清信女张普明出。此应入晋世，随人附秦）。”④

《大周刊定众经目录》载：“《差摩经》一卷。右，后秦代罽宾沙门昙摩耶舍译，出《长房录》。”⑤

《开元释教录》载：“《差摩经》一卷（东晋隆安年达广州，在白沙寺为清信女张普明译。此应入《晋录》，随人附秦，见《高僧传》及《长房录》）。”⑥“《差摩经》一卷（今疑与《差摩婆帝受记经》同本），姚秦罽宾三藏昙摩耶舍于晋代译。”⑦

《贞元新定释教目录》载：“《差摩经》一卷（东晋隆安年达广州，在白沙寺为清信女张普明译。此应入《晋录》，随人附秦，见《高僧传》及《长房录》）。”⑧“（昙摩耶舍）以晋隆安中初达广州，住白沙寺。耶舍善诵《毗婆沙律》，人咸号为‘大毗婆沙’。

---

①［梁］慧皎：《高僧传》卷一，《大正藏》第50册，第329页中。
②［隋］费长房：《历代三宝纪》卷八，《大正藏》第49册，第77页中。
③［唐］靖迈：《古今译经图纪》卷三，《大正藏》第55册，第358页下。
④［唐］道宣：《大唐内典录》卷三，《大正藏》第55册，第252页中。
⑤［唐］明佺：《大周刊定众经目录》卷七，《大正藏》第55册，第412页上。
⑥［唐］智昇：《开元释教录》卷四，《大正藏》第55册，第517页中。
⑦［唐］智昇：《开元释教录》卷十四，《大正藏》第55册，第634页中。
⑧［唐］圆照：《贞元新定释教目录》卷六，《大正藏》第55册，第814页上。

时有清信女张普明咨受佛法，耶舍为说《佛生缘起》，并为译出《差摩经》一卷。"[①]"《差摩经》一卷（今疑与《差摩婆帝受记经》同本），姚秦三藏罽宾昙无耶舍于晋代译。"[②]

按：《差摩经》，东晋隆安中译，未详其年，兹系于隆安五年。

释智严从佛驮先学习禅法

《高僧传》载："（释智严）每以本域丘墟，志欲博事名师，广求经诰。遂周流西国，进到罽宾，入摩天陀罗精舍，从佛驮先比丘咨受禅法，渐深三年，功逾十载，佛驮先见其禅思有绪，特深器异。彼诸道俗闻而叹曰：'秦地乃有求道沙门矣。'始不轻秦类，敬接远人。"[③]

汤用彤在《汉魏两晋南北朝佛教史》（增订本）中指出："智严与慧简、慧嵬返向高昌，求行资。宝云与法显等前行，经于阗，度葱岭，终至弗楼沙国。于此宝云供养佛钵，未及向那竭国瞻礼佛影（《祐录·传》谓云曾礼佛影，疑不实），遂与慧达、僧景还秦土（约402年）。而是时智严又已西进，终抵罽宾……智严于罽宾从佛大先比丘受禅法三年（约在401至403年），并请佛陀跋多罗相偕东归。"[④]

日本学者忽滑谷快天在《中国禅学思想史》中指出："智严之渡西天其年月未审。依《高僧传》卷三《宝云传》当东晋隆安初，法显、宝云、智严等相继前后往西天，法显以隆安三年发迹，诸记多同。智严之求法亦以此时。智严停西天三年，归途亦费三载，其伴跋陀罗着青州可推知为义熙初。"[⑤]

姚兴同释僧导相友爱

《高僧传》载："姚兴钦（释僧导）其德业，友而爱焉。入寺相造，乃同辇还宫。及什公译出经论，并参议详定。导既素有风神，又值关中盛集，于是谋猷众典，博采真俗，乃著《成实》《三论义疏》及《空有二谛论》等。"[⑥]

按：姚兴友爱释僧导，其时已不可详考。然据《高僧传》所云，"什公译出经论""关中盛集"等辞，以理推之，此事最早当发生于鸠摩罗什入长安之年。兹系于本年。释僧导之著述，今已亡佚。

---

①［唐］圆照：《贞元新定释教目录》卷六，《大正藏》第55册，第814页中。
②［唐］圆照：《贞元新定释教目录》卷二十四，《大正藏》第55册，第968页下。
③［梁］慧皎：《高僧传》卷三，《大正藏》第50册，第339页中。
④ 汤用彤：《汉魏两晋南北朝佛教史》（增订本），北京大学出版社，2011年，第214页。
⑤［日］忽滑谷快天著，朱谦之译：《中国禅学思想史》，上海古籍出版社，1994年，第30页。
⑥［梁］慧皎：《高僧传》卷七，《大正藏》第50册，第371页上。

晋安帝元兴元年·后秦弘始四年·南凉弘昌元年·北魏天兴五年（402）壬寅

鸠摩罗什入西明阁、逍遥园译经

《出三藏记集》载："什既至止，仍请入西明阁、逍遥园，译出众经。什率多闇诵，无不究达。转能晋言，音译流利。既览旧经，义多乖谬，皆由先译失旨，不与胡本相应。于是兴使沙门僧肇、僧略、僧邈等八百余人咨受什旨，更令出《大品》。什持胡本，兴执旧经，以相雠校。其新文异旧者，义皆圆通，众心惬服，莫不欣赞焉。兴宗室常山公显、安成侯嵩，并笃信缘业，屡请什于长安大寺讲说新经。续出《小品》《金刚般若》《十住》《法华》《维摩》《思益》《首楞严》《华首》《持世》《佛藏》《菩萨藏》《遗教》《菩提》《呵欲》《自在王》《因缘观》《无量寿》《新贤劫》《诸法无行》《禅经》《禅法要》《禅要解》《弥勒成佛》《弥勒下生》《称扬诸佛功德》《十诵律》《戒本》《大智》《成实》《十住》《中》《百》《十二门》诸论三十三部，三百余卷。并显畅神源，发挥幽致。于时四方义学沙门，不远万里。名德秀拔者才、畅二公，乃至道恒、僧摽、慧叡、僧敦、僧弼、僧肇等三千余僧，禀访精研，务穷幽旨。庐山慧远，道业冲粹，乃遣使修问。龙光道生，慧解洞微，亦入关咨禀。传法之宗，莫与竞爽，盛业久大，至今式仰焉。初，沙门慧叡，才识高朗，常随什传写。什每为叡论西方辞体，商略同异，云：'天竺国俗甚重文藻，其宫商体韵，以入弦为善。凡觐国王，必有赞德；见佛之仪，以歌叹为尊。经中偈颂，皆其式也。但改梵为秦，失其藻蔚，虽得大意，殊隔文体。有似嚼饭与人，非徒失味，乃令欧秽也。'什常非颂赠沙门法和云：'心山育德熏，流芳万由旬。哀鸾鸣孤桐，清响彻九天。'凡为十偈，辞喻皆尔。什雅仗大乘，志存敷广，常叹曰：'吾若著笔作大乘阿毗昙，非迦旃比也。今在秦地，深识者寡。折翮于此，将何所论！'乃凄然而止。唯为姚兴著《实相论》二卷，出言成章，无所删改，辞喻婉约，莫非渊奥。什为人神情映彻，傲岸出群，应机领会，鲜有其匹。且笃性仁厚，泛爱为心，虚己善诱，终日无倦。姚主尝谓什曰：'大师聪明超悟，天下莫二，若一旦后世，何可使法种无嗣？'遂以妓女十人逼令受之。自尔以来，不住僧房，别立廨舍，供给丰盈。每至讲说，常先自说：'譬如臭泥，中生莲华，但采莲华，勿取臭泥也。'初，什在龟兹，从卑摩罗叉律师受律。卑摩后入关中，什闻至欣然，师敬尽礼。卑摩未知被逼之事，因问什曰：'汝于汉地大有重缘，受法弟子可有几人？’什答：‘汉境经律未备，新经及律多是什所传出，三千徒众，皆从什受法；但什累业障深，故不受师教耳。’又杯度比丘在彭城，闻什在长安，乃叹曰：‘吾与此子戏别三百余年，杳然未期。迟有遇于来生耳。’”①

《高僧传》载：“什既至止，仍请入西明阁及逍遥园，译出众经。什既率多谙诵，无不究尽。转能汉言，音译流便。既览旧经，义多纰僻，皆由先度失旨，不与梵本相应，于是兴使沙门僧䂮、僧迁、法钦、道流、道恒、道标、僧叡、僧肇等八百余人，咨受什旨，更令出《大品》。什持梵本，兴执旧经，以相雠校，其新文异旧者，义皆圆通，众心惬伏，莫不欣赞。兴以佛道冲邃，其行唯善，信为出苦之良津，御世之洪则。故托意九经，游心十二，乃著《通三世论》，以勖示因果，王公已下，并钦赞厥风。大将军常山公显，左军将军安城侯嵩，并笃信缘业，屡请什于长安大寺讲说新经，续出《小品》《金刚波若》《十住》《法华》《维摩》《思益》《首楞严》《持世》《佛藏》《菩萨藏》《遗教》《菩提无行》《呵欲》《自在王》《因缘观》《小无量寿》《新贤劫》《禅经》《禅法要》《禅要解》《弥勒成佛》《弥勒下生》《十诵律》《十诵戒本》《菩萨戒本》《释论》《成实》《十住》《中》《百》《十二门论》，凡三百余卷。并畅显神源，挥发幽致。于时，四方义士，万里必集，盛业久大，于今咸仰。龙光释道生慧解入微，玄构文外，每恐言舛，入关请决。庐山释慧远学贯群经，栋梁遗化，而时去圣久远，疑义莫决，乃封以咨什，语见远传。初沙门僧叡，才识高明，常随什传写。什每为叡论西方辞体，商略同异，云：‘天竺国俗，甚重文制，其宫商体韵，以入弦为善。凡觐国王，必有赞德，见佛之仪，以歌叹为贵，经中偈颂，皆其式也。但改梵为秦，失其藻蔚，虽得大意，殊隔文体。有似嚼饭与人，非徒失味，乃令呕哕也。’什尝作颂赠沙门法和云：‘心山育明德，流薰万由延。哀鸾孤桐上，清音彻九天。’凡为十偈，辞喻皆尔。什雅好大乘，志存敷广，常叹曰：‘吾若著笔作《大乘阿毗昙》，非迦旃延子比也。今在秦地，深识者寡，折翮于此，将何所论。’乃凄然而止。唯为姚兴著《实相论》二卷，并注《维摩》。出言成章，无所删改，辞喻婉约，莫非玄奥。什为人神情朗彻，傲岸出群，应机领会，鲜有伦匹者。笃性仁厚，泛爱为心，虚己善诱，终日无倦。姚主常谓什曰：‘大师聪明超悟，天下莫二，若一旦后世，何可使法种无嗣。’遂以妓女十人，逼令受之。自尔以来，不住僧坊，别立廨舍，供给丰盈。每至讲说，常先自说譬喻：‘如臭泥中生莲花，但采莲花，勿取臭泥也。’初什在龟兹，从卑摩罗叉律师受律，卑摩后入关中，什闻至欣然，师敬尽礼。卑摩未

---

①［梁］僧祐：《出三藏记集》卷十四，《大正藏》第55册，第101页中。

知被逼之事，因问什曰：‘汝于汉地，大有重缘，受法弟子，可有几人。’什答云：‘汉境经律未备，新经及诸论等，多是什所传出，三千徒众，皆从什受法。但什累业障深，故不受师教耳。’又杯渡比丘在彭城，闻什在长安。乃叹曰：‘吾与此子戏别三百余年，杳然未期，迟有遇于来生耳。’”①

龚斌在《鸠摩罗什传》之《鸠摩罗什年谱简编》中指出：“（晋安帝元兴元年）罗什与弟子于逍遥园内西明阁及译出众经。二月八日，译《阿弥陀经》一卷。三月五日，译《贤劫经》七卷。译《弥勒成佛经》一卷。夏，于逍遥园始译《大智度论》。十二月一日于逍遥园译出《思益经》四卷，于时咨悟之僧二千余人。”②“慧远约于本年遣书鸠摩罗什通好。罗什答书致意，慧远重与罗什书。慧远与罗什通好，《慧远传》不载年月。据《慧远传》称‘闻罗什入关，即遣书通好’，书云：‘去岁得姚左军书，具承德问，仁者囊绝殊域，越自外境。’则罗什入关后，姚嵩致书告知慧远，远即遣书罗什。‘去岁’谓弘始三年也。慧远重与罗什书，可能在此年深秋，盖由书中‘日有凉气’一语推知也。”③

释僧叡参正鸠摩罗什所译佛经

《高僧传》载：“什所翻经，叡并参正。昔竺法护出《正法华经》，《受决品》云：‘天见人，人见天。’什译经至此，乃言：‘此语与西域义同，但在言过质。’叡曰：‘将非人天交接，两得相见。’什喜曰：‘实然。’其领悟标出，皆此类也。”④

按：鸠摩罗什入长安翻译佛经，释僧叡每所参正。此事最早当发生于本年。

释慧严复受学于鸠摩罗什

《高僧传》载：“（释慧严）闻什公在关，复从（鸠摩罗什）受学，访正音义，多所异闻。（释慧严）后还京师，止东安寺。”⑤

按：姚秦弘始三年（401）十二月二十日，鸠摩罗什入长安。释慧严时在豫州，得讯后入长安，复从什公就学，此事最早当发生于弘始四年（402），兹系于本年。

---

① ［梁］慧皎：《高僧传》卷二，《大正藏》第50册，第332页上。
② 龚斌：《鸠摩罗什传》，上海古籍出版社，2013年，第295页。
③ 龚斌：《鸠摩罗什传》，上海古籍出版社，2013年，第296页。
④ ［梁］慧皎：《高僧传》卷六，《大正藏》第50册，第364页中。
⑤ ［梁］慧皎：《高僧传》卷七，《大正藏》第50册，第367页中。

竺道生受学于鸠摩罗什

《出三藏记集》载："（竺道生）常以为入道之要，慧解为本。故钻仰群经，斟酌杂论，万里随法，不惮崄远。遂与始兴慧叡、东安慧严、道场慧观，同往长安从罗什受学。关中僧众咸称其秀悟。"①

《高僧传》载："（竺道生）后与慧叡、慧严同游长安，从什公受业。关中僧众，咸谓神悟。"②

按：竺道生与释慧叡、释慧严、释慧观等同往长安求学于鸠摩罗什。且释慧严入长安之时，前条已考，故竺道生入长安，当在本年。

释慧叡受学于鸠摩罗什

《出三藏记集》载："沙门慧叡，才识高朗，常随什传写。什每为叡论西方辞体，商略同异，云：'天竺国俗甚重文藻，其宫商体韵，以入弦为善。凡覲国王，必有赞德；见佛之仪，以歌叹为尊。经中偈颂，皆其式也。但改梵为秦，失其藻蔚，虽得大意，殊隔文体。有似嚼饭与人，非徒失味，乃令欧秽也。"③

《高僧传》载："（释慧叡）俄又入关，从什公咨禀。"④

按：前条云竺道生与慧叡、慧严等同游长安，从鸠摩罗什受业。故释慧叡入长安，当在本年。且鸠摩罗什与释慧叡讨论西方辞体之事，当发生于释慧叡求学长安期间，其下限当在鸠摩罗什卒年。此事当是释慧叡，而非释僧叡也。兹系于本年。

释慧观受学于鸠摩罗什

《高僧传》载："（释慧观）闻什公入关，乃自南徂北，访核异同，详辩新旧。风神秀雅，思入玄微。时人称之曰：'通情则生、融上首，精难则观、肇第一。'乃著《法华宗要序》以简什，什曰：'善男子所论甚快，君小却当南游江、汉之间，善以弘通为务。'"⑤

按：释慧观既与竺道生、释慧严等结伴同往长安师事于鸠摩罗什，前文已考，故

① [梁] 僧祐：《出三藏记集》卷十五，《大正藏》第55册，第110页下。
② [梁] 慧皎：《高僧传》卷七，《大正藏》第50册，第366页下。
③ [梁] 僧祐：《出三藏记集》卷十四，《大正藏》第55册，第101页下。
④ [梁] 慧皎：《高僧传》卷七，《大正藏》第50册，第367页中。
⑤ [梁] 慧皎：《高僧传》卷七，《大正藏》第50册，第368页中。

释慧观入长安，当在本年。

桓玄与慧远书

《出三藏记集》载：“俄而玄欲沙汰众僧，教僚属曰：‘沙门有能申述经诰，畅说义理；或禁行修整，足以宣寄大化。其有违于此，皆悉罢遣。唯庐山道德所居，不在搜简之例。’初成帝时，庾冰辅政，以为沙门宜敬王者。尚书令何充奏不应敬礼。官议悉同充。门下承冰旨为驳，同异纷然，竟莫能定。及玄在姑孰，欲令尽敬。乃书与远，具述其意。远惧大法将坠，报书恳切，以为袈裟非朝宗之服，钵盂非廊庙之器。又著《沙门不敬王者论》，辞理精峻。玄意感悟，遂不果行。其荷持法任，皆此类也。”①

《高僧传》载：“俄而玄欲沙汰众僧，教僚属曰：‘沙门有能申述经诰，畅说义理，或禁行修整，足以宣寄大化，其有违于此者，悉皆罢遣，唯庐山道德所居，不在搜简之例。’远与玄书曰：‘佛教凌迟，秽杂日久，每一寻至，慨愤盈怀。常恐运出非意，沦湑将及。窃见清澄诸道人，教实应其本心。夫泾以渭分，则清浊殊势。枉以直正，则不仁自远。此命既行，必一理斯得。然后令饰伪者绝假通之路，怀真者无负俗之嫌。道世交兴，三宝复隆矣。’因广立条制，玄从之。”②

释慧远答桓南郡，作《明报应论》

释慧远所作之《明报应论》，见《弘明集》卷五。③

《慧远大师文集·慧远年表》中指出：“慧远答桓南郡书，并载弘明集卷十一。书无月日，惟考本传叙此事于大师会玄之后，玄沙汰众僧之前。又检远答书称日桓南郡书，则二书往返，必在桓玄为南郡公时。检《晋书·桓玄传》、《资治通鉴·晋纪》（注卅三）所载：‘桓玄于隆安二年九月为江州刺史，次年加都督荆州四郡军事，复以平仲堪、佺期功，封桂阳郡公，地方七十五里，邑二千五百户，本封南郡如故。’则事在隆安四、五年间，姑系此年。”④

龚斌在《慧远法师传》中则认为：“慧远约于本年初作《明报应论》。此文《弘明集》卷五作《答桓南郡明报应论》。考桓玄于晋安帝元兴元年（402）正月，由荆州

---

①［梁］僧祐：《出三藏记集》卷十五，《大正藏》第55册，第110页中。

②［梁］慧皎：《高僧传》卷六，《大正藏》第50册，第360页中。

③［梁］僧祐：《弘明集》卷五，《大正藏》第52册，第33页中。

④ 华梵佛学研究所编：《慧远法师文集》，原泉出版社，1980年，第102页。

举兵东下，二月过寻阳。三月，玄入京师，斩司马元显，该授太尉。此文既称‘答桓南郡’，可见其时玄尚未授太尉。玄于二月过寻阳，或许在此稍作停留，致书慧远，对因果报应说表示怀疑，故远公著文作答。”①

按：龚斌之说当是，今依之。

桓玄劝罢道书

桓玄劝罢道书，见《弘明集》卷十一。②

方立天在《魏晋南北朝佛教》之《慧远年谱》中指出：“（402）三月，太尉桓玄欲沙汰僧众，慧远作书为论料简得失。”③

龚斌在《慧远法师传》中指出：“桓玄与僚属沙汰僧众，并作书慧远，劝其罢道。慧远作《与桓太尉论料简沙门书》。桓玄沙汰僧众及劝慧远罢道，事见《慧远传》。至于桓玄沙汰僧众之年，《佛祖统纪》谓在隆安二年。陈统《年谱》云：‘然《高僧传》本传叙此事在玄劝大师罢道之后，令少门敬王者之前，则非隆安二年事。今寻玄《教》及大师《书》，明是玄至京师为太尉时事。玄本年（指元兴元年）二月至京师，三月辞丞相，改太尉，四月即出姑孰，知此即本年二月间事矣。’陈统谓桓玄沙汰僧众在令沙门敬王者之前，其说可从。据《通鉴》卷一百十二，玄于元兴元年二月至于姑孰，三月至京师，改授太尉。慧远《与桓太尉论料简沙门书》云：‘若是都邑沙门，经檀越视听者，固无所疑；若边局远司，识不及远，则未达教旨。’所谓‘都邑’，殆指京师。此亦可证桓玄沙汰僧众在本年三月，桓玄入京师以后。汤用彤《佛教史》第十一章谓晋安帝元兴三年（404），慧远与桓玄书，论拜俗及沙汰沙门。疑此说不确。考《晋书·安帝纪》、《通鉴》卷一百十三，元兴三年二月，刘裕起兵讨玄，五月玄兵败被杀。此时桓玄出生入死，恐未必有暇与慧远书信来往论沙门拜俗及沙汰僧众事。”④

庐山慧远法师答桓玄劝罢道书

庐山慧远法师答桓玄劝罢道书，见《弘明集》卷十一。⑤

---

① 龚斌：《慧远法师传》，江西人民出版社，2008年，第240页。

②［梁］僧祐：《弘明集》卷十一，《大正藏》第52册，第75页上。

③ 方立天：《方立天文集》第一卷《魏晋南北朝佛教》，中国人民大学出版社，2006年，第189页。

④ 龚斌：《慧远法师传》，江西人民出版社，2008年，第240—241页。

⑤［梁］僧祐：《弘明集》卷十一，《大正藏》第52册，第75页上。

桓玄料简沙门书

《弘明集》载："桓玄辅政，欲沙汰众僧，与僚属教：'夫神道茫昧，圣人之所不言。然惟其制作所弘，如将可见。佛所贵无为，殷勤在于绝欲；而比者凌迟，遂失斯道。京师竞其奢淫，荣观纷于朝市；天府以之倾匮，名器为之秽黩。避役钟于百里，逋逃盈于寺庙；乃至一县数千，猥成屯落。邑聚游食之群，境积不羁之众。其所以伤治害政，尘滓佛教，固已彼此俱弊，寔污风轨矣。便可严下，在此所诸沙门，有能申述经诰，畅说义理者；或禁行修整，奉戒无亏，恒为阿练者；或山居养志，不营流俗者：皆足以宣寄大化，亦所以示物以道，弘训作范，幸兼内外。其有违于此者，皆悉罢遣所在，领其户籍，严为之制。速申下之，并列上也。唯庐山道德所居，不在搜简之例。'"①

《出三藏记集》载："后桓玄以震主之威，苦相近致。乃贻书躬说，劝令登仕。远答辞坚正，确乎不拔，志逾丹石，终莫能屈。俄而玄欲沙汰众僧，教僚属曰：'沙门有能申述经诰，畅说义理，或禁行修整，足以宣寄大化。其有违于此，皆悉罢遣。唯庐山道德所居，不在搜简之例。'"②

《建康实录》载："（元兴元年）五月，玄欲简汰沙门，非明至理者，悉罢之。又议令沙门致敬王者，匡山慧远法师谏止之。"③

龚斌在《慧远法师传》中指出："桓玄与僚属沙汰僧众，并作书慧远，劝其罢道。慧远作《与桓太尉论料简沙门书》。桓玄沙汰僧众及劝慧远罢道，事见《慧远传》。至于桓玄沙汰僧众之年，《佛祖统纪》谓在隆安二年。陈统《年谱》云：'然《高僧传》本传叙此事在玄劝大师罢道之后，令沙门敬王者之前，则非隆安二年事。今寻玄《教》及大师《书》，明是玄至京师为太尉时事。玄本年（指元兴元年）二月至京师，三月辞丞相，改太尉，四月即出姑孰，知此即本年二月间事矣。'陈统谓桓玄沙汰僧众在令沙门敬王者之前，其说可从。据《通鉴》卷一百十二，玄于元兴元年二月至于姑孰，三月至京师，改授太尉。慧远《与桓太尉论料简沙门书》云：'若是都邑沙门，经檀越视听者，固无所疑；若边局远司，识不及远，则未达教旨。'所谓'都邑'，殆指京师。此亦可证桓玄沙汰僧众在本年三月，桓玄入京师以后。"④

---

① [梁] 僧祐：《弘明集》卷十二，《大正藏》第52册，第85页上。

② [梁] 僧祐：《出三藏记集》卷十五，《大正藏》第55册，第110页中。

③ [唐] 许嵩著，张忱石点校，《建康实录》卷十，中华书局，1986年，第316页。

④ 龚斌：《慧远法师传》，江西人民出版社，2008年，第240—241页。

慧远法师与桓太尉论料简沙门书

慧远法师与桓太尉论料简沙门书，见《弘明集》卷十二。[①]

方立天在《魏晋南北朝佛教》之《慧远年谱》中指出："（402年）二月，鸠摩罗什译出《阿弥陀经》。东晋皇族司马道子和司马元显父子发兵讨伐桓玄，刘牢之为前锋，后倒戈。三月，桓玄东下破京师建康（今南京），杀司马道子和司马元显，改元大亨，自称太尉，专擅朝政，刘牢之又欲反桓玄，寻自杀。太尉桓玄欲沙汰僧众，慧远作书为论料简得失。"[②]

陈志远在《六朝佛教史研究论集》中指出："讨论沙门不敬王者之争，首先需要关注论争发起的时间。许理和指出，这场讨论是从元兴元年（402）春天开始的。因为桓玄称帝后颁诏撤销沙门礼敬王者的规定，卞嗣之上疏云：'臣前受外任，听承疏短，乃不知去春已有明论'，落款是'永始元年十二月二十四日'。永始是桓玄称帝后所改的年号，即元兴二年。那么所谓"去春"，应该是元兴元年的春天。……慧远接到桓玄的教令，在表示合作的同时，对桓玄的标准做了几点修正。他首先为营建塔寺的僧人正名，声明'经教所开凡有三科：一者禅思入微，二者讽味遗典，三者兴建福业。三科诚异，皆以律行为本。'换言之，兴建福业并非如桓玄所说，是'营流俗'，而有教义上的正当性。此外还指出'或有兴福之人，内不毁禁，而迹非阿练者。或多诵经，讽咏不绝，而不能畅说义理者。或年已宿长，虽无三科可记，而体性贞正，不犯大非者'，凡此诸人，皆不应过问。这样就大大缓解了政令对僧团造成的冲击。桓玄教令里特别声明，'唯庐山道德所居，不在搜简之例'。给慧远极高的礼遇，对慧远提出的建议，也加以采纳。《高僧传》说慧远'广立条制，玄从之'。这样，沙汰沙门的政令在桓玄和慧远的协商之下得以实施，未起大的争执，然而细审二者的对话，却发现其中隐含着深刻的分歧。这种分歧简单地说，在于桓玄所许可的僧人范围较窄，若非善言玄理，便须山居苦行，与东晋以降高人逸士的传统形象大体重合，外此一概视为流俗；而慧远要为僧团的各种修行争地位，举凡兴建福业，讽诵佛经，都是'经教所开'，这就是并非'高人逸士'的旧有认知框架所可容纳的。"[③]

---

① [梁]僧祐：《弘明集》卷十二，《大正藏》第52册，第85页中。

② 方立天：《方立天文集》第一卷《魏晋南北朝佛教》，中国人民大学出版社，2006年，第188—189页。

③ 陈志远：《六朝佛教史研究论集》，博扬文化事业有限公司，2020年，第277—278页。

桓玄与八座书论道人敬事

桓玄与八座书论道人敬事，见《弘明集》卷十二。[①]

方立天在《魏晋南北朝佛教》之《慧远年谱》中指出：“（402年）四月，太尉桓玄出屯姑孰，欲令沙门敬王者与八座书，时尚书令桓谦、领军将军王谧反对，与玄往复论难。桓玄以其与八座书示慧远，远答书，作《沙门不敬王者论》。”[②]

《世界佛教通史》指出：“元兴元年（402）三月，自称太尉、专断朝政的桓玄鉴于佛教界腐败堕落等现象严重，下令沙汰僧尼，整顿僧团，慧远写《与桓太尉论料简沙门书》表示同意。当年四月，桓玄提出沙门应该礼敬王者问题，下达《与八座书》，与朝中重臣商量，并且致书慧远，征询意见。慧远写《答桓太尉书》，阐述自己的意见。”[③]

陈志远在《六朝佛教史研究论集》中指出：“此外还注意到，桓玄《与八座书》说‘八日垂至’，又说‘比八日令得详定也。’这里的‘八日’是何所指？以至于‘一代之大事’，必要在这个日子以前有确定的结论。岛田虔次猜测‘八日’是定例阁议的日子，但现有的史料里没有发现尚书八座集议的定例。笔者认为‘八日’是指佛陀诞辰的‘四月八日’。南北朝时期，中土习俗以此日为释迦诞辰，行浴佛之礼，还举行行像的仪式。这一仪式的起源来自中亚，法显在于阗国就亲历了一次行像典礼——‘像去门百步，王脱天冠，易着新衣，徒跣持华香，翼从出城迎像，头面礼足，散华烧香。’行像的时间是四月一日直到十四日。后来北魏皇室也有类似的记载。《魏书·释老志》云：‘世祖初即位，亦遵太祖、太宗之业，每引高德沙门，与共谈论。于四月八日，舆诸佛像，行于广衢，帝亲御门楼，临观散花，以致礼敬。’再举两条地点和年代都比较接近的证据。《世说新语·言语篇》：‘范宁作豫章，八日请佛有板。众僧疑，或欲作答。有小沙弥在坐末曰：“世尊默然，则为许可。”众从其义。’这里‘八日’即指四月八日，例有行像供养之俗。桓玄讨伐司马元显，有一篇檄文只收录于《魏书》，其中批评元显‘八日观佛，略人子女，至人家宿，唐突妇妾’。可见东晋末年南方也有行像的习俗。桓玄与王谧书云：‘曩者晋人略无奉佛，沙门徒众皆是诸胡。且王者与之不接，故可任其方俗，不为之检耳。今主上奉佛亲接法事，事异于昔。’交待了礼敬问题发生的情境，并非朝堂，而是君主与僧人共同参加的佛教法

---

① ［梁］僧祐：《弘明集》卷十二，《大正藏》第52册，第80页中。

② 方立天：《方立天文集》第一卷《魏晋南北朝佛教》，中国人民大学出版社，2006年，第189页。

③ 魏道儒主编：《世界佛教通史》第三卷，中国社会科学出版社，2015年，第217页。

事。通过上文的讨论，我们更清楚地知道，这场法事，就是元兴元年春四月八日进行的请佛行像仪式。因此，沙门不敬王者之争的展开，隐含着一个重要因素——君主已然归信佛教，君主是佛教礼仪秩序中的一员。主张沙门礼敬王者的一方，要在不触动佛教教理的前提下，实现佛教礼仪的变更，即尚书八座答桓玄书中所谓‘信其理而变其仪’。”①

《中国历史大辞典》载：“八座，官名合称。东汉用以称尚书令、仆射、六曹尚书。魏晋至隋用以称尚书令，左、右仆射，诸曹尚书，无论共有几人，皆沿其称。唐代尚书令、左右仆射为宰相，故以左、右丞及六部尚书为八座。明代用作对六部尚书的俗称；清代则用以称总督、巡抚等高级官员。”②

八座答

《弘明集》载：“中军将军尚书令宜阳开国侯桓谦等，惶恐死罪，奉诲使沙门致敬王者，何、庾虽论，竟未究尽。此是大事，宜使允中，实如雅论。然佛法与尧、孔殊趣，礼教正乖。人以发肤为重，而髡削不疑；出家弃亲，不以色养为孝；土木形骸，绝欲止竞；不期一生，要福万劫；世之所贵，已皆落之；礼教所重，意悉绝之。资父事君，天属之至，犹离其亲爱，岂得致礼万乘？势自应废，弥历三代，置其绝羁，当以神明无方，示不以崖检。视听之外，或别有理。今便使其致恭，恐应革者多，非惟拜起。又王者奉法，出于敬，信其理而变其仪。复是情所未了，即而容之，乃是在宥之弘。王令以别答公难，孔国、张敞在彼，想已面咨所怀，道宝诸道人，并足酬对高旨。下官等不识佛理，率情以言，愧不足览。谦等惶恐死罪。”③

桓玄与王令书论道人应敬王事

《弘明集》载：“沙门抗礼至尊，正自是情所不安。一代大事，宜共论尽之。今与八座书，向已送都。今付此信，君是宜任此理者，迟闻德音。”④

鲁楠在《正法与礼法——慧远〈沙门不敬王者论〉对佛教法文化的移植》中指出：“东晋元兴元年（公元402年），安帝蒙尘，太尉桓玄以震主之威，再提沙门礼敬王者之事。当时侍中卞嗣之、黄门侍郎袁恪之、门下通事令马范等依附于桓玄，答

① 陈志远：《六朝佛教史研究论集》，博扬文化事业有限公司，2020年，第279—281页。
② 郑天挺、谭其骧主编：《中国历史大辞典 壹》，上海辞书出版社，2010年，第40页。
③［梁］僧祐：《弘明集》卷十二，《大正藏》第52册，第80页中。
④［梁］僧祐：《弘明集》卷十二，《大正藏》第52册，第80页下。

诏谓沙门应敬王者。桓玄致书‘八座’，重提庾冰时的旧事。桓玄认为，佛教的主张虽然与儒家有所不同，但它与儒、道关系一样，都是以敬为本，其根本原理都不外乎天、人，他说：‘老子同王侯于三大，原其所重，皆在于资生通运’，其中王者作为天子，是天地生生不息的重要枢纽，所谓‘通生理物，存乎王者’。沙门‘之所以生生资存，亦日用于理命’，乃是深受国恩，‘岂有受其德而遗其礼，沾其惠而废其敬哉？’因此主张沙门应礼敬王者。八座从两个方面给予了答复。第一，从影响来讲，‘佛与老、孔殊趣，礼教正乖’，这种差异不仅涉及礼敬王者之事，而且还牵涉乖背传统儒家伦理的方方面面，包括违背‘身体发肤受之父母，不敢毁伤’的教导，落发剃度违背传统的孝道，出家弃亲等诸多内容。如果当前使其致恭，‘恐应革者多，非惟拜起’，因此这项政令可谓牵一发而动全身，应当谨慎；第二，从态度来讲，佛教礼仪虽然不同，但未必就是对王者不敬，宜采取‘在宥之弘’的策略。桓玄又致书中书令王谧，王谧也不同意沙门礼敬王者的动议。双方反复致书辩论，多达五次，将讨论的内容从统治的效果转移到了教理方面的争论。”①

按：王令即中书令王谧。

王谧答桓玄书

王谧答桓玄书，见《弘明集》卷十二。②

桓玄答王谧书

桓玄答王谧书，见《弘明集》卷十二。③

王谧再答桓玄书

王谧再答桓玄书，见《弘明集》卷十二。④

桓玄再答王谧书

桓玄再答王谧书，见《弘明集》卷十二。⑤

---

① 鲁楠：《正法与礼法——慧远〈沙门不敬王者论〉对佛教法文化的移植》，《清华法学》2020年第1期。

②［梁］僧祐：《弘明集》卷十二，《大正藏》第52册，第80页下。

③［梁］僧祐：《弘明集》卷十二，《大正藏》第52册，第81页上。

④［梁］僧祐：《弘明集》卷十二，《大正藏》第52册，第81页中。

⑤［梁］僧祐：《弘明集》卷十二，《大正藏》第52册，第82页上。

王谧三答桓玄书

王谧三答桓玄书，见《弘明集》卷十二。[①]

朱春雨在《中华本〈弘明集〉疏误考论》中指出："'下官才非拔幽，持之研析。且妙难精诣，益增茫惑。但高音既臻，不敢默已。'按：'高音'，宋本、元本、明本、宫本和碛砂藏本作'高旨'，是。'高旨'，敬称桓玄的旨意。《重答桓太尉》是王谧第二次回答桓玄的诘难，文中首句即为'奉告并垂难，具承高旨'，此承其义。"[②]

桓玄三答王谧书

桓玄三答王谧书，见《弘明集》卷十二。[③]

桓玄三难王谧

桓玄三难王谧，见《弘明集》卷十二。[④]

王谧四答桓玄书

王谧四答桓玄书，见《弘明集》卷十二。[⑤]

鲁楠在《正法与礼法——慧远〈沙门不敬王者论〉对佛教法文化的移植》一文中，对桓玄与王谧就是否要"沙门礼敬王者"的往复辩论做了系统的分析，其文考辨甚详，可参阅之。[⑥]

按：以上皆桓玄与王谧往复辩论之文，事皆在402年。

桓玄致慧远书

《高僧传》载："及（桓）玄在姑熟，欲令尽敬，乃与远书曰：'沙门不敬王者，既是情所未了，于理又是所未喻，一代大事，不可令其体不允。近《八座书》，今以呈君，君可述所以不敬意也。此便当行之事一二，令详尽想，必有以释其所疑耳。'"[⑦]

《资治通鉴》载："（东晋安帝元兴元年）夏，四月，太尉玄出屯姑孰，辞录尚

---

① [梁]僧祐：《弘明集》卷十二，《大正藏》第52册，第82页下。

② 朱春雨：《中华本〈弘明集〉疏误考论》，《湖南科技大学学报（社会科学版）》2018年第3期。

③ [梁]僧祐：《弘明集》卷十二，《大正藏》第52册，第83页上。

④ [梁]僧祐：《弘明集》卷十二，《大正藏》第52册，第83页中。

⑤ [梁]僧祐：《弘明集》卷十二，《大正藏》第52册，第80页中。

⑥ 鲁楠：《正法与礼法——慧远〈沙门不敬王者论〉对佛教文化的移植》，《清华法学》2020年第1期。

⑦ [梁]慧皎：《高僧传》卷六，《大正藏》第50册，第360页下。

书事，诏许之，而大政皆就咨焉，小事则决于尚书令桓谦及卞范之。”[1]

释慧远作《与隐士刘遗民等书》

《广弘明集》载：“彭城刘遗民，以晋太元中除宜昌、柴桑二县令。值庐山灵邃，足以往而不反。遇沙门释慧远可以服膺。丁母忧，去职入山，遂有终焉之志。于西林涧北，别立禅坊，养志闲处，安贫不营货利。是时闲退之士轻举而集者，若宗炳、张野、周续之，雷次宗之徒，咸在会焉。遗民与群贤游处，研精玄理，以此永日。远乃遗其书曰：‘每寻畴昔，游心世典，以为当年之华宛也。及见《老》《庄》便悟名教是应变之虚谈耳，以今而观，则知沈冥之趣岂得不以佛理为先。苟会之有宗，则百家同致。君诸人并为如来贤弟子也。策名神府，为日已久。徒积怀远之兴，而乏因籍之资。以此永年，岂所以励其宿心哉！意谓六斋日，宜简绝常务，专心空门。然后津寄之情笃，来生之计深矣。若染翰缀文，可托兴于此。虽言生于不足，然非言无以畅一诣之感。因骥之喻，亦何必远寄古人。’于是山居道俗日加策励，遗民精勤偏至。具持禁戒，宗张等所不及。专念禅坐，始涉半年，定中见佛。行路遇像，佛于空现，光照天地皆作金色，又披袈裟在宝池浴。出定已请僧读经，愿速舍命。”[2]

鲁克兵在《陶渊明和刘遗民之交游——兼谈二人玄佛思想之交靡》中指出：“据《宋书·安帝纪》，桓玄篡位改元永始是在元兴二年（403）十二月三日壬辰，逆谋必定尚在其前。观慧远《与隐士刘遗民等书》，乃是召集刘遗民等士隐至庐山，当在一百二十三人共誓西方前不久。而此活动据刘遗民《庐山精舍誓文》载在‘摄提格七月戊辰二十八日乙末’，即元兴元年（402）七月二十八日。又据《宋书》，宗炳六十三岁时卒于元嘉二十五年（448），太元末（396）年仅十岁，根本不可能入会。因而，刘遗民入庐山当在元兴元年前后。”[3]

张野师敬释慧远

《庐山记》载：“（张野）师敬远公，与刘、雷同辙。”[4]

按：释慧远《与隐士刘遗民等书》可知，时张野已在庐山，服膺远公，且侍奉左右。

---

①［北宋］司马光：《资治通鉴》卷一百一十二，中华书局，1956年，第3542页。

②［唐］道宣：《广弘明集》卷二十七，《大正藏》第52册，第304页上。

③ 鲁克兵：《陶渊明和刘遗民之交游——兼谈二人玄佛思想之交靡》，《中国学研究》第11辑，济南出版社，2008年，第331页。

④［宋］陈舜俞：《庐山记》卷三，《大正藏》第51册，第1040页中。

鸠摩罗什译《贤劫经》等

《出三藏记集》载："《禅经》三卷（一名《菩萨禅法经》，与《坐禅三昧经》同）。"[①]"《禅经》（鸠摩罗什出《禅经》四卷，《禅法要解》二卷）。"[②]

《历代三宝纪》载："《贤劫经》七卷（弘始四年三月五日出，与法护所译大同小异，昙恭笔受，见《二秦录》，一名《贤劫三昧经》，一名《贤劫定意经》，凡三名）。"[③]"《思益经》四卷（亦云《思益梵天所问经》，弘始四年十二月一日于逍遥园出，第二译，与法护所出《胜思惟经》本同出异，见《二秦录》，叡制《序》）。"[④]"《禅经》三卷（一名《菩萨禅法经》，与《坐禅三昧经》同弘始四年正月五日出，见《二秦》及《宝唱录》）。"[⑤]"《无量寿经》一卷（一名《阿弥陀经》，弘始四年二月八日出，是第五译，与支谦、康僧铠、白延、法护等出两卷者本同文广略小异，见《二秦录》）。"[⑥]"《弥勒成佛经》一卷（弘始四年出，是第二译，与法护出者，大同小异，见《二秦录》）。"[⑦]

《古今译经图纪》载："《禅经》（三卷）。"[⑧]

《大唐内典录》载："《禅经》三卷（弘始四年正月五日出，见《二秦》及《唱录》。一名《菩萨禅法经》，与《坐禅三昧经》同）。"[⑨]

《大周刊定众经目录》载："《禅经》一部三卷（一名《菩萨禅法经》，与《坐禅三昧经》同大乘，明观行）。右，后秦代弘始四年罗什译，出《二秦》及《宝唱录》。"[⑩]

《开元释教录》载："《坐禅三昧经》三卷（一名《菩萨禅法经》。初出，或直云《禅经》，或云《禅法要》，或云《阿兰若习禅法》，三名同是一本。弘始四年正月五日出，至九年闰五月重校正，见《二秦》《僧祐》《宝唱》三《录》）。"[⑪]"《坐禅三昧经》三卷（一名《菩萨禅法经》，或云《禅经》，或二卷）。姚秦三藏鸠摩罗

---

①［梁］僧祐：《出三藏记集》卷二，《大正藏》第55册，第11页上。
②［梁］僧祐：《出三藏记集》卷二，《大正藏》第55册，第14页下。
③［隋］费长房：《历代三宝纪》卷八，《大正藏》第49册，第77页下。
④［隋］费长房：《历代三宝纪》卷八，《大正藏》第49册，第77页下。
⑤［隋］费长房：《历代三宝纪》卷八，《大正藏》第49册，第78页上。
⑥［隋］费长房：《历代三宝纪》卷八，《大正藏》第49册，第78页上。
⑦［隋］费长房：《历代三宝纪》卷八，《大正藏》第49册，第78页上。
⑧［唐］靖迈撰：《古今译经图纪》卷三，《大正藏》第55册，第359页上。
⑨［唐］道宣：《大唐内典录》卷三，《大正藏》第55册，第252页下。
⑩［唐］明佺：《大周刊定众经目录》卷一，《大正藏》第55册，第376页下。
⑪［唐］智昇：《开元释教录》卷四，《大正藏》第55册，第513页上。

什译（第一译，两译一阙）。又《群录》中复有《阿兰若习禅法经》二卷，云与《坐禅三昧经》同本异译，亦云罗什法师所出，寻阅文句，首末全同。但为殊名，分成两部，既非别译，未可双行。”① “《坐禅三昧经》三卷（一名《菩萨禅法经》，或直云《禅经》，或云《阿兰若习禅法经》，或二卷），五十纸。”② “《坐禅三昧经》三卷（一名《菩萨禅法经》，或直云《禅经》，或云《阿兰若习禅法经》，或二卷，五十纸）。姚秦罗什译。”③

《贞元新定释教目录》载：“《坐禅三昧经》三卷（一名《菩萨禅法经》，初出。或直云《禅经》，或云《禅法要》，或云《阿兰若习禅法》，三名同是一本。弘始四年正月十五日出，至九年闰月五日重校正，僧叡《序》见《二秦》《僧祐》《宝唱》三《录》）。”④ “《坐禅三昧经》三卷（或名《菩萨禅法经》，或云《禅经》，或二卷）。姚秦三藏鸠摩罗什译，第一译，两译一阙。又《群录》中复有《阿兰若习禅法经》二卷，云与《坐禅三昧经》同本异译，亦云罗什法师所出。寻阅文句，首末全同，但为殊名，分成两部。既非别译，未可双行。”⑤ “《坐禅三昧经》三卷（一名《菩萨禅法经》，或直云《禅经》，或云《阿兰若习禅法经》，或二卷），五十纸。”⑥

《金刚般若疏》载：“《问大悲比丘尼本愿经》末记云：‘《金刚般若》本有八卷，今唯有《格量功德》一品。此事云何，答义不应尔。’所以者何此一卷经具有三人翻译？一者，罗什法师弘始四年于逍遥园正翻一卷。”⑦

鸠摩罗什又译有《小无量寿经》，《阿弥陀经通赞疏》载：“秦弘始四年二月八日罗什译，名《小无量寿经》。”⑧

释僧叡作《思益经序》

释僧叡所作之《思益经序》，见《出三藏记集》卷八。⑨

《出三藏记集》所录《思益经序》载：“幸遇究摩罗什法师于关右，既得更译梵

---

①［唐］智昇：《开元释教录》卷十三，《大正藏》第55册，第622页中。
②［唐］智昇：《开元释教录》卷二十，《大正藏》第55册，第696页中。
③［唐］智昇：《开元释教录》卷二十，《大正藏》第55册，第721页上。
④［唐］圆照：《贞元新定释教目录》卷六，《大正藏》第55册，第810页上。
⑤［唐］圆照：《贞元新定释教目录》卷二十三，《大正藏》第55册，第956页上。
⑥［唐］圆照：《贞元新定释教目录》卷三十，《大正藏》第55册，第1044页中。
⑦［隋］吉藏：《金刚般若疏》卷一，《大正藏》第33册，第90页中。
⑧［唐］窥基：《阿弥陀经通赞疏》卷一，《大正藏》第37册，第330页上。
⑨［梁］僧祐：《出三藏记集》卷八，《大正藏》第55册，第57页下。

音，正文言于竹帛，又蒙披释玄旨，晓大归于句下。于时咨悟之僧二千余人，大齐法集之众，欣务难遭之庆。近是讲肆之来，未有其比。于时予与道恒谬当传写之任，辄复疏其言记其事，以贻后来之贤。岂期必胜其辞，必尽其意耶？庶以所录之言，粗可仿佛其心耳！不同时事之贤，傥欲令见其高座所说之旨，故具载之于文，不自加其意也。”①

《历代三宝纪》载：“《思益经》四卷（亦云《思益梵天所问经》，弘始四年十二月一日于逍遥园出，第二译，与法护所出《胜思惟经》本同出异，见《二秦录》，叡制《序》）。”②

按：据《历代三宝纪》所载，鸠摩罗什于本年译出《思益经》，故释僧叡最早当于本年作《思益经序》。

释法显至北天竺六国

《高僧法显传》载：“（释法显）度河便到乌长国，其乌长国是正北天竺也。尽作中天竺语，中天竺所谓中国。俗人衣服、饮食亦与中国同。佛法甚盛。名众僧止住处为僧伽蓝。凡有五百僧伽蓝，皆小乘学。若有客比丘到，悉供养三日，三日过已，乃令自求所安。常传言佛至北天竺，即到此国也。佛遗足迹于此。或长或短，在人心念，至今犹尔。及晒衣石，度恶龙处，悉亦现在。石高丈四尺，阔二丈许，一边平。慧景、慧达、道整三人先发，向佛影那竭国。法显等住此国夏坐。坐讫，南下到宿呵多国。其国佛法亦盛。昔天帝释试菩萨，化作鹰、鸽，割肉贸鸽处。佛既成道，与诸弟子游行，语云：‘此本是吾割肉贸鸽处。’国人由是得知，于此处起塔，金银挍饰。从此东下五日行，到揵陀卫国。是阿育王子法益所治处。佛为菩萨时，亦于此国以眼施人。其处亦起大塔，金银挍饰。此国人多小乘学。自此东行七日，有国名竺刹尸罗。竺刹尸罗，汉言截头也。佛为菩萨时，于此处以头施人，故因以为名。复东行二日，至投身喂饿虎处。此二处亦起大塔，皆众宝挍饰。诸国王、臣民，竞兴供养，散华然灯，相继不绝。通上二塔，彼方人亦名为四大塔也。从揵陀卫国南行四日，到弗楼沙国。佛昔将诸弟子游行此国，语阿难云：‘吾般泥洹后，当有国王名罽腻伽于此处起塔。’后罽腻伽王出世。出行游观时，天帝释欲开发其意，化作牧牛小儿，当道起塔。王问言：‘汝作何等。’答言：‘作佛塔。’王言：‘大善。’于是王即于小

① ［梁］僧祐：《出三藏记集》卷八，《大正藏》第55册，第57页下。

② ［隋］费长房：《历代三宝纪》卷八，《大正藏》第49册，第77页下。

儿塔上起塔，高四十余丈，众宝挍饰。凡所经见塔庙，壮丽威严都无此比。传云：'阎浮提塔，唯此塔为上。'王作塔成已，小塔即自傍出大塔南，高三尺许。佛钵即在此国，昔月氏王大兴兵众，来伐此国，欲取佛钵。既伏此国已，月氏王等笃信佛法，欲持钵去，故大兴供养。供养三宝毕，乃挍饰大象，置钵其上，象便伏地不能得前。更作四轮车载钵，八象共牵，复不能进。王知与钵缘未至，深自愧叹。即于此处起塔及僧伽蓝，并留镇守，种种供养。可有七百余僧，日将欲中，众僧则出钵，与白衣等种种供养，然后中食。至暮烧香时复尔。可容二斗许，杂色而黑多，四际分明，厚可二分，甚光泽。贫人以少华投中便满，有大富者，欲以多华供养，正复百千万斛，终不能满。宝云、僧景止供养佛钵便还。慧景、慧达、道整先向那竭国，供养佛影、佛齿及顶骨。慧景病，道整住看。慧达一人还，于弗楼沙国相见，而慧达、宝云、僧景遂还秦土。慧景在佛钵寺无常。由是，法显独进，向佛顶骨所。西行十六由延，至那竭国界醯罗城。城中有佛顶骨精舍，尽以金薄，七宝挍饰。国王敬重顶骨，虑人抄夺，乃取国中豪姓八人，人持一印，印封守护。清晨，八人俱到，各视其印，然后开户。开户已，以香汁洗手，出佛顶骨，置精舍外高座上，以七宝圆碪碪下，瑠璃钟覆上，皆珠玑挍饰。骨黄白色，方圆四寸，其上隆起。每日出后，精舍人则登高楼，击大鼓，吹蠡，敲铜钵。王闻已，则诣精舍，以华香供养。供养已，次第顶戴而去。从东门入，西门出。王朝朝如是供养礼拜，然后听国政。居士、长者亦先供养，乃修家事。日日如是，初无懈倦。供养都讫，乃还顶骨于精舍中。有七宝解脱塔，或开或闭，高五尺许，以盛之。精舍门前，朝朝恒有卖华香人，凡欲供养者，种种买焉。诸国王亦恒遣使供养。精舍处方三十步，虽复天震地裂，此处不动。从此北行一由延，到那竭国城。是菩萨本以银钱贸五茎华，供养定光佛处。城中亦有佛齿塔，供养如顶骨法。城东北一由延，到一谷口，有佛锡杖，亦起精舍供养，杖以牛头旃檀作，长丈六七许，以木筒盛之，正复百千人，举不能移。入谷口西行，有佛僧伽梨亦起精舍供养。彼国土俗亢旱，时国人相率出衣，礼拜供养，天即大雨。那竭城南半由延，有石室，博山西南向，佛留影此中，去十余步观之，如佛真形，金色相好，光明炳著，转近转微，仿佛如有。诸方国王遣工画师摹写，莫能及。彼国人传云，千佛尽当于此留影。影西四百步许，佛在时剃发剪爪。佛自与诸弟子共造塔，高七八丈，以为将来塔法，今犹在。边有寺，寺中有七百余僧。此处有诸罗汉、辟支佛塔乃千数。"①

日本学者足立喜六在《〈法显传〉考证》中指出："此言第四次夏坐，由元兴元

①［东晋］法显：《高僧法显传》卷一，《大正藏》第51册，第858页上。

年（西历四〇二年）四月十六日至七月十五日。”①

释宝云自天竺返

《出三藏记集》载：“（释宝云）遂历于阗、天竺诸国，备睹灵异。乃经罗刹之野，闻天鼓之音，释迦影迹，多所瞻礼。云在外域，遍学胡书，天竺诸国音字诂训，悉皆贯练。后还长安，随禅师佛驮跋陀受业，修道禅讽，孜孜不怠。”②

《高僧传》载：“（释宝云）遂历于阗、天竺诸国，备睹灵异。乃经罗刹之野，闻天鼓之音，释迦影迹，多所瞻礼。云在外域遍学梵书。天竺诸国音字诂训，悉皆备解。后还长安，随禅师佛驮跋陀业禅进道。”③

按：据前条日本学者足立喜六之考证，释宝云与法显分别，大约在本年八月间。故释宝云自天竺动身返回长安，当在本年。

释玄高生

《高僧传》载：“释玄高，姓魏，本名灵育，冯翊万年人也。母寇氏，本信外道。始适魏氏，首孕一女，即高之长姊。生便信佛，乃为母祈愿，愿门无异见，得奉大法。母以伪秦弘始三年梦见梵僧散华满室，觉便怀胎，至四年二月八日生男。家内忽有异香，及光明照壁，迄且乃息。母以儿生瑞兆，因名灵育。时人重之，复称世高。”④

释弘明生

《高僧传》载：“释弘明，本姓嬴，会稽山阴人。少出家，贞苦有戒节，止山阴云门寺。诵《法华》，习禅定。精勤礼忏，六时不辍。每旦则水瓶自满，实诸天童子以为给使也。明尝于云门坐禅，虎来入明室内，伏于床前，见明端然不动，久久乃去。又时见一小儿来，听明诵经，明曰：‘汝是何人？’答云：‘昔是此寺沙弥，盗帐下食，今堕圊中。闻上人道业，故来听诵经，愿助方便，使免斯累也。’明即说法劝化，领解方隐。”⑤

---

①［日］足立喜六著，何健民、张小柳译：《〈法显传〉考证》，商务印书馆，1936年，第81页。
②［梁］僧祐：《出三藏记集》卷十五，《大正藏》第55册，第113页上。
③［梁］慧皎：《高僧传》卷三，《大正藏》第50册，第339页下。
④［梁］慧皎：《高僧传》卷十一，《大正藏》第50册，第397页上。
⑤［梁］慧皎：《高僧传》卷十二，《大正藏》第50册，第408页上。

《高僧传》载："（释弘明）以齐永明四年（486）卒于柏林寺，春秋八十有四。"[①]据此推之，释弘明当生于本年。

竺法旷卒

《高僧传》载："（竺法旷）元兴元年卒，春秋七十有六，散骑常侍顾恺之为作赞传云。"[②]

释法智持颂观世音感应缘

《冥祥记》载："晋沙门释法智为白衣时，常独行，至大泽中，忽遇猛火，四方俱起，走路已绝，便至心礼诵观世音；俄然火过，一泽之草，无有遗茎者，唯智所处容身不烧。于是始乃敬奉大法。后为姚兴将，从征索虏，军退，失马，落在围里；乃隐沟边荆栋丛中，得蔽头，复念观世音，心甚勤至。隔沟人遥唤后军，指令煞之，而军过搜觅辄无见者，遥得免济。后遂出家。"[③]

《系观世音应验记》载："释法智道人者，其普为白衣。尝独行大泽，忽遇猛火，四面俱有。既欲走无向，自知必死，因头面礼光世音，至心称爽名号。俄而火过，一净草无遗茎，唯法智所在处，容身不烧也。"[④]

《续高僧传》载："又沙门法智者，本为白衣独行大泽。猛火四面，一时同至自知必死，乃合面于地称观世音。怪无火烧，举头看之，一泽之草纤毫并尽，惟智所伏仅容身耳。因此感悟出家为道，厉精翘勇众所先之。"[⑤]

《法苑珠林》载："晋沙门释法智为白衣时，尝独行至大泽中。忽遇猛火四方俱起，走路已绝，便至心礼诵观世音。俄然火过，一泽之草，无有遗茎者。唯法智所处，容身不烧。于是始乃敬奉大法。后为姚兴将，从征索虏。军退失马，落在围里。乃隐沟边荆棘丛中，正得蔽头。复念观世音心甚勤至。隔沟人遥唤后军指令杀之，而军遏搜觅，辄无见者。径得免济，后遂出家。"[⑥]

《史通·断限》载："自五胡称制，四海殊宅。江左既承正朔，斥彼魏胡，故氐、

① [梁]慧皎：《高僧传》卷十二，《大正藏》第50册，第408页上。
② [梁]慧皎：《高僧传》卷五，《大正藏》第50册，第356页下。
③ [齐]王琰：《冥祥记》，《鲁迅全集》第八卷《古小说钩沉》，人民文学出版社，1973年，第600页。
④ 董志翘：《〈观世音应验记三种〉译注》，江苏古籍出版社，2002年，第65页。
⑤ [唐]道宣：《续高僧传》卷二十五，《大正藏》第50册，第645页下。
⑥ [唐]道世：《法苑珠林》卷十七，《大正藏》第53册，第410页上。

羌有录，索虏成传。魏本出于杂种，窃亦自号真君。”①

《资治通鉴》载：“（东晋安帝元兴元年）秦主兴大发诸军，遣义阳公平、尚书右仆射狄伯支等将步骑四万伐魏，兴自将大军继之，以尚书令姚晃辅太子泓守长安，没弈干权镇上邽，广陵公钦权镇洛阳。平攻魏乾壁六十余日，拔之。秋，七月，魏主珪遣毗陵王顺及豫州刺史长孙肥将六万骑为前锋，自将大军继发以击之。”②“魏主珪至永安，秦义阳公平遣骁将帅精骑二百觇魏军，长孙肥逆击，尽擒之。平退走，珪追之，乙巳，及于柴壁。平婴地固守，魏军围之。秦王兴将兵四万七千救之，将据天渡运粮以馈平。魏博士李先曰：‘兵法：高者为敌所栖，深者为敌所囚。今秦皆犯之，宜及兴未至，遣奇兵先据天渡，柴壁可不战而取也。’珪命增筑重围，内以防平之出，外以拒兴之入。广武将军安同曰：‘汾东有蒙坑，东西三百余里，蹊径不通。兴来，必从汾西直临柴壁；如此，虏声势相接，重围虽固，不能制也。不如为浮梁，渡汾西，筑围以拒之。虏至，无所施其智力矣。’珪从之。兴至蒲阪，惮魏之强，久乃进兵。甲子，珪帅步骑三万逆击兴于蒙坑之南，斩首千余级，兴退走四十余里，平亦不敢出。珪乃分兵四据险要，使秦兵不得近柴壁。兴屯汾西，赁壑为垒，束柏材从汾上流纵之，欲以毁浮梁，魏人皆钩取以为薪蒸。冬，十月，平粮竭矢尽，夜，悉众突西南围求出；兴列兵汾西，举烽鼓噪为应。兴欲平力战突免，平望兴攻围引接，但叫呼相和，莫敢逼围。平不得出，计穷，乃帅麾下赴水死，诸将多从平赴水；珪使善游者钩捕之，无得免者。执狄伯支及越骑校尉唐小方等四十余人，余众二万余人皆敛手就禽。兴坐视其穷，力不能救。举军恸哭，声震山谷。数遣使求和于魏，珪不许，乘胜进攻蒲阪，秦晋公绪固守不战。会柔然谋伐魏，珪闻之，戊申，引兵还。”③

按：索虏，即北魏也。姚兴弘始四年，后秦伐魏，同北魏激战近一年。此后，姚秦对北魏采取守势，且无力再同北魏争雄北方。弘始四年，释法智为姚兴之部将从征北魏。故“释法智持颂观世音感应缘”事，当发生于本年。然而释法智持念观音避火之事，已不可考，兹并附于本条内。

释慧远于庐山结净土莲社

《出三藏记集》载：“远闻北天竺有佛影，欣感交怀。乃背山临流，营筑龛室，

---

①［唐］刘知幾著，［清］浦起龙通释，王煦华整理：《史通通释》卷四，上海古籍出版社，2009年，第90页。

②［北宋］司马光：《资治通鉴》卷一百一十二，中华书局，1956年，第3543页。

③［北宋］司马光：《资治通鉴》卷一百一十二，中华书局，1956年，第3543—3544页。

妙算画工，淡采图写。色凝积空，望似轻雾，晖相炳暖，若隐而显。遂传写京都，莫不嗟叹。于是率众行道，昏晓不绝，释迦余化，于斯复兴。既而谨律息心之士，绝尘清信之宾，并不期而至，望风遥集。彭城刘遗民、雁门周续之、新蔡毕颖之、南阳宗炳，并弃世遗荣，依远游止。远乃于精舍无量寿像前，建斋立誓，共期西方。其文曰：惟岁在摄提，秋七月戊辰朔，二十八日乙未，法师释慧远，贞感幽冥，宿怀特发。乃延命同志息心清信之士百有二十三人，集于庐山之阴，般若台精舍阿弥陀像前，率以香华，敬廌而誓焉。惟斯一会之众，夫缘化之理既明，则三世之传显矣，迁感之数既符，则善恶之报必矣。推交臂之潜沦，悟无常之斯切，审三报之相催，知崄趣之难拔。此其同志诸贤，所以夕惕霄勤，仰思攸济者也。盖神者可以感涉，而不可以迹求。必感之有物，则幽路咫尺；苟求之无主，则眇茫何津？今幸以不谋，而佥心西境，叩篇开信，亮情天发，乃机众通于寝梦，欣欢百于子来。于是灵图表辉，景侔神造，功由理谐，事非人运。兹实天启其诚，冥数来萃者矣，可不克心重精，迭思以凝其虑哉！然其景绩参差，功福不一，虽晨祈云同，夕归悠隔，即我师友之眷，良可悲矣。是以慨焉。胥命整襟法堂，等施一心，亭怀幽极，誓兹同人，俱游绝域。其有惊出绝伦，首登神界，则无独善于云峤，忘兼全于幽谷。先进之与后升，勉思汇征之道。然后妙觐大仪，启心贞照，识以悟新，形由化革。藉芙容于中流，荫琼柯以咏言，飘灵衣于八极，泛香风以穷年。体忘安而弥穆，心超乐以自怡。临三涂而缅谢，傲天宫而长辞。绍众灵以继轨，指大息以为期。究兹道也，岂不弘哉！”①

《高僧传》载：“及远创寺既成，祈心奉请，乃飘然自轻，往还无梗。方知远之神感，证在风谚矣。于是率众行道，昏晓不绝。释迦余化，于斯复兴。既而谨律息心之士，绝尘清信之宾，并不期而至，望风遥集。彭城刘遗民、豫章雷次宗、雁门周续之、新蔡毕颖之、南阳宗炳、张莱民、张季硕等，并弃世遗荣，依远游止。远乃于精舍无量寿像前，建斋立誓，共期西方。乃令刘遗民著其文曰：‘惟岁在摄提，秋七月戊辰朔，二十八日乙未。法师释慧远，贞感幽奥，宿怀特发。乃延命同志息心贞信之士，百有二十三人，集于庐山之阴，般若台精舍阿弥陀像前，率以香华敬廌而誓焉。惟斯一会之众，夫缘化之理既明，则三世之传显矣，迁感之数既符，则善恶之报必矣，推交臂之潜沦，悟无常之期切。审三报之相催，知险趣之难拔。此其同志诸贤，所以夕惕宵勤，仰思攸济者也。盖神者可以感涉，而不可以迹求。必感之有物，则幽路咫尺。苟求之无主，则眇茫河津。今幸以不谋而佥心西境，叩篇开信，亮情天发，

①［梁］僧祐：《出三藏记集》卷十五，《大正藏》第55册，第109页下。

乃机象通于寝梦，欣欢百于子来。于是云图表晖，影侔神造，功由理谐，事非人运。兹实天启其诚，冥运来萃者矣，可不克心重精迭思以凝其虑哉。然其景绩参差，功德不一，虽晨祈云同，夕归攸隔。即我师友之眷，良可悲矣，是以慨焉。胥命整衿法堂，等施一心，亭怀幽极。誓兹同人，俱游绝域。其有惊出绝伦，首登神界，则无独善于云峤，忘兼全于幽谷，先进之与后升，勉思策征之道。然复妙觐大仪，启心贞照，识以悟新，形由化革。藉芙蓉于中流，荫琼柯以咏言。飘云衣于八极，泛香风以穷年。体忘安而弥穆，心超乐以自怡。临三涂而缅谢，傲天宫而长辞。绍众灵以继轨，指太息以为期。究兹道也，岂不弘哉。'远神韵严肃，容止方棱，凡预瞻睹，莫不心形战栗。"①

方立天在《魏晋南北朝佛教》之《慧远年谱》中指出："（402年）七月二十八日，慧远与刘遗民等123人在阿弥陀佛像前建斋立誓，共期往生西方极乐世界，刘遗民撰誓文。"②

区结成在《慧远》中指出："桓玄发兵入京师，三月改元大亨，自为太尉。桓玄欲汰洗僧众，众情惶惑，来书问慧远意见。慧远去书论料简沙门得失。桓玄依然下令汰洗，但令僚属，庐山道德所居，不在搜检之列。四月桓玄倡议沙门敬拜王者，与八座书讨论事宜。八座桓廉等劝阻。桓玄致书慧远并附八座书。慧远覆书反对敬拜。王谧亦与桓玄往复书论敬拜事。七月二十八日慧远与刘遗民，周续之，宗炳等百二十三人集于庐山般若台精舍阿弥陀像前，共誓往生西方。"③

刘遗民撰莲社发愿文

《高僧传》载："彭城刘遗民、豫章雷次宗、雁门周续之、新蔡毕颖之、南阳宗炳、张莱民、张季硕等，并弃世遗荣，依远游止。远乃于精舍无量寿像前，建斋立誓，共期西方。乃令刘遗民著其文曰：'惟岁在摄提，秋七月戊辰朔，二十八日乙未。法师释慧远，贞感幽奥，宿怀特发。乃延命同志息心贞信之士，百有二十三人，集于庐山之阴，般若台精舍阿弥陀像前，率以香华敬廌而誓焉。惟斯一会之众，夫缘化之理既明，则三世之传显矣，迁感之数既符，则善恶之报必矣，推交臂之潜沦，悟无常之期切。审三报之相催，知险趣之难拔。此其同志诸贤，所以夕惕宵勤，仰思攸济者也。盖神者可

① [梁] 慧皎：《高僧传》卷六，《大正藏》第50册，第358页下。
② 方立天：《方立天文集》第一卷《魏晋南北朝佛教》，中国人民大学出版社，2006年，第189页。
③ 区结成：《慧远》，东大图书公司，1987年，第152页。

以感涉，而不可以迹求。必感之有物，则幽路咫尺。苟求之无主，则眇茫河津。今幸以不谋而佥心西境，叩篇开信，亮情天发，乃机象通于寝梦，欣欢百于子来。于是云图表晖，影侔神造，功由理谐，事非人运。兹实天启其诚，冥运来萃者矣，可不克心重精迭思以凝其虑哉。然其景绩参差，功德不一，虽晨祈云同，夕归攸隔。即我师友之眷，良可悲矣，是以慨焉。胥命整衿法堂，等施一心，亭怀幽极。誓兹同人，俱游绝域。其有惊出绝伦，首登神界，则无独善于云峤，忘兼全于幽谷，先进之与后升，勉思策征之道。然复妙觐大仪，启心贞照，识以悟新，形由化革。藉芙蓉于中流，荫琼柯以咏言。飘云衣于八极，泛香风以穷年。体忘安而弥穆，心超乐以自怡。临三涂而缅谢，傲天宫而长辞。绍众灵以继轨，指太息以为期。究兹道也，岂不弘哉。’”①

《庐山记》载：“彭城刘遗民、豫章雷次宗、雁门周续之、南阳宗炳、张野张诠等，凡百有二十三人，与师同修净土之社，乃令刘遗民著发愿文。”②

汤用彤考证后认为此事不可信，可参阅《汉魏两晋南北朝佛教史》（增订本）之《慧远与弥陀净土》一节。③

张诠入庐山莲社

《庐山记》载：“（张诠）入庐山，依远公净社。”④

释昙顺入庐山莲社

《庐山记》载：“（释昙顺）入庐山，从远师同修西方净社。志道不群，利济为本。”⑤

《庐山记》载：“远公与慧永、慧持、昙顺、昙恒、竺道生、慧叡、道敬、道昺、昙诜、白衣、张野、宗炳、刘遗民、张诠、周续之、雷次宗、梵僧佛驮耶舍，十八人者同修净土之法，因号‘白莲社’。”⑥

按：远公于庐山结社十八贤，共一百二十三人，发愿往生西方净土。时昙顺在列，则昙顺至庐山入莲社，事当在本年。

---

①［梁］慧皎：《高僧传》卷六，《大正藏》第50册，第358页下。
②［宋］陈舜俞：《庐山记》卷三，《大正藏》第51册，第1039页中。
③ 汤用彤：《汉魏两晋南北朝佛教史》（增订本），北京大学出版社，2011年，第202—206页。
④［宋］陈舜俞：《庐山记》卷三，《大正藏》第51册，第1040页中。
⑤［宋］陈舜俞：《庐山记》卷三，《大正藏》第51册，第1042页上。
⑥［宋］陈舜俞：《庐山记》卷一，《大正藏》第51册，第28页上。

释慧远作《念佛三昧诗集序》

释慧远所作之《念佛三昧诗集序》，见《广弘明集》卷三十。[①]

曹虹在《慧远评传》中指出："《慧远研究·遗文篇》注者据两文若干语句的类似，推测《念佛三昧诗集》作于元兴元年秋庐山立誓之时，慧远为此所作序文约在同一年。这一推测是合理的，而且，据《高僧传·慧远传》，刘遗民所执笔的立誓文，是慧远令他所作。"[②]

释慧要尝制十二叶芙蓉

《高僧传》载："远有弟子慧要，亦解经律，而尤长巧思，山中无刻漏，乃于泉水中立十二叶芙蓉，因流波转，以定十二时。晷景无差焉。亦尝作木鸢，飞数百步。"[③]

按：释慧要制十二叶芙蓉于庐山泉中，用以观时。未详其时，待考。然远公结社时，慧要之十二叶芙蓉已制作完毕，兹系此条于庐山东林结社之年。

顾恺之尝画《八国分舍利图》

《贞观公私画史》载："《八国分舍利图》……顾恺之画九卷，隋朝官本。"[④]

《顾恺之研究》指出："在顾恺之生卒年考证上，有三点就比较肯定。其一，他在瓦棺寺画壁画是兴宁二年（364年），此年他起码是二十岁，最多二十一岁。其二，他在义熙元年还在世。其三，他活了六十二岁（虚岁）。以顾恺之在瓦棺寺画壁画为二十岁计算，那么他去世的那一年当是义熙二年（406年）。以顾恺之在瓦棺寺画壁画为二十一岁计算，那么他去世的那一年当是义熙元年。只有这两个年限的可能性大，姜亮夫等人的402年说，刘凌沧、郭味渠的407年说，邵洛羊、吴诗初和温肇桐后来的409年说都是错误的。俞剑华、潘天寿、马采诸先生的说法接近实际。在义熙元年和义熙二年这两个年代里，似乎定为义熙二年较为合适，看来是潘天寿先生的推断更符合实际。我们就依潘天寿先生之说，顾恺之当生于晋穆帝永和元年（345），卒于晋安帝义熙二年（406），享年六十二岁。"[⑤]

---

① [唐] 道宣：《广弘明集》卷三十，《大正藏》第52册，第351页中。

② 曹虹：《慧远评传》，南京大学出版社，2002年，第164页。

③ [梁] 慧皎：《高僧传》卷六，《大正藏》第50册，第363页上。

④ [唐] 裴孝源：《贞观公私画史》，《文渊阁四库全书》第八百一十二册，台湾商务印书馆，1983年，第23页。

⑤ 袁有根、苏涵、李晓庵：《顾恺之研究》，民族出版社，2005年，第5页。

按：对于顾恺之的卒年，学界看法不一，今采潘天寿之说。顾恺之作《八国分舍利图》的具体时间已无法详考，兹系于此。欲详顾恺之三教题材的绘画作品，可参考《顾恺之研究》之《顾恺之的释道人物画作品》[①]一节。

姚兴制《释摩诃衍论》序

姚兴所制之《释摩诃衍论》序，见《释摩诃衍论》卷一。[②]

《释摩诃衍论》所录《释摩诃衍论序》载："朕闻其梵本先在于中天竺，遣駷奉迎，近至东界。以弘始三年岁次星纪九月上旬，于大庄严寺亲受笔削，敬译斯论。直翻译人筏提摩多三藏，传俗语人刘连陀等，执笔之人谢贤金等，首尾二年方缮写毕功。"[③]

韩理洲在《全三国两晋南朝文补遗》中指出："据本文订作时为后秦弘始四年（四〇二）。"[④]

王恭临刑犹诵佛经

《晋书》载："（王恭）临刑，犹诵佛经，自理须鬓，神无惧容，谓监刑者曰：'我暗于信人，所以致此，原其本心，岂不忠于社稷！但令百代之下知有王恭耳。'家无财帛，唯书籍而已，为识者所伤。"[⑤]

《资治通鉴》载："（东晋安帝隆安二年）恭以澹之素与牢之有隙，不信。乃置酒请牢之，于众中拜之为兄，精兵坚甲，悉以配之，使帅帐下督颜延为前锋。牢之至竹里，斩延以降；遣敬宣及其婿东莞太守高雅之还袭恭。恭方出城曜兵，敬宣纵骑横击之，恭兵皆溃。恭将入城，雅之已闭城门。恭单骑奔曲阿，素不习马，髀中生疮。曲阿人殷确，恭故吏也，以船载恭，将奔桓玄，至长塘湖，为人所告，获之，送京师，斩于倪塘。恭临刑，犹理须鬓，神色自若，谓临刑者曰：'我暗于信人，所以至此，原其本心，岂不忠于社稷邪！但令百世之下知有王恭耳。'并其子弟党与皆死。以刘牢之为都督兖、表、冀、幽、并、徐、扬州、晋陵诸军事以代恭。"[⑥]

---

① 袁有根、苏涵、李晓庵：《顾恺之研究》，民族出版社，2005年，第12—15页。

② ［后秦］筏提摩多译：《释摩诃衍论》卷一，《大正藏》第32册，第591页下。

③ ［后秦］筏提摩多译：《释摩诃衍论》卷一，《大正藏》第32册，第592页上。

④ 韩理洲等辑校编年：《全三国两晋南朝文补遗》，三秦出版社，2013年，第165页。

⑤ ［唐］房玄龄等：《晋书》卷八十四，中华书局，1974年，第2186页。

⑥ ［北宋］司马光：《资治通鉴》卷一百一十，中华书局，1956年，第3478页。

沙门张翘自号无上王

《魏书》载："沙门张翘，自号无上王，与丁零鲜于次保聚党常山之行唐。（北魏天兴五年）夏四月，太守楼伏连讨斩之。"[①]

孙恩乱后临刑二人感应缘

《光世音感应记》载："昔孙贼扰乱海陲，士庶多离其灾。有十数人临刑东市。一人独奉法，便至意诵光世音。同坐者问之，对曰：'闻佛法经有光世音菩萨济人危。故自归耳，其便事事效之。'次当就命，官司薄目独无其名。相与惊骇怪，乃各散走。二人亦随众，遂得免。"[②]

《资治通鉴》载："（东晋安帝元兴元年）孙恩寇临海，临海太守辛景击破之，恩所虏三吴男女，死亡殆尽。恩恐为官军所获，乃赴海死，其党及妓妾从死者以百数，谓之'水仙'。余众数千人复推恩妹夫卢循为主。"[③]

按：若依文意，此事似在隆安三年十月至元兴元年三月间。然《光世音感应记》原题为《孙恩乱后临刑二人》，故将此事系于孙恩投海之年。

晋安帝元兴二年·后秦弘始五年（403）癸卯

释道祖辞还台寺

《高僧传》载："祖后还京师瓦官寺讲说，桓玄每往观听，乃谓人曰：'道祖后发愈于远公，但儒博不逮耳。'及玄辅正，欲使沙门敬王，祖乃辞还吴之台寺。"[④]

按：本年，桓玄发起第二次沙门敬王者论，释道祖辞还台寺，事当在本年。

桓玄同道曜讲《老子》

《世说新语》载："桓南郡与道曜讲《老子》，王侍中为主簿，在坐。桓曰：'王主簿可顾名思义。'王未答，且大笑。桓曰：'王思道能作大家儿笑。'"[⑤]

---

① [北齐]魏收：《魏书》卷二，中华书局，1974年，第39—40页。

② 董志翘：《〈观世音应验记三种〉译注》，江苏古籍出版社，2002年，第39页。

③ [北宋]司马光：《资治通鉴》卷一百一十二，中华书局，1956年，第3541页。

④ [梁]慧皎：《高僧传》卷六，《大正藏》第50册，第363页上。

⑤ 徐震堮：《世说新语校笺》，中华书局，1984年，第441页。

戴丽琴在《〈世说新语〉与佛教》中指出："道耀，未详。因未见冠以俗家姓氏，疑其为释氏子弟。此事大约在桓玄称侍中直至逝世这段时间之内，即自元兴元年三月至三年二月，即元兴二年（403）前后。"①

按：道曜，检索佛典，未详其人。然观其姓字，似是僧尼之辈。今列于此，以求教于学林。

第二次沙门敬王者论

《高僧传》载："有顷，玄篡位，即下书曰：'佛法宏大，所不能测，推奉主之情，故兴其敬。今事既在己，宜尽谦光，诸道人勿复致礼也。'远乃著《沙门不敬王者论》。凡有五篇：一曰在家：谓在家奉法，则是顺化之民，情未变俗，迹同方内，故有天属之爱，奉主之礼，礼敬有本，遂因之以成教。二曰出家：谓出家者能遁世以求其志，变俗以达其道。变俗则服章不得与世典同礼，遁世则宜高尚其迹。大德故能拯溺俗于沈流，拔玄根于重劫。远通三乘之津，近开人天之路。如令一夫全德，则道洽六亲，泽流天下。虽不处王侯之位，固已协契皇极，在宥生民矣。是故内乖天属之重，而不逆其孝。外阙奉主之恭，而不失其敬也。三曰求宗不顺化：谓反本求宗者，不以生累其神，超落尘封者，不以情累其生。不以情累其生，则其生可灭。不以生累其神，则其神可冥。冥神绝境，故谓之泥洹。故沙门虽抗礼万乘，高尚其事，不爵王侯，而沾其惠者也。四曰体极不兼应：谓如来之与周孔，发致虽殊，潜相影响，出处咸异，终期必同。故虽曰道殊，所归一也。不兼应者，物不能兼受也。五曰形尽神不灭：谓识神驰，骛随行东西也。此是论之大意，自是沙门得全方外之迹矣。"②

夏德美在《东晋政教关系论战的起因、性质和影响——以沙门致敬王者问题为中心》中指出："大约六十年后，桓玄（369—404）发起了第二次大论战。元兴元年（402）三月，自称太尉、专断朝政的桓玄鉴于佛教界腐败堕落等现象严重，发布《料简沙门书》，下令沙汰僧尼，严厉整顿佛教僧团组织。慧远写《与桓太尉论料简沙门书》，表示同意。当年四月，桓玄提出沙门应该致敬王者，下达《与八座书》，与朝中重臣商量，并且致书慧远，征询意见。桓玄在这个时候提出沙门礼敬王者的要求，自然包含着加强自身权力、觊觎皇权的个人野心，然而更重要的，还是出于国家整顿佛教的政治需要。沙门致敬王者，不游离于王者统治权力之外，无疑是统治集团实施

① 戴丽琴：《〈世说新语〉与佛教》，华中师范大学博士学位论文，2010年，第59页。

②［梁］慧皎：《高僧传》卷六，《大正藏》第50册，第360页下。

沙汰沙门、料简沙门的各种治理佛教僧团措施的应有之义。在这场论战中，与桓玄抗争的是王谧等人。元兴二年（403）十二月三日，桓玄改元称帝，为了争取佛教信徒支持，特诏允许沙门不礼敬王者。”①

按：桓玄篡位后，随即发动了第二次沙门是否礼敬王者的大论战，故《高僧传》云“有顷”“即”。此事当在本年。

释慧远作《沙门不敬王者论》

《高僧传》载：“昔成帝幼冲，庾冰辅正，以为沙门应敬王者，尚书令何充、仆射褚昱、诸葛恢等，奏不应敬礼，官议悉同充等，门下承冰旨为驳，同异粉然，竟莫能定。及玄在姑熟，欲令尽敬，乃与远书曰：‘沙门不敬王者，既是情所未了，于理又是所未喻，一代大事，不可令其体不允。近八座书，今以呈君，君可述所以不敬意也。此便当行之事一二，令详尽想，必有以释其所疑耳。’远答书曰：‘夫称沙门者何耶，谓能发蒙俗之幽昏，启化表之玄路，方将以兼忘之道，与天下同往。使希高者挹其遗风，漱流者味其余津。若然，虽大业未就，观其超步之迹，所悟固已弘矣。又袈裟非朝宗之服，钵盂非廊庙之器。沙门尘外之人，不应致敬王者。’玄虽苟执先志，耻即外从，而睹远辞旨，趑趄未决。”②

《弘明集》载：“晋成、康之世，车骑将军庾冰，疑诸沙门，抗礼万乘。所明理，何骠骑有答。二家论，名在本集。至元兴中，太尉桓公亦同此义，谓庾言之未尽，《与八座书》云：‘佛之为化，虽诞以茫浩，推乎视听之外，以敬为本，此出处不异。盖所期者殊，非敬恭宜废也。老子同王侯于三大，原其所重，皆在于资生通运，岂独以圣人在位，而比称二仪哉？将以天地之大德曰生，通生理物，存乎王者，故尊其神器，而礼寔惟隆，岂是虚相崇重，义存君御而已？沙门之所以生，生资国存，亦日用于理命，岂有受其德而遗其礼，沾其惠而废其敬哉？’于时朝士名贤，答者甚众，虽言未悟时，并互有其美，徒咸尽所怀而理蕴于情，遂令无上道服毁于尘俗，亮到之心屈乎人事。悲夫！斯乃交丧之所由，千载之否运，深惧大法之将沦，感前事之不忘，故著论五篇，究叙微意。岂曰渊壑之待晨露，盖是申其罔极，亦庶后之君子，崇敬佛教者，或详览焉。”③

---

① 夏德美：《东晋政教关系论战的起因、性质和影响——以沙门致敬王者问题为中心》，《世界宗教研究》2017年第2期。

②［梁］慧皎：《高僧传》卷五，《大正藏》第50册，第360页中。

③［梁］僧祐：《弘明集》卷五，《大正藏》第52册，第29页下。

区结成在《慧远》中指出："（元兴三年）慧远感于桓玄令沙门敬拜前事，特著《沙门不敬王者论》五篇，并序，究叙己意。约于是年，慧远得姚嵩书，知鸠摩罗什在长安，乃致书通好。鸠摩罗什遣使赠衣裁法物。秦主姚兴钦慧远德风，遣使赠龟兹国细缕杂变像，又令姚兴献珠像。"①

方立天在《魏晋南北朝佛教》之《慧远年谱》中指出："（402年）四月，太尉桓玄出屯姑孰，欲令沙门敬王者与八座书，时尚书令桓谦、领军将军王谧反对，与玄往复论难。桓玄以其与八座书示慧远，远答书，作《沙门不敬王者论》。"②

曹虹在《慧远评传》中指出此事在402年，并以脚注的形式作出说明："据《慧远研究·遗文篇》注释，桓玄致八座书当不出元兴元年（402）四月至次年九月之间，而接着咨问慧远则在元兴二年中，慧远答书也应是当年后半年的事。"③

《中国学术思想编年·魏晋南北朝卷》则认为："（403年）关于佛徒应否礼敬王者的辩论再次展开，晋太尉桓玄又再次提起庾冰关于让佛教僧徒致敬王者的建议，于是慧远法师致信桓玄，说：'袈裟非朝宗之服，钵盂非廊庙之器。尘故之容，不应致敬王者。'桓玄接书信后即下令取消执行。"④

龚斌在《慧远法师传》之《慧远年谱》中则认为："（404年）十二月，桓玄致书慧远，许诸道人勿复致礼。随后，慧远作《沙门不敬王者论》。"⑤

释慧远作《沙门不敬王者论》四篇

《沙门不敬王者论在家第一》，见《弘明集》卷五。⑥

《沙门不敬王者论出家第二》，见《弘明集》卷五。⑦

《沙门不敬王者论求宗不顺化第三》，见《弘明集》卷五。⑧

《沙门不敬王者论体极不兼应第四》，见《弘明集》卷五。⑨

---

① 区结成：《慧远》，东大图书公司，1987年，第152页。

② 方立天：《方立天文集》第一卷，《魏晋南北朝佛教》，中国人民大学出版社，2006年，第189页。

③ 曹虹：《慧远评传》，南京大学出版社，2002年，第219页。

④ 刘学智、徐兴涛：《中国学术思想编年·魏晋南北朝卷》，陕西师范大学出版社，2006年，第379页。

⑤ 龚斌：《慧远法师传》，江西人民出版社，2008年，第242页。

⑥［梁］僧祐：《弘明集》卷五，《大正藏》第52册，第30页上。

⑦［梁］僧祐：《弘明集》卷五，《大正藏》第52册，第30页中。

⑧［梁］僧祐：《弘明集》卷五，《大正藏》第52册，第30页中。

⑨［梁］僧祐：《弘明集》卷五，《大正藏》第52册，第30页下。

释慧远作《游山记》

刘孝标注《世说新语》引慧远《游山记》云："自讬此山，二十三载，再践石门，四游南岭。东望香炉峰，北眺九江，传闻有石井、方湖，中有赤鳞踊出。野人不能叙，直叹其奇而已矣。"①

《游山记》云："始入林渡双阙，谓则践其基。登涉十余里，乃出林表回步许，便得重崿。东望香炉，秀绝众流。北眺九江，目流神览。过此转觉道隘，而合力进。复数百步，方造颓岭，积石连阜，霜崿相乘。然后攀弱条，涉峭径，足怠体疲，仅达孤松。其下有盘石，可坐十人，至松林尚有十四五里。既至，乃傍林际，憩龟岭，视四岭之内，犹观掌焉。未至松林，又有石悬溜，其下倏然，使人目眩。斯瀑布之源，三流之始。其上有双石临虚，若将坠而未落；傍有盘屋纡回，壁立千仞，翠林被崖，万籁齐响，遗音在岫，若绝而有闻，靖寻所似，境穷邃器深其量故也。"②

按：释慧远于东晋孝武帝太元六年（381）入庐山，据此推之，可知《游山记》作于元兴二年（403），故系于本年。

桓玄《桓楚许道人不致礼诏》

《高僧传》载："有顷，（桓）玄篡位，即下书曰：'佛法宏大，所不能测，推奉主之情，故兴其敬。今事既在己，宜尽谦光，诸道人勿复致礼也。'"③

《桓楚许道人不致礼诏》云："门下，佛法宏诞，所不能了，推其笃至之情，故宁与其敬耳。今事既在己，苟所不了，且当宁从其略诸人，勿复使礼也，便皆使闻知。（大亨）十二月三日。"④

《弘明集校笺》之《桓楚许道人不致礼诏》校记二云："'门下'之前，《彦》多如下文字：'桓楚得庐山远公《书》及《论》，以太亨二年十二月三日乃下诏停沙门致敬事。《诏》曰。此实为编者所加之按语。'"⑤

《资治通鉴》载："（东晋安帝元兴元年）大赦，改元大亨。桓玄让丞相荆、江、徐三州，改授太尉、都督中外诸军事、扬州牧、领豫州刺史，总百揆。"⑥《弘明集》

---

① 徐震堮：《世说新语校笺》，中华书局，1984年，第314页。

②［宋］陈舜俞：《庐山记》卷一，《大正藏》第51册，第1031页中。

③［梁］慧皎：《高僧传》卷六，《大正藏》第50册，第360页下。

④［梁］僧祐：《弘明集》卷十二，《大正藏》第52册，第84页中。

⑤ 李小荣：《弘明集校笺》，上海古籍出版社，2013年，第696页。

⑥［北宋］司马光：《资治通鉴》卷一百一十二，中华书局，1956年，第3541页。

有《答桓玄诏晋卞嗣之袁恪之》条，作为桓玄《桓楚许道人不致礼诏》的答复，末尾作“太亨二年十二月四日”。[①]

据此可知，《桓楚许道人不致礼诏》事当在桓楚大亨二年十二月三日。

答桓玄诏

《弘明集》载：“侍中臣嗣之，给事黄门侍中臣袁恪之言：诏书如右，神道冥昧，圣诏幽远。陛下所弘者大，爰逮道人奉佛者耳。率土之民，莫非王臣，而以向化法服，便抗礼万乘之主，愚情所未安。拜起之礼，岂亏其道？尊卑大伦，不宜都废。若许其名教之外，阙其拜敬之仪者。请一断引见，启可纪识。谨启。”[②]

《弘明集》此条下有《（桓玄）诏》云：“何缘尔，便宜奉诏。太亨二年，十二月四日。”[③]

《弘明集校笺》之《（桓玄）诏》笺注云：“太亨，实应作‘大亨’，此本为晋安帝司马德宗年号，仅用于元兴元年（四〇二）三月至十二月。胡三省《资治通鉴注》‘元兴元年’：‘元显败，复隆安年号。桓玄寻改曰大亨。玄篡，又改曰永始。’《资治通鉴》不用‘大亨’年号，是表示不支持桓玄篡位的态度。‘大亨二年’，实即元兴二年。”[④]

马范、卞嗣之答桓玄诏

《弘明集》载：“门下通事令史臣马范、侍中臣嗣之言启事：重被明诏，崇中挹之至，履谦光之道。愚情眷眷，窃有未安。治道虽殊，理至同归；尊亲尊亲，法教不乖。老子称四大者，其尊一也。沙门所乘虽异，迹不超世，岂得不同乎天民？陛下诚欲弘之于上，然卑高之礼，经治之典，愚谓宜俯顺群心，永为来式。请如前所启，谨启。”[⑤]

桓玄诏

《弘明集》载：“置之使自已，亦是兼爱九流，各遂其道也。”[⑥]

---

① [梁] 僧祐：《弘明集》卷十二，《大正藏》第52册，第84页下。
② [梁] 僧祐：《弘明集》卷十二，《大正藏》第52册，第84页下。
③ [梁] 僧祐：《弘明集》卷十二，《大正藏》第52册，第84页下。
④ 李小荣：《弘明集校笺》，上海古籍出版社，2013年，第698页。
⑤ [梁] 僧祐：《弘明集》卷十二，《大正藏》第52册，第84页下。
⑥ [梁] 僧祐：《弘明集》卷十二，《大正藏》第52册，第84页下。

卞嗣之答桓玄诏

《弘明集》载："侍中祭酒臣嗣之言：重被诏如右。陛下至德圆虚，使吹万自已，九流各佝其美，显昧并极其致。灵泽幽流，无思不怀；群方所以资通，天人所以交畅。臣闻佛教以神慧为本，导达为功。自斯已还，盖是敛粗之用耳。神理缅邈，求之于自形而上者，虔肃拜起，无亏于持戒。若行道不失其为恭，王法齐敬于率土，道宪兼隆，内外咸得矣。臣前受外任，听承疎短，乃不知去春已有明论，近在直被诏，便率其愚情，不惧允合。还此，方见斯事，屡经神笔，宗致悠邈，理析微远，非臣驽钝所能击赞。沙门抗礼，已行之前代。今大明既升，道化无外，经国大伦，不可有阙。请如先所启，摄外施行。谨启。"①

桓玄诏

《弘明集》载："自有内外兼弘者，何其于用前代理？卿区区惜此，更非赞其道也。"②

卞嗣之答桓玄诏

《弘明集》载："侍中祭酒臣嗣之言：重奉诏，自有内外兼弘者。圣旨渊通，道冠百王，伏读仰叹，非愚浅所逮。尊主祗法，臣下之节，是以拳拳频执所守。明诏超邈，远略常均。臣暗短不达，追用愧悚。辄奉诏付外，宣摄遵承。谨启。元治元年十二月二十四日上。"③

《弘明集校笺》此条校记云：'始元'当是'永始'之误，因桓玄在元兴二年（四〇三）篡位，于十二月三日正式称帝，国号楚，改元永始。'永始'：除《宫》外，《资》《频》作'元治'，余本作'元始'（不含《径》《汪》《陵》）。"④

按：以上桓玄诏书及卞嗣之奏疏，往来反复，始于本年十二月三日，终于十二月二十四日，以理推之，可知上述条陈皆在本年，故并系于此。

释法显过小雪山，至罗夷国等国

《高僧法显传》载："住此冬三月。法显等三人南度小雪山，雪山冬夏积雪。山

---

① [梁] 僧祐：《弘明集》卷十二，《大正藏》第52册，第84页下。
② [梁] 僧祐：《弘明集》卷十二，《大正藏》第52册，第85页上。
③ [梁] 僧祐：《弘明集》卷十二，《大正藏》第52册，第85页上。
④ 李小荣：《弘明集校笺》，上海古籍出版社，2013年，第701页。

北阴中遇寒风暴起，人皆噤战。慧景一人不堪复进，口出白沫，语法显云：‘我亦不复活，便可时去，勿得俱死。’于是遂终。法显抚之悲号：‘本图不果，命也奈何！’复自力前，得过岭。南到罗夷国。近有三千僧，兼大小乘学。住此夏坐。坐讫，南下，行十日，到跋那国。亦有三千许僧，皆小乘学。从此东行三日，复渡新头河，两岸皆平地。过河有国，名毗荼。佛法兴盛，兼大小乘学。见秦道人往，乃大怜愍，作是言：‘如何边地人能知出家为道，远求佛法？’悉供给所须，待之如法。

从此东南行减八十由延，经历诸寺甚多，僧众万数。过是诸处已，到一国，国名摩头罗。又经蒱那河，河边左右有二十僧伽蓝，可有三千僧，佛法转盛。凡沙河已西，天竺诸国，国王皆笃信佛法。供养众僧时，则脱天冠，共诸宗亲、群臣手自行食。行食已，铺毡于地，对上座前坐，于众僧前不敢坐床。佛在世时，诸王供养法式相传至今。

从是以南，名为中国。中国寒暑调和，无霜雪。人民殷乐，无户籍官法，唯耕王地者乃输地利，欲去便去，欲住便住，王治不用刑斩，有罪者但罚其钱，随事轻重，虽复谋为恶逆，不过截右手而已。王之侍卫、左右皆有供禄。举国人民悉不杀生，不饮酒，不食葱蒜，唯除旃荼罗。旃荼罗名为恶人，与人别居，若入城市则击木以自异，人则识而避之，不相搪揬。国中不养猪、鸡，不卖生口，市无屠店及沽酒者，货易则用贝齿，唯旃荼罗、渔猎师卖肉耳。自佛般泥洹后，诸国王、长者、居士为众僧起精舍，供给田宅、园圃、民户、牛犊，铁券书录，后王王相传，无敢废者，至今不绝。众僧住止房舍、床蓐、饮食、衣服，都无阙乏，处处皆尔。众僧常以作功德为业，及诵经、坐禅。客僧往到，旧僧迎逆，代担衣钵，给洗足水，涂足油，与非时浆，须臾，息已，复问其腊数，次第得房舍、卧具，种种如法。众僧住处，作舍利弗塔、目连、阿难塔，并阿毗昙、律、经塔。安居后一月，诸希福之家劝化供养，僧行非时浆。众僧大会说法。说法已，供养舍利弗塔，种种华香，通夜然灯。使伎乐人作舍利弗大婆罗门时诣佛求出家。大目连、大迦叶亦如是。诸比丘尼多供养阿难塔，以阿难请世尊听女人出家故。诸沙弥多供养罗云。阿毗昙师者，供养阿毗昙。律师者，供养律。年年一供养，各自有日。摩诃衍人则供养般若波罗蜜、文殊师利、观世音等。众僧受岁竟，长者、居士、婆罗门等各将种种衣物、沙门所须，以用布施众僧，僧受亦自各各布施。佛泥洹已来，圣众所行威仪法则，相承不纪。自度新头河，至南天竺，迄于南海，四五万里，海平坦，无大山川，正有河水耳。”①

---

①［东晋］法显：《高僧法显传》卷一，《大正藏》第51册，第859页上。

《出三藏记集》载："仍度小雪山，遇寒风暴起，慧景噤战不能前，语显云：'吾其死矣！卿可时去，勿得俱殒。'言绝而卒。显抚之号泣曰：'本图不果，命也奈何！'复自力孤行，遂过山险。"①

日本学者足立喜六在《〈法显传〉考证》中指出："（住此冬三月）晋元兴二年正月一日为西历四〇三年二月九日。故（法）显经过十一月、十二月、正月，至正月下旬或二月上旬，即阳历三月中旬，始离开是地。"②"（住此夏坐）是第五回夏坐，自元兴二年（西历四〇三年）四月十六日至七月十五日。"③

清信女张宜爱题记

《大云无想经》载："清信女张宜爱所供养经。岁在水丑正月十一日写。"④

韩理洲此条注云："本题记录文见《魏晋南北朝敦煌文献编年》一〇七页，文字同者两件。原注云：'纸质。全二行，行十字。墨书。敦煌藏经洞出品（？）'。原书订作于西凉时期，癸卯为四〇三年，姑从之订作时为西凉庚子四年（四〇三）正月。"⑤

另见《中国古代写本识语集录》⑥、《魏晋南北朝敦煌文献编年》。⑦

鸠摩罗什译《新大品经》

《出三藏记集》载："《新大品经》二十四卷（伪秦姚兴弘始五年四月二十二日于逍遥园译出，至六年四月二十三日讫）。"⑧

《历代三宝纪》载："《摩诃般若波罗蜜经》三十卷（旧二十七卷。僧叡《二秦录》云：'译《大品》时，大秦天王姚兴自执旧本，什执梵文，竺佛念传语，僧叡、僧肇笔受，并制《序》。'以此知先译，今三十卷）。"⑨

---

①［梁］僧祐：《出三藏记集》卷十五，《大正藏》第55册，第111页下。

②［日］足立喜六著，何健民、张小柳译：《〈法显传〉考证》，商务印书馆，1936年，第112—113页。

③［日］足立喜六著，何健民、张小柳译：《〈法显传〉考证》，商务印书馆，1936年，第113页。

④［后秦］竺佛念译：《大云无想经》卷九，《大正藏》第12册，第1110页下。

⑤ 韩理洲等辑校编年：《全三国两晋南朝文补遗》，三秦出版社，2013年，第171页。

⑥［日］池田温：《中国古代写本识语集录》，东京大学东洋文化研究所，1990年，第79页。

⑦ 饶宗颐主编，王素、李方著：《魏晋南北朝敦煌文献编年》，新文丰出版公司，1997年，第107—108页。

⑧［梁］僧祐：《出三藏记集》卷二，《大正藏》第55册，第10页下。

⑨［隋］费长房：《历代三宝纪》卷八，《大正藏》第49册，第77页中。

《众经目录》载："《摩诃般若波罗蜜经》三十卷（一名《大品经》，后秦弘始年罗什译）。"[①]"《摩诃般若波罗蜜经》四十卷（或三十卷），后秦世鸠摩罗什共僧叡等于长安逍遥园译（一名《大品经》）。"[②]"《摩诃般若波罗蜜经》四十卷，或三十卷（六百十九纸）。后秦鸠摩罗什共僧叡等于长安逍遥园译，一名《大品》。"[③]

《古今译经图纪》载："《大品经》（二十七卷）。"[④]

《大唐内典录》载："《摩诃般若波罗蜜经》三十卷（或三十卷，旧二十七卷。僧叡《二秦录》云：'姚执旧本，什执梵，又念传，叡、肇笔，并制《序》。'故知先译，今第二出）。"[⑤]"《摩诃般若波罗蜜经》（四十卷，或三十卷，或二十七卷，六百一十九纸），后秦弘始年鸠摩罗什于长安逍遥园译。"[⑥]"《摩诃般若波罗蜜经》（四十卷，或三十卷，六百一十九纸）。后秦弘始年，罗什于常安逍遥园西明阁译。右一经，前后十译，谓《放光》《光赞》《道行》《小品》，各有新旧。《明度无极遗》曰抄品。重沓罕寻，举前以统，大义斯尽。玉华后译《大般若》者，斯乃明佛一化，十有六会。依会敷说，六百许卷。可谓智度大道佛从来，智度大海无涯极。得在供养，难用常行。故罗什译论千卷有余，秦人所传十分略九。今则通贯彼此，随时制宜。"[⑦]

《开元释教录》载："《摩诃般若波罗蜜经》四十卷（亦名《大品般若经》。祐云《新大品经》，第三出，与《放光》等同本，或三十卷，或二十四，或二十七，弘始五年癸卯四月二十三日出，至六年四月二十三日讫。见《二秦录》及《僧祐录》）。"[⑧]"《摩诃般若波罗蜜经》四十卷（亦云《大品般若经》。《僧祐录》云《新大品经》，四帙或二十四，或二十七，或三十卷，六百二十三纸）。姚秦三藏罗什共僧叡等译。"[⑨]

《贞元新定释教目录》载："《摩诃般若波罗蜜经》四十卷（亦名《大品般若经》。祐云《新大品经》，第三出，与《放光》等同本，或三十卷，或二十四，或二十七，

① [隋] 法经：《众经目录》卷一，《大正藏》第55册，第118页中。
② [隋] 彦琮：《众经目录》卷一，《大正藏》第55册，第150页下。
③ [唐] 静泰：《众经目录》卷一，《大正藏》第55册，第181页下。
④ [唐] 靖迈：《古今译经图纪》卷三，《大正藏》第55册，第359页上。
⑤ [唐] 道宣：《大唐内典录》卷三，《大正藏》第55册，第252页中。
⑥ [唐] 道宣：《大唐内典录》卷六，《大正藏》第55册，第285页中。
⑦ [唐] 道宣：《大唐内典录》卷九，《大正藏》第55册，第313页中。
⑧ [唐] 智昇：《开元释教录》卷四，《大正藏》第55册，第512页中。
⑨ [唐] 智昇：《开元释教录》卷二十，《大正藏》第55册，第701页上。

弘始五年癸卯四月十三日出，至六年四月二十二日讫。叡《序》见《二秦》及《僧祐录》）。”[①]“《摩诃般若波罗蜜经》四十卷（亦云《大品般若经》。《僧祐录》云《新大品经》四帙，或二十四卷，或二十七卷，或三十卷），六百二十三纸。”[②]

释僧肇名振关辅

《高僧传》载：“（释僧肇）学善方等，兼通三藏。及在冠年，而名振关辅，时竞誉之徒，莫不猜其早达，或千里趍负，入关抗辩。肇既才思幽玄，又善谈说，承机挫锐，曾不流滞。时京兆宿儒，及关外英彦，莫不挹其锋辩，负气摧衂。”[③]

《礼记集解》载：“男子二十冠而字。郑氏曰：‘成人矣，敬其名。’”[④]

按：据晋孝武帝太元八年·前秦建元十九年（383）下“释僧肇生”条，推之可知，“释僧肇名振关辅”条，至迟当发生于本年。

释智严邀佛驮跋陀罗东渡弘法

《出三藏记集》载：“（释智严）志欲广求经法，遂周流西域。进到罽宾，遇禅师佛驮跋陀，志欲传法中国，乃竭诚要请。跋陀嘉其恳至，遂共东行。”[⑤]

《高僧传》载：“时有佛驮跋陀罗比丘，亦是彼国禅匠，严乃要请东归，欲传法中土，跋陀嘉其恳至，遂共东行。”[⑥]

汤用彤在《汉魏两晋南北朝佛教史》（增订本）中指出：“智严于罽宾从佛大先比丘受禅法三年（约在401至403年），并请佛陀跋多罗相偕东归。”[⑦]

佛驮跋陀罗同释智严东渡弘法

《出三藏记集》载：“（佛驮跋陀罗）常欲游方弘化，备观风俗，会沙门智严至西域，遂请俱东。”[⑧]

《高僧传》载：“（佛驮跋陀罗）常欲游方弘化，备观风俗，会有秦沙门智严西

---

①［唐］圆照：《贞元新定释教目录》卷六，《大正藏》第55册，第809页上。

②［唐］圆照：《贞元新定释教目录》卷二十九，《大正藏》第55册，第1024页中。

③［梁］慧皎：《高僧传》卷六，《大正藏》第50册，第365页上。

④［清］孙希旦撰，沈啸寰、王星贤点校：《礼记集解》卷二，中华书局，1989年，第49页。

⑤［梁］僧祐：《出三藏记集》卷十五，《大正藏》第55册，第112页下。

⑥［梁］慧皎：《高僧传》卷三，《大正藏》第50册，第339页中。

⑦ 汤用彤：《汉魏两晋南北朝佛教史》（增订本），北京大学出版社，2011年，第214页。

⑧［梁］僧祐：《出三藏记集》卷十四，《大正藏》第55册，第103页下。

至罽宾，睹法众清胜，乃慨然东顾曰：'我诸同辈，斯有道志，而不遇真匠，发悟莫由。'即咨讯国众，孰能流化东土，佥云：'有佛驮跋陀者，出生天竺那呵利城，族姓相承，世遵道学，其童龀出家，已通解经论，少受业于大禅师佛大先。'先时亦在罽宾，乃谓严曰：'可以振维僧徒，宣授禅法者，佛驮跋陀其人也。'严既要请苦至，贤遂愍而许焉，于是舍众辞师，裹粮东逝。"①

释慧远遣书鸠摩罗什

《高僧传》载："（释慧远）闻罗什入关，即遣书通好曰：'释慧远顿首。去岁得姚左军书，具承德问。仁者曩绝殊域，越自外境，于时音译未交，闻风而悦，但江湖难冥，以形乖为叹耳。顷知承否通之会，怀宝来游至止。有问则一日九驰，徒情欣雅味，而无由造尽，寓目望途，固已增其劳伫。每欣大法宣流，三方同遇，虽运钟其末，而趣均在昔。诚未能扣津妙门，感彻遗灵。至于虚衿遗契，亦无日不怀。夫旃檀移植，则异物同熏。摩尼吐曜，则众珍自积。是惟教合之道，犹虚往实归，况宗一无像，而应不以情者乎。是故负荷大法者，必以无报为心。会友以仁者，使功不自己。若令法轮不停轸于八正之路，三宝不辍音于将尽之期，则满愿不专美于绝代，龙树岂独善于前踪。今往比量衣裁，愿登高座为著之，并天漉之器，此既法物，聊以示怀。'"②

汤用彤在《汉魏两晋南北朝佛教史》（增订本）中指出："鸠摩罗什于隆安五年（401年）至长安，其明年桓玄反，入建康。又二年（404年），刘裕讨平之。其后刘裕遣大参军诣姚显，请通和。显遣吉默报之。自是聘使不绝（《晋书》百十七姚兴载记）。约在此时前后（义熙元年顷［405年］）慧远得姚左军书（按据《祐录》八，弘始八年［406年］僧睿《法华经后序》，称安成侯姚嵩为左将军，远公或于八年前，得姚嵩之书）。翌年乃致书通好。于时庐山僧人道生、慧观等北行入关，问道于鸠摩罗什。"③

曹虹在《慧远评传》中指出："慧远最初向鸠摩罗什致意，是现存题为《遗书通好鸠摩罗什》的书信。此信约写于鸠摩罗什至长安的第三个年头。"④

龚斌在《慧远法师传》之《慧远年谱》中则认为："（403年）慧远约于本年遣书鸠摩罗什通好。罗什答书致意，慧远重与罗什书。慧远与罗什通好，《慧远传》不载

① ［梁］慧皎：《高僧传》卷二，《大正藏》第50册，第334页下。

② ［梁］慧皎：《高僧传》卷六，《大正藏》第50册，第359页中。

③ 汤用彤：《汉魏两晋南北朝佛教史》（增订本），北京大学出版社，2011年，第197页。

④ 曹虹：《慧远评传》，南京大学出版社，2002年，第255页。

年月。据《慧远传》称‘闻罗什入关，即遣书通好’，则远遣书必在罗什入长安不久。《鸠摩罗什传》谓罗什来长安在弘始三年，即晋安帝隆安五年（401）十二月。又慧远书云‘去岁得姚左军书，具承德问’，知远得姚嵩（时为左将军）书，乃在弘始四年（402）。既曰‘去岁’，则慧远遣书罗什当在弘始五年（403）。《慧远传》叙毕远与罗什互通音问后云：‘后有弗若多罗来适关中，诵出《十诵》梵本，罗什译为晋文，三分始二，而多罗弃世，远常慨其未备。’考《高僧传》卷二《弗若多罗传》：‘以伪秦弘始六年十月十七日，集义学僧数百余人，于长安中寺延请多罗诵出《十诵》梵本，罗什译为晋文，三分获二。多罗构疾，奄然弃世。’此可证慧远与罗什遣书通好在弘始六年（404）之前。今暂定于本年。”①

释慧远同鸠摩罗什的书信被整理成《大乘大义章》，现存十八章。具体篇章的年代研究可参考中国人民大学佛教与宗教学理论研究所博士史经鹏的论文《〈大乘大义章〉的时间界定及慧远的问题意识》②。

鸠摩罗什回信于释慧远

《高僧传》载：“什答书曰：‘鸠摩罗耆婆和南。既未言面，又文辞殊隔，导心之路不通，得意之缘圮绝。传驿来况，粗承风德。比复如何，必备闻一途，可以蔽百。经言，末后东方当有护法菩萨，勖哉仁者，善弘其事。夫财有五备，福、戒、博闻、辩才、深智，兼之者道隆，未具者疑滞，仁者备之矣，所以寄心通好。因译传意，岂其能尽，粗酬来意耳。损所致比量衣裁，欲令登法座时著，当如来意，但人不称物以为愧耳。今往常所用鍮石双口澡灌，可备法物之数也，并遗偈一章曰：‘既已舍染乐，心得善摄不。若得不驰散，深入实相不。毕竟空相中，其心无所乐。若悦禅智慧，是法性无照。虚诳等无实，亦非停心处。仁者所得法，幸愿示其要。’”③

释道祖绝迹人世

《高僧传》载：“有顷玄篡位，敕郡送祖出京，祖称疾不行。于是绝迹人事，讲道终日。”④

《资治通鉴》载：“（东晋安帝元兴二年）十二月，庚寅朔，玄筑坛于九井山北，

---

① 龚斌：《慧远法师传》，江西人民出版社，2008年，第241—242页。

② 史经鹏：《〈大乘大义章〉的时间界定及慧远的问题意识》，《宗教研究》，2009年，第142—169页。

③［梁］慧皎：《高僧传》卷六，《大正藏》第50册，第359页下。

④［梁］慧皎：《高僧传》卷六，《大正藏》第50册，第363页上。

壬辰，即皇帝位。”①

按：元兴二年十二月，桓玄篡位称帝，敕送释道祖出京，释道祖遂绝迹人事。则本事当在元兴二年末、三年初。兹系于本年。

晋安帝元兴三年·后秦弘始六年（404）甲辰

王慧龙为沙门僧彬所匿

《魏书》载：“初，刘裕微时，愉不为礼，及得志，愉合家见诛。慧龙年十四，为沙门僧彬所匿。百余日，将慧龙过江，为津人所疑，曰：‘行意怱怱彷徨，得非王氏诸子乎？’僧彬曰：‘贫道从师有年，止西岸，今暂欲定省，还期无远，此随吾受业者，何至如君言。’既济，遂西上江陵，依叔祖忱故吏荆州前治中习辟疆。”②

《资治通鉴》载：“（东晋安帝元兴三年）尚书左仆射王愉及子荆州刺史绥谋袭裕，事泄，族诛；绥弟子慧龙为僧彬所匿，得免。”③

鸠摩罗什译《大智度论》

《出三藏记集》载：“《大智论》百卷（于逍遥园译出，或分为七十卷）。”④

《历代三宝纪》载：“《大智度论》一百卷（龙树菩萨造，弘始六年五月于逍遥园出，僧叡笔受并制序，见《二秦录》，什云：‘若具足翻，应有千卷。秦人识弱，故略之，十分存一。’）”⑤

《众经目录》载：“《大智度经论》一百卷（后秦弘始年，罗什于长安译）。”⑥“《大智度经论》一百卷（二千四十三纸）。后秦弘始年，罗什于长安译。”⑦

《古今译经图纪》载：“《大智度论》一部（一百卷）。”⑧

《大唐内典录》载：“《大智度论》一百卷（龙树造，弘始六年五月逍遥园出，

① ［北宋］司马光：《资治通鉴》卷一百一十三，中华书局，1956年，第3555页。
② ［北齐］魏收：《魏书》卷三十八，中华书局，1974年，第875页。
③ ［北宋］司马光：《资治通鉴》卷一百一十三，中华书局，1956年，第3566页。
④ ［梁］僧祐：《出三藏记集》卷二，《大正藏》第55册，第11页上。
⑤ ［隋］费长房：《历代三宝纪》卷八，《大正藏》第49册，第78页下。
⑥ ［隋］法经：《众经目录》卷五，《大正藏》第55册，第141页上。
⑦ ［唐］静泰：《众经目录》卷一，《大正藏》第55册，第185页中。
⑧ ［唐］靖迈：《古今译经图纪》卷三，《大正藏》第55册，第359页中。

叡笔制《序》，见《二秦录》。什云具翻千卷，秦人识弱，略之十分一）。”① “《大智度论》（一百卷，二千四十三纸），后秦弘始年，罗什于长安译。”② “《大智度论》（一百卷，二千四十三纸）。后秦弘始年，罗什于常安西明寺阁上译。”③

《大周刊定众经目录》载：“《大智度论》一部，一百卷（或一百一十卷，或七十卷。二千三百九十八纸，龙树菩萨造）。右，秦弘始年罗什于长安译，出《长房录》。”④ “《大智度论》一部，一百卷（或一百一十卷，或七十卷，二千三百九十八纸）。”⑤

《开元释教录》载：“《大智度论》一百卷（或云《大智度经论》，亦云《摩诃般若释论》。或七十卷，或一百一十卷。弘始四年夏于逍遥园出，七年十二月二十七日讫，见《二秦录》及《僧祐录》）。”⑥ “《大智度论》一百卷（或一百一十，或七十卷，十帙）。姚秦三藏鸠摩罗什译，单本。右，龙树菩萨造《释摩诃般若波罗蜜经》（什法师云若具足，翻应有千卷，秦人识弱故略之，十分存一）。”⑦ “《大智度论》一百卷（或云《大智度论》，亦云《摩诃般若释论》。或一百一十卷，或七十卷。十帙，二百八十五纸）。姚秦罗什译。”⑧

《贞元新定释教目录》载：“《大智度论》一百卷（或云《大智度经论》，亦云《摩诃般若释论》。或七十卷，或一百一十卷。弘始四年夏于逍遥园出，七年十二月二十七日讫。叡制《序》，见《二秦》及《僧祐录》）。”⑨ “《大智度论》一百卷（或一百一十卷，或七十卷）。姚秦三藏鸠摩罗什译，单本。右，龙树菩萨造《释摩诃般若波罗蜜经》（什法师云若具足，翻应有千卷，秦人识弱故略之，十分存一）。”⑩ “《大智度论》一百卷（或云《大智度经论》，亦云《摩诃般若释论》。或一百一十卷，或七十卷）。十帙，二千八十五纸。”⑪

---

① ［唐］道宣：《大唐内典录》卷三，《大正藏》第55册，第253页下。
② ［唐］道宣：《大唐内典录》卷六，《大正藏》第55册，第294页中。
③ ［唐］道宣：《大唐内典录》卷九，《大正藏》第55册，第320页中。
④ ［唐］明佺：《大周刊定众经目录》卷六，《大正藏》第51册，第405页中。
⑤ ［唐］明佺：《大周刊定众经目录》卷十三，《大正藏》第51册，第465页下。
⑥ ［唐］智昇：《开元释教录》卷四，《大正藏》第55册，第513页上。
⑦ ［唐］智昇：《开元释教录》卷十二，《大正藏》第55册，第607页上。
⑧ ［唐］智昇：《开元释教录》卷二十，《大正藏》第55册，第713页上。
⑨ ［唐］圆照：《贞元新定释教目录》卷六，《大正藏》第55册，第809页下。
⑩ ［唐］圆照：《贞元新定释教目录》卷二十二，《大正藏》第55册，第940页中。
⑪ ［唐］圆照：《贞元新定释教目录》卷二十九，《大正藏》第55册，第1037页上。

鸠摩罗什译《百论》

《出三藏记集》载："《百论》二卷（弘始六年译出）。"①

《历代三宝纪》载："《百论》二卷（提婆菩萨造，弘始六年出，见《二秦录》)。"②

《众经目录》载："《百论》二卷（后秦世罗什译）。"③"《百论》二卷（四十二纸），后秦世罗什译。"④

《古今译经图纪》载："《百论》（二卷）。"⑤

《大唐内典录》载："《百论》二卷（提婆菩萨造，弘始六年出，见《二秦录》）。"⑥"《百论》（二卷，四十二纸）后秦罗什译。"⑦"《百论》（上下二卷，三十二纸），后秦罗什译。"⑧

《大周刊定众经目录》载："《百论》一部二卷（提婆菩萨造，四十二纸）。右，后秦罗什于长安译，出《长房录》。"⑨

《开元释教录》载："《百论》二卷（提婆菩萨造，弘始六年出，僧肇制《序》，见《二秦录》及《僧祐录》）。"⑩"《百论》二卷（提婆菩萨造，婆薮开士释），姚秦三藏鸠摩罗什译（单本）。"⑪"《百论》二卷，四十三纸。"⑫

《贞元新定释教目录》载："《百论》二卷（提婆菩萨造，弘始六年出，僧肇制《序》，见《二秦录》及《僧祐录》）。"⑬"《百论》二卷，提婆菩萨造，婆薮开士释，姚秦三藏鸠摩罗什译，单本。"⑭"《百论》二卷，四十三纸。"⑮

---

①［梁］僧祐：《出三藏记集》卷二，《大正藏》第55册，第11页上。
②［隋］费长房：《历代三宝纪》卷八，《大正藏》第49册，第79页上。
③［隋］法经：《众经目录》卷五，《大正藏》第55册，第141页中。
④［唐］静泰：《众经目录》卷一，《大正藏》第55册，第185页下。
⑤［唐］靖迈：《古今译经图纪》卷三，《大正藏》第55册，第359页中。
⑥［唐］道宣：《大唐内典录》卷三，《大正藏》第55册，第253页下。
⑦［唐］道宣：《大唐内典录》卷六，《大正藏》第55册，第295页中。
⑧［唐］道宣：《大唐内典录》卷九，《大正藏》第55册，第321页上。
⑨［唐］明佺：《大周刊定众经目录》卷六，《大正藏》第55册，第406页上。
⑩［唐］智昇：《开元释教录》卷四，《大正藏》第55册，第513页上。
⑪［唐］智昇：《开元释教录》卷十二，《大正藏》第55册，第608页中。
⑫［唐］智昇：《开元释教录》卷十九，《大正藏》第55册，第960页上。
⑬［唐］圆照：《贞元新定释教目录》卷六，《大正藏》第55册，第809页下。
⑭［唐］圆照：《贞元新定释教目录》卷二十二，《大正藏》第55册，第941页中。
⑮［唐］圆照：《贞元新定释教目录》卷二十九，《大正藏》第55册，第1137页中。

释僧肇作《百论序》

释僧肇所作之《百论序》，见《出三藏记集》卷十一。[①]

《出三藏记集》所录《百论序》载："有天竺沙门鸠摩罗什，器量渊弘，俊神超邈，钻仰累年，转不可测。常味咏斯论，以为心要。先虽亲译，而方言未融，致令思寻者踌躇于谬文，标位者乖迕于归致。大秦司隶校尉安城侯姚嵩，风韵清舒，冲心简胜，博涉内外，理思兼通。少好大道，长而弥笃，虽复形羁时务，而法言不辍，每抚兹文，所慨良多。以弘始六年，岁次寿星，集理味沙门，与什考校正本，陶练覆疏，务存论旨。使质而不野，简而必诣，宗致划尔，无间然矣。论凡二十品，品各五十偈，后十品其人以为无益此土，故阙而不传。冀明识君子，详而览焉。"[②]

释僧叡作《大品经序》

释僧叡所作之《大品经序》，见《出三藏记集》卷八。[③]

《出三藏记集》所录《大品经序》载："鸠摩罗什法师，慧心夙悟，超拔特诣。天魔干而不能回，渊识难而不能屈。扇龙树之遗风，振慧响于此世。秦王感其来仪，时运开其凝滞。以弘始三年，岁次星纪，冬十二月二十日至长安，秦王扣其虚关，匠伯陶其渊致。虚关既阐，乃正此文言。渊致既宣，而出其释论。渭滨流祇洹之化，西明启如来之心。逍遥集德义之僧，京城溢道咏之音。末法中兴，将始于此乎。予既知命，遇此真化，敢竭微诚，属当译任。执笔之际，三惟亡师'五失'及'三不易'之诲，则忧惧交怀，惕焉若厉。虽复履薄临深，未足喻也。幸冀宗匠通鉴，文虽左右，而旨不违中，遂谨受案译，敢当此任。以弘始五年，岁在癸卯，四月二十三日，于京城之北逍遥园中出此经。法师手执胡本，口宣秦言。两释异音，交辩文旨。秦王躬揽旧经，验其得失。咨其通途，坦其宗致。与诸宿旧义业沙门释慧恭僧䂮、僧迁、宝度、慧精、法钦、道流、僧叡、道恢、道标、道恒、道悰等五百余人，详其义旨，审其文中，然后书之。以其年十二月十五日出尽，校正检括，明年四月二十三日乃讫。文虽粗定，以释论捡之，犹多不尽。是以随出其论，随而正之。释论既讫，尔乃文定，定之未已，已有写而传者，又有以意增损。私以《般若波罗蜜》为题者，致使文

① [梁] 僧祐：《出三藏记集》卷十一，《大正藏》第55册，第77页中。
② [梁] 僧祐：《出三藏记集》卷十一，《大正藏》第55册，第77页中。
③ [梁] 僧祐：《出三藏记集》卷八，《大正藏》第55册，第52页下。

言舛错，前后不同。良由后生虚己怀薄信我情笃故也。”①

弗若多罗卒

《高僧传》载：“弗若多罗，此云功德华，罽宾人也。少出家，以戒节见称，备通三藏，而专精《十诵律》部，为外国师宗，时人咸谓已阶圣果。以伪秦弘始中，振锡入关。秦上姚兴待以上宾之礼。罗什亦挹其戒范，厚相宗敬。先是经法虽传，律藏未阐，闻多罗既善斯部，咸共思慕。以伪秦弘始六年十月十七日集义学僧数百余人，于长安中寺，延请多罗诵出《十诵》梵本，罗什译为晋文，三分获二。多罗构疾，奄然弃世。众以大业未就，而匠人殂往，悲恨之深，有逾常痛。”②

释僧业专攻《十诵律》

《高僧传》载：“（释僧业）后游长安，从什公受业。见新出《十诵》，遂专功此部，俊发天然，洞尽深奥。什叹曰：‘后世之优波离也。’”③

按：释僧业师从鸠摩罗什，时僧业当侍奉于罗什左右。且《十诵律》新本，于本年译出，则《高僧传》所云，正与事合。故将此事系于本年。

释智猛结伴西行

《出三藏记集》载：“释智猛，雍州京兆郡新丰县人也。禀性端明，砺行清白。少袭法服，修业专至，讽诵之声，以夜续昼。每见外国道人说释迦遗迹，又闻方等众经布在西域，常慨然有感，驰心遐外。以为万里咫尺，千载可追也。遂以伪秦弘始六年，戊辰之岁，招结同志沙门十有五人，发迹长安。度河顺谷三十六渡，至凉州城。”④

《高僧传》载：“释智猛，雍州京兆新丰人。禀性端明，励行清白，少袭法服，修业专至，讽诵之声，以夜续日。每闻外国道人说天竺国土，有释迦遗迹，及方等众经。常慨然有感，驰心遐外，以为万里咫尺，千载可追也。遂以伪秦弘始六年甲辰之岁，招结同志沙门十有五人，发迹长安。渡河跨谷三十六所，至凉州城。”⑤

---

①［梁］僧祐：《出三藏记集》卷八，《大正藏》第55册，第53页上。
②［梁］慧皎：《高僧传》卷二，《大正藏》第50册，第333页上。
③［梁］慧皎：《高僧传》卷十一，《大正藏》第50册，第401页上。
④［梁］僧祐：《出三藏记集》卷十五，《大正藏》第55册，第113页中。
⑤［梁］慧皎：《高僧传》卷三，《大正藏》第50册，第343页中。

山阴显义寺竺法纯

《高僧传》载："竺法纯，未详何许人。少出家，止山阴显义寺。苦行有德，善诵《古维摩经》。晋元兴中，为寺上兰渚买故屋。暮还，于湖中遇风而船小。纯唯一心凭观世音，口诵不辍，俄见一大流船，乘之获免。至岸，访船无主，须臾不见。道俗咸叹神感。后不知所终。"①

《法苑珠林》载："晋沙门竺法纯，山阴显义寺主也。晋元兴中，起寺行墙，至上兰渚买材，路经湖道。材主是妇人，而应共至材所，准许价直，遂与同船俱行。既入大湖，日暮暴风，波浪如山。纯船小，水入，命在瞬息。念值行无福，忽遇斯灾。又与妇人俱行，其以罔惧。乃一心诵《观世音经》。俄有大舟流趣纯。适时既入夜，行旅已绝。纯自惟念，不应有此流船，疑是神力。既而共度乘之，而此小船应时即没。大舟随波鼓荡，俄得达岸也。"②

按：此事止言"元兴中"，故系于元兴之末。

释法相卒

《高僧传》载："（释法相）至晋元兴末卒，春秋八十。"③

按：释法相享寿，《法苑珠林》一书两说。卷十七云"年八十九"④，卷二十八作"春秋八十矣"⑤，未详孰是。姑依《高僧传》"春秋八十"之说。晋安帝元兴年号共三年，"元兴末"，当是元兴三年。故释法相卒年，当在本年。

释慧远作《游庐山》诗

《庐山记》载："崇岩吐清气，幽岫栖神迹。希声奏群籁，响出山溜滴。有客独冥游，径然忘所适。挥手抚云门，灵关安足辟。流心叩玄听，感至理弗隔。孰是腾九霄，不奋冲天翮。妙同趣自均（未见全文）。"⑥

《庐山东林杂诗》云："崇岩吐清气，幽岫栖神迹。希声奏群籁，响出山溜滴。有客独冥游，径然忘所适。挥手抚云门，灵关安足辟。流心叩玄扃，感至理弗隔。孰

---

① [梁] 慧皎：《高僧传》卷十二，《大正藏》第50册，第406页下。
② [唐] 道世：《法苑珠林》卷十七，《大正藏》第53册，第409页下。
③ [梁] 慧皎：《高僧传》卷十二，《大正藏》第50册，第406页下。
④ [唐] 道世：《法苑珠林》卷十九，《大正藏》第53册，第428页下。
⑤ [唐] 道世：《法苑珠林》卷二十八，《大正藏》第53册，第491页上。
⑥ [宋] 陈舜俞：《庐山记》卷四，《大正藏》第51册，第1042页中。

是腾九霄，不奋冲天翮。妙同趣自均，一悟超三益。”①

龚斌在《慧远法师传》之《慧远年谱》中指出：“（404年）慧远约于本年再游庐山，作《庐山记略》及五言《游庐山诗》。刘程之、王乔之、张野等皆为和诗。”②

刘遗民奉和释慧远《游庐山》

《庐山记》载：“理神固超绝，涉麄罕不群。孰至消烟外，晓然与物分。冥冥玄谷里，响集自可闻。文峰无旷秀，交岭有通云。悟深婉冲思，在要开冥欣。中岩拥微兴，临岫想幽闻。弱明反归鉴，暴怀傅灵熏。永陶津玄匠，落照俟虚斤。”③

王乔之奉和释慧远《游庐山》

《庐山记》载：“超游罕神遇，妙善自玄同。彻彼虚明域，暧然尘有封。众阜平廖廓，一岫独凌空。霄景凭岩落，清气与时雍。有标造神极，有客越其峰。长河濯茂楚，险雨列秋松。危步临绝冥，灵壑映万重。风泉调远气，遥响多喈嗈。遐丽既悠然，余盼觌九江。事属天人界，常闻清吹空。”④

张野奉和释慧远《游庐山》

《庐山记》载：“觌岭混太象，望崖莫由检。器远蕴其天，超步不阶渐。朅来越重垠，一举拔尘染。辽朗中大盼，迥豁遐瞻慊。乘此樾莹心，可以忘遗玷。旷风被幽宅，妖涂故死减。”⑤

释慧远作《庐山记》

《全晋文》载：“山在江州浔阳南，南滨宫亭，北对九江。九江之南为小江，山去小江三十里余。左挟彭蠡，右傍通州，引三江之流而据其会。《山海经》云：‘庐江出三天子都入江，彭泽西，一曰天子障’，彭泽也，山在其西，故旧语以所滨为彭蠡。有匡续先生者，出自殷周之际，遁世隐时，潜居其下。或云续受道于仙人，而适游其岩，遂托室岩岫，即岩成馆，故时人谓其所止为神仙之庐，而名焉。

“其山大岭，凡有七重，圆基周回，垂五百里，风雨之所摅，江山之所带。高岩

---

① 逯钦立辑校：《先秦汉魏晋南北朝诗》，中华书局，1983年，第1085页。

② 龚斌：《慧远法师传》，江西人民出版社，2008年，第243页。

③［宋］陈舜俞：《庐山记》卷四，《大正藏》第51册，第1042页下。

④［宋］陈舜俞：《庐山记》卷四，《大正藏》第51册，第1042页下。

⑤［宋］陈舜俞：《庐山记》卷四，《大正藏》第51册，第1042页下。

仄宇，峭壁万寻，幽岫穿崖，人兽两绝。天将雨，则有白气先抟，而缨络于山岭下。及至触石吐云，则倏忽而集。或大风振岩，逸响动谷，群籁竞奏，其声骇人，此其化不可测者矣。

“众岭中，第三岭极高峻，人之所罕经也。昔太史公东游，登其峰而遐观，南眺五湖，北望九江，东西肆目，若登天庭焉。其岭下半里许有重岩，上有悬崖，傍有石室，即古仙之所居也。其后有岩，汉董奉复馆于岩下，常为人治病，法多神验，病愈者，令栽杏五株，数年之间，蔚然成林。计奉在人间近三百年，容状常如三十时，俄而升仙，绝迹于杏林。其北岭两岩之间，常悬流遥沾，激势相趣。百余仞中，云气映天，望之若山，有云雾焉。其南岭临宫亭湖，下有神庙，即以宫亭为号，安侯世高所感化，事在安侯传。七岭同会于东，共成峰崿，其岩穷绝，莫有升之者。昔野夫见人著沙弥服，凌云直上。既至则踞其峰，良久乃与云气俱灭，此似得道者。当时能文之士，咸为之异。

“又所止多奇，触象有异。北背重阜，前带双流，所背之山，左有龙形，而右塔基焉。下有甘泉涌出，冷暖与寒暑相变，盈减经水旱而不异。寻其源，出自于龙首也。南对高峰上有奇木，独绝于林表数十丈。其下似一层浮图，白鹤之所翔，玄云之所入也。东南有香炉山，孤峰独秀起，游气笼其上，则氤氲若香烟。白云映其外，则炳然与众山峰殊别。将雨，则其下水气涌出如马车盖，此龙井之所吐。其左则翠林，青雀白猿之所憩，玄鸟之所蛰。西有石门，其前似双阙，壁立千余仞，而瀑布流焉。其中鸟兽草木之美，灵药万物之奇，略举其异而已矣。”①

日本学者竺沙雅章在《庐山慧远年谱》中指出：“（隆安五年）公元401年，释慧远作《庐山略记》。”②

龚斌在《慧远法师传》之《慧远年谱》中指出：“（404年）慧远约于本年再游庐山，作《庐山记略》。”③

陈方在《庐山慧远教团成员文学作品的梳理及考证》中指出：“现存慧远法师《庐山略记》一篇，此篇名有四：一为《庐山记》，一为《庐山略记》，一为《庐山记略》，一为《庐山纪略》。作《庐山记》者，有《水经注》卷三十九、《北堂

① ［清］严可均辑：《全上古三代秦汉三国六朝文》，《全晋文》卷一百六十二，中华书局，1958年，第2398页。

② ［日］竺沙雅章编：《庐山慧远年谱》，《慧远研究·研究篇》，创文社，1962年，第541页。原文作：“401、辛丑：このころ『盧山略記』を作る。”

③ 龚斌：《慧远法师传》，江西人民出版社，2008年，第243页。

书钞》卷一百五十一、《艺文类聚》卷七十八、《文选》卷十二及卷二十六李善注、《太平御览》卷四十一、《唐文粹》卷四十六载卢潘《庐江四辩》、《山谷外集诗注》卷九、今人严可均《全晋文》卷一百六十二。作《庐山略记》者，为附陈舜俞《庐山记》后，《四库全书》录。作《庐山记略》者，为《四库全书》史部十一《地理类六·山水之属》，《庐山记》提要。作《庐山纪略》者，有章宗源《隋书经籍志考证》、《钦定四库全书简明目录》卷七。陈舜俞《庐山记》所录之名当因文中有‘其中鸟兽草木之美，灵药文物之奇，焉可得胜名哉！略举其异而已耳。’一句，故称‘略记’。其余篇名虽异，内容基本相同，可见‘记略’‘纪略’当为书写混淆。所存记录最早者为《水经注》，因此，本文根据以早为准的原则，定此篇名为《庐山记》。”①

释慧远作《沙门不敬王者论形尽神不灭第五》

释慧远所作之《沙门不敬王者论形尽神不灭第五》，见《弘明集》卷五。②

《弘明集》所录《沙门不敬王者论形尽神不灭第五》载：“晋元兴三年，岁次阏逢，于时天子蒙尘，人百其忧。凡我同志，佥怀辍旒之叹，故因述斯论焉。”③

郑鲜之或于本年作《神不灭论》

郑鲜之所作之《神不灭论》，见《弘明集》卷五。④

李小荣在《〈弘明集〉〈广弘明集〉述论稿》中指出：“（郑鲜之）其《神不灭论》一文撰出的时间，史书阙载。考僧祐《出三藏记集》所记其《弘明集目录》卷六中把郑氏之本论置于孙盛难罗君章《更生论》之后，而在慧远《沙门不敬王者论》之前（案：僧祐《弘明集》初编本为十卷）今本十四卷《弘明集》这几篇论文虽然编在卷五，但排列次序丝毫未变。所以，我个人推断僧祐的本意即使不是说郑氏之作早于慧远，也当与之同时也。而据《宋书》及《南史》郑鲜之本传皆谓道子曾参与过桓玄在荆州组织的一次礼仪论争，即当时的兖州刺史滕恬（案：《晋书》卷五十七《滕脩传》载其为滕恪的曾孙，叫滕恬之）因战死于沙场，尸丧不返，而其子羡竟然仕宦不废，故时论嫌之。滕恬之死，司马光《资治通鉴》卷一〇六系之于太元十一年（386），则

---

① 陈方：《庐山慧远教团成员文学作品的梳理及考证》，《钦州学院学报》2017年第6期。

②［梁］僧祐：《弘明集》卷五，《大正藏》第52册，第31页中。

③［梁］僧祐：《弘明集》卷五，《大正藏》第52册，第31页中。

④［梁］僧祐：《弘明集》卷五，《大正藏》第52册，第27页下。

知郑道子参与此次讨论是在公元386年事发后不久也。隆安末年，郑道子出为桓伟主簿。而在隆安四年（400）至元兴三年（404）间，当时的权臣桓温与庐山慧远之间就佛教的报应论问题、沙门袒服问题、沙门敬不敬王者问题以及神灭不灭问题展开了激烈的论战，故我颇疑郑道子的《神不灭论》，即撰出于此际也。（案：郑道子《神不灭论》与慧远《形尽神不灭》无论在写作形式还是中心论题上都颇显一致，此亦可作为两人之作出于同时之旁证也。）"①

按：兹系于释慧远作《形尽神不灭论》之年。

晋安帝义熙元年·后秦弘始七年·西凉建初元年·南燕太上元年（405）乙巳

姚兴入逍遥园听鸠摩罗什讲经

《十六国春秋》载："（弘始）七年，正月。兴如逍遥园，引诸沙门于澄玄堂，听鸠摩罗什演说佛经。罗什通辩夏言，寻览旧经，多有乖谬，不与胡本相应。兴与罗什及沙门僧略、僧迁、道树、僧叡、道恒、僧肇、昙顺等八百余人更出《大品》。罗什持胡本，兴执旧经，以相考校。其新文异旧者，皆会于理义，续出诸经并诸论三百余卷。今之新经，皆罗什所译。兴既托意于佛道，公卿以下莫不钦附，沙门自远而至者五千余人。起浮图于永贵里，立波若台于中宫，沙门坐禅者恒有千数。州郡化之，事佛者十室而九矣。"②

天竺僧刹利至长安

《中观论疏》载："秦弘始七年，天竺刹利泛舶至长安。闻罗什门徒三千，解大乘之教，以《中》《百》二论咨而验之。罗什因为剖折，刹利乃顶受，绝叹不能已。已白云：'跋荼阇梨当以此明振耀天竺，何由蕴此摩尼乃在边地。'又云：'羲和鸾辔，蕴明于无目之地，甚可恨也。夜光之宝，翳珍于田父之客，甚可惜也。'此刹利述天竺论师呵诸小乘人，叹罗什云：'我在天竺闻，诸论师深怪罽宾小乘学者自美其师以为比方如朗月之照。其师是鸠摩罗陀，造《日出论》，又自弥帝戾已后罕有其比。天

---

① 李小荣：《〈弘明集〉〈广弘明集〉述论稿》，巴蜀书社，2005年，第493页。

②［北魏］崔鸿撰，［清］汤球辑补：《十六国春秋辑补》卷五十二，中华书局，2020年，第653页。

竺论师呵云偏悟小才，非此喻也。若是拘止那国鸠摩罗耆婆法师以当此喻无所愧也，何故罗什如朗月之照无所愧？以其善解《中》《百》故，敢预是天竺学大乘之流无不玩味斯论，敢者果也决也。’”①

鸠摩罗什译《佛藏经》等

《出三藏记集》载：“《佛藏经》三卷（一名《选择诸法》，或为二卷）。《菩萨藏经》三卷（一名《富楼那问亦名大悲心》，或为二卷）。《称扬诸佛功德经》三卷（一名《集华》）。”②“《杂譬喻经》一卷（比丘道略所集）。”③

《历代三宝纪》载：“《佛藏经》三卷（亦名《选择诸法经》，或四卷，弘始七年六月十二日出，见《二秦录》）。”④“《菩萨藏经》三卷（一名《富楼那问经》，一名《大悲心经》，或二卷，弘始七年出，见《二秦录》）。”⑤“《称扬诸佛功德经》二卷（一名《集华经》，弘始七年出，见《二秦录》）。”⑥“《杂譬喻经》一卷（弘始七年十月出，《道略集》）。”⑦

《众经目录》载：“《佛藏经》四卷（后秦弘始年，沙门罗什于长安译）。”⑧“《称扬诸佛功德经》三卷（后秦弘始年，罗什译）。”⑨“《菩萨藏经》三卷（后秦弘始年，罗什译）。”⑩“《杂譬喻经》一卷（后秦世罗什出，道略集）。”⑪

《古今译经图纪》载：“《佛藏经》（四卷）。《菩萨藏经》（三卷）。《称扬诸佛功德经(三卷)。”⑫“《杂譬喻经》（一卷）。”⑬

《大唐内典录》载：“《佛藏经》三卷（亦名《选择诸法经》，或四卷，见《二秦录》。弘始七年六月十二日出）。《菩萨藏经》三卷（一名《富楼那问经》，一名《大

---

①［唐］吉藏：《中观论疏》卷一，《大正藏》第42册，第4页下。
②［梁］僧祐：《出三藏记集》卷二，《大正藏》第55册，第11页上。
③［梁］僧祐：《出三藏记集》卷二，《大正藏》第55册，第11页上。
④［隋］费长房：《历代三宝纪》卷八，《大正藏》第49册，第77页下。
⑤［隋］费长房：《历代三宝纪》卷八，《大正藏》第49册，第77页下。
⑥［隋］费长房：《历代三宝纪》卷八，《大正藏》第49册，第77页下。
⑦［隋］费长房：《历代三宝纪》卷八，《大正藏》第49册，第78页中。
⑧［隋］法经：《众经目录》卷五，《大正藏》第55册，第139页上。
⑨［隋］法经：《众经目录》卷一，《大正藏》第55册，第115页中。
⑩［隋］法经：《众经目录》卷一，《大正藏》第55册，第115页中。
⑪［隋］法经：《众经目录》卷六，《大正藏》第55册，第144页中。
⑫［唐］靖迈：《古今译经图纪》卷三，《大正藏》第55册，第359页上。
⑬［唐］靖迈：《古今译经图纪》卷三，《大正藏》第55册，第359页中。

悲经》，或二卷。弘始七年出，见《二秦录》）。《称扬诸佛功德经》三卷（弘始七年出，见《二秦录》，一名《集华经》）。”[①]“《杂譬喻经》（弘始七年十月出，道略集）。”[②]“《佛藏经》（四卷，六十九纸），后秦弘始年罗什于常安译。”[③]“《菩萨藏经》（三卷，六十一纸），后秦罗什译。”[④]“《称扬诸佛功德经》（三卷，五十五纸），后秦弘始年，罗什于长安译。”[⑤]“《杂譬喻经》（十纸），后秦罗什出，道略集。”[⑥]

《大周刊定众经目录》载：“《佛藏经》一部四卷（或三卷，亦名《选择诸法经》）。右，秦弘始七年罗什译，出《达摩欝多罗录》及《长房录》。”[⑦]“《菩萨藏经》一部三卷（一名《富楼那问经》，一名《大悲心经》，或二卷，七十三纸）。右，秦弘始年罗什于长安译，出《长房录》。”[⑧]“《称扬诸佛功德经》一部三卷（一名《集华经》，六十七纸）。右，秦弘始七年罗什于长安译，出《长房录》。”[⑨]“《杂譬喻经》一卷(十纸)。右，后秦代弘始年罗什译，出《长房录》。”[⑩]

《开元释教录》载：“《佛藏经》四卷（一名《选择诸法经》，或三卷，或二卷，弘始七年六月十二日出，见《二秦录》及《僧祐录》）。”[⑪]“《菩萨藏经》三卷（一名《富楼那问经》，亦名《大悲心经》。今编入《宝积》，当第十七会，名《富楼那会》。弘始七年出，或二卷，第二出，与法护出者同本，见《二秦录》《僧祐录》）。”[⑫]“《称扬诸佛功德经》三卷（一名《集华经》，初出，弘始七年译，见《二秦录》及《僧祐录》）。”[⑬]“《杂譬喻经》一卷（弘始七年十月出，道略集）。”[⑭]

---

① [唐]道宣：《大唐内典录》卷三，《大正藏》第55册，第252页下。
② [唐]道宣：《大唐内典录》卷三，《大正藏》第55册，第253页上。
③ [唐]道宣：《大唐内典录》卷六，《大正藏》第55册，第294页上。
④ [唐]道宣：《大唐内典录》卷六，《大正藏》第55册，第287页下。
⑤ [唐]道宣：《大唐内典录》卷六，《大正藏》第55册，第287页下。
⑥ [唐]道宣：《大唐内典录》卷七，《大正藏》第55册，第302页上。
⑦ [唐]明佺：《大周刊定众经目录》卷六，《大正藏》第55册，第403页下。
⑧ [唐]明佺：《大周刊定众经目录》卷五，《大正藏》第55册，第400页上。
⑨ [唐]明佺：《大周刊定众经目录》卷五，《大正藏》第55册，第398页中。
⑩ [唐]明佺：《大周刊定众经目录》卷八，《大正藏》第55册，第424页下。
⑪ [唐]智昇：《开元释教录》卷四，《大正藏》第55册，第513页上。
⑫ [唐]智昇：《开元释教录》卷四，《大正藏》第55册，第512页中。
⑬ [唐]智昇：《开元释教录》卷四，《大正藏》第55册，第513页中。
⑭ [唐]智昇：《开元释教录》卷四，《大正藏》第55册，第513页上。

《贞元新定释教目录》载："《佛藏经》四卷（一名《选择诸法经》，或三卷，或二卷，弘始七年六月十三日出，见《二秦录》及《僧祐录》）。"①"《菩萨藏经》三卷（一名《富楼那问经》，亦名《大悲心经》，今编入《宝积当》第十七会，名《富楼那会》，弘始七年出，或二卷，第二译，与法护出同本，见《二秦录》及《祐录》）。"②"《称扬诸佛功德经》三卷（一名《集华经》，初出，弘始七年译，见《二秦录》及《僧祐录》）。"③"《杂譬喻经》一卷（弘始七年十月出，道略集）。"④"《佛藏经》四卷（一名《选择诸法经》，或二卷，或三卷）。姚秦三藏鸠摩罗什译，单本。"⑤"《佛藏经》四卷（一名《选择诸法经》，或三卷，或二卷），七十纸。"⑥"《富楼那会》三卷，姚秦三藏鸠摩罗什译。第二译，勘同编入。右旧译重本，本名《菩萨藏经》，亦名《大悲心经》，与西晋竺法护所译《菩萨藏经》同本异译。从第七十七卷至第七十九晋译本阙。"⑦"《菩萨藏经》三卷（一名《富楼那问经》），姚秦鸠摩罗什译。"⑧"《称扬诸佛功德经》三卷（一名《集华》），姚秦三藏鸠摩罗什译，第一译。"⑨"《称扬诸佛功德经》三（亦云《集诸佛花经》，一名《集花经》，一名《现在佛名经》，或四卷），五十七纸。"⑩"《杂譬喻经》一卷（比丘道略集），姚秦三藏鸠摩罗什译，《拾遗》编入单本。"⑪

《资治通鉴》载："（东晋安帝义熙元年）秦王兴以鸠摩罗什为国师，奉之如神，亲帅群臣及沙门听罗什讲佛经，又命罗什翻译西域《经》《论》三百余卷，大营塔寺，沙门坐禅者常以千数。公卿以下皆奉佛，由是州郡化之，事佛者十室而九。"⑫

《敦煌佛教经录辑校》载："《称扬诸佛功德经》，三卷。"⑬

---

①［唐］圆照：《贞元新定释教目录》卷六，《大正藏》第55册，第809页下。
②［唐］圆照：《贞元新定释教目录》卷六，《大正藏》第55册，第809页中。
③［唐］圆照：《贞元新定释教目录》卷六，《大正藏》第55册，第810页中。
④［唐］圆照：《贞元新定释教目录》卷六，《大正藏》第55册，第810页上。
⑤［唐］圆照：《贞元新定释教目录》卷二十二，《大正藏》第55册，第939页中。
⑥［唐］圆照：《贞元新定释教目录》卷二十九，《大正藏》第55册，第1036页下。
⑦［唐］圆照：《贞元新定释教目录》卷二十，《大正藏》第55册，第913页中。
⑧［唐］圆照：《贞元新定释教目录》卷二十七，《大正藏》第55册，第1003页中。
⑨［唐］圆照：《贞元新定释教目录》卷二十四，《大正藏》第55册，第965页中。
⑩［唐］圆照：《贞元新定释教目录》卷二十九，《大正藏》第55册，第1032页下。
⑪［唐］圆照：《贞元新定释教目录》卷二十三，《大正藏》第55册，第956页下。
⑫［北宋］司马光：《资治通鉴》卷一百一十四，中华书局，1956年，第3579页。
⑬ 方广锠：《敦煌佛教经录辑校》，江苏古籍出版社，1997年，第93页。

昙摩流支到达关中

《高僧传》载："昙摩流支，此云法乐，西域人也。弃家入道，偏以律藏驰名，以弘始七年秋，达自关中。初弗若多罗诵出《十诵》，未竟而亡。庐山释慧远闻支既善毗尼，希得究竟律部，乃遣书通好曰：'佛教之兴，先行上国，自分流以来，四百余年，至于沙门德式，所阙尤多。顷西域道士弗若多罗，是罽宾人，甚讽《十诵》梵本。有罗什法师，通才博见，为之传译。《十诵》之中，文始过半，多罗早丧，中途而寝，不得究竟大业，慨恨良深。传闻仁者赍此经自随，甚欣所遇，冥运之来，岂人事而已耶。想弘道为物，感时而动，叩之有人，必情无所悋。若能为律学之徒，毕此经本，开示梵行，洗其耳目，使始涉之流，不失无上之津，参怀胜业者，日月弥朗。此则慧深德厚，人神同感矣，幸愿垂怀，不乖往意一二，悉诸道人所具。'流支既得远书，及姚兴敦请，乃与什共译《十诵》都毕。研详考核，条制审定，而什犹恨文烦未善。既而什化，不获删治。流支住长安大寺，慧观欲请下京师，支曰：'彼土有人有法，足以利世，吾当更行无律教处。'于是游化余方，不知所卒。或云终于凉土，未详。"①

龚斌在《慧远法师传》之《慧远年谱》中指出："（405年）慧远遣书昙摩流支，请其译《十诵律》。流支得远书，及姚兴敦请，与罗什译毕《十诵律》五十八卷。"②

姚兴敕加亲信等各三十余人于释僧䂮

《高僧传》载："自童寿入关，远僧复集，僧尼既多，或有愆漏，（姚）兴曰：'凡未学僧，未阶苦忍，安得无过。过而不�，过遂多矣，宜立僧主，以清大望。'因下书曰：'大法东迁，于今为盛，僧尼已多，应须纲领，宣授远规，以济颓绪。僧䂮法师，学优早年，德芳暮齿，可为国内僧主。僧迁法师，禅慧兼修，即为悦众。法钦、慧斌共掌僧录。'给车舆吏力。䂮资侍中秩，传诏羊车各二人，迁等并有厚给。共事纯俭，允惬时望，五众肃清，六时无怠。至弘始七年，敕加亲信、丈身、白从各三十人。僧正之兴，䂮之始也。䂮躬自步行，车舆以给老疾，所获供恤，常充众用，虽年在秋方，而讲说经律，勖众无倦。"③

唐长孺在《读僧䂮传论两晋南朝的吏力》中，对姚兴所给予僧䂮等人的吏力：传

① [梁] 慧皎：《高僧传》卷二，《大正藏》第50册，第333页上。
② 龚斌：《慧远法师传》，江西人民出版社，2008年，第244页。
③ [梁] 慧皎：《高僧传》卷六，《大正藏》第50册，第363页上。

诏、羊车、亲信、仗身、白从等进行了细致地考证，可参阅之。①

鸠摩罗什作《大智释论》

《出三藏记集》载："究摩罗耆婆法师，以秦弘始三年岁在辛丑十二月二十日至长安，四年夏，于逍遥园中西门阁上，为姚天王，出此释论，七年十二月二十七日乃讫。其中兼出经本、禅经、戒律、百论、禅法要解，向五十万言，并此释论一百五十万言，论初品三十四卷，解释一品，是全论具本；二品已下，法师略之，取其足，以开释文意而已，不复备其广释，得此百卷，若尽出之，将十倍于此。"②

释印顺在《永光集》中指出："《智论》是《摩诃般若波罗蜜经》的释论，所以罗什是先译经，后译论，而又同时译成的。'经'的译出，如《出三藏记集》卷八《大品经序》(《大正》五五·五三中）说：'弘始五年，岁在癸卯，四月二十三日，于（长安）京城之北，逍遥园中出此经。（罗什）法师手执胡本，口宣秦言。两释异音，交辩文旨；秦王躬览旧经，验其得失。……与诸宿旧义业沙门释慧恭……道悰等五百余人，详其义旨，审其文中，然后书之。以其年十二月十五日出尽；校正检括，明年四月二十三日乃讫。'《大品般若经》的译出，当时的秦王姚兴，亲自参加，又有五百多位义学沙门，详审文义；'执笔'写成汉文的是僧叡。当时的译场，是相当庄严郑重的！接着就翻译《释论》，如僧睿的《大智释论序》说：'经本既定，乃出此释论。'但论后的〈后记〉却说是弘始'七年十二月二十七日乃讫'。《后记》与僧睿的《论序》，时间上似乎有点不合。我以为：《后记》作者会编经论为一了。先译经，后译论，在《智论》的翻译过程中，发现经文与论文不合的，就加以改正。如《大品经序》说：'以释论捡之，犹多不尽，是以随出其论，随而正之；释论既讫，尔乃文定。'经与论先后译出，论讫而后经定。经论会编为一，也就不妨说经与论同时译出了。"③

释僧肇作《般若无知论》

《高僧传》载："因出《大品》之后，肇便著《波若无知论》，凡二千余言，竟以呈什，什读之称善。乃谓肇曰：'吾解不谢子，辞当相挹。'"④

① 唐长孺：《山居存稿续编》，《唐长孺文集》第六册，中华书局，2011年，第99—107页。
②［梁］僧祐：《出三藏记集》卷十，《大正藏》第55册，第75页中。
③ 释印顺：《永光集》，《印顺法师佛学著作全集》第十九卷，中华书局，2009年，第3—4页。
④［梁］慧皎：《高僧传》卷六，《大正藏》第50册，第365页上。

《众经目录》载："《般若无知论》一卷（释僧肇）。"[①]

《大唐内典录》载："《般若无知论》，……晋安帝世，京北沙门释僧肇作。"[②]

张春波在《肇论校释》中指出："《般若无知论》是僧肇最早的一篇关于佛学认识论的论文，也是僧肇的代表作。此论作于公元四〇五年，在鸠摩罗什译出印度重要佛典《大品般若经》和《大智度论》之后，也就是说，是僧肇在对印度中观佛学认识论有了深刻理解以后写的。这篇论文的确如实地反映出印度中观佛学认识论的真精神，呈给鸠摩罗什看后，深得赞赏。《般若无知论》的问世，标志着中国僧人已能准确地理解印度佛学。"[③]

酒泉木七级浮图

《太平寰宇记》引《敦煌实录》云："晋安帝隆安元年五月，凉州牧李暠微服出城，逢一虎在道边，因化为人，遥呼暠为西凉君，暠因弯弧待之。又遥呼暠曰：'汝无疑也。'暠知其异，乃投弓于地，虎又仍前谓暠曰：'敦煌空虚，不是福地。君之子孙王于西凉，不如迁徙酒泉。'言讫乃去。未几，暠乃移都酒泉，建国，号西凉王。七级城即郡城也，内有沮渠蒙逊所造七级木浮图，故城因是而名之。[④]

《资治通鉴》载："（东晋安帝义熙元年）西凉公暠与长史张邈谋徙都酒泉以逼沮渠蒙逊；以张体顺为建康太守，镇乐涫，以宋繇为敦煌护军，与其子敦煌太守让，镇敦煌，遂迁于酒泉。"[⑤]

释慧虔投嘉祥寺

《高僧传》载："释慧虔，姓皇甫。北地人也。少出家，奉持戒行，志操确然，憩庐山中十有余年。道俗有业志胜途者，莫不属慕风彩。罗什新出诸经，虔志存敷显，宣扬德教。以远公在山，足纽振玄风，虔乃东游吴越，嘱地弘通。以晋义熙之初，投山阴嘉祥寺。克己导物，苦身率众，凡诸新经，皆书写讲说。"[⑥]

按："义熙之初，投山阴嘉祥寺。"兹系于义熙元年。

---

① ［隋］法经：《众经目录》卷六，《大正藏》第55册，第148页中。

② ［唐］道宣：《大唐内典录》卷三，《大正藏》第55册，第254页中。

③ 张春波：《肇论校释》，中华书局，2010年，第61页。

④ ［宋］乐史撰，王文楚等点校：《太平寰宇记》卷一百五十二，中华书局，2007年，第2935—2936页。

⑤ ［北宋］司马光：《资治通鉴》卷一百一十四，中华书局，1956年，第3587页。

⑥ ［梁］慧皎：《高僧传》卷五，《大正藏》第50册，第357页中。

晋安帝遣使劳问释慧远

《高僧传》载："及桓玄西奔，晋安帝自江陵旋于京师，辅国何无忌劝远候觐，远称疾不行。帝遣使劳问，远修书曰：'释慧远顿首，阳月和暖，愿御膳顺宜。贫道先婴重疾，年衰益甚，猥蒙慈诏，曲垂光慰，感惧之深，实百于怀。幸遇庆会，而形不自运，此情此慨，良无以喻。'诏答：'阳中感怀，知所患未佳，其情耿耿。去月发江陵，在道多诸恶情，迟兼常，本冀经过相见。法师既养素山林，又所患未痊，邈无复因，增其叹恨。'"①

《资治通鉴》载："（东晋安帝义熙元年）二月，丁巳，留台备法驾迎帝于江陵，刘毅、刘道规留屯夏口，何无忌奉帝东还。"②

姚兴赠《大智论》于释慧远

《出三藏记集》载："姚略钦想风名，叹其才思，致书殷勤，信饷岁通。赠以龟兹国细镂杂变石像，以申欵心。又令姚嵩献其珠像。《释论》初出，兴送《论》并遗书曰：'《大智论》新讫，此既龙树所作，又是《方等》旨归，宜为一序，以宣作者之意。然此诸道士咸相推谢，无敢动手，法师可为作序，以贻后之学者。'"③

《高僧传》载："秦主姚兴钦德风名，叹其才思，致书殷勤，信饷连接。赠以龟兹国细缕杂变像，以申欵心，又令姚嵩献其珠像。释论新出，兴送论并遗书曰：'《大智论》新译讫，此既龙树所作，又是《方等》旨归，宜为一序，以申作者之意。然此诸道士咸相推谢，无敢动手，法师可为作序，以贻后之学者。'"④

《遗释慧远书》云："《大智论》新译讫，此既龙树所作，又是《方等》旨归，宜为一序，以申作者之意。然此诸道士咸相推谢，无敢动手，法师可为作序，以贻后之学者。"⑤

龚斌在《鸠摩罗什传》之《鸠摩罗什年谱简编》中指出："（405年）后秦主姚兴

---

①［梁］慧皎：《高僧传》卷六，《大正藏》第50册，第361页上。

②［北宋］司马光：《资治通鉴》卷一百一十四，中华书局，1956年，第3580页。

③［梁］僧祐：《出三藏记集》卷十五，《大正藏》第55册，第110页中。

④［梁］慧皎：《高僧传》卷六，《大正藏》第50册，第360页上。

⑤［清］严可均辑：《全上古三代秦汉三国六朝文》，《全晋文》卷一百五十三，中华书局，1958年，第2344页。

送《大智论》与慧远，请为之作序。远作《大智论序》（已佚）。”①

释慧远答姚兴书

《出三藏记集》载：“远答云：‘欲令作《大智论序》，以申作者之意。贫道闻，怀大非小渚所容，汲深非短绠所测。披省之日，有愧高命，又体羸多病，触事有废。不复属意已来，其日尔久。缘来告之重，粗缀所怀。至于研究之美，当复寄诸明德。’其名高远固如此。远常谓《大智论》文句繁积，初学难寻，乃删烦剪乱，令质文有体，撰为二十卷。序致渊邈，以贻学者。”②

《高僧传》载：“远答书云：‘欲令作《大智论序》，以申作者之意。贫道闻，怀大非小褚所容，汲深非短绠所测。披省之日，有愧高命，又体羸多疾，触事有废。不复属意已来，其日亦久。缘来告之重，辄粗缀所怀。至于研究之美，当复期诸明德。’其名高远固如此。远常谓《大智论》文句繁广，初学难寻，乃抄其要文，撰为二十卷。序致渊雅，使夫学者息过半之功矣。”③

释慧远著《法性论》

《出三藏记集》载：“外国众僧咸称汉地有大乘道士，每至烧香礼拜，辄东向致敬。其神理之迹，固未可测也。常以支竺旧义，未穷妙实，乃著《法性论》，理奥文诣。罗什见而叹曰：‘边国人未见经，便闇与理合，岂不妙哉！’远翘勤弘道，懔厉为法。每致书罗什，访核经典。什亦高其胜心，万里响契。”④

《高僧传》载：“先是，中土未有泥洹常住之说，但言寿命长远而已。远乃叹曰：‘佛是至极，至极则无变。无变之理，岂有穷耶？’因著《法性论》曰：‘至极以不变为性，得性以体极为宗。’罗什见论而叹曰：‘边国人未有经，便暗与理合，岂不妙哉！’”⑤

《出三藏记集》载：“《法性论》上下（释慧远）。”⑥

《历代三宝纪》载：“《法性论》一卷。”⑦

---

① 龚斌：《鸠摩罗什传》，上海古籍出版社，2013年，第298页。
②［梁］僧祐：《出三藏记集》卷十五，《大正藏》第55册，第110页中。
③［梁］慧皎：《高僧传》卷六，《大正藏》第50册，第360页上。
④［梁］僧祐：《出三藏记集》卷十五，《大正藏》第55册，第110页上。
⑤［梁］慧皎：《高僧传》卷六，《大正藏》第50册，第360页上。
⑥［梁］僧祐：《出三藏记集》卷十二，《大正藏》第55册，第83页上。
⑦［隋］费长房：《历代三宝纪》卷七，《大正藏》第49册，第72页上。

《众经目录》载：“《法性论》一卷（释慧远）。”①

《大唐内典录》载：“《法性论》上下（释慧远）。”②

方立天在《魏晋南北朝佛教》之《慧远年谱》中指出：“在公元404年—405年间，慧远撰《法性论》。”③

龚斌在《慧远法师传》之《慧远年谱》中指出：“（405年）据慧达《肇论琉》云：“远师《法性论》成后二章，始得什师所译《大品经》，以为明验，证成前义。”则慧远始作《法性论》时，尚未见罗什所译《大品般若经》，成二章后方见之。据僧椒《大品经序》，罗什于弘始五年四月始译此经，至明年四月检校讫。由此而知，慧远始得《大品经》不会早于弘始六年四月，而撰成《法性论》更在其后。故暂定于本年。”④

释慧远邀陶渊明入山

《东林十八高贤传》载：“时远法师与诸贤结莲社，以书招（陶）渊明。渊明曰：‘若许饮，则往。’许之，遂造焉。忽攒眉而去。”⑤

释慧远讲《丧服经》

《高僧传》载：“时远讲《丧服经》，雷次宗、宗炳等，并执卷承旨。次宗后别著义疏，首称雷氏，宗炳因寄书嘲之曰：‘昔与足下共于释和上间，面受此义，今便题卷首称雷氏乎。’其化兼道俗，斯类非一。”⑥

方立天在《魏晋南北朝佛教》之《慧远年谱》中指出：“（405年）隐士雷次宗入庐山事慧远，远为雷次宗和宗炳讲儒家《丧服经》，后雷次宗署名别著义疏，宗炳极为不满。”⑦

谢灵运拜见释慧远

《出三藏记集》载：“临川太守谢灵运，负才傲俗，少所推崇，及一相见，肃然

---

①［隋］法经：《众经目录》卷六，《大正藏》第55册，第148页中。

②［唐］道宣：《大唐内典录》卷十，《大正藏》第55册，第326页下。

③ 方立天：《方立天文集》第一卷《魏晋南北朝佛教》，中国人民大学出版社，2006年，第189页。

④ 龚斌：《慧远法师传》，江西人民出版社，2008年，第244页。

⑤ 佚名：《东林十八高贤传》卷一，《卍续藏》第78册，第120页上。

⑥［梁］慧皎：《高僧传》卷六，《大正藏》第50册，第361页上。

⑦ 方立天：《方立天文集》第一卷《魏晋南北朝佛教》，中国人民大学出版社，2006年，第189页。

心服。”①

《高僧传》载：“陈郡谢灵运负才傲俗，少所推崇，及一相见，肃然心服。远内通佛理，外善群书，夫预学徒，莫不依拟。时远讲《丧服经》，雷次宗、宗炳等，并执卷承旨。”②

《庐山记》载：“陈郡谢灵运，负才傲物，少所推重。一见肃然心服，为凿东西二池种白莲。求入净社，师以心杂止之。”③

张可礼在《东晋文艺系年》中指出：“《高僧传》卷六《释慧远传》：“陈郡谢灵运，负才傲俗，少所推崇，及一相见，肃然心服。’上述事时间、地点均未见记载。考有关灵运生平资料，灵运见慧远，仅此一次，当是灵运任刘毅记室参军、本年随刘毅至江州后，特上庐山，拜见慧远。”④

曹虹在《慧远评传》中指出：“关于慧远对谢灵运的态度，历史上曾有这样一种传说，元兴元年（402）慧远与刘遗民等百二十三人建净土社，谢灵运‘为凿东西二池种白莲，求入净社，（远）师以心杂止之’。谢灵运遭到慧远拒绝的传说是否属实？也许可看做是小说家言，但其中不乏真实性的因素。应该说，慧远对谢灵运的慧解与文才作出过相当尊重的表示，请他撰写《佛影铭》就是一证。佛影台的建立，是慧远晚年的盛举，是庐山教团的大事，据谢灵运《佛影铭序》言，当时慧远派‘道秉道人远宣意旨，命余制铭，以允刊刻’。郝昞衡《谢灵运年谱》也指出：世间流行的‘远公不许灵运入社之传说，殊不可信。慧远为佛影，倩灵运作铭，义熙十二年远卒，灵运为之诔，而东林寺远法师碑铭，亦出灵运手，至道倾慕如此，则其说不可信一也。又是年（按指元兴元年）灵运适在建康，无请入社之理，则其说不可信二也’。然而以慧远对人心的品鉴力而言，也许真能看出谢灵运缺乏纯诚之愿，必不至勉强相邀入山。”⑤

按：依方立天之说，远公于本年讲《丧服经》，时谢灵运造谒，一见倾服，遂生入莲社之愿。

释慧持避难于郫县中寺

《高僧传》载：“恭公幼有才思，为蜀郡僧正，岩公内外多解，素为毛璩所重。

---

① ［梁］僧祐：《出三藏记集》卷十四，《大正藏》第55册，第110页中。

② ［梁］慧皎：《高僧传》卷六，《大正藏》第50册，第361页上。

③ ［宋］陈舜俞：《庐山记》卷三，《大正藏》第51册，第1039页中。

④ 张可礼：《东晋文艺系年》，山东教育出版社，1992年，第735—736页。

⑤ 曹虹：《慧远评传》，南京大学出版社，2002年，第156—157页。

后蜀人谯纵，因锋镝之机，攻杀毛璩，割据蜀土，自号成都王，乃集僧设会，逼请岩公，岩不得已而赴。璩既宿昔檀，越一旦伤破，睹事增悲，痛形颜色，遂为谯纵所忌，因而被害，举邑纷扰，白黑危惧。持避难憩郫县中寺。纵有从子道福，凶悖尤甚，将兵往郫，有所讨戮，还过入寺，人马浴血，众僧大怖，一时惊走。持在房前盥洗，神色无忤，道福直至持边，持弹指漉水，淡然自若。福愧悔流汗，出寺门谓左右曰：'大人故与众异。'后境内清怙，还止龙渊寺，讲说斋忏，老而愈笃。"①

《资治通鉴》载："（东晋安帝义熙元年）初，毛璩闻桓振陷江陵，帅众三万顺流东下，将讨之，使其弟西夷校尉瑾、蜀郡太守瑗出外水，参军巴西谯纵、侯晖出涪水。蜀人不乐远征，晖至五城水口，与巴西阳昧谋作乱。纵为人和谨，蜀人爱之，晖、昧共逼纵为主，纵不可，走投于水；引出，以兵逼纵登舆，纵又投地，叩头固辞，晖缚纵于舆。还，袭毛瑾于涪城，杀之，推纵为梁、秦二州刺史。璩至略城，闻变，奔还成都，遣参军王琼将兵讨之，为纵弟明子所败，死者什八九。益州营户李腾开城纳纵兵，杀璩及弟瑗，灭其家。纵称成都王，以从弟洪为益州刺史，以明子为巴州刺史屯白帝。于是蜀大乱，汉中空虚，氐王杨盛遣其兄子平南将军抚据之。"②

建康东掖门四尺金像

《集神州三宝感通录》载："东晋义熙元年，司徒王谧入宫住东掖门，有侍人于门东见五色光出地。惊而穿之，得古形铜盘。盘下获金像高四尺，光趺并具。斯又同孙皓之育王像也，因奉入宫。"③

另见《法苑珠林》卷十三，事同，文稍异。④

晋有舍利自分为三

《法苑珠林》载："晋义熙元年，有林邑人尝有一舍利，每斋日有光。沙门慧邃随广州刺史刁逵在南，敬其光相，欲请之。未及发言，而舍利自分为二。逵闻心悦，又请留敬。而又分为三，逵欲摸长干像，寺主固执不许。夜梦人长数丈，告曰：'像贵倡导，

---

①［梁］慧皎：《高僧传》卷六，《大正藏》第50册，第361页下。
②［北宋］司马光：《资治通鉴》卷一百一十四，中华书局，1956年，第3580页。
③［唐］道宣：《集神州三宝感通录》卷二，《大正藏》第52册，第417页上。
④［唐］道世：《法苑珠林》卷十三，《大正藏》第53册，第386页中。

何苟悋耶。’明报听摸，既成，遂以舍利着像髻中。西来诸像放光者，多由舍利故也。”①

释道照出家

《高僧传》载：“（释道照）十八出家，止京师祇洹寺。披览群典，以宣唱为业。音吐寥亮，洗悟尘心。指事适时，言不孤发，独步于宋代之初。”②

按：据晋孝武帝太元十二年·后秦建初二年（387）下“释道照生”条，推之可知，“释道照出家”条，当发生于本年。

《十诵律》卷七题记

《魏晋南北朝敦煌文献编年》载：“西凉比丘德祐写《十诵律》卷七题记。建初元年（405）十二月五日前，纸质。全1行，10字。墨书。敦煌藏经洞出品。藏英国（S797正面）。图敦煌宝藏，6册540页。文英国目录，132页。识语集录，80页。注文为「第七号，比［丘］德祐书，一校竟」。本件无纪年，但在下件正面，时间应较下件为早。侯灿C，130、142页。施萍亭，91页。陈泽奎，119页。”③

《十诵比丘戒本》题记

《魏晋南北朝敦煌文献编年》载：“西凉比丘德祐等写《十诵比丘戒本》题记。建初元年岁在乙巳十二月五日戌时，比丘德祐于敦煌城南受具戒。和上僧法性、戒师宝惠、教师惠颖。时同戒场者，道辅、惠御等十二人。到夏安居，写到戒讽之趣，成具拙字而已。手拙用愧，见者但念其义，莫笑其字也，故记之。戒三诵者：从四事至国王大臣，为一诵。从王臣至九十事饮水戒，为二诵。其余以下为至七佛偈，为三诵。戒五遍者：四事一，十三事二，卅事九十事三，四彼（波）利。提舍尼第四，众学法第乃在七释迦文佛说偈是第五遍也。”④

昙无谶号为大咒师

《出三藏记集》载：“（昙无谶）年二十，诵大小乘经二百余万言。谶从兄善能调象骑，杀王所乘白耳大象，王怒诛之。令曰：‘敢有视者，夷三族！’亲属莫敢往，

① ［唐］道世：《法苑珠林》卷四十，《大正藏》第53册，第601页中。

② ［梁］慧皎：《高僧传》卷十三，《大正藏》第50册，第415页下。

③ 饶宗颐主编，王素、李方著：《魏晋南北朝敦煌文献编年》，新文丰出版公司，1997年，第110页。

④ 饶宗颐主编，王素、李方著：《魏晋南北朝敦煌文献编年》，新文丰出版公司，1997年，第110—111页。

谶哭而葬之。王怒，欲诛谶，谶曰：‘王以法故杀之，我以亲而葬之，并不违大义，何为见怒？’傍人为之寒心，其神色自若。王奇其志气，遂留供养。谶明解咒术，所向皆验，西域号为大咒师。后随王入山，王渴乏须水，不能得。谶乃密咒石出水，因赞曰：‘大王惠泽所感，遂使枯石生泉。’邻国闻者，皆叹王德。于时雨泽甚调，百姓称咏，王悦其道术，深加优宠。顷之，王意稍歇，待之渐薄。谶怒曰：‘我当以罂水诣池，咒龙入罂，令天下大旱。王必请咒，然后放龙降雨，则见待何如？’遂持罂造龙。有密告之者，王怒，捕谶。谶悔，惧诛，乃赍《大涅槃》经本前分十二卷，并《菩萨戒经》《菩萨戒本》奔龟兹。”①

《高僧传》载：“（昙无谶）至年二十，诵大小乘经二百余万言。谶从兄善能调象，骑杀王所乘白耳大象，王怒诛之，令曰：‘敢有视者，夷三族。’亲属莫敢往者。谶哭而葬之，王怒欲诛谶，谶曰：‘王以法故杀之，我以亲而葬之，并不违大义，何为见怒。’傍人为之寒心，其神色自若，王奇其志气，遂留供养之。谶明解咒术，所向皆验，西域号为大咒师。后随王入山，王渴须水不能得，谶乃密咒，石出水，因赞曰：‘大王惠泽所感，遂使枯石生泉。’邻国闻者皆叹王德。于时雨泽甚调，百姓歌咏，王悦其道术，深加优宠。顷之，王意稍歇，待之渐薄，谶以久处致厌，乃辞往罽宾。赍《大涅槃前分》十卷，并《菩萨戒经》《菩萨戒本》等。彼国多学小乘，不信《涅槃》，乃东适龟兹。”②

按：据晋孝武帝太元十年（385）下“昙无谶生”条，推之可知，“昙无谶号为大咒师”条，当发生于本年。

释昙始返回关中

《高僧传》载：“义熙初，（释昙始）复还关中，开导三辅。始足白于面，虽跣涉泥水，未尝沾涅，天下咸称白足和上。”③

按：释昙始于义熙初返回关中，其时待考，兹系于义熙元年。

阿育王灵塔寺建立

《阿育王寺常住碑》云：“阿育王灵塔寺者，晋义熙元年之所置也。”④

① ［梁］僧祐：《出三藏记集》卷十四，《大正藏》第55册，第103页上。
② ［梁］慧皎：《高僧传》卷二，《大正藏》第50册，第335页下。
③ ［梁］慧皎：《高僧传》卷十，《大正藏》第50册，第392页中。
④ 周绍良主编：《全唐文新编》卷三三五，吉林文史出版社，2000年，第3834页。

晋安帝义熙二年·后秦弘始八年·北魏天赐三年（406）丙午

师子国献白玉佛像

《高僧传》载："又有师子国四尺二寸玉像，并皆在焉。昔师子国王闻晋孝武精于奉法，故遣沙门昙摩抑远献此佛。在道十余年，至义熙中，乃达晋。"①

《历代三宝纪》载：（丙午义熙二年）"师子国遣沙门昙摩来献白玉像，高四尺二寸。此像今在兴善寺。"②

《梁书》载："师子国，天竺旁国也……晋义熙初，始遣献玉像，经十载乃至。像高四尺二寸，玉色洁润，形制殊特，殆非人工。"③

释慧远送客以虎溪为界

《出三藏记集》载："（释慧远）自卜居庐阜，三十余载，影不出山，迹不入俗，故送客游履，常以虎溪为界焉。"④

《高僧传》载："自远卜居庐阜，三十余年影不出山，迹不入俗，每送客游，履常以虎溪为界焉。"⑤

《佛祖统纪》载："（义熙二年）远法师所居东林，流泉匝寺下入于溪。师每送客过此，有虎号鸣，因号虎溪。后送客未尝过，独陶潜道士陆修静至，语道契合，不觉过虎溪，因相与大笑。世传为三笑图。"⑥

《历世真仙体道通鉴》载："迨苍梧王元徽五年春正月，（陆修静）忽谓门人曰：'吾迫于恩命，违其宿尚，今将还旧山，尔可饬装整驾。'弟子皆近之。至三月二日，忽偃然解化，其肤体晖映，异香芬馥。后三日，庐山诸徒共见先生，霓旌霭然，还止旧隐，斯须不知所在，相与惊而异之。遗命盛以布囊，投所在崖谷。门人不忍，遂奉

①［梁］慧皎：《高僧传》卷十三，《大正藏》第50册，第410页中。
②［隋］费长房：《历代三宝纪》卷三，《大正藏》第49册，第40页上。
③［唐］姚思廉：《梁书》卷五十四，中华书局，1973年，第800页。
④［梁］僧祐：《出三藏记集》卷十五，《大正藏》第55册，第110页下。
⑤［梁］慧皎：《高僧传》卷六，《大正藏》第50册，第361页上。
⑥［宋］志磐：《佛祖统纪》卷三十六，《大正藏》第49册，第342页中。

还庐山。时春秋七十二。所谓炼形幽壤，腾景太微者矣。有诏谥曰简寂先生，始以故居为简寂观，宗有道也。”①

《石钟山志》载：“陆修静，吴兴人，隐庐山简寂观，从老氏教，与慧远友善。渊明令彭泽时，修静与周续之同就讲于治所，其地现名古彭泽，属湖口，距石钟廿余里，有渊明遗迹。宋楼钥曰：‘以吴筠简寂观碑考之，修静与慧远相去久远，似非其人。’王伟经《行庐山记》慧远卒于晋义熙十二年丙辰，年八十二。修静殁于宋元徽五年（当作四年）丙辰年七十三，相去六十岁。推而上之，修静生义熙四年丁未，当作元兴三年甲辰，且四年亦非丁未也。慧远亡时，修静才十三岁，宋元嘉末，修静始来庐山，是时远公死已三十余载，靖节死已二十余年，或曰，晋盖有两修静也。”②

鸠摩罗什译《华首经》等

《肇论》载：“什法师以午年出《维摩经》，贫道时预听次。”③

《出三藏记集》载：“《新法华经》七卷（弘始八年夏，于长安大寺译出）。”④“《法华经》（《旧录》有《萨芸分陀利经》，云是异出《法华》，未详谁出，今阙。此经竺法护出《正法华经》十卷，鸠摩罗什出《新妙法莲华经》七卷）。右一经，三人出，其一经失译人名，已入《失源录》。”⑤

《历代三宝纪》载：“《华首经》一十卷（一名《摄善根名》，弘始八年译，见《二秦录》）。”⑥“《妙法莲华经》七卷（弘始八年于大寺出，僧叡笔受，并制序。第二译，与晋世法护《正法华》同本异出，相去垂百年，见《二秦录》）。”⑦“《维摩诘经》三卷（弘始八年于大寺出，是第四译，与佛调、支谦、法护等出者大同小异，僧肇笔受，见《二秦录》，什自注解，叡制序）。”⑧“《梵网经》二卷（弘始八年于草堂寺，三千学士最后出此一品，梵本有一百一十二卷六十一品，译讫，融影等三百人一时共

---

①［元］赵道一：《历世真仙体道通鉴》卷二十四，广陵书社，1997年，第1068页。

②［清］李成谋：《石钟山志》卷五，清光绪九年听涛眺雨轩刻本，第2页。

③［后秦］僧肇：《肇论》卷一，《大正藏》第45册，第155页下。

④［梁］僧祐：《出三藏记集》卷二，《大正藏》第55册，第10页下。

⑤［梁］僧祐：《出三藏记集》卷二，《大正藏》第55册，第14页上。

⑥［隋］费长房：《历代三宝纪》卷八，《大正藏》第49册，第77页下。

⑦［隋］费长房：《历代三宝纪》卷八，《大正藏》第49册，第77页下。

⑧［隋］费长房：《历代三宝纪》卷八，《大正藏》第49册，第77页下。

受菩萨十戒，见经前序，僧肇笔受）。”[①]“《成实论》二十卷（或十六卷，弘始八年出，昙略笔受，见《二秦录》，此论佛灭后八百余年，诃梨跋摩造）。”[②]

《众经目录》载：“《妙法莲华经》七卷（后秦弘始年罗什译）。”[③]“《妙法莲华经》七卷（或八卷，一百四十八纸），后秦弘始年罗什译。”[④]

《古今译经图纪》载：“《妙法莲华经》（七卷）。”[⑤]

《大唐内典录》载：“《妙法莲华经》七卷（弘始八年于大寺出，叡笔制《序》。第二出，与护《正法华》同本，相去垂百年，见《二秦录》）。”[⑥]“《妙法莲华经》（七卷或八卷，一百四十八纸）。后秦弘始年，罗什于长安译。”[⑦]

《大周刊定众经目录》载：“《妙法莲华经》一部七卷（一百七十五纸）。右，后秦弘始七年，沙门罗什于长安逍遥园译，出《长房录》。”[⑧]“《妙法莲华经》一部七卷（第二译，与晋法护《正法华经》同本异出，相去垂一百年。一七百十五纸）。”[⑨]

《开元释教录》载：“《妙法莲华经》八卷（《僧祐录》云《新法华经》。初为七卷二十七品，后人益《天授品》成二十八。弘始八年夏于大寺出，僧叡笔受，并制《序》。第五译，见《二秦录》及《僧祐录》）。”[⑩]“《妙法莲华经》七卷（《僧祐录》云《新法华经》，一百五十二纸）。姚秦罗什译。”[⑪]

《贞元新定释教目录》载：“《妙法莲华经》八卷（《僧祐录》云《新法华经》。初出为七卷二十七品，后人益《天授品》二十八品。弘始八年夏于大寺出，僧叡笔受，并制《序》。第五译，见《二秦录》及《僧祐录》）。”[⑫]

释僧叡讲《成实论》

《高僧传》载：“（鸠摩罗什）后出《成实论》，令叡讲之。什谓叡曰：‘此净

---

①［隋］费长房：《历代三宝纪》卷八，《大正藏》第49册，第78页上。
②［隋］费长房：《历代三宝纪》卷八，《大正藏》第49册，第78页下。
③［隋］法经：《众经目录》卷一，《大正藏》第55册，第117页上。
④［唐］静泰：《众经目录》卷二，《大正藏》第55册，第189页下。
⑤［唐］靖迈：《古今译经图纪》卷三，《大正藏》第55册，第359页上。
⑥［唐］道宣：《大唐内典录》卷三，《大正藏》第55册，第252页中。
⑦［唐］道宣：《大唐内典录》卷六，《大正藏》第55册，第286页下。
⑧［唐］明佺：《大周刊定众经目录》卷二，《大正藏》第55册，第385页下。
⑨［唐］明佺：《大周刊定众经目录》卷十三，《大正藏》第55册，第461页下。
⑩［唐］智昇：《开元释教录》卷四，《大正藏》第55册，第512页中。
⑪［唐］智昇：《开元释教录》卷二十，《大正藏》第55册，第703页下。
⑫［唐］圆照：《贞元新定释教目录》卷六，《大正藏》第55册，第809页中。

论中，有七变处文破《毗昙》，而在言小隐，若能不问而解，可谓英才。’至叡启发幽微，果不咨什，而契然悬会。什叹曰：“吾传译经论，得与子相值，真无所恨矣。’”①

按：《成实论》，鸠摩罗什本年译出，故释僧叡宣讲《成实论》事，最早当发生于本年。兹系于本年。

鸠摩罗什令释道融讲《新法华经》

《出三藏记集》载：“《新法华经》七卷（弘始八年夏，于长安大寺译出）。”②

《高僧传》载：“什又命融令讲《新法华》。什自听之，乃叹曰：‘佛法之兴，融其人也。’”③

《历代三宝纪》载：“（鸠摩罗什）尝听秦僧道融讲《新法华经》，乃叹曰：‘佛法之兴，融其人也。’”④

按：后秦弘始八年夏，鸠摩罗什译出《新法华经》，遂令释道融讲之，故此事最早当发生于本年。

释昙影注疏鸠摩罗什翻译之佛经

《高僧传》载：“兴勅（释昙影）住逍遥园，助什译经。初出《成实论》，凡诤论问答，皆次第往反。影恨其支离，乃结为五番，竟以呈什，什曰：‘大善，深得吾意。’什后出《妙法华经》，影既旧所命宗，特加深思，乃著《法华义疏》四卷。”⑤

按：核查经论目录，鸠摩罗什止于弘始八年译出一部《新法华经》，故释昙影注疏《法华经》事，最早当发生于本年。本年鸠摩罗什又译出《成实论》一部，故释昙影编订《成实论》事，最早当发生于本年。兹将此条系于本年。

释道融与狮子国婆罗门捔力

《高僧传》载：“俄而，师子国有一婆罗门，聪辩多学，西土俗书，罕不披诵，为彼国外道之宗。闻什在关大行佛法，乃谓其徒曰：‘宁可使释氏之风独传震旦，而吾等正化不洽东国？’遂乘驼负书来入长安。姚兴见其口眼便僻，颇亦惑之。婆罗门

---

①［梁］慧皎：《高僧传》卷六，《大正藏》第50册，第364页中。

②［梁］僧祐：《出三藏记集》卷二，《大正藏》第55册，第10页下。

③［梁］慧皎：《高僧传》卷六，《大正藏》第50册，第363页下。

④［隋］费长房：《历代三宝纪》卷八，《大正藏》第49册，第79页中。

⑤［梁］慧皎：《高僧传》卷六，《大正藏》第50册，第364页上。

乃启兴曰：‘至道无方，各尊其事，今请与秦僧捔其辩力，随有优者，即传其化。’兴即许焉。时关中僧众，相视缺然，莫敢当者。什谓融曰：‘此外道聪明殊人，捔言必胜，使无上大道，在吾徒而屈，良可悲矣。若使外道得志，则法轮摧轴，岂可然乎？如吾所睹，在君一人。’融自顾才力不减，而外道经书未尽披读，乃密令人写婆罗门所读经目，一披即诵。后克日论义，姚兴自出，公卿皆会阙下，关中僧众四远必集。融与婆罗门拟相訓抗，锋辩飞玄，彼所不及。婆罗门自知辞理已屈，犹以广读为夸。融乃列其所读书，并秦地经史名目卷部，三倍多之。什因嘲之曰：‘君不闻大秦广学，那忽轻尔远来。’婆罗门心愧悔伏，顶礼融足，数日之中，无何而去。像运再兴，融有力也。”①

按：《高僧传》载鸠摩罗什令释道融宣讲《新法华经》事后，又云“俄而，师子国有一婆罗门”，可知狮子国婆罗门与释道融捔力事与释道融宣讲《新法华经》事近乎同时发生。依理推之，此事最早当发生于本年。兹系于本年。

卑摩罗叉至关中

《高僧传》载：“及龟兹陷没，乃避地焉。顷之，（卑摩罗叉）闻什在长安大弘经藏，又欲使毗尼胜品，复洽东国，于是杖锡流沙，冒险东入。以伪秦弘始八年达自关中，什以师礼敬待，叉亦以远遇欣然。”②

佛陀耶舍入姑臧

《出三藏记集》载：“（佛陀耶舍）语弟子云：‘吾欲寻罗什，可密装夜发，勿使人知。’弟子曰：‘恐明旦追至，不免复还耳。’耶舍乃取清水一钵，以药投中，咒数十言，与弟子洗足，即便夜发。比至旦，行数百里。问弟子曰：‘何所觉耶？’答曰：‘唯闻疾风之响，眼中泪出耳。’耶舍又与咒水洗足，住息。明旦国人追之，已差数百里，不及。行达姑臧，而什已入长安。闻姚兴逼以妾媵，劝为非法，乃叹曰：‘罗什如好绵，何可使入棘中乎！’什闻其至姑臧，劝兴迎之，兴不纳。”③

《高僧传》载：“（佛陀耶舍）后语弟子云：‘吾欲寻罗什，可密装夜发，勿使人知。’弟子曰：‘恐明日追至，不免复还耳。’耶舍乃取清水一钵，以药投中，咒

① [梁]慧皎：《高僧传》卷六，《大正藏》第50册，第363页下。
② [梁]慧皎：《高僧传》卷二，《大正藏》第50册，第333页中。
③ [梁]僧祐：《出三藏记集》卷十四，《大正藏》第55册，第102页中。

数十言，与弟子洗足。即便夜发，比旦，行数百里，问弟子曰：‘何所觉耶。’答曰：‘唯闻疾风之响，眼中泪出耳。’耶舍又与咒水洗足，住息。明旦，国人追之，已差数百里不及。行达姑臧，而什已入长安，闻姚兴逼以妾媵，劝为非法，乃叹曰：‘罗什如好绵，何可使入棘林中。’什闻其至姑臧，劝姚兴迎之，兴未纳。”①

《历代三宝纪》载：“弘始八年，行达姑臧，而什久已入于长安。又闻姚兴逼什别室使为非法，乃伤叹曰：‘鸠摩罗什如好绵纩，何可使入棘林中乎？’什先经曾伏膺耶舍，闻至姑臧，大生欢喜，即劝姚兴令使迎逆，兴未然许之。”②

《十诵比丘戒本》比丘德祐题记

《中国古代写本识语集录》所录《十诵比丘戒本》比丘德祐题记云：“建初元年，岁在乙巳十二月五日戌时，比丘德祐，于敦煌城南受具戒。和上僧法性，戒师宝惠，教师惠颖。时同戒场者，道辅，惠御等十二人，到夏安居，写到戒讽之趣，成就拙字而已。手拙用愧，见者但念其义，莫笑其字也，故记之。戒三颂者，从四事至国王大臣，为一诵。从王臣至九十事饮水戒，为二诵。其余以下为至七佛偈，为三诵。戒五遍者，四事一，十三事二，卅事九十事三，四彼利提舍尼第四，众学法第乃至七释迦文佛说偈，是第五遍也。”③

僧叡述《妙法莲华经后序》

僧叡所述之《妙法莲华经后序》，见《妙法莲华经》卷七。④

《妙法莲华经》所录《妙法莲华经后序》载：“秦司隶校尉左将军安城侯姚嵩，拟韵玄门，宅心世表，注诚斯典，信诣弥至，每思寻其文，深识译者之失。既遇鸠摩罗法师，为之传写，指其大归真，若披重霄而高蹈，登昆仑而俯眄矣。于时听受领悟之僧八百余人，皆是诸方英秀，一时之杰也。是岁弘始八年，岁次鹑火。”⑤

释僧肇作《维摩诘经序》

释僧肇作所作之《维摩诘经序》，见《出三藏记集》卷八。⑥

---

①［梁］慧皎：《高僧传》卷二，《大正藏》第50册，第334页上。

②［隋］费长房：《历代三宝纪》卷八，《大正藏》第49册，第80页上。

③［日］池田温：《中国古代写本识语集录》，东京大学东洋文化研究所，1990年，第80页。

④［后秦］鸠摩罗什译：《妙法莲华经》卷七，《大正藏》第9册，第62页中。

⑤［后秦］鸠摩罗什译：《妙法莲华经》卷七，《大正藏》第9册，第62页下。

⑥［梁］僧祐：《出三藏记集》卷八，《大正藏》第55册，第58页上。

《出三藏记集》所录《维摩诘经序》载："北天之运，运通有在也。以弘始八年，岁次鹑火，命大将军常山公左将军安城侯，与义学沙门千二百人，于常安大寺请罗什法师重译正本。什以高世之量，冥心真境，既尽环中，又善方言。时手执胡文，口自宣译。道俗虔虔，一言三复，陶冶精求，务存圣意。其文约而诣，其旨婉而彰，微远之言，于兹显然。余以暗短，时豫听次，虽思乏参玄，然粗得文意。辄顺所闻，而为注解，略记成言，述而无作。庶将来君子，异世同闻焉。"①

释僧肇注《维摩诘经》

《高僧传》载："（释僧肇）并注《维摩》及制诸经论序，并传于世。"②

许抗生在《僧肇评传》中指出："这是说，《维摩诘经》是在弘始八年，即公元406年，罗什在长安大寺译出的，参与这次译场的有常山公、安城侯和义学沙门千二百余人，译场规模宏大。僧肇亦在这千二百人义学沙门之中，'时预听次'，并'辄顺所闻，为之注解'的。按照这一说法，僧肇的注解，完全是罗什讲解经义的记录，是'述而不作'的。很显然，这是僧肇自己的谦虚之辞，他实际上是按照自己的理解来对《维摩诘经》作注的。所以现存的《注维摩诘经》中，既有罗什的注，又有僧肇的注，还有道生等人的注，他们各自的注解，并不完全一样。僧肇与道生的注解和僧肇所作的序文，其写作年代，自然也就只能在406年译出《维摩诘经》之后。当时僧肇仅二十三岁左右。"③

佛驮跋陀至长安

《出三藏记集》载："（佛陀跋陀）于是杖锡跋涉，经历三年，路由雪山，备极艰阻。既而中路附舶，循海而行，经一岛下，以手指山曰：'可止于此。'舶主曰：'客行惜日，调风难遇，不可停也。'行二百余里，风忽转吹，舶还向岛下。众人方悟其神，咸师事之，听其进止。后遇便风，同侣皆发。佛贤曰：'不可动舶。'主乃止。既而先发之舫，一时覆败。后于闇夜之中，忽令众舶俱发，无肯从者。佛贤自起收缆，唯一舶独发。俄尔贼至，留者悉被抄害。顷之，至青州东莱郡。闻鸠摩罗什在长安，即往从之。什大欣悦，共论法相，振发玄绪，多有妙旨。因谓什曰：'君所释不出人意，而致高名何耶？'什曰：'吾年老故尔，何必能称美谈。'什每有疑义，

---

①［梁］僧祐：《出三藏记集》卷八，《大正藏》第55册，第58页中。

②［梁］慧皎：《高僧传》卷六，《大正藏》第50册，第365页中。

③ 许抗生：《僧肇评传》，《中国思想家评传丛书》第四十二册，南京大学出版社，1998年，第9页。

必共咨决。”①

《高僧传》载：“（佛驮跋陀罗）步骤三载，绵历寒暑，既度葱岭，路经六国，国主矜其远化，并倾心资奉。至交趾，乃附舶循海而行，经一岛下，贤以手指山曰：‘可止于此。’舶主曰：‘客行惜日，调风难遇，不可停也。’行二百余里，忽风转吹，舶还向岛下，众人方悟其神，咸师事之，听其进止。后遇便风，同侣皆发，贤曰：‘不可动。’舶主乃止，既而有先发者，一时覆败。后于暗夜之中，忽令众舶俱发，无肯从者，贤自起收缆，一舶独发，俄尔贼至，留者悉被抄害。顷之，至青州东莱郡，闻鸠摩罗什在长安，即往从之，什大欣悦，共论法相，振发玄微，多所悟益。因谓什曰：‘君所释不出人意，而致高名何耶？’什曰：‘吾年老故尔，何必能称美谈。’什每有疑义，必共咨决。时秦太子泓欲闻贤说法，乃要命群僧，集论东宫。罗什与贤数番往复，什问曰：‘法云何空？’答曰：‘众微成色，色无自性，故虽色常空。’又问：‘既以极微破色空，复云何破微？’答曰：‘群师或破析一微，我意谓不尔？’又问：‘微是常耶？’答曰：‘以一微故众微空，以众微故一微空。’时宝云译出此语，不解其意，道俗咸谓贤之所计，微尘是常。余日长安学僧复请更释，贤曰：‘夫法不自生，缘会故生。缘一微故有众微，微无自性，则为空矣。宁可言不破一微，常而不空乎？’此是问答之大意也。”②

《华严经传记》载：“次之，达青州东莱郡，闻鸠摩罗什在长安，欣然而来，则秦弘始十年四月也。什大欢悦，共论法相，振发玄微，多所启悟。因谓什曰：‘君所解不出人意，而致高名耶？’什曰：‘吾年老故尔，何必能称美谈。’什每有疑义，必共论决。”③

《佛祖历代通载》载：“天竺尊者佛驮跋陀，自义熙二年至长安。鸠摩罗什公倒屣迎之，以相得迟暮为恨。”④

释智严随佛驮跋陀至长安大寺

《出三藏记集》载：“（释智严）于是逾涉雪山，寒苦崄绝，饮冰茹木，频于危殆。绵历数载，方达关中。常依随跋陀，止于长安大寺。”⑤

---

①［梁］僧祐：《出三藏记集》卷十四，《大正藏》第55册，第103页下。

②［梁］慧皎：《高僧传》卷二，《大正藏》第50册，第334页下。

③［唐］法藏：《华严经传记》卷一，《大正藏》第51册，第154页中。

④［元］念常：《佛祖历代通载》卷七，《大正藏》第49册，第532页中。

⑤［梁］僧祐：《出三藏记集》卷十五，《大正藏》第55册，第112页下。

《高僧传》载："（释智严）于是逾沙越险，达自关中。常依随跋陀，止长安大寺。"①

按：佛陀跋陀约于本年至长安，释智严常随左右，故亦于本年至长安，止长安大寺。

释慧远问条数十事

《出三藏记集》载："初关中译出《十诵》，所余一分未竟，而弗若多罗亡，远常慨其未备。及闻昙摩流支入秦，乃遣书祈请，令于关中更出余分。故《十诵》一部，具足无阙，晋地获本，相传至今。葱外妙典，关中胜说，所以来集兹土者，皆远之力也。外国众僧咸称汉地有大乘道士，每至烧香礼拜，辄东向致敬。其神理之迹，固未可测也。常以支竺旧义，未穷妙实，乃著《法性论》，理奥文诣。罗什见而叹曰：'边国人未见经，便闇与理合，岂不妙哉！'"②

《高僧传》载："昔安法师在关，请昙摩难提出《阿毗昙心》，其人未善晋言，颇多疑滞。远重与什书曰：'日有凉气，比复何如。去月法识道人至，闻君欲还本国，情以怅然。先闻君方当大出诸经，故来欲便相咨求，若此传不虚，众恨可言。今辄。略问数十条事，冀有余暇一二为释，此虽非经中之大难，欲取决于君耳。并报偈一章曰：'本端竟何从，起灭有无际。一微涉动境，成此颓山势。惑想更相乘，触理自生滞。因缘虽无主，开途非一世。时无悟宗匠，谁将握玄契。来问尚悠悠，相与期暮岁。'后有弗若多罗来适关中，诵出《十诵》梵本，罗什译为晋文，三分始二，而多罗弃世，远常慨其未备。及闻昙摩流支入秦，复善诵此部，乃遣弟子昙邕致书祈请，令于关中更出余分，故十诵一部具足无阙，晋地获本，相传至今。葱外妙典，关中胜说，所以来集兹土者，远之力也。外国众僧，咸称汉地有大乘道士，每至烧香礼拜，辄东向稽首，献心庐岳。其神理之迹，故未可测也。先是中土未有泥洹常住之说，但言寿命长远而已。远乃叹曰：'佛是至极，至极则无变。无变之理，岂有穷耶。'因著《法性论》曰：'至极以不变为性，得性以体极为宗。'罗什见论而叹曰：'边国人未有经，便暗与理合，岂不妙哉。'"③

方立天在《魏晋南北朝佛教》之《慧远年谱》中指出："（406年）慧远曾致书鸠摩罗什，问大乘要义，鸠摩罗什一一作答。"④

---

①［梁］慧皎：《高僧传》卷三，《大正藏》第50册，第339页上。

②［梁］僧祐：《出三藏记集》卷十五，《大正藏》第55册，第110页上。

③［梁］慧皎：《高僧传》卷六，《大正藏》第50册，第359页中。

④ 方立天：《方立天文集》第一卷《魏晋南北朝佛教》，中国人民大学出版社，2006年，第190页。

王银堂画像题名

《艺舟双楫·广艺舟双楫疏证》载："（义熙二年）四月十五日，邑主秦从州人造像王银堂画像题名。"[①]

昙无谶至鄯善

《魏书》载："始罽宾沙门曰昙无谶，东入鄯善，自云'能使鬼治病，令妇人多子'，与鄯善王妹曼头陀林私通。发觉，亡奔凉州。"[②]

方步和在《有关昙无谶若干问题考证》中指出："先剖析'道朗说'的不足。道朗云：'昙无谶者，中天竺人，婆罗门种……先至敦煌，停止数载。大沮渠河西王（指沮渠蒙逊）者……开定西夏，斯经与谶自远而止。'按此说，昙离开国王到姑臧间的19年，除了在敦煌停止数载（3年左右），还有15至12年到哪里去了？没有交代。若按道朗的说法推论：昙在国王身边和在敦煌所呆的时间（20岁至38岁），将形成强烈反差：在国王身边呆的时间长，在敦煌呆的时间就短；反之，亦然。要符合在敦煌'停止数载'（3年多）之说，在国王身边就要呆15至12年。显然这不合在国王身边停留'顷之'之说，'道朗说'的破绽就表露出来了。此说的后一半是对的，但前一半他没有说，是不对的。他为何不说？下面交代。

"再剖析《高僧传》的不足。慧皎云：昙离开国王，先到罽宾，再到龟兹，复进到姑臧。按此说，昙离开国王到姑臧的19年，中间只隔了5年，约409年（26岁）已到姑臧。409—421年，中间还有12年，若按'慧皎说'，则昙在421年（38岁）前，已在姑臧呆了12年。此说也不合事实。若此时（26岁）昙已到姑臧，信佛的沮渠蒙逊不在姑臧，而在张掖（尚未迁都），姑臧仍是不甚信佛的南凉秃发傉檀的首都，昙仍无立足之地。昙是很有头脑者，纵然在逃，也不会逃到无立足之地的地方去。此说缺少一个环节——到鄯善，因而捉襟见肘，不能自圆其说。慧皎为何不说'到鄯善'？下面一并交代。

"再剖析魏收的记载。《魏书·沮渠蒙逊》云：'昙无谶东入鄯善，与鄯善王妹曼头陀林私通，发觉，亡奔凉州。'按此说，昙在鄯善要呆3年多（说见上）。若补上此环节，昙的活动即能摆正。

"道朗与慧皎为何不能全面正确地反映昙无谶的历史呢？

---

① 祝嘉编：《艺舟双楫·广艺舟双楫疏证》，巴蜀书社，1989年，第194页。

② [北齐] 魏收：《魏书》卷九十九，中华书局，1974年，第2208页。

“因为昙到鄯善的此段历史是一段丑史，为佛家所最忌讳，道朗、慧皎都讳莫如深，极力加以掩盖。铁的事实一经篡改，就会破绽百出（如上面所剖析），欲盖弥彰了。

“昙与道朗一同译经，‘深相推重’，道朗隐去昙第一次到姑臧前的‘丑史’，而只记述了他第二次由蒙逊请到姑臧的荣光，盖在昙身上的遮羞布就张得更大些，因而有一半说得对头；有一半就不说，使事实显得牛头不对马嘴。慧皎也隐瞒了昙在鄯善国的‘丑史’，使他的《高僧传·昙无谶》传缺少了一个关键环节，因而也使他的《昙无谶传》失去了某种真实性。魏收不是佛徒，如实填补了这段‘丑史’，还了事物的本来面目，昙的活动状况，就有了合理的展示。”①

释僧彻始讲《小品》

《高僧传》载：“（释僧彻）至年二十四，远令讲《小品》，时辈未之许，及登座，词旨明析，听者无以折其锋。远谓之曰：‘向者勍敌，并无遗力，汝城隍严固，攻者丧师。反轸能尔，良为未易。’由是门人推服焉。”②

按：据晋孝武帝太元七年·前秦建元十八年（382）下“释僧彻生”条，推之可知，“释僧彻始讲《小品》”条，当发生于本年。

胡凤夫妇舍宅建和安寺及五福寺

邵朗《兜率寺记》载：“东晋左散骑常侍辅国大将军太傅胡安定公得之矣。公讳凤，字世鸾。才推国英，德标人瑞，出蕃入辅，兴事建功，焯乎图书，焕在《南史》。其激俗尤异，立迹惟能者，可得而言之。于戏胡公，辞荣不让于二疏，知足式于元老，压伐冰之贵，攀定水之宗，悟万法皆空，叹浮生若幻。以晋义熙二年正月，舍所居为和安寺焉。尊像端严，墙庙宏丽，由浉而左，香刹之盛，莫之偕也。夫人九江郡太守吕公凯之女也，柔明淑嫕，姻族推高，配德宜家，义谐琴瑟。发无上愿，舍不住赀，亦于是日同舍西庄，置五福寺焉。殿宇严整，高卑得宜，迭经废兴，更名灵曜寺。其五福旧额，则移于县郭之东山立寺焉。和安门接三衢，途通百越，法众云集，供具日臻，长夏讲筵，无时暂辍。灯然积代之明福，赞无疆之休，故得族茂千枝，化沾来叶，后嗣蕃衍，不可胜言。”③

---

① 方步和编著：《河西文化——“敦煌学”的摇篮》，中国文史出版社，2004年，第607—608页。

②［梁］慧皎：《高僧传》卷七，《大正藏》第50册，第370页下。

③ 周绍良主编：《全唐文新编》第四部，第二册，卷八〇六，吉林文史出版社，2000年，第9871—9872页。

释慧芬生

《高僧传》载："释慧芬，姓李，豫州人。幼有殊操，"[①]

《高僧传》载："（释慧芬）以齐永明三年卒于兴福寺，年七十九。临终有训诫遗文云云。"[②]

据此推之，释慧芬当生于本年。

永安寺建立

《宣州大云寺碑》云："宣州大云寺者，本名永安寺，晋义熙二年之所立也。龙飞在运，既易龙兴之名。天历惟新，即改天安之号。"[③]

晋安帝义熙三年·后秦弘始九年·后燕建始元年·北凉永安七年·西凉建初三年·南燕太上三年·大夏龙昇元年（407）丁未

慕容熙令沙门素服

《魏书》载："及苻氏死，（慕容）熙拥其尸而抚之，曰：'体已就冷，命遂断矣。'于是僵仆绝息，久而乃苏，悲号擗踊，斩衰食粥。大敛之后，复启而交接。制百官哭临，沙门素服，令有司案检，有泪者为忠孝，无泪者罪之。于是群臣震惧，莫不含辛以为泪焉。"[④]

《资治通鉴》载："（东晋安帝义熙三年）夏，四月，癸丑，苻氏卒。"[⑤]

李暠遣沙门法泉奉表诣建康

《晋书》载："初，苻坚建元之末，徙江汉之人万余户于敦煌，中州之人有田畴不辟者，亦徙七千余户。郭麐之寇武威，武威、张掖已东人西奔敦煌、晋昌者数千户。及玄盛东迁，皆徙之于酒泉，分南人五千户置会稽郡，中州人五千户置广夏郡，

① ［梁］慧皎：《高僧传》卷十三，《大正藏》第50册，第416页中。

② ［梁］慧皎：《高僧传》卷十三，《大正藏》第50册，第416页下。

③ 周绍良主编：《全唐文新编》卷二四八，吉林文史出版社，2000年，第2790页。

④ ［北齐］魏收：《魏书》卷九十五，中华书局，1974年，第2070—2071页。

⑤ ［北宋］司马光：《资治通鉴》卷一百一十四，中华书局，1956年，第3595页。

余万三千户分置武威、武兴、张掖三郡，筑城于敦煌南子亭，以威南虏，又以前表未报，复遣沙门法泉间行奉表，曰：江山悠隔，朝宗无阶，延首云极，翘企遐方。伏惟陛下应期践位，景福自天，臣去乙巳岁顺从群议，假统方城，时遣舍人黄始奉表通诚，遥途崄旷，未知达不？吴凉悬邈，蜂虿充衢，方珍贡使，无由展御，谨副写前章，或希简达。臣以其岁进师酒泉，戒戎广平，庶攘茨秽，而黠虏恣睢，未率威教，凭守巢穴，阻臣前路。窃以诸事草创，仓帑未盈，故息兵按甲，务农养士。时移节迈，荏苒三年，抚剑叹愤，以日成岁。今资储已足，器械已充，西招城郭之兵，北引丁零之众，冀凭国威，席卷河陇，扬旌秦川，承望诏旨，尽节竭诚，陨越为效。又臣州界迥远，勍寇未除，当顺镇副为行留部分，辄假臣世子士业监前锋诸军事、抚军将军、护羌校尉，督摄前军，为臣先驱。又敦煌郡大众殷，制御西域，管辖万里，为军国之本，辄以次子让为宁朔将军、西夷校尉、敦煌太守，统摄昆裔，辑宁殊方。自余诸子，皆在戎间，率先士伍，臣总督大纲，毕在输力，临机制命，动靖续闻。"①

《十六国春秋辑补》载："建初三年，暠以前表未报，复遣沙门法泉闲行奉表，曰……（表文与《晋书》所引全同，兹不赘录。）"②

《资治通鉴》载："（东晋安帝义熙三年）是岁，西凉公暠以前表未报，复遣沙门法泉间行奉表。"③

昙摩耶舍始译《舍利弗阿毗昙》

《舍利弗阿毗昙论》所录《舍利弗阿毗昙论序》载："唯秦天王，冲资叡圣，冥根树于既往，实相结于皇极，王德应符，阐扬三宝。闻兹典诰，梦想思揽，虽曰悠邈，感之愈勤。会天竺沙门昙摩耶舍、昙摩掘多等义学来游秦土，既契宿心，相与辩明经理，起清言于名教之域、散众微于自无之境，超超然诚韵外之致，愔愔然覆美称之实，于是诏令传译。然承华天哲、道嗣圣躬，玄味远流、妙度渊极，持体明旨，遂赞其事。经师本虽暗诵，诚宜谨备。以秦弘始九年命书梵文，至十年寻应令出。"④

《高僧传》载："至义熙中，（昙摩耶舍）来入长安。时姚兴僭号，甚崇佛法。耶舍既至，深加礼异。会有天竺沙门昙摩掘多，来入长安，同气相求，宛然若旧。因

---

①［唐］房玄龄等：《晋书》卷八十七，中华书局，1974年，第2263—2264页。

②［北魏］崔鸿撰，［清］汤球辑补：《十六国春秋辑补》卷九十三，中华书局，2020年，第1033页。

③［北宋］司马光：《资治通鉴》卷一百一十四，中华书局，1956年，第3604页。

④［后秦］昙摩耶舍等译：《舍利弗阿毗昙论》卷一，《大正藏》第28册，第525页中。

共耶舍译《舍利弗阿毗昙》，以伪秦弘始九年初书梵书文。”①

《历代三宝纪》载：（后秦弘始）“九（昙摩耶舍出《舍利弗阿毗昙》三十卷）。”②“《舍利弗阿毗昙》三十卷（或二十卷，僧祐又云毗婆沙出。房捡《传》乃是耶舍，今据《传》为正，故改之，见《宝相录》）。”③

《众经目录》载：“《舍利弗阿毗昙论》二十二卷（后秦弘始十年，沙门昙摩崛多共昙摩耶舍等译）。”④“《舍利弗阿毗昙论》二十二卷，后秦弘始年，昙摩崛多共昙摩耶舍译。”⑤“《舍利弗阿毗昙论》二十二卷（五百九十九纸），后秦弘始年，昙摩崛共昙摩耶舍译。”⑥

《古今译经图纪》载：“（昙摩耶舍）又以姚秦弘始九年岁次丙午至十五年岁次癸丑，于长安译《舍利弗阿毗昙》一部（二十二卷），秦太子泓亲管理味，沙门释道摽制《序》，凡二部，二十三卷。”⑦

《大唐内典录》载：“沙门昙摩耶舍（二部二十一卷阿毗昙）。”⑧“《舍利弗阿毗昙》三十卷（或二十卷，祐云毗婆沙出，长房捡《传》，乃是耶舍，故改正之，见《宝唱录》）。”⑨

《大周刊定众经目录》载：“《舍利弗阿毗昙》一部三十卷（或二十卷，或二十二卷，七百六十纸）。右，后秦弘始十年沙门昙摩崛多共昙摩耶舍于长安译，出《长房录》。”⑩

《开元释教录》载：“《舍利弗阿毗昙论》二十二卷（或无‘论’字，或二十卷，或三十卷，共昙摩崛多于石羊寺出，释道标制《序》，见僧祐、宝唱二《录》及《高僧传》）。”⑪“《舍利弗阿毗昙论》二十二卷（或二十卷，或三十卷），姚秦罽宾三藏昙摩耶舍共昙摩崛多译（单本）。”⑫“《舍利弗阿毗昙论》二十二卷（或无‘论’

---

①［梁］慧皎：《高僧传》卷一，《大正藏》第50册，第329页下。
②［隋］费长房：《历代三宝纪》卷三，《大正藏》第49册，第40页上。
③［隋］费长房：《历代三宝纪》卷八，《大正藏》第49册，第77页中。
④［隋］法经：《众经目录》卷五，《大正藏》第55册，第142页上。
⑤［隋］彦琮：《众经目录》卷一，《大正藏》第55册，第155页下。
⑥［唐］静泰：《众经目录》卷一，《大正藏》第55册，第188页中。
⑦［唐］靖迈：《古今译经图纪》卷三，《大正藏》第55册，第358页下。
⑧［唐］道宣：《大唐内典录》卷三，《大正藏》第55册，第252页上。
⑨［唐］道宣：《大唐内典录》卷三，《大正藏》第55册，第252页中。
⑩［唐］明佺：《大周刊定众经目录》卷十，《大正藏》第55册，第435页上。
⑪［唐］智昇：《开元释教录》卷四，《大正藏》第55册，第517页中。
⑫［唐］智昇：《开元释教录》卷十三，《大正藏》第55册，第621页中。

字，或二十卷，或三十卷，六百四纸），姚秦昙摩耶舍共昙摩崛多译。”①

《贞元新定释教目录》载：“《舍利弗阿毗昙论》二十二卷（或无‘论’字，或二十卷，或三十卷，共昙摩崛多于石羊寺出，释道标制《序》，见僧祐、宝唱二《录》及《高僧传》）。”②“《舍利弗阿毗昙论》二十二卷（或二十卷，或三十卷），姚秦罽宾三藏昙摩耶舍共昙摩崛多译，单本。”③

鸠摩罗什译《禅法要经》等

《出三藏记集》载：“此经以菩萨名号为题者，盖是《思益》《无尽意》《密迹》诸经之流也。以其圆用无方，故名《自在》，势无与等，故称为王。标准宏廓，固非思之所及；幽旨玄凝，寻者莫之仿佛。此土先出方等诸经，皆是《菩萨道行》之式也。《般若》指其灵标，《勇伏》明其必制，《法华》泯一众流，《大哀》旍其拯济。虽各有其美，而未备此之所载。秦大将军、尚书令、常山公姚显，真怀简到，彻悟转诣。闻其名而悦之，考其旨而灵衿。思弘斯化，广其流津。以为斯文既布，便若菩萨常住，不去此世。奔诚发自大心，欣跃不能自替。遂请鸠摩罗法师译而出之，得此二卷。于菩萨希踪卓荦之事，朗然照列矣。是岁弘始九年，岁次鹑首。”④

《出三藏记集》载：“《禅法要》三卷（弘始九年闰月五日重校正）。”⑤

《历代三宝纪》载：“《禅法要经》三卷（先译，弘始九年重校正，僧叡制序）。”⑥“《自在王经》二卷（弘始九年于尚书令常山公姚显第一出，僧叡笔受，并制序，与《大集自在王品》不同，长五证文句出没，互有多少，见《二秦录》）。”⑦

《众经目录》载：“《阿兰若习禅法经》二卷（后秦弘始年罗什译），《坐禅三昧经》二卷。右二经，同本异译。”⑧“《阿兰若习禅法经》二卷（五十纸），后秦弘始年罗什译。《坐禅三昧经》三卷（或二卷，四十八纸）。右二经，同本异译。”⑨

---

①［唐］智昇：《开元释教录》卷二十，《大正藏》第55册，第720页下。
②［唐］圆照：《贞元新定释教目录》卷六，《大正藏》第55册，第814页上。
③［唐］圆照：《贞元新定释教目录》卷二十三，《大正藏》第55册，第954页下。
④［梁］僧祐：《出三藏记集》卷八，《大正藏》第55册，第59页上。
⑤［梁］僧祐：《出三藏记集》卷二，《大正藏》第55册，第11页上。
⑥［隋］费长房：《历代三宝纪》卷八，《大正藏》第49册，第78页上。
⑦［隋］费长房：《历代三宝纪》卷八，《大正藏》第49册，第78页上。
⑧［隋］法经：《众经目录》卷三，《大正藏》第55册，第129页上。
⑨［唐］静泰：《众经目录》卷二，《大正藏》第55册，第194页上。

《古今译经图纪》载：“《阿兰若习禅法经》（二卷）。”①

《大唐内典录》载：“《禅法要》三卷。”②

《大周刊定众经目录》载：“《禅法要》一部三卷（先译，弘始九年重校，正叡制《序》）。右，后秦弘始四年罗什译，出《长房录》。”③

《开元释教录》载：“《坐禅三昧经》三卷（一名《菩萨禅法经》。初出，或直云《禅经》或云《禅法要》，或云《阿兰若习禅法》，三名同是一本。弘始四年正月五日出，至九年闰五月重校正。见《二秦》《僧祐》《宝唱》三《录》）。”④

《贞元新定释教目录》载：“《坐禅三昧经》三卷（一名《菩萨禅法经》。初出，或直云《禅经》或云《禅法要》，或云《阿兰若习禅法》，三名同是一本，弘始四年正月十五日出，至九年闰月五日重校正，僧叡《序》。见《二秦》《僧祐》《宝唱》三《录》）。”⑤“《禅法要》三卷（下注云先译，弘始九年重挍正，叡制《序》。既云先译重挍，不合存其二名，准僧叡《经序》，即《坐禅三昧经》是）。”⑥

释僧叡日夜修习《禅法要》

《高僧传》载：“什后至关，因请出《禅法要》三卷。始是鸠摩罗陀所制，末是马鸣所说，中间是外国诸圣共造，亦称《菩萨禅》。叡既获之，日夜修习，遂精炼五门，善入六净，伪司徒公姚嵩深相礼贵。姚兴问嵩：‘叡公何如。’嵩答：‘实邺卫之松柏。’兴勅见之，公卿皆集，欲观其才器，叡风韵洼流，含吐彬蔚，兴大赏悦，即勅给俸恤吏力人舆。兴后谓嵩曰：‘乃四海标领，何独邺卫之松柏。’于是美声遐布，远近归德。”⑦

释昙霍不知所终

《高僧传》载：“至晋义熙三年，耨檀为（赫连）勃勃所破，凉土兵乱，（释昙霍）不知所之。”⑧

---

①［唐］靖迈：《古今译经图纪》卷三，《大正藏》第55册，第359页上。
②［唐］道宣：《大唐内典录》卷三，《大正藏》第55册，第252页下。
③［唐］明佺：《大周刊定众经目录》卷七，《大正藏》第55册，第412页上。
④［唐］智昇：《开元释教录》卷四，《大正藏》第55册，第513页上。
⑤［唐］圆照：《贞元新定释教目录》卷六，《大正藏》第55册，第810页上。
⑥［唐］圆照：《贞元新定释教目录》卷六，《大正藏》第55册，第812页下。
⑦［梁］慧皎：《高僧传》卷六，《大正藏》第50册，第364页上。
⑧［梁］慧皎：《高僧传》卷十，《大正藏》第50册，第390页上。

释僧慧生

《高僧传》载："释僧慧，姓皇甫，本安定朝那人。高士谧之苗裔，先人避难寓居襄阳，世为冠族。"①

《高僧传》载："齐永明四年（486年）卒，春秋七十有九。"②

据此推之，释僧慧当生于此年。

释道慧生

《高僧传》载："释道慧，姓张，寻阳柴桑人。"③

《高僧传》载："（释道慧）宋大明二年（458年）卒，年五十有一。"④

据此推之，释道慧当生于本年。

僧果尼生

《比丘尼传》载："僧果，本姓赵，名法祐，汲郡修武人也。宿殖诚信，纯笃自然。在乳哺时，不过中食，父母嘉异，及其成人，心唯专到，缘碍参差。"⑤

《比丘尼传》载：（元嘉）"十八年（441），（僧果尼）年三十四矣，时宴坐经日，维那故触，谓言已死，惊告寺官。寺官共视，见果身冷肉强，唯气息微转。始欲舁徙，便自开眼，语笑寻常。于是愚者骇服，不知所终也。"⑥

南燕主安都侯妻造窟题记

《魏晋南北朝敦煌文献编年》载："南燕主安都侯妻造窟题记，公元407年，石窟。全2行，甚残，满行约9字。墨书。麦积山76窟。题记：南燕主安都侯□□□姬□□□后□造□。"⑦

王谧尝掘得金像

《高僧传》载："又有师子国四尺二寸玉像，并皆在焉。昔师子国王闻晋孝武精

---

①［梁］慧皎：《高僧传》卷八，《大正藏》第50册，第378页中。

②［梁］慧皎：《高僧传》卷八，《大正藏》第50册，第378页中。

③［梁］慧皎：《高僧传》卷十三，《大正藏》第50册，第414页上。

④［梁］慧皎：《高僧传》卷十三，《大正藏》第50册，第414页上。

⑤［梁］宝唱：《比丘尼传》卷二，《大正藏》第50册，第939页下。

⑥［梁］宝唱：《比丘尼传》卷二，《大正藏》第50册，第939页下。

⑦ 饶宗颐主编，王素、李方著：《魏晋南北朝敦煌文献编年》，新文丰出版公司，1997年，第111页。

于奉法，故遣沙门昙摩抑远献此佛。在道十余年，至义熙中，乃达晋。司徒王谧尝入台，见东掖门口有寺人掷樗戏。樗所著处，辄有光出，怪令掘之，得一金像，合光趺长七尺二寸。谧即启闻，宋高祖迎入台供养。”①

《历代三宝纪》载：（丙午义熙二年）“师子国遣沙门昙摩来献白玉像，高四尺二寸。此像今在兴善寺。”②

《梁书》载：“师子国，天竺旁国也……晋义熙初，始遣献玉像，经十载乃至。像高四尺二寸，玉色洁润，形制殊特，殆非人工。”③

《晋书》载：“（王谧）义熙三年（407）卒，时年四十八。”④

《资治通鉴》载：“（东晋安帝义熙三年）十二月，戊子，武冈文恭侯王谧薨。”⑤

按：王谧卒于义熙三年。义熙二年，狮子国献白玉佛像。王谧卒前，尝掘一金像，光趺正与狮子国所献玉佛像合。则此事当在义熙二、三年间。兹系于王谧卒年。

苻静贞造像记

《北朝关中地区造像记整理与研究》所录《苻静贞造像记》载：“大秦弘始九年太岁在丁未四月朔二日，长安符氏女优婆夷弟子静贞造佛菩萨像一龛，伏愿八族超升，众生灭度，切含灵，咸臻佛刹，正念皈依，矢死弗二。爰刻诸石，以铭寸心。”⑥

魏宏利在《苻静贞造像记》校记中指出：“［一］本造像出土时、地不详，原石今不知所在，或已佚，据发愿文，造像当出陕西关中。造像记录文见《十二砚斋金石过眼续录》卷四、《鲁迅辑校石刻手稿·造像上》（李新宇《鲁迅大全集》卷25，长江文艺出版社，2011年）1页，《手稿》于录文前署一‘伪’字，当疑其为伪刻，然未言何据，本次整理姑据以收缘。据造像记，本文常作于后秦弘始九年（407）四月。［二］叶昌炽《语石》（中华书局，1994年，306页）卷五称‘龛本作堪……钱竹汀云：《说文》，堪，地突也。《金石录》载，后魏天柱山东堪石室铭正用此意。今多借用龛字，而堪之本义晦矣’，可参考。”⑦

---

① ［梁］慧皎：《高僧传》卷十三，《大正藏》第50册，第410页中。
② ［隋］费长房：《历代三宝纪》卷三，《大正藏》第49册，第40页上。
③ ［唐］姚思廉：《梁书》卷五十四，中华书局，1973年，第800页。
④ ［唐］房玄龄等：《晋书》卷六十五，中华书局，1974年，第1759页。
⑤ ［北宋］司马光：《资治通鉴》卷一百一十四，中华书局，1956年，第3604页。
⑥ 魏宏利：《北朝关中地区造像记整理与研究》，中国社会科学出版社，2017年，第3页。
⑦ 魏宏利：《北朝关中地区造像记整理与研究》，中国社会科学出版社，2017年，第3页。

晋安帝义熙四年·后秦弘始十年（408）戊申

释慧远遣弟子往天竺求法

《出三藏记集》载："初经流江东，多有未备，禅法无闻，律藏残阙。远大存教本，愤慨道缺，乃命弟子法净等远寻众经，逾越沙雪，旷载方还。皆获胡本，得以传译。"①

《高僧传》载："初，经流江东，多有未备，禅法无闻，律藏残阙。远慨其道缺，乃令弟子法净、法领等远寻众经，逾越沙雪，旷岁方反，皆获梵本，得以传译。"②

《佛祖统纪》载："（义熙十年）远法师以江东经卷未备，禅法无闻，律藏残阙。乃令弟子支法领等往天竺，寻访获梵本。于于阗遇佛陀跋陀罗，乃要与东还。"③

竺道生自长安南归庐山

《历代三宝纪》载："及什适长安，肇亦随焉。姚兴命肇与僧叡等入逍遥园助详定经论，肇甚才慧，以为像季去圣久远，文义舛杂，先旧所解，时有乖谬。及预详译，咨禀罗什，所悟更多。因出《大品》之后，肇便著《般若无知论》，出二千言。竟以呈什，什读称善。乃谓肇曰：'吾解当不谢子，辞敢相挹。'时庐山隐士刘遗民，见肇此论，乃叹曰：'不意方袍复有平叔！'因以呈远，远乃抚机叹曰：'未尝有也。'因共披寻玩味，更存往复。"④

区结成在《慧远》中指出："（408年）竺道生自长安南归，以僧肇著《般若无知论》示刘遗民。遗民以论呈慧远，共披寻玩味。"⑤

刘遗民得释僧肇所著之《般若无知论》

《高僧传》载："时庐山隐士刘遗民见肇此论，乃叹曰：'不意方袍，复有平叔。'因以呈远公，远乃抚机叹曰：'未常有也。'因共披寻玩味，更存往复。"⑥

---

①［梁］僧祐：《出三藏记集》卷十五，《大正藏》第55册，第110页上。
②［梁］慧皎：《高僧传》卷六，《大正藏》第50册，第359页中。
③［宋］志磐：《佛祖统纪》卷三十六，《大正藏》第49册，第342页中。
④［隋］费长房：《历代三宝纪》卷八，《大正藏》第49册，第80页中。
⑤ 区结成：《慧远》，东大图书公司，1987年，第153页。
⑥［梁］慧皎：《高僧传》卷六，《大正藏》第50册，第365页上。

汤用彤在《汉魏两晋南北朝佛教史》（增订本）中指出：“约在弘始十年（408年）夏末，竺道生南归，以此论示庐山隐士刘遗民。”①

按：义熙五年（409年），刘遗民致书僧肇，信中云“去年夏末，见上人《波若无知论》”云云，据此推之，刘遗民当于本年得到僧肇所著之《般若无知论》。

晋居士郭宣之感应缘

《法苑珠林》载：“晋郭宣之，太原人也。义熙四年为杨思平梁州府司马，杨以辄害范元之等彼法，宣亦同执在狱。唯一心归向观世音菩萨。后夕将眠之际，忽亲睹菩萨光明照狱。宣瞻觌礼拜，祈请誓愿，久之乃没。俄而宣之独被恩放。既释，依所见形制造图像，又立精舍焉。后为零陵衡阳卒官。”②

晋太末县吴道宗母变

《法苑珠林》载：“晋义熙四年，东阳郡太末县吴道宗少失父，单与母居，未有妇儿。宗赁不在家，邻人闻其屋中砰磕之声，窥不见其母，但有乌斑虎在其屋中。乡里惊怛，恐虎入其家食其母，便鸣鼓会人，共往救之。围宅突进，不见有虎，但见其母，语如平常，不解其意。儿还，母语之曰：‘宿罪见追，当有变化事。’后一月日便失母。县界内虎灾屡起，皆云母乌斑虎。百姓患之，发人格击之，杀数人。后人射虎鹰，并戟刺中其腹，然不能即得。经数日后，虎还其家故床上，不能复人形，伏床上而死。其儿号泣，如葬其母法，朝冥哭临之。”③

鸠摩罗什译《小品般若波罗蜜经》

《出三藏记集》载：“《新小品经》七卷（弘始十年二月六日译出，至四月二十日讫）。”④

《历代三宝纪》载：“《小品般若波罗蜜经》十卷（弘始十年重出。或七卷，僧叡笔受，见《二秦录》。与七卷《菩提经》本异，出《别录》，僧叡制序同）。”⑤

《众经目录》载：“《小品经》七卷（后秦弘始年，罗什译）。”⑥“《小品经》

---

① 汤用彤：《汉魏两晋南北朝佛教史》（增订本），北京大学出版社，2011年，第182页。

② [唐]道世：《法苑珠林》卷十七，《大正藏》第53册，第409页下。

③ [唐]道世：《法苑珠林》卷三十二，《大正藏》第53册，第532页中。

④ [梁]僧祐：《出三藏记集》卷二，《大正藏》第55册，第10页下。

⑤ [隋]费长房：《历代三宝纪》卷八，《大正藏》第49册，第77页下。

⑥ [隋]法经：《众经目录》卷一，《大正藏》第55册，第119页中。

十卷（或七卷，或八卷），后秦弘始年罗什译。”①

《古今译经图纪》载：“《小品经》（十卷）。”②

《大唐内典录》载：“《小品般若波罗蜜经》十卷（弘始十年重出，或七卷，叡笔，见《二秦录》。与七卷《菩提经》同本名异出，叡制《序》）。”③“《新小品经》（七卷，一百五十四纸），后秦罗什译。”④

《大周刊定众经目录》载：“《小品般若波罗蜜经》一部十卷（或七卷，或八卷，《菩提经》同本异出，一百五十四纸）。右，后秦弘始十年沙门罗什于长安逍遥园译，出《长房录》。”⑤

《开元释教录》载：“《小品般若波罗蜜经》十卷（题云《摩诃般若波罗蜜》，无‘小品’字，祐云《新小品经》与《道行明度》等同本。第七译，或七卷，弘始十年二月六日出，至四月三十日讫，见《二秦录》及《僧祐录》）。”⑥“《小品般若波罗蜜经》十卷（或七卷，或八卷，一帙）。姚秦三藏鸠摩罗什译（第七译）。”⑦“《小品般若波罗蜜经》十卷（一帙题云《摩诃般若波罗蜜》，无‘小品’字，《僧祐录》云《新小品经》，或八卷，或七卷，一百五十纸），姚秦三藏鸠摩罗什译。”⑧

《贞元新定释教目录》载：“《小品般若波罗蜜经》十卷（题云《摩诃般若波罗蜜》，无‘小品’字，祐云《新小品经》与《道行明度》等同本。第七译，或七卷，或八卷，弘始十年二月六日出，至四月三日讫，叡《序》见《二秦录》及《僧祐》）。”⑨“《小品般若波罗蜜经》十卷，或七卷，或八卷，一帙，姚秦三藏鸠摩罗什译，第七译。”⑩“《小品般若波罗蜜经》十卷（一帙题云《摩诃般若波罗蜜》，或无‘小品’字，《僧祐录》云《新小品经》或八卷），一百五十纸。”⑪

《小品经序》载：“有秦太子者，寓迹储宫，拟韵区外，玩味斯经，梦想增至，

①［隋］彦琮：《众经目录》卷二，《大正藏》第55册，第158页下。
②［唐］靖迈：《古今译经图纪》卷三，《大正藏》第55册，第359页上。
③［唐］道宣：《大唐内典录》卷三，《大正藏》第55册，第252页中。
④［唐］道宣：《大唐内典录》卷六，《大正藏》第55册，第285页。
⑤［唐］明佺：《大周刊定众经目录》卷二，《大正藏》第55册，第382页上。
⑥［唐］智昇：《开元释教录》卷四，《大正藏》第55册，第512页中。
⑦［唐］智昇：《开元释教录》卷十一，《大正藏》第55册，第583页中。
⑧［唐］智昇：《开元释教录》卷二十，《大正藏》第55册，第701页上。
⑨［唐］圆照：《贞元新定释教目录》卷六，《大正藏》第55册，第809页上。
⑩［唐］圆照：《贞元新定释教目录》卷二十，《大正藏》第55册，第911页中。
⑪［唐］圆照：《贞元新定释教目录》卷二十九，《大正藏》第55册，第1024页中。

准悟大品，深知译者之失会。闻究摩罗法师，神授其文，真本犹存。以弘始十年二月六日，请令出之。至四月三十日校正都讫。考之旧译，真若荒田之稼，芸过其半，未讵多也。斯经正文，凡有四种，是佛异时适化，广略之说也。其多者云有十万偈，少者六百偈。此之大品，乃是天竺之中品也。随宜之言，复何必计其多少，议其烦简耶！梵文雅质，案本译之于丽巧不足，朴正有余矣。”①

释僧叡作《小品经序》

释僧叡所作之《小品经序》，见《出三藏记集》卷八。②

《出三藏记集》所录《小品经序》载：“有秦太子者，寓迹储宫拟韵区外，玩味斯经，梦想增至准悟大品，深知译者之失，会闻究摩罗法师，神授其文，真本犹存，以弘始十年二月六日请令出之，至四月三十日，校正都讫，考之旧译，真若荒田之稼芸过其半，未讵多也。斯经正文，凡有四种，是佛异时适化广略之说也，其多者云有十万偈，少者六百偈，此之《大品》也，乃是天竺之中品也。随宜之言，复何必计其多少，议其烦简耶？胡文雅质，按本译之，于丽巧不足，朴正有余矣。幸冀文悟之贤，略其华而几其实也。”③

鸠摩罗什至迟于本年译出《菩萨戒本》

释昙影法师《中论序》云：“罗什法师以秦弘始十一年于大寺出。”④

《高僧传》载：“因请什出《菩萨戒本》，今行于世。后译《中论》，始得两卷，融便就讲，剖折文言，预贯终始。”⑤

《历代三宝纪》载：“《菩萨戒本》一卷。”⑥

《众经目录》载：“《菩萨戒本》一卷（后秦弘始年，罗什译）。”⑦

《古今译经图纪》载：“《菩萨戒本》（一卷）。”⑧

---

①［后秦］鸠摩罗什译：《小品般若波罗蜜经》卷一，《大正藏》第8册，第537页上。
②［梁］僧祐：《出三藏记集》卷八，《大正藏》第55册，第54页下。
③［梁］僧祐：《出三藏记集》卷八，《大正藏》第55册，第55页上。
④［梁］僧祐：《出三藏记集》卷十一，《大正藏》第55册，第77页中。
⑤［梁］慧皎：《高僧传》卷六，《大正藏》第50册，第363页中。
⑥［隋］费长房：《历代三宝纪》卷八，《大正藏》第49册，第78页下。
⑦［隋］法经：《众经目录》卷五，《大正藏》第55册，第139页中。
⑧［唐］靖迈：《古今译经图纪》卷三，《大正藏》第55册，第359页中。

《大唐内典录》载："《菩萨戒本》。"①

《大周刊定众经目录》载："《菩萨戒本》一卷（十八纸）。右，后秦弘始年罗什译，出《长房录》。"②

《开元释教录》载："《菩萨戒本》一卷（初出，见《长房录》。今疑此《菩萨戒本》即《梵网》下卷是）。"③"《菩萨戒本》一卷。姚秦三藏鸠摩罗什译（第一译）。右，前后三译，二存一阙。"④

《贞元新定释教目录》载："《菩萨戒本》一卷（初出，见《长房录》。今疑此《菩萨戒本》即《梵网》下卷也）。"⑤"《菩萨戒本》一卷，姚秦三藏鸠摩罗什译，第一译。右，前后三译，二存一阙。"⑥

按：据《高僧传》所载，《菩萨戒本》译出在前，《中论》翻译在后。《菩萨戒本》翻译之年，诸经录今已阙载，唯云"弘始中出"。依昙影法师之《中论序》可知，《中论》译出于弘始十一年（409），故《菩萨戒本》，鸠摩罗什至迟翻译于本年。兹系于本年。

智猛本《泥洹经》至长安

《隋书》载："初，晋元熙中，新丰沙门智猛策杖西行，至华氏城，得《泥洹经》及《僧祇律》，东至高昌，译《泥洹》为二十卷。后有天竺沙门昙摩罗谶复继胡本，来至河西。沮渠蒙逊遣使至高昌取猛本，欲相参验，未还而蒙逊破灭。姚苌弘始十年，猛本始至长安，译为三十卷。"⑦

《出三藏记集》载："《般泥洹经》二十卷（阙）。《摩诃僧祇律》一部（胡本未译出）。右二部，定出一部，凡二十卷。宋文帝时，沙门释智猛游西域还，以元嘉中于西凉州译出《泥洹经》一部，至十四年，赍还京都。"⑧

释法显至瞻波大国

《高僧法显传》载："（释法显）顺恒水东下十八由延，其南岸有瞻波大国。佛

---

①［唐］道宣：《大唐内典录》卷三，《大正藏》第55册，第253页下。
②［唐］明佺：《大周刊定众经目录》卷六，《大正藏》第55册，第404页中。
③［唐］智昇：《开元释教录》卷四，《大正藏》第55册，第513页中。
④［唐］智昇：《开元释教录》卷十四，《大正藏》第55册，第636页下。
⑤［唐］圆照：《贞元新定释教目录》卷六，《大正藏》第55册，第810页中。
⑥［唐］圆照：《贞元新定释教目录》卷二十四，《大正藏》第55册，第971页中。
⑦［唐］魏徵等：《隋书》卷三十五，中华书局，1973年，第1097—1098页。
⑧［梁］僧祐：《出三藏记集》卷二，《大正藏》第55册，第12页下。

精舍、经行处及四佛坐处，悉起塔。现有僧住。从此东行近五十由延到摩梨帝国。即是海口。其国有二十四僧伽蓝，尽有僧住，佛法亦兴。法显住此二年，写经及画像。”①

日本学者足立喜六在《〈法显传〉考证》中指出，法显住此二年是“义熙四、五年也。”②

某作《四分律》序

某作《四分律序》，见《四分律》卷一。③

《四分律》所录《四分律序》载：“暨至壬辰之年，有晋国沙门支法领，感边土之乖圣、慨正化之未夷，乃亡身以俎险、庶弘道于无闻，西越流沙，远期天竺，路经于阗，会遇昙无德部体大乘三藏沙门佛陀耶舍，才体博闻，明炼经律，三藏、方等皆讽诵通利，即于其国广集诸经，于精舍还，以岁在戊申始达秦国。秦主姚欣然，以为深奥冥珍嘉瑞，而谓大法渊深济，必由戒，神众所传不可有阙，即以其年重请出律藏。时集持律沙门三百余人，于长安中寺出，即以领弟子慧辩为译校定，陶炼反复，务存无朴，本末精悉，若睹初制。此土先所出戒，差互不同，每以为惑。以今律藏检之，方知所以；盖由大圣迁化后，五部分张，各据当时所闻，开闭有以。于是师资相传，遂使有彼此之异，会曩推之，虽复小小差互，终归一本。”④

韩理洲在《全三国两晋南朝文补遗》中指出：“文称‘以岁在戊申。始达秦国。……即以其年。重请出律藏。’姑据之订本文作于后秦弘始十年（四〇八）。”⑤

释昙智生

《高僧传》载：“释昙智，姓王，建康人。出家止东安寺。性风流，善举止。能谈庄老，经论书史，多所综涉。既有高亮之声，雅好转读。虽依拟前宗，而独拔新异。高调清彻，写送有余。”⑥

《高僧传》载：“齐永明五年（487年）卒于吴国，年七十九。”⑦

据此推之，释昙智当生于本年。

---

①［东晋］法显：《高僧法显传》卷一，《大正藏》第51册，第864页下。

②［日］足立喜六著，何健民、张小柳译：《〈法显传〉考证》，商务印书馆，1936年，第251页。

③［后秦］佛陀耶舍、竺佛念译：《四分律》卷一，《大正藏》第22册，第567页上。

④［后秦］佛陀耶舍、竺佛念译：《四分律》卷一，《大正藏》第22册，第567页上。

⑤ 韩理洲等辑校编年：《全三国两晋南朝文补遗》，三秦出版社，2013年，第166页。

⑥［梁］慧皎：《高僧传》卷十三，《大正藏》第50册，第414页中。

⑦［梁］慧皎：《高僧传》卷十三，《大正藏》第50册，第414页中。

释法瑗生

《高僧传》载：“释法瑗，姓辛，陇西人，辛毗之后。长兄源明，仕伪魏为大尚书。第二兄法爱，亦为沙门。解经论兼数术，为芮芮国师，俸以三千户。瑗幼而阔达，倜傥殊群，路见贫寒，辄脱衣为惠。”①

《高僧传》载：“（释法瑗）以齐永明七年（489年）卒，春秋八十一矣。”②

据此推之，释法瑗当生于本年。

昙摩耶舍译《舍利弗阿毗昙论》

《出三藏记集》载：“会天竺沙门昙摩崛多、昙摩耶舍等义学来游，秦王既契宿心，相与辩明经理。起清言于名教之域，散众微于自无之境，超超然诚韵外之致，愔愔然覆美称之实，于是诏令传译。然承华天哲，道嗣圣躬，玄味远流，妙度渊极，特体明旨，遂赞其事。经师本虽暗诵，诚宜谨备，以秦弘始九年，命书梵文。至十年，寻应令出。”③

《历代三宝纪》载：“《舍利弗阿毗昙》三十卷（或二十卷，僧祐又云毗婆沙出。房捡《传》，乃是耶舍。今据《传》为正，故改之，见《宝唱录》）。”④

《众经目录》载：“《舍利弗阿毗昙论》，二十二卷（后秦弘始十年，沙门昙摩崛多共昙摩耶舍等译。）”⑤

《古今译经图纪》载：“（昙摩耶舍）又以姚秦弘始九年岁次丙午至十五年岁次癸丑，于长安译《舍利弗阿毗昙》一部（二十二卷），秦太子泓亲管理味，沙门释道摽制《序》，凡二部，二十三卷。”⑥

《大唐内典录》载：“《舍利弗阿毗昙》三十卷（或二十卷，祐云毗婆沙出，长房捡《传》，乃是耶舍，故改正之，见《宝唱录》）。”⑦

《大周刊定众经目录》载：“《舍利弗阿毗昙》一部三十卷（或二十卷，或二十二卷，七百六十纸）。右，后秦弘始十年沙门昙摩崛多共昙摩耶舍于长安译，出

---

①［梁］慧皎：《高僧传》卷八，《大正藏》第50册，第376页下。
②［梁］慧皎：《高僧传》卷八，《大正藏》第50册，第376页下。
③［梁］僧祐：《出三藏记集》卷十，《大正藏》第55册，第71页上。
④［隋］费长房：《历代三宝纪》卷八，《大正藏》第49册，第77页中。
⑤［隋］法经：《众经目录》卷五，《大正藏》第55册，第142页上。
⑥［唐］靖迈：《古今译经图纪》卷三，《大正藏》第55册，第358页下。
⑦［唐］道宣：《大唐内典录》卷三，《大正藏》第55册，第252页中。

《长房录》。”[①]

《开元释教录》载：“《舍利弗阿毗昙论》二十二卷（或无‘论’字，或二十卷，或三十卷，共昙摩崛多于石羊寺出，释道标制《序》，见僧祐、宝唱二《录》及《高僧传》）。”[②]“《舍利弗阿毗昙论》二十二卷（或二十卷，或三十卷），姚秦罽宾三藏昙摩耶舍共昙摩崛多译（单本）。”[③]“《舍利弗阿毗昙论》二十二卷（或无‘论’字，或二十卷，或三十卷，六百四纸），姚秦昙摩耶舍共昙摩崛多译。”[④]

《贞元新定释教目录》载：“《舍利弗阿毗昙论》二十二卷（或无‘论’字，或二十卷，或三十卷，共昙摩崛多于石羊寺出，释道标制《序》，见僧祐、宝唱二《录》及《高僧传》）。”[⑤]“《舍利弗阿毗昙论》二十二卷（或二十卷，或三十卷），姚秦罽宾三藏昙摩耶舍共昙摩崛多译，单本。”[⑥]“《舍利弗阿毗昙论》二十二卷（或无‘论’字，或二十卷，或三十卷），六百四纸。”[⑦]

佛陀耶舍至长安

《出三藏记集》载：“顷之，（姚兴）命什译出经藏，什曰：‘夫弘宣法教，宜令文义圆通。贫道虽通其文，未善其理，唯佛陀耶舍深达经致，今在姑臧，愿下诏征之。一言三详，然后着笔，使微言不坠，取信千载也。’兴从之。即遣使招迎，厚加赠遗，悉不受。乃笑曰：‘明旨既降，便应载驰。檀越待士既厚，脱如罗什见处，则未敢闻命！’使还，兴叹其机慎，重信敦喻，方至长安。兴自出候问，别立新省于逍遥园，四事供养，并不受。至时分卫，一食而已。”[⑧]

《高僧传》载：“顷之，兴命什译出经藏，什曰：‘夫弘宣法教，宜令文义圆通，贫道虽诵其文，未善其理，唯佛陀耶舍深达幽致，今在姑臧，愿下诏征之，一言三详，然后著笔，使微言不坠，取信千载也。’兴从之，即遣使招迎，厚加赠遗，悉不受，乃笑曰：‘明旨既降，便应载驰，檀越待士既厚，脱如罗什见处，则未敢闻命。’使还具说之，兴叹其几慎，重信敦喻，方至长安。兴自出候问，别立新省于逍遥园

---

① ［唐］明佺：《大周刊定众经目录》卷十，《大正藏》第55册，第435页上。
② ［唐］智昇：《开元释教录》卷四，《大正藏》第55册，第517页中。
③ ［唐］智昇：《开元释教录》卷十三，《大正藏》第55册，第621页中。
④ ［唐］智昇：《开元释教录》卷二十，《大正藏》第55册，第720页下。
⑤ ［唐］圆照：《贞元新定释教目录》卷六，《大正藏》第55册，第814页上。
⑥ ［唐］圆照：《贞元新定释教目录》卷二十三，《大正藏》第55册，第954页下。
⑦ ［唐］圆照：《贞元新定释教目录》卷三十，《大正藏》第55册，第1044页上。
⑧ ［梁］僧祐：《出三藏记集》卷十四，《大正藏》第55册，第102页中。

中，四事供养，并不受，时至分卫，一食而已。”①

王铁钧在《中国佛典翻译史稿》中指出：“早年鸠摩罗什游学罽宾时曾师事佛陀耶舍，对其学问赅博极为敬重，故鸠摩罗什入关后，尝劝秦主姚兴迎请佛陀耶舍入关。姚兴遂于弘始十年（408年）迎佛陀耶舍至长安，并请入逍遥园共与译经。鸠摩罗什译经，间有未达之义，多有佛陀耶舍共相咨议。”②

晋安帝义熙五年·后秦弘始十一年·北魏永兴元年·西秦更始元年·北燕太平元年（409）己酉

拓跋嗣崇敬佛法

《魏书·释老志》载：“太宗践位，遵太祖之业，亦好黄老，又崇佛法，京邑四方，建立图像，仍令沙门敷导民俗。”③

沙门法果为道人统

《魏书·释老志》载：“至太宗，弥加崇敬，永兴中，前后授以辅国、宜城子、忠信侯、安成公之号，皆固辞。”④

《广弘明集》载：“永兴中，前后授以辅国、宜城子、忠信侯、安城公之号，（法果）皆固辞。”⑤

《佛祖统纪》载：“永兴元年，诏封法果为辅国宜城子，僧受俗官之始。以沙门法果为道人统，管摄僧徒。”⑥

何无忌爰请释慧永及释慧远

《高僧传》载：“后镇南将军何无忌作镇浔阳，陶爰集虎溪，请永及慧远，远既久持名望，亦雅足才力，从者百余，皆端整有风序，及高言华论，举动可观。永怙然独往，率尔后至，纳衣草屣，执杖提钵，而神气自若，清散无矜，众咸重其贞素，翻

---

①［梁］慧皎：《高僧传》卷二，《大正藏》第50册，第334页上。
②王铁钧：《中国佛典翻译史稿》，中央编译出版社，2006年，第168页。
③［北齐］魏收：《魏书》卷一百一十四《释老志》，中华书局，1974年，第3030页。
④［北齐］魏收：《魏书》卷一百一十四《释老志》，中华书局，1974年，第3030页。
⑤［唐］道宣：《广弘明集》卷二，《大正藏》第52册，第102页上。
⑥［宋］志磐：《佛祖统纪》卷三十八，《大正藏》第49册，第353页下。

更多之。”[①]

《晋书·何无忌传》载：“义熙二年，（何无忌）迁都督江荆二州江夏随义阳绥安豫州西阳新蔡汝南颍川八郡军事、江州刺史，将军、持节如故。以兴复之功，封安成郡开国公，食邑三千户，增督司州之弘农扬州之松滋，加散骑侍郎，进镇南将军。”[②]

《晋书·安帝纪》载：“五年春正月辛卯，大赦。庚戌，以抚军将军刘毅为卫将军、开府仪同三司，加辅国将军何无忌镇南将军。”[③]

龚斌在《慧远法师传》之《慧远年谱》中指出：“（409年）何无忌请慧远、慧永等爰集庐山虎溪。”[④]

按：义熙五年春正月，何无忌加镇南将军号，至六年三月，何无忌自浔阳引兵拒徐道覆于豫章，兵败身亡。考《高僧传》载镇南将军何无忌，则其爰请释慧远及释慧永之事，当在义熙五、六年间。且义熙六年，时局动荡，何无忌外出平叛，似无闲情雅致登山造访远公清谈。兹将此事系于义熙五年。

慧远作《沙门袒服论》

慧远所作之《沙门袒服论》，见《弘明集》卷五。[⑤]

龚斌在《慧远法师传》之《慧远年谱》中指出：“（409年）慧远作《答何镇南难袒服论》。据上所考，江州刺史何元忌进号镇南将军在义熙五年正月，义熙六年三月战死。慧远文既称‘何镇南’，则最有可能作于义熙五年。寻慧远《沙门袒服论》《答何镇南难袒服论》及何镇南《难袒服论》，当是有人以为沙门袒服不合中土固有之礼仪，而何镇南亦反对沙门袒服，作《难袒服论》，故慧远作是文为答。又据《出三藏记集》卷十二陆澄《法书目录》，有郑道子者亦作《与释慧远书论沙门袒服》，其意旨当亦非难沙门袒服。”[⑥]

何镇南难

何镇南撰《难袒服论》，见《弘明集》卷五。[⑦]

---

① ［梁］慧皎：《高僧传》卷六，《大正藏》第50册，第362页上。

② ［唐］房玄龄等：《晋书》卷八十五，中华书局，1974年，第2215—2216页。

③ ［唐］房玄龄等：《晋书》卷十，中华书局，1974年，第260页。

④ 龚斌：《慧远法师传》，江西人民出版社，2008年，第248页。

⑤ ［梁］僧祐：《弘明集》卷五，《大正藏》第52册，第32页中。

⑥ 龚斌：《慧远法师传》，江西人民出版社，2008年，第248页。

⑦ ［梁］僧祐：《弘明集》卷五，《大正藏》第52册，第32页下。

《晋书》载：“（安帝）五年春正月辛卯，大赦。庚戌……加辅国将军何无忌镇南将军……六年……镇南将军、江州刺史何无忌及循战于豫章，王师败绩，无忌死之”。[①]

区结成在《慧远》中指出：“（406年）何无忌都督江荆二州，加封镇南将军，坐镇浔阳，爰集虎溪，请慧远及慧永共叙。何著《难袒服论》致远，远修书作答并著《沙门袒服论》。”[②]

方立天在《魏晋南北朝佛教》之《慧远年谱》中则认为：“约在东晋安帝义熙五、六年（公元409—410年），江州刺史、镇南将军何无忌。撰《难袒服论》，与慧远讨论沙门袒服事，对沙门袒服表示异议。他反对的理由主要是两条：一是‘三代殊制，其礼不同，质文之变，备于前典。而佛教出乎其外，论者咸有疑焉’袒服和中国历代典籍规定不同。二是佛教和儒家、道家虽有内外隐显的区别，但这种区别只是深浅程度的不同，而不应是逆顺的差异。比如‘《老》明兵凶处右，《礼》以丧制不左’都以左为吉利，而沙门袒露右肩，这是‘寄至顺于凶事，表吉诚于丧容’（同上），是不可取的。”[③]

按：何无忌与慧远往来书信的时间应在义熙五年、六年之间。义熙六年，何无忌战死。故将此次论战的时间系于义熙五年。

慧远法师答

慧远答何镇南《难袒服论》，见《弘明集》卷五。[④]

郑道子作《与释慧远书论沙门袒服》

陆澄《法论》云：“《与释慧远书论沙门袒服》，郑道子。”[⑤]

按：郑文今存题目，其文已佚。观题推意，似慧远新出《沙门袒服论》，郑道子即作此文以应之。且郑道子先已撰《神不灭论》驳难远公之《形尽神不灭论》。故此次远公新造斯论，郑道子亦撰文加入何无忌与远公之大论战，惜文已阙，未详其文旨要。兹将此事附于本年。

---

① [唐] 房玄龄等：《晋书》卷十，中华书局，1974年，第260—261页。
② 区结成：《慧远》，东大图书公司，1987年，第153页。
③ 方立天：《方立天文集》第一卷《魏晋南北朝佛教》，中国人民大学出版社，2006年，第164页。
④ [梁] 僧祐：《弘明集》卷五，《大正藏》第52册，第32页下。
⑤ [梁] 僧祐：《出三藏记集》卷十二，《大正藏》第55册，第84页上。

刘遗民致书释僧肇

《肇论》载："刘遗民书问附，遗民和南：顷餐徽闻，有怀遥伫。岁未寒严，体中如何？音寄壅隔，增用抱蕴。弟子沈痾草泽，常有弊瘵耳。因慧明道人北游，裁通其情。古人不以形疏致淡，悟涉则亲。是以虽复江山悠邈，不面当年，至于企怀风味，镜心象迹，伫悦之勤，良以深矣。缅然无因，瞻霞永叹，顺时爱敬。冀因行李，数有承问。伏愿彼大众康和！外国法师休纳！上人以悟发之器而遘兹渊对，想开究之功，足以尽过半之思。故以每惟乖阔，愤愧何深。此山僧清常，道戒弥励，禅隐之余则惟研惟讲。恂恂穆穆，故可乐矣。弟子既以遂宿心，而睹兹上轨，感寄之诚，日月铭至。远法师顷恒履宜，思业精诣，乾乾宵夕。自非道用潜流，理为神御，孰以过顺之年，湛气若兹之勤？所以凭慰既深，仰谢逾绝。

"去年夏末，始见生上人示《无知论》。才运清俊，旨中沈允，推涉圣文，婉而有归。披味殷勤，不能释手。直可谓浴心方等之渊，而悟怀绝冥之肆者矣！若令此辨遂通，则般若众流，殆不言而会。可不欣乎！可不欣乎！夫理微者辞险，唱独者应希。苟非绝言象之表者，将以存象而致乖乎？意谓，答以缘求智之章，婉转穷尽，极为精巧，无所间然矣。但暗者难以顿晓，犹有余疑一两，今辄题之如别。想从容之暇，复能粗为释之。"①

《高僧传》载："遗民乃致书肇曰：'顷餐徽问，有怀遥仰，岁末寒严，体中何如，音寄壅隔，增用悒蕴。弟子沈痾草泽，常有弊瘁，愿彼大众康和，外国法师休悆不。去年夏末，见上人《波若无知论》，才运清俊，旨中沈允。推步圣文，婉然有归，披味殷勤，不能释手，真可谓浴心方等之渊，悟怀绝冥之肆，穷尽精巧，无所间然。但暗者难晓，犹有余疑，今辄条之如左，愿从容之暇，粗为释之。'肇答书曰：'不面在昔，伫想用劳。得前疏并问，披寻反复，欣若暂对，凉风戒节，顷常何如，贫道劳疾每不佳，即此大众寻常，什师休胜。秦主道性自然，天机迈俗，城堑三宝，弘道是务。由使异典胜僧，自远而至，灵鹫之风，萃乎兹土，领公远举，乃是千载之津梁。于西域还得方等新经二百余部。什师于大寺出新至诸经，法藏渊旷，日有异闻。禅师于瓦官寺教习禅道，门徒数百，日夜匪懈，邕邕肃肃，致自欣乐。三藏法师于中寺出《律部》，本末精悉，若睹初制。毗婆沙法师于石羊寺出《舍利弗毗昙》梵本，虽未及译，时问中事，发言新奇。贫道一生猥参嘉运，遇兹盛化，自恨不睹释迦泥洹

---

①［后秦］僧肇：《肇论》卷一，《大正藏》第45册，第154页下。

之集，余复何恨，但恨不得与道胜君子同斯法集耳。称咏既深，聊复委及，然来问婉切，难为郢人。贫道思不关微，兼拙于华语，且至趣无言，言则乖旨，云云不已，竟何所辩。聊以狂言，示詶来旨也。’”①

孙叔平在《中国哲学史稿》中指出：“大约在公元四〇八年，竺道生南归，把（《般若无知论》）这篇论文带给了庐山隐士刘遗民。”②

区结成在《慧远》中则认为：“（409年）刘遗民致书僧肇，于般若无知序有所咨难，并附慧远念佛三昧诗集序。”③

曹虹在《慧远评传》中指出：“（僧肇与刘遗民）既是长安与庐山佛学交流的表征之一，又堪称是罗什与慧远交往的继续，从这双重的意义上说，僧肇与刘遗民的关系值得一提。他们两人交往的形式，也像他们各自的尊师交往那般，限于通讯而未谋面。有年份可考的交往，当是公元409年夏僧肇托道生转赠已作《般若无知论》给刘遗民。至十二月，刘遗民写信给僧肇，信中介绍了慧远及其庐山门庭的情况。”④

龚斌在《慧远法师传》之《慧远年谱》中指出：“（409年）十二月，刘遗民作《与僧肇书》并问，由慧明道人赍至长安。刘遗民《与僧肇书》：‘去年夏末，始见生上人。’竺道生于去年夏自长安南至庐山。僧肇《答刘遗民书》云：‘慧明道人至，得去年十二月疏。’据此可知刘遗民作《与僧肇书》并同在义熙五年十二月。”⑤

北魏南阎浮提大宝于阗国迎摩寺八关戒牒

《魏晋南北朝敦煌文献编年》载：“北魏南阎浮提大宝于阗国迎摩寺八关戒牒，天兴十二年（409）正月八日，纸质。全15行，行3 ~ 23字。墨书。敦煌藏经洞出品。受戒弟子曹清净牒：牒前件弟子，久慕圣因，遐游觉海，负出尘之□，投入圣之机谋，遂厌火宅之諠嚣，骤出塵之路。此乃爱河永别，彼岸□举，添究室以□□，□觉花而证果。事急须牒，仞牒知者，谨牒。天兴十二年正月八日，授戒弟子清净牒。奉请兜率天宫弥勒菩萨为坛头，奉请阿弥陀佛为教授阿闍梨，奉请金粟如来为提摩阿闍梨，奉莆十方诸佛为戒（师）阿闍梨，奉请诸大菩萨为同学伴侣，受戒师左街内殿讲经谈论兴教法律大师赐紫沙门道圆。藏英图（S6264）图敦煌宝藏，45册184

---

① [梁] 慧皎：《高僧传》卷六，《大正藏》第50册，第365页上。

② 孙叔平：《中国哲学史稿》上册，上海人民出版社，1980年，第467—468页。

③ 区结成：《慧远》，东大图书公司，1987年，第153页。

④ 曹虹：《慧远评传》，南京大学出版社，2002年，第284—285页。

⑤ 龚斌：《慧远法师传》，江西人民出版社，2008年，第249页。

页，文敦煌总目，238页。姜亮夫A，61页。注「天兴」为北魏道武帝年号，只有六年（398 ~ 403），然后改元天赐，天兴十二年为天赐六年。本件为何不署天赐六年，而署天兴十二年，不明。”①

道人弘度举锦券

《吐鲁番出土文书》载：“义熙五年甲午岁，四月四日，道人弘度徒翟绍远举翠西向白地锦半张，长四尺，广四尺。要到十月卅日还尝锦半张，即交與锦生布八纵一匹，若遇期不偿，一月生布壹丈。民有私要，要行二主，各自署名为信。沽各半。倩害道护。若弘度身燕，仰申智偿，时见（下阙）。”②

按：唐长孺认为此“义熙五年”绝非东晋之“义熙五年”，而韩理洲则判定为东晋之“义熙五年”。③

鸠摩罗什译《中论》

昙影法师《中论序》云：“时有大士，厥号龙树，爰托海宫，逮无生忍。意在傍宗，载隆遗教，故作论以折中。其立论意也，则无言不穷，无法不尽。然统其要归，则会通二谛，以真谛故无有，俗谛故无无。真故无有，则虽无而有；俗故无无，则虽有而无。虽有而无，则不累于有；虽无而有，则不滞于无。不滞于无，则断灭见息；不存于有，则常等冰消。寂此诸边，故名曰中；问答析微，所以为论。是作者之大意也。亦云中观，直以观辩于心，论宣于口耳。罗什法师以秦弘始十一年于大寺出。”④

《出三藏记集》载：“《中论》四卷。”⑤

《历代三宝纪》载：“《中论》八卷（或四卷，龙树菩萨造，弘始年出，见《二秦录》，僧叡制序。）”⑥

《众经目录》载：“《中论》四卷（后秦世罗什于长安译。）”⑦

---

① 饶宗颐主编，王素、李方著：《魏晋南北朝敦煌文献编年》，新文丰出版公司，1997年，第111—112页。

② 国家文物局古文献研究室等编：《吐鲁番出土文书》第一册，文物出版社，1981年，第189页。

③ 韩理洲等辑校编年：《全三国两晋南朝文补遗》，三秦出版社，2013年，第209页。

④［梁］僧祐：《出三藏记集》卷十一，《大正藏》第55册，第77页上。

⑤［梁］僧祐：《出三藏记集》卷二，《大正藏》第55册，第11页上。

⑥［隋］费长房：《历代三宝纪》卷八，《大正藏》第49册，第79页上。

⑦［隋］法经：《众经目录》卷五，《大正藏》第55册，第141页中。

《古今译经图纪》载："《中论》（四卷）。"①

《大唐内典录》载："《中论》八卷（或四卷，龙树造，弘始年出，见《二秦录·叡序》）。"②

《大周刊定众经目录》载："《中论》一部四卷（一百三纸，或八卷）。右后秦罗什于长安译，出《长房录》。"③

《开元释教录》载："《中论》四卷（亦云《中观论》，或八卷，弘始十一年于大寺出。僧叡制《序》，见《二秦录》及《僧祐录》，兼前《智度论》并龙树菩萨造）。"④

《大周刊定众经目录》载："《中论》四卷（亦云《中观论》，或八卷，弘始十一年于大寺出。僧叡制《序》，见《二秦录》及《僧祐录》，兼前《智度论》，并龙树菩萨造）。"⑤

许抗生在《僧肇评传》中指出："至于《中论》的翻译，按照昙影法师《中论序》所说，则是在秦弘始十一年（公元409年）罗什于大寺译出的。"⑥

龚斌在《鸠摩罗什传》之《鸠摩罗什年谱简编》中指出："（公元409年）罗什在大寺译《中论》四卷，僧叡、昙影各有序。"⑦

释僧叡作《中论序》

释僧叡所作之《中论序》，见《出三藏记集》卷十一。⑧

按：鸠摩罗什于本年译出《中论》，故释僧叡最早当于本年作《中论序》。

释昙影注《中论》

《高僧传》载："（释昙影）并注《中论》。"⑨

按：鸠摩罗什于本年译出《中论》，故释昙影注《中论》，最早当发生于本年。兹将此条系于本年。

---

①［唐］靖迈：《古今译经图纪》卷三，《大正藏》第55册，第359页中。

②［唐］道宣：《大唐内典录》卷三，《大正藏》第55册，第253页下。

③［唐］明佺：《大周刊定众经目录》卷六，《大正藏》第55册，第406页中。

④［唐］智昇：《开元释教录》卷四，《大正藏》第55册，第513页上。

⑤［唐］明佺：《大周刊定众经目录》卷六，《大正藏》第55册，第809页下。

⑥ 许抗生：《僧肇评传》，《中国思想家评传丛书》第四十二册，南京大学出版社，1998年，第8页。

⑦ 龚斌：《鸠摩罗什传》，上海古籍出版社，2013年，第300页。

⑧［梁］僧祐：《出三藏记集》卷十一，《大正藏》第55册，第76页下。

⑨［梁］慧皎：《高僧传》卷六，《大正藏》第50册，第364页上。

竺道生返回建康

《出三藏记集》载："（竺道生）义熙五年还都，因停京师。游学积年，备总经论，妙贯龙树大乘之源，兼综提婆小道之要，博以异闻，约以一致。乃喟然而叹曰：'夫象以尽意，得意则象忘；言以寄理，入理则言息。自经典东流，译人重阻，多守滞文，鲜见图义。若忘筌取鱼，则可与言道矣。'于是校练空有，研思因果，乃立善不受报及顿悟义，笼罩旧说，妙有渊旨。而守文之徒，多生嫌嫉，与夺之声，纷然互起。"①

《高僧传》载："生既潜思日久，彻悟言外，乃喟然叹曰：'夫象以尽意，得意则象忘；言以诠理，入理则言息。自经典东流，译人重阻，多守滞文，鲜见圆义。若忘筌取鱼，始可与言道矣。'于是校阅真俗，研思因果。乃立善不受报，顿悟成佛。又著《二谛论》《佛性当有论》《法身无色论》《佛无净土论》《应有缘论》等。笼罩旧说，妙有渊旨。而守文之徒，多生嫌嫉，与夺之声，纷然竞起。"②

《方舆胜览》载："高座寺，名永宁寺，在城南门外。或云晋朝法师竺道生所居，因号高座寺，盖用刘禹锡诗中语，见苏州注。"③

姚兴敕命释道恒、释道标还俗

《高僧传》载："秦主姚兴以恒、标二人神气俊朗，有经国之量，乃敕伪尚书令姚显，令敦逼恒、标罢道，助振王业。又下书恒、标等曰：'卿等皎然之操，实在可嘉，但君临四海，治急须才，今敕尚书令显，令夺卿等法服，助翼赞时世。苟心存道味，宁系白黑。望体此怀，不以守节为辞也。'恒标等答曰：'奉去月二十日诏，令夺恒、标等法服，承命悲怀，五情失守。恒等才质暗短，染法未深，缁服之下，誓毕身命，并习佛法，不闲世事，徒废非常之业，终无殊异之功。昔光武尚能纵严陵之心，魏文容管宁之操，抑至尊之高心，遂匹夫之微志。况陛下以道御物，兼弘三宝，愿鉴元元之情，垂旷通物之理也。'兴又致书于什、䂮二法师曰：'别已数旬，每有倾想，渐暖比休泰耳。小虏远举，更无处分，正有愦然耳。顷万事之殷，须才以理之。近诏恒、标二人，令释罗汉之服，寻大士之踪，然道无不在，愿法师等勖以喻之。'什、䂮等答曰：'盖闻太上以道养民，而物自是，其复有德而治天下，是以古

---

①［梁］僧祐：《出三藏记集》卷十五，《大正藏》第55册，第110页下。

②［梁］慧皎：《高僧传》卷七，《大正藏》第50册，第366页下。

③［宋］祝穆撰，施和金点校：《方舆胜览》卷十四，中华书局，2003年，第244页。

之明主，审违性之难御，悟任物之多因。故尧放许由于箕山，文轼干木于魏国，高祖纵四皓于终南，叔度辞蒲轮于汉岳，盖以适贤之性为得贤也。今恒、标等德非圆达，分在守节，少习玄化，伏膺佛道。至于敷折妙典，研究幽微，足以启悟童稚，助化功德。愿陛下施既往之恩，纵其微志也。’兴后频复下书，阖境救之，殆而得勉。”①

《资治通鉴》载：“（东晋安帝义熙五年）乞伏炽磐入见秦太原公懿于上邽，彭奚念乘虚伐之。炽磐闻之，怒，不告懿而归，击奚念，破之，遂围枹罕。乞伏乾归从秦王兴如平凉；炽磐克枹罕，遣人告乾归，乾归逃还苑川。冯翊人刘厥聚众数千，据万年作乱，秦太子泓遣镇军将军彭白狼帅东宫禁兵讨之，斩厥，赦其余党。诸将请露布，表言广其首级。泓不许，曰：‘主上委吾后事，不能式遏寇逆，当责躬请罪，尚敢矜诞自为功乎！’秦王兴自平凉如朝那，闻姚冲之谋，赐冲死。”②

陈超在《“隐逸”与权力语境下的姚兴劝道恒、道标罢道事件》中指出：“姚兴何时下令劝道恒、道标罢道，无论《高僧传》恒、标本传还是《弘明集》，均未有记录。但是，以这场争论涉及到的人物之生平为依据，可以大致判断出此事发生的时间。姚兴致鸠摩罗什的书信中称僧䂮为‘䂮统’（《〈弘明集〉校笺》，第615页），以及众人联名上奏时仍有鸠摩罗什的名字，由此我们可以确定，此时鸠摩罗什尚未圆寂，而僧䂮已经担任沙门统一职。有研究已经指出，鸠摩罗什在长安译经，公元401—405年间在逍遥园，公元406年后则一直在长安大寺。长安大寺是与僧䂮关系密切的寺院。因此，姚兴致书鸠摩罗什中‘不审䂮统，复何如？’（《〈弘明集〉校笺》，第615页）一句，提示此时鸠摩罗什与担任沙门统的僧䂮接触频繁，最有可能的情况，就是鸠摩罗什已经将活动中心转移到长安大寺。这就意味着，姚兴就道恒、道标之事致书鸠摩罗什的时间当在公元406年之后。《高僧传·晋长安大寺释僧䂮传》中并无僧䂮具体何时开始担任沙门统一职的记载，可以确定的是，公元405年时僧䂮已经受到敕赐仆从、车马的‘政治待遇’。公元406年姚兴致书中称僧䂮为‘䂮统’也可以成立。另，鸠摩罗什于弘始十一年（409）殁于长安，联名上奏姚兴一事，必发生在其圆寂之前。由此，我们推断姚兴劝恒、标罢道一事，可能发生在406—409年之间。公元407年，赫连勃勃反叛后秦自立，姚兴接连对夏用兵而不胜，损耗国力，秦陇之间的战争常态化，人才不断从长安被输送到边境，后秦自此开始走向衰亡。”③

---

① [梁] 慧皎：《高僧传》卷六，《大正藏》第50册，第364页下。

② [北宋] 司马光：《资治通鉴》卷一百一十五，中华书局，1956年，第3613页。

③ 陈超：《“隐逸”与权力语境下的姚兴劝道恒、道标罢道事件》，《中国哲学史》2021年第2期。

按：姚兴下诏的时间在六月，而道恒等初覆姚兴诏书的时间已是七月，加之书信往复数回，则已近八月。姚兴劝之无效，又写信给鸠摩罗什，望其能够再做劝说的工作。且信中又云“别以数旬”，考之史籍，姚兴自本年二月入平凉、朝那，至九月方回到长安，故姚兴下诏与道恒诸人的书信往返，当在其九月返回长安之前。兹将姚兴往复书信并附于下。

姚兴与释道恒、释道标书

《姚主书与恒标二公》云：“卿等乐道体闲，服膺法门。皦然之操，义诚在可嘉。但朕临四海，治必须才，方欲招肥遁于山林，搜沈滞于屠肆，况卿等周旋笃旧，朕所知尽，各挹干时之能，而潜独善之地。此岂朕求贤之至情，卿等兼弘深趣耶？昔人有言‘国有骥而不乘，方惶惶而更索’，是之谓也。今勅尚书令显，便夺卿等二乘之福心，由卿清名之容室，赞时益世，岂不大哉？苟心存道味，宁系白黑，望体此怀，不可以守节为辞。”①

释道恒、释道标答姚兴书

《答秦主书》云：“奉去月二十八日诏勅，尚书令夺道恒、道标等法服。承命悲惧，五情失守。俯仰惭惶，无地自厝。恒等诚才质暗短，染法未久，所存既重，眷慕亦深。猥蒙优诏，褒饰过美，开喻诲励，言理备至。但情之所安，实怀罔已。法服之下，誓毕身命。兼少习佛法，不闲世事。徒发非常之举，终无殊异之功。虽有拔能之名，而无益时之用。未见几毫之补，将有山岳之损。窃为陛下不取也。光武尚能纵严陵之心，魏文全管宁之操。抑至尊之高怀，遂匹夫之微志。在宥群方，靡不自尽。况陛下以道御物，兼弘三宝，使四方义学之士，萃于京师。新异经典，流乎遐迩。大法之隆，于兹为盛。方将阐扬洪化，助明振晖。嗣祇洹之遗响，扇灵鹫之余风。建千载之轨模，为后生之津涂。而恒等岂可独屈于明时，不得申其志愿？伏愿鉴其元元之情，特垂旷荡通物之理。更赐明诏，听遂微心。则衔恩九泉，感德累劫，不胜战悚。谨奏以闻。”②

姚兴答释道恒、释道标书

《诏恒标二公》云：“省所奏具意。今所以相屈者，时所须也。不复相推本心，以及于此，烦勤勤广自料理。吾之情趣，想卿等以体之在素，不复烦言。便可奉承时

①［梁］僧祐：《弘明集》卷十一，《大正藏》第52册，第73页下。

②［梁］僧祐：《弘明集》卷十一，《大正藏》第52册，第73页下。

命，勉菩萨之踪耳。”①

释道恒、释道标答姚兴书

《重答秦主》云：“道恒等近自陈写，冀悟圣鉴。重奉明诏，不蒙矜恕。伏读悲惶，若无神守。陛下仁弘覆载，使物悦其性。恒等少习法化，愚情所乐，誓以微命与法服俱尽。而过恩垂及，眷忘其陋，劝弘菩萨兼济之道。然志力有限，实所不堪，非徒余年，苟自求免。直过怀所存，私怀必守。伏愿鉴恕一往之诚，不责偏执之咎。特赐恩旨，听遂微心。屡延明诏，随用悚息。不胜元元之至，谨重奏以闻。”②

姚兴答释道恒、释道标书

《诏恒标二公》云：“得重奏，一二具之。情事具如前诏，但当开意以从时命，无复烦郑重也。”③

释道恒、释道标答姚兴书

《重答秦主》云：“道恒等愚意所执，具如前表。精诚微薄，不能感悟圣心。累承还诏，未蒙慈恕。俯仰忧怖，无复心情。陛下道怀虚纳，养物无际，愿开天地之恩，得遂一分之志。愚守之诚，毕命无辜。分受违诏之愆，甘引无恨。屡干圣听，追用悚息，不任罔极之情。谨奏以闻。”④

姚兴与鸠摩罗什书

《姚主与鸠摩耆婆书》云：“别以数旬，旋有思想。渐暖，比自何如？小虏远举，更无处分，正有愦然耳。万事之殷，须才以理之。近诏道恒等，令释罗汉之服，寻菩萨之迹，想当盘桓耳。道无不在，法师可劝进之。苟废其寻道之心，亦何必须尔也。致意迁上人，别来何似？不审碧统复何如？多事，不能一二为书。恒等亦何烦。诸上人劝其令造菩萨行。”⑤

姚兴与僧迁等书

《姚主与僧迁等书》云：“省疏所引，一二具之。朕以为独善之美，不如兼济之

①［梁］僧祐：《弘明集》卷十一，《大正藏》第52册，第74页上。
②［梁］僧祐：《弘明集》卷十一，《大正藏》第52册，第74页上。
③［梁］僧祐：《弘明集》卷十一，《大正藏》第52册，第74页上。
④［梁］僧祐：《弘明集》卷十一，《大正藏》第52册，第74页上。
⑤［梁］僧祐：《弘明集》卷十一，《大正藏》第52册，第74页中。

功。自守之节，未若拯物之大。虽子陵颉颃于光武，君平傲岸于蜀肆，周当辞禄于汉朝，杜微称聋于诸葛，此皆偏尚耿介之士耳！何足以开默语之要，领高胜之趣哉！今九有未乂，黔黎荼蓼，朕以寡德，独当其弊，思得群才，共康至治。法师等虽潜心法门，亦毗世宣教，纵不能导物化时，勉人为治，而远美辞世之许由，近高散发于谢敷。若九河横流，人尽为鱼，法师等虽毗世宣教，亦安施乎？而道恒等伏膺法训，为日久矣。然其才用，足以成务，故欲枉夺其志，以辅暗政耳。若福报有征，佛不虚言。拯世急病之功，济时宁治之勋，恐福在此而不在彼，可相诲喻，时副所望。”①

僧䂮、僧迁、法服、法支、鸠摩罗什等与姚兴书

《僧䂮僧迁法服法支鸠摩耆婆等求止恒标罢道奏》云：“盖闻太上以道养民，而物自是。其次有德，而天下治。是以古之明王，审违性之难御，悟任物之易因。故尧放许由于箕山，陵让干木于魏国，高祖纵四皓于终南，叔度辞蒲轮于汉世。晋国戴逵被褐于剡县，谢敷罹发于若耶，盖以适贤之性为得贤也。故上有明君，下有韦带，逸民之风，垂训于今矣。今道标、恒等，德非圆达，分在守节。且少习玄化，伏膺佛道，一往之诚，必志匪席。至于敷演妙典，研究幽微，足以启悟童稚，助化功德，使物识罪福，则有济苦之益。苟佛不虚言，标等有弘毗耶之训矣。窃闻近日猥蒙优诏，使释法服，将擢翠翘于寒条之上，曜芙蕖于重冰之下。斯诚陛下仁爱恺悌，宽不世之恩。然䂮等眷眷，窃有愚心，以陛下振道德之纲以维六合，恢九德之网以罗四海，使玄风扇千载之前，仁义陶万世之后。宇宙之外，感纯德以化宽。九域之内，肆玄津以逍遥。匹夫无沟壑之怨，嫠妇无停纬之叹，此实所以垂化海内，所以仰赖。愚谓恒、标虽区区一介守，所见为小异，然故在罗网之内，即是陛下道化之一。臣昔孛佐治十二年，未闻释夺法衣，形服世乂。苟于时有补，袈裟之中，亦有弘益，何足复夺道与俗，违其适性？昔巢、由抗节，尧、许俱高。四皓匪降，上下同美。斯乃古今之一揆，百代之同风。且德非管仲，不足华轩堂阜。智非孔明，岂足三顾草庐？愿陛下放既往之恩，从其微志，使上不过惠，下不失分。则皇唐之化，于斯而在。箕颍之宾，复见今日矣。䂮等庸近，献愚直言，惧触天威，追用悚息。僧䂮等言。”②

按：以上书信往复，其事皆在本年。先已考证，兹不赘述。欲详，请参阅本年“姚兴敕命释道恒、释道标还俗”条。

---

①［梁］僧祐：《弘明集》卷十一，《大正藏》第52册，第74页中。

②［梁］僧祐：《弘明集》卷十一，《大正藏》第52册，第74页下。

晋安帝义熙六年·后秦弘始十二年（410）庚戌

卢循入庐山同释慧远叙旧

《高僧传》载：“卢循初下据江州城，入山诣远。远少与循父瑕同为书生，及见循欢然道旧，因朝夕音问。僧有谏远者曰：‘循为国寇，与之交厚，得不疑乎？’远曰：‘我佛法中情无取舍，岂不为识者所察，此不足惧。’及宋武追讨卢循，设帐桑尾，左右曰：‘远公素王庐山，与循交厚。’宋武曰：‘远公世表之人，必无彼此。’乃遣使赍书致敬，并遗钱米，于是远近方服其明见。”①

《晋书》载：“（安帝）六年春二月丁亥，刘裕攻慕容超，克之，齐地悉平。是月，广州刺史卢循反，寇江州……壬申，镇南将军、江州刺史何无忌及循战于豫章，王师败绩，无忌死之……戊子，卫将军刘毅及卢循战于桑落洲，王师败绩。”②《晋书》又载：“卢循字于先，小名元龙，司空从事中郎谌之曾孙也。双眸冏彻，瞳子四转，善草隶弈棋之艺。沙门慧远有鉴裁，见而谓之曰：‘君虽体涉风素，而志存不轨。’”③

《艺文类聚》有《慧远法师答卢循书》条，其文曰：“损饷六种，深抱情至。益智乃是一方异味，即于僧中行之。”④

《远公集》云：“（卢）循字于先，范阳人，妹适孙恩，恩作乱亡，众推循为主。据江州，以茶药六种饷远公，书称‘苑畅卢子先叩首’。”⑤

区结成在《慧远》中指出：“（义熙六年）是年卢循乘刘裕北伐，兵下江州。循父瑕少与慧远同为书生，乃入山谒远道旧。刘裕南返讨卢循，循败死交州。裕闻远接见卢循事，不以为忤，且斋书致敬并遣钱饷。”⑥

方立天在《魏晋南北朝佛教》之《慧远年谱》中指出：“（410年）卢循、徐道覆乘晋军北攻南燕之际，北上进攻长沙、豫章等郡。三月，率起义军打败晋军何无忌，进逼建康，与刘裕对峙。七月，据浔阳，后退出。十月，徐道覆率三万起义军攻江

---

① ［梁］慧皎：《高僧传》卷六，《大正藏》第50册，第359页中。
② ［唐］房玄龄等：《晋书》卷十，中华书局，1974年，第261页。
③ ［唐］房玄龄等：《晋书》卷一百，中华书局，1974年，第2634页。
④ ［唐］欧阳询：《艺文类聚》卷八十七，上海古籍出版社，1982年，第1498页。
⑤ ［明］梅鼎祚编：《释文纪》，《现代佛学大系》第8册，弥勒出版社，1982年，第138页。
⑥ 区结成：《慧远》，东大图书公司，1987年，第153页。

陵，大败。十一月，广州为晋军所拔。卢、徐还浔阳，又为刘裕所破。卢、徐南走。其间卢循曾过庐山会见慧远。”①

刘裕遣使敬问慧远

《高僧传》载：“及宋武追讨卢循，设帐桑尾，左右曰：‘远公素王庐山，与（卢）循交厚。’宋武曰：‘远公世表之人，必无彼此。’乃遣使赍书致敬，并遗钱米，于是远近方服其明见。”②

方立天在《慧远及其佛学》中指出：“卢循是当时农民起义军最主要领袖孙恩的妹夫，也是起义军的重要领袖。晋安帝义熙六年（410）卢循从广州起兵北上，占据江州（今江西九江）时，曾上庐山和慧远相见。慧远曾和卢循父亲卢嘏同过学，见到卢循十分欢快。当时有的僧人给慧远进谏，说卢循是‘国寇’，和他交厚，会引起朝廷的疑虑。慧远说，佛法对众生情无取舍，一视同仁，不区别彼此，不必为相见事担忧。慧远的这一举动，无疑是掂量过政治后果的：不仅不危害而且有利于封建统治。实践表明，慧远的政治手腕是‘高明’的，它既有助于引起农民起义军对佛教的好感和兴趣，又没有引起统治者的抗议，而且还得到正在追剿镇压农民起义军、不久成为宋武帝的将领刘裕的充分谅解，事后刘裕派遣使节送书信向慧远致敬，并赠送钱米，就是有力的证明。”③

龚斌在《慧远法师传》之《慧远年谱》中指出：“（410年）卢循入庐山诣慧远。后刘裕追讨卢循，遣使赍书至庐山致敬。《慧远传》：‘卢循初下据江州城，入山诣远。’，《通鉴》卷一百十五：‘初循至寻阳，闻裕已还，犹不信，既破毅，乃得审问。’卢循于本年五月破刘毅，则循四五月当在寻阳。六月，卢循帅众在外作战；七月，自蔡州南还寻阳，不久即为刘裕所败。故卢循入庐山诣慧远，盖在此年四五月间。又据《通鉴》卷一百十五，本年十二月，刘裕率军追讨卢循。则刘裕遣使入庐山致敬，或亦在此时也。”④

《涅槃经疏比丘明觉》题记

《中国古代写本识语集录》所录《涅槃经疏比丘明觉》题记云：“羯磨，义熙六

① 方立天：《方立天文集》第一卷《魏晋南北朝佛教》，中国人民大学出版社，2006年，第191页。

② ［梁］慧皎：《高僧传》卷六，《大正藏》第50册，第359页中。

③ 方立天编：《中国古代著名哲学家评卷》第二卷，齐鲁书社，1980年，第337—338页。

④ 龚斌：《慧远法师传》，江西人民出版社，2008年，第249页。

年四月六日，比丘明觉所写。”①

另见《全三国两晋南朝文补遗》。②

释法显乘船至狮子国

《高僧法显传》载：“（释法显）于是载商人大舶，泛海西南行，得冬初信风，昼夜十四日，到师子国。”③

日本学者足立喜六在《〈法显传〉考证》中指出，法显住此国二年是“义熙五年（西历四〇九年）冬渡师子国，六年（四一〇年）三月观无畏山精舍供养佛齿，七年（四一一年）秋发师子国冬下，其留师子国系义熙六、七年”。④

释僧肇写成《不真空论》《物不迁论》等

僧肇所撰之《不真空论》，见《肇论》卷一。⑤僧肇所撰之《物不迁论》，见《肇论》卷一。⑥

《出三藏记集》载：“《不真空论》（释僧肇）。”⑦“《物不迁论》（释僧肇）。”⑧

《高僧传》载：“肇后又著《不真空论》《物不迁论》等。”⑨

《历代三宝纪》载：“（释僧肇）后著《不真空论》《物不迁论》等。”⑩

《众经目录》载：“《物不迁论》一卷（释僧肇）。”⑪

《大唐内典录》载：“《不真空论》（释僧肇）。”⑫“《物不迁论》（释僧肇）。”⑬

张春波在《肇论校释》中指出：“大约在公元四一〇左右，僧肇写成《不真空

---

①［日］池田温：《中国古代写本识语集录》，东京大学东洋文化研究所，1990年，第80—81页。

②韩理洲等辑校编年：《全三国两晋南朝文补遗》，三秦出版社，2013年，第143页。

③［东晋］法显：《高僧法显传》卷一，《大正藏》第51册，第864页下。

④［日］足立喜六著，何健民、张小柳译：《〈法显传〉考证》，商务印书馆，1936年，第274页。

⑤［后秦］僧肇：《肇论》卷一，《大正藏》第45册，第152页上。

⑥［后秦］僧肇：《肇论》卷一，《大正藏》第45册，第151页上。

⑦［梁］僧祐：《出三藏记集》卷十二，《大正藏》第55册，第83页上。

⑧［梁］僧祐：《出三藏记集》卷十二，《大正藏》第55册，第85页上。

⑨［梁］慧皎：《高僧传》卷六，《大正藏》第50册，第365页上。

⑩［梁］僧祐：《出三藏记集》卷八，《大正藏》第55册，第81页上。

⑪［隋］法经：《众经目录》卷六，《大正藏》第55册，第148页中。

⑫［唐］道宣：《大唐内典录》卷十，《大正藏》第55册，第326页下。

⑬［唐］道宣：《大唐内典录》卷十，《大正藏》第55册，第329页下。

论》《物不迁论》。”[①]“《不真空论》写于公元四一〇年，在《般若无知论》之后，略早于《物不迁论》。按说应编在《无知论》之后，可编者却编在《不迁论》之后，《无知论》之前。据梦庵《节释》说，这是因为《物不迁论》显俗谛之事，今《不真空》明真谛之理（日本《肇论研究》第三篇第一八页）。理高于事，故应置于《不迁》之后。”[②]

释慧虔或卒于本年

《高僧传》载：“涉将五载，（释慧虔）忽然得病，寝疾少时，自知必尽，乃属想安养，祈诚观世音。山阴比寺有净严尼，宿德有戒行，夜梦见观世音从西郭门入。清晖妙状，光映日月，幢幡华盖，皆以七宝庄严。见便作礼，问曰：‘不审大士今何所之。’答云：‘往嘉祥寺迎虔公。’因尔无常。当时疾虽绵笃，而神色平平，有如恒日。侍者咸闻异香，久之乃歇。虔既自审必终，又睹瑞相。道俗闻见，咸生叹羡焉。”[③]

《高僧传》载：“（释慧虔）以晋义熙之初，投山阴嘉祥寺。”[④]

按：若释慧虔以晋安帝义熙元年（405）投山阴嘉祥寺，将涉五载，当在本年前后。兹将此事系于本年。

释昙斌或生于本年

《高僧传》载：“释昙斌，姓苏，南阳人。”[⑤]

《高僧传》载：“（释昙斌）宋元徽中卒于庄严寺，春秋六十有七。”[⑥]

按：释昙斌若卒于元徽五年（477），当生于本年。其卒年待考，兹系于本年。

释僧镜或生于本年

《高僧传》载：“释僧镜，姓焦，本陇西人，迁居吴地。至孝过人，轻财好施。家贫母亡，太守赐钱五千，苦辞不受。乃身自负土，种植松柏，庐于墓所，泣血三

① 张春波：《肇论校释》，中华书局，2010年，第8页。

② 张春波：《肇论校释》，中华书局，2010年，第32—33页。

③［梁］慧皎：《高僧传》卷五，《大正藏》第50册，第357页中。

④［梁］慧皎：《高僧传》卷五，《大正藏》第50册，第357页中。

⑤［梁］慧皎：《高僧传》卷七，《大正藏》第50册，第373页上。

⑥［梁］慧皎：《高僧传》卷七，《大正藏》第50册，第373页中。

年。服毕出家，住吴县华山。后入关陇，寻师受法，累载方还。”[①]

《高僧传》载：“（释僧镜）宋元徽中卒，春秋六十有七。”[②]

按：释僧镜若卒于元徽五年（477），当生于本年。其卒年待考，兹系于本年。

释道祖等或于本年入庐山

《高僧传》载：“（释道祖）后与同志僧迁、道流等，共入庐山七年，并山中受戒，各随所习，日有其新。远公每谓祖等易悟，尽如此辈，不复忧后生矣。迁、流等并年二十八而卒。远叹曰：‘此子并才义英茂，清悟日新。怀此长往，一何痛哉！’道流撰《诸经目》未就，祖为成之，今行于世。”[③]

按：义熙十二年，远公示寂，庐山僧团渐有离去者。且《高僧传》言释道祖与释僧迁、释道流，三人共入庐山七年。然三人入庐山之上限似在远公入庐山之时，然其下限则在本年。兹系于本年。

刘毅征周续之为太学博士

《宋书》载：“刘毅镇姑孰，命（周续之）为抚军参军，征太学博士，并不就。江州刺史每相招请，续之不尚节峻，颇从之游。常以嵇康《高士传》得出处之美，因为之注。”[④]

《庐山记》载：“刘毅命为参军，又辟博士大尉掾，俱不就。”[⑤]

《资治通鉴》载：“（东晋安帝义熙六年）青州刺史诸葛长民、兖州刺史刘藩、并州刺史刘道怜各将兵入卫逮康。藩，豫州刺史毅之从弟也。毅闻卢循入寇，将拒之而疾作；既瘳，将行。刘裕遗毅书曰：‘吾往习击妖贼，晓其变态。贼新获奸利，其锋不可轻。今修船垂毕，当与弟同举。克平之日，上流之任，皆以相委。’又遣刘藩往谕止之。毅怒，谓藩曰：‘往以一时之功相推耳，汝便谓我真不及刘裕邪！’投书于地，帅舟师二万发姑孰。循之初入寇也，使徐道覆向寻阳，循自将攻湘中诸郡。荆州刺史刘道规遣军逆战，败于长沙。循进至巴陵，将向江陵。徐道覆闻毅将至，驰使报循曰：‘毅兵甚盛，成败之事，系之于此，宜并力摧之。若此克捷，江陵不足忧

---

① ［梁］慧皎：《高僧传》卷七，《大正藏》第50册，第373页中。
② ［梁］慧皎：《高僧传》卷七，《大正藏》第50册，第373页下。
③ ［梁］慧皎：《高僧传》卷六，《大正藏》第50册，第363页上。
④ ［梁］沈约：《宋书》卷九十三，中华书局，1974年，第2280页。
⑤ ［宋］陈舜俞：《庐山记》卷三，《大正藏》第51册，第1040页上。

也。’循即日发巴陵，与道覆合兵而下。五月，戊午，毅与循战于桑落洲，毅兵大败，弃船，以数百人步走，余众皆为循所虏，所弃辎重山积。”①

按：刘毅镇姑孰事在义熙六年五月之前。五月兵败于卢循，刘毅至建康待罪。六月，刘毅为后将军。故刘毅征周续之为太学博士事，当在本年五月以前。

晋安帝义熙七年·后秦弘始十三年·北魏永兴三年（411）辛亥

佛驮跋陀罗离开长安至庐山

《出三藏记集》载：“时伪秦主姚兴专志经法，供养三千余僧，并往来宫阙，盛修人事。唯佛贤守静，不与众同。后语弟子云：‘我昨见本乡有五舶俱发。’既而弟子传告外人，关中旧僧道恒等以为显异惑众，乃与三千僧摈遣佛贤，驱逼令去。门徒数百，并惊惧奔散乃与弟子慧观等四十余人俱发，神志从容，初无异色。识真者咸共叹惜，白黑送者数千人。兴寻怅恨，遣使追之。佛贤谢而不还。先是庐山释慧远久服其风，乃遣使入关致书祈请。后闻其被斥，乃书与姚主解其摈事，欲迎出禅法。顷之，佛贤至庐山，远公相见欣然，倾盖若旧。自夏迄冬，译出禅数诸经。佛贤志在游化，居无求安。以义熙八年，遂适荆州。遇外国舶主，既而讯访。果是天竺五舶先所见者也，倾境士庶，竞来礼事。其有奉施，悉皆不受，持钵分卫，不问豪贱。”②

《高僧传》载：“秦主姚兴专志佛法，供养三千余僧，并往来宫阙，盛修人事，唯贤守静，不与众同。（佛驮跋陀罗）后语弟子云：‘我昨见本乡，有五舶俱发。’既而弟子传告外人，关中旧僧，咸以为显异惑众。又贤在长安，大弘禅业，四方乐靖者，并闻风而至。但染学有浅深，得法有浓淡，浇伪之徒，因而诡滑。有一弟子因少观行，自言得阿那含果，贤未即检问，遂致流言，大被谤读，将有不测之祸。于是徒众，或藏名潜去，或逾墙夜走，半日之中，众散殆尽，贤乃夷然不以介意。时旧僧僧䂮、道恒等谓贤曰：‘佛尚不听说己所得法，先言五舶将至，虚而无实，又门徒诳惑，互起同异，既于律有违，理不同止，宜可时去，勿得停留。’贤曰：‘我身若流萍，去留甚易，但恨怀抱未申，以为慨然耳。’于是与弟子慧观等四十余人俱发，神志从

---

①［北宋］司马光：《资治通鉴》卷一百一十五，中华书局，1956年，第3631—3632页。
②［梁］僧祐：《出三藏记集》卷十四，《大正藏》第55册，第104页上。

容，初无异色，识真之众，咸共欢惜，白黑送者千有余人。姚兴闻去怅恨，乃谓道恒曰：‘佛贤沙门，协道来游，欲宣遗教，缄言未吐，良用深慨，岂可以一言之咎，令万夫无导。’因勅令追之。贤报使曰：‘诚知恩旨，无预闻命。’于是率侣宵征，南指庐岳。沙门释慧远久服风名，闻至，欣喜若旧。远以贤之被擯，过由门人，若悬记五舶，止说在同意，亦于律无犯。乃遣弟子昙邕致书姚主及关中众僧，解其擯事，远乃请出禅数诸经。贤志在游化，居无求安，停止岁许，复西适江陵。”①

区结成在《慧远》中指出：“（义熙七年）佛陀跋陀罗被擯出长安，至庐山。慧远请译《修行方便禅经》并为之序。远又使弟子昙邕往长安，致书姚兴及关中众僧代为释辩。”②

龚斌在《慧远法师传》之《慧远年谱》中指出：“（411年）佛驮跋陀罗约于本年率弟子慧观等四十余人，自长安至庐山。慧远闻至欣喜若旧，并遗弟子昙邕，致书姚兴及关中诸僧，解其擯事。远请佛驮跋陀罗译出《禅经修行方便》二卷。《高僧传》卷二《佛驮跋陀罗传》：佛驮跋陀罗，此云觉贤，本姓释迦氏，迦维罗卫人，甘露饭王之苗裔。贤在长安，因宗派之异，遭人毁谤，率弟子慧观等四十余人南至庐山。慧远久闻其名，闻至欣喜若旧，乃遣弟子昙邕致书姚主及关中众僧，解其擯事，并请出禅数诸经。贤停止庐山岁许，复西适江陵。刘裕南讨刘毅，与贤相见，甚敬重之。后随刘裕至京师道场寺。考《通鉴》卷一百十六，义熙八年九月，刘裕帅诸军发建康，征讨荆川刺史刘毅。十月，毅兵败自杀。十一月，裕至江陵。则裕在江陵与佛驮跋陀罗相见亦在此时，而还都在义熙九年。《佛驮跋陀罗传》称其在庐山‘停止岁许’，复西适江陵，则其至庐山之年，当在义熙六七年间。今暂定佛驮跋陀罗于本年至庐山。慧远遣昙邕解擯事，亦在本年。佛驮跋陀罗译出《禅经修行方便》，事见慧远《庐山出修行方便禅经统序》。”③

按：依《高僧传》所云，佛驮跋陀罗志在游化，停庐山一年有余，于义熙八年离开庐山，前往荆州。据此可知，佛驮跋陀罗遭鸠摩罗什僧团摒弃，其时当在本年。

释宝云同佛驮跋陀罗共归南下

《出三藏记集》载：“俄而禅师横为秦僧所擯，徒众悉同其咎，云亦奔散。会庐

---

①［梁］慧皎：《高僧传》卷二，《大正藏》第50册，第335页上。

② 区结成：《慧远》，东大图书公司，1987年，第153页。

③ 龚斌：《慧远法师传》，江西人民出版社，2008年，第250—251页。

山释慧远解其擯事，共归京师，安止道场寺。僧众以云志力坚猛，弘道绝域，莫不披衿咨问，敬而爱焉。”①

《高僧传》载：“（释宝云）后还长安，随禅师佛驮跋陀业禅进道。俄而，禅师横为秦僧所擯，徒众悉同其咎，云亦奔散。会庐山释慧远解其擯事，共归京师，安止道场寺，众僧以云志力坚猛，弘道绝域，莫不披衿咨问，敬而爱焉。”②

按：佛驮跋陀罗本年为秦僧所擯，释宝云恰逢释慧远迎佛驮跋陀罗南下，遂同行之，止道场寺。此事当在本年。

佛驮跋陀罗译《修行方便禅经》等

《出三藏记集》载：“《禅经修行方便》二卷（一名《庾伽遮罗浮迷》，译言《修行地道》，一名《不净观经》，凡有十七品）。”③

《出三藏记集·新集续撰失译杂经录》云：“《庾伽三摩斯经》一卷（译言《修行略》，一名《达磨多罗禅法》，或云《达磨多罗菩萨撰禅经要集》）。”④“《不净观禅经修行方便》二卷。”⑤

《高僧传》载：“远乃请（佛驮跋陀罗）出禅数诸经。”⑥

《众经目录》载：“《达摩多罗禅经》二卷（五十纸）。后秦世佛陀跋陀罗译。”⑦

《古今译经图纪》载：“《达摩多罗禅经》（二卷）。”⑧

《大唐内典录》载：“《达摩多罗禅经》二卷（一名《不净观经》，一名《修行地道经》）。”⑨“《达摩多罗禅经》（二卷，五十纸），后秦佛陀跋陀罗译。”⑩

《大周刊定众经目录》载：“《达摩多罗禅经》一部二卷（一名《不净观经》，一名《地道经》，五纸）。右，东晋代佛陀罗跋陀罗译，出《长房录》。”⑪

① [梁] 僧祐：《出三藏记集》卷十五，《大正藏》第55册，第113页上。
② [梁] 慧皎：《高僧传》卷三，《大正藏》第50册，第339页中。
③ [梁] 僧祐：《出三藏记集》卷二，《大正藏》第55册，第11页下。
④ [梁] 僧祐：《出三藏记集》卷四，《大正藏》第55册，第30页下。
⑤ [隋] 费长房：《历代三宝纪》卷十四，《大正藏》第49册，第116页上。
⑥ [梁] 慧皎：《高僧传》卷二，《大正藏》第50册，第335页中。
⑦ [唐] 静泰：《众经目录》卷一，《大正藏》第55册，第186页下。
⑧ [唐] 靖迈：《古今译经图纪》卷二，《大正藏》第55册，第357页上。
⑨ [唐] 道宣：《大唐内典录》卷三，《大正藏》第55册，第247页上。
⑩ [唐] 道宣：《大唐内典录》卷七，《大正藏》第55册，第298页下。
⑪ [唐] 明佺：《大周刊定众经目录》卷七，《大正藏》第55册，第412页上。

《开元释教录》载："《达摩多罗禅经》二卷（一名《庾伽遮罗浮迷》，译言《修行地道》，于庐山出，一名《不净观经》，亦名《修行方便禅经》，祐云《禅经修行方便》，凡十七品，见《僧祐录》）。"① "《小乘录》中《达摩多罗禅经》与《不净观经》总是一经，其不净观约法为名，达摩多罗就人立称，二部俱存，七误。"② "《达摩多罗禅经》二卷（一名《庾伽遮罗浮述》，译言《修行地道》，一名《不净观经》，亦名《修行方便禅经》。祐云《禅经修行方便》，五十一纸），东晋佛陀跋陀罗译。"③

《贞元新定释教目录》载："《达摩多罗禅经》二卷（一名《庾迦遮罗浮迷》，译言《修行地道》，于庐山出。一名《不净观》，亦名《修行方便禅经》。祐云《修行方便》，凡十七名，远公制《序》，见《僧祐录》）。"④ "《小乘录》中《达摩多罗禅经》与《不净观禅经》总是一经，其不净观约法为名，达摩多罗就人立称，二部俱存，七误。"⑤ "《达摩多罗禅经》二卷（一名《庾伽遮罗浮行地道》，一名《不净观经》，亦名《修行方便禅经》），五十一纸。"⑥

汤用彤在《汉魏两晋南北朝佛教史》（增订本）中指出："然传佛大先之禅法而受付托之重任者，厥为佛陀跋多罗。此师先在长安，遭什公门下之摈斥，乃与弟子慧观等四十余人俱发庐岳。慧远久服风名，而慧观乃远之弟子，觉贤因往就之。远师闻至欣喜，倾盖若旧。乃遣昙邕送书姚主及关中众憎，解其摈事，并请其出禅经（《达摩多罗禅经》）。贤居山年余，与慧观至江陵。后又下都，止道场寺。宋初江陵、建业颇行禅法，盖觉贤之流泽。而觉贤被摈，非得望重德劭之远师之维护，亦不能风行也。"⑦

刘汝霖在《东晋南北朝学术编年》中指出："（411年）按本传既称宋武帝西讨刘毅时佛驮跋陀罗至江陵，又称贤居庐山岁许，则其至江陵当在义熙八年，而其初至庐山，当在六年，其译《禅经》当在六七年之间，故志之于此。"⑧

圣凯在《晋宋时代的禅经译出与禅法传播》中指出："慧皎《高僧传·佛驮跋陀罗传》记载，佛陀跋陀罗译经十五部，《出三藏记集》记为十一部。《出三藏记集》卷二

---

①［唐］智昇：《开元释教录》卷三，《大正藏》第55册，第505页下。
②［唐］智昇：《开元释教录》卷十，《大正藏》第55册，第576页下。
③［唐］智昇：《开元释教录》卷二十，《大正藏》第55册，第721页中。
④［唐］圆照：《贞元新定释教目录》卷五，《大正藏》第55册，第802页中。
⑤［唐］圆照：《贞元新定释教目录》卷十八，《大正藏》第55册，第901页上。
⑥［唐］圆照：《贞元新定释教目录》卷三十，《大正藏》第55册，第1044页下。
⑦ 汤用彤：《汉魏两晋南北朝佛教史》（增订本），北京大学出版社，2011年，第199页。
⑧ 刘汝霖：《东晋南北朝学术编年》，华东师范大学出版社，2010年，第139页。

列出佛陀跋陀罗的译经，其中禅经类：《观佛三昧经》八卷；《禅经修行方便》二卷：一名《庾伽遮罗浮迷》，译言《修行道地》；一名《不净观经》，凡有十七品。《大正藏》中收录佛陀跋陀罗所译《达摩多罗禅经》二卷，但是未列入上述的译经中。但是，《出三藏记集·新集续撰失译杂经录》中记载：'《庾伽三摩斯经》一卷，译言《修行略》，一名《达摩多罗禅法》，或云《达摩多罗菩萨撰禅经要集》，可见在梁朝僧祐时代，《达摩多罗净经》已经被认为是失译经，而且只有一卷。另外，隋法经《众经目录》卷三：'《达摩多罗禅经》二卷'，未注明译者，但是宋、元、明三本加'东晋沙门佛陀跋陀罗译'，可见这是宋以后的藏经才加入译者名。费长房《历代三宝记》却明确列入佛陀跋陀罗的译经：《达摩多罗禅经》二卷，一名《不净观经》，一名《修行道地经》'，而且指出是依《宝唱录》。"①

按：佛驮跋陀罗驻庐山止一年，在山期间，受远公之邀，译出禅数诸经，可知以上禅数诸经，当译于本年。

释慧远作《庐山出修行方便禅经统序》

释慧远所作之《庐山出修行方便禅经统序》，见《出三藏记集》卷九。②

《历代三宝纪》载："《修行方便禅经序》一卷。"③

《众经目录》载："《庐山修行方便禅经序》一卷（释慧远）。"④

《大唐内典录》载："《修行方便禅经序》"⑤

《法苑珠林》载："《修行方便禅经序》。"⑥

日本学者竺沙雅章在《庐山慧远年谱》中指出："（义熙七年）411年，释慧远作《庐山出修行方便禅经统序》。"⑦

台湾华梵佛学研究所编撰之《慧远大师年谱》中指出："（411年）远公撰《庐山出修行方便禅经统序》，誉为禅训之宗。按：觉贤入庐山于上年，'自夏迄冬，译出

① 释圣凯：《晋宋时代的禅经译出与禅法传播》，《闽南佛学》第六辑，宗教文化出版社，2009年，第14—15页。

② [梁]僧祐：《出三藏记集》卷九，《大正藏》第55册，第65页中。

③ [隋]费长房：《历代三宝纪》卷七，《大正藏》第49册，第72页上。

④ [隋]法经：《众经目录》卷六，《大正藏》第55册，第147页下。

⑤ [唐]道宣：《大唐内典录》卷三，《大正藏》第55册，第248页上。

⑥ [唐]道世：《法苑珠林》卷一百，《大正藏》第53册，第1020页下。

⑦ [日]竺沙雅章编：《庐山慧远年谱》，《慧远研究·研究篇》，创文社，1962年，第543页。原文作："411、辛亥：『庐山出修行方便禅经统序』を作る。"

禅经’，知远撰序于是年顷。”[①]

方立天在《魏晋南北朝佛教》之《慧远年谱》中则认为：“（410）罽宾禅师佛陀跋陀罗应智严之邀来长安，因受鸠摩罗什门下的排挤，不久和慧观等离长安，入庐山，受慧远之请，译《修行方便禅经》，慧远作序绍介赞扬。”[②]

按：佛驮跋陀罗翻译《修行方便禅经》似在义熙六、七年间，而释慧远作《庐山出修行方便禅经统序》当在义熙七年。

释智严憩于山东精舍

《出三藏记集》载：“顷者，跋陀横为秦僧所摈，严与西来徒众并分散出关，仍憩山东精舍，坐禅诵经，力精修学。”[③]

《高僧传》载：“顷之，跋陀横为秦僧所摈，严亦分散，憩于山东精舍，坐禅诵经，力精修学。”[④]

按：佛驮跋陀罗于本年为鸠摩罗什僧团所摈弃，释智严亦于同时离开长安。佛驮跋陀罗南下入庐山释慧远僧团，释智严则行至山东。

比丘道护作道士支昙谛诔

比丘道护作道士支昙谛诔，见《广弘明集》卷二十三。[⑤]

《广弘明集》载：“晋义熙七年五月某日，道士支昙谛卒，春秋六十有五。呜呼哀哉！法师肇胤西域，本生康居，因族以国氏，既伏膺师训，乃从法姓支。徙于吴兴郡乌程县都乡千秋里，资金商之贞气，藉阳育之韶律，胄遐方而诞秀，协川岳而禀神。识情湛粹，风宇明肃，道致表于天期，德范彰于素器。贞悟独拔，群异不足以动其心。至诚深固，众论莫能干其执。是以超尘绝诣，慧旨发于弱龄。研微耽玄，明道昭于岁暮。故能振灵风于神境，演妙化于季叶。嗣清前哲，穆道俗而归怀焉。游涉众方，敷扬大业，妙寻幽赜，清言析微。加以善属文辞，识赏参流，固已谐契风胜领冠一时矣。公之中年，爰乃慨以城傍难置，幽居为节。且山水之性，素好自然。静外之默，体自天心。于是谢缘人封，遁迹岩壑，乃考室于吴兴郡故障之昆山，味道崇化

① 华梵佛学研究所编：《慧远大师文集》，原泉出版社，1980年，第116页。

② 方立天：《方立天文集》第一卷《魏晋南北朝佛教》，中国人民大学出版社，2006年，第191页。

③［梁］僧祐：《出三藏记集》卷十五，《大正藏》第55册，第112页下。

④［梁］慧皎：《高僧传》卷三，《大正藏》第50册，第339页中。

⑤［唐］道宣：《广弘明集》卷二十三，《大正藏》第52册，第263页下。

二十余载。其栖业所弘，可以洗心涤吝。筌象之美，足以穷兴永年。于是晞宗归仁者，自群方而集。钦风怀趣者，不远而叩津焉。于时时望英豪多延请斋讲，公虚心应物，不尝以动止介怀，推诚述义，未始以道俗殊致。其中抱壹之德，又遐迩所推。方将洒拂玄路，缉维颓风。超外妙梯，拟辙玄踪。惜乎！不永遘疾而终！识者深云亡之痛，悠情感惟良之悲。盖无爵而贵，生荣死哀者，此之谓矣。虽至理，冥一存亡定于形初，玄识妙照，骸器同于朽壤。然而阙情期于欣戚之境，未泯乎离会之心者，亦何能不以失得为悲喜。临长岐而凄怀哉，苟冥废之难体，寄筌翰以怀风。援弱毫而舒情，播清晖乎无穷。”①

释道安《大十二门经序》云：“比丘竺道护，于东垣界《贤者经》中得。”②

《名僧传抄》载：“伪秦飞龙山竺道护。”③

按：道护，未详其人。《广弘明集》缺字，丘道护，似是比丘竺道护。

支昙谛尝作《会通论》等

《出三藏记集》载：“《会通论》（支昙谛）。”④“《神本论》（支昙谛）。”⑤

《大唐内典录》载：“《会通论》（支昙谛）。”⑥

《隋书·经籍志》载：“晋沙门《支昙谛集》，六卷。”⑦

释法显浮海东还

《高僧法显传》载：“（释法显）得此梵本已，即载商人大舶，上可有二百余人。后系一小舶，海行艰崄，以备大舶毁坏。得好信风，东下三日，便值大风。舶漏水入。商人欲趣小舶，小舶上人恐人来多，即斫绳断，商人大怖，命在须臾，恐舶水满，即取粗财货掷著水中。法显亦以君墀及澡罐并余物弃掷海中，但恐商人掷去经像，唯一心念观世音及归命汉地众僧：‘我远行求法，愿威神归流，得到所止。’如是大风昼夜十三日，到一岛边。潮退之后，见船漏处，即补塞之。于是复前。海中多有抄贼，遇辄无全。大海弥漫无边，不识东西，唯望日月星宿而进。若阴雨时，为逐

①［唐］道宣：《广弘明集》卷二十三，《大正藏》第52册，第263页下。

②［梁］僧祐：《出三藏记集》卷六，《大正藏》第55册，第46页中。

③［梁］宝唱：《名僧传抄》卷一，《卍续藏》第77册，第346页下。

④［梁］僧祐：《出三藏记集》卷十二，《大正藏》第55册，第83页上。

⑤［梁］僧祐：《出三藏记集》卷十二，《大正藏》第55册，第84页下。

⑥［唐］道宣：《大唐内典录》卷十，《大正藏》第55册，第327页上。

⑦［唐］房玄龄等：《晋书》卷三十五，中华书局，1974年，第1070页。

风去，亦无所准。当夜暗时，但见大浪相搏，晃若火色。鼋、鼍水性怪异之属，商人荒懅不知那向。海深无底，又无下石住处。至天晴已，乃知东西，还复望正而进。若值伏石，则无活路。如是九十许日，乃到一国，名耶婆提。其国外道、婆罗门兴盛，佛法不足言。停此国五月日。”①

《出三藏记集》载：“复得《弥沙塞律》《长阿含》《杂阿含》及杂藏本，并汉土所无。既而附商人大舶还东。舶有二百许人，值大暴风，舶坏水入。众人惶怖，即取杂物弃之。显恐商人弃其经像，唯一心念观世音，及归命汉土众僧。大风昼夜十三日，吹舶至岛下，治舶竟前。时阴雨晦冥，不知何之，唯任风而已。若值伏石及贼，万无一全。行九十日，达耶婆提国，停五月日。”②

日本学者足立喜六在《〈法显传〉考证》中指出：“法显东航约十五日，漂流九十余日，留耶婆提国五月。翌年四月十五日出航耶婆提国，由此推算则其出发师子国当为义熙七年（西历四一一年）八月倾。义熙七年八月正当西历四一一年九月（阳历）。”③

《妙法莲华经》卷一比丘兴达等题记

董作宾之《敦煌纪年表》载：“建初七年岁次辛亥七月二十一日张佛生供养《妙法莲华经》。”④

罗福颐在《由魏晋南北朝的写经看当时的书法》中指出：“此经是新疆库车附近发现的。尾题有建初七年岁次辛亥字样，可确定这是西凉李嵩时的写本。建初七年（公元411年）当东晋义熙七年。此经书法浑古奇伟，茂密生动，非六朝人不能为。”⑤

《中国古代写本识语集录》所录《妙法莲华经》卷一比丘兴达等题记云：“比丘弘僧强写，第一。建初七年岁庚辛亥七月廿一日，比丘弘施、惠度、兴达，共劝助校一遍。时劝助磨墨，贤者张佛生。经名《妙法莲花》，兴达所供养。”⑥

按：罗福颐在《文物》杂志上发表的这篇文章，是以“紫溪”的笔名而发表的。

---

①［东晋］法显：《高僧法显传》卷一，《大正藏》第51册，第865页下。
②［梁］僧祐：《出三藏记集》卷十五，《大正藏》第55册，第112页上。
③［日］足立喜六著，何健民、张小柳译：《〈法显传〉考证》，商务印书馆，1936年，第276页。
④ 董作宾：《董作宾先生全集·乙编》第三册，艺文印书馆，1977年，第202页。
⑤ 紫溪：《由魏晋南北朝的写经看当时的书法》，《文物》1963年第4期。
⑥［日］池田温：《中国古代写本识语集录》，东京大学东洋文化研究所，1990年，第81页。

《成实论记》

《成实论记》云："大秦弘始十三年岁次豕韦九月八日，尚书令姚显请出此《论》，至来年九月十五日讫。外国法师拘摩罗耆婆手执胡本，口自传译，昙晷笔受。"①

《众经目录》载："《成实论》二十四卷（后秦世罗什译）。"②"《成实论》二十一卷，后秦世罗什译。"③"《成实论》二十卷（四百纸，或二十四卷），后秦世罗什译。"④

《古今译经图纪》载："《成实论》一部（十六卷）。"⑤

《大唐内典录》载："《成实论》（二十卷，或十四卷，四百纸），后秦罗什译。"⑥"《成实论》（二十卷，二帙）。"⑦"《成实论》（四卷，四百纸。二十卷或十），后秦罗什译。"⑧

《大周刊定众经目录》载："《成实论》一部二十四卷（或二十卷，或十六卷，或十四卷，四百七十七纸）。右，后秦罗什于长安译，出《长房录》。"⑨

《开元释教录》载："《成实论》二十卷（或二十四，或十六，或十四。弘始十三年九月八日，尚书令姚显请出，至十四年九月十五日讫。昙晷等受，佛灭后九百年，诃梨跋摩造。见《僧祐录》）。"⑩

《贞元新定释教目录》载："《成实论》二十卷（或二十四，或二十七，或十六，或十四。弘始十三年九月八日尚书令姚显请出，至十四年九月十五日讫。昙晷笔受，佛后九百年诃梨跋摩造，见《僧祐录》）。"⑪"《成实论》二十卷，诃梨跋摩造（凡一百二品，或二十四卷）。姚秦三藏鸠摩罗什译，单本。"⑫"《成实论》二十卷（凡二百二品，或二十四卷，或二十七卷，或十四卷，或十六卷），二帙，

---

①［梁］僧祐：《出三藏记集》卷十一，《大正藏》第55册，第78页上。

②［隋］法经：《众经目录》卷五，《大正藏》第55册，第142页中。

③［隋］彦琮：《众经目录》卷一，《大正藏》第55册，第156页上。

④［唐］静泰：《众经目录》卷一，《大正藏》第55册，第188页中。

⑤［唐］靖迈：《古今译经图纪》卷三，《大正藏》第55册，第359页中。

⑥［唐］道宣：《大唐内典录》卷七，《大正藏》第55册，第301页上。

⑦［唐］道宣：《大唐内典录》卷八，《大正藏》第55册，第311页下。

⑧［唐］道宣：《大唐内典录》卷九，《大正藏》第55册，第324页下。

⑨［唐］明佺：《大周刊定众经目录》卷十，《大正藏》第55册，第435页上。

⑩［唐］智昇：《开元释教录》卷四，《大正藏》第55册，第513页上。

⑪［唐］圆照：《贞元新定释教目录》卷六，《大正藏》第55册，第810页上。

⑫［唐］圆照：《贞元新定释教目录》卷二十三，《大正藏》第55册，第954页下。

三百九十八纸。”[①]

释僧济卒

《高僧传》载：“（释僧济）后停山少时，忽感笃疾，于是要诚西国，想像弥陀，远遗济一烛曰：‘汝可以建心安养，竞诸漏刻。’济执烛凭机，停想无乱，又请众僧夜集，为转无量寿经。至五更中，济以烛授同学，令于僧中行之，于是暂卧，因梦见自秉一烛，乘虚而行，睹无量寿佛，接置于掌，遍至十方，不觉欻然而觉，具为侍疾者说之，且悲且慰，自省四大了无疾苦。至于明夕，忽索履起立，目逆虚空，如有所见。须臾还卧，颜色更悦，因谓傍人云：‘吾其去矣。’于是转身右胁，言气俱尽，春秋四十有五矣。”[②]

《净土往生传》载：“晋安之时，（释僧济）尝入庐山。”[③]

按：盖僧济尝至庐山，访远公求教，而外出讲学十五载，终往生于庐山。时远公尤在，僧济之年，依《高僧传》，考其年寿，似卒于本年。另见东晋废帝太和五年（370年）“释僧济生”条。

释僧瑜生

《高僧传》载：“释僧瑜，姓周，吴兴余杭人。弱冠出家，业素纯粹。”[④]

《高僧传》载：“（释僧瑜）以宋孝建二年（455年）六月三日，集薪为龛，并请僧设斋，告众辞别。是日，云雾晦合，密雨交零。瑜乃誓曰：‘若我所志克明，天当清朗，如其无感，便当滂注。使此四辈知神应之无昧也。’言已，云景明霁。至初夜竟，便入薪龛中，合掌平坐，诵《药王品》，火焰交至，犹合掌不散。道俗知者，奔赴弥山，并稽首作礼，愿结因缘。咸见紫气腾空，久之乃歇。时年四十四。”[⑤]

据此推之，释僧瑜当生于本年。

东青园寺建立

《弘赞法华传》载：“晋义熙七年，王荆州（王忱）殷夫人创造东青园寺，寺中

---

① [唐] 圆照：《贞元新定释教目录》卷三十，《大正藏》第55册，第1044页上。

② [梁] 慧皎：《高僧传》卷六，《大正藏》第50册，第362页中。

③ [宋] 戒珠：《净土往生传》卷一，《大正藏》第51册，第110页下。

④ [梁] 慧皎：《高僧传》卷十二，《大正藏》第50册，第405页上。

⑤ [梁] 慧皎：《高僧传》卷十二，《大正藏》第50册，第405页上。

造法华台一所。”①

《南朝寺考》载：“原注青园寺有二，一为僧寺，一为尼寺，必不可合而为一。宋元诸志均失之，今考《高僧传》及《塔寺记》，皆梁代高僧所著，闻见必确，其载寺创立，各执一说，益信为两寺无疑。《高僧传》谓为晋褚皇后立者僧寺也，故竺道生得居之。改名龙光之后，佛驮什等皆栖止于是，唐后废建，皆此寺也。《塔寺记》谓为宋王驸马立者尼寺也，故尼业首得居之，而净秀尼亦落发于此。宋废帝又尝乘露车往青园尼寺，若为僧寺，则此时已改名龙光，何以复称青园，特书之曰尼寺乎？盖两寺皆在覆舟山下，均以地为寺名，是以僧寺因龙见而名改，以示别于尼寺。《乾道志》谓：‘龙光寺在城西龙光门外。’大误，至今覆舟山东有小山，仍名龙光，盖以此寺得名耳。”②

魏阿金造像记

《北朝关中地区造像记整理与研究》所录《魏阿金造像记》载：“大代永兴三年岁次辛亥四月□□朔（下阙）魏阿金（下阙）现世眷属，造如来像一区，愿亡母永生□国，法界众生，咸同斯愿，托（下阙）。”③

魏宏利在《魏阿金造像记》校记中指出：“本造像1972年出土于西安市三桥南闫庄，现藏西安博物院。本造像未见公开发表，本次整理，据造像照片录文并标点。据造像记，本文当作于北魏永兴三年（411）四月。按：北魏一朝前后有两个‘永兴’年号，一为明元帝拓跋嗣时期，一为孝武帝元脩时期，但后者前后不过两月即改元永熙，不存在三年之说。又，拓跋嗣永兴三年为辛亥岁，与本造像纪年相合，故可确认本造像为明元帝永兴三年雕造。本造像在已发现的北朝关中地区造像中为较早者，具有十分重要的意义。众所周知，北魏太平真君七年（446）三月太武帝拓跋焘发动了中国佛教史上第一次大规模镇压佛教运动，史称‘太武灭佛’。对这次‘灭佛’的经过，《魏书·释老志》《高僧传》《南齐书·魏虏传》等文献多有记载，其情形极其惨烈，运动发起地长安的佛教寺院、经像等悉被破坏。作为这些描述的某种间接印证，今西安附近所发现的佛教造像多为5世纪后半以来的作品，很少有可以追溯到废佛以前的创作，而很长一段时间以来被认为唯一一件雕刻于此前北魏始光元年（424）的《魏文朗

---

①［唐］惠详：《弘赞法华传》卷一，《大正藏》第51册，第13页中。

②［清］刘世珩：《南朝寺考》，普惠大藏经刊行会校印本，民国三十三年，第33页。

③ 魏宏利：《北朝关中地区造像记整理与研究》，中国社会科学出版社，2017年，第7页。

造像碑》，近来也被怀疑其真正的创作时代应在6世纪初（其说详见《魏文朗造像记》校记）。本造像创作之时间更较始光为早，其未遭破坏而能重现于今，实属难得。值得注意的是，拓跋嗣永兴时期关中长安地区尚不属北魏之势力范围，此像形制不大，颇疑其最初为北魏统治旧地所雕造，魏灭赫连夏据有长安后方被人携带至此。”①

晋安帝义熙八年·后秦弘始十四年·北凉玄始元年·西秦永康元年（412）壬子

刘毅自杀

《法苑珠林》载：“宋高祖平桓玄后，以刘毅为抚军将军、荆州刺史。到州便收牛牧寺僧主，云藏桓家儿度为沙弥。并杀四道人。后夜梦见此僧来云：‘君何以枉见杀贫道？贫道已白于天帝，恐君亦不得久。’因遂得病不食，日尔羸瘦。当发杨都时，多有诤竞，侵凌宰辅。宋高祖因遣人征之。毅败，夜单骑突出，投牛牧寺。僧白抚军：‘昔枉杀我师，我道人自无执仇之理。然何宜来此？亡师屡有灵验，云：‘天帝当收抚军，于寺杀之。’毅便叹咤，出寺后岗上大树自缢而死。”②

《建康实录》载：“及卢循反，乘虚而进，毅将南征，刘裕乃遣毅从弟藩送书往上毅，毅大怒曰：‘我以一时之功相推耳，汝便谓我不及刘裕耶！’遂投书于地。率军发自姑孰，为循所败于桑落，仅而获免，深不自安，刘裕使慰谕之。及循平后，知物情不在已，请解军府出镇，裕表为荆州刺史。既至江陵，聚兵万余，乃告疾笃，表请藩为副。裕知其贰于已，故诛藩、混，率众西讨，使王镇恶破之。毅单骑而走，去江陵北二十里，自缢于牛牧寺。经宿，居人以告，乃斩尸于市。”③

《资治通鉴》载：“（东晋安帝义熙八年）冬，十月，己未，镇恶至豫章口，去江陵城二十里，舍船步上。蒯恩军居前，镇恶次之。舸留一二人，对舸岸上立六七旗，旗下置鼓，语所留人：‘计我将至城，便鼓严，令若后有大军状。’又分遣人烧江津船舰。镇恶径前袭城，语前军士：‘有问者，但云刘兖州至。’津戍及民间皆晏然不疑。未至城五六里，逢毅要将硃显之欲出江津，问：‘刘兖州何在？’

---

① 魏宏利：《北朝关中地区造像记整理与研究》，中国社会科学出版社，2017年，第7—8页。

②［唐］道世：《法苑珠林》卷七十三，《大正藏》第53册，第841页中。

③［唐］许嵩撰，张忱石点校，《建康实录》卷十，中华书局，1986年，第338页。

军士曰：‘在后。’显之至军后，不见旛，而见军人担彭排战具，望江津船舰已被烧，鼓严之声甚盛，知非旛上，便跃马驰去告毅，行令闭诸城门。镇恶亦驰进，门未及下关，军人因得入城。卫军长史谢纯入参承毅，出闻兵至，左右欲引车归。纯叱之曰：‘我，人吏也，光将安之！’驰还入府。纯，安兄据之孙也。镇恶与城内兵斗，且攻其金城。自食时至中晡，城内人败散。镇恶穴其金城而入，遣人以诏及赦文并裕手书示毅，毅皆烧不视，与司马毛修之等督士卒力战。城内人犹未信裕自来，军士从毅自东来者，与台军多中表亲戚，且斗且语，知裕自来，人情离骇。逮夜，听事前兵皆散，斩毅勇将赵蔡，毅左右兵犹闭东西閤拒战。镇恶虑暗中自相伤犯，乃引军出围金城，开其南面。毅虑南有伏兵，夜半，帅左右三百许人开北门突出。毛修之谓谢纯曰：‘君但随仆去。’纯不从，为人所杀。毅夜投牛牧佛寺。初，桓蔚之败也，走投牛牧寺僧昌，昌保藏之，毅杀昌。至是，寺僧拒之曰：‘昔亡师容桓蔚，为刘卫军所杀，今实不敢容异人。’毅叹曰：‘为法自弊，一至于此！’遂缢而死。明日，居人以告，乃斩首于市，并子侄皆伏诛。毅兄模奔襄阳，鲁宗之斩送之。”①

姚兴皇后张氏遗嘱承承造珠像

《十六国春秋》载：“弘始五年，（姚）兴立其昭仪张氏为皇后。”②

《十六国春秋》载：“弘始十五年，（姚）兴立昭仪齐氏为皇后。”③

《姚嵩谢后秦主姚兴珠像表》云：“臣言奉珠像承，是皇后遗嘱所建。礼觐之日，永慕罔极。伏惟感往增怀。臣言先承陛下亲营像事，每注心延望，迟冀暂一礼敬，不悟圣恩垂及，乃复与臣供养。此像既功宝并重，且于制作之理，拟若神造中来。所见珠像，诚当奇妙。然方之于此，信复有间。瞻奉踊跃，实在无量。夫受干施者无报，蒙恩隆者无谢。虽欲仰陈愚诚，亦复莫知所尽，臣言。”④

按：姚兴皇后张氏，弘始五年春正月被立为后秦皇后，弘始十五年春正月，姚兴立齐氏为皇后；且姚嵩致姚兴书云“是皇后遗嘱所建”，可知张皇后当卒于弘始十四年。姚兴披览佛典，亲近沙门，崇佛甚笃。张皇后似亦信仰佛教。

---

①［北宋］司马光：《资治通鉴》卷一百一十六，中华书局，1956年，第3652—3653页。

②［北魏］崔鸿撰，［清］汤球辑补：《十六国春秋辑补》卷五十二，齐鲁书社，2000年，第399页。

③［北魏］崔鸿撰，［清］汤球辑补：《十六国春秋辑补》卷五十三，齐鲁书社，2000年，第410页。

④［唐］道宣：《广弘明集》卷十八，《大正藏》第52册，第228页下。

姚兴作《通三世论》并咨询鸠摩罗什

《通三世论以咨什法师》云："曾问诸法师，明三世或有或无，莫适所定。此亦是大法中一段处所，而有无不泮，情每慨之。是以忽疏野怀，聊试孟浪言之。诚知孟浪之言，不足以会理。然胸襟之中，欲有少许意，了不能默已，辄疏条相呈，匠者可为折衷。余以为三世一统，循环为用，过去虽灭，其理常在。所以在者，非如《阿毗昙》注言：'五阴块然，喻若足之履地，真足虽往，厥迹犹存。'未来如火之在木，木中欲言有火耶？视之不可见，欲言无耶？缘合火出。《经》又云：'圣人见三世。'若其无也，圣无所见。若言有耶，则犯常嫌。明过去、未来，虽无眼对，理恒相因。苟因理不绝，圣见三世，无所疑矣。"①

《姚兴与安成侯嵩书》云："吾曾以己所怀，疏条摩诃衍诸义，图与什公平详厥衷，遂有哀，故不复能断理。未久，什公寻复致变。自尔丧戎相寻，无复意事，遂忘弃之。"②

徐文明在《中国佛教哲学》中指出："姚兴《通三世论》较早，罗什亦有答语。其所条疏大乘义大概是在弘始十四年（412），本欲呈与什公评详，然遇哀未果。此哀何也？览姚嵩答书'臣言，奉珠像，承是皇后遗嘱所建'可知，指的是弘始十四年张皇后之卒。据《资治通鉴》卷一百一十二，'是岁（秦弘始四年）秦王兴立昭仪张氏为皇后'，而卷一百一十六谓弘始十四年'秦立昭仪齐氏为后'，可知是岁张皇后已逝，故立齐氏代之。张氏为后十余年，姚兴自然难为太上，遇其西归，心中哀痛，没有心思再去向罗什请教大乘之义了，此亦情理之本然。"③

按：据《姚兴与安成侯嵩书》之文意，姚兴作《通三世论》并致书以咨鸠摩罗什，其时似在弘始十四年。张皇后似薨于十四年年底。鸠摩罗什得姚兴《通三世论》，复书以答姚兴之惑。至弘始十五年四月，什公亦入涅槃。时后秦重臣丧亡者众，姚兴悲痛一时，其含咏玩味佛理之情亦无，此事遂寝。故姚兴作《通三世论》并致书鸠摩罗什，事当在本年。

鸠摩罗什答姚兴《通三世论》

《什法师答》云："雅论大通，甚佳。去来定无，此作不通。佛说色阴，三世和

---

①［唐］道宣：《广弘明集》卷十八，《大正藏》第52册，第228页上。

②［唐］道宣：《广弘明集》卷十八，《大正藏》第52册，第228页上。

③ 徐文明：《中国佛教哲学》，宗教文化出版社，2008年，第149页。

合，总名为色，五阴皆尔。又云：从心生心，如从谷生谷，以是故知。必有过去无无因之咎。又云：六识之意识，依已灭之意为本，而生意识。又，正见名过去业，未来中果，法也。又，十力中第二力，知三世诸业。又云：若无过去业，则无三途报。又云：学人若在有漏心中，则不应名为圣人。以此诸比，固知不应无过去，若无过去、未来，则非通理，经法所不许。又十二因缘，是佛法之深者。若定有过去、未来，则与此法相违。所以者何？如有谷子、地水时节，牙根得生，若先已定有，则无所待有。若先有，则不名从缘而生。又若先有，则是常倒。是故不得定有，不得定无。有无之说，唯时所宜耳。以过去法起行业，不得言无。又云：今不与目对，不得言有。雅论之通，甚有佳致。又大品所明，过去如不离未来现在如。未来、现在，如亦不离过去如。此亦不言无也。此实是经中之大要，俟得高对，通复尽之。”①

按：鸠摩罗什答姚兴《通三世论》之书，前条已考，兹不赘述。此文之作，似在本末、来年初。兹系于本年。

佛陀耶舍译出《四分律》等

《出三藏记集》载：“于时罗什出《十住经》，一月余日，疑难犹豫，尚未操笔。耶舍既至，共相征决，辞理方定。道俗三千余人，皆叹其赏要。为人髭赤，善解《毗婆沙》，故时人号曰赤髭毗婆沙。既为罗什之师，亦称大毗婆沙。四辈供养，衣钵供具，满三间屋，不以关心。兴为货之，于城南造僧伽蓝。佛陀耶舍先诵《昙无德律》，伪司隶校尉姚爽请令出之。姚兴疑其遗谬，乃试耶舍，令诵《民籍》《药方》各四十余纸。三日乃执文覆之，不误一字。众服其强记。即以弘始十二年译出为四十五卷，并出《长阿含经》，减百万言。”②

《高僧传》载：“于时罗什出《十住经》，一月余日，疑难犹豫，尚未操笔。（佛陀）耶舍既至，共相征决，辞理方定，道俗三千余人，皆叹其当要。舍为人赤髭，善解《毗婆沙》。时人号曰赤髭毗婆沙。既为罗什之师，亦称大毗婆沙。四事供养，衣钵卧具，满三间屋，不以关心，姚兴为货之，于城南造寺。耶舍先诵《昙无德律》，伪司隶校尉姚爽请令出之，兴疑其遗谬，乃请耶舍，令诵羌籍药方可五万言。经二日，乃执文覆之，不误一字，众服其强记。即以弘始十二年译出《四分律》，凡

① ［唐］道宣：《广弘明集》卷十八，《大正藏》第52册，第228页中。

② ［梁］僧祐：《出三藏记集》卷十四，《大正藏》第55册，第102页下。

四十四卷，并《长阿含》等。凉州沙门竺佛念译为秦言，道含笔受。”①

《众经目录》载：“《四分律》六十卷（后秦世，沙门佛陀耶舍共竺佛念译）。”②“《四分律》六十卷（一千二百一十纸），后秦世佛陀耶舍共竺佛念译。”③

《古今译经图纪》载：“《四分戒本》（一卷）。《四分律》（四十五卷）。”④

《大唐内典录》载：“（佛陀耶舍）先尝诵《四分律》，疑其遗谬，乃试诵羌籍药方，可五万言，二日覆之，不误一字，众咸揖服。弘始十二年译《四分》等。”⑤“《四分律》（六十卷，一千一纸），后秦弘始年佛陀耶舍于常安译。”⑥“《昙无德四分律》（六十卷，一千二百一十纸），后秦弘始年佛陀耶舍于常安译。”⑦

《大周刊定众经目录》载：“《四分律》一部四十五卷（或七十卷，或六十卷，一千五百二十八纸）。右，后秦弘始年佛陀耶舍共竺佛念于常安译，出《长房录》。《四分比丘僧戒本》一卷（二十七纸）。右，后秦佛陀耶舍于常安译，出《内典录》。”⑧

《开元释教录》载：“《四分律》六十卷（亦云《昙无德律本》。译四十五卷，或云四十卷，或云四十四卷，今亦有七十卷者，弘始十年于寺中出，慧辩传译，见《晋世杂录》及《祐录》《僧传》等）。《四分僧戒本》一卷（或无‘僧’字，亦云《昙无德戒本》，见《晋世杂录》及《僧祐录》）。”⑨“耶舍先诵《昙无德律》，司隶校尉姚爽（或云姚奭）请令出之，（姚）兴疑其遗谬，乃试耶舍，令诵羌籍药方各四十余纸，三日乃执文覆之，不误一字，众服其强记。即以弘始十年戊申，译《四分律》并《长阿含》等经。”⑩“《四分律》六十卷（或四十五，或七十卷，六帙）。姚秦罽宾三藏佛陀耶舍共竺佛念等译（单本）。右一经，即法密部毗奈耶藏，佛圆寂后三百年中，从化地部之所出也（其饮光部但有戒本，律藏未翻）。”⑪“《四分律》六十卷（或四十五卷，或七十卷，或云四十卷，或云四十四卷，六帙，一千三百一十五纸）。

---

①［梁］慧皎：《高僧传》卷二，《大正藏》第50册，第333页下。
②［隋］法经：《众经目录》卷五，《大正藏》第55册，第140页上。
③［唐］静泰：《众经目录》卷一，《大正藏》第55册，第187页下。
④［唐］靖迈：《古今译经图纪》卷三，《大正藏》第55册，第359页下。
⑤［唐］道宣：《大唐内典录》卷三，《大正藏》第55册，第254页中。
⑥［唐］道宣：《大唐内典录》卷七，《大正藏》第55册，第300页上。
⑦［唐］道宣：《大唐内典录》卷九，《大正藏》第55册，第324页上。
⑧［唐］明佺：《大周刊定众经目录》卷十，《大正藏》第55册，第432页中。
⑨［唐］智昇：《开元释教录》卷四，《大正藏》第55册，第516页中。
⑩［唐］智昇：《开元释教录》卷四，《大正藏》第55册，第517页中。
⑪［唐］智昇：《开元释教录》卷十三，《大正藏》第55册，第618页下。

姚秦佛陀耶舍共竺佛念译。”①

《贞元新定释教目录》载：“《四分律》六十卷（亦云《昙无德律本》，译四十五卷，或云四十卷，或云四十四卷，今亦有七十卷者。弘始十年于中寺出，慧辩译，肇制《序》，见《晋世杂录》及《祐录》《高僧传》等）。”②“《四分律》六十卷（或四十五，或七十），六帙。姚秦罽宾三藏佛陀耶舍其竺佛念译，单本。右一经，即法密部毗奈耶藏。佛圆寂后三百年中，从化地部之所出也（其饮光部但有戒本，律藏未翻）。”③“《四分律》六十卷（或四十五卷，或七十卷，或四十卷，或云四十四卷），六帙，一千二百一十五纸。”④

许抗生在《僧肇评传》中指出：“《长阿含经序》明确说《四分律》从弘始十二年（公元410年）开始翻译，弘始十四年（公元412年）译讫的，而《高僧传》只说弘始十二年译出《四分律》，似于此年已译出。这可能是弘始十年（即戊申年）佛陀耶舍来到长安，即在其年开始翻译律藏，而《四分律》于弘始十二年初步译出，但‘校定陶练反复’，作为定本则在弘始十四年。这一情况也是可能的立由此可知，《四分律序》应作于弘始十四年（公元412年）之后。”⑤

佛陀耶舍至庐山

《庐山记》载：“晋义熙八年壬子，（佛陀耶舍）入庐山，为远公预社之客。”⑥

《佛祖统纪》载：“（佛驮耶舍）义熙八年来庐山入社，后辞还本国。”⑦“罽宾国佛驮耶舍至庐山预莲社。先于秦国译《四分律长阿含》，又与罗什对译《十住婆沙论》。以髭赤号为赤髭论主。”⑧

佛驮跋陀罗至荆州

《出三藏记集》载：“佛贤志在游化，居无求安。以义熙八年，遂适荆州。遇外国舶主，既而讯访。果是天竺五舶先所见者也，倾境士庶，竞来礼事。其有奉施，悉

①［唐］智昇：《开元释教录》卷二十，《大正藏》第55册，第719页上。
②［唐］圆照：《贞元新定释教目录》卷六，《大正藏》第55册，第813页中。
③［唐］圆照：《贞元新定释教目录》卷二十三，《大正藏》第55册，第951页下。
④［唐］圆照：《贞元新定释教目录》卷三十，《大正藏》第55册，第1042页中。
⑤ 许抗生：《僧肇评传》，《中国思想家评传丛书》第四十二册，南京大学出版社，1998年，第12页。
⑥［宋］陈舜俞：《庐山记》卷三，《大正藏》第51册，第1041页中。
⑦［宋］志磐：《佛祖统纪》卷二十六，《大正藏》第49册，第267页中。
⑧［宋］志磐：《佛祖统纪》卷三十六，《大正藏》第49册，第342页下。

皆不受，持钵分卫，不问豪贱。时陈郡袁豹为宋武帝太尉长史，在荆州。佛贤将弟子慧观诣豹乞食。豹素不敬信，待之甚薄。未饱辞退，豹曰：‘似未足，且复小留。’佛贤曰：‘檀越施心有限，故今所设已罄。’豹即呼左右益饭，饭果尽。豹大惭。既而问慧观曰：‘此沙门何如人？’观答曰：‘德量高邈，非凡人所测。’豹深叹异，以启太尉。太尉请与相见，甚崇敬之，资供备至。”①

《高僧传》载：“贤志在游化，居无求安，停止岁许，复西适江陵。遇外国舶至，既而讯访，果是天竺五舶，先所见者也。倾境士庶，竞来礼事，其有奉遗，悉皆不受，持钵分卫，不问豪贱。时陈郡袁豹，为宋武帝太尉长史，宋武南讨刘毅，随府届于江陵。贤将弟子慧观诣豹乞食，豹素不敬信，待之甚薄，未饱辞退，豹曰：‘似未足，且复小留。’贤曰：‘檀越施心有限，故令所设已罄。’豹即呼左右益饭，饭果尽，豹大惭愧。既而问慧观曰：‘此沙门何如人。’观曰：‘德量高邈，非凡所测。’豹深叹异，以启太尉。太尉请与相见，甚崇敬之，资供备至。”②

《资治通鉴》载：“（东晋安帝义熙八年）十一月，己卯，太尉裕至江陵。”③

按：刘裕于本年十一月至次年二月居江陵，则佛驮跋陀罗与刘裕会面与谈，似在本年之末。

释慧远于庐山中建佛龛

谢灵运所作之《佛影铭》，见《广弘明集》卷十五。④

谢灵运《佛影铭》云：“夫大慈弘物，因感而接，接物之缘，端绪不一。难以形捡，易以理测，故已备载经传，具著记论矣。虽舟壑缅谢，像法犹在。感运钦风，日月弥深。法显道人至自祇洹，具说佛影，偏为灵奇。幽岩嵁壁，若有存形。容仪端庄，相好具足。莫知始终，常自湛然。庐山法师闻风而悦，于是随喜幽室，即考空岩。北枕峻岭，南映彪涧。摹拟遗量，寄托青采。岂唯象形也笃，故亦传心者极矣。道秉道人远宣意旨，命余制铭。以充刊刻，古铭所始，寔由功被。未有道宗崇大，若此之比，岂浅思肤学所能宣述。事经徂谢，永眷罔已。辄罄竭劣薄，以诺心许。徽猷秘奥，万不写一。庶推诚心，颇感群物，飞鸮有革音之期，阐提获自拔之路。当相寻

---

①［梁］僧祐：《出三藏记集》卷十四，《大正藏》第55册，第104页上。

②［梁］慧皎：《高僧传》卷二，《大正藏》第50册，第335页中。

③［北宋］司马光：《资治通鉴》卷一百一十六，中华书局，1956年，第3655页。

④［唐］道宣：《广弘明集》卷十五，《大正藏》第52册，第199页中。

于净土，解颜于道场。”①

区结成在《慧远》中指出：“（义熙八年）慧远闻法显于西域山中见佛影，遂于庐山建龛室，请画工写佛影画，又使弟子道秉往邀谢灵运为制铭文以充刊刻。佛影铭成，慧远为之序。”②

曹虹在《慧远评传》中指出：“谢灵运对慧远抱有亲近钦服之情，这足有史可征的。《高僧传·慧远传》称：‘陈郡谢灵运负才傲俗，少所推崇，及一相见，肃然心服。’且有谢灵运自己的作品可为佐证。义熙十二年（416）慧远逝世之际，谢灵运作《庐山慧远法师诔并序》，序曰：‘予志学之年，希门人之末，惜哉诚愿弗遂，永违此世。’诔辞也表达了对这位高僧的景仰之情：‘自昔闻风，志愿归依。山川路邈，心往形违。’写作此文时谢灵运约三十三岁，他早在十七八年前就已对慧远怀有‘归依’之情。他是在‘志学之年’即十五岁离开钱塘杜明师处而进入京师建康的，时当隆安三年（399）。而在此之前，慧远于庐山东林寺，通过迎请僧伽提婆译经等举动，东林寺作为重要佛学基地的名声已在京师传扬，因而可能促动谢灵运萌发向往之心。然而时至义熙七、八（411、412）年间，才有机会登庐山，与慧远有第一次也是最后一次的相见。当法师辞世时，谢灵运以‘山川路邈，心往形违’来形容自己平生与慧远的关系。”③

释慧远作《佛影铭》

《广弘明集》所录《佛影铭》载：“佛影今在西那伽诃罗国南山古仙石室中，度流沙从径道，去此一万五千八百五十里。感世之应，详于前记。夫滞于近习，不达希世之闻。抚常永日，罕怀事外之感。是使尘想制于玄襟，天罗网其神虑。若以之穷龄，则此生岂过，以之希心则开彻靡期。于是发愤忘寝，情百其慨，静虑闲夜，理契其心。尔乃思沾九泽之惠，三复无缘之慈，妙寻法身之应，以神不言之化。化不以其所感，慈不以其所缘，宴怀自得。譬日月丽天，光影弥晖。群品熙荣，有情同顺，咸欣悬映之在已。罔识曲成之攸寄，妙物之谈，功尽于此。将欲拟夫幽极以言其道，仿佛存焉而不可论。何以明之？法身之运物也，不物物而兆其端，不图终而会其成。理玄于万化之表，数绝乎无名者也。若乃语其筌寄则道无不在，是故如来或晦先迹以崇

① [唐]道宣：《广弘明集》卷十五，《大正藏》第52册，第199页中。

② 区结成：《慧远》，东大图书公司，1987年，第153页。

③ 曹虹：《慧远评传》，南京大学出版社，2002年，第153—154页。

基，或显生涂而定体，或独发于莫寻之境，或相待于既有之场。独发类乎形，相待类乎影。推夫冥寄为有待耶？为无待耶？自我而观，则有间于无间矣。求之法身，原无二统。形影之分，孰际之哉？而今之闻道者，咸摹圣体于旷代之外，不悟灵应之在兹。徒知圆化之非形，而动止方其迹。岂不诬哉！远昔寻先师，奉侍历载，虽启蒙慈训，托志玄籍，每想奇闻以笃其诚。遇西域沙门，辄餐游方之说。故知有佛影，而传者尚未晓然。及在此山，值罽宾禅师、南国律学道士，与昔闻既同，并是其人游历所经，因其详问，乃多先征。然后验神道无方，触像而寄，百虑所会，非一时之感。于是悟彻其诚，应深其位。将援同契，发其真趣，故与夫随喜之贤，图而铭焉。'廓矣大像，理玄无名。体神入化，落影离形。回晖层岩，凝映虚亭。在阴不昧，处暗逾明。婉步蝉蜕，朝宗百灵。应不同方，迹绝杳冥（其一）。茫茫荒宇，靡劝靡奖。淡虚写容，拂空传像。相具体微，冲姿自朗。白毫吐曜，昏夜中爽。感彻乃应，扣诚发响。留音停岫，津悟冥赏。抚之有会，功弗由曩（其二）。旋踵忘敬，罔虑罔识。三光掩晖，万像一色。庭宇幽蔼，归途莫测。悟之以靖，开之以力。慧风虽遐，维尘攸息。匪圣玄览，孰扇其极（其三）。希音远流，乃眷东顾。欣风慕道，仰规玄度。妙尽毫端，运微轻素。托彩虚凝，殆映霄雾。迹以像真，理深其趣。奇兴开衿，祥风引路。清气回轩，昏交未曙。仿佛神容，依稀钦遇（其四）。铭之图之，曷营曷求。神之听之，鉴尔所修。庶兹尘轨，映彼玄流。漱情灵沼，饮和至柔。照虚应简，智落乃周。深怀冥托，宵想神游。毕命一对，长谢百忧（其五）。晋义熙八年，岁在壬子五月一日，共立此台，拟像本山。因即以寄诚，虽成由人匠，而功无所加。至于岁次星纪，赤奋若贞于太阴之墟。九月三日乃详捡别记，铭之于石。爰自经始，人百其诚，道俗欣之，感遗迹以悦心。于是情以本应，事忘其劳。于时挥翰之宾，佥焉同咏，咸思好远猷，托相异闻，庶来贤之重轨。故备时人于影集大通之会，诚悲现所期。至于伫襟遐慨，固已超夫神境矣。"①

释慧持卒

《高僧传》载："（释慧持）以晋义熙八年卒于寺中，春秋七十有六。临终遗命，务勖律仪，谓弟子曰：'经言，戒如平地，众善由生。汝行住坐卧，宜其谨哉。'以东间经籍，付弟子道泓，在西间法典，嘱弟子昙兰。泓业行清敏，兰神悟天发，并系

---

①［唐］道宣：《广弘明集》卷十五，《大正藏》第52册，第197页下。

轨师踪焉。”[①]

释僧洪坐罪系于相府

《高僧传》载：“释僧洪，豫州人。止于京师瓦官寺。少而修身整洁。后率化有缘，造丈六金像，镕铸始毕，未及开模。时晋末铜禁甚严，犯者必死。宋武于时为相国，洪坐罪系于相府，唯诵《观世音经》，一心归命佛像。夜梦所铸像来，手摩洪头，问怖不，洪言自念必死，像曰无忧。见像胸方尺许，铜色燋沸。会当行刑，府参军监杀，而牛奔车壤，因更克日。续有令从彭城来云，未杀僧洪者可原，遂获免。还开模，见像胸前果有燋沸。洪后以苦行卒矣。”[②]

《名僧传抄》载：“值义熙十二年，铜禁甚严，有犯入死，供为官所录。”[③]

《法华传记》载：“道人释僧洪者，住都下瓦官寺，作丈六金像，镕铸始毕。于时晋义熙十二年，大禁铸铜。僧洪未得开模见像，便为官所收系。在相府，奸罪应入死，僧洪便诵《法华观世音经》，得一月日，忽梦见其所作像来至狱中，以手摩洪头，问：‘汝怖不？’僧洪具以事答。像曰：‘无所忧也。’梦中见像胸前方一尺许，铜色燋沸。后遂至市见杀。尔日，府参军应监刑，初唤驾车，而牛绝不肯入。既入，便奔车即粉碎，遂至瞑无监，更后克日。因有勅，从彭城还道，若未杀僧洪者可原，既而出。破模看像，果自胸前如梦。此像今尚在瓦官寺，当知诵力感圣也。”[④]

释法显还广州

《高僧法显传》载：“（释法显）复随他商人大舶，上亦二百许人，赍五十日粮，以四月十六日发。法显于舶上安居。东北行，趣广州。一月余日，夜鼓二时，遇黑风暴雨。商人、贾客皆悉惶怖，法显尔时亦一心念观世音及汉地众僧。蒙威神佑，得至天晓。晓已，诸婆罗门议言：‘坐载此沙门，使我不利，遭此大苦。当下比丘置海岛边，不可为一人令我等危崄。’法显檀越言：‘汝若下此比丘，亦并下我！不尔，便当杀我。如其下此沙门，吾到汉地，当向国王言汝也。汉地王亦敬信佛法，重比丘僧。’诸商人踌躇，不敢便下。于时天多连阴，海师相望僻误，遂经七十余日。粮食、水浆欲尽，取海醎水作食，分好水，人可得二升，遂便欲尽，商人议言：‘常

①［梁］慧皎：《高僧传》卷六，《大正藏》第50册，第362页上。
②［梁］慧皎：《高僧传》卷十三，《大正藏》第50册，第410页下。
③［梁］宝唱：《名僧传抄》卷一，《卍续藏》第77册，第359页上。
④［唐］僧详：《法华传记》卷五，《大正藏》第51册，第71页下。

行时政可五十日便到广州，今已过期多日，将无僻耶？’即便西北行求岸，昼夜十二日，到长广郡界牢山南岸，便得好水、菜。但经涉险难，忧惧积日，忽得至此岸，见藜藿菜依然，知是汉地。然不见人民及行迹，未知是何许。或言未至广州，或言已过，莫知所定。即乘小舶，入浦觅人，欲问其处。得两猎人，即将归，令法显译语问之。法显先安慰之，徐问：‘汝是何人。’答言：‘我是佛弟子。’又问：‘汝入山何所求？’其便诡言：‘明当七月十五日，欲取桃腊佛。’又问：‘此是何国。’答言：‘此青州长广郡界，统属晋家。’闻已，商人欢喜，即乞其财物，遣人往长广郡。太守李嶷，敬信佛法，闻有沙门持经像乘船泛海而至，即将人从来至海边，迎接经像，归至郡治。”①

《出三藏记集》载：“复随他商趣广州。举帆月余日，中夜忽遇大风，举舶震惧。众共议曰：‘坐载此沙门，使我等狼狈，不可以一人故，令一众俱亡。’欲推弃之。法显檀越厉声呵商人曰：‘汝若下此沙门，亦应下我，不尔便当见杀。汉地帝王奉佛敬僧，我至彼告王，必当罪汝！’商人相视失色，僶俛而止。既水尽粮竭，唯任风随流。忽至岸，见藜藿菜依然，知是汉地，但未测何方。即乘小船入浦寻村，遇猎者二人，显问：‘此何地耶？’猎人曰：‘是青州长广郡牢山南岸。’猎人还，以告太守李嶷。嶷素敬信，忽闻沙门远至，躬自迎劳。显持经像随还。”②

《魏书·释老志》载：“又沙门法显，慨律藏不具，自长安游天竺。历三十余国，随有经律之处，学其书语，译而写之。十年，乃于南海师子国，随商人泛舟东下。昼夜昏迷，将二百日。乃至青州长广郡不其劳山，南下乃出海焉。是岁，神瑞二年也。法显所径诸国，传记之，今行于世。其所得律，通译未能尽正。至江南，更与天竺禅师跋陀罗辩定之，谓之《僧衹律》，大备于前，为今沙门所持受。先是，有沙门法领，从扬州入西域，得《华严经》本。定律后数年，跋陀罗共沙门法业重加译撰，宣行于时。”③

日本学者足立喜六在《〈法显传〉考证》中指出：“法显于义熙八年七月十四日漂抵劳山之南岸，先至长广郡治之不其侯国（今之即墨县），然后回船返扬州。其上陆地点虽无从探知，然似于九月顷到达刘道怜治处之京口（今之丹徒县）。质言之，刘道怜于义熙八年九月拜兖、青两州刺史，是时也，适法显到京口，故请过一冬一

①［东晋］法显：《高僧法显传》卷一，《大正藏》第51册，第866页上。

②［梁］僧祐：《出三藏记集》卷十五，《大正藏》第55册，第112页中。

③［北齐］魏收：《魏书》卷一百一十四，中华书局，1974年，第3031—3032页。

夏。法显应其所请，在此过冬，翌年入夏坐。”[①]

按：《释老志》所云之“神瑞二年”，当是北魏太宗拓跋嗣之年号，而法显早于东晋义熙八年归国。故《释老志》所载，似误。

释法显从天竺带回《龙华图》

《水经注》载：“泗水西有龙华寺，是沙门释法显远出西域，浮海东还，持《龙华图》，首创此制。法流中夏，自法显始也。其所持天竺二石，仍在南陆东基堪中，其石尚光洁可爱。泗水又南，获水入焉，而南径彭城县故城东。”[②]

尚永琪在《3～6世纪僧人的流动与地理视阈的拓展》中指出：“关于这个《龙华图》的说法，法显自己在《佛国记》中并没有提到，但是在他从天竺返回的商船上，因为担心那些商人会将他所带的‘经像’抛入海中而暗自诵经求佛祖保佑，这说明他所带回的物品中是有图画的。郦道元说法显从天竺带回了《龙华图》，并据图在泗水之西修建了龙华寺，如果郦道元的说法有所本而不误的话，这个《龙华图》就是来自天竺佛教界的一份关于寺院建设的图本。”[③]

僧伽跋弥译出《弥沙塞律抄》

《大周刊定众经目录》载：“《弥沙塞律抄》一卷，右师子国沙门僧伽跋弥译，出《宝唱录》。”[④]

《开元释教录》载：“沙门僧伽跋弥（一部一卷律抄）。”[⑤]“《弥沙塞律抄》一卷（见《宝唱录》）。右，一部一卷，阙本。沙门僧伽跋弥，师子国人也，译《弥沙塞律抄》一部。《大周录》中指《宝唱录》，不言帝代。其《宝唱录》寻本未获，且寄于《宋录》，以彰有据耳。”[⑥]“《弥沙塞律抄》一卷，师子国沙门僧伽跋弥译。（不知年代，出《宝唱录》单本，附宋）。”[⑦]

《贞元新定释教目录》载：“《弥沙塞律抄》一卷（见《宝唱录》亦名《提阿

①［日］足立喜六著，何健民、张小柳译：《〈法显传〉考证》，商务印书馆，1936年，第291页。

②［北魏］郦道元著，陈桥驿校证：《水经注校证》卷二十五，中华书局，2007年，第601页。

③尚永琪：《3～6世纪僧人的流动与地理视阈的拓展》，《魏晋南北朝史研究：回顾与探索——中国魏晋南北朝史学会第九届年会论文集》，2007年，第527页。

④［唐］明佺：《大周刊定众经目录》卷十，《大正藏》第55册，第432页下。

⑤［唐］智昇：《开元释教录》卷五，《大正藏》第55册，第523页下。

⑥［唐］智昇：《开元释教录》卷五，《大正藏》第55册，第532页下。

⑦［唐］智昇：《开元释教录》卷十五，《大正藏》第55册，第648页下。

波檀那眷属鼻腻经》）。右一部一卷，阙本。沙门僧伽跋弥，师子国人也，译《弥沙塞律抄》一部。《大周录》中指《宝唱录》不言帝代，其宝唱寻本，且寄于《宋录》，以彰有据耳（又据僧祐《法苑》云：'晋义熙八年三月十日，于庐山般若台东精舍，与师子国律师僧伽跋弥出。眷属律抄，同集僧一百二十人已编，此录未暇移改）。"①

日本学者小野玄妙在《佛教经典总论》中指出："僧伽跋弥，师子国人，何世何帝代人则不详。传闻曾译出《弥沙塞律》一卷。关于此人，《出三藏记集》及《历代三宝纪》等，均无其名。于《大周刊定众经目录》，始引《宝唱录》而出其名。"②

释道恒隐退

《高僧传》载："恒乃叹曰：'古人有言，益我货者损我神，生我名者杀我身。'于是窜影岩壑，毕命幽薮，蔬食味禅，缅迹人外。"③

王亚荣在《〈高僧传·道恒传〉发微》中指出："道恒何时离开僧团'窜影岩壑''蔬食味禅'？史籍无载。仔细分析，应在弘始十四年（412）左右。其一，道恒退隐的时间必然在僧团分裂之后，若在之前，道恒便不会参与摈遣之事。其二，道恒的考量是'生我名者杀我身'，其退隐与朝廷要其还俗辅政有直接的关系。其三，在推辞还俗的过程中，姚兴曾致书鸠摩罗什和僧略，请其劝道恒，而罗什也上书为道恒辩护，请姚兴'施既往之恩，纵其微志'，则其时间的下限必然在罗什去世之前。罗什于弘始十五年（413）四月卒于长安大寺，而摈事发生在弘始十三年（411），所以，道恒离开僧团隐居的时间在弘始十四年（412）左右。诚如是，则道恒的离开和僧团的分裂、佛陀跋陀罗的出走也有关系。姚兴请道恒还俗辅政是在僧团分裂之后，则姚兴对道恒在摈遣佛陀跋陀罗活动中的表现是肯定的，因此才要其还俗辅政。但从僧团内部来讲，毕竟发生了分裂，毕竟不是愉快的事情，道恒的心情可知，绝无还俗辅政的可能。"④

刘裕征宗炳为主薄

《宋书》载："高祖诛刘毅，领荆州，问毅府咨议参军申永曰：'今日何施而

---

①［唐］圆照：《贞元新定释教目录》卷八，《大正藏》第55册，第829页下。

②［日］小野玄妙：《佛教经典总论》，新文丰出版公司，1983年，第98页。

③［梁］慧皎：《高僧传》卷六，《大正藏》第50册，第365页上。

④ 中国佛学院普陀山学院主编：《普陀学刊》第二辑，上海古籍出版社，2015年，第215—216页。

可？’永曰：‘除其宿衅，倍其惠泽，贯叙门次，显擢才能，如此而已。’高祖纳之，辟炳为主簿，不起。问其故，答曰：‘栖丘饮谷，三十余年。’高祖善其对。妙善琴书，精于言理，每游山水，往辄忘归。征西长史王敬弘每从之，未尝不弥日也。”①

韦宾在《宗炳出仕考》中指出：“按《晋书》帝纪第十，义熙八年（412）刘裕陷江陵，刘毅自杀，则高祖辟宗炳主簿当在其后，即义熙八年九月之后，其时宗炳三十八岁。疑仍在荆州。”②

昙无谶入姑臧

《高僧传》载：“河西王沮渠蒙逊僭据凉土，自称为王，闻谶名，呼与相见，接待甚厚。蒙逊素奉大法，志在弘通，欲请出经本，谶以未参土言，又无传译，恐言舛于理，不许即翻，于是学语三年，方译写《初分》十卷。时沙门慧嵩、道朗，独步河西，值其宣出经藏，深相推重，转易梵文，嵩公笔受，道俗数百人，疑难纵横，谶临机释滞，清辩若流。兼富于文藻，辞制华密，嵩、朗等更请广出诸经，次译《大集》《大云》《悲华》《地持》《优婆塞戒》《金光明》《海龙王》《菩萨戒本》等，六十余万言。”③

《古今译经图纪》载：“（昙无谶）以北凉沮渠玄始元年（412），岁次壬子，至姑臧。”④

陈金华在《昙无谶入姑臧系年考》中指出：“在昙无谶的主要传记资料中，关于抵姑臧日期的说法，可大致分为四种：第一，412年说（《高僧传》《历代三宝纪》《大唐内典录》《古今译经图纪》和《开元释教录》）或早于414年（《大般涅槃经玄义》）；第二，早于417年（《出三藏记集》）；第三，‘未详作者’之《大般涅槃经记序》暗示在420年或421年；第四，道朗的序文则指其与‘开定西夏’有关。”⑤

按：陈金华对以上四种说法都做了详细地辨析，可参考是文。

释慧基生

《高僧传》载：“释慧基，姓偶，吴国钱塘人。幼而神情俊逸，机悟过人。初依

① [梁] 沈约：《宋书》卷九十三，中华书局，1974年，第2278页。
② 韦宾：《宗炳出仕考》，《文艺研究》2009年第10期，第147页。
③ [梁] 慧皎：《高僧传》卷二，《大正藏》第50册，第336页上。
④ [唐] 靖迈：《古今译经图纪》卷三，《大正藏》第55册，第360页中。
⑤ 陈金华：《佛教与中外交流》，中西书局，2016年，第41页。

随祇洹慧义法师。”[①]

《高僧传》载：“（释慧基）以齐建武三年（496年）冬十一月卒于城傍寺，春秋八十有五。”[②]

据此推之，释慧基当生于本年。

释志道生

《高僧传》载：“释志道，姓任，河内人。性温谨。”[③]

《高僧传》载：“（释志道）以永明二年（484年）卒于湘土，春秋七十有三。”[④]

据此推之，释志道当生于本年。

刘道规尝受五戒于释道照

《高僧传》载：“临川王道规从（释道照）受五戒，奉为门师。”[⑤]

《宋书》载：“（刘）道规进号征西大将军、开府仪同三司，加散骑常侍，固辞。俄而寝疾，改授都督豫江二州扬州之宣城淮南卢江历阳安丰堂邑六郡诸军事、豫州刺史，持节、常侍、将军如故。以疾不拜。八年闰月，薨于京师，时年四十三，追赠侍中、司徒，加班剑二十人。谥曰烈武公。平桓谦功，进封南郡公，邑五千户。高祖受命，赠大司马，追封临川王，食邑如先。”[⑥]

《宋书·天文志》载：“（义熙）八年六月，临川烈武王道规薨，时为豫州。”[⑦]

《资治通鉴》载：“（晋安帝义熙八年）夏，四月，刘道规以疾求归，许之。”[⑧]“闰月，庚子，南郡烈武公刘道规卒。”[⑨]

按：刘道规尝受戒于释道照，事或在义熙八年。释道照年十八，方出家京都祇洹寺，时义熙元年（405）也。此时刘道规即受戒于释道照，似于理不合。且义熙七年以前，刘道规或镇藩在外，或征讨叛逆，未在京都建康。至义熙八年，刘道规因疾未

① ［梁］慧皎：《高僧传》卷八，《大正藏》第50册，第379页上。
② ［梁］慧皎：《高僧传》卷八，《大正藏》第50册，第379页中。
③ ［梁］慧皎：《高僧传》卷十一，《大正藏》第50册，第401页下。
④ ［梁］慧皎：《高僧传》卷十一，《大正藏》第50册，第402页上。
⑤ ［梁］慧皎：《高僧传》卷十三，《大正藏》第50册，第415页下。
⑥ ［梁］沈约：《宋书》卷五十一，中华书局，1974年，第1474页。
⑦ ［梁］沈约：《宋书》卷二十五，中华书局，1974年，第734页。
⑧ ［北宋］司马光：《资治通鉴》卷一百一十六，中华书局，1956年，第3648页。
⑨ ［北宋］司马光：《资治通鉴》卷一百一十六，中华书局，1956年，第3650页。

出镇外藩，居建康养病至本年六月卒。以此推之，刘道规受戒于释道照似在本年。

晋安帝义熙九年·后秦弘始十五年（413）癸丑

释昙邕于庐山西南立茅宇

《高僧传》载：“京师道场僧鉴，挹其德解，请（释昙邕）还扬州，邕以远年高，遂不果行。然远神足高抗者其类不少，恐后不相推谢，因以小缘托摈邕出，邕奉命出山，容无怨忤，乃于山之西南营立茅宇，与弟子昙果，澄思禅门。尝于一时，果梦见山神求受五戒，果曰：‘家师在此，可往咨受。’后少时，邕见一人着单衣帽，风姿端雅，从者二十许人，请受五戒。邕以果先梦，知是山神，乃为说法授戒。神倲以外国匕筋，礼拜辞别，倏忽不见。”①

按：远公卒时，释昙邕入山吊唁，则知其不在东林寺内。又据《慧远传》云“众僧已去”，比附《昙邕传》文意，昙邕于庐山之西南立茅宇，其事至迟当在本年。兹系于本年。

竺佛念笔受《长阿含经》

《出三藏记集》载：“至姚兴弘始之初，经学甚盛，念续出《菩萨璎珞》《十住断结》及《出曜》《胎经》《中阴经》，于符、姚二代，为译人之宗。自世高、支谦以后，莫逾于念。关中僧众，咸共嘉焉。后卒于长安，远近白黑，莫不叹惜。”②

《高僧传》载：“（竺佛念）后续出《菩萨璎珞》《十住断结》及《出曜》《胎经》《中阴经》等，始就治定，意多未尽，遂尔遘疾，卒于长安，达近白黑，莫不叹惜。”③

《历代三宝纪》载：“《长阿含经》二十二卷（弘始十五年出，竺佛念笔受，见《二秦录》）。”④“《长阿含经》二十二卷（今有一十八经，离出别行）。”⑤

《众经目录》载：“《长阿含经》二十二卷（后秦弘始年，沙门佛陀耶舍共竺佛念

① [梁] 慧皎：《高僧传》卷六，《大正藏》第50册，第362页下。
② [梁] 僧祐：《出三藏记集》卷十五，《大正藏》第55册，第111页中。
③ [梁] 慧皎：《高僧传》卷一，《大正藏》第50册，第329页中。
④ [隋] 费长房：《历代三宝纪》卷八，《大正藏》第49册，第79页下。
⑤ [隋] 费长房：《历代三宝纪》卷十四，《大正藏》第49册，第115页下。

译）。”[①]“《长阿含经》二十二卷（四百二十六纸），后秦弘始年佛陀耶舍共佛念译。”[②]

《古今译经图纪》载：“至十五年岁次壬子，译《长阿含经》（二十二卷）。”[③]

《大唐内典录》载：“《长阿含经》二十二卷（弘始十五年出，佛念笔，见《二秦录》）。”[④]

《大周刊定众经目录》载：“《长阿含经》一部二十二卷（长房《入藏录》云二十五卷，四百九十八纸）。右，后秦弘始十五年竺佛念共佛陀耶舍于常安译，出《长房录》。”[⑤]

《开元释教录》载：“《长阿含经》二十二卷（弘始十四年出，至十五年讫。凉州沙门佛念传译，秦国沙门道含笔受，见僧叡《二秦录》及《僧祐录》《高僧传》等）。”[⑥]“《长阿含经》二十二卷，二帙，姚秦罽宾三藏佛陀耶舍共竺佛念译（单重合译）。右，此部经凡有四分，总三十经别（僧肇《序》云《长含》四分四诵，合三十经以为一部）。”[⑦]“《长阿含经》二十二卷（二帙，四百三十一纸），姚秦佛陀耶舍共竺佛念译。”[⑧]

《贞元新定释教目录》载：“《长阿含经》二十二卷（弘始十四年出，至十五年讫。凉州沙门竺佛念传译，秦国沙门道含笔受，僧肇制《序》，见僧叡《二秦》及《僧祐录》《高僧传》等）。”[⑨]“《长阿含经》二十二卷，二帙，姚秦罽宾三藏佛陀耶舍共竺佛念译（单重合译）。右，此部经凡有四分，总三十经别（僧肇《序》云《长含》四分四诵，合三十经以为一部）。”[⑩]

按：竺佛念自弘始十五年笔受《长阿含经》后，事迹遂不详。

佛陀耶舍解坐

《出三藏记集》载：“至十五年解坐。兴俸耶舍布绢万匹，不受。佛念、道含布

---

①［隋］法经：《众经目录》卷三，《大正藏》第55册，第128页上。

②［唐］静泰：《众经目录》卷一，《大正藏》第55册，第186页中。

③［唐］靖迈：《古今译经图纪》卷三，《大正藏》第55册，第359页下。

④［唐］道宣：《大唐内典录》卷三，《大正藏》第55册，第254页上。

⑤［唐］明佺：《大周刊定众经目录》卷八，《大正藏》第55册，第421页中。

⑥［唐］智昇：《开元释教录》卷四，《大正藏》第55册，第516页中。

⑦［唐］智昇：《开元释教录》卷十三，《大正藏》第55册，第610页下。

⑧［唐］智昇：《开元释教录》卷二十，《大正藏》第55册，第715页上。

⑨［唐］圆照：《贞元新定释教目录》卷六，《大正藏》第55册，第813页中。

⑩［唐］圆照：《贞元新定释教目录》卷二十三，《大正藏》第55册，第944页上。

绢各千匹，名德沙门五百人皆重傔施。耶舍后还外国，至罽宾，寻得《虚空藏经》一卷，寄贾客传与凉州诸僧。后不知所终。”①

《高僧传》载：“至十五年解座，兴傔耶舍布绢万匹，悉不受；道含、佛念布绢各千匹，名德沙门五百人，皆重傔施。耶舍后辞还外国，至罽宾得《虚空藏经》一卷，寄贾客，传与凉州诸僧，后不知所终。”②

姚兴作《通不住法住般若》

《通不住法住般若》云：“众生之所以不阶道者，有着故也。是以圣人之教，恒以去着为事。故言以不住般若。虽复大圣，玄鉴应照无际，亦不可着，着亦成患。欲使行人忘彼，我遗所寄，泛若不系之舟，无所倚薄，则当于理矣。”③

姚兴作《通圣人放大光明普照十方》

《通圣人放大光明普照十方》云：“圣人之教，玄通无涯，致感多方，不可作一途求，不可以一理推。故应粗以粗应，细以细应，理固然矣。所以放大光明，现诸神变者，此应十方诸大菩萨，将绍尊位者耳。若处俗接麁，复容此事耶？《阿含经》云：‘释氏之处天竺四十余载，衣服、饮食、受诸患痛，与人不别。’《经》又云：‘圣人亦入鹿马而度脱之，当在鹿马，岂异于鹿马哉！若不异鹿马，应世常流，不待此神变明矣！每事要须自同于前物，然后得行其化耳。”④

姚兴作《通三世》

《通三世》云：“众生历涉三世，其犹循环。过去、未来，虽无眼对，其理常在。是以圣人寻往以知往，逆数以知来。”⑤

姚兴作《通一切诸法空》

《通一切诸法空》云：“夫道者，以无为为宗。若其无为，复何所有耶？”⑥

按：《通不住法住般若》《通圣人放大光明普照十方》《通三世》《通一切诸法空》，

---

①［梁］僧祐：《出三藏记集》卷十四，《大正藏》第55册，第102页下。
②［梁］慧皎：《高僧传》卷二，《大正藏》第50册，第334页中。
③［唐］道宣：《广弘明集》卷十八，《大正藏》第52册，第228页下。
④［唐］道宣：《广弘明集》卷十八，《大正藏》第52册，第228页下。
⑤［唐］道宣：《广弘明集》卷十八，《大正藏》第52册，第228页下。
⑥［唐］道宣：《广弘明集》卷十八，《大正藏》第52册，第228页下。

姚兴所作以上四论，似作于弘始十四年与鸠摩罗什咨询《通三世论》之后，弘始十五年四月十三日鸠摩罗什涅槃之前。且《姚兴与安城侯嵩书》云："未久，什公寻复致变。自尔丧戎相寻，无复意事，遂忘弃之。近以当遣使送像，欲与卿作疏，箱箧中忽得前所条本末。"[①]可知此姚兴作此四论毕时，未及送与鸠摩罗什，鸠摩罗什便已示寂。于时后秦重臣丧亡者众，姚悲痛之情无以复加，遂无探析佛理之情，故此四论封箱已久。弘始十四年末，或十五年初，姚兴赐张皇后遗嘱所承造之佛像予姚嵩时，附此四论与姚嵩，与其探研佛理。

鸠摩罗什卒

《出三藏记集》载："什临终，力疾与众僧告别曰：'因法相遇，殊未尽伊心，方复异世，恻怆何言！自以闇昧，谬充传译，若所传无谬，使焚身之后，舌不燋烂。'以晋义熙中卒于长安，即于逍遥园，依外国法以火焚尸，薪灭形化，唯舌不变。后有外国沙门来曰：'罗什所谙，十不出一。'初，什一名鸠摩罗耆婆，外国制名，多以父母为本，什父鸠摩炎，母字耆婆，故兼取为名云。"[②]

《高僧传》载："什未终日，少觉四大不愈，乃口出三番神咒，令外国弟子诵之以自救，未及致力，转觉危殆。于是力疾与众僧告别曰：'因法相遇，殊未尽伊心，方复后世，恻怆何言。自以暗昧，谬充传译，凡所出经论三百余卷，唯《十诵》一部，未及删烦，存其本旨，必无差失。愿凡所宣译，传流后世，咸共弘通。今于众前发诚实誓，若所传无谬者，当使焚身之后，舌不燋烂。'以伪秦弘始十一年八月二十日卒于长安，是岁晋义熙五年也。即于逍遥园，依外国法以火焚尸，薪灭形碎，唯舌不灰。后外国沙门来云：'罗什所谙，十不出一。'初什一名鸠摩罗耆婆。外国制名，多以父母为本。什父鸠摩炎，母字耆婆，故兼取为名。然什死年月，诸记不同，或云弘始七年，或云八年，或云十一年。寻七与十一，字或讹误，而译经录传中，犹有一年者，恐雷同三家，无以正焉。"[③]

《鸠摩罗什法师诔》载："癸丑之年，年七十，四月十三日薨于大寺。"[④]

《出三藏记集》卷十四《鸠摩罗什传》未载其生卒年，仅云："以晋义熙中卒于

①［唐］道宣：《广弘明集》卷十八，《大正藏》第52册，第228页上。
②［梁］僧祐：《出三藏记集》卷十四，《大正藏》第55册，第102页上。
③［梁］慧皎：《高僧传》卷二，《大正藏》第50册，第332页下。
④［唐］道宣：《广弘明集》卷二十三，《大正藏》第52册，第264页下。

长安。”[①]又云：“初，什一名鸠摩罗耆婆，外国制名多以父母为本，什父鸠摩炎，母字耆婆，故兼取为名。”[②]而《高僧传》卷二《晋长安鸠摩罗什传》则记载“以伪秦弘始十一年八月二十日卒于长安，是岁晋义熙五年也。”[③]但是慧皎仍存疑议：“然什死年月，诸记不同，或云弘始七年，或云八年，或云十一年。寻七与十一，字或讹误，而译经录传中，犹有一年者，恐雷同三家，无以正焉。”[④]而据《广弘明集》卷二十二所载僧肇《鸠摩罗什法师诔序》：“癸丑之年，年七十，四月十三日薨于大寺。”[⑤]僧肇为罗什入室弟子，所论当可信据。[⑥]

《晋书》载：“罗什未终少日，觉四大不愈，乃口出三番神咒，令外国弟子诵之以自救，未及致力，转觉危殆，于是力疾与众僧告别曰：‘因法相遇，殊未尽心，方复后世，恻怆可言。’死于长安。姚兴于逍遥园依外国法以火焚尸，薪灭形碎，惟舌不烂。”[⑦]

汤用彤在《汉魏两晋南北朝佛教史》（增订本）中指出：“什公于弘始十五年卒。其与众僧告别有曰：‘因法相遇，殊未尽伊心，方复异世，恻怆可言。’后外国沙门来云，罗什所谙，十不出一。是则什公理解幽微，已有深识者寡之叹，而其学问广博，亦因年岁短促，而未能尽传世也。”[⑧]

龚斌在《鸠摩罗什传》之《鸠摩罗什年谱简编》中指出：“（413年）四月十三日，鸠摩罗什卒于长安大寺，时年七十。《出三藏记集》云罗什‘以晋中卒于长安，即于逍遥园。’《高僧传》云：‘以伪秦弘始十一年八月二十日卒于长安，是岁晋义熙五年也。’又云：‘然什死年月，诸记不同，或云弘始七年，或云八年，或云十一年。寻七与十一，字或讹误，而译经录传中，犹有一年者，恐雷同三家，无以正也。’可见，僧祐、慧皎已不能确知罗什卒年。《历代三宝记》谓罗什于弘始十一年八月二十日，卒于逍遥园。考《出三藏记集》——《成实论记》云：弘始十三年（411）姚显请出此论，至来年九月十五日讫，拘摩罗耆婆手执胡本，口自传译。可证弘始十四年

①［梁］僧祐：《出三藏记集》卷十四，《大正藏》第55册，第102页上。
②［梁］僧祐：《出三藏记集》卷十四，《大正藏》第55册，第102页上。
③［梁］慧皎：《高僧传》卷二，《大正藏》第50册，第333页上。
④［梁］慧皎：《高僧传》卷二，《大正藏》第50册，第333页上。
⑤［唐］道宣：《广弘明集》卷二十三，《大正藏》第52册，第264页下。
⑥ 赖永海主编：《中国佛教通史》（第二卷），江苏人民出版社，2010年，第260页。
⑦［唐］房玄龄等：《晋书》卷九十五，中华书局，1974年，第2502页。
⑧ 汤用彤：《汉魏两晋南北朝佛教史》（增订本），北京大学出版社，2011年，第164页。

（412）罗什尚在世。僧肇《鸠摩罗什法师诔并序》云：‘癸丑之年，年七十，四月十三日薨于大寺。’癸丑为晋安帝义熙九年，后秦弘始十五年。僧肇乃罗什最著名弟子，所记不应有误。故罗什卒于本年当无容置疑。”[①]

鸠摩罗什尝作《十喻》诗

《艺文类聚》载：“秦鸠摩罗什法师《十喻》诗曰：‘十喻以喻空，空必待此喻，借言以会意，意尽无会处，既得出长罗，住此无所住，若能映斯照，万象无来去。’”[②]

按：未详此诗作于何年，兹系于鸠摩罗什卒年。

释僧肇作《鸠摩罗什法师诔并序》

释僧肇作《鸠摩罗什法师诔并序》，见《广弘明集》卷二十三。[③]

《广弘明集》载：“夫道不自弘，弘必由人；俗不自觉，觉必待匠。待匠，故世有高悟之期；由人，故道有小成之运。运在小成，则灵津辍流；期在高悟，则玄锋可诣。然，能仁旷世，期将千载，时师邪心，是非竞起。故使灵规潜逝，徽绪殆乱。爰有什法师者，盖先觉之遗嗣也。凝思大方，驰怀高观。审释道之陵迟，悼苍生之穷蔼。故乃奋迅神仪，宇形季俗。统承洪绪，为时城堑。世之安寝，则觉以大音；时将昼昏，乃朗以慧日。思结颓纲于道消，缉落绪于穷运。故乘时以会，错枉以正。一扣则时无互乡；再击则嶮嵘归仁。于斯时也，羊鹿之驾摧轮，六师之车覆辙；二想之玄既明，一乘之奥亦显。是以端坐岭东，响驰八极；恬愉弘训，而九流思顺。故大秦符姚二天王，师旅以延之。斯二王也，心游大觉之门，形镇万化之上；外扬羲和之风。内盛弘法之术。道契神交，屈为形授。公以宗匠不重，则其道不尊。故蕴怀神宝，感而后动。自公形应秦川，若烛龙之曜神光。恢廓大宗，若羲和之出快桑；融冶常道，尽重玄之妙。闲邪悟俗，穷名教之美。言既适时，理有圆会。故辩不徒兴，道不虚唱。斯乃法鼓重振于阎浮；梵轮再转于天北矣。自非位超修成，体精百炼，行藏应时，其孰契于兹乎？以要言之，其为弘也，隆于春阳；其除患也，厉于秋霜。故巍巍乎，荡荡乎，无边之高韵。然，隘运幽兴，若人云暮。癸丑之年，年七十，四月十三日，薨于大寺。呜呼哀哉！道匠西倾，灵轴东摧。朝羲落曜，宝岳崩颓。六合昼昏，迷驾九回。神关重闭，三涂竞开。夜光可惜，盲子可哀。罔极之

① 龚斌：《鸠摩罗什传》，上海古籍出版社，2013年，第302—303页。

②［唐］欧阳询：《艺文类聚》卷七十六，上海古籍出版社，1982年，第1294页。

③［唐］道宣：《广弘明集》卷二十三，《大正藏》第52册，第264页中。

感，人百其怀。”①

许抗生在《僧肇评传》中指出：“僧肇对其师罗什在当时佛教界上的作用，给予了极高的评价……在这里充分地表达了僧肇对其师罗什的崇敬和无限的悲痛之情。该诔文应作于罗什去世的那一年，即公元413年。”②

释僧翼尝求学于鸠摩罗什

《高僧传》载：“（释僧翼）晚适关中，复师罗什，经律数论，并皆参涉，又诵《法华》一部”③

按：释僧翼何时入关中求学于鸠摩罗什，今已不可详考。兹将此事附系于鸠摩罗什卒年。

释昙影隐居于阳翟九崖岩

《高僧传》载：“（释昙影）后山栖隐处，守节尘外，修功立善，愈老愈笃。”④

《魏书·殷绍传》载：“殷绍，长乐人也。少聪敏，好阴阳术数，游学诸方，达《九章》《七曜》。世祖时为算生博士，给事东宫西曹，以艺术为恭宗所知。太安四年夏，上《四序堪舆》，表曰：‘臣以姚氏之世，行学伊川，时遇游遁大儒成公兴，从求《九章》要术。兴字广明，自云胶东人也。山居隐迹，希在人间。兴时将臣南到阳翟九崖岩沙门释昙影间。兴即北还，臣独留住，依止影所，求请九章。影复将臣向长广东山见道人法穆。法穆时共影为臣开述《九章》数家杂要，披释章次意况大旨。又演隐审五藏六府心髓血脉，商功算端部，变化玄象，土圭、《周髀》……自尔至今，四十五载。’”⑤

按：据《高僧传·释昙影传》载，释昙影为鸠摩罗什僧团之重要成员。鸠摩罗什于本年往生，故释昙影隐居，此事最早当发生于本年。《魏书·殷绍传》载，释昙影隐居之地乃阳翟九崖岩，且殷绍造访释昙影时，仍属姚秦之世。殷绍《上〈四序堪舆〉表》又云“自尔至今，四十五载”，据此推之，释昙影隐居之事，至迟当发生于本年。兹将此条系于本年。

---

①［唐］道宣：《广弘明集》卷二十三，《大正藏》第52册，第264页中。

② 许抗生：《僧肇评传》，《中国思想家评传丛书》第四十二册，南京大学出版社，1998年，第13页。

③［梁］慧皎：《高僧传》卷十三，《大正藏》第50册，第410页下。

④［梁］慧皎：《高僧传》卷六，《大正藏》第50册，第364页上。

⑤［北齐］魏收：《魏书》卷九十一，中华书局，1974年，第1955—1956页。

释僧肇作《长阿含经序》

释僧肇所作之《长阿含经序》，见《出三藏记集》卷九。[①]

《出三藏记集》所录《长阿含经序》载："大秦天王涤除玄揽，高韵独迈，恬智交养，道世俱济。每惧微言翳于殊俗，以右将军使者司隶挍尉晋公姚爽，质直清柔，玄心超诣，尊尚大法，妙悟自然。上特留怀，每任以法事。以弘始十二年，岁上章掩茂，请罽宾三藏沙门佛陀耶舍出律藏《四分》四十卷，十四年讫。十五年岁昭阳奋若，出此《长阿含》讫。凉州沙门佛念为译，秦国道士道含笔受。时集京夏名胜沙门于宅第挍定。恭承法言，敬无差舛，蠲华崇朴，务存圣旨。余以嘉遇，猥参听次，虽无翼善之功，而豫亲承之末，故略记时事，以示来览焉。"[②]

许抗生在《僧肇评传》中指出："《长阿含经序》则作于弘始十五年（公元413年）。僧肇在《长阿含经序》中说：'（弘始）十五年，岁在昭阳奋若，出此《长阿含》讫。凉州沙门佛念为译，秦国道士道含笔受。时集京夏名胜沙门千第校定，恭承法言，敬受无差，蠲华崇朴，务存圣旨。'《长阿含经》是在佛陀耶舍译完《四分律》之后的次年，即弘始十五年所译出。《高僧传》的记载亦与僧肇的序文相一致。《高僧传·佛陀耶舍传》说：'（佛陀耶舍）并出《长阿含》等，凉州沙门佛念译为秦言，道含笔受，至十五年解座'，基本相合。以此可推知，《长阿含经序》应作于弘始十五年（公元413年）或稍后。"[③]

卑摩罗叉离开关中抵达寿春

《高僧传》载："及罗什弃世，（卑摩罗）叉乃出游关左，逗于寿春止石涧寺，律众云集，盛阐毗尼。罗什所译《十诵》本五十八卷，最后一诵，谓明受戒法及诸成善法事。逐其义要，名为《善诵》。叉后赍往石涧，开为六十一卷，最后一诵改为《毗尼诵》。故犹二名存焉。顷之，南适江陵，于辛寺夏坐，开讲《十诵》。既通汉言，善相领纳，无作妙本，大阐当时，析文求理者，其聚如林，明条知禁者，数亦殷矣，律藏大弘，叉之力也。"[④]

---

①［梁］僧祐：《出三藏记集》卷九，《大正藏》第55册，第63页中。

②［梁］僧祐：《出三藏记集》卷九，《大正藏》第55册，第63页下。

③ 许抗生：《僧肇评传》，《中国思想家评传丛书》第四十二册，南京大学出版社，1998年，第12页。

④［梁］慧皎：《高僧传》卷二，《大正藏》第50册，第333页中。

法坚《华严经题记》

《魏晋南北朝敦煌文献编年》载："北魏比丘法坚造《华严经》卷二题记，永兴五年（413）六月四日。纸质，全2行，行7～17字。墨书。敦煌藏经洞出品（？）……藏京博。图古经图录，图版78。文识语集录，81页。注藤枝晃认为是赝品。戴仁（Jean-Pierre Drège），531、546页。薄小莹，2页。"①

释法显夏坐

《高僧法显传》载："商人于是还向扬州，到青州请法显一冬一夏。夏坐讫，法显离诸师久，欲趣长安。但所营事重，遂便南下向都，就禅师出经律藏。"②

《出三藏记集》载："顷之，欲南归。时刺史请留过冬，显曰：'贫道投身于不反之地，志在弘通，所期未果，不得久停。'"③

日本学者足立喜六在《〈法显传〉考证》中指出："（法显夏坐时间）由义熙九年四月十六日迄七月十五日。"④

竺法崇游湘州麓山

《高僧传》载："竺法崇，未详何人。少入道以戒节见称，加又敏而好学，笃志经记而尤长《法华》一教。尝游湘州麓山，山精化为夫人，诣崇请戒，舍所住山以为寺，崇居之，少时，化洽湘土。后还剡之葛岘山，茅庵涧饮，取欣禅慧，东瓯学者，竞往凑焉。与隐士鲁国孔淳之相遇，每盘游极日，辄信宿妄归，披衿顿契，自以为得意之交也。崇乃叹曰：'缅想人外，三十余年，倾盖于兹，不觉老之将至。'后淳之别游，崇咏曰：'皓然之气，犹在心目，山林之士，往而不反，其若人之谓乎。'崇后卒于山中，著《法华义疏》四卷云。"⑤

《宋书》载："孔淳之字彦深，鲁郡鲁人也……淳之少有高尚，爱好坟籍，为太原王恭所称。居会稽剡县，性好山水，每有所游，必穷其幽峻，或旬日忘归。尝游山，遇沙门释法崇，因留共止，遂停三载。法崇叹曰：'缅想人外，三十年矣，今乃

① 饶宗颐主编，王素、李方著：《魏晋南北朝敦煌文献编年》，新文丰出版公司，1997年，第113—114页。

② ［东晋］法显：《高僧法显传》卷一，《大正藏》第51册，第866页中。

③ ［梁］僧祐：《出三藏记集》卷十五，《大正藏》第55册，第112页中。

④ ［日］足立喜六著，何健民、张小柳译：《〈法显传〉考证》，商务印书馆，1936年，第291页。

⑤ ［梁］慧皎：《高僧传》卷四，《大正藏》第50册，第350页中。

倾盖于兹，不觉老之将至也。’及淳之还反，不告以姓。……元嘉七年，卒，时年五十九。”①

《释氏通鉴》载：“（义熙九年癸丑）时沙门竺法崇，笃志经记，尤长《法华》。湘州麓山神诣，乃舍山为寺，崇后化洽湘土。”②

仰山释道宝

《高僧传》载：“（竺法崇）时剡东仰山，复有释道宝者。本姓王，琅琊人。晋丞相道之弟。弱年信悟，避世辞荣。亲旧谏止，莫之能制。香汤澡浴，将就下发。乃咏曰：‘安知万里水，初发滥觞时。’后以学行显焉。”③

徐清祥在《东晋士族出家考》中指出：“琅邪王氏，还有一人在年少就出家了，这就是王导（《僧传》作道）的弟弟释道宝。《高僧传》本传说他幼年就信珊，不顾亲人和朋友的劝阻，自行剪发出家。其后以学问、德行见称于世。但具体造诣不知。王导的生卒年是276—339年。僧宝的年龄较王导要小很多。《僧传》把僧宝与竺法崇合传，而竺法崇活动时间在东晋晚期。依常情推测僧宝已经生活到东晋后期，那么他的生年应为306年前后，卒年不清。他出家的时间应在过江之后，出家的地点应在建康，依归的师傅不清。”④

按：释道宝与竺法崇同时，兹将其事迹附于竺法崇条下。

释道温入庐山师事释慧远

《高僧传》载：“（释道温）年十六，入庐山依远公受学。”⑤

按：据晋安帝隆安元年（397）下“释道温生”条，推之可知，“释道温入庐山师事释慧远”条，当发生于本年。

陶渊明作《形影神》三首

《形影神》并序：“贵贱贤愚，莫不营营以惜生，斯甚惑焉；故极陈形影之苦，言神辨自然以释之。好事君子，共取其心焉。”⑥

---

① ［梁］沈约：《宋书》卷九十三，中华书局，1974年，第2283—2284页。
② ［宋］本觉：《释氏通鉴》卷三，《卍续藏》第76册，第24页下。
③ ［梁］慧皎：《高僧传》卷四，《大正藏》第50册，第350页下。
④ 徐清祥：《东晋出家士族考》，《世界宗教研究》2005年第3期。
⑤ ［梁］慧皎：《高僧传》卷七，《大正藏》第50册，第372页中。
⑥ 逯钦立校注：《陶渊明集》卷二，中华书局，1979年，第35页。

《形赠影》："天地长不没，山川无改时。草木得常理，霜露荣悴之。谓人最灵智，独复不如兹。适见在世中，奄去靡归期。奚觉无一人，亲识岂相思。但余平生物，举目情凄洏。我无腾化术，必尔不复疑。愿君取吾言，得酒莫苟辞。"①

《影答形》："存生不可言，卫生每苦拙。诚愿游昆华，邈然兹道绝。与子相遇来，未尝异悲悦。憩荫若暂乖，止日终不别。此同既难常，黯尔俱时灭。身没名亦尽，念之五情热。立善有遗爱，胡为不自竭？酒云能消忧，方此讵不劣！"②

《神释》："大钧无私力，万理自森著。人为三才中，岂不以我故。与君虽异物，生而相依附。结托既喜同，安得不相语。三皇大圣人，今复在何处？彭祖爱永年，欲留不得住。老少同一死，贤愚无复数。日醉或能忘，将非促龄具？立善常所欣，谁当为汝誉？甚念伤吾生，正宜委运去。纵浪大化中，不喜亦不惧。应尽便须尽，无复独多虑。"③

逯钦立在《陶渊明集》中指出："此诗作于晋义熙九年（413）之顷。主旨是反对违反自然的宗教迷信。乃针对当时庐山释慧远的《形尽神不灭论》而发，亦涉及道教徒的'长生久视'说。慧远作《形尽神不灭论》《万佛影铭》，以形影神三者宣扬佛教迷信，陶则反其意而用之。"④

逯钦立之《形影神诗与东晋之佛道思想》一文，考之甚详，可参考之。⑤

袁行霈之《陶渊明集笺注》亦将《形影神》三首作品，系于东晋义熙九年。⑥

释僧渊生

《高僧传》载："释僧渊，本姓赵，颍川人，魏司空俨之后也。少好读书。进戒之后，专攻佛义。初游徐邦，止白塔寺，从僧嵩受《成实论》《毗昙》。"⑦

《高僧传》载："渊以伪太和五年（481年）卒，春秋六十有八，即齐建元三年（481年）也。"⑧

---

① 逯钦立校注：《陶渊明集》卷二，中华书局，1979年，第35页。

② 逯钦立校注：《陶渊明集》卷二，中华书局，1979年，第36页。

③ 逯钦立校注：《陶渊明集》卷二，中华书局，1979年，第36页。

④ 逯钦立校注：《陶渊明集》附录，中华书局，1979年，第220页。

⑤ 逯钦立：《形影神诗与东晋之佛道思想》，《历史语言研究所集刊》第16册，中华书局，1987年，第211—228页。

⑥ 袁行霈：《陶渊明集笺注》，中华书局，2003年，第869页。

⑦［梁］慧皎：《高僧传》卷八，《大正藏》第50册，第375页上。

⑧［梁］慧皎：《高僧传》卷八，《大正藏》第50册，第375页中。

据此推之，释僧渊当生于本年。

佛驮跋陀罗至道场寺

《出三藏记集》载："俄而太尉还都，请与俱归，安止道场寺。佛贤仪轨率素，不同华俗，而志韵清远，雅有渊致。京都法师僧弼与名德沙门宝林书曰：'斗场禅师甚有大心，便是天竺王、何，风流人也。'其见称如此。"①

《高僧传》载："俄而，太尉还都，便请（佛驮跋陀罗）俱归，安止道场寺。贤仪范率素，不同华俗，而志韵清远，雅有渊致。京师法师僧弼与沙门宝林书曰：'斗场禅师，甚有大心。便是天竺王、何，风流人也。'其见称如此。"②

《资治通鉴》载："（东晋安帝义熙九年，春，二月）太尉裕自江陵东还。"③

司马休之建高悝寺

《高僧传》载："什亡后，（释慧观）乃南适荆州。州将司马休之甚相敬重，于彼立高悝寺，使夫荆楚之民回邪归正者，十有其半。"④

《资治通鉴》载："（东晋安帝义熙八年）庚辰，诏大赦，以前会稽内史司马休之为都督荆、雍、梁、秦、宁、益六州诸军事、荆州刺史。"⑤

晋安帝义熙十年·后秦弘始十六年·北魏神瑞元年·北凉玄始三年（414）甲寅

释僧肇作《涅槃无名论》

僧肇所作之《涅槃无名论》，见《肇论》卷一。⑥

《肇论》所录《涅槃无名论》载："肇以人微，猥蒙国恩，得闲居学肆，在什公门下十有余载。虽众经殊致，胜趣非一，然涅槃一义，常以听习为先。但肇才识暗

---

①［梁］僧祐：《出三藏记集》卷十四，《大正藏》第55册，第104页上。
②［梁］慧皎：《高僧传》卷二，《大正藏》第50册，第335页中。
③［北宋］司马光：《资治通鉴》卷一百一十六，中华书局，1956年，第3657页。
④［梁］慧皎：《高僧传》卷七，《大正藏》第50册，第368页中。
⑤［北宋］司马光：《资治通鉴》卷一百一十六，中华书局，1956年，第3652页。
⑥［后秦］僧肇：《肇论》卷一，《大正藏》第45册，第157页上。

短，虽屡蒙诲喻，犹怀疑漠漠。为竭愚不已，亦如似有解。然未经高胜先唱，不敢自决。不幸什公去世，咨参无所，以为永慨。而陛下圣德不孤，独与什公神契，目击道存，快尽其中方寸，故能振彼玄风以启末俗。一日遇蒙《答安城侯姚嵩书问无为宗极》：'何者？夫众生所以久流转生死者，皆由着欲故也。若欲止于心，即无复于生死。既无生死，潜神玄默，与虚空合其德，是名涅槃矣。既曰涅槃，复何容有名于其间哉！'斯乃穷微言之美，极象外之谈者也。自非道参文殊、德慈侔氏，孰能宣扬玄道、为法城堑，使夫大教卷而复舒，幽旨沦而更显。寻玩殷勤，不能暂舍。欣悟交怀，手舞弗暇。岂直当时之胜轨，方乃累劫之津梁矣。然圣旨渊玄，理微言约。可以匠彼先进、拯拔高士；惧言题之流，或未尽上意。庶拟孔易十翼之作，岂贪丰文，图以弘显幽旨。辄作《涅槃无名论》，论有九折十演，博采众经，托证成喻。"①

《出三藏记集》载："《涅槃无名论》（释僧肇）。"②

《高僧传》载："及什之亡后，追悼永往，翘思弥厉，乃著《涅槃无名论》。其辞曰：'经称有余无余涅槃。涅槃秦言无为，亦名灭度。无为者，取乎虚无寂寞，妙绝于有为。灭度者，言乎大患永灭，超度四流。斯盖镜像之所归，绝称之幽宅也。而曰有余无余者，盖是出处之异号，应物之假名。余尝试言之，夫涅槃之为道也，寂寥虚旷，不可以形名得，微妙无相，不可以有心知。超群有以幽升，量太虚而永久，随之弗得其踪，迎之罔眺其首，六趣不能摄其生，力负无以化其体。眇滦惚恍，若存若往。五目莫睹其容，二听不闻其响，窈窈冥冥，谁见谁晓。弥伦靡所不在，而独曳于有无之表。然则言之者失其真，知之者返其愚，有之者乖其性，无之者伤其躯。所以释迦掩室于摩竭，净名杜口于毗耶。须菩提唱无说以显道，释梵乃绝听而雨花，斯皆理为神御，故口为之缄默。岂曰无辩，辩所不能言也。经曰："真解脱者，离于言数。寂灭永安，无终无始。不晦不明，不寒不暑。湛若虚空，无名无证。"论曰："涅槃非有，亦复非无。言语路绝，心行处灭。"寻夫经论之作也，岂虚构哉。果有其所以不有，故不可得而有，有其所以不无，故不可得而无耳。何者，本之有境，则五阴永灭，推之无乡，则幽灵不竭。幽灵不竭，则抱一湛然，五阴永灭，则万累都捐。万累都捐，故与道通同。抱一湛然，故神而无功，神而无功，故至功常在。与道通同，故冲而不改，冲而不改，不可为有。至功常在，不可为无。然则有无绝于内，称谓沦于外。视听之所不暨，四空之所昏昧。恬兮而夷，泊焉而泰，九流于是乎交归，众圣

① ［后秦］僧肇：《肇论》卷一，《大正藏》第45册，第157页上。

② ［梁］僧祐：《出三藏记集》卷十二，《大正藏》第55册，第83页上。

于此乎冥会。斯乃希夷之境，太玄之乡。而欲以有无题牓其方域，而语神道者，不亦邈哉。’其后十演九折，凡数千言，文多不载。论成之后，上表于姚兴曰：‘肇闻天得一以清，地得一以宁，君王得一以治天下。伏惟陛下叡哲钦明，道与神会，妙契环中，理无不晓，故能游刃万机，弘道终日，依被苍生，垂文作范。所以域中有四大王，居一焉。涅槃之道，盖是三乘之所归，方等之渊府。眇茫希夷，绝视听之域。幽致虚玄，非群情之所测。肇以微躯，猥蒙国恩，得闲居学肆，在付公门下十有余年，虽众经殊趣，胜致非一，涅槃一义，常为听习先。但肇才识暗短，虽屡蒙诲喻，犹怀漠漠，为竭愚不已。亦如似有解，然未经高胜先唱，不敢自决。不幸什公去世，咨参无所，以为永恨。而陛下圣德不孤，独与什公神契，目击道存，决其方寸。故能振彼玄风，以启末俗。一日遇蒙答安成侯嵩问无为宗极，颇涉涅槃无名之义。今辄作《涅槃无名论》，有十演九折，博采众经，托证成喻，以仰述陛下无名之致，岂曰开诣神心，穷究远当。聊以拟议玄门，班喻学徒耳。若少参圣旨，愿敕存记，如其有差，伏承旨授。’兴答旨殷勤，备加赞述。即敕令缮写，班诸子侄，其为时所重如此。”①

《历代三宝纪》载：“《涅槃无名论》一卷。”②

《众经目录》载：“《涅槃无名论》一卷（释僧肇）。”③

《大唐内典录》载：“《涅槃无名论》（释僧肇）”④

《开元释教录》载：“准此十四年末，什仍未卒，又准僧肇上秦主姚兴《涅槃无名论表》。”⑤

《贞元新定释教目录》载：“准此十四年末，什仍未卒，又准僧肇上秦主姚兴《涅槃无名论表》。”⑥

汤用彤在《汉魏两晋南北朝佛教史》（增订本）中指出：“如《涅槃无名论》为僧肇所作，则为持渐以驳顿之最早者。但此论文笔力与《不真空论》等不相似，且颇有疑点，或非僧肇所作。（一）据《肇论疏》等，均谓此论中引及《涅槃经》。按肇死（414年）在《大经》出世（421年）及《泥洹》六卷本译出（417至418年）之前。（二）肇在什公逝后一年而亡。而其《上秦王表》中，引及姚兴《与安成侯书》。按彼

①［梁］慧皎：《高僧传》卷六，《大正藏》第50册，第365页中。
②［隋］费长房：《历代三宝纪》卷八，《大正藏》第49册，第80页中。
③［隋］法经：《众经目录》卷六，《大正藏》第55册，第148页中。
④［唐］道宣：《大唐内典录》卷十，《大正藏》第55册，第327页上。
⑤［唐］智昇：《开元释教录》卷四，《大正藏》第55册，第515页中。
⑥［唐］圆照：《贞元新定释教目录》卷六，《大正藏》第55册，第812页中。

书中所言，似什公去世已久。（三）《无名论》十演中反驳之顿悟显为生公说。而九折中所斥之渐说，则为支公七住锁悟说。是作者宗旨赞成七住说，而呵弹大顿悟。据今所知，生公以前无持大铁者。生公立说想在江南，且亦远在肇死之后。（四）《无名论》非肇作，六朝人似无有言之者。但《大唐内典录》有下列一条：‘《涅槃无名九折十演论》，无名子。（今有其论，云是肇作，然词力浮薄，寄名乌有。）’[①]按《无名论》，乃托言‘有名’与‘无名’之争辨。则所谓无名子即指此论。若然则前人已有疑者。（五）《涅槃无名论》虽不出肇公手笔。然要亦宋初顿渐争论时所作。《难差》以下六章，其中‘有名’主顿，‘无名’主渐，反复陈述，只陈理本无差，而差则在人之义，此外了无精意。取与诸渐家如王弘等所陈比较，辞力实浮薄，似非僧肇所作也。”[②]

吕澂在《中国佛学源流略讲》中指出：“其中《涅槃无名论》一篇的体裁，文笔，都和前几篇不大相同，现代的人对它发生了怀疑，以为非僧肇作。首先由汤用彤的《汉魏两晋南北朝佛教史》（增订本）提出此说，他的学生石峻写文又加以补充论证。以后，奥人李华德英译《肇论》（发表于燕京哈佛研究所的刊物），也基本上赞同，但认为是后人对原著有所改动、增加，并非全属伪托。汤先生怀疑的根据，除在内容上涉及后世发生的顿悟、渐悟问题外，还有文献上的证明，如道宣的《大唐内典录》中说：‘涅槃无名九折十演论。无名子，今有其论，云是肇作，然词力浮薄，寄名乌有。’但是《内典录》原文‘无名子’以下一段，是批评另外名为《无名子》的一书，与《涅槃无名论》无关，旧刻本（宋本）就一直把前后两书分列的。因而此论是否僧肇所作，还可以研究。”[③]

许抗生在《僧肇评传》中指出：“其后又著《涅槃无名论》一篇，‘十演九折，凡数干言’。按照《高僧传·僧肇传》所说他是在‘什亡之后，追悼永往，翘思弥厉，乃著《涅槃无名论》’的。其写作的直接缘起，在僧肇上秦王表中讲得十分清楚……由此可知，论文是为后秦国主姚兴在回答安城侯姚嵩书中所讲到‘涅槃’思想时而写作的，目的是为了弘显秦王的涅槃无名之说的幽旨的。其写作的年代则在罗什去世之后。罗什卒于弘始十五年四月十三日（即413年），可知《涅槃无名论》应作于罗什去世之后（即弘始十五年四月十三日之后）的413年，或稍后的414年僧肇在世时。此论写作完后，不幸僧肇于晋义熙十年（414年）谢世于长安，春秋仅三十有一。年轻有为

① [唐] 道宣：《大唐内典录》卷十，《大正藏》第55册，第330页下。
② 汤用彤：《汉魏两晋南北朝佛教史》（增订本），北京大学出版社，2011年，第369页。
③ 吕澂：《吕澂佛学论著选集》第五卷，齐鲁书社，1991年，第2591—2592页。

的一代佛学家，结束了短暂的一生。然而他对中华佛学所作的巨大贡献，却是永远不会磨灭的。”①

释僧肇卒

《高僧传》载：“（释僧肇）晋义熙十年卒于长安，春秋三十有一矣。”②

汤用彤在《汉魏两晋南北朝佛教史》（增订本）中指出：“肇从什公十余年，晋义熙十年（414年），即什公死后之次年，卒于长安，寿仅三十一（此据《僧传》。他书间作三十二）。当时惜其早逝云（此语出《隆兴编年》卷三。又古藏《中论疏》一，有‘老则融、睿，少则生、肇’之语）。《传灯录》第二十七卷，谓僧肇为秦主所杀，临刑时说偈四句。按唐以前似无此说，偈语亦甚鄙俚，必不确也。”③

张春波在《肇论校释》中指出：“据《高僧传·僧肇传》记载：僧肇于‘晋义熙十年（公元四一四年）卒于长安，春秋三十有一’。本世纪中期，日本学者塚本善隆对僧肇生年提出不同看法。他认为僧肇应生于晋孝武帝宁康二年（公元三七四年），僧肇卒年应为四十一岁。理由是，从僧肇的学识来看，三十一岁太年轻了。《高僧传》的记载，很可能是把‘卌一’写成‘卅一’（参见塚本善隆著《肇论在佛教史上的意义》，日本国京都大学人文科学研究所研究报告《肇论研究》第一二〇、一二一页）。日本学者大多同意这个看法。如间野潜龙编辑的《东晋思想史年表》就采用了这种说法。我们认为，仅用‘年轻’来推定僧肇一定是四十一岁而亡，理由不充分。在历史上，年轻学者写出有价值的作品并不希奇，如玄学家王弼，仅活了二十四岁，但他的著作影响深远。所以，在还未见到新的有力证据之前，我们仍以《高僧传》的记载为准。”④

姚兴与姚嵩书

姚兴《与安成侯嵩书》云：“吾曾以已所怀，疏条摩诃衍诸义，图与什公平详厥衷，遂有哀，故不复能断理。未久，什公寻复致变。自尔丧戎相寻，无复意事，遂忘弃之。近以当遣使送像，欲与卿作疏，箱箧中忽得前所条本末。今送示卿，徐徐寻

---

① 许抗生：《僧肇评传》，《中国思想家评传丛书》第四十二册，南京大学出版社，1998年，第14—15页。

②［梁］慧皎：《高僧传》卷六，《大正藏》第50册，第366页上。

③ 汤用彤：《汉魏两晋南北朝佛教史》（增订本），北京大学出版社，2011年，第182页。

④［东晋］僧肇著，张春波校释：《肇论校释》，中华书局，2010年，《绪论》第3页。

抚。若于卿有所不足者，便可致难也。见卿未日，并可以当言笑。吾前试通圣人三达观以咨什公，公寻有答，今并送。往请此事皆是昔日之意，如今都无情怀，如何矣。”①

按：此文撰时，前节已考。似在弘始十五年末、十六年初。详考请参见弘始十四年“姚兴作《通三世论》并咨询鸠摩罗什”条下徐文明之考证。

姚嵩《谢后秦主姚兴珠像表》

姚嵩《谢后秦主姚兴珠像表》云：“臣言奉珠像承，是皇后遗嘱所建。礼觐之日，永慕罔极。伏惟感往增怀。臣言先承陛下亲营像事，每注心延望，迟冀暂一礼敬，不悟圣恩垂及，乃复与臣供养。此像既功宝并重，且于制作之理，拟若神造中来。所见珠像，诚当奇妙。然方之于此，信复有间。瞻奉踊跃，实在无量。夫受干施者无报，蒙恩隆者无谢。虽欲仰陈愚诚，亦复莫知所尽，臣言。”②

按：此书约作于本年年末、来年年初。前文已考，兹不赘述。时姚嵩远离长安，镇守秦州，故与姚兴书信往来，研讨佛理。

姚嵩上《述佛义表》

《广弘明集》载：“臣言：奉陛下所通诸义，理味渊玄，辞致清胜，简诣逾于二篇，妙尽侔乎中观。咏之，玩之，纸已致劳，而心犹无厌。真可谓当时之高唱，累劫之宗范也。但臣顽暗，思不参玄。然披寻之日，真复咏歌弗暇，不悟弘慈善诱，乃欲令参致问难，敢忘愚钝，辄位叙所怀，岂曰存难，直欲咨所未悟耳。

“臣言：上《通三世》，甚有深致，既已远契圣心，兼复抑正众说。宗涂亹亹，超绝常境，欣悟之至，益令赏味增深。加为什公研该兼备，实非愚臣所能称尽。正当铭之怀抱，以为心要耳。

“臣言：上《通不住法住般若》义云：‘众生所以不阶道者，有著故也。’圣心玄诣诚无不尽。然至乎标位六度，而以无著为宗，取之于心，诚如明诲；即之于事，脱有未极。夫无著虽妙似，若有不即真两冥。有不即真两冥，恐是心忘之谓耳。窃寻玄教，如更有以谨牒成言，以摅愚见。故经云：‘以无所舍法，具足檀波罗蜜。’以此三事不可得故，三者既冥，有无无当，无当之理，即同幻化。以此而推，恐不住之

① [唐] 道宣：《广弘明集》卷十八，《大正藏》第52册，第228页上。

② [唐] 道宣：《广弘明集》卷十八，《大正藏》第52册，第228页下。

致，非直忘彼我，遗所寄而已。”[①]

难上《通圣人放大光明普照十方》

《广弘明集》载：“诏云：‘放大光明诸神变者，此自应十方诸大菩萨将绍尊位者耳。’斯理之玄，固非庸近所参。然不已之情，犹欲言所未达。夫万有不同，精粗亦异；应彼虽殊，而圣心恒一。恒一，故圆以应之；不同，故权以济之。虽鹿马而未始乖其大，虽现神变而未始遗其细。故《净名经》云：‘如来或以光明而作佛事，或以寂寞而作佛事。’显默虽异，而终致不二。然则于小大之间，恐是时互说耳。如《华手经》，初佛为德藏放大光明，令诸众生普蒙其润。又《思益经》中网明所问如来三十三种光明，一切遇者，皆得利益。《法华经》云：‘佛放眉间相光，亦使四众八部，咸皆生疑。’又云：‘处暗众生，各得相见。苟有其缘，虽小必益。苟无其因，虽大或乖。’故《般若经》云：‘若有众生，遇斯光者，必得无上道。’又以《神变》‘令三恶众生皆生天上’。以此而言，至于光明神变之事，似存平等。敢缘慈顾，辄竭愚思，若复哀矜，重开道者。岂直微臣独受其赐？”[②]

难通一切诸法皆空

《广弘明集》载：“诏云：夫道者以无为为宗，若其无为，复何所为耶？至理渊淡，诚不容言。然处在涉求之地，不得不寻本以致悟，不审明道之无为，为当以何为体？若以妙为宗者，虽在帝先而非极。若以无有为妙者，必当有不无之因。因称俱未冥，讵是不二之道乎？故《论》云：‘无于无者，必当有于有。’有无之相譬，犹修短之相形耳。无理虽玄，将恐同彼断常，常犹不可，况复断耶？然则有无之肆，乃是边见之所存。故《中论》云：‘不破世谛故，则不破真谛。’又《论》云：‘诸法若实，则无二谛；诸法若空，则无罪福。’若无罪福，凡圣无泮。二苟无泮，道何所益？由臣暗昧，未悟宗极，唯愿仁慈，重加诲谕。”[③]

按：以上姚嵩答姚兴之文，《全晋文》并为一篇，题为《姚嵩上述佛义表》。[④]且姚嵩就姚兴所赠四论，文扣其题，一一答之。撰文时间，似在本年年末、来年春。兹

---

①［唐］道宣：《广弘明集》卷十八，《大正藏》第52册，第229页上。

②［唐］道宣：《广弘明集》卷十八，《大正藏》第52册，第229页上。

③［唐］道宣：《广弘明集》卷十八，《大正藏》第52册，第229页中。

④［清］严可均辑：《全上古三代秦汉三国六朝文》，《全晋文》卷一百五十三，中华书局，1958年，第2345—2346页。

系于本年。

释慧永卒

《高僧传》载："远少所推先，而挹永高行，身执卑恭，以希冥福。永厉行精苦，愿生西方，（释慧永）以晋义熙十年遇疾绵笃，而专谨戒律，执志愈勤，虽枕痾怀苦，颜色怡悦。未尽少时，忽敛衣合掌，求屣欲起，如有所见，众咸惊问，答云佛来，言终而卒，春秋八十有三。道俗在山，咸闻异香，七日乃歇。时庐山又有释僧融，亦苦节通灵，能降伏鬼物云。"①

佛陀耶舍至庐山

《庐山记》载："晋义熙八年壬子，（佛陀耶舍）入庐山，为远公预社之客。"②

《释氏稽古略》载："（佛陀耶舍）后至晋，游匡山，为远公所重，甲寅晋安帝义熙十年也。"③

汤用彤在《汉魏两晋南北朝佛教史》（增订本）中指出："至若佛陀耶舍，《僧传》未言其曾至南方。南北朝记载未言及匡山有耶舍其人。隋智颢与晋王书，始谓远公与耶舍禅师行头陀法，但并不言为佛陀耶舍。且佛陀耶舍乃律师，而非禅师也。"④

未详孰是，其时待考。兹并附于此。

昙摩耶舍译出《舍利弗阿毗昙》

《出三藏记集》载："《舍利弗阿毗昙》二十二卷（或二十卷）。右一部，凡二十二卷。晋安帝时，外国沙门毗婆沙为姚兴于长安石羊寺译出。"⑤

《高僧传》载："至十六年翻译方竟。凡二十二卷，伪太子姚泓亲管理味，沙门道标为之作序。耶舍后南游江陵，止于辛寺大弘禅法。其有味靖之宾披榛而至者三百余人。凡士庶造者，虽先无信心，见皆敬悦。自说有一师一弟子，修业并得罗汉，传者失其名。又尝于外门闭户坐禅，忽有五六沙门来入其室。又时见沙门飞来树端者，

---

① ［梁］慧皎：《高僧传》卷六，《大正藏》第50册，第362页上。
② ［宋］陈舜俞：《庐山记》卷三，《大正藏》第51册，第1041页中。
③ ［元］觉岸：《释氏稽古略》卷二，《大正藏》第49册，第787页上。
④ 汤用彤：《汉魏两晋南北朝佛教史》（增订本），北京大学出版社，2011年，第205页。
⑤ ［梁］僧祐：《出三藏记集》卷二，《大正藏》第55册，第11页中。

往往非一。常交接神明而俯同蒙俗，虽道迹未彰，时人咸谓已阶圣果。”[①]

《历代三宝纪》载：“《舍利弗阿毗昙》三十卷（或二十卷，僧祐又云：‘毗婆沙出。’房捡《传》乃是耶舍，今据《传》为正，故改之，见《宝相录》）。[②]

《众经目录》载：“《舍利弗阿毗昙论》二十二卷（五百九十九纸）。后秦弘始年，昙摩崛共昙摩耶舍译。”[③]

《古今译经图纪》载：“（昙摩耶舍）又以姚秦弘始九年岁次丙午，至十六年岁次癸丑，于长安译《舍利弗阿毗昙》一部（二十二卷）。秦太子泓，亲管理味，沙门释道标制序，凡二部，二十三卷。”[④]

《大唐内典录》载：“《舍利弗阿毗昙》三十卷（或二十卷，祐云毗婆沙出，长房捡《传》，乃是耶舍，故改正之，见《宝唱录》）。”[⑤]

《大周刊定众经目录》载：“《舍利弗阿毗昙》一部三十卷（或二十卷，或二十二卷，七百六十纸）。右，后秦弘始十年沙门昙摩崛多共昙摩耶舍于长安译，出《长房录》。”[⑥]

《开元释教录》载：“《舍利弗阿毗昙论》二十二卷（或无‘论’字，或二十卷，或三十卷，共昙摩崛多于石羊寺出，释道标制《序》。见僧祐、宝唱二《录》及《高僧传》）。”[⑦]“《舍利弗阿毗昙论》二十二卷（或二十卷，或三十卷），姚秦罽宾三藏昙摩耶舍共昙摩崛多译（单本）。”[⑧]“《舍利弗阿毗昙论》二十二卷（或无‘论’字，或二十卷，或三十卷，六百四纸），姚秦昙摩耶舍共昙摩崛多译。”[⑨]

《贞元新定释教目录》载：“《舍利弗阿毗昙论》二十二卷（或无‘论’字，或二十卷，或三十卷，共昙摩崛多于石羊寺出，释道标制《序》。见僧祐、宝唱二《录》及《高僧传》）。”[⑩]“《舍利弗阿毗昙论》二十二卷（或无‘论’字，或二十卷，或

---

①［梁］慧皎：《高僧传》卷一，《大正藏》第50册，第329页下。
②［隋］费长房：《历代三宝纪》卷八，《大正藏》第49册，第77页中。
③［唐］静泰：《众经目录》卷一，《大正藏》第55册，第188页中。
④［唐］靖迈：《古今译经图纪》卷三，《大正藏》第55册，第358页下。
⑤［唐］道宣：《大唐内典录》卷三，《大正藏》第55册，第252页中。
⑥［唐］明佺：《大周刊定众经目录》卷十，《大正藏》第55册，第435页上。
⑦［唐］智昇：《开元释教录》卷四，《大正藏》第55册，第517页中。
⑧［唐］智昇：《开元释教录》卷十三，《大正藏》第55册，第621页中。
⑨［唐］智昇：《开元释教录》卷二十，《大正藏》第55册，第720页下。
⑩［唐］圆照：《贞元新定释教目录》卷六，《大正藏》第55册，第814页上。

三十卷），六百四纸。”①

《隋书·经籍志》载：“昙摩耶舍译《阿毗昙论》，并为小乘之学。”②

昙无谶开始翻译《大般涅槃经》

《大涅槃经记》云：“此《大涅槃经》，初十卷有五品。其胡本是东方道人智猛从天竺将来，暂憩高昌。有天竺沙门昙无谶，广学博见，道俗兼综，游方观化，先在敦煌。河西王宿植洪业，素心冥契，契应王公，躬统士众，西定敦煌。会遇其人，神解悟识，请迎诣州，安止内苑。遣使高昌，取此胡本，命谶译出。此经初分唯有五品，次六品已后，其本久在敦煌。谶因出经下际，知部党不足，寻访慕余残，有胡道人应期送到。此经胡本都二万五千偈，后来胡本，想亦近具足。但顷来国家殷猥，未暇更译，遂少停滞。诸可流布者，经中大意，宗涂悉举，无所少也。今现已有十三品，作四十卷，为经文句。执笔者一承经师口所译，不加华饰。其经初后所演，佛性广略之闻耳，无相违也。每自惟省，虽复西垂，深幸此遇，遇此大典，开解常滞，非言所尽。以诸家译经之致大不允，其旨归疑谬后生，是故窃不辞，辄作徒劳之举，冀少有补益。咨参经师，采寻前后，略举初五品为私记。余致惟之，悉可领也（祐寻此序与《朗法师序》及《忏法传》小小不同，未详孰正，故复两出）。”③

《高僧传》载：“谶以《涅槃经》本品数未足，还外国究寻，值其母亡，遂留岁余。后于于阗，更得经本《中分》，复还姑臧译之。后又遣使于阗，寻得《后分》，于是续译为三十三卷。以伪玄始三年初就翻译。”④

《历代三宝纪》载：“《大般涅槃经》四十卷（玄始三年于姑臧出，至十年方讫。此经凡有三万五千偈，于凉减百万言，今所译者正万余偈，三分始一耳，见竺道祖《凉录》）。”⑤

《众经目录》载：“《大般涅槃经》四十卷（北凉沮渠蒙逊世，沙门昙无谶共慧嵩等于姑臧译）。”⑥“《大般涅槃经》四十卷（七百二十纸）。北凉沮渠世，昙无谶

---

①［唐］圆照：《贞元新定释教目录》卷三十，《大正藏》第55册，第1044页上。
②［唐］魏徵等：《隋书》卷三十五，中华书局，1973年，第1098页。
③［梁］僧祐：《出三藏记集》卷八，《大正藏》第55册，第60页上。
④［梁］慧皎：《高僧传》卷二，《大正藏》第50册，第336页中。
⑤［隋］费长房：《历代三宝纪》卷九，《大正藏》第49册，第84页上。
⑥［隋］法经：《众经目录》卷一，《大正藏》第55册，第115页上。

共慧嵩等于姑臧译。”[1]

《古今译经图纪》载：“逊闻谶名，厚遇请译。遂以玄始三年岁次甲寅记译，至玄始十年辛酉，译《大般涅槃经》一部（四十卷）。”[2]

《大唐内典录》载：“《大般涅槃经》四十卷（玄始三年于姑臧出，至十年讫。此经凡三万五千偈，于凉减百万言，今止万余偈，三分始一，见道祖《凉录》）。”[3]“《大般涅槃经》（四十卷，七百二十纸）。北凉沮渠氏玄始年昙无谶（于凉都姑臧译）。”[4]“《大般涅槃经》（四十卷），四帙。”[5]“《大般涅槃经》（四十卷，或三十六卷，七百二十纸）。北凉沮渠玄始年，昙无谶于凉都译。右一经，五译。支条不具，未足通行，故举上经，总摄余部。”[6]

《大周刊定众经目录》载：“《大般涅槃经》一部四十卷（或三十六卷，八百四十七纸）。右，北凉玄始三年，沙门昙无谶于西凉译，出《竺道祖录》。”[7]“《大般涅槃经》一部四十卷（或三十六卷，八百四十七纸）。”[8]

《开元释教录》载：“《大般涅槃经》四十卷（或三十六卷，第五译。玄始三年出，十年十月二十三日讫，梵本具足有三万五千偈，今所译者止万余偈，三分始一耳，见竺道祖《凉录》及《僧祐录》）。”[9]“《大般涅槃经》四十卷（或三十六卷，四帙）。北凉天竺三藏昙无谶于姑臧译（第五单重合译）（其《涅槃经》宋文帝代元嘉年中达于建业，时有豫州沙门范慧严、清河沙门崔慧观、陈郡处士谢灵运等，以谶前经品数疏简，乃依《旧泥洹经》加之品目，文有过，质颇亦改治，结为三十六卷，行于江左。比于前经，时有小异，有《论》一卷略释大经，又《论》一卷释‘本有今无’一偈）。”[10]“《大般涅槃经》四十卷（或三十六卷，四帙），七百三十纸。”[11]“《大般

① [隋] 法经：《众经目录》卷一，《大正藏》第55册，第181页下。
② [唐] 靖迈：《古今译经图纪》卷三，《大正藏》第55册，第360页中。
③ [唐] 道宣：《大唐内典录》卷三，《大正藏》第55册，第255页下。
④ [唐] 道宣：《大唐内典录》卷六，《大正藏》第55册，第285页下。
⑤ [唐] 道宣：《大唐内典录》卷八，《大正藏》第55册，第303页上。
⑥ [唐] 道宣：《大唐内典录》卷九，《大正藏》第55册，第313页中。
⑦ [唐] 明佺：《大周刊定众经目录》卷二，《大正藏》第55册，第384页下。
⑧ [唐] 明佺：《大周刊定众经目录》卷十三，《大正藏》第55册，第461页中。
⑨ [唐] 智昇：《开元释教录》卷四，《大正藏》第55册，第519页下。
⑩ [唐] 智昇：《开元释教录》卷十一，《大正藏》第55册，第591页上。
⑪ [唐] 智昇：《开元释教录》卷十九，《大正藏》第55册，第682页中。

涅槃经》四十卷（或三十六卷，四帙，七百三十纸）。北凉天竺三藏昙无谶于姑臧译。"[①]

《贞元新定释教目录》载："《大般涅槃经》四十卷（或三十六卷，第五译。玄始三年出，至十年十月二十三日讫，梵本具足有三万五千偈，今所译者止万余偈，三分始一耳，道朗制《序》，见竺道祖《凉录》及《僧祐录》）。"[②]"《大般涅槃经》四十卷（或三十六卷，四帙）。北凉天竺三藏昙无谶于姑臧译（第五单重合译，其《涅槃经》宋文帝代元嘉年中达于建业，时有豫州沙门范惠严、清河沙门崔惠观、陈郡处士谢灵运等，以谶前经品数疏简，乃依《旧泥洹经》加之品目，文有过，质颇亦改，结为三十卷，行于江左。比于前经，时有小异，有《论》一卷略释大经，又《论》一卷释'本有今无'一偈）。"[③]"《大般涅槃经》四十卷（或三十六卷，四帙），七百二十纸。"[④]

按：玄始三年即公元413年，玄始是北凉太祖沮渠蒙逊的年号。

释玄高入中常山欲隐

《高僧传》载："（释玄高）年十二，辞亲入山，久之未许。异日，有一书生寓高家宿，云欲入中常山隐，父母即以高凭之。是夕，咸见村人共相祖送。明旦，村人尽来候高。父母云：'昨已相送，今复觅耶。'村人云：'都不知行，岂容已送。'父母方悟昨之迎送乃神人也。高初到山，便欲出家，山僧未许，云：'父母不听，法不得度。'高于是暂还家，启求入道。"[⑤]

按：据晋安帝元兴元年（402）下"释玄高生"条，推之可知，"释玄高入中常山欲隐"条，当发生于本年。

释慧远迎请释法显至道场寺

《高僧法显传》载："法显发长安，六年到中印国，停经六年，还经三年达青州。凡所游履，减三十国。沙河已西，迄于天竺，众僧威仪法化之美，不可详说。窃惟诸师未得备闻，是以不顾微命，浮海而还，艰难具更，幸蒙三尊威灵，危而得济，故将竹帛疏所经历，欲令贤者同其闻见。是岁甲寅晋义熙十二年矣。岁在寿星，夏安居

① [唐] 智昇：《开元释教录》卷二十，《大正藏》第55册，第703页中。
② [唐] 圆照：《贞元新定释教目录》卷六，《大正藏》第55册，第816页中。
③ [唐] 圆照：《贞元新定释教目录》卷二十一，《大正藏》第55册，第921页上。
④ [唐] 圆照：《贞元新定释教目录》卷二十九，《大正藏》第55册，第1027页上。
⑤ [梁] 慧皎：《高僧传》卷十一，《大正藏》第50册，第397页上。

末，迎法显道人。既至，留共冬斋。因讲集之余，重问游历。其人恭顺，言辄依实。由是先所略者，劝令详载。显复具叙始末。自云：'顾寻所经，不觉心动汗流。所以乘危履险，不惜此形者，盖是志有所存，专其愚直，故投命于必死之地，以达万一之冀。'于是感叹，斯人以为古今罕有。自大教东流，未有忘身求法如显之比，然后知诚之所感，无穷否而不通；志之所将，无功业而不成。成夫功业者，岂不由忘夫所重，重夫所忘者哉！"①

章巽在《法显传校注》中指出："'慧远迎法显道人'，'慧远'二字唯《镰本》独有，今据补。按：镰本所保留此二字甚可贵，盖由此可知迎法显入道场寺，乃出于慧远。"②

日本学者足立喜六在《〈法显传〉考证》中指出："征之纪年，义熙十年为甲寅，十二年为丙辰。故（法）显之正文，应作'是岁"义熙十年"甲寅'。"③详考请参见氏著《〈法显传〉考证》。

按：东晋义熙十年，乃甲寅年也。《法显传》却云："是岁甲寅，晋义熙十二年矣。"疑"二"字乃衍。

净悟浮图记

《汉魏六朝碑刻校注》载："大巍神瑞元年甲寅，沙门净悟藏真浮图记。净悟法师，远公师之法派也。幼资性了悟，道力贞坚。初落发于天台□隐寺，后渡江远游关陇。遂□□□太乙山之灵岩寺。品行高□，广建道场。众檀越大会香花。师栖兹寺十七年，于永兴四年冬十二月圆寂于法室。莲萼现影，贝叶生香。爰诹神瑞元年正月，众建浮图，藏师真骸，用示千秋，万禩永记。西方佛界同臻舍利以勗。施化力主花之僧，大檀越主任妙宗仝造，香火院主陈起善。"④

晋安帝义熙十一年·后秦弘始十七年（415）乙卯

姚兴答姚嵩

《答安成侯姚嵩后秦主姚兴》云："卿所难问，引喻兼富，理极深致，实非肤浅

① ［东晋］法显：《高僧法显传》卷一，《大正藏》第51册，第866页中。
② 东晋沙门法显撰，章巽校注：《法显传校注》，中华书局，2008年，第154页。
③ ［日］足立喜六著，何健民、张小柳译：《〈法显传〉考证》，商务印书馆，1936年，第300页。
④ 毛远明校注：《汉魏六朝碑刻校注》第三册，线装书局，2008年，第218页。

所能具答，今为当都格以相酬耳。卿引《般若经》云：‘若有众生遇斯光者，必得无上道。’即《经》所言，未闻有凡流而得见光明者，如释迦放大光明，普照十方，当斯之时，《经》不言有群品而得见其怪而异之者，皆是普明之徒，以斯言之，定不为群小也。卿若以众生为疑者，百亿菩萨，岂非众生之谓耶？然《经》复云：‘普明之诣释迦，皆与善男子善女人，持诸华香，来供养释迦。’及致供养之徒，自应普蒙其润也。但《光明》之作，本不为善男子善女人，所以得蒙余波者，其犹蝇附骥尾，得至千里之举耳。卿又引《神变》：‘令三恶众生，得生人天。’若在鹿为鹿，在马为马而度脱之，岂非《神变》之谓耶？《华手》《思益》《法华》诸经所言，若云放大光明，自应与《大品》无异也，若一一光明，以应适前物，此作非大所通。夫光明之与寂寞，此直发意有参差，其揆一也。卿引经言，施者受者，财物不可得，与《不住法》《不住般若》未有异，二者直是始终之教也。统而言之，俱是破著之语耳。何者？罪不罪，施者受者及财物都不可得。若都不可得，复何所著？是劝无所著明矣。卿又问明道之无为为。宗同诸法之自空为妙空，无以成极耶！又引《论》中二谛之间，言意所不及，道之无为所寄耶！吾意以为为道止无为，未详所以宗也。何者？夫众生之所以流转生死者，皆著欲故也。若欲止于心，即不复生，既不生死，潜神玄漠，与空合其体，是名涅槃耳。既曰涅槃，复何容有名于其间哉！夫道以无寄为宗，若求寄所在，恐乃惑之大者也。吾所明无为不可为有者，意事如隐，寻求或当小难，今更重伸前义。卿所引《中论》，即吾义宗诸法，若不空则无二谛，若不有亦无二谛，此定明有无不相离。何者？若定言有，则无以拔高士；若定明无，则无以济常流。是以圣人有无兼抱而不舍者，此之谓也。然诸家通第一义，廓然空寂，无有圣人。吾常以为殊太遥远，不近人情，若无圣人，知无者，谁也？”①

按：本文作时，前文已考，兹不赘述。且去年末，姚兴得姚嵩书，大约于本年初，姚兴详答姚嵩所问。

姚嵩重上姚兴表

《安成侯嵩重表》云：“臣言：奉赐还诏，诲喻周备，伏寻之日，欣踊无量。陛下爰发德音，光阐幽极，拓道义之门，演如来之奥，冥宗隐而复彰，玄扉掩而再敞。文外之旨，可谓朗然幽烛矣。夫理玄者不可以言称，事妙者固非常辞之所赞，虽欲心仰咏，亦罔知所尽。由臣愚钝，而猥蒙陛下褒饰之美，诚复欣戴殊眷，实赧比，仰味

①［唐］道宣：《广弘明集》卷十八，《大正藏》第52册，第229页下。

微言，研咏弥至，其为蒙悟，岂唯过半之益？但臣仍充外役，无由亲承音旨，每望云遐，慨实在罔极，不胜延系，谨以申闻。臣嵩言。”①

按：姚嵩去年末得姚兴书，覆书问难。似于今年初又得姚兴答书，遂重上表答之。

姚兴重答姚嵩

《重答安成侯姚嵩》云：“得表具一二：吾常近之才，加多事惛塞，触事面墙，不知道理安在？为复以卿好乐玄法，是以聊复孟浪以言之耳，而来喻过美，益以不安。”②

按：去年末，姚兴与姚嵩书，并附四论。姚嵩得书，一一答之。书信往复，姚兴得姚嵩所难之书，遂又作《答安城侯姚嵩》以答其问。观姚兴答书，其文洋洋洒洒，引经据典，内容宏富。姚嵩所疑，姚兴逐一覆之。且姚兴《重答安城侯姚嵩》时云：“加多事惛塞，触事面墙”，可知其答书距姚嵩问难已有时日。且本年九月，姚兴服五食散，药力发作，姚弼又聚兵于第；至弘始十八年春正月，姚兴疾笃，卒于长安。自弘始十七年九月至十八年春正月，时姚兴已病入膏肓，后秦又因皇位继承问题，宗室暗流涌动，内乱一触即发。姚兴似已无暇再同姚嵩精研佛理。以理推之，故将此事系于本年。

释慧恭卒

《高僧传》载：“（东州释慧恭）并愿生赡养，临终祥瑞焉。”③

《净土往生传》载：“又五年，即晋义熙十一年，恭且病焉。病中载念，兰等已死，自又缠困病苦，忽忽无所依。乃曰：‘六道相沿，其何止焉。’既而笃甚，又曰：‘死生去来，吾安归哉！’于是叩头泣血，矢心于安养，虽夫病苦之甚，而其念也无一间焉。一日目睇无量寿佛，以紫金台前至迎恭，恭觉其身乘彼金台，台中流出光明，若诸宝聚。又见昔者僧光、慧堪、慧兰等，于其光中，欣然告曰：‘长老受生之处，已居上品。吾等之怀，不胜浣慰，但念五浊淹延，净土相依之晚也。’恭于其日骤觉身心无诸苦痛，奋身自起，言之乃灭。”。④

《佛祖统纪》载：“慧恭，豫章丰城人，与僧光、慧堪、慧兰同志为学，光等学力不逮恭，而于净土系想则过之。兰谓恭曰：‘君虽力学博闻，岂不知经云“如聋奏

---

① [唐] 道宣：《广弘明集》卷十八，《大正藏》第52册，第230页上。

② [唐] 道宣：《广弘明集》卷十八，《大正藏》第52册，第230页上。

③ [梁] 慧皎：《高僧传》卷七，《大正藏》第50册，第370页上。

④ [宋] 戒珠：《净土往生传》卷一，《大正藏》第51册，第111页上。

音乐，悦彼不自闻。”’恭曰：‘学不可已，孰能未死，昧昧如痴哉！’后七年，兰等先逝去，时并有奇应。又五年，恭病且笃，曰：‘大道沿洄，何时可止。死生去来，吾何归哉。’于是叩头雨泣，誓心安养，念不少间。忽见无量寿佛以金台前迎，恭乘其上。见兰等于台上光明中，而告之曰：‘长老受生，已居上品。吾等不胜尉喜，但恨五浊淹延，相依之晚耳。’恭于是日告众，欣然旧迅而灭，时义熙十一年也。”①

《佛说无量寿经》卷上《弟子王澄题记》

《弟子王澄题记》云：“佛说无量寿经上，大魏神瑞二年四月，弟子王澄为父母供养经。”②

《妙法莲花经》卷五《清信女姚阿姬题记》

《清信女姚阿姬题记》云：“妙法莲华经卷第五，一校竟，乙卯之岁四月中旬，清信女姚阿姬为一切众顶载供养。愿所往生处，离苦获安。”③

另见《魏晋南北朝敦煌文献编年》。④

郭宣发愿施钱上明西寺作功德

《辩正论》载：“晋义熙十一年，太原郡郭宣与蜀郡文处茂，先与梁州刺史杨收敬为友。收敬以害人被幽，宣与处茂同被桎梏，念观世音。十日已后，夜三更，梦一菩萨慰喻之，告以大命无忧，亦觉而锁械自脱，及晓还著，如是数过。此二人相庆发愿：‘若得免罪，各出钱十万与上明西寺作功德。’共立重誓，少日俱免。宣依愿送钱向寺，处茂违誓不送。卢循起兵，茂在戎，于查浦为流矢所中。未死之间曰：‘我有大罪，语讫而死。’”⑤

刘遗民卒

《释慧远与隐士刘遗民等书》云：“山居道俗，日加策励。遗民精勤偏至，具持禁戒，宗张等所不及。专念禅坐，始涉半年，定中见佛。行路遇像佛于空，现光照，天地皆作金色，又披袈裟在宝池浴，出定已，请僧读经，愿速舍命。在山一十五年，

---

①［宋］志磐：《佛祖统纪》卷二十六，《大正藏》第49册，第269页中。

②［日］池田温：《中国古代写本识语集录》，东京大学东洋文化研究所，1990年，第81页。

③［日］池田温：《中国古代写本识语集录》，东京大学东洋文化研究所，1990年，第82页。

④ 饶宗颐主编，王素、李方著：《魏晋南北朝敦煌文献编年》，新文丰出版公司，1997年，第114页。

⑤［唐］法琳：《辩正论》卷七，《大正藏》第52册，第538页上。

自知亡日，与众别，已都无疾苦。至期西面端坐，敛手气绝，年五十有七。先作《笃终诫》曰：‘皇甫谧遗论佩《孝经》，示不忘孝道，盖似有意小儿之行事。今即土为墓，勿用棺椁。’子雍从之。周续之等筑室相次，各有芳绩，如别所云。”①

《庐山记》载：“（刘程之）凡居山十有二年，自正月感疾，便依念佛三昧，诵阿弥陀佛。至六月初，果见白毫相次，见佛真影。仍摩其顶，更作斋福，愿速尽寿。又请僧读《无量寿法华经》至二十七日。僧众咸集，遗民曰：‘今逝矣，予气尽。勿哭以相恼乱。’又行香，‘请众僧供养释迦文佛，以谢令我知有阿弥陀佛。今日愿必迎接。’少顷合掌，西向而逝。命子雍积土为墓，勿用棺椁。当时无不高仰。即义熙六年庚戌终，春秋五十七。”②

《中国学术思想编年》指出：“关于刘遗民事迹的最早记载见于《出三藏记集》，次见于唐道宣《广弘明集》和元康《肇论疏》。宋人陈舜俞《庐山记》、志磐《佛祖统纪》亦有记载。其卒年，《肇论疏》记在义熙六年，年57岁。《广弘明集》亦作57岁，但未详卒年。《佛祖统纪》亦记义熙六年，年龄则是59岁。而王瑶《陶渊明集》注谓：‘据释元康《肇论疏》引释慧远所传，刘遗民于桓玄东下后，入庐山隐居，居十二年卒。桓玄起兵于元兴元年（402），次年篡位，则刘遗民当卒于义熙十一年。’此一推测，值得重视。今从《肇论疏》及《广弘明集》，暂作义熙六年卒，年57岁，以俟新考。”③

徐文明在《刘遗民生卒考》中指出：“又据《佛祖统纪》卷二十六，慧远临终，‘又见佛驮耶舍、慧持（义熙八年先逝）、慧永（义熙十年先逝）、刘遗氏（义熙六年先逝）在佛之侧前，揖师曰：“师志在先，何来之晚？”这里是强调到佛土的时间先后，可以看出，慧持最先、慧永次之，遗民应当再次之，依照这一排列，刘遗民应当在义熙十一年（415）去世。总之，义熙六年说自相矛盾，无法成立，而义熙十二年及十五年说太迟，和刘遗民卒于远公之前之说不符，义熙十一年（415）合乎远公所作《传》，是比较可靠的。刘遗民的寿数，一说五十七，一说五十九，早期资料如《广弘明集》、《往生西方净土瑞应传》、《庐山记》、《新修净土往生传》等皆持前说，后期资料如《隆兴编年通论》、《龙舒增广净土文》、《释氏通鉴》、《佛祖统纪》等持后说。依照贯例，当依前说。如此刘遗民当生于晋升平三年（359），卒于义熙

---

① ［唐］道宣：《广弘明集》卷二十七，《大正藏》第52册，第304页中。

② ［宋］陈舜俞：《庐山记》卷三，《大正藏》第51册，第1039页下。

③ 张岂之主编：《中国学术思想编年·魏晋南北朝卷》，陕西师范大学出版社，2006年，第389页。

十一年（415），寿五十七。”[①]

顾农在《陶渊明与佛教》中指出：“刘遗民等在慧远策划下立誓著发愿文在元兴元年（402），已是他入山多年之后。据慧远《刘公传》谓，刘遗民‘居山十有二年，卒’（唐释元康《肇论疏》引），而其人去世，则‘时义熙六年（410）也，春秋五十九’（《莲社高贤传》）；另说刘‘在山一十五年’（《与隐士刘遗民等书》注，《广弘明集》卷二十七）。这里有三年的差距，当是因为计算的起点不同，情形很可能是：刘遗民始隐于庐山在太元末（396）；而直接追随慧远则在隆安三年（399），由此至其去世为十二年。”[②]

徐文明在《刘遗民生卒考》中，考证颇详，可参阅之。

释法颖生

《高僧传》载：“释法颖，姓索，敦煌人。十三出家，为法香弟子，住凉州公府寺，与同学法力俱以律藏知名。颖伏膺已后，学无再请，记在一闻。研精律部，博涉经论。”[③]

《高僧传·释法颖》载：“齐建元四年（482）卒，春秋六十有七。”[④]

据此推之，释法颖当生于本年。

张野邀陶渊明饮酒

《晋书》载：“顷之，征著作郎，（陶渊明）不就。既绝州郡觐谒，其乡亲张野及周旋人羊松龄、宠遵等或有酒要之，或要之共至酒坐，虽不识主人，亦欣然无忤，酣醉便反。未尝有所造诣，所之唯至田舍及庐山游观而已。”[⑤]

袁行霈在《陶渊明集笺注》中指出：“（晋安帝义熙十一年）渊明在家隐居。有诏征著作郎，称疾不到。与周续之、刘遗民并称‘浔阳三隐’。”[⑥]

释慧观入止道场寺

《高僧传》载：“宋武南伐（司马）休之，至江陵与观相遇，倾心待接，依然若

① 徐文明：《刘遗民生卒考》，《佛学研究》2012年总第21期。

② 顾农：《陶渊明与佛教》，《宁夏师范学院学报》2011年第4期。

③ [梁]慧皎：《高僧传》卷十一，《大正藏》第50册，第402页上。

④ [梁]慧皎：《高僧传》卷十一，《大正藏》第50册，第402页上。

⑤ [唐]房玄龄等：《晋书》卷九十四，中华书局，1974年，第2462页。

⑥ 袁行霈：《陶渊明集笺注》，中华书局，2003年，第860页。

旧。因敕与西中郎游，即文帝也。俄而还京，止道场寺。观既妙善佛理，探究《老》《庄》，又精通《十诵》，博采诸部，故求法问道者，日不空筵。”①

《资治通鉴》载：“（东晋安帝义熙十一年）三月，壬午，帅诸将济江。鲁轨、司马文思将休之兵四万，临峭岸置陈，军士无能登者。裕自被甲欲登，诸将谏，不从，怒愈甚。太尉主簿谢晦前抱持裕，裕抽剑指晦曰：‘我斩卿！’晦曰：‘天下可无晦，不可无公！’建武将军胡藩领游兵在江津，裕呼藩使登，藩有疑色。裕命左右录来，欲斩之。藩顾曰：‘正欲击贼，不得奉教！’乃以刀头穿岸，劣容足指，腾之而上，随之者稍多。既登岸，直前力战。休之兵不能当，稍引却。裕兵因而乘之，休之兵大溃，遂克江陵。”②

按：刘裕本年三月至江陵，故释慧观与其相遇当在四月间。释慧观后至建康道场寺，事当在本年四、五月间。

卑摩罗叉或卒于本年

《高僧传》载：“道场慧观深括宗旨，记其所制内禁轻重，撰为二卷，送还京师，僧尼披习，竞相传写，时闻者谚曰：‘卑罗鄙语，慧观才录，都人缮写，纸贵如玉。’今犹行于世，为后生法矣。（卑摩罗）叉养德好闲，弃喧离俗，其年冬，复还寿春石涧，卒于寺焉，春秋七十有七。叉为人眼青，时人亦号为青眼律师。”③

按：释慧观于本年入止道场寺，故缮写《十诵律》之事最早当发生于本年。且《高僧传》云释慧观缮写《十诵律》之年冬，卑摩罗叉卒于石涧寺。以此推之，则卑摩罗叉最早当卒于本年。兹系于本年。

延贤寺建立

《高僧传》载：“释法意，江左人。好营福业，起五十三寺。晋义熙中，钟山祭酒朱应子。先是孙恩建义之党，窜居此山，分其外地少许，与意为寺，号曰‘延贤寺’。后杯度去来此寺，云：‘此处寻有诸变，后时当好。地对天堂，易为福业。’俄为野火所烧。后齐谐及张寅等，藉杯度之旨，语在《度传》。乃与意共行山地，更欲修立，而无水，不可住。意惟杯度之言，乃竭诚礼忏，乞西方池水。经于三日，恳恻弥至。忽闻空中有声，扑然着地。意恐是金帛，试令人掘入二尺许，泫然清流，遂

---

①［梁］慧皎：《高僧传》卷七，《大正藏》第50册，第368页下。

②［北宋］司马光：《资治通鉴》卷一百一十七，中华书局，1956年，第3676页。

③［梁］慧皎：《高僧传》卷二，《大正藏》第50册，第333页中。

成涧不绝，于是立寺。意后不知所终。”①

《异苑》载：“晋太元中，桓谦字敬祖。忽有人皆长寸余，悉被铠持槊，乘具装马从岊（一作埳）中出，精光耀目，游走宅上，数百为群。部阵指麾，更相撞刺，马既轻快，人亦便捷，能缘几登灶，寻饮食之所。或有切肉，辄来丛聚。力所能胜者，以槊刺取，径入穴中。蒋山道士朱应子令作沸汤，浇所入处，寂不复出。因掘之，有斛许大蚁死在穴中。谦后以门衅同灭。”②

《高僧传》载：“（释杯度）乍往延贤寺法意道人处，意以别房待之。后欲往延步江，于江侧就航。人告度，不肯载之。复累足杯中，顾眄吟咏，杯自然流，直度北岸。行向广陵，遇村舍有李家八关斋。先不相识，乃直入斋堂而坐，置芦圌于中庭。众以其形陋，无恭敬心。李见芦圌当道，欲移置墙边，数人举不能动。度食竟，提之而去，笑曰：‘四天王李家。’于时有一竖子，窥其圌中，见四小儿并长数寸，面目端正，衣裳鲜洁，于是追觅，不知所在。后三日，乃见在西界蒙笼树下坐。李跪拜请还家，月日供养。度不甚持斋，饮酒噉肉，至于辛鲙，与俗不殊。百姓奉上，或受不受。”③

《资治通鉴》载：“（东晋安帝义熙七年）卢循行收兵至番禺，遂围之。孙处拒守二十余日。沈田子言于刘藩曰：‘番禺城虽险固。本贼之巢穴；今循围之，或有内变。且孙季高众力寡弱，不能持久，若使贼还据广州，凶势复振矣。’夏，四月，田子引兵救番禺，击循，破之，所杀万余人。循走，田子与处共追之，又破循于苍梧、郁林、宁浦。会处病，不能进，循奔交州。初，九真太守李逊作乱，交州刺史交趾杜瑗讨斩之。瑗卒，朝廷以其子慧度为交州刺史。诏书未至，循袭破合浦，径向交州；慧度帅州府文武拒循于石碕，破之，循余众犹三千人，李逊余党李脱等结集俚獠五千余人以应循。庚子，循晨至龙编南津；慧度悉散家财以赏军士，与循合战，掷雉尾炬焚其舰，以步兵夹岸射之，循众舰俱然，兵众大溃。循知不免，先鸩妻子，召妓妾问曰：‘谁能从我死者？’多云：‘雀鼠贪生，就死实难。’或云：‘官尚当死，某岂愿生！’乃悉杀诸辞死者，因自投于水。慧度取其尸斩之，并其父子及李脱等，函七首送建康。”④

---

①［梁］慧皎：《高僧传》卷十三，《大正藏》第50册，第411页上。

②［南朝宋］刘敬叔：《异苑》卷八，中华书局，1996年，第75页。

③［梁］慧皎：《高僧传》卷十，《大正藏》第50册，第390页中。

④［北宋］司马光：《资治通鉴》卷一百一十六，中华书局，1956年，第3645—3646页。

按：《高僧传》载朱应子乃“孙恩建义之党，窜居此山”，参之《异苑》，疑“蒋山道士朱应子”，此二者当是一人。故将朱应子舍地为寺事，至迟当发生于孙恩卢循起义失败之年。

晋安帝义熙十二年·后秦弘始十八年·后秦永和元年·西凉建初十二年（416）丙辰

沙门贺僧恸泣于太极殿

《十六国春秋》载：“（弘始）十八年，正旦，（姚）兴朝群臣于太极前殿，沙门贺僧恸泣不能自胜，众咸怪焉。贺僧者，莫知其所从来也，言事皆有效验，兴甚神礼之。尝与隐士数人预于宴会。”①

沙门贺僧为姚泓预言

《太平御览》引萧子云《晋史草》云：“姚略时，有贺僧者，不知何人。自云游历五郡，时人号为贺五郡。斋戒奉道，为百姓詵吉凶。略死，泓立，僧谓泓曰：‘宜洁扫一马廐，开屋设大柳，有异马，其大非常，自远来，天所送矣。’”②

后秦沙门释道冏观音感应

《法苑珠林》载：“秦沙门释道冏，乡里氏族已载前记。姚秦弘始十八年，师道懿遣至河南霍山采钟乳。与同学道朗等四人共行，持炬探穴，入且三里，遇一深流，横木而过。冏最先济，后辈坠木而死。时火又灭，冥然昏暗。冏生念已尽，恸哭而已。犹故一心呼观世音，誓愿：‘若蒙出路，供百人会，表报威神。’经一宿而见小光炯然，状若荧火。倏忽之间，穴中尽明。于是见路，得出岩下。由此信悟弥深，屡睹灵异。”③

《律藏初分》卷三《沙门进业题记》

《中国古代写本识语集录》所录《律藏初分》卷三《沙门进业题记》云：“《律藏初分》第三卷，昙无德律，进业也。建初十二年十二月廿七日，沙门进业，于酒泉

①［北魏］崔鸿撰，［清］汤球辑补：《十六国春秋辑补》卷五十四，中华书局，2020年，第677页。
②［宋］李昉等：《太平御览》卷三百五十九，中华书局，1960年，第1655页。
③［唐］道世：《法苑珠林》卷六十五，《大正藏》第53册，第784页下。

西域陌北祠写竟，故记之。”[①]

另见《魏晋南北朝敦煌文献编年》。[②]

宗炳与慧远交游

《宋书》载：“（宗炳）乃下入庐山，就释慧远考寻文义。兄臧为南平太守，逼与俱还，乃于江陵三湖立宅，闲居无事。”[③]

韦宾在《宗炳出仕考》中指出：“按宗炳《明佛论》，知宗炳在庐山就慧远游在411年、412—416年最为集中。其前或间有来往亦未可知。慧远死于416年，则宗炳从慧远游，在其三十七至四十二岁之间。慧远死后，其兄逼还，而立宅于江陵。寻此文义，则此前宗炳似不必在江陵。《弘明集》卷二宗炳《明佛论》：‘昔远和尚澄业庐山，余往憩五旬。高洁贞厉，理学精妙，固远流也。’按‘旬’有两义，一指‘一年’，一指‘十年’。十年于此逻辑不通，当指一年。知宗炳居庐山时日不多，其他时间或作游览而已。宗炳所修或不在念佛三昧，可与刘遗民比较，事见《广弘明集》慧远《与隐士刘遗民等书》注。按下，‘二兄蚤卒，孤累甚多，家贫无以相赡，颇营稼穑。高祖数致饩赉，其后子弟从禄，乃悉不复受。高祖开府辟召’云云，则宗炳早年上庐山而为兄逼还事，或在刘宋以前，即420年以前。推测宗炳在慧远晚年至去世期间集中在庐山。其时宗炳约三十七至四十二岁。”[④]

曹虹在《慧远评传》中指出：“宗炳师从慧远学经的时间，只知他在庐山停留五旬，而不知系在哪一年。不过据史传，可以推测是在三十八岁之后，长期闲居江陵之前。”[⑤]

按：兹系于慧远卒年。

刘遵考请释昙顺至江林讲经

《晋书》载：“安帝时，于襄阳置宁蛮校尉。”[⑥]

《庐山记》载：“宁蛮校尉刘遵考，于江林立寺，请师经始，远师遣（释昙顺）

---

① ［日］池田温：《中国古代写本识语集录》，东京大学东洋文化研究所，1990年，第82页。

② 饶宗颐主编，王素、李方著：《魏晋南北朝敦煌文献编年》，新文丰出版公司，1997年，第118—119页。

③ ［梁］沈约：《宋书》卷九十三，中华书局，1974年，第2278页。

④ 韦宾：《宗炳出仕考》，《文艺研究》2009年第10期。

⑤ 曹虹：《慧远评传》，南京大学出版社，2002年，第296页。

⑥ ［唐］房玄龄等：《晋书》卷二十四，中华书局，1974年，第747页。

从之。”[①]

《资治通鉴》载：“（东晋安帝义熙十二年）彭城内史刘遵考将水军出石门，自汴入河，以冀州刺史王仲德督前锋诸军，开巨野入河。遵考，裕之族弟也。”[②]

按：刘遵考生于公元393年。远公卒年，刘遵考仍在前线作战，故其为宁蛮校尉事，当于元服后，出军石门前，即410—416年之间。

今系于远公卒年之前。

释慧远卒

《出三藏记集》载：“（释慧远）义熙末卒于庐山精舍，春秋八十有三，遗命露骸松下，同之草木。既而弟子收葬，谢灵运造碑墓侧，铭其遗德焉。初，远善属文章，辞气清越，席上谈论，精义简要。加以仪容端雅，风采洒落，故图像于寺，遐迩式瞻。所著论、序、铭、赞、诗、书，集为十卷，五十余篇，并见重于世。”[③]

《高僧传》载：“自远卜居庐阜三十余年，影不出山，迹不入俗。每送客游履，常以虎溪为界焉。以晋义熙十二年八月初动散，至六日困笃，大德耆年，皆稽颡请饮豉酒，不许，又请饮米汁，不许，又请以蜜和水为浆。乃命律师，令披卷寻文，得饮与不，卷未半而终，春秋八十三矣。门徒号恸，若丧考妣，道俗奔赴，毂继肩随。远以凡夫之情难割，乃制七日展哀，遗命使露骸松下，既而弟子收葬。浔阳太守阮保，于山西岭凿圹开隧，谢灵运为造碑文，铭其遗德，南阳宗炳又立碑寺门。初远善属文章，辞气清雅，席上谈吐，精义简要。加以容仪端整，风彩洒落，故图像于寺，遐迩式瞻。所著论、序、铭、赞、诗、书，集为十卷，五十余篇，见重于世。”[④]

《庐山慧远法师诔》云：“道存一致，故异代同晖；德合众妙，故殊方齐轨。昔释安公振玄风于关右，法师嗣沫，流于江左，闻风而悦，四海同归。尔乃怀仁山林，隐居求志。于是众僧云集，勤修净行。同法飡风，栖迟道门。可谓五百之季，仰绍舍卫之风；庐山之嵎，俯传灵鹫之旨，洋洋乎未曾闻也。予志学之年，希门人之末，惜乎诚愿未遂，永违此世。春秋八十有四，义熙十三年秋八月六日薨，年逾纵心，功遂身亡，有始斯终千载垂光，呜呼哀哉，乃为诔曰。”[⑤]

---

①［宋］陈舜俞：《庐山记》卷三，《大正藏》第51册，第1042页上。

②［北宋］司马光：《资治通鉴》卷一百一十七，中华书局，1956年，第3689—3690页。

③［梁］僧祐：《出三藏记集》卷十五，《大正藏》第55册，第110页下。

④［梁］慧皎：《高僧传》卷六，《大正藏》第50册，第361页中。

⑤［唐］道宣：《广弘明集》卷二十三，《大正藏》第52册，第267页上。

纪赟在《新辑谢灵运〈慧远碑〉商兑》中指出："是否存在另一种可能性，即此文确系谢灵运所为，而《祐录》、《齐国宋司徒寺碑》乃袭自谢碑，窃以为此种可能性不大。首先，谢灵运所撰《庐山慧远法师诔》今存，他对慧远的卒年记述非常清楚，即'春秋八十有四，义熙十三年秋八月六日死'。而此一碑文则题为八十三岁。姑且不论慧远的真实卒年如何，然而这是基于谢灵运自己的记载。同一个人的记述不应如此混乱，此为其一。再则，此文中有'凡我门徒。感风徽之缅邈。伤语晤之永灭'。也说明此文不是谢灵运所为。《庐山慧远法师诔》自序曰'予志学之年，希门人之末，惜哉诚愿弗遂，永违此世'已十分清楚地说了，谢灵运本想投入慧远门下，却没有如愿。而此碑文却自称门徒，恰恰暴露了此文应为慧远一系僧人所造，又假附先贤，然而其造假的水平实并不高明。"①

今有回鹘文本《慧远传》残叶出土，亦可见其净土信仰之影响力。②

余嘉锡在《寒食散考》中指出："案：动散，宋本庐山记卷三远法师传作感疾散动。据吉石盦丛书影印本。散动即药动，亦即所谓散发也。远公于桓玄之召、何无忌之劝皆称疾不行，送客不过虎溪，虽其平生高致，迹不涉俗，然观其以寒食散疗病，至于发动以死，知其答安帝之言非虚。盖身抱羸疾，不堪远涉耳。豉酒所以疗散发不解，于见后王羲之杂帖条。远守戒不肯饮酒，故不许。莲社高贤传叙此事云：'师将终，耆德请以豉酒治病，师曰：律无通文。请饮米汁，师曰：日过中矣。'较高僧传尤为明白。律无通文者，言律藏中无因僧徒抱病而许其通融饮酒之文也，然竟不言远所得何病。盖高贤传乃宋僧怀悟所修，不解散动为何事，遂毅然删去之耳。远以出世高僧，岂尚不能了生死，外形骸，乃竟服此至毒之药以丧其身，足见寒食散之盛行，举世以为常饵，虽古德高贤有所不悟者矣。"③

张雪松在《中华佛教史·汉魏两晋南北朝佛教史卷》中指出："庐山慧远出家后仍服散，似不可能；但他二十一岁之后遇道安才接触佛法，始出家，故其出家前服散，而留有后遗症是有可能的。庐山慧远也确实未老先衰，司徒王谧说他'年始四十，而衰同耳顺'。"④

按：《高僧传》《出三藏记集》皆云释慧远八十三而卒，惟谢灵运之《庐山慧远

---

① 纪赟：《新辑谢灵运〈慧远碑〉商兑》，《古籍研究》2006年第1期。

② 卡哈尔·巴拉提：《回鹘文写本〈慧远传〉残页》，《文物》1987年第5期。

③ 余嘉锡：《余嘉锡文史论集》，岳麓书社，1997年，第177页。

④ 季羡林、汤一介总主编，张雪松著：《中华佛教史·汉魏两晋南北朝佛教史卷》，山西教育出版社，2014年，第150页。

法师诔》言其八十四而终。故怀疑“则今传谢诔恐有误文也。”[①]

释慧远遗诫

《云仙杂记》之《千眼仙人赴东林寺》条载：“庐山远法师命尽之日，山中峰涧寺落，皆见千眼仙人成队，执幡幢、香花赴东林寺，法师死乃止。”[②]

《佛祖统纪》载：“师语法净惠宝曰：‘吾始居此十一年中，三见佛相。今复见之，吾生净土必矣。’又曰：‘七日之期，斯为渐矣。’即寝疾，制遗诫曰：‘吾昔以知命之年，托业此山，自审有必尽之期，便欲绝迹外缘，以求其志。良由性弱于断，遂令同趣相引，时贤过眷，情以类感，不觉形与运颓，今年已八十三矣。仰寻违离之诲，俯慨自负之心，徒令此生虚谢，以悼往疾之深。今于至时，露骸松林之下，即岭为坟，与土木同状。此乃古人之礼，汝等勿违。苟神理不昧，庶达其诚。大哀世尊，亦当祐之以道。’门徒号恸，若丧父母。师以世情难割，乃制七日展哀。至期，始顺寂，即义熙十二年八月六日也。”[③]

阮侃为释慧远累石为塔

《佛祖统纪》载：“（释慧远）至期，始顺寂，义熙十二年八月六日也，弟子不忍露尸，与寻阳太守阮侃，奉全躯举葬于西岭，累石为塔。谢灵运立碑以铭遗德，张野作序自称门人，宗炳复立碑于寺门，以表德业。”[④]

庐山西岭晋杉

《高僧传》载：“远以凡夫之情难割，乃制七日展哀，遗命使露骸松下，既而弟子收葬。浔阳太守阮保，于山西岭凿圹开隧，谢灵运为造碑文，铭其遗德。”[⑤]

《舆地纪胜》载：“晋杉，在疑寂塔旁，圆二十七尺。远公以晋义熙十二年卒葬此山，盖当时所植。”[⑥]

---

① 华梵佛学研究所编：《慧远法师文集》，原泉出版社，1980年，第119页。

②［唐］冯贽：《云仙杂记》卷七，中华书局，1985年，第50页。

③［宋］志磐：《佛祖统纪》卷二十六，《大正藏》第49册，第262页下。

④［宋］志磐：《佛祖统纪》卷二十六，《大正藏》第49册，第263页上。

⑤［梁］慧皎：《高僧传》卷六，《大正藏》第50册，第361页中。

⑥［南宋］王象之：《舆地纪胜》卷三十，中华书局，1992年，第1306页。

张野撰《远法师铭》

《庐山记》载："远公卒葬西岭，谢灵运为铭，野序之，称门人焉。"①

《中国佛教金石文献·塔铭墓志部一·东晋南北朝隋唐五代卷上》载："沙门释慧远，雁门楼烦人。本姓贾氏，世为冠族。年十二，随舅令狐氏游学许、洛。年二十一，欲南渡，就范宣子学。道阻不通，遇释道安以为师，抽簪落发，研求法藏。释昙翼每资以灯烛之费。诵鉴淹远，高悟冥赜。安常叹曰：'道流东国，其在远乎？'襄阳既没，振锡南游，结宇灵岳。自年六十，不复出山。名被流沙，彼国僧众，皆称汉地有大乘沙门，每至燃香礼拜，辄东向致敬。年八十三而终。"②

释昙邕吊唁释慧远

《高僧传》载："至远临亡之日，（释昙邕）奔赴号踊，痛深天属。后往荆州，卒于竹林寺。"③

释僧彻至江陵

《高僧传》载："远亡后，（释僧彻）南游荆州，止江陵城内五层寺，晚移琵琶寺。"④

释慧远尝遗一袈裟与释法进

《高僧传》载："昔庐山慧远尝以一袈裟遗进，进即以为併。朗云：'众僧已去，别日当取之。'"⑤

按：远公尝遗袈裟与法进，且法进云"众僧已去"，似此事在远公示寂前，兹系于远公卒年。

孟颛事佛为谢灵运所轻

《佛祖统纪》载："（义熙十二年）会稽太守孟颛事佛精恳，而为谢灵运所轻。

① [宋] 陈舜俞：《庐山记》卷三，《大正藏》第51册，第1040页中。

② 许明编著：《中国佛教金石文献·塔铭墓志部一·东晋南北朝隋唐五代卷上》，上海书店出版社，2018年，第1页。

③ [梁] 慧皎：《高僧传》卷六，《大正藏》第50册，第363页上。

④ [梁] 慧皎：《高僧传》卷七，《大正藏》第50册，第370页下。

⑤ [梁] 慧皎：《高僧传》卷十，《大正藏》第50册，第392页下。

尝谓颉曰：‘得道应须慧业，丈夫生天当在灵运前，成佛必居灵运后。’颉憾之。”[①]

《维摩经略疏垂裕记》载：“昔会稽太守孟颉事佛精恳，谢公谓之曰：‘得道应须慧业，丈人生天应在灵运前，成佛必在灵运后。’颉深恨之。是故一日三舍其身，不如受持四句者，只由慧业能出生死也。”[②]

佛陀跋陀罗同释法显译出《僧祇律》等

《出三藏记集》载：“《摩诃僧祇律》四十卷（已入《律录》）。《僧祇比丘戒本》一卷（今阙）。”[③]“摩诃僧祇者，言大众也。沙门释法显游西域，于摩竭提巴连弗邑阿育王塔天王精舍写得胡本，赍还京都。以晋义熙十二年岁次寿星十一月，共天竺禅师佛驮跋陀于道场寺译出，至十四年二月末乃讫。”[④]

《历代三宝纪》载：“《僧祇律》四十卷（义熙十二年十一月共法显译，见竺道祖《晋世杂录》《别录》，或三十卷）。”[⑤]“《僧祇大比丘戒本》一卷（于道场寺译，第二出，见《宝唱录》）。”[⑥]

《众经目录》载：“《僧祇律》四十卷（晋世沙门佛陀跋陀罗共法显译）。”[⑦]“《僧祇律》四十卷（九百七十三纸），晋世佛陀跋陀罗共法显译。”[⑧]“《僧祇戒本》一卷（晋世佛陀跋陀罗共法显译）。”[⑨]

《古今译经图纪》载：“《僧祇律》（四十卷）。《僧祇大比丘戒本》（一卷）。”[⑩]

《大唐内典录》载：“《僧祇律》四十卷（义熙十二年十一月共法显译，见《道祖》及《别录》，或三十卷）。”[⑪]“《僧祇律》（四十卷），东晋佛陀跋陀罗共法显于杨都译。”[⑫]“《僧祇律》（四十卷，四帙）。”[⑬]“《摩诃僧祇律》（四十卷，

① ［宋］志磐：《佛祖统纪》卷三十六，《大正藏》第49册，第343页中。
② ［宋］智圆：《维摩经略疏垂裕记》卷九，《大正藏》第38册，第824页中。
③ ［梁］僧祐：《出三藏记集》卷二，《大正藏》第55册，第11页下。
④ ［梁］僧祐：《出三藏记集》卷三，《大正藏》第55册，第21页上。
⑤ ［隋］费长房：《历代三宝纪》卷七，《大正藏》第49册，第71页上。
⑥ ［隋］费长房：《历代三宝纪》卷七，《大正藏》第49册，第71页上。
⑦ ［隋］法经：《众经目录》卷五，《大正藏》第55册，第140页上。
⑧ ［唐］静泰：《众经目录》卷一，《大正藏》第55册，第187页下。
⑨ ［隋］法经：《众经目录》卷五，《大正藏》第55册，第140页中。
⑩ ［唐］靖迈：《古今译经图纪》卷二，《大正藏》第55册，第357页上。
⑪ ［唐］道宣：《大唐内典录》卷三，《大正藏》第55册，第247页上。
⑫ ［唐］道宣：《大唐内典录》卷七，《大正藏》第55册，第300页上。
⑬ ［唐］道宣：《大唐内典录》卷八，《大正藏》第55册，第310页中。

九百七十三纸），东晋佛陀跋陀罗共法显于杨都译。”①“《僧祇大比丘戒本》（于道场寺译，第二出，见唱《录》）。”②

《大周刊定众经目录》载：“《摩诃僧祇律》一部，四十卷（一千一百三十五纸）。右，东晋安帝代义熙十二年，沙门佛陀跋陀罗共法显于杨都及庐山译，出《长房录》。”③“《僧祇大比丘戒本》一卷（第二译，二十纸）。右东晋安帝代，义熙十二年，沙门佛陀跋陀罗于杨都及庐山译，出《长房录》。”④

《开元释教录》载：“《摩诃僧祇律》四十卷（或云三十卷，梵本是法显于摩竭提国将来，义熙十二年十一月于斗场寺共法显出，见《竺道祖录》。祐在《显录》据，共译故耳）。《僧祇比丘戒本》一卷（亦云《摩诃僧祇戒本》，第二出，于道场寺译。见《宝唱录》，祐在《法显录》中，祐与觉贤共出，互载皆得）。”⑤“《摩诃僧祇律》四十卷（或云三十卷，四帙）。东晋天竺三藏佛陀跋陀罗共法显译（单本）。右一经，是根本调伏藏，即大众部毗奈耶也。佛圆寂后，尊者迦叶集千应真于王舍城竹林石室之所结也。”⑥“《摩诃僧祇律》四十卷（或云三十卷，四帙，九百九十七纸），东晋佛陀跋陀罗共法显译。”⑦

《贞元新定释教目录》载：“《摩诃僧祇律》四十卷（或云三十卷，梵本是法显摩竭提国将来，义熙十二年十一月于斗场寺共法显出，见《竺道祖录》。祐在《显录》据，共译故耳）。”⑧“《摩诃僧祇律》四十卷（或三十卷）。东晋天竺三藏佛陀跋陀罗共法显译，单本，四帙。右一经，是根本调伏藏，即大众部毗奈耶也。佛圆寂后，尊者迦叶集千应真于王舍城竹林石室之所结也。”⑨“《摩訶僧祇律》四十卷（或云三十卷，四帙），九百九十七纸。”⑩“《僧祇比丘戒本》一卷（亦云《摩诃僧祇戒本》。第二出，于道场寺译，见《宝唱录》。祐在《法显录》中与觉贤共出，年载皆得）。”⑪“《僧

---

①［唐］道宣：《大唐内典录》卷九，《大正藏》第55册，第324页上。

②［唐］道宣：《大唐内典录》卷三，《大正藏》第55册，第247页上。

③［唐］明佺：《大周刊定众经目录》卷十，《大正藏》第55册，第432页下。

④［唐］明佺：《大周刊定众经目录》卷十，《大正藏》第55册，第432页下。

⑤［唐］智昇：《开元释教录》卷三，《大正藏》第55册，第505页中。

⑥［唐］智昇：《开元释教录》卷十三，《大正藏》第55册，第618页中。

⑦［唐］智昇：《开元释教录》卷二十，《大正藏》第55册，第718页下。

⑧［唐］圆照：《贞元新定释教目录》卷五，《大正藏》第55册，第802页中。

⑨［唐］圆照：《贞元新定释教目录》卷二十三，《大正藏》第55册，第951页中。

⑩［唐］圆照：《贞元新定释教目录》卷三十，《大正藏》第55册，第1042页上。

⑪［唐］圆照：《贞元新定释教目录》卷五，《大正藏》第55册，第802页中。

祇比丘戒本》一卷（亦云《摩阿僧祇戒本》）。东晋天竺三藏佛陀跋陀罗第二译（两译，一阙）。”[①]“《僧祇比丘戒本》一卷（亦云《摩诃僧祇戒本》），二十纸。”[②]

释法显撰成《佛国记》

《高僧法显传》载：“窃惟诸师未得备闻，是以不顾微命，净海而还，艰难具更，幸蒙三尊威灵，危而得济，故将竹帛疏所经历，欲令贤者同其闻见。是岁甲寅晋义熙十二年矣。岁在寿星，夏安居末，迎法显。既至，留共冬斋。因讲集之余，重问游历。其人恭顺，言辄依实。由是先所略者，劝令详载。显复具叙始末。”[③]

《高僧传》载：“（释法显）其游履诸国，别有大传焉。”[④]

《隋书·经籍志》载：“又有沙门法显，自长安游天竺，经三十余国。随有经律之处，学其书语，译而写之。还至金陵，与天竺禅师跋罗，参共辩定，谓《僧祇律》，学者传之。”[⑤]

《隋书·经籍志》录有：“《法显传》二卷，《法显行传》一卷。”[⑥]“《佛国记》一卷，沙门释法显撰。”[⑦]

汤用彤在《汉魏两晋南北朝佛教史》（增订本）中指出：“盖法显旅行所至之地，不但汉之张骞、甘英所不到，即西晋之朱士行、东晋之支法领足迹均仅达于阗。而在显前之慧常、进行、慧辩只闻其出，而未闻其返。康法朗未闻至天竺。至于于法兰，则中道终逝。故海路并遵，广游西土，留学天竺，携经而返者，恐以法显为第一人。”[⑧]

岑仲勉在《佛游天竺记考释》中指出：“（义熙）十二年丙辰（弘始十八，又姚泓永和元年——四一六）夏坐讫，显赴某氏之请，留共冬斋，重叙游历始末，成《佛国记》。”[⑨]“《记》末跋云：‘因讲集之际，重问游历，……由是先所略者劝令详载，显复具叙始末。’是显师之记，成于本年，丁国钧《补晋书艺文志》云：‘《佛国记》

---

①［唐］圆照：《贞元新定释教目录》卷二十三，《大正藏》第55册，第951页下。

②［唐］圆照：《贞元新定释教目录》卷三十，《大正藏》第55册，第1042页中。

③［东晋］法显：《高僧法显传》卷一，《大正藏》第51册，第866页中。

④［梁］慧皎：《高僧传》卷三，《大正藏》第50册，第338页中。

⑤［唐］魏徵等：《隋书》卷三十五，中华书局，1973年，第1098页。

⑥［唐］魏徵等：《隋书》卷三十三，中华书局，1973年，第979页。

⑦［唐］魏徵等：《隋书》卷三十三，中华书局，1973年，第983页。

⑧ 汤用彤：《汉魏两晋南北朝佛教史》（增订本），北京大学出版社，2011年，第211页。

⑨ 岑仲勉：《佛游天竺记考释》，《中外史地考证（外一种）》下册，《岑仲勉著作集》第十二册，中华书局，2004年，第851页。

一卷……谨案法显没于宋代，故今本题宋，然是书实成于义熙十二年，《记》末晋人跋语可证。’”①

李详年在《汉魏六朝传记文学史稿》中指出：“法显西行求法前后历时约十五年，《法显传》便是他本人亲自撰写的记述这一伟大历程的自传体著作，其卷末结语云：‘法显发长安，六年到中国，还三年达青州。凡所游历，减三十国。沙河已西，迄于天竺，众僧威仪法化之美，不可详说。窃惟诸师未得备闻，是以不顾微命，浮海而还，艰难具更，幸蒙三尊威灵，危而得济，故竹帛疏所经历，欲令贤者同其闻见，是岁甲寅。’征之纪年，晋义熙十年为甲寅（公元414），又《法显传》所附跋文曰：‘晋义熙十二年，岁在寿星，夏安居末，慧远迎法显道人。既至，留共冬斋，因讲集之际，重问游历。其人恭顺，言辄依实。由是先所略者，劝令详载，显复具叙始末。’由此我们可知《法显传》初成于法显自义熙九年（413）归至建康，迄翌年甲寅之间，两年后又复加若干补充，最后完成于晋义熙十二年（公元416）。”②

王邦维在《发现与〈法显传〉：研究史的考察》中指出：“义熙八年（412）法显在青州长广郡牢山即今天青岛的崂山登陆，第二年到达当时东晋首都建康（今南京）。在建康，法显写成记载自己求法经历的《法显传》，时间大约是在义熙十二年（416）。”③

日本学者长泽和俊在《丝绸之路史研究》中指出：“另外，在继此文之后尚有一节，估计为宋僧之跋文，即在第二节所刊载的：‘晋义熙十二年岁在寿星，……由是，先所略者，劝令详载。显复具叙始末’云云，一段文字。由此看来，《法显传》一名《佛国记》的祖本，原写于义熙十年（414），而义熙十二年（416）复更为详细的进行了记述，即现在流传的刊本。”④

释僧䂮卒

《高僧传》载：“（释僧䂮）以弘始之末，卒于长安大寺，春秋七十矣。”⑤

按：释僧䂮卒于弘始之末，兹系于弘始十八年。

---

① 岑仲勉：《佛游天竺记考释》，《中外史地考证（外一种）》下册，《岑仲勉著作集》第十二册，中华书局，2004年，第852页。

② 李详年：《汉魏六朝传记文学史稿》，复旦大学出版社，1995年，第168—169页。

③ 王邦维：《发现与〈法显传〉：研究史的考察》，《世界宗教研究》2003年第4期。

④［日］长泽和俊著，钟美珠译：《丝绸之路史研究》，天津古籍出版社，1990年，第465页。

⑤［梁］慧皎：《高僧传》卷六，《大正藏》第50册，第363页中。

释僧洪铸佛像

《系观世音应验记》载："道人释僧洪者，住都下瓦官寺。作丈六铜像，始得作毕。于时晋义熙十二年，大禁铸铜。僧洪未得开模见像，便为官所收，系在相府，判奸罪，应入死。僧洪便诵《观世音经》，得一月日，忽梦见其所作像来至狱中，以手摩其头，问：'汝怖不？'僧洪具以事答。像曰：'无所忧也。'梦中见像胸前方一尺许，铜色燋沸。后遂至市见杀。尔日，府参军应监刑。初唤驾车，而牛绝不肯入；既入便奔，车即粉碎，遂至瞑无监。更复克日，因有判从彭城还，道：'若未杀僧洪者，可原。'既出，破模看像，果胸前如梦。此像今尚在瓦官寺，数礼拜也。"①

《高僧传》载："释僧洪，豫州人。止于京师瓦官寺。少而修身整洁，后率化有缘，造丈六金像，镕铸始毕，未及开模。时晋末铜禁甚严，犯者必死。宋武于时为相国，洪坐罪系于相府，唯诵《观世音经》，一心归命佛像。夜梦所铸像来，手摩洪头，问怖不。洪言自念必死，像曰无忧。见像胸方尺许，铜色燋沸。会当行刑，府参军监杀，而牛奔车壤，因更克日。续有令从彭城来云，未杀僧洪者可原，遂获免。还开模，见像胸前果有燋沸。洪后以苦行卒矣。"②

《辩正论》载："晋世沙门僧洪住京师瓦官寺，当义熙十二年。时官禁镕铸，洪既发心，铸丈六金像，'圆满，我死无恨。'便即偷铸，铸竟，像犹在模。所司收洪，禁在于府，锁械甚严。一念观音日诵百遍，便梦所铸金像往狱，手摩头曰：'无虑。'其像胸前一尺许，铜色燋沸，当洪禁日，国家牛马不肯入栏，时以为怪，旬日，敕至彭城，洪因放免，像即破模自见。"③

刘裕府前砖浮屠

《洛阳伽蓝记》载："步兵校尉李澄问曰：'太尉府前砖浮图，形制甚古，犹未崩毁，未知早晚造？'逸云：'晋义熙十二年，刘裕伐姚泓，军人所作。'"④

《资治通鉴》载："（东晋安帝义熙七年）三月，刘裕始受太尉、中书监，以刘穆之为太尉司马，陈郡殷景仁为行参军。"⑤

按：此事最早当发生于本年。

---

① 董志翘：《〈观世音应验记三种〉译注》，江苏古籍出版社，2002年，第107页。
②［梁］慧皎：《高僧传》卷十三，《大正藏》第50册，第410页下。
③［唐］法琳：《辩正论》卷七，《大正藏》第52册，第537页下。
④［魏］杨衒之撰，周祖谟校释：《洛阳伽蓝记校释》卷二，中华书局，2010年，第66—67页。
⑤［北宋］司马光：《资治通鉴》卷一百一十六，中华书局，1956年，第3644页。

晋安帝义熙十三年·后秦永和二年（417）丁巳

刘裕北伐长安邀释慧严同行

《高僧传》载："宋高祖素所知重。高祖后伐长安，要（释慧严）与同行。严曰：'檀越此行，虽伐罪吊民，贫道事外之人，不敢闻命。'帝苦要之，遂行。"①

《资治通鉴》载："（东晋安帝义熙十三年）秋，七月，太尉裕至陕。沈田子、傅弘之入武关，秦戍将皆委城走。"②

刘裕嘱托释僧导顾怀刘义真

《高僧传》载："后宋高祖西伐长安，擒获伪主，荡清关内，既素籍导名，乃要与相见，谓导曰：'相望久矣，何其流滞殊俗？'答云：'明公荡一九有，鸣銮河、洛，此时相见，不亦善乎？'高祖旋旆东归，留子桂阳公义真镇关中，临别谓导曰：'儿年小留镇，愿法师时能顾怀。'"③

按：刘裕破长安，灭后秦，前文已述。释僧导与刘裕相见，事当在本年。

周续之至安乐寺

《宋书·周续之传》载："高祖之北讨，世子居守，迎（周）续之馆于安乐寺，延入讲《礼》，月余，复还山。江州刺史刘柳荐之高祖，曰：'臣闻恢耀和肆，必在兼城之宝；翼亮崇本，宜纡高世之逸。是以渭滨佐周，圣德广运，商洛匡汉，英业乃昌。伏惟明公道迈振古，应天继期，游外畅于冥内，体远形于应近，虽汾阳之举，辍驾于时艰；明扬之旨，潜感于穹谷矣。窃见处士雁门周续之，清真贞素，思学钩深，弱冠独往，心无近事，性之所遣；荣华与饥寒俱落，情之所慕，岩泽与琴书共远。加以仁心内发，义怀外亮，留爱昆卉，诚著桃李。若升之宰府，必鼎味斯和；濯缨儒官，亦王猷遐缉。臧文不知，失在降贤；言偃得人，功由升士。愿照其丹款，不以人废言。'俄而辟为太尉掾，不就。"④

---

① [梁] 慧皎：《高僧传》卷七，《大正藏》第50册，第367页中。
② [北宋] 司马光：《资治通鉴》卷一百一十八，中华书局，1956年，第3709页。
③ [梁] 慧皎：《高僧传》卷七，《大正藏》第50册，第371页中。
④ [梁] 沈约：《宋书》卷九十三，中华书局，1974年，第2280—2281页。

释僧业南下至建康

《高僧传》载："值关中多难，（释僧业）避地京师。吴国张邵挹其贞素，乃请还姑苏，为造闲居寺。地势清旷，环带长川。业居宗秉化，训诱无辍，三吴学士，辐凑肩联。又以讲导余隙，属意禅门。每一端坐，辄有异香充塞房内。近业坐者，咸所共闻，莫不嗟其神异。昔什公在关，未出《十诵》，乃先译戒本。及流支入秦，方传大部。故戒心之与大本，其意正同。在言或异，业乃改正，一依大本，今之传诵，二本并行。"①

按：自弘始十八年（416）姚兴病亡之后，后秦政治逐渐恶化，对内对外战争不断。姚泓即位第二年，后秦为刘裕所灭。故《高僧传》所云"值关中多难"，此之谓也。释僧业南渡，似在弘始十八年至永和二年间。兹系于本年。

释法显译出《大般泥洹经》

《出三藏记集》载："《大般泥洹经》六卷（晋义熙十三年十一月一日，道场寺译出）。"②"释法显出《大般泥洹经》六卷。"③"（释法显）遂南造京师，就外国禅师佛大跋陀，于道场寺译出六卷《泥洹》《摩诃僧祇律》《方等泥洹经》《綖经》《杂阿毗昙心》未及译者，垂有百万言。显既出大《泥洹经》，流布教化，咸使见闻。有一家失其姓名，居近朱雀门，世奉正化，自写一部，读诵供养。无别经室，与杂书共屋。后风火忽起，延及其家，资物皆尽，唯《泥洹经》俨然具存，煨烬不侵，卷色无异。京师共传，咸称神妙。"④

《历代三宝纪》载："（释法显）于中天竺师子国得胡本。归京都住道场寺。就天竺禅师佛驮跋陀共译出。"⑤

《众经目录》载："《大般泥洹经》六卷（是《大般涅槃经》前分十卷，尽《大众问品》，晋义熙年，沙门法显译）。"⑥"《大般泥洹经》六卷（是《大般涅槃经》前分十卷，尽《大众问品》，一百四十纸）。晋义熙年，沙门法显译。"⑦"《大般泥

① ［梁］慧皎：《高僧传》卷十一，《大正藏》第50册，第401页上。
② ［梁］僧祐：《出三藏记集》卷二，《大正藏》第55册，第11页下。
③ ［梁］僧祐：《出三藏记集》卷二，《大正藏》第55册，第14页上。
④ ［梁］僧祐：《出三藏记集》卷十五，《大正藏》第55册，第112页中。
⑤ ［梁］僧祐：《出三藏记集》卷二，《大正藏》第55册，第12页上。
⑥ ［隋］法经：《众经目录》卷一，《大正藏》第55册，第120页上。
⑦ ［唐］静泰：《众经目录》卷二，《大正藏》第55册，第189页下。

洹经》六卷（是《大般涅槃经》前分十六卷，尽《大众问品》）。晋义熙年，沙门法显译。右一经，是《大般涅槃经》别品殊译。”①

《古今译经图纪》载：“（释法显）于道场寺译《大般泥洹经》（六卷）。”②

《大唐内典录》载：“《大般泥洹经》六卷（义熙六年于谢司空谢石道场寺出，《旧录》云：‘觉贤出，宝云笔受。’是大本前分十卷，《大众问品》。见《祖录》，或十卷）。”③“《大般泥洹经》（六卷，一百三十纸，即本经前十卷），东晋义熙年（释法显于杨都译）。”④

《大周刊定众经目录》载：“《大般泥洹经》一部六卷（或十卷，一百六十四纸）。右，东晋义熙十三年，沙门法显于杨都道场寺译。上帙为六卷，出竺道祖《晋世杂录》。”⑤

《开元释教录》载：“《大般泥洹经》六卷（《经记》云《方等大般泥洹经》，或十卷，第四译，义熙十二年十月一日于道场寺共觉贤出，宝云笔受，至十四年正月二日讫，见道祖、僧祐二《录》）。”⑥“《大般泥洹经》六卷（或十卷），东晋平阳沙门释法显共觉贤译（第四译）。右一经，是《大般涅槃经》之前分，尽《大众问品》，同本异译（兼荼毗分前后七译，四译阙本）。”⑦“《大般泥洹经》六卷（记云《方等大般泥洹经》，一百四十一纸），东晋平阳沙门释法显共觉贤译。”⑧

《贞元新定释教目录》载：“《大般泥洹经》六卷，或十卷。东晋平阳沙门释法显共觉贤译，第四译。右一经，是《大般涅槃经》之前分，尽《大众问品》，同本异译（兼荼毗分前后七译，四译阙本）。”⑨“《大般泥洹经》六卷（记云《方等大般泥洹经》），一百四十一纸。”⑩

按：《大唐内典录》云义熙六年出，恐误。

---

①［隋］彦琮：《众经目录》卷二，《大正藏》第55册，第159页中。
②［唐］靖迈：《古今译经图纪》卷二，《大正藏》第55册，第357页中。
③［唐］道宣：《大唐内典录》卷三，《大正藏》第55册，第247页上。
④［唐］道宣：《大唐内典录》卷六，《大正藏》第55册，第285页下。
⑤［唐］明佺：《大周刊定众经目录》卷二，《大正藏》第55册，第385页上。
⑥［唐］智昇：《开元释教录》卷三，《大正藏》第55册，第507页中。
⑦［唐］智昇：《开元释教录》卷十一，《大正藏》第55册，第591页上。
⑧［唐］智昇：《开元释教录》卷二十，《大正藏》第55册，第703页中。
⑨［唐］圆照：《贞元新定释教目录》卷二十一，《大正藏》第55册，第921页上。
⑩［唐］圆照：《贞元新定释教目录》卷二十九，《大正藏》第55册，第1027页上。

释智严至建康始兴寺

《出三藏记集》载："晋义熙十二年，宋武帝西伐长安，克捷旋旆，涂出山东。时始兴公王恢从驾，游观山川，至严精舍。见其同志三僧，各坐绳床，禅思湛然。恢至，良久不觉。于是弹指，三人开眼，俄而还闭，不与交言。恢心敬其奇，访诸耆老，皆云：'此三僧隐居积年，未曾出山。恢即启宋武，延请还都，莫肯行者。屡请既至，二人推严随行。恢道怀素笃，礼事甚备。还都，即住始兴寺。严性虚静，志避嚣尘。恢乃于东郊之际更起精舍，即枳园寺也。"①

《高僧传》载："晋义熙十三年，宋武帝西伐长安，克捷旋旆，涂出山东。时始兴公王恢从驾游观山川，至严精舍，见其同止三僧，各坐绳床，禅思湛然，恢至，良久不觉，于是弹指，三人开眼，俄而还闭，问不与言。恢心敬其奇，访诸耆老，皆云：'此三僧隐居求志，高洁法师也。'恢即启宋武帝，延请还都，莫肯行者。既屡请恳至，二人推严随行。恢怀道素笃，礼事甚殷，还都，即住始兴寺。严性爱虚靖，志避喧尘，恢乃为于东郊之际，更起精舍，即枳园寺也。"②

《资治通鉴》载："（东晋安帝义熙十三年）九月，太尉裕至长安，镇恶迎于灞上。"③

按：此事当在义熙十三年，《出三藏记集》云义熙十二年，当误。

鲁轨言王慧龙乃僧彬所生

《魏书·王慧龙传》载："及鲁宗之子轨奔姚兴，后归国，云慧龙是王愉家竖，僧彬所通生也。"④

《资治通鉴》载："（东晋安帝义熙十三年）癸酉，司马休之、司马文思、司马国璠、司马道赐、鲁轨、韩延之、刁雍、王慧龙及桓温之孙道度、道子、族人桓谧、桓璲、陈郡袁式等皆诣魏长孙嵩降。秦匈奴镇将姚成都及弟和都举镇降魏。魏主嗣诏民间得姚氏子弟送平城者赏之。冬，十月，已酉，嗣召长孙嵩等还。司马休之寻卒于魏。魏赐国璠爵淮南公，道赐爵池阳子、鲁轨爵襄阳公。"⑤

按：《魏书》云鲁轨归国，是指鲁轨入北魏。依《资治通鉴》所载，晋安帝义熙

---

①［梁］僧祐：《出三藏记集》卷十五，《大正藏》第55册，第112页下。

②［梁］慧皎：《高僧传》卷三，《大正藏》第50册，第339页中。

③［北宋］司马光：《资治通鉴》卷一百一十八，中华书局，1956年，第3709页。

④［北齐］魏收：《魏书》卷三十八，中华书局，1974年，第876页。

⑤［北宋］司马光：《资治通鉴》卷一百一十八，中华书局，1956年，第3712页。

十三年，鲁轨、王慧龙入魏。故此事最早当发生于本年。

释道恒卒

《高僧传》载："晋义熙十三年（释道恒）卒于山舍，春秋七十二。恒著《释驳论》及《百行箴》，标作《舍利弗毗昙序》并《吊王乔文》，并行于世矣。"①

法志诵《法华经》

《佛祖统纪》载："（义熙十三年）初，余杭山沙门法志常诵《法华》，有雉翔集座隅如听受状。越七年雉殒，志瘗之。夜梦童子拜曰：'因听经得脱羽类，今生山前王氏家。'志诘朝遣问之，如其言。王氏一日设斋，志方踵门。儿曰：'我和上来也。'志抚之曰：'此我雉儿也。'解衣视腋下，果有雉毳三茎。七岁令入山出家，十六落发。以腋有毳因名昙翼。初诣庐山依远法师，续往关中见罗什，后东游会稽入秦望山。诵《法华经》越十二年，有女子身披彩服携筠笼，盛一白豕两根大蒜至师前曰：'妾入山采薇，日已夕矣。豺狼当道，归无生理，敢托一宿。'师却之甚坚，女哀鸣不已，遂以草床居之。夜半号呼腹疼，告师案摩，师乃以布裹锡杖，遥为案之。翌旦，女以彩服化祥云，豕变白象，蒜化双莲，凌空而上，谓师曰：'我普贤菩萨也，以汝不久当归我众，特来相试。观汝心中如水中月不可染污。'既而天上雨华，地皆震动。乡人闻见莫不称叹。是日太守孟颛方晨起视事，忽见南方祥云光射庭际，隐然金石丝竹之音。访知普贤示化，遂以师道行上闻于朝。敕建法华寺。师既亡，漆真身留山中。"②

释法庄诵《法华经》

《佛祖统纪》载："（义熙十三年）沙门法庄为远法师弟子，诵《法华》为常业。邻人夜间见师房前有兵仗翊卫之状，道俗传闻，莫不尊敬。"③

昙邃诵《正法华经》

《高僧传》载："释昙邃，未详何许人。少出家，止河阴白马寺。蔬食布衣，诵《正法华经》，常一日一遍。又精达经旨，亦为人解说。尝于夜中，忽闻扣户，云欲请法师九旬说法。邃不许，固请，乃赴之，而犹是眠中，比觉，己身在白马坞神祠

---

①［梁］慧皎：《高僧传》卷六，《大正藏》第50册，第365页上。

②［宋］志磐：《佛祖统纪》卷三十六，《大正藏》第49册，第343页中。

③［宋］志磐：《佛祖统纪》卷三十六，《大正藏》第49册，第343页下。

中，并一弟子。自尔日日密往，余无知者。后寺僧经祠前过，见有两高座，邃在北，弟子在南，如有讲说声。又闻有奇香之气，于是道俗共传，咸云神异。至夏竟，神施以白马一匹，白羊五头，绢九十匹。咒愿毕，于是各绝。邃后不知所终。"①

《法苑珠林》载："晋河阴白马寺有释昙邃，未详何许人。少出家，止河阴白马寺，蔬食布衣。诵《正法华经》，常一日一遍。又精达经旨，亦为人解说。尝于夜中，忽闻扣户：云欲请法师九旬说法。邃不许，固请乃赴之，而犹是眠中，比觉，已身在白马坞神祠中，并一弟子。自尔日日密往，余无知者。后寺僧经祠前过，见有两高座，邃在北，弟子在南，如有讲说声，又闻有奇香之气。于是道俗共传，咸云神异。至夏竟，神施以白马一匹，白羊五头，绢九十匹。咒愿毕，于是各绝。邃终不知所在。"②

《佛祖统纪》载："（义熙十三年）沙门昙邃，止河阴白马寺，日诵《正法华》，兼通讲说。夜梦一人叩户请法师九旬讲经，邃不允，固请乃赴。忽见身在白马坞神祠，弟子一人亦预，自是每日密往。一旦，寺僧过祠下闻讲说之声，见对设二高座，异香郁然。夏竟，神施白马一匹、白羊五头、绢五十匹，用充讲傣，师即咒愿受之。"③

释僧翼与昙学俱游会稽

《高僧传》载："（释僧翼）以晋义熙十三年，与同志昙学沙门俱游会稽，履访山水。至秦望西北，见五岫骈峰，有耆阇之状，乃结草成庵，称曰法华精舍。太守孟顗、富人陈载，并倾心挹德，赞助成功。"④

释玄高改名

《高僧传》载："经涉两旬，方卒先志。既背俗乖世，（魏世高）改名玄高。聪敏生知，学不加思。"⑤

按：义熙十一年（415），释玄高入中常山欲隐，经涉两旬，即本年也。且《释玄高传》载："至年十五（418），已为山僧说法。"可知此两旬，当是两年也，非二十日，亦非二十年。

---

①［梁］慧皎：《高僧传》卷十二，《大正藏》第50册，第406页中。
②［唐］道世：《法苑珠林》卷二十八，《大正藏》第53册，第490页下。
③［宋］志磐：《佛祖统纪》卷三十六，《大正藏》第49册，第343页下。
④［梁］慧皎：《高僧传》卷十三，《大正藏》第50册，第410页下。
⑤［梁］慧皎：《高僧传》卷十一，《大正藏》第50册，第397页上。

嵩高神以金壁致刘裕

《宋书》载："冀州有沙门法称将死，语其弟子普严曰：'嵩皇神告我云，江东有刘将军，是汉家苗裔，当受天命。吾以三十二璧，镇金一饼，与将军为信。三十二璧者，刘氏卜世之数也。'普严以告同学法义。法义以十三年七月，于嵩高庙石坛下得玉璧三十二枚，黄金一饼……后二年而受晋禅。"①

《高僧传》载："释慧义，姓梁，北地人。少出家，风格秀举，志业强正。初游学于彭、宋之间，备通经义。后出京师，乃说云，冀州有法称道人，临终语弟子普严云：'嵩高灵神云，江东有刘将军，应受天命，吾以三十二璧、镇金一鉼为信。'遂彻宋王，宋王谓义曰：'非常之瑞，亦须非常之人，然后致之。若非法师自行，恐无以获也。'义遂行，以晋义熙十三年七月往嵩高山，寻觅未得。便至心烧香行道，至七日夜梦见一长须老公，拄杖将义往璧处指示云：'是此石下。'义明便周行山中，见一处炳然如梦所见，即于庙所石坛下，果得璧大小三十二枚，黄金一鉼。此瑞详之《宋史》。"②

《建康实录》载："晋义熙十三年，嵩山获玉璧三十二。沙门法称曰：'璧，刘氏卜世之数也。'本志曰：'三十年一世，三十二者二世也。'宋有天下实六十。初，零陵作官不得，终为黔首。而宋氏八帝，遗命者五主，存命者三君，往复报施，如斯之速也。谓天盖高，何其察也。"③

《嵩书》载："冀州有沙门法称，将死语其弟子普严曰：'嵩高神告我云，江东有刘将军是汉家苗裔，当受天命，吾以三十二璧，镇金一饼，与将军为信，刘氏卜世之数也。'普严以告同学法义，法义以晋义熙十三年七月，于嵩高庙石坛下得玉璧三十二枚，黄金一饼，符彩润洁。"河南太守毛修之以灵岳降瑞，送诸神府。④

晋安帝义熙十四年·北凉玄始七年（418）戊午

释僧导营救刘义真

《高僧传》载："义真后为西虏勃勃赫连所逼，出自关南。中途扰败，丑虏乘凶

---

①［梁］沈约：《宋书》卷二十七，中华书局，1974年，第784页。

②［梁］慧皎：《高僧传》卷七，《大正藏》第50册，第368页下。

③［唐］许嵩著，张忱石点校，《建康实录》卷十四，中华书局，1986年，第554页。

④［明］傅梅：《嵩书》卷十一，《续修四库全书》第725册，上海古籍出版社，2002年，第189页。

追骑将及。导率弟子数百人遏于中路，谓追骑曰：‘刘公以此子见托，贫道今当以死送之，会不可得，不烦相追。’群寇骇其神气，遂回锋而反。义真走窜于草，会其中兵段宏，卒以获免，盖由导之力也。高祖感之，因令子侄内外师焉。后立寺于寿春，即东山寺也。常讲说经论，受业千有余人。”①

按：赫连勃勃破刘义真，前文已述。释僧导营救刘义真，此事当发生于本年。

赫连勃勃坑戮惠始而不能伤

《魏书·释老志》载：“刘裕灭姚泓，留子义真镇长安，义真及僚佐皆敬重焉。义真之去长安也，赫连屈丐追败之，道俗少长咸见坑戮。惠始身被白刃，而体不伤。众大怪异，言于屈丐。屈丐大怒，召惠始于前，以所持宝剑击之，又不能害，乃惧而谢罪。”②

《广弘明集》载：“后义真之去长安也，赫连屈丐追败之，道俗少长，咸见坑戮。惠始身被白刃，而体不伤。屈丐大怒，召始于前，以所佩宝剑自击之，又不能害，乃惧而谢罪。后至京都，多所训导，人莫测其迹。”③

《十七史商榷》载：“蠕蠕本号柔然，屈丐即赫连勃勃，此皆道武帝为改恶名。《北史》皆仍《魏书》书之，尊魏也。”④

赫连勃勃欲害释昙始而不能伤

《高僧传》载：“晋末朔方凶奴赫连勃勃。破获关中，斩戮无数。时始亦遇害，而刀不能伤，勃勃嗟之，普赦沙门，悉皆不杀。始于是潜遁山泽，修头陀之行。”⑤

释超进至建康

《高僧传》载：“及西虏勃勃赫连寇陷长安，人情危扰，法事罢废，进避地东下，止于京师。更精寻文旨，开畅讲说。顷之，进适姑苏，复弘佛法。时平昌孟顗，守在会稽，藉甚风猷，乃遣使迎接，安置山阴灵嘉寺。于是停止浙东，讲论相续。邑野僧

---

①［梁］慧皎：《高僧传》卷七，《大正藏》第50册，第371页中。

②［北齐］魏收：《魏书》卷一百一十四，中华书局，1974年，第3033页。

③［唐］道宣：《广弘明集》卷二，《大正藏》第52册，第102页上。

④［清］王鸣盛著，陈文和主编：《十七史商榷》卷六十六，见《嘉定王鸣盛全集》第五册，中华书局，2010年，第865页。

⑤［梁］慧皎：《高僧传》卷十，《大正藏》第50册，第392页中。

尼，及清信男女，并结菩萨因缘，伏膺戒范。”[①]

佛驮跋陀罗译《华严经》

《大方广佛华严经》载：“《华严经》梵本凡十万偈，昔道人支法领，从于阗国得此三万六千偈，以晋义熙十四年岁次鹑火三月十日，于扬州司空谢石所立道场寺，请天竺禅师佛度跋陀罗，手执梵文译梵为晋，沙门释法业亲从笔受。时吴郡内史孟顗、右卫将军褚叔度为檀越，至元熙二年六月十日出讫。”[②]

《出三藏记集》载：“《大方广佛华严经》五十卷（沙门支法领于于阗国得此经胡本，到晋义熙十四年三月十日于道场寺译出，至宋永初二年十二月二十八日都讫）。”[③]“《华严经》胡本，凡十万偈。昔道人支法领从于阗得此三万六千偈，以晋义熙十四年岁次鹑火三月十日，于杨州司空谢石所立道场寺请天竺禅师佛度跋陀罗手执梵文，译胡为晋，沙门释法业亲从笔受。时吴郡内史孟顗、右卫将军褚叔度为檀越。至元熙二年六月十日出讫。凡再校胡本，至大宋永初二年辛丑之岁十二月二十八日校毕。”[④]“先是支法领于于阗国所得《华严经》胡本三万六千偈，未有宣译。到义熙十四年，吴郡内史孟顗、右卫将军褚叔度，即请佛贤为译。匠乃手执梵文，共沙门慧严、慧义等百有余人，于道场寺译，铨定文旨，会通华戎，妙得经体，故道场寺犹有华严堂焉。”[⑤]

《高僧传》载：“先是，沙门支法领于于阗得《华严》前分三万六千偈，未有宣译。至义熙十四年，吴郡内史孟顗、右卫将军褚叔度即请贤为译匠，乃手执梵文，共沙门法业、慧严等百有余人于道场译出。诠定文旨，会通华戎，妙得经意。故道场寺犹有华严堂焉。又沙门法显于西域所得《僧祇律》梵本，复请贤译为晋文，语在显传。其先后所出《观佛三昧海》六卷、《泥洹》及《修行方便论》等，凡一十五部，一百十有七卷，为究其幽旨，妙尽文意。”[⑥]

《历代三宝纪》载：“《华严经》五十卷（义熙十四年于道场寺出，至宋永初二

① ［梁］慧皎：《高僧传》卷七，《大正藏》第50册，第374页中。
② ［东晋］佛驮跋陀罗译：《大方广佛华严经》卷六十，《大正藏》第9册，第788页中。
③ ［梁］僧祐：《出三藏记集》卷二，《大正藏》第55册，第11页下。
④ ［梁］僧祐：《出三藏记集》卷九，《大正藏》第55册，第61页上。
⑤ ［梁］僧祐：《出三藏记集》卷十四，《大正藏》第55册，第104页上。
⑥ ［梁］慧皎：《高僧传》卷二，《大正藏》第50册，第335页下。

年方讫。或六十卷，见竺道祖《晋世杂录》）。”[①]

《众经目录》载：“《大方广佛华严经》六十卷（晋义熙年，沙门佛陀跋陀罗等共法业等扬州译）。”[②]“《大方广佛华严经》六十卷（一千八十七纸）。晋义熙年，佛陀跋陀罗共法业等于杨州译成五十卷。”[③]

《古今译经图纪》载：“（佛驮跋陀罗）译《大方广佛华严经》（六十卷）。”[④]

《大唐内典录》载：“《华严经》五十卷（义熙十四年于道场寺出，至宋永初二年方讫，或六十卷，见竺道祖《晋世杂录》）。”[⑤]“《大方广佛华严经》（六十卷，一千八十七纸，或五十卷者，南本）。东晋义熙年，佛陀跋陀罗于杨都译。”[⑥]“《大方广佛华严经》（六十卷，或五十卷，一千八十七纸，纸二十八行）。东晋义熙年，佛陀跋陀罗于杨都译。右一经，前后异译一十四部，所谓《度世》《渐备》《信力》《十住》《兴显》《罗伽》《住法》《本业》《兜沙》《佛藏》等，并抄略本部，支品流行，文或出没，义理无异，故非所录。”[⑦]

《大周刊定众经目录》载：“《大方广佛花严经》一部，六十卷（或五十卷，一千八十七纸）。右，东晋义熙十四年，沙门佛陀跋陀罗于杨州道场寺译，出《长房录》。”[⑧]

《开元释教录》载：“《大方广佛华严经》六十卷（初出，元五十卷，后人分为六十卷。沙门支法领从于阗得梵本来，义熙十四年三月十日于道场寺出，元熙二年六月十日讫，法业笔受，见祖、祐二《录》）。”[⑨]“《大方广佛华严经》六十卷（或五十卷，六帙）。东晋天竺三藏佛陀跋陀罗等译（大本初译）。右，此经总七处八会，合三十四品。会列如左：第一，《寂灭道场会》（合二品，三卷）。第二，《普光法堂会》（合六品，四卷）。第三，《忉利天宫会》（合六品，三卷）。第四，《夜摩天宫会》（合四品，二卷）。第五，《兜率天宫会》（合三品，十卷）。第六，《他

①［隋］费长房：《历代三宝纪》卷七，《大正藏》第49册，第71页上。
②［隋］法经：《众经目录》卷一，《大正藏》第55册，第115页上。
③［隋］法经：《众经目录》卷一，《大正藏》第55册，第181页下。
④［唐］靖迈：《古今译经图纪》卷二，《大正藏》第55册，第357页上。
⑤［唐］道宣：《大唐内典录》卷三，《大正藏》第55册，第246页下。
⑥［唐］道宣：《大唐内典录》卷六，《大正藏》第55册，第285页上。
⑦［唐］道宣：《大唐内典录》卷九，《大正藏》第55册，第313页中。
⑧［唐］明佺：《大周刊定众经目录》卷二，《大正藏》第55册，第380页中。
⑨［唐］智昇：《开元释教录》卷三，《大正藏》第55册，第505页中。

化天宫会》（合十一品，十三卷。新经开为二会）。第七，《普光法堂重会》（一品，六卷）。第八，《给孤独园会》（一品，一十四卷）。”[1]“《大方广佛华严经》六十卷（八会说，旧译六帙，或五十卷，一千七十九纸）。东晋天竺三藏佛陀罗等译。”[2]

《贞元新定释教目录》载：“《大方广佛华严经》六十卷（初出，元五十卷，后人分为六十。沙门支法领从于阗得梵本来，义熙十四年三月十日于道场寺出，元熙二年六月十日讫，法业笔受，见祖、祐二《录》）。”[3]“《大方广佛华严经》六十卷（或五十卷，六帙）。东晋天竺三藏佛陀跋陀罗等译，大本初译。右，此经总七处八会，合三十四品。会列如左：第一，《寂灭道场会》，合二品，四卷。第二，《普光法堂会》，合六品，三卷。第三，《忉利天宫会》，合六品，三卷。第四，《夜摩天宫会》，合四品，三卷。第五，《兜率天宫会》，合三品，十卷。第六，《他化天宫会》，合十一品，十三卷。（新经开为二会）。第七，《普光法堂重会》，一品，七卷。第八，《给孤独园会》，一品，一十六卷。”[4]“《大方广佛华严经》六十卷（八会说，旧译六帙，或五十卷），一千七十九纸。”[5]

六卷《泥洹记出经后记》

六卷《泥洹记出经后记》云：“摩竭提国巴连弗邑阿育王塔天王精舍优婆塞伽罗先，见晋土道人释法显远游此土，为求法故，深感其人，即为写此《大般泥洹经》如来秘藏。愿令此经流布晋土，一切众生，悉成平等如来法身。义熙十三年十月一日，于谢司空石所立道场寺出此《方等大般泥洹经》，至十四年正月二日校定尽讫，禅师佛大跋陀手执胡本，宝云传译。于时坐有二百五十人。”[6]

释玄高为山僧说法

《高僧传》载：“至年十五，（释玄高）已为山僧说法。受戒已后，专精禅律。闻关中有浮驮跋陀禅师在石羊寺弘法，高往师之。旬日之中，妙通禅法。跋陀叹曰：‘善哉佛子，乃能深悟如此。’于是卑颜推逊，不受师礼。高乃杖策西秦，隐居麦积山。山学百余人，崇其义训，禀其禅道。时有长安沙门释昙弘，秦地高僧，隐在此

---

①［唐］智昇：《开元释教录》卷十一，《大正藏》第55册，第589页中。
②［唐］智昇：《开元释教录》卷二十，《大正藏》第55册，第703页上。
③［唐］圆照：《贞元新定释教目录》卷五，《大正藏》第55册，第802页中。
④［唐］圆照：《贞元新定释教目录》卷二十一，《大正藏》第55册，第919页上。
⑤［唐］圆照：《贞元新定释教目录》卷二十九，《大正藏》第55册，第1026页上。
⑥［梁］僧祐：《出三藏记集》卷八，《大正藏》第55册，第60页中。

山，与高相会，以同业友善。时乞佛炽盘跨有陇西，西接凉土。有外国禅师昙无毗来入其国，领徒立众，训以禅道。然三昧正受，既深且妙，陇右之僧禀承盖寡。高乃欲以己率众，即从毗受法。旬日之中，毗乃反启其志。时河南有二僧，虽形为沙门，而权侔伪相。恣情乖律，颇忌学僧，昙无毗既西返舍夷。二僧乃向河南王世子曼谗构玄高，云蓄聚徒众，将为国灾。曼信谗便欲加害，其父不许，乃摈高往河北林阳堂山。山古老相传云，是群仙所宅。”①

按：据晋安帝元兴元年（402）下“释玄高生”条，推之可知，“释玄高为山僧说法”条，当发生于本年。

昙无谶译《海龙王经》

《出三藏记集》载：“《海龙王经》四卷。”②

《历代三宝纪》载：“《海龙王经》四卷（玄始七年出，是第二译，与竺法护出者同本别译，见竺道祖《河西录》）。”③

《众经目录》载：“《新海龙王经》四卷（北凉世昙无谶译）。”④“《海龙王经》四卷（七十二纸），北凉世昙无谶译。”⑤

《古今译经图纪》载：“《海龙王经》一部（四卷）。”⑥

《大唐内典录》载：“《海龙王经》四卷（玄始七年出，第二译，与法护出同本，见道祖《河西录》）。”⑦“《海龙王经》（四卷，七十三纸），北凉昙无谶于凉都译。”⑧

《大周刊定众经目录》载：“《新海龙王经》一部四卷（第二译，八十五纸）。右，北凉玄始七年昙无谶于姑臧译，出《长房录》。”⑨

《开元释教录》载：“《海龙王经》四卷（或加‘新’字，第二出，与竺法护出者同本。玄始七年出，见竺道祖《河西录》及《僧祐录》）。”⑩“《海龙王经》四卷

---

①［梁］慧皎：《高僧传》卷十一，《大正藏》第50册，第397页上。
②［梁］僧祐：《出三藏记集》卷二，《大正藏》第55册，第11页中。
③［隋］费长房：《历代三宝纪》卷九，《大正藏》第49册，第84页中。
④［隋］法经：《众经目录》卷一，《大正藏》第55册，第117页上。
⑤［隋］法经：《众经目录》卷一，《大正藏》第55册，第182页中。
⑥［唐］靖迈：《古今译经图纪》卷三，《大正藏》第55册，第360页下。
⑦［唐］道宣：《大唐内典录》卷三，《大正藏》第55册，第255页下。
⑧［唐］道宣：《大唐内典录》卷九，《大正藏》第55册，第314页中。
⑨［唐］明佺：《大周刊定众经目录》卷四，《大正藏》第55册，第397页下。
⑩［唐］智昇：《开元释教录》卷四，《大正藏》第55册，第520页上。

（或加‘新’字）。北凉天竺三藏昙无谶译（第二译）。右一经，前后两译，一存一阙。”[①]“《海龙王经》四卷（或三卷），七十三纸。”[②]

《贞元新定释教目录》载：“《海龙王经》四卷（或加‘新’字，第二出，与竺法护出者同本。玄始七年出，见竺道祖《河西录》及《僧祐录》）。”[③]“《海龙王经》四卷（或加‘新’字）。北凉天竺三藏昙无谶译，第二译。右一经，前后两译，一存一阙。”[④]“《海龙王经》四卷（或三卷），七十三纸。”[⑤]

释昙恒卒

《庐山记》载：“（释昙恒）晋义熙十四年戊午岁终，春秋七十一。”[⑥]

张野卒

《庐山记》载：“（张野）义熙十四年戊午终，春秋六十九。”[⑦]

释昙影或卒于本年

《高僧传》载：“（释昙影）以晋义熙中卒，春秋七十矣。”[⑧]

按：释昙影于弘始十一年（409）注解鸠摩罗什所译之《中论》，又于弘始十五年（413）顷隐居。《高僧传》云其“修功立善，愈老愈笃”，可知释昙影往生当在其隐居之后数载。弘始十五年乃义熙九年也，《高僧传》云其“义熙中卒”，故释昙影之卒，其时已近义熙之末，兹将此事系于义熙十四年。

释慧芬出家

《高僧传》载：“（释慧芬）十二出家，住谷熟县常山寺。学业优深，苦行精峻。每赴斋会，常为大众说法。梁楚之间，悉奉其化。”[⑨]

按：据晋安帝义熙二年（406）下“释慧芬生”条，推之可知，“释慧芬出家”

---

①［唐］智昇：《开元释教录》卷十四，《大正藏》第55册，第631页下。
②［唐］智昇：《开元释教录》卷十九，《大正藏》第55册，第686页下。
③［唐］圆照：《贞元新定释教目录》卷六，《大正藏》第55册，第816页下。
④［唐］圆照：《贞元新定释教目录》卷二十四，《大正藏》第55册，第965页下。
⑤［唐］圆照：《贞元新定释教目录》卷二十九，《大正藏》第55册，第1032页下。
⑥［宋］陈舜俞：《庐山记》卷三，《大正藏》第51册，第1042页上。
⑦［宋］陈舜俞：《庐山记》卷三，《大正藏》第51册，第1040页上。
⑧［梁］慧皎：《高僧传》卷六，《大正藏》第50册，第364页上。
⑨［梁］慧皎：《高僧传》卷十三，《大正藏》第50册，第416页中。

条，当发生于本年。

豫章太守入庐山拜谒释道昺

《庐山记》载："晋义熙十四年戊子，豫章太守王虞入山拜谒（释道昺）。嘉其风度，请为山主，绍大师之躅，众以道源法嗣，皆宗仰而羽翼焉。"①

释法安于新阳县除虎灾

《高僧传》载："释法安，一名慈钦，未详何许人，远公之弟子也。善戒行，讲说众经，兼习禅业，善能开化愚曚，拔邪归正。晋义熙中，新阳县虎灾，县有大社树，下筑神庙，左右居民以百数，遭虎死者夕有一两，安尝游其县，暮逗此村，民以畏虎，早闭闾，安径之树下，通夜坐禅。向晓闻虎负人而至，投之树北，见安如喜如惊，跳伏安前，安为说法授戒，虎踞地不动，有顷而去。旦村人追虎至树下，见安大惊，谓是神人，遂传之一县，士庶宗奉，虎灾由此而息。因改神庙，留安立寺。左右田园皆舍为众业。后欲作画像，须铜青困不能得，夜梦见一人，迂其床前云：'此下有铜钟。'觉即掘之，果得二口。因以青成像。后以铜助远公铸佛，余一，武昌太守熊无患借视，遂留之。安后不知所终。"②

《法苑珠林》载："义熙末，阳新县虎暴甚盛。"③

按：释法安伏虎之事，未详其年，兹系于义熙之末。

《婆粗富罗律》后记

《出三藏记集》载："沙门释法显，游西域于摩竭提巴连弗邑阿育王塔天王精舍，写得胡本，赍还京都。以晋义熙十二年岁次寿星十一月，共天竺禅师佛驮跋陀，于道场寺译出，至十四年二月末乃讫。"④

隐士神世标见竺昙猷尸身不朽

《高僧传》载："晋义熙末，隐士神世标入山登岩，故见猷尸不朽。其后欲往观者，辄云雾所惑无得窥也。时又有慧开、慧真等亦善禅业。入余姚灵秘山，各造方丈

①［宋］陈舜俞：《庐山记》卷三，《大正藏》第51册，第1042页上。

②［梁］慧皎：《高僧传》卷六，《大正藏》第50册，第362页中。

③［唐］道世：《法苑珠林》卷十九，《大正藏》第53册，第428页下。

④［梁］僧祐：《出三藏记集》卷三，《大正藏》第55册，第21页上。

禅龛。于今尚在。”①

檀祇尝召麻衣道士史宗

《高僧传》载：“史宗者，不知何许人。常着麻衣，或重之为纳，故世号麻衣道士。身多疮疥，性调不恒。常在广陵白土埭，赁埭讴唱，引筰以自欣畅。得直随以施人。栖憩无定所，或隐或显。时高平檀祇为江都令，闻而召来，应对机捷，无所拘滞，博达稽古，辩说玄儒。乃赋诗一首曰：‘有欲苦不足，无欲亦无忧。未若清虚者，带索被玄裘。浮游一世间，泛若不系舟。方当毕尘累，栖志且山丘。’檀祇知非常人，遣还所在。遗布三十匹，悉以乞人。后有一道人，不知姓名，常赍一杖一箱自随。尝逼暮来，诣海盐令云：‘欲数日行，暂倩一人，可见给不。’令曰：‘随意取之。’乃选取守鹅鸭小儿形服最丑者将去。倏忽之间，至一山上。山上有屋，屋中有三道人，相见欣然共语。小儿不解，至中困，道人为小儿就主人索食，得一小瓯食，状如熟艾，食之饥止。向冥，道人辞欲还去。闻屋中人问云：‘君知史宗所在不，其谪何当竟。’道人云：‘在徐州江北广陵白土埭上，计其谪亦竟也。’屋中人便作书曰：‘因君与之。’道人以书付小儿。比晓，便至县，与令相见云：‘欲少日停此。’令曰：‘大善。’问箱中有何等，答云：‘书疏耳。’道人常在厅事上眠，以箱杖着床头，令使持时人夜偷取欲看之，道人已知，暮辄高悬箱杖，当下而卧，永不可得。后与令辞曰：‘吾欲小停，而君恒欲偷人，正尔便去耳。’令呼先小儿，问近所经。小儿云：‘道人令其捉杖，飘然而去，或闻足下波浪耳。’并说山中人寄书犹在小儿衣带，令开看，都不解。乃写取，封其本书。令人送此小儿至白土埭，送与史宗。宗开书大惊云：‘汝那得蓬莱道人书耶。’宗后南游吴会，尝过渔梁，见渔人大捕，宗乃上流洗浴，群鱼皆散，其潜拯物类如此。后憩上虞龙山大寺。善谈《庄》《老》，究明《论》《孝》，而韬光隐迹，世莫之知。会稽谢邵、魏迈之、放之等，并笃论渊博，皆师受焉。后同止沙门，夜闻宗共语者，颇说蓬莱上事，晓便不知宗所之。陶渊明《记白土埭遇三异法师》，此其一也。或云有商人海行，于孤洲上见一沙门，求寄书与史宗。置书于船中，同侣欲看书，书着船不脱，及至白土埭，书飞起就宗，宗接而将去。”②

《宋书·檀祇传》载：“十四年，宋国初建，天子诏曰：‘宋国始立，内外草创，禁旅王要，总司须才。右将军祇可为宋领军将军，加散骑常侍。’祇性矜豪，乐在外

① [梁] 慧皎：《高僧传》卷十一，《大正藏》第50册，第396页中。

② [梁] 慧皎：《高僧传》卷十，《大正藏》第50册，第390页上。

放恣，不愿内迁，甚不得志。发疾不自治，其年卒广陵，时年五十一。赠散骑常侍、抚军将军，谥曰威侯。”①

《名僧传抄》载：“晋义熙中，常在广陵白土埭，讴唱引荇，以自欣畅。”②

按：《宋书·檀祇传》云檀祇自义熙八年至义熙十一年间，为广陵相。其召麻衣道士史宗，或在此时耶？檀祇卒于义熙十四年，尝召麻衣道士史宗，其时无考。兹系于其卒年。

陶渊明尝著《记白土埭遇三异法师》，已亡佚，不见于今本《陶渊明集》，止存其题。

崇明寺建立

《高僧传》载：“释僧慧，未知何人。少来好修福业。晋义熙中，共长安人行长生，立寺于京师破坞村中。始迁堿其处，起草屋数间，便集僧设斋。至中夜，堂内两灯忽自然行进前数十步，油纂如故，无所倾覆。大众惊嗟，访诸耆老，咸言灯所移处，是昔时外国道人起塔之基。于是就共修立。以灯移表瑞，因号崇明寺焉。”③

《释氏通鉴》载：“（义熙九年）释僧慧，于京师破坞村起草屋。中夜两灯自行，前数十步，即就其处，立崇明寺。”④

晋恭帝元熙元年·北凉玄始八年（419）己未

晋恭帝下诏铸释迦佛像

《晋书》载：“（晋恭帝）其后复深信浮屠道，铸货千万，造丈六金像，亲于瓦官寺迎之，步从十许里。”⑤

《建康实录》载：“（晋恭帝）其后深信浮图道，铸货千万，造丈六金像，亲于瓦官寺迎之，步行十许里。”⑥

《佛祖统纪》载：“元熙元年，帝深敬佛道，诏于瓦官寺铸释迦佛丈六金像。毕

---

①［梁］沈约：《宋书》卷四十七，中华书局，1974年，第1417页。
②［梁］宝唱：《名僧传抄》卷一，《卍续藏》第77册，第356页上。
③［梁］慧皎：《高僧传》卷十三，《大正藏》第50册，第410页中。
④［宋］本觉：《释氏通鉴》卷三，《卍续藏》第76册，第32页上。
⑤［唐］房玄龄等：《晋书》卷十，中华书局，1974年，第270页。
⑥［唐］许嵩著，张忱石点校：《建康实录》卷十，中华书局，1986年，第351页。

功之日放光满寺，倾都人士咸致供养。”①

竺法力译《无量寿至真等正觉经》

《历代三宝纪》载：“《无量寿至真等正觉经》一卷（一名《乐佛土经》，一名《极乐佛土经》）。右，一经一卷。恭帝元熙元年二月，外国沙门竺法力译。是第六出，与支谦、康僧铠、白延、竺法护、鸠摩罗什等所出本大同，文名少异。见《释正度录》。”②

《古今译经图纪》载：“沙门竺法力，西域人，业行清高，智道崇峙，善通方语，妙称经微。以晋恭帝元熙元年岁次己未二月，译《无量寿至真等正觉经》一部（一卷）。”③

《大唐内典录》载：“《无量寿至真等正觉经》（一名《佛土乐经》，一名《极乐土经》）。右，一经一卷。恭帝元熙元年二月，外国沙门竺法力译。是第六出，与支谦、康僧铠、白延、竺法护、鸠摩罗什等所出本大同，文名少异，见《释正度录》。”④

《大周刊定众经目录》载：“《无量寿至真等正觉经》一卷（一名《乐佛土经》，一名《极乐佛土经》）。右，东晋元熙元年沙门法力译，出《长房录》。”⑤

《开元释教录》载：“《无量寿至真等正觉经》一卷（一名《乐佛土乐经》，一名《极乐佛土经》。第七译，见《正度录》，与世高、支谶、支谦、僧铠、白延、法护等所出同本）。右，一部一卷，本阙。沙门竺法力，西域人，业行清高，智道崇峙，善通方语，妙称经微，以恭帝元熙元年己未二月译《无量寿至真等正觉经》一部。”⑥“《无量寿至真等正觉经》一卷（一名《乐佛土乐经》，一名《极乐佛土经》）。东晋外国沙门竺法力译（第七译）。”⑦

《贞元新定释教目录》载：“《无量寿至真等正觉经》一卷（一名《乐佛土乐经》，一名《极乐佛土经》。第七译，《正度录》，与世高、支谶、支谦、僧铠、白

---

①［宋］志磐：《佛祖统纪》卷三十六，《大正藏》第49册，第343页下。
②［隋］费长房：《历代三宝纪》卷七，《大正藏》第49册，第72页上。
③［唐］靖迈：《古今译经图纪》卷二，《大正藏》第55册，第357页下。
④［唐］道宣：《大唐内典录》卷三，《大正藏》第55册，第247页下。
⑤［唐］明佺：《大周刊定众经目录》卷八，《大正藏》第55册，第389页中。
⑥［唐］智昇：《开元释教录》卷三，《大正藏》第55册，第509页上。
⑦［唐］智昇：《开元释教录》卷十四，《大正藏》第55册，第626页下。

延、法护等所出同本）。右，一部一卷，本阙。沙门竺法力，西域人，业行清高，智道崇峙，善通方语，妙称经微，以恭帝元熙元年己未二月译《无量寿至真等正觉经》一部。”①“《无量寿至真等正觉经》一卷（一名《乐佛土经》，一名《极乐土经》）。东晋外国沙门竺法力译，第七译。”②

释道祖卒

《高僧传》载：“（释道祖）以晋元熙元年卒，春秋七十二矣。”③

释超进至山阴灵嘉寺

《高僧传》载：“顷之，进适姑苏，复弘佛法。时平昌孟顗，守在会稽，藉甚风猷，乃遣使迎接，安置山阴灵嘉寺。于是停止浙东，讲论相续。邑野僧尼，及清信男女，并结菩萨因缘，伏膺戒范。”④

按：去年长安为赫连勃勃所破，释超进辗转至建康。顷之入姑苏，复为会稽太守孟顗所留，迎至山阴。故释超进至灵嘉寺，至迟当在本年。

昙无谶译《悲华经》

《出三藏记集》载：“《悲华经》十卷（《别录》或云龚上出。”⑤

《历代三宝纪》载：“《悲华经》十卷（第二出，见竺道祖《河西录》，又《古录》亦载。此前道龚已出，虽处年不同，等是凉世出。疑前译不善精，故有两文异，似再翻）。”⑥

《众经目录》载：“《悲华经》十卷（北凉沮渠蒙逊世，昙无谶于姑臧译）。”⑦“《悲华经》十卷（一百九十四纸），北凉沮渠蒙逊世，昙无谶于姑臧译。”⑧

《古今译经图纪》载：“《悲华经》一部（十卷）。”⑨

《大唐内典录》载：“《悲华经》十卷（第二出，见道祖《河西录》。又古

---

①［唐］圆照：《贞元新定释教目录》卷五，《大正藏》第55册，第806页上。
②［唐］圆照：《贞元新定释教目录》卷二十四，《大正藏》第55册，第960页中。
③［梁］慧皎：《高僧传》卷六，《大正藏》第50册，第363页上。
④［梁］慧皎：《高僧传》卷七，《大正藏》第50册，第374页中。
⑤［梁］僧祐：《出三藏记集》卷二，《大正藏》第55册，第336页下。
⑥［隋］费长房：《历代三宝纪》卷九，《大正藏》第49册，第84页上。
⑦［隋］法经：《众经目录》卷一，《大正藏》第55册，第117页上。
⑧［唐］静泰：《众经目录》卷二，《大正藏》第55册，第189页中。
⑨［唐］靖迈：《古今译经图纪》卷三，《大正藏》第55册，第360页中。

《录》载此道龚已出，虽岁不同，等是凉世出，疑前译未善，故有两分，异似再翻实）。”[①]“《悲华经》（十卷，一百九十四纸），北凉玄始年昙无谶于凉都译。”[②]“《悲华经》（十卷，一帙）。”[③]

《大周刊定众经目录》载：“《悲华经》一部，十卷（第二出，又《宝唱录》云亦名《悲莲华经》，二百四十三纸）。右，北凉玄始年沙门昙无谶于凉都姑臧译，出《长房录》。”[④]

《开元释教录》载：“《悲华经》十卷（第四出，与《大悲分陀利经》等同本，见竺道祖《河西录》及《僧祐录》。祐云《别录》或云龚上出，今疑道龚与谶同是一经，二处并载，恐未然也）。”[⑤]“《悲华经》十卷（一帙），北凉天竺三藏昙无谶于姑臧译（第四译）。”[⑥]“《悲华经》十卷（一帙），北凉天竺三藏昙无谶于姑臧译（第四译）。”[⑦]

《贞元新定释教目录》载：“《悲华经》十卷（第四出，与《大悲分陀利经》等同本，见竺道祖《河西录》及《僧祐录》。祐云《别录》或云龚上出，今疑道龚与谶同是一经，二处并载，恐未然也）。”[⑧]“《悲华经》十卷（一帙），北凉天竺三藏昙无谶于姑臧译，第四译。”[⑨]“《悲华经》十卷（一帙），一百九十九纸。”[⑩]

竺难提至广州

《古今译经图纪》载：“居士竺难提，此言喜，西域人。志道无倦，履远能安，解悟幽旨，言通晋俗。以晋恭帝元熙元年岁次己未爰暨。”[⑪]

按：竺难提，《高僧传》《比丘尼传》等皆云其乃舶主，常往返于宋境与狮子国之间。《历代三宝纪》又云，竺难提尝于晋宋间在广州译《威革长者六向拜经》一

---

①［唐］道宣：《大唐内典录》卷三，《大正藏》第55册，第255页下。
②［唐］道宣：《大唐内典录》卷六，《大正藏》第55册，第286页下。
③［唐］道宣：《大唐内典录》卷八，《大正藏》第55册，第305页中。
④［唐］明佺：《大周刊定众经目录》卷三，《大正藏》第55册，第391页中。
⑤［唐］智昇：《开元释教录》卷四，《大正藏》第55册，第519页下。
⑥［唐］智昇：《开元释教录》卷十一，《大正藏》第55册，第591页下。
⑦［唐］智昇：《开元释教录》卷二十，《大正藏》第55册，第704页上。
⑧［唐］圆照：《贞元新定释教目录》卷六，《大正藏》第55册，第816页中。
⑨［唐］圆照：《贞元新定释教目录》卷二十一，《大正藏》第55册，第922页上。
⑩［唐］圆照：《贞元新定释教目录》卷二十九，《大正藏》第55册，第1027页中。
⑪［唐］靖迈：《古今译经图纪》卷二，《大正藏》第55册，第357页中。

卷[1]。故竺难提于本年至晋，当在广州也。

晋恭帝元熙二年·刘宋永初元年·北凉玄始九年·西凉永建元年·西秦建弘元年（420）庚申

东晋译经情况

《辩正论》载："东晋一百四载，合寺一千七百六十八所；译经二十七人，二百六十三部；僧尼二万四千人。"[2]

邝士元在《中国学术思想史》第五章，就佛教传入以来能够大盛于魏晋南北朝之原因做了详细地分析，可参考之。[3]

范泰立祇洹寺以迎释慧义

《高僧传》载："义后还京师，宋武加接尤重，迄乎践祚，礼遇弥深。宋永初元年，车骑范泰立祇洹寺，以义德为物宗，固请经始。义以泰清信之至，因为指授仪则。时人以义方身子，泰比须达，故祇洹之称，厥号存焉。"[4]

《宋书·范泰传》载："（范泰）暮年事佛甚精，于宅西立祇洹精舍。"[5]

释道照独步于刘宋之初

《高僧传》载："（释道照）披览群典，以宣唱为业。音吐寥亮，洗悟尘心，指事适时，言不孤发，独步于宋代之初。宋武帝尝于内殿斋，照初夜略叙百年迅速，迁灭俄顷。苦乐参差，必由因召。如来慈应六道，陛下抚矜一切，帝言善久之。斋竟，别倮三万。"[6]

昙无谶译《方等大集经》

《出三藏记集》载："《方等大集经》二十九卷（或云《大集经》，玄始九年译出，

---

① ［隋］费长房：《历代三宝纪》卷七，《大正藏》第49册，第72页上。

② ［唐］法琳：《辩正论》卷三，《大正藏》第52册，第503页上。

③ 邝士元：《中国学术思想史》，上海三联书店，2014年，第127—134页。

④ ［梁］慧皎：《高僧传》卷七，《大正藏》第50册，第368页下。

⑤ ［梁］沈约：《宋书》卷六十，中华书局，1974年，第1623页。

⑥ ［梁］慧皎：《高僧传》卷十三，《大正藏》第50册，第415页下。

或三十卷、或二十四卷）。”①

《历代三宝纪》载：“《大方等大集经》三十一卷（第三出，与汉世支谶所出二十七卷，秦世罗什所出三十卷广略小殊。或二十九卷，或三十三，不定者由初出，未勘定即抄写，致本不同。今翻验矣，见《竺道祖录》）。”②

《众经目录》载：“《大方等大集经》二十七卷（北凉世昙无谶于姑臧译）。”③“《大方等大集经》三十卷（六百四纸），北凉昙无谶于姑臧译。”④

《古今译经图纪》载：“《大方等大集经》一部（三十一卷）。”⑤

《大唐内典录》载：“《大方等大集经》三十一卷（第二出，与汉出二十七卷，什出三十卷广略小殊。或二十九，或三十二，由初未勘定即抄写，致本不同。今翻验矣，见《道祖录》）。”⑥“《大方等大集经》（三十卷，六百四纸），北凉昙无谶于凉都译。”⑦

《大周刊定众经目录》载：“《大方等大集经》一部，三十卷（或三十二卷，二十九卷。第三译，六百四纸）。右，北凉玄始年沙门昙无谶于姑臧译，出《长房录》。”⑧

《开元释教录》载：“《大方等大集经》三十卷（或直云《大集经》。第三出，与汉世支谶，姚秦罗什出者同本。或二十九，或三十一，或三十二，或四十卷，良由初出即写，分卷不同，见竺道祖《凉录》及《僧祐录》）。”⑨“《大方等大集经》三十卷，北凉天竺三藏昙无谶于姑臧译（第三译，三译二阙）。谨按：梁沙门僧祐《大集记》云：‘有十二段说，共成一经。第一，《璎珞品》。第二，《陀罗尼自在王品》。第三，《宝女品》。第四，《不眴品》。第五，《海慧品》。第六，《无言品》。七，《不可说品》。八，《虚空藏品》。九，《宝幢分》。十，《虚空目分》。十一，《宝髻品》。十二，《无尽意品》。’今检经本，与祐记不同。第一，《陀罗尼自在王菩

---

①［梁］僧祐：《出三藏记集》卷二，《大正藏》第55册，第11页中。
②［隋］费长房：《历代三宝纪》卷九，《大正藏》第49册，第84页上。
③［隋］法经：《众经目录》卷一，《大正藏》第55册，第115页上。
④［唐］静泰：《众经目录》卷一，《大正藏》第55册，第181页下。
⑤［唐］靖迈：《古今译经图纪》卷三，《大正藏》第55册，第360页中。
⑥［唐］道宣：《大唐内典录》卷三，《大正藏》第55册，第255页下。
⑦［唐］道宣：《大唐内典录》卷六，《大正藏》第55册，第285页下。
⑧［唐］明佺：《大周刊定众经目录》卷二，《大正藏》第55册，第384页中。
⑨［唐］智昇：《开元释教录》卷四，《大正藏》第55册，第519页下。

萨品》（亦有经本分为《璎珞品》者，不然。此是一段，不合分二，后《大哀经》即是此品）。第二，《宝女品》。第三，《不眴菩萨品》。第四，《海慧菩萨品》。第五，《虚空藏菩萨品》。第六，《无言菩萨品》。第七，《不可说菩萨品》。第八，《宝幢分》。第九，《虚空目分》。第十，《宝髻菩萨品》。第十一，《日密分》（寻检群《录》，此《大集经》卷无定准，或云二十九，或云三十，或三十一，或三十二，或四十卷。今时《大集》多分三十，其《日密分》文不具足，合少一卷。其三十一卷者，文应备具，今寻求未获）。然僧祐《记》中无《日密分》，有《无尽意品》者，不然。今以《无尽意经》虽是《大集》别分，非无谶译，又非次第，不合入中。其《虚空藏品》，祐在《不可说》后，未详所以。今从《陀罗尼自在王品》至《日密分》，总十一分。其《日藏经》与《日密分》同本异译，亦是第十一分（《日密》《日藏》初俱云说虚空目、安那、般那、甘露门已次说此经。又《日密分》既于《虚空目》后说，准义不合隔《宝髻品》。今经本中有此品，隔未详所以。又《日密》《日藏》虽是同本，其《日密分》文极撮略，后文复阙，可少卷余）。《月藏经》是第十二分（或有经本题云大乘《大集经月藏分》第十二，经初又云化诸龙众说《日藏经》，已次说此经）。《十轮经》是第十三分（初云说《月藏经》，已次说此经。此《十轮》后第十四分本在西方，未流于此）。《须弥藏经》是第十五分（经初题云大乘《大集经须弥藏分》第十五）。第十六分合是《虚空孕经》（初云《授功德天记别法》，已次说此经。然《须弥藏经》因功德天问如来方说，故知此经合居其次）。其《日藏经》初在迦兰陀竹园说，次升须弥顶，后因龙请往佉罗帝耶山，《月藏》等四经并在佉罗帝耶山说，次第如是。其《念佛三昧》《贤护》《譬喻王》《无尽意经》等虽是《大集》别分，既不知次第，难可编记。然隋朝僧就合《大集经》，乃将《明度五十校计经》题为《十方菩萨品》，编《月藏》后。及《无尽意经》成五十八卷者，非也。既无凭准，故不依彼（其合《大集经》，亦有六十卷，成者三十一、二两卷，重有《宝髻品》，足成六十。其《宝髻品》在《日密》前，二十六、七卷是此复重编，未详何意。又《日密》《日藏》梵本不殊，重重编载，误之甚矣）。若欲合者，前《大集》中除《日密》分有二十七卷，以《日藏分》替处续次（《日密》《日藏》梵本虽同，《日密分》中文略阙少，故以《日藏》替之）。次《月藏》，次《地藏十轮》（唐译十卷成者），次《须弥藏》，次《虚空孕》，后之四经虽不知说次，以意合之，亦将无失。《虚空孕》后次《念佛三昧》（以宋朝译六卷者充其，隋译十卷者，后阙二品）。次《贤护》，次《譬喻王》，末《无尽意》，总成八十卷，亦将契矣（其《无尽意经》初首题云《大集经》中无尽意菩萨说《不可尽义品》，第三十二品即分也。是第三十二分，然僧祐《记》中在《宝髻品》后，及僧就所合《大集》编之于末者，是非明矣。又有《善住意天子所问经》，详其文义，合是《大集》别分，今已编入《大宝积》中，不可双载，故此阙也）。”①“《大方等大集经》三十卷（三帙，或二十九卷，或三十一卷，或三十二卷，或四十二卷，六百二十一纸）。北凉天竺三藏昙无谶于姑臧译。”②

《贞元新定释教目录》载：“《大方等大集经》三十卷（或直云《大集经》。第三出，与汉世支谶，姚秦罗什出者同本。或二十九，或三十一，或三十二，或四十卷，良由初出即写，分卷不同，见竺道祖《凉录》及《僧祐录》）。”③“《大方等大集经》三十卷，或四十卷。北凉天竺三藏昙无谶于姑臧译，三帙，第三译，三译三阙。谨按：梁沙门僧祐《大集记》云：‘有十二段说，共成一经。第一，《璎珞品》。第二，《陀罗尼自在王品》。第三，《宝女品》。第四，《不眴品》。第五，《海慧品》。第六，《无言品》。第七，《不可说品》。第八，《虚空藏品》。第九，《宝幢分品》。第十，《虚空目分品》。第十一，《宝鬘品》。第十二，《无尽意品》。’今检经本，与祐记不同。第一，《陀罗尼自在王菩萨品》（亦有经本分为《璎珞品》者，不然。此是一段，不合分二，后《大哀经》即是此品）。第二，《宝女品》。第三，《不眴菩萨品》。第四，《海慧菩萨品》。第五，《虚空藏菩萨品》。第六，《无言菩萨品》。第七，《不可说菩萨品》。第八，《宝幢分》。第九，《虚空目分》。第十，《宝鬘菩萨品》。第十一，《日密分》（寻检群《录》，此《大集经》卷无定准，或云二十九，或云三十，或三十一，或三十二，或四十卷。今时《大集》多分三十，其《日密分》文不具足，合少一卷。其三十一卷者，文应备具，今寻求未获）。然僧祐《记》中无《日密分》，有《无尽意品》者，不然。今以《无尽意经》虽是《大集》别分，非无谶译，又非次第，不合入其《虚空藏品》，祐在《不可说》后，未详所以。今从《陀罗尼自在王品》至《日密分》，总十一分。其《日藏经》与《日密分》同本异译，亦是第十一分（《日密》《日藏》初俱云说虚空目、安那、般那、甘露门已次说此经。又《日密分》既于《虚空目》后说，准义不合隔《宝髻品》。今经本中有此品，隔未详所以。又《日密》《日藏》虽是同本，是《日密分》文极撮略，后文复阙，可收卷余）。《月藏经》是第十二分（或有经本题云大乘《大集经月藏分》第十二，

---

①［唐］智昇：《开元释教录》卷十一，《大正藏》第55册，第588页上。

②［唐］智昇：《开元释教录》卷二十《大正藏》第55册，第702页中。

③［唐］圆照：《贞元新定释教目录》卷六，《大正藏》第55册，第816页中。

经初又云化诸龙众说《日藏经》，已次说此经）。《十轮经》是第十三分（初云说《月藏经》，已次说此经。《十轮》后第十四分本在西方，未流于此）。《须弥藏经》是第十五分（经初题云大乘《大集经须弥藏分》第十五）。第十六分合是《虚空孕经》（初云《授功德天记别法》，已次说此经。然《须弥藏经》因功德天问如来方说，故知此经合居其次）。其《日藏经》初在迦兰陀竹园说，次升须弥顶，后因龙请往佉罗帝耶山，《月藏》等四经并在佉罗帝耶山说，次第如是。其《念佛三昧》《贤护》《臂喻王》《无尽意经》等虽是《大集》别分，既不知次第，难可编记。然隋朝僧就合《大集经》，乃将《明度五十校计经》题为《十方菩萨品》，编《月藏》后。及《无尽意经》成五十八卷者，非也。既无凭准，故不依彼（其合《大集经》，亦有六十卷，成者三十一、二两卷，重有《宝髻品》，足成六十。其《宝髻品》在《日密》前，二十六、七卷是此复重编，未详何意。又《日密》《日藏》梵本不殊，重编载，误之甚矣）。若欲合者，前《大集》中除《日密》分有二十七卷，以《日藏分》替处续次（《日密》《日藏》梵本虽同，《日密分》中文略阙少，故以《日藏》替之）。次《月藏》，次《地藏十轮》（唐译十卷成者），次《须弥藏》，次《虚空孕》，后之四经，虽不知说次，以意合之，亦将无失。《虚空孕》后次《念佛三昧》（以宋朝译六卷者充其，隋译十卷者，后阙二品）。次《贤护》，次《譬喻王》，末《无尽意》，总成八十卷，亦将契矣（其《无尽意经》初首题云《大集经》中无尽意菩萨说《不可尽义品》，第三十二品即分也。是第三十二分，然僧祐《记》中在《宝髻品》后，及僧就所合《大集》编之于末者，是非明矣。又有《善住意天子所问经》，详其文义，合是《大集》别分，合编入《大宝积》中，不可双载，故此阙也）。”① “《大方等大集经》三十卷（三帙，或二十九卷，或三十一卷，或三十二卷，或四十卷）。六百二十一纸。”②

甘肃永靖炳灵寺石窟169—6号窟题记

甘肃永靖炳灵寺石窟169—6号窟题记云：“建弘元年岁在玄枵三月廿四日造。”③

《水经注》载：“河水又东北会两川，右合二水，参差夹岸连壤，负险相望。河北有层山，山甚灵秀，山峰之上，立石数百丈，亭亭桀竖，竞势争高，远望嵺嵺，若攒图之托霄上。其下层岩峭举，壁岸无阶，悬岩之中，多石室焉。室中若有积卷矣，

① [唐] 圆照：《贞元新定释教目录》卷二十，《大正藏》第55册，第916页下。
② [唐] 圆照：《贞元新定释教目录》卷二十九，《大正藏》第55册，第1025页下。
③ 杜斗成、王亨通：《炳灵寺石窟内容总录》，兰州大学出版社，2006年，第186页。

而世士罕有津达者，因谓之积书岩。岩堂之内，每时见神人往还矣，盖鸿衣羽裳之士，练精饵食之夫耳。俗人不悟其仙者，乃谓之神鬼。彼羌目鬼曰唐述，复因名之为唐述山。指其堂密之居，谓之唐述窟，其怀道宗玄之士，皮冠净发之徒，亦往栖托焉。故《秦川记》曰：河峡崖傍有二窟，一曰唐述窟，高四十丈；西二里有时亮窟，高百丈，广二十丈，深三十丈，藏古书五笥。亮，南安人也。下封有水，导自是山溪水，南注河，谓之唐述水。”①

《中国石窟·永靖炳灵寺》载：“有关文献记载，充分反映出西秦统治集团上层人物对佛教的笃信虔诚。1962年甘肃省文物工作队在今编号第169窟发现西秦建弘元年（公元420年）造像题记，可知炳灵寺石窟也正开创于公元四世纪末的西秦时期。这显然是与西秦统治者大力提倡佛教有关。文献记载和窟内供养人题记表明，上述弘法高僧大都曾前往唐述山，并积极参与了炳灵寺的营造。”②

西秦一佛二菩萨像

《中国美术全集·雕塑篇九·炳灵寺等石窟雕塑》载：“一佛二菩萨像，西秦，泥质，佛高一二三厘米，南侧菩萨高一一六厘米，北侧菩萨高一一〇厘米，炳灵寺一六九窟北壁六龛。六龛为一个平面作半圆形的三瓣莲式龛，龛内塑一佛二菩萨像，佛作磨光高肉髻，大耳垂肩，内着僧祇支，外着半披肩袈裟，结跏趺坐于泥塑覆莲座上，神情威严。佛的眉、眼、鼻、唇、须均以墨笔勾勒，双眉间画‘毫光’，显得英武持重和充满了自信。两旁的菩萨高髻，长发披肩，上身袒露，戴项圈，臂钏，上着斜披络腋，下着大裙，赤足而立。由龛内现存的墨书题铭知，这三尊造像分别为‘无量寿佛’、‘观世音’和‘大势至菩萨’，亦即佛经中所谓的‘西方三圣’。由龛外东侧上方造像铭文知，该龛完成于西秦乞伏帜磐建弘元年（四二〇年）。是我国早期石窟造像中有明确纪年的重要作品。”③

西秦佛龛

《中国美术全集·雕塑篇九·炳灵寺等石窟雕塑》载：“佛龛，西秦，一六九窟

---

① ［北魏］郦道元著，陈桥驿校证：《水经注校证》卷二，中华书局，2007年，第43—44页。

② 甘肃省文物工作队、炳灵寺文物保管所编著：《中国石窟·永靖炳灵寺》，文物出版社，1989年，第170页。

③ 中国美术全集编辑委员会编：《中国美术全集·雕塑篇九·炳灵寺等石窟雕塑》，人民出版社，1988年，图版说明第2页。

北壁是窟内佛龛与壁画比较集中的地方，由现存佛龛内的造像、壁画的分布特点和造像铭文知，这一壁面的大部分作品，制作于西秦乞伏帜磐建弘元年（四二〇）前后，比较集中地反映了西秦时期我国佛教艺术的特色。其中现编六、七、九等龛，都是窟内比较有代表性的佛龛，具有较高的历史和艺术价值。”①

谢灵运撰慧远《庐山法师碑》

《庐山法师碑》云：“法师讳慧远，本姓贾，雁门楼烦人。弱而好学，年十二，随舅令狐氏游学许洛，故少为书生。二十一，欲度江就范宣子。于时王路尚鲠，有志不遂。于关右遇释道安，一面定敬，以为真吾师也。遂抽簪落发求直道场。沙门昙翼每资以灯烛之费，安公曰：‘道士诚知人，法师藉旷劫之神明。表今生之灵智，道情深邃，识鉴渊微。般若无生之津，道行息心之观。妙理与高悟俱彻，冥宗与深心等至。’安公叹曰：‘使道流东国者其在远乎？’太元初，襄阳既没，振锡南游。考室庐阜，结宇倾岩。同契不命而景响，闻道誓期于霜雪。自以年至耳顺足不越山。桓氏以震主之威，力为屈致。法师确然，贞固辞以老疾。俄而制使沙门尽敬王者，法师惧大法之将沦，抗言万乘。玄知不可强，俯而顺焉。既道渐中土，名流遐域。外国诸僧咸东向礼，非夫道深德广，焉能使显默同归，异域致敬？且新经未表，晋邦律藏历年莫正。禅法甘露国所未闻，实相宗本人有异说。法师深存广图，大援群生。乃命弟子迎请禅师，究寻经本。逾历葱岭，跨越沙漠。弥旷年，稔并皆归还。既得传译，备尽法教。是故心禅诸经出自庐山几乎百卷，又以心本无二，即色三家之谈不穷妙实，乃著《法性论》。理深辞婉，独拔怀抱。罗什见论而叹曰：‘汉人未见新经，便暗与理会。若夫温心善诱，发必远言。栖寄林岭，游兴能彻，虽复风云屡由，而无昭昧之情。俯仰尘化之域，游神无生之门。所谓言斯可发，行斯可乐矣。’自枕石漱流始终一概，恬智交养三十余载。春秋八十三，命尽绝岭。遗言露骸松林，同之草木。达生神期既于此矣。古人云：‘道存人亡’，法师之谓。凡我门徒，感风徽之缅邈，伤语晤之永灭。敢以浅见扬德金石，其辞曰：‘九流乖真，三乘归佛。道往绝迹，慈还接物。孰是发蒙昭我慧日，摄乱以定闲邪以律。妙法常存，悠悠莫往。若人乘生，皎皎远赏。鉴我鉴物，知狭知广。息心空谷，训徒幽壤。秦皇雄惑，蔽理通情。王孙偏解，滞死达生。夫子之悟，屡劫独明。仰高契峻，俯深怀清。惟清惟峻，若隔近绝。

① 中国美术全集编辑委员会编：《中国美术全集·雕塑篇九·炳灵寺等石窟雕塑》，人民出版社，1988年，图版说明第2页。

惟高惟深，志崇智洁。昔在香积，今也明哲。嗣之有人，实隆废缺。揵度练数，甘露流津。律藏拂故，法性增新。凡厥希道，日知好仁。景薄命尽，宗倾理湮。寒暑递易，悲欣皋壤。秋蓬四转，春鸿五响。孤松独秀，德音长往。节有推迁，情无遗想。'元熙二年春二月朔，康乐公谢灵运撰。"①

陈志远有《地方史志与净土教——谢灵运〈庐山法师碑〉的"杜撰"与"浮现"》一文，考证颇详，可参阅之。②

另见许明编著之《中国佛教金石文献·塔铭墓志部一·东晋南北朝隋唐五代卷上》。③

石室山释法绪

《高僧传》载："释法绪，姓混，高昌人。德行清谨，蔬食修禅。后入蜀，于刘师冢间头陀山谷，虎兕不伤。诵《法华》《维摩》《金光明》，常处石室中，且禅且诵。盛夏于室中舍命，七日不臭。尸左侧有香，经旬乃歇，每夕放光，照彻数里。村人即于尸上为起冢塔焉。"④

按：释法绪，未详其生年，《高僧传》题为"晋石室山释法绪"，故系于东晋之末。

三贤寺释僧生

《高僧传》载："释僧生，姓袁。蜀郡郫人。少出家，以苦行致称。成都宋丰等，请为三贤寺主。诵《法华》，习禅定。常于山中诵经，有虎来蹲其前，诵竟乃去。后每至讽咏，辄见左右四人为侍卫。年虽衰老，而翘勤弥厉。后微疾，便语侍者云：'吾将去矣。死后可为烧身。'弟子依遗命。"⑤

《弘赞法华传》载："东晋三贤寺释僧生。"⑥

《法苑珠林》载："西晋蜀郡沙门释静僧生，小出家，以苦行致目，为蜀三贤寺主，诵《法华经》。寻常山中诵经时至夜，每感虎来蹲前听，部讫乃去。常至讽咏，

---

① [宋]志磐：《佛祖统纪》卷二十六，《大正藏》第49册，第270页上。

② 陈志远：《地方史志与净土教——谢灵运〈庐山法师碑〉的"杜撰"与"浮现"》，《魏晋南北朝隋唐史资料》第34辑，上海古籍出版社，2016年，第63—75页。

③ 许明编著：《中国佛教金石文献·塔铭墓志部一·东晋南北朝隋唐五代卷上》，上海书店出版社，2018年，第2—3页。

④ [梁]慧皎：《高僧传》卷十一，《大正藏》第50册，第396页下。

⑤ [梁]慧皎：《高僧传》卷十二，《大正藏》第50册，第406页下。

⑥ [唐]惠详：《弘赞法华传》卷六，《大正藏》第51册，第26页下。

辄见左右四人为侍。年虽衰老，而翘勤弥励，遂终其业云。”[①]

按：此盖是同人同事而异名耳，唯《法苑珠林》载释僧生为西晋人，不知所据，今并列于此，附于东晋之末。

佛陀跋陀罗译《文殊师利发愿经》等

《出三藏记集》载：“《文殊师利发愿经》一卷（晋元熙二年岁在庚申，于道场寺出）。”[②]“晋元熙二年岁在庚申，于杨州斗场寺禅师新出。云外国四部众礼佛时多诵此经，以发愿求佛道。”[③]“《大方等如来藏经》一卷（或云《如来藏》，今阙）。”[④]

《历代三宝纪》载：“《文殊师利发愿偈经》一卷（元熙二年于道场寺，《出经后记》其岁庚申，一本无‘偈’字，见《宝唱录》）。”[⑤]“《大方等如来藏经》一卷（元熙二年于道场寺出，是第二译，见道祖《晋世杂录》，与法立出者小异。）”[⑥]

《众经目录》载：“《文殊师利发愿偈》一卷（晋世佛陀跋陀罗译）。”[⑦]“《大方等如来藏经》一卷（晋义熙年，佛陀跋陀罗译）。”[⑧]“《大方等如来藏经》一卷（九纸），晋义熙年佛陀跋陀罗译。”[⑨]

《古今译经图纪》载：“《大方等如来藏经》（一卷）。《文殊师利发愿偈经》（一卷）。”[⑩]

《大唐内典录》载：“《大方等如来藏经》（元熙二年于道场寺出，是第二译，见道祖《晋录》，与法立出者小异）。《文殊师利发愿偈经》（元熙二年于斗场寺出，《出经后记》其岁庚申，或无‘偈’字，见唱《录》）。”[⑪]“《大方等如来藏经》（九纸），东晋义熙年佛陀跋陀罗于杨都译。”[⑫]

《大周刊定众经目录》载：“《文殊师利发愿偈经》一卷。右，东晋安帝代元熙

---

①［唐］道世：《法苑珠林》卷十八，《大正藏》第53册，第418页上。
②［梁］僧祐：《出三藏记集》卷二，《大正藏》第55册，第11页下。
③［梁］僧祐：《出三藏记集》卷九，《大正藏》第55册，第67页下。
④［梁］僧祐：《出三藏记集》卷二，《大正藏》第55册，第11页下。
⑤［隋］费长房：《历代三宝纪》卷七，《大正藏》第49册，第71页上。
⑥［隋］费长房：《历代三宝纪》卷七，《大正藏》第49册，第71页上。
⑦［隋］法经：《众经目录》卷六，《大正藏》第55册，第144页上。
⑧［隋］法经：《众经目录》卷一，《大正藏》第55册，第117页下。
⑨［唐］静泰：《众经目录》卷一，《大正藏》第55册，第183页中。
⑩［唐］靖迈：《古今译经图纪》卷二，《大正藏》第55册，第357页上。
⑪［唐］道宣：《大唐内典录》卷三，《大正藏》第55册，第247页上。
⑫［唐］道宣：《大唐内典录》卷六，《大正藏》第55册，第290页中。

二年，三藏佛陀跋陀罗译，出《长房录》。”[①]“《大方等如来藏经》一卷（第二出）。右，东晋义熙年佛陀跋陀罗于杨都及庐山译，出《长房录》。”[②]“《大方等如来藏经》一卷（一名《佛藏方等经》，二十纸）。”[③]

《开元释教录》载：“《文殊师利发愿经》一卷（或加‘偈’字，元熙二年于斗场寺出，见僧祐、宝唱二《录》。《经后记》云外国四部众礼佛时多诵此经，以发愿求佛道）。”[④]“《文殊师利发愿经》一卷（或加‘偈’字），东晋天竺三藏佛陀跋陀罗译（《拾遗》编入单本）。”[⑤]“《文殊师利发愿经》一卷（或加‘偈’字，二纸），东晋佛跋陀罗译。”[⑥]“《大方等如来藏经》一卷（或直云《如来藏经》，第三出，元熙二年于道场寺译。见竺道祖《晋世杂录》及《僧祐录》）。”[⑦]“《大方等如来藏经》一卷，东晋天竺三藏佛陀跋陀罗译（第三译，三译二阙）。”[⑧]“《大方等如来藏经》一卷（或直云《如来藏经》，九纸），东晋天竺三藏佛陀跋陀罗译（第三译，三译二阙）。”[⑨]

《贞元新定释教目录》载：“《文殊师利发愿经》一卷（或加‘偈’字，元熙二年于斗场寺出，见僧祐、宝唱二《录》。《经后记》云外国四部众礼佛时多诵此经，以发愿求佛道）。”[⑩]“《文殊师利发愿经》一卷（或加‘偈’字），东晋天竺三藏佛陀跋陀罗译，《拾遗》编入单本。”[⑪]“《文殊师利发愿经》一卷（或加‘偈’字），二纸。”[⑫]“《大方等如来藏经》一卷（或直云《如来藏经》，第三出，元熙二年于道场寺译。见竺道祖《晋世杂录》及《僧祐录》）。”[⑬]“《大方等如来藏经》一卷，东晋天竺三藏佛陀跋陀罗译（第三译，三译二阙）。”[⑭]“《大方等如来藏经》一卷（或

①［唐］明佺：《大周刊定众经目录》卷一，《大正藏》第55册，第376页下。
②［唐］明佺：《大周刊定众经目录》卷五，《大正藏》第55册，第398页中。
③［唐］明佺：《大周刊定众经目录》卷五，《大正藏》第55册，第398页中。
④［唐］智昇：《开元释教录》卷三，《大正藏》第55册，第505页下。
⑤［唐］智昇：《开元释教录》卷十三，《大正藏》第55册，第623页中。
⑥［唐］智昇：《开元释教录》卷二十，《大正藏》第55册，第721页下。
⑦［唐］智昇：《开元释教录》卷三，《大正藏》第55册，第505页中。
⑧［唐］智昇：《开元释教录》卷十二，《大正藏》第55册，第601页中。
⑨［唐］智昇：《开元释教录》卷二十，《大正藏》第55册，第709页中。
⑩［唐］圆照：《贞元新定释教目录》卷五，《大正藏》第55册，第802页中。
⑪［唐］圆照：《贞元新定释教目录》卷二十三，《大正藏》第55册，第957页中。
⑫［唐］圆照：《贞元新定释教目录》卷三十，《大正藏》第55册，第1045页上。
⑬［唐］圆照：《贞元新定释教目录》卷五，《大正藏》第55册，第802页中。
⑭［唐］圆照：《贞元新定释教目录》卷二十二，《大正藏》第55册，第932页下。

直云《如来藏经》，九纸）。”①

《敦煌佛教经录辑校》载：“《文殊师利发愿偈经》，元熙二年于斗场寺出，出经后记其岁庚申，或无‘偈’字，见《唱录》。”②

竺难提译出《大乘方便经》等

《历代三宝纪》载：“外国居士竺难提，二部（三卷经）。”③“《大乘方便经》二卷（元熙二年译，是第三出，与法护、僧伽陀译小异，与《慧上菩萨所问经》同本别译，见《始兴录》）。《请观世音消伏毒害陀罗尼经》一卷（第二出，见《法上录》）。《威革长者六向拜经》一卷（晋宋间于广州译，是第三出，与法护、衹多蜜《六向拜》同，见《始兴》及《宝唱》等《录》）。右三部，合四卷。外国居士竺难提，晋言喜法。上《录》云：‘晋世译，未详何帝年。’”④

《众经目录》载：“《请观世音消伏毒害陀罗尼经》一卷（宋世外国舶主竺难提译）。”⑤“《大乘方便经》二卷（晋世竺难提释）。”⑥“《请观世音消伏毒害陀罗尼经》一卷（十一纸），宋世外国般主竺难提译。”⑦“《大乘方便经》三卷（或二卷，四十一纸），晋世竺难提译。”⑧

《古今译经图纪》载：“居士竺难提，此言喜，西域人。志道无倦，履远能安，解悟幽旨，言通晋俗。以晋恭帝元熙元年岁次己未，爰暨宋世，译《大乘方便经》（二卷），《请观世音消伏毒害陀罗尼经》（一卷），《威革长者六向拜经》（一卷）。”⑨

《大唐内典录》载：“外国居士竺难提（三部三卷经）。”⑩“《大乘方便经》二卷（元熙二年译，是第二出，与法护、僧伽陀译小异，与慧上《菩萨所问经》同本别译，见《始兴录》）。《诸观世音菩萨消伏毒害陀罗尼经》（第二出，见《法上录》）。《威华长者六向拜经》（晋宋间广州译，第三出，与法护《多蜜六向拜》同，见《始兴录》

① ［唐］圆照：《贞元新定释教目录》卷二十九，《大正藏》第55册，第1032页中。
② 方广锠：《敦煌佛教经录辑校》，江苏古籍出版社，1997年，第58页。
③ ［隋］费长房：《历代三宝纪》卷七，《大正藏》第49册，第68页下。
④ ［隋］费长房：《历代三宝纪》卷七，《大正藏》第49册，第71页下。
⑤ ［隋］法经：《众经目录》卷一，《大正藏》第55册，第116页下。
⑥ ［隋］法经：《众经目录》卷一，《大正藏》第55册，第117页中。
⑦ ［唐］静泰：《众经目录》卷一，《大正藏》第55册，第184页中。
⑧ ［唐］静泰：《众经目录》卷二，《大正藏》第55册，第191页上。
⑨ ［唐］靖迈：《古今译经图纪》卷二，《大正藏》第55册，第357页中。
⑩ ［唐］道宣：《大唐内典录》卷三，《大正藏》第55册，第244页中。

及《宝唱录》）。右三部，合四卷。外国居士竺难提，晋言喜法，《上录》云晋世译，未详何帝年代，《唐录》云宋时。”[①]“《请观世音消伏毒害经》（十一纸），宋时外国舶主竺难提译。”[②]

《大周刊定众经目录》载：“《大乘方便经》一部三卷（或二卷，四十七纸，第三出，与法护、僧伽陀译小异，与慧上《菩萨所问经》同本别译）。右，东晋元熙二年，天竺居士竺难提于洛阳译，出《长房录》。”[③]“《请观世音销伏毒害经》一卷（第二出，十四纸）。右，东晋代竺难提译，出《内典录》。”[④]“《六向拜经》一卷（《长房录》云《威革六向拜经》，第三译）。右，东晋居士竺难提于广州译，出《长房录》。”[⑤]

《开元释教录》载：“居士竺难提（二部五卷经）。”[⑥]“《大乘方便经》三卷（元熙二年译，第三出，或二卷，与法护《大善权经》等同本，见《始兴录》。今编入《宝积》，当第三十八会）。《请观世音菩萨消伏毒害陀罗尼咒经》一卷（亦直云《请观世音经》，第二出，见《法上录》）。《威革长者六向拜经》一卷（晋宋间于广州译，出《中阿含》第三十三卷异译，见《始兴录》及《宝唱录》）。右，三部五卷（前二部四卷，本在。后一部一卷，本阙）。居士竺难提，晋翻云喜，西域人。志道无倦，履远能安。解悟幽旨，言通晋俗。以恭帝元熙元年已未爰暨宋世，译《大乘方便经》等三部。”[⑦]“《第三十八大乘方便会》（兼前三卷），东晋天竺居士竺难提译（第三译，勘同编入）。右，旧译重本，与慧上《菩萨问大善权经》等同本异译，从第一百六卷半至一百八卷尽（《经》本题云西晋者，误）。”[⑧]“《请观世音菩萨消伏毒害陀罗尼咒经》一卷（亦直云《请观世音经》），东晋外国居士竺难提译（第二译，两译一阙）。”[⑨]“《威革长者六向拜经》一卷，东晋天竺居士竺难提译（第三译）。”[⑩]

---

①［唐］道宣：《大唐内典录》卷三，《大正藏》第55册，第247页下。
②［唐］道宣：《大唐内典录》卷六，《大正藏》第55册，第291页中。
③［唐］明佺：《大周刊定众经目录》卷四，《大正藏》第55册，第393页上。
④［唐］明佺：《大周刊定众经目录》卷五，《大正藏》第55册，第399页中。
⑤［唐］明佺：《大周刊定众经目录》卷八，《大正藏》第55册，第423页下。
⑥［唐］智昇：《开元释教录》卷三，《大正藏》第55册，第502页下。
⑦［唐］智昇：《开元释教录》卷三，《大正藏》第55册，第509页上。
⑧［唐］智昇：《开元释教录》卷十一，《大正藏》第55册，第585页下。
⑨［唐］智昇：《开元释教录》卷十二，《大正藏》第55册，第601页上。
⑩［唐］智昇：《开元释教录》卷十五，《大正藏》第55册，第638页中。

《贞元新定释教目录》载："居士竺难提（三部五卷经）。"① "《大乘方便经》三卷（元熙二年译，第三出，或二卷，与法护《大善权经》等同本，见《始兴录》。今编入《宝积》，当第三十八会）。《请观世音菩萨消伏毒害陀罗尼咒经》一卷（亦直云《请观世音经》，第二出，见《法上录》）。《威革长者六向拜经》一卷（晋宋间于广州译，出《中阿含》第三十三卷异译，见《始兴录》及《宝唱录》）。右，三部五卷（前二部四卷，本在。后一部一卷，本阙）。居士竺难提，晋翻云喜，西域人。志道无倦，履远能安。解悟幽旨，言通晋俗。以恭帝元熙元年己未爰暨宋世，译《大乘方便经》等三部。"② "《第三十八大乘方便会》，兼前三卷，东晋天竺居士竺难提译，第三译，勘同编入。右，旧译重本，与慧上《菩萨问大善权经》等同本异译，从第一百六卷半至一百八卷尽（《经》本题云西晋者，误）。"③ "《请观世音菩萨消伏毒害陀罗尼咒经》一卷（亦直云《请观世音经》），东晋外国居士竺难提译，两译一阙。"④ "《威革长者六向拜经》一卷，东晋天竺居士竺难提译，第三译。"⑤

按：《历代三宝纪》云《威革长者六向拜经》乃晋宋间于广州译。若是，则此经当于本年译出。

支昙兰卒

《高僧传》载："（支昙兰）晋元熙中卒于山，春秋八十有三矣。"⑥

按：晋恭帝元熙年号，止一年六个月。东晋元熙二年（420）六月，刘裕称帝，国号宋，建元永初，废晋帝为零陵王，晋亡。支昙兰卒于"晋元熙中"，至迟在420年6月之前。兹系于本年。

释僧叡卒

《高僧传》载："初叡善摄威仪，弘赞经法，常回此诸业，愿生安养，每行住坐卧，不敢正背西方。后自知命尽，忽集僧告别，乃谓众曰：'平生誓愿，愿生西方，如叡所见，或当得往，未知定免，狐疑成不。但身口意业，或相违犯，愿施以大慈，为永劫法朋也。'于是入房洗浴，烧香礼拜，还床向西方合掌而卒。是日同寺咸见五

---

① ［唐］圆照：《贞元新定释教目录》卷五，《大正藏》第55册，第800页上。
② ［唐］圆照：《贞元新定释教目录》卷五，《大正藏》第55册，第805页下。
③ ［唐］圆照：《贞元新定释教目录》卷二十，《大正藏》第55册，第914页中。
④ ［唐］圆照：《贞元新定释教目录》卷二十二，《大正藏》第55册，第932页上。
⑤ ［唐］圆照：《贞元新定释教目录》卷二十五，《大正藏》第55册，第973页中。
⑥ ［梁］慧皎：《高僧传》卷十一，《大正藏》第50册，第396页下。

色香烟，从叡房出，春秋六十七矣。时又有沙门僧楷，与叡公同学，亦有高名云。”①

按：释僧叡生年，前文已考。请参阅晋穆帝永和十年（354），“释僧叡生”条。

释法庄尝师事于释僧叡

《高僧传》载：“（释法庄）晚游关中，从叡公禀学。”②

按：释法庄师事释僧叡，其时不可详考。然《高僧传》云其“晚游关中”，受学于释僧叡。考法庄生年，刘宋永初元年（420），时已年近四十。法庄享寿七十有六，若依《高僧传》所论，四十曰晚，似是不妥。若言其师从僧叡，则法庄年近四十，僧叡亦不久即往生净土，恐《高僧传》言晚，或有此意也。今以理推之，则释法庄师事释僧叡，当在僧叡舍世前不久也。兹将此事系于释僧叡卒年。

释道敬卒

《庐山记》载：“（释道敬）永初元年庚申终，春秋五十一。”③

释昙斌出家

《高僧传》载：“（释昙斌）十岁出家，事道祎为师。始住江陵新寺，听经论，学禅道，覃思深至，而情未尽达。夜梦神人谓斌曰：‘汝所疑义，游方自决。’于是振锡挟衣，殊邦问道。”④

按：据晋安帝义熙六年·后秦弘始十二年（410）下“释昙斌或生于本年”条，推之可知，“释昙斌出家”条，当发生于本年。

顾欢生

《南齐书·顾欢传》载：“顾欢，字景怡，吴郡盐官人也。”⑤

李养正在《顾欢〈夷夏论〉与“夷夏”之辩述论》中指出：“顾欢，南齐武帝肖赜永明元年（公元483年）卒，时年六十四岁，上推其生年则为南朝宋武帝刘裕永初元年（公元420年）。”⑥

---

①［梁］慧皎：《高僧传》卷六，《大正藏》第50册，第364页中。

②［梁］慧皎：《高僧传》卷十二，《大正藏》第50册，第407页中。

③［宋］陈舜俞：《庐山记》卷三，《大正藏》第51册，第1042页中。

④［梁］慧皎：《高僧传》卷七，《大正藏》第50册，第373页上。

⑤［南朝梁］萧子显：《南齐书》卷五十四，中华书局，1972年，第928页。

⑥ 李养正：《顾欢〈夷夏论〉与“夷夏”之辩述论》，《宗教学研究》1998年第3期。

释退公出《迦叶禁戒经》

《历代三宝纪》载："《迦叶禁戒经》一卷，一名《摩诃比丘经》，一名《真伪沙门经》，右一经一卷。晋末，未详何帝年，云沙门释退公出，见《始兴录》。"①

《众经目录》载："《迦叶禁戒经》一卷。"②"《迦叶禁戒经》一卷（三纸）。"③

《古今译经图纪》载："沙门释退公出经一卷，《始兴录》云晋末出《迦叶戒经》（一卷）。"④

《大唐内典录》载："《迦叶禁戒经》（一名《摩诃比丘经》，一名《真伪沙门经》），右一经，一卷。晋末，未详何帝，云沙门释退公出，见《始兴录》。"⑤

《大周刊定众经目录》载："《迦叶禁戒经》一卷（一名《摩诃比丘经》，一名《真伪沙门经》，三纸）。右东晋释退公译，出《长房录》。"⑥

《开元释教录》载："《迦叶禁戒经》一卷（一名《摩诃比丘经》，一名《真伪沙门经》。初出，见《始兴录》）。右，一部一卷，本阙。沙门释退公译《迦叶禁戒经》一部，云于晋，未详何帝之年。"⑦"《迦叶禁戒经》一卷（一名《摩诃比丘经》，一名《真伪沙门经》），东晋沙门释退公译（第一译）。右，前后两译，一存一阙。"⑧"《迦叶禁戒经》一卷（一名《摩诃比丘经》，亦名《真为沙门经》），三纸。"⑨

《贞元新定释教目录》载："《迦叶禁戒经》一卷（一名《摩诃比丘经》，一名《真伪沙门经》。初出，见《始兴录》）。右，一部一卷，本阙。沙门释退公译《迦叶禁戒经》一部，云于晋末，未详何帝之年。"⑩

按：释退公未详其人，《历代译经图纪》止言于"晋末"，《大周刊定众经目录》载"东晋释退公"，未详孰是。兹将此条系于晋恭帝元熙二年。

---

① [隋] 费长房：《历代三宝纪》卷七，《大正藏》第49册，第72页上。

② [隋] 法经：《众经目录》卷五，《大正藏》第55册，第140页中。

③ [唐] 静泰：《众经目录》卷一，《大正藏》第55册，第188页上。

④ [唐] 靖迈：《古今译经图纪》卷二，《大正藏》第55册，第357页下。

⑤ [唐] 道宣：《大唐内典录》卷三，《大正藏》第55册，第248页上。

⑥ [唐] 明佺：《大周刊定众经目录》卷十，《大正藏》第55册，第433页中。

⑦ [唐] 智昇：《开元释教录》卷三，《大正藏》第55册，第509页上。

⑧ [唐] 智昇：《开元释教录》卷十五，《大正藏》第55册，第648页下。

⑨ [唐] 智昇：《开元释教录》卷二十，《大正藏》第55册，第695页上。

⑩ [唐] 圆照：《贞元新定释教目录》卷五，《大正藏》第55册，第806页上。

释法勇出《佛开解梵志阿颰经》

《出三藏记集》载："《佛开解梵志阿颰经》一卷（抄《阿含》，或云《梵志阿颰》）。"①

《历代三宝纪》载："沙门释退公一部（一卷经）。"②"《佛开解梵志阿颰经》一卷。右，一经一卷。晋末未详何帝年，云沙门释法勇出，见《赵录》。"③

《古今译经图纪》载："沙门释法勇，《赵录》云于晋末出《佛开解梵志阿颰经》（一卷）。"④

《大唐内典录》载："沙门释法勇（一部一卷经）。"⑤"《佛开解梵志颰经》。右，一经一卷。晋末，未详何帝。云沙门释法勇出，见《赵录》。"⑥

《大周刊定众经目录》载："《佛开解梵志颰经》一卷。右，东晋释法勇译，出《长房录》。"⑦

《开元释教录》载："《佛开解梵志阿颰经》一卷（出《长阿含》第十三卷异译，见《赵录》）。右，一部一卷，本阙。沙门释法勇译《梵志阿颰经》一部，云晋末出，亦未详何帝之年。"⑧"《佛开解梵志阿颰经》一卷，东晋沙门释法勇译。右，兼《长阿含》第十三中《阿摩昼经》，前后三译，二存一阙。"⑨"《梵志阿颰经》一卷（一名《阿颰摩纳经》，《安公录》直云《阿拔经》，亦名《佛开解梵志阿颰经》），一十四纸。"⑩

《贞元新定释教目录》载："《佛开解梵志阿颰经》一卷（出《长阿含》第十三卷异译，见《赵录》）。右，一部一卷，本阙。沙门释法勇译《梵志阿颰经》一部，云晋末出，亦未详何帝之年。"⑪"《佛开解梵志阿颰经》一卷，右，兼《长阿含》第十三中《阿摩昼经》，前后三译，二存一阙。"⑫

---

①［梁］僧祐：《出三藏记集》卷四，《大正藏》第55册，第26页中。

②［隋］费长房：《历代三宝纪》卷七，《大正藏》第49册，第68页下。

③［隋］费长房：《历代三宝纪》卷七，《大正藏》第49册，第72页上。

④［唐］靖迈：《古今译经图纪》卷二，《大正藏》第55册，第357页下。

⑤［唐］道宣：《大唐内典录》卷三，《大正藏》第55册，第244页中。

⑥［唐］道宣：《大唐内典录》卷三，《大正藏》第55册，第248页上。

⑦［唐］明佺：《大周刊定众经目录》卷八，《大正藏》第55册，第423页下。

⑧［唐］智昇：《开元释教录》卷三，《大正藏》第55册，第509页中。

⑨［唐］智昇：《开元释教录》卷十五，《大正藏》第55册，第638页上。

⑩［唐］智昇：《开元释教录》卷二十，《大正藏》第55册，第691页中。

⑪［唐］圆照：《贞元新定释教目录》卷五，《大正藏》第55册，第806页上。

⑫［唐］圆照：《贞元新定释教目录》卷二十五，《大正藏》第55册，第972页下。

按：《出三藏记集》止言“晋末”，其时待考。兹系于晋恭帝元熙二年。

释法勇结伴西行

《出三藏记集》载：“释法勇者，胡言昙无竭，本姓李氏，幽州黄龙国人也。幼为沙弥，便修苦行，持戒讽经，为师僧所敬异。常闻沙门法显、宝云诸僧躬践佛国，慨然有亡身之誓，遂以宋永初之年，招集同志沙门僧猛、昙朗之徒，二十有五人，共赍幡盖、供养之具，发迹北土，远适西方。”①

《高僧传》载：“释昙无竭，此云法勇，姓李，幽州黄龙人也。幼为沙弥，便修苦行，持戒诵经，为师僧所重。尝闻法显等躬践佛国，乃慨然有忘身之誓。遂以宋永初元年，招集同志沙门僧猛、昙朗之徒二十五人，共赍幡盖、供养之具，发迹北土，远适西方。”②

《释迦方志》载：“宋永初六年，黄龙沙门释法勇操志雄远，思慕圣迹，招集同志沙门僧猛、昙朗等二十五人发迹雍部，西入雪山，乘索桥，并传弋，度石壁。及至平地，已丧十二人。余伴相携，进达罽宾，南历天竺。”③

按：《释迦方志》云是宋永初六年，当谬。应依《高僧传》所载，释法勇（释昙无竭）结伴西行乃是永初元年也。

释慧果感应记

《高僧传》载：“（释慧果）宋初游京师，止瓦官寺。诵《法华》《十地》。尝于圊厕见一鬼致敬于果云：‘昔为众僧作维那，小不如法，堕在噉粪鬼中。法师德素高明，又慈悲为意，愿助以拔济之方也。’又云昔有钱三千埋在柿树根下，愿取以为福。果即告众掘取，果得三千，为造《法华》一部，并设会。后梦见此鬼云：‘已得改生，大胜昔日。’”④

按：释慧果刘宋初年止瓦官寺，未详何年。兹系于宋武帝永初元年。

---

①［梁］僧祐：《出三藏记集》卷十五，《大正藏》第55册，第113页下。
②［梁］慧皎：《高僧传》卷三，《大正藏》第50册，第338页中。
③［唐］道宣：《释迦方志》卷二，《大正藏》第51册，第969页中。
④［梁］慧皎：《高僧传》卷十二，《大正藏》第50册，第407页下。

参考文献

佛教文献

佚名：《东林十八高贤传》，《卍续藏》第78册。
［东汉］支娄迦谶译：《道行般若经》，《大正藏》第8册。
［孙吴］维祇难等译：《法句经》，《大正藏》第4册。
［西晋］竺法护译：《修行道地经》，《大正藏》第15册。
［西晋］若罗严译：《佛说时非时经》，《大正藏》第17册。
［东晋］僧伽提婆译：《增一阿含经》，《大正藏》第2册。
［东晋］僧伽提婆、慧远译：《阿毗昙心论》，《大正藏》第28册。
［东晋］法显：《高僧法显传》，《大正藏》第51册。
［东晋］佛驮跋陀罗译：《大方广佛华严经》，《大正藏》第9册。
［前秦］鸠摩罗佛提等译：《四阿含暮抄解》，《大正藏》第25册。
［后秦］昙摩耶舍等译：《舍利弗阿毗昙论》，《大正藏》第28册。
［后秦］僧肇：《肇论》，《大正藏》第45册。
［后秦］佛陀耶舍、竺佛念译：《四分律》，《大正藏》第22册。
［后秦］筏提摩多译：《释摩诃衍论》，《大正藏》第32册。
［后秦］鸠摩罗什译：《妙法莲华经》，《大正藏》第9册。
［后秦］鸠摩罗什译：《梵网经》，《大正藏》第24册。
［后秦］竺佛念译：《出曜经》，《大正藏》第4册。
［后秦］竺佛念译：《大云无想经》，《大正藏》第12册。
［后秦］鸠摩罗什译：《小品般若波罗蜜经》，《大正藏》第8册。
［后秦］昙摩难提译：《阿育王息坏目因缘经》，《大正藏》第50册。
［北魏］吉迦夜译：《佛说称扬诸佛功德经》，《大正藏》第14册。
［梁］慧皎：《高僧传》，《大正藏》第50册。
［梁］僧祐：《弘明集》，《大正藏》第52册。
［梁］宝唱：《比丘尼传》，《大正藏》第50册。

[梁]宝唱：《名僧传抄》，《卍续藏》第77册。
[梁]僧祐：《出三藏记集》，《大正藏》第55册。
[隋]费长房：《历代三宝纪》，《大正藏》第49册。
[隋]吉藏：《法华游意》，《大正藏》第34册。
[隋]法经：《众经目录》，《大正藏》第55册。
[隋]彦琮：《众经目录》，《大正藏》第55册。
[隋]智𫖮：《观音义疏》，《大正藏》第34册。
[隋]吉藏：《金刚般若疏》，《大正藏》第33册。
[唐]智昇：《开元释教录》，《大正藏》第55册。
[唐]道宣：《大唐内典录》，《大正藏》第55册。
[唐]惠详：《弘赞法华传》，《大正藏》第51册。
[唐]湛然：《法华文句记》，《大正藏》第34册。
[唐]靖迈：《古今译经图纪》，《大正藏》第55册。
[唐]窥基：《阿弥陀经通赞疏》，《大正藏》第37册。
[唐]定宾：《四分比丘戒本疏》，《大正藏》第40册。
[唐]栖复：《法华经玄赞要集》，《卍续藏》第34册。
[唐]圆照：《贞元新定释教目录》，《大正藏》第55册。
[唐]宗密：《圆觉经大疏释意钞》，《卍续藏》第9册。
[唐]明佺：《大周刊定众经目录》，《大正藏》第55册。
[唐]道宣：《集神州三宝感通录》，《大正藏》第52册。
[唐]法琳：《破邪论》，《大正藏》第52册。
[唐]法琳：《辩正论》，《大正藏》第52册。
[唐]元康：《肇论疏》，《大正藏》第45册。
[唐]慧祥：《古清凉传》，《大正藏》第51册。
[唐]道宣：《释迦方志》，《大正藏》第51册。
[唐]法藏：《华严经传记》，《大正藏》第51册。
[唐]神清撰，慧宝注：《北山录》，《大正藏》第52册。
[唐]吉藏：《中观论疏》，《大正藏》第42册。
[唐]道宣：《广弘明集》，《大正藏》第52册。
[唐]僧详：《法华传记》，《大正藏》第51册。
[唐]道世：《法苑珠林》，《大正藏》第53册。

［宋］陈舜俞：《庐山记》，《大正藏》第51册。
［宋］志磐：《佛祖统纪》，《大正藏》第49册。
［宋］本觉：《释氏通鉴》，《卍续藏》第76册。
［宋］释道诚：《释氏要览》，《大正藏》第54册。
［宋］宗晓：《法华经显应录》，《卍续藏》第78册。
［宋］观复：《圆觉经钞辨疑误》，《卍续藏》第10册。
［宋］智圆：《维摩经略疏垂裕记》，《大正藏》第38册。
［宋］戒珠：《净土往生传》，《大正藏》第51册。
［元］觉岸：《释氏稽古略》，《大正藏》第49册。
［元］念常：《佛祖历代通载》，《大正藏》第49册。
［元］普度：《庐山莲宗宝鉴》，《大正藏》第47册。
［明］朱棣：《神僧传》，《大正藏》第50册。
［朝鲜］朴永善：《朝鲜禅教考》，《卍续藏》第87册。
［高丽］觉训：《东海高僧传》，《大正藏》第50册。

佛教以外古代文献

［东汉］班固：《汉书》，中华书局，1962年。
［南朝宋］范晔：《后汉书》，中华书局，1965年。
［东晋］陈寿：《三国志》，中华书局，1959年。
［唐］房玄龄等：《晋书》，中华书局，1974年。
［梁］沈约：《宋书》，中华书局，1974年。
［南朝梁］萧子显：《南齐书》，中华书局，1972年。
［北齐］魏收：《魏书》，中华书局，1974年。
［唐］姚思廉：《梁书》，中华书局，1973年。
［唐］魏徵等：《隋书》，中华书局，1973年。
［后晋］刘昫等：《旧唐书》，中华书局，1975年。
［北宋］欧阳修、宋祁等：《新唐书》，中华书局，1975年。
［东晋］袁宏撰，张烈点校：《后汉纪》，中华书局，2002年。
［北宋］司马光：《资治通鉴》，中华书局，1956年。
［北魏］崔鸿：《十六国春秋》，文渊阁四库全书，第四百六十三册，台湾商务印书馆，1983年。

［北魏］崔鸿撰，［清］汤球辑补：《十六国春秋辑补》，中华书局，2020年。

［宋］朱熹：《四书章句集注》，中华书局，1983年。

［清］孙希旦撰，沈啸寰、王星贤点校：《礼记集解》，中华书局，1989年。

［唐］虞世南：《北堂书钞》，中国书店，1989年。

［五代］释义楚：《释氏六帖》，浙江古籍出版社，1990年。

［宋］李昉等：《太平御览》，中华书局，1960年。

［宋］李昉等：《太平广记》，中华书局，1961年。

［北宋］高承撰，金圆、许沛藻点校：《事物纪原》，中华书局，1989年。

［明］陈耀文撰，陈龙光校：《天中记》，明万历十七年刻本。

［清］陈梦雷：《古今图书集成·方舆汇编·职方典》，中华书局、巴蜀书社1986年。

［唐］徐坚等：《初学记》，中华书局，1962年。

［唐］张彦远辑，洪丕谟点校：《法书要录》，上海书画出版社，1986年。

［唐］许嵩著，张忱石点校，《建康实录》，中华书局，1986年。

［唐］裴孝源：《贞观公私画史》，《文渊阁四库全书》第八百一十二册，台湾商务印书馆，1983年。

［明］董斯张：《广博物志》，上海古籍出版社，1992年。

［清］张英、王世祯等：《渊鉴类函》，北京市中国书店，1985年。

［明］张溥著，殷孟伦注：《汉魏六朝百三家集题辞注》，人民文学出版社，1960年。

［清］严可均：《全上古三代秦汉三国六朝文》，中华书局，1958年。

［清］董诰等：《全唐文》，上海古籍出版社，1990年。

王明：《太平经合校》，中华书局，1960年。

［元］赵道一：《历世真仙体道通鉴》，广陵书社，1997年。

［元］张雨撰，谭玉龙校注：《玄品录校注》，四川大学出版社，2019年。

［日］吉川忠夫、麦谷邦夫编，朱越利译：《真诰校注》，中国社会科学出版社，2006年。

［清］永瑢等：《四库全书总目》，中华书局，1965年。

［东汉］张衡著，张震泽校注：《张衡诗文集校注》，上海古籍出版社，1986年。

［梁］萧绎撰，许逸民校笺：《金楼子校笺》，中华书局，2011年。

［明］袁中道著，钱伯诚点校：《珂雪斋集》，上海古籍出版社，1989年。

［西晋］崔豹：《古今注》，《四部丛刊》三编子部，上海涵芬楼影印宋刊本。
［东晋］王嘉：《拾遗记》，中华书局，1981年。
［东晋］陆翙：《邺中记》，中华书局，1985年。
［南朝宋］刘敬叔：《异苑》，中华书局，1996年。
［南朝宋］刘义庆撰，郑晚晴辑注：《幽明录》，文化艺术出版社，1988年。
［齐］王琰：《冥祥记》，《鲁迅全集》第八卷《古小说钩沉》，人民文学出版社，1973年。
［唐］封演：《封氏闻见记》，学苑出版社，2001年。
［唐］冯贽：《云仙杂记》，中华书局，1985年。
［宋］苏轼：《东坡志林》，中华书局，1981年。
［清］李斗：《扬州画舫录》，中华书局，1980年。
［清］沈增植撰，钱仲联辑：《海日楼札丛（外一种）》，中华书局，1962年。
［唐］李吉甫撰，贺次君点校：《元和郡县图志》，中华书局，1983年。
［宋］祝穆撰，施和金点校：《方舆胜览》，中华书局，2003年。
［明］李贤等：《大明一统志》，三秦出版社，1990年。
［明］傅梅：《嵩书》，《续修四库全书》第725册，上海古籍出版社，2002年。
［北魏］郦道元著，陈桥驿校证：《水经注校证》，中华书局，2007年。
［唐］陆广微撰，曹林娣校注：《吴地记》，江苏古籍出版社，1999年。
［宋］范成大：《吴郡志》，江苏古籍出版社，1999年。
［清］宋广业纂辑：《罗浮山志会编》，清康熙间广州海幢寺精刻本。
［清］戴肇辰、苏佩训修，史澄、李光廷纂：《光绪广州府志》，清光绪五年刊本。
［北宋］朱长文撰，胡珽校正，董金鉴续校：《吴郡图经续记》，《丛书集成初编》，中华书局，1985年。
［南宋］王象之：《舆地纪胜》，中华书局，1992年。
［南宋］梁克家修纂：《淳熙三山志》，海风出版社，2000年。
［元］俞希鲁：《至顺镇江志》，台湾华文书局，台湾华文书局，1975年。
［清］刘世珩：《南朝寺考》，普惠大藏经刊行会校印本，1944年。
［清］李成谋：《石钟山志》，清光绪九年听涛眺雨轩刻本。
［明］黄忠昭修纂：《八闽通志》（修订本），福建人民出版社，2006年。
［宋］乐史撰，王文楚等点校：《太平寰宇记》，中华书局，2007年。
［元］张铉：《至大金陵新志》，《文渊阁四库全书》第四百九十二册，台湾商

务印书馆，2008年。

［南宋］沈作宾修，施宿等纂：《嘉泰会稽志》，清嘉庆十三年刻本。

中华书局编辑部：《宋元方志丛刊》第七册，《嘉定赤城志》，中华书局，1990年。

［清］徐景熹修：《乾隆福州府志》，《中国地方志集成·福建府县志辑·乾隆福州府志》，上海书店出版社，2000年。

［明］葛寅亮：《金陵梵刹志》，《中国佛寺志汇刊》第一辑，明文书局，1980年。

［明］陈弘绪：《江城名迹》，清文渊阁《四库全书》本。

［清］穆彰阿、潘锡恩等纂修：《大清一统志》，上海古籍出版社，2008年。

［明］吴道迩纂修：《万历襄阳府志》，明万历十二年刻本。

［清］鲍作雨编著：《道光乐清县志》，线装书局，2009年。

番禺市地方志编纂委员会办公室主持整理：《番禺县续志点注本》卷三十四，广东人民出版社，2000年。

［宋］赵明诚：《金石录》，中华书局，1991年。

［清］叶昌炽：《语石校注》，今日中国出版社，1995年。

［北宋］欧阳修：《集古录跋尾》，光绪丁亥校刻，行素竹堂藏版。

［清］孙星衍：《寰宇访碑录》，嘉庆壬戌本。

［清］汪鋆：《十二砚斋金石过眼续录》，扬州陈恒和书林，民国二十年藏版。

［清］毕沅、阮元等撰：《山左金石志》，清嘉庆二年阮氏小琅嬛仙馆刻本。

［清］王昶：《金石萃编》，上海扫叶山房石印本，1926年。

刘承幹：《希古楼金石萃编》，民国二十二年刻本，文物出版社，1982年。

许明编著：《中国佛教金石文献·塔铭墓志部一·东晋南北朝隋唐五代卷上》，上海书店出版社，2018年。

碑刻

毛远明校注：《汉魏六朝碑刻校注》第二册，线装书局，2008年。

毛远明校注：《汉魏六朝碑刻校注》第三册，线装书局，2008年。

中国东方文化研究会历史文化分会编：《历代碑志丛书》第二十一册，《安徽金石略》，江苏古籍出版社，1998年。

今人著作

区结成：《慧远》，东大图书公司，1987年。

汤用彤：《汉魏晋南北朝佛教史》（增订本），北京大学出版社，2011年。

汤一介：《魏晋南北朝时期的道教》，陕西师范大学出版社，1988年。

蒙文通：《古学甄微》，《蒙文通文集》第一卷，巴蜀书社，1987年。

饶宗颐：《老子想尔注校笺》，香港东南出版社，1956年。

［唐］道世撰，周叔迦、苏晋仁校注：《法苑珠林校注》，中华书局，2003年。

马叙伦：《庄子义证》，《民国丛书》第五编，商务印书馆，1930年。

马叙伦：《庄子天下篇述义》，龙门联合书局，1958年。

刘固盛、刘韶军、肖海燕：《近代中国老庄学》，福建人民出版社，2014年。

许抗生：《僧肇评传》，《中国思想家评传丛书》第四十二册，南京大学出版社，1998年。

吕澂：《中国佛学源流略讲》，中华书局，1979年。

吕澂：《吕澂佛学论著选集》第五卷，齐鲁书社，1991年。

方立天编：《中国古代著名哲学家评卷》第二卷，齐鲁书社，1980年。

周叔迦：《周叔迦佛学论著集》，中华书局，1991年。

梁启超：《梁启超全集》，北京出版社，1999年。

梁启超：《佛学研究十八篇》，商务印书馆，2014年。

黄水云：《颜延之及其诗文研究》，文史哲出版社，1989年。

万绳楠整理：《陈寅恪魏晋南北朝讲演录》，贵州人民出版社，2007年。

陈寅恪：《金明馆丛稿初编》，生活·读书·新知三联书店，2001年。

岑仲勉：《春秋战国时期关西的拜火教》，《两周文史论丛（外一种）》，《岑仲勉著作集》第一册，中华书局，2004年。

岑仲勉：《佛游天竺记考释》，《中外史地考证（外一种）》下册，《岑仲勉著作集》第十二册，中华书局，2004年。

辛德勇：《旧史舆地文录》，中华书局，2013年。

王明：《抱朴子内篇校笺》（增订本），中华书局，1985年。

李崇智：《中国历代年号考》（修订本），中华书局，2001年。

方诗铭编著：《中国历史纪年表》（新修订本），上海书店出版社，2013年。

楼宇烈整理：《胡适全集》第九卷，安徽教育出版社，2003年。

曹虹：《慧远评传》，南京大学出版社，2002年。

［唐］白居易著，谢思炜校注：《白居易文集校注》，中华书局，2011年。

华梵佛学研究所编：《慧远法师文集》，原泉出版社，1980年。

杨伯峻：《列子集释》，中华书局，1979年。

方广锠：《道安评传》，昆仑出版社，2004年。

张可礼编著：《三曹年谱》，齐鲁书社，1983年。

张可礼：《东晋文艺系年》，山东教育出版社，1992年。

孙少华：《桓谭年谱》，社会科学文献出版社，2012年。

李正西：《支遁评传》，宗教文化出版社，2009年。

余太山主编：《西域通史》，中州古籍出版社，2003年。

陈金华：《佛教与中外交流》，中西书局，2016年。

陈垣：《释氏疑年录》，中华书局，1964年。

慈怡主编：《佛光大辞典》第二册，佛光出版社，1988年。

孙叔平：《中国哲学史稿》上册，上海人民出版社，1980年。

梁思成：《中国雕塑史》，生活·读书·新知 三联书店，2011年。

蒋维乔：《中国佛教史》，上海古籍出版社，2004年。

任继愈主编：《中国佛教史》第一卷，中国社会科学出版社，1981年。

任继愈主编：《中国佛教史》第二卷，中国社会科学出版社，1985年。

王伯敏：《中国绘画史》，上海人民美术出版社，1982年。

［梁］慧皎著，汤用彤校注：《高僧传》，中华书局，1992年。

张春波校释：《肇论校释》，中华书局，2010年。

逯钦立校注：《陶渊明集》，中华书局，1979年。

袁行霈：《陶渊明集笺注》，中华书局，2003年。

逯钦立辑校：《先秦汉魏晋南北朝诗》，中华书局，1983年。

章巽：《法显传校注》，中华书局，2008年。

梅新林、俞樟华主编，王德华撰：《中国学术编年·三国两晋卷》，华东师范大学出版社，2013年。

刘汝霖：《汉晋学术编年》（卷下），华东师范大学出版社，2010年。

阮荣春：《佛教南传之路》，湖南美术出版社，2000年。

尹冬民：《〈述书赋〉笺证》，荣宝斋出版社，2019年。

程千帆：《史通笺记》，中华书局，1980年。

王煦华整理：《史通通释》，上海古籍出版社，2009年。

徐震堮：《世说新语校笺》，中华书局，1984年。

余嘉锡：《世说新语笺疏》，中华书局，2007年。

余嘉锡：《四库提要辨证》，中华书局，1980年。
余嘉锡：《余嘉锡文史论集》，岳麓书社，1997年。
杨勇：《世说新语校笺》（修订本）上册，正文书局，2000年。
许章真译：《西域与佛教文史论集》，台湾学生书局，1989年。
黄有福、陈景富：《中朝佛教文化交流史》，中国社会科学出版社，1993年。
邹文主编：《中国雕塑经典》，人民美术出版社，2000年。
王铁钧：《中国佛典翻译史稿》，中央编译出版社，2006年。
龚斌：《慧远法师传》，江西人民出版社，2008年。
龚斌：《鸠摩罗什传》，上海古籍出版社，2013年。
胡中才：《道安研究》，宗教文化出版社，2011年。
杨宪益：《译余偶拾》，北京出版社，2019年。
霍旭初：《龟兹石窟佛学研究》，宗教文化出版社，2013年。
董作宾：《董作宾先生全集·乙编》第三册，艺文印书馆，1977年。
周祖谟校释：《洛阳伽蓝记校释》，中华书局，2010年。
魏宏利：《北朝关中地区造像记整理与研究》，中国社会科学出版社，2017年。
孙昌武：《中国佛教文化史》第一册，中华书局，2010年。
米田水：《图画见闻志·画继》，湖南美术出版社，2000年。
方立天：《方立天文集》第一卷，中国人民大学出版社，2006年。
周绍良主编：《全唐文新编》，吉林文史出版社，2000年。
郝树声、张德芳：《悬泉汉简研究》，甘肃文化出版社，2009年。
赖永海、王月清主编：《中国佛教艺术史》，南京大学出版社，2017年。
赖永海主编：《中国佛教通史》第一卷，江苏人民出版社，2010年。
赖永海主编：《中国佛教通史》第二卷，江苏人民出版社，2010年。
魏道儒主编：《世界佛教通史》第三卷，中国社会科学出版社，2015年。
陈文新主编：《中国文学编年史·汉魏卷》，湖南人民出版社，2006年。
陈文新主编：《中国文学编年史·两晋南北朝卷》，湖南人民出版社，2006年。
郝春文、陈大为：《敦煌的佛教与社会》，甘肃教育出版社，2013年。
方广锠：《敦煌佛教经录辑校》，江苏古籍出版社，1997年。
李小荣：《弘明集校笺》，上海古籍出版社，2013年。
李小荣：《〈弘明集〉〈广弘明集〉述论稿》，巴蜀书社，2005年。
邝士元：《中国学术思想史》，上海三联书店，2014年。

陈志远：《六朝佛教史研究论集》，博扬文化事业有限公司，2020年。
董志翘：《〈观世音应验记三种〉译注》，江苏古籍出版社，2002年。
萧登福：《道家道教与中土佛教初期经义发展》，上海古籍出版社，2003年。
费泳：《汉唐佛教造像艺术史》，湖北美术出版社，2009年。
金申：《中国历代纪年佛像图典》，文物出版社，1994年。
谭世保：《汉唐佛史探真》，中山大学出版社，1991年。
封野：《汉魏晋南北朝佛寺辑考》，凤凰出版社，2013年。
温玉成等：《河洛文化与宗教》，河南人民出版社，2010年。
杜斗城等：《河西佛教史》，中国社会科学出版社，2009年。
严耕望：《魏晋南北朝佛教地理稿》，上海古籍出版社，2007年。
汤用彤：《汉魏两晋南北朝佛教史》（增订本），北京大学出版社，2011年。
郑天挺、谭其骧主编：《中国历史大辞典　壹》，上海辞书出版社，2010年。
牟钟鉴、张践：《中国宗教通史》（修订版），中国社会科学出版社，2007年。
释印顺：《佛教史地考论》，《印顺法师佛学著作全集》第九卷，中华书局，2009年。
释印顺：《永光集》，《印顺法师佛学著作全集》第十九卷，中华书局，2009年。
李穆南、郄智毅、刘金玲主编：《历代游记》，中国环境科学出版社；学苑音像出版社，2006年。
戴春阳、张珑：《敦煌祁家湾——西晋十六国墓葬发掘报告》，文物出版社，1994年。
李详年：《汉魏六朝传记文学史稿》，复旦大学出版社，1995年。
周一良著、钱文忠译：《唐代密宗》，上海远东出版社，2012年。
唐长孺：《山居存稿续编》，《唐长孺文集》第六册，中华书局，2011年。
祝嘉编：《艺舟双楫·广艺舟双楫疏证》，巴蜀书社，1989年。
方步和编著：《河西文化——“敦煌学”的摇篮》，中国文史出版社，2004年。
刘汝霖：《东晋南北朝学术编年》，华东师范大学出版社，2010年。
孙艳庆：《中古琅邪颜氏家族学术文化研究》，齐鲁书社，2013年。
任林豪、马曙明编著：《台州编年史》第一卷，浙江古籍出版社，2017年。
华德龙主编：《风流宛在·扬州文物保护单位图录》，苏州大学出版社，2017年。
于明主编：《中国美术全集·雕塑卷上》，青海人民出版社，2003年。
王结华、毛颖、刘丽文：《古越遗珍研究》，科学出版社，2010年。
徐文明：《中国佛教哲学》，宗教文化出版社，2008年。

唐嘉：《东晋宋齐梁陈比丘尼研究》，巴蜀书社，2011年。

陈金华、孙英刚编：《神圣空间：中古宗教中的空间因素》，复旦大学出版社，2014年。

杜斗城、王亨通：《炳灵寺石窟内容总录》，兰州大学出版社，2006年。

袁有根、苏涵、李晓庵：《顾恺之研究》，民族出版社，2005年。

韩理洲等辑校编年：《全三国两晋南朝文补遗》，三秦出版社，2013年。

张岂之主编：《中国学术思想编年·魏晋南北朝卷》，陕西师范大学出版社，2006年。

天水麦积山石窟艺术研究所编：《中国石窟·天水麦积山》，文物出版社，1998年。

饶宗颐主编，王素、李方著：《魏晋南北朝敦煌文献编年》，新文丰出版公司，1997年。

国家文物局古文献研究室等编：《吐鲁番出土文书》第一册，文物出版社，1981年。

陆扬：《解读〈鸠摩罗什传〉兼谈中古早期的佛教文化与史学》，《中国学术》第二十三辑，商务印书馆，2005年。

季羡林、汤一介总主编，张雪松著：《中华佛教史·汉魏两晋南北朝佛教史卷》，山西教育出版社，2014年。

中国美术全集编辑委员会编：《中国美术全集·工艺美术编·陶瓷上册》，上海人民美术出版社，1988年。

甘肃省文物工作队、炳灵寺文物保管所编著：《中国石窟·永靖炳灵寺》，文物出版社，1989年。

中国美术全集编委会编：《中国美术全集·绘画编·原始社会至南北朝绘画》，人民美术出版社，1986年。

中国美术全集编辑委员会编：《中国美术全集·雕塑篇九·炳灵寺等石窟雕塑》，人民出版社，1988年。

外国著作

［日］小野玄妙：《佛教经典总论》，新文丰出版公司，1983年。

［日］忽滑谷快天著，朱谦之译：《中国禅学思想史》，上海古籍出版社，1994年。

［日］冈村繁译注，俞慰刚译：《历代名画记译注》，上海古籍出版社，2002年。

［日］镰田茂雄著，隆藏等译：《中国佛教史论集》，贵州大学出版社，2013年。

［日］镰田茂雄著，关世谦译：《中国佛教通史》，佛光出版社，1985年。

［日］中村元：《中国佛教发展史》，天华出版事业股份有限公司，1984年。

［日］长泽和俊著，钟美珠译：《丝绸之路史研究》，天津古籍出版社，1990年。

［日］野上俊静等著，郑钦仁译：《中国佛教通史》，牧童出版社，1978年。

［日］足立喜六著，何健民、张小柳译：《〈法显传〉考证》，商务印书馆，1936年。

［韩］李正晓：《中国早期佛教造像研究》，文物出版社，2005年。

［荷兰］许里和著，李四龙、裴勇等译：《佛教征服中国》，江苏人民出版社，1998年。

［美］那体慧著，［新］纪赟译：《汉文佛教文献研究》，广西师范大学出版社，2018年。

［英］文森特·亚瑟·史密斯著，高迎慧译：《阿育王：一部孔雀王国史》，华文出版社，2019年。

［日］塚本善隆：《中國初期佛教史上における慧遠》，《慧遠研究·研究篇》，創文社，1962年。

［日］池田温：《中国古代写本识语集录》，东京大学东洋文化研究所，1990年。

［日］和泉市久保惣記念美術館編：《六朝時代の金銅仏》，久保惣記念美術館，1991年。

学术论文

王晓毅：《支道林生平事迹考》，《中华佛学报》1995年第8期。

王维诚：《老子化胡说考证》，《国学季刊》第四卷第二期，北京大学出版社，1934年。

逯钦立：《形影神诗与东晋之佛道思想》，《历史语言研究所集刊》第16册，中华书局，1987年。

方广锠：《〈浮屠经〉考》，《法音》1998年第6期。

周胤：《寺塔为证：佛教在中国的适应与转化》，《读书》2019年第10期。

单鹏：《支遁卒年新说之商榷》，《求索》，2010年第8期。

斯翰：《僧叡生卒年考》，《学术研究》1989年第3期。

韦宾：《宗炳出仕考》，《文艺研究》2009年第10期。

陈慧娟：《孙绰生平考》，《中山大学研究生学刊》2009年第3期。

邓攀：《支谦生平略考》，《南京晓庄学院学报》2008年第4期。

鲁克兵：《陶渊明和刘遗民之交游——兼谈二人玄佛思想之交靡》，《中国学研究》

第11辑，济南出版社，2008年。

孔令梅：《汉晋北朝时期敦煌张氏与佛教关系探析》，《社会科学家》2011年第2期。

纪赟：《新辑谢灵运〈慧远碑〉商兑》，《古籍研究》2006年第1期。

李并成：《炳灵寺若干重要史实钩沉》，《炳灵寺石窟学术研讨会论文集》，甘肃人民出版社，2003年。

顾农：《陶渊明与佛教》，《宁夏师范学院学报》2011年第4期。

鲁楠：《正法与礼法——慧远〈沙门不敬王者论〉对佛教法文化的移植》，《清华法学》2020年第1期。

曾向阳：《南京的尼和尼寺溯原》，《南京社会科学》1995年第2期。

苗威、孙炜冉：《高句丽小兽王考述》，《吉林师范大学学报（人文社会科学版）》，2014年第5期。

王荣国：《东晋建康瓦官寺佛教》，《佛教文化研究》，2017年第1期。

李养正：《顾欢〈夷夏论〉与“夷夏”之辩述论》，《宗教学研究》1998年第3期。

段清波：《从秦始皇陵考古看中西文化交流（二）》，《西北大学学报（哲学社会科学版）》2015年第2期。

卞东波：《清谈家·隐士·玄言诗人——东晋名士许询的生平与创作》，《古典文学知识》2016年第2期。

徐清祥：《东晋士族出家考》，《世界宗教研究》2005年第3期。

贡昌：《浙江金华古方六朝墓》，《考古》1984年第9期。

刘建华：《河北蔚县北魏太平真君五年朱业微石造像》，《考古》1989年第9期。

晁成林：《唐代福建地区的诗僧与僧诗》，《中国韵文学刊》2016年第1期。

黄成运：《从金人十二谈佛教传入中国的时间》，《四川民族学院学报》2012年第1期。

李其霞：《论〈庄子至乐〉所见佛教文化因子—兼谈佛教传入中国的时间》，《学术交流》2013年第8期。

李尚全：《“敦煌菩萨”竺法护的生平及其佛学思想》，《敦煌学辑刊》2004年第1期。

陈国灿：《敦煌藏经洞魏晋写经系年订补——纪念姜亮夫先生编撰〈莫高窟年表〉六十年》，《汉语史学报》2003年。

刘建国：《镇江东吴西晋墓》，《考古》1984年第6期。

陈志远：《“合本子注”再检讨——早期佛典翻译史的独特方法》，《汉语佛学评论》第六辑，2018年。

陈恩志：《佛教自有秦传入中国说》，《宁夏社会科学》1988年第5期。

夏德美：《东晋政教关系论战的起因、性质和影响——以沙门致敬王者问题为中心》，《世界宗教研究》2017年第2期。

夏德美：《郗超〈奉法要〉与早期居士佛教》，《古籍研究》2019年第1期。

金申：《新发现的十六国时期僧法常造金铜佛立像》，《收藏》2020年第1期。

程欣人：《武昌东吴墓中出土的佛像散记》，《汉江考古》1989年第1期。

孟楠：《中原西行求法第一人——朱士行》：《新疆大学学报》（哲学·人文社会科学版）1993年第1期。

黄文昆：《佛教初传与早期中国佛教艺术》，《敦煌研究》1995年第1期。

黄文昆：《中国早期佛教美术考古泛议》，《敦煌研究》2015年第1期。

吴浩军：《河西镇墓丛考（三）——敦煌墓葬文献研究系列之五》，《敦煌学辑刊》，2015年第1期。

徐文明：《刘遗民生卒考》，《佛学研究》，2012年，第一期。

于怀瑾：《楚王刘英与中国早期佛教》，《世界宗教文化》2019年第5期。

萧登福：《试论庄周写〈庄子〉及内外杂三篇的形成时代》，《湖南大学学报》2016年第4期。

李养正：《汉明帝时无佛道角力事——〈佛道交涉史论要〉之一节》，《中国道教》1996年第3期。

朱春雨：《中华本〈弘明集〉疏误考论》，《湖南科技大学学报（社会科学版）》2018年第3期。

曹明伦：《中国当代译论对佛教典籍的失察与误读》，《四川大学学报》（哲学社会科学版）2011年第6期。

杨秋莎：《汉魏时期蜀汉、孙吴墓葬中的佛教遗物——兼谈长江流域的佛教传播》，《四川文物》2003年第5期。

李小荣：《试论佛教音乐及其东传》，《法音》2001年第2期。

张松辉：《竺法崇初建麓山寺时间新考》，《船山学刊》2002年第2期。

沈一萍：《三国西晋青瓷堆塑罐的属性概述》，《东方博物》2009年第1期。

伍显军：《试论温州古陶瓷的文化内涵》，《东方博物》2006年第2期。

孙长初：《六朝青瓷中的宗教信仰》，《东南文化》2014年第1期。

陈方：《庐山慧远教团成员文学作品的梳理及考证》，《钦州学院学报》2017年第6期。

孙尚勇：《中古汉译佛经偈颂诗学价值述略》，《宗教学研究》2009年第4期。

史经鹏：《〈大乘大义章〉的时间界定及慧远的问题意识》，《宗教研究》2009年。

阮荣春：《“早期佛教造像南传系统”研究概说》，《东南文化》1991年第1期。

曾凡：《关于福建六朝墓的一些问题》，《考古》1994年第5期。

李军：《论早期越窑青瓷》，《东南文化》1999年第4期。

杨泓：《跋鄂州孙吴墓出土陶佛像》，《考古》1996年第11期。

王德华：《东汉前期京都赋创作时间及政治背景考论》，《文学遗产》2008年第2期。

阮平尔：《浙江省博物馆藏隋以前文物的佛教因素研究》，《东南文化》1992年第5期。

紫溪：《由魏晋南北朝的写经看当时的书法》，《文物》1963年第4期。

俞伟超、信立祥：《孔望山摩崖造像的年代考察》，《文物》1981年第7期。

丁义珍：《连云港市孔望山摩崖造像调查报告》，《文物》1981年第7期。

董玉祥：《麦积山石窟的分期》，《文物》1983年第6期。

卡哈尔·巴拉提：《回鹘文写本〈慧远传〉残页》，《文物》1987年第5期。

黄文昆：《麦积山的历史与石窟》，《文物》1989年第3期。

宿白：《四川钱树和长江中下游部分器物上的佛像——中国南方发现的早期佛像札记》，《文物》2004年第10期。

郑炳林、花平宁：《麦积山石窟第76窟建窟时代考》，《麦积山石窟艺术文化论文集上》，2002年。

韩长耕：《佛教传入中国论考》，《湘潭大学（社会科学学报）》1981年第1期。

林梅村：《洛阳所出佉卢文井栏题记——兼论东汉洛阳的僧团与佛寺》，《中国历史博物馆馆刊》第13—14期，1989年。

季羡林：《鸠摩罗什时代及其前后龟兹和焉耆两地的佛教信仰》，《孔子研究》2005年第6期。

尚永琪：《3 ~ 6世纪僧人的流动与地理视阈的拓展》，《魏晋南北朝史研究：回顾与探索——中国魏晋南北朝史学会第九届年会论文集》，2007年。

韩伟：《秦始皇时代佛教已传入中国考》，《文博》2009年第2期。

张正明、院文清：《战国中期曾有佛教造像传入南楚》，《江汉论坛》2001年第8期。

邵学海：《孔雀王朝不曾塑佛 东周楚国何来造像——〈战国中期曾有佛教造像传入南楚〉之献疑》，《汉江论坛》2002年第6期。

张正明、院文清：《简答邵学海〈献疑〉》，《汉江论坛》2002年第9期。

王侃：《〈诸经要集〉与〈法苑珠林〉成书时间及相关问题考辨》，《宗教学研究》2016年第4期。

陈超：《“隐逸”与权力语境下的姚兴劝道恒、道标罢道事件》，《中国哲学史》2021年第2期。

［日］荻原秀三郎：《神灵依附物、神灵凭依者和‘宇宙轴’》，《民族艺术》1996年第1期。

纪达凯：《孔望山造像纪年题刻的发现及相关学术问题》，《中国文物报》2006年2月17日，第7版。

郭青：《咸阳发现中国最早金铜佛造像》，《陕西日报》2021年12月10日，第1版。

学位论文

王勇：《魏晋南北朝瓷器装饰研究》，山东大学硕士学位论文，2010年。

蒋志芬：《吴晋魂瓶建筑堆塑研究》，华东师范大学硕士学位论文，2014年。

邓诗漫：《东汉至魏晋南北朝镇墓陶文集释及字表》，吉林大学硕士学位论文，2019年。

罗骧：《慧远与东晋佛教的变迁》，南开大学博士学位论文，2010年。

刘慧：《中原北方早期弥勒造像研究》，上海大学博士学位论文，2010年。

戴丽琴：《〈世说新语〉与佛教》，华中师范大学博士学位论文，2010年。

谷文斌：《六朝灵验类小说研究》，华中师范大学博士学位论文，2015年。

姜星鲁：《竺法护译经感觉动词语义场研究》，浙江大学博士学位论文，2010年。

［韩］李正晓：《中国早期佛教造像研究》，文物出版社，2005年。

索引

人物

A

B

C

F

G

H

J

K

L

M

N

P

Q

T

W

X

Y

名相

A

C

D

F

G

H

J

M

N

P

S

T

W

X

Y

Z

地域

A

B

C

D

E

F

G

H

J

M

N

P

X

许昌 88，91，151，193，209，303，317，374

Y

Z

名山

A

B

C

D

F

G

H

J

K

R

S

T

W

X

寺院

C

D

F

G

H

J

L

Z

后 记

《汉魏两晋佛教编年》马上就要出版了，突然发现还缺了一个后记。近日出差在外，日程繁忙，出版社催得很急，那就做个简单记录与说明吧。

第一，关于这部编年的缘起，自然与我和崔峰教授于2018年在三秦出版社出版的《南北朝佛教编年》有直接关系，而《南北朝佛教编年》又与我承担的魏道儒教授主编的《世界佛教通史》中的第三卷的写作任务有直接的关系。关系背后的关系，因缘重重无尽，每念及此，总令人无尽感怀。南北朝佛教是中国佛教史上的一个极为重要的阶段，但它毕竟是汉魏两晋佛教进一步演变的结果，从次第推进的历史观感来讲，有流无源肯定是个遗憾。所以，向前追溯，从佛教传入中国开始，直到南北朝以前，继续以编年的方式来记录这段佛教的历史，以便源流相依，次第有序，这种想法便自然而然地进入我们“起心动念”的业感系统。而最后促使我做出决定的因缘，则源于当时还是我的硕士研究生的田鹏。大约在2015年的秋天，《南北朝佛教编年》进入后期校对阶段，田鹏那时刚刚入学，他史学知识丰富，也有一定的文献功底，我便让他便承担了很多后期审校的工作。这些工作让他在佛教史文献来源与运用、佛教史编年的体例与撰写等方面积累了很多经验，也激发他对佛教编年工作产生了浓厚的兴趣，于是，我们商量接着撰写《汉魏两晋佛教编年》。从那时到现在，已经整整十年，正可谓十年磨一剑。

第二，《汉魏两晋佛教编年》的体例以及史事入选标准、条目标题定名、文献取舍原则、记事呈现方式、编年学术格式等，大体上均采用《南北朝佛教编年》的先例。回想当初《南北朝佛教编年》的撰写，在史事挖掘和史料筛选方面，我当时的博士生崔峰曾经提出很多创新性建议，我们经过反复而慎重的思考，共守严谨细致、精准简练、客观中立的基本原则，在文献的深度挖掘和合理运用方面，崔峰也付出了很多辛劳，贡献了很多智慧，自然也为现在的《汉魏两晋佛教编年》提供了经验借鉴。崔峰如今是河南大学哲学与公共管理学院教授，在佛教史学术研究方面已是一方诸侯了。当然，汉魏两晋佛教，上源于春秋战国时代各种真假难辨的传说，下延于东晋灭亡以后北方十六国的余绪，作为外来佛教输入中国的最初阶段，自然在很多方面不同于南北朝佛教。田鹏在史料收集工作中经常发现很多值得重新思考和界定的问题，特别是在体例等方面提出很多建议，涉及收录史事的时间范围、同一史事不同史料的排列、后世文献资料的选取、学者研究成果的借鉴、本书作者的考辨以及最后的索引制作等。我认为他的建议都是很有道理的，说明他在工作中有自己的观察和思考。在他的建议下，我同意对西汉末年“伊存受经”之前有关佛教传入中国的传说予以收录，并列出学界已有考证的观点，以便读者鉴别，也同意对唐代以后僧人所撰写的佛教史料，尤其是具有通史性质的文献予以辅助性收录，学界对相同史料的不同观点也尽可能收录，以展示彼此对话的一面。

第三，《汉魏两晋佛教编年》看起来像是一个资料的汇集，但其实是依靠我们大量的学术研究工作才得以支撑起来的，看似规整的史事编年及依次排列的文献记述，无不渗透着我们在材料搜集、文献辨伪、史实考证、引文筛选、叙文取舍等方面的辛勤汗水，我们将自己的研究潜藏在编年文字的背后，相信所有从事过此类工作的人都能感同身受，特别是经常遇到文献记载不一、年代和情节含糊、学界争论未定的问题，这个时候就需要我们严谨而耐心地考索历史文献，辨析学界研究，多种信息互参互证，经过复杂的比较辨别，才能最后确定原始文献的取舍与学者观点的选用。在这方面，田鹏既显示了他的热情与勤奋，也证明了他的精细与试图广泛收纳的雄心，令我欣慰。当然，在撰写过程中，我与田鹏无数次的沟通，经常熬到深夜，才能对存在的某个或某些问题拿出精准的判定，得出解决的办法。在整个撰写过程中，无数次地发现问题，无数次地讨论问题，自然也是无数次地修改问题，其间的复杂和辛苦，也曾让我暗自后悔承担了这样的任务。好在我和田鹏都熬过来了，目前已是胜利在望了，欣慰和喜悦似乎已经开始暗自波动。

第四，我在后期的统稿过程中，删除了史料价值较弱的宋元明清时期的方志文献约7万字以及多个史事混杂一起的条目。另外，鉴于420年作为东晋十六国与南北朝的时间界限已是学术界共遵的历史阶段划分节点，我们又删除了420年东晋灭亡后北方十六国依然延续时期的佛教史事约14万字。当然，这些史事编年我们会在未来《南北朝佛教编年》的修订中予以补录，而后世方志文献的搜集辨别也并非无用之功，因为这一工作为我们打开了更加宽广的视野，特别是对早期佛教的纵向延展有了强烈的印象，使遥远的佛教历史有了历史的穿越性和文化的传承性，相信这也是未来可资利用的知识支撑。

第五，本部佛教编年广泛吸收了学界的智慧。《南北朝佛教编年》出版后，一些学界同仁在充分肯定和不吝赞誉的同时，也相继提出一些合理的建议，如扩大史料类型来源、广泛收集和借鉴学界已有成果，尽可能丰富同一史事的多种文献记载，编制全书索引等。这些建议，我们在《汉魏两晋编年》中都尽量予以吸收。特别是在文献记载隐晦不明或文献记载不一的时候，我们要么自己进行考证，要么搜集学术界已有的研究，作为我们考证的参考，所以本编年引用了大量学界对一些史实的考证，或借鉴学界的考证来确定一些史事的系年。在此，我们向为此书提供了建议和成果支撑的学者表示衷心的感谢。

第六，本书的撰写也是一个善缘相聚的过程。特别感谢中国社会科学院世界宗教研究所魏道儒教授的鼓励和指导，感谢中国社会科学院历史研究所陈志远副研究员的支持，他不仅在本书撰写过程中提供了许多宝贵的建议，还协助扫描、分享了相关文献资料，极大地便利了我们的工作。同时，感谢大阪大学张硕博士在获取日本学术论文方面所给予的热心帮助。此外，本书于2018年获得国家出版基金资助，感谢评委们的肯定与支持，使得本书得以成为国家资助的成果。时任三秦出版社总编的赵建黎先生、编辑部主任何飞燕女士及胡艳丽、杨妩娇、胡若涵等诸位编辑为本书的编辑出版付出了心血，尤其是何飞燕女士，在繁忙的工作压力下，认真审阅并稳步推进校对工作。她负责的精神、和蔼的态度和高水平的审校都让我深感敬仰。本书的索引部分和后期审订工作得益于博士研究生和硕士研究生团队的辛勤付出。在审订环节，我的博士研究生李沛、康博恒及科研助理胡筱雨等人投入了大量精力。在索引编制工作中，博士生张文、康博恒和科研助理胡筱雨以及在读硕士生蔡冰砚、李鑫、殷纪泽、周子菲、李佳龙等人协助完成了烦琐的页码录入工作，为本书最终成型提供了重要支持。在此，谨向所有参与者表示衷心的感谢。

第七，佛教编年是一项耗时费力的庞大工程，本书的编写历经了十年的打磨，一方面上承《南北朝佛教编年》所积累的勇气和经验，另一方面也开启了我们对隋唐佛教编年的信心。还在《汉魏两晋佛教编年》紧锣密鼓地推进过程中，我便安排当时的博士生郭储负责隋唐佛教编年，李荣荣负责宋元佛教编年。她们也开始了资料收集编排的工作，但后来因为她们双方承担了更加重要和急迫的冷门绝学专项“汉传佛教阿育王文献整理与研究”的项目，隋唐、宋元佛教编年一度暂停。田鹏近年来接手隋唐佛教编年的工作，希望未来会有重要突破。为了更有效地推进此类研究，我们编写了《中国佛教编年工作手册》，为后续的《隋唐佛教编年》的撰著提供了更加明晰而合理的工作方案。目前隋唐佛教编年部分已形成60多万字的书稿，我们初步计划按隋代一卷、唐代三卷的编写体量，全面汇总整理隋唐佛教的基本史料，渴望能继续得到国家出版基金的资助。

第八，在编撰过程中，本书亦存在一些遗憾。在史实考证尤其是与系年相关的考证方面，日本和欧美学界都有很多研究成果，因为材料来源不畅，而未能充分的借鉴。汉语学术界对汉魏两晋时期佛教相关史实的考证，我们也不敢说全部得到了利用，尽管我们已经努力为之。在原始文献的搜集方面，我们努力穷尽所有第一手的传世资料，但依然不敢确定是否还存在遗漏，而新出土的材料，虽然这个时期并不多见，但是否收罗齐备，我们也不敢轻易得出让我们高度自信的结论。对那些尚未搜集到的材料，希望在以后的修订中予以采用。总之，佛教编年的内容繁杂，文献浩如烟海，如何合理处理史料，编排文献，按照学术标准考证史实，充分吸收学界对相关问题的研究成果，这既是我们的挑战，也是虚心向学界请益、不断学习的必要过程。我们希望通过本书的撰著，能为读者认识5世纪以前中国佛教史提供一些方便。同时，由于自身水平所限，本书难免存在一些不足之处，作为本书的作者，我们深感责任重大，时有忐忑不安，希望读者不吝赐教，我们将充分吸收您的建议与意见，以便在未来修订时不断完善。

李利安

2024年11月27日起草于闽南佛学院上客堂

2024年12月3日完成于西北大学长安校区公寓